Grimório para o Aprendiz de Feiticeiro

Magia para o Dia a dia

Oberon Zell-Ravenheart

Contribuição de: Ellen Evert Hopman • Raymond Buckland
• Raven Grimassi • Patricia Telesco • Jesse Wolf Hardin
• Morning Glory Zell-Ravenheart
e outros membros ilustres do *Grey Council*

Grimório para o Aprendiz de Feiticeiro

Magia para o Dia a dia

Tradução:
Julia Vidili

MADRAS

Publicado originalmente em inglês sob o título *Grimoire For The Apprentice Wizard*, por New Carrier Press, 3 Tice Rd., Franklin Lakes, NJ 07417 USA.
Esta edição é publicada mediante acordo com Red Wheel/Weiser, por meio de International Editors & Yáñez Co'S.L.
©2004, Oberon Zell-Ravenheart.
Direito de edição e tradução para o Brasil.
Tradução autorizada do inglês.
©2024, Madras Editora Ltda.

Editor:
Wagner Veneziani Costa (*in memoriam*)

Produção e Capa:
Equipe Técnica Madras

Tradução:
Julia Vidili

Revisão:
Nancy H. Dias
Amanda Maria de Carvalho
Arlete Genari

Dados Internacionais de Catalogação na Publicação (CIP)
(Câmara Brasileira do Livro, SP, Brasil)

Zell-Ravenheart, Oberon, 1942-.
Grimório para o Aprendiz de Feiticeiro / Oberon Zell-Ravenheart ; tradução Julia Vidili. — São Paulo: Madras, 2024.
Título original: Grimoire for the apprentice wizard
Bibliografia
ISBN 978-85-370-0348-0
1. Magia 2. Magos 3. Ocultismo 4. Rituais
I. Título.
08-03638 CDD-133.43

Índices para catálogo sistemático:
1. Magia : Esoterismo : Ocultismo 133.43

É proibida a reprodução total ou parcial desta obra, de qualquer forma ou por qualquer meio eletrônico, mecânico, inclusive por meio de processos xerográficos, incluindo ainda o uso da internet, sem a permissão expressa da Madras Editora, na pessoa de seu editor (Lei nº 9.610, de 19.2.98).

Todos os direitos desta edição, em língua portuguesa, reservados pela

MADRAS EDITORA LTDA.
Rua Paulo Gonçalves, 88 – Santana
CEP: 02403-020 – São Paulo/SP
Tel.: (11) 2281-5555 – (11) 98128-7754
www.madras.com.br

Agradecimentos

Embora muitos feiticeiros ao longo da história pareçam ter sido desprovidos de companhia e influência femininas significativas, fui abençoado com muitas mulheres maravilhosas em minha vida. Então, primeiro eu gostaria de estender o meu agradecimento e o meu apreço à minha esposa e alma gêmea durante mais de 30 anos, Morning Glory. Depois, demonstrar a minha gratidão a Liza Gabriel, minha parceira mágica e conspiradora. Obrigado a cada uma de vocês pelo amor e apoio durante nossos tempos aventurosos juntos. E a todas as minhas outras amigas e amadas de todos esses anos: obrigado por cada uma de vocês ter trazido a Deusa à minha vida e ao meu trabalho – particularmente no aspecto d'Ela como Musa.

Eu gostaria de agradecer aos outros membros do *Grey Council* – sábios, amigos, compatriotas, camaradas e companheiros de jornada nesses caminhos mágicos, que me aconselharam e contribuíram para este Grimório: Ray Buckland, Jessé Wolf Hardin, Jeff "Magnus" McBride, Katlyn Breene, Trish Telesco, Raven Grimassi, Donald Michael Kraig, Nelson White, Ellen Evert Hopman, Fred Lamond, Todd Karr, Luc Sala, Nybor, Abby Willowroot, Ian "Urso Observador" Anderson, Lady Pythia e Amber K.

Meu agradecimento também vai para algumas pessoas magníficas que atualmente não estão no Council, a quem consultei em várias fases: Dragon Singing (matemágicas, leis de magia), Julie Epona (ética), Craig Parsons Kerins (Física), Haramas (egípcios), Farida Ka'iwalani Fox (os Elementos), Diane Darling (Xadrez de Elven), Jack Griffin (RPG), Bryce Kuhlman, Anodea Judith (rituais, chacras), Bob Gratrix, Isaac Bonewits (leis de magia), David Birtwell e Christian Chelman (conjuração), Paul Moonoak (ritos de passagem), Sheila Attig (estudo de magia), Leigh Ann Hussey (sabás) e Diana Paxson (norugueses). A boa vontade dessas pessoas em revisar meus escritos e/ou oferecer a sua perícia foi uma grande contribuição a esta obra!

Agradeço Georgio, Laurie, Mike, Ron e todas as pessoas maravilhosas da New Page Books por acreditar em mim e neste projeto antes mesmo de eu tê-lo começado. Agradeço Abby Willowroot e Lauren Manoy pela ajuda em editar o texto para o meu público leitor pretendido. Agradeço a Wolf Dean Stiles-Ravenheart por me ajudar com um novo computador e um scanner e me ensinar a usar o Photoshop.

Eu também quero agradecer a todos aqueles que foram meus mentores e professores durante toda a minha vida – particularmente meu pai, Charles Zell, sr. Teske, Cap. Bennings, Robert Anson Heinlein, Gale Fuller, Deborah Letter-Bourbon, Carlyn Clark e Mama Julie. Com o mesmo carinho, desejo agradecer meu filho, Bryan, e o meu enteado, Zack – meus primeiros aprendizes na magia e feitiçaria. Este livro realmente começou por sua causa e só desejo que possa tê-lo o quanto antes...

E ofereço a minha humilde gratidão a todos os grandes feiticeiros e xamãs que vieram antes de mim, e nos deixaram um legado de Magia que remonta à Era do Gelo e à da Pedra.

Ad astra per magicae artes...

Oberon Zell-Ravenheart

Elogios ao Autor

"Oberon Zell! Quem melhor do que ele para escrever um Grimório para jovens Feiticeiros do que essa lenda viva do mundo da magia. Aqui está o homem que recriou unicórnios vivos; viajou aos remotos mares do Sul em busca de sereias genuínas; que criou a Igreja de Todos os Mundos. Se existe alguém que pode transformar magia em vida para milhões de aspirantes a Feiticeiros, essa pessoa é Oberon. Eu o recomendo a qualquer editor que deseje captar a maré crescente do interesse dos jovens pela magia benevolente."

Amber K.
Autor de *Pagan Kid's Activity Book* (Horned Owl, 1995); *True Magick: A Beginner's Guide* (Llewellyn, 1985)

"Oberon Zell-Ravenheart é, na minha opinião, uma das pessoas mais inteligentes e criativas do Paganismo moderno. Ele é praticante há muito mais tempo do que a maioria das pessoas. Esteve pessoalmente envolvido em muitos acontecimentos históricos importantes na criação da espiritualidade baseada na Terra, importante para muitas pessoas hoje em dia. E ele tem a distinção singular de ser provavelmente o homem mais influente no movimento da Deusa! Ele é a pessoa perfeita para ensinar jovens aprendizes de Feiticeiros a encontrarem seu lugar no mundo. Oberon pode ajudá-los a usar a magia de uma maneira responsável e respeitosa.

Oberon é um talentoso contador de histórias, um feiticeiro poderoso, e jovem de coração. Ama o que faz e, de modo altruístico, oferece compartilhar o que aprendeu com aqueles que estão preparados para isso. Eu conheço Oberon, ou ouço falar dele, desde 1969, e espero ansioso por este livro e pelo que posso aprender com ele! Viva Oberon!"

John Sulak
Co-autor de *Modern Pagans* (RE/Search 2001)

"Conheço Oberon há alguns anos e tive o prazer de estar em ritual com ele. Oberon é um pioneiro, um líder e um visionário entre os pagãos e dentro da comunidade da magia. Um dos fundadores da Igreja de Todos os Mundos, é também o pioneiro de *Green Egg*, que foi a primeira publicação pagã. Essa obra foi provocadora, erudita e desafiadora.

Oberon é um autor experiente e um feiticeiro; ele traz para sua obra anos de prática, habilidade e um cuidado erudito e altamente baseado em princípios."

Dana D. Eiliers
Autora de *The Practical Pagan* (New Page, 2002); *Pagans and the Law* (New Page, 2003)

"Fiquei feliz ao ser convidado para participar de *Grimório para o Aprendiz de Feiticeiro*, de Oberon Zell-Ravenheart. Não há tarefa mais importante do que o despertar da admiração, da magia e do amor pela Terra na cultura superior. E ninguém melhor para fazer isso do que Oberon.

Há uma tendência refletida no interesse por Harry Potter e Tolkien – com garotos de 8 a 18 anos vivenciando uma grande ansiedade por coisas heroicas e vitais. Jamais houve uma oportunidade melhor para afetá-los e inspirá-los. Eles estão buscando alternativas, modelos e inspiradores.

Oberon tem os talentos e a experiência para fazer que isso aconteça – o modo como fundou uma igreja, um movimento... e nosso *Conselho Cinzento*. Ele desperta uma chama em todos os jovens com quem entra em contato, tendo uma longa vida como feiticeiro, não apenas na imagem, mas também no serviço. Sua arte, escritos e conversas encantadores são em si uma manifestação mágica, e sua influência em nossa comunidade é lendária."

Jesse Wolf Hardin
Autor de *Kindred Spirits: Sacred Earth Wisdom* (Swan Raven, 2001)
Earthen Spirituality Project

"Ouvi falar da diligência de Oberon na comunidade de magia desde o meu primeiro dia como feiticeiro há mais de 18 anos. Finalmente, há pouco tempo, tive o prazer de conhecer esse maravilhoso cavalheiro e Ancião em nossa comunidade que preencheu sua vida, seu espírito e mente com todas as formas de informação mágica, e, mais importante ainda, com aplicações práticas. A ideia de ajudar rapazes no Caminho da Beleza é absolutamente brilhante.

Por muito tempo a Wicca é considerada erroneamente como uma arte das mulheres, e de fato muitos livros direcionam seu conteúdo ao público feminino. Ao fazer isso, separamos o Deus, deixamos muitos homens, jovens e velhos isolados e fora do círculo. Um livro dessa natureza ajuda a equilibrar nossa Roda, com honra, respeito e gratidão como guias (para não mencionar uma dose de atividades prazerosas e que nos trazem um sentimento de realização)."

Patricia Telesco
Autora de *Advanced Wicca* (Kensinton Citadel, 2000); *Charmed Life* (New Page, 2000) e mais 40 outros títulos

"Não posso imaginar ninguém mais apropriado para escrever este livro do que Oberon Ravenheart. Trabalhei com ele por mais de 25 anos e descobri que é um excelente professor, artífice, artista, erudito e um gênio criativo. Os rapazes que lerem esta obra terão a sorte de tê-lo como mentor. Sua habilidade em organizar informações em gráficos elegantes e em uma linguagem de fácil acesso permanece inigualável na comunidade da magia."

Anodea Judith
Autor de *Wheels of Life* (Llewellyn, 1987); *Eastern Body-Western Mind* (Celestial Arts, 1997)

"Para aqueles que estudam o oculto, em particular a Feitiçaria, o nome de Oberon Zell-Ravenheart é conhecido e respeitado internacionalmente. Ele é um genuíno feiticeiro e escreveu este livro para qualquer pessoa que deseje se tornar um. Talvez, como alguns escreveram, Oberon Zell-Ravenheart seja o verdadeiro Albus Dumbledore para os aspirantes a Harry Porter!

Como um manual e guia para se tornar um feiticeiro, este é um dos livros mais honestos e perfeitos que se podem encontrar hoje em dia... um grande serviço à comunidade oculta.

Oberon escreveu um clássico de Feitiçaria. É esta obra-prima. Um dos pioneiros do Paganismo nos Estados Unidos, sua vida de aprendizado e informação é compartilhada com leitores de todos os estilos de vida. As lições neste grande livro são precisas, honestas e agradáveis.

Se você quer se tornar um feiticeiro, este é o livro para começar e aprender. O *Grimório* é leitura obrigatória para todos interessados na magia verdadeira.

Altamente recomendado. Parabéns ao autor por escrever um clássico, e congratulações a New Page Books por publicar a versão original em inglês."

Lee Prosser
Ghostvillage.com review
(*Fate Magazine*, 19/3/2004)

Índice

Prefácio: O Grimório e o Grey Council 15
Grimório para o Aprendiz de Feiticeiro 19
Prólogo: Um Solilóquio de Feitiçaria 21
Introdução 25

Primeiro Curso: Feitiçaria 29
Primeira Aula: Sobre os Feiticeiros 31
Segunda Aula: Tornando-se um Feiticeiro 45
Terceira Aula: Fundamentos da Magia 58
Quarta Aula: Artes Mágicas 74
Quinta Aula: Talentos Mágicos 88
Sexta Aula: Talvez Sonhar 103
Sétima Aula: Padrões de Magia 113

Segundo Curso: Natureza 127
Primeira Aula: Mistérios Naturais 129
Segunda Aula: A alma da Natureza 143
Terceira Aula: Os Elementos 156
Quarta Aula: De Volta à Natureza 169
Quinta Aula: Aventuras na Natureza 182
Sexta Aula: Seu Jardim Mágico 194

Terceiro Curso: Prática 211
Primeira Aula: Ética da Magia 213
Segunda Aula: Instrumentos de Magia 222
Terceira Aula: Seus Emblemas de Feitiçaria 238
Quarta Aula: Seu *Sanctum Sanctorum* 250
Quinta Aula: O Mundo Mágico 258
Sexta Aula: Correspondências 270
Sétima Aula: Signos e Símbolos 290

Quarto Curso: Ritos 305
Primeira Aula: Magia Prática 307
Segunda Aula: Espaços Rituais 325
Terceira Aula: Sobre os Rituais 336
Quarta Aula: Conduzindo um Ritual 349

Quinta Aula: Períodos Mágicos 363
Sexta Aula: A Roda do Ano 375
Sétima Aula: Encantamentos 389

Quinto Curso: Espectro, Parte 1 407
Primeira Aula: Meditação (Aqua) 409
Segunda Aula: Cura (Azul) 418
Terceira Aula: Sabedoria das Ervas (Verde) 433
Quarta Aula: Adivinhação (Amarelo) 447
Quinta Aula: Conjuração (Laranja) 465
Sexta Aula: Alquimia (Vermelho) 478

Sexto Curso: Espectro, Parte 2 491
Primeira Aula: Domínio dos Animais (Magia Marrom) 492
Segunda Aula: Cosmologia (Magia Violeta) 511
Terceira Aula: Matemágica (Magia Clara) 529
Quarta Aula: Magia Cerimonial (Branca) 543
Quinta Aula: Domínio da Sabedoria (Cinza) 557
Sexta Aula: As Artes Negras (Preto) 577

Sétimo Curso: Sabedoria 593
Primeira Aula: Os Outros Mundos 595
Segunda Aula: Deuses de Todas as Nações 608
Terceira Aula: Os Outros 623
Quarta Aula: O Bestiário Mágico 635
Quinta Aula: Os Feiticeiros da História 649
Sexta Aula: Feiticeiros Modernos 663

Epílogo: Princípio 676
Apêndice A: Cronologia da História da Magia. 686
Apêndice B: A Biblioteca do Feiticeiro 697
Apêndice C: Créditos e Referências 703

Oberon Zell-Ravenheart
e o *Grey Council*

Prefácio: O Grimório e o Grey Council

Por Raymond Buckland

Um grande número de pessoas entre nós esperava – ansiava por – entrar no Expresso Hogwarts e seguir para uma academia que ensinasse coisas de fato excitantes na vida. Coisas como magia, conhecimento de ervas, adivinhação, conjuração, etc. Resumindo, estávamos ansiosos por aprender FEITIÇARIA. Uma coisa é ler a respeito das experiências de outras pessoas – mesmo de alguém tão fascinante quanto Harry Potter* – mas é algo bem diferente passar por todo o processo educacional da magia. Ser aluno de uma escola assim e saber que seus professores são os melhores Feiticeiros e magos do mundo seria algo inspirador. Mas como fazer isso? Como encontrar e frequentar tal escola de Feitiçaria?

Você ficará feliz em saber que não precisa esperar por um convite especial entregue por uma coruja ou por outro meio. Você nem precisa ser filho de um feiticeiro ou mago. De fato, você pode ser uma criança comum e ainda entrar para essa escola. *(Há rumores de que mesmo alguns adultos comuns ficaram tão atraídos por ela que acharam um jeito de entrar!)* Onde fica essa academia? Ela está aqui, em suas mãos. O Curso de Feitiçaria – pelo menos o nível do aprendiz – está contido neste livro. É como descobrir, de repente, que existe uma filial da Academia Hogwarts que você pode levar para casa! Encontram-se aqui sete cursos principais acrescidos de apêndices e bibliografia, reunidos pelo *Grey Council* (Conselho Cinzento) para que *você* estude e aprenda.

Os membros do *Grey Council* são Feiticeiros e magos reais e famosos dos dias de hoje. Eles não são "inventados" por um autor. São vivos e reais e praticam sua arte por mais de 40 ou 50 anos. Quando Harry Potter embarcou pela primeira vez no Expresso Hogwarts para a Academia Hogwarts, ele foi apresentado às tradicionais figurinhas de Feiticeiros e magos que vinham nos pacotes de Rãs de Cho-

*N.E.: Sugerimos a leitura de *Harry Potter e a Filosofia*, coletânea de David Baggett e Shawn E. Klein, Madras Editora.

colate. Ron Weasley mostrou-as a Harry; elas traziam personalidades famosas como Merlin, Paracelso,* Morgana, Circe, Cliodna, Ptolomeu, Dumbledore e Hengist. Tratava-se, na verdade, de uma mistura de Feiticeiros e magos reais com aqueles fictícios. Mas neste livro existem apenas os reais.

Conheço Oberon Ravenheart há mais de 30 anos. Ele é um dos pioneiros do Paganismo** nos Estados Unidos. Não posso imaginar ninguém melhor e mais qualificado do que ele para escrever um manual para aprendizes de Feiticeiros. Oberon *é* um feiticeiro (ele sempre foi!). Com décadas de experiência, ele, mais que qualquer outra pessoa, é qualificado de maneira singular para escrever esta obra, pois lecionou a maior parte de sua vida. Seu nome é muito respeitado em todos os variados campos do Paganismo e da Feitiçaria. Ele é verdadeiramente um Ancião... do Paganismo, da Feitiçaria e da Magia.

Como membro do *Grey Council* sou talvez um professor típico; portanto, deixe-me dizer algo a respeito de minha experiência. Há mais de 50 anos me senti atraído por esses assuntos (*Meio século! Como o tempo voa!*). O que eu não teria dado, naquela época, para obter acesso a um livro como este que agora você tem nas mãos. Mas esse conhecimento era difícil de conseguir naqueles dias. Eu tive de procurar e pesquisar muito; seguir pistas antigas e rastros perdidos há muito tempo. Tive de implorar e tomar emprestado; e me tornar aprendiz dos poucos Feiticeiros conhecidos que conseguia encontrar. Com o passar dos anos, aprendi a usar a bola de cristal, ler as cartas de tarô, curar com minhas mãos, usar poções e ervas, e fazer muitas outras coisas que não são ensinadas nem tornadas acessíveis de modo geral.

Há mais de 40 anos fui iniciado em uma convenção de Feiticeiros. Aprendi encantamentos e feitiços e a praticar magia. Foi um caminho longo e, muitas vezes, árduo. Mas foi muito satisfatório e, ao praticar o que aprendi, fui capaz de trazer ajuda, felicidade e conforto a várias pessoas. Com o tempo me tornei professor e assim pude transmitir o conhecimento que adquirira com tanto esforço.

Os outros membros do *Grey Council* – aqueles que agora, por meio deste livro, são os *seus* professores – têm experiências parecidas com a minha. Todos nós dedicamos nossa vida às artes mágicas e a tornar nosso conhecimento acessível àqueles que estão prontos a aceitá-lo... pessoas como *você*.

Este livro é um grimório. A palavra deriva do antigo termo francês, *grimoire*, que significa "gramática". Trata-se de fato de uma gramática de magia. Em outras palavras, ele explica de modo exato como a magia é realizada: como é planejada, preparada, reunida e *muito cuidadosamente* colocada em prática. Você não poderia aprender uma língua estrangeira sem estudar. Seria necessário aprender algumas palavras novas e reuni-las para que fizessem sentido. Você teria de conhecer algumas palavras alternativas que pudessem ser usadas, e a pronúncia correta delas. Sem esse estudo, ninguém conseguiria entender você. Em outras palavras, seu aprendizado não estaria produzindo resultados.

---

*N.E.: Sugerimos a leitura de *Paracelso*, coletânea de Nicholas Goodrick-Clarke, Madras Editora.
**N.E.: Ver também: *Paganismo – uma Introdução da Religião Centrada na Terra*, de Joyce e River Higginbotham, Madras Editora.

Assim também acontece com a Magia. Aprendendo a gramática – o grimório – você conseguirá não apenas se fazer entender (pelos elementos, espíritos, animais, árvores, plantas e todos os outros aspectos da natureza – além, é claro, dos outros Feiticeiros), mas também poderá mostrar que é fluente na linguagem – que a domina por completo. Isso significa se transformar em um feiticeiro mestre, um feiticeiro reconhecido por seus iguais (aqueles que estão no mesmo nível) como competente e esclarecido.

Em relação às matérias da escola, muitas vezes nos perguntamos: "Por que eu tenho de aprender isso?" "Qual a utilidade disso para qualquer pessoa?". Você resiste a estudar e a fazer a tarefa de casa. Mas com o *Grimório para o Aprendiz de Feiticeiro* tudo mudou! Você esperará ansiosamente pelo passo seguinte, e o seguinte, e o seguinte! Estudar se tornará um prazer. Você não terá vontade de parar. Imagine aprender coisas como os Fundamentos da Magia, Habilidades Mágicas, A Alma da Natureza, Instrumentos de Magia, Emblemas da Magia, Encantamentos, Conjurações, Bestiário Mágico, etc. Que títulos maravilhosos! Que assuntos maravilhosos! *Worthcunning, Mathemagicks, Skrying.* Palavras novas e ensinamentos antigos. Este não é apenas um livro *sobre* Feitiçaria – é um livro de Feitiçaria!

Deixe que o livro o leve em uma viagem. Ele inicia com Feitiçaria – acerca dos Feiticeiros, de como se tornar um feiticeiro; fundamentos da Magia; habilidades mágicas, etc. Ele apresenta ao leitor ideias e conceitos, e depois o conduz por um caminho secreto que passa, algumas vezes, pelo assustador aparecimento das árvores da floresta do conhecimento. Pelo caminho que nem tudo é o que parece. O que muitas pessoas consideram assustador ou amedrontador, você descobrirá que é seguro, inspirador e gerador de poder. O caminho pela floresta segue adiante, mas, quanto mais profundo ele fica, mais interessado você ficará. É como se aventurar na Floresta Proibida perto de Hogwarts. É um lugar no qual "segredos são guardados e mistérios podem ser desvendados".[1] Haverá tentações pelo caminho, sim. Aparecerão alguns atalhos. Mas para onde eles de fato levam? A rota mais segura é junto aos guias, com o *Grey Council*. Você não desviará do caminho. Lembre-se, Hagrid não tinha medo da floresta porque ele a conhecia e a seus habitantes. Assim é com o *Grey Council*. Nós conhecemos as rotas mais seguras e o guiaremos em segurança.

Em todas as maravilhosas e poderosas instruções apresentadas neste curso de Feitiçaria, há duas coisas que eu insisto para que você tenha sempre em mente. A primeira é *sempre* considerar os resultados de suas ações. A segunda é aceitar a responsabilidade por essas ações.

Quando eu falo em considerar o resultado de suas ações, quero dizer que você sempre deve olhar para a frente e ver como aquilo que faz afeta as outras pessoas. Você já ouviu falar do "efeito dominó", tenho certeza. Se você colocar as peças do dominó em pé, uma seguida da outra, seja em uma linha reta ou curva, quando derrubar a primeira peça, ela baterá na segunda, que cairá

---

1. *The Magical Word of Harry Potter,* David Colbert (Lumina Press, Wrightsville Beach, 2001).

Ao cair, a segunda baterá na terceira, e a derrubará contra a quarta, e assim por diante até que a fileira toda – não importando seu cumprimento – tenha sido derrubada como resultado do empurrão dado à primeira peça. Isso não acontece apenas com o dominó, mas com quase tudo. Também acontece com a Magia. Quando você pratica magia que afeta uma pessoa, essa ação pode, por sua vez, afetar um grande número de pessoas. A princípio, pode não parecer óbvio a maneira como essa reação se desenvolve. Mas é aí que o feiticeiro notável mostra sua superioridade. Ele terá considerado essas ações e garantido que aquilo que é destinado a uma pessoa não afetará outra de modo adverso. Você não praticará a magia negativa – nenhum feiticeiro digno de seu chapéu pontudo pratica magia negativa – portanto haverá pouca chance de acidentalmente ferir outras pessoas. Mas sempre lhe convém *considerar todas as coisas*.

Quanto a assumir a responsabilidade por suas ações, na verdade, deveria ser desnecessário falar isso. Todos devemos, sempre, assumir a responsabilidade por aquilo que fazemos. Jamais tente culpar outra pessoa pelos erros que cometer. Por isso, se alguma coisa der errado – de modo especial em se tratando de magia – reconheça que foi sua culpa e imediatamente faça tudo o que puder para corrigir. É assim que o feiticeiro trabalha.

O quão poderoso você pode se tornar? Esqueça a palavra "poder" se conseguir. Em vez disso, perguntemos o quão *eficiente* você pode se tornar. A resposta é: muito eficiente, de fato. Vejamos este exemplo: na metade do século XX (sim, um pouco de história – mas muito interessante), a Europa se encontrava no meio de uma guerra que viria a se tornar um conflito mundial. Era o segundo conflito desse tipo e destruiria muitas vidas, afetando a maior parte do mundo por muitas gerações. Na Grã-Bretanha, um pequeno grupo de Feiticeiros viu a ameaça do inimigo de se lançar no estreito Canal Inglês e atacar a Inglaterra. Uma poderosa feiticeira, cujo nome era Dion Fortune, organizou um programa mágico ao reunir os mais poderosos Feiticeiros britânicos. O objetivo do programa era impedir o avanço do inimigo, fazendo-o retroceder. O grupo era composto dos mais poderosos entre uma grande variedade de pessoas ligadas à Magia. Havia Feiticeiros, magos, adeptos (especialistas altamente habilidosos) de diferentes tradições, mas todos enfrentavam um inimigo comum. Eles trabalharam juntos para construir um grande muro mágico que não apenas deteria o inimigo, mas também o faria retroceder e desistir de tentar de novo. A magia foi realizada em diversas ocasiões e desenvolveu-se um grande esforço em um dos períodos mais poderosos do ano. O resultado foi que o inimigo parou, retrocedeu e foi embora! A guerra não acabara, mas a ameaça imediata de invasão fora removida. Esse foi um poderoso trabalho de magia. Esperemos que você nunca tenha de enfrentar tal ameaça. Mas saiba que a magia que você aprenderá neste livro não apenas funciona, mas pode funcionar com poder suficiente para mudar a história!

Bem-vindo a este curso singular de Magia! Saiba que você está dando o primeiro passo em um caminho que o levará para fora do mundo comum, introduzindo-o ao mundo especial da Feitiçaria.

Raymond Buckland

Grimório para o Aprendiz de Feiticeiro

Ah, jovem aprendiz, bem-vindo ao mundo da Magia e do Mistério! Eu, Oberon Zell-Ravenheart, serei seu mentor e guia no caminho para se tornar um verdadeiro feiticeiro. Outros membros do *Grey Council* também contribuirão para seu aprendizado – a lendária irmandade dos feiticeiros, sábios e Anciãos. Algum dia, talvez, você se torne parte desse grupo, pois a Feitiçaria é de modo tradicional transmitida do mestre ao aluno por meio de um programa de aprendizado. Este *Grimório* será seu manual para a primeira parte da jornada. É apenas para você – e para aqueles em quem você confia totalmente. Guarde-o em lugar seguro e secreto – esses Mistérios não devem cair em mãos erradas! E se desejar aprofundar seus estudos nas Artes Arcanas, acesse a Grey School of Wizardry – <www.GreySchool.com>.

Prólogo:
Um Solilóquio de Feitiçaria

Somos os criadores da magia. E somos os contadores de histórias – Willy Wonka

s humanos são contadores de história. Vivemos em nossas histórias. Todos somos seres de mito e lenda – e as gerações futuras entoarão cânticos e contarão histórias, assim como nós entoamos cânticos e contamos histórias dos Argonautas, dos Cavaleiros da Távola Redonda e dos Alegres Homens e Donzelas da Floresta de Sherwood. Nascemos neste mundo trazendo sonhos de vidas passadas; e cada um de nós cria sua própria história na medida em que crescemos, aprendemos, viajamos e compartilhamos nossas vidas com outros. E, assim, cada um de nós vive sua própria mitologia pessoal.

A principal diferença entre um feiticeiro e as outras pessoas é que o feiticeiro *sabe* da importância das histórias e mitos e usa o poder de contar uma história de uma maneira que molda o futuro. Todos os Feiticeiros são contadores de história – e suas histórias nos dizem quem somos, de onde viemos e para onde vamos. Na saga lendária da Busca do Herói, o papel do feiticeiro é mentorear o jovem herói, ensinando-o a ver além das aparências do mundo. Ele ajuda o herói a aprender a perceber os padrões subjacentes que ligam todas as coisas. Apenas se lembre do modo como Obi-Wan Kenobi ensina Luke Skywalker a respeito da Força, e você entenderá o que estou dizendo.

O feiticeiro é também aquele que explica a situação ao herói antes de enviá-lo em sua busca. Quando chega a hora do herói assumir sua missão, o feiticeiro explica a ele o que precisará saber. O feiticeiro explica o que está acontecendo no mundo e por que um herói se faz necessário; quais as forças que estão se reunindo; que jornada deve ser empreendida e para onde; que poderes devem ser enfrentados e vencidos; e o que deve ser feito para restaurar o Equilíbrio do mundo.

Imagine, se você puder, que está em um acampamento, sentado perto da fogueira, na fronteira das Terras não Demarcadas. Você e seus companheiros viajaram muito e estão exaustos. Então, o ancião que o acompanhou até esse lugar se levanta e joga mais lenha no fogo. Segurando em uma mão um báculo tão alto quanto ele, com um cristal brilhante na ponta, o homem abana a outra mão sobre as chamas, que de repente resplandecem em cores cintilantes. Agora que conseguiu chamar sua atenção, ele diz algo assim:

"Este é um lugar entre os Mundos; e este é um tempo fora do Tempo. Não é por acaso que vocês vieram aqui nesta noite, pois existe um propósito maior, um grande desígnio, uma grande tarefa que espera por vocês:

Pois este é um tempo há muito profetizado, quando as forças opostas da Evolução e Entropia se encontraram. O mundo saiu de seu alinhamento, e o equilíbrio eterno entre Luz e Trevas foi perturbado. O Senhor das Trevas começou a estender seu reino de morte ao mundo dos vivos.

Isso já aconteceu antes, e vocês conhecem as lendas sobre esses tempos remotos. Mas cada vez que os ciclos fazem com que essas forças opostas se enfrentem, os riscos se tornam maiores. Agora chegaram ao ponto extremo: estamos no limiar da iluminação planetária ou da aniquilação planetária. O resultado não é certo.

Foi para esta missão que vocês nasceram na Terra neste período. Vocês foram guiados a este lugar exato, nesta noite específica, para este propósito. Em tempos momentosos como este, as forças de Vida e Morte convocam seus campeões eternos. Este é o seu destino – ser os nobres heróis de sua época – um tempo sobre o qual se cantará em todas as eras futuras.

Sua missão, caso escolham aceitá-la, é seguir para a Fortaleza das Trevas Supremas. Lá vocês confrontarão o Senhor das Trevas e restaurarão o Grande Equilíbrio... Se falharem, o mundo será mergulhado em uma nova era de trevas. Se forem bem-sucedidos, o fluxo de vida consciente da Terra estará livre para dar o maior salto na evolução desde que o primeiro peixe rastejou de um lago estagnado para a terra seca.

Mas fiquem atentos: O Senhor das Trevas tem um poder imenso. Ele é apoiado por legiões de exércitos, e sua influência é sentida em todas as partes do mundo. Vocês não podem esperar derrotá-lo pela força das armas, pois as armas mais mortais já concebidas pertencem a ele. E ele também controla as riquezas dos impérios, com poder de comprar e vender a própria Terra onde vocês estão. O Senhor das Trevas é o pai das mentiras e das decepções, e pode fazer com que até seus pais se voltem contra vocês. Aprendam a fraqueza dele, e façam dela suas próprias forças: amor, compaixão, magia, pureza de coração e nobreza da alma. Sua vida os preparou para essa Busca.

Pois a jornada de vocês é mágica. Vocês reunirão Companheiros corajosos, bravos e verdadeiros; e eles virão até vocês quando tudo parecer perdido. Serão traídos por aqueles em quem confiaram. Aprenderão lições dolorosas e valiosas, que os ensinarão aquilo que precisam saber para cada etapa de sua jornada."

Por toda a noite, o ancião compartilha histórias e canções com você e seus companheiros. Um a um, os outros caem no sono, mas você fica acordado, e ouve maravilhado as histórias de magia e mistério. Parece que seu mundo, de repente, tornou-se muito maior do que você imaginara.

Pela manhã, todos levantam acampamento e arrumam as coisas para deixar este lugar. Planos são feitos e mapas, consultados. Nenhum resquício de fumaça trai a presença da fogueira da noite anterior. Além do círculo de pedras, deixado para viajantes que vierem depois, não há nenhum sinal de sua presença. Você ainda está conversando sozinho com o ancião, que lhe diz:

"Eis o grande segredo da história da Busca do Herói: quando o herói segue seu caminho – o Caminho da Glória, como é chamado –, todos aqueles que ele encontra e com quem interage têm seus próprios *scripts*. Todos sabem quem são e qual papel devem representar. Apenas o herói não tem *script*, e deve criá-lo à medida que prossegue em seu caminho. Pois ele é o único em movimento na história – à medida que passa de parada em parada recolhendo pistas. Cada encontro é tanto um teste quanto uma preparação para o próximo. E apenas dessa maneira o treinamento dele pode ser completado, e seu destino, cumprido.

Contudo, existem outros caminhos..."

Enquanto você permanece quieto, refletindo, no acampamento desfeito, o ancião se afasta para dizer adeus ao resto da Companhia: "Nada mais tenho a lhes dizer; nem posso mais acompanhá-los. Meu próprio caminho leva a outro lugar. Só posso aconselhá-los a seguir o Caminho do Coração...".

E os companheiros seguem seu caminho para se tornar lendas. Olhando para eles, o ancião se volta e começa a caminhar em outra direção. Você sente uma Presença atrás de si, segurando uma tocha em cada mão, iluminando cada um dos caminhos que saem desse lugar de decisão.

Você olha até onde sua visão pode alcançar os caminhos que se apresentam diante de você. Sente os Ventos do Destino a soprar através da alma. Então se volta e segue o feiticeiro.

O *script* está sendo escrito...

O Chamado

Por Jesse Wolf Hardin, do Grey Council

Você é *chamado*... Não tenha nenhuma dúvida quanto a isso! Chamado pela Terra e pelo Espírito a viver uma vida mais intensa e mágica. Chamado a pagar qualquer preço – e receber qualquer recompensa – na busca pela Verdade e Aventura. Chamado a alçar seus seis sentidos e desenvolver todas as qualidades possíveis – tudo a serviço de um propósito profundo e determinado.

É um irresistível chamado das sereias, que ecoa das cavernas de seu antigo passado tribal, bem como dos redutos ainda não vistos do futuro. Ele toca o coração, causa um formigamento na pele e agita os pés para dançar. Ele o leva a saltar sobre os muros da convenção e do hábito, a escapar para o mundo de seus sonhos e a realizar sua missão mais heroica. Às vezes, é apenas um suave estímulo, como se uma fada com asas de seda gentilmente sussurrasse em seu ouvido. Outras vezes, o chamado é um rugido tão alto, que você fica surpreso com o fato de as outras pessoas não o ouvirem.

É possível que você tenha se sentido um pouco diferente dos outros desde a infância. Provavelmente, vivenciou coisas com mais intensidade que as outras crianças, chorando por mais tempo, rindo mais alto – amando, brincando e tentando com mais força. Ser "normal" jamais pareceu ser o seu objetivo. Diferente dos amigos e colegas de escola, que decidiram ficar entorpecidos para se ajustar, você preferiu sua própria solidão especial ao embotado mundo do *mundano*. Você jamais deixou de acreditar em milagres e mágica, mesmo quando se tornou um especialista em expor ilusões e mentiras. Não importa de onde você venha, seu "lar" é o estado de Admiração.

O fato de você ler este *Grimório* agora indica não apenas sua curiosidade, mas seu coração. É um testamento de sua visão e determinação, e o torna parte de uma linhagem irrompível dos encantados e empenhados, dos que se importam e dos que são chamados. Você é descendente direto dos primeiros bípedes que consagraram e celebraram esta Terra que contém um espírito, e uma superação direta de três bilhões e meio de anos de evolução estática. A seu próprio tempo, você será um dos professores e Anciãos a passar o bastão – a varinha mágica – às gerações seguintes de Feiticeiros aprendizes e sábios. Sim, o universo vivificado está chamando você... exigindo, em retorno, seu foco e atenção, ritual e acompanhamento.

Ser chamado é ser *destinado* – destinado a cumprir um propósito essencial e significativo; destinado a empregar seu poder e práticas a serviço de uma causa crucial. Mas diferentemente da "Sorte", o Destino requer sua participação consciente e voluntária. Contudo, cada dia representa uma outra chance de se esconder e ficar inativo; de negar seu chamado sagrado ou evitar as responsabilidades de sua missão. E, do mesmo modo, cada momento é decisivo – outra oportunidade de fazer a magia acontecer; de espalhar amor e realizar coisas boas... de cumprir nosso destino e viver plenamente nossa crença mágica.

Introdução

Os cientistas de hoje poderiam ter sido considerados feiticeiros séculos atrás. Em essência, os melhores Feiticeiros foram aqueles que tiveram mentes aguçadas e conseguiram liberar seus pensamentos das lutas diárias e ponderar sobre as questões mais importantes da vida. Essa habilidade era estimada no velho mundo de vilarejos e outras comunidades pequenas, pois se reconhecia que ela tornava a comunidade capacitada para sobreviver a várias calamidades e doenças.

Anton e Mina Adams,
The World of Wizards, p. 6

Eu, Oberon Ravenheart, sou um feiticeiro praticante. Em minha vida longa e interessante, fui (e sou) muitas coisas: conselheiro, professor, escritor, palestrante, artista, sacerdote, mago e ritualista. Eu fui treinado e iniciado em diferentes tradições de Magia e Feitiçaria, e sou considerado um Ancião por toda a comunidade mágica. Mas o título com o qual mais me identifico, e aquele que todos os que me conhecem mais prontamente usam para me descrever, é *"feiticeiro"*.

Um feiticeiro não é um sacerdote nem um representante de alguma igreja ou religião, mas um *adepto* ("especialista") nos reinos da Magia, da tradição *arcana* ("secreta"), do misticismo, da Filosofia e do conhecimento em uma grande variedade de áreas. Os Feiticeiros foram os primeiros cientistas – *ciência* significa "conhecimento" e *feitiçaria* significa "sabedoria". Alguns dos cientistas mais proeminentes (como Thomas Edison) são referidos como "feiticeiros" em suas biografias. De fato, a principal diferença entre um feiticeiro e um cientista ainda hoje é que a maioria dos Feiticeiros não trabalha em laboratórios institucionais e não são pagos pelo governo nem recebem subsídios de corporações!

"Feiticeiro" é uma *profissão*, como professor, médico ou advogado. E, assim como um cientista ou um professor, um feiticeiro pode seguir qualquer religião que escolher (ou nenhuma!). Em toda a História, os Feiticeiros existiram e trabalharam perfeitamente bem em qualquer estrutura religiosa existente na época. Existiram (e ainda existem) muitos famosos Feiticeiros judeus (acredita-se que o rei Salomão* era o maior deles), cristãos, muçulmanos, budistas, hindus, taoístas... bem, já dá para você ter uma ideia.

Estou escrevendo e compilando este livro – este *Grimório* – para você e para as gerações futuras de jovens que sonham em se tornar feiticeiros. Ao penetrar em minha vida diária, você, como meu aprendiz, será apresentado a muitos personagens – históricos, míticos e vivos – que formam o *Grey Council*, a rede secreta de feiticeiros, magos e sábios, que abarca toda a história e inclui pessoas sábias e mágicas de muitas culturas e tradições. Este *Grimório* recebeu muitas contribuições de outros membros do *Grey Council*; e passamos a você o que acreditamos ser necessário ter conhecimento.

Grimórios

Grimórios, ou "Livros Negros", como são comumente chamados, tiveram grande circulação e uso na Europa, na Idade Média e na Renascença, há mais de 500 anos. Acredita-se que foram copiados à mão, de geração para geração, a partir de livros ainda mais antigos. Todo feiticeiro e mago tinha sua coleção de grimórios favoritos; assim como muitos médicos e nobres. Na verdade, eles foram alguns dos primeiros livros a ser publicados quando a imprensa foi inventada. Muitos deles são belamente ilustrados com antigas xilogravuras. Uma grande parte do material contido nesses grimórios data de 100-400 d.C., e se origina de textos, em hebraico e em latim, da tradição *Hermética* (Hermes é o deus grego da Magia).

Os grimórios são em suma manuais de Magia – você pode até dizer "livros de receitas" –, que dão instruções precisas para vários encantamentos e rituais, incluindo o que vestir, que instrumentos usar, e quais feitiços e encantações proferir em certos períodos e horas astrológicos. Eles contêm receitas para fazer instrumentos mágicos, *talismãs, amuletos* e *sigilos* (explicarei cada um deles mais tarde).

Eles instruíam os magos sobre como se preparar para certos rituais com jejuns e outras purificações. E esses antigos grimórios também descrevem as diferentes "famílias" de deuses, espíritos, demônios, e outros seres mágicos que podem ser chamados e consultados conforme as instruções.

Este *Grimório* foi criado em especial para você, o jovem Aprendiz de Feiticeiro. Nele, nós do *Grey Council* apresentaremos ao aprendiz os fundamentos da Feitiçaria e da Magia. Por meio do que está contido nestas páginas, você se tornará um feiticeiro em treinamento, como se estivesse sentado comigo em meu abarrotado estúdio – cheio de instrumentos arcanos, segredos ocultos e volumes misteriosos de conhecimento esquecido. Aqui, você encontrará criaturas estranhas e monstros grotescos. Estudará artefatos antigos e aparelhos estranhos. Preparará poções de mau cheiro; criará incríveis encantamentos e conduzirá rituais mágicos. E você aprenderá a criar surpreendentes efeitos especiais e ilusões mágicas para iludir e surpreender seus amigos.

---

*N.E.: Sugerimos a leitura de *As Chaves de Salomão – O Falcão de Sabá*, de Ralfph Ellis, e *A Sombra de Salomão*, de Laurence Gardner, ambos da Madras Editora.

Como usar este livro

Aqui vão algumas observações quanto ao meu estilo de escrita. Em primeiro lugar, você perceberá que, quando me refiro a algum importante personagem histórico, com frequência incluo, após o nome dele, as datas de nascimento e morte, por exemplo: (1475-1520). Se for óbvio que essas datas são da *era comum* de nosso calendário civil ocidental (no qual o ano corrente em que escrevo é 2003), eu não acrescentarei nada a elas.

Além disso, gostaria de indicar meu guia de pronúncia. Como todas as pessoas que leem muito, eu adquiri a maior parte de meu vocabulário por meio dos livros. Contudo, em muitos casos – de modo especial quanto a palavras e nomes estrangeiros – as palavras escritas não me deram nenhuma indicação clara de sua pronúncia. Assim, incluirei símbolos fonéticos simples para a pronúncia de palavras que podem ter me confundido quando eu tinha sua idade. Aqui vai um exemplo: (pro-NUN-ci-a) – a sílaba grafada em letras maiúscula é a tônica, como na palavra EN-fa-se. E como muitos termos de Magia vêm de línguas mais antigas que o inglês (especialmente latim e grego), eu, com frequência, incluirei a tradução quando empregar as palavras pela primeira vez, como *poliedro* (sólido com mais de uma face).

Organizei todo este *Grimório* como um curso de sete anos de estudo em Feitiçaria para os níveis Fundamental e Médio. Cada um dos cursos inclui seis a oito Aulas; e cada Aula contém uma certa quantidade de Lições. O Índice esboça um Guia de Estudo. Quando preciso me referir a outra Lição, eu poderia tê-lo feito pelo caminho mais longo, como: Curso 3: "Prática"; Sexta aula: "Correspondências"; Lição 2: "O Círculo Mágico". Mas isso é muito complicado e eu envelhecerei muito rápido! Então, preferi abreviar, por exemplo: Ver 3.VI.2: "O Círculo Mágico".

Interpretações múltiplas

À medida que passamos por todos esses ensinamentos, é importante perceber que, em muitos casos, existem interpretações múltiplas e, algumas vezes, contraditórias dos símbolos. Como os símbolos representam coisas, tradições diferentes, com frequência, têm simbologias diferentes. Por exemplo, embora a maioria das culturas interprete o Sol como a própria quintessência da masculinidade, esse astro é considerado feminino no xintoísmo japonês (a deusa *Amaterasu*).

Neste *Grimório*, o material foi reunido de muitas fontes, e os membros do *Grey Council*, que são conselheiros e colaboradores, vêm de uma grande variedade de experiências e tradições. Embora exista uma unidade notável entre nós por meio de todos esses ensinamentos, ocasionalmente há diferenças entre nossas respectivas associações simbólicas. Não há nada de errado ou de ruim nisso – é apenas que as pessoas vêm de *paradigmas* (modelos) diferentes. Um importante princípio aceito entre as pessoas ligadas à Magia é que *não* existe "um único caminho verdadeiro e certo!". Em muitos casos, chamarei sua atenção para essas discordâncias e indicarei diferenças-chave na simbologia. Por exemplo, enquanto associo a Varinha ao Ar e o *Athame* (adaga) ao Fogo, na Magia Cerimonial, a Varinha é considerada um instrumento do Fogo e a Adaga representa o Ar.

Além do mais, graças a limitações de espaço, tive de tomar algumas decisões difíceis aqui. Feitiçaria é um assunto muito vasto – envolve todas as culturas da Terra e pelo menos 4.500 anos de história. Assim como muitos Feiticeiros, tenho uma biblioteca enorme com milhares de volumes. Não é possível cobrir tudo isso em apenas um livro – nem mesmo mencionar tudo, ainda que de maneira breve. Portanto, foco, quase exclusivamente, a herança da Feitiçaria ocidental. Não estou ensinando (nem recomendando a você) a prática das tradições americana, africana, caribenha, asiática, tibetana, hindu, do Oriente Médio, etc. Depois de completar este curso que ofereço aqui, você terá o resto da vida para buscar estudos mais profundos em outras áreas de sua escolha.

...e então começamos...
Primeiro Curso: Feitiçaria

Primeira Aula:
Sobre os Feiticeiros

Um feiticeiro pode transformar o medo em alegria; a frustração em realização.
Um feiticeiro pode transformar o limite do tempo no tempo infinito.
Um feiticeiro pode levá-lo para além das limitações.

Deepak Chopra *(The Way of a Wizard)*

1. Introdução: O que é um Feiticeiro?

A palavra feiticeiro é assim definida no dicionário: Feiticeiro: um praticante geralmente solitário de magia e repositório de conhecimento arcano. Um mestre do conhecimento. 1. um sábio. 2. um mago; conjurador; bruxo. 3. uma pessoa excepcionalmente dotada ou hábil em uma atividade específica (como em *computer wizard*)*. De modo geral – mas não necessário –, um termo especificamente masculino. Feiticeiros também foram chamados de "Filósofos Naturais".

Nas culturas tradicionais tribais, encontramos os xamãs, ou curandeiros e curandeiras, que são dotados e versados em talentos e habilidades de *augúrio* (predizer o futuro), herbalismo, vidência e feitiçaria. Eles são os professores, magos, guias espirituais, curandeiros e parteiras dos vilarejos. Entre algumas tribos celtas da Europa ocidental, esses xamãs eram conhecidos como *Wicce* – uma palavra anglo-saxônica que significa "moldador, aquele que dá forma", de onde vem o termo atual *witch* (bruxa). No período renascentista, os homens que pratica-

---

* N.T: Em português, a tradução mais apropriada para *computer wizard* seria "gênio do computador".

vam "bruxaria" eram, com frequência, chamados de "feiticeiros". O termo *feiticeiro* apareceu pela primeira vez no século XV e foi empregado tanto para homens quanto para mulheres. No século XX, a maioria das pessoas só conheceu os Feiticeiros pelas histórias e contos de fada. Os mais famosos entre eles são *O Senhor dos Anéis,* de J.R.R. Tolkien, apresentando Gandalf, o feiticeiro, e *A Caverna de Cristal* (e outros livros), de Mary Stewart, que fala de Merlin. De fato, durante esses anos, muitas pessoas esqueceram os feiticeiros que realmente existiram! Mas alguns de nós ainda permaneceram, embora em sua maioria em áreas remotas, escondidos dos olhos do público.

Praticamente todos os vilarejos ou pequenas cidades na Grã-Bretanha e na Europa tinham pelo menos um feiticeiro. O feiticeiro prestava uma grande variedade de serviços de magia, tais como prever o futuro; encontrar pessoas e objetos desaparecidos; encontrar tesouros escondidos; curar doenças em pessoas e animais; interpretar sonhos; detectar roubos; exorcizar fantasmas e fadas; lançar encantamentos; quebrar encantamentos de bruxas e fadas; fazer amuletos (talismãs) e preparar poções de amor. Como se acreditava que ele conseguia ver os culpados de crimes, a palavra do feiticeiro tinha muito peso em um vilarejo ou cidade pequena.

Guiley, p. 389

Nos séculos XVI e XVII – o apogeu da popularidade dos magos dos vilarejos – o termo se aplicava a um mago superior, mas também a diversos magos populares, que também eram conhecidos por outros nomes: sábios, encantadores, benzedeiros, bruxos e conjuradores. Depois de 1825, a palavra feiticeiro se tornou quase um sinônimo exclusivo de bruxo, mas esse uso desapareceu durante o século XX. Os bruxos modernos não usam o termo.

Rosemary Guiley (*Encyclopedia of Witches and Witchcraft*, p. 389)

Como Guiley observou, os feiticeiros dos séculos mais recentes parecem ter servido como correspondentes masculinos da bruxa local e ela é geralmente descrita pelos modernos praticantes da Arte como: uma moderna modeladora da realidade; uma xamã da tradição europeia pré-cristã. Na Idade Média e na Renascença, os bruxos se especializaram em herbalismo e na realização de partos, e eram em sua maioria mulheres. Entre os bruxos modernos encontramos homens e mulheres, e seus trabalhos hoje em dia são voltados de modo principal para a cura, tanto das pessoas quanto da Terra.

Lição 2: Minha vida como feiticeiro

Eu vivi da maneira mais próxima possível ao estilo de vida de um camponês, tendo passado oito anos (1977-85)

---

*N.E.: Sugerimos a leitura de *O Mundo do Senhor dos Anéis – Vida e Obra de J.R.R. Jolkien*, de Ives Gandra Martins Filho, Madras Editora.

em uma comunidade rural com 5.600 acres em Misty Mountains, no norte da Califórnia. Minha companheira eterna, Morning Glory, e eu nos mudamos para uma floresta ainda não desenvolvida, onde construímos nossas casas e celeiros, desenvolvemos nossas nascentes, plantamos jardins e pomares, escavamos um lago, criamos animais – tudo isso sem eletricidade, telefones, televisão, nem mesmo um rádio.

Naquela época, eu servia à minha comunidade da maneira tradicional que os feiticeiros rurais fazem; algo muito semelhante ao descrito por Rosemary Guiley. Criei e conduzi rituais de todos os tipos – desde *adivinhações* individuais ("leituras"); iniciações; *handfastings* (casamentos); bênçãos a bebês; curas; bênçãos a casas; proteções e *exorcismos*, até grandes rituais sazonais – para toda a comunidade, constituída de aproximadamente cem famílias; e eventos públicos ainda maiores na cidade próxima de Ukiah. Também lecionei na pequena escola da comunidade e mentoreei crianças enquanto cresciam.

Mas nosso verdadeiro trabalho de 1979 a 1984 foi criar unicórnios. E quando viajamos pelo país e exibimos nossos unicórnios, nosso cenário natural eram as Feiras Renascentistas, nas quais a minha *persona* (personagem) apropriadamente vestida era a de um feiticeiro (Morning Glory era uma Encantadora). Quando dávamos entrevistas para a TV, revistas e jornais que não estavam associados às feiras, nós nos apresentávamos como "Naturalistas", que parecia muito com o equivalente mundano.

O que me levou a adotar a Feitiçaria como um estilo de vida e que me encorajou a escolher um título que quase ninguém mais usava nesses tempos modernos? Explicando de maneira simples, é a mitologia de tudo isso! Minhas referências mitológicas preferidas vêm da literatura de fantasia e de ficção científica e mitologia clássica. Autores como J.R.R. Tolkien, Mary Stewart, Marion Zimmer Bradley, Ursula leGuin, Peter Beagle e T. H.White infundiram em minha mente meu conceito do que é um feiticeiro com suas descrições de personagens, como mago e Gandalf, com quem eu me identifiquei logo que li as histórias.

Mas, para mim, o elemento mais atraente tanto dos Feiticeiros históricos quanto mitológicos com os quais me identifico é o fato de que eles se dedicavam a formar o *paradigma* ("modelo") maior da sociedade que os cercava. Feiticeiros, admitamos, são intrometidos inatos! Alquimistas, inventores, criadores de reis, profetas, videntes, encantadores, senhores da história, professores, iniciadores, magos, visionários – os Feiticeiros estão perpetuamente envolvidos na transformação do mundo. Essa é a "Grande Obra". Feiticeiros não têm pensamentos limitados! E eles sabem que o melhor meio de prever o futuro é criá-lo. Assim, na tradição de todos os Feiticeiros que existiram antes de mim, minha "Grande Obra" de feitiçaria tem sido a de transformar e guiar a sociedade na qual me encontro para uma nova fase da evolução social, cultural e conceitual. Quase todas as coisas que eu fiz na vida foram com esse objetivo – inclusive este *Grimório*.

Lição 3: Entre os mundos mágico e mundano

Os Feiticeiros também causaram forte impressão com sua intensa crença em vários níveis de realidade – a do mundo comum; a do mundo extraordinário das fadas, elfos e outras entidades espirituais; da hierarquia dos anjos e do reino do ser superior. Muitos Feiticeiros tentaram se colocar acima das preocupações terrenas e voltar a atenção apenas para os mundos espirituais, e, dessa maneira, forjavam elos entre o mundo dos vivos e o dos mortos. Acredita-se também que anjos e fadas são os aliados de muitos Feiticeiros. A comunicação com seres de outras dimensões foi levada a sério e estudada com profundidade.

Anton & Mina Adams
(*The World of Wizards*, p. 7)

Um dos entendimentos mais básicos da Feitiçaria é o de que não vivemos apenas em um *Universo*, mas em um *Multiverso* de muitos mundos. Um "mundo" não é meramente a mesma coisa que um planeta (embora os planetas também sejam referidos como mundos – em especial aqueles que podem ser habitados). Um mundo pode ser qualquer reino ou estado de existência que possamos habitar ou mesmo imaginar. Podemos falar de maneira geográfica do Velho Mundo (em geral, com referência à Europa) ou do Novo Mundo (as Américas). Ou podemos dividir as sociedades entre as do Mundo ocidental (Europa ocidental, América do Norte e Austrália) ou do Mundo Oriental (leste europeu, Oriente Médio e Ásia). Politicamente, as nações hoje em dia são vistas como pertencentes ao Mundo Livre; ao Mundo Comunista (que era muito maior na época da Guerra Fria); ou ao Terceiro Mundo. Podemos ainda, de maneira histórica, falar do Mundo Antigo ou do Mundo Moderno – ou até do Mundo de Amanhã!

Há também o Mundo da Música; o Mundo da Arte; e o amplo Mundo dos Esportes; o Mundo da Ciência; o Mundo dos Computadores e o Mundo Animal. Temos mundos literários – como o Mundo da Terra do Meio ou o Mundo de Harry Potter. Existem ainda os Mundos da Imaginação; os Mundos do Mito; os Mundos dos Sonhos; os Mundos da Magia... São esses mundos em particular que são frequentados e habitados pelos feiticeiros, bruxas, magos e outros personagens ligados à magia – bem como elfos, dragões, unicórnios, fadas, deuses e espíritos. Este *Grimório* que você tem em mãos será seu guia para os Mundos da Magia.

Os maravilhosos livros da série Harry Potter, de J. K. Rowling, apresentam um *mito* (uma base) que diz: "Além das fronteiras do mundo mundano (*Trouxa*, como ela o chama), existe um outro mundo – um que é cheio de magia e pessoas mágicas. É um lugar com regras e princípios muito diferentes, em que a imaginação, a esperança, os sonhos e o amor têm um poder real de mudar e transformar". E o mais importante – como todos que leem esses livros secretamente esperam e suspeitam – é que isso é verdadeiro! Esse é o meu mundo: e se você assim o desejar, poderá ser o seu.

Feiticeiro medieval desenhado por Gillot, gravado por Toullain.

Usei a palavra *mundano* agora para distinguir o denominado mundo comum, diário, "normal" do Mundo da Magia. Chamamos esse mundo de "Mundania" – e de mundanos os indivíduos que vivem apenas nele e não conhecem nenhum outro. Essas palavras não devem ser consideradas insultos; nem devem ser usadas dessa maneira. É apenas uma forma de reconhecer que eles são, de fato, mundos diferentes.

Não há um nome específico para o Mundo da Magia. Ele teve muitos nomes diferentes dados por diversas pessoas. Na maioria das vezes, as pessoas ligadas à Magia apenas se referem a lugares específicos – como um determinado local mágico de encontros; um santuário, um centro para retiro, uma floresta, uma montanha, um *canyon*, um círculo de pedras, etc. De modo geral, afirma-se que esses lugares estão localizados "entre os mundos". Portanto, as pessoas ligadas à Magia – como feiticeiros, bruxas e xamãs – também são conhecidos como "Viajantes Entre os Mundos", pois estamos em casa em qualquer mundo, e com frequência passamos de um para o outro em busca de nossa Obra e Missão.

Nosso universo está inserido em uma estrutura infinitamente maior e mais complexa, chamada multiverso, que pode ser considerada uma massa em constante multiplicação de universos paralelos. Sempre que há um acontecimento no âmbito do quantum – uma deterioração de um átomo radioativo, por exemplo, ou uma partícula de luz toca a sua retina – acredita-se que o Universo se "divide" ou se diferencia em diversos universos.

Roger Highfield

(*The Science of Harry Potter*)

Glossário: Feiticeiros, bruxas e magos - uau!

Agora, provavelmente, seria um bom momento para explicar alguns dos diferentes tipos de pessoas ligadas à Magia. Esses termos podem ser confusos aos não familiarizados, por isso apresento um breve Glossário. (Além do mais, um companheiro essencial deste *Grimório* deve ser um bom dicionário!) Uma coisa importante a entender é que essas categorias não são mutuamente exclusivas, e qualquer indivíduo pode incorporar várias delas... de fato, um feiticeiro capaz pode ser conhecido pela maioria desses termos! A principal distinção entre "feiticeiros" e "bruxos" está relacionada à questão do serviço: os bruxos desejam acima de qualquer coisa *ser* servidos. Feiticeiros (como Gandalf) empenham todos os seus esforços e magia para transformar o mundo em um lugar melhor – para todos e para todas as gerações futuras. Os bruxos (como Sauron e Saruman) empenham todos os seus esforços e a magia para o único objetivo de governar o mundo – conquistando, subjugando, controlando e até escravizando as outras pessoas.

É evidente que esses desejos e objetivos são diametralmente opostos. Felizmente, para todos nós, a própria natureza dessas distinções dão apoio ao bem supremo, pois os feiticeiros cooperam e ajudam os outros, enquanto os bruxos estão envolvidos em competição (de modo especial entre si), não podem confiar em ninguém, não podem receber a confiança de ninguém e, de modo geral, não trabalham bem com os outros. Como Gandalf disse a Saruman: "Só existe um Senhor dos Anéis, e ele não divide o poder!".

Feiticeiro: Correspondente à palavra em inglês *Wizard*, que por sua vez deriva do termo anglo-saxão *wysard* (sábio). Um feiticeiro é um senhor do conhecimento, principalmente do conhecimento *arcano* (ou seja, perdido ou secreto) (daí o uso popular como "gênio do computador")*. Um feiticeiro também é um praticante de magia; contudo, a palavra é muito pouco usada hoje para descrever um praticante de Wicca** (ou Feitiçaria) – ou um membro de qualquer expressão de fé em particular. De fato, a maioria dos Feiticeiros (mas não todos eles) tende a ser solitários, embora possam pertencer a um Conselho ou Ordem de Feitiçaria. O feiticeiro mais famoso da história foi o mago Merlin. Embora a grande maioria dos feiticeiros da história tenha sido composta por homens, existiram também algumas mulheres – como Mary, a judia, e Hypatia, de Alexandria.

Vizir: Esse título vem do idioma árabe e significa "aquele que tem as responsabilidades"; era conferido ao ministro-chefe e conselheiro do rei. O mais famoso Vizir do Egito antigo foi Imhotep (sim, a "Múmia"), que era o Vizir do faraó Djoser e o primeiro feiticeiro conhecido no mundo. O título com frequência foi usado como sinônimo de "Feiticeiro da Corte", principalmente quando um Vizir era reconhecido por sua magia – como Imhotep ou Merlin.

Mago: Essa palavra é empregada com frequência como sinônimo de feiticeiro, de uma maneira cortês. Um mago também poder ser chamado *Magus*, que significa um mestre das artes mágicas. Os antigos *magos* (como os "Três Reis magos" da Bíblia) eram sacerdotes zoroastristas da Média e da Pérsia (hoje Irã). Essa é a raiz do termo *magia*. Com o tempo, esse termo passou a ser usado para designar magos sábios e poderosos todos os tipos.

Sábio: Um sábio é uma pessoa mais velha com julgamento conscioso, que adquiriu sabedoria po meio da reflexão e da experiência. O termo é usado para um perito, um erudito e um filósofo ou professor como Lao-Tsé ou Sócrates. *Sagacidade* significa sabedoria, e a opinião de um sábio é chamada de "sábio conselho". Embora em sua maioria os sábios sejam homens, o termo latino *Saga* era comum para designar uma feiticeira na Idade Média, e algumas mulheres hoje em dia se identificam com o termo sábio.

Místico: Um místico (do grego *mystai* – alguém que foi iniciado nos Mistérios secretos) é uma pessoa cujas profundas experiências espirituais ou "do outro mundo" lhe propiciaram uma compreensão ou visão profunda das verdades ocultas e das percepções. Tais experiências são, de modo geral, indescritíveis; portanto, estão além do conhecimento e explicação humanos racionais.

Druida: Os druidas formavam a classe sacerdotal, a elite intelectual mais ins-

---

* Ib.
**N.E.: Sugerimos a leitura de *Wicca – Crenças e Práticas*, de Gary Cantrell, e *O Livro Completo de Wicca e Bruxaria*, de Marian Singer, ambos da Madras Editora.

truída das tribos celtas. Incluíam tanto homens quanto mulheres.

Bardo: Na antiga tradição celta, os Bardos eram parte das Ordens lideradas pelos druidas. Os Bardos eram os poetas, músicos e cantores das canções e histórias épicas que transmitiam a história e o conhecimento do povo. Em uma época em que pouquíssima coisa era registrada por escrito, esperava-se que um Bardo memorizasse enormes quantidades de poesia, canções e histórias.

Mágicos/magos: Simplesmente qualquer praticante das artes mágicas. Existem mágicos de palco que criam ilusões e realizam façanhas aparentemente "impossíveis" com o movimento das mãos ("prestidigitação") e efeito especiais. E existem magos cerimoniais que criam rituais elaborados com o objetivo de alterar e transformar a consciência deles e a dos outros.

Alquimista: A *Alquimia* foi a precursora da química moderna, misturando a metalurgia egípcia à filosofia grega e ao misticismo do Oriente Médio. Os objetivos dos alquimistas eram a descoberta da "Pedra Filosofal", que transformaria "metais básicos" em ouro, e do "Elixir da Vida", que curaria todas as doenças e permitiria que a pessoa vivesse para sempre.

Bruxo/Bruxa: *Bruxaria** implica um tipo de poder sobrenatural sobre as pessoas e suas coisas. Os indivíduos que exibem tal dom ou influência mágicos são chamados *de bruxos*. Esse termo tem uma conotação geralmente negativa, implica magia do mal ou "negra". A bruxa mais famosa das lendas foi Circe. Em *Odisseia*, de Homero, ela transformou os homens de Odisseu em porcos.

Encantadora/Encantador: Diferente da bruxaria, o *encantamento* tem conotações muito positivas. As Encantadoras são mulheres atraentes, fascinantes, charmosas e *sexy,* cuja magia traz deleite e prazer aos outros. A palavra é com frequência empregada como elogio para bruxas e ciganas particularmente atraentes e carismáticas. Um homem que apresente essas características pode ser chamado de *Encantador* embora seja muito raro o uso da palavra para homens.

Adivinhador: Em inglês *soothsayer*; literalmente "aquele que diz a verdade". Uma palavra antiga usada para designar profetas, visionários, videntes e adivinhos. O termo pode ser empregado para qualquer um que prevê o futuro. Outra palavra que significa a mesma coisa é *Mantis* ("Profeta"), como no caso do inseto *Mantis religiosa*, espécie da qual faz parte o louva-a-deus. As muitas técnicas de adivinhação são conhecias como "As Artes Mânticas", e seus praticantes são denominados "mânticos".

Vidente: Esse termo data do século XIV e significa "aquele que vê". Acredita-se que um vidente tem um moral e uma visão espiritual extraordinários, e que prevê acontecimentos ou o de-

---

*N.E.: Sugerimos a leitura de *O Significado da Bruxaria – Uma Introdução ao Universo da Magia*, de Gerald Gardner, Madras Editora.

senrolar das coisas. O termo pode ser usado para qualquer um que pratica a *adivinhação* (técnicas mágicas para descobrir informações perdidas ou prever o futuro), de modo especial, por meio de concentração; utiliza-se um globo de vidro ou de cristal (*scrying*). Outras palavras para vidente são oráculo e sibila.

Necromante: Alguém que conjura o espírito dos mortos para falar com eles e obter conhecimento oculto e informações secretas e também predizer o futuro. Hoje as pessoas que fazem isso são chamadas *de médiuns* ou *canais*. A necromancia é uma forma de adivinhação.

Scott Fray

Cibermante: A palavra se refere aos "gênios do computador" – de modo particular aos *hackers* e àqueles que se especializam em procurar e obter informações obscuras por meio de sofisticadas técnicas de pesquisa pela Internet. Outro nome para eles é **Tecnomago**, da série de ficção científica *Babylon 5*.

Profeta: Os profetas são, de maneira geral, pregadores divinamente inspirados que, com frequência, falam em nome dos próprios deuses e deusas. São grandes professores, conhecidos pelas compelativas visões e revelações religiosas – na maioria das vezes transformam por completo a sociedade na qual vivem. Abraão, Moisés, Jesus* e Maomé são considerados os grandes profetas do Judaísmo, Cristianismo e Islamismo.

Filósofo: Desde os primórdios na antiga Grécia, os filósofos buscaram entender os princípios subjacentes e a natureza "da vida, do Universo e de todas as coisas". Eles procuram aplicar sabedoria, conhecimento e razão a todos os aspectos da vida e da sociedade; e são particularmente conhecidos por serem grandes professores. Como a Filosofia inclui a *metafísica* (a natureza da realidade e as origens de tudo), várias vezes se faz referência aos Feiticeiros como "filósofos naturais".

Xamã: Os líderes espirituais em culturas tradicionais tribais são os xamãs, ou curandeiros e curandeiras, que são pessoas dotadas de talentos e habilidades de adivinhação, trato de plantas e ervas, hipnose, trabalhos psíquicos e feitiçaria. Em alguns lugares são chamados de "pajés". São os professores, magos, guias espirituais, curandeiros e parteiras dos vilarejos. De modo singular, os xamãs utilizam estados alterados de consciência (com frequência auxiliados por certas plantas medicinais) para controlar fenômenos psíquicos e se transportar para o reino espiritual. O termo tem origem nos xamãs siberianos e, de

---

*N.E.: Sugerimos a leitura de *A Vida Oculta e Mística de Jesus – As Chaves Secretas do Cristo*, de A. Leterre, Madras Editora.

Tungusik (Xamã siberiano)

modo específico, refere-se aos tibetanos, siberianos, mongóis e outros.

Curandeiro/Curandeira: Em inglês *Cunning Man/Woman*. *Cunning* vem do antigo termo escandinavo *cunna* ("conhecer") e do inglês antigo *kenning* ("sábio"). Esse termo era aplicado aos magos e curandeiros locais das pequenas vilas e cidades inglesas desde o fim da Idade Média. Também eram conhecidos como *sábios, feiticeiros, conjuradores, bruxos, benzedeiros, bruxo do bem* e, mais recentemente, *hedge witch*. Assim como o

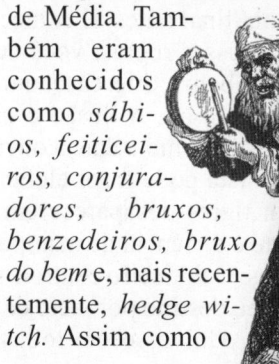

Cunning Man (Curandeiro)

tradicional xamã tribal, esses "bruxos do Bem" possuem poderes mágicos de cura e propiciam curas, remédios, encantamentos, talismãs e adivinhação – geralmente por um preço modesto. A maioria era composta por pessoas velhas, que obtinham seu título por herança ou por meio de encontros sobrenaturais.

Bruxo/a: Em inglês, *witch*. Na Europa e na Grã-Bretanha medievais, as "curandeiras" costumavam ser chamadas de *wicce* – uma palavra anglo-saxônica que significa "aquela que dá forma" – da qual surgiu nosso termo *witch* que, por sua vez, deriva da palavra alemã *wicken* ("conjurar"). O termo hoje se aplica a homens e mulheres, e uma grande parte da magia deles é voltada para a cura: das pessoas e da Terra. Muitos bruxos ainda praticam *adivinhação* e técnicas mágicas para a evolução da consciência.

Wicca: *Wicca* é um subconjunto moderno da Feitiçaria tradicional, que enfatiza seu aspecto como uma religião misteriosa pagã – celebrada nos dias de lua cheia (e, às vezes, minguante), nos solstícios, equinócios e quartos –, celebra um deus anual e uma deusa perene (sempre viva) pelas fases da lua e pelo ciclo das estações. Os princípios éticos da Wicca misturam a liberdade pessoal com a responsabilidade pessoal. A *Rede* ("conselho") Wicca afirma: "Desde que não prejudique ninguém, faça o que quiser".

Pagão: *Paganismo* (que significa "do campo") é uma coletânea de diferentes caminhos espirituais que têm suas raízes, ou são inspirados, nas tradições *indígenas* (nativas) ou *clássicas* (Egito, Grécia e Roma antigos, etc.) por todo o mundo. O paganismo é quase sempre referido como "A Velha Religião", ou seja, pré-cristã. Os pagãos acreditam na interconexão de toda a vida; no *animismo* (tudo é vivo), *panteísmo* (tudo é Divino), politeísmo (existem muitos deuses e espíritos) e *divindade imanente* (a divindade está em todos – ideia expressa por alguns com a frase "Sois deuses/deusas"). Os pagãos valorizam a diversidade, as boas obras, a vida suave na Terra, a liberdade individual, a responsabilidade pessoal e a igualdade entre homens e mulheres. Muitos praticantes de Magia (mas não todos) identificam sua prática espiritual como "Pagã".

Sacerdote/Sacerdotisa: Um homem ou uma mulher dedicado/a ao serviço aos deuses – frequentemente é concentrado em uma única manifestação ou aspecto (tal como um sacerdote de Apolo ou uma sacerdotisa de Afrodite). Também podem servir a uma comunidade de adoradores. As tarefas sacerdotais podem incluir a manutenção dos templos e altares, a administração dos sacramentos, a condução e presidência de ritos e rituais, aconselhamento pastoral, etc. Também funcionam como um canal direto para o espírito e a voz da divindade escolhida.

Warlock: Deixei essa palavra por último, pois ela é raramente usada na comunidade mágica. Esse antigo termo ofensivo vem do inglês antigo *waer-loga*: "traidor" ou "mentiroso". Outrora descrevia uma bruxa que traiu outra para os caçadores de bruxas, e é com frequência usada de modo errado por leigos em Magia para se referir aos bruxos. Hoje, alguns praticantes da Wicca usam o termo para descrever uma bruxa iniciada que se volta contra a Arte.

Lição 4: Regras da Feitiçaria

(As regras a seguir são, em sua maioria, de Julie Epona)

Em todas as coisas novas que você aprendeu na vida, existiu um conjunto de regras. No jardim de infância, você aprendeu a dividir as coisas e a não empurrar os outros. No futebol ou beisebol, você aprendeu as regras do jogo, os limites e como marcar pontos. Na matemática, você aprendeu a manipular os números; e, nas aulas de gramática, aprendeu as regras da escrita e pontuação.

Na Magia e na Feitiçaria, também existem regras. Algumas serão óbvias, como o resultado de uma jogada bem-sucedida. Outras serão mais difíceis de entender e aplicar, como as regras do uso da vírgula e da escrita com x ou z. Tenha certeza de que a experiência trará maior entendimento.

Uma nota final antes de começarmos a discutir essas regras: você deve entender muito bem a diferença entre a magia real e a ilusão. A ilusão é uma prática do artista, como a dança ou música. O ilusionista pode fazer elefantes dançarem ou tigres desaparecerem. A Magia é a arte e a ciência de manipular probabilidades. O feiticeiro controla sua vida e muda seu destino por meio da interação com o Universo em todas as suas dimensões.

Apresento aqui uma lista de regras para Magia e Feitiçaria:

- A Magia é real;
- Conheça a si mesmo;
- A melhor maneira de prever o futuro é criá-lo;
- Questione a autoridade;
- A Magia é tanto uma arte quanto uma ciência experimental;
- Tome cuidado com o que faz e diz;
- A intenção controla os resultados;
- Não invoque aquilo que não puder mandar embora;
- Sempre considere as opções;
- O trabalho não está pronto até que você tenha guardado os instrumentos e arrumado a bagunça;
- Mantenha silêncio a respeito de um trabalho de Magia por 24 horas, pois sua análise pode gerar dúvidas e, por conseguinte, enfraquecer a intenção que amarra o seu encantamento.

Escreva essas regras em seu diário e memorize-as. Elas devem se tornar uma parte tão integral de sua vida quanto a mão que usa para segurar o garfo. Agora, discutiremos cada regra separadamente.

A Magia é real: As coisas que você consegue por meio dos feitiços, encantamentos e invocações afetarão seu futuro. Os seres que você chama para dentro de seu Círculo Mágico existem no Reino Espiritual. A Magia é real não é uma metáfora. Os símbolos e correspondências que você aprenderá são instrumentos que o capacitam a controlar sua realidade.

Conheça a si mesmo: Sócrates certa vez disse a seus discípulos que "uma vida não examinada não vale a pena ser vivida". Enquanto segue o caminho do aprendiz, mantenha um Diário Mágico. Suas notas e observações o permitirão descobrir quem você é realmente e o que deseja de verdade. Por meio da meditação e foco, você aprenderá como reagir a eventos e coisas de maneiras específicas. À medida que aprende mais sobre si mesmo, você obterá o conhecimento de que necessita para mudar e se tornar o feiticeiro que deseja ser.

A melhor maneira de prever o futuro é criá-lo: Faz parte da natureza humana desejar saber de antemão o que vai acontecer. Muitas pessoas em toda a História e em nosso tempo presente procuraram videntes e formas de adivinhação para descobrir o que está por vir. O feiticeiro tem o poder de criar o futuro que deseja. Manifestar o que você deseja para a sua vida o ajudará a prever seu futuro.

Questione a autoridade: "Por quê?" é uma expressão muito poderosa. Como aprendiz, você deve perguntar "por que" uma determinada coisa é feita e "por que" é feita de uma maneira específica. Entender o "porquê" leva a um melhor entendimento do "como". Sua habilidade em perguntar por que pedem ou esperam que você faça alguma coisa o protegerá. O questionamento pode e deve ser feito com respeito ao professor. No entanto, esteja sempre preparado para se levantar e dizer "não" quando alguém lhe der uma instrução que vai contra aquilo que você sabe ser do seu interesse. Sua habilidade em questionar o protegerá de pessoas que desejam manipulá-lo.

Esteja certo de entender os "porquês" antes de agir. Respeite aqueles que trilharam esse caminho antes, e aprenda com eles. Mas se eles disserem: "Isso não pode ser feito", é muito provável que *possa* ser feito ou que exista um outro meio de atingir o mesmo objetivo. Eu digo: se funcionar para você, use-o; caso contrário, não o use.

A Magia é tanto uma arte quanto uma ciência experimental: Algumas pessoas, assim como alguns artistas, são naturalmente bons em Magia. Contudo, com prática, alguém que não é tão bom quanto os outros pode com facilidade se tornar melhor do que aqueles que não se esforçam. Lembre-se de que autores, escritores e palestrantes tentam partilhar a magia da melhor maneira possível. Mas isso não significa que funcionará com perfeição para você. Experimente e use o que os outros dizem como se fosse um guia, não como uma lei.

A intenção controla os resultados: O instrumento mais poderoso de um feiticeiro é sua intenção – sua vontade de manifestar o que almeja. Se o desejo for por conhecimento, então uma intenção de se tornar um estudante dedicado permitirá que você realize seu desejo. Todavia, se seu desejo é tirar a nota máxima no teste sem o estudo necessário, os resultados obtidos serão provavelmente decepcionantes. Na Magia, é muito importante ter uma intenção clara antes de começar a Obra.

Tome cuidado com o que faz e diz: A Magia acontece o tempo todo; não apenas quando você está em um ritual.

Não invoque aquilo que não puder mandar embora: Já estabelecemos que a Magia é real. Os elementais, divindades e espíritos existem de fato e estarão presentes quando forem chamados. Alguns são mais amigáveis do que outros; todos têm seus próprios planejamentos, que podem não ser iguais aos seus. É muito importante que você possa mandar seus visitantes de volta para os reinos aos quais pertencem antes de convidá-los ao seu.

Sempre considere as opções: Sempre há opções; vários modos de agir ou não agir. Como a Magia opera inserida nas leis superiores do Universo, é verdade que, para cada ação, existe uma reação igual e oposta. Sua análise das opções de qualquer situação deve incluir o entendimento das consequências, usando ao máximo as habilidades que possui. Às vezes, uma terceira ou quarta opção é melhor do que aquela que as pessoas acreditam ser a única escolha possível. O corolário é sempre pensar antes de agir.

O trabalho não está pronto até que você tenha guardado os instrumentos e arrumado a bagunça: Isso é verdade quando você está fazendo a sua lição de matemática, ou construindo um modelo, ou lançando um encantamento. A tarefa não está completa até que você tenha colocado tudo de volta no seu devido lugar e deixado o local de trabalho em seu estado natural. Um Círculo Mágico em desordem drenará o foco de seu trabalho, desfazendo aquilo que você se esforçou para criar.

Mantenha silêncio a respeito de um trabalho de Magia por 24 horas, pois sua análise pode gerar dúvidas e, consequentemente, enfraquecer a Intenção que amarra o seu encantamento. Como vimos antes, sua intenção controlará os resultados. Quando sua obra estiver completa e o local de trabalho, de volta a seu estado apropriado, então você precisará manter silêncio acerca do que realizou. Uma análise pode gerar dúvidas que enfraquecerão sua atenção e foco e reduzirá, assim, a energia positiva que flui para seu encantamento. Você deve registrar imediatamente no diário aquilo que fez e como se sentiu. Espere 24 horas, depois discuta seu trabalho com aqueles em quem confia. Depois desse período de espera, você pode começar a explorar quais resultados observa e analisar como conseguiu realizar o trabalho, com o objetivo de torná-lo mais forte na próxima vez.

Enquanto trilha o caminho do aprendiz, essas regras o fortalecerão e o protegerão. Aprenda-as bem.

Tarefa: Seu diário mágico

Esta é a primeira tarefa em seus estudos como Aprendiz de Feiticeiro: tenha um diário para tomar notas. Você encontrará cadernos ou diários em branco com capas distintas – às vezes, até com pequenos cadeados – em muitas lojas de presentes; de modo especial, as esotéricas. Tente comprar um de capa dura, para durar bastante. Não ponha nada de especial na capa para indicar que aquele é o seu diário mágico, mas copie, no lado de dentro, a figura a seguir e cole-a na primeira página, preenchendo os espaços com seu nome (Ver a Segunda Aula) e a data em que começará a usá-lo.

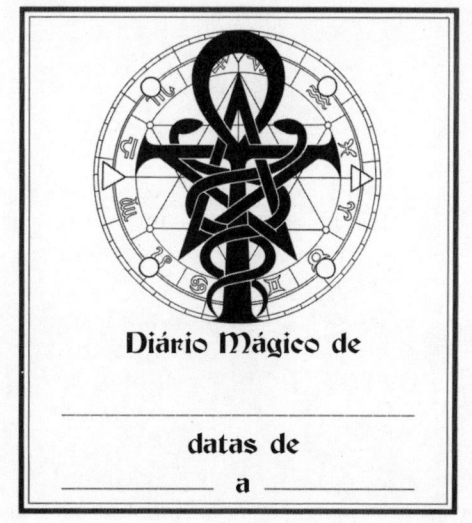

Diário Mágico de
_____
datas de
_____ a _____

Eu quero que você escreva algo em seu diário mágico praticamente todos os dias. Assim como em um "Diário de Bordo", inicie cada anotação com a data e a hora do dia. Mencione as condições do tempo e onde você está. Mais tarde, você poderá consultá-lo e talvez relacionar estados de espírito com o tempo, ou começar a perceber sincronicidades entre acontecimentos no mundo natural e em seu mundo interior. Incluir lugares e partes de seu ambiente aguçará seus poderes de observação e, posteriormente, ativará as habilidades de visão. Você também poderá observar diferenças entre meditações do dia e da noite.

Escreva o que está acontecendo em sua vida e como se sente a respeito disso. Anote seus sonhos quando acordar (mais adiante vamos falar sobre manter um "Diário dos Sonhos"). Escreva suas descobertas e visões; amigos e familiares; aventuras e viagens com a família; férias. Registre o que faz você feliz e o que o deixa triste. Escreva poesias e faça desenhos. Anote seus encantamentos e experimentos mágicos e os resultados. Quando preencher um volume, anote a data final na primeira página, guarde o diário em um lugar seguro e comece outro.

Leitura recreativa (ficção)

Enquanto estuda essas lições, divirta-se também com leituras recreativas sobre Feiticeiros e Feitiçaria. A lista a seguir traz as histórias e séries de ficção favoritas dos membros do *Grey Council* e contém muita sabedoria mágica autêntica:

Susan Cooper – *Over Sea, Under Stone* (1965); *The Dark is Rising* (1973); *Greenwitch* (1974); *The Grey King* (1975); *Silver on the Tree* (1977).

Diane Duane – série Jovens Feiticeiros: *So You Want to be a Wizard* (1966); *Deep Wizardry* (1996); *High Wizardry* (1997); *A Wizard Abroad* (1999); *The Wizard's Dilemma* (2002); *A Wizard Alone* (2002); *The Wizard's Holiday* (2003).

Lyndon Hardy – *Master of the Five Magics* (1984); *Secret of the Sixth Magic* (1988); *Riddle of the Seven Realms* (1988).

Tamora Pierce – Círculo de Magia: *Sandry's Book* (1997); *Tris's Book* (1988); *Daja's Book* (1998); *Briar's Book* (1999); O Círculo Abre: *Magic Steps* (2000); *Street Magic* (2001); *Cold Fire* (2002); *Shatterglass* (2003).

T. H. White – *The Sword in the Stone* (1963).

Segunda Aula:
Tornando-se um Feiticeiro

"Você é um feiticeiro, Harry – e muito bom, eu aposto! – desde que pratique um pouco. Você já fez alguma coisa acontecer? Algo que não poderia explicar – quando estava com raiva ou medo?" – Hagrid (em *Harry Potter e a Pedra Filosofal* – o filme)

1. Introdução: O que um feiticeiro precisa saber

Pedi a alguns membros do *Grey Council* que fizessem uma lista do que achavam que um feiticeiro deveria saber e ser capaz de fazer. Aqui estão algumas das respostas. Elas são verdadeiras para todos os Feiticeiros que eu conheço. Aprender todas é uma missão para toda a vida, mas, para você, ela começará aqui, com seu aprendizado.

Um feiticeiro deve...

Ser um estudioso constante da vida.

Ver o Divino na Natureza e a Natureza no Divino.

Não dizer uma palavra e ser ouvido com clareza.

Liderar sem força e ensinar sem orgulho.

Tomar as coisas e os ambientes mais mundanos, sentir a magia interna deles e ser capaz de abrir essa porta para os outros.

Olhar para a infinidade: escutar do céu noturno e senti-la como uma fonte que inspira reverência.

Amar a beleza do paradoxo e sempre ser capaz de ver o humor cósmico nos momentos mais difíceis.

Ser capaz de mudar, de modo a se misturar ao ambiente ou se tornar invisível, se necessário..., fazendo com que aqueles que o cercam se sintam seguros e ouvidos.

Manter seu centro calmo e a mente clara quando tudo ao seu redor estiver caótico.

Abrir seus olhos internos e ver de verdade.

Dizer "Eu não sei"... e perceber que isso é uma grande sabedoria; que não há problemas em dizer isso.

Ter compaixão por todos os seres e saber quando curar ou quando ser uma testemunha.

Saber que os segredos da Magia são conferidos aos que têm o coração aberto.

Falar com os deuses e saber que é ouvido.

Lançar uma esfera de proteção e luz.

Tomar suas próprias decisões; trilhar seu próprio caminho; e jamais seguir outros cegamente.

Conhecer a coragem e o poder da não violência e a força diligente de uma mente aguçada.

Conjurar uma história ou mito que precisem ser entendidos em um dado momento.

Conhecer plantas e criaturas selvagens e chamá-las de amigas e aliadas.

Ver o deus e a deusa em todas as pessoas.

Ter um espírito que brilha nas trevas.

Katlyn Breene

Um feiticeiro deve ter um total autocontrole; ser capaz de compartilhar gratuitamente; manter seu ambiente limpo; projetar sua vida; criar espaços sagrados; respeitar as crenças e verdades dos outros; tomar conta de suas próprias necessidades básicas; trabalhar de modo eficiente com e sem instrumentos mágicos; encarar os desafios com confiança; criar música e arte; andar com responsabilidade sobre a Terra; ouvir tanto quanto falar; exercitar o bom julgamento; assumir responsabilidades; ser gentil; criar rituais; escrever poemas; equilibrar as contas; construir um muro; ajudar os vulneráveis; confortar os que vão morrer; obedecer a ordens; dar ordens; evitar reações do ego; agir sozinho; cooperar em um grupo; resolver dilemas; analisar um problema novo; fazer tarefas domésticas com alegria; programar um computador; preparar uma refeição saudável; lutar com eficiência; evitar conflitos com bruxos; cultivar um espí-

rito generoso; viver com coragem e morrer com elegância. Elitismo é para os inseguros.

Abby Willowroot

Acima de tudo, um feiticeiro deve conhecer a si mesmo – o que o motiva e quais são suas fraquezas –, pois sem esse conhecimento ele não é um feiticeiro.

Rev. Pete Pathfinder Davis

Lição 2: Você como aprendiz - Eu como mentor

Existe um ditado comum em Magia que diz: "Quando o aluno está pronto, o professor aparece". Mas, como todas as Grandes Verdades, o oposto também é verdadeiro: quando o professor está pronto, o aluno aparece. Muito antes de existirem escolas, e ainda hoje em muitos campos, as pessoas aprendiam seu ofício tornando-se Aprendizes de Mestres. Para alguém que passou a vida aprendendo e dominando uma arte, um ofício, um comércio ou uma profissão, chega um momento em que ele ou ela começa a procurar um *protege*, ou sucessor que levará a Obra para a próxima geração. Nesse momento, um mestre se volta para a atividade de ensino e aceita estudantes e com sorte, aprendizes.

A palavra *mentor* vem da antiga história grega de Odisseu, contada em *Odisseia*, de Homero. Mentor era o nome de seu fiel amigo e conselheiro, e o professor do filho dele, Telêmaco. Portanto, o termo mentor passou a significar um conselheiro sábio e fiel; um professor e treinador. E é usado de modo especial para descrever uma pessoa mais velha que oferece a um rapaz ou garota o tipo de orientação e conselho de que necessitam para fazer a transição da infância para a adolescência e para as responsabilidades da vida adulta.

Quando eu era jovem, tive muitos mentores que foram bastante importantes para mim e que me guiaram nos momentos de decisões e transições mais importantes. Meus estudos principais foram voltados para Psicologia,* Sociologia, Antropologia, História, Arqueologia e Religiões Comparadas. Esses foram os campos nos quais eu me formei; e eles se tornaram a base para a minha carreira profissional no mundo material durante muitos anos. E, com minhas explorações contínuas de ciência e história natural, esses estudos me levaram à Feitiçaria.

Ser um Aprendiz de Feiticeiro

E assim, ao escrever este *Grimório*, eu estou assumindo o papel e a responsabilidade de um mentor para você, como foi feito comigo na minha juventude. Existe um ditado muito importante entre os praticantes de magia: "Tudo o que vai deve voltar". Quando entendemos isso de verdade, desejamos automaticamente passar adiante os dons que recebemos quando chega nossa vez de fazer isso. E assim são as coisas.

Nos tempos antigos, os aprendizes deixavam seus lares e passavam a morar com os mestres. Como Athur e Merlin, ou Dick Grayson na mansão Wayne, eles podiam viver na mesma casa, como uma "ala". Às vezes, eles viviam com outros aprendizes ou alunos em uma guilda, em um estúdio, ou (como em Hogwarts) em um dormitório estudantil em uma escola especial. É claro que você vai ficar em sua casa. Mas, quando estiver lendo este livro, gostaria que imaginasse que está sentado aqui comigo em meu estúdio, ou trabalhando ao meu lado em meu jardim, ou me acompanhando em uma caminhada pela mata, pelos campos ou pela costa. Ou talvez apenas nos deitemos na grama, em uma montanha, olhando as estrelas...

Então, agora que iniciou seu aprendizado, o que vamos esperar um do outro? Bem, você pode esperar que eu propicie essas lições de uma maneira organizada e sistemática. Pode contar comigo para lhes transmitir as informações mais honestas, confiáveis e responsáveis que eu conheço. Serei seu professor e mentor. Afinal, minha maior esperança é que você dê prosseguimento à minha obra; faça acréscimos a ela e, por sua vez, passe a tocha para a geração seguinte...

Quanto ao que eu espero de você... bem, em primeiro lugar, espero que preste atenção. Espero que tome conta de si mesmo e trate bem os outros! Espero que meus aprendizes sejam excelentes uns com os outros! Espero que você es-

---

*N.E.: Sugerimos a leitura de *O Livro Completo da Psicologia*, de Lesley Bolton e Lynda L. Warwick, Madras Editora. Ver também: *As Aventuras de Telêmaco*, de François Salignac de la Mothe Fénelon, Madras Editora.

tude e aprenda estas lições. E escreva alguma coisa em seu diário mágico todos os dias.

Lição 3: Sua família
(*a maior parte por Patrícia Telesco*)

Durante esse período em sua vida, é muito importante se relacionar bem com a família. Os caminhos da Magia podem ir e vir, mas a família é para sempre. Honrar seus pais pode ser difícil e algumas vezes frustrante, mas vale a pena e é um modo de devolver à sua família algo muito Mágico, ou seja, respeito! Espero que seu relacionamento com seus pais seja bom o suficiente para que você possa discutir esse assunto com eles. É claro que se seus pais forem como os terríveis tios de Harry Potter, isso não será fácil. Poucos de nós têm a sorte de nascer em famílias mágicas. Na verdade, temos até um nome para as crianças mágicas nascidas de pais não mágicos: Nós os chamamos de *Changelings*. Eu fui um *Changeling*. Por isso, se você também for um *Changeling*, aqui vão algumas dicas para ajudar na comunicação com seus pais:

Considere as tradições e experiências de sua família – descubra as coisas que são semelhantes à Feitiçaria e foque nelas quando conversar com seus pais. Haverá muito tempo para detalhar as diferenças depois. Seja lá o que fizer, não se apresente a seus pais quando vestir um manto e segurar uma varinha! Sugiro que use um dos suéteres preferidos de sua mãe e penteie os cabelos. Se você quer que eles levem sua escolha a sério, apresente-se como um adulto responsável.

Demonstre respeito pelas famílias dos amigos, e saiba que sua escolha em ser um feiticeiro é algo particular e pessoal. Nem todos se sentirão confortáveis com ela; e, às vezes, não importando o quão maravilhado você esteja com ela, é melhor mencionar essa parte de sua vida apenas em momentos e lugares apropriados.

Se o pior acontecer e seus pais disserem "não" a este livro e a seus interesses por Magia, saiba que ser um feiticeiro começa na mente, no coração e no espírito. Ninguém pode mudar o que você *é*. Eles podem atrasar um pouco seus estudos, mas é só. Na sua casa, seus pais ainda são os primeiros, e aceitar a decisão deles com maturidade causará uma boa impressão neles. Tente apresentar a ideia mais uma vez depois de seis meses ou um ano. Mesmo Roma não foi construída em um dia, e dissipar os temores de seus pais pode levar tempo, mas a persistência será recompensada.

Mas se suas notas continuarem boas na escola (eu *sei* que você é esperto!), e se você ficar longe dos problemas (bem, isso pode ser um pouco mais difícil, é claro), podemos esperar que seus pais o deixem se relacionar com seus amigos mágicos. Você terá este livro e eles provavelmente terão outros; e os livros de máfia lhe darão todos os tipos de ideias para fazer coisas com seus colegas.

Lição 4: Seus nomes mágicos

Como um feiticeiro, você terá diversos nomes nas diferentes fases da vida. Seu primeiro nome é aquele que seus pais lhe deram quando você nasceu. Se você nasceu em uma família mágica, é possível que ele lhe tenha sido conferido em uma cerimônia ou *seining* (batizado). Esse é o seu nome de nascimento, e aquele pelo qual seus pais e outros membros da família o conhecerão. Em todas as sociedades tribais, e na comunidade mágica, um segundo nome é conferido no primeiro Rito de Passagem, da infância para a adolescência (tradicionalmente entre o 11º e o 13º aniversários). Existem muitas variações desses ritos, mas de modo geral incluem provação ou desafio.

No dia em que o menino completou 13 anos, o feiticeiro Ogion retornou à vila, e a cerimônia de Passagem teve lugar. O feiticeiro tomou do menino o nome que a mãe dele lhe dera no momento do nascimento. Sem nome e nu, o garoto atravessou as nascentes frias do rio Ar, onde ele se eleva por entre rochas, sob altas escarpas. Ele atravessou para uma margem distante, tremendo de frio, mas com o andar lento e se mantendo ereto, como era esperado ao atravessar as águas geladas. Quando chegou à margem, Ogion, que o esperava, estendeu a mão, e, ao segurar o braço do menino, sussurrou em seu ouvido o nome verdadeiro dele.

Assim, o nome lhe foi dado por uma pessoa muito sábia no uso dos poderes.

Ursula LeGuin (*A Wizard of Earthsea*, p. 14).

O nome que você recebe nesse Rito de Passagem é o seu primeiro nome mágico, ou, como às vezes é chamado, seu *nome do círculo*. É o nome pelo qual você será conhecido entre os praticantes de magia, mas não entre os mundanos. Se ele lhe for dado de maneira ritualística por um mago, também poderá ser o *nome de sua alma* ou *nome verdadeiro*. De modo geral, mais ou menos na mesma época, você também receberá um *nome de uso*, ou apelido, pelo qual você será conhecido pelos amigos. Mais tarde, à medida que prossegue no caminho mágico, você receberá outros nomes entre outros círculos de pessoas. Se você receber Iniciação em várias Ordens, Círculos ou Tradições de Magia, receberá um novo nome em cada um deles para ser usado apenas entre essas pessoas. Como a maioria das pessoas na comunidade mágica também vive no mundo não mágico (estudando, trabalhando, etc.), muitas têm um nome de uso mágico comum que serve para elas nas duas comunidades – como Estrela, Dragão ou Lobo.

O nome mágico escolhido pelos membros da *Order of the Golden Dawn** original era com frequência apenas o lema da família. Hoje, contudo, a maioria dos praticantes de magia escolhe um nome que tenha um profundo significado pessoal para eles e para seu direcionamento espiritual. A busca para encontrar tal nome é envolvente, poderosa e pode levar bastante tempo para a pessoa que se dedica a ela.

Até que você seja de fato submetido a um Ritual de Passagem ou Iniciação mágica, não poderá receber um verdadeiro nome mágico nem de mim nem de outra pessoa. Mais adiante, eu lhe oferecerei uma Busca para encontrar um Nome Verdadeiro para você. Será uma jornada profunda de descoberta em seu próprio destino e identidade pessoal, e pode levar algum tempo para ser completada. Mas, agora, nesse início de aprendizagem, eu recomendo que você considere assumir um nome de uso mágico, com o qual se identificará pessoalmente e será conhecido entre os amigos mais chegados.

Busca: Escolha seu nome de uso mágico

Muitas pessoas na comunidade mágica escolhem nomes de uso baseados em coisas da Natureza. Os *totens*

Animais:	
Texugo	Gavião
Urso	Cavalo
Búfalo	Leão-Marinho
Puma	Lontra
Gralha	Fênix
Dragão	Corvo
Águia	Tordo
Raposa	Aranha
Grilo	Tigre
	Lobo
Plantas:	
Freixo	Erva
Álamo	Folha
Galho	Carvalho
Botão	Raiz
Cipreste	Sorveira
Abeto	Semente
Floresta	Espinho
Atributos:	
Atador	Fogo
Portador	Chama
Cortador	Coração
Dançarino	Luz
Descobridor	Sabedoria
Voador	Lua
Curandeiro	Oceano
Amante	Chuva
Saltador	Rio
Reparador	Mar
Corredor	Neve
Cantor	Céu
Caminhante	Fagulha
Tecedor	Estrela
Sábio	Temporal
Outros:	Sol
Escuro	Tempestade
	Caminho
Minerais:	Jade
Âmbar	Rocha
Cristal	Pedra
Jaspe	

---

*N.E.: Sugerimos a leitura de *The Golden Dawn – Aurora Dourada*, de Israel Regardie, lançamento da Madras Editora.

são muito populares – aqueles de animais com os quais as pessoas têm mais afinidade. Por muitos anos (1979-94), meu nome de uso foi *Otter* (Lontra). Nos Bestiários, em 6.1 e 7.III deste *Grimório*, há listas de criaturas naturais e mágicas e seus atributos. Se você sentir mais afinidade com plantas do que com animais, é possível assumir o nome de uma delas, como o de uma árvore, erva ou flor. Também há minerais, lugares, histórias, etc., de onde você pode tirar o seu nome. A lista abaixo apresenta alguns exemplos tirados de incontáveis possibilidades.

Cores: Você pode acrescentar uma cor a qualquer nome – como "Lobo Cinzento"; "Chama de Prata" ou "Carvalho Branco". Veja 1. III.7, "As cores da Magia", para aprender as atribuições das cores.

Combinações: Qualquer um desses nomes (ou outros que você crie) pode ser combinado e formar um só nome, como o autor Starhawk (Falcão das Estrelas); ou usados como dois ou três nomes, como o falecido ator River Phoenix (Fênix do Rio); ou o autor Silver (prata ou prateado) Ravenwolf (combinação das palavras "corvo" e "lobo"). Você pode criar nomes como Snowcat (Gato das Neves); Seawolf (Lobo do Mar); Stardancer (Dançarino das Estrelas) ou Skywise (O Sábio do Céu) (de *Elfquest*). Use a imaginação!

Numerologia: Outra consideração importante é o seu número mágico. Ele é obtido somando-se todos os números de sua data de nascimento (incluindo os quatro dígitos do ano), e somando-os de novo até chegar a um número de apenas um dígito. O resultado é o número de seu nascimento. Muitos praticantes de magia acreditam que seu nome deve ter o mesmo número. Ver 6.III.3: "Numerologia"; "Busca: seu número de sorte".

Uma cerimônia de nomeação

Quando finalmente você tiver escolhido um nome mágico, escreva-o no seguinte encantamento (e também em seu Diário Mágico). Depois fique na frente de um espelho, olhe para seus olhos e diga:

Eu chamo a mim mesmo de_____.
_____eu conheço.
Eu agora sou_____.
E o que eu disser três vezes assim será!
Por todos os poderes da terra e do mar.
Por todo o poder da Lua e do Sol.
E o que eu desejar, que assim seja;
Realize o encantamento e que seja feito!

Lição 5: A escola de Magia e Feitiçaria

No momento, uma boa parte de sua vida é dedicada à escola. Acredito que, infelizmente, a escola que frequenta não é muito parecida com Hogwarts! Mas pode ser para você muito mais do que imagina. Afinal, ir à escola significa estudar, e agora você tem este *Grimório* para estudar, além dos livros regulares. E ir à escola significa ter professores. Aposto que você tem, pelo menos, um professor muito bom na escola – e por meio deste *Grimório* você terá também a mim e aos outros Feiticeiros do *Grey Council*.

Conheça seus professores preferidos; fique depois da aula e converse com eles. Você pode se surpreender ao descobrir como alguém pode ser legal depois que o conhecemos melhor... Eu sei disso porque também lecionei em escolas públicas (e também trabalhei como conselheiro estudantil), e conheço muitos praticantes de magia que trabalham como professores em escolas por todo o mundo. Eles jamais se revelam, mas estão lá – e você pode encontrá-los se prestar atenção.

E, o melhor de tudo, ir à escola significa ter amigos. Jovens como eu e você costumávamos ser os "estranhos" da escola. Os jovens realmente "legais" eram os capitães do time e os líderes de torcida – eles estavam "dentro" e nós estávamos "fora". Eles iam às melhores festas e nós nunca éramos convidados. Mas tudo isso mudou. Existem muitas, muitas pessoas na comunidade mágica mundial – e muitas delas têm filhos. Eles são conhecidos como "Jovens magos" e vão à escola assim como você. Aposto que há pelo menos um em sua sala. Não é muito difícil encontrá-los – procure as joias mágicas (principalmente os pentáculos). E se você também usar um pentáculo, eles o encontrarão. Agora que você é meu aprendiz, você está "dentro". Se eles forem parte da comunidade mágica, os pais deles já devem me conhecer ou provavelmente lerão alguns de meus escritos. Se fizer amizade com eles, você formará o núcleo de seu círculo mágico.

Por enquanto, não existe nenhum Internato de Magia e Feitiçaria, como Hogwarts, onde você possa estudar. Uma das minhas maiores esperanças é mudar isso... No entanto, existe um grande número de cursos *on-line* – de modo especial, de Feitiçaria. Existem até alguns Acampamentos de Verão para que os "jovens magos" convivam com bruxas e Feiticeiros de verdade. E você deve acessar o site da **Grey School of Wizardry** em:
<www.GreySchool.com>.

Sobre Harry Potter

Por Susan Morris, também conhecida como Chasomdai

Eu li alguns desagradáveis artigos fundamentalistas que acusavam a série Harry Potter de ser uma ameaça satânica, e alegava que ela fora escrita para roubar a alma das crianças ou afastá-las das principais religiões. O objetivo seria o de ensinar às crianças que os bruxos são "bons" (o que incluiria um discurso sobre a "maldade" dos bruxos), para que elas também se tornem bruxas. Esses autores demonstram a própria ignorância e fanatismo, que pesam muito mais contra eles do que contra Harry Potter ou os bruxos.

Embora a série Harry Potter seja considerada positiva e divertida por muitos bruxos e Feiticeiros, ela de fato não apresenta nenhum conceito religioso e não deve ser associada às religiões da Wicca ou do Paganismo. As histórias realmente apresentam alguns dos mitos acerca de bruxos e Feiticeiros de uma maneira positiva; mas ainda trazem os estereótipos em vez da verdade. A maioria das pessoas sabe que bruxos e Feiticeiros de verdade não voam em vassouras, é claro. Mas muitos Feiticeiros se preocupam que crianças, impressionadas, possam confundir a fantasia de Harry Potter com a Magia e a Feitiçaria reais.

É claro que valores reais abraçados por verdadeiros bruxos e Feiticeiros estão presentes – Harry Potter é um bom garoto, que no fim sempre vence. Mas as histórias de Harry Potter não devem ser consideradas nada mais do que uma divertida obra de ficção.

Lição 6: Ser um "jovem mago" na escola pública*

Estudos: A fbase da Feitiçaria tem raízes no conhecimento de muitas coisas, e uma das características mais óbvias de qualquer feiticeiro é uma intensa curiosidade a respeito de tudo. Estar na escola propicia uma grande oportunidade para descobrir e explorar alguns desses campos. História e Ciências Naturais são especialmente importantes, assim como a Geografia e a Literatura. E, se lhe for oferecida, é claro que Mitologia** será uma de suas matérias favoritas!

Teatro e desempenho: Existem muitos lugares no sistema de ensino público nos quais os "jovens magos" como você podem se encaixar com perfeição. O melhor deles é o departamento de teatro. Há muito, muito tempo, na Idade da Pedra, tudo acontecia em volta de uma fogueira. O costume de tocar música e de contar histórias (e representá-las) ao redor da fogueira acabou se transformando em teatro e ritual. E assim o teatro sempre foi o coração da Magia. Ofereça-se para participar de todas as peças da escola.

Se não conseguir um papel, junte-se aos ajudantes de palco. Envolva-se com a divulgação, as fantasias, a maquiagem, o cenário – qualquer coisa para fazer parte do teatro. Você já observou, quando passa a ficha técnica no fim de um filme, que a lista de atores é relativamente pequena, mas a das outras pessoas que participaram da produção parece ser interminável? Há um mundo inteiro lá, e ele está repleto de magia! Na verdade, é muito provável que esse seja o lugar onde você encontrará a maioria dos "jovens magos"...

Neste *Grimório*, você aprenderá um pouco da magia da representação (denominada *conjuração*) junto com todo o resto. Você pode apresentar os seus próprios espetáculos de magia e criar a sua *persona* (personagem) mágica, e todos se divertirão. Pode até aprender uma série de piadas e apresentá-las no espetáculo (meu primeiro aprendiz e enteado, Zack, desenvolveu uma bela carreira a partir disso!). Também recomendo aprender prestidigitação (ou ilusionismo)! A arte da prestidigitação é uma habilidade mágica tão importante, que muitos escritos antigos não fazem distinção entre os prestidigitadores e os magos. Na verdade, a carta "O mago", do Tarô, também é conhecida como "O Ilusionista".

Arte: Se você tem qualquer dom artístico, frequente todas as aulas de Arte que puder. Aprenda a desenhar, pintar, esculpir, entalhar, fazer cerâmica, tecer, costurar, confeccionar joias. Faça seus próprios sigilos, amuletos, pentáculos, varinhas, cálices, mantos, figuras do altar. Ofereça seus serviços artísticos à escola para fazer cartazes, folhetos de peças, desenhos, etc. Os artistas são muito apreciados na comunidade mágica, assim como no teatro. Sempre existe uma procura por ilustrações em livros e revistas; joias, pôsteres, camisetas, figurinos e outras coisas desse tipo. Na realidade, ser um artista é a principal maneira pela qual eu sustento minha família (eu crio joias e esculturas de deuses e deusas)!

Música: A música sempre foi uma parte muito importante da Magia. A arte dos *Bardos* foi considerada a base de

---

* N.T.: Aqui o autor faz referência ao sistema de ensino norte-americano.
**N.E.: Sugerimos a leitura de *O Livro Completo da Mitologia Clássica*, de Lesley Bolton, Madras Editora. Ver também: *Tarô de Marselha*, de Vera Martins, Madras Editora.

todo o Druidismo;* e o poder dos antigos cantores, bardos e menestréis conseguiam derrubar reis tirânicos. Se você tiver qualquer dom musical (que eu infelizmente não tenho), então se esforce para desenvolvê-lo. Aprenda a tocar um instrumento musical (o violão, de modo especial). Faça parte da banda da escola, ou cante em um coral. Aprenda canções tradicionais, principalmente baladas. Escreva sua própria poesia e transforme-a em música. Você pode encontrar muita inspiração nos CDs e fitas atuais.

Sobre Ciência e Magia: Ser um feiticeiro significa que você operará com forças e efeitos que não foram, até agora, validados pelas principais correntes científicas. Isso não significa que você deve acreditar automaticamente em *tudo* que pareça estranho e diferente nem significa que deve desprezar a ciência como uma visão limitada de mentes estreitas. A ciência é um poderoso uso sistemático de nossa mente para aprender coisas. Ela é, contudo – e essa é a parte de modo geral não ensinada ou admitida nas escolas –, um limitado conjunto de instrumentos.

A ciência funciona muito bem no estudo de fenômenos em que cabe a experimentação, ou seja, o tipo de coisa do qual você pode controlar com cuidado as condições sob as quais o experimento acontece e no qual você tem acesso a todas as informações acerca do que acontece com a coisa que você está estudando. Mas a ciência não funciona muito bem para estudar sistemas complexos, caóticos ou fenômenos que são muito raros e aparecem apenas em condições incomuns que não podem ser criadas em um laboratório. A história da ciência é repleta de exemplos de coisas reais (como meteoritos, raios globulares, deriva dos continentes, unicórnios ou lulas gigantes) que foram declaradas "inexistentes" pelos líderes das principais correntes científicas porque eles nunca as viram e não conseguiram encontrar uma explicação sobre o modo como elas *poderiam* existir. Quando a evidência para explicar esses fenômenos foi descoberta, eles foram, por fim, "admitidos" como reais pelos cientistas que negaram essa realidade por muitos anos.

No início do século XX, um matemático chamado Gõdel provou na realidade que é *matematicamente inevitável* que o Universo contenha coisas que são verdadeiras, mas que não podem ser provadas. Os Feiticeiros trabalham com essas forças e fenômenos. Portanto, seja um pensador crítico e interessado em aprender como o mundo opera; mantenha a mente aberta no que diz respeito a coisas que pareçam ser verdadeiras, ainda que não as entendamos... por enquanto.

Tarefa: Crie seu altar pessoal

Para começar qualquer tipo de prática de magia, você precisará criar um altar pessoal em seu quarto. Ele será um lugar para colocar seus instrumentos mágicos e também o centro da maior parte de sua prática mágica. Os altares pessoais são tão variados e individuais quanto as pessoas que os criam. Não há, na verdade, um modo "errado" de fazê-lo. Qualquer superfície plana horizontal pode ser transformada em um altar. Muitos praticantes de magia usam uma pequena mesa (quadrada, redonda ou retangular), uma cômoda ou armá-

---

*N.E.: Sugerimos a leitura de *Explorando o Druidismo Celta*, de Sirona Knight, Madras Editora.

rio, a parte de cima da televisão, ou mesmo uma prateleira de uma estante (o meu é assim, embora nosso grande Altar da Família Ravenheart esteja sobre o consolo da lareira). Se você tiver pouco espaço, um modo conveniente de fazer um altar pessoal é sobre uma prateleira triangular presa às paredes em um canto de seu quarto. Um altar pode ser de qualquer tamanho que você achar conveniente, mas eu recomendo que tenha pelo menos 60 centímetros de largura e 30,5 centímetros de profundidade. Quando tiver um espaço adequado para o altar, você precisará de uma toalha para cobri-lo. Um lenço grande ou uma echarpe de seda decorados são ideais, mas qualquer material bonito de que você gostar pode ser usado. Se procurar na loja esotérica perto de sua casa, você vai encontrar bonitas toalhas para altar com desenhos mágicos pintados. Para a magia das cores, você precisará de toalhas coloridas do modo apropriado.

Existem algumas coisas que estão presentes em quase todos os altares. Em primeiro lugar, você deve ter alguma coisa para representar cada um dos quatro Elementos (Terra, Ar, Fogo e Água). A Terra pode ser representada por um cristal, um geodo, uma pequena xícara de sal, um *pentáculo*, pão, uma fruta ou mesmo um pequeno vaso de planta. O Ar pode ser representado por uma pena, um *turíbulo* (um incensário), um sino, uma flauta ou uma borboleta seca. A Água é, em geral, colocada em uma xícara ou em um cálice – mas uma concha, uma estrela-do-mar ou um pedaço de coral também são adoráveis representações desse Elemento. A água no cálice nunca deve ficar velha, deve ser trocada com regularidade – principalmente antes de qualquer prática. O Fogo é universalmente representado por uma vela votiva vermelha colocada em um jarro vermelho, mas um pedaço de lava vermelha, carvão, madeira carbonizada, ou uma pedra vermelha polida também podem ser usados. Até uma pequena imagem de um dragão vermelho pode ser utilizada para representar o Fogo. Seus instrumentos mágicos – como a varinha, a *athame* (faca ritual), as joias, as algibeiras de medicamentos, *amuletos, talismãs*, etc., também devem ser mantidos sobre o altar ou perto dele. Se você tiver muitos desses objetos, coloque um galho ou chifre de alce sobre o altar e pendure as coisas com correntes ou cordões.

NOTA: NUNCA deixe uma vela acesa sobre o altar quando você não estiver em seu quarto! Eu tomei conhecimento de muitos praticantes de magia cujas casas foram incendiadas porque eles deixaram velas acesas sobre o altar! Certifique-se também de que não há nada acima das velas que possa pegar fogo – incluindo outra prateleira, cortinas, etc. Peça para sua mãe verificar o local do altar antes de acender qualquer vela sobre ele.

Em seguida, seu altar deve ter alguma representação do Espírito. Pode ser na forma de uma bola de cristal, ou estátuas, ou desenhos de deuses e deusas, que você pode fazer ou comprar em uma loja. Não coloque muitas dessas imagens no altar – apenas uma ou duas que combinem ficarão bonitas. (Eu faço estátuas para altares e tenho um belo par de imagens de um deus e uma deusa jovens que criei especialmente para você!) Outra maneira de representar o Espírito é colocar um espelho atrás do altar, que refletirá seu próprio rosto quando fizer suas práticas. Afinal, o Espírito Divino está sempre dentro de você! Seu altar é um pequeno lar para o Espírito/Deus/Deusa morar com você como hóspede de honra. Trate-os como tais e eles o honrarão. Se você deseja criar um altar para uma divindade específica, pense com cuidado sobre isso. Dedique algum tempo para estudar a divindade; aprenda seus atributos e símbolos. Depois falaremos mais sobre isso...

E, por fim, seu altar pessoal deve ter representações de você mesmo e daqueles que ama. O modo mais comum de incluí-las é por meio de fotos, mas algumas pessoas usam pequenas imagens de animais para representar a si mesmas e aos membros da família – de modo especial, aquelas que se identificam com criaturas totêmicas específicas. Essas representações são utilizadas especialmente em práticas de cura. Outras decorações podem ser acrescentadas como você desejar. Pedras bonitas (principalmente aquelas com buracos naturais), cristais, fósseis, ossos, meteoritos, conchas, bolotas, etc., que têm o tipo de energia que você quer, podem ser dispostas de maneira decorativa. Lembre-se, todavia, de que seu altar é um espaço sagrado, e jamais coloque objetos mundanos (como sua escova de cabelo, uma lata de refrigerante ou sua carteira) sobre um altar consagrado! Mantenha o seu altar limpo e arejado.

Quando tudo estiver pronto, realize um pequeno Rito de Consagração. Acenda uma vela e incense (se você estiver usando esses objetos), e diga:

*Este altar agora é um espaço sagrado
De Espírito e Mistério
Que a Magia resida neste espaço
E que tudo sobre ele seja abençoado!*

Lição 7: Progresso e avanço

Iniciações

A palavra *iniciação* significa "começo". Uma Iniciação é um rito formal de passagem para admitir um novo membro em um grupo já existente. A maioria das fraternidades estudantis tem rituais de Iniciação, assim como alguns grupos de jovens e gangues de ruas. Algumas Iniciações apresentam desafios e provações, e quanto mais difícil eles forem maior será o posterior sentimento de pertencer ao grupo. Muitas tradições mágicas operam em grupos – são chamadas de *covens*, lojas, ordens, círculos, etc. – e a maioria delas realiza rituais de Iniciação. Mas a idade mínima de admissão nesses grupos de magia é, de maneira geral, 18 anos, pois grupos responsáveis não aceitam menores de idade. Não comece a correr na magia antes de conseguir caminhar nela!

A Iniciação pode ser uma metamorfose mágica, abrirá a porta para a consciência expandida e a percepção do próximo estágio de sua evolução mágica e espiritual. Ela pode transformá-lo de maneira tão profunda, que seu conceito de realidade pessoal e terrena é alterado para sempre. A Iniciação é mais do que apenas a transmissão de "segredos" e sabedoria. Também pode ser um jeito de dizer ao Universo: "Estou preparado para ser testemunha do desvelamento dos Mistérios revelados em minha própria vida. Eu aceito e me abro para o desafio a ser ensinado pela experiência".

Graus e níveis

Alguns grupos mágicos têm certa quantidade de graus, ou níveis (como na escola), que reconhecem estágios no desenvolvimento espiritual e treinamento mágico. É possível que você já esteja familiarizado com o sistema de cores de faixas nas artes marciais do Oriente. O número de tais graus varia de grupo para grupo. Algumas sociedades de magia incluem dez ou mais graus, mas o número mais comum é três. Cada sistema tem seu próprio nome para eles. No Druidismo, os três graus são *Ovates, Bardos* e *Fili*. Na Feitiçaria, os graus mais comuns são *Iniciado, Sacerdote/Sacerdotisa, Sumo Sacerdote/Sacerdotisa*. As guildas de ofícios reconhecem *Aprendizes, Operários* e *Mestres*. A tradição de Feitiçaria que eu ofereço aqui reconhece *Aprendizes, Operários* e *Adeptos*.

Alguns tolos consideram a obtenção desses graus como um objetivo em si mesmo e chegam a tentar alcançá-los por meio de trapaça! Mas os verdadeiros praticantes de magia sabem que podemos receber nossos graus de treinamento, conhecimento, sabedoria, competência e compaixão apenas quando os alcançamos de fato. Eles podem vir de maneiras variadas e surpreendentes – em *flashes* de visões e entendimento; em uma boa sorte inesperada; e de um modo que você perceba que sua vida está indo na direção certa, por meio da *sincronicidade* mágica (ou seja, "coincidências felizes"). Este *Grimório* propiciará os instrumentos para um programa completo de Aprendizagem, e, quando você completá-lo, poderá se qualificar como feiticeiro operário. Como você está aprendendo as lições por meio deste livro, e não pessoalmente, não tenho como avaliar seu progresso durante a Aprendizagem, portanto não posso lhe conferir nenhum grau. Se algum dia você decidir fazer parte de um grupo de magia, uma loja, ou ordem, ainda terá de se qualificar de acordo com o programa deles. Mas, se aprender bem as lições, acredito que se dará muito bem! E talvez algum dia possamos nos encontrar...

Terceira Aula:
Fundamentos da Magia

"Qualquer ciência suficientemente avançada é indistinguível da magia."

Arthur C. Clark

1. Introdução: Perspectiva, reverência e humildade

(*por Bob Grantrix*)

Tornar-se um feiticeiro é algo que pode ser ilusório. Algumas pessoas que se sentem atraídas pela ideia de se tornar um feiticeiro desejam obter poder ou impressionar os outros. Mas um feiticeiro de verdade começa seu aprendizado com o entendimento de que qualquer ser humano, não importa seu grau de conhecimento e poder, ainda é um ser pequeno e temporário em um Universo que, acredita-se, tem 14,1 bilhões de idade e que mede aproximadamente 88 *quatrilhões* de milhas de largura.

À medida que o conhecimento do feiticeiro aumenta, ele distingue cada vez mais que o relacionamento apropriado com o vasto e misterioso Universo se dá por meio do respeito, da humildade e da reverência. É algo surpreendentemente belo e precioso o fato de nós, humanos, termos consciência e sermos capazes de nos desenvolver, como fazemos, em personalidades tão complexas, acumulando conhecimento e habilidades como a Feitiçaria.

Ser um feiticeiro é reconhecer que *tudo está vivo* e *tudo está ligado*. Falaremos mais a respeito disso mais adiante. O que isso significa é que a orientação apropriada a todas as coisas, isso inclui outras pessoas, é respeito e humildade. Um feiticeiro de verdade não se sobrepõe a outras pessoas ou busca chamar atenção só porque obteve um pouco de conhecimento. Lembre-se sempre de que ainda que tenhamos aprendido muitas coisas, que sejamos muito habilidosos na arte da Feitiçaria, aquilo que não sabemos ainda é bem mais vasto do que o que conhecemos.

A vida é, entre outras coisas, um processo. Na condição de nosso ser, vivenciamos e observamos que um ciclo de mudança e transformação está acontecendo; um estado partilhado de ser e se tornar. Um feiticeiro trabalha com criação, e seus instrumentos são essencialmente os da percepção, autoconhecimento e lei natural. Os dedos de um feiticeiro podem tocar o coração da própria Vida e conhecer tanto seus poderes quanto suas fraquezas – o equilíbrio cuidadoso em todas as coisas em desenvolvimento. Nesse conhecimento, reside o potencial para a transformação e aceleração dos processos naturais que estão em progresso. Essas transformações são a essência da magia e da criação – elas promovem a vida e atos corajosos que podem trazer pequenos e grandes desafios. É a habilidade de proferir os encantamentos mágicos que afasta o tormento daqueles que estão perturbados; a habilidade de levitar aquilo que está caindo; a energia e a visão para remover aquilo que bloqueia o fluxo daquilo sobre o qual a vida opera. É por causa de tudo isso, e muito mais, que o feiticeiro cria rituais para que qualquer quantidade de pessoas possa partilhar da expressão de sua humanidade e dignidade diante dessas forças vitais.

Nossas vidas são a nossa obra mais íntima de criação, e, como escultores, criamos belas imagens de quem nós representamos para o mundo. Temos alguma noção de nossa visão superior de nosso Eu; uma familiaridade com a dádiva gloriosa que trazemos para o mundo, e nossa esperança de celebrar em tudo o que somos sob esse Sol dourado. Enquanto estamos envolvidos nessa obra criativa, se desejamos continuar a crescer, devemos nos afastar de vez em quando para verificar como estamos progredindo. Precisamos ver o que deve ser mudado em nossa evolução pessoal. Precisamos sondar com profundidade os conceitos e crenças que aceitamos como verdadeiros e desafiar aquelas ideias com o que agora conhecemos a nosso respeito, fazendo quaisquer ajustes que sejam apoiados por nosso autoexame.

Procuramos por padrões que definam os temas que estão em operação dentro de nós, para que possamos ver quem somos nós e o que estamos nos tornando. Procuramos por padrões em nosso comportamento e perspectivas que nos ligue àquilo que estamos manifestando. E usamos esses mesmos poderes de avaliação e recepção exteriormente, de modo que a essência daquilo que nos cerca possa ser reconhecida pelo que ela é de fato.

Lição 2: Ver e pensar como um feiticeiro

A verdadeira jornada de descoberta não consiste em procurar novas terras, mas em enxergar com novos olhos.

(Marcel Proust)

Se você já viu modelos ou imagens de um cérebro, sabe que existem duas metades – os *hemisférios cerebrais*. O lado esquerdo do cérebro (que controla o lado direito do corpo e a mão direita) está relacionado à lógica, ao pensamento racional. Matemática, linguagem escrita e falada, mecânica, ciência e política estão associadas ao lado esquerdo; portanto, "vemos" todas elas com nosso "olho esquerdo". Dizemos que os cientistas, matemáticos, mecânicos, contadores e políticos são "do cérebro esquerdo".

Verbal		Não verbal
Lógico		Intuitivo
Linear		Holístico
Digital		Espacial
Abstrato		Analógico
Analítico		Sintético
Simbólico		Concreto
Dedutivo		Indutivo
Racional		Não racional
Temporal		Atemporal

O lado direito do cérebro, por outro lado, está ligado à percepção intuitiva e mística. Arte, imagens, símbolos, música, canto, poesia, magia, sonhos, visões e experiências psíquicas são associadas ao lado direito; portanto, "vemos" todas elas como o nosso "olho direito". Dizemos que os artistas, músicos, místicos e poetas são "do cérebro direito". O lado direito do cérebro controla a mão esquerda.

Feche um olho e mantenha a cabeça parada e olhe para uma cena com muitas camadas complexas (como uma sala cheia de pessoas ou árvores em uma floresta). Ou olhe para imagens em 3-D quando usar aqueles óculos 3-D especiais, com um olho de cada vez. Vistas com apenas um olho, todas as coisas parecem planas em vez de tridimensionais. Você perde todo o sentido de perspectiva. No sentido mais amplo das coisas, essa é a maneira como a maioria das pessoas "vê" tudo ao seu redor. E é por isso que o "ver" pertence ao mundo "mundano".

Prosseguindo com os dois olhos abertos

Uma das principais distinções entre os Feiticeiros e as outras pessoas é o modo especial de enxergar o mundo e ver além das superfícies. Algumas pessoas chamam isso de "pensar fora da caixa". A maioria das pessoas na verdade "vê" com apenas um olho – o esquerdo ou o direito, ou seja, elas filtram todas as suas percepções e experiências por meio de um dos lados do cérebro. Um feiticeiro "vê" com os dois olhos, usa e integra os dois lados do cérebro ao mesmo tempo. Assim, um feiticeiro tem um senso de perspectiva que a maioria das pessoas não pode nem imaginar (e a palavra imaginar significa "ver uma imagem em sua mente"). Quando você "vê" dessa maneira, aparecem-lhe padrões e ninguém mais consegue enxergar (na verdade, os outros lhe dirão que você está apenas vendo – ou imaginando – coisas). É como aquelas imagens que parecem ser apenas uma confusão de cores e manchas, até que você foque os dois olhos da maneira certa – e, então, de repente, uma imagem completa em 3-D aparece diante dos olhos. A mente de um feiticeiro olha para todas as coisas desse modo. Podemos até chamar isso de "percepção holográfica".

Há um ditado que diz: "Em terra de cego, quem tem um olho é rei". No reino da Magia, o homem de um olho só é cego. Essas lições têm o objetivo de ensiná-lo a sempre ver com os dois olhos...

Busca: Visualizações binoculares

Os exercícios simples que apresento a seguir o ajudarão a focar sua percepção, visão interior e imaginação mágica. Antes de praticar cada um deles, esfregue as palmas das mãos vigorosamente uma na outra, até que elas estejam carregadas de calor. Depois coloque-as sobre seus olhos abertos, permitindo que a energia seja absorvida por eles.

1. Terceiro olho: Fique a uma distância de 6 centímetros de um espelho e olhe para seu reflexo com os dois olhos abertos. A princípio você verá dois olhos, é claro. Mas foque a visão com um pouco menos de intensidade e lentamente os dois olhos se fundirão em um: um "terceiro olho".

2. Salsicha flutuante: Aponte os dedos indicadores um para o outro a uma distância aproximada de 6 centímetros de seus olhos, que devem estar abertos. Junte as pontas dos dedos e foque o olhar com suavidade no ponto em que elas se encontram. Logo você verá uma "salsicha" aparecer entre eles. Separe os dedos devagar até que a "salsicha" pareça flutuar no ar. Foque com mais clareza e mantenha a posição fixa por alguns minutos sem forçar.

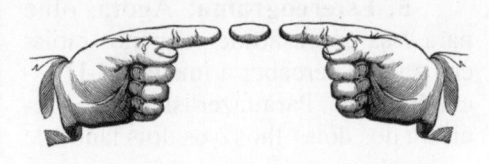

3. Cubo 3-D: Use a mesma técnica do foco suave e deixe estas duas imagens flutuar juntas até que apareçam três. A imagem do meio estará em 3-D.

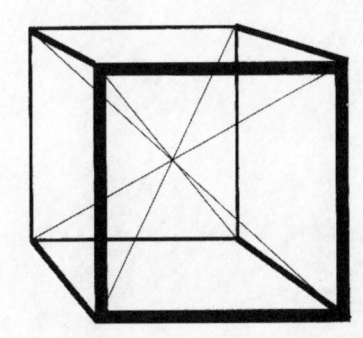

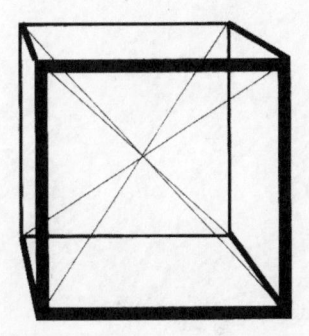

4. Foto 3-D: Agora, olhe para estas duas fotos do mesmo modo e deixe que elas se fundam em uma única imagem 3-D! Pratique até conseguir manter o efeito 3-D.

5. Estereograma: Agora, olhe para essa confusão de pequenos rabiscos e tente perceber a imagem 3-D escondida nela. Para fazer isso, você precisará dos dois olhos *e* os dois lados de seu cérebro ao mesmo tempo! Essas imagens são chamadas SIRDS (Estereogramas de Pontos Aleatórios em Imagem Única)* e você pode ver muitas delas em www.nottingham.ax.uk/~etzpc/sirds.html.

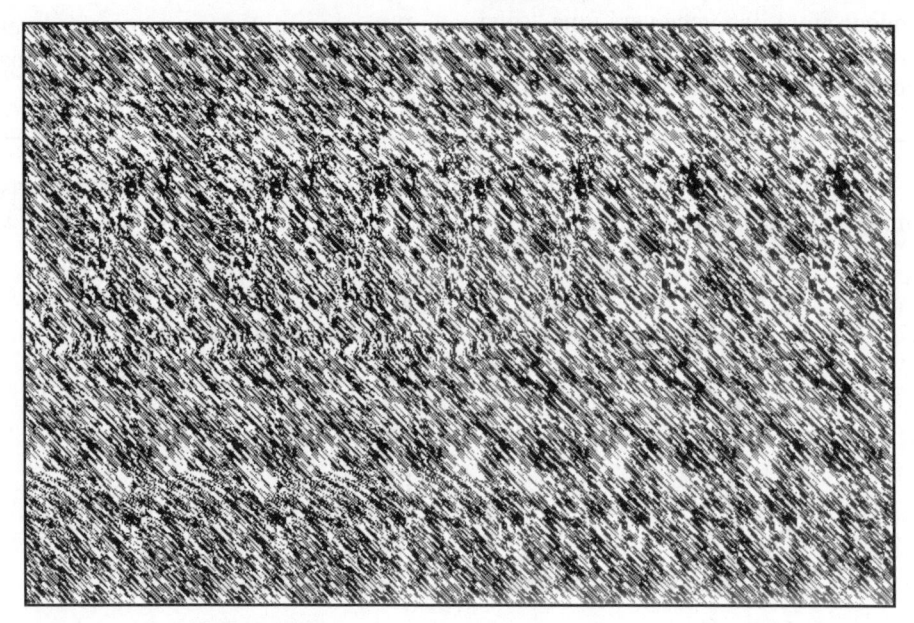

Busca: Ouvir como feiticeiro

Uma importante habilidade mágica é dominar a quietude e se tornar consciente dos sutis indícios de sons que o mundo natural nos propicia. A audição mágica o sintoniza com o mundo mágico. Feiticeiros ouvem não apenas com os ouvidos, mas com todos os sentidos, tornando-se perceptivos a muitas coisas que são invisíveis para os outros. Existem muitas camadas de sons ao nosso redor, mesmo quando tudo parece estar em silêncio. Nutrir a mente consciente com essas camadas de sons e com as informações que os sons contêm aumenta seu poder e dá a seus encantamentos uma textura mais rica, robusta.

Agora, tente esta prática: relaxe a mente e ouça. O que você ouve em primeiro lugar? E depois? E depois? Como os sons estão inter-relacionados? À medida que você ouve, sua mente começara a entrar em sintonia com muitos sons e impressões que geralmente não são percebidos. Quanto mais você praticar essa técnica, mais natural ficará para você absorver os sons sutis e as energias à sua volta. Você se afinará com a brisa a tocar sua pele e outras sensações táteis, para que o seu sentido

---

* N.T.: a sigla corresponde ao nome em inglês – *Single Image Random Dot Stereograms.*

do tato aprenda a ouvir. Mesmo em uma cidade, os sons da Natureza estão por todos os lugares, misturados aos sons da civilização. Ouça com seus sentidos, sua intuição e sua curiosidade mágica.

Mais tarde, tente uma "Busca Auditiva" pela Natureza. Isso pode ser feito em seu quintal, na praia ou no campo – algum lugar que seja muito familiar ou estimado. Ouça até que uma planta ou uma árvore, um aspecto da Natureza, ou um animal apareça ou se faça presente de uma outra maneira – talvez apenas em seus pensamentos. Ouça até que o espírito daquele animal, planta ou coisa (pode ser uma rocha ou uma cachoeira) o chame. Quando "ouvir" essa mensagem, deixe uma oferta de agradecimento – um biscoito, uma concha, uma fruta, uma canção ou uma oração.

Lição 3: A Magia é sempre poder e mudança

Magia é o nome que damos a vários modos de fazer mudanças em nós mesmos e no mundo, utilizando-se de meios que não podem ser explicados pelas teorias usualmente aceitas e entendimentos da ciência e da sociedade. É claro que muitas tecnologias que agora usamos sem prestar muita atenção – como televisão, telefones celulares, micro-ondas, computadores, Internet, video-games, hologramas, raios-X, sonogramas, ressonância magnética, etc. – teriam parecido magia há apenas cem anos! Para muitas pessoas, essas coisas ainda são mágicas, porque o modo como elas realmente funcionam é incompreensível para a maioria dos usuários.

E, ironicamente, muitas coisas que hoje são consideradas pertencentes ao reino da "magia" – como a telepatia, projeção astral, mediunidade e outros fenômenos psíquicos – eram consideradas "científicas" (como nas "Ciências Psíquicas") há apenas cem anos. Alguns dos maiores fundadores da Revolução Científica eram também alquimistas, astrólogos e magos. Sempre existiu um contínuo movimento de ir e vir entre os reinos da ciência e da magia de acordo com as mudanças das teorias e tendências. E a Feitiçaria sempre envolveu as duas. Os dois lados do cérebro – os dois olhos bem abertos.

A própria palavra *magia* vem dos sacerdotes zoroastristas da antiga Pérsia, que eram conhecidos como *magos*. Os magos eram famosos por seus poderes de cura e adivinhação – de modo especial, na Astrologia. Eles acreditavam que o Cosmos era vivo e Divino e reverenciavam os planetas, as estrelas e outros corpos celestes. Os "Três Reis magos", que levaram presentes ao recém-nascido Jesus em Belém, eram magos da Pérsia.

O termo persa magus *(que significa "sacerdote" e "adorador do fogo" foi adaptado em grego para* magos *(que significa "sábio", "feiticeiro" ou "prestidigitador". As demonstrações, os feitos e as características "de um feiticeiro" eram chamados de* magikos, *e foi essa raiz grega que no Ocidente se transformou em magia e mágico.*

Tom Ogden (*Wizards & Sorcery*, p. 129)

Glossário dos conceitos mágicos

Agora é hora de mais um pequeno glossário. As palavras e conceitos abaixo serão importantes para entender as lições seguintes:

Paradigma: Um *paradigma* é um modelo filosófico ou visão de mundo pela qual as outras coisas são entendidas. Por exemplo, embora pareça idiota agora, na Idade Média o paradigma concernente ao Sistema Solar era de que a Terra estava no centro, e o Sol, a Lua, os planetas e as estrelas giravam ao nosso redor em uma série de esferas de cristal concêntricas e transparentes, como lâmpadas incandescentes de diferentes tamanhos, dentro de cascas de ovo de vidro giratórias. Tudo o que as pessoas acreditavam e vivenciavam tinha de, de alguma forma, encaixar-se nesse paradigma, e aquilo que não estava de acordo com ele era ignorado – ou considerado ilegal.

Meme: *Memes* são unidades de ideias. São "genes mentais" que as pessoas transmitem; ideias ou paradigmas que parecem lutar para garantir sua própria existência. Essa palavra foi criada por Richard Dawkins, da Universidade de Oxford, em seu livro de 1976, *The Selfish Gen*.

Analogia: Uma *analogia* é uma comparação entre duas coisas diferentes (chamadas *de análogas*), observando-se algum ponto de semelhança. Dizemos "isto é igual aquilo, só que diferente". A maioria das charadas é baseada em analogias, como "Uma caixa sem dobradiças, fechadura ou tampa, porém há um tesouro dourado escondido dentro dela" – a resposta é "um ovo", e o análogo é uma arca do tesouro. Como os Feiticeiros enxergam os padrões ocultos, muitas coisas podem ser vistas dessa maneira como análogas, e por isso os Feiticeiros, com frequência, dão a impressão de falar "em charadas".

Metáfora: Uma *metáfora* é uma comparação na qual se diz que uma coisa *é* outra (em vez de apenas *parecida* com a outra). Dizemos "isso *é* aquilo". As metáforas nos permitem ver as coisas de uma maneira totalmente diferente e abrem novas possibilidades. Quando Shakespeare disse: "O mundo todo é um palco", ele nos deu uma importante perspectiva para enxergar os outros como atores em um drama cósmico.

Alegoria: *Alegorias* são histórias que ensinam quais os personagens, coisas e acontecimentos representam outras coisas na vida real. As fábulas são alegorias muito populares, nas quais animais representam diferentes tipos de pessoas. *Paradigmas, analogias, metáforas* e *alegorias* são todos tipos diferentes de mapas conceituais que desenhamos em nossas mentes. A coisa importante a lembrar é que o mapa não é o território – e o cardápio não é a refeição! Muitas pessoas não percebem isso. Mas os Feiticeiros sim.

Paradoxo: Um *paradoxo* é algo que parece ser autocontraditório e, por conseguinte, absurdo, mas que pode de fato apontar para uma verdade escondida ou mais profunda. Um dos exemplos mais famosos é o paradoxo da viagem no tempo: se voltasse ao passado e acidentalmente matasse sua mãe quando ela era criança, então ela não cresceria para gerar você, e você não existiria para, tempos depois, entrar em uma máquina do tempo e voltar para matá-la. Mas se você não a matou, então você nasceu e voltou no tempo... No caso da Feitiçaria, o paradoxo é invocado com mais frequência quando dizemos que para uma Grande Verdade seu oposto também é verdadeiro. O exemplo clássico é: "Como acima, também abaixo".

Sincronicidade: *Sincronicidade* significa, de modo literal, o mesmo que *coincidência* – uma ocorrência simultânea (duas coisas acontecem juntas ao mesmo tempo). Mas enquanto as coincidências são apenas aleatórias, as sincronicidades revelam padrões e significados ocultos. Com frequência, quando você está na direção certa na vida, acontecimentos sincronísticos ocorrem como sinais de orientação divina.

Síntese: Uma *síntese* é a junção de partes separadas para formar um todo. De modo particular, refere-se à união em que, opostas, a *tese* e a *antítese* são reconciliadas.

Holograma: Um *holograma* é uma imagem na qual todas as pequenas partes contêm a essência do todo – como o DNA no qual cada uma de nossas células contém o padrão de nosso ser completo.

Máscara: Uma *máscara*, um padrão ou recorte, que é colocado sobre uma imagem para revelar ou impor um padrão coincidente. Algumas das minhas máscaras favoritas são aquelas feitas de vidro especial que transformam imagens duplas em 3-D, como nos filmes ou quadrinhos.

Sinergia: *Sinergia* é o resultado da junção e combinação de coisas separadas, de modo que o todo seja maior do que a soma das partes; e algo completamente novo apareça. Um bom exemplo é a água. Suas partes separadas são oxigênio e hidrogênio – dois gases inflamáveis que explodem quando em combustão. Mas, quando são combinados em uma molécula de H_2O, o resultado – água – é uma substância completamente nova que pode existir no estado sólido, líquido *e* gasoso, em 100° C.

Gestalt: *Gestalt* é uma palavra alemã que significa "forma". Esse termo é usado para descrever padrões integrados de conceitos mentais que produz um novo paradigma sinergístico. As novas ideias são quase sempre o resultado do pensamento *gestalt*.

Epifania: Uma *epifania* é uma revelação repentina, quando todos os pedaços se juntam em uma *gestalt*, e você vê algo de uma forma que jamais pensou antes. Na antiga Grécia, essa palavra era usada para descrever o aparecimento ou manifestação de um deus; e as pessoas ainda costumam dizer: "Ó, meu Deus!", quando diante de uma epifania.

Lição 4: A origem da Magia

A Magia começou com o domínio do fogo. Quando descobrimos pela primeira vez como realmente *fazer* fogo, demos um salto quântico em nosso controle do mundo; isso nos separou das outras criaturas e nos colocou no caminho da Humanidade. Nós nos tornamos as primeiras criaturas vivas que podiam intencionalmente criar algo do nada – algo muito poderoso, que obedeceria à nossa vontade. O fogo mantinha os ursos, lobos e tigres de dente de sabre afastados de nossas cavernas e acampamentos. O fogo levava os animais de caça para nossas armadilhas e emboscadas; mesmo o poderoso mamute temia as tochas dos caçadores (você também temeria se seu corpo fosse coberto por longos pelos inflamáveis!). Essas mesmas tochas iluminavam para nós as passagens secretas dentro das cavernas que nenhuma outra criatura podia explorar; e nos permitiram pintar nas paredes das cavernas figuras mágicas de animais, estrelas, pessoas, símbolos – e imagens de xamãs, os primeiros Feiticeiros. Essas pinturas foram, provavelmente, os primeiros encantamentos lançados.

O fogo iluminava as noites mais escuras e nos manteve aquecidos durante invernos que duraram dez mil anos. O fogo assava a carne que comíamos, cozinhava nossos vegetais, derretia o gelo, fervia a água, secava o salmão, curtia as peles que usávamos, endurecia as pontas de madeira de nossas lanças e queimava nossos primeiros trabalhos de cerâmica. Reunidos ao redor de fogueiras, entoamos nossas primeiras canções, criamos nossas primeiras músicas, dançamos nossas primeiras danças, contamos nossas primeiras histórias e representamos nossas primeiras peças. Toda a nossa magia – e toda a nossa cultura – veio do fogo em primeiro lugar. E o fogo nos fez humanos e poderosos.

Caverna dos Três Irmãos – França, 14000 a.C.

Lição 5: O que é Magia?

No decorrer dos anos, quase todos os praticantes e escritores de magia arriscaram uma definição e uma explicação do que a Magia de fato é. A maioria concorda que a Magia envolve a manipulação da realidade em direção a um fim desejado, por meio de métodos que não podem ser explicados pelo paradigma científico atual. Alguns consideram os fenômenos psíquicos como a base da magia. Aqui vão algumas das definições mais populares e interessantes:

Magia é...

"... o conhecimento Supremo, Absoluto e Divino da Filosofia Natural, avançada em suas obras e operações maravilhosas por meio de um entendimento correto da virtude interna e oculta das coisas, de modo que a aplicação de verdadeiros Agentes a Pacientes apropriada produz efeitos estranhos e admiráveis."
Lemegeton of King Solomon
(1500 d.C.)

"... uma ciência e arte que compreende um sistema de conceitos e métodos para o desenvolvimento da emoção humana, altera o equilíbrio eletroquímico do metabolismo, usa técnicas e dispositivos associativos para concentrar e focar essa energia emocional, modulando dessa forma a transmissão de energia pelo corpo humano, usualmente para afetar outros padrões de energia, animados ou inanimados, mas ocasionalmente para afetar os padrões pessoais de energia."

Isaac Bonewits

"... a ciência e a arte de fazer com que as mudanças aconteçam de acordo com a Vontade."

*Aleister Crowley**

"... a aplicação consciente da imaginação e da atenção focada para atingir uma meta desejada por intermédio da visualização."

Ellen Evert Hopman

"... controle da coincidência."

Oberon Ravenheart

"melhoria da probabilidade."

Anodea Judith

Lição 6: Magia como melhoria da probabilidade

Embora todas essas definições sejam verdadeiras, e cada uma leve a um entendimento mais completo, a minha preferida é a de Anodea. Ela nos oferece uma verdadeira chave para entender o que estamos fazendo quando praticamos magia. Estamos mudando as *probabilidades* (ou "chances") de um resultado para outro. Todos os eventos que ainda não aconteceram têm um grau ou probabilidade de que possam ou não ocorrer. Podemos expressar essas probabilidades em porcentagens, como quando dizemos: "Há 50% de possibilidade de chuva amanhã"; ou "As chances contra isso são de dez contra uma". Em tais afirmações, existem dois fatores: a *probabilidade* e a *improbabilidade*. Se as chances são dez contra uma, a *probabilidade* é uma e a *improbabilidade* é dez. Mas, nesse caso, se você fizer isso dez vezes, então a improbabilidade cai para um; e a probabilidade sobe para dez. Faça mais uma vez e a improbabilidade se torna uma *certeza virtual*. Ainda que as chances sejam de um milhão contra uma, como ganhar na loteria, se mais de um milhão de pessoas apostarem, pelo menos uma tem a certeza virtual de ganhar. Essa é a razão pela qual existem tantas coincidências e sincronicidades. Em um multiverso infinito, todas as improbabilidades devem ser finitas. Nada que possamos imaginar é verdadeiramente impossível. A pergunta verdadeira é "quais são as chances?".

Nesse contexto, praticar magia como "melhoria das probabilidades" consiste em aumentar as chances (probabilidades) a favor de nosso resultado desejado. É como empilhar rochas em uma extremidade da gangorra até mudar o equilíbrio e fazer com que a outra extremidade seja levantada. Cada pedra pequena ajuda – não apenas as rochas grandes, mas mesmo pequenos pedregulhos e grãos de areia; só precisamos de uma quantidade maior deles. Quando as duas extremidades da gangorra estão acima do chão e no mesmo nível, o equilíbrio é 50:50, e está no *fulcro* (ponto de equilíbrio). Nesse ponto, não é necessário muito para levar o equilíbrio para um ou outro lado – ou mesmo girar tudo em um alinhamento completamente diferente.

---

*N.E.: Sugerimos a leitura de *A Magia de Aleister Crowley*, de Lon Milo Duquette, Madras Editora.

A chave está em encontrar a *cúspide*. Uma cúspide é um ponto de cruzamento entre campos de probabilidade alternada. Nesses lugares, o potencial no qual cada uma dessas ondas alternativas de probabilidade se encaixará é um equilíbrio delicado – as coisas podem com facilidade acontecer de outro modo. Em uma cúspide, é necessário um pouco de energia para mover entre os estados que se cruzam, e a "melhoria da probabilidade" por parte de um feiticeiro pode causar um grande impacto por causa de um efeito dominó de probabilidades que mudam através do espaço e tempo, como ondulações em um lago, como resultado da mudança que ele induz por meio da prática de sua magia.

Arquimedes, um grande sábio e inventor na antiga Grécia, que descobriu muitos princípios da mecânica, disse: "Dê-me uma alavanca longa o suficiente, um ponto de equilíbrio, e um lugar para ficar, que moverei o mundo!". Esse é um princípio básico de Feitiçaria, e voltaremos a ele com frequência nessas lições; à medida que criamos *alavancas*, reconhecemos *fulcros* e encontramos um lugar para ficar...

Lição 7: As cores da Magia

Em quase todas as conversas a respeito de magia, o primeiro tópico que surge é a questão "negra" ou "branca". É claro que a energia psíquica em si mesma – como a eletricidade – não tem "cor". Não existe preto ou branco, nem cinza; ela é moralmente neutra. Mas, podemos *usar* essa energia para muitos propósitos – assim como fazemos com a eletricidade. É ao *uso* dessa energia que nos referimos neste livro quando dizemos "magia". E ela pode ser usada para o bem, para o mal ou para qualquer outra coisa que o praticante desejar. O propósito para o qual ela é usada depende da ética do praticante. Através da História, houve uma tendência infeliz de simplificar em excesso o uso da magia (e muitos outros aspectos da vida) em apenas duas escolhas: "bem" e "mal". E elas foram tradicionalmente expressas como "branca" e "negra". Com certeza, essas distinções são válidas para muitos praticantes que, de fato, limitam-se a essas duas escolhas. Mas para a maioria dos Feiticeiros, é bem mais complexa do que isso; vemos a magia como um espectro de cores do arco-íris para muitos propósitos.

Na verdade, o uso das cores na prática da magia adquiriu associações tradicionais com os Elementos (Terra, Ar, Fogo, Água e Espírito), os planetas e os propósitos dos encantamentos. Nas tabelas de correspondência que você encontrará neste Grimório, estão listadas, em cada grupo, as apropriadas cores associadas. Elas podem ser usadas para as cores das velas, mantos, luzes, toalhas e altares, objetos pendurados nas paredes e até *talismãs* e outros objetos usados nos encantamentos. As correspondências de cores e propósitos não são absolutas, no entanto podem variar um pouco entre as diferentes tradições culturais.

A seguir, apresento um espectro básico das cores da Magia usado por mim e por muitos praticantes de magia:
Vermelho – (Fogo) Trabalho físico, como na cura de pessoas e animais. Também, paixão física e sexualidade. Vermelho é a cor da força. É a cor do fogo, da inspiração, vitalidade, orgulho, raiva, coragem, emoções fortes, purificação, lugares áridos, mú-

sica agressiva (de modo especial, sons de bateria, como nas batidas do coração) e tempestades com raios. O vermelho é a melhor cor para afastar o perigo. Use-a para estabilidade, fundamentação, prosperidade e saúde física.

Laranja – Orgulho e coragem; heroísmo e atração; parentesco e prosperidade (como em uma boa colheita). A cor laranja está sintonizada com o calor, amizade, abundância, espírito, vontade, princípios, teoria e precaução. Assim como o ouro, ela está associada à música passional, ao farfalhar das folhas de outono e a sons naturais no crepúsculo ou logo depois de uma tempestade. Use a cor laranja para fluidez de movimento, prazer e conexão.

Amarelo – (Ar) Trabalho mental, meditação, vontade, intelecto e comunicação. Outra versão do ouro, o amarelo é a cor da amizade, bondade e fé. O amarelo-ouro é a cor do encantamento, da confiança. Verão; sons claros, como a risada de uma criança e música alegre. O tom amarelo-pastel tende mais à primavera, às tentativas psíquicas e à criatividade. O amarelo é uma cor fantástica para melhorar o equilíbrio, a autoestima, o carisma, a adivinhação e a criatividade. Use-a também para força de vontade, vitalidade, propósito e eficácia.

Verde – (Terra) Vegetação, como em jardinagem e emprego de ervas, fertilidade e prosperidade. Esperança, alegria, deleite, crescimento e mudanças são aspectos do verde. A floresta verde é ligada à fertilidade, ao corpo, à coragem e à música clássica ou sons da floresta. O tom verde-hera representa os aspectos emocionais, o lidar com a tristeza, reflexões decisivas e música que acalma, ou o silêncio. O tom pálido de verde, como quando a grama é nova, auxilia o processo de cura. Use a cor verde também para equilíbrios em relacionamentos, compaixão e autoaceitação.

Azul – (Água) Trabalho emocional, amor, paz e proteção. Considerada a cor da sabedoria, meditação e regiões celestiais, o azul compartilha a sexta-feira e o planeta Vênus com a cor verde (como no verde-água). Uma sensação de juventude preenche essa cor. O azul é um excelente tom para paz e reflexão profunda. Use-a também para harmonia, criatividade, comunicação e ressonância.

Índigo – Percepção, imaginação, ilusão e a habilidade em ver padrões. Feitiçaria em geral. A cor índigo é associada a pesadelos, alucinações e loucura. O índigo com nuanças de ultravioleta é normalmente chamado de "cor da magia". Essa é uma cor comum para os mantos dos feiticeiros, com frequência blasonados com estrelas, luas e outros símbolos astronômicos.

Violeta (Roxo) – Poder, riqueza e boa sorte. Considerado a cor da realeza, o roxo representa julgamento, engenhosidade e pensamento religioso. Violeta é a cor do espírito, dos reinos etéreos, do aprendizado esotérico superior, da sabedoria antiga e dos Mistérios mais profundos. Use a cor violeta de maneira específica para centralização espiritual e meditação; também, para a consciência expandida e percepção cósmica.

Marrom – Tudo o que está relacionado a animais de todos os tipos, de modo especial com a comunicação animal. O marrom é a cor mais comum das peles e penas e representa todas as coisas macias e felpudas. Marrom é cor para "encantados por cavalos", treinadores de animais, sensitivos que trabalham com animais e todas as pessoas que parecem ter uma habilidade misteriosa para se comunicar com animais.

Preto – Frustração ou amarração; proteção. Como a cor da noite, o preto representa pressentimento, fortaleza e consistência graças à necessidade de "atravessar a escuridão". A cor preta é algumas vezes usada como proteção para os instrumentos de magia – especialmente alavancas e invólucros. Também é usada quando tentamos nos livrar de um mau hábito, desvirar a negatividade ou fazer mudanças drásticas na vida. O preto, é claro, também é a cor da Magia e das "Artes Negras".

Branco – Bênção ou qualquer coisa que você queira! A cor da pureza, o branco representa amizade, sinceridade, divindade, transformação e sons específicos focados, como um gongo ou sino. Branco é a cor da Deusa, portanto é usado em todos os tipos de bênçãos.

Ouro – Energias masculinas; força, liderança e vitalidade. O ouro representa adolescência, alegria, fertilidade e nobreza. Os homens praticantes de magia com frequência preferem instrumentos, amuletos e joias feitos de ouro, bronze ou latão.

Prata – Energias femininas; intuição, visão, sonhos, dons sensitivos e adivinhação. A prata representa os Mistérios e as magias das mulheres; segredos e bruxaria. As joias das bruxas são feitas de prata ou, algumas vezes, de cobre (o metal de Vênus).

Lição 8: Feitiçaria codificada pela cor

Por meio da história e das lendas, um número de "Escolas", Ordens e práticas especializadas de Magia e Feitiçaria foi criado. Muitas delas se distinguiram por cores, como as listadas anteriormente. À medida que os alunos de Hogwarts são classificados nas respectivas casas de Grifinória (vermelho), Corvinal (azul), Lufa-Lufa (amarelo), ou Sonserina (verde), os trabalhos e ensinamentos dessas escolas são focados nessas categorias de práticas codificadas por cores.

Os Feiticeiros que seguem essas escolas consequentemente adotaram tais cores também; assim temos Feiticeiros Vermelhos, Feiticeiros Verdes, Feiticeiros Brancos, Feiticeiros Negros (esses tendem a ser bruxos), e assim por diante. Os Feiticeiros Cinzas (ou como alguns se autodenominam "Feiticeiros do Arco-Íris") não são especializados e são adeptos a muitas áreas. Alguns bruxos também adotaram a identificação por cores – particularmente, branca e verde. E cores similares também são adotadas pelas fadas.

Tarefa: Escolha sua cor

Quando você começar seu Aprendizado, eu gostaria que considerasse essas cores da Feitiçaria e escolhesse para si a cor com a qual você se sente mais sintonizado. Veja 1.IV.3: "Práticas codificadas pela cor" para obter mais informações a respeito delas. Isso será seu ponto de partida e assim você se tornará Aprendiz de feiticeiro (com Cor). Usando seu nome mágico, você será conhecido como "Nome" e a "Cor" – como Gandalf, o Cinza. Agora vá para a seção que aborda a cor escolhida e estude essas lições (Cursos 5 e 6: "Espectro". Mais tarde, à medida que progredir em seu domínio da Feitiçaria, você conseguirá cores adicionais...

As 12 cores da Feitiçaria

Cor	Prática	Elemento	Direção
1. Artes e Práticas			
AMARELO	Adivinhação	Ar	Leste
VERMELHO	Alquimia	Fogo	Sul
AZUL	Artes da cura	Água	Oeste
VERDE	Magia com ervas	Terra	Norte
2. Magias e Feitiçarias			
CINZA	Domínio da sabedoria	Conhecimento	Centro
BRANCO	Cerimonial	Espírito/Alma	Acima
PRETO	Bruxaria	Matéria/Energia	Abaixo
CLARO	Matemágica	Números	Todos os lugares
3. Ciências e Disciplinas			
AQUA	Meditação	Interno	Noroeste
LARANJA	Conjuração	Externo	Sudoeste
MARROM	Controle dos animais	Vida/Morte	Nordeste
VIOLETA	Cosmologia	Tempo/Espaço	Sudeste

Tarefa: Fazer o seu tabardo colorido

Depois de escolher com qual cor da Feitiçaria você gostaria de começar, faça um *tabardo* dessa cor. Um tabardo é um simples capote para colocar sobre os ombros, que os Feiticeiros usam quando praticam alguns tipos específicos de magia. Você deve fazer o seu assim:

Em primeiro lugar, medir sua altura. Você descobrirá que muitos objetos e itens pessoais de vestimenta na Feitiçaria são baseados na sua "medida" individual. Isso os torna especificamente seus, e eles são investidos de sua própria identidade. Agora, vá à sua loja favorita de tecidos e escolha um corte 5 centímetros mais longo que a sua medida (o adicional é para a bainha).

Procure um tecido de algodão estampado com a cor que escolheu. Por exemplo, se a cor escolhida foi verde, procure um tecido com estampas de folhas. Se escolher o marrom, procure algo com estampa de animais. Ou se as cores escolhidas foram o vermelho ou o azul, procure algo que se pareça com fogo ou água. Mas, se escolher o branco, não deve haver nenhuma estampa no tecido.

Leve o material para casa e estenda no chão. Dobre na metade pela altura, para que fique no comprimento de seu corpo. Depois, dobre em três partes. Depois, desdobre uma dessas partes, e terá uma parte com 2/3 de comprimento e uma com 1/3 de comprimento; faça uma pequena marca na primeira parte no ponto 1/3. Agora, pegue a tesoura e, com cuidado, corte a parte 2/3 até a marca de 1/3, mas não acima dela. Agora, você terá um tabardo simples, que terá esta aparência:

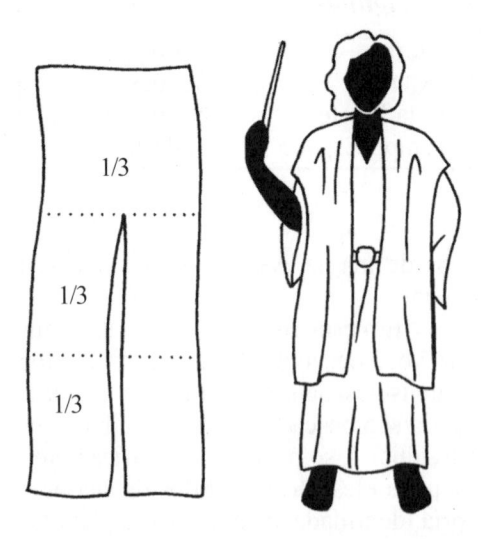

Apare as pontas não assinaladas e costure-as, fazendo uma bainha, por toda a volta, para completar o tabardo. Use-o sobre os ombros com as duas partes mais longas pendendo na frente do corpo.

Busca: Autodedicação

Se você está levando a sério a decisão de se tornar um Aprendiz de Feiticeiro, eu lhe ofereço este Rito de Autodedicação. Em primeiro lugar, copie à mão as palavras do rito em um pedaço de papel pergaminho. Escreva seu Nome de Uso Mágico na primeira linha. Depois, prepare seu espaço de modo que você não seja perturbado. Tome um banho de chuveiro ou banheira e vista seu tabardo. A seguir, acenda uma vela em seu Altar pessoal e apague todas as outras luzes (é melhor fazer isso à noite, quando está escuro fora de casa). Depois, coloque um espelho redondo (um espelho de maquiagem servirá) sobre o Altar, e fique posicionado de maneira a ver seu rosto refletido no espelho. Olhando para seus olhos, leia em voz alta as palavras do Rito, ao mesmo tempo que as absorver em seu coração.

Um rito de autodedicação

(por Saraluna e Katlyn)

Ouçam-me, Guias, Guardiões
E Poderes da Antiguidade
Sou Eu (seu nome ou Nome de Uso mágico)
Neste espaço sagrado eu me abro
Neste espaço sagrado e neste momento eu me transformo,
Eu alinho minha alma a seu grande propósito.

*Eu chamo o Espírito para testemunhar minha dedicação
E reconheço minha ligação cada vez mais profunda
Eu chamo os Antigos, os Ancestrais, Os Elementos e a Teia que une a nós todos*

*Ouça agora meu Voto solene de Dedicação:
Aqui, neste momento sagrado e perfeito,
Eu empenho meu caminho à Magia Viva.
Eu aceito a sabedoria de que todas as coisas têm significado
E que todos os seres são meus professores
Desse momento em diante, eu me declaro
Um Vaso do Espírito
Um verdadeiro Investigador do Caminho do Feiticeiro
Um Tecelão na Sagrada Teia da Vida
Eu honrarei a Jornada Sagrada diante de mim
Com todas as células do meu ser,
Como cada respiração, passo e ação.
Que eu possa segurar a luz da verdade,
Enquanto sigo em direção a minhas visões mais altas.
Que eu sempre veja o Divino na Natureza
E a Natureza no Divino.
Andarei pelo Caminho do Feiticeiro
Em Amor Perfeito e Confiança Perfeita.
Que assim seja!*

Quando terminar, enrole seu juramento escrito à mão em um pequeno pergaminho e amarre-o com um pedaço de fita. Mantenha-o na parte de trás do Altar, atrás do espelho. De vez em quando, pegue-o de novo, desenrole e leia-o para se lembrar daquilo que jurou.

Quarta Aula: Artes Mágicas

"A Magia, quando bem feita, é considerada entretenimento.

"A prática e o ensaio da Magia, quando bem feitos, podem ser meditativos. Quando são realizados juntos e são bem feitos, eles são meditação e entretenimento. A Magia é minha meditação e entretenimento para um público de um só: eu. Quando entro em estado de meditação e entretenimento, o mundo desaparece e eu me aprofundo no reflexo do espelho do eu.

"Discípulos de muitas tradições internas exploraram meditações ativas como andar e dançar como formas de explorar o mundo interior e fazer contato com a sabedoria profunda, escondida em cada um de nós. Meditação é uma prática. Para nós, nossa magia é nossa prática." – Magnus

1. Introdução: Magia na realidade e na ficção

Para muitas pessoas, a ideia da prática de magia vem principalmente das histórias, programas de TV e filmes – nos quais bruxos e Feiticeiros atiram bolas de fogo, fazem as coisas desaparecer (ou se tornar invisíveis), mudam instantaneamente a cor dos cabelos ou a aparência física, transformam-se em animais, trazem à vida objetos inanimados, limpam a casa sem erguer um dedo, teleportam-se de um lugar para outro, leem mentes, levitam e se envolvem em batalhas mágicas cheias de cores e estranhos efeitos especiais – e tudo isso com apenas um movimento das mãos, uma torcida do nariz ou o piscar de um olho.

As práticas de magia reais são um tanto diferentes. Elas envolvem uma série de simples encantamentos e feitiços – na maioria voltados para curas individuais, bênçãos, transformações e outros pequenos trabalhos; leituras divinatórias; práticas estáticas xamânicas usadas para cura e viagens por meio do "Trabalho em Círculo", que envolve o aumento da energia grupal para curas, serviços comunitários, trabalhos com o tempo, etc.; e trabalhos maiores em grupo para curar e salvar o planeta – como proteger florestas, pessoas e espécies em perigo.

E algumas dessas práticas mostradas em filmes têm, de fato, análogos na vida real – embora não sejam tão dramáticas como dão a impressão de ser por causa dos efeitos especiais de Hollywood! É como o laser: nos filmes você sempre vê um raio de luz que parte da arma laser para o alvo; mas, na vida real, o laser apenas mostra um ponto no alvo – o raio em si é invisível. E o mesmo acontece na maioria das vezes com a magia verdadeira.

Nesta aula, eu apresentarei a você alguns dos principais tipos de magia. Mais adiante eu lhe mostrarei como praticá-los.

Lição 2: Tipos de magia

O trabalho e as práticas mágicas são com frequência divididos em dois tipos principais, de modo geral referidos como "Alta Magia" e "Baixa Magia".

Alta e Baixa Magia: Teurgia e Taumaturgia

A Alta Magia (também chamada *de teurgia*, que significa "operar coisas que pertencem aos deuses"), que frequentemente conta com o auxílio de espíritos e deuses amigáveis, é associada à religião. A teurgia se refere ao uso de magia para provocar mudanças na própria realidade interna do feiticeiro. A teurgia não está voltada para o serviço aos outros, mas para a iluminação pessoal, autorrealização e *apoteose* ("tornar-se Divino"). O foco está nas orações, invocações e meditações. A magia teúrgica foi muito desenvolvida pelos neoplatônicos – seguidores de um sistema filosófico e religioso desenvolvido em Alexandria, Egito, no século III d.C, que era baseado em uma mistura da doutrina de Platão e de outros filósofos gregos, no misticismo oriental, no Judaísmo e no Cristianismo. Platão acreditava em uma magia natural moralmente neutra, como a eletricidade, cujo uso dependia do praticante.

A *taumaturgia* ("operar milagres"), no entanto, é o uso da magia para provocar mudanças na realidade ou no mundo exterior. Como ela é voltada para os aspectos científicos e técnicos de tais operações, é denominada "Magia Prática". A taumaturgia também é referida como Baixa Magia ou Feitiçaria – de modo especial, quando é praticada a serviço dos outros. Todas as formas de *magia do povo* – que servia às vilas e pessoas comuns – ficaram conhecidas como Baixa Magia. Com o passar do tempo, muito da sabedoria e práticas tradicionais da magia do povo decaíram do uso popular, e passaram a ser consideradas superstições.

Na Grécia, a Baixa Magia (chamada *de mageia*, "feitiçaria") adquiriu uma reputação desfavorável de fraude por volta de 5000 a.C. Os praticantes não eram membros do sacerdócio, mas indivíduos que alegavam ter poderes mágicos e que ajudavam os clientes em troca do pagamento de uma taxa. Pessoas assim ainda praticam em muitos lugares, anunciam seus trabalhos nos jornais e operam em salas de leitura. A maioria das leis contra a prática de "adivinhações" e coisas parecidas está relacionada a isso. A forma mais baixa desse tipo de magia é *goeteia*, que, no mundo clássico, foi praticada por pessoas que lançavam feitiços, "gritavam" encantações e preparavam poções.

Feitiçaria

Nas culturas tradicionais tribais, por todo o mundo, encontramos os *xamãs*, ou curandeiros e curandeiras, que têm o dom e são versados em *adivinhação*, trabalhos com ervas, operações sensitivas e feitiçaria. Eles são os professores, magos, guias espirituais, intérpretes de sonhos, lançadores de encantamentos, curadores e parteiras locais. Entre algumas tribos celtas da Europa ocidental, esses xamãs eram conhecidos como *Wicce* (WEE-cheh) – uma palavra anglo-saxônica que significa "aquele que dá forma" – de onde vem o nosso termo atual *witch* (bruxo/bruxa).

Durante os séculos de perseguição pelos Inquisidores e outros, muitas bruxas locais sofreram torturas horríveis e foram mortas, com uma grande quantidade de pessoas nas comunidades às quais elas serviam. O renascimento da feitiçaria no século XX (muitas vezes chamada apenas de "a Arte") pode ser atribuído, em grande parte, a Gerald Gardner, um bruxo britânico que se tornou conhecido do público após a revogação das leis britânicas antifeitiçaria, em 1954. Um dos iniciados de Gardner, Doreen Valiente, criou uma bela *liturgia* (ritos, rituais e orações), incluindo a muito estimada *Charge of the Goddess*, que afirma: "Se você não encontra aquilo que procura dentro de si mesmo, jamais encontrará fora. Pois saiba que eu estive com você desde o início e sou aquilo que é obtido no fim do desejo".

A Bruxa, por Hans Widitz (1532)

A Feitiçaria pode então ser definida como a prática da magia na medida em que ela se relaciona com o xamanismo europeu pré-cristão. As artes da Feitiçaria hoje incluem o trabalho com ervas, adivinhação, magia, ritual cerimonial, cura, poções e contato com o mundo espiritual. Baseada em reconstrução acadêmica, imaginação e algumas tradições herdadas, a Feitiçaria (também denominada Wicca por alguns) surge agora como uma tradição espiritual distinta e um estilo de vida tanto para comunidades inteiras quanto para o praticante individual. Dentre os bruxos modernos, encontramos homens e mulheres – na verdade, os homens são a maioria entre os fundadores das principais *Tradições* (ou "denominações") modernas. Mas existem mais mulheres do que homens nos *covens;* e alguns grupos, como o *Dianics*, são inteiramente femininos. A grande maioria das mulheres na comunidade mágica atual é bruxas, embora existam mulheres envolvidas em todos os outros ramos da Magia.

Hipnose e meditação guiada

Da palavra grega *hypnos* (sono), a hipnose é um transe parecido com o sono, induzida por comandos repetidos e concentração mental, na qual a pessoa age apenas segundo as sugestões do hipnotizador. Em tal estado, as pessoas, às vezes, são capazes de relembrar memórias e experiências há muito esquecidas, e a hipnose é um instrumento útil em muitos tipos de terapia. A palavra *hipnose* foi cunhada em 1843 pelo dr. James Braid, que usava uma técnica comum de fazer com que seus pacientes olhassem fixamente para um objeto brilhante. A hipnose médica pode ser usada para induzir *anestesia* (sem sensibilidade) em situações que vão desde a extração de um dente até cirurgias de pequeno porte.

A hipnose também foi chamada de *mesmerismo* por Friedrich Anton Mesmer (1734-1815). Ele acreditava que os efeitos eram produzidos por um tipo de energia, ou fluido, invisível, que passava do hipnotizador à pessoa hipnotizada. Comparando essa força à de um ímã, Mesmer a chamou de "magnetismo animal".

A hipnose parece despertar o mesmo tipo de consciência do hemisfério direito que experimentamos nos sonhos. Nesse estado, todas as faculdades críticas saem pela janela. As pessoas hipnotizadas são incrivelmente sugestionáveis – acreditam em todas as coisas que o hipnotizador lhes diz e agem de acordo com ele. Os antigos hipnotizadores que se apresentavam em público costumavam usar essas sugestões para fazer com que as pessoas acreditassem que elas eram animais, e elas corriam pelo palco latindo como cachorros, por exemplo, para divertir o público. Isso acontece graças aos diferentes tipos de lógica usados pelos diversos hemisférios do cérebro.

Nosso cérebro esquerdo – no qual experimentamos a consciência normal desperta – opera com a *lógica dedutiva*, raciocinando do específico para o geral. Esse é o tipo de pensamento científico utilizado para resolver problemas, que se tornou famoso com Sherlock Holmes e os detetives modernos. Nosso cérebro direito, contudo, opera com a *lógica indutiva*, raciocinando do geral para o específico. Esse é o tipo de pensamento que geralmente chamamos de "suspensão de uma descrença", como quando estamos sonhando ou muito absortos em um filme ou livro. A coisa mais bizarra e absurda pode acontecer; no entanto, nem por um instante, pensamos em dizer: "Ei, espere um pouco! Isso é impossível!". Na lógica indutiva, nós simplesmente aceitamos qualquer coisa como ela vem, e preenchemos todas as lacunas para apoiá-la. E, sob hipnose, nossa consciência do lado esquerdo é suprimida; operamos como o cérebro direito. Isso é chamado de "Teoria da Exclusão Psíquica Relativa".

O hipnotismo é conhecido e praticado como uma técnica secreta de magia desde os tempos antigos. Muitos encantamentos e feitiços foram realizados por meio da hipnose – e sugestão pós-hipnótica, em que uma pessoa previamente hipnotizada continua a agir sem consciência dos comandos recebidos enquanto estava em transe.

Meditações guiadas são visualizações contextuais nas quais a pessoa em transe hipnótico leve ouve uma história contada na segunda pessoa ("Você está andando por uma trilha e chega a..."). É como participar de uma aventura de RPG. Essas meditações guiadas podem ser empregadas para levá-lo a lugares reais e imaginários – como experiências esquecidas da infância. Usada dessa maneira, é uma técnica muito útil na psicoterapia moderna. Existem livros e fitas com esses contextos, utilizados para ajudar as pessoas de muitos modos.

Lição 3: Práticas mágicas codificadas pela cor

Na terceira aula, lição 7, "Feitiçaria codificada pela cor", listei várias categorias de Magia e Feitiçaria segundo as cores a elas associadas. Praticantes especializados em uma dessas áreas podem ser conhecidos pela cor – como Gandalf, o Cinza. Aqui apresento mais algumas informações sobre essas práticas codificadas pela cor – em relação à posição delas no Espectro. Mais adiante neste *Grimório*, haverá uma aula completa acerca de cada uma delas.

Meditação (Magia Aqua) (5.I)

A *Meditação* é a base de muitas disciplinas orientais de Magia e Feitiçaria. Estou certo de que você já viu Mestres que meditam em filmes, de modo especial aqueles que envolvem artes marciais. Usada de maneira apropriada, a meditação abre a porta para o crescimento individual e progresso pessoal. De todas as técnicas de progresso nos campos psíquico e espiritual, a meditação é, de longe, a mais eficiente.

Cura (Magia Azul) (5.II)

A *Cura* se refere a todas as formas de artes e práticas mágicas devotadas a curar doenças, aliviar dores, promover a regeneração dos tecidos, restaurar a vitalidade, a fertilidade, etc. Através da história, os curandeiros foram os médicos, enfermeiras e parteiras das vilas – de modo especial, nas comunidades rurais e "primitivas" sem acesso aos médicos e farmacêuticos licenciados oficialmente.

Wortcunning (Magia Verde) (5.III)

Wortcunning é a cultura e a arte de conhecer e usar as propriedades mágicas, medicinais, e outras, das plantas. A antiga palavra usada para o conhecimento das propriedades secretas das ervas é *Wortcunning* ("sabedoria das plantas"), e sempre foi um estudo particular das bruxas.

Adivinhação (Magia Amarela) (5.IV)

Adivinhação é a arte de predizer ou prever o futuro; ou descobrir coisas que estão perdidas, escondidas, ou secretas. Embora nem todos os videntes sejam Feiticeiros, espera-se que todos estes sejam videntes. Muitos povos antigos eram obcecados com adivinhações e dificilmente tomariam qualquer decisão sem consultar adivinhos, videntes, oráculos ou profetas. Ocorrências incomuns, como sonhos perturbadores e *presságios*, também foram consideradas divinatórias. Com o passar do tempo, os videntes desenvolveram muitas técnicas de adivinhação – as chamadas *Artes Mânticas* (de *mantis*, que significa "adivinho").

Ilusão (Magia Laranja) (5.V)

Também conhecida como magia de palco e magia de espetáculo, essa área lida com as ilusões e efeitos especiais "milagrosos". A magia da ilusão é dividida em duas categorias: *ilusionismo* (conjuração) e *prestidigitação* (truque de mão). Com o objetivo de divertir e iludir os observadores, as artes da ilusão tiveram sua origem com os primeiros xamãs. Desde que a primeira fogueira foi acesa, foram usados efeitos especiais para aprimorar o efeito teatral do ritual. Diferentes tipos de apresentação, como atos mágicos, acrobacias, prestidigitação e engolir fogo, vieram desses rituais.

Alquimia (Magia Vermelha) (5.VI)

A *Alquimia* é a arte mágica e a ciência da transformação ou transmudação. A Alquimia foi a precursora da química moderna. Teve origem em Alexandria, no Egito, no século I d.C., quando a metalurgia egípcia foi misturada à filosofia grega e ao misticismo do Oriente Médio. Os alquimistas medievais buscavam três objetivos principais: a Transmutação de "metais básicos" (chumbo, de modo particular) em ouro e prata; a descoberta do Elixir da Vida, que curaria todas as doenças e conferiria a imortalidade; e a criação do *homunculus*, um homem artificial.

Domínio dos Animais (Magia Marrom) (6.I)

O *Domínio dos Animais* diz respeito a tudo que se relaciona com animais de todos os tipos – de maneira especial, a comunicação animal. Dentre os praticantes desse tipo de magia, estão os "encantadores de cavalos", treinadores de animais sensitivos que trabalham com animais, e pessoas que parecem ter a incomum habilidade de se comunicar com animais. O domínio dos animais inclui o conhecimento de Zoologia e a sabedoria dos Totens. Aqueles que dominam essa arte procuram conhecer o nome de todos os animais, o modo como eles evoluíram, o que eles comem, seu comportamento, estilo de vida, rituais de acasalamento e linguagem.

Cosmologia (Mágica Violeta) (6.II)

A grande abóbada do céu noturno – a Esfera Celeste – que envolve nosso pequeno mundo sempre foi tema de estudos mágicos e de Feitiçaria. "Ligar os pontos" das estrelas para formar constelações elevou nossos primeiros mitos e lendas ao céu. A posição fixa da Estrela Polar em meio à rotação celestial nos deu uma firme orientação em todas as estações. Os movimentos do Sol, da Lua e dos planetas pelos signos do Zodíaco nos deram o nosso calendário; nosso primeiro modo de marcar o tempo e nossa primeira forma de Adivinhação eficaz.

Matemágica (Magia Clara) (6.III)

Os Mistérios Pitagóricos foram a base de toda a Matemática, principalmente da Aritmética, Geometria e Música. O lema deles era "Tudo é Número". Segundo Pitágoras, todas as coisas do Universo são baseadas nas mesmas "identidades" criadas por padrões geométricos que se repetem em uma interminável dança de som, luz e cor. Esses padrões formam uma matriz de uma rede de energia derivada de uma fonte central. Eles criam todo o mundo natural e nos permitem experimentar dualidade, emoções, tempo linear e toda a realidade que vivenciamos.

Magia Cerimonial (Magia Branca) (6.IV)

A *Magia Cerimonial*, originada nos séculos XVII e XVIII nas ordens mágicas secretas, é baseada na Cabala* e no Hermetismo, com o neoplatonismo e as doutrinas orientais. No seu sentido mais alto, a Magia Cerimonial é uma experiência transcendental que leva o mago a reinos místicos e permite que ele se comunique com o Eu Superior. Ela desperta o mago para o Deus interior.

Lore Mastery* (Magia Cinza) (6.V)

Lore significa "ensinamentos", e o domínio desses ensinamentos – *Lore Mastery* é o principal atributo do feiticeiro. Através da história, os Feiticeiros estudaram e colecionaram livros e escritos com a sabedoria das eras; e mui-

---

*N.E.: Sugerimos a leitura de *A Kabalah Revelada – Filosofia Oculta e Ciência*, de Knon von Rosenroth, Madras Editora.

tos formaram importantes bibliotecas e museus. O domínio dos ensinamentos significa conhecer os segredos *arcanos* (ocultos) e mistérios esotéricos desconhecidos para a maioria das outras pessoas. É comum dizer que "conhecimento é poder", e uma grande parte do verdadeiro poder do feiticeiro vem desse vasto conhecimento. Os "Ensinamentos", no entanto, compreendem muito mais do que apenas segredos e mistérios. Uma parte muito importante deles diz respeito a mitos e lendas. O *Lore Master* também é um contador de histórias, que sempre pode usar uma delas para demonstrar alguma conclusão.

Bruxaria e Demonologia (Magia Negra) (6.VI)

A forma mais simples de Baixa Magia é a *bruxaria*, em que um ato físico é praticado para se alcançar um resultado. A Bruxaria forma a maior parte da magia popular e geralmente é referida como "Magia Negra" ou "as Artes Negras". Algumas vezes, também é denominada *magia solidária*, baseada no princípio de que todas as coisas são unidas por ligações invisíveis (a Lei da Solidariedade). *Demonologia* é uma forma de bruxaria popular na Idade Média e na Renascença, na qual a ajuda dos demônios era recrutada pelo mago. Embora se acreditasse que os demônios eram mais facilmente controlados do que os anjos, eles podiam ser perigosos e maldosos, e os antigos grimórios continham instruções detalhadas para conjurá-los e controlá-los. Outra forma de "Magia Negra" é a *Necromancia*, na qual os espíritos dos mortos são conjurados para aconselhamento.

A Magia Negra não é necessariamente má; não mais do que qualquer outra cor. Mas embora todas as pessoas ligadas à magia pratiquem algum tipo de bruxaria, poucas se identificam como bruxas. Aqueles que o fazem geralmente tentam controlar os outros e governar o mundo. A diferença principal entre um bruxo e um feiticeiro está, portanto, na esfera do serviço – um feiticeiro deseja servir *aos* outros; um bruxo deseja ser servido *pelos* outros. Com frequência, Feiticeiros e bruxos poderosos se encontram em lados opostos, como *nêmesis* (inimigo supremo) um do outro.

Lição 4: Uma breve história da Magia e da Feitiçaria no mundo ocidental

A Magia é universal. Não existe uma única cultura ou sociedade na Terra que não a pratique e não tenha suas classes especiais de praticantes. Todas as tribos e vilas em todas as terras têm os seus xamãs, Feiticeiros, "curandeiros" e "curandeiras". Na Ásia – Índia, China e Extremo Oriente, a magia está além do escopo deste livro e terá de ser deixada para uma edição posterior.

Entre as civilizações clássicas pré-cristãs do Mediterrâneo e do Oriente Médio, os antigos egípcios, hebreus, babilônios, persas, gregos, romanos e druidas tinham sistemas mágicos que muito influenciaram o desenvolvimento posterior da Magia no mundo ocidental; e é essa herança que eu desejo apresentar aqui.

Egito (2700-50 a.C.)

No Egito, os faraós eram considerados reis divinos que possuíam habilidades mágicas inatas. Como em muitos sistemas, havia duas classes de magos. Os mais estimados eram os sacerdotes treinados: magos profissionais que agiam como substitutos dos faraós na realização de todos os serviços mágicos necessários. Entre eles, estavam os *vizires*, ou magos da corte, como Imhotep e Dedi de Dedsnefru. A segunda classe era composta pelos *magos leigos*, equivalentes aos magos locais, curandeiros e Feiticeiros. O deus egípcio da Magia era Thoth,* ou Tehuti, representado como um babuíno ou uma íbis. Da magia do Egito, veio o conceito do poder dos nomes sagrados, que teve grande influência na magia europeia durante a Idade Média e na Renascença.

Hebreus (1630-587 a.C.)

Embora a rígida lei judaica proibisse todas as práticas de adivinhação e bruxaria, duas das maiores figuras do Antigo Testamento – Moisés e Salomão

O *rei Salomão comandando os Djinn* – Jacobus de Teramo, 1473.

– também são listados entre os maiores Feiticeiros de todos os tempos. Acredita-se que Moisés estabeleceu uma escola secreta de Magia chamada Mistérios do Tabernáculo. Os cinco primeiros livros da Bíblia (o *Pentateuco*) são conhecidos entre os judeus como a *Tora* ("Lei") e acredita-se que eles foram escritos pelo próprio Moisés. Com suas regras elaboradas e instruções detalhadas, acredita-se que eles traziam alegorias simbólicas e parábolas. A chave para o simbolismo contido neles, segundo a escola Mistérios do Tabernáculo, constitui a *Cabala* judaica.

Salomão foi o rei de Israel no século X a.C. e o construtor do Grande Templo. Conhecido por sua sabedoria e riqueza, e por seu reinado longo e próspero, Salomão se destacou na lenda como um mestre feiticeiro. As lendas talmúdicas contam como o sábio monarca exercia domínio sobre os animais do campo, os pássaros do céu, e comandava demônios e espíritos sobrenaturais com o poder de seu anel mágico. A lenda conta que ele empregou demônios na construção do Templo, e sua sabedoria derivava desses demônios e de outros habitantes do mundo invisível. *A Chave de Salomão* e outros textos mágicos foram atribuídos a ele. Segundo os eruditos judeus talmúdicos, Salomão dominava os mistérios da *Cabala*. Ele também era conhecido como alquimista e necromante.

Babilônia (612-538 a.C.)

O nome *Babilônia* significa "Portão dos Deuses". Os babilônios se especializaram em Astronomia, Astrologia e Matemática. Ainda hoje usamos seu sistema numérico. Eles mantinham registros precisos dos movimentos plane-

---

*N.E.: Sugerimos a leitura de *Thoth – O Arquiteto do Universo*, de Ralph Ellis, Madras Editora.

tários e eventos cósmicos – como eclipses, cometas, novas, movimento planetário retrógrado, etc. Os babilônios também criaram incontáveis variedades de sigilos, amuletos, encantamentos e talismãs místicos que continuam a ser usados pelos magos modernos. O sacerdócio babilônio era instruído e secreto. Eles acreditavam que todas as doenças eram causadas pela insatisfação dos deuses. Rituais longos e complexos eram realizados apenas para pessoas ricas e de importante posição social, por sacerdotes de alto nível do Templo do estado. Nos templos "Inferiores", ficavam as estátuas para culto, em que a divindade residia e era venerada.

Pérsia (539-331 a.C.)

A palavra *magia* vem dos sacerdotes zoroastristas da antiga Pérsia; eram chamados de *magos*. Eles atingiram seu apogeu durante o período do Império Persa (539-331 a.C.). Seguidores de Zoroastro (nascido por volta de 570 a.C.), os magos eram famosos por seus poderes de cura e adivinhação – especialmente a Astrologia. Eles acreditavam que o Cosmos era vivo e divino; e reverenciavam os planetas, as estrelas e outros corpos celestes. Também honravam os quatro Elementos – Terra, Ar, Fogo e Água. Ahura Mazda era o deus zoroástrico da bondade, da sabedoria e da verdade; e seu oposto era o maléfico Ahriman. As crenças zoroastristas causaram um efeito profundo no Judaísmo – de modo especial no que diz respeito às questões da vida depois da morte – e essas ideias foram transmitidas ao Cristianismo. O Zoroastrismo continua a existir hoje na fé dos parses da Índia e do Irã.

Grécia (480-323 a.C.)

Os gregos desenvolveram um sistema e uma filosofia de magia que sofreram forte influência dos conceitos importados do Egito, do Oriente Médio e da Ásia. O deus grego da Magia era Hermes, do qual se originou o nome Magia Hermética. Assim como os egípcios, os gregos dividiam a Magia em duas classes: Alta e Baixa. No mundo greco-romano, as forças mais influentes eram os Oráculos, dedicados a vários deuses. Nesses sítios antigos, sacerdotes especialmente treinados apresentavam respostas ambíguas às perguntas. Também, durante esse período, diferentes formas de adivinhação estavam em uso constante, mais notadamente a que consistia em examinar as *entranhas* (principalmente o fígado) de animais abatidos para discernir o desejo dos deuses. A Grécia também foi o lar de muitos mistérios iniciáticos significativos, e os mais conhecidos eram os de Elêusis, que apresentavam a história da deusa dos grãos, Deméter; sua filha Kore, a donzela da flor; e Hades, Senhor do Submundo, que rapta Kore em cada outono para torná-la Perséfone, sua noiva e rainha.

Os Druidas (600 a.C. – 500 d.C.)
Entre a Gália e as Ilhas Britânicas, os druidas eram a casta sacerdotal instruída dos povos celtas. *Dru* significa "Verdade", como em "Conhecedor da Verdade". O título também pode ter uma ligação com carvalho e é algumas vezes empregado com o significado "sacerdote do carvalho". Os druidas consideravam o fogo e a água como o material básico original para criação; e as árvores eram sagradas, assim como as pedras, os animais, pássaros, plantas e os espíritos invisíveis do Outro Mundo. Eles honravam os Deuses e Deusas dos povos celtas e celebravam os festivais de Beltaine, Lugnasadah, Samhain e Imbolg. Eram homens e mulheres cujas habilidades incluíam a codificação de leis, a solução de disputas, as artes bardas, curas, relatos de histórias sagradas, genealogia, Matemática, Astronomia, adivinhação, Filosofia, política, ensino, administração da justiça, rituais e trabalhos de magia. Os druidas tornavam legítima e presidiam a coroação dos Reis Supremos da Irlanda em Tara.

A cultura celta originalmente se fundiu com a Europa oriental (área do Mar Negro, a bacia do Danúbio), movendo-se sempre para o oeste. Por mais de mil anos, a religião e a cultura celtas se expandiram por quase toda a Europa, das margens ocidentais da França e da Grã-Bretanha ao Mar Negro; e da Alemanha para o norte da Espanha e da Itália. Os druidas e sua religião foram, portanto, os antepassados da Europa, como a conhecemos. Eles sofreram uma forte perseguição do governo romano, mas Roma jamais chegou à Irlanda nem ao norte da muralha de Antonino da Escócia; e os druidas persistiram em muitas áreas. As escolas bardas continuaram a existir até o século XVII.

Roma (735 a.C. – 455 d.C.)
Um dos principais deuses romanos da Magia era Mercúrio, o mensageiro dos deuses. Os romanos empregavam feitiçaria e contrafeitiçaria para derrotar inimigos e progredir política e materialmente. Embora a feitiçaria fosse popular entre o povo, a prática privada dela era muito temida pelas autoridades e rígidas leis contra ela foram aprovadas. A Lei Corneliana proclamava: "Adivinhos, encantadores e aqueles que fazem uso da feitiçaria para propósitos maléficos, aqueles que conjuram demônios, que perturbam os elementos, que empregam imagens de cera de modo destrutivo serão punidos com a morte". Essa mesma atitude foi preservada pela igreja cristã medieval.

Europa Medieval (455-1400 d.C.)
Como a Magia ligava as pessoas às suas crenças e tradições pré-cristãs, a igreja cristã trabalhou de forma diligente para separar a magia da religião. O uso da magia pelo povo foi proibido, enquanto a própria Igreja adotava o que considerava útil e sistematicamente bania o resto. Na Europa ocidental, a maioria das vilas tinha curandeiros, pessoas que trabalhavam com plantas e parteiras. Esses praticantes, chamados de bruxos, eram em sua maioria mulheres. Suas artes eram denominadas Baixa

Druidas cortando o visco sagrado na floresta de carvalhos

Magia (humilde, acessível); ao contrário da Alta Magia (exaltada, elite), como a Alquimia. Essas mulheres, que continuaram a seguir as Práticas Antigas, foram alvo de perseguição do *Canon Episcopi* da Igreja, editado por volta do ano 900: "Algumas mulheres maléficas são pervertidas pelo diabo e desviadas por ilusões e fantasias induzidas por demônios, de modo que elas acreditam cavalgar à noite com Diana, a deusa pagã, e com uma horda de mulheres. Elas acreditam que no silêncio da noite elas atravessam grandes distâncias... Afirmam que obedecem aos comandos de Diana e em algumas noites são chamadas a servi-la".

Apesar da proibição da Magia pela Igreja, a Alquimia prosperou na Europa entre os séculos VII e XVII. Baseada no *Hermetismo,* a Alquimia tem suas origens no antigo Egito. Quando os árabes conquistaram o Egito, no século VII, eles adotaram a Alquimia egípcia e a levaram para Marrocos e Espanha. Menos de 200 anos depois, a Espanha era o centro de estudos alquímicos. Logo essa ciência se espalhou pela Europa. Entre os séculos VIII e XVI, várias formas de magia medieval surgiram de uma revivificação das doutrinas neoplatônicas, cabalistas e orientais levadas de volta à Europa pelas Cruzadas.* A magia medieval floresceu como um sistema no século XII. Os Cavaleiros Templários, ordem criada em 1118, desenvolveram um sistema mágico que aprenderam com a seita joanita em Jerusalém.

Os magos da Europa eram homens instruídos, eruditos, médicos e alquimistas. A magia deles consistia em procedimentos intrincados que envolviam vestimenta, instrumentos consagrados, símbolos mágicos e nomes sagrados de poder para chamar ou afastar vários espíritos. O nome inefável do Deus hebraico – Jeová – conhecido como o *Tetragrammaton* (quatro letras: "YHVH"), se tornou o nome mais poderoso.

magos e feiticeiros não tiveram muitos problemas com a Igreja até o século XIII, com a criação da Inquisição. Nos séculos XIII e XIV, a filosofia aristotélica superou a platônica. Segundo o pensamento aristotélico, não existe nenhuma magia natural no mundo; portanto, a magia é divina ou demoníaca. No século XV, os magos – considerados competidores da Igreja – foram molestados e perseguidos, embora nunca tenham sofrido uma perseguição tão intensa quanto os bruxos: milhares deles foram brutalmente torturados e executados por heresia. Os séculos de perseguição – de 1227 a 1736 – são lembrados pelos praticantes de magia como "Os Tempos da Fogueira".

A Renascença (1400-1605 d.C.)

O termo "feiticeiro" foi usado pela primeira vez em 1440 e era, na época, aplicado tanto para homens quanto para mulheres. Quase todas as vilas ou cidades na Grã-Bretanha e na Europa tinham pelo menos um feiticeiro, que era respeitado e temido pelos moradores locais. O feiticeiro da vila era especializado em

---

*N.E.: Sugerimos a leitura de *O Guia Completo das Cruzadas*, de Paul Williams, Madras Editora. Ver também: *História dos Cavaleiros Templários*, de Élize de Montagnac, Madras Editora.

Baixa Magia e suas práticas incluíam uma variedade de serviços mágicos, como adivinhações, encontrar pessoas e objetos desaparecidos, encontrar tesouros escondidos, cura de doenças em pessoas e animais, interpretação de sonhos, descoberta de roubos, exorcismo de fantasmas e fadas, lançar feitiços, quebrar feitiços de fadas e bruxos maus, fazer talismãs da sorte e poções do amor. Como adivinho dos culpados de crimes, a palavra do feiticeiro tinha muito peso nas vilas e cidades.

A magia medieval alcançou seu apogeu na Renascença no século XVI com Cornélio Agrippa von Nettesheim e Paracelso na Europa; e John Dee* e Robert Fludd na Inglaterra. *Filosofia Oculta*, de Agrippa, incluía nomes divinos, magia natural e cosmologia. Paracelso reforçou a doutrina hermética de "Como acima, também abaixo", que afirma que o microcosmo da Terra reflete o macrocosmo do Universo. Fludd, um cabalista, tentou reconciliar as filosofias neoplatônica e aristotélica e relacioná-las à cabala.

Durante a Renascença, o feiticeiro, como mago Supremo, era um intelectual que buscava a Alquimia e a sabedoria hermética. Ele estudava e seguia os ensinamentos de Agrippa, Paracelso, Dee, os filósofos neoplatônicos e de outros. Os feiticeiros liam grimórios e invocavam espíritos em cerimônias rituais. Com frequência, esses Altos Feiticeiros serviam como conselheiros e mentores especiais (*vizires*) para a realeza. A rainha Elizabeth I contava com John Dee como "Feiticeiro da Corte" e conselheiro. Com seu sócio, Edward Kelly, Dee desenvolveu o sistema da Magia Enochiana, uma linguagem que compreende chamamentos de espíritos e viagem aos planos astrais.

A Idade da Razão (1605-1900 d.C.)

Nos séculos XVI e XVII, a palavra "feiticeiro" era aplicada àqueles que praticavam a Alta Magia e a vários magos populares, que também eram conhecidos por outros nomes: encantadores,

Da primeira página de The Tragicall Historie of the Life and Death of Doctor Faustus, *de Christopher Marlowe, 1631.*

---

*N.E.: Sugerimos a leitura de *John Dee*, coletânea de Gerald Suster, Madras Editora. Ver também: *Três Livros de Filosofia Oculta*, de Henrique Cornélio Agrippa, lançamento da Madras Editora.

abençoadores, conjuradores e bruxos. Mas, na metade do século XVII, a Feitiçaria tanto dos magos populares quanto da Alta Magia começou a declinar em prestígio, saiu dos centros urbanos para o campo. Em 1662, a Academia Real de Ciências foi fundada na Inglaterra. Isso marcou o início da separação entre a Magia e o Mundo Mundano, pois a Academia redefiniu as disciplinas, excluindo tudo o que considerava "não científico" e, portanto, "falso". A Astronomia foi separada da Astrologia; a Física, da Metafísica; e a Química, da Alquimia. Com essa divisão, o hemisfério esquerdo da experiência humana foi separado do direito, e a civilização ocidental ficou cega de um olho.

No mundo da Magia, os séculos XVII e XVIII testemunharam uma popularidade das ordens mágicas secretas, como a Maçonaria* e a Rosa-Cruz. Os rituais dessas ordens eram baseados nas escolas Hermética e de Mistério, no Tarô, nas interpretações da Cabala e na Astrologia. Diversos grimórios, contendo instruções detalhadas para ritos mágicos, circulavam amplamente. O mais importante deles, ainda usado hoje, é a *Chave de Salomão*, que existe desde o primeiro século da Era Cristã. Durante os séculos XVII e XVIII, a moderna Magia Cerimonial teve seu início. Trata-se de uma arte complexa de lidar com espíritos. Requer uma disciplina rígida e tem apelo intelectual. Os magos cerimoniais derivavam seu poder do Deus judaico-cristão por meio do controle de espíritos, de modo geral demônios. Eles acreditavam que os demônios eram mais fáceis de ser controlados do que os anjos. Em seu sentido mais supremo, a Magia Cerimonial é uma experiência transcendental que leva o mago a reinos místicos e à comunicação com o Eu Supremo.

A Alta Magia teve forte revivificação no início do século XIX com a publicação de *The Magus*, de Francis Barret, em 1801. Esse renascimento recebeu uma influência significativa de Eliphas Levi,** cuja explicação sobre como a magia opera, em *Dogma e Ritual de Alta Magia* (1856), teve um impacto duradouro no pensamento dos magos. Levi apresentou três Leis da Magia: Força de Vontade, Luz Astral e "Como acima, também abaixo". Outros fatores que contribuíram para a ascensão da Magia Cerimonial foram o Espiritualismo e a Teosofia, ambos envolvendo a comunicação com espíritos e os mortos. A Feitiçaria popular continuou a ser predominantemente um fenômeno rural. Depois de 1825, a palavra feiticeiro se tornou praticamente um sinônimo de bruxo, mas seu uso declinou durante o século XX.

Tempos Modernos (depois de 1900)

Talvez o grande sistema da Magia Cerimonial ocidental tenha sido desenvolvido pela Ordem Hermética da Golden Dawn, fundada na Inglaterra por três membros da Rosacruz, no fim do século XIX. A Golden Dawn expandiu

---

*N.E.: Sugerimos a leitura de *A História Secreta da Maçonaria*, de C.W. Leadbeater, e *Conhecendo a Arte Real – A Maçonaria e suas Influências Históricas e Filosóficas*, de João Anatalino, ambos da Madras Editora.
**N.E.: Sugerimos a leitura de *Dogma e Ritual de Alta Magia*, de Eliphas Levi, lançado no Brasil pela Madras Editora.

os escritos de Levi e acrescentou uma Quarta Lei – Imaginação – sem a qual a Vontade era ineficaz. A Golden Dawn teve uma grande influência sobre Aleister Crowley, considerado por alguns um dos maiores magos do século XX. Sua principal contribuição à Magia foi a popularização de *Law of Thelema*, de Rabelais: "Faze o que tu queres, há de ser tudo da lei". Outro grupo mágico que influenciou a magia moderna é a *Ordo Templi Orientis* (O.T.O. – "A Ordem do Templo do Oriente"), fundada no início do século XX pelo alemão Karl Kellner, devotado à magia sexual tântrica.* A década de 1950 testemunhou a emergência da Feitiçaria, encabeçada por Gerald Garner, um inglês que publicou vários livros; desenvolveu diversos rituais e iniciou inúmeros Feiticeiros.

No fim do século XX, ocorreu um grande renascimento da Magia, da Feitiçaria e do Paganismo. Da década de 1960 em diante, muitos grupos novos de magia foram fundados e o número de praticantes aumentou de centenas para milhões. Muitos livros acerca de vários aspectos da Magia foram publicados, apoiando uma indústria totalmente nova de editores e livrarias do "oculto". E, por fim, no despertar do século XXI, a Feitiçaria mais uma vez alcançou o reconhecimento público com o lançamento dos livros e filmes da série *Harry Potter* e os brilhantes filmes da série *O Senhor dos Anéis*.

---

*N.E.: Sugerimos a leitura de *O Guia Completo do Sexo Tântrico*, da Dra. Judy Kuriansky, Madras Editora.

Quinta Aula:
Talentos Mágicos

1. Introdução: Dons e talentos

Assim como muitos de vocês, não nasci em uma família de magos. Mas eu era um mago nato, e estava sempre buscando minha herança mágica. Como um jovem "gênio", tornei-me obcecado pela ideia dos talentos mágicos e habilidades psíquicas. Lia muito mitologia, contos de fadas, ficção científica e fantasia; nessas histórias, os personagens com frequência tinham, como o Super-Homem, "poderes e habilidades muito além das dos mortais". Muito antes de conhecer outras pessoas como eu ou a comunidade mágica, comecei a estudar tudo que encontrava acerca dos fenômenos psíquicos. E à medida que aprendia algo sobre cada um desses talentos que foram catalogados, comecei a praticar para desenvolvê-los em mim. Como na época eu não tinha um professor que me instruísse e treinasse nas Artes Mágicas, tive de criar meus próprios exercícios e programas de treinamento; e fui muito mais bem-sucedido com alguns do que com outros.

Glossário: Um catálogo de talentos psíquicos

Há muitas variedades de talentos e fenômenos psíquicos. Quase todas as pessoas experienciam alguns deles ocasionalmente na vida. Quanto mais dotado ou treinado você for, com mais força essas habilidades se manifestarão. Em muitos casos, tais talentos aparecem na puberdade, quando podem se tornar muito fortes. Esse é o melhor período para começar o Aprendizado na Magia; e entre os praticantes pode ser o momento para um Rito de Passagem.

O *método científico* requer observação sistemática, estudo, teorias e experimentos que podem ser testados e reproduzidos. Isso é um problema quando estamos examinando as ciências psíquicas, pois é difícil "fazer" com que a telepatia ocorra quando queremos, sob circunstâncias controladas. As habilidades psíquicas são muito reais, mas usualmente se manifestam melhor de maneira orgânica.

Apresento a seguir uma lista dos Dons e talentos psíquicos mais importantes. Embora eu jamais tenha ouvido falar de alguém que tivesse todos eles, muitas pessoas podem desenvolver um ou mais – e como Aprendiz de Feiticeiro você pode aprender a realizar uma certa quantidade deles. Ensinarei alguns exercícios como os que eu costumava fazer, e, se você praticar, ficará surpreso com o que conseguirá fazer.

Empatia: "Sentir" a emoção de outra pessoa, ou a dor física e/ou os sintomas da outra pessoa. A *habilidade empática* vem em dois sabores: *receber e projetar*. Aqueles que recebem "captam" o que os outros estão sentindo. Quando as pessoas ao seu redor estão felizes ou tristes, você também se sente assim. Aqueles que projetam "infectam" os outros com suas próprias emoções. Se você tiver a habilidade de projetar, quando estiver feliz ou triste, todos à sua volta sentirão a mesma coisa. Embora essencial para a compaixão ou cura, é importante aprender a controlar a empatia, pois é fácil para quem tem esse dom perder o senso de limite – não sabem mais quando você termina e os outros começam.

Telepatia: O significado literal dessa palavra é "sentimento remoto", o que dá a impressão que é uma habilidade igual à empatia. Mas *telepatia* é a palavra usada para descrever a comunicação direta de pensamentos e imagens de mente para mente. A telepatia envolve "ouvir" os pensamentos dos outros ("leitura da mente"), ou a capacidade de projetar os próprios pensamentos para os outros.

Psicocinese: "Mover com a mente". Mover ou influenciar objetos sem tocá-los de maneira física. É um dos talentos psíquicos mais raros e difíceis. Quando ocorre a uma certa distância pode ser chamado *de telecinese* ("movimento remoto"). Essa habilidade, às vezes, aparece nos casos de adolescentes perturbados durante a puberdade e em casas com muita dissonância ou abuso (ver *Poltergeist*).

Pirocinese: "Mover o fogo". Iniciar ou controlar fogo apenas com a força da mente. As pessoas que podem fazer isso são conhecidas como *Incendiárias*.

Poltergeist: Essa palavra significa "espírito barulhento". Ela se refere à psicocinese espontânea e a barulhos misteriosos que parecem assombrações. De modo geral (mas não sempre), esses fenômenos são associados a adolescentes e passam por mudanças psicológicas significativas e traumáticas – de modo especial durante a puberdade e o desenvolvimento da sexualidade – quando os poderes psíquicos podem sair totalmente de controle.

Cura: A habilidade de reduzir dor e inflamação; promover a regeneração dos tecidos e outras formas de cura. Geralmente praticada com a "imposição das mãos".

Clarisenciência: "Percepção clara". A habilidade de sentir ou ter consciência de coisas que estão além do alcance "normal" da percepção. Cada tipo de "percepção clara" tem um nome:

Clarividência: "Visão clara". A habilidade de "ver" as coisas que não estão no campo de visão ou não podem ser vistas. Às vezes, essa palavra é empregada para visões particularmente aguçadas.

Clariaudiência: "Audição clara". A habilidade de "ouvir" coisas que não estão no campo da audição ou não podem ser normalmente ouvidas. Também a sensibilidade para captar vozes interiores ou sutis informações auditivas.

Claricinestesia: "Toque claro". A habilidade da "sensação" de toque físico e pressão de algo que não está presente.

Clariolfação: "Olfato claro". A habilidade de sentir, ou ter a consciência de odores e perfumes que não estão presentes de forma física ou de outras dimensões.

Clarigustação: "Gosto claro". A habilidade de sentir, ou ter a consciência, de sabores que não estão presentes de forma física, ou que são de outras dimensões.

Psicometria: A habilidade de conhecer a história de um objeto pessoal por meio de vibrações e toque. Sensitivos que trabalham com a polícia são com frequência indivíduos *psicométricos* que podem "ver" um crime ou identificar um criminoso apenas ao tocar a arma do crime ou outro objeto a ele associado. A psicometria também é utilizada por alguns sensitivos e curandeiros avançados que têm a habilidade de ler a doença ou os sintomas físicos no corpo de uma pessoa – mesmo em pessoas que eles nunca viram – apenas tocando um objeto ou roupa que foi usado por ela.

Quando lê objetos dessa maneira, o sensitivo geralmente "sente" os sintomas no próprio corpo.

Precognição: "Conhecimento antecipado". Saber ou sentir com antecedência algo que vai acontecer. Isso pode acontecer nos "Sonhos Verdadeiros" ou em visões quando estamos acordados. Frequentemente, as mensagens precógnitas são confusas, e não existe uma clareza real acerca do que vai acontecer, apenas um vislumbre.

Dèja vu: "Já visto". A sensação estranha de "já ter passado por isso antes". Uma sensação repentina e misteriosa de reconhecer um lugar ou acontecimentos a respeito dos quais você não tem conhecimento consciente de já ter visitado ou vivenciado antes. Alguns casos de *dèja vu* podem ser o resultado de se lembrar de sonhos precógnitos. E, às vezes, as pessoas dizem de modo jocoso *"Vujà Dé!"*, que significa "Eu jamais estive em um lugar remotamente parecido com este antes!".

Projeção Astral: Viajar "fora do corpo". Habilidade também chamada de *transvecção**. Pode ser como em um sonho, em que você viaja para algum lugar ou dimensão distante. Ou pode ser uma experiência de sair do corpo e olhar para baixo, como acontece nas experiências de quase-morte.

Visita ao sonho: Entrar no sonho de alguém como um visitante consciente. A pessoa pode ou não ver e se lembrar do visitante.

---

* N.T.: Transvecção refere-se à mudança de estado de um objeto, mas não necessariamente da sua estrutura física.

Teleporte: "Transporte remoto". Desaparecer de um lugar e instantaneamente reaparecer em outro. O transporte da matéria pelo espaço convertendo-a em energia e depois reconvertendo-a em matéria no ponto terminal, como os *teleporters* de Jornada nas Estrelas. Isso também pode se manifestar como o corpo astral da pessoa e aparecer em outro lugar.

Levitação: Em sentido literal, o oposto de *gravitação*, como na antigravidade. Levantar a si mesmo ou outros objetos do chão sem o uso de meios físicos. A levitação é uma ilusão popular para mágicos de palco.

Possessão: Entrar na mente de outra pessoa, sendo assim capaz de ver e ouvir por meio dos sentidos dela. A entidade possuidora (humana ou não) pode ou não "assumir o controle" do corpo do indivíduo possuído – com ou sem o seu conhecimento. Quando isso é feito com animais, a habilidade é chamada de "Empréstimo".

Viagem no tempo: Projetar sua consciência para o passado ou futuro – geralmente ao entrar na mente de alguém da época. Você pode viajar pelo tempo como um familiar, ou como você mesmo.

Canalização: Deliberadamente deixar a consciência "fora do banco do motorista" e permitir que outra consciência o possua e fale por meio de você enquanto você não tem consciência disso. As pessoas que fazem isso com regularidade são chamadas *de médiuns* ou *canais*. Algumas operam principalmente com espíritos dos mortos, e outras com entidades não humanas, como espíritos de animais ou alienígenas do espaço.

Invisibilidade: A habilidade de não ser notado ou visto pelos outros. Muitos a chamam de "disfarce". Outro modo de se tornar invisível é "desviando-se" no espaço.

Mudança de forma: Temporariamente "se transformar" em outra pessoa ou criatura, copiando sua aparência física, movimentos, comportamento, fala e inflexões – de tal maneira que os outros o reconhecem como o ser imitado. Isso pode incluir vestir uma fantasia de animal e andar de quatro, ou sentar sobre as coxas e uivar para a lua. Às vezes, a mudança de forma pode ser alcançada por meio da possessão ("empréstimo"), telepatia ou empatia – "entrando" de fato na pessoa. Criaturas como lobisomens, por exemplo, possuem essa habilidade, às vezes, sem ter consciência disso. Aqueles que se transformam em animais deliberadamente são denominados *animorfos* ou *animagos*.

"A Voz": Um poderoso "tom de comando" que produz obediência instantânea, sem percepção, por parte dos outros. Os "Bene Gesserit" de *Duna* são um excelente exemplo desse dom. Oficiais militares e policiais são treinados no uso da voz, assim como magos fortes e sumos sacerdotes e sacerdotisas.

Lição 3: Meditação e visualização

Quando eu era garoto, costumava praticar memorização com a aparência de lugares, como o interior da minha casa, uma extensão da calçada ou uma parte conhecida da floresta. Então, enquanto mantinha a imagem firme em minha mente, como se fosse um mapa, eu fechava os olhos e andava pelo lugar "vendo" e percorrendo-o segundo a minha memória. Quando chegava ao lugar onde visualizava a presença de vários objetos, eu parava e estendia a mão para tocá-los. Se não estavam onde eu esperava que estivessem, eu abria os olhos, voltava para o ponto de partida e começava de novo. Esse foi um dos meus primeiros exercícios em *visualização* – uma habilidade mágica essencial. Eu sugiro que você o pratique...

Aqui vão outros exercícios que o ajudarão a desenvolver alguns dos talentos psíquicos descritos acima. Não tente todos de uma vez; você nem precisa fazer todos eles. Mas se você está interessado em aprender como fazer algumas dessas coisas, e se tem algum dom natural nessas áreas, os exercícios o ajudarão. E lembre-se: quanto mais praticar, melhor você se tornará!

Quando eu era um menino, na escola, praticava prender a respiração e usava o relógio na parede da sala para controlar o tempo. Eu praticava com constância e, por fim, fiquei tão bom que conseguia permanecer quatro minutos sem respirar. Como eu ainda estava em fase de crescimento, esse exercício aumentou a capacidade dos pulmões. Hoje, 50 anos depois, eu ainda consigo nadar de baixo d'água e percorrer toda a extensão de uma piscina olímpica; e posso ficar submerso por mais tempo do que qualquer outra pessoa quando mergulho na costa da Califórnia.

Outro tipo de controle do corpo é dominar os músculos da face. Eu pratiquei durante horas diante do espelho para aprender como erguer e abaixar as sobrancelhas independentemente uma da outra, mexer as orelhas, dilatar as narinas, alcançar certas expressões emocionais, etc. Todos os grandes atores praticam isso; você também deveria.

Controle do corpo

Aproveite todas as oportunidades para praticar o controle do corpo na sua vida cotidiana. Quando se sentir cansado, esforce-se para aguentar um pouco mais antes de descansar. Se estiver com fome, não coma por mais meia hora. Se estiver com sede, não beba imediatamente. Pratique andar sobre uma viga. Faça ginástica. Faça paradas de mão, dê cambalhotas; aprenda a fazer malabarismo com bolas e a girar rodas de fogo. Torne-se um bom dançarino.

Meditação

A meditação é a mais importante habilidade básica para aprender, pois ela o ajudará a fazer muitas outras coisas. Tenho certeza de que você já viu Mestres meditando em filmes, principalmente aqueles que mostram artes marciais. O que você tenta fazer na meditação é se "centralizar" completamente em um lugar fixo e focar onde você está em perfeito equilíbrio e em harmonia com seu corpo e o ambiente que o cerca. Desse ponto central, você será capaz de se mover em qualquer direção em corpo e mente – até através do tempo e entre dimensões.

Fique sentado ou deitado em uma posição confortável e relaxe seu corpo completamente. Então, observe-se com cuidado para perceber qualquer músculo que comece a ficar agitado. Permita que esses músculos relaxem conscientemente, e faça o mesmo para qualquer outro grupo de músculos – mas não durma! O relaxamento completo e total é a sua meta. Use um marcador de tempo; comece com cinco minutos no primeiro dia, depois aumente o período de meditação por mais cinco minutos a cada dia, até que consiga relaxar por completo durante meia hora.

Quando chegar a esse ponto, vá para 5.1: "Meditação", para obter mais instruções e exercícios...

Lição 4: Ver e ler auras

Quando estiver hábil na meditação e visualização, você estará pronto para aprender a ver *auras*. As auras são os campos de *energia biomagnética* que emanam de todas as coisas vivas e as envolvem. Assim como a própria Terra, cada um de nós é um campo gerador vivo. Como não giramos ao redor do eixo, como a Terra, os polos de nosso campo não são gerados por rotação, mas são mais parecidos como os de um ímã. Um polo, chamado *de Chacra Coronário,* fica no topo da cabeça, exatamente na junção dos três ossos grandes do crânio (frontal e parietais), que se encontram nessa área (quando somos bebês esse ponto é de fato um buraco aberto!). O polo oposto, denominado *Chacra Básico*, está localizado na base da coluna, bem na extremidade do osso.

Assim como a *magnetosfera* da Terra, com seus Cinturões de Van Allen, nossa aura forma diversas camadas, baseadas nos níveis de energia. A primeira camada, que se estende a aproximadamente 2,54 centímetros de nossa pele, é chamada *de corpo etéreo*. Por ser a camada mais densa também é a mais fácil de se ver. A camada seguinte é chamada *de corpo astral*, e estende-se por mais alguns centímetros. Além do corpo astral, estão os corpos *mental* e *espiritual*. São corpos de alta energia, elásticos; seus limites podem variar em diferentes circunstâncias.

Talvez você já tenha ouvido falar da *Aurora Boreal*, ou "Luzes do Norte", que preenche os céus dos países do Hemisfério Norte com "cortinas", "lanças", e "chamas" dançarinas, brilhantes, etéreas, de luzes da cor do arco-íris. No Polo Sul, elas são chamadas *de Aurora Austral*, ou "Luzes do Sul". Essas exibições maravilhosas são causadas pela ionização (retirada dos elétrons) de partículas do Vento Solar, quando são sugadas para dentro dos "horizontes de eventos" do campo magnético da Terra ao redor dos polos magnéticos. Isso é o que acontece dentro de uma luz fluorescente, incluindo uma "luz negra". Seu corpo etéreo, portanto, é equivalente às auroras da Terra. E, se você aprender como procurar por elas, serão tão visíveis quanto as auroras.

Exercícios mágicos: Ver auras

A aura ao redor da cabeça é chamada *de nimbo*; ao redor de todo o corpo é denominada *auréola*. Peça a um amigo para se sentar na frente de uma parede ou cortina sem adereços – da cor bege ou creme é melhor. Deixe a luz baixa, com a fonte de luz fora de sua visão (algumas velas darão um bom resultado). Sente-se a cerca de 3 metros de distância; coloque-se em uma posição meditativa confortável e olhe inexpressivamente para o "terceiro olho" de seu amigo – entre as sobrancelhas. Ao fazer isso, abra bem os olhos e coloque-os em um foco suave, como se estivesse realmente a focar um lugar a meia distância entre você e seu amigo. É mais fácil fazer isso pendurando uma linha branca no teto, a essa distância, e focar a visão nela. Respire com suavidade e mantenha o foco na linha. Em alguns instantes, você começará a ver uma luz clara ao redor da cabeça de seu amigo, como se ele estivesse brilhando suavemente. Mas se você mudar a direção do foco e tentar ver com mais clareza, ela desaparecerá. O truque é não olhar de modo direto *para* a aura, mas captá-la com as bordas da visão.

Continue praticando até conseguir realizar o exercício com facilidade. Depois tente a mesma coisa sob uma iluminação diferente, com um cenário diferente e com pessoas diversas. Com o tempo, você conseguirá ver as auras ao redor de qualquer pessoa – na escola, no ônibus, em restaurantes e cinemas. E, quando você puder ver as auras ao redor das pessoas, também será capaz de vê-las ao redor de animais, plantas e especialmente árvores (que possuem auras enormes!).

Com essa prática, você aprenderá a enxergar a aura etérea. À medida que sua percepção aumenta, você também aprenderá a detectar a energia que irradia para dentro o corpo astral e além. Será capaz de vê-la fluir, diminuir, oscilar e brilhar como a Aurora da Terra. Com prática, você conseguirá ver as cores, que indicam a condição emocional ou física de uma pessoa. O estado da pessoa provoca reações na aura. Estados emocionais afetarão principalmente a cor. Condições físicas afetam não apenas a cor, mas também provocam peculiaridades nos padrões da aura, como bordas partidas ou buracos sobre ferimentos ou locais machucados. Aprender a enxergar esses padrões lhe será muito útil se você se tornar um Curandeiro. (Ver 5.II.4: "Cura pela Aura")

Para ver a cor das auras, é necessário ter muito mais habilidade do que para apenas enxergar uma luz brilhando ao redor de alguém. E tais cores, quando são percebidas, serão muito individuais para quem as percebe. Você e um amigo podem, os dois, aprender a enxergar as cores da aura, mas elas podem parecer diferentes para cada um. Isso é normal. Com tempo e prática, você aprenderá seu próprio sistema, o que essas cores significam para você.

NOTA: *Não fique desanimado se você não conseguir "ver" essas auras, não importa o quanto tente. Assim como algumas pessoas não distinguem cores ou melodias (como acontece comigo), podemos desenvolver alguns sentidos mais do que os outros. Afinal, o que sentimos e* *experimentamos ocorre de fato em nosso cérebro, não em nossos olhos e ouvidos. Você pode descobrir que consegue perceber as auras de outra forma – "sentindo-as", talvez, ou "ouvindo" um zumbido ao redor das pessoas...*

Exercícios mágicos: Controlando sua aura

Ver a aura dos outros é um exercício passivo. Agora, vejamos alguns exercícios para expandir e contrair de maneira ativa sua própria aura.

Erga a mão na sua frente; as costas voltadas para você e os dedos esticados, como se estivesse afastando alguma coisa. Use a mesma técnica descrita acima para ver a aura da mão e dos dedos. Agora comece a respirar profundamente, com rapidez, inspirando e expirando pelo nariz. Sem mudar de posição, enrijeça os músculos e olhe fixamente para a aura como se seus olhos pudessem emitir raios *laser*. Como se estivesse ligando o bocal do fogão, foque sua intenção em "expandir" sua aura, de modo que ela pareça "queimar" com um brilho cada vez mais intenso. Visualize a aura se expandir da ponta dos dedos, aumentar como as chamas de uma tocha à medida que nivela sua mão, esticando os dedos. Então, quando os esticar o máximo que puder, inspire profundamente, e faça-os voltar ao brilho normal ao mesmo tempo que os encolhe devagar, formando um punho fechado. Pratique repetidamente. Se tiver amigos para exercitar junto, revezem praticando a extensão e retração da aura enquanto os outros observam. Isso ajudará a cada um de vocês aprender a ver e controlar as auras.

Raios tratores e repulsores: Depois de praticar essa técnica o suficiente para ficar bom nela, você estará preparado para tentar projetar *raios tratores* e *raios repulsores* psíquicos. É apenas uma questão de estender e retrair a aura. Enquanto você a estende à força, use-a para empurrar (repelir) qualquer coisa que esteja diante dela. E, quando a retrair, use-a para sugar (atrair) qualquer coisa do mesmo modo. Também, para praticar, tente estender a aura e "bater" no ombro de alguém – veja se consegue fazer com que a pessoa se volte!

Chamas de velas: Acenda uma vela em uma sala escura e pratique usando seus raios trator e repulsor para afetar a chama. Faça com que ela tremule, mova a vela para longe de você, até que consiga afetar a chama quando ela estiver do outro lado da sala.

Urdidura da fumaça: Eu participo de alguns encontros mágicos em que a fogueira é o centro de toda a atividade (veremos mais sobre isso adiante, nas aulas sobre "Volta à Natureza" e "Ritos e Rituais"). Ao redor dessas fogueiras, a fumaça pode se tornar um problema, pois envolve nosso rosto. Quando a fumaça começa a se espalhar para o lado da fogueira onde eu estou, uso as duas mãos para dar forma a ela e afastá-la de mim, direcionando-a para cima. Para fazer isso, utilizo todos os dedos, estendendo a aura deles. Como um oleiro que dá forma à argila e transforma-a em um vaso, eu movo as auras dos dedos, tocando cada partícula de fumaça; escovando, acariciando, amaciando e redirecionando seu fluxo. Isso pode se tornar algo como uma dança. E eu tenho uma política para isso: sempre que alguém percebe o que estou fazendo e me pergunta a respeito, mostro como fazê-lo.

Descobri que a maioria das pessoas pode fazer isso com certa facilidade.

Separar as nuvens: Essa lição, na verdade, é parte do Trabalho com o Tempo, que será visto em mais detalhes em 4.I.5: "Taumaturgia: Magia Solidária". O trabalho com o tempo em larga escala não deve ser feito de maneira casual, pois pode provocar consequências imprevistas. Mas descobri que separar as nuvens em pequena escala é algo inofensivo, portanto explicarei a técnica aqui. Se o dia está nublado e você gostaria de que ele clareasse para, por exemplo, fazer um piquenique, a primeira coisa a fazer é encontrar uma pequena extensão de céu azul em algum lugar (isso é chamado de "calções de marinheiro") – ou mesmo um lugar onde a cobertura de nuvem pareça menos sólida. Estenda as duas mãos na direção desse lugar e visualize estender a aura o máximo que puder em um longo raio repulsor. Pode levar anos de prática até conseguir alcançar as nuvens, mas isso pode ser feito. Mantenha as costas das mãos voltadas uma para outra, dedos estendidos; então "separe" as nuvens como se elas fossem pilhas de algodão à sua frente. Na medida em que as nuvens se abrem, a extensão azul se torna maior; continue a empurrar as bordas da abertura até que o sol apareça através dela.

Escudar: Você também pode aprender a "endurecer" a camada exterior de seu campo de aura, transformando-a em um escudo psíquico. Isso é feito do mesmo modo pelo qual se projeta um campo de aura repulsor. Mas em vez de fazer um único raio estanque, mova as mãos – as palmas estendidas e os dedos bem esticados – para cima, para baixo, ao redor de todo o corpo, ao mesmo tempo que visualiza que está dando forma e pressionando o lado de dentro de um escudo impenetrável à sua volta. Assim como o Cinturão de Van Allen da Terra, esse escudo o protegerá de qualquer energia psíquica entrante – e pode até ser desenvolvido para se tornar um "manto", para torná-lo invisível.

Invisibilidade: A invisibilidade psíquica não significa que você pode ficar no meio de uma sala, pulando para cima e para baixo, agitando os braços, e que ninguém poderá vê-lo ou fotografá-lo. Tornar-se invisível significa que você ficará tão imperceptível que as pessoas simplesmente não perceberão que você está presente. O olhar delas passará diretamente por você, deslizando por sua aura como se ela fosse teflon, ou refletido em outro lugar como um espelho.

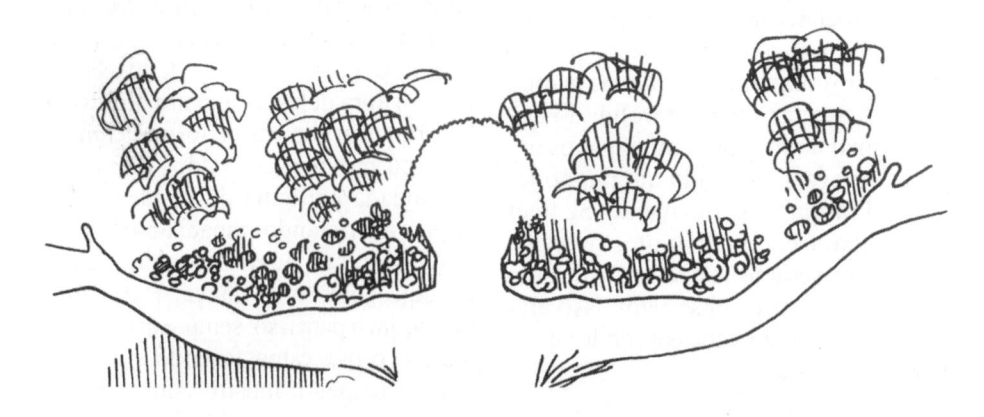

Depois, elas não se lembrarão de que você estava por perto. Além de "endurecer" seu escudo de aura, transformando-o em um campo de invisibilidade, existem dois truques opostos de invisibilidade usados pelos Feiticeiros: os dois envolvem o seu *olhar.*

O primeiro funciona melhor com pessoas totalmente estranhas, como na rua ou no meio de uma multidão. Nesse truque, você olha fixamente para a outra pessoa, trava o olhar rapidamente no dela. Geralmente, ela piscará e olhará para outro lado, quase de imediato, para evitar o seu olhar. E assim que ela fizer isso, baixe os olhos e desvie o olhar. A outra pessoa simplesmente terá apagado você da mente dela.

O segundo truque da invisibilidade é o oposto, embora sempre funcione melhor em uma multidão – como em uma festa. Se houver alguém que conheça você, mas você não quer que o veja, a coisa mais importante a fazer é não cruzar seu olhar com o dessa pessoa. Olhe para qualquer outro lugar, mas evite olhar diretamente para o seu conhecido. Com o seu manto de invisibilidade, você poderá passar pela pessoa sem ser notado e ela jamais saberá que você esteve lá.

Lição 5: Psicocinese

Quando eu era menino, li sobre pessoas que podiam mover objetos com o poder da mente (habilidade chamada *psicocinese*), e decidi que também aprenderia a fazer isso. Pratiquei repetidas vezes jogando moedas e dados. Eu segurava a moeda ou o dado com a face que eu desejava para cima, e olhava com firmeza para o objeto até que a face dele estivesse impressa na minha mente. Sempre escolho a "cara" na moeda e o número seis no dado. Então eu mantinha aquela imagem focada na mente e repetia a palavra *cara* ou *seis* em voz baixa para mim mesmo quando jogava a moeda ou o dado. Por fim, depois de vários anos, fiquei muito bom nessa prática. Tão bom, de fato, que meu irmão e minha irmã mais novos se recusavam a jogar comigo qualquer jogo que envolvesse lançar uma moeda ou um dado! Eles insistiam que eu "trapaceava". Mas eu pratiquei por muito tempo, e com afinco, para desenvolver essa habilidade, assim como meu irmão praticava atirar em cestos.

Contudo, existe uma grande sabedoria na proibição existente em Hogwarts de usar a Magia perto dos *Trouxas* – em especial, para obter alguma vantagem sobre eles. Se você o fizer, eles podem ficar chateados com você e tornar sua vida difícil. Esse tipo de comportamento levou pessoas à fogueira! Para muitos iniciantes, o impulso de "ser poderoso" com frequência interfere no entendimento correto do que o poder realmente significa, e de como usá-lo bem e com sabedoria. Jamais esqueça o lema do super-herói: "Com grande poder vem grande responsabilidade" (Stan Lee, *O Homem-Aranha*).

Exercícios mágicos: Psicocinese

Aqui vão mais alguns exercícios para desenvolver suas habilidades psicocinéticas. Lembre-se: a prática é tudo!

Giradores: Giradores são muito fáceis de fazer. Pegue um pedaço pequeno de papel, aproximadamente com cinco centímetros quadrados e dobre-o no meio duas vezes, de modo que se transforme em um quadrado de apenas 2,5 centímetros. Depois o desdobre e dobre novamente em sentido diagonal, de canto a canto, dos dois lados. Abra o papel e dê outra forma a ele dobrando-o novamente, deixando as dobras diagonais para cima e as dobras em cruz para baixo, como na figura.

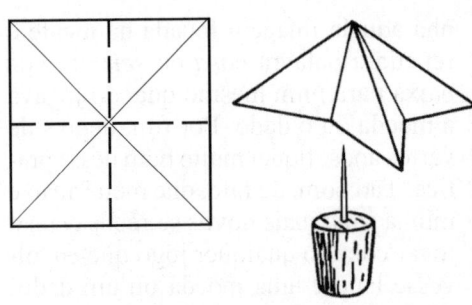

Agora pegue uma garrafa com uma rolha (como uma garrafa de vinho) e enfie uma agulha de costura na rolha – o buraco da agulha deve ser inserido na rolha e a ponta deve ficar para fora. Prenda o papel dobrado na ponta da agulha para que ele gire com liberdade. Aí está o seu girador.

Coloque seu girador sobre uma mesa à sua frente e concentre em fazê-lo girar apenas com a força da mente. Tome cuidado para não soprar nele; respire apenas pelo nariz! Concentre-se o tempo suficiente e com afinco, você será capaz de fazer com que o girador se mova. Veja o quão rápido consegue girá-lo. Depois faça com que ele pare e gire em sentido contrário.

Geradores de plasma: São geradores de alta voltagem usados para criar fagulhas elétricas. *Plasma* – que consiste de gás ionizado (do qual os elétrons foram tirados dos átomos) – é o quarto *estado* da matéria (os outros três são sólido, líquido e gasoso). É a mesma coisa que encontramos nas auroras da Terra e na *corona* do Sol. Os geradores de plasma são usados nas bolas de plasma – aqueles globos claros que contêm pequenas tempestades elétricas e são com frequência encontrados em lojinhas de variedades. Eu recomendo a compra de um desses objetos – eles são ao mesmo tempo agradáveis bolas de Feiticeiros (como um *palantir*) e úteis dispositivos para desenvolver e aguçar suas habilidades psíquicas. Certifique-se de comprar um com uma escala variável para diferentes intensidades.

Em uma sala escura, coloque sua bola de plasma sobre uma mesa, ajustando-a a uma intensidade baixa para que não ocorram raios – apenas uma suave nuvem brilhante de plasma colorida. Depois, vagarosamente, aproxime um dedo do vidro até que um único raio elétrico forme um arco do gerador ao vidro. Isso indicará que você tem a intensidade correta.

O exercício consiste em focar sua atenção na bola de plasma para fazer com que raios elétricos venham, de uma certa distância, em sua direção. Mantenha o rosto a mais ou menos 30,5 centímetros da bola de plasma; mantenha as mãos fora do caminho; e "pense" em um raio de luz atingindo o vidro, vindo na direção exata de seu terceiro olho (no centro da testa). Verifique com que frequência você consegue atrair esses raios para você. Agora, a parte de fato divertida desse exercício é quando alguém está sentado do lado oposto e faz exatamente a mesma coisa. É possível realizar um pequeno concurso para ver quem consegue atrair mais raios! Quando você tocar o vidro com um dedo, ou com a palma da mão, perceberá uma radiância em volta dele, como uma aurora. Ela é chamada *de campo Kirlian*, e é um modo de fazer com que parte de sua aura se torne visível – do mesmo modo que limaduras no ferro tornam visível um campo magnético.

Larvas tubífex: *Larvas tubífex* (também denominada "larvas da lama") são vendidas em lojas de animais como comida viva para peixes tropicais. Essas larvas pequenas e finas são vermelhas porque o sangue delas, como o dos mamíferos, contém hemoglobinas ricas em ferro. Como a hemoglobina pode reter mais oxigênio do que os fluidos corporais da maioria dos animais encontrados em lagoas, as larvas tubífex podem viver em água que não tenha muito oxigênio. As larvas tubífex vivem amontoadas em uma massa; fazem canais na lama e passam todo o tempo comendo dejetos com a cabeça enfiada no fundo de uma lagoa e a cauda se agitando sobre a água. Se uma parte da larva for comida ou quebrada, ela pode recriá-la.

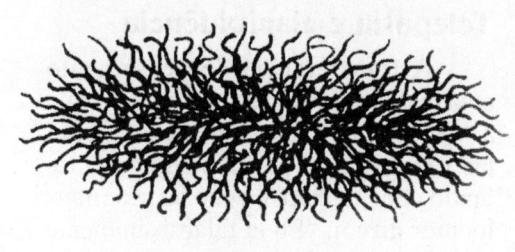

Compre mais ou menos 30 gramas de larvas tubífex na loja de animais mais próxima, e coloque-as em uma vasilha, redonda e rasa, com água. (Se estiver fazendo isso em casa, peça permissão para sua mãe!) Se a água da torneira não for tratada, use água mineral ou de lago (melhor ainda). As larvas ficarão juntas em uma massa uniforme.

NOTA: Se você deseja manter suas larvas tubífex por mais de alguns dias, você precisará arranjar comida para elas. Elas não comem muito. Meia colher de chá de dejetos encontrados em uma lagoa, em um aquário, em uma calha ou mesmo com um pouco de terra do jardim servirá. E depois, quando você já tiver usado suas larvas, solte-as em uma lagoa – ou alimente seus peixes com elas.

Graças à alta concentração de ferro no sangue, as larvas tubífex são particularmente sensíveis aos campos eletromagnéticos. Passe um ímã pelo lado de fora da vasilha e veja como as larvas reagem. Você verá que pode afetá-las com o ímã. Mas essa massa de larvas também pode ser manipulada psiquicamente! Concentre-se na massa de larvas, como fez com a bola de plasma, dê a ela a forma de uma bola, uma rosquinha, uma cruz, uma estrela – envie tentáculos e extensões em diferentes direções. Você ficará surpreso com a reação das larvas aos seus pensamentos.

Lição 6: Telepatia e clarividência

O primeiro Dom que descobri quando criança foi o da telepatia. Eu podia "ouvir" com frequência os pensamentos por trás das conversas. As vezes, quando as pessoas falavam comigo, eu não conseguia nem distinguir o que saía de suas bocas nem o que saía de suas mentes. Quando eu era muito jovem, antes de começar a frequentar a escola, morava em uma grande casa vitoriana com minha mãe, minha tia e minha avó. Meu avô morrera quando eu fui concebido (na verdade, sou a reencarnação dele), e meu pai estava no sul do Pacífico, no combate à Segunda Guerra Mundial. Assim, todo o meu mundo girava ao redor dessas três mulheres. E eu ouvia seus pensamentos com tanta clareza quanto as suas palavras. Mas não tinha como saber que havia algo de incomum nisso; eu pensava que todas as pessoas se comunicavam dessa forma.

Uma noite, depois de ter ido para cama, acordei ouvindo muitas vozes, como se estivessem dentro da minha cabeça. Saí do quarto e desci as escadas; vi a sala de estar repleta de pessoas; minha família estava dando uma festa. Eu jamais ouvira tantas vozes ao mesmo tempo; e elas pareciam exageradamente altas para mim. Então gritei: *"fiquem QUIETOS!"*. E, quando todos os rostos se voltaram para mim, parado na escada, apoiado no corrimão, vi que as suas bocas haviam parado de se mover. Mas as vozes pareciam ainda mais altas do que antes; eu ainda ouvia os pensamentos dos convidados! Cobri os ouvidos com as mãos; subi as escadas, corri para minha cama e me escondi debaixo das cobertas. Por fim, consegui dormir. E quando acordei, eu já não mais ouvia os pensamentos das pessoas como vozes dentro da minha cabeça – o que tornou muito mais difícil a comunicação de minha mãe, tia e avó comigo!

Com o passar dos anos, eu algumas vezes tive *flashes* de comunicação telepática instantânea – especialmente em situações românticas. Mas alguma coisa em minha mente agiu para me proteger e "fechou" aquela passagem aberta que permitia que os pensamentos dos outros fossem despejados de modo incontrolável em minha mente. Quando atingi a adolescência, ouvi falar de experimentos científicos em telepatia que estavam sendo realizados pelo Rhine Institute na Duke University. Ao lembrar das minhas experiências na infância, eu me dediquei a duplicar esses experimentos para recuperar meu talento.

Exercícios mágicos: Telepatia e clarividência

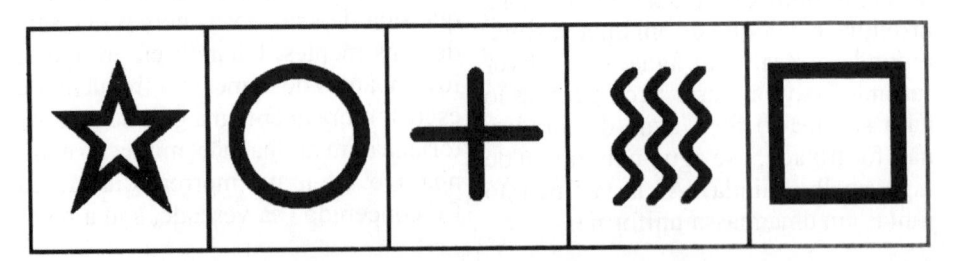

A transferência de pensamento ocorre de maneira mais comum do que a maioria das pessoas percebe. Quantas vezes você já percebeu que está falando com alguém, e você ou seu interlocutor dizem: "Eu ia falar exatamente isso!". Ou você está pensando ou falando sobre uma pessoa e o telefone toca e é aquela pessoa do outro lado da linha. Minha companheira, Morning Glory – que é uma famosa bruxa e encantadora –, e eu com frequência nos ouvimos proferir exatamente as mesmas palavras no mesmo instante, estando em lados opostos de uma sala cheia de pessoas. E as pessoas dizem: "Ó!...estéreo Ravenhearts!".

Dois dos experimentos desenvolvidos pelo Rhine Institute são fáceis de fazer. Recomendo que você tente realizá-los. Se você os fizer repetidas vezes, descobrirá que seu desempenho melhorará com a prática. No entanto, experimentos em telepatia obviamente requerem pelo menos mais uma pessoa, portanto você terá de encontrar um amigo que também esteja interessado em magia para que possam praticar juntos. Esses exercícios são perfeitos para praticar nas *chat rooms* on-line.

Cartas Zener: As cartas Zener foram criadas no fim da década de 1920, por meio da colaboração do dr. Karl Zener (Duke University) e J. B. Rhine (Harvard). As cartas Zener são adequadas para desenvolver e conduzir experimentos com habilidades psíquicas. São como equipamentos de exercício psíquicos. Existem cinco símbolos padrões diferentes em um baralho de cartas Zener, e cinco cartas de cada símbolo formam um total de 25 cartas por baralho. Para ter o seu próprio baralho, copie as cartas dessa página em papel cartão e corte. Faça também gráficos de registro, numerados de 1 a 25, com dois espaços depois de cada número: um para o remetente e outro para o destinatário.

Sente-se em uma sala silenciosa, fora da visão direta de seu amigo. Um de vocês (o remetente) embaralha as cartas e foca a atenção em cada uma por alguns momentos, copiando-a no gráfico. A outra pessoa (o destinatário) diz em qual símbolo o remetente está focando. O remetente deve então anotar a resposta ao lado da figura desenhada em primeiro lugar. O remetente não deve dizer ao destinatário se ele está certo ou errado. Pratique esse exercício várias vezes e mantenha registros. Com o tempo, vocês podem descobrir que um de vocês é melhor remetente e o outro é melhor destinatário.

Desenhos a distância: De maneira semelhante ao uso das cartas Zener, tente transmitir desenhos por telepatia. Experimentos de laboratório que usam essa técnica eram chamados de "Visão a distância", e eram usados para treinar espiões! Para praticá-los, você e seu amigo devem estar em salas separadas, ou até em casas diferentes (vocês podem se manter em contato por telefone ou computador). Cada um de vocês deve se sentar a uma mesa, em uma sala silenciosa, com um bloco de desenho, lápis ou carvão. Um de vocês (o remetente) fará um desenho simples (uma árvore, pessoa, um animal, etc...). Desenhe com a *mão esquerda*, e se concentre nas imagens que desenha. Ao mesmo tempo, a outra pessoa (o remetente) deve relaxar, fechar os olhos, e permitir que a imagem se forme na mente dela. Depois de alguns momentos, o remetente deve desenhar aquilo que pensar – também com a mão esquerda. Então, revezem como remetente e destinatário. Mais tarde, comparem os desenhos e vejam o quão perto vocês chegaram – vocês podem se surpreender! Assim como acontece com todos esses exercícios, a prática aperfeiçoará seu desempenho.

Canções: Outro exercício similar pode ser feito com canções. Para a prática dele, vocês realmente precisam estar em casas separadas. Assim como foi feito com os desenhos, o remetente deve pensar em uma melodia popular conhecida e começar a cantar. As melhores são aquelas que você simplesmente não consegue tirar da cabeça (são chamadas de "Pepsis", pois são usadas em publicidade). Então, o remetente abre a mente para deixar que a melodia entre – depois de algum tempo, vocês conversem para ver o resultado.

Sexta Aula: Talvez sonhar

Dormir é, na verdade, uma cerimônia; uma cerimônia notadamente essencial da qual participamos repetidas vezes, durante toda a nossa vida, junto com todos os outros seres sencientes. Na verdade, o próprio Universo participa dessa cerimônia de um tranquilo "deixar solto", gentilmente criando o pano de fundo apropriado para nosso sono, apagando as luzes da terra e ligando as Luzes Noturnas do Céu; acalmando os barulhos do dia e a maior parte das criaturas da Terra; e com frequência dando a impressão de aquietar o próprio ar e as águas ao nosso redor. Muitos povos nativos ainda acreditam que o Mundo dos Sonhos para o qual viajamos quando dormimos e nos regeneramos física, emocional e espiritualmente pode muito bem ser uma "realidade" mais verdadeira do que o mundo cotidiano no qual geralmente operamos. – Hel

1. Introdução: Sonhar

Os sonhos são realmente importantes e nos dizem coisas que podem ser vantajosas para nós; ou são apenas "filmes que passam tarde da noite" para entreter sua mente inconsciente enquanto a consciente repousa? Você tem em média sete períodos de sonho, cada um com até 45 minutos de duração – todas as noites de sua vida. Sonhar é vital para o seu bem-estar. As pessoas que têm seus períodos de sonho interrompidos por longos períodos de tempo desenvolvem estresse mental. Os sonhos são produções complexas, bem orquestradas e imaginativas, que nascem da nossa mente inconsciente ou "superconsciente". Quando consideramos essa fonte, fica clara a importância dos sonhos. Para muitas pessoas, o estado de sonho é o único meio disponível para que a mente superior (ou mais profunda) se comunique com a mente consciente. O mínimo que você pode fazer é tentar entender a mensagem!

Todos os homens sonham, mas não do mesmo modo. Aqueles que sonham à noite, nos recessos empoeirados de suas mentes, acordam durante o dia e descobrem que tudo foi vaidade: mas os sonhadores do dia são homens perigosos, pois eles podem viver seu sonho com olhos abertos, para torná-lo possível. – T. E. Lawrence

Aqueles que sonham durante o dia são conhecedores de muitas coisas que escapam àqueles que sonham apenas durante a noite. Edgar Allan Poe (1809-1849)

Lição 2: Os Portões de Chifre e Marfim

Acredita-se que os sonhos possam entrar por dois portões – o Portão de Chifre e o Portão de Marfim. Os sonhos que entram pelo Portão de Marfim – que são a maioria deles – são sobre suas próprias questões internas. Na maioria das vezes, esses são os modos como sua mente classifica, processa e arquiva os acontecimentos, experiências e pensamentos em progresso na sua vida. Existem inúmeros pequenos e fascinantes "dicionários de sonhos" que listam vários símbolos encontrados em sonhos – com interpretações de seus significados. A seguir, apresentarei alguns exemplos, mas as interpretações das imagens e do simbolismo dos sonhos variam de pessoa para pessoa; e não são sempre universais. E, embora as imagens e as ocorrências em tais sonhos possam ter um profundo significado pessoal para você, é importante entender que elas são sobre você, e não a respeito de outra pessoa.

Os sonhos que entram pelo Portão de Chifre, no entanto, são "Sonhos Verdadeiros". Eles tendem a se inserir em duas categorias: sonhos que são lembranças de coisas passadas esquecidas, e coisas que são previsões daquilo que está para acontecer. As coisas esquecidas que podem ser lembradas em sonhos incluem acontecimentos e experiências de suas vidas passadas e infância – todas as suas experiências antes de você desenvolver a fala em sua encarnação presente. Ou se você esteve inconsciente – como em um acidente, cirurgia ou abdução por UFOs – as memórias do que aconteceu durante aquele período podem aparecer em sonhos.

Sonhos com coisas que acontecerão podem ser visões importantes que preveem acontecimentos positivos em sua vida – como encontrar o seu Verdadeiro Amor, ou alcançar uma grande realização, ou podem ser avisos de um terrível desastre que pode ser evitado. Muitas pessoas cancelaram suas viagens com base em sonhos com previsões ruins e assim evitaram sofrer acidentes de trem, avião, automóvel ou navio. Essas catástrofes em que muitas pessoas morrem tendem a criar tão grande "perturbação na Força", que as ondas, como as criadas por uma pedra atirada em um lago, fluem para trás e para a frente e perturbam o Próprio Sonho.

Mantenha um *diário de sonho* especial ao lado da cama, e assim que acordar escreva tudo o que se lembrar de seus sonhos – de modo especial, os mais vívidos. Anote também a data e qualquer "impressão" emocional em particular que você sinta. Com o tempo, quando reler essas anotações e observar quais sonhos se tornaram realidade, você aprenderá a reconhecer e fazer distinção entre o Portão de Chifre e o Portão de Marfim.

Se você tem dificuldade para lembrar de seus sonhos, tente esse exercício simples: Pegue uma etiqueta em branco e escreva com tinta permanente, em letras maiúsculas: **"LEMBRE"**. Cole a etiqueta em um copo cheio de água e ponha o copo ao lado da cama. Um pouco antes de deitar e fechar os olhos para dormir, tome um gole de água. Enquanto faz isso, pense: "Quando eu acordar e tomar outro gole dessa água, eu me lembrarei dos meus sonhos". Depois, vá dormir. De manhã, quando acordar, tome um gole da mesma água imediatamente; e, quando fizer isso, as memórias de seus sonhos voltarão. Tome nota rapidamente em seu diário, escrevendo todos os detalhes de que se lembrar. Não se preocupe em colocar tudo na ordem perfeita – apenas escreva o que lhe vier à mente. Com o tempo, você se aperfeiçoará cada vez mais nessa técnica.

Lição 3: Dicionário de símbolos de sonhos

Os "dicionários de sonhos"* existem desde os tempos antigos. Eram muito populares na Grécia clássica e no Império Romano. A seguir, apresento alguns dos símbolos mais comuns que você pode encontrar em seus sonhos, com interpretações mais populares. Mas não leve essas interpretações muito a sério, pois os sonhos de cada um são individuais. Cada um de nós tem sua própria simbologia única, baseada em nossas experiências de vida. Portanto, você deve analisar e interpretar os símbolos em seus sonhos pelo ponto de vista de seus próprios sentimentos pessoais em relação a eles.

Acidente (na estrada): confiar muito nos outros; algo não planejado.

Água: espiritualidade; emoção.

Agulha: briga familiar.

Altar: autossacrifício.

Âncora: estabilidade; desilusão; algo que o prende.

Anel: completude; lealdade.

Arco-íris: grande felicidade; oportunidade.

Árvore: princípio da vida; desenvolvimento psíquico; sucesso.

Avião: uma jornada; começo de algo novo.

Balão: frustração.

Banho: vitalidade; vida longa.

Batalha: conflito interno.

Baterias: discussões familiares por vir.

Bebê: alegria; responsabilidade. (Chorando): planos frustrados. (Rindo): planos realizados. (Dormindo): período de espera.

Beijo: satisfação; completude.

Bruxo/Feiticeiro: descobertas úteis; habilidades sobrenaturais.

Caindo: não realização das expectativas.

Camundongo: um intrometido que interferiu em seus negócios.

Cão de caça (seguindo): boa sorte.

Cão: lealdade; preguiça; raiva.

Carvalho: aumento estável.

Castelo: ambição.

Cavalo: representa seu corpo

Caverna: um lugar de retiro ou refúgio.

Chave: um segredo; a resposta a um problema.

Círculo: totalidade; perfeição; infinidade.

---

*N.E.: Sugerimos a leitura de *Dicionário Psicanalítico dos Sonhos*, de José Bosco, Madras Editora.

Cisne: beleza; conforto; satisfação.
Cobra: sabedoria espiritual; transcendência.
Coelho: mágica; boa sorte.
Comendo: necessidade de novos interesses; estímulo.
Correndo: uma jornada útil.
Cortinas: ocultação; adorno.
Coruja: sabedoria; mensageiro.
Cristal: união da matéria com o espírito.
Dentes (dor): doença por vir.
Dragão: mudança de residência.
Escada: habilidade para subir.
Espada: penetrante e cortante; conflito.
Espelho: escândalo ou desapontamento; reconsideração.
Estrelas: suas esperanças.
Fada: voos de fantasia.
Fechadura: frustração; insegurança.
Flecha: prazer; festividade; escrever uma carta da qual você se arrependerá.
Flores: produtividade; contentamento; prazer.
Fogo: raiva; purificação; abundância de energia.
Folha: mudança iminente.
Gato: independência.
Guarda-chuva (aberto): proteção; abrigo.

Hera: amizades fiéis.
Janela: uma nova visão de algo.
Ladrão: medo de perda; insegurança.
Lagarto: transcendência.
Leão: amigos e afiliações poderosas.
Leque: rivais na paixão; uma discussão.
Linha: situações confusas.
Lobo: segurança e sabedoria.
Lua: seus sentimentos.
Luz: esperança.
Maçãs: desejo; longevidade e muitos descendentes.
Mãe: refúgio, conforto.
Mãos (amarradas): dificuldade em se livrar de problemas.
Martelo: vitória.
Máscara: falsidade; decepção; ocultação.
Milharal: riqueza; certeza.
Mordida de cobra: infusão de sabedoria.
Nascer do sol: despertar; limpeza de consciência.
Nascimento: transição para uma nova fase.
Neve: circunstâncias ocultas.
Ninho: uma casa nova.
Oceano (calmo): reconciliação; oportunidade; espiritualidade.
Ovelha: paz.
Parede: obstáculos; frustrações; inabilidade.

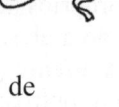

Pássaros: transcendência de um estado para outro.

Penas (pretas): perda e fracasso.

Pirâmide: sede de conhecimento; busca.

Pirata: suspeita.

Polícia: problemas com autoridade.

Pombos: sucesso no amor.

Ponte: superar dificuldades; uma mudança.

Porão: memórias suprimidas.

Pôr do sol: necessidade de proteger bens.

Porta (aberta): oportunidade nova.

Prisão: confinamento; frustração; inabilidade de agir.

Pulando: sucesso.

Rato: inimigos poderosos, geralmente desconhecidos.

Relógio de parede: oportunidade perdida; agora é hora de agir.

Rio: espiritualidade; um limite.

Ruínas: planos não realizados.

Sinos: realização de planos; alegria.

Soldados: força; organização.

Tesouras: falta de confiança.

Touro: teimosia.

Túnel: esconder; sentir medo.

Vassoura: a habilidade para limpar as coisas.

Vela (queimando): constância.

Véu: insegurança.

Vidro (claro): futuro bem-sucedido.

Voando: liberdade.

Vulcão: energia sexual; emoções poderosas.

Zoológico: confusão.

Lição 4: Pesadelos

A palavra em inglês para pesadelo (*pesado+elo*) é *nightmare*,* que significa literalmente um monstruoso espírito negro de um cavalo que nos leva em uma jornada terrível e incontrolável através de lugares escuros e amedrontadores. Os pesadelos são como repetições fixas, acrescidas de dramatizações e efeitos especiais, de experiências tão assustadoras que não podemos lembrar delas quando estamos acordados. Em crianças muito novas, esses pesadelos podem ser lembranças de uma morte trágica em uma vida passada. Especialmente se a morte foi violenta, essas "noites de terror" podem ser tão amedrontadoras que elas causam *insônia* (inabilidade de dormir). Durante minha própria infância, fui assombrado por pesadelos no quais continuava a experimentar minha última morte. Eu morrera de um ataque cardíaco e experienciava isso como se estivesse caindo de costas por um poço sem fundo, com o mundo que eu conhecia encolhendo e se tornando um círculo cada vez menor até desaparecer da visão, e eu continuava a cair infinitamente em uma escuridão total... até que acordei como um bebê em minha vida nova. Outra fonte dos pesadelos pode ser uma experiência traumática nesta vida. Crianças (e mesmo adultos) que foram expostas à violência ou abuso, sobreviveram a acidentes ou incêndios trágicos – especialmente se outros morreram –, ou que sofreram doen-

---

* N. T.: A palavra *mare* significa égua; a palavra *night* significa noite.

ças sérias e quase fatais, ou que experienciaram outros traumas, terão pesadelos nos quais continuarão a vivenciar esses horrores, com frequência, de maneira simbólica.

Pesadelos particularmente terríveis são, às vezes, causados por uma desconexão entre o cérebro e o corpo quando a pessoa está passando para o sono ou acordando. Os japoneses, que há muito conhecem esse fenômeno, dão-lhe o nome de *kanashibari*; e os pesquisadores ocidentais se referem a ele como "paralisia do sono". Cerca de 4% de todas as pessoas passam por isso com regularidade; e 40-60% pelo menos uma vez. Outras têm alucinações com seres e criaturas maléficas e sobrenaturais. A maioria das pessoas tem impressão de que não consegue se mover nem falar, e sente um peso no peito. São também comuns as sensações de levitar, voar e passar por túneis espirais – todas com um grande sentimento de medo e terror.

Os pesadelos *kanashibari* frequentemente envolvem criaturas demoníacas sombrias, como os Dementores do mundo de Harry Potter, ou os Ringwraiths de *Senhor dos Anéis*. Muitas dessas criaturas foram identificadas em mitos – como o *súcubo* e o *íncubo* que se aproximam das pessoas adormecidas e fazem sexo com elas; ou bruxas feias e velhas; *goblins* e fantasmas que se agacham sobre o peito da pessoa adormecida e a sufocam. O *Lethifold* é um manto negro flutuante que envolve e sufoca a vítima. E o cavalo-demônio com olhos de fogo ao qual denominamos *nightmare* é comum em muitas culturas. Muitas "abduções por alienígenas" podem ser explicadas como *kanashibari*.

O melhor antídoto para todos os tipos de pesadelos é aprender a controlar os sonhos por meio do *sonho lúcido* ("claro"). Você pode contar com encantamentos e poderes para combater esses monstros das trevas, como em um *videogame*. De fato, este é um ótimo modo de visualizar um sonho quando você está tendo pesadelos.

Feitiço antipesadelo: Pendure uma pequena coroa de penas cinzas sobre a cama para evitar pesadelos e permitir um sono tranquilo. Um cristal em forma de pirâmide colocado embaixo da cama o protegerá contra ataques psíquicos durante o sono. Pendure uma cebola vermelha e coloque flor-de-diana debaixo do travesseiro para afastar espíritos do mal. Depois, crie um Círculo Mágico de proteção ao redor da cama todas as noites antes de dormir, assim:

Fique no meio da cama e segure um espelho pequeno, como um de maquiagem, por exemplo, voltado para fora, de maneira que as paredes de seu quarto sejam refletidas. Volte-se *deosil* (sentido horário) em um círculo completo, e visualize uma parede circular refletiva se estendendo pelo espelho em sua mão, como se você estivesse dentro de um ornamento espelhado de uma árvore de Natal. Enquanto faz isso, diga:

Círculo de Luz, cerque minha cama;
Todos os temores da noite sejam afastados de minha mente.
Que sonhos pacíficos venham para mim.
Como eu desejo, que assim seja!

Outro encantamento contra pesadelos é assim:

*Criatura do mal, nascida da escuridão,
Com cauda, asa, focinho e chifre,
Afaste-se de mim agora até de manhã!*

Valerie Worth

Lição 5: Sonho Lúcido

Existe um outro mundo no qual podemos entrar por meio dos sonhos, que, às vezes, é chamado *de Tempo do Sonho*, ou *O Sonho*. É um reino psíquico que compartilhamos com todas as outras criaturas que estão sonhando – humanas ou não humanas – e ele tem as suas próprias paisagens e geografias. Dentro de *O Sonho,* estão os países das fadas; a vida depois da morte de todas as manifestações de fé; os reinos dos deuses; espíritos e ancestrais; e todos os mundos de fantasia dos mitos e histórias. E dentro de *O Sonho* você pode ser ou fazer tudo o que imaginar. Quando aprender a visualizar com clareza tudo o que deseja, você estará pronto para o passo seguinte. Ele é chamado *sonho lúcido*. A ideia é estar consciente em seus sonhos, pois assim você pode ir para os lugares que desejar; fazer coisas intencionalmente e lembrar delas quando acordar.

Quando for dormir à noite, use as habilidades de meditação e visualização que já aprendeu. Deite-se, feche os olhos, coloque-se em transe meditativo e comece a visualizar que está andando por um caminho. Enquanto caminha, começarão a aparecer várias coisas que você não visualiza intencionalmente. À medida que isso acontece, você entra em *O Sonho*. Permaneça consciente, mas deixe que essas visões não esperadas aconteçam. Quando estiver totalmente no Mundo do Sonho, estique as mãos diante do rosto. Vire-as, abra e feche os dedos. Enquanto continuar a ver e controlar suas mãos, você estará no controle de seu eu no mundo do sonho.

Outra parte importante do sonho lúcido é visualizar e manter imagens de sua varinha, athame e outros instrumentos mágicos. Tente se visualizar vestindo seus mantos mágicos em seus sonhos (ver 3.III.3). Isso o ajudará a manter uma personalidade de sonho como feiticeiro. Nesse estado de sonho lúcido, você pode se tornar o mago mais poderoso que já existiu. Use sua varinha e outros instrumentos nos sonhos. Assim como em um *videogame*, você pode transformar coisas, lançar bolas de fogo, levitar e desenvolver todas as habilidades de artes marciais dos personagens de *Matrix.** Você poderá desafiar e derrotar seus pesadelos e participar de aventuras maravilhosas. Minhas atividades preferidas no sonho lúcido são levitar e voar: Eu "me puxo para cima" para voar a alguns centímetros do solo, e depois "nado" pelo ar como se estivesse embaixo da água – às vezes, na altura da sala, e outras, cruzando o céu como uma águia muito acima das árvores. Todas as vezes, estudo com cuidado o modo como faço isso, espero que um dia consiga levar essa habilidade para o Mundo Desperto!

O truque aqui é permanecer consciente. Assim como em todas as disciplinas, a principal coisa a fazer é prati-

---

*N.E.: Sugerimos a leitura de *Matrix – Bem-Vindo ao Deserto do Real*, coletânea de William Irwin, Madras Editora.

car – faça isso todas as noites e você dominará a técnica. O tempo pode ser estendido dentro de *O Sonho*, de modo que algumas horas em que você fique acordado possam parecer dias ou períodos mais longos. E, se você praticar suas habilidades mágicas em *O Sonho*, no qual você tem todo o tempo do mundo, também aperfeiçoará essas habilidades no Mundo Desperto.

Lição 6: Jornada e caminhada no sonho

Quando dominar a habilidade do sonho lúcido, você conseguirá estabelecer um curso dentro de *O Sonho* para reinos astrais, lugares, épocas e dimensões específicas – como a das Fadas; da vida após a morte; períodos históricos; ou mesmo as terras do mito e da fantasia. Isso é chamado *jornada xamânica*. Você será capaz de voar para esses lugares por meio da levitação, ou ainda se transportar instantaneamente por meio do teleporte. Você poderá procurar, encontrar e conversar com qualquer um que desejar – vivo ou morto; real ou imaginário – incluindo dragões, totens, espíritos, deuses e deusas.

Tome cuidado! Alguns desses lugares e encontros podem ser perigosos e consistir em armadilhas para os que não têm habilidade, preparo ou cautela. Há lugares para os quais você realmente não deseja ir! Não tente partir nessas jornadas até que tenha atingido o controle total de seu corpo de sonho. E, quando atingir esse controle, após anos de prática, você poderá se tornar um *Caminhante do Sonho* – capaz de entrar no sonho dos outros. Mas isso é um poder muito grande; e, por conseguinte, uma grande responsabilidade; não é para o Aprendiz novato. É uma habilidade usada por xamãs e curandeiros psíquicos.

Quando eu era jovem, antes de adquirir qualquer disciplina em minhas habilidades psíquicas, algumas vezes me encontrava, ao que parece por acidente, entrando no sonho com outra pessoa, pois as imagens e símbolos com certeza não pertenciam a mim. Os mais comuns desses "sonhos errados" eram os que envolviam uma grande quantidade de cobras – geralmente venenosas. Eles pareciam com clareza ser os piores pesadelos de alguém, como se pertencessem a Indiana Jones; e eu sempre as encontrava e trazia para casa para colocá-las em meu terrário (ainda temos algumas jiboias grandes). Portanto, eu não tinha medo de vê-las se arrastando sobre mim em meus sonhos – mesmo me mordendo. Eu ria nesses sonhos, sabendo que o Sandman tinha misturado as coisas! Mais tarde, aprendi que na simbologia tradicional dos sonhos as cobras representam "sabedoria espiritual; transcendência para um estado de sabedoria". E mordidas de cobras em um sonho significam "uma infusão de sabedoria". Portanto, talvez existisse uma boa razão para elas estarem em meus sonhos, afinal...

Lição 7: Descoberta durante o sonho

A *descoberta durante o sonho* é um tipo específico de sonho lúcido em que você estabelece a intenção de sonhar com uma coisa específica – de modo geral para solucionar um problema, obter uma visão, criar um símbolo ou visualizar um projeto (como uma pintura, escultura, música, etc.). Usei essa técnica para criar unicórnios, con-

Sexta Aula: Talvez sonhar

ceituar estátuas que desejava esculpir, fazer projetos arquitetônicos, planejar *layouts* de livros e revistas e criar logotipos para diferentes grupos – como o logotipo da feitiçaria que você vê aqui.

Um dos casos mais famosos de descoberta durante o sonho foi a da estrutura anelar do benzeno. Até Kekule fazer a descoberta, as estruturas moleculares em Química eram consideradas lineares (em uma linha reta). Isso, todavia, não explicava muitas propriedades do benzeno. Kekule tentava – sem muito sucesso – descobrir uma estrutura, quando a solução lhe veio em sonho. Ele descreveu essa experiência a uma assembleia de cientistas que se reunira para comemorar a descoberta:

> ...Virei minha cadeira em direção à lareira e cochilei. Mais uma vez, os átomos flutuavam diante de meus olhos. Grupos menores agora se mantinham modestamente no fundo. O olho de minha mente foi aguçado por visões repetidas semelhantes – estruturas distintas maiores, de formas variadas. Longas fileiras frequentemente se erguiam juntas – todas em movimento, torcendo e girando como serpentes; e vejam! O que era aquilo? Uma das serpentes pegou a própria cauda e a forma girou de modo zombeteiro diante de meus olhos. Eu acordei tão rápido quanto um raio de luz. Novamente passei o resto da noite a trabalhar com as consequências da hipótese.

Madhukar Shukla: *The Discovery of Benzene Ring*

Em primeiro lugar, você deve ficar completamente obcecado pela descoberta que deseja fazer. Leia tudo o que puder sobre o assunto; pesquise na Internet; faça perguntas a todos que sabem

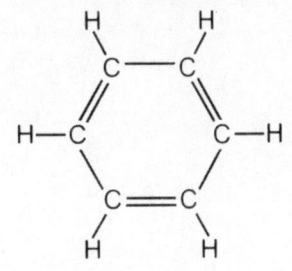

Ouroboro

Anel do Benzeno

algo a respeito do assunto. Depois de toda a informação que conseguir reunir, comece a juntar símbolos, figuras, fotos, artigos e qualquer outra imagem visível que você possa copiar ou imprimir. Escreva ou desenhe algumas ideias e inclua-as na coleção. Corte as imagens e espalhe-as sobre uma mesa grande ou no chão. Embaralhe e arrume-as novamente em padrões e figuras até ficar satisfeito com o arranjo geral. Use o tempo que desejar com isso. Pegue uma tesoura e cola e cole o seu arranjo em uma folha grande de papel cartão. Não se preocupe se o resultado final for um pouco diferente; isso também é parte do processo.

Antes de ir dormir, fique olhando para a colagem por algum tempo, tente memorizar todos os detalhes. Você deve ser capaz de visualizá-la com clareza em sua mente quando fechar os olhos. Coloque um bloco de notas e um lápis ao lado da cama, com um copo d'água. Escreva uma pergunta específica em um pedaço de papel (pergaminho é melhor para esse e outros encantamentos desse tipo), e coloque o papel debaixo do travesseiro com um pequeno sachê "travesseiro do sonho" feito da planta *artemísia*. Então, do mesmo modo que você aprendeu a se lembrar dos sonhos, antes de deitar, tome um gole de água, ao mesmo tempo afirme que todos os pedaços se juntarão em seus sonhos e você verá a solução que procura. E você se lembrará dela quando acordar e tomar outro gole d'água.

Se desejar dar mais força a um sonho profético, alinhe-se com o aspecto lunar, pois a Lua é a regente do sono e dos sonhos. O melhor período é quando a Lua estiver na fase crescente e quase cheia, de preferência em uma noite da semana relacionada ao que você está tentando descobrir (ver 3.VI.5: "Tabela de Correspondências: Planetas"). Tome um banho quente relaxante antes de ir para cama, acrescente algumas gotas dos seguintes óleos na água do banho: lavanda, alecrim, hortelã, tomilho e sementes de papoula em pó. Enquanto toma o banho, deixe alguns destes incensos lunares queimando em seu quarto: cânfora, aloe em pó, jasmim, sementes de pepino pulverizadas e sândalo branco em pó (todos em partes iguais).

Sétima Aula: Padrões de Magia

"Procure pela beleza no padrão. Não existem coincidências nesse nível de complexidade." – David Deutsch

1. Introdução: O reconhecimento do padrão é uma parte importante do jogo

Uma grande parte da visão e do pensamento da Feitiçaria é o reconhecimento do padrão, ou seja, olhar para um grupo de árvores e ver uma floresta. Ou, como nos estereogramas, olhar para um amontoado de rabiscos e ver uma cena tridimensional. Esse tipo de percepção também é básico para a ciência. Ela nos ajudou a entender e criar teorias sobre como o Universo funciona. Cada vez que alguém faz uma importante descoberta em percepção e vê "o Cenário Completo" é uma epifania. É como encontrar um amontoado de peças de um quebra-cabeça, todas misturadas, algumas com as imagens voltadas para cima, outras para baixo. Nossa tarefa é separá-las, virá-las para cima, encontrar aquelas que têm semelhanças e encaixá-las parte por parte até que apareça uma imagem.

O objetivo final da ciência é descobrir uma única grande "Teoria de Tudo"; uma teoria na qual todos os pedaços dos diferentes quebra-cabeças possam ser reunidos em uma figura gigante, sem que nenhum pedaço fique de fora. Os cientistas a chamam de Teoria do Campo Unificado, mas ainda não conseguiram descobri-la. O principal problema é incluir e explicar a Vida e a Consciência; e até agora não há equações para isso.

Praticantes de magia e gênios enxergam padrões os quais as outras pessoas nada veem. Em 1931, Charles Darwin* observou a variedade de pintassilgos nas Ilhas Galápagos e viu o padrão da evolução da vida como uma árvore com muitos galhos. Em 1953, James Watson, Francis Crick, Maurice Wilkins e Rosalind Franklin estudaram ácidos nucléicos orgânicos e conceberam o padrão da espiral dupla da molécula de DNA.

---

*N.E.: Sugerimos a leitura de *A Origem das Espécies*, de Charles Darwin, Madras Editora.

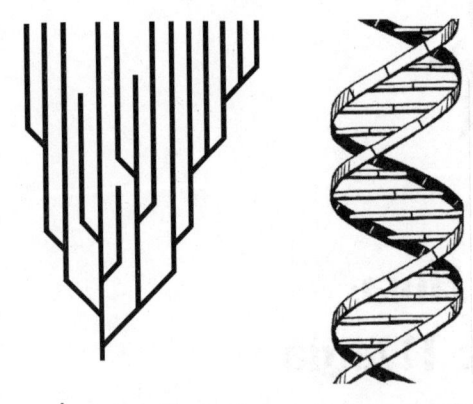

Árvore da Evolução   *Molécula de DNA*

A Natureza também tem símbolos, encontrados em muitos padrões subjacentes de estrutura. Um dos mais importantes é a espiral. Ela é encontrada em todos os lugares, desde as moléculas de DNA em seu corpo, passando pelos arranjos de folhas e sementes em plantas e flores; as cascas dos caracóis e as conchas dos náutilos; os tornados e furacões; até as formas das galáxias. Para onde quer que você olhe, a espiral ou outro padrão estão presentes. Discutiremos alguns desses padrões em mais detalhes mais adiante, no Segundo Curso, Primeira Aula – "Mistérios Naturais".

Entretanto, algumas vezes nossas mentes podem ficar entusiasmadas em excesso, e percebemos padrões que, na verdade, não estão lá. Em 1877, Giovanni Shaparelli olhou para as marcas na superfície de Marte e em sua mente as organizou em um padrão de linhas que se tornaram famosas como "os canais de Marte". Mas, quando enviamos sondas espaciais ao planeta para tirar fotos, descobrimos que não havia canal nenhum. Nenhuma linha foi encontrada; apenas crateras, campos de lava, montanhas e desertos, semelhantes aos encontrados na Lua. Também encontramos ferrugem, calotas polares, vulcões enormes, grandes *canyons* e antigos leitos de rio – e, recentemente, oceanos congelados logo abaixo da superfície.

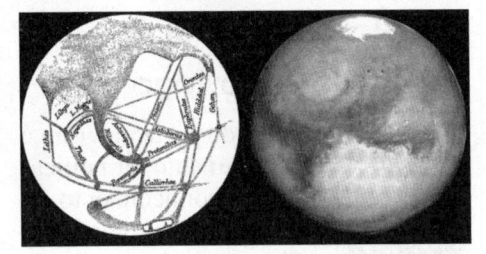

Shiaparelli, 4 de junho 1888   Hubble, 26 de agosto 2003

Outras famosas visualizações criativas de padrão são os desenhos que foram vistos no céu – os padrões das constelações. As estrelas estão espalhadas pelo céu de modo aleatório (sem nenhum padrão), pela nossa perspectiva. Mas os povos antigos desenharam linhas entre as várias estrelas brilhantes, como se estivessem "ligando os pontos", e visualizaram figuras às quais deram nomes de personagens e criaturas existentes em seus mitos e histórias favoritos. E todos nós, incluindo os astrônomos modernos, ainda nos referimos a esses padrões imaginários como se eles representassem a realidade!

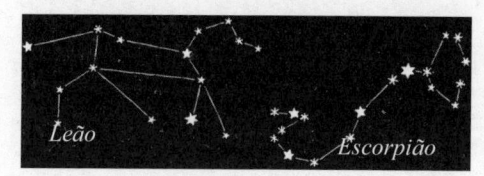

Esses padrões falsos simbólicos são chamados de "ilusões de ótica", e, se entendermos os princípios pelos quais elas operam, podemos criar nossas próprias ilusões, com significados ocultos deliberadamente embutidos nelas (como aconteceu com as constelações). Aqui vão alguns exemplos:

Lição 2: Padrões, adivinhação e universo holográfico

A maioria das formas de adivinhação começa com a criação de uma distribuição aleatória de elementos, e, depois, com uma tentativa de encontrar algum sentido mágico neles, encontrando ou criando padrões. Quando jogamos uma moeda para tirar cara ou coroa, isso é aleatório. Na cartomancia (leitura de cartas, como no Tarô), a primeira coisa que fazemos é embaralhar as cartas. Dados, runas, ossos da sorte, erva-do-carpinteiro e pedras oráculos são "jogadas" e acabam se espalhando. Alguns sistemas tem um modelo (padrão) de fundo como um alvo, em que significados são atribuídos a diversas seções, e o que cair em certas seções obtém o significado daquela seção.

No mundo terreno, isso é mais ou menos como escolher um lugar para passar férias, fechar os olhos e enfiar um alfinete em um mapa! O "Destino das Férias" é o local onde o alfinete caiu. Horóscopos são mapeados dessa maneira, com a posição dos planetas e estrelas caindo em várias "casas". As cartas do Tarô são dispostas de acordo com um desenho específico.

Tarefa: Fazer uma caixa de adivinhação

Aqui vai um sistema simples de adivinhação que você pode criar:

Pegue uma caixa rasa 8-1/2" x 1, como aquelas em que blocos de notas são guardados. Pegue um pedaço de papel do mesmo tamanho e dobre em quatro seções. Na seção superior direita, escreva a palavra **"SIM"**. Na seção superior esquerda, escreva **"TALVEZ"**. Na inferior esquerda, escreva **"NÃO"**. E, na última seção, escreva **"EU NÃO SEI"**.

Desdobre o papel e coloque na caixa de modo que você possa ver a escrita. Depois, em outro pedaço de papel, escreva um pergunta simples para a qual a resposta seja "sim" ou "não".

Encontre uma pedra pequena especial ou um cristal de que você goste. Agora, segure essa pedra com as mãos fechadas e balance-a por um bom tempo enquanto repete a pergunta várias vezes. Quando estiver pronto, jogue a pedra na caixa. Em qualquer lugar que ela cair, haverá uma resposta.

Quase todos os sistemas de adivinhação mágica são baseados nesse princípio simples; alguns sistemas são apenas bem mais elaborados e complexos do que outros. Você pode dividir o papel em quantas seções desejar, em qualquer forma que quiser, e escrever o que quiser nas seções. E pode usar um dado em vez de uma pedra, com os números acrescendo "peso e significado" às seções nas quais caem. Não importa o quão complexo seja o sistema, o princípio é o mesmo.

A razão para esses modelos de padrões – e por que eles de fato parecem funcionar para nós – é que o Universo (e também o Multiverso) é basicamente holográfico. Você já pensou na estrutura dos átomos? Os átomos são como pequenos sistemas solares, com seus elétrons em órbita ao redor do núcleo, como planetas em volta do Sol. Cada célula em nosso corpo é uma versão em miniatura do nosso eu total; e nós somos células no corpo maior da Mãe-Terra. Em um holograma, cada parte minúscula (o microcosmo) contém a essência e o modelo do todo (o macrocosmo). Esse fundamental princípio de Magia está escrito nas primeiras palavras de *A Tábua Esmeralda*, de Hermes Trismegisto: "Aquilo que está acima é igual ao que está abaixo e aquilo que está abaixo é igual ao que está acima, para atingir as maravilhas da coisa única". Essa declaração é geralmente reduzida para "Como acima, também abaixo; como abaixo, também acima". Os Feiticeiros modernos acrescentam: "Como dentro, também fora; como fora, também dentro". E, assim, o macrocosmo de eventos maiores é refletido em nosso pequeno modelo microcósmico; ao manipular o microcosmo, afetamos o macrocosmo.

Uma observação sobre as Grandes Verdades
(*por Ian "Lurkin Bear" Anderson*)

Existem inúmeras menções a "Grandes Verdades", cujos opostos também são verdadeiros neste livro. Essa ideia soa como algo Zen, mas nasceu com um físico europeu do século XX.

Existem verdades triviais e existem Grandes Verdades. O oposto de uma verdade trivial é simplesmente falso. O oposto de uma Grande Verdade também é verdadeiro.

Niels Bohr

Niels Bohr foi uma figura importante no desenvolvimento da física quântica. Para ajudar a entender Grandes Verdades, veja como ideias aparentemente opostas abaixo são verdadeiras:

Tudo está ligado. Tudo está separado.
Não existem acidentes. Tudo é um acidente.
Tudo é alegria. Tudo é tristeza.
Não existe realidade objetiva. Toda a realidade é objetiva.
O Universo é pura matéria. O Universo é puro espírito.

Essas coisas podem ser simultaneamente verdadeiras porque a natureza do Universo é paradoxal. (Essa também é uma Grande Verdade? Pense um pouco a respeito.)

Tarefa: Espelhos da infinidade

Você pode usar dois espelhos desta forma, se souber como: coloque-os de maneira que um reflita o outro, pois se as imagens podem tirar um pouco de você, imagens de imagens podem aumentá-lo, nutrindo-o, dando-lhe poder.

E sua imagem pode se estender para sempre, em reflexos de reflexos; e todas as imagens são a mesma, ao longo da curva de luz.

Exceto que não são.

Os espelhos contêm a infinidade.

A infinidade contém mais coisas do que você imagina.

Tudo, para começar.

Incluindo a fome.

Porque existem um milhão de bilhões de imagens e apenas uma alma para se mover.

Os espelhos dão muito, mas tiram ainda mais.

Terry Pratchett (*Witches Abroad*, p. 50-51)

Uma grande maneira de experimentar o universo holográfico é ficar entre dois espelhos grandes e ver seu reflexo repetido mais de uma vez, para sempre na infinidade. Isso lhe dará uma nova perspectiva.

Certa vez, visitei uma exposição de arte na qual havia uma sala cúbica em que podíamos entrar, com espelhos que cobriam os quatro lados, o chão e o teto. É claro que tínhamos de tirar os sapatos e ficar apenas de meias. Havia lâmpadas em cada um dos oito cantos. Ao fechar a porta espelhada e ficar no centro, tudo o que eu pude ver era o meu próprio reflexo, de todos os ângulos; e as luzes como estrelas, repetindo e retrocedendo para sempre. Foi uma experiência surpreendente!

Você pode ter a ideia geral em sua própria casa, dispondo dois espelhos com a face voltada um para o outro em cada canto de um corredor, e ficando no meio deles. O truque é não deixar os dois rentes à parede, mas deixar um levemente inclinado, de modo que forme um ângulo para que você possa ver a imagem de um espelho refletida também no outro. Também é possível ter uma experiência semelhante em uma loja de roupas, onde se colocam alcovas espelhadas. Essa experiência expandirá suas percepções como feiticeiro!

Céu acima
Céu abaixo
Estrela acima
Estrela abaixo
Tudo o que está acima
Também está abaixo
Entenda isso e exulte!

Texto Alquímico

Lição 3: Surfando na onda da sincronicidade

Significativas *sincronicidades* de "coincidências de sorte" são observadas de modo especial por Feiticeiros e outros praticantes de magia. Quando você está no caminho certo em sua vida, ocorrem acontecimentos sincronísticos como sinais de aprovação cósmica ou orientação divina. Quando isso acontece com frequência, temos de prestar atenção! Gosto de pensar na sincronicidade como ondas no oceano. A maioria delas consiste em apenas *coinkydinks* (como eu chamo as pequenas coincidências aleatórias), como as pequenas ondas que batem nas margens – não causam nenhuma excitação, são apenas o fluxo normal de fundo.

Daniel Blair-Stewart

Mas, quando muitas delas acontecem juntas, uma onda maior surge do mar de probabilidades. Então, prestamos atenção, colocamos nossos óculos de sol especiais 3-D, e olhamos para o mar. Porque isso deve significar alguma coisa! Em geral algo grande, e, se estivermos prestando atenção, poderemos ver essa onda se aproximar; podemos nos posicionar para pegá-la; e, quando ela se erguer debaixo de nossos pés, podemos usar seu impulso para um passeio sensacional.

É a isso que chamamos surfar na onda da sincronicidade. A regra aqui é simples: Preste atenção! Fique alerta e observe tudo. Você está desenvolvendo uma habilidade. Assim como um detetive em um filme ou alguém que faz caminhada na floresta, o nível de habilidade dependerá da qualidade de observação de cada pequeno detalhe. Juntar as pistas apontará o caminho em direção ao reconhecimento do padrão maior – a sincronicidade, que é mais do que acontecimentos aleatórios, menores, que se sobrepõem um ao outro.

Abby Willowroot afirma: "Tendo a ver a sincronicidade como um tipo de *acesso* sagrado ao Universo e sua pulsação. Quando você está no fluxo, as sincronicidades acontecem com frequência. Quanto mais você ir contra a correnteza, menor a frequência delas. Parece a diferença entre fazer magia e estar magicamente afinado e permitir que a magia flua por meio de você, enquanto a dirige".

Lição 4: Glossário de conceitos metafísicos

Assim como na ciência da física, o reino da metafísica também tem seu vocabulário próprio. A seguir, veremos alguns termos e conceitos importantes que você deve conhecer:

Metafísica: "Além da física". O estudo e a filosofia dos relacionamentos entre a realidade percebida e a realidade e os princípios mais profundos, subjacentes, universais. A palavra foi criada por Aristóteles parar descrever seus livros que resultaram de seu trabalho com a física.

Mundano: "Do mundo". Comum, não mágico. Usada para se referir à realidade "normal", em oposição a estados alterados ou melhorados de percepção.

Sagrado: Especialmente imbuído da essência da divindade, ou considerado assim imbuído.

Profano: O oposto de *sagrado*.

Oculto: "Escondido". Esse termo se refere a todas as artes, estudos, conhecimento, práticas e grupos misteriosos e ocultos – de modo especial, àqueles que não são entendidos nem populares, e com frequência sofrem condenação por parte dos *Mundanos*. Em Astronomia, um objeto fica "oculto" quando ele desaparece atrás de outro.

Mistérios: Coisas que só podem ser conhecidas pela experiência e não podem ser comunicadas de modo oral nem escrito. Essas coisas são transmitidas como parte de uma Iniciação.

Iniciação: Uma experiência ritual de transformação que introduz uma pessoa a uma nova realidade. Um rito de passagem para uma sociedade mística ou religião.

Esotérico: Escondido, implícito, experiencial e "interno".

Exotérico: Óbvio, explícito, explicável e "externo".

Arcano/Arcana: Secreto, misterioso. Outra palavra para todas as coisas esotéricas e ocultas. *Arcana* soa coisas de natureza enigmática. *Arcana* é o plural de *arcanum* – forma latina neutra de *arcanus:* conhecimento usualmente considerado apenas para os Iniciados, como acontece nos Mistérios.

Paranormal: "Ao lado do normal". Fora do alcance do normal. Não usual ou "sobrenatural". Não explicável pelos princípios científicos correntes.

Sobrenatural: Aquilo que aparentemente vai além da experiência ou existência no mundo natural, ou não pode ser explicado pelas leis ou forças naturais conhecidas. Miraculoso.

Anomalia/Anômalo: Algo incomum, anormal, inconsistente, contraditório ou impróprio.

Arquétipo: O padrão, ou ideia, básico no inconsciente coletivo do qual todas as coisas que pertencem à mesma classe são representações.

Caminho: Um método, sistema ou abordagem ao conhecimento mágico ou místico.

Adepto: "Chegado" ou "alcançado". Perito. Alguém que estudou e realizou muitas coisas e se tornou altamente hábil em magia ou misticismo. Ser um adepto em uma coisa significa que você é "bom nela".

Místico: Alguém que busca o lado filosófico e espiritual da magia.

Iluminação: Um estado de consciência total e profunda, experimentando uma ligação constante com todas as coisas. Algumas pessoas, às vezes, experimentam um estado de união que dá uma dica do que é a iluminação.

Lucidez: Um estado aperfeiçoado de consciência em que um entendimento excepcional da natureza essencial profunda das coisas, pessoas e acontecimentos, e a união deles é experienciada, de modo geral, por meio da clarividência ou faculdades telepáticas.

Avatar: Uma divindade encarnada em forma humana, como Cristo, Buda, ou Krishna. Uma pessoa considerada uma representação exemplar de algum tipo.

Macrocosmo: "Mundo grande". O mundo fora. O Universo ao nosso redor.

Microcosmo: "Mundo pequeno". Tradicionalmente, o microcosmo é o ser humano visto como uma representação em miniatura do Universo maior.

Aura: "Respiração ou emanação invisível". As auras são os campos de *energia biomagnética* que emanam de todas as coisas vivas, envolvendo e ligando todas elas, dentro e fora.

Astral: "Das estrelas". *Astral* refere-se ao universo e campos invisíveis de energias, consciência e magia vivas. Os reinos das sombras e realidades alternativas nos quais os praticantes de magia operam. Reinos e regiões astrais (como as do sonho) são percebidos e acessados por meio de técnicas de meditação com o hemisfério direito, visualização, hipnose e sonho.

Corpo astral: Um corpo de energia viva que corresponde ao corpo físico, cercando-o.

Projeção (ou viagem) astral: Separação do *corpo astral* do físico para realizar jornadas nos *reinos astrais*. Extensão do ponto de referência de alguém além dos limites do corpo físico, muitas vezes com o acompanhamento da imagem do corpo como um veículo.

Espectro: Um corpo astral projetado.

Totem: Um animal ou objeto natural que é tomado como símbolo ou ancestral de uma pessoa ou grupo de pessoas.

Fantasma: O espírito de uma pessoa morta que está ligado a reinos mortais por alguma razão, por exemplo, uma morte prematura, questões não resolvidas ou preocupação com pessoas amadas.

Aparição: A projeção astral coletiva de um *coven* ou outro grupo mágico. Pode ser usado por um indivíduo como um tipo de "familiar astral".

Familiar: Um ser não humano, especialmente um animal, com o qual uma pessoa tem um elo psíquico empático. Tal criatura opera como parceiro, guia ou professor mágico.

Elemental: Um foco ou manifestação localizado no espírito coletivo de qualquer um dos quatro elementos materiais. São chamados de *Gnomos* (Terra), *Ondinas* (Água), *Silfos* (Ar) e *Salamandras* (Fogo).

Mana: Um termo polinésio para poder, ou energia psíquica. O poder pessoal, carisma, força de um indivíduo.

Bioplasma: Uma palavra mais técnica para *mana*.

Biomagnética: Energia viva; semelhante na Natureza às energias não vivas da eletricidade do magnetismo.

Biocorrentes: Correntes de energia eletroquímica gerada por células vivas. Chamada *de energia orgânica* por Wilhelm Reich.

Morfogênico: "Produção de forma". Em 1981, o biólogo Rupert Sheldrake postulou a existência de *campos morfogênicos* biológicos que governam o comportamento das espécies. Esses campos possuem muito pouca energia em si mesmos, mas são capazes de tomar energia de outra fonte e dar forma a ela. O campo age como uma influência geométrica, formando comportamentos. Invisíveis, intangíveis, inaudíveis, sem gosto ou cheiro, os campos morfogênicos são criados pelo comportamento acumulado dos membros das espécies.

Chacras: Centros de energia do corpo astral que são associados a partes do corpo físico. Os sete maiores são associados a áreas ao longo da coluna e ao sistema nervoso central. De baixo para cima, são eles: 1. Raiz; 2. Sexo; 3. Plexo Solar; 4. Coração; 5. Garganta; 6. Terceiro Olho; 7. Coroa. Também temos chacras pequenos nos pés e nas mãos.

Entidade: Um ser, espírito, criatura viva ou personificação consciente.

Encarnar: "Entrar na carne". Ter ou tomar um corpo.

Desencarnado: "Sem um corpo".

Extático/Êxtase: Alegria ou contentamento intenso. Um estado de emoção tão intenso que a pessoa é levada para além do pensamento racional e autocontrole. O transe, frenesi, ou arrebatamento, associado à exaltação mística ou profética.

Geas: Uma responsabilidade ou compromisso atribuído a alguém para realizar uma tarefa específica.

Veneno: Mau, destrutivo.

Brutch: Uma área de distorção no espaço/tempo local, como acontece no Triângulo das Bermudas.

Cúspide: Um ponto ou cruzamento transicional no tempo, espaço e função. Em Astrologia, o cruzamento de dois signos ou casas. Uma cúspide é um cruzamento entre pontos de probabilidade alternativa. Nesses lugares, o potencial quanto à qual dessas alternativas a onda de probabilidade cairá está em delicado equilíbrio – as coisas podem tender para um ou outro lado.

Lição 5: Estudos avançados

As lições a seguir são mais avançadas. Eu as incluí aqui porque são básicas, e esse Curso é sobre os fundamentos da Magia. Mas se sua cabeça já está começando a doer com todos esses estudos, pode pular esta seção e voltar para ela mais tarde, quando estiver preparado. Como algumas das informações são muito técnicas, consultei Craig M. Parsons-Kerins, um engenheiro de *softwares* e praticante de artes marciais que vive em Massachussets. Ele é bacharel em Física e está fazendo mestrado. É membro da Mensa e da Triple Nine Society, e pratica a Arte por 20 anos, com um foco específico na Arte Tradicional Britânica.

A. Simetria

A apreciação de formas e padrões data dos primeiros dias da civilização ou mesmo de nossos predecessores. Formas simples de simetria são reconhecidas por animais e até por computadores. Formas simétricas aparecem em pinturas rupestres e foram usadas através das eras para expressar crenças religiosas. Outras formas, como círculos, foram a base para projetos de itens usados hoje em dia. Repetições de unidades idênticas foram utilizadas na arte aplicada (como tapetes) e na arquitetura remota. Foram os gregos, contudo, que definiram o conceito e o usaram em vários contextos na ciência, na arquitetura, nas artes e em muitas coisas da vida cotidiana. O próprio nome vem da palavra grega *symmetria*, ou "mesma medida".

Nossa inclinação para a simetria pode ter profundas origens biológicas. Estudos recentes indicam que temos a tendência a escolher companheiros simétricos em vez de assimétricos. Isso, provavelmente, teve um importante papel em nossa evolução, por causa da noção de que indivíduos simétricos têm menos possibilidades de apresentar defeitos genéticos. Nossa aparência externa, como a da maioria dos animais, tem uma forma de simetria denominada simetria *espelho* ou *reflexo* – uma característica importante no movimento para a frente ao longo de uma linha reta entre dois pontos no espaço. Não é de surpreender, portanto, que a simetria esteja relacionada a, de certa forma, sentir-se bem – à nossa apreciação de equilíbrio e, consequentemente, à longevidade.

Uma coleção de objetos pode também exibir uma simetria de um tipo diferente se eles forem ordenados de uma certa maneira periódica. Implícita nessa forma de simetria está a satisfação de ter retornado às origens em que estivemos antes, seja no espaço ou no tempo. Ao mesmo tempo, talvez seja menos excitante que um estado desordenado graças à sua previsibilidade.

B. Paridade: A Força e O Fluxo

Tenho certeza de que você assistiu à série *Guerra nas Estrelas*.* O tema mais importante presente em toda a saga é *A Força*. No filme original – *Guerra nas Estrelas, Capítulo 4: Uma Nova Esperança,* Obi-Wan Kenobi explica A Força ao jovem Luke Skywalker: "A Força é o que dá ao Jedi o seu poder. É um campo de energia criado por todas as coisas vivas. Ela nos cerca e nos penetra. Ela mantém a galáxia unida". Essa é uma visão profunda e verdadeira, mas "A Força" é apenas metade da equação. A outra metade é igualmente importante. Por todos os aspectos da Natureza e cosmologia, está presente um forte "Princípio de Paridade". Isso significa que inclui sua imagem oposta, ou no espelho. Na ciência, a Terceira Lei do Movimento de Newton afirma que "para qualquer ação existe uma reação igual e oposta". No taoísmo oriental, esse conceito é chamado de "*Yin* e *Yang*", ilustrado por este símbolo: É o Equilíbrio Sagrado que está no cerne de todas as coisas.

O *Yin-Yang* é um círculo dividido em duas lágrimas aninhadas; representa a união de opostos aparentes. O *Yin* representa a escuridão, a morte, o oculto, o inverno e o lado feminino do Cos-

---

*N.E.: Sugerimos a leitura de *Star Wars e a Filosofia*, coletânea de Jason J. Eberl e Kevin S. Decker, Madras Editora.

mos; enquanto o *Yang* simboliza a luz, vida, atividade, verão e o lado masculino. Cada lado contém a essência do outro na forma de um pequeno círculo, um pequeno núcleo, ou semente do oposto.

"A Força" também é expressa como dois opostos: o Lado Claro contra o Lado Escuro (Bem e Mal). Mas diferentemente do tema do filme sobre a energia de Luz de "A Força" que supera o Lado Escuro em *Guerra nas Estrelas*, na Natureza e na Magia eles são inseparáveis. Os dois lados dançam juntos no Taoísmo e na Magia. Daí por que dizemos que para uma Grande Verdade (por exemplo, "Como acima, também abaixo"), seu oposto também é verdadeiro. Esquerda/direita; escuro/claro; matéria/energia; criação/destruição; interno/externo; acima/abaixo; espaço/tempo; positivo/negativo; ativo/passivo; vida/morte; quente/frio; expansão/contração; masculino/feminino; deus/deusa: Todos esses aspectos duais são exemplos de duas metades de todos maiores. São opostos que se complementam, nos quais cada polo implica a existência do outro. Na verdade, é um bom exercício quando você vê uma coisa, tenta e vê qual é o seu oposto complementar. Digamos: "por um lado... e por outro lado..."

O oposto complementar de "A Força" não é o Lado Escuro da Força (que é, afinal, apenas metade da própria Força). É "O Fluxo". O "campo de energia criado por todas as coisas vivas" é contrabalançado pelo campo de energia das coisas não vivas. Essas duas energias se penetram mutuamente em grandes vazantes simultâneas e fluem como as marés do oceano. A Força nos leva ativamente para a frente através do tempo; evoluindo, expandindo, unindo – tendendo a energias maiores e superiores; a uma complexidade, consciência e Divindade cada vez maiores. Ao mesmo tempo, O Fluxo (chamado de entropia na Física) segue passivamente na direção oposta, regride, contrai e separa – tende a energias menores e inferiores, à dissipação, inconsciência e ao esquecimento.

O Cosmos pode ser visto como um grande redemoinho, uma dança espiral desses parceiros eternos pelo Tempo e Espaço. Eles estão encarnados na deusa hindu Kali Ma, que dança tanto a vida quanto a destruição.

C. Campos, escudos e auras

Um *campo* é um esferoide *elíptico* (com a forma de ovo ao redor de dois centros) de energia que emana de uma fonte de força, cercando-a, chamada *de gerador de campo*. Exemplos conhecidos são os campos magnéticos; eles são gerados por ímãs e pela Terra; campos eletromagnéticos, gerados por motores elétricos; e campos gravitacionais, gerados por objetos massivos como os planetas e as estrelas. Esses campos estão em todos os lugares; mesmo os menores objetos, como as moléculas, átomos e partículas subatômicas, têm seus próprios campos, não importa o tamanho.

A realidade física não é apenas matéria e energia; os campos são reais, mas são imateriais. Os campos não são uma forma de matéria; pelo contrário, a matéria é energia limitada dentro dos campos. Os campos inter-relacionam e interconectam matéria e energia dentro de seu reino de influência. Vários tipos de campos fundamentais são reconhecidos pelos cientistas: os campos gravitacionais e eletromagnéticos da Física, os campos da matéria da Física Quântica e os campos mórficos da Biologia.

Os geradores de campos os criam por meio da *polaridade* – um polo negativo/positivo (ou norte/sul) em extremidades opostas cria um fluxo contínuo de energias e partículas entre eles. Esse fluxo segue linhas de força que podem ser traçadas de várias maneiras. Por exemplo, se você deixar um ímã sobre um pedaço de papel e derramar pó de ferro ao redor dele, verá o pó formar uma linha ao longo das linhas magnéticas de força para mapear todo o campo do ímã. Tente fazer isso e depois visualize esse mesmo padrão em relação a todos os outros tipos de campo.

Além dos ímãs, a maioria dos campos é criada por fricção rotacional. Os polos negativo/positivo ocorrem no *eixo da rotação*. O campo gravitacional da terra é alinhado com seu eixo de rotação, que é o Polo Norte no meio do Oceano Ártico e o Polo Sul no meio da Antártida. Mas o centro da Terra gira em um ângulo e velocidades um pouco diferentes; e seus polos – chamados de polos magnéticos – são aqueles para os quais uma bússola aponta, pois esses são os polos negativo/positivo do campo magnético da Terra.

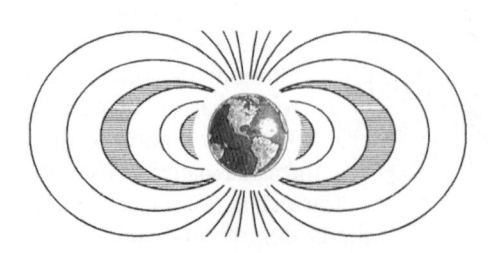

Os campos gravitacionais são infinitos em extensão, embora percam a força a sobre distância, mas outros campos têm alcance muito limitado. São esses campos limitados que podem ser "endurecidos", transformando-se em *escudos*. O campo magnético da Terra (a *magnetosfera*) alcança quase 25.800 quilômetros, mas ele "endurece" em uma camada compacta de 3,16 quilômetros para se tornar o Cinturão de Van Allen interior. O cinturão na forma de um anel é criado por uma porção da magnetosfera levada de volta à Terra pelo Vento Solar – partículas carregadas do Sol que vêm em direção à Terra e interagem com a magnetosfera. Os cinturões de radiação consistem em tais partículas que se movem pela magnetosfera e são inclinadas pelo campo (uma partícula carregada que se move em um campo magnético sofre uma aceleração graças à força gerada pelo movimento do objeto). Esse é o campo da Terra, e ele nos protege da radiação cósmica, absorvendo e bloqueando as partículas.

Assim como a Própria Terra, cada um de nós é um campo gerador vivo. Os campos que emanam de nosso corpo e o cercam são denominados *Auras*. Como não giramos ao redor de nosso eixo, como a Terra, nossos polos de campo são mais parecidos com os de um ímã. Um polo, chamado *Chacra Coronário*, fica no topo da cabeça, bem na junção dos três grandes ossos do crânio (*frontal e parietais*) que se encontram nessa região (quando somos bebês, essa região é de fato um buraco aberto!). O polo oposto – chamado *Chacra Raiz* – está na base da coluna, bem na extremidade do osso.

D. Campos morfogênicos

O conceito de campos *morfogênicos* ("criação de forma") foi proposto pela primeira vez na década de 1920. Foi revivido em 1968 por Rupert Sheldrake, biólogo da Universidade de Cambridge. Sheldrake afirma que toda coisa viva contribui com sua experiência para um "agrupamento de memória" coletivo. O campo age como um modelo, moldando comportamentos. Os campos morfogênicos são criados por meio dos comportamentos acumulados dos membros das espécies e agem como um modelo, dando forma a comportamentos.

Quando alguma coisa acontece, coisas semelhantes tendem a acontecer também porque um campo morfogênico foi criado. Com os campos morfogênicos, a evolução do comportamento se torna muito mais fácil de explicar. Aranhas de uma determinada espécie são ligadas em um campo morfogênico para criar o tipo de teia apropriado. O campo morfogênico mudará, baseado nas experiências de cada aranha individual. Assim, essas experiências podem ser transmitidas às gerações futuras. Gradualmente, os campos melhores se tornam os mais fortes, e os animais seguem essa orientação de maneira automática. Isso opera como a evolução. Todavia, diferentemente da evolução física, o princípio organizador está fora do animal. Além disso, ele pode aprender com a experiência e transmitir coisas muito mais complicadas, tais como ter um modelo mental de uma teia. Como existe um elo entre a estrutura do animal e a estrutura do campo morfogênico, as aranhas automaticamente se prendem a campos apropriados à sua própria espécie.

Os campos morfogênicos explicam o modo como a Natureza lembra das coisas. Um salto de criatividade e comportamento rotineiro molda a maneira como as diferentes formas de vida se comportam, e esse processo evolucionário de aprendizado é essencialmente retido como uma memória coletiva, ligada à espécie. Assim, cada forma de vida causa um certo impacto no comportamento de todas as outras, de modo especial àquelas em suas próprias espécies. E existe um campo maior ("A Força") que une todos os humanos e, além disso, todas as formas de vida.

Muitos dos nossos rituais mágicos têm o objetivo de "entrar" no campo morfogênico em vários estágios, assim como "entrar em contato com" nossos ancestrais ou com os Espíritos da Natureza para aprender com a sabedoria deles. Essa é a razão por que alguns grupos de magia mantêm, de maneira ciumenta, seus rituais em segredo – eles desejam manter o campo morfogênico que criaram muito específico e concentrado para obter resultados também específicos e concentrados. Se muitas pessoas descobrirem os "segredos do *coven*" e fizerem modificações na estrutura do ritual, o campo morfogênico irá se tornar difuso e mal definido, tornando a forma do pensamento mais difícil de focar em tarefas específicas; a magia "perde seu toque".

Segundo Curso: Natureza

Primeira Aula: Mistérios Naturais

A mais bela experiência que podemos ter é o Mistério. É a emoção fundamental que está no berço da arte e ciência verdadeiras. – Albert Einstein

1. Introdução: Vida, o Universo, e Tudo

Através das eras, os Feiticeiros, filósofos e cientistas procuraram entender os Grandes Mistérios da Vida, o Universo, e Tudo. Os Feiticeiros trabalham com energia, que é informação. Ela se organiza em padrões, e não existe exceto em relacionamentos dinâmicos. Sendo capazes de sentir e entender esses padrões, os Feiticeiros podem se colocar em posição para ser movidos em uma direção desejada pelo desenrolar do fluxo de eventos e ainda conseguir alterar o fluxo por meio de sua participação consciente.

A natureza do segredo

No nono discurso do *Bhagavad-Gita*, afirma-se que o Grande Segredo do Universo, da própria Vida, tem várias características que o marcam como um verdadeiro segredo. Em primeiro lugar, o segredo tem de ser *intuitivo*, ou seja, passível de ser conhecido por qualquer pessoa que assim o deseje e não dependente de ensinamento externo nem de ter sido revelado por um adepto. Em segundo lugar, tem de ser *íntegro*, ou seja, legal, nos limites do Cosmos, segundo os princípios universais. E, em terceiro lugar, ele tem de ser *agradável além da medida*, ou seja, o segredo precisa promover a vida e exceder os prazeres existentes na existência terrena. Aqui, em duas lições fáceis, está a essência desse segredo:

Lição 2: Tudo está ligado a Tudo

Somos parte do mar e das estrelas
Somos parte dos ventos do sul e do norte
Somos parte da montanha, da Lua e de Marte,
E as Eras nos enviaram.

William Ernest Henley, 1845

Tudo – cada átomo em cada célula em nosso corpo; você e toda a sua família, amigos e vizinhos por todo o mundo; cada criatura viva e planta sobre a face da Terra; cada planeta, satélite e cometa no Sistema Solar; cada estrela da Via Láctea; cada galáxia neste vasto e infinito Universo – tudo está conectado em uma grande Teia de Unidade; uma grande "Internet" Universal de Espaço e Tempo, Matéria e Energia.

Existe uma luz do Sol, embora ela seja interrompida por muralhas, montanhas e uma infinidade de outras coisas. Existe uma Alma Inteligente, embora pareça estar dividida. Todas as coisas são implicadas nas outras. O Espírito que une a todos como Um é sagrado. Tudo na Terra, sob o céu, está ligado a tudo. Todas as coisas diferentes no mundo são coordenadas e combinadas para criar o mesmo universo.

Marco Aurélio (161-180 d.C.)

A humanidade não teceu a Teia da Vida. Somos apenas uma linha nela. O que quer que façamos para a Teia, fazemos para nós mesmos. Todas as coisas estão ligadas. Todas as coisas estão conectadas.

– Chefe Seattle

E essa interconexão e interpenetração de tudo com tudo fornece a base para toda a Magia, segundo a Primeira Lei da Magia: a Lei da Solidariedade, que afirma que todas as coisas estão unidas por amarras invisíveis. Isso significa que, assim como em uma teia de aranha, cada ação que toca uma linha afeta toda a teia. Como o conservacionista John Muir disse certa vez: "Você não pode arrancar uma flor sem tocar em uma estrela".

Lição 3: "Está vivo!"

Não há matéria como tal! Toda a matéria se origina e existe apenas em virtude de uma força... Devemos pressupor por trás dessa força a existência de uma Mente consciente e inteligente. Essa Mente é a matriz de toda a matéria.

Max Planck, pai da teoria quântica e vencedor do Prêmio Nobel

Assim como tudo está ligado a tudo em uma grande teia, os Feiticeiros sabem também que o todo está vivo. Seu corpo é composto de trilhões de células, cada uma com um sistema vivo em si, mas juntas criam a sinergia maior, que é você. Todas essas células vivas são feitas de moléculas, que por sua vez são compostas de átomos. E os átomos são feitos de prótons, elétrons, nêutrons e uma grande quantidade de partículas subatômicas que descobrimos a cada dia.

Do mesmo modo, você e eu e todas as outras pessoas, criaturas, árvores e flores, somos células no corpo vivo maior da Mãe-Terra, ou Gaia, como muitos a chamam. E a Terra viva é apenas um dos inúmeros corpos de todos os tamanhos – planetas, satélites, asteroides, cometas, meteoritos, planetoides e planetesimais – que formam nosso Sistema Solar. O Próprio Sistema Solar é como um átomo ou célula gigante, com o Sol como núcleo. E o nosso é apenas um entre centenas de bilhões de sistemas estelares que criam a grande forma espiral de nossa galáxia; todos revolvendo em um grande vórtice ao redor do enorme buraco negro no centro. E a forma espiral em expansão de nossa galáxia é exatamente a mesma da concha de um náutilo; de uma pinha; da dança de uma abelha; e do vento solar que sopra radiação por nosso Sistema Solar. Todos esses sistemas têm sua própria vida e todos também estão ligados uns aos outros; cada um se encaixa com perfeição no sistema seguinte maior. E não existe fim. Pelo telescópio Hubble, estamos apenas começando, agora, a entender que o incontável número de galáxias não está espalhado de modo aleatório, mas agrupado em grandes estruturas semelhantes a bolhas, que se parecem muito com células...

E aqui vem a parte de fato atordoante: Onde existe vida, existe consciência. Mesmo o menor organismo vivo é *senciente*, ou seja, tem consciência, por intermédio da qual procura alimento, evita o desconforto, e se reproduz, fazendo inúmeras escolhas entre uma coisa ou outra no curso de sua vida. Essa consciência penetra todas as criaturas vivas – desde uma ameba unicelular sem cérebro nem sistema nervoso, até a baleia Sperm, com o maior cérebro existente no planeta. É essa consciência que distingue uma entidade de um objeto.

O menor inseto tem sua própria rotina. Ele demonstra consciência, investiga seu mundo com interesse e curiosidade intensos, faz escolhas contínuas baseado em preferências próprias. E, mais importante, as coisas fazem diferença para ele – ele *se importa*. Ele se importa se vive ou morre; se se alimenta ou se passa fome; e se ele se reproduz. O pequeno inseto se esconde dos predadores e se defende quando atacado. Ele ativamente busca alimentos e companheiras procurando e seguindo pistas interessantes. E, se for uma mãe, com certeza protegerá os filhotes. Quando pensamos sobre isso, essa consciência move o próprio coração da evolução.

Lição 4: O equilíbrio

O mundo é equilíbrio; está em equilíbrio. O poder de um feiticeiro de mudar e convocar pode afetar o equilíbrio do mundo. Esse poder é perigoso. Deve seguir um conhecimento e servir a uma necessidade. Acender uma vela significa criar uma sombra...

Ursula K. LeGuin, *A Wizard of Earthsea*, p. 43-44.

Todas as coisas no mundo, os diversos mundos, o Universo e o Multiverso estão em um estado de *equilíbrio*. Isso significa um equilíbrio cósmico, no qual cada ação tem sua reação igual e oposta. A luz equilibra as trevas; o positivo equilibra o negativo; a antimatéria equilibra a matéria; e assim por diante. E aqui temos mais um segredo da Feitiçaria: um feiticeiro sempre fica no ponto de equilíbrio, no meio, e olha para os dois lados de modo igual. O feiticeiro deve olhar para o fluxo de energia atrás e na frente pelo seu ponto de equilíbrio no presente, para fazer as escolhas que não afetem o equilíbrio do mundo e prejudiquem o feiticeiro graças à turbulência. Eu coloco esse princípio em ação constantemente em minha própria vida. Quando eu considero uma quantidade de tempo no passado, por exemplo, automaticamente considero a mesma quantidade no futuro – seja em anos, décadas, séculos, milênios ou eras geológicas.

Lição 5: O Círculo da Vida

Uma das distinções mais importantes entre a visão mágica da vida e a visão terrena diz respeito ao grande Círculo da Vida. A visão terrena do tempo é linear, ou seja, ver o tempo como se ele se movesse por uma linha reta: do início, passando pelo meio e chegando ao fim. Mas para os praticantes de magia, e de modo especial para os Feiticeiros, todo o Tempo se move em ciclos, e o que vai, volta. Isso fica evidente no Círculo da Vida – a jornada de todos os seres vivos desde o nascimento, através da vida, passando pela morte e o renascimento. Como vemos, a Roda do Ano gira por meio das estações – do novo nascimento da Primavera, à colheita do Outono, à infertilidade do Inverno, e de volta para a Primavera – assim gira o Círculo da Vida para cada um de nós.

Esses círculos de vida nunca estão fechados, mas sempre abertos. Não são como um anel, mas como uma mola – uma espiral, uma hélice aberta, como a molécula de DNA que dá a planta de toda a vida. Cada vez que voltamos, estamos um pouco mais adiantados no curso da evolução. Essa evolução não é apenas do corpo, mas também da alma; pois cada vez que voltamos, a consciência é aumentada. As pedras inanimadas são derrubadas ao solo por bactérias, de onde nascem grama e vegetais. Os herbívoros comem as plantas, e assim o espírito da vegetação se eleva ao grau dos animais. Os carnívoros comem os herbívoros, e os espíritos herbívoros dão mais um passo na cadeia alimentar. Em cada vida, ganhamos experiência e aprendemos lições; e nossa sabedoria e consciência ficam ainda maiores. Entretanto, o que desperta no curso da evolução não é a consciência do ego, o sentido do eu que o estudante tem nesta encarnação. A consciência, que é eterna conforme evolui, torna-se coletiva, um campo compartilhado por todas as coisas. Uma das coisas que um feiticeiro faz é "se harmonizar" com aquela teia extrapessoal de relacionamentos e informações, beneficiando-se a cada vez com sua troca e identificação com ela.

Assim como evoluímos de um pequeno embrião no ventre de nossa mãe para um bebê, uma criança, um adolescente e, por fim, um adulto maduro; assim também a Mãe-Terra cresceu por todas as eras da vida, a partir de um organismo unicelular, passando por simples *invertebrados* (criaturas sem coluna vertebral), para animais complexos com esqueletos e sofisticados sistemas nervosos. Toda a evolução da vida na Terra pode ser vista como o desenvolvimento e a maturação embriológica de uma única e vasta criatura: a Própria Mãe-Terra. Nós a chamamos de "Gaia", nome que Ela recebeu dos antigos gregos; e somos parte de seu corpo e sua vida. Nossas almas e a d'ela são Uma – como pequenos pingos de chuva ainda são Um com a água em todos os lugares.

Há uma expressão famosa que descreve essa Grande Verdade: "A ontogenia recapitula a filogenia". Podemos explicá-la assim:

"O desenvolvimento do indivíduo repete o desenvolvimento das espécies". Só que a palavra *filo*, na verdade, significa uma categoria muito maior que "espécies". *Chordates*, de cujo filo nós fazemos parte, inclui todos os animais com coluna vertebral, assim como algumas criaturas simples com um único "cordão espinhal" e nenhuma coluna óssea para contê-lo. Mas cada um de nós, à medida que crescemos a partir de um minúsculo embrião, passa por todos os estágios de desenvolvimento de todos os nossos ancestrais – desde uma simples célula, passando pelo surgimento de guelras, uma cauda, e sermos cobertos de pelo – e tudo isso antes de nascer! E, do mesmo modo, nosso desenvolvimento individual espelha o da Própria Gaia, repetido eternamente em cada geração na medida em que nós, como Ela, evoluímos em direção à consciência sempre maior.

Lição 6: Os ciclos de tempo

Para um feiticeiro, é claro que o tempo não se move em uma linha reta, mas em ciclos espirais. Os ponteiros do relógio giram, mas adiantam uma hora em cada giro. Os dias da semana nascem de novo, mas se movem para a frente com o passar dos meses. As estações se movem pela grande Roda do Ano – mas os anos se movimentam para os séculos e eras. Todas as coisas parecem se mover através do tempo em círculos, mas cada círculo é parte de um círculo maior, que também está se movendo; e assim nada fica no mesmo lugar nem vai apenas para a frente. Os ciclos seguintes maiores nos levam para a frente uma volta a cada giro.

Em um nível cósmico, esses ciclos espirais continuam... A Terra gira da noite para o dia e a Lua gira ao redor da Terra. Mas a Terra e a Lua também se movimentam em círculo, ao redor do Sol, pelas estações – com todos os outros planetas, satélites, cometas e todo o resto. Mas isso não nos traz de volta ao mesmo lugar a cada ano, porque o Sistema Solar também circula em torno da galáxia, com todos os outros sistemas solares. É claro, a própria galáxia também se move ao redor do cosmo... e assim por diante.

Aqui estão alguns Ciclos de Tempo que mapeamos. Alguns deles são muito regulares, parecido com o mecanismo de um relógio. Outros podem parecer bem menos regulares; e, de fato, ainda estamos tentando determinar uma fórmula para eles.

Eras geológicas (37 milhões de anos)

Os Ciclos mais longos que experimentamos na história da vida na Terra são aqueles que chamamos de *Ciclos Geológicos* (*Ge* era o nome original grego para Gaia, Mãe-Terra; e todas as ciências e magias relacionadas à Terra – como *geo*logia, *geo*grafia, *geo*mancia, *geo*física – começam com *ge*). Como as idades de uma pessoa, desde que é um bebê, passando pela infância, adolescência, maturidade, meia-idade e idade avançada, as Idades da Terra viva foram mapeadas e receberam nomes. Baseados principalmente nos nomes das localizações onde rochas e fósseis desses períodos foram encontrados em primeiro lugar, aqui vão os nomes e períodos de tempo (milhões de anos) das Eras Geológicas, começando com a primeira na qual os organismos vivos complexos apareceram. É chamada de Era Cambriana, e todo o período anterior a ela é apenas referido como "pré-cambriano".

Cada uma dessas eras se distingue das que vêm antes e depois por uma alteração nas camadas rochosas de Géa, como se fossem capítulos de um livro. E os fósseis em cada camada são bastante distintos. É possível ir a um lugar como o Grand Canyon, onde muitos milhões de anos dessas camadas foram cortados e expostos nas faces dos penhascos e se pode ver que são totalmente separadas. Ocorreu alguma coisa ao final de cada era que deu um fim àquele período e às suas formas de vida. Dê uma olhada na tabela seguinte e perceba a duração de cada uma dessas eras. Há um ciclo definido, de uma média de 37 milhões de anos para cada era.

Como nosso Sistema Solar orbita o centro da galáxia em uma dança circular de 200 milhões de anos, a jornada nos leva para cima e para baixo pela galáxia mais ou menos a cada 37 milhões de anos.

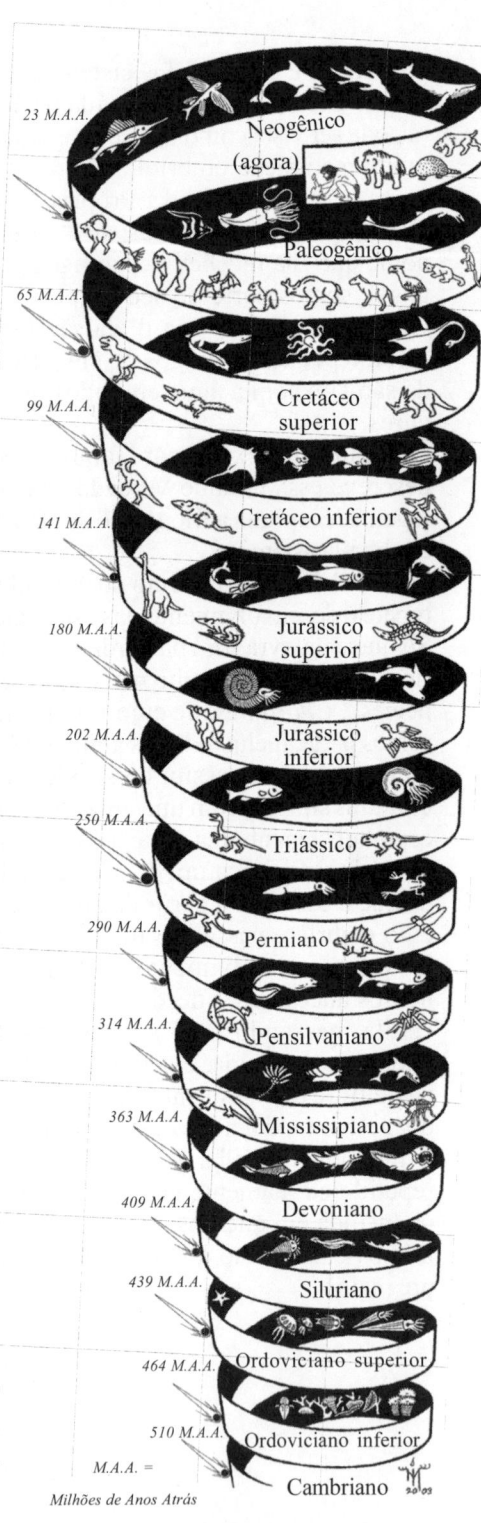

M.A.A.	Era
23 M.A.A.	Neogênico (agora)
65 M.A.A.	Paleogênico
99 M.A.A.	Cretáceo superior
141 M.A.A.	Cretáceo inferior
180 M.A.A.	Jurássico superior
202 M.A.A.	Jurássico inferior
250 M.A.A.	Triássico
290 M.A.A.	Permiano
314 M.A.A.	Pensilvaniano
363 M.A.A.	Mississipiano
409 M.A.A.	Devoniano
439 M.A.A.	Siluriano
464 M.A.A.	Ordoviciano superior
510 M.A.A.	Ordoviciano inferior
	Cambriano

M.A.A. = Milhões de Anos Atrás

Ciclos do Tempo Geológico

(cada volta da espiral [da pág. anterior] tem, em média, 37 milhões de anos.)

Eras Geológicas	Duração	Há quanto tempo	
CENOZOICA ('vida recente')		0-65 milhões de anos	
Neogênico	23 M.A.	0-23 milhões de anos...	Mamíferos; humanos.
Recente (Holocênico)		0-10.500 anos	Humanos dominam a Terra.
Plistocênico		1,5-2 milhões de anos	Era do Gelo; mamíferos gigantes.
Pliocênico		2-5 milhões de anos	Mais mamíferos.
Miocênico		5-23 milhões de anos	Mamíferos, primeiros hominídeos.
Paleogênico	42 M.A.	65-23 milhões de anos	Mamíferos gigantes
Oligocênico		23-34 milhões de anos	O oligocênico termina com extinções generalizadas.
Eocênico		34-55 milhões de anos	Mamíferos, pássaros gigantes
Paleocênico		55-65 milhões de anos	Extintos os dinossauros, começa a Era dos Mamíferos.
MESOZOICA		65-290 milhões de anos	O cretáceo termina com a extinção de 85% de toda a vida.
Cretáceonos,		65-141 milhões de anos	Hadrossaurídeos, carnossauros, ceraptosiaraptores.
(Cretáceo superior)	34 M.A.	65-99 milhões de anos	Plesiossauros, pterossauros gigantes, hadrossauros.
(Cretáceo inferior)	42 M.A.	99-141 milhões de anos	Ictiossauros, pterossauros.
Jurássico		141-202 milhões de anos	Maior diversidade de dinossauros
(Jurássico superior)	39 M.A.	141-180 milhões de anos	Grandes dinossauros: estegossauros, carnossauros, saurópodes
(Jurássico inferior)	22 M.A.	180-202 milhões de anos	Dinossauros com penas e pássaros voadores
Triássico	48 M.A.	202-250 milhões de anos	Primeiros dinossauros pequenos, crocodilos, primeiros mamíferos
PALEOZOICA ('início da vida')		250-544 milhões de anos	O permiano termina com a extinção em massa de 95% de toda a vida.
Permiano	40 M.A.	250-290 milhões de anos	Répteis, répteis semelhante aos mamíferos.
Carbonífero		290-363 milhões de anos	Anfíbios, insetos, aranhas.
(Pensilvaniano)	24 M.A.	290-314 milhões de anos	Centípedes e libélulas gigantes.
(Mississipiano)	49 M.A.	314-363 milhões de anos	Na terra: aranhas com respiração aérea, escorpiões, insetos.
Devoniano	46 M.A.	363-409 milhões de anos	Tubarões, peixes ósseos. Termina com a extinção de 70% de todas as espécies.
Siluriano	30 M.A.	409-439 milhões de anos	Peixes agnatos, escorpiões marinhos.
Ordoviciano		439-510 milhões de anos	Crinoides, lesmas, nautiloides, trilobitas.
(Ordoviciano superior)	25 M.A.	439-464 milhões de anos	Mais nautiloides e trilobitas.
(Ordoviciano inferior)	46 M.A.	464-510 milhões de anos	Nautiloides, trilobitas.
Cambriano	34 M.A.	510-544 milhões de anos	Primeira vida multicelular: esponjas, vermes, corais, águas-vivas, trilobitas. Criaturas estranhas de Burgess Shale.

Muitos cientistas consideram, atualmente, que esse pode ser o fator por trás do ciclo de extinções em massa que ocorreram mais ou menos com essa frequência durante a história da vida na Terra. Talvez a poeira perturbe as crostas exteriores de escombros que rodeiam nosso Sistema Solar na forma do Cinturão de Kuiper e da Nuvem de Oort, desalojando cometas e asteroides e enviando-os de cabeça por meio da órbita dos mundos interiores – algumas vezes se despedaçando contra o nosso.

Eras históricas (durações diversas)

Assim como a história da vida, a história humana também foi dividida em eras, principalmente com base nos tipos de material usados para fabricar ferramentas e armas. De maneira geral, desde o aparecimento dos modernos humanos "Cro-Magnon", essas eras são descritas como se segue, embora muitas vezes haja sobreposição entre elas. É importante notar, porém, que a existência dessas eras não significa que todas as pessoas do mundo passavam de uma para outra ao mesmo tempo; ainda restam algumas culturas, mesmo atualmente, que vivem de forma muito semelhante à da Idade da Pedra!

Éons zodiacais (2.167 anos)

Embora as eras históricas listadas acima sigam um padrão linear, e não cíclico, algumas delas podem ser aproximadamente sobrepostas às Eras Astrológicas, correspondentes aos 12 signos do Zodíaco. Essas eras astrológicas ou "Éons" baseiam-se na *precessão dos equinócios* (equinócio significa "noite igual"). Os equinócios ocorrem duas vezes em um ano (21 de março e 21 de setembro), quando o dia e a noite têm a mesma duração. Mas, mais precisamente, os equinócios são os pontos imaginários no céu em que a extensão do equador terrestre (chamado de *equador celestial*) cruza o *plano da eclíptica* (também chamado simplesmente de "eclíptica": o equador do Sistema Solar e o caminho aparente do Sol contra as constelações do Zodíaco). O *eixo de rotação* da Terra (uma linha reta que atravessa os polos) é inclinado em um ângulo de 23,5 graus da eclíptica, razão pela qual temos as estações, uma vez que cada hemisfério (norte e sul) está mais inclinado para o Sol ou afastado dele.

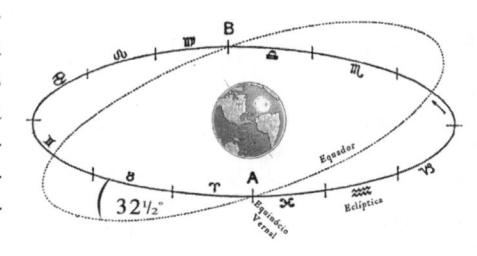

Figura 1: A Eclíptica e o Equador Celestial, com os Equinócios Vernal (A) e Outonal (B).

Era Histórica/Materiais	Período	Duração
Plástico, silício, sintéticos (Espacial)	1950-futuro	+ 50 anos
Idade do Aço (Era romana/cristã)	50 a.C. – 1950 d.C.	2.000 anos
Idade do Ferro (Idade Clássica)	1500-50 a.C.	1.450 anos
Idade do Bronze ("Idade do Ouro")	3000-1500	1.500 anos
Idade do Cobre (Construção de cidades)	5000-3000	2.000 anos
Neolítico (nova idade da pedra)-(agricultura)	8500-5000	3.500 anos
Paleolítico superior (Idade do Gelo)	40000-8500	30.000 anos

Esses dois planos (o equador celestial e a eclíptica) se cruzam em dois pontos. Trata-se dos *Equinócios* (figura 1) *Vernal* (Primavera) e *Outonal* (Outono).

Quando os antigos babilônicos imaginaram o calendário zodiacal no II milênio a.C., usaram a ascensão heliacal de Áries, no Equinócio da Primavera, para demarcar o início do ano. "Ascensão heliacal" é a ascensão de uma constelação logo antes do Sol. Mas, Áries não ascende mais com o Sol no Equinócio da Primavera por causa da *precessão dos equinócios*.

A precessão dos equinócios, também conhecida como Ano Platônico, é um movimento aparente dos equinócios em direção ao oeste, causada pelo vagaroso balanço do eixo polar da Terra. Como um pião balança quando começa a parar, assim também é a Terra. Ela roda sobre seu próprio eixo, mas ao mesmo tempo esse eixo descreve um círculo lento no céu. Esse círculo tem um raio de 23,5 graus e leva 26 mil anos para se completar.

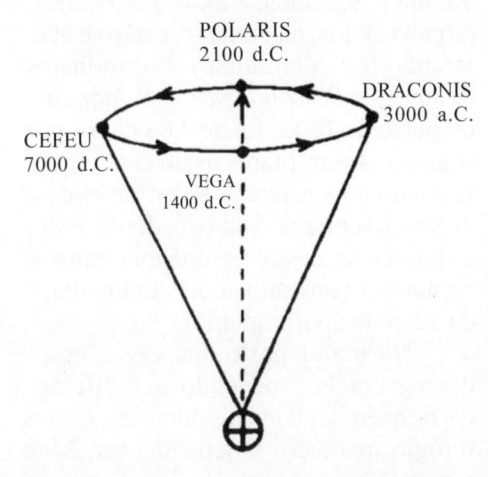

Figura 2: A Precessão do eixo terrestre

Atualmente, o Polo Norte aponta para a estrela Polaris; em 12 mil anos ele apontará para Vega, na constelação de Lira (figura 2).

Conforme a Terra se move durante esse ciclo de 26 mil anos, cada uma das 12 constelações do Zodíaco se torna, por sua vez, o ascendente na época do Equinócio da Primavera. Todavia, a progressão ocorre de trás para a frente. Embora em sua progressão anual normal pelo Zodíaco o Sol pareça se mover de Áries para Touro, e assim por diante, os equinócios se movem na direção oposta.

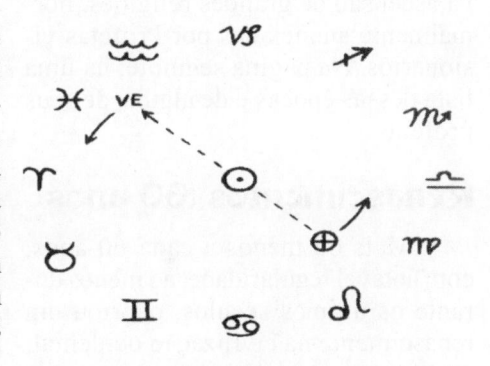

Figura 3: O movimento anual aparente do Sol pelo Zodíaco, mostrando a posição atual do Equinócio da Primavera

Como leva 26.000 anos para que a Terra complete um balanço precessional, disso advém que o Sol nasce no Equinócio da Primavera em cada signo por 30 graus, ou 2.167 anos. Cada um desses períodos constitui uma Era do Mundo, ou Éon Zodiacal, que recebe o nome do signo ascendente na época do Equinócio da Primavera. Eis os signos e períodos desde a Era do Gelo, incluindo o próximo Éon de Aquário. Indiquei também as eras históricas aproximadamente correspondentes:

Éon	Signo	Anos	Idades históricas sobrepostas
Aquário (água)	♒	2012-4179	Era Espacial: diáspora galáctica
Peixes	♓	155 a.C.-2012 d.C.	Idade Romana/Cristã (Idade das Trevas – 450-1450)
Áries (carneiro)	♈	2322-255 a.C.	Idade do Ferro/Era dos Heróis (Clássica)
Touro	♉	4489-2322	Idade do Bronze/Idade do Ouro (gado)
Gêmeos	♊	6656-4489	Idade do Cobre (construção de cidades)
Câncer (caranguejo)	♋	8823-6656	Nova Idade da Pedra (agricultura)
Leão	♌	10990-8823	Antiga Idade da Pedra/Era do Gelo

Épocas religiosas (500 anos)

Outro interessante ciclo na história humana ocorreu em períodos aproximados de 500 anos, ou *épocas*. Essas épocas testemunharam a sucessiva ascensão de grandes religiões, normalmente anunciadas por Profetas visionários. Na página seguinte, há uma lista dessas épocas e de alguns de seus profetas.

Renascimentos (60 anos)

Mais ou menos a cada 60 anos, com notável regularidade, ao menos durante os últimos séculos, ocorreu um renascimento na civilização ocidental. Cada um desses períodos viu um florescimento semelhante das artes, poesia, música, literatura, drama, cultura, ciências, espiritualidade e comunidades "utópicas". Por que esses ciclos ocorrem a cada 60 anos? Talvez seja o tempo médio para que uma geração perpetuamente recorrente de "Criativos Culturais" viva, mude o mundo, morra e renasça de novo e de novo... o próprio significado de *renascimento*. Eis as datas de cada um desses renascimentos que detectei, com projeções para os próximos:

Renascimentos

Datas	Nome Popular
2080s	A Diáspora
2020s	O Despertar
1960s	Os Psicodélicos Anos Sessenta
1900s	Fin de Siècle ("Fim de Ciclo")
1840s	Movimento Transcendentalista
1780s	A Revolução Americana
1720s	A Era do Iluminismo
1660s	A Revolução Científica
1600s	O Renascimento Inglês
1540s	A Era das Explorações
1480s	O Renascimento Italiano

Há muito mais ciclos que não mencionei aqui, como as guerras (20 anos) e manchas solares (11,1 anos). De fato, dezenas de ciclos menores já foram observados, com períodos de 18,2 anos, 9,6 anos, 9,2 anos, 8 anos e 5,91 anos. Alguns ciclos, na verdade, estão se acelerando (ou colapsando). Por milhares de anos, a *Ressonância de Schumann*, ou pulso da Terra, foi de 7,83 ciclos por segundo. Os militares usam esse número como uma referência confiável desde sua descoberta. Todavia, desde 1980, a frequência dessa ressonância tem aumentado vagarosamente. Atualmente, é de 12 ciclos por segundo!

Na maior parte das vezes esses diversos ciclos, movendo-se a diferentes frequências como os ponteiros de um relógio, parecem independentes. Mas assim como os ponteiros do relógio e o calendário se unem no badalar da meia-noite da noite de Ano-Novo, por vezes uma porção de ciclos diferentes combinam sua frequência ao mesmo tempo. Denominamos esse período "O Ano do Jackpot"– um termo cunhado pelo escritor de ficção científica Robert Heinlein, a partir do modo como os símbolos rotativos se alinham em um caça-níqueis de cassino. Nesse período de "Jackpot", a coincidência de muitos ciclos causa uma "Onda de Sincronicidade" de alto pico – como um *tsunami* temporal. Nesses momentos, os poderes da magia são bastante aumentados e – assim como um surfista em uma onda enorme – os magos e feiticeiros de todos os tipos podem realizar façanhas espantosas que seriam bem mais difíceis em outros períodos. Esses primeiros anos do século XXI são um período assim; 2012 é o próximo ano de "Jackpot".

Épocas religiosas

Aprox.	Religião	Profetas fundadores	Eventos principais
c.2000	Religião de Gaia	Zell (1942), Lovelock (1919)	Tese de Géa (1970)
c.1500	Protestantismo (Alemanha)	Martinho Lutero (1483-1456)	Reforma (1517)
c.1000	Igreja Romana e Ortodoxa	Papa Leão IX (1002-1054)	Grande Cisma (1054)
c.500 d.C.	Islã (Arábia)	Maomé (570-632)	Hégira (fuga) (622 d.C.)
c.séc. I.	Cristianismo (Império Romano)	Jesus (4 a.C. – 29 d.C.)	Crucifixão (29 d.C.)
c.500 a.C.	Budismo (Índia)	Buda (490-410 a.C.)	Sutras
	Confucionismo (China)	Confúcio (551-479 a.C.)	Analetos de Confúcio
	Taoísmo (China)	Lao Tsé (séc. VI a.C.)	Tao-Te Ching
	Mistérios Pitagóricos	Pitágoras (580-500 a.C.)	Partenon de Atenas (438 a.C.)
	Zoroastrismo (Pérsia)	Zoroastro (628-551 a.C.)	Os Gathas
c.1000	Judaísmo (Israel)	Salomão (970-928 a.C.)	Grande Templo de Jerusalém
c.1500	Monoteísmo (Hebreus)	Moisés (1668-1548 a.C.)	10 Mandamentos (1628 a.C.)

Lição 7: Viagem no Tempo

Imagine que você está andando por uma trilha acidentada no interior. Algumas vezes, a trilha o leva a profundos vales, com florestas de ambos os lados. Não é possível ver dos lados nem muito à frente. Mas você tem um mapa que está seguindo e há pontos de referência marcados no mapa. De vez em quando, o caminho leva ao alto de uma colina. Dali, é possível olhar para o caminho já percorrido; e também para o caminho adiante – ao menos até a colina seguinte. Assim, a partir dessa posição vantajosa, você pega sua caderneta e desenha um novo mapa da estrada à frente.

Desenha os rios, florestas, elevações rochosas, aldeias, desertos, pântanos e outros lugares característicos que precisa atravessar para chegar àquele cume distante.

É assim que nosso caminho pelo tempo aparece para um feiticeiro. Conforme os diversos Ciclos do Tempo giram e voltam a girar, todas as vezes em que chegamos a uma nova estação é como se atingíssemos o alto da colina seguinte. E, se soubermos como olhar, essa posição vantajosa nos permitirá ver o próximo ciclo – a trilha que atravessa o vale e leva ao alto da colina seguinte. Ao longo das eras, muitos profetas, videntes e visionários observaram as eras vindouras a partir desses picos das ondas de sincronicidade e ciclos da história. Deixaram profecias registradas – que podem ser consideradas "mapas rodoviários do tempo". Mas, embora as visões de profetas, como Nostradamus, Edgar Cayce e Mãe Shipton tenham oferecido intrigantes "mapas" dos tempos desde seus dias até os nossos, eles só conseguiram ver até o topo do pico seguinte lá de onde estavam. E é nesse pico que estamos agora. Esses mapas proféticos agora estão obsoletos e não podem mais guiar nosso caminho. Este é o momento de desenhar novos mapas e de traçar o diagrama de um novo futuro – um futuro que podemos criar com a Feitiçaria. Vou contar uma historinha sobre alterar o futuro com magia...

Em meados do século XX, quando eu era jovem, a maioria das pessoas acreditava, inquestionavelmente, que um *holocausto* (destruição por fogo) nuclear global era inevitável e *imanente* (passível de ocorrer a qualquer momento). Todos os filmes sobre o futuro feitos naquele tempo pressupunham que a civilização logo seria destruída em uma guerra nuclear e os possíveis sobreviventes enfrentariam horrendos mutantes nas ruínas radioativas. Essa convicção era tão profunda que, em 1960, quando George Pal fez um excelente filme sobre o romance de H.G.Werlls, *A Máquina do Tempo*, naturalmente incluiu uma guerra nuclear quando o viajante do tempo vai para o futuro. Mas uma parte importante da história é mostrar o "odômetro" temporal no painel da máquina do tempo, indicando a data. Assim, Pal fez com que o viajante no tempo fizesse uma parada bem quando o grande holocausto nuclear fora desencadeado. E a data no painel dizia: "1966" – apenas seis anos após o lançamento do filme!

Mas, quando 1966 chegou, não tivemos uma guerra nuclear. Em vez disso, ocorreu algo que mudaria nosso futuro para sempre. Naquele mês de setembro, um novo programa de TV estreou – com uma visão completamente nova de um futuro no qual não haveria holocausto e uma humanidade unida viajava pelas estrelas. Esse programa, como acho que você já adivinhou, era *Jornada nas Estrelas*. Conta-se que seu criador, Gene Roddenberry, explicou suas intenções deste modo: "Estou tentando apresentar uma nova visão do futuro, que será tão atraente que as pessoas vão preferi-lo em vez de um holocausto nuclear global".

E assim foi – um dos maiores atos de magia de nossos tempos. Quase 40 anos, seis séries na TV (todas ainda sendo transmitidas) e dez filmes criaram um futuro que inspirou nossa imaginação e nossa tecnologia para a exploração do espaço e nos deu a maior Declaração de Missão de intenção mágica já articulada: "Explorar novos mundos estranhos; buscar novas formas de vida e novas civilizações; ousadamente ir até onde ninguém já foi antes!".

Que assim possa ser. Os verdadeiros Feiticeiros sabem que o melhor modo de prever o futuro é criá-lo.

Lição 8: A Grande Obra

Encontrar o Absoluto no Infinito, no Indefinido, e no Finito, este é o Magnum Opus, a Grande Obra dos Sábios.

Albert Pike, *Morals and Dogma*

E assim chegamos à Grande Obra. De acordo com a Ordem Hermética da Aurora Dourada, o objetivo é "obter controle da natureza e poder de nosso próprio ser." Mas este é apenas o primeiro passo. Na verdade, a Grande Obra trata de ajudar, favorecer e promover a evolução da consciência para o próximo salto quântico. Nas tradições orientais, isso se chama Iluminação. É um despertar pleno do espírito, em que experimentamos com cada fibra de nosso ser a plena conexão com outros seres através de todo o Tempo e Espaço. É a integração dos dois hemisférios cerebrais em consciências simultâneas, mais que a alternância normal de um ou outro. Em Feitiçaria, damos a isso o nome de *Apoteose* – literalmente, deificação, ou "tornar-se Divino".

O Despertar

Assim como cada um de nós despertou para a consciência na infância, assim também a própria Géa está no limiar de um Despertar planetário. Isso pode ocorrer como um tipo de telepatia universal. Mas acredito que a emergência e a rápida evolução da Internet já estejam fornecendo as sementes de um veículo tecnológico de consciência global pelo qual esse Despertar inevitavelmente vai se manifestar. Creio que a coordenação de mão dupla necessária para os modernos computadores está estimulando não apenas um novo despertar do hemisfério direito adormecido do cérebro da humanidade, mas uma plena sincronização de ambas as formas de mentalidade em uma nova consciência ambidestra, que será capaz de sustentar a mente desperta de Géa. E, assim como no despertar da consciência em nossa própria mente, quando os bilhões de neurônios de nosso cérebro se ligam de forma sinérgica, assim também devemos todos participar do Despertar da Própria Géa – e nossa plena Apoteose.

O cientista/filósofo Teilhard de Chardin (1881-1955) previu exatamente esse despertar da consciência universal como o "Ponto Ômega"– o cumprimento definitivo de todo o propósito da criação e da evolução. Esse seria o ponto do tempo em que a consciência individual de todos os seres vivos da Terra se aglutinaria em uma única consciência coletiva. Ele disse: "Estaremos diante de uma coletividade harmonizada de consciência para uma espécie de superconsciência. A Terra não apenas se cobrirá de miríades de grãos de pensamento, como também encerrar-se-á em um único envoltório de pensamento, uma única reflexão unânime (*The Phenomenon of Man*, 1955).

A Diáspora

Estamos em um grande cruzamento na evolução; talvez o mais crítico em toda a história da Vida. A própria tecnologia, que atualmente ameaça toda a vida neste planeta, poderia alternativamente ser usada para construir naves estelares para levar nossos filhos até as galáxias. Talvez os humanos também estejam destinados a ser os esporos de Géa. A reprodução é uma função essencial de todos os sistemas vivos, o que não deixa de se aplicar a um planeta vivo.

Acredito que antes do final deste século veremos o início da grande *Diáspora* da humanidade para as estrelas. Diáspora significa "espalhamento" ou "dispersão"– particularmente de um povo com uma origem comum, como os judeus depois de os romanos destruírem Jerusalém em 70 d.C. Mas a raiz da palavra *speirein* significa "semear", como no plantio de sementes. O estabelecimento de colônias espaciais, a formação das superfícies estéreis da Lua, Marte ou Titã – "levar as sementes de prata da Mãe Natureza para um novo lar...", como Neil Young canta – pode ser um dos propósitos mais importantes para a evolução de uma espécie tecnológica.

E talvez um dia os brotos de Géa plantarão novas raízes em solo distante, além da estrela mais longínqua...

Segunda Aula:
A alma da Natureza

Eu sou um paraíso de profunda selva
A alma da Natureza e a vida do Divino
Fragrante e fértil é meu corpo,
Toque-me nas pétalas de cada doce botão.
Através da abundância você me conhecerá.
Sou teu oásis, despejando as águas da vida.

Katlyn Breene, *A hymn from the heart of the Living Goddess*

1. Introdução: Personificações

Minha sequência favorita em *Fantasia* (1940), de Walt Disney, é a "Pastoral" de Beethoven, apresentada em um cenário de mitologia greco-romana com centauros, unicórnios, pégaso e Baco. Pela primeira vez em um filme, apareciam vários dos antigos deuses: Júpiter, Vulcano, Diana...

No fim da sequência, Nox joga seu véu da noite sobre o cenário acadiano, e a lua crescente aparece com as estrelas ao fundo, e a câmera dá um *close* para revelar Diana em uma nuvem, ladeada por um veado; e Diana pega o arco da lua e lança uma flecha meteórica pelo céu... Bem, isso realmente me pegou; eu fiquei profundamente tocado! Algum tempo depois até criei uma estátua inspirada na imagem.

Entenda que essas diversas personificações de forças naturais são apenas isso. Como a Morte diz repetidas vezes em *Discworld*, de Terry Pratchett: "Eu sou uma personificação antropomórfica". (Ou seja, a representação de uma ideia na forma humana.) Através de milênios de observação, descobrimos que as forças naturais agem "como se" fossem verdadeiramente criaturas incorporadas, como os unicórnios, divindades e centauros da Disney. Entender e interagir com essas forças antropomorfizadas funciona melhor para a maioria dos Feiticeiros quando pensam nas forças dessa maneira.

Lição 2: A família cósmica da Natureza

Uma das lições mais importantes de todos os povos tribais é que todos os seres vivos – com a Terra, o Mar, o Céu, o Sol e as Estrelas – são parte de uma grande família. Muitos ensinamentos ecoam a expressão dos índios americanos Lakota: *Mitakuye Oyasin!* – "Todos os meus parentes". Nos mitos da criação e das outras histórias de todos os povos ao redor do mundo, encontramos histórias de ligação; de como os Pais cósmicos originais nasceram e geraram o mundo e tudo o que há nele. Dois dos maiores arquétipos da paternidade universal são a Mãe Natureza e o Pai Tempo.

Mãe Natureza (*Natura*)

Eu sou a beleza da Terra verde,
E a Lua branca entre as estrelas,
E o mistério das águas,
E o desejo dos corações humanos.
Chamo sua alma: Levante-se e venha para mim!
Pois eu sou a alma da Natureza
Que dá vida ao Universo.
De mim todas as coisas procedem,
E para mim todas as coisas devem retornar.
Doreen Valiente: *The Charge of the Goddess*

A Mãe Natureza é o maior e mais antigo aspecto da Deusa – a incorporação totalmente envolvente da Vida Universal. A energia cósmica D'ela coalesce em *Matter-Mater* – a Mãe de todas as formas. As palavras *matter* e *mater* significam literalmente "Mãe". Dion Fortune certa vez comentou que todas as deusas são manifestações da Grande Deusa, cuja identidade é o espírito feminino da Natureza.

A Natureza é a própria essência da diversidade. Ela representa tanto as Trevas quanto a Luz e seu culto é a reconciliação dos opostos. A busca pelo Equilíbrio é o objetivo de seu povo; e isso é alcançado pela aceitação de múltiplos caminhos e verdades.

A primeira lição da Deusa é...
"Toda a Vida é Sagrada".

A segunda lição da Deusa é...
"Existe apenas uma raça... a raça humana".

Os alquimistas medievais fizeram referências contínuas à "Senhora Natureza" como a fonte de toda a vida, sustento e conhecimento. Ela é tão universalmente conhecida que foi até usada em comerciais de TV para vender margarina, com o famoso slogan: "Não é *bom* enganar a Mãe Natureza!" Ela é a Mãe de Todas as Mães! E a Mamãe sabe tudo!

Pai Tempo (*Chronos*)

Essa coisa devora todas as coisas:
Pássaros, animais, árvores, flores;
Rói o ferro, morde o aço;
Mói pedras duras;
Mata reis, arruína cidades,
E derruba altas montanhas.
enigma de Gollum, em *O Hobbit*, de J. R. R. Tolkien

Os romanos chamavam Chronos de *Saturno*, e o identificavam como o deus do Tempo e da Colheita. Exibido em um manto preto com capuz e carregando uma foice e uma ampulheta, Saturno ficou conhecido como o Ceifeiro das Almas – ou Anjo Ceifeiro. Roma celebrava grandes festivais em sua honra todos os anos na época de Solstício do Inverno, o dia mais curto do ano, que marcava a volta anual da Roda do Tempo para o Ano-Novo. Esse festival durava uma semana e se chamava *Saturnalia*, e é a origem da maioria de nossos costumes no período do Natal e do Ano-Novo. Saturno era representado partindo nesse período, para ser substituído pelo recém-nascido Filho do Sol no ano seguinte. Tenho certeza de que você reconhecerá essa imagem de Saturno!

A Deusa Estelar (Nyx & Astra)

Ouçam as palavras da Deusa Estelar
Cuja poeira dos pés são as hostes do céu
Ela, cujo corpo envolve o Universo...
Doreen Valiente, *The Charge of the Goddess*

A Deusa Estelar é a personificação do céu noturno com todas as estrelas. Os egípcios a chamavam *de Nuit*; para os gregos, ela era *Nyx*; para os romanos, *Nox* (de onde derivam as palavras *equinócio* e *noturno*); e nós a chamamos de Noite. Afirma-se que a Via Láctea é o leite de seus seios espalhado pelo céu para nutrir a vida em todos os mundos infinitos. Ela é o espírito e o corpo de nossa galáxia. Dela nascem os sistemas estelares e os planetas, incluindo, é claro, a nossa Terra.

Os antigos gregos personificavam o Pai Tempo como o titã *Chronos*, de onde tiramos palavras como *cronômetro* (relógio) e *cronologia* (linha do tempo). Como o tempo devora tudo, acreditava-se que Chronos devorara seus próprios filhos. Gaia, a mãe deles, ficou furiosa com isso e escondeu o 12º filho, quando ele nasceu, colocando em seu lugar uma pedra envolta em um cobertor de bebê. Criado em segredo em uma caverna, quando o último filho (chamado Zeus) cresceu, ele abriu a barriga de Chronos e libertou seus 11 irmãos e irmãs. Depois da grande Batalha dos Titãs (a *Titanomachia*), eles se tornaram os conhecidos deuses e deusas do Olimpo.

É claro que muitas estrelas e constelações individuais recebem o nome de deusas (assim como de deuses). Uma dessas deusas estelares do passado era *Astraea*, ou *Astra*, cujo nome nos dá a palavra genérica para a palavra *star* (*astro, estrela,* em inglês), como em a*stral, astro*nomia e *astro*nauta. Conta a história que a filha de *Themis*, deusa da harmonia, Astraea, viveu na Terra na lendária Era Dourada. Mas quando os humanos se tornaram mais violentos, os deuses abandonaram a Terra e voltaram para o céu. Paciente e esperançosa, Astraea foi a última dos imortais a deixar o mundo dos homens.

O nome original *Astra* é a raiz para muitos nomes das deusas da Estrela Vésper, ou literalmente, "Estrela do Oriente": *Ishtar, Esther, Aster, Asheran, Afrodite, Astarte* – e *Eostre,* deusa da primavera fértil, cujo festival é *Ostara* ou *Easter,* celebrado no Equinócio da Primavera. A Estrela do Oriente, no entanto, é na verdade um planeta: Vênus (o nome romano para essa deusa). Todas essas variações do nome dela compartilham os mesmos atributos: amor, beleza, sexo e fertilidade. E seu símbolo é a estrela de sete pontas. Como ela fica visível antes que qualquer outra estrela seja vista, ela é a "Estrela dos Desejos" do poema-encantamento infantil:

Luz da estrela, brilho da estrela,
Primeira estrela que eu vejo esta noite;
Eu desejo poder, eu desejo que eu possa,
Ter o desejo que eu desejo esta noite.

Pai Sol

Uma das representações mais poderosas e universais da masculinidade divina é o Deus Sol. Ele era chamado *Rá* pelos egípcios; *Hélios* pelos gregos; e *Sol* pelos romanos. Como o coração incandescente no centro de nosso sistema solar, o Sol fornece toda a energia para a vida na Terra. As plantas convertem a luz solar em alimento, que nutre os animais. E a queima de material orgânico para aquecer nossos corpos e cozinhar nossas refeições apenas libera a luz do sol contida nele. Portanto, o Sol é, na realidade, o Pai de todos nós, como Gaia é nossa Mãe.

Alguns dos muitos deuses Sol adorados por todo o mundo incluíram *Apolo*, na Grécia – irmão de Ártemis, a deusa Lua; *Lúcifer*, o portador da luz; *Lugh*, dos celtas; e *Hórus* e *Aton* no Egito. Um de seus nomes mais antigos é *Bel* – que significa "brilho" ou "brilhante". Isso é visto no cananeu *Baal*; no celta *Belenos*; e em *Balor* do Olho Flamejante. Os fogos de Bale ainda são acesos na Irlanda em seu grande festival de *Beltane* (Dia de Maio), marcando o início do verão.

Salve o Deus Sol,
Ele é realmente um grande deus!
Rá! Rá! Rá! Rá! Rá!

Irmã Lua (Luna)

Luna é o nome romano para a Senhora da Lua. Desde os tempos mais remotos, a maioria das culturas humanas considerou a Lua uma entidade feminina. Na antiga Grécia, ela era chamada de *Ártemis, Diana* ou *Selene*. Ela é *Hina* no Havaí e *Ixchel* no antigo México. Era *Arianhold* para os galeses e *Heng-O* na China taoísta. Acredita-se também que ela é a irmã ou a esposa do Deus Sol.

Luna tem três faces, correspondendo às três fases da Lua – crescente, cheia e minguante. Ela é identificada como a Deusa Tripla – Donzela, Mãe e Senhora, correspondendo às idades das mulheres. E como a Lua controla tanto as marés como os fluxos dos corpos das mulheres, ela é vista como uma deusa de magia e mistério, adorada em todos os lugares pelos bruxos, que se reúnem em seu nome nos dias de Lua cheia (e, às vezes, na Lua nova).

A Lua nasceu da Terra há quatro bilhões de anos, antes que existissem criaturas vivas em nosso mundo. Um planetoide do tamanho de Marte colidiu com a Terra, retirando uma grande quantidade de massa do lado oposto, que se transformou na Lua. O local de nascimento dela é hoje a bacia do Oceano Pacífico. Assim, Luna, embora sem ar, seca e sem vida, é, de fato, o mundo irmão da Terra.

Quando olho para a Lua cheia, penso em toda as pessoas que conheço e que amo em todo o mundo, e sei que elas também estão olhando para a face da Lua ao mesmo tempo. Eu visualizo a Lua cheia como um grande espelho no céu (o que, na verdade, ela é), e eu envio meu amor, refletindo dela, a todas as pessoas de quem eu gosto.

Ore para a Lua quando ela estiver redonda
A boa sorte será então abundante para você
E o que você procura será encontrado
Na terra, no mar, ou nas profundezas.

Lição 3: A Mãe-Terra e seus filhos

Mãe-Terra (Gaia)

Sobre a Terra eu canto, mais velha de todos
E Mãe dos deuses...

Assim começa o Hino Homérico à Gaia, a Terra-Mãe. *Gaea* (em latim *Gaia*) é o nome dado pelos gregos antigos à deusa planetária primordial venerada pela humanidade desde a aurora da Idade da Pedra. Em *Theogony*, de Hesoid (a história da criação dos antigos gregos), Gaia foi criada pela Luz e Amor do Caos cósmico primordial. Seu primeiro filho foi *Ouranos*, o Céu. Fertilizada pelas flechas de *Eros* (Amor), Gaia deu à luz todas as plantas, animais, titãs, deuses, deusas da terra; e também, é claro, a humanidade. Assim Gaia é a Mãe de todos nós. Os romanos a chamavam de *Terra*, de onde vieram palavras como *terrestre* e *terraformar*. Todas as culturas na Terra criaram um nome para ela, e muitos deles – como o peruano *Pachama* – são variações de "mama", a primeira palavra falada pela maioria dos bebês humanos.

Em todo o mundo, mesmo as crianças pequenas reconhecem por intuição a Mãe-Terra. Ela é o arquétipo religioso mais antigo e universalmente conhecido em toda a experiência humana. As poucas imagens de Gaia que nos chegam da Grécia antiga a representam em um trono, ou como uma mulher bonita e madura com cabelos soltos, emergindo da Terra que se abre. As próprias rochas e pedras eram chamadas "os ossos de Gaia".

Fotos tiradas do espaço desde a década de 1960 despertaram pessoas por todo o mundo para a nossa Terra como uma entidade completa. Essa percepção fez com que o nome Gaia surgisse de novo, dessa vez na ciência natural, na forma de "Tese da Gaia", que afirma que nosso planeta é um único organismo vivo.

Gaia, de Susan Seddon-Boulet

Tarefa: Faça uma Matrika da Idade do Gelo

Matrikas, ou "pequenas mães", foram feitas por mais de 20 mil anos durante a última Idade do Gelo. Encontradas no continente eurásico da Espanha até a Sibéria, elas são tão semelhantes em estilo que poderiam muito bem ter sido feitas pelo mesmo artista. Quando eu decidi me tornar um escultor, em 1973, a primeira imagem que reproduzi foi a mais velha dessas imagens (30 mil anos!) – a "Vênus de Willendorf", mostrada aqui. Tente fazer uma para seu altar. Em primeiro lugar, é claro, você precisará de argila. Se tiver acesso a um forno (como na escola) e puder acendê-lo, use a argila regular para cerâmica. Caso contrário, recomendo a argila que seca ao ar, como "Mexi-Clay". Eu prefiro argila vermelha, nos dois casos. Essas figuras geralmente não têm antebraços e a face é sem características. Seque-a ao ar ou no forno, e surpreenderá futuros arqueólogos!

Os primeiros filhos de Gaia

Os primeiros Filhos de Gaia são o que chamamos de os três grandes "Reinos da Vida". São eles as Plantas, os Animais e os Fungos – as divisões básicas de todos os organismos multicelulares. Do ponto de vista de nossas personificações mágicas, eles se manifestam como cinco – dois pares de gêmeos – o Verde e o Vermelho – e um solitário, o Cinza.

A diferença crucial entre plantas e animais está em um único átomo, em uma molécula complexa dos fluidos circulatórios. Nas plantas, o átomo é magnésio, fazendo com que a molécula pareça verde. Nós o chamamos de *clorofila* e ele transmite o poder da *fotossíntese* – transformando luz e água em açúcar. Nos animais, o átomo equivalente é o ferro, fazendo com que a molécula pareça vermelha. Damos a ele o nome de *hemoglobina*, e ele permite que nosso corpo extraia oxigênio do ar. Assim, os Espíritos da vegetação são verdes, e os dos animais são vermelhos. Sem clorofila ou hemoglobina, a cor do Espírito dos fungos, como de alguns cogumelos, é cinza-pálido. Todos esses reinos são inter-relacionados e interdependentes.

O ciclo da mudança de estações é chamado de *Roda do Ano*. De modo mítico, os principais personagens nesse drama anual são a Mãe-Terra, o Pai-Sol e os filhos deles: o Homem Verde copado e florida Donzela; e o Homem Vermelho com chifres e a Donzela peluda (Obs: Quando falamos "Homem Vermelho", não estamos nos referindo aos índios americanos...). A mudança sazonal é a história do nascimento deles, do namoro, casamento, gravidez, maturação, morte e renascimento – tudo interpretado como uma grande dança no Círculo da Vida (ver "A Roda do Ano", Curso 4, 4ª aula).

A Donzela Verde (Flora)

Pois ela trará os brotos na Primavera
E a risada entre as flores.
No calor do Verão, seus beijos são doces;
Ela canta nos caramanchões verdes.
Ela corta a cana e colhe o grão
Quando os frutos do Outono a cercam.
Seus ossos envelhecem no frio do Inverno:
Ela se envolve em seu manto.

Hope Athern, *The Lady's Bransle*

Flora, de Katlyn

A Deusa Verde é mais do que um molho de salada! Ela é a filha mais velha de Gaia, pois as primeiras algas verdes apareceram no ventre oceânico da Mãe-Terra há mais de 2,5 bilhões de anos. O nome latino dela, *Flora*, foi dado por cientistas ao reino completo das plantas. Ela geralmente é mostrada com uma face de flores. Flores, frutas e vegetais provenientes de sua generosa cornucópia são associados, de modo especial, à Deusa Verde, pois são as *ovas* (ovos) das plantas.

Assim como o Homem Verde, a Donzela Verde também passa pelo ciclo anual de vegetação, que passa pelo nascimento, vida, morte e renascimento – da plantação até a colheita, e de novo para a estação do plantio. Nos Mistérios de Elêusis da antiga Grécia, a deusa donzela da Primavera era chamada de Kore (filha); e sua mãe, Demeter, era deusa de todo o mundo vegetal – especialmente dos grãos. O nome romano dela, Ceres, dá origem à palavra *cereal*.

Como a incorporação das flores de toda a Natureza, Flora foi chamada "a padroeira secreta de Roma", sem cuja ajuda a cidade morreria. O festival em honra a ela era a *Floralia* – de 28 de abril a 3 de maio.

O Homem Verde (*Florus*)

Ó, ele chamará as folhas no Outono,
Para exibir suas cores com brilho!
Quando o calor se vai ele pinta com gelo,
Seu suave toque prateado!
Ele saúda o dia na dança de Maio,
Com fitas girando ao seu redor!

Comemos seu milho e bebemos do chifre –
Não existiríamos sem ele!
Artemisia, *The Lord's Bransle*

Florus, o Homem Verde, é o aspecto masculino do reino vegetal. Ele começou a existir quando da primeira diferenciação sexual das plantas em masculino e feminino, há cerca de 300 milhões de ano, na forma das primeiras plantas portadoras de sementes, ou coníferas. Florus é o polinizador, e sementes e grãos são associados a ele. Como o deus do jardim, ele é um generoso espírito da fertilidade vegetativa que nos ensina a alimentar e a compartilhar, fornecendo pão para nossas mesas e sacramentos. Ele também é o deus da floresta, propiciando segurança e refúgio; nozes e frutinhas; lares e hábitats para todas as criaturas selvagens. Em todos os seus atributos, ele permanece benevolente com consistência, embora seja considerado o guardião da floresta.

A característica essencial do deus Verde é o ciclo anual de vegetação, que passa pela morte e ressurreição; e por isso seus ritos estiveram presentes no cerne de muitos dos antigos mistérios iniciáticos. Os iniciados acompanhavam o deus Verde na colheita, quando ele morria e viajava pelo submundo, para nascer de novo na Primavera. Assim, ele se tornou o Iniciador e o espírito guia, acompanhando a alma em sua jornada pelo submundo até o renascimento.

O Homem Verde foi identificado de maneira particular com plantas como grãos e uvas, cujos sucos fermentados produzem bebidas alcoólicas que embebedam. Portanto, o espírito dele influencia de modo direto os mortais e afeta a própria consciência deles. Eu me refiro a ele usando seu nome em latim, *Florus*, embora seja muito mais conhecido no mundo ocidental como Jack, um nome que deriva do grego antigo *Iacchos*, a quem os romanos chamaram de *Baco* – o deus do vinho e do êxtase. Jack é um apelido em inglês para John, como em John Barleycorn, cujas famosas canções falam do crescimento da cevada (*barley*) e da preparação do uísque (de milho – *corn*). No antigo Egito, ele era *Osíris*; no Oriente Médio, foi chamado de *Tammuz*; e, na África, ainda recebe o nome de *Ochosi*; *Kokopeli* é seu nome entre os índios americanos.

Na Primavera, quando ele coloca sua pequena cabeça verde para fora do solo da floresta, nós o chamamos Jack-in-the-Green (*Jack no Verde)*, ou Jack O'Green. Ele pode ser encontrado no início do verão, supervisionando sua congregação como a flor Jack-in-the-pulpit. Os conhaques com sabor de fruta fermentados no fim do verão são chamados Applejack, Bootjack, ou Smokejack. Em *Samhain*, ou fim do verão, transformamos seu crânio oco de abóbora no assustador Jack Lanterna, que mantém guarda em *All-Hallows Eve (Halloween)* e afasta os espíritos hostis. E, durante o terrível frio de inverno, seu espírito nos lembra de sua contínua presença como Jack Frost, que decora nossas janelas com belos desenhos em cristal. Vemos seu conhecido rosto repleto de folhas em prédios decorados ou em jardins.

Tarefa: Fazer uma máscara do Homem Verde

É uma máscara *legal,* que o colocará em contato com o Espírito do Verde. As máscaras são um modo antigo de mudar de forma. A princípio você pode não se sentir muito diferente ao usá-la, mas todas as outras pessoas veem apenas a máscara e se relacionam com você com o rosto que está exibido. Há muitas outras ocasiões além do Halloween em que é divertido usar uma máscara de um Espírito da Natureza. Festas, peças, rituais, celebrações e feiras renascentistas criam oportunidades para vestir um novo rosto.

Uma maravilhosa máscara de Homem Verde pode ser feita com facilidade. Em primeiro lugar, procure uma loja de material de arte ou de fantasia e compre uma máscara branca, barata, para a parte superior do rosto. Ela não deve cobrir suas narinas, lábios ou queixo. Se não encontrar uma exatamente assim, compre uma máscara de rosto todo e corte a parte abaixo do nariz e das bochechas. Corte também o buraco dos olhos, deixando-os maiores *(fig. 1)*. Também em lojas de material de arte você pode encontrar folhas de plástico de todos os tamanhos e formas. Compre um punhado de folhas grandes, misturadas a algumas pe-

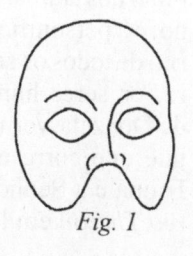

Fig. 1

quenas. Você também precisará de um tubo de cola clara de silicone, como a usada em aquários, e um grampeador grande.

Olhando para as bordas externas da máscara, cole e depois grampeie um lado completo com as folhas maiores, com os caules apontado para o centro – que será bem no meio das sobrancelhas. Grampeie de dentro para fora, para que o lado chato, e não o pontiagudo, dos grampos toque sua pele *(fig. 2)*. Depois, cole a outra camada de folhas sobre a primeira (os grampos são usados apenas na camada mais externa) e mais para dentro, posicionando-as de modo correto ao redor do buraco dos olhos. Segure-as até a cola secar. Faça outra camada, mais para dentro, com as folhas menores e, por fim, coloque uma de tamanho e forma certos sobre o nariz. Você terá uma clássica "Face de Folhas" – a imagem mais comum do Homem Verde! (As meninas podem fazer a mesma coisa com folhas e flores de plástico para criar uma máscara de Flora.)

Fig. 2

A Donzela Vermelha (*Fauna*)

(por Morning Glory Zell-Ravenheart)

Fauna é o nome em latim para o reino dos animais. Ela é a esposa de Fauno, e a personificação feminina do Espírito de todos os animais, incluindo, é claro, os seres humanos. Ela é chamada de Donzela Vermelha por causa do sangue que corre nas veias dos animais. Fauna é a Senhora dos Animais – *Potnia Theron* em latim.

Outros animais podem experienciá-la em sua própria percepção singular, mas a humanidade começou a adorá-la por volta do fim do período Paleolítico e início do Neolítico – de 12000 a 6000 a.C. Possivelmente, isso coincidiu com o início da agricultura e da domesticação de animais. Ela é conhecida por muitas pessoas, em muitas formas, em culturas agrícolas e caçadoras por todo o mundo. Seus nomes são vários: *Artemis, Diana, Epona, Bendis, Hathor, Despoina, Astarte, Lakshmi, Ma Ku, Mulher Búfalo Branco...* É geralmente representada como uma mulher poderosa (e com frequência com os seios nus), de pé entre dois animais, ou segurando um animal em cada mão. Às vezes, é representada cavalgando um animal, como um tigre.

Os ritos de Fauna são de modo geral associados ao culto lunar e podem parecer um tanto contraditórios à primeira vista. Ela é a protetora de animais jovens e da natureza selvagem; mas, no entanto, ingere carne, e o sangue é seu sacramento. Isso acontece porque ela é a deusa de *todos* os animais, tanto do predador quanto da presa. Os antigos caçadores oravam para ela, para pedir sorte na caçada, e os fazendeiros pediam que ela aumentasse o rebanho. Talvez nos dias de hoje nós devêssemos pedir a ela que nos ajudasse a salvar as espécies em extinção!

O Homem Vermelho (*Fauno*)

> *Ele acordará os mortos-vivos –*
> *Patas com cascos e cabeça com chifres,*
> *Coração humano e cérebro humano,*
> *Pan, o deus-cabra vem de novo!*
> *Meio animal e meio homem –*
> *Pan é tudo e tudo é Pan!*
> – Percy Bysshe Shelley, *The Goat-Foot God*

Fauno é com frequência Aquele Que Tem Chifres – *Pan* e *Cerunnos* (que significa "aquele que tem chifres") são seus nomes mais comuns. Ele é a personificação masculina do Espírito de todos os animais e, por isso, usa a coroa de chifres deles.

Fauno é o deus dos campos, dos pastores e da profecia. É também o líder dos *faunos*, a versão romana dos *sátiros* gregos. Os faunos e os sátiros são parecidos com os humanos, exceto pelos pés-de-cabra, a cauda, as orelhas pontudas e os chifres curtos. Em lugares diferentes, os chifres do Homem Vermelho eram aqueles dos animais que mais impressionaram as pessoas: veado na Europa; búfalo nas Américas e antílope na África e na Ásia. O pai dos sátiros na Grécia era Pan, cujo nome significa "tudo". Os antigos eruditos de Alexandria acreditavam que Pan personificava o mundo natural, e a palavra *panteísmo* vem dessa ideia – que Tudo é Deus e Deus é Tudo.

O lado positivo de Pan é o do riso, do amante viril e do músico – esse aspecto é denominado *Pangenitor* – "o progenitor de tudo". Mas, como tudo na Natureza, Pan também tem um lado sombrio. Nessa forma, ele é chamado de *Panphage* – "o devorador de tudo", e, como tal, ele é o feroz protetor da vida selvagem. A própria palavra *pânico* deriva de Pan, pois nessa forma ele causa medo selvagem irracional.

O Cinza (*Micota*)

Micota é o nome em latim para o reino dos fungos. O grupo dos fungos inclui os cogumelos, o mofo e o mofo da lama. Os primeiros fungos apareceram na Terra há mais de um bilhão de anos. Diferentemente da Flora, Micota não pode transformar substâncias inorgânicas em alimento, mas só pode sobreviver a partir de outras coisas – como *parasitas* ("aqueles que comem a comida do outro") nos organismos vivos, ou como *saprófagos* ("que se alimentam de putrefação") nos mortos. Os cogumelos são apenas os pequenos frutos que despontam de intricadas

Pedras deus cogumelo da Colômbia

redes de fibras que se espalham por debaixo da terra, por grandes áreas. Essas fibras são conhecidas como *micélios* e se parecem muito com as fibras nervosas no cérebro humano. Algumas dessas redes de micélios são tão grandes que, na verdade, constituem os maiores seres vivos da Terra. O Espírito de Micota é vasto e profundo!

Muitos fungos estão intimamente envolvidos com a humanidade; e os cogumelos, de modo especial, têm uma longa história como alimento e remédios xamânicos. Algumas pessoas acreditam que os seres humanos alcançaram a consciência quando ingeriram certos cogumelos mágicos que cresceram no esterco do gado caribu, cujos rebanhos promoveram o sustento para as primeiras tribos nômades em cada continente. Por todo o mundo, muitos ritos de Mistério e Iniciação envolveram a ingestão desses cogumelos e as viagens para os outros mundos do sonho.

NOTA: Embora alguns cogumelos sejam deliciosos outros são tão fatalmente venenosos, que uma pequena mordida pode matá-lo. Muitos dos mais perigosos se parecem bastante com a variedade inofensiva e somente um perito pode distingui-los. Portanto, você nunca deve apanhar e ingerir cogumelos selvagens a menos que esteja acompanhado de um perito em apanhar cogumelos!

Lição 4: Espíritos da Natureza (*Devas*)

Deva é um termo sânscrito (da Índia) que significa Espírito. É a raiz de palavras como *divino, divindade, adivinhação,* e mesmo *diabo*. Espíritos da Natureza de todos os tipos são chamados de Devas. Eles são as personificações de vários lugares e aspectos da Natureza inanimada. Os devas podem se manifestar por meio de coisas como ruídos de insetos e animais; do vento; ou da presença repentina de um bando de pássaros. Os devas podem ser vistos estimulando o crescimento, trazendo cores às flores, pairando sobre locais bonitos, brincando nas nuvens e cachoeiras, dançando no vento e na luz do sol. O trabalho deles é a evolução de formas de vida belas e responsivas.

Ninfas

Na Grécia antiga, os devas em aspecto feminino eram conhecidos como *ninfas*, uma palavra que significa "mulher, noiva ou babá jovem". Elas são investidas de charme e beleza mágicos e, com frequência, de poderes sobrenaturais. Como os espíritos femininos da vida pulsante da Natureza, as ninfas costumavam ser as companheiras dos luxuriosos sátiros. Elas pertencem às mais antigas e profundas camadas da mitologia grega,* vivem nos mares, rios, nascentes, árvores, florestas e montanhas. Um papel tradicional importante das ninfas era cuidar dos heróis na sua juventude. De fato, muitos dos heróis gregos tiveram ninfas como mães ou babás.

Oceânides são as ninfas do oceano, filhas de Oceano.

Nereidas são outra família de ninfas do mar; as filhas de Nereu – o velho sábio do mar.

Náiades são as ninfas das águas correntes – rios, córregos e nascentes.

Oréades ou **Orestiads** são as ninfas das montanhas.

Dríades e **Hamadríades** são ninfas das florestas e das árvores. Cada uma tem sua própria árvore, vivendo e morrendo com ela.

Fadas

A palavra *Fada* vem do latim *fata* (destino). Destinos eram três deusas que visitavam uma criança recém-nascida para determinar como seria a vida dela. Essa palavra se tornou *fay* no inglês antigo, significando "encantado ou enfeitiçado"; e *fay-erie* (*faerie* = fada) significava tanto um estado de encantamento quanto um reino encantado. Existem muitos reinos das fadas, com diferentes origens e características. Acredita-se que algumas – como os elfos e pixies – foram antigas raças de pessoas de carne e osso. Depois, temos as fadas da Natureza, que são devas muito semelhantes às ninfas gregas. Muitas fadas da Natureza se manifestam como espíritos de determinadas flores ou outras plantas, como dríades e hamadríades. Como tais, elas parecem ter asas de pétalas de flores, de borboletas ou de outros insetos. Algumas são associadas a cogumelos, especialmente aquelas que crescem em um anel.

A maioria das fadas tem algum tipo de poder, e elas podem trazer boa sorte ou doenças. Algumas são gentis e outras bem más; mas todas são brincalhonas e precisam ser tratadas com todo o respeito! Portanto, é comum se referir a elas como "as pessoas boas"; "os bons vizinhos"; ou "nobres", para não ofendê-las. Também é uma boa ideia deixar ofertas de leite e mel para elas.

---

*N.E.: Sugerimos a leitura de *O Livro Completo da Mitologia Clássica*, de Lesley Bolton, Madras Editora.

Terceira Aula:
Os Elementos

*Terra, Água, Fogo e Ar –
Coloque-os juntos em um jardim;
Coloque-os em uma cesta amarrada com pele...
Quando responder a essa charada, você estará apenas no começo!*

Incredible String Band

Introdução: As lições de Mama Julia

Uma das minhas professoras favoritas foi Mama Julia, matriarca da família Tower. Estudei Magia com ela há mais de 20 anos, no início dos anos 1980. Ela morreu há muito tempo, mas eu ainda me lembro com carinho de suas lições. A coisa mais importante que aprendi com ela foi abordar todos os meus estudos e experiências por meio dos quatro Elementos, ou seja, ela me ensinou a separar o mundo e todas as coisas nessas quatro categorias, e depois imergir completamente em aprender e experienciar tudo o que eu pudesse em cada uma dessas áreas. Agora, eu transmito as lições a você...

Os antigos Mistérios Mitraicos afirmavam que uma pessoa deve controlar todos os quatro Elementos antes que possa atingir a iluminação espiritual e a sabedoria. Ela deve passar com sucesso pelas Iniciações da Terra, Água, Ar e Fogo – cada uma delas desafia um aspecto diferente da natureza do indivíduo.

Lição 2: Os Elementos

Creditado ao filósofo siciliano do século V a.C., Empédocles, o conceito dos quatro (ou cinco) Elementos como a base de toda a vida e sendo parte do Universo, era um ensinamento essencial de Aristóteles (384-322 a.C.) e dos Mistérios Pitagóricos da antiga Grécia; e esse sistema se destacou nas magias de todos os sistemas ocidentais, vindo do Oriente Médio, passando pelo Egito, Grécia, Roma, Herméticos e Alquimia, e chegando ao Ocultismo, Bruxaria e Feitiçaria modernos. É o modelo conceitual mais usado no mundo; e é também a base do sistema mágico Enochiano*, como o Tarô, a Astrologia, as estações e o Círculo Má-

---

*N.E.: Sugerimos a leitura de *Magia Enochiana para Iniciantes*, de Donald Tyson, Madras Editora.

gico. Colocado de maneira simples, os quatro Elementos são Terra, Água, Fogo e Ar. Além disso, cada Elemento é imbuído, como tudo no Universo, com a Essência não física do Divino, que chamamos de *Espírito*. Assim como cada pessoa é uma manifestação única do Divino, assim também é cada rocha, cada árvore, cada montanha, cada rio. Assim o Espírito é considerado o quinto Elemento – e distingue os seres vivos dos objetos inanimados.

Embora os químicos modernos tenham adotado a palavra "elemento" para se referir aos mais de 100 tipos diferentes de átomos, esse não era o significado ou intenção original desse termo. Em vez disso, os *Elementos*, como os antigos (e os praticantes de magia por toda a História) entenderam, são aquilo que os leigos chamam de *estados* da matéria. Tudo no Universo é composto de matéria, energia, ou alguma combinação das duas. Todas as coisas materiais – aquelas que são feitas de matéria – podem existir em qualquer um dos quatro estados: *sólido, líquido, gasoso* e *plasma*; e com a adição ou subtração de *energia* por vários meios (como aumentar ou reduzir calor ou pressão), elas podem transitar de um estado para outro. Geralmente, pensamos em H_2O água, por exemplo, em seu estado líquido. Mas quando a energia (em forma de calor) é removida dela, ela pode ficar congelada, transformando-se em gelo ou pode ser fervida em vapores gasosos se acrescentarmos energia. Os átomos de hidrogênio e oxigênio que a compõem podem ser ionizados (retirados dos elétrons) como plasma ígneo, como vemos nas Auroras. Essa é a razão pela qual uma simples vela flamejante é o mais perfeito de todos os instrumentos mágicos – ela contém todos os quatro Elementos simultaneamente. A vela sólida de cera é a Terra; a cera líquida derretida é a Água; a fumaça gasosa é o Ar; e, é claro, a chama brilhante é o Fogo.

A importância dos conceitos dos Elementos na Magia está nas correspondências (analogias) de cada um com muitas coisas. Platão (427-347 a.C.), por exemplo, dividiu todos os seres em quatro grupos: Terra = animais; Água = peixes; Ar = pássaros; e Fogo = estrelas. Alquimistas e magos medievais atribuíram associações elementais a várias pedras preciosas e minerais, corpos celestes, direções e estações, espécies de plantas e animais, formas geométricas, as partes externas e internas do corpo humano e traços da personalidade humana. Em cada um de nós, eles representam a existência física (Terra), compaixão e emoção (Água), intelecto e comunicação (Ar) e transformação e criatividade (Fogo). Todas essas associações foram organizadas em tabelas de correspondência. Ver Terceiro Curso, sexta aula: "Correspondências".

Nos trabalhos de magia, os magos, bruxos e Feiticeiros convocam as forças sutis dos elementos e seus espíritos guardiões, os Elementais. Consagramos nossos instrumentos e objetos ritualísticos com os elementos, tocando ou passando-os por cada substância – como sal, terra, ou cristais para a Terra; um copo de Água; a fumaça de um incenso queimando no Ar; e a chama de uma vela para o Fogo. Quando um Círculo Mágico é lançado, cada elemento ou seu símbolo é colocado no Quarto correspondente, e seu espírito guardião é invocado.

Lição 3: Elementais

Os *Elementais* são seres espirituais que personificam cada um dos quatro Elementos. Eles são tão semelhantes aos devas e a outros espíritos da Natureza que descrevi na aula passada, que algumas pessoas se referem a todos os espíritos da Natureza como "Elementais". Todavia, falando de maneira apropriada, os Elementais são especialmente associados apenas a seu Elemento particular, e não a lugares ou espécies.

Embora alguns magos acreditem nas manifestações literais dos Elementais descritos a seguir, outros acreditam que essas descrições são apenas o modo como os Elementais se manifestam no olho de nossa mente quando interagimos com eles, enquanto estamos em estados profundos de transe ou meditação. Praticantes xamânicos de culturas nativas por todo o mundo usam batidas de tambores, danças e outros meios de alcançar o estado de transe para entrar na *realidade alternativa* dentro de si mesmos, em que encontram figuras como os Elementais. Outros tiveram experiências nas quais têm certeza absoluta de que viram figuras exatamente iguais às descritas aqui, no mundo exterior, desperto. O ponto principal aqui é que o *Espírito está em todos os lugares*, e os espíritos em rochas e montanhas, por exemplo, têm caráter e qualidades diferentes dos espíritos em rios e oceanos.

Paracelso* (1493-1541) classificou assim as quatro famílias de Elementais:

Elementais da Terra – Gnomos

Geralmente são representados como pequenos homens calçando grandes botas, com barbas longas e usando chapéus longos e pontudos – parecidos exatamente com aquelas estátuas de "anões de jardim". Gnomos femininos são chamados *de gnomides*. A imaginação popular costuma confundir os gnomos com duendes, que são totalmente diferentes. Os gnomos vivem em túneis debaixo da terra e em cavernas; são os guardiões das pedras preciosas, dos minerais e de outros tesouros escondidos na terra. A palavra *gnomo* deriva do grego *genomus* (habitante da terra). O rei dos gnomos é Gob, e por isso seus súditos também são chamados de *goblins*.

Elementais da Água – Ondinas

Elas se parecem muito com nossas imagens populares de sereias – gra-

---

*N.E.: Sugerimos a leitura de *Paracelso*, coletânea de Nicholas Goodrick-Clarke, Madras Editora.

ciosas e belas, com rabos de peixe e dedos como teias; vivem nos cursos de água – oceanos, rios, córregos, cachoeiras, lagos, lagoas, nascentes e fontes. Diferentemente das sereias, no entanto, as ondinas podem assumir forma líquida ou não. Elas podem emergir das águas envoltas em névoa, mas não podem sobreviver fora dela por muito tempo, pois essas criaturas não apenas *vivem na* água; elas são *feitas de água* – especialmente de ondas que respingam. O termo *ondina* vem do latim *unda* (onda). A regente das ondinas é Neksa.

Elementais do Ar – Silfos

São pequenas e delicadas criaturas voadoras, com frequência confundidas com as fadas. Os silfos voam com os ventos, reúnem as nuvens e dão forma a flocos de neve. Os silfos femininos são chamados de *sílfides*. *Silphe* é o termo grego para "borboleta", e os silfos podem, com frequência, camuflar-se entre grupos de insetos voadores. Geralmente, representam-se as asas dos silfos como transparentes, como as asas das libélulas. O líder dos silfos é Paralda.

Elementais do Fogo – Salamandras

As salamandras elementais não são a mesma coisa que os pequenos anfíbios coloridos (que, na verdade, recebem esse nome por causa dos Elementais, e não o contrário, porque os anfíbios são algumas vezes vistos saindo de troncos queimados em que hibernaram durante o inverno), mas com frequência representados de maneira semelhante. As salamandras elementais são dragões-lagarto incandescentes que vivem nas chamas. São também os tipos de Elementais vistos com mais facilidade, quando você olha fixamente para o centro de uma fogueira. Assim como o próprio fogo, as Salamandras são muito perigosas. O nome vem da palavra grega *salambe* (lareira). As Salamandras são regidas por um dragão-espírito magnificente, chamado *Djin* (JIN).

Paracelso (1536)

Lição 4: Terra

Eu sou a Terra ao seu redor
Eu sou a batida do coração
dentro de você
Eu sou o solo abaixo de você
Eu sou tudo o que sou!

Abbi Spinner

Howard Wookey (1928)

A Terra sólida é a fundação sobre a qual tudo em nosso mundo é construído. Com produtos da evolução da vida no planeta Terra, nós somos, literalmente, os filhos da Terra. Muitas culturas antigas viam a terra que dava vida debaixo de seus pés como uma deusa, a quem os gregos chamaram de *Gaea*. A Terra, que nos dá o nosso alimento, é a carne e os ossos de nossos corpos; e os ossos da Terra viva são as rochas que estão sob nossos pés. Geologia significa "o estudo de *Gaea*", em grego, e é a ciência do entendimento da história dos ossos e corpo de Gaia – como foram formados, passaram por mudanças, cresceram e se transmudaram durante 4,3 bilhões de anos. Assim como as três principais camadas de tecidos de nossos corpos (*endoderma, mesoderma* e *ectoderma*), as pedras também se apresentam em três tipos principais: *ígneo, sedimentário* e *metamórfico*. A rocha ígnea é formada rapidamente da lava derretida que esfriou e se solidificou. Ela inclui formas intrusivas e extrusivas (por exemplo, granito e basalto). A rocha sedimentar é depositada vagarosamente em camadas de lodo e areia no fundo de lagos e mares (onde os fósseis são encontrados). E a rocha metamórfica começou com uma ígnea ou sedimentar, mas foi mudada pela pressão geológica.

As moléculas são feitas de átomos dos elementos químicos e têm formas geométricas. Isso significa que as moléculas de uma determinada substância, nas circunstâncias corretas, podem se juntar como as peças de um quebra-cabeças, para formar sólidos extremamente regulares, conhecidos como *cristais*. Isso é conhecimento comum: o sal de cozinha faz cristais cúbicos; a água faz cristais complexos de seis lados, aos quais chamamos de flocos de neve, etc. Há muito tempo os cristais são considerados mágicos na natureza, e os magos – desde os xamãs brasileiros, os curandeiros aborígines da Austrália, até o dr. John Dee (o mago da corte da rainha Elizabeth I da Inglaterra) – os usaram como uma parte importante de seu conjunto de magia. Diferentes tipos de cristal são usados para coisas diferentes. Aqueles considerados mais mágicos são os que parecem translúcidos ou (melhor) transparentes.

O tipo mais comum de cristal que vemos no mundo é o cristal de quartzo, que pode ser transparente ou de várias cores, dependendo dos traços dos minerais misturados ao silicone de qual o quartzo é feito. A coisa mais fascinante a respeito do quartzo é que ele é *piezelétrico*, ou seja, quando está em certos tipos de pressão, ele produz uma carga elétrica. Por isso, o quartzo era a base dos antigos rádios de cristal; e também é por isso que os computadores modernos podem funcionar com chips de silicone. O quartzo pode transmitir uma carga elétrica – o que o torna útil para um mago.

Escalei montanhas e escarpas, atravessei desertos, procurei fósseis e estudei Geologia. Passei até pela experiência de terremotos! Em minha atividade de escultor, trabalho diretamente com a Terra na forma de argila. De todas as minhas ligações com a Terra em sua forma Elemental, minha atividade favorita tem sido a espeleologia, ou exploração de cavernas. Se você vive em qualquer parte do mundo onde existem cavernas naturais, recomendo que as visite. Cada caverna é singular e bela – das espetaculares cavernas de pedra calcária, com estalacTites (penduradas do teto, como a letra "T") e estalagMites (crescendo do chão, como a letra "M"), às misteriosas cavernas de lava, com formações como água preta congelada. Muitas cavernas são abertas ao público, com excursões guiadas: elas valem o preço que se cobra pelas visitas! Se você quiser explorar cavernas "selvagens", participe de uma sociedade local de espeleologia para ter surpreendentes aventuras debaixo da terra.

Busca: Descendo à Terra

(*por Farida Ka'iwalani Fox*)

Comecemos com a terra. Vá para algum lugar que seja sossegado e no qual você não seja perturbado. Encontre um lugar confortável e fique um pouco lá. Sinta o contato entre seus pés e o solo. Seja consciente de seu peso suportado pela terra; sinta a força da gravidade sobre seu corpo.

Agora, volte a atenção para sua respiração. Quando expirar, visualize aberturas nas solas dos pés e imagine que está enviando raízes para a fria e nutriente terra. Com cada expiração, deixe que as raízes se aprofundem mais até dar a impressão de que você não pode sair do lugar. À medida que você se estabelece com mais firmeza na terra, imagine que está liberando as tensões e o estresse de sua vida – simplesmente expire-os e os visualize descendo por seu corpo, passando pelas raízes e entrando na terra.

Quando inspirar novamente, comece a atrair para você os nutrientes que estão na Própria Terra. Pense em qualidades como firmeza, resistência, estabilidade. Nesse exercício simples, você se ligará novamente à fundação de sua vida. Você está se fundamentando. Aprecie essa ligação. Você poderá de fato sentir algo como uma corrente elétrica a passar por seus pés e pernas. Esse é um bom momento para refletir sobre a graciosidade de nosso planeta, que recebe não apenas nossas toxinas pessoais, mas também a poluição excessiva de nossa vida moderna. Nossa gratidão pelo trabalho de purificação na Terra é útil.

Termine esse exercício andando sobre a terra, bem consciente de cada passo que você dá. Imagine um intercâmbio entre você e a terra. Enquanto faz contato a cada passo, abençoem um ao outro. Essa atividade de despertar e caminhar consciente se torna um verdadeiro relacionamento entre você e o planeta, que é nossa Mãe e nosso lar físico. Aproveite!

Lição 5: Água

Eu sou a Água ao seu redor
Eu sou a pulsação da vida
dentro de você
Eu sou o oceano fluindo
através de você
Eu sou tudo o que sou!

Abbi Spinner

Toda a água é uma água, contígua e indivisível. Ela nos sustenta e nos une. Ela é um meio universal, um solvente universal e um condutor elétrico universal. Assim, a água compartilhada é Vida compartilhada. Ela é o único ingrediente essencial que torna a vida possível, bem como aquele que une toda a vida. Pois a água é indivisível. Você pode despejar um jarro dela em vários copos e depois colocá-los todos de volta: a água não terá mudado. O ciclo de água da Terra leva água em vapor para o céu através da evaporação; envia-na de volta para a terra como chuva; flui para os oceanos como rios; e volta para o céu por meio do interminável e grande Rio Redondo. No processo, a água passa pelos corpos de todas as criaturas vivas – bebida, expelida na urina, absorvida pelas raízes, transpirada pelas folhas, para dentro e para fora, através e ao redor. Nossos corpos são 85% água, e o plasma de nosso sangue é quimicamente contíguo às águas antigas do ventre oceânico no qual a vida começou. Além do mais, a propriedade que a Água tem (condutividade elétrica) a torna o meio de nossa consciência bioenergética.

A água tem uma propriedade notável e singular: ela expande quando congela, tornando sua forma sólida mais leve que a líquida, permitindo que o gelo flutue. Se não fosse assim, os oceanos da Terra há muito teriam congelado e se tornado sólidos de baixo para cima. Astrônomos localizaram água congelada na Lua, em Marte e possivelmente em Mercúrio. Os anéis de Saturno são, na maior parte, constituídos de gelo. Um dos satélites de Júpiter, Europa, parece ser coberto por um oceano aquoso, sob uma superfície congelada, em que muitos acreditam que possa existir vida. A água está em todos os lugares no Cosmos – e cerca de 5 a 30 bolas de neve do tamanho de uma casa caem a cada minuto na Terra, vindas do espaço. A água não está apenas *sobre* a Terra, Marte, Europa e todo o resto – ela está *caindo* de todos esses mundos em uma contínua chuva de granizo que permeia todo o espaço!

Em minha própria exploração dos elementos, a água sempre foi muito especial para mim. Aprendi a nadar quase na mesma época em que aprendi a andar. Cresci perto de Crystal Lake, em Illinois, um belo lago onde passei todos os verões nadando em águas limpas. Pratiquei esqui aquático e *bodysurfing*. Fiz curso de mergulho e, em 1984, conduzi uma expedição de mergulho ao Coral Sea em busca de sereias! (Mas essa é outra história...) Portanto, se você ainda não sabe nadar, insisto em que aprenda.

Busca: A doce Água da Vida

(*por Farida Ka'iwalani Fox*)

A água é reflexiva e quiescente, sem ser necessariamente passiva. É receptiva e sempre procura seu próprio nível, fluindo com facilidade ao redor e sobre obstáculos. Essas são qualidades que devemos cultivar em momentos em que a vida parece inflexível e estéril. Nossos corpos são 90% líquidos e nossa primeira experiência pré-natal de existência foi a de flutuar em uma câmara aquosa – o ventre de nossa mãe. O desenvolvimento do feto repete as formas biológicas de formas de vidas ancestrais, cujos lares são na água. Pelos primeiros nove meses de nossa existência, estamos à vontade e confortáveis no gentil movimento embalador do fluido amniótico. Podemos voltar a esse estado de graça se aumentarmos a nossa percepção da água.

Faça uma visita a um curso d'água em qualquer lugar – um lago, um rio, o oceano, uma piscina, mesmo uma piscina de plástico no quintal – ou na banheira. Entre na água rapidamente para sentir o contraste da frieza, enquanto ela cobre sua pele. Flutue com tranquilidade por alguns momentos para experimentar essa sensação de boiar – nosso lar há muito tempo. Considere, enquanto é embalado e massageado pelo líquido frio, que o próprio cerne dos seus bancos de memórias celulares estão lembrando de suas origens, e agradecendo-lhe por isso. Se estiver em um riacho ou córrego, será agradável experienciar sentar em uma pedra no meio da corrente para sentir o poder da água quando ela passa por você. Talvez você deixe que a corrente o desloque de seu lugar e o mova, seguindo o fluxo do córrego. Enquanto estiver flutuando na água, é possível que lágrimas lhe venham aos olhos de maneira espontânea. Considere que sua própria água interior se elevou para receber e trocar bênçãos com o mesmo elemento fora de seu corpo: a água a buscar ela mesma. Existe algo milagroso nessa habilidade.

Antes de terminar sua visita à Água, em silêncio agradeça e abençoe o Espírito da Água que com tanta gentileza e misericórdia se estendeu para você.

Lição 6: Ar

> *Eu sou o Ar ao seu redor*
> *Eu sou a respiração da vida dentro de você*
> *Eu sou o vento soprando através de você*
> *Eu sou tudo o que eu sou!*
> Abby Spinner

Em nosso estudo, passamos do elemento mais denso e material, a Terra, para o mais gasoso e permeável, o Ar, que pode ser o elemento mais difícil de se discutir, simplesmente por causa de sua qualidade de invisibilidade. Temos uma atitude mistificada em relação a ele – que é insubstancial e indigno de confiança. Podemos até cometer o erro de pensar que ele é o menos poderoso dos quatro elementos, porque parece não ter materialidade. Mas o ar é aquele do qual nós somos mais imediata e vitalmente dependentes. Podemos sobreviver por mais de um mês sem comida, e vários dias sem água. A temperatura do corpo pode cair por horas antes que a vida seja ameaçada. Mas podemos viver apenas por alguns *minutos* sem ar. A vida em nosso planeta depende do processo de oxigenação. É impossível considerar nosso relacionamento com o ar sem pensar em nossa respiração, a absorção de oxigênio e a liberação de subprodutos tóxicos dos processos de vida.

Em minha imersão na experiência de cada um dos Elementos, construí e fiz voar vários aeromodelos e muitos tipos de papagaios; juntei-me à Patrulha Civil do ar quando era garoto para voar em pequenos aviões, e também em pequenos balões. Fiz muitos voos de avião por todo o mundo. Até pratiquei *bungee jump*, saltando de uma ponte alta para um profundo *canyon*. Enfrentei a ferocidade do ar em um tornado no Missouri e em um furacão na Flórida. Mas ainda há muito mais coisas que tenho de fazer nesse elemento. Ainda quero experimentar paraquedismo, ultraleve e asa delta. Quero subir no alto do céu em um grande papagaio puxado por um barco a motor.

Busca: Respirando o vento

(por Farida Ka'iwalani Fox)

Como você pode começar uma interação consciente com esse elemento sutil e ao mesmo tempo poderoso? Em um tempestuoso dia de inverno, saia para um passeio por um promontório com muito vento, de onde você possa aproveitar visão e a rajada impetuosa de ar fresco. Fique algum tempo a observar o efeito em plantas e árvores próximas. Talvez você consiga discernir um padrão no vendo pelo modo que os galhos das árvores ondulam e se agitam. Ou, sentado em um declive coberto de grama, poderá perceber os movimentos do ar, observando a pradaria que se agita e ondula ao seu redor. O movimento do ar, em seus redemoinhos e ondas e formas circulares e espirais, não é diferente do oceano, cujas águas fluem, correm e se agitam. Os padrões do tempo e as grandes correntes oceânicas são extensões um do outro; correntes de ar e correntes de água, afetando-se mutuamente de um modo inevitável. Existe um Mistério mais profundo, oculto, nisso?

Depois de observar e contemplar os atributos do ar em um cenário natural, volte sua atenção para si mesmo e *sua* interação com esse elemento. Talvez a agradável brincadeira do vento o inspire a correr, girar e se jogar ao chão, dançando com o vento como parceiro e sentindo a rajada de ar, a liberdade de correr e saltar no espaço! Permita-se usufruir dessa liberdade, dançar a Dança da Vida; e deixe o movimento erguer você, dar-lhe asas, iluminar o seu coração.

Agora, volte-se para sua respiração. Podemos aprender muito se estudarmos nosso processo respiratório. Observe como você respira em diferentes momentos durante o dia. É possível encontrar uma correlação entre seu estado mental/emocional, a qualidade de sua respiração e a qualidade de sua vida. Respire normal, mas profundamente, inspirando e expirando pelo nariz. Observe que quando você está triste ou agitado sua respiração é mais rápida e barulhenta. Quando você está calmo e em paz, sua respiração também está. É possível controlar, até certo ponto, a atmosfera emocional ao seu redor, controlando a sua respiração. Respire mais uma vez profundamente e, quando inspirar, perceba a respiração quando ela passa pelas narinas. Sinta-a preenchendo completa e naturalmente o vaso de seu corpo, sabendo que ela traz tudo o que você precisa nesse momento para sua renovação. Liberte-a devagar e com suavidade, deixando que todas as tensões que você possa ter experimentado hoje se dispersem na exalação.

Não é necessário realizar um grande esforço nesse exercício; também não é verdade que você respira com mais eficiência quando produz mais barulho e intensidade. O processo respiratório está conosco do começo ao fim. Como ensinado por culturas mais lentas, a respiração deve ser aproveitada. Comecemos com nossa ligação consciente com o elemento Ar, aprendendo a desfrutar da respiração e também a observar que efeitos os tipos diferentes de respiração podem produzir em nosso estado emocional.

Lição 7: Fogo

Eu sou o Fogo ao seu redor
Eu sou a centelha da vida
dentro de você
Eu sou a chama queimando em
você
Eu sou tudo o que sou!
Abbi Spinner

O fogo sempre causou uma fascinação em nós, desde que nossos ancestrais controlaram o seu uso, dando o primeiro passo para se tornar humanos. O fogo não significava apenas calor e luz, mas também a diferença entre a vida e a morte. O fogo desempenha um papel especial no relacionamento entre o homem e os outros mundos, entre a realidade interior e exterior. Ele é uma força Elemental da Natureza, mas também é a ponte natural entre os mundos, ligando o natural ao supernatural, o sagrado e o mundano.

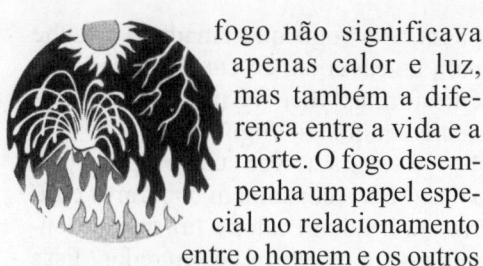

No nosso mundo moderno, o fogo está em todos os lugares. Ele dirige nossos carros, dá-nos a eletricidade e propele nossos aviões. É o princípio central ativo em nosso mundo de combustão e incandescência. A luz, diretamente relacionada ao fogo, está se tornando cada vez mais a base de nossa rede de comunicação. Na simbologia mágica, o fogo significa movimento, ação, liberação de energia e transformação. Acredita-se que ele fica preso na madeira, por isso árvores, varinhas ou gravetos representam seu potencial. O poder do fogo é de queimar, consumir, radiar calor e luz. A transformação vem com a percepção de alguma coisa renascer, como a Fênix das cinzas, de sua autoconsumação. Assim, o fogo pode agir como um agente de transformação em nós mesmos e na sociedade. Ele é um bom elemento para se livrar de sua raiva e problemas, e ele ajuda a melhorar sua energia pessoal. O calor do fogo pode ser associado a qualidades como paixão, ardor, fervor, intensidade. Por meio da ação da luz e radiância, essas qualidades podem ser transmudadas para uma oitava mais alta delas mesmas, como compaixão, atenção, compromisso, intenção, propósito e resolução.

Em minha jornada pessoal pelos Elementos, o fogo foi uma parte muito importante. Posso usar pederneira e aço ou uma lente para acender o fogo sem fósforos. Fiz mais fogueiras do que posso contar e aprendi a cozinhar muitos tipos de alimento nelas. Aprendi como queimam os diferentes tipos de madeira. Em todos os Solstícios de Inverno, é minha tarefa preparar e acender o fogo Yule. Também lutei contra incêndios na floresta e queimadas na região onde morei por muitos anos. E, quando faço esculturas de cerâmica, trabalho com o fogo intenso do forno. Também andei descalço sobre carvão em chamas em diferentes tradições de caminhar sobre o fogo – mas eu o alerto para não fazer isso sem a supervisão de um professor experiente!

Busca: O fogo da transformação

(*por Farida Ka'iwalani Fox*)

Sempre que estiver muito preocupado com alguma coisa, determinado com firmeza a seguir um curso de ação, comprometido com uma causa, ou tomando decisões, você pode presumir que o Elemento Fogo opera em sua vida. Com frequência, você pode ver o fogo se manifestar como raiva, e você fica com medo do comportamento incontrolável que pode resultar em perda irreparável. É útil lembrar que um propósito dos sentimentos de raiva é impeli-lo a praticar uma ação, para sair de uma situação ruim.

Entretanto, você pode se sentir passivo e indiferente acerca de pessoas e acontecimentos. Tédio e frieza podem ser suas principais reações à vida. Nesse caso, o fogo não está presente; e enquanto você procura por ele, considere que pode existir um centro de profunda dor em seu cerne, que fez com que você apagasse seu Fogo interior. Em outros momentos, você pode estar consciente de traços de personalidade que gostaria de mudar. Pode estar perturbado por inveja ou ciúme; frequentemente atormentado por medos, indecisões e ansiedade. A qualidade glacial da depressão pode ter congelado o calor da raiva (e da vida também), criando um cenário interno deserto e sem sentido.

Nessas ocasiões, como o fogo pode servi-lo? Como você pode invocar a presença desse Elemento em sua vida de uma maneira segura, mas ao mesmo tempo íntima? Presumindo que você tenha acesso a uma lareira ou a um buraco com fogo aceso, encontre o espírito do Fogo. Coloque a mecha e a madeira para queimar com cuidado (ver a seguir: "Construindo uma Fogueira"). Esse combustível é o nutriente para alimentar o fogo. Você faria o mesmo por qualquer outra criatura que estivesse sob seus cuidados. Quando estiver pronto para acender o material, pense um momento sobre o milagre que está para acontecer. Com o acender de um fósforo, a chama passará a existir. Você pode saudar a chama com uma bênção, como "Abençoada sejas tu, criatura do Fogo". Observe como as pequenas salamandras ansiosamente lambem a refeição que você preparou para elas. Observe a natureza do fogo enquanto ele ganha força e crepita com alegria – ou estala com raiva. Imagine que o crepitar e o estalar são uma forma de comunicação. O que o fogo pode lhe dizer? Conte ao fogo seus segredos mais íntimos, seus desejos escondidos e anseios apaixonados. Observe a direção das chamas que dançam. Na medida em que o tempo passa, é o fogo que amadurece. Olhe para as cavernas de carvão brilhantes. Que formas você vê nelas, nesse fantástico mundo do fogo?

Permita-se ver suas próprias paixões. Elas o consomem com raiva e fúria, ou irradiam calor e luz que sustentam você e os outros ao seu redor? Essa característica diz a verdade sobre quem você é realmente no centro de seu ser? Ela reflete a Luz Divina dentro de você? Ou é uma mentira e uma pretensão, refletindo o que você ou outra pessoa *pensa* que você é? Você estaria disposto a sacrificar aquilo que o mantém preso? Você estaria disposto a lançar ao fogo seu medo – ou ciúme, desconfiança ou ódio de si mesmo?

Escreve em um pedaço de papel uma qualidade que você preferiria não ter e peça ao fogo que a tome e queime, levando embora a dor e a infelicidade que ela lhe causou. Ou, ainda mais poderoso, escolha um item entre seus objetos pessoais que simboliza a qualidade que deseja transformar e entregue-o a ele. Visualize o que virá em seu lugar. Enquanto o antigo ciúme, raiva e vergonha ocultos são consumidos, o Verdadeiro Eu, compassivo, misericordioso e radiante, consegue brilhar – um sinal de luz para que todos vejam.

Tarefa: Fazer uma panela de fogo

Uma panela de fogo muito impressionante pode ser feita com uma vasilha de cerâmica na forma de um caldeirão. Um pequeno caldeirão de ferro, com os tradicionais três pés, também pode ser usado, mas somente se a borda for nivelada e não interrompida por um cabo, pois você precisará cobri-la por completo com uma tampa para apagar o fogo. Pe-

farão um número bem maior de chamas. Sempre coloque algo debaixo da panela, como uma pedra chata ou um pedaço de cerâmica, pois o fundo pode ficar muito quente e queimar a madeira ou o tecido. Fique com uma tampa do tamanho certo da panela na mão, pois essa é a única maneira de apagar o fogo – **nunca tente soprá-lo!**

Outro tipo muito simples de acender uma panela é apenas enchê-la com álcool madeira, que pode ser aceso, e cria uma chama azul crepitante. Acrescente alguns tabletes de sal para dar estabilidade ao fogo.

Lição 8: Espírito

Eu sou o Espírito ao seu redor
Eu sou a divindade dentro de você
Eu sou a luz brilhando em você
Eu sou tudo o que eu sou!

Abbi Spinner

gue todos os tocos de vela que encontrar, ou use cera de vela, que pode ser comprada em lojas.

Em primeiro lugar, coloque uma camada de areia, para que o fundo não fique muito quente. Depois, rasgue pedaços de tecido de algodão em pequenos pedaços; misture-os e coloque-os na panela. Camisetas ou toalhas velhas são excelentes para isso. Derreta os tocos de velas ou a cera em uma panela ou caçarola (que será jogada fora depois). Depois, com cuidado, despeje a cera derretida sobre os pedaços de pano na panela, até que ela esteja cheia, deixe alguns pedaços de pano para fora, como o pavio de uma vela. Deixe a cera endurecer e terá uma perfeita panela de fogo. Quando acender os pedaços de pano, eles agirão como um pavio, mas

O Quinto Elemento é o Espírito. É ele que nos anima e nos dá consciência. Assim como a Água existe por toda a galáxia na forma de gelo e as chuvas caem em todos os mundos e satélites, assim também o Espírito permeia todos os Elementos e os traz à vida. Pense

nisso: Seu espírito envolve todas as células e parte de seu corpo – mesmo os minerais de seus ossos e a água nas células e no sangue. Todos os Elementos, exceto o Espírito, são idênticos em um corpo que morreu ao que eram quando o corpo estava vivo. A única diferença é a falta do Espírito – mas essa diferença é tudo.

Assim também cada nível do Espírito envolve todos os Elementos em sua consciência. O Espírito de Gaia, a Terra viva, inclui e interpenetra todas as criaturas vivas – assim como as águas, as rochas, o ar e os fogos de nosso planeta. E o Espírito de Gaia é envolto pelo Espírito maior do Sistema Solar, que, por sua vez, é envolvido pelo Espírito de nossa galáxia... e assim por diante, tanto acima quanto abaixo.

A jornada evolucionária de seu próprio Espírito já passou por bilhões de anos, por meio de seus ancestrais que remontam à aurora da vida. Mas assim como a água no sangue e células, todo o Espírito é Um – ainda quando aparentemente contido em vasos diferentes. Aqui vai uma pequena Visão do Espírito que tive há muitos anos:

Todas as criaturas vivas são como xícaras de vários tamanhos e formas, e com elas as Águas da Vida são retiradas do Poço das Almas. E todas as xícaras são esvaziadas de volta no poço, quando se quebram por ocasião da morte. Novas xícaras continuam a ser feitas da argila viva e, por sua vez, são mergulhadas no mesmo poço para serem cheias. Mas é raro que uma xícara nova retire exatamente a mesma quantidade de moléculas contida em uma xícara anterior. De modo geral, haverá uma mistura considerável.

E assim acontece para que uma pessoa venha a ter fragmentos de memórias de uma "vida passada" de muitas outras pessoas, assim como de diferentes animais; ou que uma xícara do tamanho de um homem possa conter uma quantidade de pássaros e outros animais pequenos, mas apenas uma fração de uma única baleia. E, no equilíbrio apropriado de Natureza, cada nova geração substitui a anterior, de modo que o número de cada tipo de xícara permaneça mais ou menos constante.

O que você acha que acontece quando uma espécie prolifera muito à custa das outras? Quando não existem mais xícaras de mamutes, ursos da caverna, megatérios, tigres de dente de sabre, pássaros Dodô, moas, baleia Sperm, tilacinos, condores e inúmeras outras, mas a xícara "humana" está sendo produzida, aumentando em proporções de bilhões? Nesse caso, acredito que a alma humana se dilui cada vez mais com espécies dizimadas, e todos os animais extintos voltam na forma humana...

E as almas perdidas dos dinossauros se tornaram sonhos de dragões...

Quarta Aula:
De Volta à Natureza

1. Introdução: Chegando lá

A minha professora mais importante foi a Própria Natureza. Desde que eu era menino, sempre passei o maior tempo possível sozinho na floresta. Eu subia em árvores na primavera e ficava sentado tão quieto que os pássaros se acostumavam com a minha presença; assim, eu podia observá-los construindo seus ninhos, colocando os ovos, chocando e alimentando os filhotes. Nas pradarias, eu via veados pastando, e me sentava em silêncio debaixo de uma certa árvore todos os dias, até que eles aprenderam a ignorar e chegar bem perto de mim. Saía pela janela do quarto nas noites de Lua cheia, e andava entre os Filhos da Noite. Como já mencionei em minha lição sobre a água, cresci perto de um lago limpo como cristal e fiz um equipamento de mergulho com uma mangueira e uma bomba de ar, assim eu podia ficar debaixo d'água por longos períodos a observar os peixes fazendo seus pequenos ninhos no fundo arenoso para colocar os ovos. E da metade dos meus 30 anos até o início dos 40, vivi por oito anos no meio de 5.600 acres de terra não explorada em Misty Mountains de NorCalifia, sem eletricidade, rádio, televisão, nem telefones; criei filhotes de animais selvagens, procurei alimentos selvagens e experienciei as mudanças das estações da Terra para as Estrelas. Considero que as raízes de minha Feitiçaria estão nessas experiências, eu encorajo você a conviver com a Natureza sempre que possível. Há um limite para o que você pode aprender nos livros!

Lição 2: Retribuindo: feiticeiros como guerreiros da Terra

(por Jesse Wolf Hardin)

Os Feiticeiros derivam seu poder dos espíritos e entidades da Terra viva, sagrada. Por sua vez, todos nós somos chamados a fazer tudo o que podemos para restaurar, nutrir e celebrar o mundo natural... e também defendê-la das tendências destrutivas de nossa própria espécie humana. Quando falo de "responsabilidade", não estou dizendo "obrigação", mas, sim, "habilidade para responder"! E é isso que os Feiticeiros fazem melhor: responder às necessidades do momento imediato, incluindo seus muitos perigos e ameaças – com uma potente combinação de instinto e intuição, visão e empatia, paixão e habilidade, ação assertiva e magia aplicada.

Nós retribuímos à Terra ao reconhecer ritualmente a terra onde realizamos nossos Círculos, mas também "colocando a mão na massa" em atividades como plantio de árvores e restauração de florestas... e protegendo os lugares de poder; as florestas que cercam nossos bosques sagrados, as plantas e animais que são nossos professores. Isso é realizado de três maneiras diferentes:

1. Por intermédio de uma comunidade ou círculo que se reúnem para comprar um pedaço de terra especial, replantá-lo, santificá-lo e estabelecer acordos que o protejam no futuro.

2. Amando e se comprometendo profundamente com um parque favorito, um rio ou floresta próximos – visitando o local com regularidade, ligando-se a ele e aos espíritos que nele residem, entrando em contato com seus desejos e necessidades e se comprometendo com sua integridade e bem-estar. Isso pode incluir limpar o lixo deixado pelos outros, plantar sementes nativas ao longo dos leitos dos córregos e lutar contra qualquer um que tente pavimentá-lo, degradá-lo ou destruí-lo.

3. Resistindo pessoalmente à destruição e ao desenvolvimento de todos os lugares selvagens e mágicos remanescentes – por meio da educação, arte, artigos, petições, processos, demonstrações públicas criativas e ações de desobediência civil.

Como a Feitiçaria, a ecologia é a prática do relacionamento e do direcionamento e equilíbrio de energias; e o ambientalismo tem raízes tanto na eco-espiritualidade quanto na ciência. O grande conservacionista americano John Muir agiu por um claro relacionamento místico com a natureza. Aldo Leopold reinventou a ética da terra não por meio de alguma conclusão brilhante, mas como resultado da epifania mágica a que ele chamou de "ser um com a montanha". A heroína de Redwoods, Julia Butterfly, afirma que foi sua ligação espiritual com a árvore que ela chamava de "Luna" que a capacitou ficar a quase 30 metros de altura, enquanto sitiada por alto-falantes da polícia, serras de madeireiros e tempestades de inverno que atingiam sua pequena plataforma aérea.

A verdadeira Feitiçaria não é apenas inspiração e habilidade para fazer as coisas acontecerem. Também não é apenas nossa recompensa – é nossa tarefa. É parte da "grande obra", há muito assumida pelas gerações de Feiticeiros, amantes da Terra e guerreiros da Terra. Ela inclui as práticas sempre vitais de despertar e se maravilhar; consciência e sensualidade; percepção e assombro. De se fundamentar e conectar; reverenciar e celebrar; proteger... e defender. De correr qualquer risco e pagar qualquer preço para fazer o que esta Terra preciosa – e nossos corações perfeitos – nos diz que é o certo.

Lição 3: Acampamento selvagem

Se for possível para você participar de acampamentos de verão ou se juntar aos Escoteiros, eu recomendo que o faça. Se seus pais gostarem, talvez vocês possam acampar em parques nacionais. Mas ficar em uma cabana, *trailer* ou colônia de férias, não conta como acampamento selvagem! Se tiver amigos que vivam em uma fazenda ou no campo, pergunte se eles gostariam de acampar em suas matas. Mas ainda que nada disso seja possível para você, talvez possa pelo menos montar uma tenda no quintal neste verão e dormir sob as estrelas. Considere a atividade de acampar uma tarefa básica de seu aprendizado em Feitiçaria!

Teto e Cama: Em primeiro lugar, você precisará de uma tenda, um saco de dormir e um acolchoado. Eu já acampei de todas as maneiras, desde grandes sacos de lixo e "tendas tubulares", até grandes e elegantes tendas com várias divisões. De todas elas, as minhas favoritas são as tendas simples em forma de domo, com fecho de zíper, que existem em vários tamanhos, são leves e compactas, e podem ser montadas por uma pessoa em poucos minutos. Você também deve ter um encerado grande para estender sob a tenda como um tapete, e outro para cobrir a pilha de madeira em caso de chuva.

A seguir, é essencial um bom saco de dormir. Adquira um retangular, que abre totalmente e forma um grande acolchoado, em vez de um "saco de múmia" que abre apenas de um lado. Pessoalmente, eu odeio os sacos de náilon, pois não gosto de sentir esse material tocar minha pele, e esse tipo de saco de dormir fica achatado sob o peso de seu corpo e você não consegue nenhum isolamento do chão. Prefiro um isolamento de forro de flanela de algodão e espuma, que é muito leve, embora não tão compacto. Mas teste diferentes tipos e escolha aquele do qual gostar. Não esqueça do travesseiro – pode ser apenas uma fronha com zíper forrada com folhas ou grama...

Por fim, você precisará de um acolchoado confortável, pois até os menores pedregulhos, raízes e gravetos podem tornar seu sono miserável! Os melhores acolchoados que eu já vi podem ser enrolados com firmeza, ficando muito pequenos, mas bem macios quando desenrolados. Mas se você não tiver de carregar suas coisas para muito longe, qualquer acolchoado de espuma servirá. Colchões de ar são populares, mas pesados para carregar, difíceis de inflar e, com frequência, desinflam durante a noite e você acaba dormindo sobre o chão pedregoso do mesmo modo. Em alguns lugares, você pode fazer bons acolchoados, reunindo pinhas e cobrindo-as com uma espessa camada de grama.

Equipamento e suprimento: Você precisará de algum equipamento e ferramentas básicos. Eles devem incluir uma faca e utensílios para comer (eu ainda tenho a minha velha faca do tempo dos Escoteiros, com múltiplas ferramentas, incluindo um garfo e uma colher) – embora, se você souber como usar "pauzinhos chineses", seja fácil fazer alguns no local do acampamento. Mas com certeza você desejará ter uma colher, um prato, uma tigela e uma xícara. Também, uma panela com tampa e uma frigideira. Você pode conseguir pequenos e bons kits de acampamento em qualquer loja especializada. Contudo, evite usar utensílios e panelas de *alumínio*! Prefira os utensílios de aço, embora sejam um pouco mais caros. Os íons de alumínio na comida prejudicarão seus neurônios. Uma pequena grelha para pôr em cima do fogo também é muito útil. E não esqueça o isqueiro, para acender o fogo.

Outro equipamento essencial é um kit de primeiros socorros (com creme antibiótico e bandagens!), uma lanterna (especialmente uma que possa ser convertida em lâmpada de acampamento), papel higiênico, uma pequena pá dobrável para cavar uma latrina, uma bússola, binóculos, uma câmera, um bom spray repelente de insetos, um forte protetor solar, um caderno e uma caneta, um relógio, uma toalha, um espelho de metal, sacos plásticos para conservação de alimentos, de vários tamanhos, uma bola de barbante grosso, uma corda de náilon e, talvez, equipamento de pesca. Não se esqueça de objetos de higiene pessoal como sabão (para as mãos e os utensílios), escova de cabelo, escova de dente e creme dental. Eu faço várias listas para diferentes estações e tipos de acampamento para não esquecer nada essencial.

E é claro que você precisará ter comida e água suficientes. Pode ser granola, castanhas e frutas secas, ou uma refeição mais elaborada se você não se importar de levá-la junto. Se levar alimentos enlatados, não esqueça de um abridor de latas! Planeje um galão de água por dia. Se você vai andar muito até chegar ao local do acampamento, precisará de uma mochila para carregar tudo.

Roupas: A roupa necessária dependerá, é claro, do clima e do tempo que você pretende ficar fora. Sempre gosto de levar uma capa de chuva e um chapéu com aba dobrável. Leve bons sapatos para fazer caminhadas, meias e roupas de baixo extras, roupas leves para o dia e pesadas para a noite. Meu manto de feiticeiro (ver 3. III: "Relíquias de Feitiçaria") é ideal para me manter aquecido perto de uma fogueira, e também funciona como um bom cobertor quando vou dormir.

IMPORTANTE: *Jamais acampe nem faça caminhadas na mata sozinho! Sempre vá com um amigo. Assim, se alguma coisa acontecer com um de vocês, sempre haverá alguém para ajudar – ou buscar ajuda.*

Lição/Tarefa 4: Escolher o local

O lugar ideal deve ter árvores, água, chão coberto de grama, um terreno levemente úmido, proteção contra condições severas do tempo e uma ótima visão. A possibilidade de encontrar tudo isso em um só lugar é muito remota, mas quanto mais elementos você conseguir encontrar em um local, melhor. Evite perigos naturais ao escolher o local.

(Manual de campo dos Escoteiros, edição de 1978, p. 50).

Escolher o local do acampamento e decidir onde montar a tenda envolvem várias considerações. Em primeiro lugar, escolha o lugar mais nivelado possível para erguer a tenda. Se a inclinação do terreno for muito acentuada, você acordará de manhã fora da tenda! No entanto, se houver alguma chance de chuva, é melhor colocar a tenda em um lugar levemente inclinado, que permita a drenagem da água. Nesse caso, você deve também cavar uma pequena drenagem ao redor da tenda, com um canal que leve a água para baixo. Outra coisa importante a considerar são as outras formas de vida na área do acampamento. Aprenda a reconhecer a hera venenosa, o carvalho venenoso, ninhos, a amoreira preta, o cardo, o cáctus e outras plantas perigosas e evite acampar perto delas! Além do mais, certifique-se de não acampar sobre uma colônia de formigas – especialmente (em alguns lugares) formigas saúva.

As árvores são importantes para fazer sombra, pois o sol que bate na tenda durante o dia a deixará quente como um forno. Como provavelmente você escolherá o lugar da tenda à noite, verifique de que lado o sol está se pondo e lembre-se de que ele nascerá na direção oposta – o leste. É desse lado que devem existir várias árvores para fazer sombra. Contudo, a menos que o seu acampamento seja em um local onde não há chances de chuva nem ventos fortes, não monte a tenda diretamente *debaixo* de uma árvore, pois as folhas continuarão a pingar água por um longo tempo depois da chuva, e galhos pesados podem cair durante uma tempestade.

Evite locais onde existam grandes raízes ou plantações. Antes de erguer a tenda, retire todas as pedras, pedregulhos, galhos, ramos, pinhas e coisas semelhantes. Depois, estenda um grande encerado para impedir a passagem da umidade do solo. Eu recomendo estender um pequeno tapete na entrada da tenda para limpar os pés antes de entrar.

Nunca deixe comida fora da tenda, nem mesmo em caixas com gelo, pois os animais entrarão nelas para pegar o alimento. Eu vi guaxinins, porcos selvagens e até formigas destruírem os suprimentos para o café-da-manhã do dia seguinte – isso para não falar sobre o que os ursos podem fazer. Muitos animais serão impedidos de se aproximar se você mantiver os alimentos dentro da tenda, mas se estiver acampando em um local onde há ursos, coloque os alimentos em um saco e pendure-o a uma grande altura, e use uma longa corda de náilon suspensa em um galho próximo à sua tenda. Amarre a outra extremidade da corda em um galho mais baixo, assim poderá erguer ou abaixar o saco com os alimentos sempre que precisar.

Quando partir do acampamento, restaure a área às condições encontradas quando você chegou. Recolha o lixo – papéis, latas, garrafas, etc. – ainda que não seja seu. Exceto por grama pisada, não deve haver nenhum sinal de que você acampou no local. No entanto, em alguns locais é possível deixar o buraco para a fogueira para uso de outros campistas. Verifique se não há problemas em fazer isso.

Lição/Tarefa 5: Fazer a fogueira

Não há nada que se compare a sentar ao redor de uma fogueira, tarde da noite, em companhia de seus melhores amigos. Como já disse em 1.III.3: "A Origem da Magia", o fogo foi nossa primeira magia – e ele sempre nos leva de volta à Fonte. Como você está treinando para se tornar um feiticeiro, deve aprender como fazer uma fogueira, pois essa tarefa tende a ser atribuída ao feiticeiro se houver um por perto!

Cavar o buraco para o fogo: Em primeiro lugar, escolha bem o local. Escolha um lugar aberto, sem galhos de árvore suspensos que possam pegar fogo! Deve haver um círculo com 30 centímetros de diâmetro de espaço livre ao redor do fogo, sem areia ou terra, e livre de qualquer coisa que possa queimar. O tamanho do buraco e da área ao redor do qual vocês se sentarão dependerão de quantas pessoas estarão presentes. No centro da área, cave uma pequena depressão, com, pelo menos, 60 centímetros de diâmetro para a menor fogueira individual (pode ser maior se necessário). Coloque a terra ao redor da borda e faça uma pequena cratera. Se houver alguma pedra na área, coloque-as em pilha ao redor do buraco, colocando terra nos espaços entre elas. Se não houver pedras, faça a cratera um pouco mais funda, com um banco de terra maior em volta dela. A forma da cratera do buraco agirá como uma lente para manter as chamas e a fumaça direcionadas para cima, do mesmo modo que o espelho parabólico por trás da lâmpada de uma lanterna foca o raio.

Acender o fogo: Agora, reúna uma quantidade suficiente de madeira morta (jamais corte nem quebre nenhum pedaço de madeira viva para fazer a fogueira!). Não pegue nada verde nem podre, pois conseguirá apenas fumaça. Você precisará de pinha resinosa para a acendalha e de pedaços mais grossos de madeira para usar como combustível. Quebre os pedaços de madeira no tamanho apropriado e empilhe a maior parte deles fora do círculo da fogueira, separados por tamanho, para que fique fácil selecioná-los quando você precisar. Se você não conseguir quebrar a madeira com facilidade, com o pé, isso significa que ela está verde para queimar. Se houver possibilidade de chuva, cubra a pilha de gravetos com um encerado.

Se o chão estiver muito úmido, espalhe gravetos, casca de árvore ou pedras. Depois faça uma camada de folhas secas, pinhas, ou (o melhor de todos) casca de vidoeiro de uma árvore morta. Esse é a sua *mecha*. Se tudo estiver úmido, abra um galho morto – ele estará seco por dentro. Corte uma quantidade de "penas" com a faca, sem no entanto separá-las da madeira.

Cubra a mecha com uma pequena pilha de pequenos gravetos secos; pinhas são excelentes. Essa é a *acendalha*. Depois de escolher com cuidado os gravetos maiores, de acordo com as qualidades inflamáveis, disponha-os na forma de uma "tenda indígena", começando com os menores e acrescentando os mais longos e grossos ao redor deles – sempre mantendo uma ponta no centro. Essa ponta direcionará as chamas para cima e maximizará tanto a luz quanto o calor que irradiam para fora do círculo. Não faça a pilha muito alta a princípio – apenas o suficiente para iniciar o fogo.

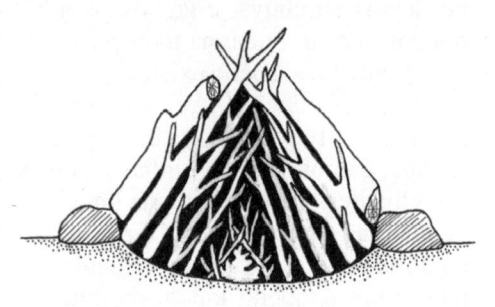

Fogueira em forma de tenda

Lição/Tarefa 6: Fogo sem fósforos ou isqueiro

Se você quer aprender um pouco da verdadeira Feitiçaria, eis alguns modos de fazer fogo sem fósforos ou isqueiro:

Produzir uma faísca é fácil, o difícil é fazer fogo a partir da faísca! Será preciso um combustível especial: material orgânico bem seco, picado bem fino, para apanhar a fagulha, inflamar-se imediatamente e arder em chama quente.

Tente ninhos de rato, casca de árvore, capim seco, casca de cedro, fios de tecido ou de papelão, pano chamuscado ou o isolamento (forro) de algodão de seu casaco ou saco de dormir.

IMPORTANTE: Nunca deixe um fogo aceso sem ninguém por perto – ou mesmo fumegante! Certifique-se de que a última pessoa a ir dormir apague a fogueira completamente, com água e terra, até que não haja mais brasas ou fumaça.

Pederneira e aço: Pederneira, quartzo e outras pedras muito duras soltam faíscas quando recebem um golpe seco com um canivete de aço. Recolha a faísca no montinho de combustível; depois, segure-o com as mãos em concha e sopre delicadamente no ponto brilhante, debaixo para cima até que o combustível se inflame. Aprenda a reconhecer a pederneira e, se encontrar um pedaço em uma excursão, ponha-o no bolso.

Lentes: Uma lente de aumento pode ser usada para focalizar os raios do sol no combustível e inflamá-lo. É possível usar até mesmo óculos, binóculos ou uma lente de câmera!

Cabaninha de troncos para manter o calor

Para acender a fogueira, abra alguns espaços entre os troncos para alcançar o combustível seco que está embaixo, com o vento a favor, e acenda-o em diversos pontos. Sopre nas chamas para ajudá-las a pegar – especialmente por meio de um cano, junco ou tubo vazio. Uma vez que o combustível esteja queimando, não é preciso mais muita coisa. Basta acrescentar mais lenha para manter o fogo como desejado. Cada nova acha deve ser posta com cuidado – é toda uma forma de arte! E tenha à mão um bastão firme para arrumar os troncos que queimam e caem.

Busca: conheça os Ents que o rodeiam

Como você deve saber, os Ents do *Senhor dos Anéis*, de Tolkien, são os guardiões e pastores das árvores. Como muitos espíritos da natureza, são identificados segundo sua espécie de árvore. Eis, então, uma busca mágica para você: aprenda a identificar os diferentes tipos de árvores em sua região. Arranje um livrinho sobre as árvores locais e aprenda os nomes, o tipo de folha e a forma geral de, pelo menos, 13 delas. Organize um herbário com uma folha e sementes de cada árvore sobre a qual quer aprender, além de um desenho que mostre a forma geral dessa árvore.

Eis um pouco de sabedoria tradicional sobre lenha, com desenhos das folhas de cada árvore:

13 Troncos para o fogo

O carvalho aquece bem
Os que velhos e secos são;
Pinho doce aroma tem
Mas as fagulhas voarão.

Achas de bétula queimam de vez
A castanha mais que em forno;
Espinheiro dura mais de mês
Vá cortá-lo no outono.

Azevinho é cera a queimar
Verde pode ser queimado;
O olmo arde bem devagar
O fogo não é avistado.

Troncos de faia no braseiro
Achas de teixo também;
Vender troncos de sabugueiro
Não é coisa de gente de bem.

A pereira e a macieira
Perfumarão o terreiro
Os troncos da cerejeira
Têm da giesta o cheiro

O freixo, cinzento e regular
velho ou no nascedouro
Compre todo o que encontrar –
Vale seu peso em ouro.

Traduzido do Gaélico para o inglês por Standish O'Grady

Lição 7: Na floresta

Vamos falar das habilidades que nos capacitam ir à floresta e sobreviver por meses. Talvez nunca seja preciso recorrer a essas habilidades de sobrevivência, mas creio que um bom feiticeiro deve conhecer essas coisas; eu conheço. Quando se trata de sobrevivência básica, a ferramenta mais importante é seu canivete. Consiga um de qualidade e mantenha-o bem afiado. Deixe-o fechado ou embainhado quando não o estiver usando e evite chanfrar a lâmina ou quebrar a ponta.

Há diversos manuais excelentes sobre acampamento e sobrevivência na floresta, que ensinarão tudo o que você precisa saber. Recomendo conseguir um desses e levá-lo em todos os acampamentos. Meu favorito é a 2ª edição do *Boy Scout Fieldbook*, publicada em 1967 e 1978. As versões posteriores, infelizmente, parecem ter cortado grande parte desse assunto.

Cobras

Copperhead

Há apenas quatro tipos de cobras venenosas na América do Norte; você precisa aprender a identificá-las facilmente. Três são *víboras do poço* e compartilham características em comum: cabeça triangular, pescoço fino, corpo grosso e marcas em forma de diamante por toda a extensão das costas. São a *water moccasin*, a *copperhead* e a cascavel. Há apenas uma espécie de *copperhead* e uma de *water moccasin*, mas há oito espécies diferentes de cascavel nos Estados Unidos.

O quarto tipo de cobra venenosa norte-americana é a *elapídea*, parente da naja. Trata-se da cobra coral, dividida em duas espécies praticamente indistinguíveis – a Oriental e a Ocidental.

Water moccasin

Cascavel

Tem uma coloração brilhante com faixas de vermelho, amarelo e preto e sua aparência é quase idêntica à da bela *kingsnake*. Há uma regra simples para distingui-la, baseada na ordem das cores de suas faixas: "Vermelho e trigueiro, abra o berreiro; vermelho e preto, veneno discreto".

Kingsnake vermelha

Se não tiver certeza de que a cobra que encontrou é venenosa, *não mexa com ela!* Não tente apanhá-la, matá-la ou feri-la de nenhum modo. Apenas fique fora do caminho dela e ela ficará fora do seu. As cascavéis ainda avisam de sua proximidade com o chocalho, muito fácil de reconhecer! Faça bastante barulho ao andar pelo mato e leve um bastão comprido para remexer nos arbustos à frente.

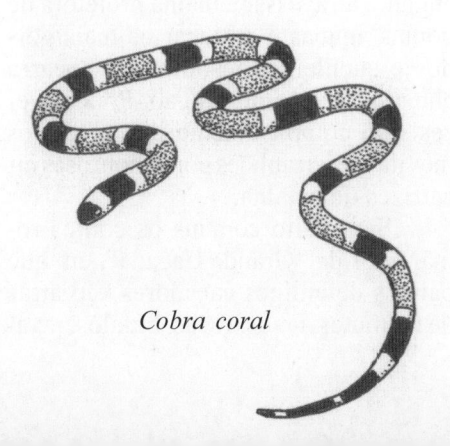

Cobra coral

Cozinha de acampamento

Todo campista deve conhecer algumas refeições básicas que possam ser preparadas no meio do mato e cozidas em uma fogueira. Uma fogueira para cozinhar é feita de forma bem diferente da fogueira de reunião, já que seu objetivo é maximizar o calor, não a luz. A maior parte das fogueiras para cozinhar usa uma vala estreita cavada no chão, na qual se deitam camadas de gravetos cada vez maiores na mesma direção, que são queimados até virar carvão. Um arranjo excelente é fazer uma vala em forma de X para que o ar possa circular pelo fogo. Panelas e frigideiras podem ficar na beira da vala ou sobre pedras. Ou faça sua fogueira entre dois troncos, desta maneira:

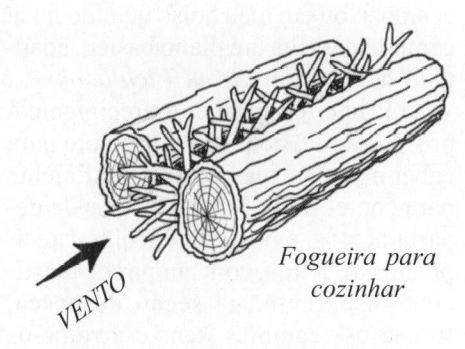

VENTO

Fogueira para cozinhar

Construção de um abrigo

O mateiro experiente deve ser capaz de construir abrigos de sobrevivência a partir do nada. Os mais fáceis de fazer são os que aproveitam objetos naturais como cavernas, saliências, penhascos, faces de rochas, árvores grandes, árvores caídas ou raízes grandes. A partir de qualquer um desses, é possível construir uma espécie de alpendre encostando neles troncos compridos, galhos ou outras árvores caídas. Cubra o telhado com camadas de ramos folhosos e galhos para proteger o abrigo contra a chuva. Algumas árvores grandes podem ter ocos que servem de abrigo (até mesmo ocos causados por queimadas).

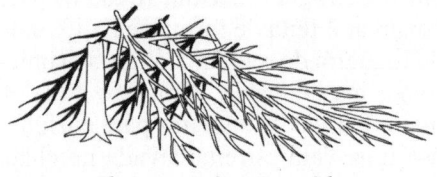

Abrigo em árvore caída

Tarefa: fazer um kit pessoal de sobrevivência

Todo bom mateiro (e todo bom feiticeiro que vai à floresta) deve preparar um mini kit pessoal de sobrevivência. Fiz meu primeiro quando era criança e sempre o deixava com o equipamento de acampar, ou em meu bolso quando fazia caminhadas. Eis um plano básico, adaptado de *The Boy Scout Fieldbook*:

Primeiro, arranje um recipiente à prova d'água, pequeno o bastante para caber na bolsa, mas grande o suficiente para conter tudo. Nas boas lojas de departamentos, é possível encontrar recipientes perfeitos, com tampas de plástico transparente, na seção de pesca. Reúna os seguintes itens e arrume-os para que caibam direitinho na caixa: (1) mini isqueiro; (2) lanterna; (3) vela de emergência; (4) bússola; (5) lente de aumento; (6) apito; (7) lâminas de barbear ou estilete; (8) linha de pesca forte de náilon; (9) anzóis de diversos tamanhos, chumbada, isca artificial e carretilha; (10) cordão de dois a três metros, leve e flexível, para armadilhas; (11) fita adesiva, com 2 centímetros de largura e 50 centímetros de comprimento; (12) caderneta e caneta esferográfica; (13) 4 quadrados de 30 cm^2 de papel-alumínio, para fabricar utensílios para beber e cozinhar; (14) bandagens de diversos tamanhos; (15) tabletes de iodina para purificar a água; (16) agulhas e fio de náilon para consertos; (17) vários saquinhos do tipo *zip-lock* para sanduíches.

Se ainda tiver espaço, pode pôr mais coisas. Por exemplo, eu corto algumas latas de conserva para fazer pontas de flecha, vincadas ao meio para ficarem mais fortes. Elas quase não ocupam espaço e, se eu precisar (o que nunca aconteceu), posso fabricar um conjunto de arco e flecha com elas e a linha de pesca. Também levo um pouco de soro antiofídico e repelente, separados de meu kit de primeiros socorros. Finalmente, inclua uma lista de tudo no seu kit de sobrevivência para poder substituir o que já tiver usado.

Lição 8: Alimentação

Nos lugares em que vivi pelos últimos 25 anos, havia amoras silvestres em profusão; elas amadureciam no outono. Adoro sair para apanhar amoras, o que considero uma profunda experiência de meditação. Dado o calor da estação, visto apenas bermuda e chinelos. Considero que dar às amoras uma chance leal de me ferir é minha pequena disciplina de artes marciais. Meu desafio é manobrar cuidadosamente, ter consciência de cada galho espinhudo à espera de um engano, atravessar a malha protetora de pontas agudas e arrancar os mais gordos e suculentos tesouros da bocarra cheia de dentes do dragão. Poucas vezes saio completamente ileso; vejo os inevitáveis arranhões como honrosas cicatrizes de batalha.

São muito comuns os contos românticos da "Grande Caçada", em que bandos de antigos caçadores vão atrás de mamutes, ursos, focas, búfalos, javalis e gamos para alimentar a Tribo. Muitas histórias e filmes retrataram essas caçadas como as maiores aventuras, com as carcaças arrastadas para a aldeia e penduradas em postes, assadas no espeto sobre um fogo ardente. Mas há um outro lado, muito mais importante, nessas sociedades de "caça e coleta", que muitas vezes é ignorado – os coletores! Mesmo nas culturas mais devotadas à caça, 80% ou mais do alimento vinham da *coleta*, não da caça!

O moderno estilo de compras de homens e mulheres muitas vezes é comparado à caça e à coleta. Os homens vão às lojas como caçadores: têm uma presa específica em mente, vão direto a ela, apanham-na e chegam em casa com um brado triunfante de vitória. As mulheres, no entanto, em geral vão à loja como a uma coleta: vagam pelos corredores, remexem as moitas, arrancam raízes, viram pedras, sem procurar por nada em particular, mas enfiando tudo o que pareça saboroso no cesto.

Mas sou bem mais um coletor natural que um caçador. Afinal, como nossos ancestrais aprenderam quais plantas, folhas, sementes, frutinhas, raízes, frutos, castanhas, cogumelos e mesmo insetos eram bons para comer, ou medicinais, e quais eram venenosos? Como aprenderam a transformar coisas tão inacreditáveis quanto bolotas ou grãos em alimento? Enquanto os caçadores afiavam a ponta de sua lança e flechas, armavam armadilhas para ursos e mamutes, os coletores aprendiam os fundamentos da agricultura, do herbalismo, da medicina, da farmacologia e da Alquimia. Os coletores – tanto homens quanto mulheres – tornaram-se os xamãs tribais, os primeiros Feiticeiros. Não apenas descobriram todas as plantas comestíveis e medicinais, como transmitiram seu conhecimento através das eras em manuais denominados *herbais*.

Busca: à procura de alimentos silvestres

As plantas silvestres comestíveis são encontradas em todo o mundo, em todas as estações. Há frutos, castanhas, framboesas, raízes, grãos, seivas e capins – todos maduros para colher. Basta apenas aprender a reconhecê-los e prepará-los. Arrume um manual sobre plantas silvestres comestíveis em sua região, além de receitas. Qualquer livraria ou loja de equipamentos de camping têm guias desse tipo. Depois saia e veja quantas consegue encontrar e colher. Prepare-as em uma refeição e sirva-as à sua família ou aos amigos da comunidade mágica. A colheita de alimentos silvestres é uma verdadeira Busca – especialmente quando se colhe o bastante para dividir com outros, comer com cereal e transformar em tortas. Use trajes protetores apropriados e leve um balde ou um cesto. É especialmente divertido sair com os amigos – conversando, cantando, lanchando, brincando e rindo juntos, como os coletores têm feito desde a aurora dos tempos.

Pessoalmente, adoro andar pela floresta em diferentes épocas do ano e encontrar alimentos saborosos crescendo ao meu redor. Quando procuro coisas silvestres para comer (e levar para casa), sinto-me profundamente conectado a meus ancestrais xamânicos ao longo desses muitos milhares de anos. Algumas plantas, porém, são venenosas ou não comestíveis. Uma regra importante é: *nunca coma nada que tenha um gosto amargo ou ruim!*

Lição 9: Predação

Muitos animais perfeitamente respeitáveis e altamente admirados são predadores naturais, e nossa história humana sempre incluiu a caça, além da coleta. Pessoalmente, prefiro não matar répteis, pássaros e mamíferos – para comer ou por qualquer outra razão. Mas não creio que seja necessariamente *errado* fazê-lo, de maneira humana e responsável, assim como não o é para um lobo. O que comer é uma escolha que cada indivíduo deve fazer sozinho.

Trilhas: Se estiver seguindo trilhas para caçar a janta ou apenas para fotografar os animais, deve aprender a reconhecer as pegadas, os dejetos e outros sinais dos muitos animais diferentes de sua região. Quando chego a um lamaçal, uma praia ou um campo de neve em que haja muitas trilhas de animais, considero questão de honra identificar vários, senão todos – percebendo detalhes, como estavam correndo ou andando, quantos eram, o que estavam fazendo... Os gamos não apenas deixam pegadas, eles também fazem rastros que podem ser seguidos pela floresta. Procure também outros sinais ao longo das trilhas de animais – como capim pisoteado, galhos quebrados, casca roída nas árvores, pedaços de pelo presos em espinhos... Veja na ilustração da página seguinte as pegadas de alguns animais comuns na América do Norte. Veja se consegue ver alguma delas em seu próximo acampamento selvagem.

Pesca: A água e suas fontes de alimento são nossa herança natural. Em lagos, rios e poças à beira-mar, podemos encontrar alimentos deliciosos e abundantes em forma de mariscos, mexilhões, caramujos, lagostins, caranguejos, abalones, ostras e peixes. Muitos desses são bem fáceis de apanhar e coletar – especialmente mariscos e mexilhões, que simplesmente não fogem! É mais fácil caçar lagostins e caranguejos à noite com uma lanterna, quando geralmente se reúnem em grandes números na água rasa. Basta apanhá-los pelo meio, por trás das pinças, e colocá-los em um saco ou um balde.

Os peixes podem exigir um pouco mais de trabalho. Se estiver pescando para comer, e não por esporte, esqueça todas as varas e equipamentos convencionais. Os peixes pequenos podem ser atraídos para a água rasa e apanhados com as mãos ou em uma rede. Os maiores podem ser espantados para uma *represa* de pedras ou estacas de madeira e espetados com arpões farpados que podem ser feitos facilmente com forquilhas – segure o arpão em silêncio logo abaixo da superfície da água e golpeie rapidamente o peixe escolhido. Pesque com arpão à noite, quando eles serão atraídos e imobilizados por um raio de lanterna.

Peixes que vivem em águas mais profundas exigem anzóis, linhas e chumbadas para que a isca os alcance. Um kit com esses suprimentos ocupa muito pouco espaço e vale a pena levar em um acampamento. A linha pode ser amarrada a uma vara improvisada feita com um galho, ou apenas segure-a nas mãos. Iscas vivas são melhores – especialmente minhocas, lagartas, taturanas e insetos grandes

Arpão de pescaria

(todos esses podem ser encontrados nas pedras grandes e em troncos caídos). Para obter melhores resultados, "adube" a área com pedacinhos de comida; depois pesque. Assim que apanhar o primeiro, você também pode usar as entranhas do peixe como isca.

É importante saber limpar o peixe, assim como cozinhá-lo. Recomendo pedir a uma pessoa experiente que o ensine. Acho que não há nada mais saboroso do que peixe fresco assado, principalmente sobre uma fogueira de acampamento!

Algumas pegadas comuns de animais norte-americanos

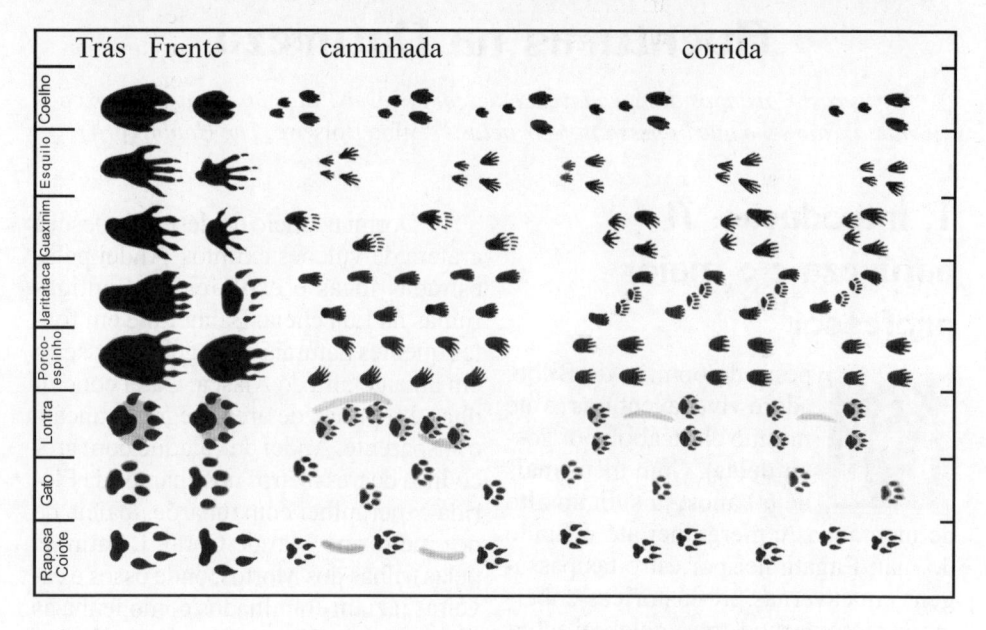

	Trás	Frente	caminhada		corrida	
Coelho						
Esquilo						
Guaxinim						
Jaritataca						
Porco-espinho						
Lontra						
Gato						
Raposa Coiote						

Quinta Aula:
Aventuras na Natureza

"Aventuras! Coisinhas desagradáveis e desconfortáveis! Elas nos atrasam para a janta! Não sei o que as pessoas veem nelas." Bilbo Bolseiro, *The Hobbit* (p. 4)

1. Introdução: A natureza é o maior professor

A pesar da opinião de Bilbo, adoro viver aventuras (e até mesmo ele acabou por gostar delas). Com meus mais de 60 anos, já subi ao alto de montanhas e mergulhei até o fundo do mar. Engatinhei por estreitas passagens em cavernas pré-históricas cobertas de pinturas rupestres e celebrei eclipses totais do sol dentro de antigos círculos de pedra. Caminhei pelas florestas tropicais do Peru, Austrália, Nova Guiné e Costa Rica, vaguei por entre as sequoias de Califia e nadei em poços limpíssimos na base de altas cachoeiras envolvidas em brumas do Havaí.

Andei ao lado de unicórnios na Feira Renascentista e nadei com sereias em uma laguna do Pacífico Sul. Cavalguei camelos e elefantes, acariciei tigres e golfinhos e passeei casualmente entre rebanhos de gamos e cangurus selvagens, e cocei suas orelhas.

Dormi no meio do deserto e desci à cratera de vulcões extintos. Andei pelas estradas incas e explorei suas antigas ruínas na Lua cheia. Banhei-me em fontes quentes naturais e congelei o traseiro em uma geleira do Alasca. Catei conchinhas em praias de areia negra, branca e transparente. Andei de caiaque com crocodilos de três metros nos charcos da Flórida e mergulhei com tubarões-baleia de dez metros no Mar de Coral. E patinhei pelas trilhas dos Mortos, onde ossos e caveiras jaziam empilhados como lenha às centenas de milhares de ambos os lados.

Tudo isso e muito mais... Sempre considerei a Vida uma aventura contínua. E toda aventura que vivi me ensinou alguma coisa. A lição mais importante de todas, porém, é a seguinte: a Natureza é o Maior Professor.

Lição 2: Água
Água – a natureza em sua própria casa
(por Lady Pythia)

A água pode amolecer, dar forma e polir até mesmo as mais duras pedras.

Quando você precisa aprender a ser flexível, adaptável, quando a vida estiver lhe aplicando lições difíceis e fazendo você sentir medo ou dor, se seu coração se fere ao ter lições sobre amor e doação e você fica tentado a ser duro como pedra para se proteger – pare por um momento e escolha o poder curativo da água como professor. Entregue-se à ela, mesmo que seja apenas quando entrar na banheira.

Um banho de água do mar pode ser efetivamente replicado com ½ xícara de sal e uma xícara de vinagre de maçã na banheira cheia d'água. Esse é um banho suave de limpeza que remove as toxinas do corpo e traz a mesma sensação da água do oceano. Se gostar, acrescente algumas algas. A água em que você se banha limpa toda a energia negativa, os temores, a tristeza. A água pode transmutá-lo se você aprender a oferecer suas arestas afiadas para limpeza e polimento. Ela absorverá seu cansaço e, combinada com o sal, limpará tudo o que precisa ser purificado. Aprender a deixar para lá é uma das maiores lições da água, por isso procure compreender melhor o que essa entrega ao grande oceano primevo da consciência, como ao oceano do qual toda a vida surgiu, tem a ensinar no silêncio de seu próprio Eu Interior, para o qual a água pode levá-lo, mesmo em casa.

Se o seu mau humor o dominar, a chuva suave também pode ser útil. Saia na chuva e deixe que sua raiva seja transformada pelas gotas, pois assim como elas gentilmente limpam a Terra e nutrem as plantas e árvores, também podem lhe trazer crescimento e renovação se você deixar. Permita que a água que cai o ajude a encontrar seu ponto de equilíbrio e retorne a sua situação com uma perspectiva diferente e mais saudável.

O Rio

Por 11 anos de minha vida recente (o mais longo período em uma mesma casa) vivi com minha família ao lado do Rushing River (ou *Russian River*, como é chamado pelo vulgo...). Nosso quintal era uma praia particular e um poço para nadar, com um balanço de corda pendurado em uma árvore alta. Salmões e lontras brincavam na água corrente, águias-pescadoras e martins-pescadores caçavam nos poços, e os amigos chegavam o tempo todo. No início de cada verão, eu ia a uma loja de pneus e comprava em punhado de câmaras de pneu de caminhão usadas. Em quase todos os fins de semana reuníamos um punhado de camaradas e boias, subíamos o rio de caminhão e flutuávamos de volta para casa – ou para muito mais longe.

Pelo caminho, a experiência em si oferecia tantas lições que passei a pensar nela como um ensinamento mágico por si só. Havia corredeiras com águas brancas, piscinas de água parada, pedras gigantes que formavam passagens estreitas, rochas altas que serviam de trampolim, praias de areia e barreiras de cascalho. Ao sabor da corrente, os braços e pernas caídos dos lados da câmara, embalado pelos braços das ninfas do rio e observando o mundo passar, eis o lugar mais perfeito que já conheci para meditação e reflexão. Por ter conhecido esse rio, agora *conheço* rios e posso navegar neles com boias, jangadas, canoas ou caiaques, com perfeita facilidade. Cheguei mesmo a fazer *rafting* a sério em rios de competição na Costa Rica!

Eis algumas das melhores lições que tive com o rio:

1. A corrente da consciência flui como um rio

O espírito se move como a água. Está sempre em busca de voltar à Fonte e sempre encontra seu próprio nível. Como a água, o espírito pode ser engarrafado, desviado ou represado por algum tempo. Mas o recipiente acabará por quebrar, e o Espírito, como a água, fluirá livre e continuará a seguir sua correnteza. A água ou o espírito desviados encontrarão um modo de voltar novamente a seu curso. As represas algum dia transbordarão e serão arrastadas e o fluxo continuará – sempre em direção ao oceano, de onde veio. Como a água continua a fluir para misturar-se com o vasto oceano abaixo dela, o espírito flui para se fundir ao eterno oceano cósmico acima dele.

2. Siga a correnteza

Sempre que você perceber uma bifurcação no rio, uma grande rocha no caminho, um tronco caído, uma ilha ou corredeiras à frente – e você não conseguir enxergar o caminho para saber que passagem tomar – o truque é observar a correnteza. No ponto em que a correnteza for mais forte, haverá um "V" na água. Basta dirigir sua boia para o centro do "V". Ao confiar na correnteza, em vez de enfrentá-la, você se fun-

de a ela, que o ajudará a desviar de todos os obstáculos. Muitas vezes, os novatos patinham desesperadamente para evitar as águas rápidas e são atirados contra pedras, troncos e barragens – ou apenas ficam girando sem parar em algum redemoinho e são deixados para trás pelos outros. A vida também é assim; o truque é aprender a ver o fluxo da correnteza e desviar seu curso para o meio dela. O coração do fluxo pode parecer muito rápido e assustador, mas é, na verdade, o curso mais seguro.

3. Você *pode* mudar o curso de rios caudalosos com suas próprias mãos!

Todo rio começa com um pequeno córrego. Se você subir a corrente até a nascente do córrego, o curso desse córrego pode ser alterado apenas mexendo em alguns pedregulhos. Um pouco mais para baixo, seria preciso mover pedras e, bem mais para baixo, montanhas inteiras. Já mexi em muitos pedregulhos no meu tempo, até mesmo em algumas pedras, e desviei pequenos córregos que se tornaram torrentes caudalosas, que escavaram grandes desfiladeiros e arrastaram montanhas. A consciência, como a água, não pode ser detida e, durante Tempos Sombrios (como os que ocorrem enquanto escrevo), retiro esperança e inspiração dessa certeza.

Busca: Viagem de boia

Encontre um rio ou um grande riacho em algum lugar a que você possa ir facilmente e que seja adequado para passear de boia no verão. Talvez seja preciso pedir informações. Não tão pequeno que a água não corra, nem tão grande ou rápido a ponto de ser perigoso. Os rios ideais para praticar caiaque muitas vezes também são bons para passear de boia, desde que a correnteza seja suficiente. Reúna alguns amigos – e ao menos um adulto experiente – que tenham vontade de passar um dia em uma boia. Arranje câmaras de pneu de caminhão e encha-as até que fiquem como uma rosquinha gorda. Use tênis ou sandálias de borracha que não saiam na água. Pratique manobras em uma piscina antes de aventurar-se na água em movimento. Se capotar, agarre-se à boia! Você precisará de uma caminhonete para levá-los até o local de partida e dirigir até o local de atracagem para apanhá-los. Comece com uma viagem curta e fácil – não mais que dois quilômetros – e vá aumentando conforme adquirir experiência. Siga a correnteza e torne-se um só com o fluxo cósmico de consciência...

O Oceano

Somos filhos da grande Mãe Oceano, útero de toda a vida, ao qual nossos ancestrais pré-humanos retornaram e pelo qual nos sentimos irresistivelmente atraídos. O próprio plasma do sangue que corre em nossas veias é basicamente água do mar, com a mesma composição química dos antigos mares a partir dos quais internalizamos, pela primeira vez, nosso sistema circulatório, há mais de 500 milhões de anos.

Os movimentos das populações humanas tradicionalmente seguiram os caminhos da água. Seja ao longo de uma costa ou ao longo de rios, os primeiros assentamentos sempre são encontrados próximos da água. Não é difícil imaginar os primeiros *hominídeos* (proto-humanos) e, mais tarde, os verdadeiros humanos, andando, vadeando e nadando ao longo de costas e rios, povoando desse modo o globo. Se eles fossem nadadores e mergulhadores, certamente teriam ido mais além, em busca de alimento para as populações crescentes em um clima cambiante (Phillip V. Tobias, *Water and Human Evolution*).

Busca: Retorno ao mar

Se você vive próximo ao oceano, aprenda a experimentar sua magia e seu mistério. Vá passear na praia e patinhar na beira do mar; veja o que pode encontrar para sua coleção (mas *nunca* leve nada vivo de uma poça!). Torne-se um bom nadador no mar e aprenda a "pegar jacaré" (ou mesmo a surfar, se estiver no lugar certo). Consiga bons pés-de-pato, óculos de natação e um *snorkel* e explore o mundo submarino (*sempre* acompanhado!). Se a água for fria demais em sua região, consiga um macacão de mergulho. E, para ter a experiência mais completa possível do oceano, tome lições de mergulho autônomo, consiga um diploma e vá mergulhar com um grupo e com um guia profissional.

O mergulho autônomo, para mim, é a experiência definitiva que nos conecta imediatamente com nosso legado de 500 milhões de anos como criaturas do mar, e oferece-nos ao mesmo tempo uma amostra da falta de gravidade do espaço sideral, onde reside nosso destino último. Não há simplesmente nada em todo o mundo que se compare à sensação de flutuar – na verdade, voar – em equilíbrio perfeito, bem além das ondas, o mar a pulsar no mesmo compasso do oceano dentro de nosso corpo. Suspeito mesmo que nosso amor pelas montanhas-russas e nossos sonhos universais de voar refletem nossas lembranças profundas de uma vida sem gravidade no mar e nossa busca intuitiva pelos céus.

Lição 3: Noite

Orbe fria que rege a noite,
Remove as cores de nossa vista.
Vermelho é negro e amarelo, branco.
Mas decidimos qual é o certo...
E qual é uma ilusão.
Moody Blues, *On the Threshold of a Dream*

Por 150 milhões de anos, os dragões dominaram a Terra. Durante esses longos éons, enquanto os dinossauros chegavam a 30 metros de comprimento, com um peso de até cem toneladas, os maiores mamíferos tinham mais ou menos o tamanho de um gato. Se pensarmos que os esqueletos que possuímos desses monstros pré-históricos nos parecem imensos atualmente, imagine como pareciam gigantescos para nossos pequeninos ancestrais! Os dragões dominavam completamente a terra, os mares e o ar. Os dragões marítimos tinham o tamanho das modernas baleias e os dragões voadores eram como pequenos aviões. Eles ocupavam todos os nichos ambientais – exceto três. Não havia dinossauros que vivessem sob a Terra; nenhum deles subia em árvores e pouquíssimos caçavam à noite.

Os dragões não eram lagartos de sangue frio grandes, lerdos e estúpidos como se pensou por tanto tempo. Eram membros ativos, de sangue quente (às vezes, emplumados) e de uma classe própria – *Archosauria* – da qual os pássaros são os únicos membros sobreviventes. E, assim como os pássaros modernos, os dragões foram projetados principalmente para a visão diurna, com receptores de cores (os *cones*). Apenas por volta do final de seu reinado, com a ascensão dos raptores, alguns deles desenvolveram os enormes olhos cheios de receptores em preto-e-branco ultrasensíveis denominados *bastonetes*, como encontramos atualmente em corujas e bacuraus. Os raptores – de longe os mais inteligentes dos dragões – foram os primeiros e únicos a poder caçar à noite, como os gatos e corujas atuais. O que caçavam? Como as corujas e gatos, caçavam mamíferos noturnos.

O único modo como os mamíferos conseguiram sobreviver durante os 150 milhões de anos de domínio dos dragões foi ocupar esses três pequenos nichos. Alguns se enterravam no solo e outros aprenderam a viver em árvores. Os pequenos mamíferos semelhantes a ratos que viviam em tocas saíam apenas à noite, quando os dragões estavam dormindo. Para conseguir ver no escuro, esses mamíferos abriram mão dos cones em seus olhos e encheram suas retinas apenas com bastonetes. É por isso que quase todos os mamíferos modernos ainda não enxergam em cores – mesmo depois de os dinossauros terem sido exterminados – porque quase todos os mamíferos que vieram depois descendiam desses escavadores notívagos.

Mas alguns mamíferos viviam em árvores, onde os dragões predatórios não podiam alcançá-los. Entre eles, estavam os *primatas* ("primeiros"): musaranhos arborícolas, que mais tarde se desenvolveram em lêmures, macacos, bugios – e nós. Como vivíamos em árvores, não tivemos de desistir da visão das cores para enxergar à noite, e mantivemos nossos cones e bastonetes. Os primatas (e marsupiais) continuam a ser os únicos mamíferos a enxergar em cores; e também podemos enxergar melhor à noite do que a grande maioria dos pássaros.

Quando eu era criança, saía do meu quarto pela janela quando era noite de Lua cheia. Enquanto todos dormiam, eu explorava aquele estranho mundo prateado de cinzas e negros. Não havia ninguém mais por perto e eu ficava livre para vagar pelos quintais, campos e florestas da vizinhança sozinho. Estremecia com o som noturno de grilos, cigarras, coiotes, corujas e bacuraus. Avistava outras criaturas noturnas em sua ronda e descobria que não tinham medo de mim no escuro.

Muitos, muitos anos depois, minha companheira, Morning Glory, fez uma observação profunda: "As verdadeiras bruxas (e feiticeiros) não têm medo do Escuro".

Rostos na Lua

Nossa Lua está gravitacionalmente estagnada, de modo que é sempre o mesmo lado que se mostra à Terra. Esse lado tem áreas escuras bem distintas formadas por derramamentos de lava que, vistos daqui, parecem oceanos. Por isso, os antigos os chamaram de *maria* ("mares"). Quando olhamos a Lua cheia, esses *maria* parecem reunir os traços de um rosto. Em diferentes países, esses padrões lunares foram vistos como a Dama na Lua, o Homem na Lua ou o Coelho na Lua (na Austrália). Na próxima Lua cheia, tente encontrá-los.

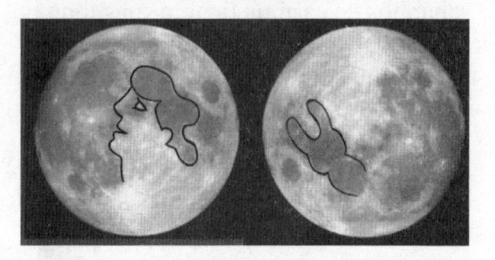

Lição 4: Linhas *Ley*

As verdejantes paisagens das Ilhas Britânicas são cruzadas por misteriosas linhas que correm em linha reta, de horizonte a horizonte, como os antigos "canais" imaginários de Marte. Elas são chamadas de *linhas ley*, e foram assunto de muitos estudos e especulações – e uma porção de livros. Colinas, monolitos e círculos de pedra foram erigidos em seu caminho e intersecções e, por milênios, muitas igrejas cristãs foram construídas nesses locais. Seu maior mistério é: qual sua base? Já se pensou que traçam o caminho de rios subterrâneos ou correntes geomagnéticas, e já foram chamadas de "Caminhos do Dragão". Outros acreditam que sejam vestígios de estradas de Atlântida – ou de alienígenas. Caminhei ao longo de algumas das linhas e vi, a partir do Tor de Glastonbury, os obeliscos que marcam sua trajetória no horizonte. Perguntei a alguns amigos londrinos a respeito delas e eles me contaram uma história notável:

Durante a última Glaciação, tanta água foi acumulada nas altíssimas geleiras que cobriam a maior parte da terra, que o nível dos mares era 120 metros mais baixo do que atualmente. O Canal da Mancha e o Mar do Norte eram terra seca, até a Escandinávia, e a Europa Ocidental se parecia bastante com o mapa que Tolkien fez da Terra Média, sendo o Condado na Inglaterra. Por toda essa região de tundra, vastos rebanhos de caribus faziam suas longas migrações anuais – assim como ainda fazem em partes do Canadá, Alasca, Sibéria e Escandinávia. Como agora, eles formavam filas retas e estreitas e, por dezenas de milhares de anos, elas se tornavam trilhas bem demarcadas – especialmente porque a terra foi profundamente fertilizada pelo esterco durante éons.

Depois da passagem dos caribus, cogumelos psicodélicos *amanita muscaria* cresciam sobre aquele rico esterco. E as tribos nômades, que viviam da carne daqueles cervídeos e os seguiam (como ainda fazem em certos lugares), comiam aqueles cogumelos e eram iluminados. E assim erigiam altos marcadores de pedra nos horizontes e colinas ao longo daquelas trilhas, para que elas fossem seguidas facilmente mesmo quando o chão estivesse coberto de neve. Cruzamentos importantes eram marcados com círculos de pedras, que permaneceram por muito tempo depois de o gelo ter derretido e os mares se erguido e após a extinção dos caribus. Eras mais tarde, eles se tornaram locais rituais sagrados. Então, obviamente, quando os missionários cristãos queriam construir suas igrejas, não haveria lugar melhor do que os mais sagrados locais.

Lição 5: Locais sagrados

(*por Jesse Wolf Hardin*)

Todo o mundo natural é sagrado... mágico e inspirado. Tem sempre algo a nos ensinar e cada parte dele precisa de nossa proteção e amor. Mas, ao mesmo tempo, alguns lugares são mais intensamente carregados que outros, com concentrações mais pesadas de energias e inspirações disponíveis ao feiticeiro que as busca. O *genius loci* ("espírito do lugar") informa, empolga e inspira em locais específicos, em paisagens que vibram com a força mágica a que os antigos gregos chamavam de *plenum*. São muitas vezes rebordos e extremos que apresentam formas simétricas e temas míticos: cavernas e grutas, cachoeiras e regatos, desfiladeiros e cumes de montanhas, desertos encantados e angras oceânicas, clareiras circulares e pomares cheios de carvalhos.

Os locais sagrados são, por vezes, carregados não apenas das intenções dos espíritos da Terra viva, mas também da reverência ritual e da manutenção consciente, das cerimônias e feitiços de incontáveis gerações atenciosas. Quase todo mundo tem alguma intimidade com os locais mais conhecidos, como Mesa Verde, no Colorado; Stonehenge, na Grã-Bretanha e a antiga Petra – mas cada região, cada bacia hidrográfica tem seus próprios pontos especiais em que a vibração é mais intensa, em que nossas visões parecem mais claras, nossos sonhos mais urgentes e vivos.

Quando jovem, aqueci-me nas emanações do Monte Shasta, andei descalço por uma floresta de pinheiros sussurrantes nas Colinas Negras do território Sioux e pulei os portões trancados do Park Service para passar uma noite nas kivas subterrâneas do Chaco. Cada um desses locais me trouxe novas experiências e lições, e tentei servi-los igualmente bem; daí, em 1980, segui a mais poderosa revelação de minha vida a uma deteminada curva de um rio particular do Novo México, nas encantadas terras bravias de Gila no sudoeste americano. Até a 900 anos atrás, nosso Santuário servia de centro cerimonial para os antigos índios que os arqueologistas e o vulgo chamam de "Mogollon", mas que conheciam como o Doce Povo da Medicina. Hoje em dia, quando estudantes e aprendizes vêm estudar conosco, estão ajudando a restabelecer uma linhagem sagrada de propósito e compromisso, magia e amor.

Seja no mais selvagem deserto ou em um canto amado e escondido no parque da cidade – um dos modos como podemos mensurar um local sagrado é pela profundidade como ele nos afeta. Muitas vezes, começa com o que parece um convite, seja um presságio ou uma sensação. Podemos sentir que estamos sendo observados ou avaliados pelas entidades residentes, que provocam um temor momentâneo. Mas, com a mente quieta e o coração puro, logo não apenas somos aceitos como iniciados e instruídos, encorajados e equipados! Os locais sagrados afirmam nosso papel pessoal no propósito sagrado de revelação de Gaia... e um local de poder será aquele em que nos sentirmos mais poderosos também.

Desfiladeiros
(por Jesse Wolf Hardin)

Como a maioria dos meninos, eu era atraído pelo pico mais alto que houvesse, pelos locais em que eu podia olhar em todas as direções de uma só vez e sentir alguma distância das pessoas que se trombavam lá embaixo. Mas logo que cheguei à puberdade, comecei a me sentir atraído pelos esconderijos secretos em valas secas e pela umidade de um rio que escavava eternamente sua direção e intenção em rocha sólida. Um desfiladeiro incorpora o feminino, e nós, homens, buscamos o equilíbrio, assim como a beleza, no abraço de seu espírito e forma. É aqui que ambos os aspectos de nosso ser, o *yin* e o *yang*, encontram-se e se combinam. A água feminina sacode nossas pernas e pés enquanto reflete os picos masculinos que se erguem para o céu como asas de granito.

Mesmo aqueles que nunca os visitaram conhecem o nome de algumas gargantas da África, dos cânions de Utah e do *Canon de Cobre* mexicano, as voltas serpentinas da Cobra de Idaho e o Cânion Negro do Gunnison. Já se falou que o visitante médio passa apenas cinco minutos nos parques a olhar o majestoso Grand Canyon, mas obviamente a verdadeira experiência desse local começa com uma exploração de suas profundezas. Um desfiladeiro, como um rio, exige nossa completa imersão para poder operar sua magia sobre nós. Não andamos muito aprumados – estremecemos de antecipação, totalmente atordoados com a emoção do mergulho.

Um desfiladeiro é uma abertura na Terra, como uma caverna sem teto. É um caminho para uma maior sensibilidade e autoconhecimento – para uma intimidade maior com o eu e o outro, local e Espírito. Lembro-me da primeira vez em que vi o que seria o desfiladeiro de minha vida e missão, a 300 quilômetros a sudeste do Grand Canyon, no Gila do Novo México. A viagem, do estacionamento, na Floresta Nacional, até o centro do santuário, exige atravessar mais de sete rios de jipe. Cada passagem nos aproxima mais de nosso espírito e corpo, assim como o ambiente encantado. Conforme o desfiladeiro se estreitava, eu me sentia mais próximo, aprovado e abraçado, e rapidamente me apaixonei. Aqui a metáfora se torna real, um perfeito casamento entre masculino e feminino: o duro e o macio, o interior e o exterior, a celebração e a manifestação.

Para a prática do aspirante a feiticeiro, uma jornada pela carne e mistério do desfiladeiro de um rio se torna uma busca sagrada: uma exploração de significado e lugar, um relacionamento aventuroso com o eu mágico e o espírito animado – um ambiente para promessas mantidas – e promessas feitas – à sempre inspiradora Terra.

Poços e nascentes

Antigamente se acreditava que os poços de desejos eram guardados por fadas ou outros espíritos da Natureza, que tinham de ser aplacados com uma moeda antes que o desejo fosse ouvido. Esses e outros poços sagrados podem ter obtido essa reputação graças a minerais saudáveis em sua água. Como os povos antigos bebiam dali sem perceber essa razão, encaravam os poderes curativos com reverência. Os romanos traziam presentes valiosos para agradar os espíritos do poço antes de beber, obtendo assim seu favor. Conta-se que a água tirada de três poços diferentes, se derramada pela metade ao solo e em seguida administrada ao doente, cura a febre.

Patricia Telesco

Mergulhei em fontes quentes naturais na floresta de sequoias do Oregon e no Deserto Mojave e nos desfiladeiros do Colorado. Algumas eram claras como cristal e outras tão opacas, de argila branca, que me parecia estar mergulhado em leite. Em uma, chamada Riacho Quente, havia grandes buracos circulares no largo leito do riacho, em cujas beiras se podia sentar e mergulhar até o pescoço, balançando os pés na água quentinha lá debaixo. Se nadássemos sob a água pelos buracos, sentíamos em todo o corpo as vibrações das pedras que se agitavam lá embaixo; parecia-nos ouvir a pulsação da Mãe!

Cachoeiras

Cachoeiras são locais em que ocorrem rituais maravilhosos e acidentes terríveis. O poder da água caudalosa tem um efeito quase hipnótico e com frequência atrai as pessoas para si. Alguns dizem que as vozes dos ancestrais ecoam nas águas que batem nas pedras e podem trazer sabedoria e percepção, assim como reverberar com advertências.

Patricia Tedesco

Estive no vale Yosemite em Nor-Califia algumas vezes, na primavera, quando suas muitas cachoeiras estão cheias com as neves que se derretem nas montanhas. Há trilhas que levam acima e abaixo delas. O som da água que cai de centenas de metros de altura é quase ensurdecedor e ficamos totalmente encharcados com o vapor, mas a excitação dos íons negativos formados nas brumas cheias de arco-íris é de tirar o fôlego!

Poças marinhas

(*Por Abby Willowroot*)

É nas poças marinhas que temos a chance de experimentar a vida marinha em microcosmo. Uma poça marinha pode ser bem pequena e rasinha, com apenas dez centímetros, mas mesmo assim conter uma enorme variedade de formas de vida, algumas familiares e outras que, talvez, você nunca tenha visto. Olhe com atenção e lembre-se do que vir. Na próxima onda, muitos dos habitantes partirão e outros virão viver por algum tempo na poça, com as cracas e outros residentes antigos desses miraculosos reinos litorâneos. A poça marinha que você vê existe por apenas algumas horas e depois se vai para sempre, substituída por uma nova poça e novas criaturas. Cada poça marinha é um lembrete vivo da fragilidade, inconstância e impermanência da vida.

As poças marinhas são locais de maravilhamento infinito. Devem ser experimentadas e exploradas, mas nunca saqueadas. Os dons do mar vêm à costa em cada onda alta. Os tesouros das poças marinhas são partes importantíssimas dessas pequeninas biosferas animadas. Tirar algo de uma poça marinha é intrometer-se em outro reino e no lar de outras criaturas. Há muitas lições a aprender com a observação desses pequeninos ambientes mágicos sem interferir neles com nossa presença.

Cavernas

Desde os tempos mais remotos, já se sentia que as cavernas eram o útero da Mãe-Terra. Logo que adquirimos suficiente domínio do fogo para poder nos aventurar nas ondulantes passagens que nunca conheceram a luz do dia, entramos em um mundo cujos únicos habitantes eram insetos cegos, peixes e salamandras – e morcegos orientados por sonar. Na aurora da humanidade, as cavernas se tornaram nossos primeiros templos.

Em 1986, fiz uma peregrinação a Les Eyzies, no Vale de Dordonha, na França. Ali, há 20 mil anos, povos cromagnon construíram seus lares diante de incontáveis cavernas nos incríveis despenhadeiros que rodeiam o vale. E, nos profundos recessos, eles pintaram imagens mágicas dos animais com quem dividiam seu mundo. Eis algumas anotações de meu diário:

7.3.86.20h – ♄ *Hoje nos reunimos para uma excursão a* La Grotte *(caverna) de* Font-de-Gaume *– uma das poucas cavernas pintadas ainda abertas ao público. Eis o que encontrei. E fiquei espantado ao descobrir algo que as fotos não podem mostrar. As "pinturas" são bem mais que isso. Protuberâncias e depressões naturais são pintadas para imitar efeitos 3D convexos e côncavos, graças às luzes e sombras que, projetadas pelas lâmpadas de óleo, traziam as figuras à vida! Como os baixo-relevos côncavos com rostos que parecem se mover e seguir você pela sala, essas figuras têm vida própria.*

Fiquei para trás do grupo na volta para estudar melhor as imagens. Percebi que todos aqueles animais pintados se dirigiam à entrada da caverna – para nascer. Quando um iniciado um tanto ofuscado se dirigia à saída com os animais, ele saía pela face do despenhadeiro na alvorada e via aqueles mesmos animais que pastam em grandes rebanhos no vale logo abaixo. E ele saberia: Todos nascemos da Terra – somos todos Filhos da mesma Mãe.

A Floresta

Qualquer floresta que nunca tenha sido devastada é um mundo próprio e nos conecta a um Mistério antigo e primordial, anterior à Era do Homem. As florestas tropicais são os mais antigos ecossistemas vivos da Terra. Muitos dos frutos e vegetais que consumimos tiveram origem ali. As florestas tropicais atualmente cobrem apenas 2% da superfície da Terra, mas são o lar de mais da metade das espécies animais e vegetais de nosso planeta. Entre as frutas e vegetais da floresta tropical, estão: abacates, bananas, pimenta, castanha-do-pará, pimenta-caiena, caju, cacau, canela, cravo, coco, café, cola, milho, berinjela, figo, gengibre, pimenta, limão, laranja, papaia, páprica, amendoim, abacaxi, arroz, abóbora-menina, pimentão, açúcar, tomate, açafrão, baunilha e inhame. Os medicamentos do futuro virão das florestas tropicais.

Quando Morning Glory e eu nos mudamos para Greenfield Ranch em 1977, grande parte da região ainda estava coberta de abetos, carvalhos, cedros – até mesmo algumas sequoias. Todavia, as madeireiras haviam se instalado uns 50 anos antes e devastaram algumas áreas. Estas eram horríveis – raízes velhas, estradas improvisadas e galhos cortados em toda parte. Uma clareira, perto de nosso riacho principal, parecia Isengard depois de Saruman cortar todas as árvores! Chamávamos o local de "Charneca Estragada". Nos anos seguintes, começamos a praticar o plantio de árvores no Ano-Novo em toda a região, com sementes que conseguíamos gratuitamente no Departamento de Silvicultura. Eram cedros, pinheiros e sequoias – cuja madeira seria vendida. Plantamos centenas – começamos pela Charneca Estragada.

Saímos daquele local em 1985, mas voltamos para os rituais que eram realizados ali. Em Beltaine, há alguns anos, os zeladores atuais disseram que queriam nos mostrar algo. Levaram-nos em uma caminhada para a montanha na qual costumava ficar a Charneca Estragada. Mas agora ela era uma profunda e viçosa floresta de pinheiros de 15 metros. Pássaros cantavam nos galhos, e coelhos saltitavam pelo chão. Tranquilidade e paz irradiavam por todo o local – parecia a floresta élfica de Lothlorien. E tudo isso foi uma magia que criamos simplesmente ao plantar para o futuro.

Clareiras

Algumas vezes, no meio de uma espessa floresta, chegamos a uma clareira – sem árvores – nem mesmo tocos, apenas grama verde. Essas clareiras são como ilhas no mar ou oásis no deserto. São locais privados e mágicos. Quando encontrar essas clareiras, vá até o centro e sente-se ou deite-se na grama. Medite e abra-se ao mundo natural que o rodeia. Feche os olhos e ouça os sons de pássaros e insetos; conforme sobem e descem, traçam círculos e espirais nas ondas de uma sinfonia em estéreo. Deixe-se levar pelas ondas em um reino em que a linguagem não tem palavras e a Canção está em seu sangue.

Anéis feéricos

Alguns tipos de fungos formam cogumelos do lado de fora do organismo subterrâneo, e formam círculos que podem ter 3, 5, dez metros ou mais de diâmetro. Esses círculos são chamados de Anéis Feéricos porque se considera que alguns tipos de fadas são espíritos dos cogumelos e os anéis seriam os lugares em que elas dançam em círculo. Alguns desses Anéis Feéricos são formados por cogumelos psicodélicos e outros, variedades venenosas. Nunca se deite (e especialmente, nunca adormeça!) dentro de um Anel Feérico, você pode despertar em outro local e em outra época!

Sexta Aula:
Seu Jardim Mágico

1. Introdução: O jardim de um feiticeiro

A jardinagem é um maravilhoso Mistério. Há lições mágicas que só podem ser aprendidas com a experiência de plantar, regar e colher alimentos e ervas para o sustento de seu corpo e espírito. Sempre fui totalmente fascinado por observar as primeiras folhinhas a desdobrarem-se, crescendo e fortalecendo-se a cada dia até se tornarem plantas que produzem florações perfumadas, quando são polinizadas pelas abelhas e borboletas e criam deliciosos alimentos que ficam gordos e maduros para nossa mesa.

Enquanto escrevo, estamos no começo de maio e acabo de passar o dia trabalhando no jardim, meus músculos doem, mas me sinto ótimo! Descobri que plantar um jardim é um tipo especial de magia, muito importante para a vida de um feiticeiro. Não há nada tão miraculoso em todo o mundo quanto o surgimento de uma nova vida – seja o nascimento de um bebê humano, de cachorrinhos, a eclosão de um ovo ou o brotar de uma semente. Ao longo dos próximos meses, darei uma pausa nas atividades de escrita para começar a arar, segar, plantar, irrigar, adubar e colher. Quer me acompanhar?

Se você tiver algum espaço no quintal que possa ser transformado em horta, recomendo que o faça. Se não tiver esse espaço, talvez tenha um amigo que tenha um jardim em que vocês possam trabalhar juntos. Alguns bairros de periferia têm hortas comunitárias em que é possível participar. Se não conseguir ter um jardim ou horta de forma nenhuma, ao menos tente visitar alguns dos belos jardins públicos criados por outros.

Há diversos tipos de jardins – jardins de ervas, jardins de legumes, jardins de flores, até mesmo jardins ornamentais. Nesta aula, eu gostaria de encorajá-lo a plantar legumes e ervas – com algumas flores especiais no meio. As informações que darei serão uma boa base, mas, dependendo do lugar em que você vive, elas podem precisar ser adaptadas. Peça informações quando adquirir plantas e sementes. Conheça as pessoas que trabalham no estabelecimento e faça diversas perguntas! Você pode até mostrar este livro para eles e pedir sua opinião...

Ferramentas e suprimentos

Apenas algumas ferramentas básicas são necessárias para a jardinagem em pequena escala. Também é preciso ter um lugar reservado para guardá-las quando não estiverem em uso.

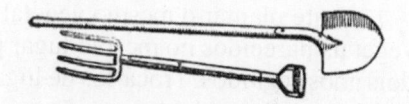

Pá e ancinho: arranje uma pá redonda com um cabo de 120 centímetros para revolver a terra. Arranje também um ancinho de 4 dentes.

Picareta: Necessária apenas se o solo for muito rochoso; senão, nem se preocupe.

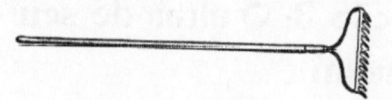

Rastelo: Prefira o tipo arqueado em vez daquele em que o cabo é preso diretamente à cabeça. Um bom tamanho é cerca de 35 centímetros com 14 dentes.

Enxada: Compre uma com lâmina de 15 centímetros e um cabo de 120-140 centímetros.

Colher de pedreiro: Usada para cavar buracos pequenos para plantar mudas.

Mangueira: Será necessária uma mangueira que alcance todo o seu jardim, além de um bico de spray.

Luvas: É preciso ter um bom par de luvas fortes para jardinagem!

Quatro regras para um jardim de sucesso:

Há muitos fatores importantes no plantio e nos cuidados com um jardim. O ato de estar em equilíbrio com a Natureza é o que produzirá um belo jardim. Caminhe por seu jardim todos os dias, agradecendo à Mãe-Terra e aos espíritos da Natureza e tendo pensamentos positivos para suas plantas, e você será abençoado por seu cuidado e atenção.

1. **Use fertilizantes naturais** – esterco, grama cortada e restos de poda, sobras de cozinha, adubo composto.

2. **Use composto orgânico** – quando as plantas tiverem 25 centímetros de altura, espalhe composto orgânico em torno de seu caule para conservar a umidade e manter o solo fresco.

3. **Use apenas pesticidas naturais** – Faça seus próprios *sprays* com alho, cebola, pimenta, etc. Encoraje os insetos predatórios e as aranhas de jardim. Atraia pássaros com alimentadores e banheiras. Plante ervas que repelem insetos (veja a seguir).

4. E, finalmente, **oriente-se pelas fases e signos da Lua.**

Lição 2: Organização de seu jardim de feiticeiro

Projetar e organizar seu jardim é uma verdadeira arte; muitas pessoas fazem mapas detalhados para mostrar o que está plantado e em que lugar. Se você estiver fazendo um jardim grande e complexo, com muitos tipos diferentes de ervas e legumes, esse pode ser um projeto trabalhoso. Todavia, mesmo um espaço ensolarado muito modesto pode ser transformado em um pequeno jardim. E se você não tiver nenhum espaço no quintal, poderá plantar moranguinhos ou outras plantas em um canteiro na janela.

Eis um projeto simples para seu primeiro jardim, com algumas plantas básicas boas para os iniciantes. Ele se baseia em quatro seções quadradas ou retangulares, cada uma com cerca de 2 a 3 metros de lado, que peguem bastante sol. Elas podem ser agrupadas em um único quadrado ou retângulo maior ou em uma linha, ou mesmo estar separadas em pontos diferentes do jardim. Se estiverem juntas, é possível alcançá-las por todos os lados sem pisar nas plantas. Se você não conseguir lidar com quatro canteiros, tente ao menos um ou dois. Um jardim de ervas costuma ser mais fácil.

Canteiro Um – milho, morangas e ipomeias.
Canteiro Dois – tomates, cebolinha, manjericão e gatária.
Canteiro Três – abobrinha, abóbora-menina, melancia, girassol e ervilha-torta.
Canteiro Quatro – jardim de ervas mágicas.

Rotação

Esses vegetais recomendados são para um primeiro ano de jardim. Para os anos seguintes, pense em outras plantações – especialmente se tiver bastante espaço. Eis algumas dicas para manter um bom jardim por muitos anos:

Evite plantar o mesmo vegetal ou vegetais parecidos no mesmo lugar por dois anos seguidos. Trocá-los de lugar a cada ano é chamado de *rotação* e é necessário para evitar a exaustão do solo e para eliminar organismos que causam doenças. O melhor modo de fazer isso é como no rodízio dos pneus de um carro – passe as principais plantações de cada canteiro para o espaço ao lado no ano seguinte. As regras básicas são:

1. Alterne grãos com *legumes* (ervilhas e feijões) no mesmo espaço.

2. Alterne vegetais folhosos (espinafre, alface, repolho...) com raízes (cenouras, beterrabas, cebolas...).

Lição 3: O altar de seu jardim

Todo jardim mágico deve ter um altar de jardim. O nosso é um banco de concreto, que pusemos no meio de nosso jardim de legumes, ao lado do caminho. Conforme as estações mudam, troco o pano do altar e ponho coisas diferentes sobre ele, de acordo com a Roda do Ano (ver 4.VI). Um local particularmente apropriado para erguer seu altar de jardim, porém, é bem no meio do pentagrama de seu jardim de ervas, no canteiro quatro (ver a seguir). Pode ser uma grande pedra chata, ou qualquer coisa que você quiser. O altar de jardim é um ótimo local para fazer encantamentos especiais fora de casa, sob a Lua e o Sol. Pense em todo o seu jardim como um espaço ritual sagrado (ver 4.II).

Deusa do Jardim: Não é um requisito, é claro, mas uma Deusa do Jardim é uma ótima adição a qualquer jardim mágico! Conseguimos algumas muito bonitas em feiras de artesanato ou antiguidades – *Ceres* (a deusa romana dos grãos de cujo nome veio "cereal"), *Kwan-Yin* e *Higeia* (deusas da cura – nossa palavra *higiene* vem de Higeia). Procure deusas de concreto ou plástico, e não de gesso, pois o gesso se desfaz na chuva.

Bola de Bruxa: Talvez você já tenha visto aquelas grandes bolas de vidro espelhado vendidas em lojas de jardinagem. São versões gigantes das antigas bolas de Natal e, tradicionalmente, são chamadas de "Bolas de Bruxa". Sua superfície espelhada serve para criar um encantamento de proteção em torno de seu jardim. Mantemos a nossa em um pedestal no centro de nosso roseiral. Entretanto, não é preciso ter uma das grandes – até uma bola de natal de bom tamanho já serve, desde que tenha a superfície espelhada regular. É uma ótima peça central para o altar de seu jardim.

Espantalho: Embora os pássaros não pareçam se assustar muito com meus espantalhos patetas, ainda gosto de pôr um no jardim, no outono, apenas por tradição. Depois de colher o milho, é divertido amarrar os feixes e vesti-los com uma camisa velha, um saco de papel ou pano cheio de folhas como cabeça e um enorme chapéu de palha. Para mim, é como Jack Straw, fantasma do Homem Verde, que é cortado na colheita. Sua última aparição será no Samhain (Halloween), como Zé Lanterna.

Banheira de pássaros: Uma bonita banheira de pássaros próxima ao seu jardim atrairá os pássaros, que comerão alguns dos insetos daninhos que atacam suas plantas – especialmente taturanas devoradoras de folhas. Certifique-se de que a banheira tenha altura suficiente (pode ser pendurada em uma árvore) e impeça que seu gato apanhe os pássaros atraídos. Mantenha-a sempre cheia de água.

Lição 4: Seu jardim de legumes

Primeiro, trace um diagrama ou mapa do jardim que planeja ter antes de pôr a mão na massa. Guarde o mapa em um lugar seguro para que possa consultá-lo durante o ano – pode pendurá-lo na parede ou na porta da garagem ou da cabana de ferramentas. Todo inverno, faça um novo mapa com um novo projeto. Eu uso papel quadriculado. Marque as fileiras, espaçando-as conforme a escala. Escreva o nome das plantas que pretende plantar e as datas (veja a seguir). Se seu jardim for em uma ladeira, faça as fileiras em níveis para evitar a erosão. Ponha as plantações mais altas – como milho e girassóis – ao norte para que não façam sombra nas plantas menores:

Embora eu dê aqui as informações sobre o momento ideal de plantio, de acordo com os signos e fases da Lua, o ideal nem sempre é a realidade prática. Na maior parte do tempo, trabalhamos no jardim quando sobra algum tempo e algum ânimo, quando o Sol está brilhando e dá vontade de ficar fora de casa. Também trabalhamos o solo e plantamos quando não está chovendo e quando o solo não está tão encharcado, de forma que perca a estrutura quando trabalhado.

Além disso, em diferentes zonas climáticas, as estações de crescimento variam, com as plantas mais adequadas e as melhores épocas para plantá-las. Se você viver nos trópicos ou bem ao norte, talvez não possa plantar os vegetais indicados, mas haverá outros que se adaptarão melhor ao seu clima. Por isso, consulte a sementeira local e faça adaptações. Um bom método de Feitiçaria é observar o que dá bem em sua região e conversar com outros jardineiros. Jardineiros realmente bons observam o jardim de outras pessoas – a boa jardinagem é, na maior parte, observar o que as plantas estão fazendo naturalmente e estimular aquilo.

Canteiro Um

Milho: A melhor época para plantar milho é entre Beltaine e Litha, durante o 2º quarto crescente (☽-○). Há muitos tipos diferentes disponíveis, mas o milho comum (*Zea mays L*) é considerado o melhor para jardins caseiros, pois é mais duro, mais saboroso e resistente a pragas. Plante milho em canteiros quadrados que peguem bastante sol, para aumentar a polinização. Se o espaço permitir, plante três variedades que estejam maduras em 75, 85 e 95 dias – ou varie o tempo de plantio ao longo de diversos períodos lunares para estender sua colheita. Plante o milho em valas de 10 centímetros de profundidade, com 30 centímetros entre os pés e 75 centímetros entre as fileiras. Se plantar sementes, ponha três em cada buraco e cubra-as com 2 centímetros de terra. Após o aparecimento do primeiro broto, arranque os outros e descarte-os – mas deixe os brotinhos em paz. Junte terra em torno da base conforme as hastes forem crescendo.

Morangas: As morangas crescem por uma área muito grande (cerca de 5 metros quadrados), por isso é preciso plantar apenas um canteirinho, bem no meio do milharal. Você terá uma porção de abóboras no Samhain! Plante-as durante o quarto crescente da Lua (☽-○) que se segue a Beltaine. Cave um buraco de cerca de 60 centímetros de largura e 30 centímetros de profundidade e encha-o de esterco misturado com terra. Faça um montinho com um buraco no meio e enfie oito sementes nessa cratera, enterrando-as a 4 centímetros. Diminua para 2-4 pés antes que elas formem trepadeiras e guie estas para os cantos de seu milharal. Durante a estação do milho, as folhas de moranga cobrirão o solo e o manterão úmido. Depois de colher o milho e amarrar as hastes, as morangas crescerão em meio aos feixes, vigiadas por seu espantalho.

Ipomeias: Depois de plantar o milho e durante o primeiro quarto da Lua (☽-☾), espalhe sementes de ipomeia em seu milharal. Mergulhe as sementes de um dia para o outro em água quente e plante apenas uma semente ao lado de cada broto de milho, coberta com 1 centímetro de terra. Elas se entrelaçarão nas hastes de milho, produzirão lindas flores e atrairão beija-flores.

Canteiro Dois

Tomates: Ponha os tomates no solo logo que acabar o perigo de congelamento. Plante-os em um ponto ensolarado durante o 2º quarto da Lua crescente (☽-○). Os tomates devem ser plantados a partir de muda, e não de sementes. Escolha mudas com 15-20 centímetros de altura e plante-as com 120 centímetros de distância, em uma profundidade que cubra metade do caule. Quatro mudas em seu canteiro bastarão e é possível plantar uma de cada variedade. Serão necessárias armações fortes para sustentar as trepadeiras. Cuide delas todos os dias e mantenha os galhos principais dentro das armações. Fertilize apenas no momento de plantar ou você obterá lindas folhas, mas poucos frutos!

Cebolinha: Entre Ostara e Beltane, durante o 3º quarto da Lua minguante (○-☽), plante um par de maços de cebolinha nas bordas externas de seu canteiro de tomates, longe dos outros canteiros. O melhor modo é conseguir mudas. Plante vários bulbos juntos, com 2 centímetros de profundidade. Depois do primeiro ano, divida seus maços e espalhe-os em outros lugares. As cebolinhas repelem pulgões, por isso, para proteger nossas roseiras, plantamos cebolinhas e cebolas selvagens por todo nosso quintal.

Manjericão: Plante alguns pés de manjericão entre as armações dos tomateiros. Espalhe as sementes no período de calor, durante o 2ºquarto da Lua (☽-○). Separe as plantas crescidas de 30 em 30 centímetros, fertilizando nesse momento.

Gatária: (*Nepeta cataria*): Plante um pouco de gatária em torno dos tomateiros durante o 2º quarto da Lua (☽-○) para repelir as "vaquinhas". Faça com que se espalhe pelo solo podando os brotos verticais, ou ela poderá atingir 1 metro de altura e afogar o manjericão e os tomates.

Canteiro Três

O terceiro canteiro é principalmente para abóboras e melões, que ocupam bastante espaço, mas são rasteiros. Para seu primeiro jardim, recomendo plantar apenas três, separados cerca de 2 – 2,5 metros em um triângulo: um de abobrinhas, um de abóbora-menina e um de melancia (se tiver bastante água para irrigação). O espaço superior desse canteiro é ocupado por girassóis altos e trepadeiras de ervilha ou feijão.

Abobrinha: Um único pé de abobrinha produz tantos frutos que você vai querer doá-los a todos os passantes! Durante o 2º quarto da Lua (☽-○), plante várias sementes em um único monte de adubo com uma cratera no centro, exatamente como no caso das morangas, e depois deixe apenas dois pés.

Abóbora-menina: Há diversas variedades dessa abóbora, como a lisa e a rajada. Recomendo a abóbora japonesa. Durante o 2º quarto da Lua (☽-○), plante meia dúzia de sementes em um monte em forma de cratera, como fez com as abobrinhas, e depois reduza para dois pés.

Melancia: Durante o 2º quarto da Lua (☽-○), plante de 4 a 8 sementes sob 3 centímetros de terra em um montinho cheio de adubo, como para as abobrinhas, mas misture um pouco de areia à terra. Quando os brotos se desenvolverem, mantenha apenas um pé, o mais forte. Regue regularmente e muito bem. Embora as melancias sejam divertidas de plantar e comer, não são consideradas uma boa plantação para iniciantes. Consulte a sementeira local. Se não achar que melancias são uma boa ideia, tente plantar outra variedade de abóbora, seguindo as instruções acima.

Girassóis: Podem chegar a 3,5 metros de altura, produzindo imensas flores que dão centenas de sementes saborosas para as pessoas e os pássaros. Plante vários em outro triângulo entre as abobrinhas, abóboras e melancias. Plante durante o 1º quarto da Lua (◐-◐), no início da primavera, assim que a terra não estiver mais gelada, em solo profundamente revolvido, tratado com calcário e fertilizado. Plante 2-3 sementes em cada buraco e cubra-as com 1 centímetro de terra. Quando brotarem, deixe apenas o mais forte. As variedades altas precisam ser amarradas frouxamente a estacas com uma tira de pano. Regue regularmente e fertilize várias vezes durante a primavera e o verão.

Feijão trepadeira: Plante esses feijões na base de cada girassol para que se enrosquem nas plantas mais altas. Há diversas variedades para escolher. O *feijão-da-espanha*, ou *feijão-flor*, tem flores vermelho-fogo que atraem borboletas e dá vagens roxas de feijões comestíveis, mas seu sabor não é o melhor. Para mim, o feijão trepadeira mais saboroso é o *Kentucky Wonder* –, mas consulte o cerealista local e veja o que eles aconselham. Plante no início da primavera, ao mesmo tempo que plantar girassóis. Espalhe 4-6 feijões a 5 centímetros de profundidade e fique apenas com os 2 ou 3 melhores brotos. Conforme eles crescem, talvez seja preciso ajudá-los a encontrar a haste dos girassóis. Fertilize-os uma ou duas vezes durante o verão.

Plantas Companheiras

Como você deve ter notado pelo que foi dito acima, muitas plantas de jardim crescem bem juntas e ajudam umas às outras de várias maneiras. Certas plantas até mesmo repelem as pragas que atacam o seu jardim. Os jardineiros espertos compreendem isso e planejam jardins de forma a maximizar o uso efetivo de "Plantas companheiras". Eis algumas plantas companheiras a considerar para seu Jardim de feiticeiro. Algumas podem ser plantadas no meio dos legumes e outras na beirada dos canteiros ou em volta do quintal.

Calêndula é um tipo de **cravo** com flores laranjas e amarelas que repelem pragas. Em forma de tintura, é também um antisséptico.

Gatária reduz as "vaquinhas" nos tomates.

Cebolinha repele os pulgões das rosas (as rosas amarelas, em particular, atraem horríveis besouros japoneses!).

Beijo-de-moça e coreópsis repelem insetos.

Cravos plantados com feijões repelem a maioria dos besouros.

Cravos franceses atraem lesmas, por isso plante-os em outro lugar, como "Horta-armadilha".

Menta e mostarda repelem as pragas do repolho.

Nastúrcios repelem pulgões, e o tipo comestível tem mais óleo de mostarda do que a planta da mostarda. Fica ótimo em saladas e fritadas.

Crisântemos devem, sem dúvida, ser incluídos em seu jardim – não apenas por sua beleza, mas também por suas qualidades inseticidas.

Cebolas repelem lagartas.

Sálvia repele formigas e pragas do repolho.

Hortelã e tanásia repelem formigas. Como crescem muito, plante-as encostadas na parede da cozinha.

Lição 5: Seu jardim mágico de ervas

Muitas pessoas da comunidade mágica (especialmente bruxas!) fazem seu jardim de ervas em forma de pentagrama. Seu quarto canteiro deve ter o tamanho certo. Você pode fazer o desenho com tijolos, pedras ou tábuas finas pregadas juntas (o nosso foi feito com tijolos). Um pentagrama oferece cinco áreas triangulares espaçosas, permitindo um belo sortimento de ervas para Magia, cura e cozinha. O pentágono do centro é um local perfeito para o seu altar de jardim e é ali que recomendo colocá-lo.

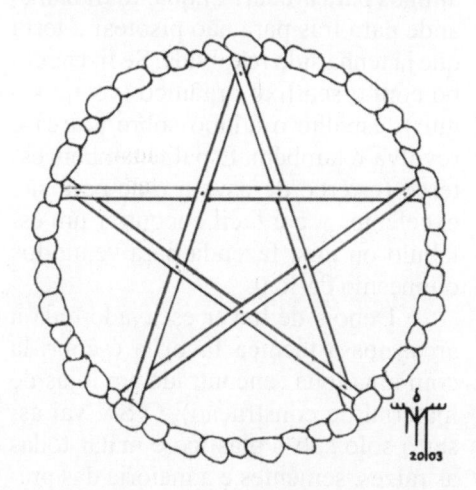

Todas as ervas devem idealmente ser plantadas durante o primeiro quarto da Lua (☽-☾). Selecione-as implacavelmente. Escolha os brotos mais fortes e dê a eles espaço para amadurecer. Mantenha os canteiros livres de ervas daninhas, o solo úmido e cultive a terra regularmente para assegurar uma boa drenagem. Acima de tudo, converse com suas ervas e deixe-as saber que você as ama. Colha as ervas quando as flores aparecerem e logo antes que abram. Acredita-se que as ervas mágicas são mais poderosas se colhidas no meio do verão. Quando o orvalho da manhã tiver evaporado, corte os talos e gentilmente lave as plantas. Amarre-as em maços e pendure-as em um local escuro e arejado. Conforme secam, o óleo no talo escorre para as folhas. Depois de duas semanas, arranque as folhas e flores e armazene-as em vidros bem fechados com rótulos decorativos.

Eis uma seleção de ervas perenes com uma variedade de usos; escolha cinco – uma para cada seção de seu pentagrama. Incluí os nomes científicos e o tamanho que ficam ao crescer, assim como alguns de seus usos. É melhor plantá-las a partir de mudas; consulte a sementeira local para determinar quais ficarão melhor em seu jardim e em seu clima.

Camomila (*Anthemis*) (1 metro): a camomila é um chá popular para nervos em pandarecos, ajuda a dormir e é um bom incenso para todas as finalidades. No banho, ela relaxa e amacia a pele. Leve camomila em seu saquinho-talismã para influenciar positivamente os outros.

Hissopo (*Hyssopus officinalis*) (60 centímetros): o hissopo tem propriedades protetoras e repele o mal. Pendure um raminho na janela para afastar os demônios. As folhas e flores amaciam e refrescam o corpo quando acrescentadas à água do banho. O chá das folhas de hissopo excita a paixão.

Melissa *(Melissa officinalis)* (60 centímetros): chamada "Planta-mel", pois as abelhas adoram. Pode ser usada no saquinho-talismã como um feitiço de amor. As folhas dão um chá excelente. Folhas esmagadas em um saco de musselina podem ser acrescentadas a um banho calmante.

Menta *(Mentha)* (1 metro): inclui a menta e a hortelã. Uma boa adição a chás e doces, a menta seca se conserva muito facilmente para uso posterior em adstringentes e banhos. Se mascada fresca, oferece o dom do belo discurso.

Artemísia *(Artemisia vulgaris)* (105 centímetros): a artemísia é usada na adivinhação e sonhos proféticos, pois seu aroma aumenta a consciência. Ela também promove a paixão e a amizade. Ponha folhas de artemísia em seus sapatos quando fizer uma longa caminhada para evitar a fadiga.

Arruda *(Ruta graveolens)* (70 centímetros): chamada de "erva da graça" por suas qualidades protetoras, a queima das folhas secas de arruda dissipa o mal e a má vontade. A arruda é boa para a visão, tanto física quanto espiritual.

Sálvia *(salvia)* (60 centímetros): o nome da sálvia significa "ser salvo" porque a erva tem muitos usos. É boa em saladas e para aromatizar o peru. O chá de sálvia ajuda a amenizar tosses com catarro, congestão de pulmão, amigdalite e garganta inflamada. A sálvia também auxilia no mau hálito, no sangramento das gengivas e em dores bucais. Esmague as folhas frescas e aplique-as nas picadas de insetos. Maços de sálvia fazem ótimos defumadores!

Lição 6: Cuidando de seu jardim

Preparando o solo

Comece a trabalhar em seu jardim bem antes de começar a plantar de fato; a maioria dos jardineiros experientes prepara o solo no outono e o deixa sazonar durante o inverno. A primeira coisa de que você precisará (e que é o mais trabalhoso!) é se livrar de tudo o que estiver crescendo ali. Se houver arbustos altos, vista luvas e arranque-os. Amontoe tudo em uma pilha de matéria vegetal ao lado do jardim. Em seguida, passe um cortador de grama, acrescentando o capim cortado ao monte.

Logo que o solo estiver seco, revolva a terra com a pá e quebre-a ainda mais com o ancinho, enxada e rastelo. Esse é um ótimo exercício e é muito mais divertido se você puder chamar alguns amigos para ajudar! Enquanto trabalha, ande para trás para não pisotear a terra que já tenha sido revolvida. Se fizer adubo com o seu lixo orgânico (veja a seguir), espalhe o adubo sobre a área e revolva-o também. Espalhe também esterco (esterco de cavalo e de peru são excelentes – e é fácil encontrar um estábulo ou uma fazenda para vendê-los ou mesmo dá-los).

Depois de haver escavado toda a área, nossa técnica favorita é cobri-la com uma lona (encontrada em lojas de material de construção). O Sol vai assar o solo sob o plástico e matar todas as raízes, sementes e a maioria das pragas. Confira depois de mais ou menos uma semana para ver se não restou nada verde sob o plástico. Quando o solo parecer suficientemente cozido e não restar nada verde, remova a lona e acabe de quebrar os torrões de terra. Depois passe o rastelo, forme os caminhos e faça valas, fileiras e crateras para dispor suas sementes e mudas.

As sementes brotam

Em nosso jardim, atualmente, plantamos quase tudo com mudas, que podem ser compradas em qualquer lugar na primavera. Esse é um modo fácil e é o que recomendo para seu primeiro jardim. Todavia, muitas das plantações que mencionei anteriormente podem ser iniciadas com sementes (particularmente milho e abóboras), e eu gostaria de encorajá-lo a tentar, pois é particularmente mágico atravessar todo o processo desde a semente até a colheita.

O problema de plantar sementes direto no chão é que os pássaros adoram comê-las. Um modo de garantir o sucesso das sementes é fazê-las brotar você mesmo e depois transplantar os brotinhos para o jardim. Algumas sementes precisam ser ligeiramente talhadas (*escarificação*) antes do plantio; algumas precisam ficar no freezer por um mês (*estratificação*) antes de germinar – leia as instruções do pacote. Deixe as sementes de molho, de um dia para o outro, em uma tigela d'água e depois espalhe-as em diversas camadas de papel-toalha úmido. Dobre as camadas e ponha tudo em uma bandeja. Mantenha o papel úmido (sem encharcar) e olhe todos dias. Quando vir pequenas raízes saindo, é hora do próximo passo.

Todas as lojas de jardinagem vendem bolinhas de xaxim para brotos, por isso compre tantas quantas precisar (uma para cada broto). Arrume as bolinhas em uma assadeira ou travessa. Então, encharque-as com água até que amaciem e inchem, mantendo cerca de meio centímetro de água no fundo da bandeja. Use um objeto pontudo para abrir um buraquinho no meio de cada bolinha e insira cuidadosamente os brotinhos, com as raízes para baixo. Cubra-os delicadamente com o xaxim e ponha a bandeja em uma janela para pegarem bastante Sol. Não deixe a água secar e observe as folhinhas saírem. Reutilize o xaxim que não brotar. Quando os brotos tiverem mais ou menos 15 centímetros de altura, você já pode transplantá-los para o jardim. Os brotos muito pequenos ainda são vulneráveis a caramujos, lesmas e insetos, por isso é bom reservar alguns substitutos e deixá-los crescer mais.

Compostar e capinar

Logo que as mudas estiverem bem estabelecidas no solo e tiverem mais ou menos meio metro de altura, é preciso *compostá-las* para afastar as ervas daninhas e impedir a perda de umidade. Assim você terá um lugar agradável para as plantas e para nematoides e minhocas benéficos. Para isso, pode-se usar palha e folhas, mas o composto mais eficaz que já descobrimos é jornal velho. Guarde uma pilha e espalhe em várias camadas em torno de suas plantinhas, cobrindo tanto quanto possível a terra. Depois espalhe palha ou folhas sobre os jornais para impedir que o vento os carregue. Durante a estação de crescimento, veja sempre se não cresceu nenhuma erva daninha que tenha escapado do Sol e do composto e arranque-a para que não rivalize com sua plantação.

Irrigar

É essencial manter o jardim bem irrigado – especialmente se você viver, como eu, em uma região em que não chove muito no verão. A água tem de chegar ao solo e às raízes – não às folhas e flores – especialmente quanto aos tomates, pois as flores não produzirão fruto se forem molhadas. Para um pequeno jardim, basta ir de planta em planta com uma mangueira algumas vezes por semana e molhar o chão na base de cada uma. Isso funciona especialmente bem se houver uma espécie de cratera em torno de cada planta, de forma que ela segure uma pequena poça d'água. Fiz isso por muitos anos e funciona muito bem. É um bom modo de certificar que você vá ao jardim regularmente, para regar e arrancar as ervas daninhas. Ou monte um sistema de gotejamento, com mangueiras especiais. Mas isso dá muito trabalho e é muito complicado (além de ser caro), por isso, se preferir fazer desse jeito, você vai precisar de ajuda.

Importante: nunca regue seu jardim na hora mais quente do dia; as gotas d'água agem como pequenas lupas, focalizam a luz do Sol e queimam as folhas!

Adubo

Uma parte importante da vida mágica é a reciclagem, e ela começa com a fabricação de adubo, a partir de seu lixo orgânico. Mantenha um balde para adubo, com tampa, na cozinha, e jogue ali todos os restos, exceto os ossos. Algumas das melhores coisas para fazer adubo são pó de café e cascas de ovo esmagadas. Guarde cascas de ovo até que sequem e depois moa até formar um pó. Aplique o pó em vasos, no jardim e nas roseiras, ou enterre as cascas inteiras no chão e em torno das plantas. A casca de ovo tem minerais que mantêm seu jardim saudável e forte.

Reserve um lugar ao lado de seu jardim e amontoe matéria vegetal para fazer composto. De vez em quando, cave um buraco no centro do monte e esvazie o balde de adubo lá dentro, cobrindo tudo com matéria vegetal e terra. Revolva o monte com a pá; quando fizer isso, você estará criando uma rica fonte de nutrientes para seu jardim no ano seguinte. Quanto mais você revolver, melhor funciona (e menos cheira). Também é possível cobrir o monte com um plástico *transparente* para guardar o calor. Espalhe o adubo no momento em que preparar o solo para o plantio e comece a fazer o monte para o ano seguinte (nunca ponha adubo fresco em seu jardim; o nitrogênio em excesso queimará as plantas e as matará!).

Pragas e doenças

Infelizmente, não somos os únicos a achar saborosas as hortas de legumes. Enormes populações de "pragas" invadem nossos jardins todos os anos tentando devorar nossa colheita. Como milhares de gerações anteriores de jardineiros, você terá de lutar contra esses invasores. Eis algumas dicas:

As marmotas podem acabar com uma planta grande de um dia para o outro ao comer suas raízes. O eufórbio não as mata, mas, se você o cultivar, ao encontrar um buraco, pode arrancar a parte de cima de uma dessas plantas e enfiá-la de cabeça para baixo no buraco. As marmotas não suportam o cheiro nem o gosto da seiva da planta. Mas, dentre todos os diversos meios que já tentei para combatê-las ao longo dos anos, o mais eficaz que encontrei são as estacas a pilha, que se enfiam no solo e emitem assobios em alta frequência, de tempos em tempos, e que os roedores não suportam. O alcance efetivo dessas estacas é de cerca de 15 metros, de forma que uma só no meio do jardim já basta.

As toupeiras são insetívoras e, na verdade, aeram o solo. Os *ratos silvestres*, entretanto, são muito maus e gostam de fazer coisas, como arrancar suas ervilhas quando elas já estão crescidas, saudáveis e prestes a florescer. Você pode protegê-las com garrafas de plástico cortadas em cilindros em volta das plantas jovens.

Quanto aos insetos, há basicamente dois tipos com os quais você deve se preocupar: *mascadores* e *sugadores*. Os mascadores comem as folhas; dentre eles, estão as taturanas, mede-palmos, lagartas e diversos besouros. Os sugadores se alimentam como mosquitos, introduzem seus bicos nas folhas e caules e sugam a seiva. Entre eles, estão os gafanhotos, pulgões, aranhas vermelhas e afídios. Há quatro modos de lidar com essas pragas: barreiras, plantas que repelem insetos, predadores e inseticidas.

Mencionei anteriormente as plantas repelentes quando falei de "plantas companheiras". Os predadores insetívoros são os pássaros, insetos predatórios e aranhas. Falaremos sobre eles a seguir. Uma banheira de pássaros encorajará o tipo certo de passarinho a apanhar insetos em seu jardim (porém, não ponha um *alimentador* de pássaros perto do jardim ou você vai atrair pássaros que vão querer comer também seu mi-lho e sementes de girassol.). As barreiras são úteis contra larvas, taturanas e lagartas. Podem ser bem simples, como rolos de papel higiênico em volta dos brotos.

Quanto aos inseticidas, você pode fazer o seu próprio, com alho, cebola, pimenta ou crisântemos, deixados de molho em água quente, como em um chá, e aplicados com um borrifador. Borrife o lado de baixo das folhas, bem como o de cima. As formigas ODEIAM pimenta vermelha. Misture partes iguais de pimenta-caiena e bórax em pó e espalhe em uma linha, perto de portas, janelas ou em qualquer caminho que as formigas usam para entrar na casa. Se não funcionar, os melhores tratamentos comerciais são *pyrethrum* e *rotenone*. Sempre use luvas de borracha para lidar com pesticidas.

Caracóis e lesmas podem ser eliminados dispondo-se pequenos recipientes (como latas de comida de gato) com cerveja. Esses escorregadios moluscos terrestres adoram cerveja, mas, na verdade, não sabem beber!

Além das pragas visíveis, há também organismos danosos microscópicos que atacam plantas de jardim, como fungos, bactérias e vírus. Os sintomas são folhas descoloridas, manchadas, murchas, enroladas ou mortas. Uma vez que uma planta é infectada, não há muito mais a fazer senão arrancá-la e queimá-la. O melhor modo de prevenir essas doenças é plantar vegetais resistentes a elas e sementes tratadas. Há diversos fungicidas orgânicos que podem ser espalhados nas plantas não infectadas, como os inseticidas. Entre eles estão, *Zerlate, Zincate* e *Karbam White*. Leia o rótulo cuidadosamente e siga as instruções.

Insetos benéficos

Alguns de seus aliados mais eficazes contra as pragas são insetos e aranhas predatórios. Meus favoritos são os louva-a-deus e as aranhas tigradas (*Argiopes*).

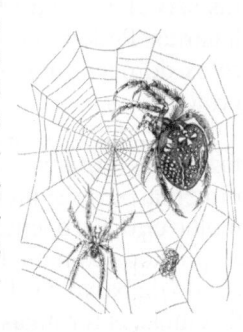

Os louva-a-deus são ferozes caçadores de gafanhotos, grilos e mandruvás. É possível comprar ovos deles, mas *apenas* se forem vendidos em sua região, pois um microclima diferente pode matá-los. Eles eclodirão em cerca de cem bebês famintos.

As aranhas de jardim simplesmente aparecem em um jardim florido e capturam muitos insetos voadores; encoraje-as com postes altos de bambu, com espaço de meio metro entre eles, para que elas façam suas teias. As lojas de jardinagem vendem joaninhas refrigeradas, que são ótimas para o combate aos pulgões – liberte-as aos poucos. As larvas comem cerca de dez vezes mais pulgões do que os adultos. Mantenha uma tigela da água no altar do seu jardim para seus amigos insetos. Abelhas e borboletas não são predadores, obviamente. Seu benefício é a polinização. Plante muitas flores e essas encantadoras criaturas virão ao seu jardim e o farão viver. A melissa atrai abelhas e as ipomeias, beija-flores. As minhocas escavam o solo, ajudando a aerar e a drenar o excesso de água. Seus dejetos são ricos em nutrientes do solo, que alimentam as plantas. Recomendo ir a uma loja de iscas e comprar algumas latas de minhocas, e depois espalhá-las na terra arada antes de plantar. Elas adoram os montes de composto e são especialmente fãs de pó de café.

Lição 7: Jardinagem sob a Lua

A Lua governa o crescimento, e o plantio é mais produtivo se as influências lunares forem levadas em consideração – não apenas as fases claras ou escuras, mas também a natureza do signo do Zodíaco pelo qual a Lua está passando.

Jardinagem segundo a fase da Lua

Lua crescente: ●●●●●◐○○○○ç

Semeie, transplante, enxerte e faça germinar. Os frutos apanhados neste momento apodrecerão rapidamente se estiverem machucados. A grama cortada neste momento crescerá mais rápido.

Lua minguante: ○○○○○◐●●●●●

Cultive, capine e pode. As áreas machucadas dos frutos colhidos neste momento secarão. Corte a grama agora para retardar o crescimento.

Lua Nova até o primeiro quarto: ●●●●●◐○○

Inicie plantações acima do solo com sementes externas, plantas de colheita anual, ervas, folhas (alface, repolho), aipo, couve-de-bruxelas, grãos, etc.

Do primeiro quarto até a Lua cheia: ●●◐○○○○

Plantações acima do solo com sementes internas (tomates, milho, feijão, pimenta, ervilha, abóbora, melão, moranga, etc.).

Da Lua cheia até o último quarto:
○○○○◐●●

Plante raízes, bulbos, plantas bienais, perenes (cebola, cebolinha, batata, cenoura, beterraba, rabanete, etc.)

Do último quarto até a Lua nova:
●●●●●●●

Não plante. Arranque e destrua ervas daninhas e pragas; cultive e colha. Corte lenha nesse momento.

Jardinagem lunar segundo o signo do Zodíaco

Consulte um calendário de signos lunares para conhecer as fases da Lua e sua posição diária entre os signos do Zodíaco. A Lua fica em cada signo por cerca de dois dias e um terço. O primeiro dia em que a Lua está em um signo é o melhor, seguido pelo segundo e pelo terceiro. A influência de cada signo é muito aumentada quando o Sol e a Lua estão no mesmo signo. Os signos de Água são os mais férteis e os melhores para plantar. Os signos de Terra são bons para raízes. Os signos de Fogo e de Ar são, na maioria, estéreis e bons momentos para destruir ervas daninhas e pragas. Faça a colheita quando a Lua estiver em um dos signos de Ar ou de Fogo para poder armazenar por mais tempo.

Signos férteis

- ♉ **Touro** *(Terra)*: o melhor momento para plantar raízes é quando a Lua está em Touro – um signo úmido e produtivo.
- ♋ **Câncer** *(Água)*: o momento mais favorável para todas as plantações de folhas que dão frutos acima do solo. Transplante e pode para encorajar o crescimento.
- ♎ **Libra** *(Ar):* Libra é o menos benéfico dos signos férteis, mas é excelente para plantar flores ornamentais e trepadeiras.
- ♏ **Escorpião** *(Água)*: uma Lua em Escorpião promete boa germinação e crescimento rápido. Pode para permitir o desenvolvimento dos botões.
- ♑ **Capricórnio** *(Terra)*: A Lua em Capricórnio promove o crescimento de rizomas, bulbos, raízes, tuberosas e pedúnculos. Pode para fortalecer os galhos.
- ♓ **Peixes** *(Água)*: Plantar sob uma Lua em Peixes é especialmente eficaz para o crescimento das raízes.

Signos estéreis

- ♈ **Áries** *(Fogo):* Cultive, capine e pode para reduzir o crescimento indesejado. Colha ervas e raízes para armazenar.
- ♊ **Gêmeos** *(Ar)*: Colha ervas e raízes.
- ♌ **Leão** *(Fogo)*: o principal dos signos estéreis, uma Lua em Leão é o melhor momento para destruir ervas daninhas e pragas. Cultive e are o solo.
- ♍ **Virgem** *(Terra)*: are, cultive e controle ervas daninhas e pragas sob uma Lua em Virgem. Faça linhas de ligação e amarre as plantas em hastes.
- ♐ **Sagitário** *(Fogo)*: Are e cultive o solo ou colha. Destrua ervas daninhas e pragas. Pode para desestimular o crescimento.
- ♒ **Aquário** *(Ar)*: momento perfeito para cultivar o solo, colher e apanhar raízes e ervas. Destrua ervas daninhas e pragas.

Lição 8: A Roda do Ano* em seu jardim

Ostara (HN- 21 de março HS- 23 de setembro): o ciclo sazonal que nós do povo mágico chamamos de Roda do Ano começa no Equinócio da Primavera. Esse também é o momento perfeito para iniciar seu jardim mágico, depositando as primeiras plantas no solo. Dê as boas-vindas aos espíritos da Natureza em seu jardim e energize sementes que vai plantar. Monte seu altar de jardim com decorações de Páscoa, como ovos coloridos, coelhinhos, filhotinhos e flores; use uma toalha verde-clara.

Beltaine (HN- 1º de maio HS- 31 de outubro): decore seu altar de jardim com belas flores da primavera, um Cesto de Maio, guirlandas e fitas coloridas (idealmente, retiradas do Pau-de-fita!); use um pano de altar verde-escuro.

Litha (Solstício de verão: HN- 21 de junho HS- 22 de dezemnbro): cuide de sua plantação e colha ervas mágicas de seu jardim. Decore o altar de seu jardim com ervas, tomates e flores de verão; use uma toalha branca e velas, com um cálice cheio de água. Temos uma linda cesta em forma de cornucópia ("Chifre da abundância"), nós a compramos em uma loja de decoração e a deixamos no altar do jardim cheia de frutas e vegetais da estação.

Lughnasadh (HN- 1º de agosto HS- 2 de fevereiro): esta é a primeira colheita. Decore seu altar de jardim com flores (especialmente girassóis!), framboesas, milhos, tomates, abóboras e outros alimentos que estejam maduros; use uma toalha amarela. Faça bonecas com as espigas de milho e coloque-as em seu altar.

Mabon (Equinócio de outono: HN- 21 de setembro HS- 20 de março): Mabon é a segunda colheita e a festa da Ação de Graças. Decore seu altar de jardim com folhas coloridas de outono e pequenas cabaças, nozes, milho seco, sementes, bolotas e pinhas; use uma toalha de altar laranja e marrom. Faça um espantalho com hastes de milharal. Qualquer item de Ação de Graças – como pequenos perus – ficará bem em seu altar.

Samhain (HN- 1º de novembro HS- 1º de maio): O Samhain (também conhecido como Halloween) é o terceiro e último festival de colheita, e a celebração da morte. Cubra seu altar de jardim com uma toalha preta, penas negras, etc. Não use folhas ou flores dessa vez, mas deixe uma cornucópia ou tigela com nozes, milho, romãs e pequenas cabaças e abóboras coloridas. Faça um Zé Lanterna com uma das suas morangas. Se tiver alguns ossos ou caveiras de animais, pode colocá-los no seu altar de Samhain.

Lição 9: A colheita de suas ervas e vegetais

Manjericão: arranque as flores de manjericão antes que elas deem sementes e amasse-as em uma pasta com pinoles, alho, azeite e sal... e presto! Você fez *um molho verde italiano*. O manjericão é usado em receitas italianas, como o molho para espaguete. Pode ser acres-

---

* N.T.: Todas as referências do autor foram mantidas conforme a sua localização, no Hemisfério Norte, cujas estações do ano são exatamente contrárias ao do Hemisfério Sul, embora algumas datas festivas como a Páscoa e o Halloween sejam comemoradas na mesma época nos dois hemisférios.

centado a pratos com ovos e queijo e a saladas frescas. O aroma do manjericão fresco promove a simpatia entre as pessoas, tornando-o perfeito como incenso para rituais de perdão. Também é usado para aumentar a fidelidade e a fertilidade. Leve-o em seu saquinho-talismã para se proteger contra bruxas más e má sorte.

Gatária: arranque folhas de gatária conforme necessário. Ela pode ser usada em um encanto de fertilidade, e um chá feito com suas folhas secas acalma os nervos. Conta-se que a gatária torna a pessoa mais tímida ousada e poderosa. Essa erva é consagrada a Bast, a Deusa-gata – e seus gatos vão adorá-la!

Cebolinha: corte ou arranque as longas folhas verdes de cebolinha por todo o ano. Pique os maços em pedacinhos com tesouras para dar um sabor especial às batatas, saladas, sopas de legumes, fritadas, etc.

Milho: colha o milho quando os cabelos da espiga ficarem marrons e os grãos estiverem cheios e "leitosos". O milho deve ser colhido logo antes de comer, pois os açúcares se transformam em amido e o milho perde rapidamente seu sabor após a colheita. Ponha uma panela de água no fogo para ferver e depois saia e colha espigas suficientes para o jantar. Descasque ali mesmo, atirando as cascas na pilha de composto. Ponha as espigas na água fervente. Logo que ela voltar a ferver, desligue o fogo e espere cinco minutos antes de retirar as espigas. Deixe-as secar sobre um pano de prato e depois tempere com manteiga e sal. Que delícia! Milho seco pendurado na porta assegura a fertilidade do lar durante o inverno.

Morangas: colha as morangas em outubro, quando as trepadeiras estiverem quase mortas, mas antes do início do frio. Deixe os caules. Deixe-as curar ao sol por cerca de uma semana, depois armazene-as em um lugar fresco. Quando as esvaziar para fazer um Zé Lanterna, guarde as sementes e asse-as com molho de soja para obter um petisco delicioso!

Tomates: deixe os frutos amadurecerem completamente (ficam de um vermelho brilhante) na trepadeira e coma logo depois de colher, ou fatie e frite tomates verdes para fazer uma popular guloseima do sul dos Estados Unidos. Nunca ponha tomates inteiros no refrigerador! No final do outono, colha todos os frutos, qualquer que seja sua cor, antes que venha o frio. Mantenha-os armazenados, longe da luz do sol e eles logo amadurecerão. Embrulhe os tomates verdes em jornal; funciona mesmo!

Feijão: colha logo antes do momento de consumir, quando as vagens estiverem cheias e maduras, mostrando pequenos calombos. Não colha no início da manhã, quando as trepadeiras estiverem úmidas de orvalho. Continue a colher as vagens quando amadurecerem e as florações continuarem.

Girassol: Colha quando as sementes começarem a sair facilmente. Podem ser comidas cruas ou assadas. Ou apenas deixe-as para os pássaros.

Melancia: dá para saber quando uma melancia está madura batendo nela com os nós dos dedos. As melancias maduras fazem um som oco. É preciso ter um pouco de prática, mas depois de aprender, é impossível errar. Colha quando o som estiver surdo e pesado e coma no mesmo dia. Ponha-a na geladeira (ou na água fria) por 1hora antes de comer, para ter uma verdadeira guloseima de verão!

Abóbora-menina: colha antes do primeiro frio do outono e queime o resto da planta. Deixe um pouco do caule nas frutas. Deixe as frutas colhidas no sol por alguns dias. Guarde-as em um lugar seco a 21°C por duas semanas, depois armazene-as a cerca de 7°C. Para cozinhar, corte ao meio, tire as sementes, ponha uma colherada de manteiga no meio e asse até ficar macia.

Abobrinha: colha durante todo o verão, antes que as frutas fiquem muito grandes! Deixe um pouco do caule na fruta. Colha tudo o que restar no pé, antes do primeiro frio do outono, e queime o resto da planta no final da estação. Deixe as frutas colhidas no sol por alguns dias, depois armazene-as em local fresco, onde não congelem. Um dos modos mais saborosos de cozinhar abobrinhas é cortá-las em rodelas ou palitos, passá-las em ovo e farinha e fritá-las em azeite.

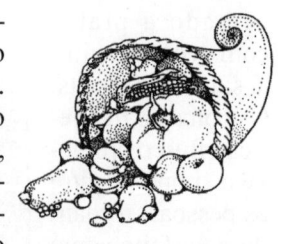

Terceiro Curso: Prática

Primeira Aula:
Ética da Magia

"Ouça-me agora. Você nunca pensou que o perigo rodeia o poder, assim como a sombra rodeia a luz? Este esconjuro não é um jogo que fazemos por prazer ou elogios. Pense nisto: cada palavra, cada ato de nossa parte é dito e feito para o bem ou para o mal. Antes de falar ou fazer, você deve saber o preço que terá a pagar!"
Ursula K. LeGuin (*A Wizard of Earthsea*, p. 23)

1. Introdução: ética e moral

tica: são os princípios que trazemos dentro de nós mesmos e que governam nossas escolhas na vida, nossas ações e nosso comportamento em relação aos outros. Nossa ética surge de nossas crenças mais profundas, de nossa compreensão de quem e o que somos de fato e da percepção de nossa missão na vida e de nosso destino. Ética é muito diferente de *moral*, que são regras que os outros impõem a nós com base no que *eles* querem que façamos, e muitas vezes não em nosso proveito. E nem ética nem moral são a mesma coisa que *leis*, que são regras criadas por legisladores com o propósito de manter-nos todos organizados em uma sociedade funcional e governável.

Seja nosso comportamento baseado em ética, em moral ou em leis, isso não determina por si só se somos úteis ou danosos aos outros. A ética de algumas pessoas exige que elas tratem os outros com integridade, honestidade e compaixão; outros têm padrões éticos que justificam perseguir e agredir os outros que eles considerem "inferiores" ou "indignos". Da mesma maneira, a moral e as leis podem melhorar a vida das pessoas de um modo positivo e libertador, ou escravizá-las em uma ditadura corrupta.

Não importa como formulamos nossa filosofia, o verdadeiro teste de nossa força e princípios reside em nosso *comportamento* – nossa capacidade de incorporar os princípios que prezamos e aplicá-los a nossa vida cotidiana para a construção de relações e comunhões, a integridade de nossas ações e a força de caráter que inspira os outros a crescerem e transformarem positivamente o mundo que os rodeia. Para esse fim, há alguns princípios éticos básicos que os verdadeiros Feiticeiros seguem. Como meu aprendiz, espero que você também abrace esses princípios.

Lição 2: "Com o grande poder vem a grande responsabilidade"

Stan Lee *(Homem-Aranha*, 1962)

Esta é a primeira diretriz de todos os que detêm o poder – sejam super-heróis, magos ou Feiticeiros. O poder de controlar sua vida e também de afetar a vida dos outros é um dos maiores poderes que existem. Com esse poder, vem a responsabilidade de usá-lo apropriadamente. Sempre que fizer Magia para afetar sua própria vida, você precisa estar tão seguro quanto possível de que aquilo que deseja realizar é de seu interesse. Quando o seu trabalho vai afetar a vida dos outros, é aconselhável pedir primeiro a permissão desses outros. Compreender o que pode ser do interesse de outra pessoa é muito mais difícil do que saber o que é melhor para você. Muitos procuram a Magia na esperança de conseguir poder sobre os outros. Eles sempre acabam por fracassar ou por aprender a verdade: o verdadeiro poder é o poder sobre si mesmo.

O poder pessoal nos dá grande liberdade na forma como escolhemos viver nossa vida. O complemento necessário a essa liberdade é a disposição de ser pessoalmente responsável por *todas* as suas ações e por seu efeito sobre o planeta. Apenas com a prática da responsabilidade pessoal podemos nos tornar responsáveis coletivamente e viver uma vida de liberdade e maturidade. Todos devemos ser igualmente responsáveis por fazer as coisas acontecerem, evitar o mal ou corrigir erros.

O maior princípio do Poder (na verdade, a essência da Lei Natural) é: **"As ações têm consequências"**. O que quer que decidamos fazer – ou não fazer – terá suas reverberações por toda a grande teia da vida. O grande gênio do século XIX, Robert G. Ingersoll, certa vez observou: "Na Natureza, não há recompensas ou punições; há consequências". Portanto, eu digo: "A forma como você me trata é problema seu; a forma como eu trato você é problema meu".

Poder

Poder é a capacidade de manifestar sua vontade no plano físico. O poder é, portanto, comparado à Magia. Aqueles que foram aclamados como "grandes" em nossa História e nossos mitos conseguiram essa fama legendária com o impacto que causaram em nosso mundo, nossa sociedade e nossa vida. Por algum tempo, eles tiveram Poder. Mas a questão principal do Poder sempre é: como usá-lo – e com que finalidade? Há o poder de *fazer* – de realizar, de criar, de construir, de manifestar e, portanto, de mudar o mundo. Há o poder de *controlar* – de governar os outros e forçá-los a agir contra sua vontade e seus interesses. Há o poder de *evitar* – o de impedir que aconteçam as coisas que não se quer que aconteçam, contra a vontade de outros que o querem.

Aqueles que detêm o Poder nas arenas políticas e sociais o conseguem com o apoio e a obediência de seu *eleito-*

rado, que compreende seus amigos, turmas, subordinados, exércitos e partidos políticos. Esse apoio pode ser obtido com amor (como muitas vezes é o caso na liderança de cultos religiosos) ou por meio do medo (como fazem os valentões e os ditadores). E a escolha que se coloca diante de qualquer um que tenha esse Poder é a mesma: governar ou servir.

Esse é um teste oferecido a todos os nossos líderes, em todos os níveis. O que *você* escolheria?

Autoridade

> *"Sou o feiticeiro-chefe agora. Basta apenas dar uma ordem e mil Feiticeiros vão...hã... desobedecer, pensar a respeito ou dizer: 'como assim?' ou começar a discutir. Mas eles pelo menos vão ter de notar."*
> Terry Pratchett (*Lords & Ladies*, p. 162)

A palavra *autoridade* tem dois significados muito diferentes e muitas vezes opostos, uma confusão que causa problemas sem fim. O primeiro, que está no *Webster* e que as pessoas parecem automaticamente presumir, baseia-se no *poder sobre*: "1. O poder ou direito de dar comandos, forçar a obediência... 6. Pessoas, especialmente no governo, que têm o poder ou o direito de forçar ordens, leis, etc.". A autoridade baseada em poder é chamada de *autoritária:* "Caracterizada por obediência incondicional à autoridade, como a de um ditador, mais do que pela liberdade individual de julgamento e ação". A autoridade baseada no poder tem raízes no medo, pois é reforçada pela ameaça de punição.

A segunda definição, muitas vezes esquecida, baseia-se na *especialidade*: "8. Segurança e habilidade que vem com a experiência.7. Uma pessoa com muito conhecimento ou experiência em alguma área, cuja informação ou opinião é, portanto, confiável; especialista". A autoridade baseada na especialidade é a chamada *competente*: " 2. baseada em autoridade reconhecida; confiável, por vir de alguém que é um especialista ou propriamente qualificado". Esse tipo de autoridade tem raízes no respeito pela sabedoria obtida.

Infelizmente, nossa língua não consegue distinguir entre esses dois conceitos quando nos referimos apenas a "Autoridade", como na frase popular "Questione a Autoridade". A presunção automática de que o termo se refere à definição "autoritária" torna um dos meus panfletos favoritos bizarramente irônico: *"Questione a autoridade. Pergunte-me qualquer coisa!"*. Este *Grimório para o Aprendiz* foi feito para maximizar o seu "conhecimento, experiência... informação... competência" e especialidade. Os que se tornam adeptos da Feitiçaria não obtêm nenhuma "autoridade" para dar ordens às pessoas, mas esperamos que eles adquiram a autoridade da especialidade, de forma que suas opiniões sejam consideradas dignas de respeito.

Lição 3: a Lei de Thelema e a Rede Wiccana

A Lei de Thelema

François Rabelais (1494-1553) foi um médico, escritor e satírico francês que escreveu almanaques, poesias e comentários sociais. Aluno da universidade de Montpellier em 1530, também foi colega de classe de Miguel Nostradamus. Em seu romance de 1532, *Gargântua*, Rabelais usou a frase "Faça como quiser", ao descrever o lema de uma "Abadia de Theleme" ideal e utópica.

Pierre Louÿs (1870-1925) foi, talvez, o primeiro a combinar as ideias de "Não faça o mal" com "Faça como quiser". Em seu romance de 1901, intitulado *As aventuras do Rei Pausolo*, Louÿs conta uma história divertida e picante sobre um rei com mil esposas que acreditava na liberdade sexual para todos. Em um trecho da história, o Rei Pausolo reduz o "Livro dos Costumes" ancestral a uma frase mais compreensível, fazendo uma proclamação em duas partes: "1. Não faças mal a teu vizinho. 2. Tendo isso em mente, faze como te agradar".

Em abril de 1904, o famoso mago Aleister Crowley (1875-1947) recebeu uma mensagem de uma entidade astral desencarnada, chamada Aiwass. Canalizada por meio da esposa de Crowley, Rose, essa entidade ditou um primoroso tratado de Magia denominado *O Livro da Lei*. Ele contém uma reformulação da Lei de Thelema de Rabelais: "Faze o que quiseres, eis toda a Lei". Embora algumas interpretações digam que devemos fazer o que quisermos, Crowley dizia que, na verdade, isso significa que devemos fazer como *devemos*, e nada mais. Ele acreditava que, se as pessoas compreendessem plenamente suas verdadeiras Vontades e as seguissem, estariam em harmonia com o Universo; e, portanto, não poderiam fazer mal.

A rede Wiccana

The Rede of the Wiccae (Being knowne as the Counsel of the Wise Ones) é uma coleção de 26 estrofes rimadas e conselhos que foram transmitidos pela sacerdotisa wiccana Adriana Porter, que morreu em 1946, com mais de 90 anos, para seus herdeiros. Gerald Gardner (1884-1964), o fundador da maior parte da Wicca moderna, dizia que essa Rede derivava-se do romance *O Bom Rei Pausolo*, de Louÿs. Muitas pessoas na comunidade mágica acreditam que essa seja a única regra de que precisam. O verso final da Rede diz simplesmente:

> *Oito palavras a Rede Wiccan cumpre;*
> *Se a ninguém prejudicas, faze como tu quiseres.*
> Lady Gwen (*Wiccan-Pagan Potpourri, Green Egg, VII, 69*, 21 de março de 1975, p. 10)

O princípio básico de "Não faças mal a ninguém" parece ser um bom pré-requisito para um comportamento tanto ético quanto moral. Era, na verdade, a primeira regra do Juramento Hipocrático feito por todos os médicos desde que foi escrito pelo pai da Medicina, Hipócrates da Grécia (460-377 a.C.): "Nunca fazer mal a ninguém". Em sua *República*, livro 1, 335e, Platão escreve: "Efetivamente, em caso algum nos pareceu que fosse justo fazer mal a alguém". E, certamente, podemos todos adotar o esplêndido lema de São Pedro Fourier: "Ser útil a todos e não fazer mal a ninguém".

Lição 4: Tudo o que vai, volta

Carma

Carma é o termo hindu para o princípio cósmico de causa e efeito, que diz que, para cada ação na vida, há uma reação: o bem traz o bem, e o mal traz o mal. Você deve ter aprendido que, se tratar os outros da forma como quer que eles o tratem, sua vida fica mais fácil.

> *O arco moral do Universo é longo, mas se inclina para a Justiça.*
> – Martin Luther King Jr.

Retorno Triplo

Todavia, com a Magia, essa regra pode ser ampliada. Algumas bruxas afirmam que existe um princípio natural a que chamam de Lei do Retorno Triplo. Com isso, querem dizer que a energia que aplicamos no mundo, para o bem ou para o mal, voltará a nós multiplicada três vezes. Esse é um elemento muito poderoso de ampliação, desde que você se lembre de que o Amor é a lei mais elevada.

> *Não existe justiça. Existimos apenas nós...*
> – Morte, dos livros *Discworld* de Terry Pratchett

O Amor é a lei mais elevada

O Amor por nosso próximo, pela Terra e suas criaturas é um dos elementos que definem nossa humanidade. "O Amor é a lei mais elevada", significa permitir que o Amor seja seu guia em todas as suas ações. Quando sua Magia for regida pelo Amor, você saberá que suas intenções são feitas em seu interesse e no interesse dos outros.

Quanto maior o círculo, mais o Amor cresce

Se você dividir seus biscoitos com seus amigos, vai comer menos biscoitos. Com o Amor, a divisão provoca o oposto. Quando você divide seu amor com os outros, o amor que lhe é dado vai aumentar. Quanto mais você ama, mais você é amado. Essa é uma grande e maravilhosa verdade.

A Corrente do Bem

O melhor modo de fazer com que a boa energia flua pelo mundo é aplicá-la você mesmo. Um ótimo modo de fazê-lo e de mudar o mundo com simples atos de gentileza foi imaginado pela escritora Catherine Ryan Hyde em um maravilhoso livro e filme chamado *A Corrente do Bem*. Trata-se de um plano de ação em um mundo de ficção. Desde que o livro foi lançado, em janeiro de 2000, um movimento social surgiu na vida real, não apenas nos Estados Unidos, mas em todo o mundo. O que começou como ficção tornou-se algo muito maior.

Reuben St. Clair, o professor e protagonista do livro *A Corrente do Bem*, inicia um movimento com esta declaração voluntária: *Pense em uma ideia para mudar o mundo e ponha-a em prática*. Trevor, o herói de 12 anos de *A Corrente do Bem*, tem uma ideia ótima. Ele a descreve para sua mãe e o professor deste modo: "Vejam bem, eu faço algo muito bom para três pessoas. E, quando elas perguntam como podem me agradecer, digo que têm de formar uma corrente do bem. Elas têm de fazer o bem para mais três pessoas cada uma. Assim, nove pessoas são ajudadas. Daí essas pessoas têm de fazer o bem a 27." E pega uma calculadora, digita alguns números. "Daí, isso vai se espalhando, percebem? Para 81. Depois 243. Depois 729. Em seguida 2.187. Veem como vai ficando grande?"

Você também pode fazer isso. Se quiser saber mais, visite o site da fundação Pay it Forward:
<*www.ayitforwardfoundation.org*>.

> *Em toda revolução, há um homem com uma visão.*
> – James T. Kirk, *Jornada nas Estrelas* ("Mirror, Mirror" por Jerome Bixby)

Lição 5: Seja excelente com os outros

> *Conseguimos respeito quando agimos segundo o que dizemos, agimos com integridade, seguimos os nossos valores, tratamos as pessoas com excelência e realmente nos preocupamos com os outros e com a Terra.*
> – Kyril Oakwind

Um feiticeiro vê a Divindade em todas as coisas vivas. Portanto, respeitamos o livre-arbítrio dos outros. Preferimos guiar não pela culpa ou coerção, mas pela inspiração e exemplo; não apenas ser excelentes com os outros, mas buscar a excelência em todas as nossas empreitadas, mesmo as mais insignificantes. Dentre os valores tribais que sustentamos, estão a Lealdade, a Generosidade, a Justiça e a Hospitalidade.

Você é uma centelha da grande alma-fogo da Natureza e está repleto da essência da Divindade. Honrar de fato a Divindade dentro dos outros é tratá-los com respeito, gentileza, cortesia e consideração consciente. Para isso, é preciso uma comunicação honesta e responsável, incluindo evitar a fofoca e o mexerico e a disposição para chegar a um entendimento, e não para o julgamento. Aprenda a se comunicar com os outros de um modo positivo e vivo.

Seja excelente consigo mesmo!

A Divindade reside tanto dentro quanto fora de nós, por isso a maneira como você trata a si mesmo é a forma como trata essa Divindade. A autoagressão, seja por uso irresponsável de substâncias, trabalho excessivo, abnegação, autoilusão ou simplesmente por destruir sua autoestima, são insultos à Divindade que reside dentro de você. Trate a si mesmo com gentileza e compaixão, e não com julgamento, e será mais fácil tratar os outros desse modo. Cuide do seu corpo, de seu lar e de suas posses, como um pedaço de Gaia que foi confiado a você. Seja um guardião consciente do Templo do Divino Espírito que está lá dentro.

Honre a diversidade!

Na Natureza, um ecossistema diversificado tem mais estabilidade. Existem muitos estilos de vida e modos de viver, e cada um deles tem algo a oferecer ao quebra-cabeça da vida. Seja aberto e receptivo às novas ideias, porque elas normalmente se manifestam em crescimento do espírito e da mente. Aprenda sobre as diferenças em vez de julgá-las. O sexismo, o racismo ou observações rudes sobre a preferência sexual dos outros, seu corpo, seus hábitos pessoais (desde que estes não prejudiquem as outras pessoas) não têm lugar na comunidade mágica. Toda vida é sagrada.

Faça o que diz! (e diga o que faz!)

Falar é fácil. É muito bonito proclamar que é um defensor da verdade e da justiça e apregoar princípios impetuosos. Mas é apenas com a prática que as palavras se tornam verdade e a mudança se manifesta. Entretanto, não tenha medo de falhar, pois, para crescer, nosso alcance deve ser maior do que a extensão de nossos braços e é errando que se aprende.

O poder da compaixão

> *Nunca duvide de que um pequeno grupo de cidadãos zelosos e comprometidos pode mudar o mundo. Na verdade, essa é a única coisa que já mudou o mundo.* – Margaret Mead (citação da criação do Dia da Terra em 1970)

A compaixão e a capacidade de sentir o que os outros sentem, e se preocupar com isso, são partes importantes do poder do feiticeiro. Não apenas porque a compaixão é "bonita" (o que já é uma boa razão para ser compassivo), mas porque o nosso poder deriva do fato de estarmos conectados com outros seres. A Magia é o resultado da nossa consciência em ação e, para que essa ação afete qualquer outra coisa além de você mesmo, é preciso formar uma conexão e compreensão com o alvo de seu trabalho. Quanto mais sintonizado você estiver com os sentimentos e desejos do Universo que o rodeia, mais poderosas essas conexões serão e mais poderosa será a sua magia. Lembre-se, sem empatia, de que não pode haver magia simpática (Ian Lurking Bear Anderson).

Lição 6: A Regra de Ouro

O mais fundamental preceito ético é **"Faça como gostaria que lhe fizessem"**. Esse princípio é tão universal que é chamado de Regra de Ouro. Tudo o que foi dito antes são apenas elaborações e comentários: essa é a essência. Como disse Confúcio, essa é a única regra necessária. Eis alguns outros modos como essa ideia foi expressa em diferentes religiões através das eras:

> *"Faze para o outro o que gostarias que ele te fizesse e não faças para o outro o que não gostarias que ele te fizesse. Precisas apenas dessa lei. É o alicerce de todo o resto."*
> – Os Analetos de Confúcio (Confucionismo)
>
> *"Não faças aos outros nada que te causaria dor se feito a ti"*
> – *Upanishads* (Hindu, 3.000 anos atrás)
>
> *"Não firas os outros de modos que tu acharias doloridos."*
> – *Udana-Varga* 5:18 (Budismo)
>
> *"Devemos nos comportar em relação aos outros como gostaríamos que agissem para conosco"*
> – *Aristóteles* (Grécia Antiga)
>
> *"Não faças aos outros o que não gostarias que os outros fizessem a ti"*
> – Rabi Hillel (Judaísmo)
>
> *"Tudo quanto, pois, quereis que os homens vos façam, assim fazei-o vós também a eles; porque esta é a lei, e os profetas."*
> – *A Bíblia,* Mateus 7:12 (Cristianismo)

Para falar mais diretamente, isso significa: não gritar, não xingar e ser polido. Afinal, ninguém, ninguém mesmo, nem mesmo o criminoso mais psicopata, gosta que gritem com ele ou o xinguem!

Lição 7: O Código de Cavalaria

O Código de Cavalaria era a Regra dos Cavaleiros da Idade Média, que juravam formalmente defendê-lo como os primeiros verdadeiros campeões da justiça. Conta-se que foi estabelecido pelo Rei Athur para os cavaleiros da Távola Redonda. Se for verdade, o mago Merlin certamente deve ter ajudado a escrever esse código de conduta! Eis aqui seus dez mandamentos mais importantes:

1. Sê fiel à tua fé.
2. Defende tuas crenças.
3. Defende os fracos.
4. Ama teu país.
5. Mostra coragem contra a oposição.
6. Combate o mal.
7. Cumpre teu dever.
8. Fala a verdade e mantém a palavra.
9. Sê generoso com todos.
10. Sê o campeão do direito e do bem contra a injustiça e o mal.

Lição 8: Valores tribais

Fora dos limites da civilização e do Império, as pessoas do interior sempre viveram em clãs, tribos e aldeias – como muitos povos tradicionais ainda fazem hoje em dia. Outros povos tribais, como os ciganos e os judeus da diáspora, foram deslocados de sua pátria pelos conquistadores e espalhados, entre outras nações, onde vivem como "povos hóspedes". O que manteve essas tribos juntas foram *valores* compartilhados que não podem ser arrancados ou derrubados. Esses valores foram repassados em mitos, lendas e contos de fadas. Não se baseiam em *crenças*, como as religiões, mas em *costumes e tradições*, que promovem a coesão social. Diversos desses valores parecem ser universais entre os povos tribais e vale a pena lembrá-los e defendê-los. Eis alguns deles:

Honra – manter a nossa palavra

Lealdade – fidelidade na defesa e no apoio de nós mesmos

Integridade – agir da forma como se fala

Honestidade – não mentir, trair nem roubar

Respeito – cortesia, consideração aos outros

Justiça – ser justo e imparcial com todos

Gratidão – apreciação grata

Hospitalidade – cortesia com convidados e hóspedes

Generosidade – boa vontade para dar e compartilhar

Reverência – honrar o que é sagrado

Reciprocidade – dar e receber valor por valor

Responsabilidade – aceitar as consequências dos atos

Desenvoltura – capacidade de lidar com desafios

Interdependência – cooperação; estamos todos juntos nessa!

Assim como o Código de Cavalaria era um conjunto de regras para heróis e campeões independentes, principalmente na forma de tratar os estranhos, os valores tribais são as expectativas de pessoas que vivem juntas e lidam umas com as outras diariamente. Todavia, eles são complementares e muitos se sobrepõem. Esses valores devem ser ensinados por seus pais e você, por sua vez, deve ensiná-los a seus filhos. Ao viver de acordo com eles, vivemos bem.

Lição 9: Bem versus Mal

Todas as histórias de heróis e Feiticeiros envolvem o eterno conflito entre "Bem" e "Mal". Essa é, essencialmente, a escolha entre ajudar os outros ou prejudicá-los; servir aos outros ou tentar governá-los.

A estupidez do mal

O mal é definitivamente estúpido e, portanto, definitivamente condenado a fracassar. A razão para isso é básica e óbvia: ninguém gosta de um valentão. O único apoio que essas pessoas poderão obter dos outros tem raízes no medo – e esse apoio vem de subordinados, cúmplices, assassinos e comparsas ainda mais estúpidos. Não existe verdadeira lealdade no medo, e aqueles que seguem os valentões não podem ser mais do que covardes traiçoeiros, que estarão prontos para trair e abandonar seu senhor se isso lhes for vantajoso. Os que desejam prejudicar ou controlar os outros e governar o mundo (ou a galáxia!) estão cegos por sua incapacidade de imaginar que os outros não têm o mesmo desejo e que os outros não vão se unir contra eles. Em seu próprio insaciável impulso de vingança e domínio, eles só podem imaginar que aqueles a quem fizeram mal também estão planejando a retaliação; afinal, isso é o que *eles* fariam. Quanto mais pessoas prejudicam, maiores se tornam os exércitos imaginários de seus inimigos. E assim são derrotados por sua própria paranoia, já que veem inimigos em toda parte, mesmo entre suas próprias tropas. Eles acabam por se voltar contra os que estão mais próximos deles e, inevitavelmente, seus próprios medos os destroem.

É difícil para o bom suspeitar do mal, assim como para o mau suspeitar do bem.
Marco Cícero, estadista, orador e escritor romano (106-43 a.C.).

A sabedoria do bem

O bem, porém, tem imenso poder. Revoluções derrubaram a tirania e a opressão durante toda a História. Os heróis são aqueles que ganham a lealdade dos outros apenas pela força de sua própria integridade e decência. Eles conseguem lealdade porque são leais aos outros. Uma pessoa que defende fortemente a verdade e a justiça e trata os outros com honra e compaixão sempre encontrará companheiros leais para ficar a seu lado. E os mais sábios, os mais bravos e os melhores virão se juntar a eles, até que uma gotinha de decência se torne uma vasta onda que varra toda a terra. Pessoas como Mohandas Gandhi, Martin Luther King e Nelson Mandela obtiveram a lealdade devota de milhões de pessoas que queriam marchar juntas para libertar seu povo e mudar o mundo.

Tudo o que você puder fazer, ou sonhar que pode, comece. A audácia tem gênio, poder e magia.
Goethe

Segunda Aula:
Instrumentos de Magia

Mas dizem que se você tirar o cajado de madeira de um conjurador, ele fica sem poder. Provavelmente, há runas maléficas escritas no cajado.
Ela sacudiu a cabeça de novo. É verdade que eles têm um cajado, mas é apenas uma ferramenta para o poder que trazem dentro de si.
Ursula K. LeGuin (*The Tombs of Atuan*, p. 50)

I. Introdução:
Instrumentos mágicos

Diversos instrumentos mágicos já foram associados à Feitiçaria desde tempos imemoriais. Mal podemos imaginar um feiticeiro sem sua varinha mágica, seu cajado ou bola de cristal! Em certas mãos, esses podem ser apenas acessórios psicológicos; mas, se forem apropriadamente fabricados e consagrados, esses instrumentos se tornam reservatórios de energia mágica que podem ser adaptados e usados pelo feiticeiro como baterias. Obviamente, o verdadeiro poder do feitiço vem da concentração mental e da vontade emocional do feiticeiro. Raven Grimassi acrescenta que os instrumentos mágicos também são "fontes independentes para o mecanismo interno da Natureza. Embora o elemento psicológico do feiticeiro seja claramente um componente importante, há uma consciência preexistente em obra, exterior ao feiticeiro e que da mesma maneira energiza o instrumento. A Magia é uma parceria com esse mecanismo interno e com a fonte que fica além dele. As lendas que rodeiam esses instrumentos, como o Santo Graal* e a espada Excalibur, falam que o instrumento é algo maior do que simplesmente um 'acessório psicológico' de seu antigo proprietário. O aspecto psicológico é o local de encontro em que fonte e feiticeiro se conectam e tornam a magia possível".

Antigamente, era tradição fabricar as próprias ferramentas, exceto aquelas mais especiais que eram passadas de Mestre para Aprendiz ou dadas como presentes de Iniciação. Muitas ferramentas atualmente podem ser adquiridas com excelentes artesãos mágicos, mas há

---

*N.E.: Sugerimos a leitura de *A Linhagem do Santo Graal*, de Laurence Gardner, Madras Editora.

uma satisfação muito especial em fazer as suas próprias. Além disso, as habilidades necessárias para fazer seus próprios instrumentos são parte importante no treinamento mágico! Se vier a dominar essas habilidades, você pode até mesmo vir a se tornar um artesão no futuro. Nesta aula, vou ensinar apenas a fazer e preparar esses instrumentos e implementos. Seu uso será descrito em outras aulas...

Ao comprar um instrumento mágico, é tradicional nunca pechinchar, mas pagar de boa vontade o que está sendo pedido. Recomendo visitar brechós, festas de troca, mercados de pulgas, lojas de quinquilharias e lojas de artigos usados – os melhores instrumentos mágicos são encontrados dessa maneira e o preço também é melhor!

Nybor diz: "Ao longo dos anos adquiri quatro conjuntos de ferramentas; cada um deles por razões específicas. Eu os etiquetei da seguinte maneira:

Fogo – instrumentos que eu mesmo fiz: o baú que fiz para meus implementos mágicos e meu baralho de Tarô;

Ar – instrumentos que comprei: um livro das sombras feito à mão e quase todas as minhas velas e incensos;

Água – instrumentos que ganhei de outras pessoas (incluindo presentes de iniciação): um leque feito de asa de coruja e uma estátua da minha divindade titular;

Terra – instrumentos que encontrei (que chamo de presentes da Deusa): uma toalha de altar vermelha e branca e uma varinha.

Sugiro que os Aprendizes de Feiticeiro olhem para as ferramentas que têm dessa maneira".

O conjunto básico de instrumentos mágicos deriva dos símbolos Elementais vistos nas cartas do Tarô: **Paus, Copas, Ouros e Espadas** – representando, respectivamente, os elementos Ar, Água, Terra e Fogo. Dedique especial atenção a encontrar ou fabricar seus instrumentos mágicos, pois com o tempo esses instrumentos simples se tornarão a representação de sua própria Vontade dinâmica e Poder potencial. Lembre-se sempre de tratar seus instrumentos como os objetos sagrados que são!

Nota: Ao descrever a posição dos objetos no altar, uso as direções leste, sul, oeste e norte. Presumo assim que seu altar está do lado norte do seu templo, caso em que o leste estaria à direita e o oeste, à esquerda. Mas não importa onde o altar esteja realmente, as coisas devem ser posicionadas com a mesma orientação direita-esquerda, como se estivessem em um mapa com a parte de baixo (sul) virada para você. A orientação deve seguir esse mapa, não necessariamente a bússola, pois, na verdade, seu altar é um palco em miniatura representando o mundo em forma simbólica. O que você põe no altar representa o que você inclui em seu mundo.

Lição 2: A varinha mágica (ar)

A primeira mais importante ferramenta mágica que você deve fazer é a *varinha*, especialmente associada aos poderes de adivinhação e profecia. Diferentes versões da varinha incluem a varinha do mágico de palco, a batuta do maestro e a baqueta do baterista, o bastão do general e do diretor de cinema e a forquilha de adivinhação usada para rabdomancia ou para encontrar água. A varinha é um símbolo *fálico* (pênis), e sempre foi associada com a sabedoria divina. Como um instrumento elemental, ela representa o elemento Ar ou Fogo (embora eu associe a varinha com o Ar e o athame com o Fogo. Na Magia Cerimonial, a varinha é considerada um instrumento de Fogo e a adaga, um instrumento de Ar.).

Para um mago, a varinha é uma extensão de si mesmo – uma medida de sua habilidade, sabedoria e imaginação. Personalizada em forma, tamanho e desenho, ele valoriza esse instrumento acima de todos os outros. No ritual, a varinha serve para unir nosso corpo, mente e alma com os da consciência universal, para trazer à manifestação nossos desejos mágicos. A varinha permaneceu um símbolo clássico do feiticeiro e de seus poderes, de tal forma que os mágicos de palco muitas vezes realizam cerimônias especiais de quebra da varinha no funeral de seus membros.

Em algumas tradições, as varinhas podem ser feitas de metal, bem como de madeira. A sacerdotisa da serpente na Creta minoica usava uma varinha de metal em forma de serpente. Alguns objetos tumulares kurgan também são itens identificados como varinhas de metal. Era muito comum que fossem feitas de bronze, mas também havia as de prata e de ouro. O sacerdócio druídico incluía sete níveis e cada sacerdote trazia uma varinha cerimonial de metal especialmente designada para aquele nível. As varinhas de metal podem ser consideradas um equilíbrio de todos os elementos, pois todos são necessários para a sua criação.

Diversos excelentes artesãos mágicos, como Abby Willowroot e Don Waterhawk, fazem belas varinhas de metal, com cristais e complicadas filigranas. Abby sente que sua energia principal são Ar e Fogo. Como a verdadeira função de uma varinha é conduzir a energia mágica, qualquer metal condutor (como prata ou cobre) certamente servirá. As varinhas de madeira, porém, são mais tradicionais em Feitiçaria, e é dessas que tratarei aqui. Mais tarde, você poderá comprar outras, que podem ser usadas para diversos fins...

A varinha que faremos nesta lição é chamada de *báculo* (palavra latina para "graveto"; também é o nome dos ossos do pênis em alguns mamíferos – ursos, guaxinins e baleias...). É usada para encontrar coisas, dirigir a energia e enviar suas imagens mentais para agir no mundo. Como muitas outras ferramentas mágicas, a sua varinha deve ser feita especialmente por e para você apenas, de acordo com sua própria medida. Como essa é a ferramenta mágica mais básica, vou entrar em mais detalhes de sua confecção do que na das outras ferramentas.

Tarefa: Cortar sua varinha

Primeiro, encontre uma árvore frutífera viva, como uma aveleira ou amendoeira (um chorão serve, se você não conseguir encontrar uma árvore frutífera), que tenha um galho bem reto, sem brotinhos, de comprimento igual ao de seu braço, do cotovelo até a ponta do dedo mais longo. A grossura não é tão importante quanto o comprimento, desde que fique bom na sua mão. No sudeste dos Estado Unidos, é possível encontrar galhos enrolados em trepadeiras. Se não conseguir encontrar um galho enrolado de árvore frutífera ou de chorão, pode encontrar um de corniso. Eles dão varinhas ótimas!

Logo que encontrar uma árvore da qual possa cortar a sua varinha, espere até o pôr do sol de uma quarta-feira (o dia de Mercúrio), quando a Lua estiver crescente. Antes de fazer qualquer corte, derrame água nas raízes da árvore e explique o que você quer fazer. Peça permissão à dríade daquela árvore, dizendo algo semelhante a:

"Gracioso Chorão, ofereço-te água e peço-te um favor. Peço um galho teu para fazer uma varinha com a qual praticarei a Magia a serviço de toda a vida. Prometo honrar teu sacrifício e usá-la com sabedoria. Abençoado sejas".

Sente-se em silêncio por alguns momentos e ouça cuidadosamente em seu coração a resposta da árvore. Se a resposta for não, faça uma reverência e vá para outro lugar. Se a resposta for sim, faça uma reverência, marque o local em que quer cortar e use uma serra de fita para fazer cortes retos em cada uma das pontas. Corte um pouco mais comprido do que acha que vai precisar e apare mais tarde. Ponha um pouco de terra na ferida do galho para ajudá-lo a sarar e agradeça à árvore antes de ir embora.

Como aparar e dar forma à sua varinha

Você deve aparar a varinha na mesma noite em que a cortar. Usando um formão afiado ou um canivete (ou um *athame*, se tiver), retire toda a casca do galho. Evite tanto quanto possível cortar ou riscar a madeira de dentro – ou você mesmo! Enquanto faz isso, entoe cânticos para manter sua intenção mágica concentrada na tarefa: "Abençoado por ti varinha do poder; abençoado por ti varinha da sabedoria...". Ao terminar, ponha a extremidade mais larga do galho no lado de dentro de seu braço (no lado da mão que usa para escrever). Dobre o cotovelo, mantenha o antebraço reto e marque o galho na altura da ponta de seu dedo mais longo. Corte nesse ponto. Agora você já tem o báculo básico.

Embrulhe-o em linho ou seda e deixe secar por um mês, até a quarta-feira seguinte da Lua crescente. A madeira estará boa e seca. Desembrulhe a varinha e lixe-a com lixa fina, entoando cânticos enquanto trabalha. Depois esfregue bastante óleo de linhaça com as mãos até que esteja seca, entoando: "Abençoado por ti varinha do poder; abençoado por ti varinha da sabedoria...". Isso aprofundará a cor, acentuará o grão natural, selará a madeira e dará um lustre. Finalmente, encere com cera de abelha para dar um acabamento sedoso.

Há dois modos de dar acabamento na extremidade mais fina de seu báculo; com um *tirso* ou com um cristal. O *tirso* era um bastão com a ponta em forma de pinha, levado por Dioniso, Deus grego do vinho e da festança. Se quiser finalizar sua varinha como um tirso, esculpa a extremidade com uma faca afiada, dando-lhe uma forma arredondada de pinha, ou prenda uma pinha de verdade à extremidade, do mesmo modo descrito adiante, para prender um cristal.

Se preferir, encontre um cristal com o mesmo diâmetro da varinha. Para criar um poderoso condutor de energia, magnetize uma corda de piano a esfregar um ímã nela em uma só direção, até que ela atraia clipes de papel. Faça um entalhe com uma serra de fita nas duas pontas da varinha e prenda a corda magnetizada nesse entalhe. A seguir, faça uma bolinha de massa epóxi (ou de resina de pinheiro derretida, se você quiser realmente ser tradicional!) e pressione-a na ponta mais fina da varinha. Cole cuidadosamente o cristal no lugar e molde a massa para que ela não apresente emendas entre a madeira e o cristal.

Enrole a corda de piano para cobrir a massa, depois continue em uma espiral aberta até a base da varinha, enrolando com mais força até prendê-la no outro entalhe. Arremate a base com um *cabochon*, uma pedra arredondada de base achatada. Arremate a extremidade com um pequeno ímã redondo, como faziam os alquimistas medievais (permitindo efeitos "mágicos" especiais). Lembre-se de medir cuidadosamente e corte um pedaço da base, se necessário, depois de colocar a ponta de cristal, para que a varinha acabada ainda tenha exatamente o comprimento de seu antebraço e mão.

Depois de terminar, embrulhe a varinha em linho ou seda, dizendo: *"Que assim seja!"*.

Gravação e consagração

Na quarta-feira seguinte e da Lua crescente, desembrulhe sua varinha e, sempre entoando cânticos, desenhe nela as seguintes runas – primeiro a lápis, depois a tinta, da direita para a esquerda, da ponta até a base:

Essas runas comumente usadas (e as seguintes) vêm da *Grande Chave de Salomão*. Bill Hedrick, chefe da loja mágica Ordo Templi Orientis, diz que se trata de uma inscrição cripto-hebraica degenerada e que é traduzida como "Corte um galho verde novo". É apenas o primeiro passo das instruções, e não algo particularmente místico. Mas se tornou tradicional após séculos de uso. Você não é obrigado a usar essas runas tradicionais. Você pode apenas escrever seu próprio nome mágico em runas tebanas. Muitos Feiticeiros dão nomes especiais a suas varinhas, cajados, facas e espadas. Se decidir fazê-lo, também pode escrever esse nome nela.

Se tiver habilidade, grave as runas com uma pequena faca afiada (tenha cuidado para não se cortar!), com uma pequena furadeira (é o melhor) ou com um pirógrafo. Também é possível preencher as runas gravadas com tinta da cor que você quiser.

Para consagrar a sua varinha para uso mágico, queime um incenso mercurial, como o de canela. Passe a varinha pela fumaça, dizendo:

Eu te consagro, varinha da habilidade
Para focalizar a minha mais pura vontade.
Que meu poder flua por meio de ti,
Como eu desejo, e que assim seja!

Ao terminar, embrulhe-a novamente em linho ou seda.

Como usar sua varinha

Sua varinha é feita para canalizar e concentrar sua energia pessoal. Para usá-la, segure a base na palma da mão e aponte com o tirso ou ponta de cristal. Visualize que sua energia áurica está sendo reunida e concentrada por meio da varinha palpitante e irradiada como um laser, dirigindo sua vontade mágica para o fim que você deseja. Use-a em rituais para desenhar o Círculo ou saudar os quatro quadrantes em adivinhação, use a varinha para apontar as cartas, runas ou o que estiver utilizando, para aumentar a concentração e receber a mensagem correta. Quando fizer feitiços, use a varinha para apontar na direção do que você quer que sua energia alcance, como a cura de um amigo ferido ou a proteção de uma floresta em perigo. Trate sua varinha como parte de seu corpo – uma parte muito mágica e especial, mas ainda sua, e de ninguém mais. E sempre a mantenha embrulhada quando não estiver usando! Deixe-a diante de seu altar ou no lado leste (direito) – a direção do ar.

Lição 3: O cálice (Água)

A taça mágica, ou cálice, representa o antigo caldeirão da Deusa Cerridwen, que concedia a inspiração poética, o renascimento e a imortalidade. O Santo Graal das lendas do Rei Arthur é outra versão do cálice. Por conter os mistérios da vida e da morte, o caldeirão, tigela ou taça simbolizam o útero da Deusa, de que toda a vida vem. O cálice, portanto, é visto como feminino na Natureza (já que a varinha é masculina) e a água que contém é a Água Sagrada Elemental da Vida. Como a varinha é a ferramenta da mente e do intelecto, o cálice é o instrumento das emoções – especialmente o Amor.

Para fazer o seu próprio cálice mágico, é preciso primeiro comprar uma taça (um copo com um pescoço e uma base). Pode ser de qualquer tamanho e tão enfeitado quanto você quiser. O cálice pode ser de cerâmica, prata (ou banhado a prata), osso ou metal (não de vidro) – embora osso ou prata sejam preferíveis. Um cálice nunca deve ser feito de bronze ou cobre, pois nesse caso só poderia ser usado para água – nunca vinho ou suco de frutas –, porque esses metais se tornam venenosos em contato com os ácidos cítricos do suco e do vinho.

Como consagrar o seu cálice

Para consagrar o seu cálice, espere até a Lua estar quase cheia. Também é melhor fazer isso em uma segunda-feira – o dia da Lua. Misture algumas das seguintes ervas em uma tigela de água salgada: manjericão, funcho, hissopo, lavanda, menta, alecrim, sálvia, valeriana e verbena (podem ser adquiridas em lojas de produtos naturais). Para fazer incenso lunar, salpique um pouco de lavanda, jasmim, rosa branca, madressilva e/ou artemísia em um tablete de carvão. Se preferir consagrar o seu cálice a Vênus (para o amor), faça-o na sexta-feira e use um incenso feito de sândalo, raiz de íris, rosa e/ou alecrim. Pode usar ervas naturais ou comprar um incenso composto lunar ou de Vênus em uma loja de ocultismo. Salpique a taça com chá de ervas, depois passe-a pela fumaça de incenso, visualizando uma luz azul purificadora em volta dela e entoando:

> *Pela água e pelo fogo sê purificado*
> *Que vontade adversa em ti não se esconda.*
> *Sê claro no serviço a mim;*
> *Assim como serei, e que assim seja!*

As runas do cálice

Pinte ou grave (com um instrumento de gravação ou pirógrafo) as runas apropriadas em volta do copo do cálice. Se pintar, use um pincel fino novo e tinta esmalte branca ou preta. Ao escrever cada runa, entoe: "Abençoada sejas, taça da Água". As runas tradicionais da *Grande Chave de Salomão* (que ninguém mais é capaz de traduzir) são as seguintes:

[runas]

Se não gostar dessas runas, pode usar as runas tebanas para escrever "Abençoada sejas, Taça da Arte" em torno do cálice. Depois, usando as runas tebanas, escreva o seu próprio nome mágico em torno da base do cálice, falando cada letra em voz alta. Ao terminar, diga: *"Que assim seja!"*.

Como usar seu cálice

Seu cálice deve ficar no altar, no lado oeste (esquerdo – a direção do elemento Água). Deve sempre conter água fresca. Também é possível deixar uma rosa fresca boiando na água. Em rituais mágicos, a água do cálice pode ser consagrada, com varinha ou athame, antes de ser compartilhada com os outros em seu Círculo (dizendo *Que nunca tenhas sede!*). Algumas gotas podem ser usadas para ungir as diferentes partes do corpo em rituais de cura ou bênção (dizendo *Abençoada seja tua boca, que diz os nomes sagrados...*). Pode-se aplicar um pouco sobre as imagens dos deuses ao se fazer ofertas ou orações por suas bênçãos.

Lição 4: O Pantáculo (terra)

O *prato do pantáculo* é um disco gravado com uma estrela de cinco pontas, ou *pentagrama*, e pode incluir outros símbolos relacionados à Terra, às forças naturais e à proteção. É comum que o chamem erroneamente de *pentáculo*, um sinônimo de *pentângulo*, que significa "Cinco ângulos"; **pant**áculo significa "**Todos os ângulos**". Algumas vezes chamado de *Pentáculo de Salomão*, o pentagrama é o símbolo universal da Magia e significa as cinco propriedades do grande agente mágico, os cinco elementos da Natureza, os cinco sentidos e as cinco extremidades alongadas do corpo humano: cabeça, braços e pernas. O pantáculo é usado na Magia cerimonial como instrumento de proteção ou como ferramenta para evocar os espíritos. Diferentes versões, com vários símbolos, foram realizadas para cada um dos planetas e para muitos outros usos. Os pantáculos também são pendurados em portas e janelas para agir como dispositivos de proteção ou usados em rituais para atrair dinheiro.

O pantáculo é essencialmente passivo; é o alicerce a partir do qual construímos e simboliza as forças da Natureza e a manifestação física. O pentagrama desenhado representa o elemento Terra e forma um escudo de proteção que nos protege contra forças hostis. No ritual, o pantáculo oferece a capacidade de manter o pé no chão e concentrar as intenções. O pantáculo pode ser feito de pedra, argila ou metal (materiais da terra).

Tarefa: Faça o seu pantáculo

Embora seja possível comprar lindos pantáculos de metal ou cerâmica em qualquer loja de ocultismo, também é muito fácil fazer seu próprio. Vá a uma loja de artesanato e compre um pacote de argila. Faça um disco achatado entre duas folhas de papel manteiga com um rolo de macarrão, como se você estivesse fazendo biscoitos. Não o faça fino demais ou vai quebrar muito fácil. Uma largura de 1 centímetro já está bom. Use então uma lata grande (como uma lata de leite em pó) ou uma tigela para cortar uma peça circular.

Desenhe ou decalque um desenho de pentagrama em papel (do tamanho certo para o seu Círculo), como o desta ilustração, e centralize-o em seu disco de argila. Use um espeto afiado para fazer buracos que atravessem o papel e marque a argila nos cinco pontos. Depois use um graveto de ponta redonda para fazer um Círculo em volta do desenho (é mais fácil se você tiver um objeto circular, como uma lata do tamanho certo, para traçar em volta) e, com régua, faça linhas retas com o mesmo espeto, ligando os pontos. Esse é o seu pantáculo básico.

Se quiser inscrever outros sigilos e símbolos no desenho, como neste Pantáculo da Terra, fique à vontade. Os símbolos internos são as runas tradicionais da *Grande Chave de Salomão*, enquanto os externos soletram "E-A-R-T-H" (terra, em inglês) em runas tebanas. No lado de trás escreva "Abençoado sejas, Pantáculo da Arte" e seu próprio nome mágico em runas tebanas. Enquanto estiver fazendo e escrevendo seu pantáculo, entoe: *"Abençoado sejas, Pantáculo da Terra"*.

Depois deixe secar bem e lixe a superfície. Você já tem um perfeito pantáculo da Terra. Obviamente, se você teve acesso a um forno de cerâmica, por exemplo, no departamento de arte de sua escola, você pode fazer um pantáculo de argila e queimá-lo para obter um artefato mágico que durará para sempre! Consagre-o durante a Lua crescente, borrifando água salgada e passando-o por fumaça de incenso composto de alecrim, cedro, sândalo, resina de pinheiro e óleo de lavanda.

Uma Estrela de Terra diante de mim repousa
Um forte vaso para manifestar
Todas as coisas que eu aqui conjurar, ou aquilo que temo expulsar.
Que assim seja!

Usando o seu pantáculo

Ao posicionar o seu pantáculo no altar, ele deve ser posto no norte (atrás), na direção da Terra, ou no centro. Use-o como um receptáculo para amuletos, patuás, cristais ou outros objetos a serem consagrados ritualmente. Qualquer alimento ritual, como pão, biscoitos ou fatias de frutas podem ser servidos no pantáculo, como se ele fosse um prato. Contudo, se ele for feito de argila sem cozer, cubra-o com um círculo de papel-manteiga, para que a argila não suje a comida.

Lição 5: O athame (Fogo)

O *athame* (pode-se pronunciar a-THA-me ou A-ta-me), ou adaga mágica, representa poder, ação e dominação. As primeiras lâminas de ferro eram feitas de uma liga de níquel e ferro encontrada em meteoros – praticamente a mesma coisa que o aço inoxidável – e eram consideradas (com justiça!) os relâmpagos dos deuses. Assim, o athame simboliza o elemento Fogo. Nele, está a quintessência da masculinidade, correspondente às forças positivas e criativas da Natureza. Essas lâminas mágicas foram usadas em todas as culturas do mundo ao longo dos últimos 3.500 anos.

Uma versão primitiva desse nome da adaga mágica aparece no grimório chamado *Clavícula de Salomão*, data-do de 1572, no qual está grafado *arthana*. Seu athame será usado para formar o Círculo Mágico, consagrar água e sal e banir entidades indesejadas. Tradicionalmente, deve ter 20 centímetros de comprimento, uma lâmina de dois gumes e o cabo preto.

Recentemente, diversas empresas que fabricam facas começaram a produzir lâminas espetaculares com desenhos mágicos e fantásticos, que se tornaram bastante populares na comunidade mágica, como athames – desde que tenham dois gumes.

Embora o athame tradicional tenha lâmina de aço, alguns trabalhos (especialmente com fadas e espíritos da Natureza) não exigem o ferro e outros, nenhum metal. Para esses fins, alguns artesãos mágicos fabricam belos athames com lâminas de pederneira, cobre, bronze, cristal, madeira, osso, chifre ou pedra polida. Uma vez que você tenha o seu athame básico, conforme descrito aqui, pode adquirir algum desses outros... Para o seu primeiro athame básico, recomendo procurar em mercados de pulgas, onde geralmente é fácil encontrar uma bela seleção de adagas simples e baratas em diversos estilos. Experimente várias: segure-as na mão e corte no ar formando oitos para ver qual a sensação. Compre também uma bainha combinando com a faca! Depois de comprar, leve para casa e afie a lâmina e a ponta com uma pedra de amolar.

Alguns Feiticeiros fazem seus athames desde o início: cortam uma lâmina de uma folha de metal e esculpem um cabo de madeira, osso ou chifre. Esse é um processo mais complexo e não caberia entrar em detalhes aqui. Instruções detalhadas para fazer uma adaga assim podem ser encontradas no livro de Ray Buokland, *Complete Book of Witchcraft*, p. 29-31.

Consagração do athame

Em uma terça-feira (o dia de Marte), quando a Lua estiver minguando, fabrique um incenso de ervas marciais, como resina de dragoeiro, arruda em pó, pimenta-do-reino moída e enxofre. Pique o dedo ou a palma da mão com a ponta da lâmina e misture algumas gotas do seu sangue. Separe metade dessa mistura e queime o resto em seu turíbulo (veja a seguir). Purifique a lâmina borrifando-a com água destilada de seu cálice e depois passe-a pela fumaça do incenso.

Agora pegue o resto de sua mistura de ervas marciais e derrame em seu cálice. Aqueça a lâmina do athame nos carvões do turíbulo até que fique bem quente. Em seguida, mergulhe-a no cálice, e entoe estas palavras:

*Lâmina de aço, eu te conjuro
A banir as coisas por mim nomeadas.
Corta o caminho por meio da diversidade
Como eu quero, e que assim seja!*

Repita três vezes para temperar o aço e visualize a lâmina brilhando de poder após cada imersão.

Antigamente, essas lâminas eram sempre magnetizadas, o que lhes dava um verdadeiro poder mágico. Para magnetizar o seu athame, esfregue a lâmina repetidamente com uma magnetita ou um ímã. Segure o athame na sua mão dominante, o ímã na outra e comece perto do cabo, esfregando o ímã por toda a extensão da lâmina até a ponta. Faça isso muitas vezes por, ao menos, cinco minutos, sempre esfregando na mesma direção e entoando estas palavras:

*Lâmina de aço, eu te conjuro
Atrai as coisas por mim nomeadas.
Desenha o Círculo em torno da árvore,
Como eu quero, e que assim seja!*

Depois de terminar, embrulhe o seu athame em linho ou seda e declare: *Que assim seja!*

Gravação das runas no athame

Na terça-feira seguinte de Lua minguante, desembrulhe seu athame e pinte ou grave as runas apropriadas na lâmina ou no cabo. Se for pintá-las, use um pincel fino novo e tinta esmalte preta. Você também pode usar um pirógrafo ou instrumento de gravação. Ao escrever cada runa, entoe: *Abençoada sejas, Lâmina do Fogo*. Se preferir, em vez das runas tradicionais, apenas escreva o seu nome mágico em runas tebanas. Se decidir dar um nome especial a seu athame, escreva também esse nome na lâmina, do outro lado.

O modo mais mágico de escrever runas em uma lâmina de aço é com um banho de ácido. Para isso, primeiro desenhe as runas que decidiu usar na lâmina do athame com uma caneta hidrográfica preta. Depois derreta um tablete de cera de abelha ou algumas velas brancas em um recipiente descartável. A seguir, aqueça a lâmina o suficiente para que a cera grude nela, mas não tanto a ponto de danificar o campo magnético. Depois cubra a lâmina com cera derretida e deixe que ela endureça. Faça várias camadas para ter certeza de que o metal está completamente selado, mas que ainda se possam ver as runas através da cera. Depois use um instrumento afiado (por exemplo, um prego) para traçar as runas, perfurando a cera até alcançar o metal. Depois derrame cuidadosamente ácido sulfúrico ou hidroclorídrico (ácido de bateria), iodina ou outro agente corrosivo. O ácido "morderá" o metal, corroendo-o onde estiver gravado, mas a cera protegerá o resto da lâmina. Depois de algum tempo, lave o ácido com bastante água, retire a cera e você terá um athame lindamente gravado.

Dica: pratique antes a técnica em uma faca de cozinha para saber quanto tempo deixar o ácido antes de lavá-lo. O mais simples é comprar uma caneta de gravação em uma loja de artesanato. Ela se parece com uma caneta comum, mas contém ácido em vez de tinta. Tenha muito cuidado ao usar ácido, pois pode se queimar!

Quando não estiver usando, seu athame pode ser deixado no lado sul (frente) de seu altar. Pode ficar embainhado ou desembainhado. Quando ele estiver em uso, pendure a bainha em seu cinto.

Lição 6: Outros implementos de altar

Além das quatro ferramentas principais listadas anteriormente, também é possível adquirir diversos outros itens mágicos para seu altar e trabalhos mágicos. Eles também são associados aos elementos –, mas menos simbolicamente!

Velas (Fogo)

Nada cria tanto o clima da cena mágica quanto a luz tremeluzente de uma vela em um quarto escuro, e nenhum elemento foi tão importante para a evolução da humanidade quanto o Fogo. O Fogo representa a centelha divina da Energia criativa, fornece luz e calor e simbolicamente nos livra da escuridão. Deve haver duas velas em seu altar: uma à direita, para representar os poderes de Deus/masculinos e uma à esquerda, para representar os poderes da Deusa/femininos. Velas de várias cores são usadas para diferentes tipos de feitiços, como já foi explicado. Senão, acenda velas de acordo com as cores da estação (laranja e preto para o Samhain, vermelho e verde para Yule...) ou de qualquer cor que você goste. Muitas pessoas acendem uma vela preta e uma vela branca, ou duas velas brancas, para uso normal. Pequenas velas votivas em castiçais de vidro são muito populares; recomendo-as especialmente se o espaço for limitado. Círios em candelabros chiques também são bonitos e mais tradicionais se você tiver onde colocá-los. Se possuir esses candelabros, eis algumas runas mágicas que podem ser pintadas na base. Ou, se preferir, apenas escreva o seu nome mágico em runas tebanas.

Turíbulo ou incensário (Ar)

O *turíbulo* ou *incensário* é um recipiente em que o incenso pode ser queimado com segurança para representar o elemento Ar. Pode ser desde um simples suporte para incenso ou um rescaldo até um incensário de cobre decorado, pendurado em uma corrente. Na terminologia mágica, um turíbulo é um prato aberto, normalmente posto sobre um tripé, enquanto o incensário tem uma tampa com um buraquinho para deixar a fumaça sair. Muitas vezes, os incensários vêm com correntes para que possam ser pendurados ou balançados, como os usados na Igreja Católica. Estes quase sempre são feitos de bronze.

Se não conseguir encontrar um turíbulo adequado, é muito fácil fazer um. Qualquer tigela de metal ou cerâmica ou um prato fundo já serve. Deve ter o tamanho suficiente para poder queimar também um pequeno pedaço de papel como oferenda, quando necessário. Deve ter uma abertura larga em cima para permitir a circulação, ser feito de material resistente a fogo e também ter uma aparência agradável. Recomenda-se pôr um pouco de areia ou cinzas no fundo do turíbulo. Serve para absorver o calor intenso do carvão e proteger o turíbulo e a superfície sobre a qual ele está. Terra, sal, areia ou pedrinhas também podem ser usadas com esse fim. É bom usar algum tipo de terra sagrada, como areia de uma praia favorita ou de um lugar deserto. Depois de muitos usos, a areia pode ser remexida para se misturar com as cinzas, mantendo-se limpa e perfumada. A areia também pode ser cuidadosamente lavada para retirar a cinza e os restos. Um *tripé* ou base resistente ao calor também é recomendado sob o turíbulo para não queimar o seu altar ou a toalha do altar.

Quando a Lua estiver crescente, consagre o seu turíbulo queimando um pouco de incenso de dragoeiro e dizendo: *Abençoado sejas, Incensário do Ar*. As runas tradicionais do turíbulo da *Grande Chave de Salomão* são mostradas aqui. Pinte-as em torno da base ou, se preferir, apenas escreva o seu nome mágico em runas tebanas. De qualquer dos modos, termine dizendo: *Que assim seja!*

Este é o seu turíbulo ou incensário pronto. Com ele você pode consagrar, abençoar e purificar tudo o que passar pela fumaça do incenso.

Nota: o incenso usado em rituais mágicos é uma arte em si, e tem fórmulas diferentes para diferentes feitiços. É possível usar incenso em bastões ou em cone, mas a maioria dos Feiticeiros prefere o incenso cru ou granulado, queimado em tabletes de carvão, disponível em todas as lojas de ocultismo e muitas lojas de produtos naturais. Para preparar seu pró-

prio incenso, você vai precisar de um pilão e um almofariz (veja a seguir...).

Almofariz e pilão

Um pequeno almofariz pode ser comprado em qualquer loja de ocultismo e em muitas lojas de comida natural. É essencial para moer ervas, sementes, etc. usadas na composição do incenso. Todavia, esses itens não precisam ser necessariamente guardados no altar. Eu deixo os meus em uma gaveta de meu gabinete mágico, junto com recipientes de diversas ervas e incensos, velas extras, instrumentos e muitos outros itens que não estou usando naquele momento.

Tigelas de sal e de água (Terra e Água)

Copinhos com sal e água são úteis para todos os rituais de purificação e consagração. Um dos copos de sal favoritos dos Feiticeiros modernos é um geodo cortado ao meio, formando uma pequena tigela de cristal. Da mesma maneira, conchas marinhas – particularmente aquelas com uma abertura grande, como ouriços, caramujos e vários gastrópodes – são lindos recipientes d'água. Também é muito fácil encontrar copos bonitos em lojas de produtos orientais.

Sino

O sino é um instrumento ritual muito antigo. O badalar de um sino libera vibrações que têm efeitos poderosos, de acordo com seu volume, tom e material de construção. Qualquer tipo de sino pode ser usado, incluindo o sino tibetano, mas o desenho que mais favorece o trabalho mágico é o sino de bronze com cabo de madeira, como o da imagem.

O sino é um símbolo feminino e por isso é usado frequentemente para invocar a Deusa no ritual. Também é tocado para afastar maus feitiços e espíritos, para deter tempestades ou evocar boas energias. Postos em aparadores ou pendurados na porta, eles protegem o lar. Sinos algumas vezes são tocados em rituais para assinalar as diversas partes e para marcar o início ou fim de um feitiço. Não há runas particulares associadas ao sino, mas se quiser, e houver espaço, pode-se inscrever "Abençoado seja o Sino da Arte" e o seu nome mágico em runas tebanas.

Lição 7: Livros de Magia

Logo no início dessas lições, eu lhe dei a primeira tarefa – adquirir um diário mágico e começar a escrevê-lo. Acredito que você tenha feito isso. Quando o primeiro caderno terminar, arranje outro. Ao longo dos anos, você terá uma prateleira inteira cheia de diários! Há três outros tipos de livros mágicos que você deve escrever. Todos são registros pessoais e por isso devem ser escritos por sua própria mão – ou ao menos digitados em seu próprio teclado! Antigamente, nós, Feiticeiros, tínhamos de fazer o nosso próprio papel e encadernar os nossos livros – normalmente, com couro. Até mesmo as canetas e tintas eram feitas à mão, com penas de ganso e fuligem de chaminé. Atualmente, poucos de nós se dão a todo esse trabalho embora ainda seja possível comprar lindos livros feitos manualmente em feiras renascentistas e lojas de Magia – que são ótimos lugares para comprar um monte de coisas mágicas! (saiba mais sobre esses lugares na Aula V deste Curso: "Entrando no mundo mágico"). Acima de tudo, guarde bem os seus livros mágicos escritos à mão e apenas os compartilhe com pessoas em quem você confie completamente.

Todo feiticeiro deve manter um Livro das Sombras e um Grimório. Tradicionalmente, esses livros mágicos têm capa preta e são chamados simplesmente de "Livros negros", mas os seus podem ser de qualquer cor que você achar correta. A maioria dos Feiticeiros modernos usa cadernetas de folhas soltas ou fichários para poder acrescentar ou rearranjar as páginas, e atualmente muitos de nós têm computadores e fazem "Discos das sombras". Tenho uma prateleira cheia de fichários recheados de Grimórios e Livros das Sombras das muitas tradições mágicas diferentes que estudei.

Seu Livro das Sombras (ou LdS, como é comumente abreviado) serve para anotar as lições recebidas de seus professores, rituais, canções, poemas, cânticos, orações, sabedoria mágica e todos os outros registros de ensinamentos de sua tradição particular de Magia. Você vai adicionar mais coisas a seu LdS por toda a vida. Se estudar com um mestre, pode copiar material do LdS dele para o seu. E se algum dia se tornar um mestre, seus alunos e aprendizes vão copiar o seu LdS.

Seu Grimório é uma espécie de livro de receitas com feitiços, encantamentos, receitas, informações sobre ervas, fórmulas de incenso, tabelas de correspondências, alfabetos mágicos e outros materiais de referência. Como qualquer outro livro de receitas, você também vai complementar o seu Grimório pessoal ao longo de toda a vida. Muitos Grimórios – como este aqui – foram escritos por Feiticeiros que vieram antes de você e alguns deles foram publicados e podem ser adquiridos em sua livraria de ocultismo local. Mas evite o *Necronomicon* – os feitiços que contêm são para conjurar monstros e demônios imaginários realmente desagradáveis, que são um enorme aborrecimento, já que nunca têm muita educação e fazem uma bagunça terrível...

Por fim, há o seu diário de sonhos, que você deve deixar ao lado de sua cama e no qual registrará todas as manhãs, ao acordar, os sonhos que teve à noite (ver 1:VI: "Talvez sonhar"). Isso tem um propósito duplo: primeiro, ajudá-lo a aprender a ser consciente no Sonho. E, segundo, ter um registro de seu próprio crescimento espiritual e evolução, que possa ser consultado nos anos que virão. Talvez você descubra que alguns de seus sonhos são psíquicos ou proféticos e que se realizaram. Se isso acontecer, seu diário dos sonhos vai ajudá-lo a distinguir quais são os verdadeiros sonhos.

Lição 8: O Speculum ou espelho mágico

(por Raven Grimassi)

O *speculum*, ou espelho mágico de divinação, é uma das mais antigas ferramentas de adivinhação. O *speculum* clássico é uma superfície côncava escura de material reflexivo. É fácil fazer um usando a face curva de vidro de um relógio e pintando o lado exterior *convexo* com tinta preta brilhante. Lojas de antiguidades são uma boa fonte para encontrar relógios antigos com faces de vidro arredondadas. A preparação tradicional de um *speculum* começa na noite de Lua cheia – de preferência quando a Lua está em Peixes, Câncer ou Escorpião.

Depois de pintar o vidro e deixá-lo secar completamente, mergulhe-o em uma mistura herbal fervida de alecrim, funcho, arruda, verbena, hera e folhas ou cortiça de nogueira. Enquanto o vidro estiver mergulhado na poção, ponha as duas mãos sobre ele com as palmas para baixo e diga:

> *Despertai, espíritos adormecidos de outrora,*
> *Cujos olhos revelam o que na escuridão é contado,*
> *Dai-me visões neste poço escuro,*
> *E fazei deste um portal do feitiço mágico.*

Visualize uma bruma prateada formando-se em torno do espelho. Respire fundo e depois expire vagarosamente sobre a poção. Visualize mentalmente que sua respiração move a bruma prateada para dentro do espelho. Repita três vezes. A seguir, tire o espelho da poção e seque-o cuidadosamente. Agora você está pronto para sintonizar o espelho com sua aura. Segure o espelho diante de você com o lado convexo em sua palma direita. Depois, ponha a palma esquerda por cima, a cerca de 8 centímetros da superfície de vidro, e comece a fazer um movimento circular em sentido horário sem ultrapassar as dimensões do espelho. Evite tocar o lado de dentro da superfície espelhada para não deixar impressões digitais!

Terminado isso, exponha o espelho à luz da Lua cheia de forma que ela incida sobre o lado côncavo. Encha vagarosamente o vidro até a borda com poção herbal. Segure-o voltado para a Lua, quase na altura de seus olhos. Não se preocupe se derramar. Ao olhar para a Lua, deixe que seus olhos se desfoquem ligeiramente. Se estiver fazendo corretamente, você verá três linhas de luz a emanar da Lua. Continue a desfocar até que a linha vertical que sai da parte de baixo da Lua pareça tocar o espelho. Logo que o raio de lua tocar no espelho, diga estas palavras:

> *Três são as luzes que aqui são vistas*
> *Mas não é para todos esta do meio,*
> *Pois a Encantadora veio por fim*
> *Carregar e energizar este vidro mágico.*

Feche rapidamente os olhos para romper o contato visual. Abra-os novamente e olhe para o vidro. Derrame a poção sobre a terra em libação, depois enxágue o espelho com água limpa e seque-o cuidadosamente. Embrulhe-o em um tecido de seda para proteger o seu magnetismo lunar e nunca deixe que a luz do Sol bata diretamente no espelho. O seu *speculum* já está pronto para ser usado na adivinhação.

Bola de cristal

Bolas de cristal – também conhecidas como bolas de *divinação*, visão ou revelação – sempre foram associadas a Feiticeiros. Na bola de cristal, o feiticeiro pode conjurar cenas muito distantes no espaço e no tempo – como as cenas ao vivo na TV! Para isso, deve-se olhar profundamente para a bola da mesma maneira como se faz para ler auras (1.V: "Talentos Mágicos"), e imagens de seu subconsciente intuitivo serão projetadas nas profundezas da bola e revelarão o que você está buscando (saiba mais sobre isso mais adiante...).

No passado, essas esferas eram sempre feitas de quartzo natural, berilo ou calcita. Elas podem ser transparentes, esfumaçadas ou opacas, e ter muitas cores – incluindo rosa e negro. Ainda são fabricadas atualmente e podem ser adquiridas em lojas esotéricas a preços variados, dependendo do tamanho, material e clareza. Mas o desenvolvimento de vidro ótico de alta qualidade já trouxe alternativas menos caras para muitos Feiticeiros modernos. Bolas de cristal perfeitamente utilizáveis são feitas até atualmente em vidro, vidro com chumbo e mesmo plástico acrílico. Também se encontram vários tipos de bases, desde simples anéis de madeira até suportes de bronze decorados com três pernas.

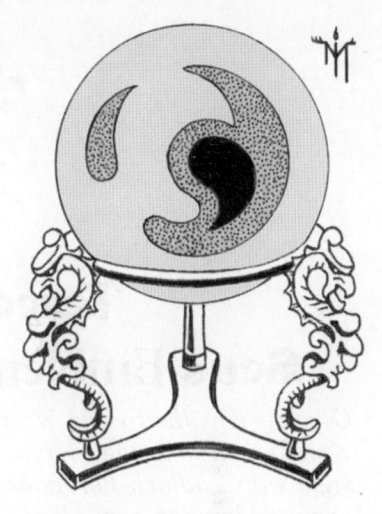

A esfera é uma forma simbólica da Deusa, assim como todos os Círculos e coisas redondas, e a frieza gelada do genuíno cristal de rocha é símbolo das profundezas do mar. A bola de cristal é um objeto mágico relacionado ao Divino e deve ser guardada cuidadosamente. Quando não estiver usando, mantenha-a embrulhada em tecido preto de seda ou veludo para evitar a poeira e os óleos do ar. A exposição à luz da Lua cheia aumentará seu poder, assim como esfregá-la com folhas frescas de artemísia ou lavá-la em uma infusão de artemísia.

Terceira Aula:
Seus Emblemas de Feitiçaria

O velho cavalheiro que Wart viu era um espetáculo singular. Estava vestido com uma toga larga, com cachenês de pele que tinha os signos do Zodíaco bordados, além de diversos signos cabalísticos, como triângulos com olhos, cruzes estranhas, folhas de árvore, ossos de pássaros e animais e um planetário cujas estrelas brilhavam como pedaços de espelho quando o sol batia nelas. Tinha um chapéu pontudo como um chapéu de burro ou como o adorno usado pelas damas daquele tempo...
T.H. White, descrição de Merlin (*A Espada era a Lei*, p. 31)

1. Introdução: O traje do feiticeiro

uando vestimos qualquer roupa, estamos criando uma *persona* (personagem) para nos apresentar aos outros e a nós mesmos em um contexto; todas as roupas são disfarces feitos para esconder ou revelar o verdadeiro você. Seus *emblemas* mágicos (roupas esplêndidas; ornatos) são suficientemente diferentes das roupas de todo dia, para que você e os outros se lembrem de que agora você está no papel do feiticeiro, e não mais no papel do aluno, atleta ou outra identidade mundana. Assim como os outros papéis têm os seus trajes e uniformes tradicionais, assim também tem a Feitiçaria.

Cada feiticeiro desenvolve um estilo individual próprio e não há dois Feiticeiros iguais. Eles não compram suas roupas mágicas nas lojas, mas desenham e costuram eles próprios ou as compram de outros costureiros e costureiras da comunidade mágica. Ser capaz de desenhar e costurar sua própria roupa é uma habilidade muito importante para o feiticeiro; recomendo que você a aprenda.

Se não tiver uma máquina de costura, tente arranjar uma e aprenda a usá-la.

Vá a um armarinho e dê uma olhada nos moldes. Se pedir ajuda (diga ao vendedor que vai fazer uma fantasia para uma festa ou para o Halloween), vai descobrir que há muitos moldes bacanas para mantos, capas, túnicas, coletes e mesmo chapéus de bruxa; entretanto, a maioria desses desenhos é tão simples que provavelmente nem vai ser preciso comprar um outro molde além dos diagramas que ofereço aqui.

Importante: use materiais naturais, como algodão ou linho. Evite fibras artificiais como poliéster ou nálon, pois são isolantes das energias naturais.

Lição 2: Túnicas e coletes

Os trajes genéricos básicos usados por homens e meninos em toda a história da Europa até os tempos modernos eram simples túnicas e coletes. São também os trajes tradicionais do Aprendiz de Feiticeiro e, por isso, vou ensinar a fazê-los primeiro. É muito fácil! Coletes e túnicas ficam melhores se usados com calças justas, meias-calças ou calças largas com elástico nos tornozelos.

Primeiro, veja todos os diferentes tipos de tecido da loja e escolha algum de que realmente goste. Para uma túnica ou colete, ele pode ser de qualquer cor, mas não deve ser estampado. Peça um corte no comprimento de seus braços esticados. É melhor ele ser um pouco mais curto do que um pouco mais longo.

A túnica

Para fazer uma túnica, dobre o material no meio do sentido do comprimento; depois, novamente no sentido da largura, para que o tecido fique dobrado em 4. Alise-o bem como mostrado aqui, com os cantos abertos abaixo, à esquerda, e o canto da dobra na parte de cima, à direita. A partir do canto superior direito, use uma canetinha lavável para desenhar a linha do corte na extremidade superior, para fazer a abertura do pescoço. Ela não deve ter mais que 10 centímetros de cada lado, com uma largura total de 20 centímetros (veja diagrama). Depois, marque outra linha pelo lado direito, mais ou menos do mesmo comprimento (isso pode variar, dependendo do tamanho que você quer no decote). A última marca de corte será em forma de "T".

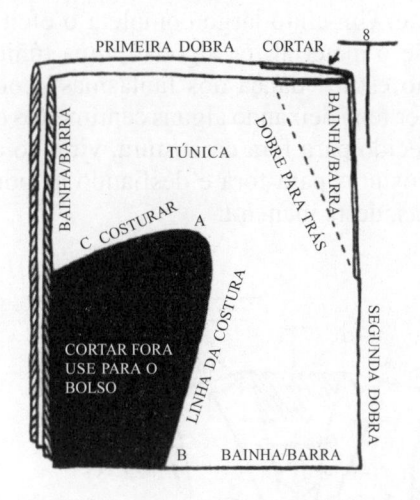

Para fazer as mangas e os lados, inspire profundamente e meça seu peito no ponto mais largo. Divida o número por 4 e acrescente 5 centímetros. Essa é a distância mínima da dobra central até a linha da axila. Faça uma marquinha nesse ponto, a meio caminho entre a parte de cima e a de baixo (A). Agora marque uma linha a partir do lado esquerdo (C), formando uma curva, como mostrado no diagrama, até o lado de baixo (B). O ponto extremo dessa curva deve ser a marca feita anteriormente para o peito (A). Sempre mantendo o material cuidadosamente dobrado, alfinete a linha dentro dessa curva. Experimente, para ter certeza de que serve. Depois, corte com uma tesoura bem afiada pelas quatro camadas. Tire os alfinetes e desdobre o meio, abrindo como uma camiseta. Alfinete novamente os lados para costurar e corte a gola "T". Costure os lados e pronto!

Como toque final, faça uma barra embaixo, nas mangas e no decote. Você também pode pregar um acabamento, se quiser, na parte de baixo e nas mangas. Também pode usar a sobra de material para fazer um capuz, detalhes, bolsos, etc. Um cinto largo completa o efeito. Se o material for algodão, uma túnica no estilo "dança dos fantasmas" pode ser feita deixando alguns centímetros de tecido para fora da costura, virando as costuras para fora e desfiando as pontas, desta maneira:

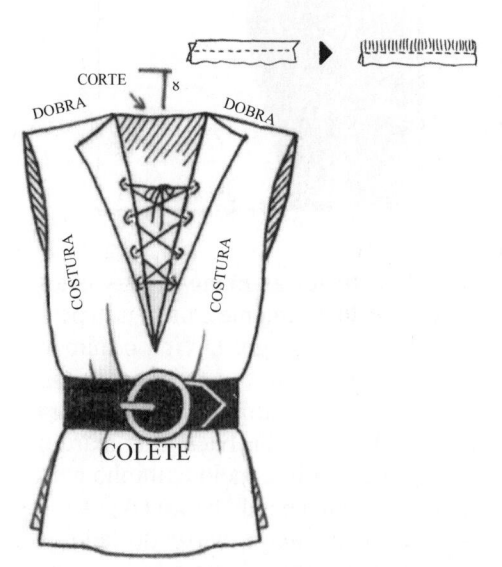

O colete

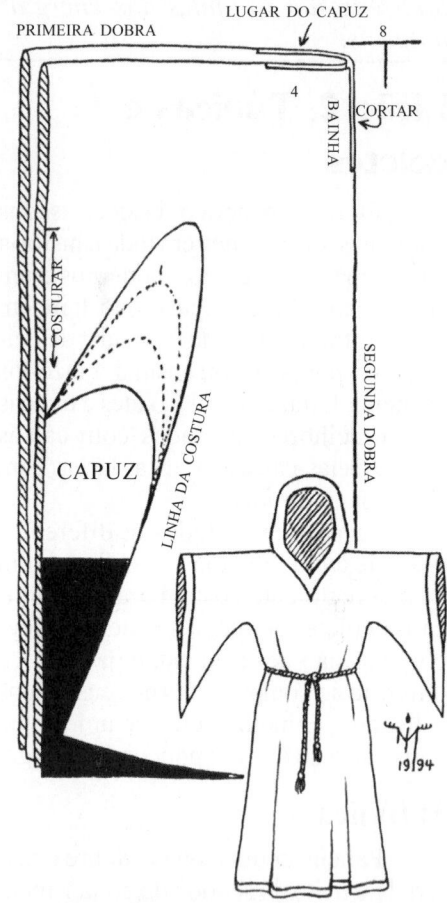

Couro macio é o melhor material para um colete, mas é claro que você pode usar o que quiser. O comprimento é o mesmo da túnica. Para medir a largura, respire profundamente e meça o peito no ponto mais largo. Divida esse número por 2 e acrescente 10 centímetros. Como um colete não tem mangas, não há nada para cortar; apenas costure o lado de fora, deixando uma abertura embaixo e uns 30 centímetros para os braços. Como na túnica, o decote é um simples "T" de 20 centímetros cortado na dobra superior e um corte vertical na frente. Gosto de fazer o corte da frente bem mais profundo e dobrar os lados como uma lapela. Acrescento então ilhoses e uma fita. Um cinto largo, com uma fivela bem grande, completa o efeito.

Lição 3: Seu manto de feiticeiro

Um manto "ankh" tradicional de feiticeiro é muito fácil de fazer. As cores são associadas com o Caminho do Feiticeiro (veja "As Cores da Magia" em 1.III, "Fundamentos da Magia"), e também com o grau de cada um. Os Aprendizes tradicionalmente usam mantos brancos; os Diaristas usam mantos da cor do seu Caminho; e os Adeptos usam mais ou menos o que querem, incluindo mantos com estrelas e símbolos astrológicos. Por isso, você deve fazer seu primeiro manto de tecido branco. Por cima, você pode usar o colete colorido que fez antes. Embora eu prefira o desenho básico que descrevo aqui, há moldes comerciais muito bonitos para homens e mulheres.

O comprimento deve ser duas vezes a distância do seu ombro até o chão. Como no caso da túnica, dobre o material no meio, no sentido do comprimento, e depois, novamente, no sentido da largura, para ter um quarto do tecido virado para você.

Marque o ponto da axila (A), cerca de 20 centímetros abaixo da dobra superior e longe o bastante da dobra central, para que seu peito caiba confortavelmente (isso é importante! O principal erro que as pessoas cometem ao fazer mantos é não deixar espaço suficiente para o peito.). Respire fundo e meça seu peito no ponto mais largo, acrescente 10% de folga e divida por quatro para ter a distância da linha central até o ponto (A). Em seguida, marque uma linha (A-B) desse ponto até o canto externo inferior (B) e outra linha (A-C) até o meio (C) no canto externo. Depois, arredonde essa linha e o ângulo da axila (a) e acrescente ao menos dois centímetros para a costura. Se você for muito grande, a quantidade cortada aqui poderá ser reduzida proporcionalmente; veja as linhas 1-3 no diagrama. Alfinete e corte ao longo das linhas e costure os lados cortados (também gosto de costurar até a metade das mangas, para formar bolsos).

Como no caso da túnica, o decote é um simples "T" cortado na dobra superior, com o corte vertical na frente. O corte horizontal deve ter uns 20 centímetros no total, mas o vertical pode variar (quanto do seu peito você quer mostrar?). Comece fazendo um corte pequeno, já que é mais fácil cortar mais depois de experimentar, mas é impossível encurtá-lo novamente!

O capuz é feito de duas das sobras cortadas anteriormente. Corte a parte de baixo em linha reta, a mais ou menos 25 centímetros. A parte de trás pode ser arredondada, como eu mostro aqui, ou pontuda, se você cortar na linha 4 (um modelo muito popular). A dimensão essencial é que o pescoço do capuz deve combinar com o corte horizontal da abertura para o pescoço no manto, a qual ele será costurado; por isso, cada peça deve ter 25 centímetros na parte de baixo.

Depois de costurar a touca ao manto, vire do avesso e arremate todos os cantos (vista, amarre um cordão na cintura e peça para alguém alfinetar a barra na altura do tornozelo). Com os braços abertos, o manto completo com a touca formará um "Ankh". Você pode costurar uma renda na extremidade das mangas, na frente do capuz ou na barra do manto; o material que sobrar pode ser usado para acrescentar decorações, bolsos, etc.

Lição 4: Seu cíngulo

O *cíngulo* é um cordão trançado especial que você amarra em torno da cintura, por cima do manto. O cíngulo sempre é feito à mão por aquele que vai usá-lo. Como o athame e a varinha, ninguém deve usar o seu cíngulo além de você. Há três comprimentos tradicionais: 2,5 metros para a magia do cordão; 1,8 metro para ser usado para marcar o raio de um Círculo Mágico; ou a sua altura exata, que é denominada sua *medida*.

A cor de seu cíngulo está ligada à cor do seu grau, exatamente como as faixas do caratê. Diferentes tradições atribuem diferentes cores a esses cordões. Em minha tradição de Feitiçaria, essas cores são: verde para os Aprendizes; vermelho para Diaristas e azul e roxo para Adeptos. Entretanto, é tradição trançar um cordão dourado entre as cores como lembrete da Magia que todos compartilhamos, qualquer que seja o grau.

Para fazer o seu cíngulo de Aprendiz, vá à loja de tecidos e compre alguns metros de cordão comum, nas cores verde e dourado. Se quiser, compre três tonalidades diferentes de verde. Em uma noite de Lua crescente, purifique esses cordões em seu altar, borrifando-os com água e sal; depois passe-os sobre a chama da vela e a fumaça do incenso. Entoe o seguinte feitiço ao fazer isso:

Água e Terra, onde sois lançadas
Não resta propósito mal ou adverso.

Fogo e Ar, eu vos conjuro
A purificar, e abençoado sede!

Faça um nó nas três extremidades, deixando uma ponta de mais ou menos 15 centímetros para desfiar. Comece então a trançar, atando a luz mágica da Lua em cada volta, e entoando o seguinte:

Feito à medida, trançado
para atar
Abençoado sejas, cordão
entrelaçado!

Conforme trança, concentre-se em aplicar sua energia pessoal para que o cíngulo se torne parte de você. Quando terminar, dê outro nó para impedir que as pontas desfiem. Agora, começando do primeiro nó, faça um nó a 1,05 metro, outro a 1,20 metro, outro a 1,35 metro, outro a 1,50 metro e um último a 1,65 metro. Deixe outra ponta de 15 centímetros para desfiar e corte fora o resto.

Agora você já pode usar o seu cíngulo como um compasso para fazer Círculos Mágicos de diferentes tamanhos para diferentes ritos e número de pessoas. Sempre que fizer Magia ou estiver em um Círculo Mágico, deve usar o seu cíngulo em volta da cintura de seu manto, debaixo do capote. Mas um cíngulo *não* é usado com uma túnica ou um colete!

Lição 5: Seu cinturão de feiticeiro

Seu cíngulo, porém, não serve para pendurar coisas nem deve ser usado em público. Por isso, você precisa de um cinto. Você pode, obviamente, usar o seu cinto normal, como muitos fazem. Mas também é possível criar um cinturão especial de feiticeiro. Vá a uma loja de roupas usadas e procure nos cabides o cinto mais comprido que encontrar, com 5 centímetros de largura, ou faça você mesmo uma tira longa de couro com essa medida. Também será necessário um furador de couro para fazer furos nos lugares certos. Seu cinturão de feiticeiro deve ter ao menos 15 centímetros mais que o diâmetro da sua cintura, para você poder amarrar e pendurar a ponta que sobra. Use-o com o manto, a túnica ou o colete. Vai ser preciso procurar bastante até encontrar a fivela perfeita. Mercados de pulgas e feiras de artesanato são bons lugares para procurar, assim como feiras renascentistas e de Magia. A fivela do seu cinto é um item muito pessoal e único, e você conhecerá a fivela certa quando a encontrar!

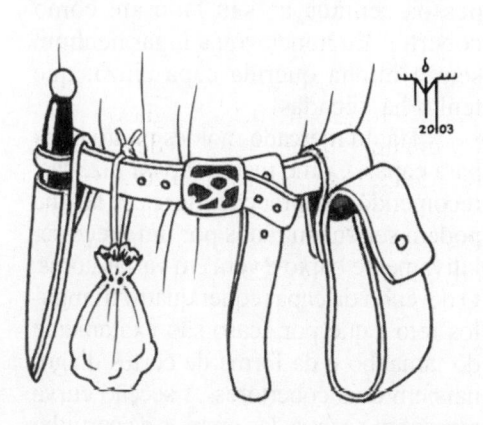

Algibeiras e bolsas

Você vai precisar de muitas algibeiras e bolsinhas para pendurar em seu cinto, para guardar as coisas. Elas podem ser de diferentes tipos e materiais e podem ser compradas ou feitas em casa. Bolsinhas simples de cordão são fáceis de fazer e de encontrar, mas não são muito convenientes para colocar e tirar as coisas. Sempre uso uma ou duas algibeiras de couro maiores com fechos de ímã em meu cinto, e ali deixo minha carteira, óculos e diversos outros pequenos itens que gosto de ter comigo. Bolsinhas de cinto simples podem ser encontradas nas mesmas lojas de artigos de couro em que também se pode comprar o couro e os instrumentos para fazê-las, por isso não vou me estender em instruções aqui.

Sua retícula

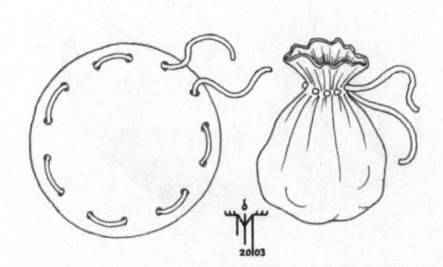

Todavia, há um tipo muito simples de bolsa de cordão que quero lhe ensinar a fazer. Ela é chamada de *retícula* ("rede") e é usada principalmente para guardar *pedras de runas*. Para fazer uma retícula, consiga um pedaço de *camurça*. Abra-a sobre a mesa e ponha por cima um prato raso virado para baixo, para usar de molde. Risque o contorno do prato com um marcador de tecido e recorte o círculo de camurça com tesoura. Use um furador de papel para fazer furos uniformemente em volta da beirada do círculo. Os buracos devem estar a cerca de 2 centímetros da beirada, o que é mais ou menos a profundidade do furador. Consiga uns 45 centímetros de cordão ou tira de couro (em uma loja de tecidos ou de artigos de couro) e passe-o pelos buracos. Em seguida faça um nó nas duas pontas e puxe para transformar a retícula em uma bolsinha. Quando você a abrir, ela se tornará uma superfície redonda, para jogar as suas pedras.

Faca de cinto

Uma faca de cinto é um item muito essencial para um feiticeiro, mas não pode ser usada em público (e certamente nunca na escola!), já que muitos lugares têm leis contra facas de dois gumes. Mas, é normal usar essas facas em feiras renascentistas, encontros mágicos e outros eventos especiais em que o resto de seu traje de feiticeiro também será adequado. Seu athame é perfeito para isso, desde que você tenha uma boa bainha. A bainha deve ter um bom fecho para impedir que a faca acidentalmente caia. Se não tiver, é muito fácil fazer um.

Chifres para beber

Em qualquer lugar em que você vá investido de suas insígnias de feiticeiro, vai ver a utilidade de levar um chifre de beber pendurado no cinto. Fabriquei alguns muito bonitos em chifres simples de vaca, que passei muitas horas lixando e polindo. Depois de o chifre estar bem limpo, polido e bonito, lave-o cuidadosamente com água quente e sabão, seque muito bem e encha-o com cera de abelha derretida, que deve ser derramada imediatamente para cobrir o lado de dentro com uma fina camada. Para prendê-lo a seu cinto sem que ele deixe de ser removível, amarre uma tira de couro nas duas pontas do chifre e prenda-a ao cinto com um grampo daqueles usados para chaves de carro. Para impedir que a tira de couro escorregue do chifre, use uma gota de cola-tudo.

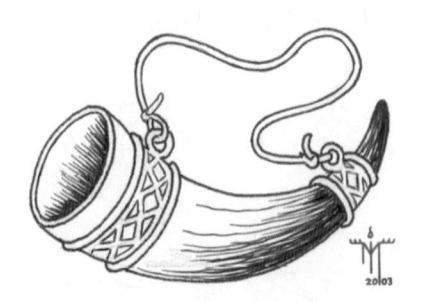

Lição 6: Sua capa de feiticeiro

Quando você entra no mundo mágico, descobre que o item de vestuário mais imediatamente reconhecível e usado por quase todo mundo (especialmente à noite, quando o tempo está frio!) é uma longa capa escura. A capa de um feiticeiro forma um semicírculo quando aberta, e você vai adorar a sua! Ela o manterá aquecido diante de uma fogueira; pode ser usada para envolver uma pessoa sentada ao seu lado até como cobertor. Eu nunca vou a lugar nenhum sem a minha querida capa cinza, que tenho há décadas!

Há no mercado moldes muito bons para capas. Como material para fazê-las, recomendo comprar cobertores de lã, que podem ser encontrados por um preço relativamente baixo e vêm em várias cores. O desenho da capa requer quatro triângulos retos, que por acaso são exatamente do tamanho e da forma de cortes diagonais em dois cobertores. A secção curva que sobra na área dos ombros dá certinho para fazer um capuz. Os cobertores podem ser adquiridos em lojas populares.

É claro que também se pode usar qualquer material de que você goste no tamanho certo. Muitas pessoas da comunidade mágica possuem capas de um belo veludo, com acabamentos decorados. E se você quiser fazer uma verdadeira capa de invisibilidade, compre aquele material furta cor, que muda de cor em diferentes luzes e ângulos. Ele vem em várias cores brilhantes, mas o melhor para a invisibilidade fora de casa são aqueles que têm verde. Deixe as costuras tão miúdas quanto possível e faça-a longa o bastante para cobrir os pés, além de um capuz que cubra completamente seu rosto.

Para forrar a capa, basta usar o mesmo molde no material do forro – pode ser algodão ou cetim, como você quiser. Algumas pessoas usam material de camuflagem para se tornarem invisíveis quando virarem a capa do avesso (mas não faça forro em uma capa de invisibilidade – você precisa ser capaz de enxergar por meio dela!). Não se esqueça de deixar aberturas amplas nas costuras laterais para os braços, na posição de seus cotovelos. Finalmente, sua capa pode ser fechadas por laços, botões, alamares, ganchos ou fechos mais sofisticados – o que você quiser.

Lição 7: O chapéu do feiticeiro

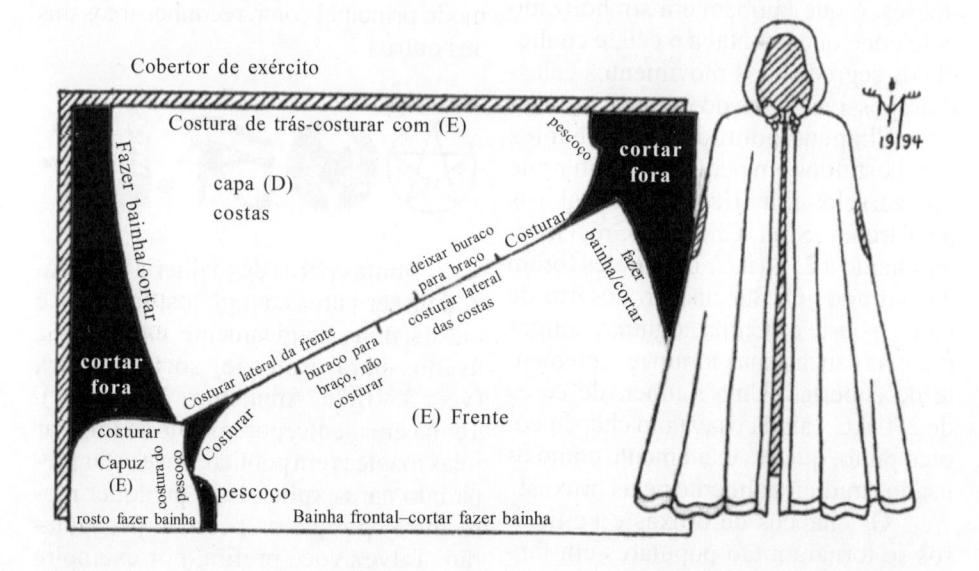

Chapéus eram importantes. Não eram apenas vestimentas. Os chapéus definiam a cabeça. Definiam quem você era. Ninguém nunca tinha ouvido falar de um feiticeiro sem o chapéu pontudo – pelo menos, nenhum feiticeiro digno de menção. E certamente você nunca ouviu falar de uma bruxa que não tivesse um... Não era tanto usar chapéus que contava, mas, sim, possuir um para usar. Toda profissão,

todo ofício tinha o seu chapéu. É por isso que os reis usavam chapéus. Tire a coroa de um rei e tudo o que restava era um sujeito bom em falatório e em acenar para as pessoas. Chapéus tinham poder. Chapéus eram importantes.

Terry Pratchett (*Witches Abroad*, p. 223-24)

Os chapéus pontudos tradicionalmente associados a Feiticeiros e bruxas têm uma história longa e ilustre. Diversos chapéus cônicos feitos de folha de ouro martelado foram descobertos em escavações na Alemanha e na França, remontando à Idade do Bronze, entre 1400 e 900 a.C. Suas elaboradas decorações em relevo consistiam em símbolos que claramente representavam o Sol, a Lua, os planetas e as estrelas – exatamente como vemos em retratos de Feiticeiros da Idade Média até os tempos modernos. Sabine Gerloff, da Universidade de Erlangen, diz o seguinte a respeito desses chapéus: "Eles mostravam que o usuário estava em contato com os deuses, o que também era simbolizado pelo cone que apontava o céu, e conhecia os segredos dos movimentos celestiais, possivelmente do futuro".

Chapéus pontudos semelhantes são mostrados em pequenas estátuas de bronze, selos cilíndricos e baixo-relevos da Turquia, Síria, Chipre e Grécia, remontando a 2500 a.C. Dois deles foram encontrados na Suécia. No deserto de Gobi, a oeste da China, algumas antigas múmias caucasianas foram recentemente descobertas. Uma mulher, de cerca de 200 a.C., ainda usava um chapéu cônico preto, que era exatamente como os usados tradicionalmente pelas bruxas!

Os chapéus de bruxas e Feiticeiros se tornaram tão populares em fantasias que é possível comprar alguns ótimos em lojas de disfarces – especialmente na época do Halloween. Também é possível encontrar no comércio moldes para fabricá-los.

Lição 8: As joias de um feiticeiro

As joias mágicas são muito importantes para um feiticeiro (ou uma bruxa!). Cada peça é escolhida com grande cuidado e essas joias sempre têm um significado pessoal profundo para o usuário. As peças de joalheria mágica normalmente têm inscrições ou são moldadas em forma de pentagramas, hexagramas, ankhs, *udjats* ("Olho de Hórus"), escaravelhos, caduceus, machados de Thor, nós célticos, símbolos astrológicos, símbolos do Deus ou da Deusa, dragões e muitos outros desenhos mágicos. Logo que aprender alguns deles, você sempre será capaz de identificar outras pessoas da comunidade mágica por suas joias – mesmo que estejam disfarçados como mundanos! Na verdade, esse é um modo principal como reconhecemos uns aos outros.

Muitas peças de joalheria também podem ter patuás, amuletos, talismãs e outros itens magicamente carregados, usados para proteção, sorte ou cura (veja 3.VII.7: "Amuletos e Talismãs"). Tenha em mente, porém, que se for usar joias mágicas em público, deve estar preparado para explicá-las a qualquer momento – porque as pessoas perguntarão. Talvez você prefira, por exemplo, manter uma correntinha escondida dentro da camisa e só mostrá-las àqueles que você sabe que compreenderão.

Colares: colares de todos os tipos são muito populares entre as pessoas da comunidade mágica – principalmente bruxas. Eles podem ter pedras mágicas, como turquesa ou âmbar, ou itens como bolotas, grãos ou contas de madeira, ou conter talismãs em forma de símbolos místicos ou animais *totem*. Para os mundanos, eles podem parecer colares comuns, mas, se você olhar com cuidado, verá a diferença nos símbolos representados. O mais famoso colar mágico da lenda foi *Brisingamon*, usado pela Deusa normanda Freya.

Torques: torques são círculos feitos de 3 fios grossos ou bastões de metal torcidos juntos em uma espiral semelhante a uma mola, com as extremidades abertas e protegidas por borlas, muitas vezes com cabeças de animais. Eram usados pelos celtas e normandos para simbolizar a liderança e uma conexão com os deuses.

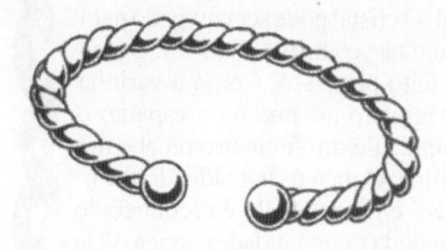

Pendentes: os pendentes usados pelas pessoas mágicas muitas vezes têm a forma de discos, pentáculos ou amuletos com símbolos especiais para trazer proteção, sorte, saúde ou outros benefícios. Como esses pendentes podem ser de qualquer tamanho, as possibilidades de formato são infinitas. Os outros pendentes mais populares são cristais de vários tamanhos e tipos (mais comumente o quartzo), muitas vezes com um belo engaste de prata. Esses pendentes de cristal podem também servir como pêndulos de adivinhação (veja 5.II: "Adivinhação"). Outros tipos de pendentes podem ser figuras de dragões, fadas, unicórnios, imagens do Deus ou Deusa, Ankhs, machados de Thor ou qualquer coisa que o usuário quiser. Na verdade, desenhei pessoalmente muitos desses pendentes, que são usados por muitas pessoas. Meu favorito, que sempre uso com meu manto de feiticeiro, é um grande *astrolábio* que funciona de verdade (veja a ilustração).

Anéis: Os anéis mágicos foram usados pelos Feiticeiros em toda a história. Alguns deles, como o famoso anel do Rei Salomão, ganharam renome na lenda pelos poderes a eles atribuídos. É muito raro encontrar uma pessoa da comunidade mágica sem, pelo menos, um anel; alguns usam anéis em todos os dedos! Com frequência, pelo menos um dos anéis tem um desenho de pentagrama – o símbolo é essencial na Magia. Outros trazem pedras mágicas especiais (veja 3.VII.7.8: "Minerais mágicos") em engastes decorados. Anéis de sinete, com o selo pessoal do usuário, também são populares, podem ser usados para fazer uma impressão em cera de sinete como identificação (veja 3.VII.7.5: "Crie seu Sigilo Pessoal").

Braceletes: embora não sejam tão universais como pendentes e anéis, pulseiras e braceletes também são usados por muitas pessoas mágicas. Muitas vezes os desenhos são adaptados de originais celtas ou normandos. Cobras em espiral também são populares, especialmente entre as mulheres. As sacerdotisas de algumas tradições usam um bracelete largo de prata com certas inscrições; os sacerdotes usam um bracelete de ouro ou bronze semelhante a um torque com símbolos especiais.

Brincos: Brincos são usados por praticamente todas as bruxas. De fato, furar as orelhas é um rito de passagem essencial para muitas garotas. Brincos pendurados com desenhos mágicos – especialmente pentagramas e *ankh*s – são muito populares entre meninas e mulheres. Esse costume também está se tornando mais comum entre os homens da comunidade mágica, que geralmente usam modelos mais simples, como argolas ou bastões.

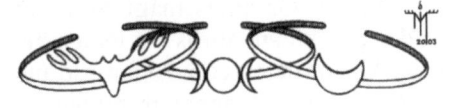

Bandanas, tiaras e diademas: embora seja muito difícil ver isso na rua, as pessoas da comunidade mágica – especialmente as mulheres – muitas vezes usam belas bandanas, tiaras, diademas e coroas quando estão com os companheiros ou em rituais. Você verá muitos se for a feiras renascentistas ou reuniões mágicas. Alguns podem ser muito simples, como uma faixa fina com um pentagrama, uma Lua ou pequenos chifres na frente; muitas vezes são usados por sacerdotisas e sacerdotes. Outros podem ter uma elaborada filigrana, ou ainda grandes chifres ou asas de pássaro.

Lição 9: O cajado do feiticeiro

O cajado de um feiticeiro é chamado de *verendum*. É a sua posse mais pessoal e importante e na qual ele concentra a maior parte de sua energia. Serve para conter, dirigir e concentrar seu *mojo* pessoal; é praticamente uma parte de seu corpo! Esse bastão tradicionalmente tem exatamente a mesma altura do próprio feiticeiro. Muitas vezes, traz uma ponta de metal e, no alto, um grande cristal. O cristal pode ser equipado para iluminar, como o de Gandalf. O meu é feito para isso. Como a varinha mágica, o athame ou a espada, o cajado de um feiticeiro recebe um nome. O meu é chamado "Pathfinder" e é conhecido e reconhecido por toda a comunidade mágica. Veja a aparência dele:

Como um verdadeiro cajado de feiticeiro é investido com muita energia em sua criação e seu uso, em geral o feiticeiro tem apenas um em toda a vida – a menos que algo aconteça a ele e seja preciso substituí-lo. Tenho meu único cajado desde 1972. Fiz até um tubo especial para levá-lo em aviões e o carreguei por todo o mundo em minhas viagens.

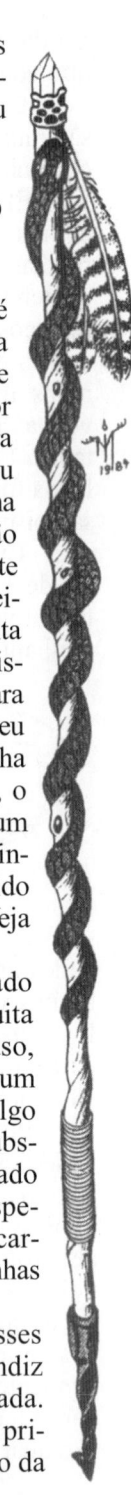

Entretanto, um cajado desses é tão inadequado para o Aprendiz de Feiticeiro quanto uma espada. Há diversas razões para isso. A primeira, e mais óbvia, é a questão da altura. Enquanto você ainda estiver em crescimento, qualquer cajado feito da sua altura exata ficará pequeno em poucos anos e terá de ser substituído. É Magia má pôr esse tipo de energia em um incremento mágico profundamente pessoal que logo se tornará obsoleto e terá de ser abandonado! Em segundo lugar, o grau de compromisso e energia necessários para criar um verdadeiro cajado de feiticeiro não podem ser esperados nesse estágio de Aprendiz de seu treinamento – assim como não se pode esperar que você se case e tenha filhos nessa fase da vida! Portanto, não vou dar instruções neste *Grimório*. Todavia, se você quiser fazer e carregar um cajado de caminhada simples, certamente não há nada que o impeça de fazê-lo; só não o considere um verdadeiro cajado de feiticeiro!

A Vassoura

Embora se fale muito da Vassoura mágica Nimbus 2000, de Harry Potter, na verdade essas Vassouras encantadas (chamadas *besoms*) não são usadas por Feiticeiros, mas apenas por bruxas, que tradicionalmente as montam em voos mágicos e viagens astrais. A Vassoura é basicamente o símbolo da bruxa feminina e seu veículo místico para viajar no Sonho e entre as dimensões.

Como um símbolo fálico, a vassoura está ligada a diversos ritos de fertilidade. Pular no ar montado em cabos de vassoura é um antigo ritual mágico para encorajar as colheitas a crescerem tão alto quanto a pessoa conseguisse pular. O uso mais popular da vassoura atualmente é o costume de "pular o cabo da vassoura" na conclusão de uma cerimônia de casamento. Em seguida, o casal pendura a vassoura – decorada com fitas e flores – sobre o leito nupcial ou o altar da família. Essas vassouras decoradas são presentes de casamento comuns entre as pessoas da comunidade mágica.

O melhor momento para fazer ou adquirir uma Vassoura nova é Ostara, o Equinócio da Primavera (21 de março no Hemisfério Norte e 23 de setembro no Hemisfério Sul). É tradicional que as bruxas deem à sua vassoura um nome, como os Feiticeiros fazem com seu cajado. A vassoura deve ser ritualmente consagrada e pode ser usada para varrer um Círculo Mágico.

Eis um pouco de folclore a respeito das vassouras: um cabo de vassoura posto no umbral de uma casa ou ao lado da porta impedirá que a má sorte ou os maus espíritos entrem. Pôr uma vassoura sobre a cama protege quem dorme no sonho. Nunca varra após o pôr do sol ou os espíritos vagantes podem ficar perturbados e a felicidade será varrida para longe. Uma vassoura velha varre a má sorte para dentro de uma casa nova. Sempre varra o lado de dentro da casa primeiro, afastando-se da porta para que a sorte não saia. Bolas de poeira varridas para o meio de um cômodo protegem contra a má sorte. Desejos feitos ao se usar uma vassoura nova pela primeira vez se realizarão, como os pedidos feitos se uma vassoura for acidentalmente derrubada enquanto se varre. Mas nunca use uma vassoura nova para varrer o lado de fora de uma casa, ou a sorte será varrida com a sujeira!

Quarta Aula: Seu Sanctum Sanctorum

1. Introdução: Seu quarto mágico

estúdio particular de um feiticeiro é chamado *sanctum sanctorum*, que significa "um lugar na maior privacidade e inviolabilidade". Se você tiver a sorte de ter um quarto só seu, provavelmente já começou a enchê-lo de objetos mágicos. Se você prosseguir com esses estudos, acabará com mais coisas do que pode exibir de uma vez, por isso é importante, desde o início, ter algum sistema. Talvez haja outros espaços em sua casa que você possa usar para certos fins – como um pátio, porão, garagem, cabana de jardim ou celeiro. Mas mesmo que você viva em um pequeno apartamento e divida o quarto com um irmãozinho, ainda pode imaginar e planejar o seu futuro *sanctum sanctorum*.

Antes de começar a transformar o seu quarto (ou qualquer outro quarto de sua casa) em um sanctum *sanctorum de* feiticeiro, peça a permissão dos seus pais para usar aquele espaço – e pergunte a eles quais são as regras para sua utilização. Por exemplo, pode ser que uma chama acesa (como uma vela) ou incenso sejam proibidos. E lembre-se: não importa o quão "privado" você queira que seja o seu *sanctum*, a sua mãe *certamente* vai entrar lá!

Lição 2: Sua biblioteca de Arcanos

A palavra *biblioteca* vem do grego *biblios*, que significa "livro". Muitas vezes já se disse que, na casa de um feiticeiro, todas as paredes são cobertas por livros. Nós, Feiticeiros, somos famosos por nosso amor pelo conhecimento. Por isso, todo feiticeiro é, em seu coração, um bibliotecário e um curador de museu – e cada biblioteca é única. Conforme você adquirir seus próprios livros, deverá começar a pensar em categorias para eles e colocá-los em prateleiras diferentes ou separá-los com outros objetos. Minha biblioteca começou quando eu era criança, quando meus pais compraram para mim a *World*

Craft Encyclopedia e a *Child Craft Library*. Desde então, a minha coleção já cresceu para muitos milhares de livros, que são consultados por pessoas de vários lugares. Eis algumas das principais categorias de minha biblioteca:

1. **Magia** – sabedoria prática, diferentes tradições, sistemas de adivinhação, Grimórios, Livros das Sombras, etc.

2. **Ciência e Natureza** – todas as ciências, incluindo Astronomia, Geologia, Biologia, Ecologia, Química, Física, etc.

3. **Ciência estranha** – ÓVNIs, fenômenos inexplicados, anomalias, criptozoologia, Pé Grande, o monstro do Loch Ness, etc.

4. **Histórias** – Arqueologia, linhas do tempo, a história de cada cultura e da civilização desde a aurora da humanidade.

5. **Mitos e lendas** – histórias de todas as culturas e povos; deuses e deusas, aventuras épicas, mitos de criação, etc.

6. **Ficção** – minha biblioteca compõe-se quase inteiramente de ficção científica e fantasia.

7. **Livros de arte** – todos os meus artistas favoritos, além de livros de fotos, quadrinhos, romances gráficos, etc.

8. **Referência** – diversas enciclopédias, dicionários, almanaques, etc., tanto gerais quanto específicos. Tenho uma porção!

9. **Vídeos, DVDs, fitas e CDs** – todos os meus filmes e músicas favoritos, gravações de programas e de especiais de TV, etc.

No final deste *Grimório*, há uma lista de livros recomendados. Quanto ao resto – está em suas mãos! Sempre dê uma olhada na seção de livros usados das livrarias, brechós e mercados de pulgas, já que muitos dos melhores livros para a sua biblioteca mágica são bem velhos. Outra boa fonte para encontrar livros velhos são as bibliotecas públicas, que periodicamente tiram livros antigos do catálogo para abrir espaço para os livros novos. Algumas vezes eles põem esses livros em uma gôndola para as pessoas poderem escolher. Faça uma carteirinha na biblioteca e pergunte ao bibliotecário quando será a próxima limpeza.

Lição 3: Seu templo

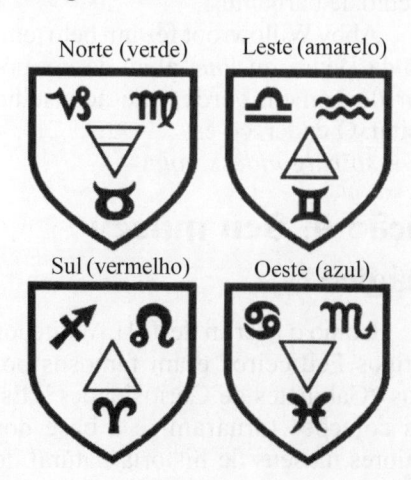

Seu templo é o espaço em que você fará quase todos os seus trabalhos e rituais mágicos. Não precisa ser um espaço grande nem tem de ficar montado o tempo todo. O seu quarto já serve. O único item permanente em seu templo é o altar, que você já deve ter montado desde o capítulo 1.II: "Tornando-se um feiticeiro". Esse pode ser o seu próprio "altar especial" para celebrar sua vida e a magia em torno de você, e nele você pode pôr tudo o que achar particularmente mágico.

Seu templo deve ter indicadores das quatro direções cardeais – Leste, Sul, Oeste e Norte. Determine as paredes ou cantos de seu quarto que se alinham melhor com essas direções e decore de acordo. Algumas pessoas usam muita imaginação nesse processo; por exemplo, penduram bandeiras de papel colorido ou de pano marcadas com os símbolos apropriados. Outras penduram fotos que evocam cada uma dessas direções elementais, como cenas com nuvens (L), uma fogueira ou vulcão em erupção (S), o oceano (O) ou montanhas (N). Eu fiz uma série de placas elementais para esse fim.

Seu templo também deve ter um espaço em que você possa desenhar um Círculo Mágico. Tradicionalmente, ele é marcado no chão com um pedaço de giz e depois limpo com um pano úmido ou uma esponja. Se você tiver feito o seu cíngulo, como ensinei na última aula, terá um modo fácil de medir e desenhar esse Círculo, ancorando o primeiro nó no centro e segurando o giz em um dos outros nós, usando o cíngulo como um compasso. Você também pode fazer um grande círculo de barbante.

Abby Willowroot fez um belo templo da Deusa *on-line*, além de um pomar do homem verde, que aconselho visitar. O endereço é:
www.spiralgoddess.com.

Lição 4: Seu museu mágico

Como o Merlin de T. H. White, os antigos Feiticeiros eram famosos por seus "Gabinetes de Curiosidades". Essas coleções tornaram-se a base dos maiores museus de história natural do mundo. Há muitos objetos naturais (e artificiais) que podem ser colecionados. Encontre um lugar no seu quarto, como uma mesa, escrivaninha, parapeito ou o alto de um armário e faça um lugar especial para os tesouros mágicos que descobrir. Não tem problema comprar coisas, mas é mais bacana encontrar tesouros que os outros nem notam.

Para colecionar seriamente, porém, é melhor organizar e exibir a sua coleção. Pequenos objetos, menores que ovos, podem ser organizados em caixas de ovo. Funciona bem para coleções de pedras, minerais e cristais e pode ser adequado inclusive para conchas se forem pequenas. Objetos maiores exigem módulos de exibição maiores. Caixas de vários tamanhos podem ser encontradas em lojas especializadas. Podem ser de madeira, plástico ou papelão. Algumas vezes as caixas de garrafas têm divisórias que podem ser cortadas e adaptadas como excelentes organizadores para coleções. Uma coleção bonita também funciona muito bem para projetos de escola e feiras de ciência. Não importa qual seja a sua coleção, faça um pequeno cartão de identificação para cada item. A sua vida, então, torna-se uma grande caça por quinquilharias, pois você começará a procurar itens para sua coleção onde quer que esteja!

Coleções

Conchas: foram uma das primeiras coisas que colecionei quando criança; atualmente, eu as exibo em uma placa de compensado, presas em fios.

Folhas, sementes e flores: um ótimo modo de conhecer os seus *Ents* locais (como mencionei em 2.IV: "De Volta à Natureza") é fazer uma coleção de folhas e sementes secas de todas as árvores que encontrar na vizinhança. Ou recolha e seque flores selvagens e veja quantas pode encontrar! Folhas e flores não ocupam muito espaço e podem ser mantidas em um álbum de fotos. Não se esqueça de pôr o rótulo.

Pedras e cristais: ao colecionar pedras, minerais e pedras preciosas, deve ter em mente as suas associações mágicas, assim como suas qualidades minerais e anotá-las nos cartões de identificação. Como há quase 2 mil minerais diferentes na Terra, você vai ficar ocupado coletando amostras por um bom tempo! Entretanto, a sua coleção pode ser especializada e ter apenas alguns tipos específicos de cristais.

Crânios: minha coleção pessoal favorita consiste de dezenas de tipos diferentes de crânios de animais e pássaros, que limpei e preparei como animais atropelados desde a infância. Acho os crânios de animais absolutamente fascinantes, cada um com sua arquitetura única, sua dentição e arranjo dos órgãos sensoriais. Quando encontro um animal atropelado, corto cuidadosamente a cabeça; daí levo para casa e mergulho em uma panela de água fervente. É claro, preciso sempre completar a água, mas após algumas horas toda a carne se solta dos ossos e posso separá-los cuidadosamente, enxaguando o crânio em uma tigela de água limpa.

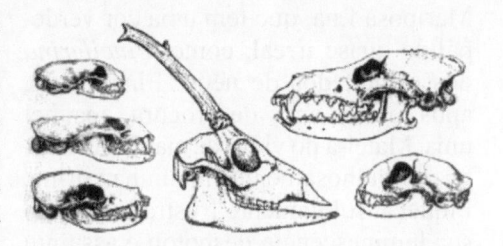

Tome cuidado especial com os dentes da frente, pois se soltam facilmente e se perdem logo que a carne das gengivas se desfaz. Para limpar crânios, é possível usar instrumentos de dentista (peça a seu dentista alguns instrumentos velhos que ele pretendia jogar fora), ferramentas para trabalhar com argila (encontradas em lojas de artesanato) e uma escova de dentes velha. Passo cola branca com bastante cuidado nos dentes e nas articulações do crânio (esfregando com uma esponja úmida) e depois colo juntas as duas mandíbulas (segurando-as com elásticos). O crânio limpo é um objeto muito bonito.

Insetos e borboletas: quando era criança, no acampamento de verão, meu mentor, o capitão Bennings, ensinou-me a fazer uma rede e um vidro para colecionar borboletas, mariposas e outros insetos interessantes. Fabriquei vitrines com caixas vazias e tampas de vidro e montei uma bela coleção. O "Santo Graal" dos colecionadores de borboleta, porém, é a ardilosa e etérea

Mariposa Lua, que tem uma cor verde-pálido quase irreal, como a *luciferina* dos brinquedos de neon. Finalmente, após muitos anos de procura, apanhei uma. Matei-a no vidro de cianida e montei-a orgulhosamente em minha vitrine. Fiquei absolutamente frustrado quando sua luminescência desbotou e assumiu uma cor doentia. Aprendi que a Mariposa Lua era uma criatura encantada, que não podia ser morta e exibida a olhos mortais. E depois disso nunca mais colecionei borboletas.

Fósseis: fósseis são divertidos de colecionar, especialmente se você viver em uma região que tem muitos deles. Quando vivi no Meio-Oeste, sempre encontrava fósseis de *trilobitas* e *braquiópodes* na margem de rios. Caixas de ovos são perfeitas para exibi-los. O *Golden Nature Guide to Fossils* é muito útil, com muitas ilustrações.

Artefatos indígenas: não há fósseis em NorCalifia, onde vivo atualmente, pois essas terras são um pouco recentes geologicamente. Mas o rancho em que vivi durante muitos anos fora uma região de acampamento dos índios Pomo e, depois da chuva, encontrávamos muitas pontas de flecha, pederneiras, raspadores e outros artefatos na terra revirada do jardim. Nunca colecionei esse tipo de coisa, mas alguns vizinhos, sim, o que os fez envolver-se em estudos de arqueologia indígena e em trabalhos com as tribos locais.

Curiosidades: coisas realmente pouco usuais são chamadas de *Curiosidades*. Nessa categoria, tenho coisas como um meteorito de *tectita* do impacto que matou os dinossauros; uma cabeça encolhida muito realística feita de pele de bode; um crânio humano (de quando estudei Medicina); e diversos pequenos *souvenirs* e itens de artesanato local que consegui em minhas viagens em torno do mundo.

Dioramas: Dioramas são pequenas cenas com figuras em miniatura, paisagens e fundos pintados. Eu sempre ficava fascinado por eles quando ia a museus na juventude e por isso cheguei a fabricar alguns. Basta apenas arranjar uma caixa forte de madeira, que é virada de lado. Tente encontrar uma moldura que se encaixe na abertura da caixa (procure em lojas de quinquilharias e em mercados de pulgas). Instale uma lampadazinha em um dos cantos por trás da moldura para iluminar. O fundo pode ser feito com uma pintura ou foto ampliada em uma máquina de xerox. Cole em uma folha de papelão e ponha no fundo e dos lados da caixa, formando uma curva, de modo que não haja cantos.

É possível criar uma cena usando bonequinhos, trenzinhos em miniatura, bibelôs, naves espaciais, animais, animais marinhos ou (em meu caso) dinossauros em miniatura, como na ilustração. O chão pode ser esculpido com "argila de cozinha", com musgo representando grama e pedregulhos, seixos.

As plantas podem ser feitas com galhos, samambaias, etc.; ou use plantas de plástico para aquário e árvores em miniatura compradas em lojas especializadas em modelismo. Se tiver um lugar para colocá-los, vai se divertir muito fabricando esses dioramas – e também se inscrevê-los em feiras de ciência e de hobbies.

Como fazer argila de cozinha: misture 1 xícara de amido de milho com 2 xícaras de bicarbonato de sódio e 1½ xícara de água fria. Acrescente corante alimentício e aqueça em fogo médio, mexendo sempre até obter uma pasta. Deixe esfriar, coberto com um pano úmido, até a hora de esculpir. Use uma camada de goma-laca para selar e preservar os produtos terminados.

Lição 5: Modelos e engenhocas

Muitos Feiticeiros também foram grandes inventores, como Imhotep, Arquimedes e Leonardo da Vinci*. Eles também colecionavam dispositivos e artefatos interessantes e complicados – especialmente cronômetros e instrumentos para observar e anotar os movimentos dos corpos celestes.

Globo e mapas: você deve ter ao menos um globo terrestre, para poder se familiarizar com o seu planeta. Além de um globo moderno, tenho uma pequena réplica de um globo da Renascença, com dragões e monstros marinhos. Encontrei-o em um brechó. Também tenho pequenos globos da Lua e de Marte. Todos os tipos de mapas bacanas da National Geographic Society também podem ser encontrados em brechós, incluindo mapas estelares. Se tiver espaço na parede, use-o para pendurar um mapa; eu costumo trocar o mapa periodicamente (nesse momento, tenho um mapa da Terra Média em minha parede.).

Modelo do ornitóptero de Leonardo da Vinci, com 70 cm de envergadura, feito pela Coast Kites

Ampulhetas: relógios de sol, clepsidras, astrolábios, velas de tempo determinado e ampulhetas foram inventados antes dos relógios mecânicos. De todos esses, os mais fáceis de encontrar são as ampulhetas, que continuam a ser muito úteis. Tenho várias, com tempos diferentes, e as usamos particularmente em reuniões para dar a todos o mesmo tempo para falar.

Ornitóptero de Leonardo: Leonardo da Vinci (1452 -1519) foi o maior feiticeiro da Renascença italiana. Dentre todas as suas muitas realizações e invenções, a mais famosa é o seu projeto

---

*N.E.: Sugerimos a leitura de *Anotações de Da Vinci Por Ele Mesmo*, de Leonardo da Vinci, e *A Vida e a Obra de Leonardo da Vinci*, de Sean de Connoly, ambos da Madras Editora.

para uma máquina voadora, que nunca voou de verdade. Infelizmente, os estudos de Leonardo sobre o voo dos pássaros se basearam em pequenas andorinhas. Se tivesse estudado pássaros grandes, como águias, abutres e albatrozes, teria percebido que bater as asas não é o melhor negócio para voadores grandes e, provavelmente, teria criado uma verdadeira asa-delta. Uma máquina de voar que bate as asas é chamada de **ornitóptero** (que significa "asas de pássaro"); diversas versões que voam de verdade estão disponíveis em lojas de brinquedos. Eu tenho várias, tão divertidas de mostrar quanto de fazer voar.

Lição 6: Viveiros

... seis cobras de jardim vivas em um tipo de aquário, alguns ninhos da vespa solitária bem organizados em um cilindro de vidro, uma colmeia comum cujos habitantes entravam e saíam pela janela tranquilamente, dois jovens porcos-espinhos envolvidos em algodão, um par de texugos que começavam a gritar Yik-Yik-Yik em voz alta logo que o mago aparecia, 20 caixas que continham taturanas comuns e coloridas e um oleandro que valia bem meia-coroa, todas alimentando-se das folhas apropriadas (...) um formigueiro entre duas chapas de vidro (...) um ninho de ratos silvestres, todos vivos (...)

T.H. White, *A Espada era a Lei*, p. 33-34)

Se tiver espaço no seu *sanctum* – ou mesmo em outro lugar da casa – pode ter um pequeno viveiro mágico de criaturas fascinantes. O mais importante quando se criam animais, obviamente, é saber cuidar apropriadamente deles para que se desenvolvam em suas mãos. A loja de animais vende livretos sobre os cuidados a tomar com diversos tipos de criaturas. Basta escolher o animal que você quer ter.

Terrário – São os mais fáceis para iniciantes. Você só precisa de um aquário grande com uma tampa de tela bem segura. Meça as dimensões do fundo e corte um torrão de terra natural, com grama, no tamanho adequado. Corte o torrão com cerca de cinco centímetros de altura e deixe espaço para um tanquinho de água de cinco centímetros de profundidade, com ao menos dez centímetros quadrados, em um dos cantos. O ideal seria um recipiente quadrado de plástico transparente ou de vidro (como uma assadeira). Coloque-o na frente do aquário para poder ver embaixo d'água.

Nesse terrário, você pode criar sapos, rãs, salamandras, tartarugas, lagartos, pequenas cobras e insetos grandes – todos podem ser encontrados no mato ou comprados em uma loja de animais. Obviamente, é preciso saber que sapos, rãs, tartarugas e algumas cobras comem insetos e minhocas e algumas cobras comem rãs e sapos. Por isso, se você gostar particularmente de alguma criatura, não a ponha no mesmo terrário com seus predadores naturais!

Recomendo ter um terrário separado para insetos interessantes. Ali você pode ter besouros, grilos, gafanhotos, aranhas, centopeias, miriápodes, lagartas, minhocas e taturanas. As aranhas comem insetos menores, por isso é bom caçar alguns insetos pequenos para alimentá-las.

Quando montei meu primeiro terrário na infância, gostava de sair pelos campos e pântanos em busca de pequenas criaturas para levar para casa e criá-las. Em meu terrário de insetos, colecionava taturanas e casulos e gostava de observar as novas borboletas e mariposas surgir e desdobrar suas asas antes que eu as soltasse. Certa vez encontrei uma ooteca de louva-a-deus (elas são vendidas para o controle de pragas em lojas de jardinagem.). Cada ooteca dá origem a mais ou menos cem pequenos louva-a-deus e eu me divertia em criá-los, alimentando-os primeiro com moscas de frutas (é bem fácil; basta deixar uma banana passada no terrário com uma pequena abertura e elas acorrerão aos montes!) e, mais tarde, com grilos. Os louva-a-deus são notórios canibais, por isso bem antes de terem crescido restavam bem poucos. Obviamente, eles acabaram escapando e ficamos com um monte daqueles estranhos insetos com mais de dez centímetros espalhados pela casa... eu os achava bacanas; pensando bem, a minha mãe foi notavelmente indulgente...

Aquários – é claro que sempre é possível ser extravagante e comprar peixes tropicais de cores estranhas e lindos castelos de plástico, mergulhadores e navios afundados. Mas meus aquários favoritos eram aqueles em que eu punha plantas aquáticas naturais e enchia de bichos locais. Eu ia para o pântano com uma rede e um balde e apanhava lagostins, vairões, tartaruguinhas, girinos, salamandras e insetos aquáticos. Alguns deles matavam e comiam os outros, mas eu sempre encontrava substitutos.

Aviários – se você não tiver um gato e tiver espaço em casa, pode ter uma gaiola com pássaros pequenos, como canários, tentilhões e coleirinhas. A gaiola precisa ser bastante grande! Comecei a gostar mais de pássaros quando soube que são os últimos dinossauros sobreviventes!

Lição 7: Recursos

Suprimentos e equipamentos para o seu *sanctum sanctorum* podem ser obtidos em diversas fontes, algumas muito baratas. Nada precisa ser novo – na verdade, quanto mais velho melhor! Por isso, procure primeiro em lojas de produtos usados, brechós, mercado de pulgas, vendas de jardim e assim por diante. Já encontrei quase tudo o que mencionei acima nesses lugares – e muito barato! Itens mais novos podem ser encontrados em lojas de produtos mágicos.

Eis algumas lojas on-line de suprimentos mágicos:

Livros de religião, ocultismo, esoterismo e wicca:
<http://www.madras.com.br>
Bonecos e livros. Lojas em todo o Brasil e em Portugal:
<http:/www.alemdalenda.com.br/lojas/
Amuletos, patuás, carrilhões de vento e outros:
<http://www.artesanatta.com.br/ventos.htm>
Incensos e aromas:
<http://www.flordelotus.com.br/>
Diversos artigos de ocultismo, incluindo adagas, tarô, imagens, castiçais etc.: <http://www.luamistica.com.br/>.

Quinta Aula:
O Mundo Mágico

1. Introdução:
A reunião

Sim, existe de fato um mundo de magia além dos limites do mundano. Logo além daquela colina, ou dentro daquela floresta, ou atrás daquelas portas, ou seguindo aquela estrada de terra, há pessoas mágicas que se reúnem. Todos em longo mantos ondeantes e capas e capuzes escuros, o rosto misterioso escondido em pintura ou máscaras... as mulheres usam lindos vestidos de seda e veludo, espartilhos e corpetes ou lindos saris e sarongues balineses com belas estampas, joias fantásticas, braceletes, colares, anéis, tornozeleiras e cintos de dança do ventre, penteados, tiaras e chapéus de bruxa pontudos com largas abas... homens de *kilt*, quíton, couro, calções, togas, túnicas, mantos e coletes – capacetes e bandanas com chifres... e mesmo visões mais fantásticas do que se poderia descrever.

Venha comigo à reunião...

Quando você chega ao local de reunião, é recebido com sorrisos calorosos e abraços. Todos dizem: *"Bem-vindo ao lar!"*, e você sabe que é verdade, pois sente em seu coração que, de fato, chegou em casa. A música está em toda parte, desde madrigais até rock, de flautas a tambores. Bandeiras coloridas estão penduradas em paredes, árvores, tendas e pavilhões. Festins amigáveis são preparados, com pessoas sentadas em torno de grandes mesas, brincando, rindo e contando histórias entre cada mordida. Crianças de diversas idades correm em grupos, alegres. Oficinas ensinam a fazer máscaras, macramê, dança do ventre, cânticos, feitiços, tambores, tecelagem, escultura, narração de histórias, capuzes, tocar tambor, cura, leitura de tarô, leitura em cristais, fazer fogo, ioga, meditação, fabricação de hidromel e o que se poderia imaginar que alguém deseje ensinar e outros desejem aprender. Círculo após Círculo se reúnem nos campos e bosques, anéis de pedras, rodas de medicina e em torno de grandes árvores. Grupo após grupo, conduzem rituais, representando mitos e mistérios velhos como o tempo e novos como o amanhã. Os Círculos podem ser bobos ou solenes, barulhentos e tumultuados ou totalmente silenciosos.

Se o local de reunião for ao ar livre (é o caso da maioria, se o tempo está bom), haverá fogueiras à noite e os caminhos e santuários estarão iluminados por velas e tochas. Quando entramos em um Círculo iluminado pelo fogo, rostos brilhantes se voltam para nos saudar. As pessoas abrem espaço em volta do fogo e oferecem um assento (pode ser apenas um tronco...). Alguém passa um cálice ou chifre, dizendo. "Nunca tenha sede!". Todos cantam ou contam piadas e histórias. Na grande fogueira central, sempre haverá tambores e danças em torno do fogo – e isso dura a noite inteira. Em algumas reuniões, pode haver até mesmo fogos de artifício e show de laser.

E onde você for, será bem-vindo.

Lição 2: O mercado mágico

O mercado mágico da vida real é mais fantástico do que qualquer bazar das *1001 Noites*. Os melhores artesãos da Nova Renascença exibem orgulhosamente seus melhores trabalhos – tudo em um só lugar! Há varinhas, facas, espadas, bastões e cálices; mantos, capuzes, vestidos, chapéus e capas; joias, diademas, chifres e correntes; livros, cartões, pinturas e pôsteres; estátuas, figurinhas e bonecas de deusas, fadas, dragões e unicórnios; criaturas, cristais, velas e caldeirões; e máscaras, música e magia.

Mas não é preciso esperar a sua primeira reunião mágica para fazer compras no mercado mágico. No mundo anglófono, quase todas as grandes cidades têm, pelo menos, uma loja de magia; elas existem até mesmo em algumas cidades menores. Em alguns bairros de negros e hispânicos, elas são chamadas de *herbanários*. Procure por elas nas páginas amarelas ou na Internet. Embora essas lojas sejam todas independentes, muitas estão interconectadas e a maioria delas vende as minhas estátuas e joias. Diga que foi Oberon quem as indicou!

Essas lojas de ocultismo são a melhor porta de entrada para a comunidade mágica. Trave conhecimento com as pessoas que trabalham ali. Elas devem ter um jornalzinho com os eventos, contatos e grupos locais. Muitas delas oferecem aulas de diversos assuntos mágicos e algumas vezes convidam palestrantes e escritores (muitas vezes sou convidado por essas lojas). Não se surpreenda, porém, se algumas lojas não o deixarem assistir a aulas ou comprar materiais sem a permissão de seus pais, pois não querem ter problemas com pais mundanos.

Lição 3: Feiras, festivais e reuniões pagãs

Se você tiver sido abençoado com uma família mágica, certamente já terá comparecido a reuniões como as que descrevi acima – e já conhece bem mais do que eu falei! Se tiver amigos mágicos na escola que pertencem a famílias mundanas, pode contar a eles que é tudo verdade. Se seus pais forem mundanos, mas você se sente atraído ao Caminho e ao mundo mágicos (de outra forma você não estaria lendo este *Grimório*!), procure outras colegas de magia na escola (atenção aos pentagramas!). Alguns deles têm famílias mágicas que talvez possam apresentá-lo a esse mundo.

Eis alguns eventos que ocorrem anualmente em muitas grandes cidades ou próximo a elas, e que são sempre assistidos pela verdadeira comunidade mágica. Eles são abertos ao público e amplamente anunciados nos jornais locais. Preste atenção à seção de entretenimento. Assim que aprender a nos reconhecer nesses eventos por nossos trajes e joias, conseguirá fazer muitos amigos mágicos.

Houston Sun, 29 de setembro de 1982
(foto de Carol Shugart)

Feiras Renascentistas

São as reuniões mais abertas ao público. Ocorrem todos os fins de semana, durante um certo período, e são anunciadas em toda parte. A Feira Renascentista é como um parque temático ao ar livre; é como uma versão fantástica que supostamente recria o período da Renascença inglesa no final do século XVI. A língua falada nessas feiras é o *Elizabetano* – o inglês de Shakespeare. Algumas vezes há elementos de verdade histórica, como a rainha Elizabeth ou Henrique VIII no trono. Todavia, é diferente da verdadeira Idade Média e da Renascença, já que não existem a peste negra nem se jogam bruxas na fogueira – a comunidade mágica, pelo contrário, é bastante pública!

Comecei a comparecer às Feiras Renascentistas em 1980, o ano em que nasceram nossos primeiros unicórnios. Foi quando comecei a aparecer em público com eles, vestido de feiticeiro, em meu manto com capuz, tendo na mão Pathfinder, meu bastão, então com dez anos. A minha companheira, Morning Glory, vestia-se de Encantadora. Nos anos seguintes, a fama de nossos unicórnios espalhou-se tanto que fomos convidados a levá-los a todas as Feiras Renascentistas dos Estado Unidos e do Canadá. Muitas vezes me perguntei quantas pessoas realmente percebiam que o feiticeiro era tão real quanto o unicórnio!

Na feira, haverá justas com cavaleiros armados que lutam a cavalo com lanças de verdade. Bandos de piratas lutam com espadas afiadas pelo botim – "Aaarr!" – e ensinam um pouco de esgrima se alguém quiser. Ciganos acampam no bosque, com carroças pintadas, e leem a sorte nas cartas e em bolas de cristal. É possível encontrar Robin Hood, Lady Marian e os alegres companheiros da floresta de Sherwood. Feiticeiros e bruxas reais vão a pé – muito bem disfarçados como feiticeiros e bruxas de mentirinha (mas é só olhar os anéis deles...).

O mercado da Feira tem tudo o que já descrevi e muito mais! Foi onde consegui meu astrolábio e meus relógios de sol de bolso. Belas fantasias, como as usadas pelos frequentadores da feira, podem ser adquiridas em lojas especializadas. Alimentos exóticos são vendidos em tendas – como "Sapo na Toca", tortas pastorais, coxas de peru, pãezinhos da rainha e castanhas do rei. Em palcos pequenos e grandes, são representadas comédias hilariantes – e você pode até ser chamado ao palco se ficar muito perto! Menestréis errantes, músicos e mágicos são diversão garantida, e raparigas libertinas em corpetes apertados vão fazê-lo virar a cabeça ao distribuir chicotadas.

Eis uma boa dica: não vá à Feira Renascentista em trajes mundanos, como jeans e camiseta. Use as suas insígnias mágicas ou mesmo uma simples túnica e malha. Alugue um filme baseado em Shakespeare, como *Romeu e Julieta, Sonho de uma noite de verão* ou *Shakespeare apaixonado*, e aprenda a falar elizabetano. O melhor modo de apreciar o espetáculo é tornar-se parte dele! Peça a seus pais para levá-lo (convença-os a se fantasiar também!) e leve seus amigos.

Festivais e reuniões pagãs

Muitas pessoas (embora não todas) da comunidade mágica estão envolvidas no movimento espiritual pagão. Entretanto, os festivais e reuniões pagãs em geral não são abertos ao público nem anunciados. A descrição que fiz no início da aula é de um típico festival pagão ao ar livre – há centenas deles todos os anos no mundo inteiro. Podem variar de tamanho, desde menos de cem até mais de 1.500 participantes. Embora a maioria seja feita ao ar livre, há também muitas convenções pagãs em hotéis de diferentes cidades todos os anos – como o Pantheacon, realizado em fevereiro em San Jose, Califia. São eventos de família e, se sua família for pagã, você já deve ter assistido a alguns. Contudo, menores não são admitidos sem guardiões legais (ou pelo menos autorizações assinadas), por isso, se a sua família não for pagã, você terá de esperar para comparecer a uma dessas reuniões.

Lição 4: Trabalhando com outros

Durante o início do aprendizado, você provavelmente estará sozinho na maioria de seus estudos e práticas mágicos. Mas, logo vai encontrar colegas mágicos na escola e poderá formar um clube ou grupo de estudos. Um grupo permite fazer muitas coisas que não dá para fazer sozinho.

Grupo de estudos na escola: a maior parte das escolas de nível médio tem vários tipos de grupos de estudos e, se você tiver alguns amigos interessados em Magia e Feitiçaria, pode formar um também. É preciso o apoio de um professor. Fale com o professor mais bacana que você tiver – especialmente se ele gostar de Harry Potter* – e peça ajuda. Defina um local e um horário de reunião. Um grupo de estudos não é um local para fazer magia, feitiços ou rituais, mas para discutir seus estudos mágicos, compartilhar ideias, falar sobre livros de magia que vocês estejam lendo, ler a sorte uns dos outros, jogar e fazer coisas juntos, seguindo as instruções que dou neste *Grimório*. Vocês podem até fazer alguns dos exercícios que sugeri para desenvolver seus poderes psíquicos. E obviamente podem jogar diversos jogos mágicos (veja a Lição seguinte).

Assim que o grupo de estudos estiver organizado, muitas outras pessoas vão querer participar. Pense em sugerir alguma tarefa, como a leitura de algum livro que todos os outros já tenham lido,

---

*N.E.: Sugerimos a leitura de *Harry Potter e a Filosofia*, coletânea de David Bagget e Shaw E. Klein, Madras Editora.

antes de admitir novos participantes. Recomendo que, quando o primeiro grupo estiver formado, seja necessário o acordo de todos para a admissão de novos membros.

Formação de seu próprio grupo mágico: logo que tenham um pequeno grupo, vocês podem encontrar um lugar para montar um templo ou Círculo para fazer magia. Marquem reuniões regulares – em geral, uma vez por mês ("... é melhor quando a Lua estiver cheia", disse Aradia* às bruxas). Mas se os encontros forem dentro de casa, pode haver outras considerações além da fase da Lua. Cada dia da semana tem suas próprias associações mágicas (veja as tabelas de correspondência na próxima aula), e vocês podem até se encontrar em diferentes dias para fazer diferentes tipos de magia.

E vocês precisam também escolher um nome bacana. O grupo pode ter o nome de uma criatura mítica, um símbolo mágico (como *ankh*, pentagrama, caduceu, etc.), alguma coisa tirada de uma história ou o que vocês quiserem! Um dos grupos mágicos mais famosos, por exemplo, chamava-se Ordem da Aurora Dourada,** e o quinto livro da série Harry Potter é intitulado *A Ordem da Fênix*.

Grupos *on-line*: no momento em que escrevi este livro, não consegui encontrar nenhum *website on-line* ou grupos de discussão dedicados à Feitiçaria ou à magia adequados para adolescentes e que não fossem especificamente orientados a Paganismo ou Wicca. Paganismo e Wicca são orientações *religiosas*, ao passo que a Magia e a Feitiçaria são *estudos* e *práticas* independentes de qualquer religião em particular. E eu gostaria que isso continuasse assim! Por isso criamos um grupo *on-line* especial, **Grey School of Wizardry**, no endereço *www.GreySchool.com*, onde você pode aperfeiçoar seus estudos e encontrar outros estudantes (em inglês).

Encontre um grupo mágico: talvez já exista algum grupo mágico na sua região. Pergunte na sua loja de ocultismo. Algumas vezes grupos semipúblicos deixam folhetos e cartões nessas lojas. Alguns fazem uma reunião mensal aberta ou oferecem, ocasionalmente, uma aula ou uma apresentação na própria loja. Se descobrir algum encontro aberto em que possa comparecer, leve junto alguns de seus amigos mágicos; se seus pais se interessarem, leve-os também. Alguns grupos têm programas especiais para adolescentes, mas é preciso ter a permissão dos pais para participar. Tente ao menos conhecer algumas das pessoas.

Entretanto, eu *não* recomendo que você tente *entrar* para algum grupo já existente por enquanto. Primeiro, você tem de conhecer as pessoas em vários grupos diferentes para ter uma base de comparação. Você ainda é um Aprendiz e o melhor modo de apreender as artes da Feitiçaria é estudar estas lições, realizar as tarefas e buscas, trabalhar com seus amigos mais íntimos e construir o seu próprio Círculo de Magia. Aprenda tudo o que puder com os outros, obviamente – leia todos os livros que lhe interessarem, assista a oficinas

---

*N.E.: Sugerimos a leitura de *Aradia – O Evangelho das Bruxas*, de Charles G. Leland, Madras Editora.
**N.E.: Ver também: *The Golden Dawn – Aurora Dourada*, de Israel Regardie, lançamento Madras Editora.

e aulas, faça muitas perguntas (Questione a Autoridade!) e faça amizade com aqueles que você respeita. Haverá muito tempo para entrar em um grupo mais tarde se você quiser – depois de já saber melhor o que é o que e quem é quem.

Lição 5: Jogos de Feiticeiros

Esses jogos mágicos foram feitos para desenvolver e afiar suas habilidades e poderes mágicos. Eles desafiam e estimulam sua imaginação, sua rapidez de raciocínio, seu vocabulário e seus poderes de observação. Também são divertidos e podem ser jogados em qualquer lugar. O melhor é que não é preciso comprar nenhum equipamento especial, sapatos, uniformes, livros, peças, cartas ou CDs!

Xadrez élfico: um jogo para todas as estações

(*por Diane Darling [ensinado por Eldri Littlewolf]*)

O *xadrez élfico* é um jogo para formar desenhos cooperativos e um dos favoritos de nossa comunidade. Como muitas outras coisas maravilhosas, tem suas raízes no passado insondável. Quem me ensinou foi meu amigo Eldri Littlewolf, mas esse jogo não é apenas para lobisomens e macacos nus. É praticado por vários tipos de pássaros, assim como polvos, pelo menos um gato, minhocas marinhas, alguns tipos de caranguejos e, obviamente, elfos. O xadrez élfico pode ser até mesmo um jogo para se jogar com extraterrestres!

O xadrez élfico pode ser jogado por qualquer número de pessoas, mas fica lento demais se houver mais de quatro ou cinco. Crianças e adultos podem jogar juntos. O xadrez élfico responde à questão: "O que vão fazer com todas essas quinquilharias?". Pode ser jogado em qualquer lugar, com ou sem peças especiais. Exige cooperação e compartilhamento. Todo mundo ganha. Há apenas três regras que podem ser quebradas se todo mundo concordar:

1. A cada vez você pode mover três peças;

2. O jogo segue em sentido horário;

3. O jogo termina quando todo mundo acabar.

É tudo. Vamos ver agora como começar.

Primeiro, você e os outros jogadores têm de ter seu próprio conjunto de xadrez élfico. Encha uma cestinha com coisinhas especiais de seu quarto (ou sua casa) – conchas, plantas marinhas, contas, botões, cristais, ossinhos de animais, pedrinhas redondas, joias, pedacinhos curiosos de madeira seca, bonequinhos – e até baratas de borracha se você quiser! É bom ter mais do que um exemplar de algumas coisas –, por exemplo, quatro pontas de flecha, nove conchas pequenas, dois ossinhos da sorte, uma dúzia de pedrinhas – embora a maioria das peças seja única. Qualquer quantidade está bom; a coleção vai crescer conforme o tempo passar. Agora, encontre um cachecol bonito ou outro pedaço de tecido. O melhor é que seja redondo ou quadrado e de uma cor sólida (*tiedies* também são legais!). Esse será seu tabuleiro de xadrez élfico; guarde-o na cestinha com as outras coisas.

Vamos ao jogo. Em um lugar sossegado, sente-se em círculo no solo ou em volta de uma mesa com os outros jogadores. Abra o tecido no centro. Todos espalham as suas peças de xadrez élfico diante de si, fora do tabuleiro. Arrume as suas peças e admire o tesouro dos outros. Decidam quem vai começar (por exemplo, jogando dados). Essa pessoa põe três peças dela ou de outra pessoa sobre o tabuleiro. Um "movimento" é quando se move uma peça que já está no tabuleiro, mas é preciso esperar uma rodada antes de alterar o movimento de outra pessoa, ou pedir a permissão dela.

Não há acidentes no xadrez élfico. Se uma taturana atravessar o tabuleiro, ou o cachorro roubar a barata de borracha, isso conta como um movimento. Movimentos muito bonitos podem ser apreciados delicadamente *("Ooooh...")*, e assim por diante, até que ninguém mais queira mover nenhuma peça e todos estejam satisfeitos com o desenho formado. Cada jogo é diferente do outro, mas padrões como círculos, espirais, cadeias, flocos de neve e rostos sorridentes sempre vão aparecer. É maravilhoso. Algumas peças também serão usadas para determinados movimentos em muitos jogos. Depois de todos os jogadores terem terminado, admirem e falem sobre o padrão formado. O xadrez élfico tem uma aparência muito diferente dependendo do lugar de cada jogador, por isso dê a volta no tabuleiro e veja o que os outros estão vendo. No final, recolha suas peças. Também é possível trocá-las ou dá-las a outros jogadores.

O xadrez élfico pode ser jogado todos os dias se as pessoas estiverem abertas à ideia de construir um padrão cooperativo. Uma vez jogamos apenas com confeitos como peças. Altares, saladas, prateleiras, seu quarto inteiro e o seu quintal podem ser usados para jogar este antigo jogo. Ele também pode ser jogado na praia com madeira seca e objetos marinhos. Os grandes círculos de pedra de nossos ancestrais, jardins zen, seu jardim, ninhos de aves-do-paraíso e jardins elétricos são exemplos de xadrez élfico. Os jogos podem ser tão pequenos quanto a palma de sua mão ou tão grandes quanto sua vida inteira.

Observação

Para 2 a 6 jogadores. Cada pessoa precisa de um bloquinho de anotações e um bom lápis com borracha. Também são necessários um sino, um relógio com o ponteiro dos segundos, uma bandeja e um pano opaco para cobri-la. Cada jogador será " arranjador" em sua vez, até que todos tenham tido o mesmo número de vezes. O jogo é assim:

O arranjador leva a bandeja e o tecido para um outro cômodo, longe dos outros jogadores – de preferência um cômodo cheio de coisinhas (como o meu estúdio!). Ali ele/ela encontra oito objetos pequenos e os arranja na bandeja, um separado do outro (dica: não inclua coisas que rolem, como ovos!). Em seguida, o arranjador cobre tudo com um pano e leva a bandeja de volta ao cômodo em que estão os jogadores, colocando-a diante deles. Todos os jogadores fecham os olhos, respiram profundamente e se concentram. O arranjador toca o sino, retirando o pano ao mesmo tempo. Os jogadores imediatamente abrem os olhos e olham os objetos na bandeja, decorando cada um deles e sua posição.

Após 30 segundos, o arranjador toca o sino novamente e cobre a bandeja. Os jogadores fecham os olhos outra vez e respiram profundamente de novo, mantendo a imagem na mente em forma de visualização. Quando estiverem prontos, cada um deles abre os olhos e tenta desenhar os objetos e sua posição no bloquinho de anotações. Logo que terminar, deve largar o lápis. Quando todos tiverem acabado, o pano é removido e os pontos são atribuídos conforme os acertos de cada jogador. Os desenhos não precisam ser bons – até esboços bem rápidos já valem, desde que esteja claro do que se trata e que estejam aproximadamente na posição correta em relação aos outros.

Daí é a vez da próxima pessoa ser o arranjador, exatamente da mesma maneira – usando objetos diferentes, ou alguns dos mesmos, como quiser. A primeira rodada termina quando todo mundo tiver sido arranjador. Na segunda rodada, use dez objetos e deixe que os jogadores os observem por apenas 25 segundos. Na terceira rodada, use 12 objetos e mostre-os por 20 segundos. Na quarta rodada, use 14 objetos e mostre por 15 segundos. E na quinta e última rodadas, use 16 objetos e permita 10 segundos de observação.

Some a pontuação de cada jogador. Quanto mais você jogar esse jogo, melhor será sua capacidade de apreender instantaneamente a informação visual e mantê-la na forma de visualização em sua mente. Essa habilidade será valiosa de muitos modos.

Versão avançada: use uma forma de pizza como bandeja e corte um círculo de papel do mesmo tamanho. Com um compasso, desenhe três círculos concêntricos mais ou menos com a mesma distância entre eles. Depois, desenhe uma linha a partir do centro para dividir cada anel e marque-o da seguinte maneira: círculo interno – *Yin/Yang*. Círculo seguinte – divida em quatro, marque com os símbolos dos Elementos. Terceiro círculo – divida em sete, marque com os símbolos dos Planetas. Círculo externo – divida em 12, marque com o símbolo dos signos do Zodíaco. Quando arranjar os objetos, coloque-os dentro dessas seções.

O uso deste jogo como exercício mágico:

Aprenda a fixar a posição dos objetos na bandeja como uma única imagem e pratique guardá-la de forma tão forte e vívida que, quando abrir os olhos, ainda possa haver uma imagem dos objetos no ar, acima dos objetos reais. Pratique guardar a imagem por períodos mais longos. Comece apenas com um objeto e continue praticando até conseguir fazê-lo com vários.

História sem fim

Este jogo é ótimo para jogar em volta da fogueira com 6 a 12 amigos.

A narração de histórias é uma arte de Feitiçaria muito importante e, ao jogar esse jogo, você se aperfeiçoa nela. Histórias assim sempre começam com alguma frase ritual para declarar que uma história está para começar e para localizá-la no passado; por exemplo, *Era uma vez*, ou *Há muito tempo, em uma galáxia distante...* ou ainda *Quando eu tinha a sua idade* ou *Certa vez, no acampamento da banda...*

Assim, a História sem Fim começa desta maneira: alguém inicia a história dizendo algo como: *Há muito tempo atrás, fui passear em... e vejam o que aconteceu...* A partir daí, inventa-se uma sequência de acontecimentos boba, extravagante, divertida e estranha que coloca "você" em uma situação de risco bizarra – como o final de um capítulo da novela. Não demore muito na sua vez – recomendo usar uma ampulheta de três minutos e passá-la adiante para a próxima pessoa. Termine dizendo algo como: *Então ali estava eu (pendurado de cabeça para baixo sobre o poço dos crocodilos) quando...* passe, então, a ampulheta – e a história – para a próxima pessoa, que deve continuar desse ponto, dizendo: *quando...*

Cada participante continua a contar a história em primeira pessoa ("*Eu*"). A história sem fim pode ir a qualquer lugar a que sua imaginação levar, pois não dá para saber em que ponto a aventura estará quando chegar a sua vez. O mais importante é lembrar que, no final de cada vez, quando a areia acabar de cair, o narrador deve dizer: *Foi quando a...* e então passar a bola para o próximo da fila. Não há perdedores neste jogo – todo mundo ganha!

Jogos de palavras

Jogo da Memória: O *Jogo da Memória* é um jogo tradicional de bruxas – e divertido de jogar no carro durante uma viagem longa! Pode ser jogado até com duas pessoas.

Uma pessoa começa dizendo, por exemplo: *Eu fui à Feira Renascentista e comprei um pantáculo*. O próximo deve repetir o que a primeira pessoa disse e acrescentar algum outro item que possa ter encontrado no mesmo lugar, por exemplo: *Eu fui à Feira Renascentista e comprei um pantáculo e uma vela vermelha*. O seguinte dirá, por exemplo: *Eu fui à Feira Renascentista e comprei um pantáculo, uma vela vermelha e um castiçal*. O jogo prossegue dessa maneira. Quem errar a ordem dos objetos é eliminado, segue assim até que reste apenas um. Inventem lugares malucos para "ir", como o Conciliábulo da bruxa Baratuxa, a Floresta das Mil Almas, o Mercado do Gato Preto e assim por diante.

Jogo do dicionário: para jogar o *Jogo do dicionário* é preciso um dicionário – de preferência algum que tenha palavras bem obscuras. O número ideal de jogadores é de 5 a 10 pessoas. Todos ficam com um bloquinho de notas e uma caneta. A cada vez, um jogador pega o dicionário e escolhe alguma palavra bem esquisita, que ninguém conhece. Daí ele escreve a palavra em um papel e, embaixo, escreve três definições, numerando-as em ordem aleatória. Duas delas devem ser completamente inventadas, mas devem parecer plausíveis; a terceira deve ser uma definição verdadeira tirada do dicionário (se houver mais de uma, escolha a que preferir!).

Então, esse jogador lê a palavra em voz alta e as definições números 1, 2 e 3. Os participantes escrevem a palavra e tentam adivinhar qual é a verdadeira definição, escrevendo o número dela na caderneta. Quem acertar ganha um ponto. Daí o dicionário é passado para o próximo jogador.

O Gato do Bruxo: esse jogo é melhor quando há pelo menos 12 jogadores, mas pode ser feito com muito mais. Funciona especialmente bem em volta de uma fogueira. Sentados em círculo, todos cantam juntos: *O gato do bruxo é um gato _____!;* cada um, por sua vez, precisa preencher a lacuna com um adjetivo de uma só palavra que descreva o gato do bruxo. Mas é preciso seguir a ordem das letras do alfabeto! Por exemplo:

> Primeiro jogador: *O gato do bruxo é um gato amável.*
> Segundo jogador: *O gato do bruxo é um gato bonito.*
> Terceiro jogador: *O gato do bruxo é um gato carinhoso.*
> Quarto jogador: *O gato do bruxo é um gato doido.*

... e assim por diante até o final do alfabeto, dando a volta no círculo. Não deve haver pausas entre a vez de cada pessoa. Para manter o ritmo, batam palmas nas sílabas fortes: "O GAto do BRUxo é um GAto feLIZ!". Se alguém não conseguir pensar em uma palavra na sua vez, tem de sair do círculo. O nível de dificuldade pode ser aumentado acelerando o ritmo das palmas. O jogo pode continuar até todos se cansarem ou até chegar ao final do alfabeto, ou até que reste apenas um.

Telefone de Bruxo: É uma variação de "Telefone sem fio"; quanto mais jogadores, melhor. Todos se sentam em círculo. Comece escrevendo um termo mágico e uma definição curta, como nos glossários encontrados neste *Grimório* (na verdade, você pode até usar esses glossários para o jogo). Por exemplo: *A magia é arte da intensificação das probabilidades.* Daí, sem deixar ninguém ver o que você escreveu, cochiche a frase no ouvido da pessoa à sua esquerda. Essa pessoa por sua vez deve cochichar as mesmas palavras para a pessoa seguinte e assim por diante.

Cada pessoa deve repassar exatamente o que *acha* que ouviu, faça sentido ou não. Quando a frase chegar novamente a você (ou a quem tiver começado), diga-a em voz alta para todos e depois leia em voz alta a frase original que você havia escrito. Invariavelmente, a frase original será tão deturpada, ao passar de pessoa para pessoa, que a versão final pode ser bastante divertida! Na rodada seguinte, a próxima pessoa no círculo começa do mesmo modo.

Jogos psíquicos

Jogos que demonstram habilidades psíquicas são populares em pequenas reuniões de 5 a 7 pessoas. Eis alguns exemplos:

Levitação: Uma pessoa senta em uma cadeira com quatro pessoas em pé em volta dela. As pessoas põem o indicador direito sob as axilas e joelhos da pessoa sentada e tentam levantá-la. Em geral, não é possível. Aí as pessoas põem as mãos sobre a cabeça da pessoa que está sentada, fazendo movimentos como se estivessem bombeando, e contam até cinco. Rapidamente, voltam a pôr os indicadores como antes e facilmente erguem a pessoa sentada.

Rigor mortis: Uma pessoa deita no chão, de costas, braços ao lado do corpo, os olhos fechados, e se prepara para entrar em transe, respirando profunda e ritmadamente. As outras pessoas ficam ao seu lado e contam vagarosamente de 10 a 0 enquanto passam delicadamente a mão na pessoa deitada, da cabeça aos pés. Ao contar "Zero", todo mundo diz: *Rigor mortis!* – o momento em que a pessoa deitada fica completamente rígida, dura como uma tábua. Daí todos pegam a pessoa e a colocam como uma ponte entre duas cadeiras, com os pés em uma e a cabeça na outra. Se fizerem direito, será possível sentar na barriga da pessoa "ponte" sem que ela caia!

Queda livre: Esse jogo é muito usado em Iniciações e é muito divertido. Uma pessoa sobe em um tronco baixo, um banquinho ou uma caixa – não mais que 15 centímetros de altura. Outra pessoa fica diante dela e diz: *Feche os olhos e respire fundo. Sinta-se seguro e protegido, confiando completamente em que nenhum mal o atingirá. Trave os joelhos para suas pernas não dobrarem e prepare-se para cair para trás.* Enquanto isso, todos os outros vão para trás da pessoa no banquinho e se preparam para segurá-la. Depois de dar à pessoa um momento para se preparar, aquela que está na frente toca com um dedo o peito da que está em pé e delicadamente a empurra para trás. Os outros a seguram e levantam bem alto, antes de colocá-la de volta sobre seus pés.

Transmissão: Os jogadores formam duplas, sentando-se um de costas para o outro. Cada um tem um bloquinho de notas e um lápis. A primeira pessoa (emissor) pensa em uma imagem e faz um desenho dela, concentrando-se em transmiti-la para a outra pessoa enquanto desenha. A outra pessoa (o receptor) tenta captar a imagem que o parceiro está enviando e desenhá-la em seu bloquinho. Façam três imagens diferentes antes de trocar a emissora e o receptor. Depois, comparem os desenhos e veja o que conseguiram. Depois de seis imagens (três para cada emissor) troquem os pares, até que todos já tenham jogado com todos.

Rabdomancia: uma pessoa esconde uma moeda em algum lugar do quarto (ou quintal se estiverem jogando ao ar livre). Cole outra moeda com fita adesiva no centro de uma forquilha de rabdomancia. Segurando as duas pontas da forquilha na mão e usando a outra extremidade como ponteiro, tente encontrar a moeda escondida. Pode haver tantas forquilhas quanto pessoas procurando a moeda. Quem a encontrar fica com ela!

Psicodramas
(por Jack Griffin)

Psicodramas são ótimos modos de ver o mundo com os olhos de outra pessoa. De certo modo, todos os psicodramas podem ser considerados uma forma de atuação – uma habilidade aparentemente mundana, com raízes na transformação mágica da forma. Embora haja muitos tipos diferentes de psicodrama, todos têm algo em comum: oferecem a chance de ser outra pessoa, de sentir como é ser um herói (ou um vilão) e de viver uma história pelo lado de dentro.

Durante o psicodrama, imagine como seria *ser* aquele personagem. Tente se ver como aquela pessoa dentro da história e preste atenção às imagens apresentadas. Sinta o cheiro dos ventos. Ouça o galope dos cavalos. Experimente. Veja o que acontece. Talvez o espírito daquele personagem lhe ensine alguma coisa. Ao interagir com os outros jogadores, tente pensar como aquele ser pensaria naquele caso. Por que ele é daquele jeito? O que o motiva a ser quem é?

A seu modo, os psicodramas são uma bela estrutura para um sonho compartilhado que nos permite expressar partes de nós mesmos que seriam difíceis de expressar na sociedade mundana. Mas, cuidado! Os jogos de psicodrama são um instrumento poderoso e podem ser sedutores. A ideia de viver na história de um herói, livre de crises e desafios, é muito atraente. É um desafio levar as lições da história para o belo mundo além delas. Nossa capacidade de nos projetar em diferentes mundos não é menos importante que nossa capacidade de nos trazer de volta.

Sexta Aula: Correspondências

1. Introdução: Sistemas de classificação

Um dos aspectos mais importantes do pensamento mágico é classificar os mundos em termos de *correspondências* associadas. Ao classificar as coisas em diferentes categorias, obtemos uma compreensão melhor delas em um profundo nível simbólico. Assim, reduzimos a infinita diversidade da natureza a algo que nossa mente pode entender e cujo sentido pode perceber.

Todas as ciências naturais começaram como sistemas de classificação baseados nas características percebidas em comum. Na Biologia, por exemplo, Carlos Lineu (1707-1778) desenvolveu um sistema de classificação de apenas sete categorias *taxonômicas* ("arranjadas pela lei"), nas quais todas as coisas vivas estão ordenadas. Publicado originalmente em seu livro *Systema Naturae* (*Sistemas da Natureza*), de 1735, esse sistema é conhecido como **ReFiCOFaGE**, de **R**eino, **F**ilo, **C**lasse, **O**rdem, **Fa**mília, **G**ênero, **E**spécie, sendo cada ser delineado por essas categorias. Eis como a classificação de Lineu enquadraria você (e todas as outras pessoas):

   I. O Reino *Animalia* (animais – contém 10 *Filos*)
      1. Filo *Cordata* (dotados de coluna espinal – contém 10 *Classes*)
         A. Classe *Mammalia* (dotados de glândulas mamárias – contém 20 *Ordens*)
            a. Ordem *Primatas* (dotados de polegar opositor – contém 15 *Famílias*)

CASA	GRIFINÓRIA	CORVINAL	LUFA-LUFA	SONSERINA
FUNDADOR	Godrico Gryffindor	Rowena Ravenclaw	Helga Hufflepuff	Salazar Slytherin
	Minerva McGonagall	Prof.ª Sinistra	Profª Sprout	Severo Snape
BRUXO CHEFE		Professor	Professor	Severus
MASCOTE	Leão	Águia	Texugo	Serpente
COR	Vermelho	Azul	Amarelo	Verde
QUALIDADES	Ousadia, sangue-frio	Inteligentes e perpicazes	Lealdade, pacência	Astúcia, ambição

Arvore da Evolução

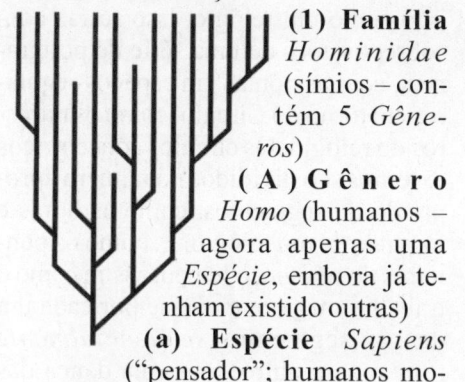

(1) Família *Hominidae* (símios – contém 5 *Gêneros*)
(A) Gênero *Homo* (humanos – agora apenas uma *Espécie*, embora já tenham existido outras)
(a) Espécie *Sapiens* ("pensador"; humanos modernos: nós)

A *Taxonomia* é um sistema de classificação de *hierarquia vertical*, no qual muitos membros de cada grupo são incluídos no *táxon* superior. No nível mais alto, o dos reinos, existem apenas três: vegetais, animais e fungos. Mas, nos níveis inferiores, não há limites quanto ao número de membros de cada táxon; cerca de 400 mil espécies de besouros já foram identificadas! Os esquemas de classificação vertical podem ser representados como os galhos de uma árvore, como a árvore da evolução mostrada aqui.

Agora pense no Chapéu Seletor de Hogwarts, que agrupava os novos estudantes em quatro casas, de acordo com sua natureza essencial.

Esse é um sistema *lateral* ou horizontal de classificação, no qual cada uma das categorias é essencialmente igual às outras. Os sistemas laterais de correspondências são a base de toda ordenação mágica. Ao compreender as correspondências de uma coisa, um mago pode influenciar essa coisa. O segredo para seu uso é simplesmente o número de divisões, como no caso dessas quatro casas. Embora se possa pensar que esses números podem ir até o infinito, para a maioria dos usos práticos, é necessária apenas uma dúzia. Eis alguns exemplos para cada número:

1 Singularidades: ("Só pode haver Um!")
2 Dualidades: *Yin-Yang* (Taoísmo)
3 Trindades, tríades, triplicidades
4 Direções, Estações, Elementos
5 Elementos (Pitagóricos)
6 Reinos da Existência (Budismo)
7 Dias da semana, Planetas visíveis
8 Sabás na Roda do Ano (Ver 4.VI)
9 Centros Psíquicos do Corpo (Taoísmo)
10 Sephiroth na Árvore da Vida (Cabala – ver 5.V)
11 (não há conjuntos de 11...)
12 Signos do Zodíaco, meses do ano

O membro do *Cray Council* Holandês, Luc Sala, diz: "Correspondências são as conexões ou ligações entre os diversos mundos, reinos, tradições, visões de mundo, culturas, etc. Se considerarmos que o Universo tem *dimensões* invisíveis, como fazemos na Magia, há inumeráveis conexões possíveis entre essas dimensões ou mundos. Mas, algumas dessas ligações são especiais e podem ser comparadas com as conexões nervosas de nosso corpo, uma vez que cuidam do fluxo de informação. São ligações invisíveis, mas poderosas entre os mundos e podem ser usadas para transmitir as mensagens mágicas".

Lição 2: O Círculo Mágico

O Círculo da Magia, dividido em quatro, é um componente essencial de muitos rituais. Diz-se que é o portal entre os mundos, um modo de se conectar com as divindades, espíritos e poderes elementais de um reino além do universo material. É visualizado como um vórtice no qual concentram nossos poderes psíquicos inatos, invocados com ações rituais das profundezas subliminares da mente e da alma. É um espaço sagrado, um santuário para a comunhão com os ancestrais.

Muitos níveis de simbolismos são intrínsecos ao Círculo: imagens e verdades de diversas cores e texturas falam em uma linguagem tão antiga quanto a história humana. Entre esses conceitos, há os metafísicos e místicos que descrevem a realidade maior, na qual a nossa vida é experimentada. Os quatro "cantos" do Círculo da Magia correspondem às direções da bússola e cada um é associado a um Elemento: Terra, Ar, Fogo ou Água. Um quinto elemento, o Espírito, muitas vezes é associado ao centro do Círculo ou ao Círculo como um todo. O eixo vertical (axis mundi, o eixo do mundo) é uma parte essencial, algumas vezes considerada uma árvore que conecta os três mundos.

O reino do vento, água, pedra e carne é o Espírito manifesto. O reino da Terra, Lua, Sol é o Espírito manifesto. Tempo e espaço, energia e gravidade, o reino da imaginação, memória, emoção e desejo, todos são Espírito manifesto: aquilo que pode ser nomeado e conhecido. Entretanto, o aspecto do Espírito que transcende nomes e conhecimento, incompreensível em seu mistério, é a fonte do Céu e da Terra.

Bran th, Blessed

Todos os diversos sistemas mágicos de correspondência podem ser representados no Círculo Mágico, que é lido como um relógio. Isso se faz com sobreposições de uma série de poligramas, com as pontas em espaços regulares em torno do Círculo, como os números do relógio. Os círculos concêntricos externos são divididos no número apropriado de segmentos, como as horas e minutos de um relógio. E, como os ponteiros do relógio, o tempo, assim como o trabalho mágico, move-se por cada um desses segmentos *sequencialmente* (um após o outro), em uma dança das horas.

É importante compreender, porém, que todos esses sistemas foram projetados. Não são úteis por serem um verdadeiro *território*, mas porque são *mapas simbólicos* comuns que muitos membros da comunidade mágica compartilham e compreendem. A maioria desses sistemas mágicos foi desenvolvida há muito tempo e se baseava no limitado conhecimento científico das pessoas que os criaram (naquele tempo, por exemplo, as pessoas achavam que o Sol girava em torno da Terra...). Esses sistemas ainda podem funcionar para nós hoje em dia, mas seus limites devem ser reconhecidos e muitas vezes eles precisam ser adaptados para reparar os problemas de seu desenho original.

Mas não é preciso *acreditar* em tudo o que está aqui para ser um feiticeiro de sucesso. É inteiramente possível ser um mago eficaz sem acreditar em Astrologia, por exemplo. É particularmente importante lembrar disso porque você terá professores de Ciência que o desencorajarão ou caçoarão diretamente de você se propuser tópicos como Astrologia, chacras e outros estudos mágicos.

Em 2.I.4, "O Círculo da Vida", expliquei a diferença entre a visão mundana *linear* do tempo (em linha reta em uma só direção, do passado ao futuro), e a visão mágica *cíclica* do tempo (girando sempre em uma espiral circular, como uma mola). Essa mesma distinção se aplica a esses dois sistemas de classificação. Assim como os galhos da árvore são o padrão principal de todos os sistemas lineares de classificação vertical, o Círculo Mágico é a chave para as categorias circulares de todos os sistemas mágicos. Depois de contar 12 horas, os ponteiros do relógio voltam novamente ao mesmo ponto – mas o próprio tempo já se moveu meio dia em seu ciclo espiralante!

> *Não devemos deixar de explorar*
> *E o final de toda exploração*
> *Será chegar onde começamos*
> *E conhecer o lugar pela primeira vez.*
>
> T.S. Eliot, no último de seus *Quatro Quadrantes*

O diagrama de *Mandala* que desenhei para um Círculo Mágico mostra as correspondências para 2, 3, 4, 5, 6, 7, 8, 12 e 13. Além disso, dividi os anéis externos em 52 "minutos" para as semanas do ano e 366 "segundos" para os dias (um extra para um ano bissexto). Diferentes versões deste desenho serão usadas ao longo desta aula para ilustrar diversos conjuntos de correspondências. Se quiser tentar uma coisa realmente bacana, faça uma cópia do mesmo tamanho do seu relógio de parede e pinte-a com canetinha. Depois abra o relógio e cole-a no lugar.

Lição 3: Mônadas, díades e tríades

Mônadas e unidades

O *monismo* ("unicidade") é a filosofia que diz que existe apenas uma substância ou princípio fundamental, seja a mente/espírito (*idealismo*) ou a matéria/energia (*materialismo*), ou seja, toda a realidade é um todo orgânico, ou unidade. Isso é expresso perfeitamente em nosso conceito do *Universo* ("Tudo junto") – que também é chamado de Criação, Cosmos ou Mundo. No Taoísmo, ele é conhecido como *Tao* ("Caminho").

Anaximandro de Mileto, um filósofo grego do século VI a.C., propôs que a realidade se baseava em uma substância universal e sem fim a que chamou *Infinita* ou *Ilimitada*, a fonte divina de todas as coisas. A Ilimitada se dividia em dois componentes ao girar em torno de seu centro. Seu componente mais quente e mais leve foi atirado para fora e formou o Céu enquanto o seu componente mais frio e mais pesado afundou em direção ao centro e formou a Terra. Mais tarde, a Terra se separou ainda mais, dividindo-se em terra seca e oceanos úmidos.

Diversas religiões consideram a divindade o Uno definitivo. Os hindus a chamam de *Atman-Brahman*, que é o espírito universal, assim como o verdadeiro cosmos físico. Os gregos expressavam a mesma ideia como *Pan* ("Tudo"): "Pan é tudo e tudo é Pan!". As três religiões* *monoteístas* ("Um Deus"), o Judaísmo, o Cristianismo e o Islamismo, acreditam em um único ser supremo e que normalmente chamam apenas de Deus. Os muçulmanos chamam essa divindade de *Alá*, que significa "O Uno". Esse Ser Supremo possuiria as seguintes qualidades universais:

Eterno – existente sempre, além do tempo;

Onipresente – presente em todos os lugares;

Onipotente – "Todo-Poderoso";

Onisciente – e "Que tudo sabe"; e

Onibenevolente – "Caridoso".

(Tudo isso, obviamente, implica que o Ser Supremo é responsável por tudo o que acontece!)

Díades e dualidades

A dualidade é um conceito fundamental aos humanos. Como somos criaturas simétricas, com duas mãos, dois olhos e duas orelhas, tendemos a encarar tudo em termos de "ou isso ou aquilo", "este ou aquele", "por um lado... mas pelo outro...". Assim, a dualidade torna-se a primeira forma de classificação, já que colocamos tudo em uma categoria ou na outra. O símbolo mais perfeito para expressar esse conceito é o familiar *Yin-Yang* Taoísta.

Como somos animais com reprodução sexuada, nós, humanos, também nos dividimos em duas categorias por gênero: fêmea e macho. Por isso, é natural pensar que o mundo é cheio de coisas de dois tipos que recaem nessas categorias. Muitas línguas, como o Latim, o Espanhol, o Português, o Francês, o Italiano e o Alemão não têm um pronome neutro para as coisas e se referem a elas como "ele" ou "ela". Quando os antigos imaginavam suas divindades para explicar o mundo, naturalmente concebiam tanto deuses quanto deusas, atribuindo princípios de gênero às diversas qualidades e atividades que muitas vezes persistem entre nós (por exemplo, a agressão movida a testosterona como "masculina "ou a compaixão movida a estrogênio como "feminina").

Os taoístas consideravam o *Yin* o princípio feminino e o *Yang,* o princípio masculino, e acreditavam que tudo pendia para um lado ou para o outro, mas não deixava de conter elementos de ambos (por isso o ponto preto dentro da área branca do *Yin-Yang* e vice-versa). Isso é chamado de *polaridade*: a ideia de que tudo no mundo existe em algum lugar de um espectro entre dois polos (certo e errado, masculino e feminino,

---

*N.E.: Sugerimos a leitura de *O Guia Completo das Religiões do Mundo*, de Brandon Toropov e Padre Luke Buckles, Madras Editora.

Tabela de correspondências mágicas 2 e 3

Díades/dualidades

Taoísmo chinês

YIN	YANG
Terra	Céu
Lua	Sol
Feminino	Masculino
Receptivo	Criativo
Negativo	Positivo
Passivo	Ativo
Frio	Quente
Escuridão	Luz

Wicca

DEUSA	DEUS
Mãe	Pai
Habondia	Herne
Cerridwen	Cernunnos
Ísis	Osíris
Ártemis	Aposo
Psiquê	Eros
Perséfone	Hades
Lua	Sol
Cálice	Lâmina
Crescente	Chifres
Espiral	Cajado
Gato	Veado
Cão	Lobo
Cavalo	Touro
Coelho	Serpente
Urso	Javali
Coruja	Águia
Aranha	Peixe

Tríades/trindades

Estação	Primavera	Verão-Outono	Inverno
Agricultura	Plantio	Colheita	Pausa
Parte da Planta	Flor	Fruto	Semente
Hora do Dia	Manhã	Tarde	Noitinha-noite
Fase da Vida	Infância-adolescência	Maturidade-Paternidade	Maturidade-Velhice
Jornada do Feiticeiro	Aprendiz	Diarista	Adepto
Passagens (Masculino)	Puberdade	Paternidade	Sabedoria
Passagens (Feminino)	Menarca	Parturição	Menopausa
Deus Triplo	Juventude	Pai/Homem	Sábio
Deusa Tripla	Donzela	Mãe/Mulher	Anciã
Fase da Lua	Nova-Crescente	Cheia	Minguante-Nova
Qualidade	Inocente	Criativo	Sábio
Atributo	Inspirador	Amoroso	Assustador
Função	Criação	Preservação	Destruição
Estado	Fresco	Maduro	Decadência
Quantidade	Enchendo	Cheio	Vazio
Cor	Branco	Vermelho ou Verde	Negro
Deuses Egípcios	Osíris (pai)	Ísis (mãe)	Hórus (filho)
Cristandade	Javé (pai)	Shekinah (espírito santo)	Kristos (filho)
Função Sagrada	Criação	Ressureição	Redenção
Deuses Hindus	Brahma (criador)	Vishnu (preservador)	Shiva (destruidor)
Mundos Normandos	Asgard (céus)	Midgard (terra)	Hel (mundo subterrâneo)
Reinos Chineses	T'ien (céu)	Ti (terra)	Jen (humano)
Nornas Normandas*	Urd (passado)	Verdandi (presente)	Skuld (futuro)
Parcas Gregas	Cloto (fiandeira)	Láquesis (medidora)	Átropos (cortadeira)
Tesouro Taoísta	C'hi (vitalidade)	Shen (espírito)	Ching (essência)
Alquímico	Sal	Enxofre	Mercúrio
Princípio	Corpo	Mente	Espírito
Reinos da Vida	Mineral	Vegetal	Animal
Gurdjieff	Afirmação	Negação	Reconciliação

*N.T.: As Nornas são as deusas nórdicas do destino.

claro e escuro, frio e quente, etc.). Esse é um modo mais útil e exato de encarar o mundo do que a *dualidade*, que divide tudo nitidamente entre branco e preto ("É bom ou é ruim, e não pode ser nada no meio").

Muitas cosmologias incluem uma noção dualista de opostos arquetípicos em mitos que descrevem os primeiros deuses como gêmeos. Na história assíria da criação, o primeiro casal, *An* (Céu) e *Ki* (Terra) nasceu de *Tiamet* (a Grande Mãe-Serpente do Caos e das Águas Primordiais). Essa dualidade foi continuada no nome de seus netos: *Anshar* ("Totalidade dos Elementos superiores") e *Kishar* ("Totalidade dos Elementos inferiores"). Os *Vedas* hindus descrevem *Atman* e *Brahman*, sendo o primeiro *imanente* (interior) e o segundo *transcendente* (exterior).

Como uma das principais dualidades são o Bem e o Mal, é muito fácil aplicar esses valores correspondentes a qualquer coisa que pusermos em lados opostos. Esse tipo de pensamento já causou muita tristeza no mundo, pois as pessoas inevitavelmente dizem que estão do lado do Bem e, portanto, qualquer coisa ou qualquer um que pensem estar do "outro lado" é automaticamente classificado como Mal. O mundo, na verdade, não é uma divisão estática entre Bem e Mal; há infinitas gamas de cinza em tudo. Esse é um conhecimento essencial para um feiticeiro: permite ver os outros com compaixão e compreender que mesmo aqueles que dizem estar do lado da justiça inevitavelmente trazem dentro de si um pouco daquilo contra o que dizem. Se todo mundo compreendesse isso, seria impossível que os zelotes e demagogos chegassem ao poder. Uma razão importante para desenvolver as seguintes categorizações de múltiplas correspondências é nos capacitar a ver além do dualismo e enxergar a diversidade.

Tendo em mente que o Multiverso sabe contar mais do que até dois e que as pessoas não são criaturas de absolutos, mas seres complexos que incorporam infinitas facetas e qualidades, a tabela de correspondências mágicas ilustra algumas das díades, dualidades e opostos tradicionais.

Pratique a criação de suas próprias tabelas de correspondências mágicas. Comece com duas. Escolha um conceito que seja um aspecto importante de sua vida (família, arte, música, você mesmo...) e tente imaginar como o conceito poderia ser dividido em duas coisas opostas ou complementares (por exemplo, o conceito de "Pais" inclui "Mãe" e "Pai"). Tente associar esses conceitos a diferentes cores ("Mamãe gosta de roxo e papai gosta de vermelho..."). Pergunte a si mesmo: "Se eles fossem um animal, que tipo de animal seria?". Continue desse modo. Conforme seus estudos sobre as diversas tabelas deste livro, sinta-se à vontade para aumentá-las ou fazer suas próprias.

Tríades e trindades

Assim como qualquer conceito de unidade pode ser dividido entre duas dualidades opostas, dois opostos podem ser reconciliados em uma nova *síntese* ("juntar"). O filósofo grego Pitágoras* dizia que três era o número perfeito, porque inclui "início, meio e fim". Um triângulo é a estrutura mais estável na Geometria, e um tripé não balança. O símbolo de Odin,

---

*N.E.: Sugerimos a leitura de *Pitágoras – Ciência e Magia na Antiga Grécia*, de Carlos Brasílio Conte, Madras Editora.

deus norueguês da sabedoria, é o *Nalknot* triangular, mostrado aqui.

A *teologia* ("palavra (ou estudo) de Deus") de muitas religiões diz que a divina unidade se manifesta em uma *Trindade*. Os três principais deuses do Hinduísmo (Brahma, o Criador, Vishnu, o Preservador, e Shiva, o Destruidor) são tratados coletivamente de *Trimurti* ("formado por três"), porque representam os três aspectos de Atman, o Espírito universal. Selos cilíndricos da antiga Creta representavam uma trindade de Mãe, Filha (*Coré*) e Filho (*Kouros*). No Egito, a Tríade divina consistia de Ísis (Mãe), Osíris (Pai) e Hórus (Filho). Os budistas aceitam a doutrina da *Trikaya* – os três corpos de Buda (Lei, Alegria e Criação Mágica). A tradição wiccana associa a grande Deusa às três fases da Lua, como Donzela (crescente), Mãe (cheia) e Anciã (minguante). E a Trindade cristã afirma os três aspectos de Deus como Pai, Filho e Espírito Santo.

As tríades galesas (*Trioedd Ynys Pydein*) são uma coleção de mais de 130 listagens de personagens legendários, eventos ou lugares agrupados em grupos de três. Provavelmente, a função disso é facilitar a memorização pelos bardos. Há diversas versões com diferenças em nomes, significados e a ordem na qual aparecem. Partes delas estão incluídas em todos os antigos manuscritos, como o *Livro Branco de Rhyderrch,* do início do século XII. Eis um exemplo de uma dessas tríades: "Três homens que receberam o poder de Adão: Hércules, o Forte; Heitor, o Forte; e Sansão, o Forte. Eles eram, os três, tão fortes quanto o próprio Adão".

Lição 4: Elementos e direções

Provavelmente não há sistema de correspondências mais amplamente usado do que o dos quatro Elementos: **Terra, Água, Ar e Fogo** (ver 2.III). Esse conceito pode ser atribuído principalmente a Pitágoras (580-500 a.C.) e Aristóteles (384-322 a.C.), mas as ideias por trás dele podem ser encontradas nas tradições gregas, hebraicas, egípcias, persas e assírias. O modelo dos quatro Elementos é tão universal, que é subjacente a praticamente todos os outros sistemas mágicos. É fundamental para a Alquimia, que agrupou todas as substâncias nesse modelo. Essas associações também são o fundamento do sistema mágico enochiano. Os 12 signos do Zodíaco são divididos entre essas categorias: Terra (*Capricórnio, Touro, Virgem*), Água *(Peixes, Câncer, Escorpião*), Ar (*Aquário, Gêmeos, Libra*) e Fogo *(Áries, Leão, Sagitário*). As 72 cartas do Tarô* são arranjadas em quatro naipes elementais: Ouros, Copas, Espadas e Paus; os mesmos aparecem nos baralhos comuns. O símbolo universal das Quatro Direções e Elementos é a

---

*N.E.: Sugerimos a leitura de *Curso de Tarô – e Seu Uso Terapêutico*, de Veet Pramad, e *Tarô Comparativo em Seis Idiomas*, de Valerie Sim, ambos da Madras Editora. Ver também: *Magia Enochiana para Iniciantes*, de Donald Tyson, Madras Editora.

Cruz Céltica, também conhecida como Escudo da Medicina dos índios americanos e Selo Astrológico do planeta Terra.

Os rituais da Wicca moderna e da magia cerimonial constroem seus Círculos Mágicos e atribuem os Elementos às quatro direções e estações do ano. Essas associações estão profundamente embutidas na própria Natureza e em nossa própria experiência pessoal dos ciclos naturais. A tabela de correspondências elementais será um de seus instrumentos mágicos mais importantes. Estude-a bem e aprenda essas associações; elas serão muito úteis durante a sua vida mágica.

Nota: Os diagramas e tabelas apresentados aqui se baseiam nas correspondências para o Hemisfério Norte. A sul do Equador as estações e direções são invertidas. Imagine o Círculo Mágico dentro do Zodíaco observado no espelho! Assim, o Fogo é norte e a Terra é sul; o Ar é oeste e Água é leste. O Equinócio da Primavera ocorre em 21 de setembro e o Solstício de Inverno é em 21 de junho. Além disso, os ponteiros do relógio – e todas as direções rituais – andam em sentido anti-horário na Austrália!

O quinto elemento

O quinto elemento, *Espírito*, serve para unificar e transcender os outros quatro Elementos nos sistemas mágicos tradicionais do Ocidente. Alguns consideram o Espírito como a quintessência de todas as coisas manifestas. Os outros quatro Elementos constituem a base do universo físico, e o Espírito é a qualidade adicional que comunica a Vida e a Consciência. No Círculo Mágico Mandala, o Espírito é representado como o Centro do Círculo ou a ponta superior do pentagrama.

Tabela de correspondências mágicas 4 - Elementos

ELEMENTO (estado)	AR (gasoso)	FOGO (plasma)	ÁGUA (líquido)	TERRA (sólido)
DIREÇÃO/VENTO	Leste/Eurus	Sul/Notus	Oeste/Zéfiro	Norte/Bóreas
MUDRA MÁGICO				
GLIFO ALQUÍMICO	△	△	▽	▽
ELEMENTAIS	Sílfos	Salamandras	Ondinas	Gnomos
REGÊNCIA	Tempestades, temporais, ventos, mente, intelecto, conhecimento, sabedoria	Chamas, relâmpagos, Sol, vulcões, energia, espírito, vontade	Oceano, marés, lagos, rios, regatos, amor, tristeza, emoções	Montanhas, cavernas, pedras, vegetação, riqueza, criatividade, natureza
COR/(Lakota)	Amarelo/(Amarelo)	Vermelho/(Branco)	Azul (Negro)	Verde/(Vermelho)
ANIMAL MUNDANO	Águia (L. Águia)	Leão (L. Rato)	Serpente (L. Urso)	Touro (L. Bisão)
ANIMAL MÍTICO	Grilo	Fênix	Dragão	Unicórnio
ARCANJO	Rafael	Miguel	Gabriel	Uriel
FERRAMENTAS DE ALTAR	Varinha e Incensário	Athame e Vela	Cálice e Água	Pantáculo e sal
NAIPES DO TARÔ	Paus	Espadas	Copas	Pentáculos (Discos)
CARTAS DA CORTE	Cavaleiros	Reis	Rainhas	Pajens
BARALHO	Paus	Espadas	Copas	Diamantes
TESOURO CÉLTICO	Lança de Lugh	Espada de Nuada	Caldeirão de Daghda	Pedra do Destino (Lia Fal)
SABÁ	Ostara	Litha	Mabon	Yule
PONTO SOLAR	Equinócio de Primavera	Solstício de Verão	Equinócio de Outono	Solstício de Inverno
PONTO ZODIACAL	0° Áries	0° Câncer	0° Libra	0° Capricórnio
ESTAÇÃO E GLIFO	Primavera ♉	Verão ♋	Outono ♏	Inverno ♑
HORÁRIO DO DIA	Alvorada	Meio-Dia	Pôr-do-Sol/lusco-fusco	Meia-Noite
CLIMA	Ventoso	Quente	Chuvoso	Frio
ESTÁGIO DA VIDA	Nascimento	Crescimento	Morte	Declínio
IDADE HUMANA	Infância	Juventude	Maturidade	Velhice
ANALOGIA NO CORPO	Respiração	Espírito (aura)	Sangue	Carne e Ossos
HUMOR CORPORAL	Catarro	Bílis	Sangue	Melancolia
ATRIBUTO	Intelectual, alegre	Espiritual, poderoso	Emocional, fértil	Físico, seguro
FUNÇÃO	Pensamento	Sentimento	Intuição	Sensação
SENTIDO	Olfato	Visão	Paladar	Tato
SIGNO CARDINAL	Libra	Áries	Câncer	Capricórnio
SIGNO MUTÁVEL	Gêmeos	Sagitário	Peixes	Virgem
SIGNO FIXO	Aquário	Leão	Escorpião	Touro
PROCESSO ALQUÍMICO	Evaporação	Combustão	Solução	Precipitação
METAIS	Mercúrio ou Alumínio	Ferro ou Ouro	Prata	Chumbo
JÓIAS	Topázio, Calcedônia	Opala de fogo	Água-marinha, berilo	Quartzo, sal mineral
INCENSO	Gálbano	Olíbano	Mirra, opérculo	Estoraque
PLANTAS	Amor-perfeito, violeta, milefólio, prímula, verbena	Alho, hibisco, cebola, pimenta, urtiga, mostarda	Lótus, samambaia, melão, alga, plantas aquáticas	Hera, confrei, maçãs, grãos: cevada, aveia, trigo, etc.
ÁRVORES	Álamo	Amendoeira florida	Chorão	Carvalho
DEUSAS	Aradia, Arianrhod, Aditi, Nuit, Urânia	Héstia, Pele, Vesta, Brígite, Sekhmet	Afrodite, Anfitrite, Mari, Tiamet, Yemaya	Ceres, Deméter, Géa, Réa, Mah, Néftis
DEUSES	Enlil, Hermes, Shu, Toth, Vayu, Zeus	Hórus, Hefesto, Vulcano, Loki, Agni	Poseidon, Llyr, Dylan, Netuno, Éa, Oceano	Cernunnos, Dioniso, Adônis, Pã, Tammuz
PODER DO MAGO	Conhecer	Querer	Ousar	Calar

Lição 5: Planetas, dias e chacras

Planetas e dias

A palavra *planeta* significa "errante". Os povos antigos que observavam os céus notaram que havia sete objetos celestiais que mudavam de posição, movendo-se contra o fundo imutável das estrelas fixas. Tratava-se do **Sol, Lua, Marte, Mercúrio, Júpiter, Vênus e Saturno**. E por isso chamaram-nos de Errantes, ou *planetes,* em grego, embora atualmente consideremos o Sol como uma estrela e nossa Lua, bem, uma Lua – e com nossos telescópios descobrimos mais três planetas, além de Saturno: Urano, Netuno e Plutão (que recentemente perdeu a condição de planeta). Como viajavam através dos reinos celestiais, esses sete planetas visíveis eram identificados com sete deuses ou deusas (ou anjos) em todas as culturas. Para os egípcios, eles eram, respectivamente, Rá, Sin, Set, Thoth, Isis, Hathor e Neftis. Na Grécia, eram chamados de Hélios/Apolo, Ártemis, Ares, Hermes, Zeus, Afrodite e Cronos. Os romanos lhes deram os nomes que usamos ainda hoje: Sol, Luna, Marte, Mercúrio, Júpiter, Vênus e Saturno.

Sunday (*Sun*, Sol) – *Monday* (*Moon*, Lua) – *Tuesday* (*Tiw*, deus teutônico da guerra) – *Wednesday* (*Woden*, deus teutônico da sabedoria) – *Thursday* (*Thor*, deus norueguês do trovão) – *Friday* (*Fria*, deusa teutônica do amor) – *Saturday* (*Saturno*, deus romano da colheita)

Dia do Sol

Dia da Lua

Tim's Day
(Deus teutônico da guerra)

Dia de Woden
(Deus teutônico da sabedoria)

Dia de Thor
(Deus escandinavo do trovão)

Dia de Fria
(Deusa teutônica do amor)

Dia de Saturno
(Deus romano da colheita)

A Lua dá uma volta em torno da Terra a cada 27,3 dias, completando um ciclo de todas as fases em 29,5 dias. A média desses dois ciclos é de 28,3 dias, a que chamamos de uma *lunação*, ou *mês*. Desde pelo menos o terceiro milênio a.C. (na Suméria), toda civilização que usou um calendário dividiu esses períodos de 28 dias em quatro semanas de sete dias cada uma. Inicialmente, eles eram simplesmente numerados, mas, por fim, cada dia foi atribuído a um planeta (ou divindade). Como o Sol e a Lua são os planetas mais brilhantes e importantes, o primeiro e segundo dias de cada semana são sempre deles. As atribuições dos outros dias também são muito semelhantes em todas as culturas: a terça-feira pertence ao deus da guerra; a quarta-feira, ao deus da magia e da sabedoria; a quinta-feira, ao deus do trovão; a sexta-feira, à deusa do amor e o sábado, ao deus do tempo e da morte. Esses sete planetas/dias receberam diversas correspondências, algumas das quais indicadas na tabela a seguir.

O sistema foi introduzido no Egito helenístico (grego) pela Mesopotâmia, onde a Astrologia era praticada havia milênios e onde o sete sempre fora um número sagrado. Tornou-se norma por todo o Oriente Médio e foi usado informalmente no Império Romano até o século I d.C. Em 321 d.C., o imperador Constantino (que governou de 312 a 337 d.C.) transplantou esse sistema astrológico para o calendário romano, e declarou o primeiro dia da semana – *dies solis* ("Dia do Sol") – um dia sagrado de descanso e adoração para todos. Esse novo sistema romano foi adotado com modificações por toda a Europa ocidental e é a base de nossos calendários modernos.

A recente convenção, que se torna cada vez mais comum, de iniciar a semana do calendário na segunda-feira, é resultado da influência cristã. A Bíblia diz: "Lembra-te do sétimo dia, para o santificar". Desde o tempo de Constantino, a maioria dos cristãos considera o domingo o seu dia sagrado, e por isso preferem nomeá-lo como o sétimo dia e não o primeiro, como é na verdade. Historicamente, porém, o sábado sempre foi o sétimo dia, e também o *Sabbath* ("Descansar") do Judaísmo – mesmo para muçulmanos e ortodoxos orientais. Em hebraico, o nome é *Shabbat*; em árabe, *asSabt*; e em grego moderno, *Savvato*.

Chacras

Chacras ("Rodas" ou "Lótus") são centros de energia do corpo astral associados a partes do corpo físico. Os sete chacras principais são associados a áreas ao longo da espinha e do sistema nervoso central. O Ioga hindu ensina que o *prana* ("força vital") flui por meio do corpo por uma rede de canais muito fina denominada *nadis*. É como se fosse uma versão astral da rede de nervos ou de vasos sanguíneos. O nadi principal (*sushumna*) é paralelo à coluna espinal e vai da base da espinha até o topo da cabeça. Como os plexos principais do sistema nervoso, os chacras são uma série de nós ou vórtices de ressonância ao longo do *sushumna*. De cima para baixo eles são: 1. Raiz, 2. Sexo, 3. Plexo Solar, 4. Coração, 5. Garganta, 6. Terceiro Olho e 7. Coroa. Também temos chacras menores em todo o corpo, como as palmas das mãos e a sola dos pés.

O próprio conceito de Chacras é um vasto campo de estudos – grande demais para incluir neste *Grimório* introdutório. Se você quiser saber mais sobre esse sistema, recomendo o livro *Wheels of Life: A User's Guide to the Chakra System* (Llewellyn, 1987), de minha querida amiga Anodea Judith. Entretanto, como você vai encontrar muitas referências aos chacras em seu trabalho de magia, fiz aqui uma tabela (ver páginas seguintes) de correspondências a fim de dar uma base do sistema.

Tabela de correspondências mágicas 7 Planetas/Dias

PLANETA	SOL	LUA	MARTE	MERCÚRIO	JÚPITER	VÊNUS	SATURNO
SÍMBOLO	☉	☽	♂	☿	♃	♀	♄
DIA	Domingo	Segunda-feira	Terça-feira	Quarta-feira	Quinta-feira	Sexta-feira	Sábado
GERMÂNICO	Sunna (f.)	Mani (m.)	Tiew	Woden/Odin	Thor/Donner	Freyja/Frey	Santur
DEUS CELTA	Belenos	Arianhod	Tiw	Lugh	Taranis	Rhiannon	Arawn
DEUS ROMANO	Sol	Luna/Diana	Marte	Mercúrio	Júpiter/Jove	Vênus	Saturno
DEUS GREGO	Hélios	Selene/Ártemis	Ares	Hermes	Zeus	Afrodite	Cronos
EGÍPCIO	Rá, Aton	Khonsu	Set	Thoth	Ísis	Hathor	Neftis
HEBRAICO	Shemesh	Levanah	Madim	Tzedk	Nogah	Shabbatai	Shabbat
BABILÔNICO	Shamash	Sin	Nergal	Nabu	Marduk	Ishtar	Ninib
SUMÉRIO	Ut	Nanna	Gugulanna	Enki	Enlil	Innana	Ninurta
ORIXÁ	Obatalá	Iemaya	Ogum	Exu	Xangô	Erzulie	Samedi
ARCANJO	Rafael	Gabriel	Kamael	Miguel	Tzadkiel	Haniel	Tzafquiel
ANJO	Miguel	Gabriel	Zamael	Rafael	Sachiel	Anael	Cassiel
SEPHIRAH	Tiphareth	Yesod	Geburah	Hod	Chesed	Netzach	Binah/Daath
REGÊNCIA	Leão	Câncer	Escorpião/Aries	Gêmeos/Virgem	Sagitário	Touro/Libra	Capricórnio
ATRIBUTOS	Ego, fama, extroversão, individualidade, consciente, hemisfério cerebral esquerdo	Emoções, psíquico, intuição, subconsciente, hemisfério direito do cérebro	Corpo físico, calor, ações, poder, energia, agressão	Inteleto, velocidade, mensagens, dualidade, juventude, comunicação	Expansão, boa fortuna, dinheiro, posses materiais, otimismo	Amor, beleza, harmonia, luxo, sexo, estética, amizade	Privação, constrição, pessimismo, morte, frio, disciplina
RELAÇÃO	Esperança, dinheiro, respeito, fama, sorte, sucesso	Sonhos, prevenção de roubo, profecia	Poder físico, coragem, guerra, vitória, força	Comunicação, memória, verdade, negócios	Honra, riqueza, saúde, paz, fama, poder	Amor, paixão, amizade, alegria, segurança, fertilidade	Colheita, vida longa, proteção, estabilidade, segurança

Sexta Aula: Correspondências

ELEMENTOS	COR	METAL	PEDRA	ÁRVORES	ANIMAIS MUNDANOS	ANIMAL MÍTICO	PLANTAS	INCENSOS COMPOSTOS
Fogo/Ar	Dourado/Laranja	Ouro	Topázio, diamante amarelo	Bétula, louro	Águia, leão, galo, escaravelho	Fênix	Heliotrópio, hidraste, cinco-folhas, açafrão, freixo, girassol, dente-de-leão, cravo, cítricos, mil-folhas	Olíbano, louro, bálsamo de gileade, óleo de árvore-da-crea, olíbano, semente de linho
Água	Prata/Branco	Prata	Selenita, quartzo	Chorão	Gato, lebre, gamo, lobo	Unicórnio	Lunária, alga, aloé, agrião, limão, jasmim, lótus, cogumelo, pepino, papoula	Jasmim, papoula, mirto, óleo de pepino, aloé, sândalo branco, benjoim goma
Fogo	Vermelho	Ferro	Heliotrópio, rubi, granada	Azevinho, espinheiro	Carneiro, coruja, escorpião	Dragão	Manjericão, urtiga, pimenta vermelha, arruda, genciana, acônito, patchuli, heléboro, mostarda, alho, gengibre	Pinho, cipreste, tabaco, arruda, enxofre, grãos de pimenta, limalha de ferro, dragoeiro
Água/Ar	Amarelo	Mercúrio/Alumínio	Opala de fogo, Ágata	Aveleira, freixo	Chacal, bugio, íbis, serpente	Hipogrifo	Losna, valeriana, endro, alcaravia, verbena, marroio-branco, funcho, lavanda, mandrágora	Estoraque, noz-moscada, sândalo, goma mástique, canela, sassafrás, losna
Ar/Fogo	Roxo	Estanho	Ametista, safira	Carvalho	Pavão, touro, águia	Grifo	Anis, menta, selo-de-salomão, cedro, bálsamo, azeitona, carvalho, cravo, erva-de-são-joão	Óleo de cedro, noz-moscada, olíbano, junípero, hissopo, erva-de-são-joão
Água/Terra	Verde	Cobre	Esmeralda, âmbar	Macieira, sorveira	Pomba, cisne, golfinho, peixe	Sereia	Maçã, sabugueiro, alecrim, sândalo, rosa, íris, gerânio, cardo, amêndoa	Jasmim, clara de ovo, benjoim goma, pétalas de rosa, pau-santo, óleo de almíscar, coral vermelho
Terra/Água	Negro	Chumbo	Obsidiana, ônix, pérola negra	Amieiro, cipreste	Corvo, gralha, crocodilo	Basilisco	Acônito, teixo, cânhamo, cicuta, tomilho, beladona, estramônio, cipreste	Algália, mirra, canela, arruda, verbasco, frutinhas de teixo, patchuli, folhas de cipreste

Tabela de correspondências

CHACRA	MULADHARA	SVADHISHTHANA	MANIPURA
SÍMBOLO	◯	●	◯
PÉTALAS	4	6	10
SIGNIFICADO	Raiz	Local privado	Gema lustrosa
LOCALIZAÇÃO	Ponta da espinha	Sacro	Plexo solar
COR	Vermelho	Laranja	amarelo
PLANETA	Saturno	Lua	Marte/Sol
ELEMENTO	Terra	Água	Fogo
ARQUÉTIPO	Mãe	Amante	mago
DEUSA	Dakini	Rakini	Lakini
DEUS	Brahma	Vishnu	Rudra
ANIMAIS	Elefante	Peixe, monstro marinho	Carneiro, leão
PEDRAS	Granada, hematita, heliotrópio	Coral, cornalina	Topázio, âmbar
ALIMENTOS	Proteína, carnes	Líquidos	Carboidratos, complexos
GLÂND. ENDÓCRINA	Ad-renais	Gônadas	Pâncreas
EMOÇÃO	Segurança, medo	Paixão, culpa	Confiança, vergonha
ÓRGÃO SENSORIAL	Nariz	Língua	Olhos
SENTIDO	Olfato	Paladar	Visão
PRINCIPAL QUESTÃO	Sobrevivência	Sexualidade, emoções	Poder, energia
PRINCÍPIO	Gravidade	Atração pelos opostos	Combustão
PROPRIEDADE	Contração	Conexão	Expansão
DIREITO	Ter	Sentir	Agir
OBJETIVOS	Aterramento, prosperidade, estabilidade, saúde física	Fluidez movimento, prazer, conexão	Força de vontade, vitalidade, propósito, eficácia
Função Biologica	Eliminação	Reprodução	Digestão
Caminho do Yoga	Hatha Yoga	Tantra Yoga	Karma Yoga

mágicas 7 - Chacras

ANAHATA	VISUDDHA	AJNA	SAHASRARA
12	16	2	1.000
Batida inaudível	Purificação	Perceber	Mil vezes
Coração	Garganta	"Terceiro Olho"	Coroa da cabeça
Verde	Azul brilhante	Anil	Violeta
Vênus	Mercúrio	Netuno	Urano
Ar	Som	Luz	Pensamento
Curandeiro	Mensageiro	Visionário	Sábio
Kakini	Sakini	Hakini	
Isa	Sadasiva	Sambhu	Paramsiva
Antílope, pomba	Elefante branco	Coruja, borboleta	Touro, boi
esmeralda, quartzo rosa	Turquesa	Lápis-lazúli, alguns quartzos	Ametista, diamante
Vegetais	Fruta	Psicodélicos	Nenhum (jejum)
Timo	Tireoide	Pineal	Pituitária
Amor, tristeza	Inspiração, repressão	Imaginação, ilusão	Compreensão, afeto
Pele	Ouvidos		
Tato	Audição		
Amor, relacionamentos	Comunicação	Percepção, visão, imaginação	Compreensão, entendimento total
Equilíbrio	Vibração simpática	Luminescência	Consciência
Equilíbrio	Ressonância	Radiância	Consciência
Amar	Falar	Ver	Saber
Equilíbrio nos relacionamentos, compaixão autoaceitação	Harmonia, criatividade, comunicação, ressonância	Capacidade de perceber padrões, de "ver", de entender	Consciência expandida, consciência cósmica
Respiração	Assimilação	Recognição	Compreensão
Bhakti Yoga	Mantra Yoga	Yantra Yoga	Jnana Yoga

Lição 6: Meses e signos do Zodíaco

Desde o início dos tempos, quando nossos ancestrais mais remotos olharam maravilhados para a vastidão pintalgada do céu noturno, buscamos significado nos padrões aleatórios das estrelas. As constelações, que se tornaram elementos familiares de nossos mapas celestes, foram desenhadas há muitos milhares de anos, "ligando os pontos" das principais estrelas, e mudaram desde então. Touro é retratada como um grande touro nas pinturas de 15 mil anos das cavernas de Lascaux, incluindo os sete pontos das Plêiades no ombro. Acredita-se que a Grande Esfinge do Egito foi esculpida, originalmente, há mais de 10.500 anos em forma de leão ajoelhado, representando a constelação de Leão. Escorpião sempre foi vista como um escorpião. Os sumérios identificavam as constelações em seu esquema atual desde 2500 a.C., mas foram os gregos helênicos que deram o nome ao *Zodíaco* ("Círculo de animais").

Touro, Leão e Escorpião são três das 12 constelações a que chamamos de signos do Zodíaco. Elas estão espalhadas pelo caminho da *eclíptica*, a faixa no céu pela qual o Sol, a Lua e todos os Planetas parecem viajar (veja em 2.I.5: "Éons Zodiacais" uma explicação mais detalhada da eclíptica).

O Zodíaco de 360° foi dividido em 12 partes iguais, ou *signos*, de 30° cada, que recebem o nome das constelações que mais se aproximam deles, ou seja, os signos não são as verdadeiras *constelações*, mas simplesmente a parte que ocupam no cinturão zodiacal. Esses são os meses do Zodíaco. Na ordem da passagem do Sol, por meio de cada um deles durante o curso do ano, começando no Equinócio da Primavera, eles são: Peixes ♓, Áries (carneiro) ♈, Touro ♉, Gêmeos ♊, Câncer (caranguejo) ♋, Leão ♌, Virgem ♍, Libra (balança) ♎, Escorpião ♏, Sagitário (arqueiro) ♐, Capricórnio (bode marinho) ♑ e Aquário (portador de água) ♒.

Para fins de adivinhação, os astrólogos, desde a antiga Babilônia, atribuíram significados simbólicos a esse signos. A seguinte tabela de correspondências mostra alguns desses muitos atributos. Em Astrologia, essas correspondências influenciam os Planetas (com as atribuições *deles*) que estiverem passando pelos signos em qualquer momento dado. Horóscopos são diagramas circulares que mostram essas posições em um momento escolhido, como a hora do nascimento de uma pessoa.

O Círculo Mágico Mandala é um modo perfeito de mostrar o calendário do Zodíaco como a face de um relógio na qual o Sol e a Lua podem ser vistos como os ponteiros de hora e minuto. O Sol completa um circuito uma vez por ano, enquanto a Lua passa por todos os signos em um mês.

Um fato interessante: na verdade, há 13 constelações no caminho da Eclíptica. A décima-terceira, *Ofíoco* ("O portador da serpente"), fica entre Escorpião e Sagitário (o momento em que eu nasci). Mas um calendário de 13 meses não pode ser dividido facilmente em quatro estações, e 12 foi o número preferido por todos os sistemas matemáticos antigos, já que é divisível por 2, 3, 4 e 6. O 13 era considerado um número de má sorte e Ofíoco foi excluído do Zodíaco.

Luas cheias

Todos os calendários originais da Antiguidade eram inteiramente lunares, e não solares, como o nosso atual calendário. Mesmo hoje, os calendários judeus, muçulmanos, hindus e chineses ainda são lunares e precisam ser reajustados depois de alguns anos, para impedir que os meses fiquem completamente dessincronizados com as estações. Como a palavra *month* (mês, em inglês), afinal, deriva dos ciclos da Lua (*Moon*, em inglês), alguns povos preferiram dar aos meses o nome de "Luas", em vez de constelações, deuses (Janus, Frebruus, Mars, Maiesta, Juno), imperadores romanos (Júlio César, Augusto César) ou simplesmente números (*Apero, Septembro, Octobro, Novembro* e *Decembro* significam simplesmente "segundo, sétimo, oitavo, nono e décimo").

As Luas cheias chamam a atenção pelo modo como dominam o céu, desde o lusco-fusco até a aurora, de forma que cada uma ganhou ao menos um nome especial. Um conjunto de nomes para as Luas cheias foi registrado em uma edição inglesa de 1508 do *The Shepherd's Calenda*. Esses nomes foram mantidos nas Américas pelos primeiros colonos britânicos, os quais se misturaram a associações nativas. Eis alguns dos mais populares nomes para as Luas cheias de cada mês:

janeiro – Lua Velha, Lua Lobo, Lua da Tempestade.

fevereiro – Lua da Neve, Lua Faminta, Lua dos Botões de Flor, Lua Casta.

março – Lua do Melado, Lua da Seiva, Lua Minhoca, Lua Anciã, Lua da Semente.

abril – Lua da Grama, Lua Rosa, Lua do Sapo, Lua do Plantador, Lua Lebre.

maio – Lua de Leite, Lua Flor, Lua em Botão, Lua Díade.

junho – Lua Rosa, Lua de Morango, Lua de Hidromel.

julho – Lua de Trovão, Lua Homem, Lua de Sangue, Lua da Erva.

agosto – Lua do Milho Verde, Lua do Milho, Lua do Esturjão, Lua da Cevada.

setembro – Lua da Fruta, Lua da Colheita, Lua de Sangue, Lua do Acasalamento das Renas.

outubro – Lua da Colheita, Lua do Caçador, Lua das Folhas que Caem, Lua da Neve.

novembro – Lua do Gelo, Lua do Castor, Lua do Carvalho.

dezembro – Lua da Longa Noite, Lua Fria, Lua Lobo.

O calendário da Revolução Francesa

E, finalmente, o membro do *Cray Council* Fred Lamond lembrou-me do calendário da Revolução Francesa, usado na França de 1792 a 1801 e muito baseado na natureza. O ano começava no Equinócio de Outono e era dividido em quatro quartos, de 91 a 92 dias, cada um, por sua vez, dividido em três meses, de 30 a 31 dias. Assim, os meses correspondem mais ou menos aos do Zodíaco. Eis o nome desses meses:

outono *vendemiário* = mês da colheita da uva (Libra); *brumário* = mês da bruma (Escorpião); *frimário* = mês gelado (Sagitário).

inverno *nivoso* = mês nevoso (Capricórnio); *pluvioso* = mês chuvoso

Tabela de correspondências

SIGNO	PEIXES	ÁRIES	TOURO	GÊMEOS	CÂNCER	LEÃO
SÍMBOLO	♓	♈	♉	♊	♋	♌
IMAGEM	Peixes	Carneiro	Touro	Gêmeos	Caranguejo	Leão
PERÍODO CIVIL	20 fev.-20 mar.	21 mar.-20 abril	21 abril-21 maio	22 maio – 21 jun.	22 jun.-23 jul.	24 jul.-23 ago.
ELEMENTO	Água	Fogo	Terra	Ar	Água	Fogo
REGENTE	Netuno	Marte	Vênus	Mercúrio	Lua	Sol
NATUREZA	Mutável	Cardinal	Fixa	Mutável	Cardinal	Fixa
CICLO	Distribui	Gera	Concentra	Distribui	Gera	Concentra
DIREÇÃO	Sul, abaixo	Nordeste	Sudeste	Leste, acima	Leste, abaixo	Norte, acima
CORES	Verde-água suave	Vermelho	Rosa, azul-claro	Todas (esp. amarelo)	Cinza, verde	Laranja dourado
METAL	Estanho	Cobre	Cobre	Mercúrio	Prata	Ouro
PEDRA	Selenita,	Diamante heliotrópio	Safira	Ágata azul-clara	Pérola	Rubi
INCENSO	âmbar-gris	Dragoeiro	Estoraque	Losna	Opérculo	Olíbano
ÁRVORES	Chorão, árvores aquáticas, figo	Espinheiros e arbustos	Freixo, cipreste, maçã	Nogueiras	Árvores ricas em seiva	Laranja, cítricos, louro, palma
ANIMAIS	Peixe, golfinho	Carneiro, coruja	Touro, boi, búfalo	Pega, híbridos	Caranguejo, tartaruga	Leão
SISTEMA CORPORAL	Linfático	Cerebral (cérebro)	Fala (garganta)	Nervoso, pulmonar	Digestivo	Cardíaco (coração)
LUA	Semente	Lebre	Díade	Hidromel	Erva	Cevada
DIVINDADE	Netuno	Minerva	Vênus	Apolo	Mercúrio	Júpiter

(Aquário); *ventoso* = mês ventoso (Peixes).
primavera *Germinal* = as sementes brotam (Áries); *Floreal* = tempo das flores (Touro); *oreal* = ventos quentes (Gêmeos).
verão *messidor* = colheita de cereais (Câncer); *termidor* = calor do verão (Leão); *fructidor* = fruto maduro (Virgem).

mágicas - 12 Signos do Zodíaco

VIRGEM ♍	LIBRA ♎	ESCORPIÃO ♏	SAGITÁRIO ♐	CAPRICÓRNIO ♑	AQUÁRIO ♒
Donzela	Balança	Escorpião	Arqueiro	Bode-Marinho	Portador de água
24 ago.-23 set.	24 set.-23 out.	24 out.-22 nov.	23 nov.-21 dez.	22 dez.-20 jan.	21 jan.-19 fev.
Terra	Ar	Água	Fogo	Terra	Ar
Mercúrio	Vênus	Plutão	Júpiter	Saturno	Urano
Mutável	Cardinal	Fixa	Mutável	Cardinal	Fixa
Distribui	Gera	Concentra	Distribui	Gera	Concentra
Norte, abaixo	Noroeste	Sudeste	Oeste, acima	Oeste, abaixo	Sul, acima
Azul-, marinho cinza escuro	Azul-claro, rosa	Vermelho-escuro, castanho	Roxo, azul-escuro	Preto, marrom	Azul elétrico
Mercúrio	Cobre	Ferro	Estanho	Chumbo	Urânio
Sardônica	Safira	Opala	Topázio	Turquesa	Ametista, granada vermelha
Narciso	Gálbano	Opopânace	Aloés lenhosos	Almíscar, algália	Gálbano
Nogueiras	Freixo	Abrunheiro, arbustos	Amora, visgo, carvalho, freixo, bétula	Chorão, álamo, pinho, olmo	Musgos, árvores frutíferas
Virgem, ermitão	Elefante, tartaruga	Escorpião, lobo, águia	Centauro, cão, cavalo	Bode, burro	Pavão, águia, homem
Alimentar	Renal (rins)	Reprodutivo	Hepático (fígado)	Esquelético	Circulatório (sangue)
Sangue/vinho	Neve	Carvalho	Lobo	Tempestade	Casta
Ceres	Vulcano	Marte	Diana	Vesta	Juno

Sétima Aula:
Signos e Símbolos

Antes que houvesse escrita, havia desenhos. O desejo de controlar as forças da natureza levou os humanos paleolíticos a criar imagens do mundo que os rodeava. Se os deuses fizeram o mundo, a imitação gráfica era um ato divino que trazia consigo a ilusão do poder. – Leonard Shlain (*The Alphabet versus the Goddess: The Conflict Between Word and Image*, p. 45)

1. Introdução: Simbolismo mágico

Um *símbolo* é algo que representa uma outra coisa por associação, semelhança ou convenção. A palavra deriva do grego *symbolon*, que era um emblema usado para identificação por comparação com o seu complemento. Em essência, um símbolo é algo que expressa uma autoridade ao ser comparado ou conectado a outra coisa. A principal diferença entre um sistema de símbolos mágicos e os sistemas mundanos de símbolos que usamos todos os dias é que os símbolos mágicos são organizados em camadas de *correspondências* (ver 3.6: "Correspondências"). Cada associação de um símbolo é como uma faixa de luz em um espectro ou uma nota em uma oitava. As diferentes atribuições dos símbolos mágicos podem ser consideradas expressões dos espíritos daqueles símbolos em diferentes estados do ser. Todo objeto, todo pensamento, toda emoção não é mais que o símbolo de um princípio eterno. Os *arcanos* ("Conhecimento secreto") dos Mistérios nunca eram revelados aos não iniciados, exceto por meio de símbolos. Os templos dos antigos Mistérios desenvolveram seu próprio simbolismo e linguagem sagrados, conhecidos apenas dos iniciados e nunca citados fora do santuário.

O mago constrói rituais de forma que cada objeto ao alcance dos sentidos tenha uma conexão simbólica com a ideia e com a intenção da cerimônia. Em um contexto ritual, os objetos, símbolos e cores têm uma qualidade mágica própria, armazenando ou criando a energia necessária para cumprir os resultados desejados.

Lição 2: Escrita antiga
Cuneiforme (cuneiorm)

A mais antiga forma de escrita conhecida foi desenvolvida na antiga Mesopotâmia ("Terra entre os rios"), entre os rios Tigre e Eufrates – em um território que, atualmente, é o Iraque. Como algumas das primeiras cidades do mundo surgiram ali, essa região é muitas vezes chamada de "Berço da Civilização". Sua maior capital era a Babilônia, estabelecida por volta de 2000 a.C. Os primeiros mesopotâmicos eram conhecidos como sumérios e suas principais cidades eram Ur e Uruk. Desde 3100 a.C., os primeiros símbolos *cuneiformes* ("em forma de cunha") foram feitos entalhando-se pequenas marcas em forma de cunha, com palitos afiados em argila fresca. Por volta de 2800 a.C., cada símbolo representava um objeto, ação, ideia ou conceito. Durante séculos, os escribas sumérios usaram essa escrita apenas para registrar transações ou oferendas aos templos. Apenas muito mais tarde a escrita cuneiforme foi usada para transcrever façanhas de reis, ritos religiosos, mitos, poesias – e, ainda mais tarde, adivinhação, Matemática, Medicina e Direito.

Egito: hieroglífica, demótica (𓋹𓊽𓋴𓊪𓉗𓊵𓋹) **e hierática** (𓏏𓃀𓀀𓂋𓏤𓊖𓇳𓏤𓉐)

Por volta de 3000 a.C., os antigos egípcios desenvolveram uma forma muito complexa de escrita pictórica a que chamamos de *hieroglífica** ("entalhes sagra-

dos"). Cada *glifo*, ou imagem, atendia a três funções: 1. Representação de uma coisa ou ação; 2. Representação do som de uma sílaba; 3. Esclarecimento do significado dos glifos adjacentes. Para conceitos que não podiam ser expressos por desenhos, os escribas inventaram 25 símbolos especiais, que simbolizavam cada uma das consoantes de sua língua, permitindo ao leitor perceber o som das palavras. Esse é o princípio do alfabeto, embora os escribas egípcios não tenham percebido seu potencial e o tenham usado muito pouco.

Durante o Novo Reino do Egito (1550-700 a.C.), os escribas ressuscitaram uma forma alternativa mais antiga denominada escrita *hierática*, que começou a substituir os hieróglifos. Eles transformaram os glifos que representavam as consoantes em letras abstratas. Diferentemente dos hieróglifos, que podiam ser escritos em qualquer direção, a escrita hierática era sempre horizontal. Estranhamente, parece não ter ocorrido aos escribas que eles não precisavam mais do número enorme de glifos (6.000!), os quais mantiveram.

Os habitantes do império Meroe, na Etiópia, selecionaram apenas 23 dos milhares de hieróglifos egípcios para criar um alfabeto simplificado, conhecido como *demótico*. Muitas ordens mágicas, passadas e presentes, derivam de um antigo passado egípcio. Para elas, os hieróglifos egípcios são o alfabeto mágico ideal.

---

*N.E.: Sugerimos a leitura de *O Guia dos Hieróglifos Egípcios – Como ler e escrever em egípcio antigo*, de Richard Parkinson, Madras Editora.

Hebraico [וךבה]

O primeiro *alfabeto* verdadeiro –, ou seja, apenas duas dúzias de signos que representavam todas as consoantes – foi usado por Moisés para escrever os "Dez Mandamentos" originais, em 1628 a.C. Ele dizia ter recebido as palavras diretamente de *Javé* – o Deus hebraico. Essa escrita ficou conhecida como *Hebraico* (de *Habiru*, que significa "Viajantes empoeirados"). Um "Alfabeto" por definição é qualquer forma de escrita que contenha menos de 30 letras, e o hebraico contém 27.

Após receber seus primeiros Mandamentos escritos, os hebreus mudaram seu nome para israelitas. Algumas gerações depois invadiram e conquistaram a terra de Canaã (a moderna Palestina), mudando seu nome para Israel. Os cananeus da costa da Síria (os ugaritas) adaptaram a escrita hebraica e a difundiram pelo Mediterrâneo Oriental, por meio dos navegantes fenícios. Como as antigas formas de escrita simbólica, o hebraico não possuía vogais, o que levou a infinitas discussões sobre a forma de pronunciar as diversas palavras. A mais significativa é o nome de seu Deus, escrito em hebraico [YהvH] ou YHVH. Como foi proibido pronunciá-lo em voz alta, os estudantes da Bíblia ainda debatem sobre as pronúncias "Javé", "Yavé" ou "Jeová".

Gregos [Γρεεκ]

Influenciados pela escrita alfabética dos fenícios, com os quais tinham relações comerciais, por volta de 800 a.C., os gregos desenvolveram o moderno "alfa-beto" – de A (*alfa*) e B (*beta*). Ele foi o primeiro a incluir tanto vogais quanto consoantes. Foi com ele que a alfabetização começou a se difundir pelo mundo civilizado, especialmente durante a expansão do Império Macedônico sob Alexandre, o Grande.*

Desde 50 a.C., uma sucessão de Césares romanos conquistou e absorveu todo o mundo grego – com quase todo o resto do mundo – criando aquilo a que chamamos de civilização greco-romana. Todos os romanos letrados liam e falavam grego, assim como a sua própria língua, o latim. Mas, para escrever em latim, eles modificaram muitas das letras gregas para formar o alfabeto romano, que é muito parecido com este que estou usando aqui. Ensinamos a nossas crianças o "ABC".

Runas [RႶႶMϟ]

Segundo a lenda, as *runas* foram trazidas ao mundo por Odin, comandante dos deuses normandos de Asgard. Ao subir na grande Árvore-Mundo, ele teve uma visão desses símbolos, que podiam ser usados para representar todos os sons da fala.

---

*N.E.: Sugerimos a leitura de *O Gênio de Alexandre, o Grande*, de N.G.L. Hammond, Madras Editora.

A palavra *runa* significa "Mistério" ou "Segredo" em inglês antigo e em línguas relacionadas. Certamente tem uma forte carga de nuanças, e isso por uma boa razão. As runas nunca foram um alfabeto estritamente mundano. Desde a sua primeira adaptação para uso germânico, elas foram usadas para funções divinatórias e rituais. Há três tipos principais de runas: germânicas, escandinavas e anglo-saxônicas – cada uma delas com diversas variações. *Futhark*, como "alfa-beta", deve seu nome às primeiras letras – F, U, Th, A, R, K. Esse é o alfabeto rúnico mais popular e difundido entre os Feiticeiros modernos.

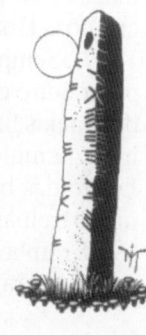

tremamente simples usada mais para entalhar na madeira e na pedra do que para a escrita em geral. Com uma linha central, prestava-se especialmente para entalhes na borda de uma pedra ou de um pedaço de madeira.

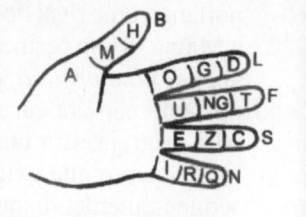

Ao passo que as correspondências do Bethluisnon com as árvores foram conhecidas pela interpretação que Robert Graves fez do "Calendário da Árvore", as letras do Ogham foram associadas também às juntas dos dedos; mensagens secretas podiam ser transmitidas pela indicação das partes dos dedos, para soletrar as palavras.

Picto [ ]

Os antigos pictos das Ilhas Britânicas desenvolveram um elaborado estilo "espiral" de escrever. Os símbolos, porém, são muito semelhantes e é preciso ter cuidado ao escrever para evitar confusão. As letras, obras de arte e desenhos ornamentais pictos foram, mais tarde, adotados e elaborados pelos celtas, especialmente na Irlanda.

Ogham [ ]

Os primeiros celtas e seus sacerdotes, os druidas, desenvolveram sua própria forma de alfabeto. É conhecido como *Ogham* (OH-am) *Bethluisnon* (ver 3.VI.7: "Calendário das Árvores"). Como os outros, seu nome deriva das primeiras letras: B (*beth*), L (*luis*), N (*nion*). Era uma forma ex-

Lição 3: Alfabetos mágicos

Da Idade Média até a Renascença, quando milhares de pessoas eram torturadas e queimadas na fogueira por bruxaria, havia muitas pessoas (incluindo padres, bispos, arcebispos e mesmo papas da Igreja cristã) que praticavam magia abertamente e sem restrições. A razão para poderem trabalhar tão livremente reside na palavra *prática*. A Bruxaria era considerada uma *religião* e, portanto, uma rival do Cristianismo. Mas a Magia, fosse cerimonial ou ritual, era apenas uma *prática*, como a Medicina, portanto não era causa de preocupação para a Igreja. Era também uma prática muito cara e que exigia estudo, e, consequentemente, disponível apenas para alguns poucos escolhidos, que não apenas tinham a educação e o tempo para se dedicar àquilo como também o acesso aos recursos necessários.

Naquele tempo, os magos trabalhavam sozinhos e protegiam ciosamente seus métodos de operação – não apenas das autoridades da Igreja, mas também dos outros magos, entre os quais havia, muitas vezes, uma grande rivalidade. Para ocultar suas doutrinas e princípios dos profanos, muitos inventaram seus próprios *criptogramas* ("alfabetos secretos"). Alguns escritos foram transmitidos através dos séculos em Grimórios e registros de sociedades mágicas e são usados ainda hoje por magos, bruxas e feiticeiros.

Os magos usam escritos mágicos, glifos e sigilos para *carregar* (de energia) tudo o que necessitam. Você já fez isso se tiver inscrito as runas em sua varinha, athame e outras ferramentas. Ao aprender um ou mais desses alfabetos mágicos tradicionais e escrever certos feitiços, inscrições e mensagens com ele, você empresta um grande poder às suas palavras e trabalhos. O alfabeto comum de todos os dias não exige nenhuma atenção ou energia especial. Você está tão acostumado a escrever desse modo que pode fazê-lo quase inconscientemente. No entanto, quando escreve em um alfabeto estranho, que não conhece bem, precisa realmente se concentrar e ter a mente presente naquilo que está fazendo.

Alfabetos herméticos: Caldaico [ ]; Malaquim [ ]

Muitas vezes chamados de analfabetos sagrados ou *herméticos*, são usados quase exclusivamente por magos cerimoniais, embora se possa encontrar ocasionalmente uma bruxa ou feiticeiro individuais que os usem em um talismã. As escritas mais conhecidas são: *Atravessando o Rio, Celestial* e *Malaquim*. O *Celestial* é também conhecido como *Angélico* ou *Enochiano* e ainda é usado nos graus mais elevados da Maçonaria. Ele nasceu do trabalho do dr. John Dee com Edward Kelly, que em 1581 criaram uma série de 21 símbolos que diziam terem sido revelados a eles como o verdadeiro alfabeto dos anjos, usado para compor os nomes das hostes celestiais. Esses símbolos se tornaram a base do sistema *Enochiano* de Dee e Kelly, usado para invocar anjos e demônios. As figuras do *Malaquim* derivam supostamente das constelações – embora seja impossível dizer de quais. Algumas vezes o Malaquim é confundido com "A Escrita dos Reis magos".

Tebano [ ]

A escrita *tebana* também é chamada de *honória,* em homenagem ao seu criador, Honório III (papa de 1216 a 1227). Sempre foi um alfabeto muito popular entre os Feiticeiros e é usado também pelas bruxas modernas – de tal forma que muitas vezes é chamado de Alfabeto das bruxas. Quando recebi o primeiro treinamento de Bruxaria, nos anos 1970, minha professora, Deborah Letter, insistia para que aprendêssemos a ler e a escrever fluentemente em tebano – não apenas para feitiços e inscrições mágicas, mas também para comunicações entre nossos colegas. Lembro-me de aparecer uma vez para uma reunião e encontrar o seguinte bilhete pregado na porta – veja se consegue traduzi-lo!

[inscrição em caracteres tebanos]

Números romanos

(I, II, III, IV, V, VI, VII, VIII, IX, X)

Os romanos, que nos legaram o alfabeto moderno, também imaginaram o sistema que, talvez, seja o mais inútil da história. Os números romanos funcionavam bem para contagens e números pequenos, já que bastava contá-los (eles ainda são usados para relógios e numeração de capítulos, como nestas nossas aulas.). Mas números maiores se tornavam extremamente complicados e era preciso ter cuidado para decifrá-los com exatidão. O ano de "1888", por exemplo, tinha de ser descrito assim: "**MDCCCMLXXXVIII**". Além disso, não havia "zero". Isso significava que era impossível realizar até mesmo a mais simples aritmética em algarismos romanos. Eles não podiam ser somados ou subtraídos, muito menos multiplicados ou divididos! Ninguém que usasse esse sistema podia manter registros financeiros, calcular as dimensões do espaço, obter porcentagens ou fazer algumas das "incontáveis" operações matemáticas que usamos todos os dias.

E, desde a época do Império Romano até a Renascença – 1500 anos –, os números romanos foram o único tipo de número usado entre todas as pessoas alfabetizadas em língua latina na Europa. O latim também era a única língua escrita – firmemente controlada pela Igreja de Roma, que mantinha todos os livros conhecidos a sete chaves nas bibliotecas de seus monastérios. Mas os judeus, que haviam se espalhado pela Europa na Grande *Diáspora* ("dispersão"), depois de Roma destruir Jerusalém em 70 d.C., não usavam números romanos. Altamente alfabetizados (pelo menos os homens, pois todos os meninos eram obrigados a aprender a ler hebraico – e as meninas em geral não tinham permissão de aprender a ler), os judeus usavam os números *arábicos*, os quais emprestaram aos babilônicos – os mesmos que usamos hoje em dia. Eles podiam fazer cálculos, contabilidade, equações, escrituração, etc. Portanto, os judeus se tornaram mercadores, banqueiros, matemáticos – assim como magos, alquimistas, feiticeiros e cientistas. É por isso que muitos dos antigos Grimórios (como *A Chave de Salomão**) são baseados nos sistemas mágicos judaicos, como a *Cabala* – e é por isso que tantos selos e talismãs são tradicionalmente inscritos com caracteres judaicos.

Lição 5: Glifos e sigilos

Muito antes de qualquer forma de escrita ter sido inventada, as pessoas representavam as coisas e as ideias com desenhos ou entalhes simplificados. Usamos a palavra grega para esses entalhes: *glifos*. Desde os mais antigos desenhos em cavernas, encontramos figuras simples que representavam pessoas

Alfabetos antigos e mágicos

Inglês	Cuneiforme	Hierático	Demótico	Hebraico	Grego	Futhark	Ogham	Picto	Tebano	Caldeu	Malaquim	Magi	Celestial/Angelical	Travessia do Rio	Maçônico/Rosa-Cruz	Engwar (élfico)	Angerthas (anões)
Aa	↦	𓃾	¿2	א	Aα	ᚠ	╋	⊚	ƻ	Ҳ	⧈	⦰	×	∝	⌐	þ	ᚾ
Bb	⁂	𓂀	ν	⊐	Bβ	ᛒ	⊢	©	ᛏ	Ϛ	♅	♭	⊒	⌐	⌐	P	Ʀ
Cc	⊛	⌒	𝟹	𓍢	Xχ	<	⊨	ⓒ	ᛩ	ᛈ	□	⋛	∏	⅂	U	q	ƿ
Dd	⋈	𓁹	𝓏	ᚑ	Δδ	ᛗ	⊢	ⓔ	ᛩ	ᛉ	∏	~	⅂	⅂	U	p	ᚱ
Ee	⊨	𝟠	𝟝		Eε	M	≡	ⓔ	ᚳ						L	þ́	ᚻ
Ff				𝔻	Φφ	ᚠ	≡	⑤	ᛢ	β	ᚾ				L	b	ᚴ
Gg	ʎ	⟜	∇	ɔ	Γγ	χ	+	ⓠ	ᛪ	⁊	⊥Y	⌐	⫯	⌐	⅃	φ	ƿ
Hh	⊥			⊓	Hη	ℋ	⊢	ⓖ	⫯	ℨ	Ν	⊺	∏	ᛖ	⌐	λ	>
Ii		ᚩ	⊺		Iι		≡	ⓘ	ᴜ	ᚽ	)	?	∆	ᚢ	□	.	l
Jj		⨝	⨯	ᛁ	ϑφ	?	≡	ⓔ	ᴜ	ᚽ	)				□	ᛰ	∧
Kk	⊳	⋌	ᚽ	⊐	Kκ	<	⊨	℗	ℳ	♒	⊂	J	Ϲ	ᛐ	⊟	q	V
Ll	₥	₼	𝟝	ᛉ	Λλ	⌐	┦	↷	Y	↫	U	ʞ	𝟝	𝟛	⌑	⊂	⋋
Mm	⋈	ℒ	𝟛	⊐	Mμ	ᛇ	+	ⓠ	ᛝ	Ʒ	H	ᶺ	⎇	☐	⌐	⅏	β
Nn	⋈	⋍	ℛ	ɔ	Nν	ᛪ	≡	ⓟ	ᛩ	Ͻ	ᛨ	⊻	⋎	⌐	7	E	m	ᛙ
Oo	⊲	⌐	⌐		Oo	⊗	+	⊚	ᛩ	ᛐ	□	σ	⋎	Y	I	⌐		λ
Pp	⊢	▣	𝟁	ᛞ	Ππ	⌈	≍	℗	ᛪ	᛫	⋈	ᛷ	⌐	9	⋎	⌐	P	ρ
Qq	⫫	⊿	ᚽ	ᛝ		≡	ⓠ	?	◊	ᶙ	⊢	T	∆	∏	q	⋌
Rr	⋈	⊟	ω	⊐	Pρ	ℛ	☰	ᛩ	ᛉ	Ƀ	V	ᛖ	ᛐ	ᛙ	⊓	γ	↑
Ss	⊕	♯	Vll	⊐	Σσ	ᚴ	⊨	ᛝ	?	8	ᛨ	ʃ	⊂	J	⌐	6	<
Tt	⊢	⊐	𝟁	⊓	Tτ	⇅	⊢	ⓟ	ƻ	Ɪ	⧊	⌒	⊐	E	⌐	p	⋋
Uu	⋈	⊗	l		Yυ	ᚲ	≡	ⓑ	ᴸ	ƨ					∨	ʹ	♂
Vv		⌑	/4	⊐	ϛω	ᚲ	≡	ⓑ	ᴹ	P	⋏	ᛉ	l	~	>	⊡	ʁ
Ww	⫫	⫯	5	77	Ωω	ᛕ		ⓦ	ᛪ	P	⋏	ᛘ	l	~	>	o	♂
Xx				×	Ξξ	↕	ᴜ	β							<		↑
Yy	⊨	ℛℛ	III	'	Ψψ	≢	⊕	ᛩ	ƨ	⊃	?	∆	⌐	∧	∧	ᚴ
Zz	₮	⋈	𝟛	'	Zζ	ᛦ	≢	ⓠ	ᛩ	7	Ψ	Ϲ	T	<	∧	𝟠	⋇
Th		⊏			Θθ	ᚦ	⋄	ⓐ		X	Ⅿ	Ɛ	U	⊣		þ	⇃
Ng						⋄	≢	ⓠ		ᚢ							⋇
Eo						ʃ											⋈

e animais, arranjos de pontos, círculos e linhas e símbolos geométricos, como quadrados e triângulos (apontando para baixo = fêmea; apontando para cima = macho).

Sigilos (do latim *sigillum*, "Selo") são glifos que representam especificamente a identidade simbólica de divindades, espíritos ou pessoas individuais – ou mesmo de organizações (como logotipos de empresas). Os sigilos podem se basear em formas geométricas, signos astrológicos, runas, símbolos alquímicos ou apenas garatujas de que alguém goste. Os sigilos podem representar conceitos complexos ou mesmo conter toda a essência de um feitiço. O indivíduo pode inventar um sigilo pessoal para assinar obras de arte ou inscrever em ferramentas mágicas. Os sigilos podem ser usados em feitiços ou gravados em talismãs.

Egípcios

Os egípcios desenvolveram o uso mais extenso de escrita pictográfica, a que os gregos chamavam de *hieróglifos* ("entalhes sagrados"). Palavras e conceitos completos eram representados por esses símbolos e muitos deles foram adotados para uso mágico por feiticeiros ao longo dos séculos. Eis dois dos mais populares hieróglifos egípcios:

Pitagóricos

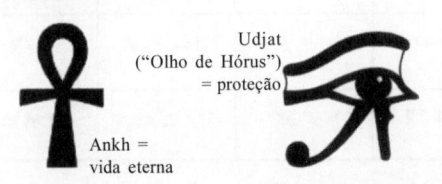

Ankh = vida eterna

Udjat ("Olho de Hórus") = proteção

Os mistérios pitagóricos (ver 5.VI: "Matemágica") vinculavam todos os seus ensinamentos a símbolos geométricos, especialmente *poligramas* ("Escrita com muitas pontas"). O mais importante era o *pentagrama*, símbolo de luz, saúde e vitalidade. Ele também simbolizava o quinto Elemento (o Espírito). O *hexagrama*, formado pela união de dois triângulos (masculino – ponta para cima e feminino – ponta para baixo), é o símbolo do casamento. Também é conhecido como Estrela de Davi ou Selo de Salomão. O *heptagrama*, ou estrela de sete pontas, é desenhado com uma linha contínua (*unicursivo*) e também é chamado de estrela élfica pela comunidade mágica moderna. Outro importante símbolo dos mistérios pitagóricos era a *espiral de ouro,* como a que existe na concha do náutilo.

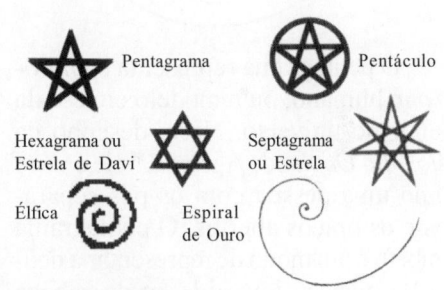

Pentagrama

Pentáculo

Hexagrama ou Estrela de Davi

Septagrama ou Estrela Élfica

Espiral de Ouro

Pentagrama

O *pentagrama*, ou estrela de cinco pontas desenhada com uma linha ininterrupta, é um dos símbolos favoritos dos magos, feiticeiros e bruxas. Quando inscrito em um círculo, é o símbolo mais popular da Bruxaria moderna. Era usado na antiga Babilônia, há mais de 4 mil anos (há um deles inscrito em um vaso de Tell Asmar datado de 2750 a.C.!) e representava a estrela de Ishtar, o planeta (e deusa) o qual chamamos Vênus. Encerrado em um círculo ou desenhado sobre um disco, ele se torna o pentáculo, usado em cartas de tarô e altares mágicos para representar o Elemento Terra ou o plano material. Posto em janelas ou usado como pendente, é um patuá que repele o mal. As cinco pontas do pentagrama representam os quatro Elementos (Terra, Ar, Fogo e Água) mais o Espírito, que está no topo, acima de todos. Eles também representam os cinco sentidos pelos quais conhecemos o mundo.

O pentagrama representa o *microcosmo* humano, ou o modelo em escala menor do universo. Neste desenho da *Filosofia Oculta* de Agrippa,* ele é visto como uma pessoa com os pés separados e os braços abertos. O pentagrama também é um modo de representar a deusa. Na posição invertida ou de cabeça para baixo, o pentagrama se assemelha à cabeça de um bode, com os dois chifres para cima, as duas orelhas para baixo e a barbicha. Algumas bruxas usam dessa forma para representar Pã, o deus cornífero. Mas ele também é usado nessa posição pelos satanistas para representar o rosto do diabo cristão.

Astrológicos

Os glifos astrológicos são familiares para a maioria das pessoas. Eis aqueles que representam os Planetas:

Sol Lua Mercúrio Vênus Terra Marte
Júpiter Saturno Urano Netuno Plutão

E eis os 12 signos do Zodíaco:

Peixes Áries Touro Gêmeos Câncer Leão
Virgem Libra Escorpião Sagitário Capricórnio Aquário

Tarefa: Crie o seu sigilo pessoal

Muitos Feiticeiros – e também muitos artistas e escritores – criam glifos ou sigilos pessoais para assinar suas obras, pelas quais passam a ser conhecidos. Às

Domingo	Segunda-feira	Terça-feira	Quarta-feira	Quinta-feira	Sexta-feira	Sábado
Miguel	*Gabriel*	*Camael*	*Rafael*	*Sachiel*	*Anael*	*Cassiel*

Nomes e sigilos dos anjos que regem os dias da semana (segundo Reginald Scot, 1584).

---

*N.E.: Sugerimos a leitura de *Três Livros de Filosofia Oculta*, de Henrique Cornélio Agrippa, lançamento da Madras Editora.

vezes, eles os trazem em anéis de sinete ou joias pessoais. O meu glifo pessoal, que venho usando há mais de 40 anos, tem esta aparência. Sempre que você vir esta marca em uma obra de arte, por exemplo, saberá que fui eu quem a fiz.

Recomendo que você crie o seu próprio sigilo. Um dos modos de fazê-lo é basear-se em suas iniciais, como fez J. R. R. Tolkien (*à direita*). Isso se chama *monograma*. Mas não é necessário usar apenas o alfabeto inglês; você pode usar o alfabeto tebano ou qualquer outro, histórico ou mágico. As letras podem ser modificadas, esticadas ou mesmo invertidas. As runas Futhark, em particular, prestam-se a ótimos glifos e sigilos, pois podem ser combinadas por *sobreposição* (uma em cima da outra). Desse modo, você pode converter seu nome inteiro em uma única figura. Eis um exemplo com meu nome:

Oberon = [ᛟᛒᛖᚱᛟᚾ = ᛘ]

O primeiro ᛟ é repetido, de forma que basta usar um. ᛒ contém ᚱ. Ao encaixá-los todos dentro do ᛘ, forma-se o desenho mostrado aqui, com um pedacinho do ᛉ saindo pelo lado. Isso é uma *runa aglutinada*. Além disso, todas as runas podem ser invertidas (como uma imagem no espelho) – e sempre o são quando duplicadas (como na palavra HELLO, escrita em runas como: ᚺᛖᛚᛚᛟ).

Tente usar seu próprio nome e iniciais e brinque com diferentes versões até conseguir algo de que goste. O objetivo é fazer um monograma tão simples quanto possível, mas incorporar todas as letras. Quando finalmente tiver seu próprio glifo pessoal, sigilo ou runa aglutinada, pode usá-lo para assinar tudo, desde cartas até obras de arte.

Lição 6: Glossário de símbolos e objetos mágicos

Sigilo: um desenho, símbolo ou artifício críptico usado para representar alguém ou alguma coisa. Também chamado de *glifo* ("entalhe"), como em *hieróglifo* ("entalhe sagrado").

Criptogramas: literalmente, "escrita secreta". Qualquer dos diversos alfabetos mágicos criados usados por magos, alquimistas e feiticeiros.

Runas: qualquer dos antigos alfabetos germânicos, dos quais cada letra contém um significado *esotérico* ("secreto"), além de representar sons comuns.

Pedras de runas: pedras marcadas com letras de um alfabeto rúnico, usadas para adivinhação; "Jogar as runas".

Carregar: imbuir alguma coisa com energia e intenção mágicas.

Talismã: um objeto ou desenho magicamente carregado que uma pessoa fabrica ou adquire e leva consigo para ter boa sorte, ou como instrumento para um fim específico. Normalmente, tem símbolos apropriados gravados. Os talismãs podem ser fabricados ou comprados, e qualquer objeto pode ser transformado em talismã se for magicamente carregado.

Amuleto: objeto carregado de energia para proteção, ou para afastar a má sorte, e com a pessoa. Os amuletos normalmente são feitos de objetos naturais encontrados, como pedras sagradas, fósseis, cristais, conchas, meteoritos, bolotas, ossos, etc. Porém, os amuletos também podem ser fabricados ou desenhados.

Patuá: objetos levados com a pessoa por seus poderes ou propriedades mágicas.

Cantrip: feitiço ou encantamento, com a mesma pronúncia se lido de trás para frente ou de frente para trás.

Objeto de ligação: qualquer objeto, como um cacho de cabelo, que por associação se torna a ligação entre o mago e a pessoa para a qual ou contra a qual a magia está sendo feita.

Ligadura: a ligação mágica de uma pessoa.

Medida: o comprimento do cordão usado para medir a altura de uma pessoa – muitas vezes feito como parte de um rito de iniciação.

Pacto: um juramento ou acordo escrito entre duas entidades.

Fetiche: qualquer objeto que se acredite ter poder mágico.

Ícone: uma imagem ou representação sagrada de uma divindade ou espírito, como uma pintura ou uma estátua.

Títere: uma figura feita à imagem de uma pessoa ou animal reais e que serve para concentrar a magia.

Garrafa de Bruxa: um recipiente cheio de objetos reflexivos ou pontudos e enterrado perto da casa para afastar a energia negativa.

Lição 7: Amuletos e talismãs

Amuletos

Um *amuleto* (do latim *amuletum*, "meio de defesa") é um objeto carregado de poder mágico para proteção, ou para afastar a má sorte, a doença ou o mal, e que a pessoa deve levar consigo. Tradicionalmente, os amuletos são feitos de objetos naturais encontrados – especialmente se tiverem formato ou cor incomum – como pedras sagradas, fósseis, cristais, conchas, meteoritos, nozes, ossos, etc. Eles são furados e pendurados em um cordão para serem usados em torno do pescoço ou guardados em um pequeno *gris-gris* (bolsinha), usado também em torno do pescoço. As propriedades mágicas desses objetos são consideradas *intrínsecas* ("interiores").

Nenhum amuleto serve para tudo (além da "boa sorte" em geral), mas normalmente não são tão específicos quanto os talismãs. O naturalista romano Plínio, o Velho (23-79 d.C.), descreveu três tipos básicos de amuletos, com base em seu propósito: proteção contra o infortúnio, cura e proteção contra a doença, e medicinais.

Eis alguns amuletos tradicionais: um colar de *ossos de galinhas* usado em torno do pescoço protege contra ataques psíquicos. Uma *pedra preta com um buraco* é um poderoso repelente de mau agouro e mantém longe o mal. *Alho* usado no pescoço afasta vampiros (e todo mundo!). Uma *raiz de mandrágora* traz boa saúde e protege contra o mal. A *turquesa* protege contra o "mau-olhado". Os mais populares amuletos de boa sorte são o *trevo de quatro folhas* e o *pé de coelho* (mas, antes, peça ao coelho!). Para atrair boa sorte, use um amuleto de *raiz de salsaparrilha* no pescoço, acenda uma vela verde e entoe três vezes: *"Má sorte tem fim; boa sorte para mim!"*.

Além dos simples objetos naturais, os antigos egípcios, assírios, babilônicos, árabes, hebreus, gregos e romanos criaram incontáveis amuletos esculpidos, baseados em imagens simbólicas. Por exemplo, os sapos protegiam a fertilidade; *ankhs* traziam uma vida longa; o *udjat*, ou "Olho de Hórus", servia para boa saúde e proteção contra o mal; o *escaravelho* protegia contra a magia negra e garantia a ressurreição após a morte. Para os assírios e babilônicos, os carneiros simbolizavam a *virilidade* (potência sexual masculina) e os touros, a virilidade e força. Olhos e símbolos fálicos eram proteções quase universais contra maus espíritos e o "mau-olhado".

Símbolos religiosos também são amuletos populares. Os pagãos usam imagens com símbolos de seus deuses (como o Martelo de Thor, o Caduceu de Hermes ou o Olho de Hórus). Os judeus usam o *Mogen David* (Estrela de Davi) de 6 pontas. Os cristãos usam cruzes, peixes e medalhas de santos. As bruxas usam pentáculos.

Talismãs

Um *talismã* é um objeto fabricado especialmente, carregado e dotado de poderes mágicos, como um instrumento para realizar um fim específico. Há talismãs para fazer fortuna, ganhar apostas, prevenir a morte súbita, melhorar a memória e mesmo para fazer bons discursos. Como os amuletos, os talismãs são usados pela pessoa. Os talismãs mais poderosos são aqueles feitos pela pessoa que os usará. Um talismã feito para você por outra pessoa nunca será tão forte quanto um que você mesmo faça.

Um talismã pode ser de qualquer forma ou material, mas, tradicionalmente, algumas substâncias são mais apropriadas do que outras e seu uso deixará o talismã mais poderoso. Os materiais mais comuns usados em talismãs baseiam-se nas correspondências planetárias dos dias da semana (ver 3.VI.5: "Tabela de Correspondência dos Planetas"). Olhe a tabela e perceba que cada dia é associado a um planeta e que cada planeta é associado a um assunto. Como cada planeta também tem uma cor e um metal associados, os talismãs que refletem esses assuntos também devem ser feitos desses metais – ou, pelo menos, pintados dessa cor (como o mercúrio metálico é um líquido, estanho ou alumínio são considerados metais apropriados para talismãs de Mercúrio).

A maioria dos talismãs é feita na forma de discos de metal, com sigilos e símbolos apropriados gravados de cada um dos lados. Podem ser usados em uma corrente no pescoço. Esses talismãs também podem ser comprados na maioria das lojas de ocultismo. Mas, se sua intenção for realmente séria, é melhor fazer seu próprio talismã. Alguns metais podem ser adquiridos em lojas de ferragens. Chumbadas de pesca, podem ser achatadas para fazer talismãs de Saturno. O ferro, porém, não pode ser facilmente moldado sem uma forja. Discos de ouro, prata e cobre podem ser feitos com moedas achatadas, com um mar-

talismãs para sucesso no jogo (Le Petit Albert, 1722)

Talismã para descobrir tesouros (Grimoire du Honorius, 1629)

telo e uma bigorna. Uma moeda de ouro sólida para o Sol pode ser um pouco cara, por isso use discos folheados a ouro ou feitos de uma liga. Eles podem ser gravados com as mesmas técnicas que descrevi para a gravação das runas no athame (ver 3.II.5).

Um talismã deve ser gravado no dia apropriado – até mesmo a hora certa do dia foi calculada (ver 4.V.2: "Dança das horas"). Veja 5.VII.3: "Talismãs dos poderes planetários" os sigilos talismânicos tradicionais dos sete Planetas. O sigilo central é o glifo astrológico; o de cima representa o caráter; o de baixo, à esquerda, representa o Espírito governante; e o de baixo, à direita, simboliza a Inteligência governante.

Do outro lado do talismãs, grave seu nome, sigilo pessoal e a intenção ou propósito específico em seu alfabeto mágico favorito.

Lição 8: Minerais mágicos

Durante a Idade Média, cristais e outras pedras eram usados como amuletos e transformados em talismãs para todos os fins mágicos, desde proteção, sono e sonhos agradáveis até leitura da sorte e cura. Pigmentos e formas eram considerados significativos, ao determinar esses usos mágicos, e acreditava-se que esses cristais tinham uma essência vital própria. Eles são usados mais comumente em joias, como anéis e pendentes, mas as pedras soltas também podem ser carregadas em uma algibeira ou saquinho-talismã. Veja abaixo algumas das associações mágicas das diversas pedras preciosas e minerais.

Pedras e minerais mágicos para joias talismânicas

MINERAL	ATRIBUTOS	MINERAL	ATRIBUTOS
Ágata	Eloqüência, inteligência, confiança. (Negra) Amor, vitória, força, coragem, autoconfiança, prosperidade. (Vermelho) Proteção contra raios.	Jaspe	Alegria, felicidade, alívio da dor. (Vermelho) Proteção noturna. (Verde) Cura. (Marrom) Aterramento.
Âmbar	Fortalecedor de feitiços. Proteção, cura de doenças, atrair dinheiro.	Lápis-lazúli	Capacidade, habilidade, sucesso. Aumenta a energia psíquica e magnética.
Ametista	Ideais e virtudes espirituais. Paz de espírito. Transformar a negatividade. Decisões sagazes nos negócios, proteção de soldados, evitar a embriaguez.	Magnetita	Atração pessoal, carisma, honestidade, integridade, virilidade. Atrai o verdadeiro amor. Proteção contra magia perniciosa.
Água-marinha	Saúde, juventude, esperança, felicidade	Malaquita	Melhora as visões. Em um berço, protege o bebê.
Berilo	Harmonia nos relacionamentos, agilidade mental, energia física, esperança. Cura a preguiça.	Selenita	Inspira paixão, ajuda na presciência. Promove o amor, a compaixão e a simpatia.
Heliotrópio	Atender a desejos, eloqüência, vitória, proteção, saúde, admiração. Protege contra enganos.	Obsidiana	Dedicada a Hécate, usada para espelhos mágicos.
Cornalina	Amizade, cura da depressão. Sorte, proteção, esperança, eloqüência e discurso firme.	Olivina	Felicidade, prazer, modéstia e simplicidade.
Olho-de-gato	Longa vida e proteção contra o mal.	Opala	Memória, capacidades cognitivas. Espiritualidade, fidelidade e segurança.
Crisólito	Prudência, discrição e sabedoria.	Pirita (Ouro-de-tolo)	Proteção contra mau humor e falsidade.
Crisofaso	Alegria e júbilo.	Quartzo	Pureza, infinidade, Visão, adivinhação. Protege quem usa contra sonhos desagradáveis e más influências. Armazena energia como uma bateria.
Coríndon	Ajuda na estabilidade mental.	Rubi	Rainha das pedras. Saúde física e mental, cura ferimentos. Paz, amor e paixão.
Esmeralda	Presciência, fé, verdade, agilidade mental, desenvoltura, percepção, fidelidade.	Safira	Ajuda o mago a entender presságios, antídoto contra muitos venenos. A **Safira estrela**, a mais poderosa de todas, é a "Pedra do Destino", que traz sorte, vitória, fidelidade. Protege contra fraude e traição.
Granada	Lealdade, fidelidade, sinceridade, devoção, energia, saúde, caridade. Protege contra pesadelos.	Sardônica	Vivacidade, brilho, bom humor, fama.
Hematita	Atração, encanto, agilidade, bem-estar espiritual. Melhora o destino.	Topázio	Amor, afeição, disposição e natureza dóceis.
Jacinto	Usada no sapato, garante hospitalidade e proteção aos viajantes contra ferimentos ou doenças.	Turquesa	Previne acidentes, aumenta a segunda visão. Poder e proteção contra ataque psíquico. Melhora a comunicação verbal.
Jade	(Branco) Acredita-se que seja a essência melodiosa do amor concentrado. (Negro) Força e poder.		

Quarto Curso: Ritos

Primeira Aula:
Magia Prática

1. Introdução:

Acreditar na magia

Como um feiticeiro público conhecido, viajo por todo o mundo ministrando oficinas e apresentações pessoais. Fui entrevistado por editoras de livros, revistas, jornais, por rádios e programas de TV. E uma das questões que mais ouço é: "Você realmente acredita em magia?". Essa questão sempre me espanta. Quer dizer, ninguém fala em *acreditar* em coisas que fazem parte da realidade cotidiana. Ninguém pergunta se você *acredita* em carros, televisão ou árvores; eles simplesmente estão *ali*. Bem, para mim, é o mesmo com a magia. Eu *vivo* a magia. Todos os dias, todos os momentos, em cada ação, estou vindo de um lugar mágico e a magia está passando por mim. Meus pensamentos são mágicos; meus sonhos são mágicos; a criação de uma peça de escultura sagrada é pura magia. A organização de meus pensamentos e conhecimentos de magia na criação deste *Grimório* para você é também um grande ato de magia. E nesse momento, escrevo estas mesmas palavras por magia. Conforme o mecanismo de busca de minha mente escolhe as palavras apropriadas da vasta biblioteca de experiência e formação em meus bancos de dados, meus dedos automaticamente digitam as teclas certas em meu teclado e as palavras de meus pensamentos aparecem magicamente na tela, diante do olhos.

Por isso, normalmente respondo mais ou menos assim: "Você acredita no amor?". Mas mesmo assim há pessoas que não acreditam no amor. Não se pode esperar que elas acreditem em magia.

Lição 2: Por que estudar magia?

(por Sheila Attig – da HOME cooking, 1997)

O Caminho da Feitiçaria não é para qualquer um. Exige extraordinária honestidade, dedicação, persistência e um profundo compromisso de mudar. A magia real exige uma personalidade fundamentalmente equilibrada e um desejo de enfrentar os desafios do crescimento acelerado. A decisão de embarcar no Caminho

Mágico nunca deve ser tomada com leviandade, pois uma vez iniciado, não há como voltar. É uma decisão de confiar em sua experiência individual e de assumir a responsabilidade por todas as áreas de sua vida.

Invocar é evocar, e as pessoas que pensam em iniciar esse Caminho escolheram acelerar o desenvolvimento e a resolução de todas as coisas em sua experiência de vida a fim de liberar o Caminho para se concentrar no Caminho Mágico. Desde o início, o estudante perceberá que as lições que mais precisa aprender são dadas com espantosa clareza. Ao longo do Caminho, muitos testes e dificuldades únicas para o Caminho Mágico serão apresentados. A capacidade de aprender com essas experiências e seguir em frente é a verdadeira medida da iniciação.

Diferentemente da maioria das religiões, a magia não tem código de leis central escrito e não oferece rotas alternativas. As leis pelas quais opera são uniformes, mas descobertas apenas com a experiência direta. Começar de fato, portanto, é se comprometer a toda uma vida de descoberta e sacrifício sem reservas. Para os poucos, que têm a honestidade e a coragem de escolher esse Caminho, não há volta. Assim que começar, você pode até parar de praticar, mas as lições continuarão a ser dadas pontualmente em sua vida. Ao se abrir ao mundo interior, abre-se o caminho da mudança nos níveis mais profundos. Sem a coragem de confrontar e mudar todos os aspectos desse mundo interior que serão apresentados, o risco de confusão e ilusão é grande. Empreender esses estudos sem o fundamento de uma personalidade equilibrada e um conhecimento claro dos aspectos melhores e piores do eu pode pôr em risco a sua sanidade. Até que você saiba exatamente quem é, por que assumir esse risco? A magia tem um modo de trazer de volta coisas antigas, que devem ser resolvidas antes que o trabalho sério possa começar e muitos que se aproximam dela decidem parar logo na primeira experiência. Nem todos encontrarão consequências medonhas, imediatamente, ao escolher o Caminho Mágico. Para aqueles que o escolhem com justiça, a velocidade em que as coisas se resolvem na vida será percebida com uma sensação distinta de alívio.

A magia é poderosa, mas é loucura usá-la como parte de uma busca por poder pessoal. Se você deseja ser um senhor e não um servo, a magia não é para você. Antes de começar, pergunte a si mesmo: "O que pretendo *fazer* com a minha magia?" Não se engane, a única resposta verdadeira para feiticeiros reais é: "Desejo *servir* – ao Espírito e à humanidade – e estou disposto a assumir os riscos para completar esse serviço".

3. Glossário de atos mágicos

Tradição oral: informação repassada por meio de memorização e recitação, e não por escrito.

Fórmula mágica: um cântico hipnótico e algumas vezes rimado, usado para lançar feitiços.

Litania: uma oração repetitiva e hipnótica.

Aspergir: salpicar com água sagrada ou magicamente carregada para fins de purificação e para dispersar a energia negativa.

Fumigar: purificar ao soprar fumaça ou queimar incenso sobre e em torno do objeto ou da pessoa que estiver sendo fumigado.

Deosil: "Em sentido solar". A direção natural do Sol. No sentido horário no Hemisfério Norte e no sentido anti-horário no Hemisfério Sul. Normalmente considerada a melhor direção para se mover ao realizar magia positiva.

Widdershins: "Contra a direção". O oposto de *deosil*. Contrário ao curso aparente do Sol. Sentido anti-horário no Hemisfério Norte e horário no Hemisfério Sul.

Incubação: ir sozinho a um templo ou a outro lugar sagrado por algum tempo, para receber a inspiração divina, visões ou sonhos.

Mudra:* gestos físicos usados principalmente como dispositivos de associação mágicas, que unem partes do sistema bioenergético.

Mantra: palavras ou sons que ativam partes do sistema bioenergético, energizam partes do plano astral ou ativam energias poderosas para fins mágicos, místicos ou de saúde. Também são usados como dispositivos de associação mágica.

Mandala: uma imagem visual usada principalmente como dispositivo de associação mágica, particularmente se desenhada em uma forma circular.

Objeto de ligação: qualquer objeto, como um cacho de cabelos, que por associação se torna uma ligação entre o mago e a pessoa para a qual, ou contra qual, a magia está sendo feita. É também chamado de *relíquia*.

Títere: boneco ou figura feita à imagem de uma pessoa ou animal existentes, para concentrar a magia.

Patuá: objetos levados por uma pessoa por seus poderes ou propriedades mágicas.

Encantamento: palavras de um feitiço entoadas ou cantadas, quase sempre em uma forma repetitiva e rimada.

Cantrip: feitiço ou encantamento, com a mesma pronúncia se lido de trás para frente ou da frente para trás.

Feitiço: um mapa organizado para alterar as probabilidades na direção desejada; mais simplesmente, fazer algo mais ou menos provável de ocorrer. O feitiço pode incluir *mudras, mantras* e *mandalas*.

Ritual: ações e/ou palavras específicas para produzir resultados específicos e, muitas vezes, repetido com o mesmo fim.

Trabalho: qualquer ato mágico.

Banir: expulsar ou solicitar a saída de entidades cuja presença não mais é desejada.

Exorcismo: uma banição ritual formal que invoca a autoridade de um poder mais elevado.

Conjurar/conjuração: chamar entidades ou espíritos não físicos.

Invocar/invocação: "Falar de dentro". Convidar uma divindade ou espírito a entrar em nós para que falemos com sua voz e/ou manifestemos seus atri-

---

*N.E.: Sugerimos a leitura de *O Poder Curativo dos Mudras*, de Pustak Mahal, Madras Editora.

butos em nossa pessoa. *Invocar* também significa "Chamar por ajuda".

Evocar/evocação: "Falar de fora". Chamar uma divindade ou espírito a uma manifestação visível fora de nós – normalmente dentro de um triângulo da arte, cristal ou imagem – ou em outra pessoa. Evocar significa "Chamar e fazer aparecer"; ou "Produzir uma impressão vívida com artifícios".

Aterrar: um desligamento da consciência psíquica e um retorno à consciência normal por intermédio de padrões.

Carregar: imbuir algo de energia e intenção mágicas.

Consagrar/consagração: santificar ou abençoar. O ato de separar o sagrado do mundano.

Bênção: o uso da magia para beneficiar a si mesmo ou aos outros.

Anátema: o uso da magia para prejudicar os outros.

Amarração: prender magicamente alguém ou alguma coisa.

Maldição: feitiço mágico com a intenção de prejudicar outra pessoa ou desejar o infortúnio para ela.

Dharma: "Trabalho". Um preceito religioso ou tarefas sagradas.

Carma: "Ação". O conceito de que os feitos de cada pessoa podem ajudar ou atrapalhar em seu avanço espiritual, nesta vida ou ao longo de várias vidas.

Iluminação: estado de consciência profunda e total, uma conexão constante com tudo e todos.

Lucidez: o estado da consciência aumentada, com uma compreensão excepcional do que são as coisas, pessoas e acontecimentos e a forma como se conectam.

Lição 4: A prática da magia

Ritual

O poder dos rituais mágicos vem de sua capacidade de despertar as *emoções* necessárias para lançar feitiços, desde as correspondências entre rituais e os resultados desejados e as correspondências entre os rituais e o Universo, incluindo nossa própria mente e lembranças. Isso inclui recordações de encarnações passadas e lembranças anteriores à nossa existência como seres civilizados – ou mesmo como criaturas humanas. O controle emocional e o relaxamento são necessários na prática da magia. O controle nos capacita a concentrarmo-nos e visualizarmos o efeito que queremos produzir. O relaxamento emocional permite que o desejo visualizado, com a forte emoção que o acompanha, cresça e seja impelido em direção ao objeto do feitiço. As emoções são a base de nossa capacidade de fazer magia. Não importa o sistema mágico, o poder pessoal deve ser imbuído da necessidade e da intenção e, em seguida, liberado. As energias da magia são as mesmas da própria vida.

É por isso que qualquer ritual antigo não pode funcionar. Você deve estar completamente convencido – tanto emocional e subconscientemente quanto conscientemente – de que *vai* funcionar. Para ser convincente assim, o ritual deve atingir um nível além da mente consciente e despertar os poderes e capacidades psíquicas pouco compreendidas (ou mesmo admitidas) pela ciência moderna. Quando você for capaz de fazer isso com sucesso, vai criar uma "suspensão de descrença" semelhante ao estado em que ficamos ao ler um romance envolvente ou assistir a um bom filme. Você está bem "ali" – envolvido no roteiro – e deixa suas faculdades críticas de lado naquele momento. Isso significa que você passa a sentir o ritual com o lado direito do cérebro, e não com o lado esquerdo – como se estivesse sonhando, tendo uma alucinação ou sofrendo uma hipnose. Nesse estado, tudo se torna possível.

Ao realizar rituais, é preciso um pouco de sobreposição e repetição. Os rituais ficam mais poderosos com a repetição; quanto mais você os fizer, mais fortes ficam. Também é assim com os Deuses – quanto mais as pessoas acreditam neles e quanto mais eles são invocados e recebem orações, mais poderosos se tornam.

Teurgia: Oração e súplica

Como seres vivos, estamos cheios da força vital, o Espírito, que mantém nossa existência. Nosso combustível são as energias Elementais do Sol (Fogo), do alimento (Terra), da bebida (Água) e da respiração (Ar). Liberamos essas energias quando nos movemos, trabalhamos, dançamos, brincamos, nos exercitamos – e fazemos magia. Como seres conscientes, somos reservatórios do grande poder mágico – e o que é mais importante, do poder de *escolher*.

As células de nosso corpo estão organizadas em *órgãos*, e os órgãos são partes dos diversos *sistemas* que constituem o nosso corpo. Da mesma maneira, somos membros individuais da humanidade e a humanidade é parte do grande Reino da Vida na Terra. Assim, somos células no vasto corpo de Gaia – a Mãe-Terra. Em cada nível de organização, há uma *consciência sinérgica* ("combinada").

Cada célula é uma pequena criatura que segue sua própria programação e toma suas decisões. Assim também são os órgãos e sistemas. E assim somos nós. Mas esse processo sinérgico de manifestações cada vez maiores da consciência não para em nós, pois também somos parte de sistemas maiores e, em cada nível, novas consciências sinérgicas surgem. Além disso, muitos outros seres – alguns com corpos físicos e outros sem – têm a sua própria programação e a sua própria consciência. Chamamos essas entidades de deuses, deusas, anjos, demônios, gênios, santos, fantasmas, Devas, Elementais, totens, fadas – ou apenas espíritos.

A *oração* baseia-se no contato e na comunicação com essas e outras consciências, como o contato com outras pessoas. E da mesma forma que pedimos a ajuda de nossos pais, professores ou de outras pessoas que tenham maior autoridade ou poder em uma certa área que nós, assim também devemos *suplicar* ("buscar, pedir") ajuda ou orientação aos espíritos mais sábios ou mais poderosos. Isso se chama *teurgia*, ou magia religiosa – e provavelmente é a prática mais universal e comum de magia, feita por membros de praticamente todas as religiões do mundo.

A forma mais comum de magia teúrgica é feita ao escrever um pedido em um pedaço de papel especial – como pergaminho, papel de arroz ou papel especial para mágicos (meu preferido!). Daí o papel é queimado cerimonialmente em seu turíbulo, fogareiro ou na chama da vela em seu altar – e assim seu pedido é enviado para o Reino astral.

Lição 5: Taumaturgia: magia simpática

Segundo a **Lei da Simpatia**, um feiticeiro pode afetar pessoas e acontecimentos por meio da magia simpática – a manipulação mágica de algum objeto similar ou que tenha *simpatia* ("afinidade") com o destinatário. Esse princípio afirma que *As coisas que têm afinidade umas com as outras influenciam e interagem entre si a distância.*

A magia simpática também é chamada de *taumaturgia* ("operação de maravilhas"). Trata-se do uso da magia para realizar mudanças na realidade do mundo exterior – a qual denominamos magia prática. A taumaturgia também é muitas vezes chamada de "magia baixa" ou esconjuro – especialmente quando feita a serviço de outros. Todas as formas de *magia popular* – feitas nas aldeias por pessoas comuns – tornaram-se conhecidas como magia baixa. É a magia praticada cotidianamente para afetar a vida diária; por exemplo, fazer com que as vacas deem leite, que uma doença seja curada ou que a casa de alguém seja protegida de desastres naturais ou sobrenaturais.

Magia imitativa e contagiosa

Para criar um feitiço eficaz, o ritual deve, de algum modo, imitar o resultado que se quer obter. Por exemplo, se você quer que chova, borrife água no chão ou no ar. Isso se chama magia *imitativa* ou *homeopática*. Baseia-se na **Lei da Similaridade**, que afirma que *O igual produz o igual e o efeito se assemelha à sua causa.*

Um dos mais notórios exemplos da magia imitativa é o *quebranto* – um termo do Vodu* que se refere ao uso de imagens de cera ou títeres (bonecos substitutos) para amaldiçoar um inimigo. O títere é identificado com o objeto do feitiço e recebe o nome dele. Quando o boneco é punido, a vítima, representada pelo boneco, também é ferida. Obviamente, o mesmo princípio vale para ajudar ou curar alguém por imitação.

Não é só isso. Um *objeto de ligação* e *encantamentos* são comumente usados para fazer do títere a representação mágica do sujeito e para ligar o sujeito vivo do feitiço ao ritual mágico. O objeto de ligação pode ser estabelecido pelo uso de uma *relíquia*, que é qualquer coisa que já tenha sido ligada ao sujeito. Isso se chama magia *contagiosa*, baseada na **Lei do Contato**, que diz que *As coisas que já estiveram em contato continuam a afetar uma a outra*". As relíquias mais fortes são partes do corpo do sujeito – cabelos, unhas, sangue, dentes e semelhantes – que contenham o DNA da pessoa. Eles são incorporados na feitura do títere.

Outras relíquias adequadas são itens de vestimenta do sujeito, que são usadas para vestir o boneco, ou joias pessoais

---

*N.E.: Sugerimos a leitura de *Vodu – Fenômenos Psíquicos da Jamaica*, de Joseph Williams, Madras Editora.

pertencentes a ele. Amostras de escrita (especialmente assinaturas) também funcionam bem como objetos de ligação e, atualmente, é comum o uso de fotografias, especialmente para curas a distância.

Tarefas: Magia simpática

Eis alguns tipos de magia simpática que você pode tentar. Assim, você tem uma ideia de como a magia simpática funciona e pode começar a criar a sua própria.

Magia da vela

As velas são usadas em magia simpática há milênios para representar pessoas, bem como coisas e conceitos: amor, dinheiro, sorte, sucesso, saúde, harmonia, força, fertilidade e todo tipo de coisas. As velas podem ser de qualquer tamanho ou forma; o importante é a *cor*. Veja a listagem das correspondências de cores em 1.III.8: "As Cores da Magia". Consulte também as tabelas de correspondência em 3.VI para conhecer as cores associadas aos elementos, dias da semana e signos do zodíaco. Eis um breve espectro de algumas das associações de cores mais populares para a magia das velas:

Branco – pureza, verdade, sinceridade; bênção ou tudo o que você quiser!

Rosa – honra, amor, moralidade.

Vermelho – trabalho físico, como na cura de pessoas e animais; força, saúde, paixão e sexo.

Laranja – orgulho, coragem; heroísmo e atração.

Amarela – trabalho mental, meditação, adivinhação.

Verde – vegetação, como na jardinagem; fertilidade e prosperidade; sorte.

Azul-claro – trabalho emocional, amor, etc.; paz e proteção.

Azul-escuro – impulsão, depressão, mudança.

Roxo – poder, riqueza, boa sorte, ambição.

Negro – mal, perda, discórdia, confusão, maldição ou amarração.

A magia das velas deve ser feita em seu altar pessoal – certifique-se de que não há nada por perto ou acima que possa pegar fogo e nunca deixe velas queimando sozinhas!

Se você acender uma vela para si mesmo ou para outra pessoa, escolha antes uma cor que expresse a sua intenção ou propósito. As lojas de ocultismo vendem velas de diversas cores em forma de homens e mulheres, excelentes para esse tipo de magia, mas isso não é necessário. Velas comuns servem, desde que tenham as cores certas.

A seguir, grave o nome do sujeito na vela com um instrumento pontudo – de preferência, a ponta de seu athame. Ao fazê-lo, visualize o sujeito (por exemplo, olhando para uma foto ou um espelho, se for você mesmo) e ponha o nome na vela, dizendo algo como:

Ponho nesta vela o nome
de (nome completo do sujeito);
Que sua chama como o espírito de
(primeiro nome do sujeito) agora brilhe
E fortaleça meu feitiço com o poder da magia!

Em seguida, "vista" a vela, ungindo-a com o óleo apropriado. Óleos essenciais podem ser comprados em quase toda loja de ervas ou de alimentos naturais, floriculturas, lojas de ocultismo e até em algumas farmácias (veja as Tabelas de Correspondências em 3.VI). Para vestir a vela, derrame algumas gotas de óleo nela e esfregue-as com as mãos do centro para fora, concentrando o pensamento na pessoa e no objetivo.

Agora, acenda a vela em seu altar e apague todas as luzes do cômodo. Comece o ritual desenhando um Círculo em torno de si mesmo e do altar com a varinha ou athame, chamando as direções e invocando os espíritos que você quer que se juntem a você (consulte as Tabelas de Correspondência). Veja 4.IV: "Conduzindo um Ritual" para ter mais informações. Agora medite por alguns instantes sobre sua intenção, visualização ou o que você quer que aconteça como resultado desse trabalho.

Então acenda a vela que representa o sujeito do feitiço, dizendo algo como:

Vela que arde na noite,
Com sua chama encantada;
Pelo poder de tua luz
Seja o meu desejo realizado.

Fique sentado por algum tempo, olhando para a chama em um estado meditativo, e visualize o resultado desejado de seu feitiço. Quando achar que está completo, agradeça aos espíritos e aos elementos que convidou e desfaça o Círculo. Finalmente, diga algo mais ou menos assim e sopre a vela:

Embora estas chamas materiais se escureçam,
Queimarão para sempre nos mundos de além.

O rito terminou. Abençoado seja.

Repita esse ritual todos os dias até que a vela termine. Esse é um típico feitiço de queima de vela que usa a magia simpática. Há muitas variações possíveis, tantas quantas a sua imaginação e necessidade possam criar. Há boas referências para feitiços e rituais com velas nos seguintes livros: *Practical Candleburning Ritual* e *Advanced Candle Magick*, de Ray Buckland, e *Candlelight Soells* e *The Magick of Candle Burning*, de Gerine Dunwich.

Magia de cordão e de nós

Qualquer emoção simples, objetivo ou força elemental podem ser amarrados e controlados simplesmente atando-os em um nó. Amor, poder mágico, ventos, nuvens, chuva, doença – isso tudo pode ser amarrado em um cordão para criar um tipo de "bateria de armazenamento", a fim de manter o poder do feitiço. Um rito de nós pode ser realizado para qualquer fim desejado, e a corda amarrada pode ser levada ou costurada em alguma parte da roupa, ou usada de outros modos. Os nós devem ser desfeitos mais tarde para liberar o feitiço (para banir a negatividade) ou o cordão pode ser cerimonialmente queimado ou enterrado. Qualquer ritual pequeno pode ser criado para fazer os nós; há registro de vários.

Na xilogravura acima, um feiticeiro está vendendo um cordão dos ventos, cheio de nós, a alguns marinheiros. Os ventos são amarrados na corda, de forma que, se o marinheiro precisar de vento em suas velas, basta desfazer os nós – um para uma brisa leve, dois para um vento forte e três para um temporal!

Para curar um resfriado ou outras doenças pouco graves, uma bruxa ou fei-

Olaus Magnus, História de Gentibus Septentrionalibus, 1555

um ritual, devem ser desatados um de cada vez ao longo de nove dias consecutivos. Desfaça-os na mesma ordem em que foram amarrados – NÃO na ordem inversa! Comece com o primeiro da ponta e termine com o último do meio. Todos os dias, antes de desamarrar os nós, concentre-se novamente no que deve acontecer e repita as mesmas palavras do feitiço de amarração ao desamarrar aquele nó.

ticeiro pode "comprá-lo" do sujeito por uma soma simbólica e imediatamente fazer um nó em uma corda para "amarrar a doença". A corda deve ser então pendurada em um arbusto ou queimada em algum lugar remoto onde vive. Para curar verrugas, pegue um pedaço de barbante, faça um nó para cada verruga e toque-a com o nó. Pendure o barbante no beiral de sua casa e a água da chuva que escorrer pelo barbante vai lavar as verrugas. Depois da chuva, enterre o barbante na terra.

No Feitiço dos Nove Nós, uma série de nove nós não muito apertados (para que possam ser desfeitos) é feita em uma corda escarlate especial de 30 centímetros usada apenas para esse fim. Conforme cada nó é feito, a intenção do feitiço é visualizada com mais força, dirigindo a concentração e a energia para o nó. Os nós são feitos na seguinte ordem e padrão, com as palavras (ou semelhantes) da coluna ao lado.

Ao atar o último nó, toda a energia será dirigida para o cordão e os nós com uma visualização final da intenção. O poder acumulado é então armazenado nesses nós, o qual pode ser mantido até o momento apropriado de sua liberação. Embora os nós tenham sido atados em

Pelo nó de UM, o feitiço começou
=========X=========

Pelo nó de DOIS, ele se realizará
X=========X=========

Pelo nó de TRÊS, que assim seja
X=========X=========X

Pelo nó de QUATRO, este feitiço eu guardo
X=========X=========X=========X

Pelo nó de CINCO, o feitiço está vivo
X====X====X====X====X

Pelo nó de SEIS, este feitiço eu fixo
X=X=X====X====X====X

Pelo nó de SETE, o poder é dado
X=X=X====X====X=X=X

Pelo nó de OITO, o poder é grande
X=X=X=X=X====X=X=X

Pelo nó de NOVE, o feitiço eu ato!
X=X=X=X=X=X=X=X=X

Trabalho com o clima

O chamado do artesão do tempo e do mestre do mar sobre os ventos e as águas eram ofícios já conhecidos de seus pupilos, mas foi ele quem lhes mostrou por que o verdadeiro feiticeiro usa esses feitiços apenas quando necessário, já que conjurar essas forças terrenas significa alterar a terra de que são parte... "Uma chuva em Roke pode ser um afogamento em Osskil", disse ele, "e

uma calmaria na Margem Leste pode ser tempestade e ruína no Oeste, a menos que você saiba o que está fazendo."
Ursula K. LeGuin (*A Wizard of Earthsea*, p. 53-54).

Muitas formas de magia simpática foram aplicadas a trabalhos com o clima. Como expliquei em 1.5.4: "Auras: Cloud Busting", o trabalho com o clima em larga escala não deve ser feito casualmente, pois pode haver consequências e imprevistos. Se você tiver um grupo grande trabalhando junto, pode usar as técnicas explicadas no capítulo "Auras: Separar as Nuvens", para limpar o céu ou para afastar uma frente climática de sua região. Ou, ao contrário, para atrair uma, se souber que ela está em algum lugar.

O mais famoso feitiço climático é: *Santa Clara clareou/São Domingo alumiou/Vai a chuva, vem o Sol/Pra enxugar o meu lençol*. Já usei esse feitiço com milhares de pessoas de mãos dadas entoando juntas com intenção séria. Mas se a chuva *de fato* for embora, ela voltará outro dia, e talvez não seja aquele que você escolheu! Por isso, para equilibrar a equação, escolha um dia em que você *quer* que chova e diga o contra feitiço: *Chove, chuva, chove já; não precisa mais esperar*. A magia simpática para trabalhos com o clima consiste simplesmente em tentar reproduzir em pequena escala aquilo que você quer que aconteça em larga escala. Uma técnica eficaz é abrir um grande mapa da região que você quer afetar. Se quiser que chova em um lugar, borrife água em cima dele. Se quiser sol, use um espelho para refletir um raio do sol naquele ponto.

Em feitiços sérios com o clima, o mais importante é conhecer os padrões climáticos principais da região e os fatores que podem estar afetando-os naquele momento. A movimentação das placas tectônicas, o El Niño, um aumento de pressão no Oceano Pacífico, a formação de um furacão no Atlântico Norte, uma frente fria descendo do Polo Norte – todos esses elementos precisam ser levados em consideração. Felizmente, com satélites climáticos e canais especializados em clima na televisão, isso é muito mais fácil para nós do que para nossos antepassados! No período medieval, acreditava-se que uma bruxa podia atrair ou acalmar os ventos ao atirar uma pedra por cima de um ombro, atirando areia no ar, queimando folhas de sálvia, assobiando ou dizendo encantamentos apropriados. Dentre essas todas, assobiar para atrair o vento continua a ser uma técnica apropriada. A minha melodia favorita para assobiar é *They Call the Wind Mariah*, do filme de 1969 *Os aventureiros do ouro,* com Clint Eastwood.

Os fazedores de chuva americanos tradicionais, durante a década de 1930, usavam fogos de artifício (que simulavam um relâmpago e faziam nuvens de fumaça) e borrifavam água, como você pode fazer com uma mangueira de jardim. Um fogo fumacento (usando folhas verdes) simula nuvens, e um fogo seco, sem fumaça, simula um dia quente e ensolarado. Paus-de-chuva (um longo tubo oco com muitos pregos gravados, cheio de cascalho e fechado nas duas extremidades) são populares para atrair a chuva, assim como danças da chuva com muitos tambores que simulam o trovão.

Eis um velho feitiço simpático para fazer chover: ferva água em um caldeirão de ferro ou chaleira sobre uma fogueira. Quando o vapor subir, mexa a água com um bastão de madeira bem

Olaus Magnus, História de Gentibus Septentrionalibus, 1555

forte, depois sacuda o bastão pelo vapor e bata-o três vezes no lado de fora da chaleira, gritando bem alto em direção ao céu:

> *Vem, nuvem, solta tua água!*
> *Fora, seca, deixa vir a chuva!*

Quando era criança, meu filho Bryan era um excelente feiticeiro. Ele desenvolveu seu próprio sistema de Magia usando pedras, que recolhia baseado em sua aparência. Para usá-las, simplesmente as punha em seu altar e dizia um pequeno feitiço de intenção. Dentre as suas pedras, havia uma que ele chamava "Pedra de neve", pois tinha manchas brancas como flocos de neve. Em um dezembro em que nevou, quando Bryan tinha por volta de 11 anos, ele guardou uma bola de neve no *freezer*. Em abril, em um dia ensolarado, voltou da escola e nos informou que decidira fazer nevar, já que não havia neve desde Yule e ele queria brincar na neve. Além disso, ele tinha dito aos amigos que o faria! Tirou a bola de neve da geladeira e a pôs em uma tigela no altar para derreter, com a sua pedra da neve por cima. No dia seguinte, houve uma nevasca – no meio de abril! – e foi preciso fechar as escolas.

Magia simpática para tarefas da escola

Tente você mesmo: escolha a matéria da escola que lhe pareça mais difícil neste momento. Descubra a cor, pedra, instrumento e outros itens apropriados e faça um pequeno altar dedicado a essa matéria. Concentre-se em como você deseja ter êxito: tirar um 10 em uma prova ou trabalho, etc. Acalme a mente e energize a pedra enquanto visualiza seu sucesso. Guarde a pedra no bolso para se concentrar em seu sucesso enquanto faz a prova, escreve o trabalho...

Lição 6: As leis da Magia

A Magia pode ser vista como um processo puramente interno ou pode incluir influências e conexões com entidades externas, fantasmas, deuses ou espíritos. De qualquer modo, a Magia opera segundo seus próprios sistemas de regras internas e sua própria lógica, como a Física e a Matemática. Uma vez que essas regras são compreendidas, podem ser usadas pelo mago, assim como um químico usa as leis da química.

Eliphas Levi, em seu *Dogma e Ritual da Alta Magia** (1856), descreveu três leis fundamentais da Magia:

1. **A lei da vontade humana.** O sucesso da magia depende da vontade convocada e dirigida pelo mago.

2. **A lei da luz astral** e o princípio etéreo intermediário: uma energia que permeia o Universo e que o mago

---

*N.E.: Publicado no Brasil pela Madras Editora.

pode acessar e usar para realizar mudanças a distância.

3. **A lei do encadeamento**, que liga o interior ao exterior, o material ao ideal, desde que não haja diferença entre o microcosmo e o macrocosmo.

A estas outra lei foi acrescentada mais tarde, pela Ordem da Aurora Dourada:

4. **A lei da imaginação ou visualização**, invocando poderes interiores e exteriores.

A terminologia e as leis da magia *simpática, imitativa* e *contagiosa* foram cunhadas pelo antropólogo escocês *sir* James Frazer (1854-1941) em seu estudo comparativo do mito e da magia, *The Golden Bough* (1890). Outros escritores deram às leis categorias diferentes e há muitas tradições, todas possíveis. As leis da Magia não são legislativas como as leis do trânsito, mas, como as da Física ou da harmonia musical, são observações práticas que se acumularam ao longo de milhares de anos, com notável similaridade em quase toda cultura humana conhecida.

A lei da ressonância

Acredita-se que todas as leis da Magia possam ser reunidas em uma única grande lei ou princípio. O membro do *Cray Council* holandês, Luc Sala, a chama de:

A lei da ressonância: o princípio fundamental da magia é a *ressonância* ("Eco"), dentro de e entre o mundo material, o mundo das ideias e o mundo espiritual. A ressonância no tempo, forma, conteúdo, frequência e *imanência* (a qualidade essencial mais profunda das coisas materiais e imateriais), é o que torna uma conexão significativa. Os atos de magia usam conscientemente (por vontade própria) essas ressonâncias, mas a *eficácia* (resultado) muitas vezes depende de ressonâncias maiores e, portanto, desafia as leis da *causalidade* normal (causa e efeito).

Isso se refere às correspondências enumeradas no capítulo 3.VI e inclui a magia simpática, contagiosa, teúrgica e outras formas de magia. Também inclui a noção de que a ressonância no tempo é um instrumento mágico e que o passado e o futuro são espelhos, ambos acessíveis no presente. O amor é o Grande Ressoador e conector e, portanto, essencial à magia.

Os três fatores do trabalho mágico – e, na verdade, de todo o desenvolvimento espiritual – podem ser resumidos como: **O Amor é a chave, a Verdade é o objetivo, Um é o prêmio** (já que a conexão que sentimos algumas vezes pode ser vista como o prêmio, o resultado do trabalho).

Outro desenvolvimento é que, na física moderna, a realidade causal "normal" está pouco a pouco dando lugar a percepções e leis, como a *Dinâmica Quântica, o Princípio da Incerteza* e o *Paradoxo da Não Localidade*, nas quais o papel de observador e mesmo a consciência representam um papel. Os efeitos só podem ser notados nos extremos de nossos cosmos, nas dimensões muito pequena e muito grande, por exemplo, dentro do átomo e em níveis estelares. Mas, em um nível mais normal, os efeitos quânticos algumas vezes são imperceptíveis, como nos "túneis quânticos", quando as partículas se manifestam por meio de uma barreira mecânica que não poderiam normalmente ultrapassar.

Os efeitos quânticos – em que as características das ondas e partículas dos blocos de construção elementares no nível atômico estão sujeitas a probabilidades e, em certo sentido, são imprevisíveis – assemelha-se a atos mágicos, que são imprevisíveis de maneira similar no sentido de que 1 + 1 nem sempre é 2, mas, às vezes, é 0 ou 1. A Ciência e a Magia estão voltando à noção de que tudo está conectado. De acordo com Luc Sala, as leis da Natureza, como as conhecemos na Ciência, são, dessa forma, apenas um subconjunto das leis da Magia, e a realidade normal é, da mesma forma, um subconjunto da realidade mais ampla e definitiva. Entretanto, de acordo com Dragon Singing, as leis da Natureza são um superconjunto das leis da Magia, já que a Magia é apenas uma pequena parte do que acontece no multiverso infinito!

Não existe matéria por si só! Toda a matéria se origina e existe apenas por virtude de uma força... devemos supor, por trás dessa força, a existência de uma mente consciente e inteligente. Essa mente é a matriz de toda a matéria.

Max Planck, ganhador do Nobel – pai da teoria quântica

Lição 7: O processo mágico

Tudo o que você pode fazer ou sonha que pode, comece. A ousadia contém gênio, poder e magia.
Goethe
A única diferença entre o possível e o impossível é que o impossível leva um pouco mais de tempo para fazer.
Marc Bolan

Muito se diz que qualquer grande obra é 1% de inspiração e 99% de transpiração. Isso é verdade. E o processo passo a passo da magia é exatamente igual à criação de qualquer outro tipo de manifestação em nossa vida. Esses passos podem ser enumerados da seguinte maneira: **Inspiração, Sincronicidades, Transpiração e Manifestação.**

Um exemplo é este *Grimório* que escrevo neste momento. Ele começou com uma visão inspirada que tive quando fui pela primeira vez assistir a *Harry Potter*, em dezembro de 2001, com um punhado de garotos iguais a você. A minha esposa bruxa, Morning Glory, e eu havíamos sido convidados para falar em uma *schul* ("escola") judaica sobre a verdadeira Feitiçaria e Bruxaria. Depois da palestra, fomos todos juntos assistir a *Harry Potter e a Pedra Filosofal*. Morning Glory e eu portávamos o conjunto completo de nossas insígnias, mas muitas das crianças também usavam capas e capuzes. O cinema estava lotado e nos sentamos bem atrás. Conforme eu observava aquela enorme audiência, tive diversos lampejos de inspiração.

As leis da Magia

A mais completa descrição destas leis já feita até hoje é de Isaac Bonewits, notório mago, arquidruida e autor de *Real Magic, Authentic Thaumaturgy,* e *Witchcraft: A concise Guide*. Isaac também é Conselheiro do *Cray Council*. As seguintes Leis da Magia foram adaptadas da segunda edição de *Authentic Thaumaturgy*, o livro de Isaac sobre a magia real para jogadores de jogos dramáticos.

1. **Lei do conhecimento:** a compreensão traz o controle; quanto mais você sabe sobre um assunto, mais fácil é controlá-lo. "Conhecimento é poder".

2. **Lei do autoconhecimento:** o conhecimento mágico mais importante é sobre si mesmo; a familiaridade com seus próprios pontos fortes e fracos é essencial para um mago. "Conhece a ti mesmo".

3. **Lei da causa e efeito:** se exatamente as mesmas ações forem feitas exatamente nas mesmas condições, elas produzirão igualmente os mesmos resultados; cadeias de eventos semelhantes produzem resultados parecidos. "Controle todas as variáveis e você controlará todas as mudanças – muita sorte!"

4. **A lei da sincronicidade:** dois ou mais acontecimentos que ocorrem ao mesmo tempo terão mais associações em comum do que simplesmente a associação temporal; as coisas raramente acontecem isoladas dos acontecimentos próximos. "Não existe a *mera* coincidência."

5. **Lei da associação:** se dois ou mais padrões têm elementos em comum, os padrões interagem por meio desses elementos em comum e o controle de um padrão facilita o controle sobre o(s) outro(s); quanto maior o elemento comum, maior a influência. "Os elementos em comum controlam."

6. **Lei da simpatia:** coisas que têm afinidade umas com as outras se influenciam e interagem entre si a distância. "Tudo está conectado a tudo."

7. **Lei da semelhança:** o igual produz o igual e um efeito se assemelha à sua causa; a posse de uma imagem exata de alguma coisa facilita o controle sobre essa coisa. "Os parecidos *são* iguais."

8. **Lei do contágio:** objetos que já estiveram em contato continuam a interagir depois de separados. "A magia é contagiosa."

9. **Lei da atração positiva:** os semelhantes se atraem; para criar uma realidade particular, é preciso emitir energia de um tipo semelhante. "Aquilo que é emitido retorna."

10. **Lei da atração negativa:** o semelhante atrai o diferente; a energia e as ações muitas vezes atraem seus "opostos" complementares. "Os opostos se atraem."

11. **Lei dos nomes:** ao conhecer o nome, você conhece o que é nomeado; ao conhecer o nome com-

pleto e verdadeiro de um objeto, ser ou processo, você tem controle completo sobre ele. "O que há em um nome? – tudo!"

12. **Lei das palavras de poder:** certas palavras são capazes de alterar a realidade interna e externa daqueles que as pronunciam, e seu poder pode repousar tanto no som quanto no significado. "Para os sábios, uma palavra basta."

13. **Lei da personificação:** qualquer fenômeno pode ser considerado vivo e possuidor de personalidade, como uma entidade ou ser, e pode ser tratado dessa maneira. "Tudo pode ser uma pessoa."

14. **Lei da invocação:** é possível estabelecer comunicação interna com entidades interiores ou exteriores a si mesmo; essas entidades parecem estar dentro da pessoa durante o processo de comunicação. "Seres de dentro..."

15. **Lei da evocação:** é possível estabelecer comunicação externa com entidades de dentro ou de fora de si mesmo; essas entidades parecem estar fora da pessoa durante o processo de comunicação. "seres de fora..."

16. **Lei da identificação:** é possível, por meio de associação máxima entre os elementos de uma pessoa e os de outro ser, de fato *se tornar* aquele ser ao ponto de compartilhar seu conhecimento e ter domínio sobre sua energia. "Você pode se tornar um outro."

17. **Lei dos dados infinitos:** o número de fenômenos para se conhecer é infinito; nunca deixaremos de ter o que aprender! "Sempre há algo novo."

18. **Lei dos sentidos infinitos:** todo mecanismo de sentidos de qualquer entidade é limitado em alcance e tipo de dados percebidos. "Apenas porque você não pode ver não significa que não está ali."

19. **Lei dos universos pessoais:** todos vivem e, muito possivelmente, criam um universo único que nunca pode ser 100% idêntico ao vivido por outra pessoa; a chamada "realidade" é, na verdade, uma questão de opiniões consensuais. "Você vive em seu cosmos e eu vivo no meu."

20. **Lei dos universos infinitos:** o número total de universos em que todas as combinações possíveis de fenômenos existentes poderiam ser organizadas é infinito. "Todas as coisas são possíveis, embora algumas sejam mais prováveis do que outras."

21. **A lei do pragmatismo:** se um padrão de crença ou de comportamento capacita você a sobreviver e a realizar objetivos determinados, aquela crença ou comportamento, é "verdadeira" ou "real" ou "sensata" em todos os níveis de realidade envolvidos. "Se funciona, é verdade."

22. **A lei das verdadeiras falsidades:** um conceito ou ato pode parecer sem sentido, mas ainda ser "verdadeiro", desde que "funcione" em um contexto específico. "Se é um paradoxo, provavelmente é verdade."

23. **Lei da polaridade:** qualquer padrão de dados pode ser dividido em, pelo menos, dois padrões com características "opostas", e cada um deles conterá a essência do outro dentro de si. "Todas as coisas contêm o seu oposto."

24. **Lei da síntese:** a síntese de dois ou mais padrões "opostos" de dados produz um novo padrão que será "Mais verdadeiro" do que qualquer dos dois primeiros, ou seja, ele será aplicável a mais realidades. "A síntese reconcilia."

25. **Lei do equilíbrio dinâmico:** para sobreviver e se tornar poderoso, é preciso manter todos os aspectos do Universo em um estado de equilíbrio dinâmico com todos os outros; o extremismo é perigoso em todos os níveis de realidade. "Dance conforme a música."

26. **Lei da perversidade:** também conhecida como "Lei de Murphy": se alguma coisa pode dar errado, dará – e da maneira mais irritante possível. "Se alguma coisa pode dar errado, dará."

27. **Lei da unidade:** cada um dos fenômenos da existência está ligado direta ou indiretamente a todos os outros, passados, presentes ou futuros; as separações percebidas entre os fenômenos se baseiam em sentidos e/ou pensamentos incompletos. "Tudo é um."

28. **Lei das consequências não intencionais:** (de Terry Pratchett) quer você obtenha ou não o efeito que você quer, aquilo que você faz terá, pelo menos, três outros efeitos que você nunca esperaria, e um deles normalmente é desagradável. "Sempre há mais alguma coisa."

1. Inspiração

A primeira coisa que veio a mim foi que muitos daqueles garotos da plateia (e de plateias semelhantes no mundo inteiro ao longo dos anos seguintes, conforme saíam novos livros e filmes) ficariam inspirados a se tornar bruxos e feiticeiros. E pensei: como eu, um feiticeiro praticante, posso ajudá-los? Assim, meu pensamento seguinte foi que a primeira coisa que eles precisariam fazer seria estabelecer um altar pessoal. E eu fabrico estátuas de altar. Por isso decidi criar um par de deus e deusa especiais, apenas para os jovens.

Meu terceiro pensamento foi sobre a necessidade de um manual da verdadeira Feitiçaria. Por isso, ao mesmo tempo que trabalhava nas estátuas, comecei a fazer um esboço do que deveria conter este livro. Escrevi o "Solilóquio" inicial, que li em nosso ritual Bárdico para Imbolg, em honra de Brigite, deusa irlandesa da inspiração criativa. Ao longo dos meses que se seguiram, retomei esse texto e acrescentei mais coisas, mudando a ordem e incluindo notas.

2. Sincronicidade

As novas estátuas chegaram de nossa fábrica no início de junho de 2002; montei um pequeno altar com elas e fiz um ritual pelo sucesso em atingir o mercado adolescente. Depois, ao longo do Solstício de Verão, fui para o festival internacional *New Age* em Denver, Colorado, para mostrar a minha linha de estátuas a vendedores desse ramo. Quando estava lá, encontrei uma amiga wiccana, Trish Telesco, que escreveu aproximadamente 40 livros sobre Bruxaria e Magia. Ela me repreendeu por ainda não ter escrito meus próprios livros e se ofereceu para me apresentar à sua editora, a New Page Books, que, por acaso, também tinha um estande no festival. Então, fui conversar com esse pessoal e, obviamente, quiseram saber que tipo de livro eu queria escrever. Expliquei a minha ideia deste *Grimório* e prometi enviar-lhes uma proposta e um esboço de capítulo.

Algumas semanas depois, compareci a um grande festival de Magia como palestrante e encontrei uma amiga que havia servido de modelo para uma de minhas estátuas. Ela me contou que agora estava trabalhando como agente da New Page! Nesse momento, a onda de sincronicidade estava ficando grande demais para ser ignorada. Ao chegar em casa, recebi um enorme buquê de flores com um cartão que dizia: "De seus amigos da New Page".

3. Transpiração

Durante os meses seguintes, ficamos em comunicação constante, tratando dos detalhes deste livro – conteúdo, tamanho, desenho da capa, tudo. Pela Internet, contatei outros sábios, magos, feiticeiros e eruditos que conheci na comunidade mágica e reuni o *Cray Council*. Todos ficaram muito entusiasmados com o projeto. Reli todos os meus livros de fantasia favoritos que tinham Feiticeiros e tirei dezenas de livros de Magia das prateleiras para fazer pesquisas, espalhando-os pela minha mesa e pelo chão. Comecei também a assistir a todos os programas de TV em que havia garotos "mágicos" no colegial: *Sabrina, Buffy,* Roswell* e *Smallville*. Eu queria mergulhar completamente nesse meio. E eu escrevia – todos os dias passava, pelo menos, 8 a 10 horas na escrivaninha. Pensava neste livro constantemente – mesmo em sonho! Encontrava regularmente diversos novos aprendizes, e mostrava a eles cada Aula conforme as escrevia e as usava como material de estudo. E toda essa energia seria liberada para mim em dezembro, quando eu enviasse o original definitivo para impressão.

4. Manifestação

E agora, finalmente, você tem este *Grimório* nas mãos e lê estas palavras. Ele nasceu graças à magia, a partir de uma Visão inspirada. Todo o resto foi um processo de transformar aquela Visão em uma Manifestação concreta. É assim que a verdadeira magia funciona, e você também pode fazer isso. Basta envolver tantas coisas de sua vida quanto possível em torno da coisa que você está tentando realizar, até o ponto em que aquilo se torne um foco de todo o seu pensamento e atenções. E, assim, você controla as probabilidades de forma que, como disse a sufragista Susan B. Anthony, "O fracasso é impossível".

Para realizar grandes coisas, devemos não apenas agir, mas também sonhar; não apenas planejar, mas também acreditar.
Anatole France

---

*N.E.: Sugerimos a leitura de *Buffy – A Caça-Vampiros e a Filosofia*, coletânea de James B. South, Madras Editora.

Segunda Aula: Espaços Rituais

1. Introdução: Espaços rituais

Os rituais podem ser realizados em muitos tipos de espaço, alguns temporários e outros permanentes. Os círculos temporários podem ser feitos em sua casa ou em locais públicos, como parques ou salas de reunião alugadas. Dependendo das circunstâncias, uma área ritual pode ser estabelecida de forma bem elaborada, com um portão, altares para os Quadrantes, estátuas, faixas, *Maypole*, fogueira e outros itens. Ou pode consistir simplesmente em limpar um pequeno espaço em seu quarto e pôr um altar simples no meio dele. O mais importante é que a forma siga a função. Por isso, eis algumas notas sobre áreas rituais apropriadas a seu Círculo:

Lição 2: Templos internos

Qualquer espaço adequado sob um teto pode ser transformado em templo, desde que haja espaço suficiente para as pessoas que querem se reunir ali em um Círculo. Se você for solitário, não vai precisar de muito espaço e a criação do templo no *sanctum sanctorum* (3.IV.3: "Seu Templo") será inteiramente adequada. Entretanto, espera-se realizar rituais com três ou mais pessoas, por isso será preciso criar um espaço ritual maior. O Círculo Tradicional das bruxas, por exemplo, tem um diâmetro de três ou mesmo quatro metros, para abrigar um conciliábulo completo de 13 bruxas. Mas grupos menores certamente podem se virar com círculos menores, com dois metros ou 1,5 metro.

Algumas pessoas pintam um Círculo ritual no chão dos templos, muitas vezes inscrevendo um pentagrama dentro dele e marcando áreas e pontos com diferentes cores. Pode ser simplesmente um Círculo com as quatro direções indicadas ou elaborado como o Círculo Mágico Mandala, que mostrei no capítulo 3.VI.2: "O Círculo Mágico". Esse Círculo pintado pode ser coberto com um tapete quando não estiver em uso.

O modo de fazer um Círculo Mágico permanente para seu templo sem pintá-lo no chão é usar um pano grande (recomendo a cor preta, que dá a impressão de estar no espaço sideral). Um lençol de casal tem mais ou menos o tamanho certo (um quadrado de 2,5 metros). Encontre o centro exato do lençol dobrando-o cuidadosamente em quatro, pelas diagonais, e passe a ferro. Faça um ponto com giz branco no centro e depois abra o lençol em uma mesa de madeira ou no chão em que você possa cravar tachinhas ou pregos (isso sim é que é tarefa!).

Prenda os quatro cantos do lençol com tensão suficiente, para não deixar nenhuma dobra. Depois passe um preguinho pelo nó na extremidade de seu cíngulo. Prenda-o no centro do lençol de forma que seja fácil retirá-lo depois. Amarre um pedaço de giz no primeiro nó e desenhe o círculo. Ele terá 2 metros de diâmetro. Depois desenhe por cima das linhas de giz com uma caneta especial para tecidos na cor branca. Nas linhas marcadas pelas dobras feitas quando o lençol foi passado a ferro, desenhe com a caneta os símbolos dos quatro Quadrantes.

Ao preparar uma área ritual dentro de casa, confira o alinhamento das direções cardeais! (Em minha opinião, todo feiticeiro deveria ter uma bússola como instrumento mágico básico.) Símbolos dos elementos devem ser postos nos quatro Quadrantes. Podem ser simples velas coloridas (L= amarelo, S = vermelho, O = azul, N = verde) ou mesmo altares semipermanentes para cada Quadrante. Determine quais paredes ou cantos de seu templo se alinham melhor com essas direções e decore-as de acordo. Algumas pessoas penduram diferentes faixas coloridas marcadas com os sigilos apropriados. Outras penduram imagens que lembram cada uma dessas direções Elementais, como nuvens, pássaros ou o nascer do Sol para o leste; um vulcão em erupção, relâmpagos ou o Sol para o sul; uma paisagem marinha ou submarina para o oeste; e montanhas, cristais ou uma paisagem de inverno para o norte. Preparei um conjunto de placas de parede direcionais apenas para esse fim e muitas pessoas as usam: uma deusa pássaro para o leste; um deus Sol para o sul; uma deusa do mar para o oeste; e um Homem Verde para o norte.

Lição 3: Círculos ao ar livre

A magia da Natureza deve ser realizada ao ar livre, em florestas e prados, sob céus estrelados e em torno de uma fogueira. Quando rituais mágicos são regularmente realizados em um local arborizado, especialmente longe da "civilização", ele se torna vivo, de modos óbvios e também sutis. As coisas que crescem vão prosperar; os animais silvestres acharão a área agradável e aparecerão mais. As pessoas mais sensíveis logo observarão que há uma *carga* ou aura definida sobre o local e muitas vezes fadas, espíritos da floresta e outros espíritos da natureza

Homem Verde (norte)

Deusa pássaro (leste)

Deus Sol (sul)

Deusa do mar (oeste)

serão vistos – primeiro à noite e, mais tarde, até de dia.

A minha própria prática e tradição mágica (HOME) se desenvolveu no interior, durante os oito anos em que nosso núcleo viveu junto, em uma comunidade nas montanhas mendonésias de NorCalifia. Éramos muitos e não tínhamos nenhum espaço interno para realizar rituais – nossas maiores casas eram *yurts* com seis metros de diâmetro. Por isso, realizávamos quase todos os nossos rituais de grupo ao ar livre, mesmo no inverno. Começamos com um Círculo primário – apenas uma fogueira simples com espaço para sentar em volta. Essa é a forma original e mais antiga de Círculo ritual e foi aqui que nossos ancestrais se tornaram humanos. Nosso gosto por sentar em torno do fogo mágico, aquecer o corpo nas noites frias, ver o rosto uns dos outros iluminados pelas chamas bruxuleantes, contar histórias, cantar, tocar tambores, dançar nossas celebrações, representar nossas aventuras – ritual, drama, música, poesia, mitos – tudo isso veio de nossas fogueiras tribais pré-históricas.

Ao longo dos anos, nossos círculos simples em torno da fogueira adquiriram mais sofisticação. Em Annwfn, revestimos o buraco da fogueira com pedras, cortamos a grama, nivelamos a área e fizemos bancos para nos sentar. Mais tarde, plantamos canteiros de flores no perímetro e construímos altares de madeira e pedra nos quatro Quadrantes. Fizemos portões na entrada do Círculo das Fadas e do Círculo do *Maypole*, com galhos trançados em arcos (quando estavam em uso, esses arcos eram enfeitados com fitas, sinos e flores). No portão oeste do Círculo das fadas, uma ponte foi construída para atravessar até o mundo subterrâneo de Samhain (no resto do ano, ela é desmanchada e coberta com uma rede de pesca). Embora mantivéssemos o buraco da fogueira no centro do Círculo da Lua e do Círculo do Sol no prado de Pwill, a fogueira do Círculo das Fadas foi substituída por um grande altar de pedra. E, obviamente, o Círculo do *Maypole* tem o próprio poste como peça central.

Lição 4: Altares rituais

Os altares são os principais palcos do microcosmo de um ritual mágico. Um altar é um modelo simbólico, em miniatura, do Universo e contém representações dos elementos que serão tratados. Diversas tradições mágicas têm costumes específicos a respeito da localização e decoração de seus altares. Por exemplo, hindus, muçulmanos, judeus e cristãos põem seus altares no leste enquanto diversas tradições de Bruxaria e Magia Cerimonial põem os altares no norte. Acredito que esses arranjos possam ser flexíveis, dependendo do tema, estação e propósito do ritual em si. Eis alguns dos altares que usamos em nossos rituais:

Altar central

Em minha tradição, quase sempre temos um altar central, bem no meio do Círculo. As únicas exceções são quando temos uma fogueira ou um *Maypole* nesse lugar. O altar é o local principal, em torno do qual todo o rito se desenvolve. Preferimos que seja redondo, como a própria Terra. Por volta de 50 centímetros de altura e 60 a 70 centímetros de diâmetro é um bom tamanho. É fácil encontrar mesinhas de centro redondas próprias para isso em lojas de móveis usados; você também pode fabricar seu próprio altar cortando um círculo de compensado e prendendo-o a uma base.

O altar central é tradicionalmente feito para ser visto pelo sul, como se fosse um mapa. Deve ser coberto com um pano de altar de cor e material apropriados para ocasião. Lenços quadrados de seda são muito usados para essa função, mas outros materiais também servem, desde que complementem o tema do ritual (não recomendo estampados coloridos, xadrez ou desenhos do Mickey Mouse...). Tecidos lisos, tie-dye ou batik podem ser encontrados facilmente nas lojas de produtos de ocultismo e é bem fácil fazer o seu, pintando a figura de um simples pentáculo ou mesmo de um "Círculo Mágico Mandala". Como muitos rituais têm temas sazonais, cores apropriadas às estações sempre são uma boa pedida: vermelho e verde para Yule, vermelho para Brigit, dourado para Harvest, laranja e preto para Samhain, verde para quase tudo o mais (veja 4.IV: "A Roda do Ano").

No meio de nosso altar central, normalmente colocamos estatuetas do deus e da deusa que queremos convidar ao Círculo, para aquele ritual (nestes anos todos, já criei uma linha completa de deuses e de deusas). Algumas vezes, usamos um espelho, se quisermos refletir e invocar a divindade dentro de cada participante. Normalmente, colocamos duas velas finas ao lado de cada estátua, coloridas de acordo com a estação ou finalidade do ritual. Na ausência de figuras, essas velas sozinhas podem representar o deus e a deusa. Na verdade, velas em forma de figuras masculinas e femininas são encontradas na maioria das lojas de ocultismo. Os castiçais podem ser de metal, vidro ou argila e em formato simbólico.

Outros itens do altar são aqueles utilizados no próprio ritual. Eles podem incluir óleos de unção, incenso ou ervas, uma cópia do roteiro do ritual (talvez feita na forma de pergaminho...), implementos de adivinhação (um baralho de Tarô, bola de cristal, runas, espelho negro...), materiais necessários para lançar feitiços, fotos de pessoas que necessitam de cura (ou dos mortos amados em um rito de Samhain); figuras de animais totem que representam pessoas ou bichinhos de estimação, etc. Muitas vezes também incluímos artefatos sazonais entre os incrementos de altar, como guirlandas de azevinho e hera em Yule, flores na primavera, amoras e frutas no verão e, no outono, ossos no Samhain, e assim por diante. Use sua imaginação!

Altares dos Quadrantes

Nossa comunidade realmente gosta de altares e possui muitos deles. Para nossas áreas rituais, dentro ou fora de casa, montamos altares para os Quadrantes fora do Círculo, nas direções cardeais. Eles vão desde cantoneiras nas paredes, como no templo de Annwfn, até as grandes estruturas de madeira e pedra no Círculo das Fadas, da Lua e do Sol em Annwfn. Esses altares podem ser bastante criativos, já que sua finalidade é honrar os espíritos Elementais. Uma vantagem é que, se houver altares para os Quadrantes fora do Círculo, não sérá necessário colocar todas aquelas coisas Elementais no altar central!

Para rituais grandes, especialmente rituais ao ar livre, que duram a noite inteira, muitos de nossos instrumentos são deixados nos altares dos Quadrantes, quando não estão sendo usados. Todo o incenso é deixado no altar do leste com a espada do templo; as velas são deixadas no sul; água, suco, café e outras bebidas, no oeste; e o altar do norte serve como local para guardar o pão ritual, as frutas e outros alimentos.

Assim, o altar do leste pode ser feito de galhos enfeitados com fitas amarelas, sinos, penas, pequenas fadas e carrilhões do vento. O altar do sul pode ser uma tora de árvore queimada com pedras vulcânicas, tecidos vermelhos, um dragão e um fogareiro. Um altar do oeste pode ser feito de madeira seca e coberto com conchas variadas, a estatueta de uma sereia e um grande cálice de água. Também, no oeste, por ser a passagem para o mundo subterrâneo, é possível ter um altar especial para nossos mortos queridos. Ali podemos pôr uma vela preta ou uma caveira, assim como fotos e outras recordações de nossos amados desencarnados.

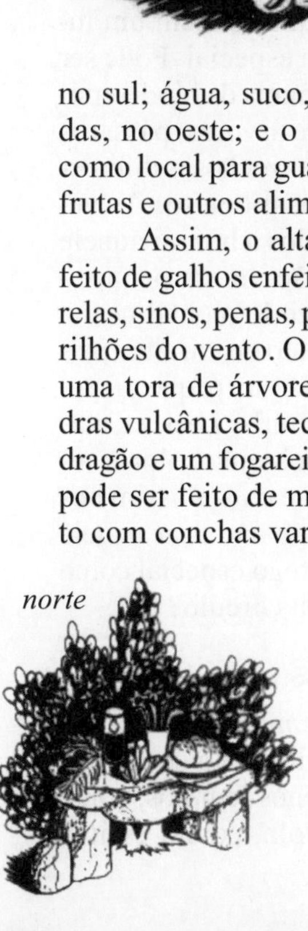

Um altar do norte é sempre feito de pedra – uma pedra grande e chata é ideal. Pode ser decorado com cristais e plantas em vasos, especialmente samambaias e musgo.

Altares domésticos

É difícil imaginar uma casa mágica sem ao menos um altar doméstico. Onde eu vivo, esses altares tendem a se multiplicar como *tribbles*, até que todos os espaços horizontais tenham sido transformados em um altar e todos os espaços verticais tenham sido transformados em biblioteca! Os altares são estabelecidos para os diversos deuses e deusas aos quais nos relacionamos pessoalmente. Por isso, nosso altar familiar principal fica em cima da lareira da sala e é dedicado principalmente à Mãe Géa e Brigite (padroeira de nosso trabalho criativo). Mas também temos um altar de cura dedicado a Kwan-Yin, um altar a Afrodite e Eros no quarto, um altar Ti'en Hou para nossos negócios e diversos outros por toda a casa, em nossos quartos.

Altares domésticos podem ser facilmente incorporados a prateleiras, mas também podem ser estabelecidos em cima da escrivaninha, armários ou estantes. Um altar pode ser mantido em um pequeno canto do quarto, um nicho em um quartinho de despejos ou dentro de um armário. Os altares domésticos normalmente não são para rituais de grupo, mas para finalidades pessoais e familiares, orações e devoções. O mais importante é mantê-los limpos e frescos – não deixe que fiquem cobertos de poeira e teias de aranha!

Seu altar pessoal

Já tratei desse assunto em 1.II: "Crie seu Altar Pessoal", por isso não vou acrescentar mais nada aqui.

Lição 5: Santuários

O conceito de *santuário* é semelhante ao de altar, mas ele normalmente é mais concentrado e permanente. Existem incontáveis variações – um santuário pode ser desde uma estrutura elaborada com câmaras e portas que abrem para diversos cômodos até uma simples caixa com objetos sagrados e relíquias, ou apenas um marco, monumento ou memorial a alguém.

Votivos

Santuários votivos muitas vezes têm a forma de templos em miniatura para deuses ou deusas em particular – como uma pequena casa de bonecas. Uma forma comum é um tipo de gabinete ou caixinha que podem ser decorados por dentro e por fora. Frequentemente têm portinhas que podem ser abertas ou fechadas, com cenas pintadas do lado de dentro. O item principal desse santuário é uma imagem do deus, deusa, santo ou mesmo um mestre, como os santuários que os devotos de gurus indianos criam para seus mestres. Essa imagem pode ser uma estátua, foto ou outra representação (incluindo coisas puramente simbólicas, como os santuários Taoístas chineses, que são simples postes e lintéis vermelhos).

Muitas igrejas e templos têm nichos nas paredes com estátuas de santos e divindades. Hindus, budistas, gregos antigos, romanos, egípcios e outros estabeleceram esses santuários em suas terras. Nos países católicos, há santuários da Virgem Maria em toda parte. As estátuas desses santuários variam desde pequena imagens de plástico até figuras enormes e imponentes, muito maiores do que o tamanho natural. Uma coisa notória desse santuário são as oferendas deixadas pelos peregrinos. Velas, incensos, flores e itens pessoais podem ser deixados aos pés da imagem. Santuários de cura, às vezes, têm pilhas de muletas abandonadas. Vi um santuário à Virgem Maria, nas montanhas do Peru, com milhares de seixos empilhados ao redor. Aparentemente, fazia parte da peregrinação carregar essas pedras desde o rio, que ficava no vale, até o alto da montanha.

Quando você está na natureza, muitas vezes sente que está em um lugar com uma energia especial. Pode ser em virtude da abundância da biodiversidade, muitos tipos de árvores, pássaros ou animais, formações rochosas diferentes ou apenas um local bonito. Às vezes, ficamos inspirados a honrar aquele lugar com uma oração ou um pequeno ritual. Você pode fazê-lo mentalmente, visualizando um Círculo ou um altar, mas também é possível criar um pequeno santuário votivo. Não perturbe a beleza, mas em geral não tem problema colocar algumas pedras, flores e coisas assim nos Quadrantes; e por que não usar aquela pedra, árvore ou córrego especial como centro de seu altar ou Círculo?

Comemorativos

Santuários comemorativos são chamados de memoriais. Alguns podem ter a forma de pequenos templos, como o memorial de Lincoln, com a estátua da pessoa que está sendo homenageada. Outros são mais simbólicos, como o monumento a Washington, que é um *obelisco* em estilo egípcio, também conhecido como "Agulha de Cleópatra". É comum encontrar santuários aos mortos queridos em cemitérios. Muitas vezes a própria lápide se torna um santuário, pois amigos e parentes colocam fotos e flores sobre ela. O túmulo das pessoas famosas pode se tornar um santuário de peregrinação – uma vez visitei o túmulo de Jim Morrison (poeta e vocalista do The Doors) em Paris, na França, e toda a área estava coberta de flores, poesias e oferendas de seus muitos fãs, décadas após sua morte. Memoriais de guerra muitas vezes são considerados santuários – particularmente o memorial ao Vietnã em Washington, DC.

Outros santuários comemorativos são aqueles que você vê nas estradas quando alguém morre em um acidente. Trata-se de pequenas cruzes com o nome da pessoa e, às vezes, uma foto. Pode haver flores, cartões, fitas com orações e outras oferendas, como em um túmulo. Após a destruição das torres gêmeas de Nova York, as paredes e cercas da vizinhança foram cobertas de fotos e lembranças dos mortos. A visita a esses memoriais pode ser uma experiência muito emocional e coberta de lágrimas.

Lição 6: Rodas medicinais

Rodas medicinais são grande círculos feitos com anéis de pedras no chão, com um *cairn* (pilha) de rochas no centro e raios formados por pedregulhos. Em geral, são grandes pedras ou *cairns* em que os raios chegam até o Círculo exterior. A estrutura inteira pa-

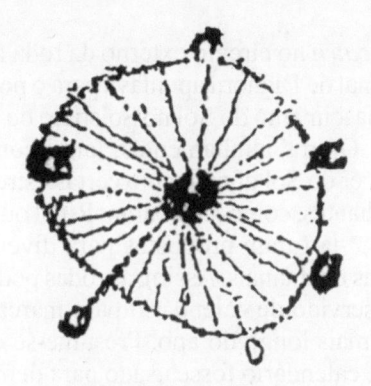

Roda medicinal Big Horn

rece uma enorme roda de carroça deitada no chão, de forma que o termo *Roda Medicinal* foi aplicado pela primeira vez à Roda Medicinal Big Horn em Wyoming, a mais meridional conhecida. A parte "Medicinal" do nome quer dizer que tinha um significado religioso para os povos nativos.

Dezenas dessas rodas, muitas com mais de 15 metros de diâmetro, foram feitas no oeste dos Estado Unidos e no Canadá por índios americanos. Dois terços das 70 rodas conhecidas ficam na cidade de Alberta. Uma delas, a roda medicinal de Majorville, tem um enorme *cairn* central de dez metros de diâmetro, rodeado por um círculo de pedra de 30 metros. Vinte e oito raios ligam o *cairn* central ao círculo exterior. Diversas técnicas de datação revelam que o *cairn* central foi construído há cerca de 4.500 anos! Aparentemente, foi usado como um centro cerimonial por vários milênios. A magia da caça ou da fertilidade do búfalo provavelmente fez parte dos rituais, mas o significado mais profundo do lugar perdeu-se no tempo.

Uma das mais interessantes teorias é que existem alinhamentos estelares significativos nas rodas medicinais. O astrônomo John Eddy sugeriu que uma linha desenhada entre o *cairn* central e um *cairn* no círculo externo da roda medicinal de Bighorn apontava para o ponto de nascimento do Sol no Solstício de Verão. Outros alinhamentos, tanto com o nascer do Sol quanto com certas estrelas brilhantes, como Aldebaran, Rigel ou Sírius,* já foram propostos para diversas rodas medicinais. Assim, as rodas podem ter servido de calendário para marcar o dia mais longo do ano. Presume-se que esse calendário fosse usado para demarcar o período de rituais importantes.

Você pode construir as suas próprias rodas medicinais como se fosse um jogo de xadrez élfico, usando pedras que estejam por aí. Algumas vezes, esses círculos são criados em gramados ou jardins e as pessoas trazem rochas especiais para marcar o *cairn* central e os lugares em que os raios se encontram com o Círculo exterior. Elas podem ser montadas em áreas rochosas, como um parque ou um deserto, e ser deixadas para outros visitantes.

Lição 7: Henges e círculos de pedra

Se você tiver espaço, é bacana construir um círculo de pedras em torno de seu espaço ritual! Esses círculos muitas vezes são chamados de "henges" por causa da famosa Stonehenge, na Inglaterra, mas tecnicamente isso não é correto. *Henges* ("Coisa suspensa") típicos são simplesmente recintos circulares limitados por um dique no lado de fora e um fosso no lado de dentro. Uma ou mais entradas levam ao centro. Os mais antigos henges foram construídos a partir de 3300 a.C. e os maiores chegam a cinco acres. O dique é exterior ao fosso, por isso eles não devem ter sido muros de defesa, mas é mais provável que fossem um local de reunião religiosa e cerimonial. Alguns henges têm círculos de pedra no lado de dentro enquanto outros já contiveram arranjos circulares de postes de madeira.

Os círculos de pedra são muito mais comuns do que os henges. Existem ainda, pelo menos, 900 deles, embora muitos tenham sido destruídos na marcha do "progresso". O mais famoso é Stonehenge, em Wiltshire, que tem uma história extremamente complexa de mais de um milênio. A maior parte do que está visível atualmente representa a última fase de construção de arranjos de pedras em pé dentro do dique e do fosso e, provavelmente, foi terminado por volta de 1700 a.C. E não, Stonehenge *não* foi construída pelos druidas; eles chegaram, pelo menos, mil anos atrasados para o trabalho duro!

Muitas teorias extravagantes foram propostas sobre a finalidade desses círculos, desde terrenos de aterrissagem de ÓVNIs até observatórios astronômicos. A maioria deles se desenvolveu a partir de antigos henges, com a função de local de reunião tribal para rituais relacionados às estações e à fertilidade da terra. Assim como nas rodas medicinais, certas pedras se alinhavam com determinadas estrelas brilhantes e o ponto de

---

*N.E.: Sugerimos a leitura de *O Mistério de Sírius*, de Robert Temple, Madras Editora.

ascensão do Sol no solstício, servindo assim como calendários anuais, da mesma maneira que um relógio de Sol marca as horas.

Quando o falecido professor Alexander Thom pesquisou mais de mil estruturas *megalíticas* ("Pedra Grande") nas Ilhas Britânicas e no oeste da França, espantou-se ao descobrir que todas haviam sido construídas segundo a mesma unidade de medida. Thom chamou essa unidade de *jarda megalítica* (JM), porque tinha um tamanho muito próximo ao da jarda imperial britânica, com exatas 32,64 polegadas (82,90 centímetros).

Lição 8: Labirintos

A palavra *labirinto* significa a "Casa dos *labrys*"; o *labrys* é o machado ritual de dois gumes da antiga Creta. A lenda conta que Teseu matou o Minotauro no centro do labirinto de Cnossos, em Creta, tendo saído de lá com a ajuda de um novelo de lã dado a ele pela princesa Ariadne. Labirintos podem ser feitos como simples desenhos ou talhados em uma superfície de madeira ou argila para que você siga o caminho com os olhos ou um dedo.

Labrys

Das Antiguidades de Montfaucon, séc. XVI

O labirinto combina a imagem do círculo e da espiral em um caminho cheio de reviravoltas, mas significativo. Labirinto representa a jornada até o centro de nós mesmos e de volta ao mundo. Labirintos em tamanho natural podem ser atravessados como uma espécie de exercício de meditação. Qualidades curativas são, por vezes, atribuídas aos movimentos do corpo ao caminhar ou à influência do campo magnético da Terra. Os labirintos das catedrais cristãs supostamente representam a "Estrada para Jerusalém" e a jornada da alma para a salvação na Cidade Sagrada, em seu centro – originalmente, peregrinos penitentes atravessavam dolorosamente o labirinto de joelhos.

Labirintos e dédalos muitas vezes são confundidos. A maioria das pessoas, quando ouve falar em labirinto, pensa em um dédalo. Um dédalo é como um enigma a resolver. Tem bifurcações e becos sem saída. Mas um labirinto é *unicursal*, possui apenas um caminho que forma um circuito. Não há bifurcações ou becos sem saída. O único caminho leva você até o centro (e, às vezes, de volta para fora).

O desenho mais antigo é o clássico labirinto de sete anéis, encontrado em antigas moedas e em muitos lugares por todo o mundo – da Espanha até a Escandinávia e do Arizona até o Afeganistão. Um exemplo foi encontrado em um túmulo Neolítico de 4 mil anos na Sardenha. Ele é o mais fácil de desenhar, sem equipamentos sofisticados de medição. Já fiz vários na areia da praia e também os cortei no capim alto em prados.

O labirinto arquetípico de sete anéis foi o principal em todo o mundo por milênios. Seu sucessor imediato, o labirinto em mosaico romano, sobreviveu nos tempos modernos na forma de uma moldura larga em torno de uma imagem central, normalmente de Teseu matando o Minotauro. O caminho de nove anéis no desenho quadrado romano metodicamente completa um quadrante antes de passar para o próximo, no qual o padrão é repetido.

Uma grande ruptura ocorreu no desenvolvimento do desenho do labirinto medieval. Ele tinha 11 anéis e os caminhos passavam livremente de um quadrante a outro. Em contraste com o padrão quadrado romano, eles eram tipicamente redondos ou octagonais. O mais antigo exemplo sobrevivente em tamanho natural remonta a 1235 d.C. e foi feito na forma de mosaico no piso da catedral de Chartres,* na França. Eu o visitei e o percorri. Esse desenho de Chartres se tornou muito popular, especialmente entre cristãos da Nova Era, e foi reproduzido em muitos lugares (incluindo igrejas) nos últimos anos. De fato, atualmente há "Projetos Labirinto" que ajudam a fazê-los em toda parte.

Labirinto romano

Há alguns anos, criei um novo desenho de labirinto. O caminho (neste caso, a linha sólida) passa em torno das imagens entrelaçadas da deusa e do deus Cornífero. Dei-lhe o nome de *Dearinto*, que significa "Casa dos deuses" ou templo.

Dearinto

Você pode criar seu próprio labirinto com materiais fáceis de encontrar. Recomendo uma variação do desenho cretense clássico, que tem um caminho de saída direto do centro, de forma que várias pessoas podem atravessá-lo sem trombar umas com as outras na saída. Esse desenho é chamado de *labirinto processional*.

Esse padrão pode ser desenhado no chão, com cal, tijolos, pedras ou mesmo uma corrente ou corda comprida. Ele pode ser escavado na areia da praia, cortado em capim alto, com um cortador de grama, ou feito na forma de canteiro de flores, em um gramado, para uma ins-

Labirinto de Chartres

---

*N.E.: Sugerimos a leitura de *Catedral de Chartes*, de Sonja Wrike Kugle, Madras Editora.

Segunda Aula: Espaços Rituais

labirinto processional

talação mais permanente. Ele pode até mesmo ser marcado no chão, com fita crepe, ou pintado em uma tela grande. Basta marcar o início no meio e usar um cordão como compasso para desenhar uma série de de sete caminhos circulares concêntricos, largos o suficiente para se andar por eles (dê espaço também para a espessura das paredes, obviamente). Depois ligue os anéis com arcos, conforme a figura, para formar um único caminho contínuo.

"Construa e eles virão." Garanto que você não apenas vai se divertir, como os seus amigos virão de toda parte apenas para atravessar seu labirinto!

Onde encontrar

Site que reúne links para vários tipos de labirintos para construir ou imprimir: <http://web.educom.pt/escolovar/mazes_index.htm>.

Um bilhão(!) de labirintos para imprimir
<http://www.onebillionmazes.com/>.
Labirintos para resolver on-line:
<http://assassindrake.com/maze.php>.

Nota do Editor

A Madras Editora não participa, endossa ou tem qualquer autoridade ou responsabilidade no que diz respeito a transações particulares de negócio entre o autor e o público. Quaisquer referências de internet contidas neste trabalho são as atuais, no momento de sua publicação, mas o editor não pode garantir que a localização específica será mantida.

Terceira Aula: Sobre os Rituais

1. Introdução aos rituais

Adaptado de "Creating Rituals", de Hallie Inglehart (*HOME Cooking, 1997*)

Os rituais são uma maneira de concentrar e reconhecer nossa energia e consciência. Todos nós realizamos rituais durante o dia – alguns mais conscientemente do que outros – que influenciam e apoiam nossas atitudes e comportamento. Vestimo-nos de manhã, celebramos aniversários, encontramo-nos com outras pessoas, marcamos os acontecimentos principais de nossa vida. A qualidade que faz da vida "comum" um ritual é muito sutil. Acender uma vela e um incenso não basta para fazer um ritual, mas o estado de mente e consciência que acompanha ou resulta de uma ação, sim. Ritual é uma metáfora para toda a vida consciente.

A mitologia, a arqueologia, a linguística, a arte e a história nos falam dos rituais mágicos realizados por nossos ancestrais. As cavernas, por serem o útero da Mãe-Terra, eram locais naturais para rituais de nascimento e renascimento; e os animais e plantas entalhados e pintados, além de registros dos ciclos lunares e das estações ainda preservados nas cavernas, são lembranças vivas de antigos rituais. No passado, um ritual era uma celebração da expressão abrangente da criatividade humana e da regeneração cíclica. Muitas de nossas artes – teatro, poesia e música – eram, originalmente, parte de um processo de criação de ritual. Conforme as pessoas se separaram mais da natureza e de seu eu interior, as artes separaram-se umas das outras e de sua fonte espiritual unificadora original. Ainda, porém, podemos sentir o poder espiritual do ritual na boa arte. A energia da performance é muito semelhante à do ritual: a concentração intensa, a canalização da energia, a troca de energia entre atores e audiência.

Lição 2: A tradição da HOME

Aprendi a Feitiçaria com muitos mestres e fui iniciado em vários grupos. Entretanto, a tradição mágica com a qual estou mais alinhada é a Ordem Sagrada da Mãe Terra, ou HOME (em inglês, Holy Order of Mother Heart). As raízes da HOME foram plantadas no outono de 1976, quando Morning Glory e eu chegamos a Eugene, Oregon, e conhecemos Anna Korn. Ela fora treinada em uma tradição britânica de bruxaria diânica (concentrada em Diana, a deusa Lua) por Mark Roberts e Morgan McFarland, no Texas. Morning Glory construiu seu próprio Caminho de "Wicca Xamânica" pelas experiências pessoais e por material publicado. Eu fundei a Igreja de Todos os Mundos e fui treinado em *Strega* italiana e magia cerimonial por Deborah Letter em S. Louis, assim como em "druidismo" Ozark e mitologia e rituais gregos e egípcios. Nós três integramos nosso respectivo treinamento em um sistema coerente e formamos o Conciliábulo de Ithil Duath *(Sombra da Lua)* para praticá-lo. Naquele inverno e na primavera que se seguiu, Morning Glory e eu lecionamos todo esse material e práticas em um curso organizado de estudos mágicos, que ministramos no Colégio Comunitário de Lane, com o nome "Xamanismo Celta".

Em julho de 1977, mudei-me com Morning Glory para a *Coeden Brith* ("Floresta Pintada"), um pedaço de 220 acres de uma comunidade de 5.600 acres em NorCalifia, chamada Greenfield Ranch. A dona de Coeden Brith era Alison Harlow. O terreno de 55 acres do vizinho fora comprado recentemente por Gwydion Pendderwen, um bardo galês e cofundador da Tradição Feérica. Juntos fundamos a Ordem Sagrada da Mãe Terra, uma ordem mágica de cuidados e rituais com a Terra.

Entre os outros residentes mágicos do rancho estavam pessoas que vinham da Tradição Feérica, da Wicca Diânica, da Nova Ordem Reformada da Aurora Dourada (NROOGD), de práticas hindus e indígenas americanas. Começamos a nos encontrar e praticar a magia juntos, ao longo dos oito anos seguintes e, por meio de ciclos da Lua, ritos de passagem, celebrações sazonais e prática diária, tecemos todos aqueles fios em uma tradição única, que, na verdade, tinha raízes em nossa própria vida diária e sazonal na terra mágica, dando assim origem a um novo Caminho Mágico: a tradição HOME. Os materiais que Morning Glory e eu havíamos desenvolvido para nossas Aulas em Egene serviram de base para desenvolver nosso *Grimório de Luzes e Sombras*.

Outros membros da comunidade de Greenfield vieram participar de nossos círculos da HOME e a tradição cresceu. Plantamos árvores e jardins, criamos gamos e unicórnios, cantamos e contamos histórias em torno da fogueira. Bebês que nasciam no local eram ritualmente abençoados e criados no Círculo, assimilando nossos costumes e tradições em uma nova geração. Em nossa comunidade mágica crescente, vivíamos de fato a vida legendária de nossos antigos antepassados tribais. Em 1983, Anodea Judith fundou a escola Lifeways, criando um "ABC da Magia" baseado nos rituais e materiais que havíamos desenvolvido ao longo dos anos na HOME. Muitas pessoas tiveram essas aulas e foram treinadas na tradição mágica da HOME. Enquanto isso, todos nós nos mudamos para outros lugares. Em 1997, escrevi e editei o primeiro dos pretendidos três volumes do material chamado *HOME Cooking*. Mas, depois disso, minha vida e meu trabalho me conduziram por outro caminho e comecei a esculpir estatuetas de deuses e deusas para a coleção da Mythic Images e nunca completei os outros volumes.

Quando Gwydion morreu em um acidente de carro no Samhain de 1992, nossa comunidade mergulhou em uma profunda lamentação, já que pela primeira vez lidávamos com a morte em nossa própria família. Nossos rituais desenvolveram um novo aspecto, mais sombrio, ao criarmos ritos e vigílias funerárias, explorando o mundo subterrâneo por meio dos mistérios míticos de Samhain, Walpurgisnacht e os Mistérios de Elêusis.*

Lição 3: Planejando um ritual

(*Por Anodea Judith* [de *HOME Cooking*, 1997])

Anodea e eu trabalhamos juntos por mais de 25 anos em muitos grandes rituais, programas de treinamento e outros projetos. Ela é autora de *Wheels of Life: A User's Guide to the Chakras* (que eu ilustrei), além de diversos outros livros que reúnem os sistemas mágicos oriental e ocidental. Eis algumas questões as quais ela acredita serem importantes ao planejar um ritual:

1. **Qual a finalidade do ritual?** Por que você está fazendo isso, o que quer realizar, qual o problema que quer resolver? As respostas podem variar, desde acabar com as armas atômicas até simplesmente se divertir. A resposta definirá o tema.

2. **Qual a época?** Qual a época do ano, estação, ciclo da Lua, dia ou noite, momento de sua vida, momento na vida de um grupo (como iniciação, fechamento, etc.) ou momento em uma sucessão de rituais, como rituais planetários ou de chacras, que devem seguir uma certa ordem.

3. **Para quem é e quem vai participar?** Engloba o número de pessoas, o nível de experiência, idade, capacidade física, crianças, só mulheres, só homens, misto, Círculo íntimo fechado, grande ritual público ou qualquer coisa no meio disso.

4. **Quem você quer influenciar?** Esta é ligeiramente diferente da primeira e pode ser deixada de lado, se, por exemplo, a finalidade for apenas se divertir. Se a sua finalidade for acabar com as armas nucleares, você pode querer influenciar os políticos da Casa Branca ou as famílias da vizinhança para inspirá-las a escrever cartas ao Congresso. Uma advertência: o que você está fazendo não pode se tornar manipulação, que, além de ser exaustiva, é eticamente questionável.

5. **Onde vai ser?** Dentro de casa, ao ar livre, em um galpão, templo, sala de aula, etc.

6. **Quanto tempo deve durar?** Relaciona-se às questões 2 e 5, pois rituais ao ar livre e à noite normalmente são mais curtos. Também é preciso considerar quem estará lá. Por exemplo, as crianças não conseguem ficar muito tempo em rituais longos. É importante planejar a duração, bem como as sub-rotinas do ritual (por exemplo: formação do

---

*N.E.: Sugerimos a leitura de *Os Ritos e Mistérios de Elêusis*, de Dudley Wright, Madras Editora.

Círculo: cinco minutos; invocações: dez minutos, etc.)

7. **Que material você possui?** Se for ao ar livre, na Lua cheia, você tem o horário e local com que trabalhar e os elementos que eles invocam. Uma montanha é uma coisa, o oceano é outra. Quais instrumentos você tem, quais invocações, habilidades, pessoas, mantos, danças, cânticos? Veja o que tem em seu Grimório e Livro das Sombras e separe as coisas apropriadas. Talvez você não use todas, mas pode separá-las e ordená-las mais tarde, quando o esqueleto do ritual estiver pronto.

8. **Quais serão as principais técnicas de trabalho?** Meditação, dança, cânticos, cura, caminhadas, tambores – o que é mais apropriado para a finalidade e o tema?

9. **Como simbolizar em um microcosmo aquilo que você quer trabalhar?** Se você quiser cruzar o Abismo, como pode representar isso no ritual? Se deseja abrir o coração das pessoas, como simbolizar isso de um modo direto e subliminar?

10. **O que deve haver no altar?** Essa questão parte do simbolismo da nº 9. Se você estiver trabalhando com o Ar, deve ter apenas incenso; se estiver trabalhando com a Terra, pode conseguir cristais. Em diferentes estações, é preciso ter itens sazonais.

Depois de essas questões serem feitas e respondidas, um esboço geral começará a aparecer. Seja criativo. Procure elementos em comum e como um pode se fundir com outro com naturalidade e graça, alimentando sempre o tema central e a finalidade escolhida. Uma vez que o tema esteja claro e você saiba o que tem para trabalhar, essas respostas podem ser acrescentadas à estrutura do ritual (ver 4.IV.2: "Estrutura do Ritual") para criar a cerimônia em si. Permita uma certa sobreposição e repetição, como o estribilho de uma canção. É muito mais importante que o ritual de fato *funcione* que ter cada coisinha em seu lugar. Dê a si mesmo liberdade de experimentação e saiba que *não* existe "um único caminho verdadeiro e certo".

Lição 4: Ética da magia e do ritual

(*por Anodea Judith* [de *HOME Cooking, 1997*])

Tudo está ligado a tudo o mais. Todos os elementos da vida – árvores, clima, emoções que sentimos, palavras que dizemos, a hora do dia e o modo como nos movemos – está intimamente conectado, inextricavelmente entrelaçado dentro de um campo maior que nos rodeia. O que afeta um dos elementos, afeta todos, como é expresso na máxima: "Acima como abaixo". O que ocorre fora ocorre dentro e vice-versa. Os diversos planos não são mais do que espelhos uns dos outros e espelhos para as nossas almas. Desse modo, a magia não é mais que o microcosmo das forças maiores – um microcosmo pequeno o bastante para influenciar, mas que, por sua vez, influencia forças maiores que, de outra maneira, parecem estar além de nós. A magia não manipula esse campo, ela apenas segue as linhas naturais de força conforme a vida flui na corrente do tempo. Nessa corrente, nada é estacionário ou estagnado; tudo está constantemente se movendo e mudando. É esse movimento fluido que permite que a magia aconteça, pois, no meio da mudança, podemos criar novas realidades, conforme as forças da vida passam do caos à manifestação.

Como tudo no mundo mágico está interconectado, deparamos com uma interessante questão de ética. Nós próprios não estamos separados desse campo, nem nossas ações podem estar separadas, nem seus resultados. Assim, a magia construída dentro dele é o seu próprio sistema imune sagrado. Tudo o que fazemos dentro do reino mágico, fazemos ao campo que nos rodeia e, portanto, a nós mesmos. A magia pode, de fato, ser um dos mais rápidos sistemas de carma que experimentamos!

Isso vem resumido na *Rede Wiccana*: "Se não fizeres mal a ninguém, faze como quiseres". Isso significa que a soberania da vontade pessoal de alguém é altamente respeitada desde que não cause mal nem interfira com os direitos de outra pessoa. De outra forma se prejudicaria o tecido básico que conecta todas as coisas e isso se refletiria negativamente no praticante. Assim, agir conforme sua vontade também é ser responsável por ela – responder por suas ações, evitar culpar os outros, viver de forma responsável e consciente.

O ritual dentro de um Círculo Mágico é basicamente um amplificador de energia que aumenta os efeitos das ações de uma pessoa. Portanto, tudo o que iniciamos magicamente se expande, algumas vezes exponencialmente, no mundo exterior. Se nossas intenções não forem claras, se não agirmos com respeito e afinidade por tudo o que pode ser afetado, o resultado dessas ações, depois de entrarem na teia que conecta toda a vida, acaba por retornar a nós aumentado muitas vezes. Por isso, o mago deve assumir plena responsabilidade por todas as ações iniciadas dentro do Círculo – e durante toda a vida. Isso inclui até mesmo enganos não intencionais, que podem acontecer a qualquer um. Precisamos ainda ser plenamente responsáveis por esses enganos e, dessa forma, recebemos valiosas lições para o crescimento mágico e espiritual.

Os Feiticeiros têm a responsabilidade essencial de tratar a Terra com respeito, reutilizar e reciclar, tratar uns aos outros de maneira excelente, energizar suas palavras falando a verdade sempre e ter tanta consciência quanto possível de seu comportamento. Os sábios sabem que não existe um "Pai no Céu" que nos julga, condenando-nos a algum inferno eterno. Há simplesmente o estado do mundo em que queremos viver e que podemos transformar em um paraíso *ou* inferno, dependendo de nossas ações. A ética mágica, porém, baseia-se mais em causa e efeito do que em um sentido arbitrário de certo e errado. Ela é inseparável de toda ação. As opiniões sobre o que é certo e o que é errado podem divergir, mas os resultados são a experiência definitiva para qualquer praticante individual.

Lição 5: Sabedoria e etiqueta no Círculo

Algum dia você provavelmente vai comparecer a rituais oferecidos por outras pessoas e grupos. Eis algumas instruções sobre comportamento, com informações úteis para você se sentir mais confortável. Este artigo foi escrito por Eldri Littlewolf e Wendy Hunter e publicado em *HOME Cooking*.

O Círculo é uma manifestação de energia cíclica em forma de vórtex. Esse tempo e espaço sagrados são separados do mundo e contíguos a todos os outros Círculos. O Círculo é um universo animado entre os mundos que energizamos com o nosso acordo. Portanto:

1. **Um ritual não é um esporte para espectadores.** Se você não quer participar, fique longe para que sua conversa não interfira no rito.

2. **Deixe a sua pessoa mundana e os seus negócios terrenos fora do Círculo** e entre nele com seu eu mágico. Entre no Círculo em perfeito amor e perfeita confiança, tendo vencido as dificuldades pessoais com antecedência.

3. **Encontre o eu mágico de todos no Círculo como se fosse a primeira vez,** lembrando-se de que todos somos parceiros desde que a vida começou. Trate a todos e a tudo no Círculo, com respeito, tato, cortesia e amor.

4. **Um ritual é como um serviço religioso**, em que um poder considerável pode ser reunido, por isso comporte-se com reverência e cuidado dentro do Círculo.

5. **Guarde um silêncio solene**, exceto quando a Verdade desejar falar por meio de você. Fale apenas a Verdade no Círculo, e suas afirmações mágicas terão a força daquela Verdade.

6. **Um ritual não precisa ser solene,** mas deve ser sério no sentido de que o humor só deve ser usado com alguma finalidade. Observações gratuitas podem romper a energia do Círculo e a concentração, por isso procure não fazê-las.

7. **Os melhores rituais são aqueles que parecem espontâneos**, embora muitas vezes sejam planejados cuidadosamente. Por isso, observe os que comandam o ritual para saber quando se juntar ao cântico, aos tambores, etc.

8. **Quando se mover em um Círculo, sempre se mova na direção em que foi desenhado** (normalmente deosil/sentido horário). Ande em torno do Círculo se necessário, mas não ande contra o fluxo.

9. **Objetos e instrumentos rituais foram investidos de poder** e devem ser tratados com respeito. Os instrumentos musicais e ferramentas de uma pessoa são particulares e não devem ser tocados sem permissão – especialmente o que estiver embrulhado, embainhado ou em uma caixa.

10. **Uma vez que o Círculo esteja feito, apenas entre ou saia em caso de grande necessidade.** Se você precisar entrar ou sair do Círculo, trate de abrir uma porta ou de pedir a um dos guias do ritual para fazê-lo.

A função de uma sacerdotisa ou sacerdote pode ser canalizar a deusa ou o deus para o Círculo. Ajude-os:

– observe-os, ouça-os, siga-os.

– energize-os e ao ritual com sua participação. Doe a sua energia e suas visualizações por meio deles no Círculo.

– deixe as objeções de lado e guarde as críticas para mais tarde. Se não suportar alguma coisa, saia do Círculo.

Somos todos irmãs e irmãos em um Círculo, mas é possível que trabalhemos de modo diferente. Seja sensível a diferentes necessidades e estilos durante um ritual. Respeite as diferenças entre todos os eus mágicos e inclua-os, pois todos são necessários para completar o Círculo.

Lição 6: Tipos de ritual

O Trabalho é o núcleo, coração e finalidade de um ritual mágico. Há muitos tipos de trabalhos que podem ser feitos – na verdade, essa fase do ritual pode ser tão variada quanto as suas próprias finalidades e a sua imaginação podem conceber. Eis uma breve explicação e alguns tipos básicos de trabalhos rituais.

Adoração/celebração

Adoração e celebração são finalidades perfeitamente boas para o ritual. Isso significa basicamente juntar algumas pessoas e convidar os deuses a comparecer! Esse rito costuma incluir muitos tambores, cantos, danças, música, comida e festividades de um modo geral. A maioria dos grandes Sabás Sazonais são dessa natureza (ver 4.VI: "A Roda do Ano"). Lembre-se, ao convidar os deuses para comparecer a seu Círculo, sua primeira resposta será: "É melhor que seja bom!".

Um de nossos ritos favoritos desse tipo é a Convocação dos Deuses, em que todos vêm preparados para *aspectar* (assumir o personagem de) sua divindade favorita, com trajes apropriados, máscaras e acessórios associados. É importante lembrar, porém, que se você convidar os deuses para uma festa realmente boa, eles muito provavelmente virão! Prepare-se!

Anodea diz: "Quando você assume o papel de uma divindade em um ritual, é de suma importância que você *conheça/se torne* aquela divindade. É preciso ter amplos recursos e tempo disponível para mergulhar naquela energia. Sugiro construir e dedicar um altar à divindade e que todos os dias você dedique algum tempo a conhecer aquela personalidade".

Defesa/proteção

Defesa e proteção podem ser feitas para um indivíduo, um grupo ou um local. Esses ritos tratam de construir um campo protetor em torno do alvo para repelir as energias indesejadas. A defesa é feita tomando a barreira básica do próprio Círculo e fortalecendo-a em uma casca impenetrável, espelhada do lado de fora. Use a visualização, assim como verdadeiros espelhinhos redondos, e dê a volta na pessoa ou local a ser protegido, erguendo as mãos como se apalpasse uma parede invisível.

Cura/transformação

A cura pode ser operada para alguém presente no Círculo ou para alguém distante conhecido de um ou mais participantes, que podem se ligar a essa pessoa e trabalhar na energia. Um método comum é que a pessoa a ser curada (ou seus representantes) se sente ou deite no centro do Círculo enquanto os outros dirigem energia curativa para ela por meio das mãos, que podem ser pousadas no corpo da pessoa, particularmente nas regiões específicas que precisam ser curadas. Então todos respiram juntos, mais fundo e mais rápido, fazendo sons a cada respiração, até chegar a um crescente, simultaneamente bombeando, "chi" combinado do grupo para a pessoa do centro, com a liberação da última expiração total.

Outro método é deixar a pessoa a ser curada na roda de mão dadas com os outros, olhando para a direita. Uma corrente é criada e construída por cada um, que vira a cabeça de repente e olha nos olhos da pessoa à esquerda, ao mesmo tempo que expira pela boca com ruído e aperta a mão daquela pessoa. Ao mesmo tempo, aquela pessoa inspira e repete essas ações para a esquerda. Depois de fazer a volta algumas vezes, essa onda adquire uma energia tremenda. Quando a pessoa a ser curada sente que está forte o bastante, basta quebrar o elo com a pessoa à esquerda, recebendo assim toda a força da onda de energia sem passá-la adiante.

Os rituais de transformação podem usar essas mesmas técnicas, embutidas em um psicodrama mais complexo.

Construção de teia

A construção de teia é um tipo particularmente gostoso de trabalho mágico, cuja finalidade é criar elos mágicos entre elementos anteriormente não associados ao mundo físico ou espiritual. Eis um exemplo típico baseado nos rituais de que já participei:

Uma bola de barbante é passada em torno do Círculo e cada pessoa tira a sua própria "medida", esticando o barbante no comprimento de seus braços abertos e cortando aquele pedaço. Daí, todos seguram uma ponta de sua medida e as pontas livres são amarradas juntas, em um nó no centro, com a ponta da bola de barbante que restou. Depois de refazer o nó, todos puxam a sua ponta do barbante, erguendo tudo a uma altura tal que uma pessoa possa se sentar confortavelmente sob essa rede. Enquanto todos entoam um cântico de construção de teia (normalmente: *Somos a correnteza e a maré; somos tecedeiras, somos a teia...*), uma pessoa se senta sob a teia e forma, com o barbante da bola, uma espiral crescente, um fio por vez, ao longo das medidas. Conforme os nós são amarrados na medida de cada pessoa, essa pessoa pode falar em voz alta o nome de algo que deseje ligar àquela teia.

Uma vez pronta, essa teia pode continuar a ser usada em rituais subsequentes. Eu tenho várias que ajudei a tecer: uma da Austrália, uma do Peru e outra do Texas. Sempre que essa teia é desdobrada, todos que seguram em uma ponta podem fazer outros nós para incluir o que desejarem no campo de energia reunida. Outros itens, como cristais, fitas, talismãs, e assim por diante, também podem ser atados na teia, conforme as pessoas queiram fazer suas conexões pessoais.

Iniciações/mistérios

Durante os anos 1940 e 1950, os rituais wiccanos, assim como os rituais maçônicos, Rosa-Cruzes e de outras sociedades secretas (todas de estrutura similar), consistiam principalmente de Iniciações. A primeira entrada no Círculo, assim como a passagem para cada grau sucessivo, era e é realizada em forma de uma Iniciação, na qual o iniciado é vendado, muitas vezes despido e amarrado, trazido ao portal e desafiado abominavelmente. Senhas são necessárias e pode ser preciso passar por uma provação. As Iniciações podem incluir as boas-vindas de novos membros à comunidade, a dedicação a um caminho ou curso de estudo ou a ordenação de um sacerdote ou sacerdotisa em uma ordem ou tradição. Muitas vezes essas Iniciações são elaboradas em forma de mistérios dramáticos, dos quais não direi mais aqui, pois não podem ser descritos, apenas vivenciados.

Rituais de fogo

> Os rituais de fogo são muito básicos. A maioria das tradições honram e veneram o fogo, muitas vezes em conexão com o Sol. O primeiro hino do Rig-Veda hindu é dedicado a Agni, o fogo divino. Existe o antigo culto persa a Mitra*, os abrangentes rituais védicos a Agni, os rituais de fogo budistas a Goma/Homa, a adoração egípcia à Terra/Estrela, a Brígida irlandesa, o solstício Kupalo eslavo e a cerimônia do novo fogo asteca e maia a cada 52 anos, os mitos da Fênix e de Prometeu, a adoração à vulcânica Pele no Havaí, os célticos Beltaine e Samhain, a coluna do meio da Cabala, que é o caminho do fogo; e ainda hoje em dia as fogueiras são muito comuns.
>
> Luc Sala, "The Fire-Ritual"

Alguns dos rituais de fogo mais populares consistem apenas de tambores e danças em torno de uma fogueira. Frequentemente, eles duram a noite inteira em festivais mágicos, nos quais a fogueira pode ser tão grande quanto uma casa! Outros rituais de fogo podem incluir andar a pé sobre brasas quentes ou demonstrações de pirofagia.

Bárdicos

O ritual bárdico é uma experiência maravilhosa que pode facilmente ser feita por qualquer pessoa em um grupo pequeno. É um ritual de compartilhamento durante o qual cada pessoa no Círculo tem a sua vez de oferecer algo para o resto do grupo – normalmente uma canção, poema ou história. O modo típico como um ritual bárdico é conduzido é passar um grande cálice de suco de frutas, vinho ou hidromel ("Óleo do Bardo") em torno do Círculo. A pessoa que recebe pode tomar um gole e oferecer a sua peça, dar outro gole e passá-lo adiante. Se a pessoa não quiser contribuir naquele momento, basta tomar um gole e passar o cálice.

Lição 7: Ritos de passagem

Rituais de transição e mudanças de vida, chamados de ritos de passagem, marcam períodos significativos da vida, o movimento entre fases da vida e transformações pessoais. São rituais de honra e poder. São o reconhecimento público do crescimento. Assim como as estações ocorrem em uma dada ordem, também assim são os estágios da vida. Os mundos interior e exterior são espelhados, de forma que os ritos de passagem são uma ligação a mais com a Terra e o Cosmos. Dentre os ritos de passagem, estão os de puberdade, casamentos e *handfasting*, gravidez e nascimento, velhice, separações, morte e renascimento. As seguintes explicações gerais são, principalmente, de Paul Moonoak, sacerdote da Igreja de Todos os Mundos.

Nascimento

Quando uma criança nasce, é um acontecimento notável; quando uma criança amada por muitos e esperada por toda uma comunidade nasce, é um milagre. Quando nos reunimos para dar nome e honrar um novo bebê, estamos honrando a própria vida. Outro nome

---

*N.E.: Sugerimos a leitura de *Os Mistérios de Mitra*, de Franz Cumont, Madras Editora.

para esse rito é *seining*, ou bênção ao bebê. Nesse momento, aqueles que criarão a criança são identificados: madrinhas, padrinhos, pais, irmãos e outros entes queridos que tomarão parte da vida do bebê são reconhecidos diante de todos. O novo bebê é passado pelo Círculo, com presentes mágicos e bênçãos por uma longa vida, saúde e felicidade.

Puberdade

Há muitos séculos, significava que a pessoa chegava à idade de casar, mas atualmente não se espera mais que as pessoas se casem tão jovens! Normalmente feita entre os 11 e os 13 anos, a cerimônia da puberdade celebra essa nova fase do corpo e da mente de uma pessoa. É nesse ponto que começa a exploração de nosso novo corpo em fase de mudança. É preciso aprender seus próprios limites, gostos e desgostos e o seu direito de dizer sim ou não no que diz respeito ao *seu* corpo. Esse rito normalmente é realizado por membros adultos do mesmo sexo da criança e pode envolver alguma prova iniciatória e a atribuição de um nome mágico.

Idade adulta

Esse rito ocorre em algum momento entre a idade de 16 e 21 anos, dependendo do indivíduo e das leis locais a respeito da maturidade legal. Essa cerimônia anuncia o início da jornada da idade adulta, acrescentando atitudes, capacidades, responsabilidades e maturidade adulta aos atributos da juventude. Esse rito normalmente ocorre em um local sagrado/especial, tem uma Busca de Visão e o renascimento na comunidade de homens e mulheres adultos. O novo adulto é presenteado com algum símbolo e é honrado diante de todos – muitas vezes com um novo nome mágico.

Handfasting (casamento)

Escolher viver com um companheiro ou parceiro é um compromisso com aquela pessoa, uma união de dois seres independentes porque são *mais* juntos do que separados. Os *Handfastings* são feitos "para durar tanto quanto o amor" porque, embora um casal possa permanecer junto pelo resto da vida, também é possível que não o faça, e ambas as escolhas são honoráveis. O rito é o início de uma aventura conjunta, com tanta alegria e paixão quanto possível! E, se algum dia eles decidirem se separar, uma cerimônia de *handparting* lhes permitirá fazê-lo com honra e boa vontade.

Paternidade

Embora os ritos de nascimento se concentrem no bebê, a paternidade é marcada por uma cerimônia para os novos pais. É um momento para honrar a mãe e o pai cuja jornada de vida os trouxe até este momento. Abençoamos os novos pais com um chá de bebê e um círculo de amor e apoio. Trata-se de uma celebração, uma festa, um momento de oferecer presentes e de dizer "Estamos aqui se vocês precisarem – não precisam criar esta criança sozinhos!".

Maturidade (anciãos e sábios)

Os anciãos, assim como as crianças, são tesouros preciosos de nossa comunidade. Depois dos 50 anos, reconhecemos e honramos nossos anciãos por sua sabedoria, conhecimento, capacidade ou o que quer que tenham obtido em seus anos na Terra. Muitas vezes são eles que resolvem disputas, abençoam bebês e falam com a maior autoridade nos conselhos. Nesse rito, eles podem receber outro símbolo em reconhecimento de seu valor.

Morte/Renascimento

Perto ou do momento da morte, damos conforto e compaixão em um Rito de Passagem. Os entes queridos se reúnem para dizer adeus e para se despedir do espírito por meio do Círculo. Pedimos que sejam abençoados com paz, um período de descanso e depois uma nova jornada, um novo nascimento. Após a morte, lembramo-nos deles com uma reunião chamada de *vigília*. É uma festa de despedida em que dividimos lembranças e histórias preciosas. Um funeral pode se seguir, no qual os oradores escolhidos podem prestar um *tributo* ("Boas palavras") – falando do impacto daquela pessoa em sua vida e no mundo.

Um momento de morte é um momento triste, mas também é cheio de esperança e alegria, pois a morte é parte da vida e, assim como as estações mudam, também nós vamos renascer e continuar. É um momento de seguir em frente. Às vezes, ganhamos até um novo anjo da guarda. O grande ciclo, a espiral que sempre nos empurra para a frente, continua, uma dentro da outra: os momentos de um dia, as estações de nossa vida, a nossa própria vida, as gerações, os planetas, as estrelas, as galáxias e os universos, todos se alternam no grande Círculo da vida – do qual nos orgulhamos de fazer parte, pois a diversão, a aventura e o crescimento estão entre os maiores tesouros!

Lição 8: Sacramentos

(Liza Gabriel e eu escrevemos juntos esta lição)

Um *sacramento* é algo considerado santo ou sagrado. Atos ou substâncias comuns podem ser elevados ao estatuto de sacramento em um contexto ritual, tornando-se assim passagens para uma maior consciência da beleza e do poder do Cosmos e de nossa parte nele. Os sacramentos podem ser agrupados em duas categorias: **ações** e **substâncias**. *Ninguém deve ser obrigado ou coagido a participar de qualquer sacramento sem pleno conhecimento e consentimento.*

Ações

Magia – gostamos de definir a magia como "A arte do aumento das probabilidades". O estudo, a prática e o domínio dessas artes são uma busca para a vida inteira, e envolvem a capacidade de formular, abraçar e transformar os próprios paradigmas que constituem a nossa "realidade" consensual.

Ação ambiental – como somos todos filhos da Terra Viva, devemos considerar a manutenção dela e sua proteção como nosso dever mais sagrado. Nisso cabem todas as formas de ativismo ambiental não violento, incluindo campanhas de limpeza de estradas e parques, plantio de árvores e demonstrações contra destruidores da natureza.

Sexualidade sagrada – a expressão apropriada da sexualidade em cada estação da vida é essencial para uma vida plena. O sexo é uma fonte de poder, tanto criativo quanto procriativo. Dar e receber prazer sexual é uma arte infinitamente variada. Nós nascemos desse ato de prazer. Esse milagre tem sido fonte de espanto e método de magia desde o princípio dos tempos. Todos temos em nós a crença primordial de que, se o sexo pode *nos* criar, ele pode criar *qualquer coisa*. A partir dessa simples crença pode nascer a mais poderosa e eficaz magia. Nosso corpo é um pedaço particular da Grande Mãe, especialmente confiado a nós. Na experiência dessa confiança sagrada, o sexo se torna um ato de adoração, que atrai e desperta o deus e a deusa em nosso parceiro. *Contemplai; todos os atos de amor e prazer são meus rituais* (Doreen Valiente, *The Charge of the Goddess*).

Substâncias

Os quatro elementos, Terra, Água, Ar e Fogo, são, na verdade, os quatro estados da matéria: sólido, líquido, gasoso e plasma, da menor até a maior energia. Eles compreendem o corpo, o sangue, a respiração e a energia de Gaia. Toda a existência material é composta desses elementos em combinações variadas e, por isso, nós os honramos em nossos rituais. Muitos também incluem o Espírito como quinto elemento. Nessas categorias amplas podem ser agrupadas todas as substâncias sagradas:

Terra

Pão, frutas e outros alimentos são considerados o corpo do deus ou da deusa. As frases mais comuns que acompanham a passagem da comida são: "Que você nunca tenha fome" ou "Que você sempre tenha o suficiente".

O **Chocolate** é chamado zombeteiramente, em muitos círculos mágicos, de "Quinto elemento". Os celebrantes são chamados de "Chocólitos", embora aqueles que exageram sejam conhecidos como "Chocólatras". Bebidas à base de chocolate eram consideradas uma bebida dos deuses durante o tempo do império asteca. O chocolate tem um sabor divino ao derreter na boca. O componente químico *teobromina* (literalmente, "Alimento dos Deuses") no chocolate causa um estado eufórico que satisfaz o mais profundo dos desejos e a mais violenta das ânsias.

Água

A **Água** é a base essencial de toda a vida; ela forma 80% de nossa massa corporal. A água é o próprio sangue da Mãe Terra; a constituição química do sangue em nossas veias é a mesma da antiga água do mar de 540 milhões de anos atrás, que assimilávamos em nossos corpos quando nos desenvolvemos em seu útero oceânico. Somos todos um só – dividimos o mesmo sangue! Sangue, suor e lágrimas são as águas de nossas vidas. As propriedades físicas da água, que se manifestam como sólida, líquida e gasosa, em temperaturas biologicamente compatíveis, e a propriedade única da água de ter uma forma sólida (o gelo), que flutua no líquido, permitiram que existisse vida na Terra – e em todo o Universo. O compartilhamento de Água é um ato sagrado de comunhão no qual dizemos a "Água compartilhada é vida compartilhada".

Obviamente, outros líquidos, como **vinho** ou **suco de frutas,** podem ser compartilhados de modo sacramental; eles todos contêm a "essência" da Água.

Ar

Respiração – a respiração é o ritmo que acompanha todos os momentos. Diferentemente de nossa pulsação, podemos controlar conscientemente a respiração, segurando-a, acelerando-a, reduzindo-a, fazendo-a superficial ou profunda, áspera ou suave. Quando estamos adormecidos ou inconscientes, nossa respiração continua. Como a respiração pode ser controlada pela mente consciente e inconsciente, ela é usada como uma ponte entre as duas.

Em muitas línguas, a palavra que significa "Espírito" é a mesma que significa "Respiração": *ruach,* em hebraico, e *esprit,* em francês. Em outras tradições, a palavra para "Respiração" e "Energia vital" são a mesma: *prana,* em sânscrito, e *pneuma,* em grego. A respiração, desde a pré-história, é usada não apenas como uma ponte entre o consciente e o inconsciente, uma ponte entre o corpo e o espírito. A respiração é usada no ritual para elevar e concentrar a energia e para proporcionar uma experiência de vida plena, incorporando o espírito e inspirando o corpo.

Música – a música representa um papel primordial em quase toda a tradição religiosa. Diversos grupos de pessoas podem se aproximar muito rapidamente por meio de uma experiência de música ou canto.

A música preenche o ar que nos rodeia, abraçando a todos e ecoando em nossas almas. A comunidade mágica é abençoada com muitos músicos e bardos inspirados, que contribuem em todos os grandes rituais e ocasiões, muitas vezes convidando as pessoas a se juntarem a nós.

Os dois instrumentos sagrados mais antigos e difundidos são a voz e os tambores. Ambos estão intimamente ligados aos ritmos do corpo – a voz, à respiração, e os tambores, à pulsação.

Fogo

Fogueiras – a experiência mais antiga e distintamente humana é sentar em volta da fogueira, dividindo canções e histórias com o clã. Uma fogueira automaticamente se torna o foco de um Círculo, e a *divinação* no fogo pode revelar muitas coisas...

Andar sobre o fogo também é uma prática aprendida e realizada por alguns de nós como uma experiência iniciatória e transformadora.

Velas de cores determinadas podem ser usadas para feitiços (veja 4.7: "Feitiços").

Espírito

Dança – uma das cenas mais primordiais e dominantes em festivais mágicos é um Círculo de fogo com tambores e dançarinos. A expressão da alegria, tristeza e beleza de nossas vidas por meio de nosso corpo e por meio da dança afirma nossa identidade como parte do mundo natural e evita que nossos ritos se tornem simples viagens mentais.

Humor – os membros da comunidade mágica geralmente têm um gosto especial pelo humor e pelas piadas, tanto as inteligentes quanto as bobas. Os trocadilhos, especialmente, são quase uma marca registrada de nosso senso de humor e as referências contidas neles são uma afirmação de nossa herança comum.

Quarta Aula:
Conduzindo um Ritual

1. Introdução: "HOME Cooking: o Círculo Mágico"

por Anodea Judith (*HOME Cooking*, 1997)

O primeiro e mais básico elemento do ritual mágico é a criação do espaço sagrado. O ritual é alguma coisa especial, separada do cotidiano, que exige uma atenção concentrada. A preparação de um espaço sagrado acentua que aquele momento é diferente dos outros; aquelas palavras são mais significativas que as palavras comuns; aqueles movimentos têm um significado diferente. Isso nos permite alterar nossa consciência, redirecionar nossa atenção.

O Círculo é o centro sagrado em que todo o ritual ocorre. Como um caldeirão no qual se mistura um elixir mágico, o Círculo forma os limites psíquicos que mantêm a energia indesejada de fora, permitindo, ao mesmo tempo, que a energia mágica de dentro seja contida até que a transformação esteja completa. Assim, o Círculo é considerado um lugar entre os mundos – um lugar fora do fluxo ordinário de tempo e espaço, mas que influencia inevitavelmente esse fluxo. Portanto, o Círculo Mágico é extremamente importante, já que é o fundamento essencial de todo o ritual. Isso significa que o espaço em que o Círculo é realizado é purificado e consagrado para o rito em questão, que se tomou cuidado para ser tão consciente quanto possível de todas as palavras e ações dentro do Círculo e que há certos códigos de comportamento para proteger a santidade deste.

Um desses códigos é a lei do Amor Perfeito e da Confiança Perfeita. Isso significa que nós apenas entramos em um Círculo com o sentimento e intenção de que podemos nos dirigir a todos os membros e ao rito em geral com essa atitude. Isso significa que concordamos em abrir nosso coração e mente para todos em uma aura de confiança e não trair a confiança de ninguém no Círculo. Se não pudermos entrar em um Círculo dessa maneira – por exemplo, se estivermos brigados com alguém do Círculo –, é melhor nem entrar.

Como em minha tradição, a Ordem Sagrada da Mãe Terra, muitas vezes chamamos nossa prática mágica de *HOME Cooking* (Cozinha em Casa);

gosto de usar a analogia do preparo de um bolo para representar os diversos aspectos da criação de um Círculo Mágico. Antes de assar um bolo, é necessário limpar o balcão. Ninguém quer preparar comida em um balcão cheio de pratos sujos do dia anterior. Isso corresponde à purificação do espaço que será usado e pode exigir a expulsão mágica das energias indesejadas ou simplesmente significar varrer o chão e tirar o telefone do gancho. Assim, o local em que se quer trabalhar fica limpo e o trabalho corre melhor. Em seguida, é hora de fazer o Círculo. Isso é comparável a pegar uma tigela grande em que caibam todos os ingredientes para misturá-los. Desse modo, o Círculo se torna um caldeirão que contém as energias que invocamos, até que elas possam se transformar adequadamente. Esse recipiente é formado pelo desenho do Círculo. A área física, dessa forma, é claramente definida como um espaço sagrado. Ele pode ser marcado no chão, com giz ou grãos. Muitas vezes ele é desenhado no ar com um instrumento mágico, como uma varinha ou athame. E ele também pode ser criado apenas no Reino de sua imaginação.

Uma vez que se tenha uma tigela limpa e um lugar limpo para trabalhar, juntamos os ingredientes de acordo com a receita escolhida. Para um bolo, são ovos, farinha, leite e açúcar. Para um Círculo, são os quatro Elementos e direções, as divindades e espíritos e o que mais for apropriado para o propósito do ritual. Esses ingredientes são invocados para o Círculo e "misturados" juntos. As divindades chamadas para o Círculo são a magia especial que faz o bolo ficar gostoso. Não basta seguir um livro de receitas; um cozinheiro talentoso acrescenta os condimentos especiais que tornam aquele bolo único. As divindades são os princípios arquetípicos a que desejamos nos conectar e cujas influências queremos em nosso trabalho. Essa essência divina não pode ser controlada, mas pode ser *convidada* por invocação.

Em seguida, vem o trabalho. É onde se misturam os ingredientes. Eles devem ser batidos como merengue ou gentilmente mesclados, como em um bolo mármore? Alguns devem ser misturados separadamente antes de se acrescentar ao resto? Esta é a parte mais criativa de um ritual e a verdadeira essência da magia. Em seguida, é preciso reunir energia para transformar os ingredientes em algo novo. No processo do bolo, é a parte em que colocamos tudo no forno e o acendemos. Em um Círculo, podem ser tambores e danças, cânticos, meditação ou concentração de energia e objetos simbólicos. Quando essa energia é aplicada, como no caso do calor do forno, uma transformação de fato ocorre. Mais tarde, é necessário um período de esfriamento. O bolo fica melhor se descansar por algum tempo e um Círculo muitas vezes passa por esses momentos compartilhando alimentos, bebidas e conversas, que são como um repouso da intensidade anterior da energia acumulada.

Depois de esfriar, o bolo pode ser desenformado. Ele manterá sua nova forma e pode ser cortado fora da cozinha. No Círculo, isso significa que a magia ocorreu do modo pretendido e o Círculo pode ser removido para permitir que aquela magia passe adiante para o fim desejado. A forma é lavada, os ingredientes são guardados e o ritual termina.

Lição 2: Estrutura do ritual

Eis um esboço de uma estrutura genérica básica de ritual comumente usada em muitos ritos circulares em grande parte da comunidade mágica americana, europeia, britânica e australiana. Se você aprender essa forma, irá se sentir à vontade em quase qualquer Círculo, em todas as suas infinitas variações. Existem livros, fitas e CDs cheios de variações em cima dessa forma básica, com incontáveis cânticos, invocações e bênçãos diferentes – muitas das quais em forma de canções e poesias. Ofereço aqui apenas amostras. Uma das melhores coisas dos rituais mágicos é que eles oferecem muito espaço para a criatividade!

I. **Banição/Purificação:** *(opcional; não usado em todos os rituais)*

A. fumigação *ou:* B. Aspersão *(com água salgada)*

II. **Concentração:** *(opcional; não usada em todos os rituais)*

A. meditação orientada ("Árvore da Vida") *ou:* B. Movimento físico

III. **Formação do Círculo** *(Deosil/ sentido horário para "fazer"; widdershins/sentido anti-horário* para "desfazer". Todos os movimentos durante o ritual devem seguir a direção da formação).

A. Andar pela circunferência com lâmina ou varinha *ou:* B. Dança pela circunferência

C. cânticos/canto

D. Visualização

IV. **Apelo aos Quadrantes**

A. Leste (Ar)

B. Sul (Fogo)

C. Oeste (Água)

D. Norte (Terra)

Opcional: E. O Grande Acima (ou Espírito)

F. O Grande Abaixo (ou Abismo)

G. O Centro

(ou Reino das Fadas)

V. **Invocação de Divindade e Espíritos**

A. A Deusa

B. O Deus

Opcional: C. Ancestrais

D. Totens animais

E. Eu Superior

VI. **Declaração de Finalidade**

Esclarecimento da intenção do ritual

VII. **Trabalho**

Elementos do ritual são simbolizados e/ou representados. A dinâmica entre os elementos escolhidos é dramatizada, curada, transformada ou energizada (esta é a parte mais criativa)

VIII. **Concentração e Liberação de Energia**

A. Cânticos e/ou tambores

B. Dança

IX. **Comunhão**

A. Energização/Bênção e compartilhamento de:

1. Alimento (bolos, pães, frutas, etc.)

2. Bebida (água, suco, vinho, etc.)

X. **Hiato**

A. Meditação *ou*: B. Conversa ("Besteira Sagrada")

C. Silêncio

XI. **Agradecimento e Liberação dos Elementos e Espíritos**

A. Divindades/Espíritos (*em ordem inversa de invocação*)

B. Direções/Elementos (*em ordem inversa de invocação*)

XII. **Abertura do Círculo** (*em direção inversa à formação*)

Normalmente feita da mesma maneira da formação, ou seja, com canções, danças, lâmina, varinha, etc.

NOTA: normalmente há uma preparação ritual pessoal antes do início do rito. Ela pode incluir a meditação, um banho de purificação, jejum, dança, alongamento e assim por diante. Os círculos geralmente são formados deosil, *começando no leste; mas no Samhain, Walpurgisnacht e nos rituais gregos, o Círculo e os Quadrantes são formados e chamados de* widdershins, *começando no oeste. No Hemisfério Sul, as direções, movimentos e estações são inversas das indicadas.*

Lição 3: Preparações

Durante milênios, feiticeiros, bruxas e magos usaram o Círculo para definir a área dos trabalhos mágicos. Há diversas razões para isso: o Círculo leva de volta a si mesmo e consequentemente é um símbolo de unidade, de absoluto e de perfeição. Portanto, representa os céus em contraste com a Terra ou o espiritual em contraste com o material. Há uma forte ligação entre o Círculo e a roda. Como uma linha sem fim, ele simboliza tempo e infinidade.

Quando o Círculo é inscrito com um incremento mágico, ele forma uma barreira protetora contra a negatividade externa e uma lente na qual se concentrará a energia do indivíduo e do grupo. No começo, é uma boa ideia marcar o Círculo com fita crepe ou barbante no chão ou desenhá-lo na Terra com o athame se estiver ao ar livre. Já desenhamos até mesmo círculos de cal para rituais ao ar livre, na grama. É um auxílio visual para concentrar a atenção no limite apropriado. Marque o Círculo com o seu cíngulo como um compasso, usando os nós para medir o raio (veja 3.III.4: " Seu cíngulo").

As dimensões do Círculo Mágico dependerão do número de pessoas que o usarão. Para o trabalho solitário, um Círculo de 90 centímetros a 1,5 metro já basta; para grupos pequenos, de 2,5 metros a 4 metros. Deve haver espaço suficiente para um pequeno altar no centro e para que os participantes possam se mover confortavelmente.

Purificação do templo

Se o cômodo ou área de trabalho for normalmente usada para atividades mundanas (por exemplo, uma sala de estar), é bom purificar o seu templo de qualquer pensamento e vibrações negativas antes de iniciar o ritual. Ponha um pouco de água em uma tigela e acrescente uma pitada de sal com a ponta de seu athame, misturando-o na água. Começando pelo leste, use um ramo de erva (alecrim, manjericão, lilás ou pinho) para salpicar a água salgada pelo quarto na direção *deosil*, dizendo:

Água e sal, onde sois lançados,
Acabam feitiços ou propósitos adversos
Eles não estão de acordo comigo
É assim que quero, e que assim seja!

Acenda então um ramo de sálvia ou de cedro e, começando pelo leste, passe-o em torno do quarto *deosil* (nós o colocamos em uma concha grande), espalhando a fumaça pelos cantos com um leque de penas ou uma asa de pássaro, entoando:

Fogo e ar, esta carga trago:
Que nenhum fantasma em sua presença permaneça
Isso não está de acordo comigo.
É assim que quero, e que assim seja!

Ao fazê-lo, visualize com os olhos de sua mente todos os pensamentos e vibrações negativas saindo do cômodo e a área ocupada apenas pela pura luz branca do Espírito. Seu templo agora está pronto para qualquer ritual ou trabalho de magia que você deseje realizar.

Lição 4: Fumigação e concentração

Conforme as pessoas entram no espaço ritual ou depois que todos tenham se reunido no Círculo, muitas vezes há uma *fumigação* na qual um incenso aceso (normalmente de sálvia ou cedro) é levado em torno do Círculo dentro de uma concha e a fumaça é soprada sobre cada pessoa com um leque de penas ou uma asa de pássaro. Isso ajuda a purificar a aura pessoal de quaisquer energias que não queremos trazer para dentro do Círculo.

A *concentração* é feita para harmonizar as energias de todos no Círculo e para nos sintonizar com o campo vibratório da Terra. Em minha tradição, usamos uma concentração que chamamos de "Árvore da Vida". Ficamos em círculo, fechamos os olhos e nos visualizamos como se fôssemos árvores na floresta. A pessoa que está conduzindo a concentração dirá algo assim:

"Imagine que você é uma árvore. Plante os pés firmemente no chão. Enterre suas raízes na Terra. Sinta as camadas de solo frio e as rochas sob seus pés. Sinta as raízes de outras plantas e árvores ao atravessar os ossos de seus ancestrais, as páginas das Eras, cada vez mais abaixo, para o coração fundido da Mãe Terra. Agora puxe esse calor por meio de suas raízes para seu tronco. Sinta a força vital D'ela fluir por meio de seu corpo, enchendo você da magia da Mamãe. Agora estenda seus galhos para cima, bem para cima, fazendo suas folhas tocarem o Sol, tocarem um milhão de bilhões de sóis, e puxe a radiância cósmica do Universo para seu corpo, no qual ela encontra a energia quente que você puxou do centro da Terra. Sinta-o cheio de luz e vida, com as energias misturadas do Céu e da Terra. Respire fundo, solte tudo e esteja presente agora!".

Todos abrem os olhos e o rito começa.

Lição 5: Formação do Círculo

O Círculo Mágico é um espaço entre os mundos do mundano e do feérico. Um limite é criado em torno desse espaço "Formando o Círculo". Isso se faz andando em sentido horário em torno da beirada do Círculo, começando pelo leste e entoando algo assim:

Magia, magia, em toda parte
Na Terra e no ar!
A Magia sela nosso Círculo
Entre os mundos, ele estará!
Três voltas, três vezes
Um mundo dentro, um mundo fora!

A pessoa que está fazendo o Círculo tem na mão uma varinha ou athame e o usa para desenhar um anel de luz astral (que todos devem visualizar como chamas ultravioleta ou relâmpagos). Esse anel contém as energias reunidas no Círculo, até que seja o momento de liberá-las. A varinha ou athame deve ser encostada no chão no ponto leste, em seguida elevada até o nível do ombro e apontada diretamente para a extremidade do Círculo, que será inscrito no ar com a ponta. Quando a pessoa que desenhar o Círculo tiver feito o ciclo completo e retornar ao leste, ela novamente toca o solo com a ponta da varinha ou athame, formando assim o Círculo.

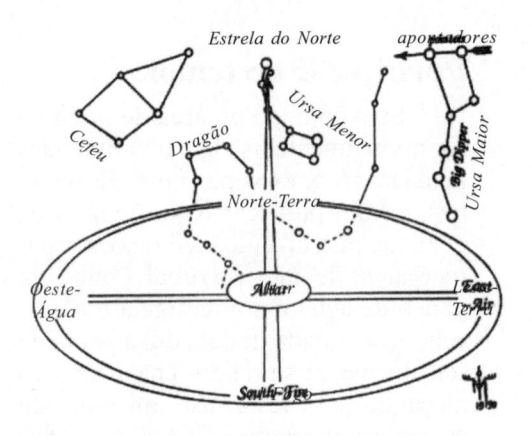

Uma vez o Círculo formado, não se pode entrar ou sair dele sem abrir uma passagem. Isso se faz com uma varinha ou athame, começando no chão e desenhando uma linha para cima, até o alto, e depois para baixo do outro lado, para abrir uma passagem pela qual se pode entrar ou sair, ou então, desenha-se uma linha reta desde o chão até acima da cabeça, abrindo-a para passar. Não se esqueça de fechar a porta em seguida!

Lição 6: Invocando os Quadrantes

O Círculo Mágico, como a face de um relógio, também é um mapa do Tempo e do Espaço. Dessa forma, ele tem quatro pontos da bússola: norte, sul, leste e oeste. Cada um desses pontos tem associações especiais, ou *correspondências*, que invocamos para nos lembrar onde e quando estamos (ver 3.VI.4: "Direções e elementos"). Cada uma das direções é associada a um dos quatro elementos: leste = Ar, sul = Fogo, oeste = Água e norte = Terra. As palavras das invocações (que podem ter a forma de cânticos ou canções) baseiam-se nessas correspondências, por isso é bom se familiarizar com elas.

Costuma-se ter um objeto que represente cada um dos elementos no altar. Muitas pessoas usam apenas seus instrumentos mágicos, que têm suas associações Elementais. Mas também é possível usar uma pena, sino ou incenso para o ar; uma vela para o fogo; um copo de água ou uma concha para a água; e um cristal, pedra, geodo ou tigela de sal para a Terra. Em minha tradição, muitas vezes armamos pequenos altares fora do Círculo, em cada um dos quatro Quadrantes, e os decoramos com símbolos e cores apropriados. Em rituais noturnos em geral, usamos velas votivas em candelabros de vidro colorido – amarelo para o ar, vermelho para o fogo, azul para a água e verde para a Terra.

Se houver um número suficiente de pessoas no Círculo, pedimos para que cada um enfoque um Quadrante, mas se o Círculo for muito pequeno (ou solitário) uma única pessoa pode chamar os quatro. Sempre começamos no leste, onde o Sol nasce, e vamos em *deosil* – exceto no Samhain e Walpurgisnacht (Noite de Maio), quando começamos no oeste e prosseguirmos *widdershins*. Temos gestos especiais, ou *mudras*, para pôr os braços sobre os Quadrantes de forma a identificar a essência de cada elemento. Para Círculos pequenos, a pessoa que fizer a invocação fica naquela direção e olha para fora. Mas, em Círculos muito grandes, o invocador fica na direção oposta, olhando para o outro lado do Círculo, para que todos possam vê-lo e ouvi-lo.

Leste: a pessoa que está fazendo a invocação olha para o leste, com os braços erguidos e abertos como asas, as palmas para cima e os dedos abertos. Todos olham também para o leste com o mesmo gesto. O invocador diz algo como:

Ó! Alta Águia do Leste, cavaleira dos Ventos da Mudança, vem a nós de além do nascente, e traze-nos inspiração! Salve e sê bem-vinda!

E todos ecoam: *Salve e sê bemvinda!* Nesse momento, pode se acender o incenso ou a vela amarela do leste, ou tocar um sino.

Sul: todos se sentam virados para o sul, com as mãos sobre a cabeça, as pontas dos dedos encostadas, formando um triângulo semelhante a uma chama. O invocador do sul diz algo como:

Ó! dourado Leão do Sul ardente, regente das chamas e do relâmpago, vem a nosso Círculo e traze-nos a iluminação! Salve e sê bem-vindo!

A vela vermelha do sul pode ser acesa. Se você estiver ao ar livre e tiver um fogareiro ou uma fogueira central, também pode acendê-la neste momento.

Oeste: Agora nós voltamos para o oeste, sempre mantendo as mãos em triângulo e as pontas dos dedos unidas, colocando-as abaixo da cintura como uma taça. O invocador diz algo como:

Ó! grande Baleia do Mar do Oeste, vinde a nós de tuas aquáticas profundezas e ensina-nos a fluir! Salve e sê bem-vinda!

Uma taça ou concha cheia de água pode ser derramada no chão e a vela azul do oeste pode ser acesa.

Norte: Finalmente, nós voltamos para o norte. As mãos são mantidas baixas e afastadas do corpo, com as palmas para baixo, como raízes voltadas para a Terra. O invocador diz algo como:

Ó! poderoso Touro do gelado Norte, vem a nós de sua Terra de gelo e montanhas e ensina-nos a lição da estabilidade! Salve e sê bem-vindo!

Pode-se polvilhar sal no chão e acender a vela verde do norte.

Lição 7: invocações

Agora, neste Círculo Mágico em que estamos reunidos, convidamos as divindades para se juntar a nós, pois nosso trabalho mágico é feito em sua honra e com a sua bênção. Como os rituais são basicamente uma experiência espiritual, a invocação de energias espirituais é comum. Os seres espirituais podem ser invocados em qualquer forma que seja apropriada – invocar Hermes, por exemplo, ajudará em nossa magia; ou Brigite para inspiração criativa (veja a lista das divindades e suas correspondências em 7.II: "Deuses de todas as nações"). Anjos, espíritos dos ancestrais, totens animais, o povo encantado ou qualquer um que quisermos pode ser chamado nesse momento. Na HOME, com frequência as pessoas se vestem como divindades para o ritual; os desenhos desta lição 7 mostram alguns de nossos membros vestidos como diversos deuses e deusas.

Alguns praticantes de magia consideram esses seres espirituais apenas como símbolos que representam diferentes aspectos da consciência humana.

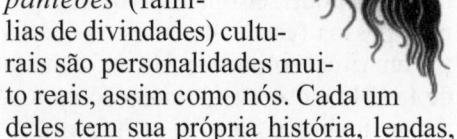

Quarta Aula: Conduzindo um Ritual

Entretanto, posso dizer por experiência própria que as divindades, anjos, totens e outros seres espirituais dos diversos *panteões* (famílias de divindades) culturais são personalidades muito reais, assim como nós. Cada um deles tem sua própria história, lendas, atributos e, o que é mais importante, sua própria *agenda* (planos) – que nem sempre são iguais aos nossos! A principal diferença entre eles e nós é que eles são *transcorpóreos* – independentes de corpos – e, portanto, imortais. Eles *não* são, porém, *oniscientes* (que tudo sabem) ou *onipotentes* (que tudo podem), embora saibam de coisas e tenham certas influências que nós, mortais, não temos. Assim como ao tratar com outra pessoa, devemos tratá-los e respeitá-los como seres reais se quisermos desenvolver uma verdadeira relação com eles.

Cabe apenas a você decidir quem quer convidar para seu Círculo; e não há um único jeito verdadeiro e certo de fazer isso. O que funcionar e parecer certo *é* certo. Muitos rituais invocam uma deusa e um deus, da mesma forma como você convidaria tanto sua mãe quanto seu pai para uma peça, concerto ou jogo de futebol de que você participasse. Existem, é claro, muitos deuses diferentes, além de deusas e outros seres espirituais para escolher. Cada cultura que já existiu na história teve o seu próprio panteão e recomendo estudar alguns deles e se familiarizar com eles.

Obviamente, os seres espirituais estão perto de nós todo o tempo, como as ondas de rádio e as transmissões de TV. Na verdade, o que estamos fazendo é *nos* tornar receptivos à *comunhão*, ou contato com eles neste momento e neste lugar em particular. É muito semelhante a ligar a TV e escolher o canal a que você quer assistir. Isso é feito por invocação, semelhante à invocação dos Quadrantes, quando nos dirigimos à divindade ou espírito como se eles fossem um amigo ou parente, dizendo algo como:

Ó, (gracioso, sábio, belo, amado etc.) (nome), (senhor, senhora) *de* (atributos), *nós te convidamos a entrar neste Círculo e te juntares a nós em nosso trabalho mágico. Traze-nos tua* (sabedoria, força, inspiração, coragem, etc.) *e tuas bênçãos. Salve e sê bem-vindo!* Obviamente, todos repetem: *"Salve E sê bem-vindo!"*. Conforme são chamados, pode-se acender velas para eles no altar central.

Lição 8: O trabalho

Agora chegamos ao coração do ritual: o trabalho de magia! A magia é "A arte do aumento das probabilidades". Trabalhamos a magia concentrando a nossa energia individual ou grupal na mesma direção, como um feixe de *laser*, para alterar os padrões de possibilidades de forma que as coisas que queremos que aconteçam tenham maior probabilidade de ocorrer. O poder da magia vem da nossa *vontade*. Quando fazemos magia, nunca dizemos: "Eu *espero* que tal coisa aconteça" ou "Eu *desejo* que tal coisa aconteça e". Dizemos: "Isso *acontecerá!*", as palavras rituais para isso são *que assim seja!* – que todos no Círculo repetem.

Há diversas etapas para se fazer um trabalho mágico no Círculo. A primeira é a *declaração de intenção*, quando a finalidade do trabalho é explicada e aceita por todos. Depois vem a *elevação do cone de energia*, quando a energia de todos é combinada como uma força poderosa. A seguir vem a *liberação de poder*, quando o mandamos fazer seu trabalho. Por fim, vêm a *concentração* e a *meditação*, quando recuperamos parte da energia que acabamos de liberar.

Declaração de intenção

A finalidade de usar a magia é mudar as coisas para melhor. A maior parte de nossos trabalhos é para cura – a cura de nós mesmos, a cura dos outros e a cura do planeta. Outras finalidades seriam a proteção, a paz ou a justiça. Encontrar o amor, um bom emprego, um lar ou uma resposta para algum problema também pode ser um objetivo de um trabalho mágico. Nesse momento do ritual, é importante decidir exatamente no que a energia que está sendo reunida será usada e afirmar isso claramente. Essa é sua *declaração de intenção*. Muitas vezes, a declaração de intenção é determinada e escrita antes mesmo do início do ritual.

Algumas vezes, a declaração de intenção pode ser dita em voz alta por uma pessoa (especialmente se você fizer um ritual solitário!). Um bom modo de fazê-lo é escrever a intenção na forma de um breve feitiço – principalmente em forma de um pequeno versinho rimado que seja fácil de lembrar durante a reunião da energia (um exemplo poderia ser algo como: *"Faze com que aquele que amo me veja; é isso que quero, e que assim seja!"*). Depois, cada um do Círculo pode ter a sua vez de dizer o que quer realizar. O melhor, porém, é que todos se concentrem no mesmo objetivo básico, para manter a energia do grupo reunida. Se algumas pessoas de fato quiserem trabalhar para coisas diferentes, esses trabalhos devem ser feitos em diferentes rituais.

Depois de todos concordarem e a intenção ser claramente declarada em voz alta, diga: *É isso que quero, e que assim seja!* e todos devem repetir: *E que assim seja!*

Reunião e liberação da energia

Se você fizer um ritual solitário, um dos melhores modos de se reunir e liberar a energia é por meio do sopro do fogo. Você se senta em posição meditativa e respira rápida e profundamente, tão rápido quanto puder. Repita muitas vezes as palavras de sua intenção ou feitiço na cabeça enquanto visualiza aquilo que quer. Comece devagar e vá acelerando até sentir que está prestes a explodir. Finalmente, quando não aguentar mais, expire com uma última energia e grite: *e que assim seja!* Solte o seu pensamento e a sua visualização no universo como se estivesse atirando uma lança. Depois simplesmente deixe-se cair e fique deitado até ter energia para se sentar novamente.

Um ótimo modo de reunir energia em um grupo é a dança circular. Com a intenção sempre em mente, deem as mãos e dancem cada vez mais rápido em sentido horário, em torno do Círculo, entrelaçando os pés como uma "Videira", assim:

Dança do passo da "Videira"

Vagarosamente, ergam as mãos enquanto dançam até que, no auge, elas estejam elevadas sobre a cabeça. Ao mesmo tempo, visualizem um cone de energia brilhante em torno de todos os componentes do Círculo, elevando-se cada vez mais, como um tornado de cabeça para baixo. Ou, se o trabalho for para criar um feitiço de proteção, imaginem a energia combinada de todos espalhando-se como um grande domo – um escudo em forma de guarda-chuva, com a face exterior semelhante a um espelho que reflita toda a negatividade.

Para a dança circular de reunião de energia, o som de tambores é ótimo (ou então um CD com uma boa batida!) e uma canção especial para a dança circular ajuda a criar a sensação certa. Eis uma de minhas favoritas e que acho muito eficaz:

> *Giro em volta da fogueira*
> *Ergo o cone de poder*
> *Para ter o que eu queira*
> *É assim que deve ser!*

Repitam cada vez mais alto e mais rápido até que não consigam mais dançar nem cantar mais rápido, e, no final, gritem o *"seeeeer!"* o mais alto que conseguirem, soltando as mãos e elevando-as ao céu, liberando toda aquela energia para realizar sua vontade. Visualizem o alto do cone explodir como um vulcão, enviando o raio de poder para onde você quiser. Depois, todos caem no chão, concentrando-se e deixando que a força e o amor da Mãe fluam de volta para seu corpo.

Se o trabalho de magia for uma cura para alguém do Círculo, a energia elevada não será liberada, mas dirigida para a pessoa a ser curada. Um jeito poderoso de fazê-lo é todos colocarem as mãos sobre a pessoa, empurrando a energia curativa para ela ou arrancando a dor e a doença. Visualizem uma luz vermelha quente passando por suas mãos, como nos filmes, ou usem uma respiração profunda e rápida para bombear a sua energia *áurica,* antes de enviá-la para a pessoa. Depois, sacudam bem as mãos e coloque-as no chão para não ficar também com o mesmo problema!

Concentração e meditação

Depois de reunir e liberar tanta energia, é importante trazer de volta sua própria energia a seu centro com uma meditação simples. Sente-se em posição de meditação e olhe para a chama da vela central do altar ou para a fogueira se você estiver ao ar livre. Deixe a sua mente se livrar de todos os pensamentos, especialmente sobre o trabalho que acaba de fazer, e misture-se à chama. Depois de alguns momentos, quando se sentir completamente calmo e relaxado, pode suavemente começar a murmurar *Omm,* deixando a voz se misturar à de todos em um cântico harmônico: *Auuommmmmm,* que desaparece aos poucos depois de completar seu trabalho.

Lição 9: Comunhão

Na magia, como na vida, o equilíbrio entre a gravidade (as coisas pesadas) e leveza (as coisas leves) é muito importante. Depois de reunir-se e liberar toda essa energia, passamos para a parte leve e mais alegre do ritual: *comunhão* ("Compartilhamento") e *bobagens sagradas*. No altar, deve haver uma travessa (ou o seu pantáculo) com um pão redondo.

A comunhão normalmente começa com a consagração dos sacramentos. *Consagrar* significa "Abençoar para nosso uso". É semelhante a dizer uma bênção antes das refeições, exceto porque, como os seres espirituais já estão conosco no Círculo, não precisamos chamá-los novamente para a bênção. Eles nos abençoam e abençoam tudo o que fazemos apenas com sua presença. Em vez disso, *energizamos* o alimento e a bebida com o espírito, lembrando que nossa alimentação e refresco não apenas vêm *deles,* como também são *parte deles,* que estamos prestes a tornar parte de nós mesmos.

Consagração

A consagração dos sacramentos é feita com o athame e o cálice, que é enchido de água, suco de frutas ou vinho (todos são igualmente apropriados a qualquer ritual, dependendo de sua preferência). Esta parte representa a união das forças masculinas e femininas, que dão origem a toda a vida. Se fizer isso de forma solitária, segure o cálice na mão esquerda e o athame na mão direita e diga estas frases. Se tiver uma garota no Círculo, ela segura o cálice com as duas mãos e você segura o athame por cima. Desça-o com a ponta para baixo sobre o cálice, dizendo: *"O athame está para o masculino..."*

Ela continua: *"Como o cálice está para o feminino".*

Você responde: *"Juntos eles são completos".*

Em uníssono, os dois dizem: *"Não há maior poder no mundo do que a união do amor. Abençoada seja!".*

Em seguida, com o athame, corte o pão, dizendo algo semelhante ao seguinte:

A semente da vida é despertada
Pelo calor do desejo do Sol.
Assim somos nós alimentados.
Que você nunca tenha fome!

Pegue um pedaço e passe-o adiante. Todos dizem para a próxima pessoa: *Que você nunca tenha fome.*

Abençoe, então, o cálice de bebida desta forma:

Da água toda a vida vem;
Para a água retornaremos.
Água compartilhada é vida compartilhada.
Que você nunca tenha sede!

Beba e passe adiante; e todos dizem para a pessoa seguinte: *Que você nunca tenha sede.*

Comunhão

Enquanto o pão e a bebida estão sendo passados, vocês podem cantar ou entoar suavemente algo assim: *Senhor do Sol, Senhora da Terra, somos um só com as energias do Universo!* (se fizer um ritual solitário, apenas coma e beba em silêncio meditativo).

Este festim de comunhão é tão velho quanto o tempo, uma parte sagrada de quase todas as culturas do mundo. Dividir alimento e bebida no Círculo é um lembrete de que dividimos nossa vida e nosso propósito. Além disso, como tudo na Terra é parte do corpo da própria Mãe Terra, essa comunhão nos lembra de que tudo o que comemos e bebemos é sagrado, assim como a carne e o sangue D'ela que ingerimos para transformar em nossa própria carne e sangue. Também honramos o Senhor como o Deus Sol e o Homem Verde, lembrando que Seus raios solares fornecem a energia que amadurece as plantas e que Ele é cortado no outono para dar o grão para o pão que nos alimenta. É por isso que chamamos o alimento e a bebida que compartilhamos no Círculo de *sacramentos*. Eles foram consagrados e por isso são *sagrados*, santos, cheios da centelha divina. Também somos lembrados de que *nosso* corpo também é sagrado; nossa vida também é cheia da mesma centelha divina.

Bobagem sagrada

Depois de o pão e a bebida darem uma volta completa, eles podem continuar a ser passados, pois agora chegou o momento chamado de Bobagens Sagradas, tendo esse nome sido dado pela Nova Ordem Reformada da Aurora Dourada. É um momento para anúncios e mensagens (mas nada de escola, programas de TV e outras bobagens mundanas!). O horário e local do próximo encontro podem ser decididos, vocês podem dividir novos cânticos e histórias e falar sobre outras coisas mágicas. Essa parte pode se tornar um Bárdico, no qual cada um, por sua vez, pode cantar uma canção, recitar um poema ou contar uma história ou piada (ver 4.III.4: "Tipos de Ritual: Bárdicos")

Lição 10: Fim do ritual
Agradecendo às divindades

Nesta noite encantada, fomos abençoados pela presença de espíritos queridos. Eles foram nossos hóspedes especiais e devemos agora agradecer a eles por vir e dizer "boa-noite". Se diferentes pessoas os invocaram, as mesmas devem agora lhes dar adeus, na ordem inversa àquela em que foram chamados.

Um adeus ao Deus Tríplice, por exemplo, poderia ser parecido com este:

Abençoado senhor da Luz e do Riso,
Muito obrigado por suas bênçãos.
Nós somos eternamente seus –
Com o carvalho, o sol e o gamo!
        Abençoado seja!
(todos repetem "Abençoado seja!")

Para a deusa Lua Tríplice, poderíamos dizer:

Ó senhora da roda prateada,
Donzela, mãe, anciã
Trazemos conosco teu místico selo –
Agradecemos, pois somos teus!
Abençoada seja!

Se houver velas acesas para eles no altar central, é preciso apagá-las agora – com os dedos ou uma espevitadeira, mas não soprando.

Liberação dos elementos

O agradecimento e a liberação dos elementos também são feitos em ordem inversa, começando no norte e, em seguida, oeste, sul e, finalmente, leste. Essas liberações (muitas vezes denominadas *despedidas*) também devem ser feitas pelas mesmas pessoas que os chamaram anteriormente. Daí, uma de cada vez, as velas dos Quadrantes são apagadas. Eis um modelo bastante comum para liberar os elementos:
Ó, guardiões do gelado norte,
  (aguado oeste; ardente sul;
  ventoso leste),
Somos gratos por terdes vindo a nossos ritos.
Ide, se deveis; ficai, se quiserdes.
E antes que partais para o vosso belo e amável reino,
Nós vos saudamos e dizemos até logo!
  (todos repetem: "Salve e até logo!")

Abrindo o Círculo

Quando formamos o Círculo Mágico no início do ritual, encerramos uma pequena bolha de espaço sagrado entre os mundos. A última coisa a fazer é estourar essa bolha e devolver esse espaço ao mundo mundano. Chamamos isso de "Liberação" ou "Abertura" do Círculo, e não "Fechamento", porque agora estamos abrindo a porta para sair.

A pessoa que tiver formado o Círculo volta para o leste, onde ele começou. Apontando a varinha ou athame para o chão, ela anda *widdershins* em torno do lado externo do Círculo, dizendo algo como:
Círculo da magia, Círculo da arte –
O rito terminou; agora nós vamos.
Este Círculo feito entre os mundos
Se acaba! E o tempo e o espaço se desfraldam...

Retornando novamente ao leste, abra bem os braços e diga: *O rito terminou. Abençoado seja!* E todos repetem: *Abençoado seja!* É costume em muitas tradições que todos acrescentem: *Feliz encontro e feliz despedida, e feliz encontro novamente!* Então, todos apanham e guardam todas as coisas até limpar a área do ritual. Todos se abraçam e se despedem um dos outros antes de ir para casa, para suas próprias camas e sonhos mágicos.

Quinta Aula:
Períodos Mágicos

Tudo tem o seu tempo determinado, e há tempo para todo propósito debaixo do céu:
Há tempo de nascer, e tempo de morrer; tempo de plantar, e tempo de arrancar o que se plantou...
– Eclesiastes 3:1-8 (*Bíblia King James*)

1. Introdução: Escolher o momento é tudo

Assim como no resto da vida, há momentos favoráveis e desfavoráveis para a realização dos diversos feitiços e rituais. Quanto mais favorável o momento, mais poderosa será a magia. Isso não significa que você não pode fazer um feitiço ou ritual se essas vibrações não estiverem corretas. Significa apenas que essas são as condições ideais para realizar seu trabalho. Durante esses momentos, você está tirando vantagem das ondas e correntes naturais do Universo em vez de trabalhar contra elas. Se, porém, você tem algo de grande importância e urgência a fazer, pode planejar muito bem com a ajuda da tabela de horas planetárias da Lição 6.

Lição 2: Fases da Lua, horários e estações

As duas maiores divisões para os trabalhos mágicos são as fases crescente ou minguante da Lua. A Lua é, ao mesmo tempo, seu relógio e seu calendário para a magia. Trabalhos de natureza benéfica e *con*strutiva, assim como a energização de amuletos ou talismãs, são feitos normalmente quando a Lua está crescente ou cheia. A maior energia ocorre entre o primeiro e segundo quartos, quando a Lua está crescendo rapidamente. Quando a Lua está minguando, o momento é perfeito para a magia *des*trutiva e para rituais de natureza mais terrena. A *necromancia* (comunicação com os mortos), feitiços de amarrações e prejuízo, e todos os trabalhos de perturbação e artifício são feitos durante a Lua minguante. A fase escura da Lua, o momento mais agourento de todos, é reservada para trabalhos de destruição definitiva e morte.

A magia *con*strutiva é feita para melhorar e construir, para a saúde, riqueza, sucesso e progresso. A magia *des*trutiva trata da aniquilação e destruição das coisas, como um caso amoroso, um mau hábito ou um modo de vida.

Mesmo o fato de realizar um ritual ou feitiço durante o dia ou à noite tem um papel fundamental em seus aspectos. Em geral, os rituais para fins positivos e benéficos (como a cura) são feitos durante o dia, – de preferência antes do meio-dia, para que sobrem algumas horas de luz para aumentar a energia gerada. Feitiços feitos durante as horas escuras normalmente são para encantamentos ou para promover seus desejos e vantagens sobre os outros (por exemplo, vencer um concurso ou uma competição). Eles também frequentemente são planejados de forma que sobrem algumas horas de escuridão para que as correntes que foram movimentadas possam prosseguir.

Quando possível, as estações da Terra e do Sol devem ser levadas em consideração. Talvez isso não seja possível para todos os rituais; normalmente, isso é reservado para ocasiões especiais, como os oito grandes *Sabás*. Dessa maneira, feitiços do tipo que seriam feitos durante uma Lua crescente seriam realizados entre o Solstício de Inverno e o Solstício de Verão. Rituais que normalmente seriam apropriados durante a Lua minguante seriam feitos entre o Solstício de Verão e o Solstício de Inverno. Como você vê, a energia do Sol aumenta do inverno para o verão e diminui do verão para o inverno. Assim, o grau e a quantidade de energia que o Sol derrama sobre a Terra são considerados do mesmo modo que as fases da Lua.

Os quatro grandes ciclos sazonais marcados pelos solstícios e equinócios são chamados de *Marés Elementais,* e cada uma delas tem um tipo especial de magia. Do Equinócio da Primavera até o Solstício de Verão há a *Maré do Plantio* (ou início). Do Solstício de Verão até o Equinócio de Inverno há a *maré da colheita* (ou culminação). Do Equinócio de Outono até o Solstício de Inverno há a *maré do planejamento* (ou cálculo). E do Solstício de Inverno até o Equinócio da Primavera há a *maré da destruição* (ou substituição).

Lição 3: Signos do Zodíaco

Os signos do Zodíaco representam um papel importante na realização de diversos rituais e feitiços. Obviamente, um trabalho pode ser feito a qualquer momento; porém, certos momentos são mais eficazes do que outros. Na tabela a seguir, estão os tipos de trabalhos mais adequados a cada signo, começando com o Equinócio da Primavera.

SIGNO	PERÍODO	PROPÓSITO
♈ Áries	21/3-19/4	Curar doenças e males; obter eloquência de discurso; aceitação e honra
♉ Touro	20/4-20/5	Curar febres; tornar-se grácil, devoto e religioso
♊ Gêmeos	21/5-20/6	Obter boa saúde, amizade e felicidade; evitar o tédio
♋ Câncer	21/6-21/7	Evitar venenos; obter a sabedoria
♌ Leão	22/7-21/8	Curar resfriados; obter uma natureza eloquente e engenhosa
♍ Virgem	22/8-21/9	Curar febres; obter aceitação e eloquência
♎ Libra	22/9-21/10	Combater doenças; obter amizade e felicidade
♏ Escorpião	22/10-21/11	Provocar paixão e luxúria
♐ Sagitário	21/11-21/12	Curar doença; obter aceitação e honra
♑ Capricórnio	22/12-20/1	Manter pessoas e lugares seguros e a salvo
♒ Aquário	21/1-19/2	Obter saúde e felicidade
♓ Peixes	20/2-20-3	Proteger contra febres e males

Lição 4: Aspectos planetários

Cada um dos sete "planetas" visíveis (incluindo o Sol e a Lua) tem certas qualidades associadas que contribuem para rituais e feitiços. Essas qualidades são diversas e complexas (ver 3.VI.5: Tabela de correspondências: planetas), mas resumidamente é assim:

☉ **Sol** *(domingo):* o Sol traz honra, aceitação e elevação. Seu trabalho vai melhorar e você será mestre em tudo o que fizer. Você atingirá o sucesso, mas ele não subirá à cabeça. O Sol traz dinheiro e apoio de pessoas poderosas, além de ajudar a encontrar tesouros perdidos. Os dias e as horas do Sol são também bons para a adivinhação e para dissolver más qualidades. As horas do Sol, em geral, são boas para trabalhos de amor e gentileza, trazendo a felicidade e a amizade.

☽ **Lua** *(segunda-feira):* a Lua pode tornar você agradável, amigável, feliz, honrado e alegre. Ajuda a remover toda malícia ou maus pensamentos que você possa ter. Segurança para viajantes, ganho monetário, saúde duradoura e eliminação dos inimigos estão entre os aspectos afortunados da Lua. As horas da Lua são boas para evitar o roubo e recuperar bens roubados, obter visões proféticas e qualquer coisa relacionada à água (incluindo viagem por mar ou rio). Também para ganhar amor e resolver disputas, invisibilidade, visões e chamar espíritos. Na magia, a Lua é o corpo celestial mais importante. Em relação a isso, use o seguinte código ao planejar trabalhos lunares:

Para a invocação de espíritos, a recuperação de coisas roubadas e chamar os mortos, a Lua deve estar em um signo de **Terra** *(Touro, Virgem, Capricórnio)*.

Para amor, honrarias e invisibilidade, a Lua deve estar em um signo de **Fogo** *(Áries, Leão, Sagitário)*.

Para todo tipo de destruição, ódio ou raiva, a Lua deve estar em um signo de **Água** *(Câncer, Escorpião, Peixes)*.

Todos os outros trabalhos que não podem ser classificados segundo as categorias anteriores devem ser feitos quando a Lua estiver em um signo de Ar *(Gêmeos, Libra, Aquário)*.

♂ **Marte** *(terça-feira):* Marte lida com poder – poder físico bruto. Ele ajuda em trabalhos de ódio ou discórdia, destruição e empreendimentos militares. Muitas vezes é usado para destruir ou despertar raiva, ódio ou ciúmes em outra pessoa. Marte também é usado na necromancia ao contatar mortos que morreram violentamente. A ideia básica de Marte é de total ruptura; traz infertilidade e problemas. Mas ele pode ser usado em seu aspecto afortunado para trazer poder duradouro e vontade de lutar. Honra e vitória na competição física, coragem e a capacidade de derrotar seus inimigos também são o aspecto benéfico de Marte.

☿ **Mercúrio** *(quarta-feira):* Mercúrio pode ajudar a torná-lo grato, tolerante e compreensivo, além de ajudá-lo a fazer o que lhe agradar. Mantém longe a pobreza, tanto material quanto mental. Mercúrio pode ajudar a melhorar a memória e as capacidades de comunicação e adivinhação, encorajando a buscar um conhecimento mais elevado e verdades maiores. As horas de Mercúrio são boas para adivinhar o futuro, ver espíritos, ações proféticas, obter conhecimento e descobrir a verdade. Mercúrio ajuda com tudo o que se relaciona à mercadoria e ao comércio e para sucesso nos negócios, em concursos, jogos de habilidade, esportes, etc.

♃ **Júpiter** *(quinta-feira)* Júpiter é usado para obter saúde, riqueza, amor, o favor dos outros, amizade, paz e fama. Ele traz a honra e ajuda a proteger contra encantamentos. Feitiços feitos no dia e na hora de Júpiter trazem sucesso nos negócios, poder político e qualquer outro desejo pessoal.

♀ **Vênus** *(sexta-feira):* Vênus traz amor e amizade, prazer pessoal e paixão sensual. Ajuda a acabar com disputas e brigas e propicia a generosidade, a paz e a felicidade. Vênus traz fertilidade aos humanos e animais e segurança aos viajantes. Vênus também desfaz encantamentos que outros possam ter posto em você.

♄ **Saturno** *(sábado):* Saturno é importante para trabalhos de prejuízo, destruição ou morte, assim como para causar raiva, discórdia ou ciúme em outros. Também traz longa vida, segurança e poder, além de ajudar a obter conhecimento (especialmente a respeito dos outros). Saturno ajuda a construir coisas e melhora tudo o que se relacione a estruturas feitas pelo homem. É bom para proteção, trabalhos de estabilidade e feitiços duradouros. Pode ser usado para trazer sucesso ou fracasso nos negócios, na colheita, nas posses, e assim por diante. Na hora de Saturno, você pode evocar os espíritos facilmente, mas devem ser apenas aqueles que morreram de morte natural.

Lição 5: Dança das horas

A mais verdadeira medida de passagem do tempo está no movimento aparente das estrelas e planetas. Quando relógios precisos substituíram os relógios de Sol e as ampulhetas no Renascimento, os intervalos de 60 minutos se tornaram importantes na magia ritual. Cada hora recebeu a regência de um planeta diferente. Elas foram chamadas de *Horas Planetárias* e os rituais eram realizados de acordo com elas. O seguinte sistema é atribuído a Peter de Abano, em seu Grimório *Heptameron*, ou *Elementos Mágicos*. Baseia-se no meiodia (*meridiano* – o ponto mais alto do

Sol) e na meia-noite e, portanto, é independente de fuso horário ou horário de verão.

É possível aumentar muito o poder de qualquer feitiço ou ritual mágico fazendo o seu trabalho não apenas no dia associado ao atributo planetário apropriado, mas também na hora certa. Os alinhamentos mágicos mais poderosos, portanto, serão criados ao se combinar a hora, o dia e o signo do Zodíaco – todos com o mesmo propósito.

Abaixo, está a "Tabela das horas planetárias" de Abano. Para usá-la, procure em um almanaque o momento exato do nascer e do pôr do sol daquele dia. Bem no meio dos dois estará a meia-noite ou o meio-dia e é nesses momentos que você deve se basear. Note que esses momentos raramente caem exatamente às 12h ou às 0h do relógio. Com isso, você será capaz de ver qual planeta rege qual hora.

HORAS PLANETÁRIAS DO DIA (do meio-dia à meia-noite)

meio-dia	DOMINGO	SEGUNDA-FEIRA	TERÇA-FEIRA	QUARTA-FEIRA	QUINTA-FEIRA	SEXTA-FEIRA	SÁBADO
1	**Sol**	**Lua**	**Marte**	**Mercúrio**	**Júpiter**	**Vênus**	**Saturno**
2	Vênus	Saturno	Sol	Lua	Marte	Mercúrio	Júpiter
3	Mercúrio	Júpiter	Vênus	Saturno	Sol	Lua	Marte
4	Lua	Marte	Mercúrio	Júpiter	Vênus	Saturno	Sol
5	Saturno	Sol	Lua	Marte	Mercúrio	Júpiter	Vênus
6	Júpiter	Vênus	Saturno	Sol	Lua	Marte	Mercúrio
7	Marte	Mercúrio	Júpiter	Vênus	Saturno	Sol	Lua
8	**Sol**	**Lua**	**Marte**	**Mercúrio**	**Júpiter**	**Vênus**	**Saturno**
9	Vênus	Saturno	Sol	Lua	Marte	Mercúrio	Júpiter
10	Mercúrio	Júpiter	Vênus	Saturno	Sol	Lua	Marte
11	Lua	Marte	Mercúrio	Júpiter	Vênus	Saturno	Sol
12	Saturno	Sol	Lua	Marte	Mercúrio	Júpiter	Vênus
meia-noite							

Tarde (linhas 1-7), *Noite* (linhas 8-12)

HORAS PLANETÁRIAS DA NOITE (da meia-noite ao meio-dia)

meia-noite	DOMINGO	SEGUNDA-FEIRA	TERÇA-FEIRA	QUARTA-FEIRA	QUINTA-FEIRA	SEXTA-FEIRA	SÁBADO
1	Júpiter	Vênus	Saturno	Sol	Lua	Marte	Mercúrio
2	Marte	Mercúrio	Júpiter	Vênus	Saturno	Sol	Lua
3	**Sol**	**Lua**	**Marte**	**Mercúrio**	**Júpiter**	**Vênus**	**Saturno**
4	Vênus	Saturno	Sol	Lua	Marte	Mercúrio	Júpiter
5	Mercúrio	Júpiter	Vênus	Saturno	Sol	Lua	Marte
6	Lua	Marte	Mercúrio	Júpiter	Vênus	Saturno	Sol
7	Saturno	Sol	Lua	Marte	Mercúrio	Júpiter	Vênus
8	Júpiter	Vênus	Saturno	Sol	Lua	Marte	Mercúrio
9	Marte	Mercúrio	Júpiter	Vênus	Saturno	Sol	Lua
10	**Sol**	**Lua**	**Marte**	**Mercúrio**	**Júpiter**	**Vênus**	**Saturno**
11	Vênus	Saturno	Sol	Lua	Marte	Mercúrio	Júpiter
12	Mercúrio	Júpiter	Vênus	Saturno	Sol	Lua	Marte
meio-dia							

Madrugada (linhas 1-6), *Manhã* (linhas 7-12)

*As horas planetárias
(xilogravura alemã, 1490)*

Lição 6: Relógio das flores

O grande naturalista sueco Carolus Linnaeus (1707-1778) certa vez plantou um jardim de flores para marcar o tempo, e o chamou de "Relógios de Flora". Esse tipo de jardim, em forma de relógio, tornou-se muito popular na Europa do século XIX.

Mas os relógios de flores são raros atualmente por causa da dificuldade de encontrar e cultivar flores que marquem o tempo nas diversas estações e localidades.

Eis aqui alguns exemplos de flores comuns encontradas na Inglaterra e nos Estado Unidos, cuja hora de abertura e fechamento é regular o bastante para marcar as horas em intervalos de meia hora em um dia ensolarado. A hora exata pode variar um pouco conforme o lugar, mas ocorrerá de hora em hora.

De cima para baixo, da esquerda para direita: 1. Estrela de Belém abre; **2.** flor de maracujá abre; **3.** *Petrorhagia velutina* fecha; **4.** morrião escarlate fecha; **5.** flor do dente-de-leão fecha; **6.** corriola pequena fecha; **7.** lírio-d'água branco fecha; **8.** (tarde) prímula-noturna abre; **9.** (manhã) almeirão-do-campo abre; **10.** cravo africano abre; **11.** pilosela abre; **12.** serralha-brava fecha; **13.** labresto fecha.

Lição 7: Signos lunares

*Também a Lua, sempre pontual
Em marcar os meses e dividir o tempo,
É a Lua quem marca as festas,
Um luminar que decresce depois de sua plenitude.
Dela o mês ganhou o nome,
Ela cresce espantosamente em suas fases,
Insígnia das hostes celestes,
Brilhante no firmamento do céu.*
Eclesiastes 43:6-9 (*Bíblia de Jerusalém*)

Conforme a Lua se move pelo céu, de noite a noite, em seu ciclo de 28 dias, ela avança 12,86° a cada noite sucessiva por meio de cada um dos 12 signos do Zodíaco. Assim, ela passa dois, três dias em cada signo. A Lua sobe uma média de 50 minutos mais tarde a cada noite, mas perto dos equinócios ela sobe apenas 25 a 30 minutos mais tarde nos Estado Unidos e apenas dez a 20 minutos mais tarde em grande parte do Canadá e da Europa.

Quando a Lua está em um determinado signo, os atributos lunares são influenciados pelas características daquele signo e diferentes tipos de magia podem ser realizados. Como as constelações reais variam muito de tamanho, enquanto os signos têm 30° cada, a Lua pode, às vezes, estar em uma constelação diferente de seu signo oficial. Eis aqui, a partir de Áries, os 28 nomes sugestivos e trabalhos mágicos tradicionalmente associados a cada posição da Lua entre as estrelas. Os nomes entre parênteses são das constelações ou estrelas mais próximas.

1. *Chifres de Áries* – destruição e discórdia.
2. *Barriga de Áries* – encontrar tesouros; reconciliação.
3. *Chuveiro* (Plêiades) – boa fortuna para caçadores, marinheiros e cientistas.
4. *Olho de Touro* (Aldebaran) – discórdia, vingança, separação; destruição de coisas feitas pelo homem.
5. *(Alchatay)* – retorno em segurança de uma viagem; ajuda a estudantes; saúde e boa vontade; cair nas boas graças de professores, governantes e chefes.
6. *Estrelinha de grande luz* – boa caça; vingança; encantar alguém para o amor.
7. *Braço de Gêmeos* (Pólux) – amizade e amor; manifestação de bons desejos.
8. *Brumosa* (Câncer) – amor, amizade, companheirismo; vitórias.
9. *Olho do Leão* (Régulo) – reforço de coisas feitas pelo homem; amor, felicidade, proteção contra inimigos; cura da doença.
11. *Pelo do Leão* – bom para viagens, ganhos materiais, gravidez.
12. *Cauda do Leão* – boas colheitas; problemas no mar; separação de amantes.
13. *Estrelas do Cão* (Virgem) – benevolência e concórdia em todas as coisas.
14. *Espiga voadora* (Espiga) – amor no casamento; bom para tudo o que tem a ver com o mar, mas não com a terra; cura de muitas doenças.
15. *Voo coberto* (Libra) – encontrar tesouros na Terra; trazer destruição e discórdia.
16. *Pinças de Escorpião* – trazer problemas a viagens, casamentos, colheitas.
17. *Coroa de Escorpião* (Antares) – reforçar e melhorar o amor, trabalhadores.
18. *Coração de Escorpião* – discórdia, conspiração e vingança.
19. *Cauda de Escorpião* (Olho de Gato) – afastar os outros, destruição.

20. **Seta** (Sagitário) – ajuda na caça; destruir a riqueza dos outros; fazer outra pessoa ir para onde você mandar.
21. **O deserto** (sem estrelas) – bom para lucro, viagem, colheita.
22. **Cabeça de Capricórnio** – escapar da servidão; cura de doenças.
23. **Engolir** (Aquário) – liberdade, divórcio e saúde.
24. **Estrela da fortuna** (Aquário) – benevolência e vitória.
25. **Borboleta** – vingança contra os outros.
26. **Primeiro desenho** (Peixes) – saúde, união e amor.
27. **Segundo desenho** (Peixes) – lucros e saúde; prejuízo aos outros.
28. **Peixes** – melhora nos negócios; viagens seguras; casamentos felizes.

Lição 8: Sabedoria lunar
Nomes da Lua cheia

É divertido encarar o calendário lunar da mesma forma que os antigos. Por exemplo, para mim, a Lua cheia de maio se chama Lua Descalça (é quando podemos sair sem sapatos!). Junho é a Lua do Churrasco, porque é quando meu pequeno festival do fogo está a todo vapor, e assim por diante. Pense a respeito dos ciclos naturais em sua própria vida e região e honre-os dando nomes às luas cheias.

— Patricia Telesco

A tradição de dar nome às Luas cheias do ano começou durante o período da ocupação romana na Inglaterra. Alguns desses nomes refletem influências romanas, mas a maioria se relaciona a atividades agrícolas. Eles correspondem aos meses zodiacais, e não a nosso calendário civil moderno, e começam no Equinócio da Primavera.

Semente (Áries) – estação da semeadura e símbolo do Ano-Novo.

Lebre (Touro) – na tradição romana, os coelhos eram associados à primavera e à fertilidade.

Díade (Gêmeos) – a palavra latina para "Par" se refere às estrelas gêmeas na constelação de Gêmeos: Castor e Pólux.

Prados (Câncer) – durante o final de junho e na maior parte de julho, o feno dos prados era ceifado.

Erva (Leão) – nesse momento as ervas eram colhidas para serem secas e armazenadas.

Cevada (Virgem) – Perséfone, Deusa donzela do renascimento, traz um feixe de cevada como símbolo da colheita.

Sangue (Libra) – nessa estação, os animais domésticos eram sacrificados para guardar a carne para o inverno (a Lua cheia de Libra se tornava **Lua do Vinho** se houvesse uma boa colheita de uvas, que produziria uma vindima superior).

Neve (Escorpião) – Escorpião anuncia a estação escura, quando as primeiras neves caem.

Carvalho (Sagitário) – árvore sagrada dos druidas e do deus romano Júpiter, é a mais nobre, pois resiste às rajadas de vento invernais.

Lobo (Capricórnio) – o terrível lobo representa a estação escura do ano.

Tempestade (Aquário) – diz-se que uma tempestade é mais violenta logo antes do fim, e assim também com o ano.

Casta (Peixes) – esta palavra arcaica para a pureza reflete o costume de saudar o novo ano com uma ficha limpa.

Nomes dos índios americanos para as Luas

O *Old Farmer's Almanac* traz os nomes dos índios americanos para as Luas cheias:

Lua Loba: em meio às geladas e profundas neves do meio do inverno, as alcateias uivam de fome próximo às aldeias indígenas. Assim nasceu o nome da Lua cheia de Janeiro. Algumas vezes ela também era chamada de Lua Velha ou de Lua após Yule. Alguns a chamavam de Lua da Neve, mas a maioria das tribos aplicavam esse nome à Lua seguinte.

Lua da Neve: como a neve mais pesada normalmente cai durante esse mês, as tribos nativas do norte e do leste frequentemente chamavam a Lua cheia de fevereiro de Lua da Neve. Algumas tribos também denominavam essa Lua de Lua da Fome, porque as severas condições climáticas de sua região tornavam a caça muito difícil.

Lua Minhoca: conforme a temperatura começava a subir e o chão começava a degelar, as minhocas apareciam, anunciando o retorno dos tordos. As tribos mais ao norte chamavam esta de Lua do Corvo, quando o crocitar dos corvos assinalava o final do inverno; ou Lua da Crosta, porque a capa de neve formava uma crosta por degelar durante o dia e congelar à noite. A Lua da Seiva, que marcava a época de sangrar o bordo, é outra variação.

Lua Rosa: esse nome veio da plantinha *flox*, uma das primeiras flores da primavera. Entre outros nomes, há também a Lua da Grama Brotando, Lua Ovo e, entre tribos costeiras, Lua do Peixe, pois essa era a época em que o arenque subia a correnteza para desovar.

Lua Flor: na maioria das regiões, as flores abundam durante essa época. Outros nomes: Lua do Plantio do Milho ou Lua do Leite.

Lua de Morango: esse nome era universal em todas as tribos algonquinas. Como a estação relativamente curta do morango ocorre no mês de junho, a Lua cheia desse mês recebeu o nome do morango.

Lua Macho: julho é normalmente o mês em que os novos chifres do gamo perfuram o pelo da cabeça. Também era chamada de Lua do Feno ou Lua do Trovão, porque as trovoadas são mais frequentes nessa época.

Lua do Esturjão: as tribos pescadoras recebem o crédito por ter dado nome a essa Lua, porque o esturjão, um grande peixe dos grandes lagos e outros corpos aquáticos importantes, eram apanhados mais facilmente durante esse mês. Algumas tribos a chamavam de Lua Vermelha porque, quando ela nasce, parece avermelhada por causa do mormaço. Também foi chamada de Lua do Milho Verde ou Lua do Grão.

Lua do Fruto ou da Cevada: os nomes fruto e cevada eram reservados apenas para os anos em que a Lua da Colheita chegasse até o final de setembro.

Lua da Colheita: é a Lua cheia que ocorre mais perto do Equinócio de Outono. Duas vezes, a cada três anos, a Lua da Colheita vem em setembro, mas em alguns anos ela vem em outubro. No auge da colheita, os fazendeiros podem trabalhar até tarde da noite sob a luz dessa Lua. Os principais índios americanos plantavam milho, abóbora, moranga, feijão e arroz selvagem, que agora estavam prontos para colher.

Lua do Caçador: com a queda das folhas e o gamo mais gordo, é tempo de caçar. Como os campos foram ceifados, os caçadores podem facilmente ver as raposas e os animais que procuram.

Lua do Castor: essa era a época de fazer armadilhas para os castores antes que os diques congelassem para assegurar um suprimento de peles quentes. Às vezes, também chamada de Lua do Gelo.

Lua Fria ou **Lua da Longa Noite**: Lua da Longa Noite é um nome duplamente apropriado porque a Lua no meio do inverno é de fato longa e porque a Lua fica acima do horizonte por um longo tempo. A Lua cheia do meio do inverno fica bem alta no céu porque é oposta a um Sol baixo.

Lição 9: Calendário das Árvores

De acordo com o poeta Robert Graves (*The White Goddess*, 1948), os druidas celtas executaram o calendário mais perfeito do mundo. Eles não dividiam o ano em 12 meses, mas em 13, com exatos 28 dias cada um. Eles somavam um total de 364 dias, e um dia *intercalar* era acrescentado todos os anos, logo depois do Solstício de Inverno, para acertar o calendário. Esse dia era considerado fora do tempo, entre os mundos. O que se fizesse nesse dia não contava no "mundo real". A cada quatro anos, um segundo dia intercalar era incluído depois do Solstício de Verão, para o ano bissexto. Isso significava que as datas dos dias da semana nunca mudavam de mês a mês ou de ano a ano, e era necessário ter apenas uma única página de mês para sempre.

Cada mês recebia o nome de uma consoante do alfabeto druídico *Ogham*, e algumas faziam jornada dupla. Como as primeiras três consoantes em ordem dos meses eram *Beth* (B), *Luis* (L) e *Nion* (N), esse calendário algumas vezes era chamado de *Beth-Luis-Nion*, assim como *alfabeto* vem das primeiras duas letras do grego: *alfa e beta*. A cada um desses 13 meses era atribuída uma árvore (em alguns casos, duas, além de vinhas e caniços) – muitas vezes, com base nas estações em que aquela árvore (ou vinha, ou caniço) pela primeira vez abria folhas, flores ou frutos. As cinco vogais também eram atribuídas às árvores, mas não foram incluídas como meses do calendário. Em vez disso, foram designadas como os dedos da mão. Elas eram **AILM (A) Abeto ou Olmo, ONN (O) Tojo ou Vassoura, UR (U) Urze, EADHA (E) Choupo-Branco** e **IDHE (I) Teixo**.

A versão de Graves do Calendário das Árvores é de sua própria invenção e é usada por muitas pessoas da comunidade mágica atualmente. Existe um alfabeto céltico de árvores; ele basicamente pegou esse alfabeto e o transformou em um calendário. Eis uma listagem de seus meses de árvores, com as letras do *ogham* e desenhos das folhas de cada uma (veja sua posição no Círculo Mágico Mandala, na página 273).

Calendário das árvores de Robert Graves

1. BETH ⊤ Bétula
(24 dez.-20 jan.)
Uma das primeiras árvores a exibir folhas verdes no ano, a *bétula* é um símbolo de fertilidade e novos inícios. A bétula traz sorte quando plantada perto de casa. Feixes de gravetos de bétula são usados para exorcizar maus espíritos e para fazer a palha da vassoura da Bruxa.

2. LUIS ⊤ Sorveira
(21 jan.-17 fev.)
A *Sorveira* rege o festival de *Imbolg* (2 de fev.), que representa a revitalização do ano. É excelente para proteção e magia. A sorveira é usada para varinhas mágicas e para o cabo da vassoura. As folhas e frutinhas podem ser usadas como amuleto para aumentar os poderes psíquicos ou acrescentadas ao incenso da adivinhação.

3. NION ᵮ Freixo
(18 fev.-17 mar.)
Consagrado a Poseidon, Deus do Mar, o *freixo* está ligado ao poder marinho, prosperidade, conhecimento e proteção. *Yggdrasil*, a Árvore-Mundo normanda, era um freixo. Folhas de freixo sob o travesseiro trazem sonhos proféticos. Freixo queimado no Yule traz prosperidade. O freixo é excelente para cabos de vassoura, varinhas de cura e cajados de feiticeiro.

4. FEARN ᵮ Amieiro
(18 mar.-14 abr.)
O *amieiro* é associado à magia da água, à força e à ressurreição dos mortos. Regente de *Ostara* (equinócio da primavera), o padrão espiral do botão do amieiro reflete a espiral do renascimento. O amieiro também é usado para diagnosticar doenças por adivinhação.

5. SAILLE ᵮ Chorão + ZTRAIF +#
Bordo
(15 abr.-12 mai.) 
Consagrado a Hécate, deusa das encruzilhadas, e regido pela Lua, o *salgueiro* ou *chorão* é a árvore da Morte. Quando usada como amuleto, a casca do chorão traz proteção contra pesadelos e aflição, amor infiel e traição. O chorão é usado para varinhas mágicas e para amarrar a palha ao cabo da vassoura.
Com seu doce xarope, o *bordo* é associado ao amor e ao dinheiro. A madeira do bordo é excelente para fazer caixas para joias mágicas, baús de esperança, arcas de tesouro, gabinetes e altares.

6. HUATH ⊥ Espinheiro
(13 mai.-9 jun.)
O *espinheiro* é a árvore da purificação e da castidade. As flores do espinheiro são colhidas em *Beltaine* (1º de maio) para decorar a porta da frente. Dá azar derrubar arbustos de espinheiro, pois eles são consagrados às fadas. As fadas podem ser vistas nos locais em que haja carvalhos, freixos e espinheiros juntos.

7. DUIR ⊥ Carvalho
(10 jun.-7 jul.)
Associado à maioria dos deuses do trovão, o *carvalho* simboliza o princípio do nome. É a árvore da resistência e do triunfo e é um amuleto de cura extremamente poderoso. Os carvalhos eram tão sagrados para os druidas que eles consideravam sacrilégio mutilá-los. O carvalho costumava ser usado para as fogueiras sagradas, como as de Yule e do Meio do Verão.

8. TINN ᛁᛁᛁ Azevinho
(8 jul.-4 ago.)
O *azevinho*, que floresce em julho, é a árvore que rege a metade minguante do ano. Uma árvore masculina é associada à sorte nas finanças, assim como a proteção contra raios, envenenamento e maus espíritos. As folhas de azevinho são usadas, às vezes, para adivinhação: O número de frutinhas indica a severidade do inverno que virá.

9. ᛁᛁᛁ COLL (C) Aveleira + ᛁᛁᛁ QUIRT (Q) Macieira 
(5 ago.-1 set.)
Consagrada a Hermes (Mercúrio) a *aveleira* é a árvore da Sabedoria. Cordões de avelãs trazem sorte e proteção das fadas a um lar. As forquilhas de aveleira são usadas para *rabdomancia* (adivinhação) na busca de poços ocultos, tesouros enterrados e criminosos. Os arautos irlandeses levavam varinhas de aveleira branca, que simbolizavam seu ofício. A aveleira também dá uma excelente varinha mágica. 
Cultivada na Europa desde o período romano, a *macieira* é uma árvore particularmente sagrada na mitologia. Ela representa a imortalidade, a eterna juventude e a felicidade na vida após a morte. Derrubar uma delas era considerado tão agourento que as *Tríades da Irlanda* exigiam o sacrifício de uma vida como compensação.

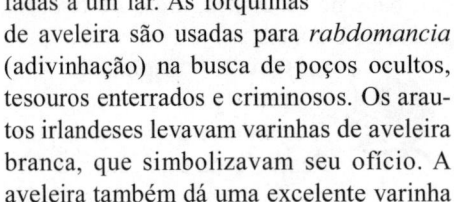

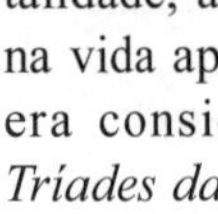

10. ᚋ MUIN (M) Vinha
(2 set.-29 set.)
Associada à inspiração poética, ao êxtase e à profecia, a *vinha* é consagrada a Dioniso (Baco). Algumas vezes, porém, seu vinho traz a loucura divina, e a uva é associada então à ira (como em "as vinhas da ira"). Magicamente, a vinha é usada para fertilidade e feitiços relacionados a dinheiro.

11. ᚌ GORT (G) Hera 
(30 set.-27 out.)
Também consagrada a Dioniso, diz-se que a *hera* evita a embriaguez e rege o mês da caça ao javali. Como ela não muda com as estações, a hera é associada à constância nos relacionamentos. Considerada feminina, a hera algumas vezes representa a fertilidade. Agourenta dentro de casa, é muito auspiciosa no lado de fora e pressagia problemas financeiros se morrer ou cair.

12. ᚍ NGEYAL (NG) Junco 
(28 out.-24 nov.)
O *junco* (também conhecido como cana ou estipa) é uma única espécie que existe no mundo inteiro. Fica no ponto de corte no início de novembro, e por isso rege o mês das tempestades de outono, principalmente aquelas que encharcam as margens. O junco é um antigo símbolo de realeza no Oriente Médio. Na Irlanda, usavam-se juncos para cobrir as casas; um lar não era considerado estabelecido até que tivesse um telhado.

13. ᚏ RUIS (R) Sabugueiro 
(25 nov.-22 dez.)
O *sabugueiro*, que rege o 13º mês e o Solstício de Inverno, é associado com a Morte e a Magia. As bruxas irlandesas cavalgavam em bastões de sabugueiro como corcéis mágicos. Se pendurado sobre portas e janelas, o sabugueiro mantém o mal no lado de fora, mas, se queimado, convida os maus espíritos a entrar.

✳ PEITH (P) Intercalado; nenhuma árvore associada (23 dez). "Tempo fora do Tempo".

Sexta Aula:
A Roda do Ano

Vinde todos, gentis pagãos,
Vinde todos de boa vontade; a mesa do festim está posta,
Os jarros estão cheios de bebida.
Vinde regozijar-vos conosco
— Este é um dia sagrado! Com hinos alegres que anunciam
A virada de um novo ano.

— Leigh Ann Hussey

1. Introdução: A Roda do Ano

O ciclo anual das celebrações sazonais é chamado variadamente de **Círculo Sagrado, Ciclo dos Sabás** ou **Roda do Ano**. Os oito raios dessa roda são os grandes festivais que ocorrem nos solstícios, equinócios e nos períodos entre eles. Eles também são chamados de *Sabás*, do francês *s'battre* ("Celebrar"). Conforme um ano corre, os rituais e mitos associados a cada Sabá relembram o grande ciclo da vida, do Nascimento até a Morte e o Renascimento. Algumas versões da maioria desses festivais são celebradas por quase todos os povos das zonas temperadas e alguns foram até mesmo assimilados ao calendário cristão como dias santos e missas. A característica mais comum é a fogueira. Muitas vezes as pessoas ficam acordadas a noite inteira em volta do fogo, cantando e contando histórias.

Em minha comunidade e tradição, desenvolvemos, por muitos anos, um complexo ciclo de celebrações que incorporavam numerosos elementos de tradição e folclore de nosso antigo legado. A maior parte vem da Europa Ocidental e das Ilhas Britânicas, mas como a mitologia grega sempre foi um forte componente de nosso saber coletivo ocidental, também trouxemos o ciclo ritual de Elêusis para as nossas observâncias sazonais. Muitas vezes, o ritual inclui uma performance dramática ou uma peça de mistério relacionada ao mito. Os principais personagens de nossos dramas sazonais são a Mãe Terra (*Gaia*), o Pai Sol e seus filhos: o frondoso Homem Verde (*Floro*) e a Dama Florida (*Flora/Coré*), além do Homem Vermelho cornífero (*Fauno/Pã*) e da Dama peluda (*Fauna*). Para saber mais sobre esses personagens, veja 2.II: "A Alma da Natureza".

Vou falar um pouco sobre a celebração desses Sabás em minha comunidade, onde nos reunimos em nossa terra sagrada de 55 acres de *Annwfn* (AN-uh-vun). Também celebramos com nossa família em casa – o Porto do Corvo.

YULE – O Sol renasce (renovação); Oimelc – Gaia, Fauna/Flora (criativa, feminina); Ostara – 4 Gêmeos nascem: FloFloro-Fauna/Fauno (nascimento, plantio); Beltaine – Fauno, Flora/Floro (vida/sexo); LITHA – Gaia, Sol (abundância); Lughnasadh – Sol, Fauno/Floro (competitivo, masculino); MABON – Floro morre (colheita, morte); Samhain – Fauna, Floro/Fauno (ancestrais, morte).

Ritos semelhantes são realizados nesses períodos por quase todos os grupos mágicos do mundo inteiro. A única diferença ocorre entre o Hemisfério Norte e o Hemisfério Sul. Ao sul do Equador, as estações são invertidas e, assim, as datas de calendário da roda para esses Sabás são opostas. Para os que não participam de um grande grupo, vou dar algumas ideias para suas próprias celebrações – sozinho ou com a família. Em cada Sabá, você deve refazer o seu altar com panos da cor apropriada, velas e decorações sazonais.

Como a Roda do Ano forma um Círculo, qualquer ponto de partida é arbitrário e muitos desses Sabás são considerados o Ano-Novo em diversas tradições. Para os fins deste livro, começaremos como se estivéssemos formando o Círculo, com o leste e o Festival da Primavera:

Lição 2: Eostara

*Com o dia e a noite em medida
O Carneiro Cornífero é rei
E semeia com extremo prazer
A semente que faz brotar a
Primavera.
Segura é a guarda de Rowan –
Toda doença foi amarrada.
O fogo primaveril desperta do
sono
O verde embaixo do solo.*
— Leigh Ann Hussey

Eostara (Ioh-STAR-ah), também denominado *Auge da Primavera*, é o Sabá do *Equinócio Vernal* (de Primavera), que ocorre por volta de 21 de março. O dia e a noite têm a mesma duração. Eostara recebeu o nome de Eostre ("Estrela do leste", ou seja, o planeta Vênus), a Deusa saxã da aurora e da fertilidade, que em outros lugares é chamada Ishtar, Astarteia, Ashera, Afrodite, Inana e Vênus. O *ciclo do estro* feminino, relacionado à fertilidade e à sexualidade, recebeu o nome dela. Eostara foi cristianizada como *Easter* (Páscoa), outra variante do nome da Deusa. Ovos, coelhos e patinhos são todos símbolos de fertilidade universalmente associados a esse festival.

Esse é o Ano-Novo do calendário zodiacal; o nome de cada era astrológica de 2.167 anos baseia-se nos signos em que o Equinócio da Primavera cai em sua contínua precessão (ver 2.II.6: "Os ciclos do tempo"). Eostara é um festival que celebra a fertilidade e o nascimento, quando a Mãe Terra dá à luz dois pares de Gêmeos Sagrados: o Homem Verde e a Donzela Verde e o Homem Vermelho e a Donzela Vermelha, que representavam as plantas e animais. Biscoitos marcados com cruzes (*paska*) são uma guloseima tradicional e representam o Sol equilibrado. No Círculo de Elêusis, Perséfone retorna de seus seis meses no Mundo Subterrâneo, renascida como Kore, a Donzela das Flores.

Em Annwfn e Porto do Corvo

Em Annwfn e no Porto do Corvo, as crianças pintam ovos de Eostara e cada ovo recebe o nome de uma Deusa. Esses "ovos oraculares" são escolhidos, às cegas, de um cesto, e cada pessoa deve aprender as lições da Deusa que escolheram no ano seguinte. Também vamos ao belo jardim de Annwfn, onde todos plantam as primeiras flores, ervas e vegetais.

Em sua casa

Eostara é um período de novos inícios e de plantar feitiços para uma colheita futura. Celebra os primeiros dias da primavera rompendo os elos mortos do inverno. Durante a semana anterior, você deve fazer a lista de todos os maus sentimentos ou discussões que você possa ter tido com sua família e amigos. Escreva-os em um pedaço de papel e procure resolver tudo com pedidos de desculpas, compensações ou o que for preciso para restaurar o equilíbrio. Em Eostara, tendo equilibrado seu carma, queime o papel para limpar a sua ficha cármica.

Eostara é a época em que celebramos o despertar da Terra. Você pode pintar seus próprios ovos de Eostara e pedir que alguém os esconda (você nunca é velho demais para decorar ovos; eu ainda faço isso e todos gostamos de fazê-los o mais artístico possível!). Esta também é uma época particularmente apropriada para iniciar seu jardim mágico com as primeiras plantas. Dê as boas-vindas aos espíritos da natureza em seu jardim e energize as sementes que você plantar. Monte um altar de jardim com ovos coloridos, coelhinhos, animaizinhos e flores; use um pano de altar e velas verde-claras. E faça alguns deliciosos biscoitos de cruz!

Lição 3: Beltaine

Com fitas que giram em espiral,
Dançamos no poste de Beltaine.
Os Elfos estão soltos no ar,
Mundos divididos estão inteiros.
O Espinheiro traz na brancura
A bênção de Maio;
No alto, o brilho da fogueira
O mau agouro afasta.
Leigh Ann Hussey

Beltaine ou *Dia de Maio* (tradicionalmente em 1º de maio, mas, astrologicamente, muitos dias depois, a 15 graus de Touro) é a grande celebração da sexualidade. O casamento sagrado do Homem Vermelho (Robin, Fauna) e da Dama Verde (Marion, Flora, Blodeuwedd, Maia) é celebrado no rito do *Maypole* (porém, casamentos em maio entre os mortais são considerados de mau agouro, já que estão ligados à destruição do Rei de Maio). Conta-se que pular a fogueira feita de nove madeiras sagradas traz proteção contra o mal, boa sorte e aumenta a fertilidade. Guirlandas de flores são usadas e Cestas de Maio são deixadas na porta das pessoas amadas. A Dama Verde dança com o Homem Vermelho e os homens podem se vestir como mulheres. É tradicional usar verde, a cor das fadas. Os antigos povos célticos traziam seus rebanhos para perto dos fogos de Beltaine, orando pela saúde e pela proteção dos animais. Também chamado de *Dia de Flora, Dia da Lebre* e *Início do Verão*, Beltaine foi cristianizado como *Rudemas*.

Na noite anterior (noite de maio), é chamada de *Walpurgisnacht* (esse nome supostamente vem de Santa Walpurgis, uma missionária inglesa que morreu na Alemanha em 780 d.C.; mas *Walburg* é um antigo nome teutônico para a Mãe Terra). Essa noite celebra a concepção da Primavera por Wodan e Freya e a fogueira deve ser acesa usando uma faísca de pederneira e aço. Antigamente, grandes fogueiras eram acesas no alto das montanhas para simbolizar a vinda da Primavera e para orar por um verão abundante. Walpurgisnacht tradicionalmente é considerada uma noite de loucura, quando o véu entre os mundos está particularmente fino; é o ponto do ano oposto a Samhain e o início da metade do Verão do ano. No período clássico, a Noite de Maio era o festival de Hades, senhor do Mundo Subterrâneo.

Em Annwfn

Em Annwfn, realizamos um ritual e um Bárdico que duram a noite inteira na Walpurgisnacht, em geral com um tema relacionado a uma jornada ao Reino Mítico ou Reino das Fadas. Organizamos jogos libertinos para escolher a Rainha e o Rei de Maio, que são coroados como o Homem Cornífero (Robin) e a Dama das Flores (Marion) e representam os homens e mulheres de nossa comunidade durante seu reinado (até o Samhain para o rei; o ano inteiro para a rainha). As crianças também escolhem uma Princesa e um Príncipe de Maio e a nova Corte Real se reúne nos festivais durante a estação do verão. Ao longo do ano, eles visitam a casa das pessoas e distribuem bênçãos.

A dança do *Maypole* é a peça central de Beltaine. As mulheres preparam a coroa, o Círculo, o Portão e o buraco do *Maypole*, decorando-os com fitas e flores, enquanto os homens vão buscar o imenso poste de seis metros. O poste é levado em procissão no ombro dos homens, guiados pelo rei. Passa pelo portão com grandes regozijos, é coroado, posto no buraco e erguido (ancorado com pedras). Cada um pega a ponta de uma das muitas fitas penduradas na coroa e fazemos uma dança circular até envolver o poste e o Rei ao som de gaitas de fole e tambores. O rito do *Maypole* é o casamento sagrado da nova rainha e do novo rei; ele é amarrado ao poste enquanto ela dança em torno dele.

Em sua casa

Beltaine é um período de namoro e, se houver alguém de quem você goste especialmente (incluindo sua mãe), esta é uma ocasião perfeita para oferecer um Cesto de Maio cheio de flores frescas. Decore seu altar com flores da primavera e fitas coloridas; use um pano de altar verde-escuro e velas. Faça e use guirlandas de flores. Este é um festival da regeneração da Terra. Expresse amor e carinho aos seus próximos; alimentem-se em uma refeição ritual especial. Você pode até escolher uma Rainha e um Rei de Maio.

Se você tiver espaço no quintal, pode armar um *maypole* – com pelo menos 3 metros de altura! As fitas devem ser mais ou menos uma vez e meia maiores que o poste e amarradas na extremidade superior, antes que o poste seja erguido. Deve haver um número par e é melhor que sejam apenas de duas cores: vermelho e verde (ou vermelho e branco). Deve haver um dançarino para cada fita, por isso, se houver apenas quatro pessoas, use apenas quatro fitas. As pessoas alternam as cores das fitas virando-se para o lado oposto: quem está com a fita vermelha gira para a esquerda, no sentido horário, e quem está com a fita verde vira-se para a direita, no sentido anti-horário.

Para a dança, basta fazer um zigue-zague entre as pessoas que vêm em sua direção, passando a fita por cima e depois por baixo delas, alternadamente. Finalmente, quando as fitas estiverem curtas demais para continuar a dança, todos os dançarinos andam no sentido horário para acabar de enrolar o restante em torno do poste e as amarram como um feitiço de prosperidade e crescimento para o ano que virá. Depois, ao descer o poste, você verá que o tubo de fitas pode ser retirado como uma meia e guardado como um patuá especial para os amantes. É um lindo presente de casamento!

Lição 4: Litha

> Quando o dia é mais longo,
> Pessoas, campos e rebanhos prosperam;
> A luz do Sol é mais forte
> Alimenta tudo o que vive.
> A Bétula imponente, tão esplêndida,
> Traz consigo todas as coisas boas.
> A fogueira de verão é acesa
> Como um gêmeo do brilhante Sol.
>
> Leigh Ann Hussey

Litha, também conhecida como *Meio do Verão*, é o S*olstício de Verão*, por volta de 21 de junho. Litha é o nome de uma Deusa saxônica dos grãos, correspondente a Deméter ou Ceres, e seu festival é de alegria, abundância e jogos. No Cristianismo, tornou-se o dia de São João. Nesse dia mais longo do ano, costuma-se fazer piqueniques, nadar e brincar na água, assim como acender fogueiras e soltar fogos de artifício à noite.

Por toda a Europa, os amantes dão as mãos ou atiram flores uns aos outros, de um lado a outro da fogueira ou pulam a fogueira juntos antes de desaparecer nas florestas e campos para dormir juntos sob as estrelas. Essa celebração é feita especificamente em honra da grande Mãe Terra, que nos alimenta com a generosidade de Seu caldeirão inesgotável, mas devemos também honrar o Pai Sol nesse período. Litha é um festival de famílias, parceiros de casamento e crianças. É a melhor época para o casamento e também uma época para visões do futuro e favores das fadas.

Em Annwfn e Porto do Corvo

Annwfn é parte de uma comunidade muito maior, de 5.600 acres, conhecida como Greenfield Ranch. Desde a fundação da comunidade, em 1972, o Solstício de Verão sempre foi a maior festa do ano, com natações, piqueniques, música ao vivo e diversão. Fazemos muitas brincadeiras na água no grande tanque do rancho: corridas de melancia, balé aquático, balanço na corda, pular na água do alto de árvores. Um grande Círculo é formado para abrir um guarda-chuva mágico de invisibilidade e proteção sobre toda a região. Fogos de artifício iluminam a noite e há tambores e danças em torno da grande fogueira. Às vezes, temos até uma performance dramática, como o *Sonho de uma noite de verão,* de Shakespeare, em que as crianças representam papéis.

Por 11 anos, vivi com minha família ao lado do rio Rushing e muitas vezes festejávamos Litha em nossa praia. Uma das coisas que mais gostávamos de fazer era flutuar pelo rio em boias (ver 2.V.2: "O Rio") e chafurdar em um "lamaçal primitivo". Para isso púnhamos uma piscininha inflável dentro de poço cavado na areia, com uma fina camada de "lama" feita de água e engobo de porcelana finíssimo comprado na loja de cerâmica. Também fazíamos tigelas de lama colorida com pigmentos em pó e pintávamos uns aos outros. Deixávamos a lama secar no corpo e depois a lavávamos no rio.

Em sua casa

Litha é uma época sagrada para a magia de todos os tipos. Celebre o sacrifício e a renovação da natureza e faça mudanças em sua própria vida. Fabrique um talismã solar protetor para pendurar na porta. Cuide de suas plantações e colha ervas mágicas do jardim. Decore seus altares com flores do verão; use uma toalha de altar e velas brancas e encha seu cálice com água. Litha é também um período especial para honrar e abençoar animais, por isso leve suas mascotes e familiares para o Círculo. Dedique-lhes cuidados e atenção especiais, deixando-os saber o quanto você os ama.

Como Litha vem logo antes do Dia da Independência dos Estados Unidos, em 4 de julho, não é difícil encontrar fogos de artifício (a menos que você viva em uma região muito seca, em que haja perigo de incêndio no verão). Meus favoritos são as fontes, que podem ser soltas com segurança em uma praia, em torno de uma fogueira ou na rua. Elas têm as faíscas coloridas e os efeitos especiais dos foguetões, mas sem o perigo de atirá-los no ar. Cada fogo de artifício pode ser disparado como um feitiço, dizendo um propósito antes de acendê-lo. Sempre mantenha uma mangueira a postos para o caso de alguma fagulha escapar!

Lição 5: Lughnasadh

Para Lughnasad surgem
os primeiros frutos do grão,
John Barleycorn é arrancado
Mas cresce novamente.
O Carvalho é porta de maravilhas;
O Ramo Dourado carrega.
O fogo de Lammas parte
As preocupações e tristezas.
                Leigh Ann Hussey

Lughnasad (significa "Jogos de Lugh"), tradicionalmente em 1º de agosto, mas astrologicamente muitos dias depois (a 15 graus de Leão), recebe o nome de Lugh, um deus solar irlandês. Era tradição realizar festivais nesse período. Essa bênção dos primeiros frutos, que marca o início do "Outono pesaroso da Terra", como disse Emer a seu marido Cuchulain, é também chamado de *Bron Trogain*, ou "Início da colheita". Como a *festa do pão*, é comemorado assando os primeiros pães dos primeiros grãos a serem colhidos; o pão representa o corpo do Deus decaído.

Lughnasad, antigamente um festival de um mês realizado na Irlanda, em Teltown, às margens do rio Boyne (que recebeu o nome da deusa vaca Boann,

"Aquela das pegadas brancas", ou seja, a Via Láctea), é tradicionalmente celebrado com jogos competitivos entre homens e meninos. Os vencedores são declarados campeões e heróis e considerados responsáveis pela defesa da aldeia. Este é um festival dedicado à energia masculina; os sacerdotes representam o Homem Verde e o Homem Vermelho e lideram equipes opostas. Os jogos Tailteanos irlandeses eram feitos, originalmente, em honra de Tailtiu, mãe de Lugh; mas outros jogos masculinos competitivos de força e habilidade também eram feitos tradicionalmente nesta época, incluindo as Olimpíadas, os Jogos Panatenéicos, os Jogos das Highlands e a temporada moderna de futebol americano. Também é um período de iniciações masculinas. Esse festival foi cristianizado como *Lammas*, ou "Loafmass" (missa do pão).

Em Annwfn

Realizamos os jogos de Lugh em Lughnasad e damos prêmios divertidos especiais aos vencedores de diversas categorias. Os tradicionais cinco jogos (pentatlo) são: a corrida (corrida de velocidade de 50 ou cem metros); salto em distância (tomando impulso, sobre uma caixa de areia); luta corpo-a-corpo (pegadas apenas acima da cintura; quem fizer os ombros do outro tocarem o chão ganha); arremesso de peso (uma bola de boliche tem mais ou menos o tamanho e o peso certos; ganha quem jogar mais longe); e arremesso de dardo (um bastão longo, como um mastro de bandeira, atirado em um alvo de feno; o vencedor é aquele que chegar mais perto do alvo).

Em sua casa

Conforme o verão passa, lembramo-nos de seu calor e da generosidade no alimento que ingerimos. Cada refeição é uma sintonização com a natureza e somos lembrados de que tudo muda. Lughnasad é o primeiro das três Colheitas e Ações de Graças. Asse um pão em um ritual especial (pão de milho, por exemplo), incluindo algumas frutinhas que você mesmo tenha colhido. Divida com seus amigos e família, com agradecimentos e bênçãos. Vá acampar se puder; ou pelo menos, passe o dia fora, talvez no parque, faça um piquenique e jogue jogos movimentados, como queimada e *frisbee*, com seus amigos. É especialmente divertido e tradicional brincar de esconde-esconde à noite, quando começa a escurecer. Lughnasad é um bom período para fazer e abençoar ferramentas mágicas. Decore seu altar com flores de verão e alimentos dos campos (especialmente grãos, como milho e sementes de gramíneas); use uma toalha de altar e velas amarelas.

Lição 6: Mabon

*Louvamos a Terra que nos alimenta,
E cuidamos do Lar da Colheita
O gamo com passo leve nos leva
A dançar a estação que chega.
O Freixo liga os mundos, entrelaçando
Nossos reinos com Deuses e Elfos.
A fogueira abençoa, brilhante,
Nosso alimento, nossa bebida, nós mesmos.*

Leigh Ann Hussey

Mabon, ou *Equinócio de Outono*, recebe o nome do deus galês da colheita, o filho sagrado de Modron ("A Grande Mãe"). Ele é o Homem Verde cujo sangue é uma bebida inebriante: Dioniso (vinho), Osíris (cerveja) e John Barleycorn (uísque). O Loureiro é consagrado a Mabon, pois a sua ação mágica é a preservação, uma função da colheita honrada pelo tempo. Também conhecido como *Lar da Colheita, Festa do milho, Dia da Mistura, Colheita* e *Altura da Colheita*, esse festival comemora o sacrifício ritual do deus Verde e sua descida ao Mundo Subterrâneo, além da arte do cervejeiro que produz o sacramento desta estação. Em Nor Califia, onde vivo, ele é o festival da colheita da uva.

Na Letônia, esse festival da colheita é chamado de *Vela Laiks*, o "Período dos Mortos". Como em Eostara, o dia e a noite têm o mesmo tamanho. O Lar da Colheita é um nome tradicional para essa festa de Ação de Graças na Inglaterra, mas os peregrinos de Plymouth têm uma colheita posterior, de forma que a Ação de Graças americana é celebrada muito mais tarde. A tradição mais universal na Europa era "Boneca de Milho", feita da última espiga a ser colhida. Acreditava-se que o espírito do grão residia nessa boneca e deveria ser tratado de acordo, comandando a festa da colheita.

Em Annwfn

A Lua cheia mais próxima ao Equinócio de Outono é a época dos Mistérios de Elêusis e, desde 1990, as pessoas de minha tradição fazem uma recriação anual desse antigo festival grego, no qual Perséfone, a Dama das Flores, é abduzida por Hades, senhor do Mundo Subterrâneo, para ser sua rainha pelos seis meses seguintes até o seu retorno no Equinócio da Primavera. Os escolhidos para representar o papel de Hades e Perséfone nesse rito se tornam a realeza do Mundo Subterrâneo pelo inverno por metade do ano, reunindo a corte no Samhain e oferecendo conselho em assuntos que tratam de questões pessoais com o Mundo Subterrâneo.

Em sua casa

Mabon é um bom período para cortar novas varinhas e bastões de salgueiro. Faça uma pequena boneca de milho para seu altar de jardim com uma espiga, torcendo e dobrando a casca para formar um corpo, braços e pernas (faça a cabeça com parte da espiga, deixando um pedaço pequeno preso ao resto). Decore seu altar com folhas coloridas de outono e pequenas cabaças, nozes, milho seco, sementes, bolotas e pinhas; use um pano de altar e velas laranja e marrom.

Dê uma festa de despedida para o Homem Verde e energize sementes para a plantação do ano seguinte. Prepare uma refeição para os entes queridos – ou, pelo menos, faça alguma comida especial para compartilhar. Agradeça por tudo o que você escolheu nessa época. Lembre-se: "Uma atitude de gratidão é a orientação para a dança de Gaia!". Escreva em um papel as coisas que você plantou em sua vida neste ano e que agora você está colhendo. Leia a lista em voz alta, dizendo: "Por todas essas coisas eu agradeço". Em seguida, queime o papel.

Lição 7: Samhain

Os mortos abençoados são santificados
A escuridão não tem temor
Quando os campos por fim estão incultos
No crepúsculo do ano.
O Teixo e a Aveleira mostram Renascimento e visão verdadeira.
As luzes das fogueiras brilhantes
demarcarão a passagem.

Leigh Ann Hussey

Samhain (que significa "Fim do Verão") é o festival celta dos mortos,* quando o véu entre os mundos está mais tênue e espíritos que partiram podem voltar para se relacionar com os vivos. Fogueiras eram acesas, e tochas acesas nas fogueiras eram carregadas pelas aldeias e pelos campos. Tradicionalmente celebrado em 31 de outubro, Samhain astrologicamente cai muitos dias depois, a 15 graus de Escorpião. É o ponto oposto a Beltaine no ano e é o Ano-Novo celta, que marca o início da metade invernal do ano. Também denominado *Terceira Colheita* ou *Início do Inverno*, esse festival foi fracamente cristianizado como *Dia de Todos os Santos*, sendo a noite anterior chamada de *All-Halloes, Hallowmas* ou *Hallowe'en*; é um dos festivais favoritos dos membros da comunidade mágica de todas as idades e uma ocasião para usar máscaras, escavar abóboras e brincar de "gostosuras ou travessuras". No México, é conhecido como *Dia de los Muertos*, o "Dia dos Mortos".

Em muitos países, acendem-se velas em todos os quartos e colocam-se comida e bebida para as almas. É uma época de honrar nossos ancestrais, lembrar nossos mortos e saudar nossos descendentes. O elemento mais importante da noite de Samhain é a Ceia Muda, uma refeição composta de alimentos do Mundo Subterrâneo (cogumelos, nozes, azeitonas pretas, carne de porco, feijão, chocolate, etc.) compartilhados em total silêncio, para a qual os espíritos dos mortos queridos são convidados a se juntar e ser lembrados com honra e amor.

Em Annfwn e Porto do Corvo

Em Annwfn, o Rei e a Rainha do Mundo Subterrâneo reúnem a corte, presidem a Ceia Muda e a deposição da

---

*N.E.: Sugerimos a leitura de *O Livro Celta dos Mortos*, de Caitlín Matthews, Madras Editora.

coroa do Rei de Maio (uma alternativa ao seu sacrifício ritual!). Um de nossos dramas rituais mostra a Dama Vermelha buscando o seu amor perdido, o Homem Verde, que desceu ao Mundo Subterrâneo, em Mabon, e agora tornou-se o rei de lá. Essa é uma época boa para *adivinhação* em bola de cristal ou em um espelho negro. Considera-se que o Círculo de Samhain é realizado no Mundo Subterrâneo e as energias se movem no sentido anti-horário.

No Porto do Corvo, todos saímos nessa estação para redecorar completamente a nossa casa vitoriana com teias de aranha, esqueletos de plástico, máscaras, panos negros, lâmpadas e luz negra. No jardim, os pés de milho são amarrados juntos e fazemos alguns Zé-Lanternas bastante singulares. Em nosso quintal, criamos um "cemitério de família" especial para honrar nossos mortos e feridos. Fiz algumas lápides de isopor com nomes, datas e epitáfios para pessoas que conhecemos e que já morreram. Em meados de outubro, realizamos uma festa chamada "Reunião da Família Addams" e convidamos todos os nossos amigos para vestir suas melhores fantasias góticas e vitorianas.

Em sua casa

Há tantas coisas que se pode fazer no Samhain! Assombre a sua casa com decorações de Halloween, faça Zé-Lanternas, pendure "Fantasmas" (balões cobertos com panos de prato) nas árvores e dê uma festa à fantasia para seus amigos. Uma coisa muito especial que pode ser feita nessa época é um altar em honra de seus ancestrais. Consiga pequenas fotografias de avós que já se foram ou de qualquer pessoa que você ame e admire, e que não esteja mais viva. Faça belas molduras, com uma pequena etiqueta, e arrume-as em seu altar. Use um pano de altar e velas pretas, penas pretas, uma pequena ampulheta, uma romã e outros itens que simbolizem a morte. Se você tiver algum pequeno crânio ou ossos de animais, pode usá-los também. É divertido fazer e decorar caveiras de açúcar tradicionais do Dia dos Mortos mexicano e elas também podem fazer parte do seu altar dos ancestrais. Samhain é uma época especialmente boa para adivinhações e necromancia, pois tem ligações com o mundo dos espíritos.

Lição 8: Yule

Yule vem com alegria
Mesmo com tempo inclemente,
E expulsa toda tristeza
De todo coração e mente.
O abeto e o pinho e o azevinho
São a prova de que a vida vai durar;
O tronco de Yule que arde com rumor
Desafia o vento gelado.
            Leigh Ann Hussey

Yule (significa "Roda" em norueguês) é um festival do *Solstício de Inverno*, por volta de 21 de dezembro no

Hemisfério Norte, que é a noite mais longa do ano. Esse é um dos festivais mais universalmente celebrados e, nos países nórdicos, o mais importante, pois comemora o nascimento do deus-Sol menino do útero da noite. Yule também é conhecido como o Festival das Luzes, por todas as velas acesas nessa noite. Na antiga Roma, era chamado de *Natalis Solis Invicti* – "Nascimento do Sol invicto" – e ocorria durante o festival mais longo da *Saturnalia*, o maior festival do ano, do qual herdamos a nossa imagem do Ano-Novo, o velho Pai Tempo (Saturno) com sua foice. Yule é oposto a Litha e, embora a ênfase agora esteja no recém-nascido deus-Sol, a Mãe Terra ainda é honrada como a *Madonna* (mãe com filho no colo).

Yule foi o primeiro festival pagão a ser cristianizado, em 354 d.C., quando o nascimento de Jesus (originalmente no final de setembro) foi oficialmente transferido para o Solstício de Inverno e denominado *Natal*. Os muitos costumes associados a Yule (velas, árvores decoradas, bolo de Natal, guirlandas, decorações com pinhas, troca de presentes, brindes e canções, máscaras, visco, "enfeitar o salão com maços de azevinho", etc.) são todos pagãos e oferecem uma rica coleção de material para nossas celebrações contemporâneas. Não há registro de cristãos que decorassem a casa com sempre-vivas, azevinho, hera e árvores de "Natal" antes de 1605. Para os antigos, isso simbolizava a eterna vida da Natureza, já que essas plantas eram as únicas que permaneciam verdes durante o inverno. Esses costumes pagãos foram proibidos aos cristãos, mas, em 1644, eles haviam se difundido tanto que foram proscritos na Inglaterra por um ato do Parlamento.

No Porto do Corvo

Realizamos nossa celebração de Yule no grande salão, com uma enorme lareira (há muitos anos tem sido no Porto do Corvo). Enfeitamos uma grande árvore de Yule com decorações especiais, que colecionamos e fabricamos há décadas. Muitas vezes subi em um carvalho para cortar uma grande bola de visco, decorá-la com fitas metálicas e pendurar em uma viga.

Às vezes, realizávamos um drama ritual com a história do primeiro Yule, quando o Sol fugiu e as crianças tiveram de ir atrás dele e trazê-lo de volta. Alguns dos personagens de nosso ritual de Yule são a Rainha do Inverno, a Rainha da Noite, o Pai Inverno, o Pai Tempo, Lucia (uma donzela com uma coroa de velas) e sempre, obviamente, o jovem deus-Sol. Trazemos o tronco de Yule entre cantos e brindes. Fazemos uma boa ceia, bebemos *athelbros* (tradicional brinde escocês), trocamos presentes, canções e histórias em torno do fogo, mantendo a vigília até a alvorada. Acreditamos que *alguém* deve ficar acordado a noite inteira para ter a certeza de que o Sol vai nascer na manhã seguinte...

Em sua casa

Como Yule é a versão original do Natal, praticamente qualquer coisa que você faça para o Natal será apropriado também para Yule. Faça uma guirlanda para a porta da frente e decore a casa com lâmpadas pequenas. Enfeite os cômodos com ramos de azevinho, pinheiro, hera e visco. Monte uma árvore de Yule e decore-a com símbolos mágicos especiais, amuletos e talismãs feitos à mão (cascas de ovo vazias ficam lindas pintadas e decoradas). Também é tradicional pendurar frutas cítricas que representam o Sol. Se tiver uma lareira, pode decorá-la e queimar um tronco de Yule especial. Ao acendê-lo, faça promessas a respeito de novos projetos que você queira começar.

Enfeite seu altar com um Papai Noel, renas e pequenas decorações em forma de animais, presentes, árvores, flocos de neve, pingentes de gelo e todo o resto. Use uma toalha de altar vermelha e verde ou estenda uma folha de algodão sobre o altar para imitar neve. Acenda muitas velas verdes e vermelhas. E, o que é mais importante, faça presentes especiais para seus entes queridos. Podem ser obras de arte, artesanato, projetos ou colagens. Dê presentes de Yule aos pássaros e fadas pendurando ornamentos de frutas, nozes, sementes e frutinhas nos galhos das árvores fora de casa. Cordões de pipoca e de groselha são divertidos de fazer e as criaturas silvestres vão adorar! Você pode fazê-los primeiro para a sua árvore de dentro de casa e depois levá-los para fora.

Lição 9: Oimelc, Imbolc, Brigantia

*Com velas que rebrilham
Lá vem a dama de Imbolc
Com leite e mel que escorre,
lá se vai a fome invernal.
A Macieira em doces flores
mostra o mistério cinco vezes.
O fogo do poder de Brígida
Romperá o controle do Inverno.*
                    Leigh Ann Hussey

Oimelc e Imbolc são variantes do nome do Sabá Entre Quadrantes tradicionalmente celebrado no dia 2 de fevereiro, mas que astrologicamente cai muitos dias depois, a 15 graus de Aquário. *Oimelc* (I-melc) significa "leite de ovelha" e *Imbolc* significa "na barriga", caracterizando esse festival como um festival da gravidez, do nascimento e da lactação ("Quer leite?"). É a celebração do rompimento das cadeias do frio e do rompimento das águas, como os pares de Gêmeos sagrados no útero da Mãe-Terra. É um festival de luz e fertilidade, outrora marcada por enormes fogueiras, tochas, velas e fogo de todas as formas.

O Festival Celta da Luz Crescente também é chamado de *Brigantia* e é dedicado a Brígida, deusa irlandesa do fogo, da forja, da inspiração, da cura herbal, da poesia e do parto. Dentre os costumes desse festival, estão a fabricação de uma cama de Brigite e de uma boneca Brigite para dormir nela. Seu festival marca o início da estação do pastoreio e do cultivo. Oposto ao festival masculino de Lughnasad, Oimelc é celebrado com mistérios femininos e ritos de passagem para o mundo da mulher. É um período de iniciação diânica e celebração da fraternidade entre irmãs. Conhecido como *Dia da Dama* em algumas tradições wiccanas, Oimelc foi cristianizado como

Candlemas ou *Candelaria* e popularizado como *Dia da Marmota*.

Em Annwfn e Porto do Corvo

Brigite acende o fogo da forja e nos guia para os talismãs de ofício como símbolo de nossas promessas para completar algum projeto criativo durante o ano. A deusa reina e duas sacerdotisas podem assumir o papel das Damas Vermelha e Verde. No Bárdico de Brigite, diante do fogareiro, compartilhamos um chifre de hidromel e dividimos poesias, canções e histórias atribuídas à sua inspiração e dedicados a ela. Em honra das artes curativas de Brigite, oferecemos uns aos outros massagens nas costas e nos pés e bebemos bons chás herbais.

Em sua casa

Os fogos de Brigite representam nossa própria iluminação e inspiração, e também luz e calor. A principal ferramenta mágica desse Sabá é a vela. Convide seus amigos e família para um Círculo Bárdico em morro de Brigite. Peça que tragam poesias, canções, historinhas e mesmo piadas – o melhor é que eles mesmo as tenham escrito! Se tiver uma lareira em casa, acenda o fogo e algumas velas vermelhas e apague todas as outras luzes. Encha um chifre de beber ou um cálice com suco de maçã e passe pelo Círculo em sentido horário. Conforme o suco passa para cada pessoa e ela bebe, ela deve dividir alguma coisa que tenha escrito ou, pelo menos, contar uma piada.

Monte o seu altar para Brigite; use uma toalha de altar e velas vermelhas e brancas. Encha o seu cálice ou uma tigela de leite. É adequado incluir uma vassoura de palha e um caldeirão. Uma boneca de Brigite bem tradicional pode ser feita com um simples pregador de roupa embrulhado em tecido vermelho, como se fosse um vestido. Uma tradicional Cama de Brigite é apenas uma pequena tampa de caixa com um travesseiro, colcha e lençol feitos de retalhos. Os "pés" da cama podem ser feitos com alfinetes. Se estiver nevando, encha o seu cálice de neve, ponha no altar e deixe que ela derreta para apressar o fim do inverno e o início da primavera. Varra seu templo com a vassoura de palha: "varra o velho" para que haja espaço para o novo.

Sétima Aula: Encantamentos

1. Introdução aos feitiços

Grande parte do trabalho de magia se relaciona aos feitiços. O feitiço é um ato organizado, projetado e realizado para alterar as probabilidades na direção desejada; simplesmente, fazer que algo seja mais ou menos provável de acontecer. Há muitas técnicas para lançar feitiços. A ideia geral é reunir tantas correspondências, quanto possível, em um só lugar, para aumentar o nível das sincronicidades. Ao fazê-lo, alternam-se as probabilidades em um contínuo que parte da impossibilidade – improbabilidade – possibilidade – probabilidade – inevitabilidade – manifestação.

Seu ambiente ao lançar feitiços e fazer rituais é extremamente importante. Todas as diversas correspondências (velas, cores, incenso, etc.) têm a intenção de criar um espaço unificado e harmonioso para deixar sua mente em completo acordo com a intenção do feitiço. Portanto, o mais importante é que tudo *pareça certo para você*. Se você fizer um feitiço cuja receita peça uma combinação particular de raízes e ervas, mas você acha que alguma deve ser deixada de fora ou substituída – faça isso. Sempre siga os seus impulsos! Cada feitiço que você lança e trabalho que faz é outro exercício prático que aguça ainda mais seus próprios sentidos psíquicos e intuições e desenvolvem a sua própria magia pessoal. Por isso faça o que parece certo para *você* e, se não fizer sentido, não faça! Um princípio básico da magia é chamado de "Diddy-wa-diddy". Isso significa: se não sabe o que é, não mexa!

Todas as vezes em que lançar um feitiço, registre-o em seu Livro das Sombras (ver 3.II.7: "Livros de Magia"). Anote a data, dia da semana e hora usando os glifos astrológicos e planetários. Registre a cor das velas, incenso, cânticos e outros elementos. E, mais tarde, anote os resultados.

Lição 2: Quadrados mágicos e sigilos

Um quadrado mágico (*kamea*, em hebraico) é um arranjo de números em um quadrado, de forma que cada fileira e coluna apresente a mesma soma. Na maior parte dos quadrados mágicos, a soma das diagonais também é igual ao mesmo número. Todos os números, desde 1 até o número de divisões do quadrado, são usados. Assim, quadrados mágicos atribuídos aos sete planetas têm 9, 16, 25, 36, 49, 64 ou 81 divisões. Cada um desses *kamea* planetários também é associado a uma *sephirah* ("Esfera") da Árvore da Vida cabalística (ver 6.IV.3: "A Árvore da Vida").

O número de fileiras ou colunas é determinado pelo número das *Sephiroth* apropriadas em ordem (são dez no total, mas apenas sete são associadas aos planetas). Não é possível fazer um quadrado mágico com apenas uma ou duas fileiras e colunas, por isso começaremos com o número três. O *kamea* de Vênus, por exemplo, tem sete fileiras e colunas porque Vênus é atribuído a Netzach, a sétima *sephirah*. 7 x 7 = 49, por isso há 49 divisões no quadrado de Vênus. Eis os números e as *sephiroth* para cada um dos planetas:

Número	Sephirah	Planeta	Divisões	Soma
3	Binah	Saturno	9	15
4	Chesed	Júpiter	16	34
5	Geburah	Marte	25	65
6	Tiphareth	Sol	36	111
7	Netzach	Vênus	49	175
8	Hod	Mercúrio	64	260
9	Yesod	Lua	81	369

Os quadrados mágicos são usados na produção de sigilos na magia talismânica. Cada *kamea* tem um *selo*, que é um desenho que toca todos os números do quadrado. O selo representa a epítome ou síntese do *kamea* e serve como sua testemunha ou governante. A cada *kamea* planetário também é atribuído um "Espírito" ou "Inteligência". A Inteligência é considerada uma entidade orientadora e inspiradora, ao passo que o Espírito é considerado mais uma força neutra. Cada Inteligência e cada Espírito têm um sigilo que representa o seu nome associado, número, poderes, etc. Um sigilo é apenas um outro modo

de representar um nome e, magicamente, eles são totalmente equivalentes. Os sigilos são criados, primeiro, com a conversão das letras do nome do Espírito ou da Inteligência em números e depois traçando uma linha de número para número no quadrado apropriado.

O mesmo sistema pode ser usado para criar um sigilo para qualquer palavra ou nome, incluindo o seu nome mágico – ele é traçado em um *kamea* planetário para refletir a influência daquele planeta. Deve-se atribuir um número a cada letra do alfabeto da seguinte maneira:

Número	1	2	3	4	5	6	7	8	9
Letras	A	B	C	D	E	F	G	H	I
	J	K	L	M	N	O	P	Q	R
	S	T	U	V	W	X	Y	Z	

Usando esta tabela, basta substituir as letras de uma palavra ou nome pelos números equivalentes. Por exemplo, meu primeiro nome, Oberon, é escrito em números como: 625965. Para criar um sigilo para mim sob a influência do Sol, eu uso o quadrado do Sol, que é:

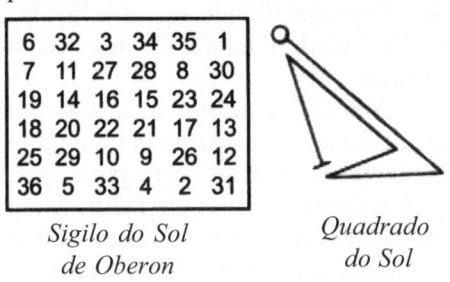

```
 6  32   3  34  35   1
 7  11  27  28   8  30
19  14  16  15  23  24
18  20  22  21  17  13
25  29  10   9  26  12
36   5  33   4   2  31
```

Sigilo do Sol de Oberon

Quadrado do Sol

Primeiro, pus um pedaço de papel vegetal sobre o *kamea* apropriado. Desenhei um pequeno círculo sobre a primeira letra/número do meu nome: "6". Daí, usando uma régua, desenhei uma linha reta até o meio da próxima letra/ número: "2". Daí uma linha reta até "5", outra até "9", de volta ao "6" (ao lado da linha anterior) e, finalmente, de volta ao "5", indicando o final por outro pequeno círculo ou barra. Meu sigilo final, então, aparece como na ilustração.

Isso significa "Oberon sob a influência dos atributos solares". Agora tente com seu próprio nome! Quando você fizer um talismã planetário, desenhe o seu sigilo apropriado no lado de trás para sintonizar o talismã a você. É por isso que esses talismãs devem ser feitos pela pessoa a quem vão servir.

Lição 3: Talismãs das potências planetárias

Os feitiços podem ser feitos para praticamente todos os propósitos imagináveis, mas a maioria deles pode ser agrupada sob as influências e correspondências das sete potências planetárias. Estude as tabelas de correspondência (3.VI) e 4.V.4: "Aspectos planetários" para descobrir que tipo de feitiço é certo a cada planeta e depois reúna todo o material associado (cores, velas, ervas, incenso, animais, metais etc.). Realize seus feitiços no dia e na hora planetários e aumente o foco com os instrumentos apropriados.

Eis uma descrição mais detalhada desses aspectos planetários relacionados aos feitiços, com os quadrados e sigilos para talismãs de pentáculo. Embora esses talismãs idealmente devam ser gravados em discos do metal apropriado, podem simplesmente ser desenhados em papel colorido, pergaminho ou tecido para uso em feitiços e encantamentos. Estão listados por ordem de *kamea*:

♄ Saturno (3)

Pentáculo de Saturno:

Cor positiva – índigo
Cor negativa – preto

4	9	2
3	5	7
8	1	6

Quadrado de Saturno = 15

Selo do Espírito
Selo do Caráter
Selo da Inteligência

Governa: vida longa, construção, proteção, estabilidade, segurança, colheita e destruição. Pessoas maduras, planos antigos, dívidas e quitação, agricultura, propriedade imobiliária, morte, testamentos, estabilidade, inércia.

♃ Júpiter (4)

Pentáculo de Júpiter:

Cor positiva – azul
Cor negativa – roxo

4	14	15	1
9	7	6	12
5	11	10	8
16	2	3	13

Quadrado de Júpiter = 34

Selo do Espírito
Selo do Caráter
Selo da Inteligência

Governa: riqueza, saúde, honra, amizade, paz, fama, sucesso e poder político. Abundância, plenitude, crescimento, expansão, generosidade, espiritualidade, longas viagens, banqueiros, credores, devedores, apostas.

♂ Marte (5)
Pentáculo de Marte:

Cores positiva e negativa
vermelho brilhante

11	24	7	20	3
4	12	25	8	16
17	5	13	21	9
10	18	1	14	22
23	6	19	2	15

Quadrado de Marte = 65

Selo do Espírito
Selo do Caráter
Selo da Inteligência

Governa: poder físico, força, coragem, vitória na guerra e derrota de inimigos. Energia, pressa, raiva, construção ou destruição, perigo, cirurgia, vitalidade, magnetismo e força de vontade.

☉ Sol (6)
Pentáculo do Sol:

Cor positivo – laranja
Cor negativa – amarelo

6	32	3	34	35	1
7	11	27	28	8	30
19	14	16	15	23	24
18	20	22	21	17	13
25	29	10	9	26	12
36	5	33	4	2	31

Quadrado do Sol = 111

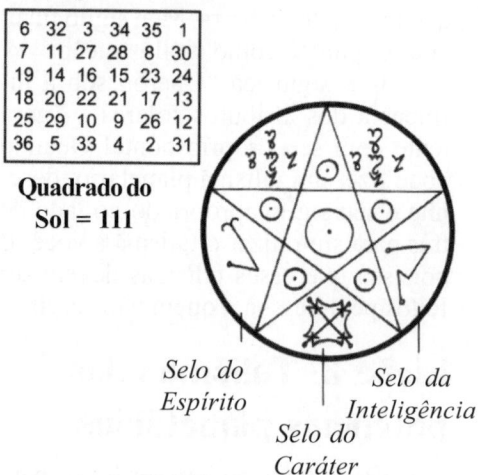

Selo do Espírito
Selo do Caráter
Selo da Inteligência

Governa: esperança, riquezas, honra, respeito, sucesso, boa fortuna e encontrar um tesouro. Superiores, empregadores, executivos, oficiais, vida, iluminação, imaginação, poder mental, riqueza, crescimento de todos os tipos.

♀ Vênus (7)
Pentáculo e de Vênus:

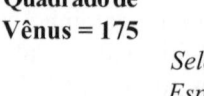

Cores positiva e negativa
– verde esmeralda

22	47	16	41	10	35	4
5	23	48	17	42	11	29
30	6	24	49	18	36	12
13	31	7	25	43	19	37
38	14	32	1	26	44	20
21	39	8	33	2	27	45
46	15	40	9	34	3	28

Quadrado de Vênus = 175

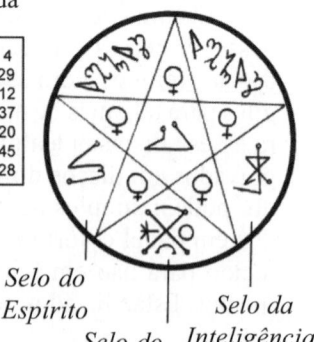

Selo do Espírito
Selo do Caráter
Selo da Inteligência

Governa: amor, amizade, prazer, paixão, sexo, paz, felicidade, fertilidade e segurança. Assuntos sociais, afeições e emoções, mulheres, jovens, todos os prazeres, artes, música, beleza, extravagância, luxo e comodismo.

☿ Mercúrio (8)
Pentáculo de Mercúrio:

Cor positiva – amarelo
Cor negativa – laranja

8	58	59	5	4	62	63	1
49	15	14	52	53	11	10	56
41	23	22	44	48	19	18	45
32	34	38	29	25	35	39	28
40	26	27	37	36	30	31	33
17	47	43	20	21	46	42	24
9	55	34	12	13	51	50	16
64	2	3	61	60	6	7	57

Quadrado de Mercúrio = 260

Selo do Espírito *Selo do Caráter* *Selo da Inteligência*

Governa: comunicação, magia, memória, adivinhação, verdade e julgamento. Assuntos de negócios, compra e venda, barganha, capacidades literárias, escrita, livros, papéis, contratos, viagens curtas, vizinhos, dar e obter informação, amigos intelectuais.

☽ Lua (☾)
Pentáculo de Luna:

Cor positiva – violeta
Cor negativa – azul

37	78	29	70	21	62	13	54	5
6	38	79	30	71	22	63	14	46
47	7	39	80	31	72	23	55	15
16	48	8	40	81	32	64	24	56
57	17	49	9	41	73	33	65	25
26	58	18	50	1	42	74	34	66
67	27	59	10	51	2	43	75	35
36	68	19	60	11	52	3	44	76
77	28	69	20	61	12	53	4	45

Quadrado de Luna = 369

Selo do Espírito
Selo da Inteligência
Selo do Caráter

Governa: sonhos, visões proféticas, segurança, prevenção de roubo, resolução de brigas. Mulheres, público geral, personalidade, mudanças e oscilações, viagens breves e remoções, reações de sentido.

Lição 4: Potências Elementais

Como no caso dos aspectos planetários, outra consideração ao fazer feitiços são as associações elementais. Ver 2.III: "Os Elementos" e também 3.VI: "Tabelas de correspondência". Eis alguns dos principais assuntos associados aos diversos Elementos:

△ **AR:** sabedoria, pensamento, comunicação, inteligência, lógica, matemática, memória, educação, música.

△**FOGO:** paixão, sexo, sucesso, carreira, ambição, objetivos, coragem, energia, movimento rápido.

▽**ÁGUA:** emoções, bebida, objetivos psíquicos, psicologia, sonhos, imaginação.

▽**TERRA:** saúde física, alimento, riqueza material, manifestação, proteção, amarração.

△△**AR/FOGO:** beleza, arte, espiritualidade, reencarnação, sorte, apostas.

△▽**FOGO/ÁGUA:** amor romântico, relacionamento, parceria, alma gêmea.

▽▽**ÁGUA/TERRA:** alegria, fertilidade, jardinagem, cozinha, assuntos domésticos.

▽△**TERRA/AR:** negócios, viagem, aventura.

△▽**AR/ÁGUA:** harmonia, dança, festas, assuntos sociais.

▽△**TERRA/FOGO:** política, esportes, competição.

Lição 5: Feitiçaria

Ao fazer feitiços, há dois tipos de cânticos – aqueles ensinados em Grimórios ou livros de feitiços e aqueles que você inventa. Os dois têm suas vantagens. Aqueles que já foram usados por algum tempo por muitas outras pessoas adquiriram uma certa carga mágica e, ao usá-los, você também está tomando parte de toda aquela *ressonância mórfica*. No entanto, aqueles que você cria são obra de sua própria visão, imaginação e Vontade mágica e se tornam uma força poderosa quanto mais usados forem. Os poderes da mente subconsciente são mais facilmente atingidos ao criar visualizações na cabeça e pelo tipo de cânticos e encantamentos que usam tanto a rima quanto o ritmo. Isso ocorre porque esses elementos operam no hemisfério direito do cérebro, conectando você diretamente aos reinos mágicos superiores.

É muito comum acender velas de cores determinadas para feitiços (ver 4.I.5: "Magia das Velas"). Use velas em qualquer feitiço para aumentar ou sintonizar a influência das correspondências planetárias, elementais ou outras. Muitos usuários de magia falam de distinções entre a magia "Branca", "Cinza" e "Negra", em uma gama que vai da boa à má. Isso não tem nada a ver com a natureza da verdadeira magia (ver 1. III.7: "As cores da magia"), mas, sim, com as *intenções* e propósitos para os quais é usada. Essas intenções são determinadas pela ética do praticante e devem ser consideradas antes de qualquer feitiço.

Magia branca: magia que afeta apenas você e não envolve a vontade de outros. Por exemplo, atrair amor, aumentar a riqueza/prosperidade ou proteger o lar. Não há nenhum mal nesses usos e nenhum problema ético.

Magia cinza: magia que afeta a vontade de outra pessoa em um certo grau. Pode alterar as escolhas, a forma de vida ou a comunidade dessas pessoas, mas não de forma drástica ou permanente. Por exemplo, um feitiço para fazer com que alguém se apaixone por você, uma cura, um feitiço de amarração para os atos maliciosos de alguém ou um feitiço para aumentar a harmonia com alguém que não gosta de você. Esses propósitos podem ser eticamente questionáveis.

Magia negra: magia que impõe sua vontade sobre uma outra pessoa de modo forte, obrigatório ou permanente e que é feita para causar prejuízo, dor ou morte. Por exemplo, um feitiço para causar dor, danificar propriedade ou exercer controle/poder sobre alguém. Esses são os tipos de feitiços praticados pelos esconjuradores. Esses propósitos são altamente antiéticos e devem ser evitados pelos feiticeiros.

O número de encantamentos e feitiços possíveis é de fato ilimitado. Há livros inteiros dedicados apenas a feitiçaria e volumes de folclore em que eles foram coletados. Além dos anteriormente mencionados, o livro de Patrícia Telesco, membro do *Cray Council*, *The Magick of Folk Wisdom,* é uma grande referência, assim como *Witches Workbook* de Ann Gramarie, *Good Spell Book* de Gillian Kemp e *Crone's Bok of Words* de Valerie Worth. Esses são alguns dos meus favoritos, além daqueles que Morning Glory e eu inventamos e usamos. Logo que você pegar o jeito, pode até mesmo começar a criar seus próprios feitiços!

O Mago

Boa sorte e sucesso ☉ ♃

SAQUINHO-TALISMÃ

Faça um saquinho-talismã para guardar pequenos amuletos, talismãs, etc. Eles também são chamados de saquinhos de medicina, bolsinhas de espírito, saquinhos de conjuração ou *gris-gris* (gri-gri). Corte uma rodela de 15 centímetros de tecido, flanela ou camurça. Vermelho sempre é uma boa cor para um saquinho-talismã, ou escolha uma cor adequada da lista em 1.III.6: "As cores da magia". Faça uma série de furos em torno da extremidade externa e passe um cordão vermelho de 75 centímetros por eles, amarrando as pontas. Ao fazê-lo, diga:

> Costuro esta bolsinha para sorte e riqueza
> Com o cordão vermelho para amor e saúde
> Que ela mantenha de noite e de dia
> O infortúnio e a doença longe de mim!

Gerina Dunwich

PARA TER SUCESSO NO TRABALHO

Em um pedaço de pergaminho, inscreva um sigilo do Sol de um lado e um sigilo de Júpiter do outro. Diga:

> Minha Vontade de ferro, minha habilidade paciente,
> Neste talismã instilam
> Que o negócio terá sucesso.
> É o que quero, e que assim seja!

☉ ♃

Então, prenda a ele um objeto associado ao seu trabalho e mantenha os dois juntos no altar (ou no seu local de trabalho).

MOEDAS

Uma moeda de prata enterrada sob o umbral da porta de sua casa traz prosperidade e boa fortuna. Se você vive em apartamento, tente colocá-la debaixo de um vaso ou prenda-a com fita adesiva debaixo do capacho.

(Patricia Telesco)

CORDÃO VERMELHO

Pegue um cordão ou fio vermelho com mais ou menos 30 centímetros de comprimento e faça quatro nós, dizendo ao mesmo tempo:

> Um nó para a sorte,
> Dois nós para a riqueza
> Três nós para o amor
> Quatro nós para a saúde.

Gerina Dunwich

CURAR VERRUGAS ♀♂

Prenda uma moeda de cobre sobre a verruga com um *band-aid*. Deixe ali por três dias e depois enterre a moeda debaixo de uma árvore, à meia-noite. Ao fazer isso, diga:

> Verruga, afasta-te de mim;
> Cresça dentro desta árvore.
> Que minha pele seja macia para todos verem,
> E todo meu corpo abençoado seja!

ABRACADABRA

Um feitiço muito antigo e popular para curar a febre ou doença era a redução da palavra "Abracadabra".

Escreva-a 11 vezes em um pedaço de papel de arroz, eliminando uma letra a cada linha, para formar um triângulo invertido:

```
ABRACADABRA
ABRACADABR
ABRACADAB
ABRACADA
ABRACAD
ABRACA
ABRAC
ABRA
ABR
AB
A
```

Faça um rolinho bem apertado com o papel e amarre em volta do pescoço do doente. Use por nove dias e noites e depois jogue por cima do ombro esquerdo, dentro de um riacho.

Para afastar a doença

Escreva o nome do doente em um pedaço de pergaminho e coloque-o em um saquinho-talismã com as seguintes ervas curativas: angélica, folhas de louro, canela, sementes de funcho, marroio-branco, pétalas de rosa, alecrim, tomilho, verbena e flores de violeta. Diga:

*As flores e ervas
mágicas das
bruxas
Enchem este
saquinho com
poderes de cura.
Aquele que usar
este patuá
Estará livre de doença, dor e
mal.*

Gerina Dunwich

ELIXIR DE MEL

Em um domingo, ao meio-dia, erga um pouco de mel em direção ao Sol para que seu duplo ouro possa escorrer junto, como se fosse um só. Tome três colheradas e diga o seguinte:

*Sol me carregue,
Ouro me sirva,
Alquimia me
mude,
Mel me preserve*

Valerie Worth

Proteção ♄ ☽

AO PASSAR POR UM CEMITÉRIO

Cruze os dedos, segure a respiração e diga em voz alta este verso para a morte:

*Guardião de ossos,
conheço teu rosto,
Mas ainda ultra-
passo o teu passo.*

Valerie Worth

PATUÁ DE PROTEÇÃO DOS ELEMENTOS

Em um pedaço de pergaminho, escreva as seguintes palavras:

*O ar não pode
me congelar.
O fogo não pode
me queimar.
A água não pode
me afogar.
A Terra não pode
me enterrar.*

Faça um rolinho apertado, amarre com um cordão ou fio vermelho e leve em seu saquinho-talismã.

PATUÁ DE PROTEÇÃO DO LIMÃO

Esse feitiço de Strega italiano, para um amigo ou um ente querido, funciona melhor se for feito à meia-noite, em um dia de Lua cheia. Você precisa de um limão fresco, três velas vermelhas e uma caixa de alfinetes coloridos. No badalar da meia-noite, acenda as velas e espete os alfinetes no limão, repetindo ao mesmo tempo:

*Rainha da Lua
e do mar estrelado,
Diana, eu te apresento,
Com cada alfinete lanço um feitiço,
Preserva (nome) de todo mal!*

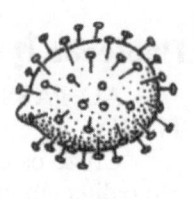

Dê o limão a seu amigo como um presente. Ele trará boa sorte e manterá o mal longe de você e de seu ente querido.

Varinhas encantadas

Consiga um tubo de ensaio com tampa ou use qualquer recipiente cilíndrico transparente, como um vidro de temperos. Encha de sementes de funcho (uma erva protetora). Amarre com uma fita, abençoe e pendure em sua porta. Qualquer espírito mau que tentar entrar será obrigado a contar todas as sementes e não terá tempo de causar danos!

GARRAFAS DA BRUXA

Eram muito populares na Inglaterra nos séculos XVII e XVIII. Pegue um vidro com tampa de rosca e encha-o de objetos pontudos: alfinetes, pregos, caixinhas, vidro quebrado (*especialmente* cacos de espelho quebrado!), espinhos, urina, sal, etc. Acrescente alecrim, manjericão e folhas de louro. Tampe bem e sele com cera derretida de uma vela negra, dizendo:

*Garrafa das bruxas, ervas e encantamentos,
Expulsai o mal, afastai o dano.
Protegei-me dos inimigos
Pois é o que quero, e que assim seja!*

Gerina Dunwich

Esconda a garrafa no fundo do armário da pia ou enterre-a no ponto mais distante da propriedade quando a Lua estiver minguante. Uma garrafa de bruxa protege o proprietário do mal e é um belo presente de chá de cozinha!

FERRO e ALHO

O antigo costume de enterrar estacas de ferro (ou pregos bem grandes, que são ainda mais eficazes se estiverem magnetizados) no solo, logo antes de entrar em casa, tem um conceito semelhante à da garrafa das bruxas. Graças a suas qualidades magnéticas, o ferro cria um campo que rompe a coerência das entidades não corpóreas e é por isso um *anátema* ("Maldição") para todos os maus espíritos.

Da mesma maneira, temperos muito ácidos, como alho e pimenta vermelha, pendurados nas janelas impedirão os maus espíritos (especialmente vampiros e demônios de sonhos) de entrar.

PARA AFASTAR A TRISTEZA

Colha uma rosa (peça licença ao fazê-lo). Pode ser de qualquer cor. Leve-a para um canteiro ou vaso à meia-noite. Cave um buraco na terra e diga:

*Vá embora, tristeza,
Coragem, coração!
Pois toda minha dor
está sob este chão*
    Enterre a rosa. Afaste-se sem olhar para trás.
    Tradicional

Viagem e comunicação?
CÍRCULOS DE LUZ

    Morning Glory e eu usamos este toda vez que viajamos: quando andar em um lugar perigoso, viajar de carro ou de avião, você poderá formar um pequeno Círculo portátil e de proteção em torno de você e daqueles que estão com você. Feche os olhos brevemente e faça círculos no ar diante de você com o dedo indicador da mão que usa para escrever. Visualize esses círculos de luz como uma espiral que se abre até rodeá-lo completamente, enquanto diz: 
*Envolvido estou em
círculos de luz
Nenhum mal ou doença
pode me atingir.
Na escuridão da noite
Me movo em segurança;
abençoado seja!*

ANTES DE VIAJAR DE AVIÃO

    Aquele que ousa viajar por ar deve antes se libertar da insensatez e da soberba. Sob o Sol, passe a mão perto do brilho de uma vela acesa. Acenda uma pena na chama e, quando ela estiver negra, amasse o pavio. Recolha a cera macia e encha as frestas sob suas unhas. Então diga:
*Muito perto do Sol não devo
voar,
Seria chamuscado por seu
olho zombeteiro.
Longe de seu escárnio, abaixo
de seu controle,
Que eu seja transportado e
poupado neste dia!*
    Valerie Worth

PARA UMA CARTA IMPORTANTE

    Depois de sua carta estar selada e carimbada, embrulhe-a em um pano preto e faça um círculo de sal em torno dela. Ao fazê-lo, diga: 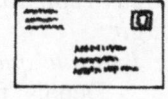
*Palavras que
correm além do
meu passo
E transportam-
me para além deste lugar
Agradai aos olhos que te verão
E transmiti a minha vontade em
vosso texto*
    Valerie Worth
    Dobre o tecido por cima da carta e beije as dobras; ponha-a imediatamente no correio.

Para chegar a um acordo

    Acenda uma vela rosa para o amor e uma vela azul para a cura em uma quarta-feira ou sexta-feira à noite. Diga: 
*Por favor, (nome), pense
melhor.
Que a consequência cure
minha dor.
Atenda a meu pedido e você verá
O bem em seu coração me libertar.
Abençoado seja!*
    Gillian Kemp

Exorcismo e banição ♄

    Se uma casa ou uma pessoa estiver assombrada ou possuída por espíritos maléficos, um ritual de exorcismo ou banição deve ser realizado. Acenda

velas brancas em todos os cômodos ou ponha cinco em torno da pessoa. Desenhe um pentagrama de sal no chão de cada cômodo ou em torno da vítima e borrife água em todos os cantos usando um ramo de funcho ou de alecrim. Ao fazê-lo, diga:
Água, sal, onde sois lançados,
Nenhum mau propósito deve restar.
Maus espíritos devem fugir:
É isso que quero, e que assim seja!

Depois, fumigue toda a casa com sálvia (ou ande em torno da pessoa) em sentido horário e passe fumaça em todos os cantos e armários. Entoe:
Por meio da fumaça do fogo purifico
Nenhum mal ficará por perto.
Limpo do mal e da doença estás,
Como eu quis, e que assim seja!

Finalmente, pegue a sua vassoura de palha e varra a casa inteira e, varrendo o sal com a poeira, entoe:
Trala-lalá, pra lá e pra cá
que a paz permaneça e a discórdia se vá!

Manifestação ☽ ☿

PARA FAZER UM DESEJO VIRAR REALIDADE

Desenhe o signo da Lua crescente com um espinho em uma vela curta e grossa de cera de abelha (uma vela votiva branca seria perfeita). Acenda a vela, olhe para a chama e concentre-se no seu desejo enquanto entoa:

Graciosa dama Lua,
Sempre em minha vista,
Sê gentil com meu desejo
É o que peço esta noite.

Sopre a chama, mas guarde sua luz na mente por tanto tempo quanto puder. Uma resposta será revelada a você.

ENCANTAMENTO GERAL DE MANIFESTAÇÃO

Para qualquer feitiço que fizer, depois de completar o resto do trabalho, finalize assim:
Por todos os poderes da Terra e do mar,
Por todo o poder do Sol e da Lua,
É o que quero, que assim seja!
Entoe o feitiço e que ele seja cumprido!

Amor ♀

PARA ATRAIR UM AMANTE

Moa folhas secas de louro e espalhe sobre o carvão que queima em seu turíbulo. Cheire a fumaça e entoe:
Folhas de louro,
queimadas na chama
Tragam a mim o que meu coração deseja.

FEITIÇO DA PEDRA DE CORAÇÃO

Comece com uma pequena pedra de ametista, fluorita, selenita ou ágata em forma de coração. Durante a Lua crescente, acenda uma vela vermelha sólida. Misture um pouco de verbena na cera derretida

e faça um coração vermelho em volta da pedra dizendo:
Cera, em coração te transformaste.
Que dois sejam um e o amor se aqueça!
Segure a pedra na mão até esfriar e diga:
Ishtar, Vênus, Afrodite,
Que um novo amor venha a mim,
Por teu poder, pedra do feiticeiro,
Não estarei mais sozinho.
Vinde a mim, vinde a mim,
Assim como quero, e que assim seja!
Mantenha o coração de cera no seu altar ou em seu saquinho-talismã.
(Ann Grammary)

PARA FAZER O AMOR CRESCER

Plante um bulbo que dê flor, como tulipa, narciso ou lírio, em um vaso de argila novo. Ao cobri-lo com Terra, repita o nome da pessoa que você ama. Todas as manhãs e à noite, diga para o vaso:
Assim como esta raiz agora se aprofunda
E sua flor gentilmente surge,
Assim também o coração de meu verdadeiro amor
Gentilmente se abrirá para mim.

Riqueza e prosperidade ☉ ♃ ☽
PARA OBTER RIQUEZA

Arrume cinco moedas de ouro em um círculo em torno de um pequeno porta-moedas. Acenda cinco velas de aniversário douradas (ou verdes) e pingue uma gota de cera em cada moeda, depois prenda a vela nessa cera. Ao fazê-lo, repita todas as vezes:
Bona Fortuna, ouve meu verso;
Ouro e prata encham meu bolso
Visualize imagens de dinheiro enchendo e transbordando do porta-moedas. Mantenha a visualização até as velas se acabarem. Depois ponha as moedas, cobertas de cera, no porta-moedas, e mantenha-o no seu altar.

LUAR DE PRATA

Pegue uma tigela funda de água e sente-se na grama em um lugar em que brilhe a Lua cheia. Ponha a tigela diante de você e apanhe o reflexo da Lua na água, dizendo três vezes:
Aradia, Aradia, eu te imploro,
Realiza meu desejo para mim.
Pelos poderes da Lua e do mar,
É o que quero, e que assim seja!
Então, delicadamente, passe a mão sobre a superfície da água, capturando o luar de prata na mão. Antes que a água fique parada de novo, esvazie a tigela na Terra e volte para casa. Não olhe para a Lua depois de apanhar o luar ou o feitiço será quebrado!

PARA ENCONTRAR TESOUROS OU COISAS PERDIDAS

Na primeira noite da Lua cheia, beije a palma da mão e mostre-a para a Lua com os primeiros três dedos dobrados e o polegar e o mindinho esticados. Recite o seguinte:
Oro à Lua quando está redonda,
Que a sorte com você sempre esteja.

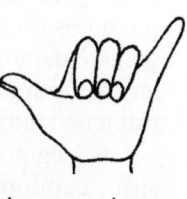

*O que você busca encontrado será,
Debaixo da Terra ou no fundo do mar.*

PARA CHAMAR UM ANIMALZINHO PERDIDO

Ponha algum alimento apreciado na tigela do bichinho. Acenda uma vela azul ao lado da tigela e diga:
*Minha beleza partiu
Peço que volte ainda hoje.
Meu coração anseia por sua volta
Peço que volte de onde estiver.*
Gillian Kemp

Deixe a vela queimar até o fim ou apague-a quando o animal retornar.

Lição 6: O antigo discurso

Você deve ter notado que uma porção de palavras estranhas que aparecem nas *magicae arts* ("Artes mágicas") vêm de raízes latinas (romanas) ou gregas. Isso ocorre porque todas essas ideias e conceitos têm uma longa história, e o nome original das coisas em uma língua muitas vezes é repassado para a língua da próxima cultura dominante. Isso ocorre, principalmente, no campo da feitiçaria e da ciência, que nasceram a partir disso. Na Biologia, por exemplo, todas as espécies de animais e plantas existentes têm um "nome científico" em latim; as espécies extintas (como os dinossauros) recebem nomes gregos: *deinossauros* significa "lagarto terrível" em grego. A língua original dos primeiros feiticeiros, na verdade, foram várias – egípcio, hebraico, sumério, assírio, babilônico, persa, árabe, grego, sânscrito, chinês, entre outras. Mas ao longo de muitos milhares de anos, uma sucessão de grandes impérios surgiu, consolidando muitas culturas em um único governo e impondo a todos a língua dos governantes, que todos precisavam aprender para conseguir se comunicar por todo o império. As línguas mais antigas se tornaram as linguagens *arcanas* ("Secretas"), conhecidas apenas dos estudiosos que liam os livros antigos em que elas apareciam.

Começando na Grécia, por volta de 325 a.C., Alexandre, o Grande, conquistou todo o mundo civilizado, desde a Itália e o Egito até a Índia, e estabeleceu o Império Macedônico. O grego se tornou a língua universal por todo o mundo ocidental e o egípcio, o hebraico, o persa e outros se tornaram as linguagens arcanas dos estudiosos e feiticeiros. Depois, em 50 a.C., Júlio César reconquistou o antigo território de Alexandre e toda a Europa até a Grã-Bretanha, formando o Império Romano. O latim se tornou a nova língua universal e o grego se tornou arcano.

Roma governou o mundo ocidental por 500 anos, até ser saqueada pelos vândalos em 445 d.C. A Igreja Católica Romana assumiu o poder e formou o Sagrado Império Romano do Ocidente (na parte oriental do antigo Império, a Igreja Ortodoxa Oriental prevaleceu após o Grande Cisma de 1054). A Igreja governou o mundo pelos mil anos seguintes, até que vieram a Reforma e a Renascença nos séculos XIV e XV. Durante todo esse tempo, o latim era a única língua escrita "oficial" e o grego e o hebraico permaneceram arcanos.

O Império Britânico nasceu durante o longo reinado de Elizabeth I (1533-1603) e logo se expandiu por todo o mundo, incluindo a América do Norte, a Austrália e a Índia. O inglês se tornou a nova linguagem universal e o latim se tornou arcano. Mas, no início dessa nova era, na década de 1660, a *ciência* ("conhecimento") separou-se oficialmente da *feitiçaria* ("sabedoria"). E foi assim que o latim se tornou a língua arcana do Catolicismo, da Feitiçaria e da Ciência.

Infelizmente, o latim é uma língua muito complicada para usar apropriadamente, já que cada palavra deve ser escrita com diferentes terminações para indicar o seu uso, tempo verbal, caso, etc. Além disso, como em todas as línguas nascidas dele (as línguas *românicas*, de *Roma* – as quais incluem o francês, o espanhol, o português e o italiano), os nomes dos objetos inanimados recebem arbitrariamente um *gênero* (masculino, feminino ou neutro), que também deve ser levado em conta. E a *sintaxe* (ordem) das palavras em uma frase também é diferente do inglês: no latim, os verbos vêm antes dos nomes e os adjetivos e advérbios seguem as palavras que estão modificando – mais ou menos do jeito que o mestre Yoda fala.*

Mesmo assim, muitos feitiços antigos e palavras de poder estão em latim e, para um feiticeiro, pode ser muito útil saber o que eles significam e ser capaz de usá-los para criar novos feitiços. Pois, como disse Ursula LeGuin, *É disso que consiste a Magia, no verdadeiro nome de uma coisa.* Por isso, incluí aqui algumas palavras e frases latinas úteis. Elas também o ajudarão quando você ler livros que tenham feitiços mágicos em latim. Para usá-las e pronunciá-las apropriadamente, porém, será preciso aprender um pouco dessa língua, que não tenho como ensinar aqui. Algumas universidades oferecem cursos de Latim (Morning Glory e eu fizemos) – procure na sua cidade!

Eis algumas frases e lemas famosos em latim:

"O amor conquista tudo." – *Amor omnes vincent.*

"Conhecimento é poder." – *Scientia potestas est.*

"Acima como abaixo." – *Tam supra, quam subter.*

"Tudo está na Magia." – *omnia in arte magica est.*

"Tudo é vivo, tudo está interligado." – *Omnia vivunt, omnia inter se conexa.*

"Com grande poder vem a grande responsabilidade". – *Cum potestate magna rationem reddere convenit.*

"Viver bem é a melhor vingança." – *Vivere bene est vindicata optima.* (o lema da família Ravenheart)

E eis um feitiço de manifestação básico que pode ser usado ao final de qualquer feitiço ou ritual. Se você não aprender mais nada em latim, este aqui já vai levar você longe:

Por todos os poderes da Terra e do mar,
Per omnes vires terrae et maris,
Por todo o poder da Lua e do Sol,
Per omnes potentias lunae et solis,
É o que quero, e que assim seja;
Velut volo, ut liceat esse;
Entoo o feitiço e que seja feito!
Carmen canta et fiat!
Abençoado seja!
Beata sint!

---

* N.T.: Na verdade, no latim as palavras podem ser escritas em qualquer ordem na frase, já que sua função é indicada pela declinação (terminação).

Dicionário Básico Português-Latim para Feitiços

Substantivos
alimento .... cibus *m*
amor .... amor *m*
arte. .... ars *m*
bênção .... benedicto *f.*
bruxa .... striga, saga *f*
casa .... domus *f*
círculo .... orbis *m*
conselho .... concilium *n*
curandeiro .... medicus *m*
destino .... fatum *n*
doença .... morbus *m*
entrada .... ostium *n*
esconjurador..praestigiator.*m*
esconjurador..venificus *m*
esconjuro...venificium *n*
espírito .... anima *f*
fé .... fides *f*
feitiçaria ... magicaeartes *fpl.*
feiticeiro .... magus *m*
feitiço .... carmen *n*
flecha .... sagitta *f.*
fortuna .... fortuna *f*
janela .... fenestra *f*
jardim .... hortus *m*
magia .... magicus *m*
maldição .... maledicto *f*
mistério .... arcanum *n*
morte .... mortus *m*
palavra .... verbum *m*
paz .... pax *f*
poder .... vis *f*
poder .... potestas *f*
portão .... porta *f*
proteção .... tutela *f*
rainha .... regina *f*
rei .... rex *m*
sabedoria .... sapientia *f*
sociedade .... societas;
temor .... timor *m*

tolo .... stultus, ineptus *m*
trabalho .... labor *m*
verdade .... veritas *f*
vida .... vita *f*
vontade .... voluntas *f*
voz .... vox *f*

animal .... animal *n*
abelha .... apis *f*
aranha .... aranea *f*
besta .... bestia *f*
cão .... canis *m*
castor .... castor *m*
cavalo .... equus *m.*
cervo ...... cervus *m.*/cerva.*f*
cobra .... serpens *f*
coruja .... bubo *m.*
dragão .... draco *m.*
fênix .... phoenix *m.*
formiga .... formica *f*
frango .... pullus *m*
gado bovino .... boves *m.*
gato .... feles *m*
gralha/corvo .... cornix *f*
lagarto .... lacerta *f*
lobo .... lupus *m.*
morcego .... vespertilio *m*
pássaro .... avis *f*
rã .... rana *f*
sapo .... bufo *m.*
touro .... taurus *m*
urso .... ursus *m*/ursa *f*
vaca .... vaca *f*

corpo .... corpus *n*
asa .... ala *f*
barriga .... abdomen *n.*
boca .... os *n.*
braço .... bracchium *n.*
cabeça .... cephalus *m.*

cabelo .... capillus *m.*
cauda .... caudus *m.*
chifre .... kernus *m.*
coração .... cor *n.*
costas .... dorsum *n.*
dedo .... digitus *m.*
mão .... manus *m.*
nariz .... nasus *m.*
olho .... oculus *m.*
orelha .... auris *f*
pé .... pedus *m.*
peito .... pectus *n.*
pelo .... pilus *m.*
pena .... penna *f*
perna .... crus *n*
pescoço .... collum *n.*
rosto .... facies *m.*

família .... gens *f*
filha .... filia *f*
filho .... filius *m.*
homem .... homo *m.*
irmã .... soror *f*
irmão .... frater *m.*
mãe .... mater *f*
menina .... puella *f*
menino .... puer *m.*
mulher .... femina *f*
pai .... pater *m.*
parente .... cognati *m*

natureza .... natura *f*
água .... aqua *f*
ar/respiração .... pneuma *f*
árvore .... arbor *f*
céu .... caelum *n.*
elemento Terra ...... solum *n.*
espaço .... spatium *n.*
estrela ..... stella *f.*, astrum *n.*
flor .... flos *m.*

fogo .... ignis *m.*
folha .... folium *n.*
leste .... oriens *m.*
lua .... luna *f*
mar .... mare *n.*
montanha .... mons *m.*
mundo .... mundus *m.*
norte .... septentriones *m.*
oeste .... occidens *m.*
planeta Terra .... tellus *f*
rio .... flumen *n.*
sol .... sol *m.*
sul .... meridies *f*
terra/solo .... terra *f*
vento leste .... eurus *m.*
vento norte .... aquilo *m.*
vento oeste ..... favonius *m.*
vento sul .... auster *m.*
vento .... ventus *m.*

metal .... metalium *n.*
azougue .... mercurium *n.*
chumbo .... plumbum *n.*
cobre .... cuprum *n.*
ferro .... ferrum *n.*
ouro .... aurum *n.*
prata .... argentum *n.*
tin .... stannum *n.*

tempo .... tempus *m.*
aurora .... aurora *f*
dia .... dies *m.*
inverno .... hiems *f*
manhã .... mane *n.*
noite .... nox *f.*
noitinha .... vesper *m.*
outono .... autumnus *m.*
primavera .... ver *f.*
verão .... aestas *f*

Verbos
abençoar .... beare
abrir .... aperire
acordar .... exsuscitare
atar .... ligare
atirar .... iacere
aumentar .... increscere
banir .... pellere
chamar .... vokare
começar .... incipere
conjurar .... elicere
conquistar .... vincere
curar .... sanare
decrescer .... decrescere
dormir .... dormire
entoar/cantar .... cantare
fazer .... facere
fechar .... claudere
fugir .... fugere
ir .... ire
louvar .... laudere
proteger .... defendere
terminar .... finire
trabalhar .... laborare
transformar ..... transmutere
voar .... volare

Pronomes/outros
assim .... sic
de .... ad
é .... est
e .... et
ela .... illa, haec, ea
ele .... ille, hic, is
eles mesmos .... ipsi
eles .... illi hi, ii
este .... hic
eu mesmo .... ipse
eu .... me
fora .... ex
neutro .... ipse, hoc, id
nós mesmos .... ipsi
nosso .... noster
para .... ab
por .... per
portanto .... ergo
seja .... esse
você .... te

Adjetivos, Advérbios/ outros
amarelo......................flavus
antes .... ante
após .... post
azul .... caeruleus
belo .... pulcher
bom, bem .... bene
branco .... albus
bravo .... fortis, acer
brilhante ....clarus
cinza .... ravus
curto .... brevis
distante .... longinquus
eis .... ecce
escuro .... tenebrus
fiel ....fidelis
forte .... fortis
grande .... magnus
lento .... tardus
longo .... longus
mau .... malus
melhor .... bonum
mítico .... fabulosus
muitos .... multi
negro .... niger
nunca .... nunquam
para baixo .... deorsum
para cima .... sursum
pequeno .... mininus
rápido, ligeiro .... celer
roxo .... purpureus
sagrado .... sacer, sanctus
sempre .... semper
todos .... omnis
verde .... viridis
vermelho .... ruber

Quinto Curso: Espectro, Parte I

Primeira Aula: Meditação (Aqua)

1. Introdução: Níveis da mente

A meditação e a visualização são as habilidades fundamentais de toda a prática de magia, razão pela qual esta aula ocupa o primeiro lugar no espectro das 12 cores da Magia. Somos seres de espírito, assim como matéria física. As técnicas e práticas de meditação têm a intenção de reunir todos esses aspectos de nosso ser em uma harmonia e sintonia.

Os quatro níveis

Nossa mente tem camadas como uma cebola (ou um bolo recheado). Mas, diferentemente das metáforas, quanto mais fundo entramos em nossa mente, maior o território se torna, até que o lugar mais profundo se una ao espírito universal. Pense nisso como ondas no mar: a nossa mente consciente individual é como a ponta de uma onda. Mas a base se alarga conforme você afunda, até que a base da onda seja o oceano inteiro. Ou pense em uma casa, com os quartos em que vivemos e aqueles em que guardamos coisas, mas raramente entramos.

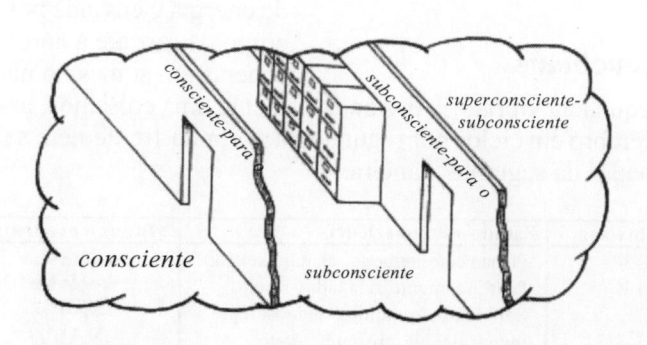

Por isso, a camada superior da consciência desperta é a ***mente consciente***. É a parte da sua mente que está ativa, alerta, preocupada com sua vida cotidiana e o seu bem-estar físico. Sua mente consciente são os quartos de sua casa em que você realmente vive – e o que aparece em seu monitor!

O nível seguinte é a sua **mente subconsciente**. É como o seu porão ou sótão, onde estão guardados todos os tipos de coisas das quais você já se esqueceu – ou que preferiu esquecer! O seu subconsciente contém seus bancos e arquivos de memória – incluindo pensamentos que foram jogados no lixo.

Entretanto, seu subconsciente também é a passagem para o próximo nível... a sua **mente superconsciente**, muitas vezes denominada "Eu mais elevado". Ela se preocupa com seu bem-estar espiritual e contém a sua memória universal, experiências de vidas passadas e lições aprendidas ao longo de toda a história evolucionária de sua alma. De muitos modos, esse é o alicerce de sua casa e também pode ser comparado aos programas e ao sistema operacional.

Em seguida, abaixo de todos esses níveis de consciência individual, acessíveis apenas no sono profundo, está o reino a que chamamos de *Sonho*. É um lugar que dividimos com todos os outros – o solo sob os alicerces de sua casa. O Sonho é a rede mundial da consciência planetária.

Obviamente, não para por aí. Abaixo do nível da consciência planetária estão as consciências cósmica e universal...

Ondas cerebrais

A frequência vibratória das ondas de nosso cérebro em ciclos por segundo são designadas da seguinte maneira:

Em um transe de meditação, as frequências de seu cérebro variam do baixo alfa até o alto teta, em média 7,5 cps. A frequência migratória do campo magnético da Terra também fica em torno de 7,5 cps. Quando você está meditando, portanto, entra em um estado de ressonância com Gaia. Essa ressonância harmônica entre nosso campo e o campo do planeta dão impulsos tremendos a nossas energias psíquicas, permitindo-nos transmitir telepatia e cura a longa distância por meio do campo de Gaia. O aterramento e a concentração tratam, de fato, de entrar em sincronia com Gaia.

Chacras

Nossos corpos espiritual e físico estão ligados a sete centros vitais, chamados *chacras* (ver 5.2.3: "Cura pelos Chacras"). Os chacras são um modo de visualizar a energia humana, mas são apenas um sistema ou linguagem – os outros sistemas principais são os *meridianos* chineses e as *auras* do ocidente. Na meditação dos chacras, eles são abertos e despertados em ordem sucessiva, de baixo para cima. A meditação, porém, não abre inerentemente os chacras; ela pode abri-los, e existem várias técnicas para aumentar as chances. Como na meditação básica da "Árvore da Vida" em 4.IV.4, uma poderosa onda de energia é enviada por meio de nosso corpo da raiz até a coroa. Mas, abrir os chacras em si mesmo não é necessariamente uma coisa boa, assim como abrir a porta da frente nem sempre é bom.

Freq.	Ciclos/seg.	Estado de consciência	Ondas cerebrais	Conexão
Beta	14-30	Plenamente desperto, alerta, excitado		Consciente
Alfa	8-13	Profundamente relaxado, sereno		Subconsciente
Teta	4-7	Sonolento, tranquilo, inconsciente		Superconsciente
Delta	0,5-3,5	Inconsciência profunda, sono		Sonho

Lição 2: Técnica básica

A meditação nos permite aprender a controlar a mente consciente incansável e materialista e reprogramar a consciência subordinada, de modo que podemos agir de acordo com a consciência superior espiritualizada. Ela abre um canal para o seu eu mais elevado.

Raymond Buckland

Diversas técnicas de meditação são ensinadas por diferentes escolas e talvez você descubra algumas mais tarde. Nenhuma está errada; o que funcionar para você está certo. Eis uma boa técnica básica que acho bastante eficaz. Logo que você se sentir confortável com ela, pode experimentar as outras que encontrar (e se aparecerem sentimentos ou pensamentos desconfortáveis durante a meditação, consulte um adulto conhecido e confiável).

Encontre um local tranquilo em que ninguém vá atrapalhá-lo por mais ou menos 20 minutos e feche a porta para diminuir o barulho. Veja se não há nenhum tique-taque de relógio ou torneira pingando. Ajuste a temperatura para um nível confortável e use roupas folgadas, como um robe. Ponha uma almofada no chão contra a parede (ou use um colchonete de ioga encostado à parede). Ponha uma mesinha ou outro suporte a cerca de 1 metro diante da almofada e uma vela acesa (em um castiçal que contenha a cera derretida) sobre o suporte. Não use uma vela em um jarro, pois você precisa ver a chama nua. Apague todas as outras luzes e sente-se com as pernas cruzadas na almofada, com as costas na parede ou no colchonete. Dobre as mãos sobre o colo e sente-se bem reto (algumas pessoas gostam de deitar de costas para meditar, mas eu não recomendo, pois é muito fácil adormecer!).

Relaxe o corpo, olhe para a chama da vela e apenas deixe que seus pensamentos se dispersem, até que sua mente fique limpa e vazia. Um modo de fazer isso é contar vagarosamente de trás para frente na cabeça, começando com cem (e acrescente a palavra "milhares" depois de cada número para marcar o tempo). Deixe os olhos se desfocarem, mas mantenha-os abertos por tanto tempo quanto possível, piscando muito pouco (você não quer dormir!). Respire fundo, inspirando e expirando enquanto conta lentamente: (inspire) "99..." (expire) "... milhares" (inspire) a "98..." (expire) "... milhares".

Permita que sua mente fique parada. Depois de algum tempo, todos os pensamentos vão desaparecer (incluindo a contagem), assim como todos os objetos no quarto, até que reste apenas a chama e sua respiração... você estará em estado de *transe*. Mas não se preocupe se não conseguir da primeira vez; demora um pouco para aprender e ninguém consegue fazer de cara. Continue a praticar – nem que seja alguns minutos por dia – e você vai conseguir. Depois de algum tempo, você nem vai precisar mais da vela e não importa se vai fechar ou não os olhos. A sua consciência e suas percepções vão despertar para novos graus de clareza, nos quais tudo que você conhece começa a fazer sentido e seu caminho fica bem claro diante de você.

Terceiro olho

Depois de ter se acostumado à meditação da vela, uma técnica mais avançada que acho bastante eficaz é se concentrar no terceiro olho. Trata-se de um ponto bem no centro da testa, entre as sobrancelhas e ligeiramente acima delas. Este é o seu sexto chacra e corresponde à sua glândula pineal dentro do crânio.

Quando você olha para a chama de uma vela ou outro foco de meditação, normalmente está olhando para baixo ou bem para a frente. A posição de seus olhos afeta a orientação de seus pensamentos e de sua mente, de forma que olhar para baixo, em geral, conecta-nos ao subconsciente, com todos os seus problemas enterrados. Olhar para a frente reflete o seu estado consciente normal e a sua relação com os outros – assim como olhamos nos olhos das pessoas ao nos comunicar. Mas ao concentrar seus olhos para dentro e para cima, no seu terceiro olho, você se conecta ao seu eu mais elevado e ao reino do Espírito. Faça isso exatamente como faz com a vela, mas agora feche os olhos e visualize a chama brilhando logo acima do centro de suas sobrancelhas. Talvez seja preciso forçar um pouco seus músculos oculares para fazer foco dentro da cabeça – como se você estivesse vesgo – mas isso faz parte do exercício.

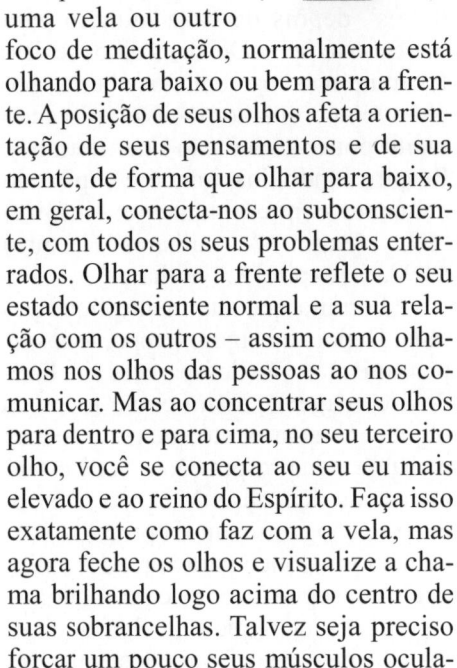

Outros métodos

Depois de aprender a técnica que ensinei, aconselho experimentar diferentes modos. Conforme o tempo passa e você vai ficando cada vez melhor nisso, tente meditar em lugares especiais e "pontos de poder". Um dos meus locais favoritos para meditar é em uma floresta silenciosa, apoiado no tronco de uma grande árvore (vivo no norte da Califórnia, entre as sequoias gigantes). Mas pode ser maravilhoso meditar ao lado de uma cachoeira, ou na beira do mar, no alto de uma enorme pedra, em uma caverna...

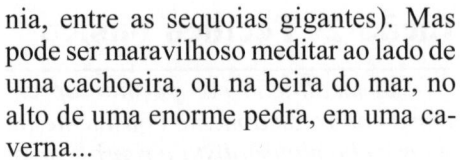

O que descrevi é apenas um método de meditação, que usei como exemplo. Mas perceba que este não é o único modo de meditar – algumas meditações são feitas com os olhos abertos, outras com os olhos fechados; algumas com contagem, outras com um *mantra* (cântico); e algumas em silêncio. Algumas aceitam todos os pensamentos que aparecem; outras tentam bloqueá-los. Alguns professores defendem que é preciso ficar completamente parado e outros estimulam o movimento. A maior parte das técnicas de meditação asiáticas foi criada originalmente para serem praticadas por iniciados, com a orientação de um mestre, que "semeava" as meditações com sua presença para que os iniciados digerissem aquela energia.

Nem todos conseguem ficar parados; algumas pessoas meditam melhor em um movimento contínuo. Se você for do tipo da pessoa que diz: "Não consigo meditar" ou não consegue se concentrar em sua meditação, talvez uma meditação ativa seja o melhor para você.

Encontre uma tarefa repetitiva e que não envolva nenhum tipo de pensamento. Juntar folhas, amassar pão, lavar uma parede com movimentos repetitivos e arrancar ervas daninhas são atividades que podem ajudar a levar sua mente a um estado meditativo. O ato de manter o corpo ocupado enquanto liberta a mente muitas vezes é um bom ponto de partida. Logo você vai ter mais facilidade para praticar uma meditação sentado. Existem muitas fitas e CDs ótimos para ajudar na meditação e, depois de algumas sessões, quando tiver pegado o jeito, recomendo dar uma olhada em livrarias especializadas e sites, para adquiri-los.

Lição 3: Autossugestão

O subconsciente está mais acessível nos minutos antes de você cair no sono ou ao despertar. Por essa razão, tente estar em um estado tão relaxado e pacífico quanto possível quando for para a cama. Deixe de lado suas preocupações e aborrecimentos – e, especialmente, nunca vá para a cama com raiva! Tire alguns minutos na hora de dormir para concentrar-se e entrar em meditação – apenas, então, deixe-se escorregar naturalmente para o sono e o sonho.

Autossugestão é uma técnica segundo a qual você pode reprogramar o seu subconsciente. Na verdade, trata-se de criar uma *declaração de intenção* e repeti-la, muitas e muitas vezes, em estado de meditação. O melhor momento para fazer isso é na hora de dormir. Eis algumas dicas:

1. Quando você programa o subconsciente com a intenção de quebrar algum mau hábito, não inclua nenhuma menção de tempo e espaço. Se você disser onde e quando a mudança deverá ocorrer, seu subconsciente vai lutar e buscar algum caminho de escape. Meu falecido amigo Leo Louis Martello, que era um *Strega* ("bruxo") siciliano, costumava dizer: "Quando estiver fazendo magia, nunca diga "Eu *desejo*" ou "Eu *espero*" poder fazer alguma coisa. Diga "Eu *farei* isso." Suas palavras têm poder – use-as de acordo". É por isso que os encantamentos e cânticos mágicos muitas vezes são concluídos com "Assim é!" ou "Que assim seja!" *Isso sim* que é poder! Sempre expresse sua intenção não como um pedido, mas como uma ordem: "Isto é uma ordem, soldado! Apenas cumpra-a!".

2. Prepare um cordão escarlate (ver 4.I.5: "Magia do cordão e do nó"), com 27 ou 36 nós ao todo. Ou, melhor ainda, faça o seu próprio rosário de feiticeiro usando contas coloridas de madeira ou vidro, fazendo um nó entre cada conta (para um rosário, acrescente um pentagrama, um *ankh* ou outro amuleto e amarre tudo em um círculo). Logo antes de dormir, pegue o seu cordão ou rosário e repita uma vez para cada nó ou conta a frase de sua intenção mágica, por exemplo: "Sou confiante e capaz e fico cada vez mais a cada dia" – até chegar ao fim do cordão. Repita se você acordar à noite e novamente assim que acordar de manhã.

Lição 4: A visualização

Logo que você tenha aprendido a meditação básica e possa limpar a mente, o passo seguinte é a *visualização*. Praticamente todos os tipos de trabalhos mágicos e feitiços incluem a instrução de visualizar alguma coisa. Eis como fazê-lo:

Livro de atividades para crianças pagãs – por Amber K

Entre em transe meditativo, feche os olhos e limpe a mente. Agora imagine um triângulo dourado flutuando no escuro. Quando puder vê-lo claramente, imagine que ele se torna tridimensional e se transforma em uma pirâmide de ouro. Quando a pirâmide parecer sólida o bastante a ponto de você poder tocá-la, permita que se expanda em seu campo de visão até que você possa ver que ela é feita de blocos de pedra individuais. Em seguida, em sua imaginação, afaste-se da pirâmide até poder ver que ela está pousada na areia do deserto. Veja as dunas movediças e as tamareiras. Veja outras pirâmides dos dois lados. Visualize um camelo que passa e depois uma caravana inteira. Veja o céu estrelado, com o cinturão de Órion, acima das pirâmides...

Quando puder ver isso tudo no olho de sua mente, terá completado este exercício. Em meditações futuras, visualize outras coisas e cenas. Tente visualizar uma rosa, e depois uma roseira, e depois um jardim com muitas flores, com borboletas e colibris. Visualize o rosto do seus próximos até que possa vê-los como se fossem fotografias. Visualize criaturas fantásticas, como dragões. Aprenda a visualizar tudo o que você puder imaginar...

NOTA: Adquirir habilidade na meditação e na visualização exige paciência e muita atenção. Se você tiver problemas para manter a concentração, tente assistir menos TV e parar de jogar videogame por algum tempo! Também é verdade que algumas pessoas simplesmente não têm uma orientação visual. Talvez você seja melhor em imaginar que ouve ou toca as coisas em vez de vê-las. Se simplesmente não conseguir visualizar, mesmo depois de tentar muito, não se desespere – há muitas outras coisas que você pode fazer!

Lição 5: Criando o seu *sanctum* astral

Um *sanctum* é um estúdio ou um cômodo privado em que uma pessoa não será perturbada. Como eu disse antes, um *sanctum sanctorum* é um local da maior privacidade e inviolabilidade. O seu *sanctum* astral será o seu próprio "quartel-general" especial no Sonho, no qual você pode descansar, estudar, aprender coisas – e onde sempre estará a salvo do mal. Muitas disciplinas mágicas instruem seus estudantes desde o início a criar um *sanctum* astral. Eis como fazer:

Em seu transe meditativo, visualize que você está diante de uma porta fechada. Nessa porta está escrito o seu próprio nome mágico. Quando puder ver isso claramente, abra a porta e entre no cômodo. A luz é muito fraca no início, mas pouco a pouco vai aumentando, revelando o tamanho e o conteúdo do cômodo – o seu *sanctum*. A primeira coisa que você percebe é uma grande cadeira – quase um trono. É a cadeira mais perfeita que você pode imaginar, uma cadeira adequada a um feiticeiro. Visualize-a claramente, de todos os ângulos. Em seguida, sente-se nela. Ao fazê-lo, ela se adapta aos contornos do seu corpo. É a sua cadeira.

Em seguida, sentado em sua cadeira, visualize uma grande tela na parede diante de você. Na tela, você vê uma projeção tridimensional do seu quarto. Quando puder vê-la claramente, tente manipular os controles nos braços da cadeira. Você conseguirá evocar qualquer cena que quiser, aproximar ou afastar, mudar o ângulo, ir para a frente ou para trás no tempo – basta visualizar. Agora gire vagarosamente a cadeira e observe o resto do cômodo. Um pouco por vez, visualize tudo o que você poderia desejar no quarto. Esse é o seu *sanctum* e o que há nele cabe inteiramente a você.

Na parede oposta à porta de entrada, há uma outra porta e mais duas portas nas paredes laterais, completando os quatro quadrantes. A porta pela qual você entrou é amarela, a leste. À direita, a porta do Sul é vermelha. A porta do oeste é azul e a última porta, a norte, é verde. Passando por essas portas você chega a outros cômodos que contêm tudo que você deseja. E cada um desses cômodos também tem portas que levam a outros lugares.

Mas não precisa se preocupar neste momento com o que há além das portas de seu *sanctum*; você pode encher esses quartos com o tempo. Por enquanto, sua tarefa é solidificar a visualização do seu *sanctum*. Estude-o cuidadosamente e memorize todos os detalhes. Você pode acrescentar ou mudar qualquer coisa mais tarde, mas, por enquanto, o mais importante é fazê-lo tornar-se um lugar real no sonho. Em suas meditações e sonhos dirigidos, continue a regressar a seu *sanctum* astral. Todas as vezes, lembre-se dos detalhes que criou em suas visualizações. Quanto mais você fizer isso, mais "sólido" ele se tornará e mais real será para você.

Lição 6: Escrita automática

Você pode cultivar o talento da escrita automática, que pode ser útil para você e para os outros. Um bom modo de começar é deixar um bloco de papel na mesa diante de você e segurar uma caneta. Deixe a mente em condição receptiva e simplesmente comece a escrever o que vier à cabeça, sem controlar, atrapalhar ou mesmo pensar naquilo. Tente segurar a caneta na mão que você normalmente não usa para escrever para permitir que seu hemisfério normalmente adormecido se expresse. Depois de alguma prática, seu talento crescerá rapidamente.

Existem três tipos de escrita automática:

1. **Automática ou mecânica:** a mão escreve de forma absolutamente automática, sem você saber o que será escrito. Esse método também pode gerar desenhos, pinturas, mensagens em outras línguas, etc.

2. **Inspiracional:** é como se você estivesse "Pensando alto" dentro ou fora de sua própria personalidade. As mensagens podem vir das profunde-

zas de sua alma ou de fora. Você *sabe* o que escreverá.

3. **Intuitiva:** você tem a *sensação* de que você mesmo fez aquilo.

Lição 7: Projeção astral

Projeção astral é a prática de separar o seu corpo astral de seu corpo físico e enviá-lo para uma viagem. Isso acontece com mais frequência quando você está dormindo, e essas experiências são muito parecidas com sonhos normais. Mas quanto mais entrar na prática da magia e aprende as técnicas de meditação, visualização e sonho lúcido (ver 1.VI.5), mais você perceberá que os "sonhos normais" raramente o são! Um dos modos de saber a diferença entre sonhos e projeção astral é o seu ponto de vista. Em um sonho, como na vigília, você "vê" apenas o que está diante de você. Mas na projeção astral você pode ver em todas as direções ao seu redor. Muitas vezes, a primeira coisa que você vê, na verdade, é seu próprio corpo deitado na cama enquanto o seu eu astral se separa dele.

Na projeção astral, o corpo astral é conectado ao corpo físico por um "cordão de prata" que apenas se rompe no momento da morte. Esse cordão é infinitamente elástico e manterá sua conexão, não importa a distância que você viajar. Como o fio de Ariadne que Teseu seguiu para sair do labirinto de Creta, você sempre pode voltar a seu corpo seguindo o cordão, por isso não precisa ter medo de se perder – a menos, é claro, que você esteja *emprestando* (ou seja, transferindo a sua consciência para a mente de outra criatura viva). Vamos falar do empréstimo na Aula sobre "Domínio dos animais" (6.1).

Por enquanto, se você tem feito o seu diário de sonhos, deve ter desenvolvido bem a sua capacidade de lembrar do que sonhou. Se for o caso, à noite, logo antes de dormir, fixe na mente algum lugar que você gostaria de visitar ou alguma pessoa que gostaria de ver. Daí, no sonho, *queira* vestir roupas diferentes ou *queira* de repente estar em outro lugar. Pratique com bastante frequência.

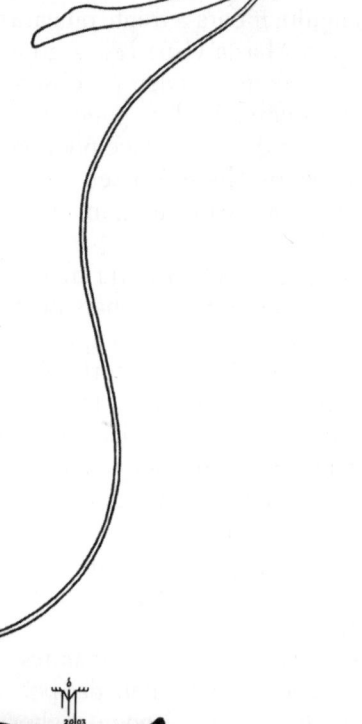

Como fazer projeção astral

Eis uma técnica para soltar o seu corpo astral:

Primeiro, você deve aprender a visualizar e desenvolver o seu corpo astral até que ele seja tão real quanto seu corpo físico. Pratique ficando nu diante de um espelho de corpo inteiro e memorize cada detalhe de seu corpo. Então, feche os olhos e visualize a si mesmo com clareza. Mantenha essa imagem por alguns minutos e, em seguida, abra os olhos vagarosamente, misturando a visão interna com a imagem no espelho.

Faça isso muitas vezes até que possa se ver claramente, tanto na mente como diante do espelho. Depois, pratique mexer os braços e pernas, combinando esses movimentos com os movimentos do corpo astral, como se fosse um controle remoto. Finalmente, faça os braços e pernas de seu corpo astral se moverem sem mover seu corpo físico.

Quando for capaz de fazer tudo isso, o próximo passo é mover seu corpo astral para fora do seu corpo físico. Tente transferir sua consciência para seu corpo astral, olhando para seu corpo físico do outro lado. Seu corpo físico tem os olhos fechados. Use os olhos do corpo astral para ver e descrever os objetos na sala atrás de você. Quando puder fazer isso, tente girar o seu corpo astral para olhar o quarto inteiro e, finalmente, volte a ver seu corpo físico ainda no lugar. Nesse momento, é melhor estar sentado.

Faça muitas sessões até que consiga fazê-lo facilmente. Com o tempo, tente se deitar de costas e visualizar seu corpo astral, erguendo seu corpo físico e levando sua consciência com ele. Quando você começar a se sentir mais à vontade em seu corpo astral, deixe que ele suba mais. Continue a sentir a sensação de subir; continue a olhar ao seu redor enquanto se eleva, até que possa ver as paisagens e os seres do Plano Astral e do mundo físico. Conforme vai adquirindo prática, pode se aventurar mais longe – na verdade, em qualquer lugar para onde deseje ir.

Faça viagens curtas no início e estenda-as por períodos mais longos, quando adquirir mais experiência. Quando estiver pronto para retornar a seu corpo físico, você não precisa voltar por seus próprios passos. Basta visualizar seu corpo físico deitado, onde você o deixou, e fazer seu corpo astral coincidir, no espaço, com o corpo físico, até que eles estejam completamente misturados em uma unidade de consciência. Daí abra os olhos físicos e olhe ao seu redor; você está de volta, são e salvo!

Segunda Aula:
Cura (Azul)

1. Introdução: As Artes da cura

ura se refere a todas as formas de artes mágicas e práticas devotadas a curar doenças, aliviar dores e sofrimento, promover a regeneração dos tecidos, restaurar a vitalidade e a fertilidade, e assim por diante. Durante toda a história, os curandeiros foram os médicos populares, enfermeiras e parteiras – especialmente comunidades rurais e "primitivas" sem acesso a médicos e farmacêuticos oficialmente licenciados.

Alguns dos tipos de cura mágica que explicarei nesta aula são:

Cura pelos chacras – alinhar e equilibrar os sete centros de energia principais do corpo.

Cura áurica – mudar a condição de uma pessoa visualizando uma cor de luz específica em volta dela.

Cura prânica – enviar energia (*prana*) do corpo do curandeiro para as partes doentes do paciente com o fito de estimular e restaurar o funcionamento normal. Esse tipo de cura normalmente envolve a imposição de mãos. O *Reiki** é uma versão oriental dessa prática.

---

*N.E.: Sugerimos a leitura de *Reiki Universal*, de Johnny De'Carli, Madras Editora.

Cura pelas cores ou ***cromoterapia*** – banhar uma pessoa doente em luz colorida com certas frequências espectrais recomendadas.

Cura a distância – enviar energia curativa para uma pessoa que não está fisicamente presente, normalmente em forma de "Luz branca".

Terapia das pedras – usar diferentes tipos de pedras preciosas com diversas propriedades e cores, que são usadas no corpo para sintonizar as vibrações.

Cura herbal – utilizar as propriedades medicinais das plantas para a fabricação de remédios naturais.

Lição 2: Princípios da cura psíquica

Na cura mágica ou *psíquica*, o curandeiro faz a força vital fluir de seu próprio corpo para o da pessoa doente. Em geral, essa energia é transferida por meio das mãos. Para operar a cura psíquica, você deve acima de tudo estar saudável fisicamente e possuir força vital de sobra. Também deve ter um excelente caráter, pois vai transferir suas vibrações pessoais para seus pacientes.

Em geral, na cura psíquica, você retira a força vital do Universo e a "jorra" conscientemente naquele que está doente. Sempre se concentre em pensar que o paciente ficará cada vez melhor a cada momento e a cada dia. Para se tornar um curandeiro eficaz, também será importante estudar a anatomia e as causas e sintomas de diversas doenças. Doenças infecciosas ou aquelas que exigem operações devem ser deixadas para a medicina convencional! A ciência médica moderna é extremamente eficaz e nunca deve ser ignorada ou deixada de lado. Mas a cura psíquica pode ajudar na recuperação de operações e em moléstias que não respondem a remédios. Ela pode até mesmo aliviar ou curar algumas doenças "incuráveis". Enxaquecas, alergias, problemas gástricos e mal-estar de origem *psicossomática* ("Mente-corpo") respondem muito bem à cura psíquica.

Diretrizes da cura psíquica

1. Primeiro, peça a permissão da pessoa para realizar a cura nela. O melhor é perguntar: *"Você pode se visualizar curado em corpo, mente e espírito?"*. Assim, os poderes de autocura dessa pessoa são ativados e ela assume responsabilidade por sua parte em sua cura.

2. Antes de falar com a pessoa doente, puxe ao menos sete inspirações de força vital do Universo para seu corpo. Lembre-se de que a energia curativa vem *por intermédio* de você e não de você.

3. Deixe que a força vital brilhe por meio de você como um Sol, até que a energia radiante de sua aura se estenda a ponto de abraçar o paciente.

4. Quando você sentir que está brilhando de força vital, a sua proximidade com a pessoa doente já será uma presença curativa.

5. Transfira a energia por meio de suas mãos para o paciente – para a porção ferida ou afetada de seu corpo, seu chacra ou sua aura. Visualize a força curativa como uma luz azul-brilhante saindo de você e entrando na pessoa.

6. Com toda a sua vontade, dirija essa energia comprimida radiante em um fluxo para dentro do paciente por meio de seus poros e *QUEIRA* que ela se cure!

Princípios básicos da cura psíquica:

1. Você deve estar convencido de que seu paciente se sente melhor a cada hora e a cada dia. *Queira* que a energia radiante não saia até ele estar plenamente recuperado. Carregue o paciente com bastante luz azul, até que ela se estenda por um metro além de seu corpo. Repita a carga depois de algum tempo para aumentar ainda mais a tensão. Desse modo, você poderá tratar muitas pessoas sem exaurir a sua própria força ou arruinar seus nervos.

2. Concentre de tal forma a sua energia radiante que, ao se aproximar do paciente, ele esteja de fato "nadando" em sua luz azul. O paciente deve estar firmemente convencido de que está inalando a sua energia radiante a cada inspiração e que está ficando mais forte. Ele deve acreditar que o poder curativo permanecerá dentro dele e que vai ficar cada vez melhor. Se seu paciente não consegue se concentrar ou se for uma criança muito pequena, imagine você que a energia está sendo dissolvida por seu sangue, curando continuamente.

3. Pressione a energia vital *diretamente* no corpo de seu paciente ou no órgão e áreas doentes por meio de seus poros. *Queira* que a força vital se renove constantemente até a recuperação completa. Esse método só é praticado com pacientes cujo sistema nervoso possua alguma força. É o método de cura mais popular.

4. Um método de cura alternativo é fazer contato direto com a mente da pessoa e, em seguida, tratá-la pelos meios descritos acima. Isso pode ser feito enquanto o paciente está dormindo, especialmente se você tiver a habilidade de visitar sonhos. Outros métodos envolvem a cura com os elementos ou com campos elétricos e magnéticos.

5. Aumente a energia e a concentração de seu campo curativo criando um Círculo Mágico em torno e acima de seu paciente (ver 4. IV.5: "Formação do Círculo"). Visualize uma superfície espelhada do lado de dentro do círculo, refletindo sua luz azul de volta ao centro. Assim o seu trabalho será represado e a borda exterior de sua aura será reforçada para que suas energias não se dissipem e se esgotem.

6. Ponha alguma música tranquila enquanto trabalha com um paciente. Dê uma olhada na seção "New Age" da loja de discos e pergunte ao vendedor o que ele recomenda. Há muitas fitas e CDs feitas especialmente com esse fim.

Lição 3: Cura pelos chacras
por Anodea Judith

O sistema de *chacras* é um antigo meio de expandir a consciência e equilibrar seu sistema de energia. Teve origem nas filosofias do Ioga da Índia, mais especificamente durante o período tântrico do Ioga, em meados do primeiro milênio. *Tantra* significa literalmente

Segunda Aula: Cura (Azul) — 421

Córtex cerebral
chacra sete

plexo da carótida
chacra seis

plexo da faringe
chacra cinco

plexo cardíaco
chacra 4

plexo solar
chacra três

plexo sacral
chacra 2

plexo coccígeo
chacra um

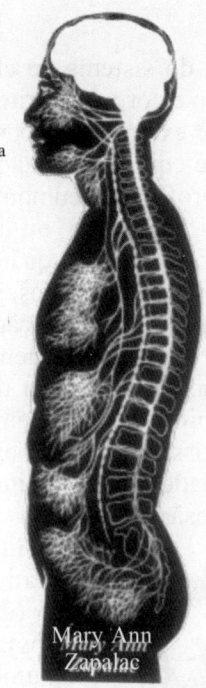

Mary Ann
Zapalac

"tear"; as filosofias tântricas eram uma urdidura de muitas crenças diferentes, mas, mais especificamente, eram uma urdidura de mente e corpo, masculino e feminino, e honravam todos os níveis de experiência.

A palavra *chacra* é o sânscrito para "roda" e descreve um vórtice rodopiante de energia que emana do centro do corpo energético. Há sete chacras principais baseados nos feixes de nervos centrais que saem da colunas espinal, de forma que é um sistema mágico ligado diretamente ao corpo. Isso significa que sentimos os nossos chacras dentro do corpo e podemos obter acesso a eles prestando atenção no corpo.

Os chacras são centros de organização para a recepção, assimilação e expressão da energia da força vital. Você pode pensar neles como câmaras no templo de seu corpo. Como os diversos cômodos de sua casa, cada câmara tem a função de tratar de um tipo diferente de energia, como Terra, Água, Fogo, Ar, som, luz ou pensamento. Essas câmaras geram os padrões de nossa vida por meio da programação que recebemos ao crescer, sobre como nos comportar e criar a vida em torno de nós. Por causa disso, os chacras muitas vezes estão desequilibrados e podem gerar padrões negativos, que seria melhor não ter! Ao alinhar e equilibrar os chacras, podemos ficar mais conscientes a respeito dos padrões que criamos. Ao entender os chacras, podemos usá-los como um sistema mágico para alinhar nossa energia interior com a arquitetura sagrada do mundo que nos rodeia.

Os chacras têm muitas associações com base em suas diferentes localizações dentro do corpo. Eles regem os estados mentais e emocionais, assim como os estados físicos. Têm um sistema de sete elementos com uma ampla associação de divindades, cores, sons e símbolos. A tabela de correspondências em 3.VI.5 mostra as suas diversas associações. Use essas correspondências para entender melhor o significado e a função de cada chacra ou para acessar a energia do chacra em sua prática mágica. Veja a seguir uma breve descrição de cada centro para ter uma visão geral do sistema.

O primeiro chacra é associado ao elemento Terra e à força atrativa da gravidade. Ele forma a base de todo o sistema dos chacras e representa os instintos de sobrevivência. Use este chacra para desenvolver o seu aterramento e criar estabilidade e prosperidade em sua vida. Seu nome, *Muladhara*, significa "Suporte da raiz". Ao melhorar a estrutura de sua vida, você terá suporte para as outras coisas que quer fazer. Se resistir à estrutura, estará resistindo ao aterramento e à solidez que o primeiro chacra pode trazer.

O segundo chacra é associado ao elemento Água e à ascensão à dualidade. Esse centro se relaciona aos aspectos emocional e sensível da consciência e à necessidade de obter a dualidade por meio da união erótica com outra pessoa. Seu nome, *Svadhistana*, significa "Seu próprio lugar". Como a água é fluida e se move, este chacra nos ajuda a avançar na vida, seguindo nossos desejos. O desejo é um importante combustível para a vontade, mas, em excesso, pode nos manter presos neste nível, incapazes de ascender aos outros chacras. Como todas as outras coisas, deve ser mantido em equilíbrio.

O terceiro chacra é associado ao elemento Fogo e representa vitalidade e poder. Aqui desenvolvemos nossa vontade, dirigindo a energia crua do corpo de acordo com as intenções propostas pela consciência. Seu nome, *Manipura*, significa "Gema lustrosa". Este chacra desenvolve-se quando fortalecemos nossa vontade em nos manter em um curso de ação e concentrar nossas energias. Ele é apoiado por uma base sólida (primeiro chacra) e por ser capaz de falar por nós mesmos (quinto chacra), assim como por ter visão e conhecimento para guiar a nossa vontade (sexto e sétimo chacras).

O quarto chacra é associado ao elemento Ar e se relaciona ao coração e seus aspectos de amor, compaixão e relacionamento. O chacra do coração reside no meio do sistema de chacras e integra mente e corpo, espírito e matéria, interior e exterior, em perfeito equilíbrio. Nesse equilíbrio, estão as sementes da paz profunda. Seu nome, *Anahata*, significa "inatingido" ou "ileso". Abrimos o chacra do coração quando abrimos nosso coração aos outros, por meio da gentileza e da consideração, da confiança e da compaixão. Podemos também ter acesso a este chacra trabalhando com a respiração como elemento. Ao expandir nossa respiração, expandimos a capacidade de nosso peito e sentimos uma expansão no coração.

O quinto chacra é associado ao elemento Som (*éter* dos antigos textos). É o chacra da comunicação e da alta expressão criativa. Relaciona-se à verdade que temos dentro de nós e às grandes verdades que todos dividimos. Ele se abre com o uso da voz e com a faculdade da audição interna profunda. Seu nome, *Vissudha*, significa "Purificação". Temos acesso a esse chacra quando entoamos e salmodiamos, tocamos ou ouvimos música, falamos a verdade e ouvimos profundamente a comunicação dos outros. Quando este chacra está aberto, nossa criatividade aumenta como uma forma vital de autoexpressão.

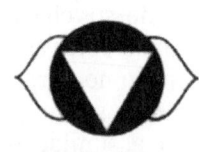

O sexto chacra é associado ao elemento Luz e se relaciona à faculdade psíquica da visão ou percepção interna. Ele nos abre para a beleza do mundo interior, o Reino simbólico dos arquétipos e dos sonhos e o despertar de uma visão orientadora. Seu nome, *Ajna*, significa "Perceber" e "Comandar". Temos acesso a esse chacra ao prestar atenção em nossos sonhos, ao desenvolver nossas habilidades psíquicas, ao prestar atenção aos padrões que percebemos e ao aprender sobre os arquétipos por meio da mitologia. Este chacra é fortemente apoiado pela meditação, especialmente o tipo em que se usam visualizações.

O sétimo chacra é o lótus de mil pétalas, associado à consciência pura. É a sede da Iluminação ou percepção, a morada do deus Shiva, o Reino abstrato da concepção e das ideias e a mente do cosmos. Seu nome, *Sahasrara*, significa "mil vezes". Isso significa que seu reino é infinito, como o reino da consciência é infinito. Este chacra nos abre para a divina sabedoria, a consciência, a inteligência e a compreensão cósmica. É acessado pelo aprendizado e pelo estudo no qual você desafia e utilizar sua mente. Contudo, as suas joias mais profundas são obtidas por meio de uma prática regular de meditação. Para os iogues, era a entrada no mundo supremo da bênção absoluta.

Todos os sete chacras precisam estar abertos e funcionais para que a nossa vida esteja equilibrada. Desse modo, os chacras são um modelo de transformação e uma profunda fórmula para a completude. Esse sistema pode ser um guia para manter você concentrado e orientado em todas as suas intenções. Para curar os chacras, é preciso compreender o significado e a função de cada um deles e determinar se o chacra está excessivamente ou muito pouco ativo (excessivo ou deficiente). Em suma, os chacras excessivos precisam liberar, relaxar ou descarregar energia, enquanto os chacras deficientes precisam absorver energia, ser carregados ou segurar a energia. Em qualquer um dos casos, massagear ou mover a parte do corpo (por exemplo, por meio das posturas de ioga ou da dança) pode ajudar a equilibrar o chacra pelo relaxamento da energia. Quando alguma coisa que foi fortemente represada puder se abrir e relaxar, aquilo se encherá de energia. Quando alguma coisa superativa relaxa, libera energia.

Em ambos os casos, para curar os desequilíbrios, é preciso voltar a atenção à área afetada e trabalhar com visualização, respiração e movimento. Veja o chacra enchendo ou esvaziando, expandindo-se ou se contraindo de acordo com o necessário. Mova seu corpo e respire de modos que apoiem o que você está tentando realizar, concentrando-se na expiração, para diminuir a energia, e na inspiração, para aumentá-la. Imagine que suas mãos podem transmitir energia pelo corpo ou puxar energia do corpo trabalhando no campo áurico. Como todos são diferentes no modo de reagir às diversas técnicas, seja criativo, divirta-se e experimente para ver o que traz os melhores resultados para você.

Lição 4: Cura áurica

A *aura* é o campo bioelétrico que emana de todas as coisas vivas – e até mesmo, em menor escala, dos objetos inanimados, pois todas as coisas são, em seu mais básico nível subatômico, compostas de vibrações, e as vibrações irradiam energia, criando um campo. Como discutimos antes, a aura em torno do corpo humano inteiro é chamada *de auréola*, e a parte que rodeia apenas a cabeça é chamada de *nimbo*. Na arte religiosa cristã, o nimbo muitas vezes é representado como um *halo* (ou *glória*) dourado em torno da cabeça dos santos e das figuras sagradas. Na arte muçulmana, o nimbo é mostrado como um anel de chamas em torno da cabeça dos profetas. A coroa dos reis e a tiara dos sacerdotes também simbolizam o nimbo.

Faça os exercícios descritos em 1.V.4: "Ver Auras". Com prática, você pode ser capaz de ver cores, que indicam a condição física ou emocional de uma pessoa. Qualquer estado do ser individual causa reações na hora. Os estados emocionais afetam principalmente a cor. As condições físicas não apenas afetam a cor, mas também causam peculiaridades no padrão da aura, como bordas rasgadas ou buracos sobre ferimentos ou pontos doloridos.

A cura áurica trata de visualizar uma cor específica de luz e transmitir essas cores saudáveis para as áreas danificadas da aura do paciente. As cores são escolhidas de acordo com o problema do paciente (veja a seguir). Eis alguns exemplos:

Para *dores de cabeça* e para *acalmar os nervos*, use violeta e lavanda.

Para *inspiração mental*, use amarelo e laranja.

Para *dores de estômago* e para *revigorar os órgãos*, use verde-grama.

Para *estimular o sangue*, use um vermelho brilhante.

Para *sangramento*, use azul-escuro.

Para *febre*, use azul-claro.

Para *calafrio*, use vermelho quente.

Mantenha essas visualizações por tanto tempo quanto conseguir, deslizando o paciente completamente banhado na cor curativa apropriada.

Lição 5: Cromoterapia

A cura da aura também funciona muito bem em conjunção com a *cromoterapia*,* ou "cura pelas cores", que se baseia no uso de luz. A luz é energia radiante que viaja na forma de ondas, como as ondas que batem na beira do mar. As cores da luz nascem da *frequência*, ou taxa de vibração, dessas ondas, desde as ondas curtas na extremidade azul do espectro do arco-íris até as longas ondas na extremidade vermelha. A luz do Sol contém frequências que vão do ultravioleta até o infravermelho (e muito além, como as ondas de rádio, os raios X e outras frequências invisíveis). As criaturas vivas (inclusive nós) selecionam da luz do Sol as frequências, ou cores, necessárias para a sua saúde e equilíbrio, absorvendo essas vibrações no corpo do mesmo modo como as plantas usam a luz do Sol para a fotossíntese. Afinal, há apenas um átomo de diferença entre uma molécula de clorofila verde (nas plantas) e uma de hemoglobina vermelha (em nosso sangue).

---

*N.E.: Sugerimos a leitura de *Cromoterapia para Crianças – O Caminho da Cura*, de Dr. Med. Neeresh F. Pagnamenta, e *As Cores em Sua Vida – A Cura Através das Cores*, de Howard e Dorothy Sun, ambos da Madras Editora.

O princípio da cromoterapia é simplesmente dar ao corpo doente uma dose extra das cores que possam estar insuficientes. Para isso, instalam-se lâmpadas das cores apropriadas e banha-se o paciente em sua luz. Ou pode-se prender plástico colorido em uma janela que pegue Sol para concentrar uma cor particular da luz solar – porém, o mais importante é que a luz colorida ilumine o paciente, particularmente nas regiões doentes do corpo. Basicamente, a extremidade vermelho do espectro estimula e a extremidade azul acalma. Eis as propriedades curativas das sete cores do espectro:

VERMELHO: quente e revigorante. Excelente para doenças do sangue, anemia e infecções do fígado.

LARANJA: semelhante ao vermelho, mas não tão intenso. Bom para o sistema respiratório, asma e bronquite. Também tônico e laxante.

AMARELO: excelente para os intestinos. Um suave sedativo, ajuda a remover os temores e oferece um suporte mental. Bom também para indigestão, azia e constipação. Bom também para problemas menstruais das mulheres.

VERDE: o Grande Curandeiro, verde é um tônico geral e revitalizante. Excelente para problemas do coração, úlceras, resfriados, dores de cabeça e furúnculos.

AZUL: antisséptico e agente de resfriamento. Excelente para todas as inflamações, incluindo os órgãos internos. Bom para cortes e queimaduras; também para o reumatismo.

ANIL: bom para distúrbios emocionais, o anil acalma os medos – especialmente do escuro. Excelente para os olhos; também para a surdez.

VIOLETA: bom para o sistema nervoso e distúrbios mentais; também para a cegueira e queixas femininas.

Lição 6: Cura prânica

A cura por imposição de mãos, ou *cura prânica*, é uma das práticas mais difundidas e eficazes. O princípio envolve a emissão de *prana* ("Força vital") do seu corpo para as partes doentes ou afetadas, estimulando as células e tecidos a retomar a atividade normal e permitindo que o material supérfluo saia do sistema. Prana é a essência vital do Espírito (o quinto elemento) subjacente a toda ação física do corpo. Ela causa a circulação do sangue, o movimento das células e todos os movimentos de que a vida depende. Você recebe prana da comida que ingere, da água que bebe, do ar que respira e do calor do Sol ou do fogo – os outros quatro elementos. E você pode emitir luz por meio de sua aura para a outra pessoa dirigida na cura.

Antes de tentar operar qualquer cura, aumente a força do seu prana respirando fundo. A *respiração prânica* equilibra as correntes bioelétricas negativas e positivas por todo o seu corpo. Acalma seus nervos e regula a sua pulsação, reduzindo a pressão sanguínea e estimulando a digestão. Ao inspirar, visualize a energia e a força fluindo para todas as partes do seu corpo. Sinta-a passar pelos seus braços e pernas. Puxe o prana de Gaia e do cosmos vivo até transbordar!

Eis o exercício básico para a respiração prânica:

1.(a) inspire devagar pelo nariz e conte até oito;

(b) expire devagar pelo nariz e conte até oito;

2.(c) inspire devagar pelo nariz e conte até oito;

(d) segure o fôlego e conte até três, visualizando todo o amor, energia e força que inalou circular pelo seu corpo;

(e) expire devagar pela boca e conte até oito, eliminando toda a negatividade de dentro de você;

Faça "1" uma vez e "2" três vezes. Agora você já está plenamente carregado e pronto para curar. Peça que o paciente deite de costas, de preferência com a cabeça virada para o leste. As pernas devem estar unidas e os braços ao lado do corpo. Ele deve fechar os olhos e se concentrar em ver a si mesmo rodeado por uma bola de luz azul-clara. Você se ajoelha ou senta à sua esquerda se for destro, ou à direita se for canhoto. Estique os braços e ponha as mãos com as palmas para baixo sobre o alto da cabeça do paciente, a cerca de 2 centímetros de distância.

Respire fundo. Segure a respiração e passe as mãos vagarosamente por todo o corpo dos dois lados sem tocar a pele. Visualize o prana irradiando de suas mãos, penetrando fundo em seu paciente e retirando a dor e a negatividade como se fosse um pente passado pelo cabelo. Depois de passar pelos pés, solte a respiração e sacuda as mãos como se estivesse sacudindo água. Na verdade, você está jogando toda a negatividade que puxou. Repita o processo sete vezes.

Então, sente-se e relaxe por um momento, visualizando seu paciente rodeado por uma luz azul-pálida curativa. Repita o exercício anterior de respiração prânica. Agora você já está pronto para o contato físico – a imposição de mãos. Pouse as mãos nos lados da cabeça do paciente, com os polegares nas têmporas. Feche os olhos e concentre-se em enviar prana curativo por meio de suas mãos. Depois, novamente, sente-se e relaxe, visualizando a luz curativa. Faça outra série de respirações prânicas e repita o mesmo trabalho com as mãos, dessa vez sobre o coração do paciente. Finalmente, depois de outro descanso e outra série de respiração, pouse as mãos na área específica de queixa e novamente dirija o seu prana para curar a área afligida. Visualize e concentre-se com toda a sua força.

Complete o processo com um último período de descanso. Feche os olhos e visualize o seu paciente saudável e radiante, rodeado de luz azul. Você provavelmente se sentirá drenado e exausto, por isso, ao terminar, beba um bom copo de suco de fruta gelado!

Lição 7: Cura a distância

É possível realizar a cura psíquica em alguém, mesmo sem que a pessoa esteja fisicamente presente. Para isso, é preciso ser capaz de visualizar o paciente como se ele estivesse bem diante de você. Ajuda muito ter uma fotografia dele para pôr em seu altar de cura. Porém, certifique-se de que não haja mais ninguém na foto! A cura pelas cores com uma fotografia é chamada de *grafocromopatia*. O ideal é que a área doente esteja visível na pintura. Ponha a foto (é melhor se estiver emoldurada) sob a luz colorida apropriada ou cubra-a com uma folha de plástico ou acetato colorido e coloque-a diante de uma janela que pegue Sol.

Acenda uma vela da cor apropriada, como fora indicado, e entre em estado meditativo, como explicado em 5. 1.2: "Técnica básica". Visualize a pessoa e veja a área da doença em sua mente como um ponto escuro na aura dela. Daí, exatamente como nas técnicas descritas para cura áurica, visualize a luz colorida fluindo para o local doente e cobrindo-o até que ele brilhe assim como o resto da pessoa também. Para aumentar o poder de sua cura a distância, inicie com a respiração prânica explicada anteriormente.

Lição 8: A terapia das pedras

Os minerais estão imbuídos de prana, assim como as criaturas vivas e as plantas. As pedras são os ossos de Gaia. Os cristais, em particular, crescem parecido com os seres vivos, e alguns deles (como o quartzo) podem até mesmo gerar cargas piezoelétricas. Desde os tempos mais remotos, as pessoas apreciam diversos minerais – especialmente as pedras cristalinas. Elas são usadas para ornamentar roupas e corpos, altares e objetos sagrados, instrumentos e ferramentas mágicas. São valorizadas por suas propriedades espirituais, mágicas e curativas e consideradas auxiliares da meditação e do desenvolvimento psíquico.

O prana das pedras preciosas e outros minerais pode ser absorvido pelo corpo humano e usado para a cura. A *terapia das pedras* tem um conceito semelhante ao da cura pelas cores. O mais importante é se guiar pela *cor* das pedras, usando as mesmas correspondências descritas anteriormente. As pedras mais populares para esse uso são os pedaços polidos de diversos tipos de quartzo, que podem ser encontrados a preço baixo em qualquer loja de pedras. Escolha algumas de tamanho e forma que caibam confortavelmente em sua mão fechada, como um ovo de pássaro. Antes de usá-las, suas pedras devem ser limpas, consagradas e carregadas. Primeiro, segure-as em um rio, no oceano ou mesmo em uma torneira aberta. Depois deixe-as de um dia para outro, ao luar, em um copo de água de nascente ou água do mar.

A pedra deve ser posta diretamente na região doente (pode até mesmo ser presa naquele lugar com um elástico, cinto, fita ou esparadrapo) e deixada por, pelo menos, uma hora por dia. No resto do tempo, ela deve ser mantida tão perto do corpo quanto possível, por exemplo, no bolso do paciente, ou usado em torno do pescoço em um saquinho. Se a pessoa tiver um pingente, tiara ou outra joia com a pedra da cor apropriada, essa joia deve ser usada tanto quanto possível.

Para ver uma lista de muitas pedras e suas propriedades mágicas associadas, veja a tabela de "Minerais mágicos" em 3.VII.8. Eis aqui um exemplo, de acordo com a cor. Note que algumas pedras vêm em muitas cores:

Rosa: fluorita, selenita, rodocrosita, quartzo-rosa.

Vermelho: aventurina, carneliana, coral vermelho, crisólita, heliotrópio, granada, jaspe, opala, rubi, sardônica, topázio.

Laranja: âmbar, carneliana, opala, pedra-do-sol, olho-de-tigre.

Amarelo: âmbar, berilo, crisólita, jaspe, opala, topázio.

Verde: aventurina, berilo, heliotrópio, crisólita, esmeralda, fluorita, jade, jaspe, lápis-lazúli, opala, topázio, turquesa.

Azul: aventurina, berilo, fluorita, lápis-lazúli, selenita, safira, topázio, turquesa.

Anil: lápis-lazúli, malaquita, opala, safira, sodalita.

Violeta: ametista, fluorita, lápis-lazúli, safira.

Lição 9: Cura pelas ervas

(por Ellen Evert Hopman, Mestre Herbalista; e Morning Glory Zell, Bruxa Rural)

O feiticeiro sábio nunca vai ficar perdido quando precisar curar a si mesmo, seus amigos e sua família ou mesmo um animal de estimação. Algumas vezes, o remédio mais simples faz maravilhas – por exemplo, um banho quente de banheira muitas vezes acalma os sintomas de um resfriado, especialmente se se acrescentar um pouco de sal e algumas flores de lavanda (uma xícara de cada) à água. No passado, todas as crianças aprendiam remédios herbais básicos para poderem tratar a si mesmas e a seus amigos. Ao usar remédios naturais, você ajudará a preservar uma antiga arte. Nesta lição, você descobrirá uma porção de remédios naturais feitos com ingredientes encontrados na sua cozinha. Depois de dominar o uso desses "remédios caseiros", você poderá continuar seus estudos com plantas medicinais da natureza ou compradas em uma loja de alimentos naturais (veja no final deste capítulo algumas sugestões.

Algumas diretrizes básicas para as receitas herbais caseiras:

1. Nunca cozinhe com utensílios de alumínio; o alumínio solta pedacinhos e pode levar a problemas de saúde. Use apenas panelas de ferro, aço, cobre ou cerâmica.

2. Cozinhe os ingredientes em uma panela com uma tampa que feche bem para que os óleos voláteis não evaporem (não ferva as ervas ou elas perderão suas virtudes).

3. Os chás de ervas podem ser guardados na geladeira por até uma semana em uma jarra de vidro com tampa. Também podem ser congelados em forminhas de gelo e guardados em um saco no *freezer*, para serem usados mais tarde.

4. Sempre que possível, use ingredientes orgânicos para evitar os pestici-

das. Frutas e vegetais podem ser limpos com água quente e sabão e enxaguados cuidadosamente para remover resíduos de pesticidas, que muitas vezes são feitos à base de óleo para grudar na casca dos frutos e legumes.

5. Ervas e sementes secas devem provir de fazendas de produtos orgânicos. É irresponsabilidade! comprar ervas e temperos colhidos no mato, pois, em muitos casos, eles são espécies *ameaçadas* de extinção em seu hábitat natural.

6. Flores e folhas são infundidas em água recém-fervida e tirada do fogo. Raízes, cascas e frutas são cozidas em fogo lento – nunca fervidas.

7. O mel não é adequado para bebês, pois pode abrigar bactérias.

8. Se alguma preparação herbal não der certo para você ou o fizer sentir mal, NÃO USE. "É melhor prevenir do que remediar."

9. Sono, exercício físico e alimentos saudáveis são os verdadeiros segredos de uma vida longa e feliz.

NOTA: Trabalhe sempre com a orientação de um dos pais ou um professor sempre que preparar remédios herbais! **No caso de uma doença séria, consulte um profissional de saúde antes de usar remédios caseiros.** *Se qualquer desses remédios causar um efeito colateral desagradável (coceira, queimação, bolhas, cólica, etc.), interrompa o tratamento imediatamente!*

Acne, bolhas e problemas de pele

O suco de *Mirtilo* melhora bolhas, acne e pele ruim. Um cataplasma de mirtilos esmagados pode ser aplicado aos furúnculos e outras erupções e infecções na pele. Esmague as frutinhas frescas (ou descongeladas), espalhe em um pano limpo e aplique. Deixe o cataplasma por uma hora e depois descarte-o. Repita diariamente até a pele se curar. Para bolhas e acne, tente lavar o rosto com suco de *limão*. Deixe o suco secar no rosto; ele ajudará a secar as marcas. Faça isso de manhã e à noite, ou corte limão em fatias bem finas e coloque-as no rosto, como uma máscara facial. Deixe por meia hora. Esses sucos funcionam como um *peeling* glicólico e devem ser interrompidos se aparecer alguma irritação.

Suco de limão também é ótimo para enxaguar cabelo. Para caspa, tente esfregar o couro cabeludo com suco de limão misturado com partes iguais de água, deixando secar antes de lavar com xampu. Se tiver a sorte de viver em um clima em que cresçam limoeiros, pode aplicar suco de limão fresco ao cabelo diariamente e sair ao sol. Com o tempo, seu cabelo vai clarear. Aplique suco de limão frequentemente em uma verruga para fazê-la desaparecer.

Se você acrescentar *mel* a uma loção para as mãos, ele ajudará a curar uma pele muito rachada, irritada ou seca. Rale raiz de *gengibre* fresco, ferva em água e faça um cataplasma para aplicar nas bolhas para que elas amadureçam. O *azeite* de oliva é um maravilhoso curativo da pele. Ele até alivia a coceira da catapora. Aplique em picadas e queimaduras, ralados, coceira e torções.

Picadas de abelha e urtiga

Primeiro, remova o ferrão raspando com a lâmina de uma faca; nunca o puxe. Depois faça uma pasta com bicarbonato de sódio e sua própria saliva e aplique no local da picada. Ou ainda, aplique suco de *limão* fresco com uma fatia de *cebola* crua na picada de uma vespa ou abelha (nunca use bicarbonato de sódio e limão juntos; eles se anulam). Esmague folhas frescas de *sálvia* e aplique em picadas de inseto.

Amasse alguns dentes de *alho* e aplique em queimaduras de urtiga. Deixe por cerca de 30 minutos.

Batidas e inflamações

Primeiro, qualquer torção ou batida deve ser tratada com uma compressa de gelo imediata. Faça um cataplasma quente de chá de flor de *arnica* e aplique em uma contusão ou torção. *Batata* crua ralada pode ser aplicada em torções, batidas e *sinovite* (um tipo de inflamação das juntas). Um cataplasma de batata cozida pode ser posto sobre qualquer órgão doente; por exemplo, nos pulmões, quando a pessoa está com bronquite. O cataplasma ajudará a retirar o calor e a febre do sistema.

Queimaduras

A *babosa* é refrescante e calmante, além de ter muitas vitaminas boas para a pele. Sempre que alguém sofrer uma queimadura, da cozinha ou do Sol, corte uma das folhas suculentas e aplique aquele gel úmido na queimadura. Um pouco de *manteiga* é um remédio rápido para uma queimadura leve (não para uma queimadura séria) ou para a pele seca. Você também pode esfregar suco de *pepino* diretamente na pele para ajudar a curar queimaduras, inflamações e outras irritações da pele. O *mel* é uma ótima cobertura para queimaduras. O mel contém própolis, uma substância feita pelas abelhas que cura queimaduras. Amasse *morangos* frescos e aplique-os no rosto como uma máscara, ou para tratar queimaduras de sol. Deixe por meia hora e depois lave o rosto com água; não use sabão.

Resfriado, tosse e garganta inflamada

Antigamente, quando as pessoas mais pobres não tinham acesso a médicos, o *alho* era uma das panaceias mais importantes. Acrescentado às sopas, ele ajuda a curar resfriados, febres e gripe. O alho mata os vírus e as bactérias. Não use cápsulas de alho seco ou alho geneticamente modificado. O antigo alho fedorento é o melhor para combater as infecções. Para resfriado, tente cortar um dente de alho descascado em porções do tamanho de um comprimido e engolir com água com um pouco de suco de limão. Você também pode assar os dentes de alho até secar no forno. Não acrescente óleo nem água. Asse lentamente em fogo baixo até que os dentes de alho estejam macios. Retire do forno e descasque (o alho deve ficar como uma pasta morna dentro da casca). Coma à vontade. Que delícia!

O *gengibre* é um condimento muito quente. De acordo com os chineses, ele "faz com que as secreções internas escorram", ou seja, ele liquefaz o catarro e outros líquidos internos. O gengibre é bom para o resfriado e a gripe. Mas cuidado para não exagerar. Chá de gengibre em excesso pode irritar os pulmões. Não tome mais de duas xícaras do chá por dia.

Uma mistura de dois copos de suco de *legumes*, caldo de meio *limão*, alguns dentes de *alho*, uma colher de chá de *rábano* ralado e uma pitada de *pimenta caiena*, bem misturados, ajudam a curar a tosse ou o resfriado (dica: o rábano ajuda a abrir os sinos nasais entupidos. Se gostar do sabor, ponha mais.). Meia colher de chá de rábano ralado, aromatizado com suco de limão, pode ser tomada duas vezes por dia para problemas de sinusite. O rábano tem muita vitamina C e também ajuda a limpar o muco do corpo humano.

Coloque duas colheres de folhas de *sálvia* em um copo de água recém-fervida durante meia hora para fazer chá de sálvia. Tome 1/4 de xícara, quatro vezes por dia, para tosse com catarro e congestão pulmonar. O melhor chá que existe para a tosse é feito com folhas secas de tussilagem (encontrada em lojas de produtos naturais). Ponha 2 colheres de folhas secas em uma xícara de água quente, mexa e misture com um pouco de mel a gosto.

Constipação e diarreia

O chá de *canela* é muito útil para a diarreia e para parar de vomitar, mas não basta usar o condimento em pó. Ferva em fogo baixo um quarto de colher de chá de canela em pó ou um pedaço pequeno (de 1 centímetro) de canela em pau em uma xícara de água por dez minutos, coe e beba. Os biscoitos de água e sal e os queijos firmes também ajudam a aliviar as crises. A salada de pepino ajuda na constipação crônica. A alface e as saladas em geral mantêm o corpo saudável e regulado. Aveia, ameixa e suco de ameixa também são alimentos laxativos.

Cortes e feridas

Se você acidentalmente se cortar na cozinha, pode aplicar pimenta caiena em pó diretamente na ferida para fazer com que pare de sangrar (mas vai arder!). *Cuidado para não derrubar pimenta caiena nos olhos!* Não vai fazer mal para eles, mas vai arder loucamente. Se cair nos olhos, enxágue-os imediatamente com água corrente fria. O alume, usado para conservas, interromperá imediatamente o sangramento de pequenos cortes. Se for um corte mais sério, vá ao médico, pois provavelmene pecisará levar pontos.

O mel é muito bom para cobrir feridas. Depois de limpar cuidadosamente o ferimento, aplique mel e depois faça um curativo. O mel absorve água e os germes não podem viver sem água. Alho fresco esmagado também pode ser aplicado a um ferimento, coberto de mel (para que não entre ar) por baixo de um curativo. Se houver infecção, recorra a cremes antibióticos e outros tratamentos antissépticos.

Febre

Chupe pedacinhos de gelo para reduzir a febre e para diminuir os incômodos estomacais da gripe. Suco de *limão* misturado com mel e água ajuda a baixar a febre. Suco de *romã* é um refrigerante, ou seja, pode de fato baixar a temperatura do corpo. Limpe e raspe a casca de gravetos de *salgueiro* para fazer um chá que abaixa a febre; amasse com mel para diminuir o sabor amargo.

Febres suaves são bastante naturais e um modo de desenvolver o sistema imune, mas se a febre não baixar ou se for acima de 39,5 graus, chame um médico. Aveia e creme de arroz são bem digestivos e devem ser dados àqueles que estão fracos da doença e da febre. É possível adicionar uva passa, casca de limão ralada, canela, mel e um pouco de leite de arroz.

Dor de cabeça

Para dores de cabeça, umedeça um pano em chá de *manjericão* bem forte e aplique na testa como uma compressa morna (funciona ainda melhor se você acrescentar 2 colheres de extrato de *hamamélis*). Use uma colher de chá de manjericão para cada xícara de água. Leve a água ao ponto de fervura, tire do fogo e ponha o manjericão. Deixe o manjericão curtir por dez minutos em um recipiente que não seja de alumínio, bem tampado. Para um remédio rápido, corte um *limão taiti* no meio e esfregue na testa. Também é agradável fazer uma compressa fria fervendo água com flores de lavanda (também é bom respirar esse vapor); deixe a mistura esfriar, depois umedeça um pano nela e ponha na testa. Isso vai interromper a palpitação.

Problemas na boca

As pessoas que têm halitose (mau hálito) devem adquirir o hábito de comer salsinha como condimento (e consultar um dentista!). Se as suas gengivas sangram, tome vitaminas C. Deixe duas colheres de chá de folhas de *sálvia* em uma xícara de água recém-fervida durante meia hora para fazer um chá. Faça gargarejo com esse chá para curar amigdalite, laringite e garganta inflamada. A sálvia também ajuda no mau hálito, gengivas sangrentas e dores bucais. Comer *amoras*, *framboesas* e *cerejas* no verão ajuda a dissolver o tártaro dos dentes e fortalece o sistema imunológico. Para embranquecer os dentes, deixe que a fruta fique neles por cinco minutos e depois escove os dentes com uma mistura de água e bicarbonato de sódio. Gengivas, dentes ou garganta doloridos podem ser aliviados, temporariamente, com um gargarejo feito com uma xícara de água quente com quatro colheres de sal marinho dissolvido.

Problemas de estômago, indigestão e gases

Eis como fazer um antiácido que ajuda nas dores de estômago, cólicas e gases: pegue meia colher de chá de sementes de *alcaravia*, sementes de *funcho*, folhas de *menta* e folhas de *hortelã*. Ponha em uma xícara e derrame água fervente sobre as ervas. Cubra com um pires e deixe por dez minutos. Mexa bem, coe e tome uma xícara quatro vezes ao dia, longe das refeições. Dica: se você tiver um pilão, use-o para esmagar as sementes. Desse modo, elas liberam melhor as suas virtudes medicinais.

Água com *canela* ajuda na indigestão crônica e nos gases. Ponha um quarto de colher de chá de canela em pau moída em uma xícara de água fervente, mexa, tampe e deixe descansar 15 minutos; coe e beba. Chá de *orégano* é ótimo para indigestão, náusea e cólica. Também ajuda a liberar gases, diminuir a febre e acalmar os nervos. A *menta* ajuda na flatulência e na digestão difícil e também diminui a febre, de forma que essa é uma combinação ideal. O chá de *gengibre* alivia a náusea suave e o enjoo de movimento.

Terceira Aula:
Sabedoria das Ervas (Verde)

1. Introdução: Sobre a sabedoria das ervas

erbalismo é o conhecimento e a arte de compreender e usar as propriedades mágicas e medicinais das plantas – especialmente ervas ou *worts* (em inglês arcaico). A antiga palavra usada para o conhecimento das propriedades secretas das ervas é *wortcunning* ("sabedoria herbal"), e esse sempre foi um estudo particular das bruxas. A sabedoria herbal tem dois aspectos. O primeiro trata das propriedades químicas e medicinais das ervas; o segundo, de suas propriedades ocultas e mágicas. Antigos médicos, herbalistas tradicionais, feiticeiros e bruxas sempre consideraram ambos os aspectos, mas os médicos e farmacêuticos modernos apenas se preocupam com o primeiro. Etnobotânicos e psico-farmacêuticos estudam os aspectos culturais e psicológicos de certas "plantas-remédio" – plantas conhecidas particularmente por seus efeitos de alterar a consciência.

Grandes quantidades de conhecimento, remédios e receitas com ervas foram reunidas em livros denominados *herbais*. O herbal mais antigo conhecido foi escrito pelo médico grego Pedânio Dioscorides (40-90 d.C.). Seu famoso texto sobre botânica e farmacologia se chamava *De Materia Medica* ("Sobre assuntos médicos") e foi a principal fonte a respeito de ervas para as bruxas e feiticeiros europeus durante a Idade Média. Muitos remédios atuais vieram dessas antigas receitas herbais, embora a maior parte dos médicos modernos os despreze como meros "Remédios populares" supersticiosos.

Acredito que o mais importante na sabedoria herbal seja aprender a plantar e colher as ervas você mesmo. O meu maior prazer na sabedoria herbal é colher ervas no mato – aprender a reconhecer cada uma em sua estação e hábitat. Recomendo comprar um bom livro sobre ervas silvestres, como o *Stalking the Wild Asparagras,* de Euell Gibbons, e tentar sair pelos campos e florestas para ver o que encontra. Leve um cesto, uma faquinha afiada e tesouras.

O lar de um herbalista é sempre uma alegria, com ervas crescendo no jardim, por toda a casa, em canteiros, vasos e caixas na janela. Maços de ervas secas ficam pendurados em ganchos na cozinha e acima da lareira. Os aromas combinados são deliciosos! Na cozinha, normalmente se vê uma bonequinha de uma bruxa velha montada em uma vassoura; essa é a "bruxa da cozinha" que abençoa a cozinha de qualquer herbalista.

Lição 2: Bruxaria na cozinha

(por Ellen Evert Hopman, mestre herbalista)

Na aula anterior sobre cura, apresentei alguns remédios herbais para doenças comuns. Aqui, ofereço mais algum conhecimento herbal, uma arte chamada de "Bruxaria na cozinha".

Pimenta da Jamaica: este condimento vem das frutas verdes de uma árvore perene (*Eugenia pimenta* – conhecida como pimenteira) que dá na América do Sul e nas Índias Ocidentais. Seu sabor e cheiro são semelhantes aos do cravo e ela é usada para temperar carnes, molhos e tortas. Para fazer um remédio para dores de estômago e gases, ferva em fogo baixo de 1/2 a 3/4 de colher de chá desse condimento em água quente por 10 minutos. A dose é 30 gramas para crianças e 60 gramas para um adulto.

Babosa: a babosa pode crescer no jardim em climas quentes e dentro de casa, em um local ensolarado, nas regiões mais frias. Esta é uma planta que vale a pena ter em algum canto perto da cozinha para curar queimaduras. Quebre uma das folhas suculentas e aplique o gel às queimaduras. A babosa é refrescante e calmante, além de ter muitas vitaminas boas para a pele.

Sementes de anis: o anis é um condimento usado pelos antigos egípcios, gregos e romanos. As sementes de anis são usadas para aromatizar tortas, biscoitos e cozidos. O chá é sedativo e um ótimo remédio para cólica, gases e indigestão. Ponha duas colheres de chá em meio litro de água recém-fervida por dez minutos. Coe e tome uma colher de sopa quando necessário. Adoce com mel se desejar.

Maçã: "Uma maçã por dia mantém o médico distante", é um dito muito sábio. As pessoas que comem duas maçãs por dia têm menos dores de cabeça e crises emocionais, assim como uma pele melhor. A maçã crua aumenta a saliva, estimula as gengivas e limpa os dentes – melhora assim a saúde dentária. Na mitologia normanda, quando os deuses acham que estão começando a envelhecer, eles comem maçãs para restaurar sua força e juventude. Não coma as sementes, pois elas contêm estricnina, que é um veneno.

Aspargo: os talos de aspargo devem ser escaldados rapidamente ou cozidos no vapor por, no máximo, cinco minutos. Desse modo, eles mantêm suas vitaminas (A e C) e minerais (cálcio, fósforo, sódio, clorina, enxofre e potássio). Este alimento é diurético (faz fazer xixi) e limpa os rins e as articulações, o que ajuda em casos de artrite.

Banana: o momento ideal de comer bananas é quando elas estão com alguns pontos escuros. Essa fruta tem muita vitamina A, B, G e riboflavina, além dos minerais potássio, magnésio, sódio e clorina. Os minerais contidos na banana substituem aqueles perdidos nas crises de diarreia. Crianças com diarreia podem manter o seu peso e seu nível de energia se comerem banana. No Sri Lanka, dá-se um copo de seiva de bananeira para a pessoa mordida por uma cobra venenosa.

Manjericão: o manjericão é usado nas receitas italianas, como o molho de espaguete. Pode ser acrescentado a pratos com ovos e queijo e a saladas frescas. É fácil plantá-lo no jardim. O chá de manjericão é delicioso quando combinado com um pouco de menta fresca ou seca ou folhas de gatária e mel. O chá de manjericão é bom para gripe, resfriado, cólica e bexiga.

Feijão: as vagens do feijão (feijão branco, preto, mulatinho, azuki, etc.) têm bastante sílica, de forma que ajudam a reforçar os órgãos internos. As vagens são ligeiramente diuréticas e também mantêm baixos os níveis de açúcar no sangue.

Beterraba: você sabia que dá para comer beterraba crua? Beterraba e cenoura cruas e raladas podem ser servidas com um pouco de suco de limão, azeite e sal marinho. As folhas verdes podem ser cozidas no vapor ou ligeiramente passadas na manteiga. A beterraba tem muita vitamina A, B, C e G e também uma porção de minerais que fortificam o sangue.

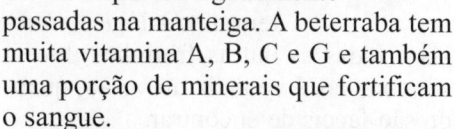

Repolho: o repolho tem muita vitamina A, B, C e U, assim como cálcio, iodina, potássio, clorina e enxofre. É melhor comê-lo cru ou em forma de suco, e não cozido. As folhas externas, que as pessoas normalmente jogam fora, são as que têm maior concentração de vitaminas e cálcio.

Cenouras: as cenouras têm muita vitamina A, que é benéfica para os olhos, pulmões e pele. Também ajudam a fortalecer o sistema imunológico, auxiliando na prevenção de doenças como o câncer. Todos deveriam ingerir cenouras cruas e suco de cenoura regularmente.

Pimenta caiena: a pimenta caiena é um pó vermelho muito picante facilmente encontrado na cozinha. É usado para fazer o molho chili e curry e muito utilizada em pratos mexicanos. Ajuda a estancar sangramentos tanto internos quanto externos.

Aipo: o aipo tem magnésio e ferro, que fortalece as células sanguíneas. Também tem elementos das vitaminas do complexo B, que ajuda os nervos. Use-o em sucos, misturado com cenoura, para acalmar os nervos.

Cereja: as cerejas devem ser comidas cruas, e não as em lata. Como todos os alimentos pigmentados, as cerejas ajudam a fortalecer o sistema imunológico. Cerejas e todas as outras frutinhas devem ser comidas à vontade no verão, quando são fáceis de encontrar.

Cebolinha: a cebolinha é um tipo de capim de cebola que é plantado no jardim e usado como tempero. Ela pode ser colhida, picada com tesoura e guardada em um saquinho de plástico no freezer. Uma única muda de cebolinha pode render várias colheitas durante o verão. Tem vitamina C, A, B e G e minerais que fortalecem o sangue, como enxofre e ferro. Os ciganos da Romênia penduram um maço de cebolinha, ainda com o bulbo, no quarto do doente para proteger contra "mau-olhado" e outras catástrofes.

Canela: a canela é a perfumada casca do interior de uma árvore que dá no Sri Lanka e em outras regiões tropicais. A canela em pó com leite ajuda a aliviar o estômago após uma refeição pesada e auxilia na digestão.

Frutas cítricas: guarde as casca cuidadosamente lavadas de toranjas, limões ou laranjas orgânicos e pique-as. Acrescente uma colher de chá para uma xícara de água fervida, deixando descansar por 20 minutos. Esse chá é bom para resfriados. Tente acrescentar um pouco de sálvia e menta ao chá de casca de toranjas para ajudar a combater um resfriado *(IMPORTANTE: não use frutas comerciais não orgânicas para esse fim, porque as cascas estarão encharcadas de pesticidas.).*

Cravo: os cravos, na verdade, são os botões secos de uma planta que cresce em regiões tropicais. O cravo ajuda na digestão e muitas vezes são enfiados nos alimentos, como maçãs, pêssegos e presunto cozido. Os cravos podem ser usados para a aromaterapia. Ponha alguns cravos em um vaporizador ou em um prato de água quente sobre o aquecedor para perfumar o cômodo.

Coentro: os antigos egípcios e gregos usavam sementes de coentro como alimento e na medicina. Os antigos romanos as levaram para a Grã-Bretanha. Os chineses dizem que essa erva confere a imortalidade. Faça água de coentro para aliviar os gases. Ponha duas colheres de chá em uma xícara de água fervida por dez minutos. Tome meia xícara quatro vezes ao dia.

Cabelo de milho: você sabia que os cabelos sedosos que crescem na ponta das espigas de milho fresco são bons de comer? (use apenas milho orgânico, já que o milho comercial padrão foi vaporizado com pesticidas). O cabelo de milho fresco pode ser comido em saladas e ajuda a fortalecer a bexiga e os rins.

Oxicocos: Os oxicocos crescem em pântanos da Nova Inglaterra. Como são altamente pigmentados, ajudam a fortalecer o sistema imunológico. Alimentos pigmentados como maçãs vermelhas, uvas vermelhas, amoras, pimenta vermelha e tomate têm muitos bioflavionoides.

Cominho: o cominho é muito saudável para os pombos e pode curar uma doença dos pombos, conhecida como "Peito e costas sarnentos". Tome partes iguais de alcaravia, cominho, endro e sementes de funcho e misture com farinha e água suficientes para modelar pequenos bolos. Asse os bolos no forno até que fiquem firmes e ofereça aos pássaros.

Tâmaras: quando as caravanas de camelos cruzavam o deserto na Antiguidade, muitas vezes levavam apenas tâmaras, amêndoas (que são ricas em proteínas) e água como alimento. E isso os sustentava por meses. As tâmaras têm cálcio, que compõe os ossos e músculos e fortalece os dentes e os nervos. Elas também têm vitaminas A, B, D, G e minerais como ferro, clorina, cobre, magnésio, fósforo, potássio, enxofre e sódio.

Endro: as folhas e sementes do endro são acrescentadas a picles, pratos com ovos, salmão, feijão, couve-flor, repolho e ervilha. As sementes são a parte mais poderosa no que diz respeito à medicina. Tome porções iguais de sementes de endro, sementes de anis e sementes de funcho e use meia colher de chá de sementes por xícara de água fervente; deixe em infusão por 20 minutos. Esse chá alivia náusea, dor de estômago e gases.

Funcho: de acordo com Plínio, o antigo herbalista e naturalista romano, as serpentes se esfregam nos pés de funcho quando se livram da pele antiga. Aconselha-se pendurar um ramo de funcho na porta na noite de Solstício de Verão para repelir o mal (a erva-de-são-joão tem o mesmo efeito; você pode pendurá-las juntas ou sozinhas). Acrescente algumas sementes de funcho à comida de seu passarinho. O chá de funcho ajuda a expelir o muco.

Figo: figos, tâmaras e outras frutas secas devem ser comidas no lugar de doces. Mas sempre escove os dentes em seguida, pois os pedaços das frutas grudam nos dentes, causando cáries. Os figos frescos são levemente laxantes. Não coma muito ou você pode ter diarreia.

Alho: antigamente, quando as pessoas mais pobres não tinham acesso a médicos, o alho era uma das mais importantes panaceias. O alho mata vírus e bactérias, cura infecções e remove parasitas. O alho tem vitaminas C, A, B e G, enxofre, ferro e cálcio. Também tem *alicina*, uma substância química que mata germes como os estafilococos (ele pode até mesmo matar algum germes que a penicilina não consegue, como o *bacillus paratyphoid*). Obviamente, o alho também repele vampiros e lobisomens. Pendure tranças de alho pela casa, nas janelas e portas.

Gengibre: o gengibre é um condimento muito quente. Acrescente gengibre fresco ralado ao peixe e ao frango para remover as toxinas ao cozinhá-los. De acordo com os chineses, o gengibre "faz com que secreções internas escorram", o que significa que ele dilui o catarro e outros líquidos internos. Tome chá de gengibre com limão e mel para curar um resfriado ou gripe. Mas cuidado para não exagerar. Mais do que uma xícara por dia pode irritar os pulmões. Em um dia muito frio, alguns pedaços de gengibre cristalizado ajudarão a mantê-lo aquecido.

Toranja: a toranja tem muita vitamina C, uma vitamina que não é armazenada pelo corpo e precisa ser reposta diariamente. Você sabia que a maior parte da vitaminas C fica na parte branca da casca? Isso também vale para limões e laranjas.

Limão: o limão contém vitamina C, B, F, P e riboflavina, assim como os minerais cálcio, fósforo, magnésio, potássio e enxofre. O limão é muito importante para prevenir o escorbuto, uma doença que os marinheiros costumavam ter por ficarem no mar durante longos períodos sem acesso a frutas frescas. Na Inglaterra, havia uma lei que ordenava que cada navio levasse suco de limão suficiente para que cada marinheiro pudesse beber 300 mililitros por dia depois de dez dias no mar – razão pela qual os marinheiros ingleses eram chamados de *limeys*.

Alfaces: as folhas de alface têm vitaminas C e A. Quanto mais escura, mais vitaminas e minerais a alface contém. Todos deveriam comer, pelo menos, uma salada por dia.

Mostarda: você sabia que pode usar mostarda em pó para remover os odores de velhas garrafas e vidros? Misture um pouco de mostarda seca e água e encha a garrafa ou vidro. Deixe descansar por várias horas e depois enxágue com água bem quente.

Azeite: o azeite é provavelmente o óleo mais saudável para uso interno; beneficia o coração porque mantém o colesterol baixo. Use-o para cozinhar, como substituto da manteiga. Em muitos países, as pessoas passam o pão em óleo de oliva. Também é possível acrescentar um pouco de salsinha picada, alho, alecrim ou coentro para aromatizar o óleo.

Cebola: a cebola é antisséptica e cheia de vitamina C. Para tosses, pigarro, asma e resfriado, corte uma cebola fresca e ponha no liquidificador com mel para fazer um xarope. Tome uma colher de chá do xarope por hora. Se houver doença na casa, corte uma cebola no meio e deixe no quarto do doente, trocando todos os dias. As cebolas usadas dessa maneira devem ser queimadas ou enterradas, e nunca comidas, pois se tornam um ímã de germes.

Laranja: como no caso das toranjas e limões, as laranjas são cheias de vitamina C, mas a maior parte está na pele branca sob a casca. Não jogue fora as sementes de laranja! Plante-as em um vaso e, quando as árvores estiverem com dez centímetros de altura, você pode cortar as folhas e acrescentá-las a saladas.

Papaia: os índios Seminole da Flórida usavam folhas frescas de papaia para cobrir feridas. As folhas também eram usadas para amaciar a carne. Os modernos amaciadores de carne comprados no supermercado muitas vezes são feitos de frutos e folhas de papaia secos. O mamão papaia tem muita vitamina A, C, E, D, K e também cálcio, fósforo e ferro. Também contém proteína, ácido cítrico, málico e tartárico, bem como sódio, potássio e ácido fosfórico, além de uma abundância de açúcar natural, mas nenhum amido. Ele tem enzimas que ajudam o estômago a digerir outros alimentos. Se comido regularmente de estômago vazio, ou bebido na forma de vitamina, o papaia ajuda a reconstruir todo o trato digestivo. Experimente se tiver problemas para digerir coisas como cebola, alho, leite ou queijo.

Salsinha: a salsinha é consagrada à deusa Perséfone e era usada pelos antigos gregos em seus ritos funerários. Eles decoravam as tumbas com guirlandas de salsinha e também a usavam para coroar os vencedores das competições atléticas. Era uma planta tão sagrada que considerava-se desrespeitoso levá-la à mesa! As folhas de salsinha têm grande quantidade de betacaroteno (vitamina A solúvel em água) e vitaminas C e D. Também contêm traços minerais, como cálcio, fósforo, potássio, cobre, ferro, manganês, magnésio, enxofre e iodina.

Nabo: os nabos são raízes de aparência semelhante à de cenouras brancas. Normalmente, são fervidos com um pouco de sal ou colocados na assadeira do frango assado. Pique nabo com cenoura e arrume dos lados de uma assadeira, quando for assar um frango. Acrescente um pouco de água. O nabo tem clorina, ferro, magnésio, fósforo, potássio, enxofre e sílica. Ele ajuda a acalmar os nervos e fortalece o cabelo e as unhas.

Pimenta-do-reino: na Antiguidade, a pimenta-do-reino era muito valorizada. Por exemplo, quando Átila, o Huno, atacou Roma, exigiu uma tonelada de pimenta como resgate para liberar a cidade! A pimenta-do-reino, quando ingerida, é brevemente laxante e ajuda na digestão. É boa para casos de náusea, gases e diarreia.

Romã: o suco de romã é ótimo para beber durante o o auge do verão e também pode ser usado para baixar a febre.

De acordo com o profeta Maomé, a romã purga a raiva e os ciúmes do nosso sistema.

Batata: quando comer batata, sempre inclua a casca, pois é ali que as vitaminas estão. No entanto, se a casca tiver ficado verde, corte fora aquele pedaço ou despreze a batata inteira, pois nesse caso ela contém alcaloides, um tipo de veneno. Você sabia que as batatas são da mesma família da beladona? Se você misturar batata e milho, forma-se uma proteína completa. As batatas têm ácido cítrico, que constrói o sistema imunlógico e repara tecidos, e a casca tem vitamina K, que ajuda na coagulação.

Semente de abóbora: a ingestão de sementes de abóbora ajudará a expulsar os vermes de seu sistema (você sabia que, em qualquer momento da história, 80% da população humana tem vermes? Podemos pegá-los quando andamos descalços e no contato frequente com cães, gatos e outros animais). É preciso fazer um pouco de jejum para comer as sementes. Comece de estômago vazio e coma um punhado de sementes a cada hora, durante 3 horas. Mastigue bem. Você também pode tomar "leite de abóbora" ao mesmo tempo, que é feito batendo as sementes no liquidificador com água fria. A seguir, tome uma dose de óleo de rícino para expulsar os vermes. Repita o processo se necessário. Se você tiver uma lombriga, certifique-se de que saia inteira!

Ameixa seca: a ameixa seca é levemente laxante e deve ser comida cozida por aqueles que precisam de ajuda para manter movimentos intestinais saudáveis (todos precisamos de vez em quando!).

Vinagre: o vinagre é um antigo e respeitado remédio popular para muitas doenças. O vinagre de maçã é muito bom para a saúde. Muitos dizem que o vinagre tem propriedades curativas mágicas. Como um tônico e limpador diário, beba um copo de água com uma colher de chá de mel e de três colheres a 1/4 de xícara de vinagre de maçã. O vinagre também é ótimo para enxaguar o cabelo (o cheiro desaparece em um ou dois minutos). Para manter seu caldeirão limpo, use vinagre para dissolver as crostas que se formam quando alguma coisa queima. O vinagre é ótimo para limpar qualquer objeto ritual de metal; enxágue com água limpa e seque bem.

Agrião: o agrião cresce em regatos. É uma valiosa fonte de traços minerais e também ajuda a limpar o fígado. Ao comer agrião e salsinha com frequência, você estará ingerindo praticamente todos os minerais disponíveis nos vegetais terrestres. Apenas as algas têm mais traços minerais úteis para o sangue e os tecidos. O agrião é usado como guarnição e acrescentado a saladas e pratos com ovos. Suas folhas contêm fósforo, potássio, ferro, manganês, fluorina, cobre, enxofre, iodina e zinco.

Lição 3: O uso mágico das ervas

Além dos usos medicinais descritos anteriormente para as ervas, na cura, na Bruxaria na Cozinha, a sabedoria das ervas inclui o uso mágico das ervas para feitiços, amuletos, talismãs, e assim por diante. Assim como as pedras preciosas e os minerais, as plantas também têm seu próprio *prana*, ou força vital. Na verdade, como são seres vivos, têm um espírito único à sua espécie. Muitos acham, na verdade, que as fadas são espíritos das plantas (algumas vezes chamados de *Devas*), que podem ser percebidos em forma quase humana, segundo nossa mente os interpreta.

Por milênios, certas raízes e ervas foram usadas em feitiços por causa das qualidades mágicas a elas atribuídas. Muitas ervas e raízes são utilizadas não apenas por suas propriedades, mas também por sua aparência. A raiz de mandrágora é usada para obter o poder sobre os outros, mas é mais poderosa se tiver a forma de uma pessoa. O verbasco promove a gentileza, em parte por sua aparência macia e fofa. Os magos de todas as eras concentraram-se nesses diversos poderes das plantas e, assim, construíram campos morfogênicos particulares em torno delas. Ao trabalhar com as plantas apropriadas, você pode penetrar nesses campos e usá-los efetivamente para seus próprios fins.

A maior parte das raízes e ervas listadas a seguir são ativadas ao serem trazidas pela pessoa em um saquinho-talismã. Às vezes, porém, quando sua intenção é influenciar os outros (como em uma cura), é preciso colocá-las na outra pessoa – ou, pelo menos, tão próximo dela quanto possível. A maior parte delas também pode ser moída e queimada como incenso em um ritual (veja mais adiante, em "Incensos"). Sempre tenha uma intenção forte na mente ao fazer um feitiço ou encantamento herbal. Ao fazer um tratamento para outra pessoa, explique a ela para que serve cada elemento. Isso a ajudará a compreender e se concentrar na intenção. Você também deve dizer a cada erva ou raiz exatamente o que quer que ela faça – criando assim uma força combinada de sua própria vontade com o espírito da planta.

Muitas dessas ervas e raízes podem ser encontradas apenas em botânicas ou lojas de ervas mágicas. Ao usá-las, combine várias, de acordo com seus desejos, mas nunca ponha ervas com atributos conflitantes no mesmo feitiço! Colecione pequenos vidros e garrafas para ervas em mercados de pulgas e brechós. Faça seus próprios rótulos, desenhados à mão ou criados no computador. Depois de algum tempo, você terá sua própria coleção de favoritos.

Dê outra olhada nas tabelas de correspondência em 3. VI; você notará que há correspondências herbais para cada elemento, planeta, signo, etc. Essas são as ervas apropriadas para usar em incensos, óleos, tinturas, sachês e saquinhos-talismã, para criar encantamentos e feitiços relacionados a esses fins. Veja na página seguinte uma tabela que mostra as correspondências mágicas das próprias ervas.

Lição 4: Poções e filtros

Não espero que vocês realmente entendam a beleza do caldeirão fervendo devagarinho com seus fumos transparentes, o delicado poder dos líquidos que rastejam pelas veias humanas, enfeitiçando a mente, seduzindo os sentidos... posso lhes ensinar como engarrafar a fama, fermentar a glória e mesmo arrolhar a morte...

Professor Snape em *Harry Potter e a Pedra Filosofal*, de J.K. Rowling, p. 137)

Raízes e Ervas Mágicas

!!ATENÇÃO!!
NENHUMA DAS ERVAS OU FEITIÇOS COM ERVAS MENCIONADOS NESTA TABELA SÃO PARA USO INTERNO! NÃO AS COLOQUE NA BOCA!

AMARANTO: Para consertar um coração quebrado.
ASSA-FÉTIDA: Para proteção contra doença.
MANJERICÃO SANTO: Para proteger o corpo e a família.
MANJERICÃO DOCE: Para afastar a má sorte e atrair o amor.
LOURO: Para sabedoria, proteção e poderes psíquicos.
NOZ DE BETEL: Para aumentar os poderes mentais e espirituais.
ERVA-IMPIGEM: Para afastar os maus espíritos.
GATÁRIA: Para tornar uma pessoa tímida ousada e poderosa.
CEDRO: Para purificação e cura.
CAMOMILA: Para tornar os outros mais suscetíveis a seus pensamentos e ideias e mais dispostos a agradá-lo.
CANELA: Para espiritualidade, cura e purificação.
CRAVO: Para purificação, proteção e dinheiro.
TREVO: Para dinheiro, amor e boa sorte (especialmente o de 4 folhas!)
CINCO-EM-RAMA: Para afastar o mal com as mãos; proteção contra o mal físico e a violência.
ALHO: para cura e proteção (especialmente contra vampiros!)
RAIZ DE GINSENG: Usado pelos chineses como a proteção mais forte contra todos os tipos de males.
GENGIBRE: Para dinheiro, poder e sucesso.
HELÉBORO VERDE: Purga as premissas das más influências.
HELPING HANDS: Para ajudar em seus planos e trazer a ajuda de que você precisa em qualquer situação.
JALAPA: Para afastar pensamentos confusos e trazer o sucesso nos negócios e no amor; atrai dinheiro.
JEZEBEL: Para tornar seus desejos realidade.
PERPÉTUA: Para uma vida longa, feliz e pacífica.
ERVA AMOROSA: Banhe-se no chá das ervas e tenha surpresas agradáveis o dia inteiro.
GALANGAL: Para boa sorte e sucesso em todos os assuntos pessoais.

RAIZ DE MADRÁGORA: Para obter poder sobre os outros.
MANJERONA: Para afastar as más influências; para proteção, amor e cura.
FEIJÕES MOJO: Para boa sorte.
ARTEMÍSIA: Ponha no travesseiro para vislumbrar seu futuro em seus sonhos. Faça travesseiros de sonho com artemísia, bálsamo, manjerona, alecrim e lavanda.
VERBASCO: Para despertar a gentileza nos outros.
SEMENTES DE MOSTARDA: Para a fé.
ERVA-MOURA: Para ver fantasmas.
RAIZ DE ÍRIS: A raiz de Íris em pó desperta o amor ente duas pessoas se salpicado nas roupas pela pessoa que deseja o amor. Também chamada de *Raiz da Rainha Elizabeth* e *Raiz da Adivinhação*, foi o pêndulo psíquico original. Amarre um fio branco com 33 centímetros na raiz e faça perguntas do tipo "sim" ou "não" segurando a ponta do fio. A raiz vai balançar para frente e para trás para "sim" e, para "não", permanecerá imóvel.
ALECRIM: Para melhorar a memória.
ARRUDA: Para não ser enganado no amor.
SÁLVIA: Para proteção e sabedoria.
SÂNDALO: Para ver a verdadeira luz em todas as coisas e não ser enganado pelos outros.
RAIZ DE AIPO: Esfregue em uma pessoa que tem sido uma má influência e ela perderá todo o poder sobre você.
RAIZ DE SELO-DE-SALOMÃO: Para obter sabedoria.
ANIS-ESTRELADO: Carregue consigo como um patuá especial de boa sorte.
ERVA-DE-SÃO-JOÃO (raiz): Boa para dietas; mastigue-a para enganar a sensação de fome (tem gosto de chocolate). Pendure a planta sobre a cama para sonhar com seu futuro parceiro.
TOMILHO: Para a cura e para aumentar os poderes psíquicos.
CHORÃO: Para o amor e a adivinhação.
FEIJÃO DOS DESEJOS: Para tornar seus desejos realidade.

Poções são qualquer tipo de preparado líquido com o fito de ser bebido pela pessoa que deve afetar. Todos os medicamentos administrados por via oral, por exemplo, são poções. Assim também são os chás, chocolate quente e até venenos. Um *bezoar* é um antídoto para uma porção venenosa. *Filtros* são "poções do amor" para fazer com que uma pessoa se apaixone por outra. Eles eram muito populares na Idade Média, mas não são muito usados nos tempos modernos, já que são extremamente antiéticos nos casos em que a pessoa afetada não é informada. No entanto, existe uma demanda para esses filtros (denominados *afrodisíacos*) entre casais cuja paixão diminuiu e que desejam recuperá-la. Um filtro geralmente consiste em vinho ou água com uma infusão de ervas especiais e outros elementos.

O ingrediente mais comum para filtros através da história foi a raiz de *mandrágora*, ou "maçã do amor". Na América, ela é chamada de "maçã de maio". A verbena também é uma erva muito usada em filtros, assim como funcho, briônia, damiana, semente de samambaia, cânhamo, ginseng ou resina do dragoeiro. Laranja ou âmbar-gris podem ser acrescentados para dar sabor e aroma. Outros elementos tradicionais incluem órgãos reprodutivos ou fluidos animais, almíscar ou uma tintura feita com a infusão de cabelos do objeto de afeição **(não faça isso!)**.

Tônicos e elixires são feitos para curar doenças ou promover a boa saúde e a longevidade. Em geral, são preparados por *decocção* (fervura lenta) ou *infusão* (chá). Use um punhado grande de ervas para meio litro de água ou vinho (se estiver macerando uma erva no álcool, isso se chamará *tintura*). As folhas e flores são infundidas, nunca fervidas; a fervura destrói os óleos voláteis que contêm muitos dos poderes curativos. Para fazer uma *infusão*, leve o líquido à fervura, tire do fogo e acrescente as ervas. Tampe e deixe descansar 20 minutos. Coe e beba ainda quente. Raízes, cascas e frutinhas são fervidas em fogo lento por 20 minutos, depois deixe esfriar e coe. Você pode armazenar fusões e decocções herbais por até uma semana na geladeira, desde que, depois de coar bem, você ponha o chá em uma jarra de vidro com uma tampa bem fechada e o guarde longe da luz. Veja as instruções na aula de Bruxaria na Cozinha, de Ellen Evert Hopman.

Eis alguns tônicos tradicionais:

Aquae Vitae ("Água da vida")
Meio litro de vinho (sabugueiro ou ameixa)
1 ramo de alecrim
1 ramo de hortelã-pimenta
1 folha de louro
1 colher de sopa de mel
1 xícara de leite

Mandrágora

Aqueça o vinho até o ponto de fervura, tire do fogo, acrescente as ervas, tampe-o e deixe descansar por 20 minutos. Coe e acrescente o mel e o leite. Deixe esfriar até a hora de usar.

Aurum Potabile ("Ouro potável")
Manjericão
Melissa
Mel de flores silvestres para adoçar
Calêndula
Madressilva
Cozinhe lentamente em meio litro de água pura.

Lição 5: Óleos e incensos

Essências puras e óleos essenciais

Os *óleos* e *essências* representam um papel importante em diversos rituais e cerimônias. Algumas vezes, misturados a raízes, ervas e resinas para fazer incensos ou acrescentados diretamente ao carvão quente, os óleos e essências trazem suas fragrâncias aos ritos. Para despertar as vibrações certas em muitos instrumentos, velas, talismãs e patuás, os magos muitas vezes os *ungem* (esfregam) com óleos e essências apropriados. Na verdade, os praticantes diversas vezes ungem a si mesmos. Usados como perfume, óleo de banho ou molho, os óleos e essências podem representar um papel importante em todas as fases de seu trabalho mágico. Os óleos também podem ser usados para desenhar runas e sigilos invisíveis em portas e outros itens e para a bênção e proteção. Desenhe com a ponta do dedo e deixe secar. Muitos leitores de bola de cristal dizem obter melhores resultados quando mantêm sua bola ou espelho envolvidos em um pano aromatizado com diversos óleos e essências. Embora os dois sejam puros e fortes, há uma diferença definida entre óleos e essências. Os óleos são os extratos puros de diversas flores ou plantas com uma base oleosa, obtidos por pressão e depois filtrados. As essências são feitas amassando ou moendo a planta até ela virar um pó ou um mingau e depois é colocado esse pó em álcool etílico ou água, dependendo de qual deles for melhor para extrair a fragrância e as virtudes da planta. Os pedacinhos da planta permanecem no líquido.

Para fazer um óleo mágico, ponha ervas ou flores bem apertadas em uma garrafinha com azeite até 3/4 de sua capacidade. Tampe ou arrolhe muito bem e sacuda todos os dias. Um óleo fortificado pode ser preparado coando o azeite a cada quatro dias e acrescentando ervas frescas. O processo inteiro leva cerca de duas a três semanas. No final desse período, filtre o óleo em um tecido de algodão, espremendo tudo o que ficar no pano, e coloque-o em uma garrafa limpa com um belo rótulo. As plantas são descartadas. Para fazer um bálsamo ou unguento, as ervas bem esmagadas são misturadas em uma base gordurosa, como um creme facial. A combinação normalmente é de uma colher de ervas para 90 gramas de creme.

Além das raízes e ervas mencionadas anteriormente, muitos tipos de flores são usadas para fazer óleos essenciais e essências, cada um com seu significado particular. Apresentarei uma lista deles mais adiante.

Combinações

Depois de preparados, os óleos e essências puros podem ser combinados para fins particulares, como fazer uma poção de amor, sorte, sucesso, proteção, prosperidade, purificação e todo o resto. Essas fórmulas combinadas podem ser compradas em herbanários e lojas de magia, mas você também pode fazer as suas de acordo com as correspondências listadas aqui. Além disso, *almíscar* e *algália* (retiradas de glândulas especiais de veados e doninhas macho) são ingredientes comuns nessas formulações, assim como em perfumes; eles atraem o amor. Ao consagrar ou ungir, use uma combinação que expresse as suas intenções específicas ou que seja consagrada a um planeta, divindade, elemento ou signo específicos.

Eis aqui alguns exemplos de formas de combinação simples:

Óleo de unção ritual
1 parte de menta
1 parte de verbena

Óleo de consagração ritual
1 parte de olíbano
1 parte de mirra

Para ver as coisas honestamente
1 parte de hissopo
2 partes de lírio
2 partes de mirra

Incensos

Para fazer incensos para diversos rituais, triture todas as ervas e raízes apropriadas (um pilão é um instrumento essencial para qualquer herbalista!). Acrescente óleo essencial (ou óleo de oliva) suficiente para fazer a mistura se tornar uma pasta. Você também pode acrescentar um pouco de resina para ajudar a dar liga e a queimar. Para incensos planetários, acrescente pó ou raspas dos metais associados ao incenso. Um pouco de salitre (o ingrediente dos blocos de carvão) também ajuda na queima e forma pequenas fagulhas – boas para Marte. Há também diversas *resinas* (principalmente seivas de árvore) comumente usadas para incensos e até acrescentadas à fórmula de óleos:

Âmbar – proteção, cura, riqueza.

Âmbar-gris – atração, controlar os outros.

Dragoeiro – para ativar um feitiço.

Olíbano – para consagrar uma área, pessoa, substância ou objeto.

Incensos para trabalho psíquico

(*por Katlyn Breen*)

O melhor incenso para usar ao trabalhar com qualquer instrumento de adi-

Flores usadas em óleos e essências

Alecrim: Reviver sonhos
Amêndoa: Esperança
Bago de loureiro: Purificação
Bálsamo de Gileade: Cura, auxílio
Coentro: Mérito oculto
Flor de laranjeira: Generosidade
Flor de macieira: Preferência
Flor de maracujá: Suscetibilidade
Gardênia: Êxtase
Heliotrópio: Devoção
Hissopo: Pureza, purificação
Jasmim: Graça, elegância
Lilás: Juventude, novo amor
Limão: Discrição
Lírio do vale: Retorno da felicidade
Lírio: Pureza, modéstia
Madressilva: Laço amoroso
Magnólia: Inigualável, orgulhoso
Mandrágora: Poder sobre os outros
Menta: Virtude
Mimosa: Sensibilidade
Mirra: Purificação, limpeza
Mirto: Amor
Morango: Excelência, perfeição
Oliveira: Paz
Patchuli: Atração
Pinho: Eternidade
Rosa: Beleza
Verbena: Sensatez
Violeta: Amor, modéstia, mérito

vinhação tem natureza lunar ou psíquica. Esse tipo de mistura pode ser adquirido ou criado por você e deve ser queimado em tabletes de carvão. Eis algumas receitas excelentes para um incenso mágico de boa qualidade para usar no trabalho psíquico:

Incenso lunar

Uma base de pó de sândalo branco, raiz de íris e mirra (em partes iguais)
Óleo de jasmim e flores de jasmim
Óleo de lótus e âmbar-gris (sintético)
1 pitada de cânfora refinada
Semente de papoula e de abóbora

Incenso de divinação

Uma base de goma mástique, mirra, pó de sândalo e olíbano
Artemísia e losna
Pétalas de rosa, botões de lavanda
Cardamomo verde e anis-estrelado
Folhas de louro
Óleo de mimosa e lótus

Quarta Aula:
Adivinhação (Amarelo)

O poder do feiticeiro vem, antes de tudo, da observação. Grande parte do conhecimento mágico é construída sobre a crença fundamental de que, se pudermos compreender o fluxo de energia da Terra e como essas energias trabalham em harmonia, podemos obter enorme percepção e poder. Observar, entre outras coisas, os padrões do clima, os padrões de migração dos pássaros e o comportamento das pessoas que o rodeiam, valeu ao feiticeiro – aos olhos daqueles concentrados apenas na realidade da sobrevivência cotidiana – a fantástica capacidade "Mágica" de ver o futuro. Na verdade, o feiticeiro muitas vezes pouco mais faz do que prestar bastante atenção ao presente.
Antn & Mina Adams (*The World of Wizards*, p. 6)

1. Introdução: Ver o futuro

Tudo o que você faz é uma ordem divina.

Sim, isso é verdade, uma Grande Verdade. Você faz parte da mente universal e tudo que você faz é parte das obras dela. Também é verdade que tudo o que você faz está de acordo com sua vontade independente. É importante equilibrar essas verdades. Acreditar que tudo o que você faz vem da vontade divina sem questionar ou pensar por si mesmo é entrar em uma estrada muito perigosa. Nosso planeta está coberto por ruínas deixadas por aqueles que tinham certeza de que o poder divino estaria do seu lado fizessem o que fizessem, por mais cruel ou demente que fossem. Qualquer caminho espiritual pode ser distorcido por fanáticos, por isso cuidado para não se tornar um deles.

O feiticeiro saudável sempre questiona e confere o que está realmente de acordo tanto com a vontade divina quanto com a vontade individual. Você sempre vai precisar prestar atenção em seus próprios erros e estar pronto para descobrir que errou em alguma coisa. Consulte pessoas confiáveis e pratique a adivinhação, mesmo quando tiver certeza do que está fazendo e achar que sabe do que precisa. Você pode ter certeza de que os anciãos que contribuíram para este Grimório continuam a questionar suas ações e crenças, mesmo depois de se tornarem adeptos completos.

A *adivinhação*, ou "ver de longe", é a arte de prever o futuro ou descobrir coisas que estão perdidas, escondidas ou secretas. Embora nem todos os videntes tenham sido feiticeiros, todos eles devem ser videntes. Muitos povos antigos eram completamente obcecados pela adivinhação e não faziam nada sem consultar adivinhos, videntes, oráculos ou profetas. Ocorrências incomuns, como sonhos perturbadores e presságios, também tinham significados divinatórios. Ao longo das eras, os videntes criaram muitas técnicas de adivinhação – as artes mânticas (de *mantis*, que significa "Adivinho").

Lição 2: As artes mânticas

Centenas de diferentes sistemas de adivinhação já foram inventados ao longo dos séculos – e receberam nomes em latim. A maioria dos sistemas começou com uma distribuição aleatória de elementos e a tentativa de retirar algum sentido mágico deles, procurando padrões ou comparando-os com uma chave. Eis aqui uma descrição breve de alguns dos mais populares:

Aleuromancia (pão) – adivinhação feita pela escolha de pedaços de pão assado com frases anteriormente escritas, como nos biscoitos da sorte.

Aritmancia (Numerologia) – adivinhação pelos números, na qual palavras e números são reduzidos a um único dígito com um significado místico definido.

Bibliomancia (livro) – adivinhação feita pela abertura de um livro sagrado em uma página aleatória e a leitura do que há naquela página.

Cartomancia (leitura de cartas) – adivinhação por cartas, particularmente com o Tarô. Mas outros baralhos de cartas de adivinhação e mesmo um baralho comum podem ser usados.

Catoptomancia (leitura do espelho) – adivinhação feita pela luz da Lua refletida em um espelho ou na água.

Quiromancia (leitura das mãos) – adivinhar a sorte de uma pessoa ao examinar suas mãos e as linhas nas palmas.

Cleromancia (leitura de runas) – adivinhação pelo jogo de marcadores nos quais se inscreveram letras simbólicas.

Geomancia (Terra) – adivinhação feitas jogando gravetos ou ossos no chão e interpretando os padrões formados.

Horoscopia (Astrologia) – adivinhação pelas estrelas e planetas, em geral com um horóscopo ("observação da hora").

I Ching* (livro das mutações) – um sistema chinês de adivinhação no qual se jogam gravetos ou moedas para obter algum dos 64 trigramas (figuras de três linhas), cujos significados estão registrados no livro.

Oniromancia (sonhos) – adivinhação feita comparando os elementos de um sonho a uma lista.

Piromancia (leitura do fogo) – adivinhação conforme a aparência das chamas depois de atirar certos pós.

---

*N.E.: Sugerimos a leitura de *I Ching – A Mais Bela Aventura Criativa da Humanidade*, de Paulo Barroso Junior, e *I Ching – O Livro das Mutações*, de Richard Lewis, ambos da Madras Editora.

Rabdomancia – adivinhação com gravetos ou varinhas chamados de bastões de adivinhação, em geral em forma de forquilha.

Cristalomancia – adivinhação feita olhando na água, espelho, bola de cristal, etc. A leitura na bola de cristal sempre foi uma técnica favorita entre os feiticeiros.

Teimancia (leitura no chá) – adivinhação feita quando se examina os padrões sugestivos nas folhas de chá deixadas no fundo de uma xícara, comparando-as com os significados definidos.

Além disso, há diversas técnicas que não são, estritamente falando, de adivinhação, mas antes têm o fito de determinar o caráter de uma pessoa. O horóscopo natal pode ser usado para esse fim, assim como a leitura das mãos. Alguns outros métodos são:

Grafologia (análise da escrita) – determinar o caráter de uma pessoa analisando a sua letra.

Frenologia (cabeça) – interpretação do caráter de uma pessoa pela análise da forma de seu crânio.

Fisiognomia (aparência) – interpretação do caráter de uma pessoa pela análise de suas características faciais e corporais.

Lição 3: Augúrio (leitura de presságios)

Em vez de fazer alguma coisa e depois interpretar ou "Ler" os resultados, como em muitas das artes mânticas citadas anteriormente, o *augúrio* é a interpretação de ocorrências espontâneas da natureza, como a forma das nuvens e o voo dos pássaros. São os chamados *presságios ou agouros* ("sinais"); dizer que algo parece *agourento* significa que "os sinais parecem ruins".

Os pássaros, em particular, atraíram a atenção e a imaginação das pessoas por toda a história, por seu maravilhoso poder de voar. A palavra *auspício*, outro sinônimo de presságio, vem de uma palavra latina que significa "observador de pássaros". Na *ornitomancia* ("adivinhação pelos pássaros"), o tipo de pássaro, a altura em que voa, a direção do voo e o fato de cantar ou não são levados em conta. Algumas espécies são "naturalmente propícias" e outras são invariavelmente "de mau agouro", e o significado de certos pássaros depende das circunstâncias e da pessoa por quem são vistos.

O voo é especialmente importante. Um pássaro voando alto com as asas estendidas é um sinal favorável; um outro que voa baixo, com batidas irregulares de asas, é desfavorável. Se um pássaro aparece à direita (leste) de alguém, voltado para o norte, é um bom sinal; e o contrário, se aparecer a oeste (esquerda – *sinistro,* significa simplesmente "esquerda". O canto de um pássaro é julgado de acordo com seu volume e frequência. Até mesmo as penas dos pássaros que caem e são encontradas têm significado. Todos os pássaros – principalmente os de rapina – são capazes de trazer presságios. Quatro espécies acima de todas são estimadas por seu significado profético: a águia e o abutre de Zeus, o corvo de Apolo e a gralha de Hera.

Algumas formas de augúrio

Aeromancia (a) – interpretação de eventos no ar e no céu, como nuvens, neblina, arco-íris, etc.

Apatomancia (animais) – interpretação de encontros fortuitos com animais, por exemplo, o gato preto que significa má sorte.

Austromancia (vento) – interpretação da força e da direção do vento.

Capnomancia (fumaça) – interpretação dos padrões da fumaça que sai de uma fogueira.

Caraunoscopia (trovão) – interpretação do trovão e do relâmpago.

Hidromancia (água) – interpretação da água, incluindo movimento, cor, marés e agitação.

Meteoromancia (meteoros) – interpretação dos meteoros por sua direção, brilho e as constelações em que aparecem.

Ornitomancia (pássaros) – interpretação do voo, gritos, etc. dos pássaros.

Xilomancia (madeira) – interpretação de pedaços encontrados de madeira por forma, tamanho e inflamabilidade.

Tradição do augúrio

Aeromancia *(ar e céu)*: os momentos críticos para observação são o nascer e o pôr do sol.

"Céu vermelho de manhã, atenção aos marinheiros; céu vermelho à noite, o prazer dos marinheiros."

Um Sol enevoado de manhã pressagia uma tarde úmida.

Nuvens altas e fofas em um céu com vento oeste auguram tempo bom.

Nuvens amarelo-cinzento, ou nuvens vaporosas que engrossam, pressagiam uma tempestade, especialmente com o vento leste ou um Sol enevoado.

Nuvens com bordas bem definidas significam dias de temporal.

Nuvens altas que vão em direção diferente das nuvens baixas indicam a mudança da direção do vento.

Sereno pesado indica que virá um tempo seco.

Se o orvalho da manhã soltar vapor, significa que será um belo dia.

Se houver sereno pesado no final de um dia de primavera, o dia seguinte será bonito.

Se houver neblina de manhã, a tarde vai ser quente e ensolarada.

Um arco-íris em volta da Lua é um sinal de que virará um tempo muito ruim.

Se a fumaça de uma chaminé subir direto para o céu, o dia será ensolarado.

Austromancia *(vento)*
O melhor momento para pescar é quando o vento está vindo do oeste ou do sul.

O vento norte traz um tempo fresco e seco; o vento sul, quente e úmido.

Do leste vem o vento cambiante, que sopra na mesma direção do curso do Sol. O vento cambiante é purificador.

O vento oeste é chamado de vento contrário, pois se move contra o caminho do Sol. Esse vento é sustentador, apaga a negatividade e renova a confiança. *Que o vento esteja sempre em suas costas!* (bênção irlandesa)
Os ventos oeste estão ligados à Água e à intuição.
Os ventos norte são associados à Terra e à bênção ou apoio.
O vento sul traz o Fogo e a energia.
O vento leste é símbolo de criatividade.
Eis uma pequena quadrinha sobre os quatro ventos sazonais:
Cuidado com o temporal do Vento Norte;
Tranque a porta e recolha as velas.
Quando o Vento vem do Sul,
O Amor te beijará na boca.
Quando o Vento sopra do Leste,
Espere novidades e ponha a mesa.
Quando o Vento Oeste sopra em ti,
Os Espíritos que se foram inquietos estão.

Ornitomancia *(pássaros):*

Ver um azulão na primavera pressagia alegria.

Ver um pássaro vermelho significa que uma companhia logo chegará.

Um tordo espiando pela janela significa que um bebê logo será concebido por alguém dentro de casa.

Se você ouvir a coruja três vezes ou vir uma voando em sua direção, é hora de avaliar seu comportamento e motivação.

Gansos silvando, galinhas cacarejando, pavões gritando, pombas arrulhando tarde da noite, andorinhas voando baixo sobre a água e pássaros tecendo "cestos" no ar são sinais de chuva.

Encontrar um corvo antes da batalha é presságio de vitória.

O grito de uma gralha vindo do oeste significa que haverá um vendaval.

O grito de uma gralha vindo do sudoeste é sinal de lucro inesperado.

O grito de uma gralha vindo do sudeste significa que um inimigo está vindo.

A seguinte quadrinha inglesa se aplica a um grupo de pegas:
Uma para a tristeza, duas para a alegria;
Três, casamento e quatro, nascimento;
Cinco é prata, seis é ouro;
Sete é um segredo que não se deve contar.

E eis uma outra feita para as gralhas pela avó do Mississipi de Morning Glory:
Uma para a tristeza, duas para a alegria;
Três para uma carta e quatro, um menino
Cinco para o Sol e seis para a chuva,
Sete é perda e oito é ganho.
Nove amizade, dez para um lar,
Onze para um sonho e doze uma viagem.
O treze é o pássaro da morte, que sempre anda sozinho.

Auspícios das penas encontradas no chão

Marrom – boa saúde
Vermelha – boa sorte
Laranja – promessa de deleite
Amarela – cuidado com os falsos amigos
Verde – aventura
Azul – amor
Roxa – uma viagem empolgante
Preta – morte ou más notícias
Cinza – paz
Marrom e branca – alegria
Preta-e-branca – problemas evitados
Preta e verde – fama e fortuna
Preta e azul ou branca – novo amor
Cinza e branca – um desejo que se realizará

O Oráculo da Terra

– *Por Katlyn*

Pense em uma pergunta para a qual você precisa muito de resposta. Tente formulá-la com muito cuidado. As palavras usadas podem ser muito importantes. Escreva-a logo que tenha decidido o que perguntar. Há uma razão para tudo nesta meditação.

Leve sua questão ao Oráculo da Terra. Ande pelas florestas que o rodeiam, sozinho, e perceba cada sinal. Ali reside sua resposta. Cada brisa ou voo de pássaro pode falar com você. Cada nuvem pode conter uma visão, cada pedra, uma lição. Ande com orientação interior, desviando a vontade. Sinta a atração das coisas que serão seu oráculo. Tudo tem significado se houver ouvidos e olhos para perceber e coração para receber. Escreva sua experiência em seu diário; há coisas que ficarão claras mais tarde. Se encontrar um presente, ele será um símbolo de sua resposta.

Lição 4: Horoscopia (Astrologia)

Astrologia é a arte de interpretar e predizer as influências celestes – os movimentos reais e aparentes das estrelas e dos planetas. É praticada pelo menos desde o tempo dos antigos Sumérios (2900-1800 a.C.) e é encontrada por todo o mundo. A Astrologia pressupõe que as vastas energias do Cosmos são projetadas na Terra, influenciando

Fogo	Terra	Ar	Água
7	1	4	3
Card.	Fix.	Mut.	
2	6	7	

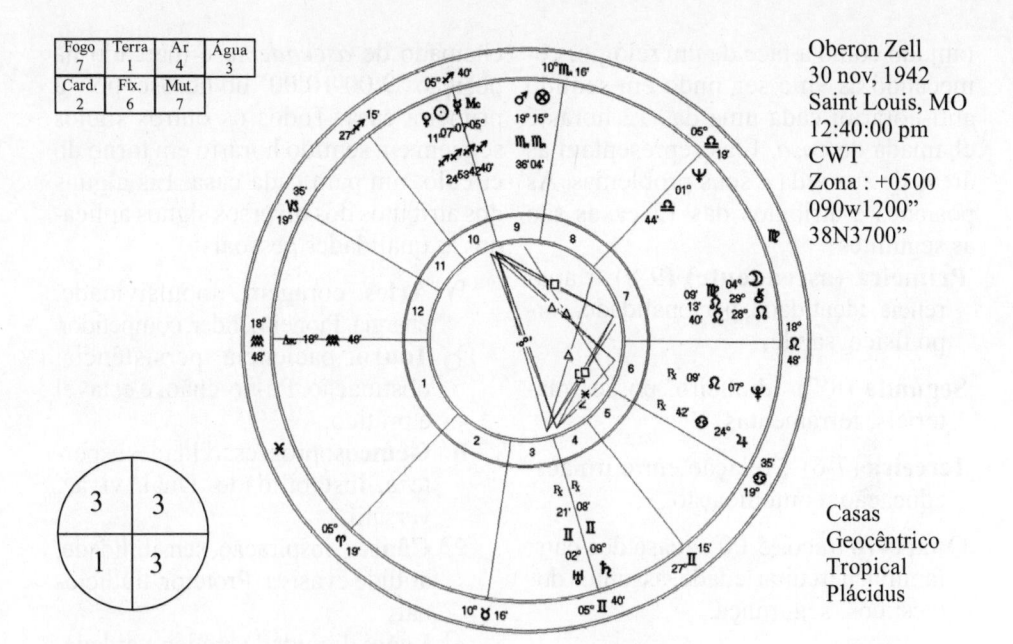

Oberon Zell
30 nov, 1942
Saint Louis, MO
12:40:00 pm
CWT
Zona : +0500
090w1200"
38N3700"

Casas
Geocêntrico
Tropical
Plácidus

3	3
1	3

todas as coisas. Os eventos que ocorrem no céu são espelhados pelos eventos da Terra, como o primeiro axioma hermético, "acima como abaixo".

Os sumérios, criadores da mais antiga civilização humana, precisavam medir o tempo do ano para marcar os festivais religiosos e as estações de plantio e colheita. Para isso, inventaram o calendário, que dividiram em 12 meses baseados nos ciclos da Lua. Isso os levou a desenvolver um complicado conhecimento de Astronomia e a invenção do Zodíaco. Expliquei o Zodíaco em mais detalhe em 3. VI.6: "Meses e signos do Zodíaco", especialmente na tabela de correspondências do Zodíaco.

Horoscopia é o ramo da Astrologia especificamente relacionado ao cálculo e à interpretação de mapas circulares, ou *horóscopos* ("Visão da hora") baseados nas posições dos planetas (incluindo o Sol e a Lua) entre os signos do Zodíaco em momentos particulares–como o momento do nascimento de uma pessoa. Em qualquer horóscopo, o sujeito ocupa a posição no centro do Círculo.

Há tabelas denominadas *efemérides,* que trazem a posição exata das estrelas e planetas para qualquer data e hora definida, usadas pelos astrólogos para calcular tudo em um horóscopo. Mas a forma de preparar um horóscopo é muito complicada para explicar aqui. Além disso, existem programas de computador que fazem isso para você sem choro nem ranger de dentes! Aqui ofereço uma pequena introdução do que é um horóscopo e como entendê-lo.

Cada signo do Zodíaco tem certos *atributos* (qualidades atribuídas) associados a ele, os quais influenciam os planetas que aparecem naqueles signos em dado momento. Os próprios planetas têm atributos, assim como as horas do dia, e a combinação de todos esses fatores em um horóscopo fornece a leitura para uma pessoa ou acontecimento no momento designado. Um horóscopo é arranjado como a face de um relógio, começando às 9h e seguindo em sentido anti-horário; cada uma das 12 horas é chamada de *casa*. Elas representam as áreas de sua vida e seus problemas. As posições e atributos das 12 **casas** são as seguintes:

Primeira (ascendente) (9-8) – aparência, identidade, personalidade, corpo físico, saúde.

Segunda (8-7)– dinheiro, posses materiais, ferramentas.

Terceira (7-6) – relação entre irmãos, educação, comunicação.

Quarta (6 traços 5:00) – casa dos pais, família, hereditariedade, assuntos domésticos, segurança.

Quinta (5-4:00) – romance, criatividade, sexualidade, filhos, prazer, riscos.

Sexta (4-3:00) – rotina diária, serviço, carreira, saúde.

Sétima (3-2:00) – comunidade, parcerias, casamento, inimigos declarados.

Oitava (2-1:00) – acidentes, morte, ciclos, heranças, paixão, alma.

Nona (1-12) – espiritualidade, filosofia, religião, educação, viagens.

Décima (12-11:00) – vocação, profissão, fama, realização, ambições.

Décima primeira (11-10:00) – desejos, esperanças, objetivos, amizades, vida social.

Décima-segunda (10-9:00) – sacrifício, solidão, privacidade, inconsciente, inimigos secretos.

Os 12 signos são atribuídos às 12 casas de acordo com o signo que está subindo no horizonte celestial, a leste, em um momento designado do dia. Ele é chamado de *ascendente* e marcado na posição "9:00-10:00" do horóscopo – a primeira casa. Todos os outros signos seguem em sentido horário em torno do círculo, um para cada casa. Eis alguns dos atributos dos diversos signos aplicados às qualidades pessoais:

♈ **Áries**: coragem, impulsividade, energia. Pioneiro, líder, competidor.

♉ **Touro**: paciência, persistência, obstinação. Pé-no-chão, é estável e prático.

♊ **Gêmeos**: progressividade, esperteza, instabilidade. Dual, vivaz, versátil.

♋ **Câncer**: inspiração, sensibilidade, atitude evasiva. Protetor, tradicional.

♌ **Leão**: dignidade, poder, vaidade. Dramático, esfuziante, mente aberta, caloroso.

♍ **Virgem**: razão, lógica, exatidão. Consciencioso, analítico, meticuloso.

♎ **Libra**: harmonia, avaliação, trivialidades. Refinado, justo, correto, sociável.

♏ **Escorpião**: profundidade, insistência, rudeza. Intenso, secreto, ambicioso.

♐ **Sagitário**: justiça, propriedade, sofisma (esperteza). Amigável, expansivo.

♑ **Capricórnio**: independência, abstração, teimosia. Cauteloso, materialista.

♒ **Aquário**: espiritualidade, convicção, ilusão. Inquisitivo, imprevisível.

♓ **Peixes**: compaixão, tolerância, imaginação, preguiça. Responsável, dependente.

Cada signo tem 30 graus, e a posição dos planetas dentro de cada signo no momento em que o horóscopo é traçado é indicada por graus. Assim, é possível dizer que alguém tem o seu Marte *Natal* (do nascimento) a 12,4 graus de Aquário, na sétima casa.

Os atributos dos **planetas** são os seguintes:

☉ **Sol** *(signo do nascimento)*: corpo físico, energia psíquica, ego, identidade, princípio masculino.

☽ **Lua**: alma, emoções, lembranças, personalidade, mudança e flutuação, princípio feminino.

☿ **Mercúrio**: inteligência, razão, habilidades, movimento, conexões, comunicação.

♀ **Vênus**: amor, a atração física, prazeres, artes, sentimentalismo.

♂ **Marte**: ação, energia, impulsão, agressividade, desafio, esportes.

♃ **Júpiter**: expansão, riqueza (material ou espiritual), saúde, amor, felicidade.

♄ **Saturno**: limitação, concentração, inibição, separação, maturidade, responsabilidade, morte.

♅ **Urano**: brusquidão, originalidade, criatividade, progresso, ciências, magia, transmutação.

♆ **Netuno**: suscetibilidade, fantasia, sonhos, inspiração, ilusões, misticismo, enganos.

♇ **Plutão**: poder, ditadura, política, renascimento, renovação, recursos.

As linhas desenhadas entre dois ou mais planetas em um horóscopo são consideradas significativas se formarem determinados ângulos. Essas relações angulares são chamadas de *aspectos*. As *conjunções* (0 grau) e *oposições* (180 graus) podem ser boas ou más, de acordo com os planetas envolvidos. As conjunções aumentam a influência mútua dos planetas e as oposições as cancelam. Se o ângulo entre dois planetas for de 90 graus (quadratura) ou de 45 graus (semiquadratura), é um aspecto considerado desafortunado ou difícil. Ângulos de 120 graus (trígono) e de 60 graus (sêxtil) são considerados aspectos afortunados.

Portanto, em um horóscopo, todas as atribuições e aspectos listados anteriormente são levados em consideração. Em geral, o mais importante é o *signo solar* (ou seja, o signo em que o Sol está). O signo ascendente (o signo na posição ascendente) é o próximo em importância. Depois, a Lua e o resto dos planetas na ordem anterior. Portanto, eu diria, por exemplo, que o meu Sol está em Sagitário, meu signo ascendente é Aquário, minha Lua está em Virgem, meu Mercúrio e Vênus estão em Sagitário, etc. E a interpretação do meu horóscopo seria baseada nas atribuições desses planetas, nesse signos, nessas casas – e mais os seus aspectos.

Há diversos outros fatores que aumentam a complexidade dos horóscopos, mas eu não tentarei entrar nisso aqui. Para ter mais informações, procure um livro de Astrologia.*

Lição 5: O Tarô

O Tarô é um baralho de 78 cartas especiais com imagens simbólicas particulares, usado para a adivinhação. Embora muitos acreditem que o Tarô tenha uma origem na Antiguidade, não há registro dessas cartas antes do século XIV, quando apareceram na Itália. Desde

---

*N.E.: Sugerimos a leitura de *Curso de Astrologia*, de Christina Bastos Tigre, Madras Editora. Ver também: *Curso de Tarô – E Seu Uso Terapêutico*, de Veet Pramad, Madras Editora.

então, o conhecimento do Tarô tem sido considerado essencial para qualquer feiticeiro. Há muitos baralhos de Tarô diferentes disponíveis. Aconselho visitar uma loja que os venda e passar algum tempo olhando os vários baralhos até encontrar algum de que goste especialmente. Os significados básicos são bastante universais, mas alguns têm suas próprias variações. O baralho vem com um livreto que explica o significado simbólico de todas as cartas. Estude-as até poder reconhecê-las facilmente e pratique fazendo leituras para si mesmo antes de começar a fazê-las para os outros.

O conjunto do Tarô consiste em dois grupos de cartas: os Arcanos Maiores (22 cartas) e os Arcanos Menores (56 cartas). Os Arcanos Menores são quase idênticos a um baralho de jogo normal (que nasceu dele). Consiste em quatro naipes ou elementais (espadas, paus, copas, pentáculos – correspondente a ouros). Cada naipe tem dez cartas numeradas e mais quatro cartas da Corte (Pajem, Cavaleiro, Rainha e Rei. O baralho de pôquer tem apenas três figuras: Valete, Dama e Rei).

Os naipes são associados aos aspectos da vida humana que recaem nas categorias elementais. Eles são:

♠ **Espadas** *(Fogo):* assuntos políticos, vontade, poder, domínio, luta.

♣ **Paus** *(Ar)*: assuntos espirituais, intelecto, aprendizado, carreira, honra.

♥ **Copas** *(Água):* assuntos emocionais, amor, relacionamentos, amigos, família, lar.

♦ **Pentáculos** *(Terra):* assuntos materiais, riqueza, saúde, propriedade, segurança.

As cartas numeradas e as figuras de cada naipe também têm seus próprios significados, que são paralelos mas únicos de acordo com o naipe. Em cada naipe, eles são:

Ás – inícios.
2 – equilíbrio necessário.
3 – crescimento.
4 – estabilidade.
5 – incerteza.
6 – harmonia.
7 – finais.
8 – equilíbrio conseguido.
9 – sucesso.
10 – completude.

Valete – um jovem que afeta você ou um portador de notícias.
Cavaleiro – pessoa ambiciosa ou portador de mudanças.
Rainha – mulher importante que apoia suas ambições.
Rei – um homem dominante que afeta as suas buscas.

Ases do Tarô de Rider–Waite.

Os Arcanos Maiores também são chamados de Trunfos. Eles contêm as figuras simbólicas mais comumente identificadas com as cartas do Tarô. Elas são numeradas em ordem específica, com nomes e significados estabelecidos, e são de longe as cartas mais poderosas da leitura. Elas também têm correspondências astrológicas com os signos e planetas, letras do alfabeto hebraico, *Sephiroth* e muitos outros símbolos. Eis aqui os Arcanos Maiores com uma breve indicação de seu significado.

0. O Louco
Início de uma nova aventura.

1. O mago
Obtenção de orientação positiva e conselho.

2. A Grande Sacerdotisa
Obtenção de conhecimento esotérico.

3. A Imperatriz
Experiência do crescimento, fertilidade, maior criatividade.

4. Imperador
Necessidade de assumir responsabilidades e exercer a disciplina

5. O Grande Sacerdote
Obtenção de sabedoria espiritual

6. Os Amantes
Experimentar a escolha e o amor.

7. O Carro
Encontrar sua direção na vida.

8. Justiça
Necessidade de considerar cuidadosamente uma decisão.

9. O Eremita
Necessidade de retirar-se para resolver um problema.

10. Roda da Fortuna
Permitir que as coisas sigam seu curso.

11. Força ψ
Necessidade de determinação e persistência

16. A Torre ♂
Experimentar uma revolução importante na vida.

17. A Estrela ♊
Experimentar esperança e otimismo.

12. Enforcado ♓
Autossacrifício necessário antes que a mudança possa ocorrer.

13. Morte ♈
Experimentar transição e mudança

18. A Lua ♋
Confiar mais na intuição que na razão.

19. O Sol ♌
Encontrar a plenitude.

14. Temperança ♉
Necessidade de harmonia e tempo para a cura.

15. O Diabo ♄
Experimentar os efeitos do orgulho e da arrogância.

20. Julgamento ☽
Experimentar um renascimento nas ideias em desenvolvimento.

21. O Mundo
Encontrar o sucesso definitivo.

Cartas do Tarô de Marselha

Passar pelos Arcanos Maiores na ordem pode ser considerado uma jornada em direção à iluminação, como na clássica "Jornada do Herói". O herói é, obviamente, O Louco (idêntico ao Curinga do baralho de pôquer) e, assim como o Curinga, o seu número está fora do resto da sequência e ele pode aparecer em qualquer das pontas, como o primeiro trunfo ou o 22º. Os Arcanos Maiores são considerados bem mais significativos que os Arcanos Menores e o número de Arcanos Maiores em uma leitura é uma indicação do poder daquela leitura.

Leitura do Tarô

Uma leitura de Tarô começa com a escolha de uma carta da Corte apropriada para representar o *consulente* (a pessoa para quem a leitura está sendo feita); ela é posta com a face para cima sobre a mesa e é denominada *Significador*. O consulente embaralha, então, o restante das cartas, concentrando-se em sua questão. Daí ele *corta* o baralho (retira uma parte de cima da pilha e coloca por baixo). O leitor tira uma carta por vez, pousando-a com a face para cima sobre a mesa segundo um arranjo especial, ou *tiragem*. Como as casas de um horóscopo, cada posição empresta sua própria significação para a carta posta ali. Cada carta é, portanto, interpretada não apenas por seu significado, mas também pela posição dela na leitura. Ao fazer uma leitura para alguém, você puxa uma carta dizendo: "Esta é a carta do futuro; isso é o que está diante de você...". Existem diversos tipos de tiragem, dependendo da preferência do leitor, mas a mais comum é a chamada *Cruz Céltica*.

Eis o desenho básico da **Cruz Céltica**, com cada posição listada na ordem em que a carta é posta nela.

**Cruz Céltica
Disposição para leitura**

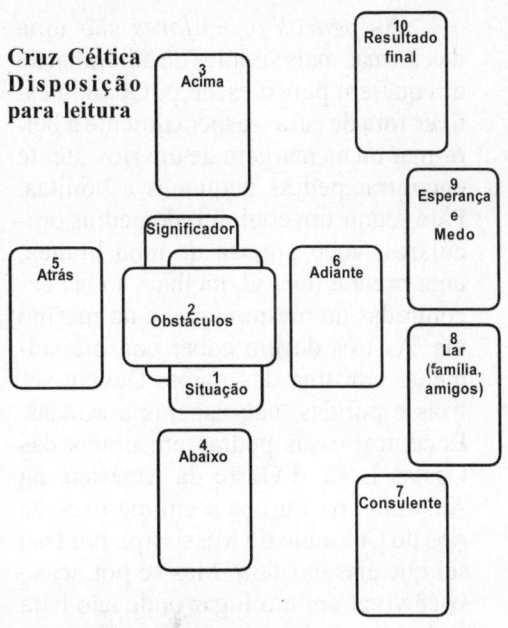

(diagrama: 1 Situação, 2 Obstáculos, 3 Acima, 4 Abaixo, 5 Atrás, 6 Adiante, 7 Consulente, 8 Lar (família, amigos), 9 Esperança e Medo, 10 Resultado final, Significador)

0. Significador:
O consulente ("você").
1. A situação:
Sobre o que é a tiragem.
2. Os obstáculos:
O que se opõe a você.
3. Acima:
O que coroa você (consciente).
4. Abaixo:
que está sob você (inconsciente).
5. Atrás:
O que está atrás de você (passado).
6. Adiante:
O que está diante de você (futuro).
7. O consulente:
você nesse contexto.
8. Lar: Sua família e amigos.
9. Esperanças e medos:
O que você espera ou teme.
10. Resultado final:
O que será.

Lição 6: Runas e pedras oraculares

As *pedras oraculares* são uma das formas mais simples de adivinhação e requerem pouco esforço. Quando estiver fora de casa – especialmente à beira-mar ou na margem de um rio –, tente encontrar pedras pequenas e bonitas. Para reunir um conjunto de pedras oraculares, você precisa de uma branca, uma preta e uma vermelha – todas encontradas no mesmo local e no mesmo dia. As três devem caber confortavelmente em uma das mãos. Devem ser lisas e polidas, não ásperas e afiadas. Encontrei essas pedras em praias das Costas Leste e Oeste da América, na Austrália, na Europa e em margens de rios do Colorado no Mississipi, por isso sei que elas existem. Mas se por acaso você viver em um lugar onde não haja pedras naturais (como a Flórida ou as Grandes Planícies), sempre existe a opção de comprá-las em uma loja de pedras.

Eis como usá-las: segure-as na mão com a qual você não escreve e sacuda-as juntas, enquanto faz uma pergunta. A questão deve ser do tipo "Sim" ou "Não". Em seguida, atire pedras juntas. A branca significa "Sim" e a preta "Não". A vermelha é o indicador – aquela que cair mais perto dela traz a resposta. Quanto mais perto a pedra vermelha estiver da outra, mais forte é a resposta. Você também pode usar essas pedras para o tipo de escolha que se faz jogando uma moeda – apenas escolha "Preto ou branco" em vez de "cara ou coroa".

Pedras de runas

A *Cleromancia* é a adivinhação pelo jogo de marcadores nos quais letras simbólicas foram inscritas. O sistema mais popular usa as runas ("mistérios"), um antigo alfabeto dos povos germânicos do norte da Europa – normandos, teutônicos e anglo-saxões. Antes de serem usadas para representar sons falados, as runas eram um sistema mágico de pictogramas que representavam forças e coisas da natureza. A lenda conta que elas foram originalmente reveladas ao deus normando Odin* quando ele subiu na grande Árvore-Mundo *Yggdrasil*.

Há diversos conjuntos diferentes de runas – todos muito semelhantes – mas o mais comum é o *antigo FUThARK*, que recebeu o nome das primeiras seis letras: ᚠᚢᚦᚨᚱᚲ. Esse sistema foi mais usado entre 200 a.C. e 900 d.C.. Contém 24 letras, divididas em três grupos de oito, denominados *Oito de Freya, Oito de Hagall e Oito de Tir*. Eis a versão anglo-saxônica das runas FUThARK, com seus nomes e significados associados.

OITO DE FREYA

F   ᚠ *Fehu* (gado) – Amor correspondido, alimentação.

U   ᚢ *Uruz* (boi selvagem) – Oportunidade de avanço.

Th   ᚦ *Thurisaz* (espinho) – Não tome decisões neste momento.

A   ᚨ *Ansuz* (boca) – Um presente ou visita de pessoa mais velha.

R   ᚱ *Raidho* (vagão) – Uma jornada feita por prazer.

K   ᚲ *Kenaz* (fogo) – Um presente de um homem para uma mulher

---

*N.E.: Sugerimos a leitura de *As Moradas Secretas de Odin*, de Valquíria Valhalladur, Madras Editora.

G ᚷ *Gifu* (presente) – União em uma parceria benéfica.
W ᚹ *Wunjo* (alegria) — Alegria, felicidade.

OITO DE HAGALL

ᚺ *Hagall* (granizo) – Eventos naturais podem perturbar os planos para o próximo ano.
ᚾ *Nied* (paciência) – Necessidade de cautela; vá com calma em seus planos.
ᛁ *Isa* (geada) – Esfriamento ou impedimento de algum tipo.
ᛃ *Jera* (colheita) – Uma colheita virá no próximo ano.
Ei ᛇ *Eihwaz* (teixo) – Uma inconveniência que acabará sendo útil.
P ᛈ *Perdhro* (segredos, sorte) – Ganhos inesperados em bens materiais.
Z ᛉ *Eolh* (boa fortuna) – Um novo e estimulante interesse em sua mente.
S ᛊ *Sigel* (vitória) – Necessidade de repouso e recuperação.

OITO DE TIR

T ᛏ *Tir* (sucesso) – Sucesso; um homem apaixonado; romance novo.
B ᛒ *Beorc* (nascimento) – Família, um parente, um filho.
E ᛖ *Ehwaz* (movimento) – uma mudança de moradia para melhor.
M ᛗ *Mannaz* (humanidade) – Busque bons conselhos antes de agir.
L ᛚ *Lagaz* (conhecimento intuitivo) – Intuição ou uma realização acadêmica bem-sucedida.
NG ᛜ *Ing* (completude) – Finalização de um projeto; um estado de mente resolvido.
D ᛞ *Othel* (posses) – uma herança; um testamento.
O ᛟ *Daeg* (aumento) – uma transição completa; mudança de atitude e de estilo de vida.

EM BRANCO *Wyrd* (Destino) – aquilo que está predestinado e é inevitável.

As *Pedras de Runas* são feitas gravando-se ou pintando as runas em pedras pequenas e chatas – como aquelas usadas no jogo de *Go* (note que há uma 25ª pedra que fica em branco e representa o destino). Essas pedras são guardadas, então, em uma bolsinha ou um saquinho. Você pode fazer as suas próprias ou comprar um conjunto em qualquer loja de magia e em muitas livrarias; elas vêm com um livreto de explicações e interpretações. Quando tiver uma questão, simplesmente abra o saquinho e tire um, três ou cinco pedras.

A leitura de uma só pedra é boa para se fazer todas as manhãs, perguntando "Como será o dia hoje?".

A leitura de três pedras é a mais popular; as pedras são lidas nesta ordem: 1. O problema; 2. Que atitude tomar e 3. O resultado (se você seguir aquela atitude).

E, para uma leitura de cinco pedras, escolha 1. Passado, 2. Presente, 3. Futuro, 4. Ajuda que virá e 5. Que aspectos do problema não podem ser mudados e devem ser aceitos.

Um método mais complicado é sacudir o saquinho e jogar as pedras sobre um pano. Aquelas que caírem com os símbolos para cima darão a leitura de acordo com a forma como estiverem arranjadas e agrupadas.

Lição 7: Quiromancia

Os quiromantes, ou leitores de mãos, estudam as linhas das palmas das mãos das pessoas para adivinhar sua saúde, caráter, futuro e fortuna. A Qui-

nasceu. A mão direita, dominante, revela como essas qualidades foram desenvolvidas e para onde estão levando. Para uma pessoa canhota, é o inverso.

Em uma leitura comum, os montes (partes carnudas) da palma são examinados, seguidos pelas três linhas maiores, nesta ordem: linha da vida, linha da cabeça e linha do coração (veja ilustração). Em seguida, compare as outras linhas, características e padrões de acordo com as chaves dadas em qualquer livro sobre Quiromancia. As linhas são lidas começando pela ponta do dedo em direção ao pulso. Feche as mãos um pouco para acentuar as linhas e acompanhe-as com a ponta do dedo. Em geral, quanto mais longa e mais distinta a linha, mais fortes são seus atributos. Linhas quebradas e divididas influenciam o significado, e as linhas que se tocam ou se cruzam também são afetadas.

Cada um dos montes é identificado com um planeta, na seguinte ordem horária a partir da base do polegar. Sua relativa proeminência indica essas influências planetárias. Se uma das linhas principais tiver origem em um monte, ela recebe aquela influência. Estes são os **montes**:

♀ **Vênus**: amor, instinto, vitalidade, sensualidade, fecundidade, bondade.

Júpiter ♃ : religião, filosofia, ambição, liderança.

Saturno ♄ : indiferença, resignação, ceticismo.

Apolo (Sol) ☉ : dons artísticos, exibicionismo, sucesso, fantasia.

Marte ♂ : agressão, coragem, fidelidade, força física.

Lua ☽ : imaginação, instabilidade, clarividência.

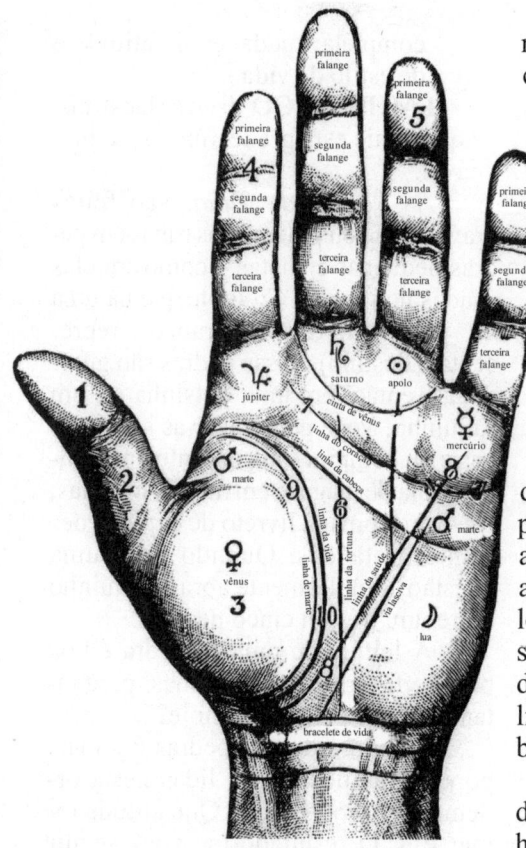

romancia era conhecida na antiga Índia, China, Tibete, Pérsia, Mesopotâmia e Egito. A arte chegou à Grécia por volta de 500 a.C. e era praticada por Anaxágoras (500-428 a.C.). Aristóteles (384-322 a.C.) ensinou a Alexandre, o Grande, e a Hipócrates (o "Pai da Medicina"). Banida na Idade Média pela Igreja Católica, a Quiromancia continua a ser praticada pelos ciganos. Seu ressurgimento popular nos tempos modernos é resultado da descoberta de *sir* Francis Galton, feita em 1885, de que as impressões digitais de cada pessoa são únicas.

Examine ambas as mãos para uma leitura completa. Para uma pessoa destra, comece com a mão esquerda, que representa o subconsciente e as qualidades inatas com as quais uma pessoa

E eis as **principais linhas**:

1. **Linha da Vida**: constituição geral, vitalidade, duração da vida e destino.
2. **Linha da Cabeça**: capacidades intelectuais.
3. **Linha do Coração**: sentimentos, emoções, amor e relacionamentos.
4. **Linha do Destino**: padrão de vida – compare com a linha da vida.
5. **Linha de Apolo ou do Sol**: habilidade artística, chances de sucesso.
6. **Linha da Intuição**: percepção, intuição.

As **Linhas Secundárias** são:
7. **Cinturão de Vênus:** paixões.
8. **Linha da Cruz:** poder para governar.
9. **Linhas de União:** casamento, filhos.
10. **Linhas Marcianas:** triunfo pessoal, glória na batalha.
11. **Linhas de Viagem:** viagens, descobertas.
12. **Linhas de Mercúrio ou da Saúde:** bem-estar corporal, mental e espiritual.
13. **Três Braceletes:** (a.) Saúde, (b.) Riqueza, (c.) Felicidade.

Esta é apenas uma breve introdução à Quiromancia. Assim como em todos os sistemas de adivinhação, há muito mais coisas envolvidas do que cabe explicar aqui. Se estiver interessado em estudar ou praticar a Quiromancia, os livros clássicos são *Language of the Hand*, de Cheiro, e *The Book of the Hand,* de Fred Gettings.*

Lição 8: Divinação

A *divinação* é a arte de olhar em um meio transparente com uma superfície reflexiva e ter visões: *Coisas que foram, coisas que são e coisas que ainda serão...* (Galadriel, em *A Sociedade do Anel*). A divinação com água (como no espelho de Galadriel) é chamada de *hidromancia*; no espelho, *catoptromancia*. E a leitura de bolas de cristal é denominada *cristalomancia*. Cristais de quartzo polido são usados para divinação por todo o mundo desde a Antiguidade. Cristais desse tipo foram encontrados nas ruínas de 8 mil anos do Templo de Hathor, no Egito. Na Europa romana, pequenas bolas de cristal eram usadas pelos francos e pelos saxões. Entretanto, espelhos e água eram o meio mais comum para divinação durante a Idade Média.

As bolas de cristal passaram a ser mais usadas pelos Feiticeiros na época de John Dee (1527-1608),** mago da corte da rainha Elizabeth I, que usava uma "Pedra de visão" do tamanho de

---

*N.E.: Sugerimos ler também: *Quirologia – Aprenda a Ler Sua Mão*, de Sonia Regina Pinheiro, Madras Editora.
**N.E.: Recomendamos a leitura de *John Dee*, coletânea de Gerald Suster, Madras Editora.

um ovo. Por volta do século XIX, a cristalomancia se estabeleceu firmemente como uma das formas mais populares de tradição da sorte, com a Astrologia, a Quiromancia, o Tarô e a Teimancia. A maior bola de cristal de quartzo puro conhecida foi exibida na feira mundial de 1904. Tinha 45 centímetros de diâmetro!

Em 3.II.8: "O *speculum*, ou espelho mágico", dei instruções para criar um espelho mágico de adivinhação. Eis aqui as instruções para usá-lo:

O espelho negro de divinação
(*por Katlyn Breene*)

O *espelho negro de divinação*, ou espelho mágico (também conhecido como *speculum*), é uma poderosa ferramenta psíquica. A história mostra seu uso em muitas das escolas tradicionais de mistério e templos oraculares. Hoje o estudante sério das artes mágicas pode redescobrir os antigos ritos da magia do espelho, pois essas técnicas positivas estão novamente vindo à luz.

A *divinação* pode ser definida como a arte mântica de olhar em um cristal ou espelho escuro, permitindo que os olhos físicos relaxem e deixem os olhos interiores psíquicos se abrir para receber as visões ou informações desejadas. O uso do espelho negro é considerado um dos melhores métodos de atingir o estado de mente desejado para iniciar o trabalho de divinação. Ele não apenas funciona como ponto focal da visualização, como também pode se tornar uma "passagem" ou janela para o plano astral. Ele permite a comunicação com reinos superiores e mestres espirituais, o subconsciente e o acesso aos registros acásicos. A bola de cristal tradicional também é um ótimo instrumento, mas é mais difícil de usar e extremamente caro. O espelho é um modo mais eficiente de começar a aprender a adivinhar e viajar por outros reinos. Essas técnicas podem ser usadas com uma bola de cristal e também com o espelho negro de divinação.

Considere a realidade dos registros acásicos, nos quais todas as ideias, ações, influências e vibrações estão armazenadas. O vidente experiente tem a capacidade de "ler" esses registros e se concentrar nesta vasta fonte de conhecimento atemporal com a ajuda do espelho e uma imaginação muito bem dirigida. Os guias do mundo espiritual muitas vezes orientam o vidente em uma viagem astral e em uma jornada mental através do espelho negro ou esfera de cristal. A divinação desenvolve as capacidades de clarividência e é extremamente útil para reforçar o terceiro olho.

Sente-se diante do espelho e comece a imaginar objetos em sua superfície, um após o outro. Tente ver essas imagens claramente no espelho com seus olhos abertos, como se elas estivessem ali de verdade. Comece com formas ou cores simples. Segure a imagem de cada forma, objeto ou cor por um minuto antes de deixá-la se dissolver e partir para a próxima. Por exemplo, use um triângulo vermelho, um quadrado amarelo, um círculo azul e um crescente prateado. Veja-os aparecer no espelho usando sua imaginação firme. Para ter melhores resultados, faça o exercício todos os dias, por 15 minutos, até dominá-lo. Esse exercício vale o esforço. Ele oferece disciplina mágica e reforça o terceiro olho para que as visões possam vir claramente e com facilidade.

Quinta Aula: Conjuração (Laranja)

O mago vive em um mundo que não é perceptível para o "trouxa". Mas uma de suas funções é reencantar o mundo. Para isso, ele deve suspender a sua mente racional e o melhor modo de fazê-lo é usar truques. Ao criar uma suspensão de descrença, ele torna você capaz de perceber a beleza e o encanto do mundo. Se puder criar um estado de mente – ou melhor, um estado de alma – e provocar uma emoção de qualidade tal que o único nome que você pode dar a essa emoção é a "magia", ele tem o direito de ser chamado mago. Este é o aspecto poético da magia, uma das formas superiores de arte. Viajamos por lugares distantes em todo o mundo e a magia, como uma linguagem poética, sempre foi considerada uma linguagem comum entre nós e as pessoas que encontramos.
Christian Chelman

1. Introdução: A magia das ilusões

Também denominada magia de palco e magia performática, a magia de conjuração ou ilusão trata de ilusões "miraculosas" e efeitos especiais. Feita para espantar e mistificar os observadores, as artes da conjuração se originaram com os primeiros xamãs. A magia e o teatro sempre estiveram ligados à figura do mágico (xamã, profeta, feiticeiro). *Teatro* significa "Ver os deuses". Diversos tipos de performance, como atos de magia, acrobacias, malabarismo, marionetes e pirofagia tiveram origem nesses rituais.

Lembre-se da transformação do cajado de Aarão e dos mágicos egípcios em cobras diante do faraó. A cobra de Aarão come as cobras dos magos egípcios, indicando que os hebreus conseguirão sua liberdade. A magia era usada para concretizar a profecia. A magia das ilusões e das conjurações abre uma porta na realidade mundana para o reino mágico que revela verdades mais profundas.

Donald Michael Kraig diz: "O ilusionismo geralmente se divide em três categorias principais: palco, salão ou close-up. *A diferença é o lugar da apresentação e a distância da audiência para o mágico. Há também outro conjunto de categorias que não se relacionam ao ambiente, mas, sim, à apresentação. Assim, a mágica de comédia pode ser feita em um palco, num salão ou* close-up. *Isso também vale para o mentalismo, truques de prestidigitação (mais frequentemente descrito como mágica manipulativa), mágica bizarra, etc. Obviamente, as "Grandes ilusões" de Copperfield ou Siegfried & Roy, com assistentes que desapareceem ou grandes felinos, muitas vezes se limitam ao palco, embora algumas menores possam ser apresentadas em um contexto de salão".*

Lição 2: Efeitos especiais mágicos para ritual teatral

(por Jeff "Magnus" McBride)

Hoje assistimos a mágicos de palco cortarem lindas mulheres ao meio na TV e depois restaurá-las à sua sorridente forma original, ou ilusionista de Las Vegas se transformarem em tigres brancos.

"Isso não é mágica de verdade", poderíamos dizer... ou será que é? Eles estão contando uma história? Será que eles podem mesmo mudar de forma? Será que esses dramas exotéricos tão pouco atraentes não estão apontando para além de si mesmos, para os temas esotéricos maiores da mitologia e do ritual?

O xamã e o mágico têm muito em comum na função de contar o mistério dos grandes dramas da vida, morte e renascimento, e ainda têm muito o que aprender um com outro! A maior parte dos mágicos que vemos no palco e na TV não tem consciência das origens xamânicas de sua arte. Até recentemente, a maior parte dos ritualistas modernos não havia esquecido o saco de truques tradicional dos xamãs. Ao longo dos últimos 11 anos, estive envolvido com a criação de experiências teatrais rituais para a comunidade mágica. Como mágico de palco e diretor de teatro ritual, reuni uma coleção de truques mágicos para acrescentar a seu kit de feitiços. Vamos dar mais uma olhada nas técnicas que nos foram repassadas por nossos ancestrais mágicos.

Muitas diversões populares remontam a uma única fonte – os rituais do xamanismo, rituais funcionais de padrão similar que operavam em uma variedade de sistemas metafísicos. O ritual mágico autêntico muitas vezes precede a magia popular. Tipos muito diferentes de performance, como atos mágicos, acrobacia, marionetes e pirofagia comprovadamente derivaram de, ou pelo menos foram precedidos por, fenômenos desses rituais e, assim, formam a estrutura geral de uma teoria geral das origens.[2]

---

2. Kirby, E.T., "The Shamanistic Origins of Popupar Entertainments", *The Drama Review*, Vol. 18, nº 1 (março de 1974).

A magia e seus efeitos especiais foram usados para melhorar o teatro ritual desde que o primeiro fogo foi aceso. O espanto e o terror gerados pelos primeiros xamãs erguiam os participantes do ritual a um plano mais elevado de consciência. No teatro ritual, buscamos passar os participantes para esses estados de transe, algumas vezes chamados de estados alterados de consciência ou estados xamânicos de consciência.[3] Os efeitos mágicos ritualizados de Cesto Hindu, o Truque da Corda do Leste da Índia ou o Coro Grego são jornadas alegóricas a outros mundos, nas quais o mágico atravessa uma morte e um renascimento simbólicos, temas sempre presentes nas mitologias do mundo. Os participantes do teatro ritual não apenas ouvem o contador de histórias expor o conjunto, mas também testemunham o drama enquanto ele é representado no palco, que é o campo do trabalho ritual.[4]

Isso é mágica de verdade ou ilusão... ou ambos?

Um xamã invoca seus espíritos aliados e "escapa" das correntes que o prendem durante uma sessão de cura. A estátua de uma deusa "fala" com a sacerdotisa durante o ritual de adivinhação oracular. Um sacerdote passa uma espada através de seu corpo, "provando" que é imortal e também o mago mais poderoso da tribo. Esses truques da profissão estão entre as realizações mais comuns da arte xamânica.[5]

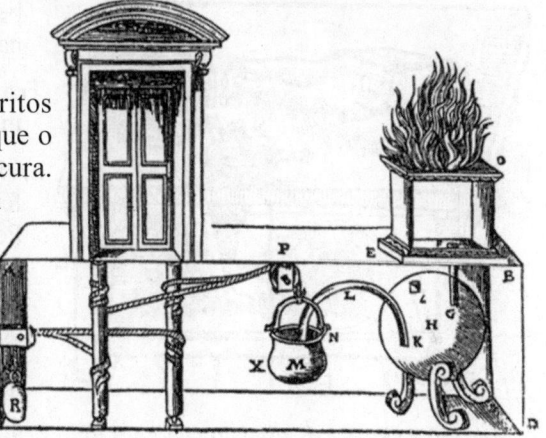

Em meu trabalho como mágico de palco e criador de experiências teatrais rituais, muitas vezes me perguntam se eu acredito que o que acontece nesses casos é magia "real". Trata-se de poderes "reais" ou de truques? Essa discussão pode ser exaustiva e não é importante. A história está cheia de relatos de milagres. Para o crente, nenhuma resposta é necessária; para o cético, nenhuma é aceitável. As exibições mágicas de poder funcionam em certo grau, não importa se o xamã ou curandeiro está usando truques ou não. Teatralmente, essas habilidades mágicas são usadas como um modo de aumentar a energia reunida para a intenção ritual.

Na antiga Grécia, as portas do templo do oráculo se abriam automaticamente quando o fogo do altar era aceso, por meio de um maquinismo hidráulico secreto.

(de um manuscrito de Herão de Alexandria).

---

3. Eliade, M., *Shamanism: Archaic Techniques of Ecstasy*, Bolligen Series, Princton U.P. 1964.
4. Taylor, R., *The Death and Ressurrection Show*, Blonde 1985.
5. Boragas, W., "The Chukchee", *American Museum of Natural History Memoirs*, XI, JE VII 1904, p. 446).

"O ilusionismo xamânico, com seu ventriloquismo e suas fugas, busca romper a superfície da realidade, por assim dizer, para provocar o aparecimento de uma super-realidade que é "mais real" do que o ordinário. O princípio do "mais real" como terreno virtual da realidade liga o espetacular e os truques fraudulentos às demonstrações das capacidades físicas "sobrenaturais" do corpo em estado de transe".[6]

Nós, ritualistas, buscamos criar um espaço mágico entre os mundos, longe do mundo comum – para usar a frase de Kirby, "Mais real do que o real", criar um senso elevado de possibilidade mágica em nosso ritual e em nossa vida. Com frequência, a verdadeira transcendência é sutil demais para ser facilmente percebida por um grande grupo. Podemos dizer que essas ilusões criadas são uma *tradução* daquilo que está acontecendo de verdade. Ao construir experiências efetivas de teatro ritual, o conhecimento de efeitos mágicos elementares e a rapidez das mãos podem trazer resultados espantosos.

Lição 3: Pós mágicos e poções

Luzes feéricas e água brilhante
(Magnus)

Efeito: uma luz mágica é emitida pelos instrumentos rituais dos magos. Cores brilhantes maravilhosas enchem o Círculo ritual.

Arcano: LED* (diodos emissores de luz) podem ser escondidos sob, dentro ou por trás de objetos de altar e ferramentas para fazê-los brilhar com luz mágica. Um LED azul a bateria no fundo de um cálice vazio emite um belo brilho, criando um efeito sobrenatural.

Transformação da água em bebida mágica (Oberon)

Efeito: esta é ótima para crianças. O feiticeiro faz uma fila de taças vazias. Pega uma jarra transparente de água pura e derrama um pouco em cada copo. Ao fazê-lo, a água em cada copo fica de uma cor diferente. Os copos podem ser repassados e bebidos e cada um terá um sabor e um aroma diferente.

Arcano: compre um pacote de taças de plástico para piquenique com os pezinhos desmontáveis. Compre também algumas garrafinhas de corante

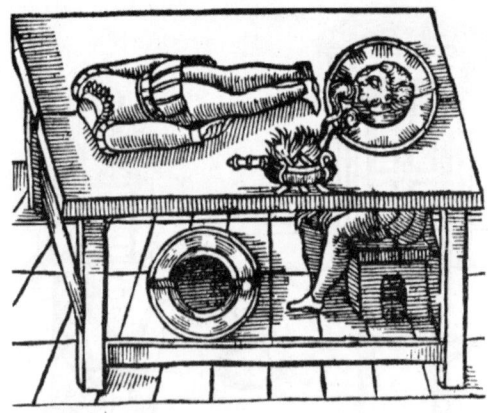

"Cortar a cabeça de alguém e colocá-la em uma bandeja, a que os saltimbancos chamam de degolação de João Batista."
Reginald Scott, The Discoverie of Witchcraft *(1584)*

---

6. Kirby, E.T., *op.cit.*
*N.E.: LED é um diodo semicondutor (junção P-N) que, quando energizado, emite luz visível. Em inglês, LED é a sigla para light – emitting diode.

alimentício e essências e ponha algumas gotas de cor diferente no fundo de cada copo, com uma única gota de essência que combine com a cor. Deixe que o corante e a essência sequem completamente e eles se tornarão praticamente invisíveis. Daí, ao derramar água pura por cima, o corante e a essência vão se dissolver e colorir a água. Acrescente açúcar e gelo à água da jarra e diga à sua plateia que são bebidas mágicas!

A vela que volta a acender (Oberon)

Efeito: uma vela é soprada. Um fósforo é aceso por cima da vela. A chama do fósforo salta no ar e volta a acender a vela. Isso pode ser repetido muitas vezes.

Arcano: basta uma vela e fósforos comuns. Acenda a vela e deixe-a queimar por um minuto ou dois antes de soprá-la. Então, acenda um fósforo e coloque sua chama diretamente na coluna de fumaça que sai da vela, a uns dois centímetros do pavio. Faça várias vezes para determinar exatamente a distância que o fósforo tem de ficar da vela.

Feitiços de flash (Magnus)

Efeito: durante uma simples cerimônia de incineração, os ritualistas recebem pequenas folhas de papel para escrever suas intenções e atirá-las ao fogo. O papel queima instantaneamente em um clarão, criando uma carga muito maior e um momento "mais real do que real".

Arcano: esse papel especial que emite um clarão ao queimar é vendido em todas as lojas de mágica.

Chamas coloridas (Magnus)

Efeito: chamas estranhamente coloridas dançam quando o feiticeiro faz a sua adivinhação oracular com as vozes e as imagens que aparecem no fogo.

Arcano: diversas misturas químicas podem ser lançadas ao fogo para mudar as cores das chamas. Dessa forma, cria-se um efeito sobrenatural em uma meditação de contemplação do fogo. Esses compostos podem ser comprados em lojas que vendem artigos para lareira.

Fagulhas na ponta dos dedos (Magnus)

Efeito: ao invocar divindades para o Círculo ritual, o mago passa as mãos sobre o fogo e fagulhas brilhantes dançam nas chamas, erguendo-se como uma oferenda para o céu.

Arcano: pegue uma pederneira de refil de um isqueiro Zippo e moa em seu pilão. Salpique cuidadosamente sobre as chamas. Como em todos os efeitos com fogo, a prática traz a perfeição!

Sopro de dragão (Magnus)

Efeito: as bruxas dançam em um Círculo e entoam os nomes de poder que carregarão sua intenção. Elas giram cada vez mais rápido em torno do fogo até que os espíritos do fogo lancem uma descarga repentina de chamas para o céu... que assim seja!

Arcano 1: Um punhado de pó de *licopódio*, atirado em segurança na fogueira ritual no momento de uma concentração de poder, não apenas acrescenta impacto teatral ao clímax do ritual, mas também serve como um sinal visual/auditivo para que os participantes dirijem a energia reunida para a intenção ritual. Tenha cuidado e pratique bastante para acertar a dose certa de pó, e deixe-o bem longe dos esvoaçantes trajes rituais! O Licopódio é vendido com o nome de "Pé-de-Lobo" em lojas de mágica.

Arcano 2: (Oberon) embora não seja tão espetacular como o pó de licopódio, *Cremora* (creme em pó para café) também cria uma bola de fogo impressionante quando lançado nas chamas da fogueira ritual. Um pouco de prática é necessário para aprender a conseguir o efeito mais dramático. Cremora funciona porque tem um alto teor de gordura. Outros cremes em pó para café também funcionam, mas apenas se tiverem um alto teor de gordura.

Cuidado: tenha muito cuidado com produtos químicos e fogo! Mesmo se os produtos usados forem seguros, como os descritos aqui, podem não ser tão seguros se usados com outros produtos químicos ou com os fortes remédios para asma ou outros problemas médicos. Até mesmo uma coisa tão simples como atirar Cremora no fogo pode ser um problema para uma pessoa com asma que fique com o rosto cheio de fuligem ou se houver alguém perto demais do fogo. Por isso, tenha cuidado com fogueira e sempre tenha por perto uma prevenção apropriada contra incêndios e suprimentos de emergência: extintor, areia, água e soda cáustica. E se quiser fazer experiências com produtos químicos, faça isso na aula de Química, com supervisão de um professor, e não em volta de uma fogueira ou na sala da sua casa!

Lição 4: Performances e espetáculos

Muitos rituais têm mais sucesso quando seguem uma forma dramática, como em uma peça, em que há uma acumulação de intenção, direção e energia, seguida por um clímax – a liberação de energia – e o desenlace final. Componha o seu ritual ou performance como comporia uma peça. Use-o para contar uma história, uma cena levando à próxima, até que você tenha dito o que tinha para dizer. A seguir, veja algumas das muitas dicas e truques do ofício que podem ser aplicados ao ritual teatral. Ao estudar a performance de mágicos e atores, podemos nos inspirar para elevar ainda mais nossos rituais aos reinos da "magia real".

Planeje seu ritual como uma performance e a sua performance como um ritual.

Arenga e Ritmo: *Arenga* é como os conjuradores chamam as coisas que dizem enquanto realizam suas ilusões. Pode ser uma simples descrição do que está sendo feito (ou, ao menos, do que a audiência *pensa* que está sendo feito). Um pouco de comédia pode ser bem divertido, especialmente se você puder operar as ilusões nos momentos culminantes. A *magia bizarra* (veja a seguir) usa efeitos especiais para ilustrar uma história, como no cinema. Essa é a magia usada pelos feiticeiros desde tempos imemoriais – por isso, aprenda a contar uma boa história para ilustrar a sua apresentação!

Um axioma muito repetido no teatro (especialmente na comédia) é que "ritmo é tudo!". Controle o ritmo de sua performance. Não corra na sua arenga; fale claramente e bem alto, para que todos possam vir. Faça pausas entre as frases e parágrafos para dar à plateia uma chance de se envolver – especialmente se ela precisar responder de algum modo (por exemplo, pelo riso). Respire fundo e faça uma voz mais grave, como a dos locutores de rádio, para emprestar-lhe maior ressonância e poder.

Movimentos: quando você está aprendendo a fazer ilusões, deve praticar e ensaiar muitas e muitas vezes diante de um espelho até que possa realizá-las suavemente, sem deixar cair nada nem atropelar o que vem a seguir. Primeiro, treine os movimentos e depois acrescente a arenga ou fala. Não mostre uma ilusão para ninguém mais até que tenha ficado satisfeito com os ensaios do espelho!

Palco: algumas ilusões ficam melhores com uma mesa diante de você – por exemplo, a mesa de jantar. Para muitas delas, é preciso uma toalha de mesa. Outras são melhores quando você fica a uns três metros de distância do público. Elas sempre devem ser feitas com um fundo escuro, por exemplo, cortinas pretas – especialmente aquelas que usam fios invisíveis. A luz não deve ser muito brilhante para ilusões com fios; as velas são uma fonte de luz ideal e também contribuem para uma atmosfera misteriosamente "mágica".

Trajes: o aspecto teatral da mágica e da ilusão ajuda a transportar não apenas o praticante, mas também o observador para outros reinos – uma simples máscara e uma capa transformam o "Velho Chicão" na própria imagem de um ser mágico e poderoso! Diversos ilusionistas criaram trajes distintos para si, desde mantos tradicionais de feiticeiro e capotes até fraques e cartolas. Um traje com muitos bolsos e peças soltas (mangas longas, capa, capote, jaqueta, chapéu, etc.) permite esconder diversos acessórios e utensílios. O membro do *Gray Council,* Jeff "Magnus" McBride, que contribuiu com grande parte do material desta aula, é um ilusionista famoso mundialmente, muito conhecido por seu uso de máscaras (mostradas aqui). Assim, quando estiver construindo a sua performance de ilusões e conjuração, pense nos seus trajes também e crie algo apropriadamente mágico e misterioso.

Acessórios: *A magia bizarra é muitas vezes apresentada como se fosse "real". Um bom exemplo seria imaginar que toda a magia que aparece nos romances de Harry Potter é real. Os acessórios muitas vezes representam esse papel. Isso significa que o acessório apresentado como um antigo Grimório deve parecer um antigo Grimório, e não alguma coisa comprada na loja de 1,99.*

(Dave Birtwell)

Se estiver usando lenços, consiga lenços com um desenho arcano bordado. Se usar uma garrafa, prepare um rótulo misterioso para ela. Para caixas ou livros, acrescente desenhos em relevo feitos com massa epóxi e pintados – você pode até colar olhos falsos e outras decorações compradas em uma loja de artesanato. Use a imaginação e seja criativo!

Raios: Dois mágicos fazem o mesmo truque. Eles aparentemente têm a mesma habilidade, mas um deles espanta o auditório enquanto o outro não causa nenhum efeito. Por quê? Uma das possíveis razões poderia ser o que o famoso professor de atuação, Konstantine Stanislovski, chamava de *raios*. Com isso, ele queria dizer que os artistas deviam de fato acreditar naquilo que estavam fazendo. Quando eles o fazem, projetam "Raios", o que faz com que a plateia acredite no que foi feito. Obviamente, como um mágico, você sabe que não está realmente fazendo aquela moeda desaparecer. Mas se imaginar como seria se *pudesse* fazer a moeda desaparecer, pode projetar esses raios e a plateia *vai* acreditar.

Loja de mágica: se você vive em uma cidade grande, recomendo uma visita à loja de equipamentos de mágica. Veja o que eles têm a oferecer e converse com as pessoas. Já tenha em mente uma ideia do tipo de ritual que quer fazer antes de ir e nem mesmo pense em comprar nada que não tenha a ver com seus propósitos. Você não está simplesmente tentando realizar truques, mas, sim, criar efeitos especiais para melhorar seus rituais e trabalhos. Mais tarde, se se interessar pelo simples entretenimento, você pode voltar à loja.

Lição 6: Glossário de termos de conjuração

Magia: qualquer coisa que pareça impossível ou miraculoso ao observador, especialmente a simulação do miraculoso ou paranormal por meio secreto, mas fisicamente normal.

Conjuração: a arte de criar efeitos mágicos e ilusões (a mesma palavra também é usada para invocar ou chamar espíritos, o que é bem diferente!).

Magia bizarra: uma apresentação de mágica com ênfase na história e no entretenimento em vez de apenas tapear a plateia. Elementos teatrais são adicionados para fazer de toda a operação uma experiência mágica.

Legerdemain: ("mãos leves"): mágica de performance ou conjuração.

Prestidigitação: ("dedos rápidos"): velocidade das mãos, que exige destreza manual, muitas vezes sem aparelhos ou acessórios.

Mentalismo: imitação de fenômenos psíquicos, extrassensoriais e paranormais usando métodos normais, mas secretos.

Arenga: fala usada por um conjurador para acompanhar sua apresentação.

Rotina: uma série estabelecida de movimentos ou efeitos realizados como uma única unidade.

Trabalhar: realizar as ações físicas que resultam em um efeito mágico. Pode ser desde apertar um botão em uma caixa até um movimento particular.

Efeito: aquilo que a plateia vê.

Ilusão: um efeito no qual as aparências são o contrário da realidade. Esse termo normalmente é aplicado aos grandes truques de palco, ou "grandes ilusões", como o desaparecimento de pessoas ou grandes animais.

Levitações: ilusões que aparentemente desafiam a gravidade, nas quais uma pessoa ou objeto aparece suspenso no ar, sem suporte visível.

Produção: fazer as coisas aparecerem aparentemente do nada.

Arcano: o segredo.

Subrepticiamente: secretamente; de um modo completamente despercebido pela audiência.

Ocultar: esconder; colocar em um local secreto.

Empalmar: segurar um objeto pequeno na mão de modo que, combinado com instruções errôneas, a sua audiência não perceba que está ali. Há diversos modos de empalmar: de frente, de costas, com os dedos, etc.

Troca: uma substituição secreta, na qual um objeto é subrepticiamente substituído por outro.

Escamoteação: um movimento de mão secreto usado para conseguir um efeito.

Carregar: introduzir algo secretamente no recipiente, antes ou durante o truque no qual aquilo é magicamente produzido.

Furtar: apossar-se de um item secretamente.

Orientar: dirigir a atenção da plateia para um ponto diferente em que o "trabalho" por trás do efeito está sendo realizado. No palco, isso pode ser feito com som, luzes ou pessoas se movendo ou apenas olhando em uma direção diferente. Para pequenas audiências, isso pode incluir palavras, olhares e outras formas de linguagem corporal.

Acessório: qualquer objeto usado em uma performance que não seja parte do traje do conjurador.

Varinha: uma varinha padrão de mágico tem comprimento de 30 a 40 centímetros e cerca de 2 centímetros de diâmetro. Isto é o símbolo e a essência do poder do feiticeiro.

Aparato: acessórios especialmente preparados para truques, em oposição aos artigos comuns.

Dispositivo: um aparelhinho secreto que faz o truque funcionar.

Servante: uma prateleira oculta ou um bolso suspenso escondido por trás de uma mesa ou cadeira para receber os itens descartados ou trocados.

Lição 7: Conjurações

Ao se iniciar na conjuração, não tente exagerar o número de ilusões apresentadas em uma única performance. Duas, três ou quatro já serão suficientes. Você logo aprenderá quanto se pode fazer antes que as pessoas comecem a perder o interesse. Alguns dos mágicos mais famosos do mundo já divertiram plateias durante longas carreiras com pouco menos de meia dúzia de truques. Os seguintes efeitos e ilusões exigem

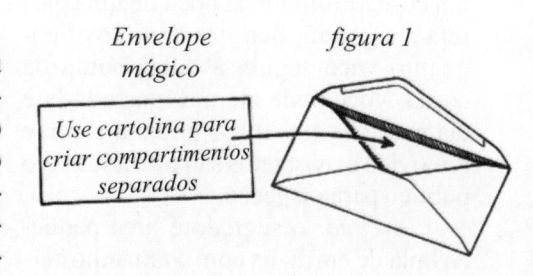

Envelope mágico   *figura 1*

Use cartolina para criar compartimentos separados

preparação antecipada de equipamentos e dispositivos especiais. Lembre-se: pratique bastante antes de mostrar!

Ilusão: você pode tirar coisas de um envelope vazio ou transformar as coisas em outras.

Arcano: pegue um envelope branco comum. Corte um pedaço de papel branco (cartolina) exatamente do mesmo tamanho do envelope para que se encaixe perfeitamente dentro. Dessa forma, você obtém um envelope duplo com duas seções (figura 1). Para fazer as coisas (lenços de seda, flores, notas, folhas, penas, etc.) saírem do envelope vazio, primeiro esconda-as no compartimento de trás e mantenha esse bolso fechado com o polegar enquanto mostra à plateia que o da frente está vazio. Depois feche a aba do envelope e, ao abri-la novamente, desta vez enfie o polegar no bolso de trás para mantê-lo aberto enquanto esvazia o conteúdo na mão de alguém. Ao esvaziar o bolso de trás, mostra ao público apenas o lado do envelope que não tem a abertura ou ele vai perceber o bolso duplo.

Use o mesmo truque para fazer as coisas se transformarem em outras. Você pode transformar uma folha em uma pena, pétalas em uma flor ou pedaços rasgados de uma folha em uma folha inteira.

Garrafa do gênio

Efeito: você enfia uma ponta de um cordão comum na boca de uma garrafa e a garrafa fica suspensa no ar enquanto você segura a outra ponta da corda. Você pode até mesmo rodá-la e ela não vai cair. Em seguida, a corda é removida e os objetos são passados pelo público para inspeção.

Arcano: o segredo é uma pequena bola de borracha com o tamanho certo para passar facilmente pelo gargalo da garrafa. A garrafa deve ser opaca, com pescoço. A corda deve ter cerca de 1 centímetro de espessura. Mantenha a bola de borracha no bolso até que chegue a hora de usar o cordão; deixe que a plateia examine a garrafa. Empalme a bola na mão que segura a corda (figura 2) e deixe-a cair na garrafa enquanto enfia a corda. Depois, vire a garrafa de cabeça para baixo, prendendo a corda e a bola no gargalo da garrafa (figura 3). Quando tiver acabado de sacudir e balançar a garrafa, puxe a corda delicadamente com a bola e, cuidadosamente, empalme a bola assim que sair. Coloque-a no bolso subrepticiamente e ofereça a corda e a garrafa para a plateia examinar novamente.

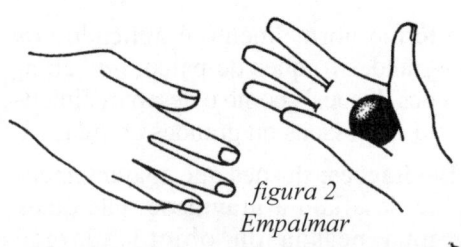

figura 2
Empalmar

figura 3

Levitação de carta

Efeito: você, e apenas você, pode fazer uma carta elevar-se de um copo a seu comando. Você põe um copo vazio na mesa e um baralho. Pede a um voluntário que escolha qualquer carta do baralho e passe a você, que põe a carta no copo e desafia a voluntária a tentar fazê-la levitar. Nada acontece. Você chama outro voluntário. Nada. Quando é a sua vez, você

figura 4 (película de sabão)

pega a carta e faz alguma coisa "mística" (esfrega a carta na manga, diz uma palavra mágica, bate nela com a varinha...). Coloca-a no copo e diz: "levite!". Dessa vez, a carta lentamente levita a seu comando.

Arcano: é preciso um copo com os lados inclinados, mais estreito no fundo, com a abertura do mesmo tamanho da largura da carta. O copo foi preparado de antemão; esfregou-se um pedaço de sabão seco do lado de dentro, de lados opostos, deixando duas listras de 1,5 centímetro de largura (figura 4). Para inserir as cartas dos voluntários, coloque-as do lado sem sabão. Quando for a sua vez, empurre a carta pelos lados ensaboados e ela vagarosamente escorregará para cima pela película de sabão.

Truques com um fio invisível

Para os seguintes efeitos, uma linha preta fina ou uma linha de pesca bem fina é necessária. Também é preciso usar roupas escuras. Essas ilusões devem ser feitas sob uma luz suave ou longe o bastante do público para que ele não possa ver o fio. Quanto mais fino o fio, mais próxima a audiência pode estar. Estique um pouco do fio no seu palco e teste a luz a distância, com antecedência. Se puder ver o fio, a audiência também poderá!

Graveto mágico

Ilusão: um graveto jogado em uma garrafa que está na sua mão misteriosamente sai sozinho da garrafa e salta no ar, quando você o apanha na outra mão.

Arcano: amarre uma das pontas de um fio invisível de 60 centímetros em seu passador de cinto esquerdo. Pegue uma garrafa vazia de refrigerante e corte um graveto um pouco mais curto que a altura da garrafa. O graveto deve ser estreito o bastante para passar facilmente pelo gargalo da garrafa. A seguir, faça um pequeno corte na parte de baixo do graveto com uma faca afiada e passe a ponta do fio pela abertura (figura 5). Enrole o fio no

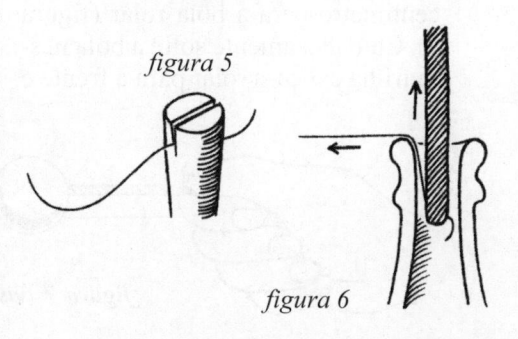

figura 5

figura 6

polegar esquerdo, enquanto segura o graveto – já com o fio passado e virado para baixo. Pegue a garrafa com a mão direita e segure-a pelo graveto. Deixe o graveto cair dentro da garrafa e passe a garrafa para a mão esquerda, ainda com o fio enrolado no polegar. Depois afaste lentamente a garrafa do corpo enquanto faz "passes místicos" sobre ela com a mão direita. Quando o fio é puxado, o graveto sobe (figura 6). Quando ele tiver quase saído da garrafa, pegue-o com a mão direita e puxe-o, arrancando ao mesmo tempo o fio da abertura. Daí você pode deixar as pessoas examinar o graveto e a garrafa.

A bola na corda

Ilusão: você segura um pedaço de corda esticada entre as mãos e rola uma bola de pingue-pongue para a frente e para trás sobre essa corda, em um equilíbrio impossível.

Arcano: use uma corda e um pedaço de fio invisível, os dois com 60 centímetros de comprimento. Amarre uma ponta do fio a cada uma das pontas da corda. Segure a bola de pingue-pongue na mão direita e ponha os indicadores entre o fio e a corda, com o fio virado para você. Vire as duas palmas para cima e estique a corda (e o fio), criando uma trilha de 1,5 centímetro para a bola rolar (figura 7). Cuidadosamente solte a bola nessa trilha e faça-a rolar para a frente e para trás, erguendo e abaixando as pontas da corda para mudar a direção.

Depois de espantar seus amigos e sua família com algumas dessas ilusões de conjuração, garanto que eles pedirão para "fazer de novo". E todos vão querer que você conte como faz aquilo. Mas o grande charme da mágica para plateias é que ela *não* saiba como é feito. Uma vez que o segredo da ilusão é revelado, ela perde seu mistério. Sem essa sensação de espanto e encantamento, ninguém se interessará por suas ilusões. Portanto, eis seis dicas básicas do livro do membro do *Cray Council* Todd Carr, *Backyard Magic:*

1. **Pratique diante de um espelho**, incluindo aquilo que você vai dizer (sua arenga).
2. **Acredite que está fazendo mágica REAL.**
3. **Sempre deixe a plateia na sua frente** quando se apresentar, e não atrás.
4. **Guarde seus acessórios** depois da apresentação para evitar exposição (guarde-os em uma caixa ou mochila).
5. **Se seus amigos perguntarem qual o segredo, diga apenas "isto é mágica!"** ou apenas sorria.
6. **Nunca apresente o mesmo efeito mágico duas vezes** para a mesma audiência.

figura 7 (visão superior)

Lição 8: Fontes de pesquisa

Livros

Gilbert, George and Wendy Rydell. *Great Tricks of the Master Magicians* (Golden Press, 1976). Este é meu livro favorito de conjuração, com 150 truques explicados e ilustrados em formato grande.

Hay, Henry, *The Amateur Magician's Handbook* (Signet, 1950; 1972). Foi um dos primeiros livros de mágica que comprei. Minha edição em brochura de 1972 custou só US$ 1,95!

Karr, Todd, *Backyard Magic* (Scholastic Inc., 1996). Este é um ótimo livro para iniciantes. 15 truques bacanas e simples lindamente ilustrados em cores.

Nelms, Henning, *Magic and Showmanship: A Handbook for Conjurers* (Dover, 1969). Este livro é recomendado por quase todos os professores de mágica. Jeff McBride o recomenda em suas oficinas.

Sevem, Bill, *Magic in Your Pockets* (Younp Readers Press, 1964). Conjurações fáceis para todas as idades.

Tarr, Bill, *Now You See It, Now You Don't* (Vintage Books, 1976). Esse livro é o melhor para quem quer saber mais sobre escamoteação e empalmes. Ideal para adolescentes e pré-adolescentes.

Outras fontes

Eis um vídeo de mágica que trata da "Pottermania". Vídeo de Andrew Mayne: <www. wizard-school. com/>.

DragonSkull é um ótimo site dedicado à magia Bizarra, incluindo efeitos arcanos e equipamentos:

<www. dragonskull. co.uk>.

Eis um link para o site de Jeff McBride:

<*www. magicalwisdom. com*>.

Aqui, Miracle Factory:

<www.miraclefactory.org>.

<*www.yourmagic.com*> é uma boa fonte para livros e equipamentos de magia. Têm muita coisa de Jeff McBride, David Parr e Eugene Burger – um dos mentores de Jeff. Os livros, fitas e efeitos de Eugene são muito úteis.

Sexta Aula:
Alquimia (Vermelho)

Esta arte sempre secreta deve ser, e a causa para isto é a seguinte, como vereis: se um homem mau pudesse cumprir sua vontade, toda a paz cristã ele facilmente destruiria, e com seu orgulho derrubaria reis justos e príncipes de renome.
– Ritual de Alquimia, *por Thomas Norton de Bristol (século XV)*

1. Introdução e história

Alquimia é a arte e ciência mágica da transformação e transmutação. O nome vem do árabe *al-kimia*. A Alquimia foi a precursora da química moderna e teve sua origem em Alexandria, Egito, durante o século I d.C., quando a metalurgia egípcia foi fundida com a filosofia grega e o misticismo do Oriente Médio. Algumas das doutrinas essenciais, porém, foram formuladas antes de 400 a.C. Um papiro grego de cerca de 300 d.C. descreve um método para mudar a cor de um metal, para que ele pareça ouro ou prata, afirmando que o novo metal enganaria ourives experientes.

A Alquimia sempre foi rodeada por uma nuvem de mistério e suas origens são atribuídas a intervenção sobrenatural. A lenda conta que Hermes Trismegisto, mais tarde identificado como o deus egípcio Thoth, foi o fundador da Alquimia. É por isso que a Alquimia é conhecida como *arte hermética*. Ma-

Hermes Trismegisto, por Jean Jacques Boissard (De Divinatione et Magicis, 1597)

ria, a Judia (século IV d.C.), uma das mais influentes praticantes desta arte, dizia que a Alquimia é de fato *donum dei* (um dom de Deus); mas esse dom não era concedido aos alquimistas em geral, apenas aos judeus. Uma verdadeira compreensão da Alquimia exigia anos de estudo e orações a Deus por orientação, além de muitos anos de experimentos práticos.

Lição 2: Objetivos e práticas da Alquimia

> Este, portanto, era o objetivo geral dos alquimistas: realizar no laboratório, tanto quanto possível, os processos que a natureza realizava no interior da Terra.
> James C. Brown (*History of Chemistry*)

Os principais objetivos dos alquimistas medievais eram a *transmutação* de "metais vis" (particularmente o chumbo) em ouro e prata e a descoberta do *Elixir da Vida*, que curaria todas as doenças e concederia a imortalidade.

A chave para a transmutação e para o Elixir residem na descoberta da *Pedra Filosofal*, uma misteriosa substância que poderia ser uma pedra, pó ou líquido, reconhecível apenas pelos iniciados. A Pedra Filosofal seria um catalisador universal que poderia efetuar essas transmutações.

Um terceiro objetivo era a criação do *Homúnculo*, um homem artificial em miniatura. Em essência, significava a criação da própria vida – objetivo ainda perseguido pelos biólogos modernos sem sucesso. Diversos alquimistas importantes deixaram instruções escritas para criar um homúnculo, mas eu não acredito nelas!

Dentre os objetivos menores da Alquimia, estava a descoberta do *Alcahest*, o solvente universal; a *palingênese*, a restauração de uma planta a partir de suas cinzas; a preparação do *spiritus mundi*, uma substância mística que podia dissolver o ouro; a extração da *quintessência*, ou princípio ativo, de todas as substâncias; e a preparação do *aurum potable*, ou ouro líquido, que podia ser bebido como um remédio universal.

Princípios da Alquimia

> *Acima como abaixo,*
> *E abaixo como acima,*
> *Para a realização do milagre da coisa una.*
> *Tábua de Esmeralda* de Hermes Trismegisto

A Alquimia aceitava a divisão de toda a matéria em quatro *Elementos* – Terra, Água, Ar e Fogo (aquilo que os cientistas modernos chamam de quatro *estados* da matéria – sólido, líquido, gasoso e plasma). A isso, eles acrescentavam quatro "qualidades" naturais – seco, úmido, quente e frio – das quais duas definiam aquele elemento. Se essas qualidades fossem alteradas, o elemento também poderia ser alterado. A água é fria e úmida. Caso se torne quente e úmida, ela se torna Ar (vapor). O Fogo é quente e seco. Quando perde o seu calor e se extingue, ele se torna Terra (cinzas) – fria e seca.

Os alquimistas acreditavam que tudo o que existe formou-se a partir de uma substância original chamada "primeira matéria". Ao eliminar suas qualidades não essenciais (cor, tamanho, peso, forma) acreditavam que poderiam reduzir qualquer substância à primeira matéria fundamental e depois reconstruí-la como outra coisa com o acréscimo dos atributos desejados.

A Alquimia dizia que tudo na natureza era vivo e continha uma centelha divina ou força vital (chamada *pneuma* – "sopro") dentro de si. A alma de toda a natureza era chamada de *Anima Mundi* ("Espírito da Terra"). O *pneuma* era a mesma coisa que a alma de qualquer criatura viva. Se um pedaço de madeira fosse queimado, por exemplo, as cinzas eram consideradas o cadáver (ou *nigredo*) e a fumaça era a "alma" liberada para o céu.

*A árvore da vida alquímica
(de Glória Mundi)*

Os metais também eram "vivos" e tinham o desejo de evoluir até seu estado mais elevado. Os alquimistas viam as correspondências planetárias como uma cadeia de evolução, que ia desde o **chumbo** (Saturno), passando pelo **estanho** (Júpiter), **ferro** (Marte), **cobre** (Vênus), **azougue** (Mercúrio), **prata** (Lua) e, finalmente, **ouro** (Sol). Em seus laboratórios, tentavam ajudar os metais vis a "amadurecer" de um estágio para o próximo, até atingirem o mais elevado e mais puro, que era o ouro.

As três principais substâncias da Alquimia eram o enxofre, o mercúrio e o sal – chamados de *Tria Prima*, ou três princípios. Eles representavam a Alma, o Espírito e o Corpo. Os diversos processos físicos e metafísicos da Alquimia se concentravam na identificação e purificação das substâncias, em ambos os sentidos. O principal solvente usado na purificação do Tria Prima era o orvalho, considerado a precipitação do fogo cósmico e a essência destilada do Céu acima e da Terra abaixo.

O propósito *esotérico* (secreto) da Alquimia era místico e relacionado à regeneração espiritual e à evolução do homem – o refinamento e a perfeição do espírito humano e a união com o Divino. Portanto, todos os processos de laboratório também simbolizavam os processos que o próprio alquimista atravessava e seu próprio trabalho íntimo e pessoal. Assim, o alquimista tentava se despojar e se reduzir à "primeira matéria" e, em seguida, restaurar e desenvolver sua alma por intermédio de diversos es-

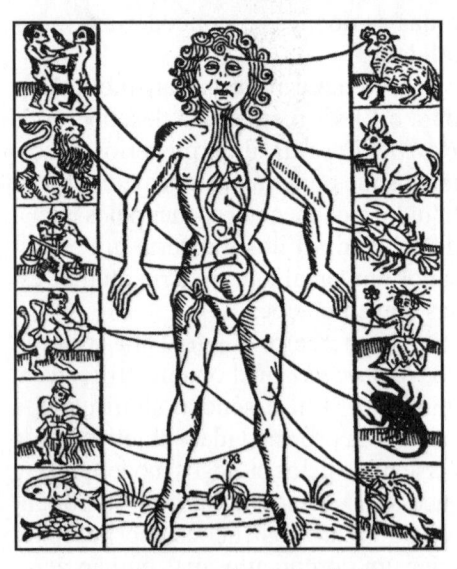

Correspondências do corpo humano com os signos do Zodíaco (Martyrologium der Heiligen nach dem Kalender; 1484)

tágios de refinação até se tornar o ouro mais puro.

Da Alquimia à Química

Uma das máximas favoritas da Alquimia é *Solve et coagula* ("Dissolva e coagule"). Em outras palavras, desmanche e depois monte. O significado esotérico dessa frase implicava "dissolve o corpo e coagula o espírito". A maioria dos processos da Alquimia envolvia o tratamento das diversas substâncias de todas as maneiras concebíveis: dissolução, mistura, destilação, queima, derretimento, filtragem, refinamento, condensação e precipitação. Através de séculos desses experimentos, os alquimistas fizeram várias descobertas importantes que representaram o progresso na ciência da Química. Eis algumas delas:

Potassa Cáustica – desenvolvida por Alberto Magno (1206-1280), que também descreveu a composição química do cinabre, da cerussita e do mínio.

Bicarbonato de potássio – preparado por Raimundo Lúlio (1235-1315).

Zinco – descrito por Paracelso (1493 - 1541),* que foi o primeiro a preparar e usar compostos químicos.

Ácido Benzoico – descoberto por Blaise Vigenère (1523-1596).

Óxido de estanho – descoberto por Giambattista della Porta (1541-1615).

Sulfato de sódio (sal de Glauber) – descoberto por Johann Rudolf Glauber (1604-1668) e que muitos acharam ser a tão almejada pedra filosofal.

Fósforo – descoberto por Hennig Brand em 1669.

Porcelana – produzida pela primeira vez na Europa por Johann Boetticher (1682-1719).

Embora a maioria dos cientistas modernos despreze a Alquimia como "pseudociência", a busca de um método para alterar a estrutura atômica dos metais vis em ouro ou outros elementos continua atualmente nos laboratórios de Química, aceleradores de partículas e reatores nucleares. O princípio da "primeira matéria" se reflete na moderna teoria atômica, na qual todos os elementos atômicos são compostos de partículas subatômicas primárias que se unem em elementos cada vez mais pesados, desde o hidrogênio, que tem apenas um próton e um elétron, até os elementos "transurânio", com centenas de prótons, nêutrons e elétrons. Os biólogos ainda estão tentando criar a vida em um tubo de ensaio e recentemente tiveram sucesso na clonagem. A busca do Elixir da Longa Vida continua na pesquisa genética e na indústria multimilionária de "extensão da vida". E muitos alquimistas moder-

---

*N.E.: Sugerimos a leitura de *Paracelso*, coletânea de Nicholas Goodrick-Clarke, Madras Editora.

nos ainda fazem experiências com a criação de produtos químicos para transformação pessoal e iluminação.

3. Glossário dos termos alquímicos

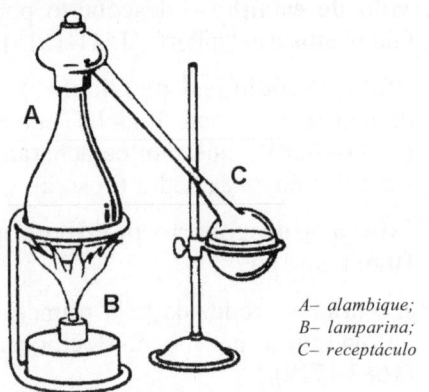

A– alambique;
B– lamparina;
C– receptáculo

Ácido: qualquer substância que reage com uma base para formar um sal. O ácido produz íons livres de hidrogênio e faz o papel de tornassol ficar vermelho.
Actínico: que produz *raios*, como raios de luz, raios X, raios gama, etc.
Alquimia: a arte e ciência da transformação e da transmutação; precursora da moderna Química.
Alambique: um recipiente em forma de gota usado para misturar e aquecer substâncias no processo de destilação.
Liga: metal formado por uma fusão de diversos elementos metálicos diferentes (bronze, latão e aço). 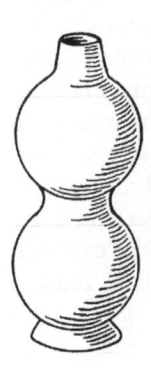
Aludel: uma vasilha de cerâmica e vidro com câmaras esféricas para condensar vapores.
Anima Mundi: "O Espírito do Mundo". Mãe Terra; Mãe Natureza.
Atanor: uma fornalha semelhante a uma estufa com compartimento superior

aludel

vedado para conter materiais aquecidos sob pressão.
Base: qualquer substância que reage com ácido para formar um sal. As bases removem os íons de hidrogênio do ácido e fazem o papel de tornassol ficar azul.
Metais vis: metais comuns que reagem e oxidam imediatamente, como chumbo, cobre, estanho e ferro.
Catalisador: substância que causa mudanças em outras substâncias sem se alterar.
Coagulação: transformação de uma substância líquida em sólida.
Combustão: irromper em chamas.
Composto: material feito de diversos elementos atômicos diferentes, combinados quimicamente.
Condensação: transformar uma substância gasosa em líquida, esfriando-a.
Cadinho: um recipiente resistente ao calor no qual as substâncias sólidas são derretidas.
Dissolução: dissolver um metal sólido em um meio líquido.
Destilação: o processo de evaporar o líquido de uma solução e condensá-lo novamente em um fluido puro.

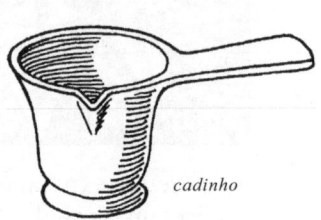

cadinho

Elementos: 1. Os quatro estados da matéria (sólido, líquido, gasoso e plasma – denominados Terra, Água, Ar e Fogo). 2. Os mais de 105 elementos atômicos conhecidos da tabela periódica.
Elixir: uma bebida ou poção mágica que consiste de drogas em uma solução de álcool.
Elixir da Longa Vida: uma substância hipotética que, ingerida, cura todas as doenças e confere a imortalidade.

Evaporação: transformar uma substância líquida em uma forma gasosa por aquecimento.
Filtragem: o processo de separar as partículas sólidas e impurezas de um líquido ou gás, passando-o por uma membrana porosa (ou filtro).
Frasco: um pequeno recipiente com um gargalo estreito. Os frascos em forma de cone são chamados de *Erlenmeyer*.
Homúnculo: um homem artificial em miniatura.

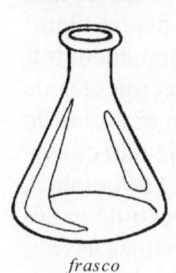

frasco

Liquefação: transformação de uma substância sólida em um líquido.
Metalurgia: a ciência do trabalho com metais e a criação de ligas.
Nigredo ("Coisa preta"): o estágio do processo químico em que o material foi rompido em um resíduo negro, chamado de "primeira matéria". O *nigredo* era considerado o "cadáver" do material original.
Gases nobres: raros gases elementais que não reagem com outros elementos, como o hélio, o neônio e o radônio.
Metais nobres: metais raros que não reagem com outros nem se oxidam, como prata, ouro e platina.
Oxidação: união com o oxigênio, como na queima ou na ferrugem.
Tabela Periódica: uma tabela com todos os elementos atômicos, organizada na ordem de peso atômico e outras propriedades.
Ovo filosofal (também chamado *Aludel*): uma garrafa esférica de vidro ou cerâmica usada para criar a pedra filosofal.
Pedra Filosofal: uma substância que tem o poder catalisador de efetuar transmutações em outras substâncias.

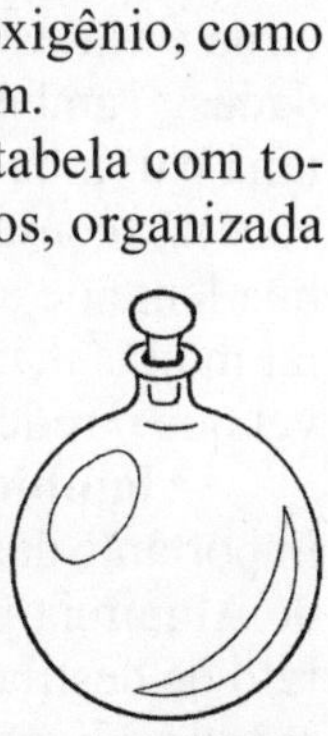

Ovo filosofal

Precipitação: permitir que os sólidos em suspensão assentem no fundo do recipiente.
Redução: trazer uma substância ao estado metálico com a remoção de todos os elementos não metálicos – particularmente o oxigênio.

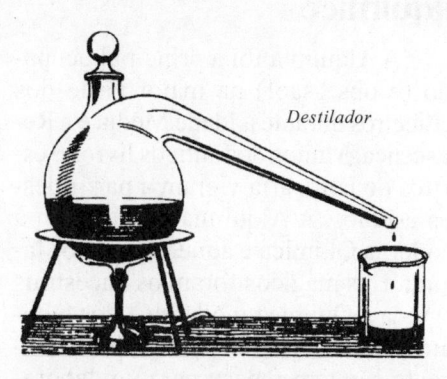

Destilador

Resíduo: a matéria sólida que resta no final de um processo, como a evaporação, combustão, filtragem, etc.
Retorta: um recipiente seco com um longo tubo, usado na destilação.
Solução: um líquido em que outros líquidos ou materiais sólidos ou gasosos foram dissolvidos.
Destilador: um aparelho de destilação com recipientes, serpentinas e tubos para ferver e evaporar o líquido e depois condensar o fluido puro.

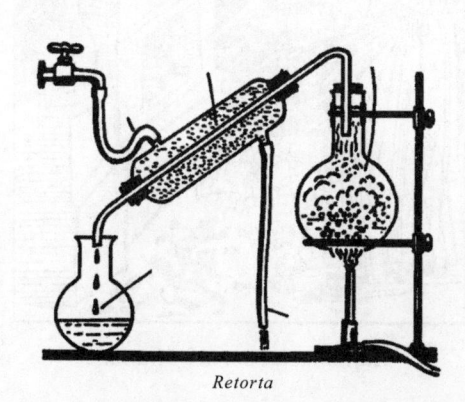

Retorta

Suspensão: um líquido no qual finas partículas de materiais sólidos são misturadas, mas não dissolvidas.

Transmutação: transformar uma substância em outra – especialmente elementos puros.

Lição 4: Seu laboratório alquímico

A Alquimia foi a principal ocupação (e obsessão!) na maior parte dos feiticeiros durante a Idade Média e a Renascença. Muitos dos antigos livros e escritos de Feitiçaria vieram a partir desses estudos. A Alquimia deu origem à moderna Química e aqueles arcanos laboratórios mágicos foram os ancestrais de toda a Química moderna e dos laboratórios farmacêuticos. Você provavelmente não tem espaço para um laboratório químico inteiro em casa, mas pode valer a pena ter algum equipamento básico para montar quando tiver vontade de fazer algumas experiências.

Conjunto de química – existem diversos conjuntos de química excelentes disponíveis no mercado, desde os bem simples até os extremamente elaborados. São vendidos em lojas de ciência e educação e pela Internet. Dê uma olhada em alguns e, quando decidir o que quer, ponha em sua lista de presentes de Natal ou de aniversário! O seu conjunto deve conter todos os produtos químicos necessários para a magia alquímica descrita adiante. É fácil encontrar tubos de ensaio e outros recipientes de vidro nas mesmas lojas ou em lojas de equipamentos químicos. Se não conseguir um verdadeiro conjunto de química, ainda pode fazer uma porção de experiências alquímicas interessantes nas aulas de Química da escola – além de ter orientação e instruções – e você até pode conseguir algum equipamento básico nessa aula.

Microscópios – muitos conjuntos de química incluem um microscópio, mas se não for o seu caso, tente conseguir um. Algumas vezes é possível encontrar microscópios perfeitos em bazares de caridade e mercados de pulgas. Os melhores são aqueles com uma luz interna e várias lentes que podem ser rodadas. Também será preciso comprar uma caixinha de lâminas. E mesmo se você não conseguir um microscópio, uma boa lente de aumento ainda pode revelar muitas maravilhas do mundo invisível que o rodeia!

Alambique – o componente mais importante dos laboratórios medievais e de Alquimia provavelmente era o aparato de destilação. O alambique evapora todo o líquido de uma mistura, transformando-o em vapor, e depois o condensa novamente em água, álcool ou óleo

Alquimista com seu Atanor

puro, deixando todos os sólidos e impurezas para trás.

Lição 5: Feiticeiros sabidos e segurança
(*por Abby Willowroot*)

A Alquimia nunca me interessou. Ela é tão... tão...
"Perigosa", disse o Arquichanceler com firmeza. Você mistura um monte de coisas e fica dizendo, ei, o que vai acontecer se eu acrescentar uma gota daquele treco amarelo e depois sair por aí sem sobrancelhas por duas semanas?
Terry Pratchett (*Moving Pictures*, p. 10)

CUIDADO: esteja sempre alerta e seja cuidadoso. Mesmo uma coisa simples, como avivar a fogueira atirando produtos químicos nela, pode ser um problema para uma pessoa que esteja muito perto das chamas. Misturar fogo e produtos químicos pode ser sinônimo de perigo se você não tomar as precauções apropriadas. O fogo não é brinquedo – é uma potência viva e pulsante que pode rapidamente sair do controle se você não tomar cuidado. Os bombeiros consideram o fogo um animal vivo. Por isso, tome cuidado. **Tenha sempre um balde d'água, areia e um extintor de incêndio à mão se estiver trabalhando com qualquer tipo de fogo.** Esteja sempre pronto para domar a besta!

LEVE EM CONTA: Sua saúde e a saúde daqueles que estão por perto podem ser muito prejudicadas pelo fogo, fumaça ou produtos químicos. Os que sofrem de asma ou outras doenças crônicas (e tomam remédio) podem ser afetados negativamente por substâncias que podem ser inofensivas para outras pessoas. Um feiticeiro deve desenvolver a sua consciência.

PRODUTOS QUÍMICOS podem ser perigosos quando misturados com outros produtos químicos. Não invente experiências; fique com as fórmulas escolhidas e testadas. Mesmo que os produtos químicos que você usa sejam seguros, como os descritos aqui, podem não ser seguros se usados com outros produtos. Se quiser fazer experiências com produtos químicos, faça isso em uma aula de Química com a supervisão de um professor, não em volta de uma fogueira ou na sala de estar. **Sempre deixe bicarbonato de sódio à mão para diluir e neutralizar os químicos ácidos.**

CUIDADO: os caminhos do feiticeiro são os caminhos da consciência, da sabedoria e do domínio. Tomar as precauções apropriadas para garantir a segurança é uma primeira lição importantíssima que todos os feiticeiros devem dominar antes que possam aumentar seu poder. Os feiticeiros preparados para qualquer eventualidade e que tomam as precauções de segurança apropriadas ficam mais relaxados e confiantes. Eles prestam o devido respeito aos poderes dos elementos e poções. Se você quer brilhar, refine a sua consciência de segurança.

Lição 6: Magia alquímica

NOTA: alguns produtos químicos necessários para esses efeitos podem ser adquiridos na farmácia, mas outros terão de ser obtidos em um conjunto de química, do laboratório de Química da escola ou de uma loja de produtos químicos. Confira nas Pá-

ginas Amarelas. Se você se sentir atraído pelo estudo e prática da Magia Vermelha, faça as aulas de Química da escola!

Esculturas de sal

Ponha um pedaço de metal em uma tigela funda de água salgada, acrescente um pouco de corante alimentício e deixe secar ao sol. O processo de evaporação depositará sal no objeto e criará uma interessante peça de arte.

Tintas invisíveis

A escrita feita com certos sucos é invisível até ser revelada pelo calor ou pelo tratamento com um *reagente* químico. Essas "tintas invisíveis" são muitas vezes usadas por espiões, assim como por feiticeiros. Suco de limão, de toranjas, vinagre, suco de cebola, leite – todos podem ser usados do mesmo modo. Use uma antiquada pena de pássaro para escrever com elas. Escreva a sua mensagem e deixe a "tinta" secar até ficar invisível. Para fazê-la reaparecer, aqueça o papel com um secador de cabelo.

Ossos elásticos e ovos de borracha

Guarde alguns ossos de frango, limpe-os muito bem e mergulhe-os em vinagre por 24 horas. No final desse período, eles estarão tão elásticos, que será possível fazer nós sem quebrá-los.

Isso também pode ser feito com um ovo, tornando a casca como borracha. Mas cuidado para não o romper!

Lenço mágico

Umedeça um pequeno lenço branco com uma solução de *cloreto de cobalto*. Seque com secador de cabelo e o lenço vai ficar azul. Esfrie-o um pouco, soprando no lenço ou colocando-o na geladeira, porém, ele voltará a ser branco.

Derramar tinta e leite da mesma jarra

Pegue duas taças de plástico. Em uma, ponha um quarto de colher de *ácido tânico,* e meia colher de *cloreto de estrôncio* na outra. Acrescente mais ou menos uma colher de água em cada uma e mexa até dissolver os produtos químicos. Agora pegue um grande copo de água e dissolva uma colher e um quarto de *sulfato ferroso de amônio* nele. Derrame água do copo grande, metade em cada taça – o líquido da primeira vai ficar preto como tinta e o outro vai ficar branco como leite. *NOTA: não beba!*

Luz química

Eis a forma de fazer *luciferina,* o mesmo líquido brilhante encontrado nas pulseiras de neon. Como você sabe, as pulseiras de neon brilham como resultado da mistura de duas soluções químicas, A + B. Por isso, fabrique essas duas soluções separadamente e apenas combine a quantidade necessária de cada vez, em quantidades iguais de cada uma.

Solução A:
4 gramas de carbonato de sódio
0,5 grama de carbonato de amônio
0,4 grama de sulfato de cobre
1 litro de água destilada
E o ingrediente mágico – 0,2 grama de luminol
Misture tudo.

Solução B:
50 mililitros de peróxido de hidrogênio destilado
Outro litro de água destilada e Misture tudo.

Derrame meio copo da solução A em uma taça de plástico e depois acrescente meio copo da solução B. Quando você mexer, a mistura vai brilhar misteriosamente.

Pirotecnia

Os sais citados a seguir, moídos finamente e salpicados na fogueira, emprestarão suas cores às chamas. Você também pode comprar produtos químicos já prontos para fogueiras em lojas de equipamentos para lareira.
Vermelho: nitrato de estrôncio
Laranja: cloreto de cálcio
Amarelo: nitrato de potássio ou cloreto de sódio
Verde-claro: nitrato de bário
Verde-Esmeralda: nitrato de cobre
Verde: bórax
Azul: sulfato de cobre
Roxo: cloreto de lítio
Violeta: cloreto de potássio
Branco: sulfato de antimônia

Chamas coloridas dos Quadrantes

Eis uma ótima ideia para os Quadrantes de um Círculo mágico! Arranje quatro pequenos caldeirões de ferro (ou outros pequenos recipientes à prova de fogo). Misture os seguintes produtos químicos não tóxicos com álcool metílico (madeira) para fazer as chamas arderem em cores diferentes. *NOTA: não use mais de uma colher da mistura em cada caldeirão!*

Azul: basta usar o álcool metílico puro, mas o caldeirão deve estar completamente limpo, pois qualquer outra coisa vai dar outra cor à chama.

Verde: acrescente uma colher de sopa de ácido bórico – não mais que isso! – e meio litro de álcool metílico. Mantenha bem fechado até a hora de usar.

Amarelo: ponha uma colher de sopa de sal comum (cloreto de sódio) com o álcool no caldeirão e acrescente um tufo de palha de aço para fazer um pavio. Ensope a palha de aço com a mistura antes de acender.

Vermelho: certifique-se de que o caldeirão esteja completamente limpo, tanto antes quanto depois de usar esta mistura. Faça um pavio com palha de aço, como descrito acima. Acrescente meia colher de cloreto de lítio para meio litro de álcool, ensope a palha de aço e acenda.

Fumaça colorida

Aqueça uma colher de *cloreto de amônio* em uma chama e ela soltará espessas nuvens de fumaça branca. Se você polvilhar algum dos seguintes pós sobre o fogo, ele criará uma fumaça colorida e densa (use apenas ao ar livre!)
Vermelho: vermelho de para-nitroanilina
Amarelo: pó de magnésio, tetróxido de bismuto ou bicromato de potássio.
Vermelho a verde: iodina
Azul: anil
Branco: pó de zinco

Transmutação de metais

Depois disso tudo, aposto que você está se perguntando se alguns dos antigos alquimistas de fato conseguiram transformar os metais vis em ouro! Bem, estudei seus relatórios e refiz suas experiências, e descobri dois modos como eles conseguiram fazer esse truque. O primeiro e mais óbvio é a *eletrólise,* que deposita uma camada metálica sobre um objeto, deixando-o negativamente carregado e depois mergulhando-o em uma solução que contenha um sal do metal a ser depositado. Os íons positivos do sal são atraídos para o objeto.

Transformação de chumbo em ouro

Suponha que nós temos um objeto de metal que queremos banhar a ouro. Amarramos o objeto em um fio que sai do polo negativo de uma bateria. Ao polo positivo da bateria, conectamos um pedaço de ouro. O objeto a ser banhado e a peça de ouro são, então, mergulhados em um recipiente de vidro com uma solução de sal de ouro e a corrente elétrica depositará uma camada de átomos de ouro na superfície do objeto. Não é possível banhar um metal *a partir* de uma solução até que seja possível dissolver aquele metal *na* solução, mas a dissolução do ouro para chapeamento exige um ácido *muito* forte, por isso não pode ser feito com segurança no laboratório doméstico.

Mas o modo mais engenhoso e convincente de demonstrar a transmutação em ouro era aquecer uma pequena quantidade de mercúrio em um cadinho, com uma pitada de pó vermelho que se dizia ser a fabulosa pedra filosofal. O alquimista mexia a mistura com uma longa vareta de metal e vagarosamente o mercúrio mudava de cor, de prateada para dourada. Retirado do fogo, ele esfriava e se tornava uma pepita sólida de ouro verdadeiro. O segredo é que a varinha de metal era, na verdade, um tubo oco cheio de pó de ouro e tampado com cera que derretia no mercúrio quente, deixando o pó de ouro escapar para a mistura. Conforme o calor aumentava, o mercúrio gradualmente evaporava, deixando para trás apenas o ouro derretido.

Infelizmente, havia um efeito colateral muito ruim para esse truque. As fumaças de mercúrio são altamente tóxicas, destroem as células cerebrais e causam a loucura – o que pode explicar algumas das mais estranhas experiências e escritos alquímicos! *(Nunca faça isso!)*

Transformação de prata em cobre

Você pode praticar a sua própria pequena transmutação de metais banhando quimicamente prata com cobre. Devo admitir que não há um grande mercado para isso, mas mesmo assim é divertido. Dissolva meia colher de *azurita* e 1¼ colher de *bissulfato de sódio* em uma colher de água. Ponha uma moeda de prata na solução, com um pequeno prego de ferro. Em alguns minutos, a moeda estará coberta com uma camada de cobre e vai parecer uma moeda de 10 centavos.

Lição 7: Símbolos alquímicos

Para manter seus segredos longe das mãos dos incompetentes e indignos, os alquimistas escondiam suas instruções e anotações de laboratório com um intricado código de símbolos. Alguns deles eram nomes alegóricos que representavam materiais e processos: *corvo negro, dragão, lobo cinzento, rei, filho do rei, leproso, leão, pavão, fênix, árvore, unicórnio,* etc. Outros símbolos eram glifos, como nesta tabela do *Último Testamento,* de Basílio Valentim (1413).

Como já foi dito, os sete metais principais eram identificados com sete planetas e simbolizados por seus glifos:

Ouro	☉	prata	☽
ferro	♂	mercúrio	☿
estanho	♃	cobre	♀
chumbo	♄		

Os processos da Alquimia eram simbolizados por glifos dos signos do Zodíaco:

Calcinação	♈	congelação	♉
fixação	♊	dissolução	♋
digestão	♌	destilação	♍
sublimação	♎	separação	♏
incineração	♐	fermentação	♑
multiplicação	♒	projeção	♓

Lição 8: Fontes

Há uma porção de diferentes jogos de química no site Discover This: <www.discoverthis.com/chemistry.html>.

Um excelente destilador feito por Gary Stadler pode ser visto em: <www.HeartMagic.com/>EssentialDistiller.html

Sexto Curso: Espectro, Parte 2

Primeira Aula:
Domínio dos Animais
(Magia Marrom)

1. Introdução: Viver com animais

Domínio dos animais se refere a tudo o que se relaciona com animais de qualquer tipo – especialmente comunicação com animais. Esse domínio inclui os "encantadores de cavalos", bons treinadores de animais, pessoas que conversam com mascotes e todos aqueles que parecem ter uma habilidade rara para se comunicar e trabalhar com animais. Essas pessoas muitas vezes trabalham em lojas de animais, hospitais veterinários, abrigos ou zoológicos ou se tornam guardas florestais ou guardiões da vida selvagem. Eles sempre estão rodeados por criaturas – animais de estimação, de fazenda, criaturas selvagens ou outros companheiros animais. Os animais particularmente ligados a bruxas e feiticeiros são chamados de *familiares*.

O domínio dos animais inclui conhecimentos de zoologia e de *totens*. Os mestres procuram conhecer o nome de todos os animais, assim como a sua evolução, o que comem, seu comportamento, estilo de vida, rituais de acasalamento e linguagem. Os *Bestiários* medievais eram combinações do mesmo tipo de conhecimento e atribuições dos animais, como os herbais faziam com as plantas. Incluíam não apenas animais naturais, mas também criaturas legendárias e míticas. De fato, o estudo da *criptozoologia* ("palavra dos animais ocultos") explora as criaturas misteriosas – como o Pé-Grande e o Monstro do Loch Ness – cuja existência ainda é duvidosa.

Assim como o Merlin de T. H. White, sempre tive uma bela coleção de animais silvestres que vivem comigo. Já dividi minha casa com leitões selvagens, sariguês, furões, coelhos, periquitos, corujas, cobras (pequenas e grandes!), iguanas, jacarés, salamandras, sapos, cães, rãs, tartarugas, teiús, tarântulas, louva-a-deus, peixes, tentilhões, garças, morcegos, ratos, gatos, porquinhos da índia, bodes, gamos e unicórnios. Também já tive aquários de água doce e salgada. Por muitos anos, Morning Glory e eu fomos membros de uma agência de resgate e reabilitação da vida selvagem, chamada Critter Care. Quando algum animal era ferido em um acidente de carro ou passarinhos caíam do ninho, eram trazidos para receber cuidados, reabilitação e, eventualmente, a libertação. Dá para adivinhar por que a minha primeira cor de feitiçaria foi o marrom?

Lição 2: Totens

Totens são as espécies de animais com as quais você se identifica fortemente, ou seja, se você fosse um animal, que animal seria? Muitos povos tribais consideram que sua própria família e clã relacionam-se diretamente a uma espécie particular de animal – que dizem ser seu ancestral. Assim, podem pertencer ao Clã do Lobo, do Urso, do Coiote ou da Águia. Esse animal é o totem do clã. Mas o indivíduo pode ter também o seu próprio totem pessoal. Conforme você explora o caminho da magia marrom, talvez também descubra uma identificação particular com alguma espécie de animal. Talvez ela seja forte o bastante para que você adote o nome daquela criatura, como Lobo ou Urso. E se seus amigos começarem a chamá-lo também por esse nome, você saberá que tem um totem!

Algumas pessoas, na verdade, percebem que têm mais de um totem. Algumas vezes em diferentes períodos de sua vida (meus totens já foram serpente, lontra, coruja e corvo sucessivamente ao longo dos anos) e outras vezes, ao mesmo tempo, dependendo das circunstâncias (Morning Glory é sariguê e tigre – na verdade, seu verdadeiro totem é a *Tilacina*, o marsupial "Tigre da Tasmânia"). Os totens animais dão força, poder de cura e proteção no nível espiritual e podem ajudá-lo a lidar com um mundo difícil. Quando você enfrenta problemas na vida, penetre em seus níveis mais profundos e invoque o poder do seu totem para preenchê-lo e manifestar-se por meio de você. Se, por exemplo, o seu totem for o Coiote, pense: "O que o Coiote faria?". Algumas vezes, apenas visualizar seu totem lidando com a situação pode trazer uma risada suficiente para fazê-lo prosseguir. Tenho um amigo cujo totem é Lagarto, mas algumas vezes ele se manifesta como Godzilla!

Se você vivesse em uma sociedade tribal, o seu totem apareceria a você durante uma Busca de Visão, na qual você iria sozinho à floresta por alguns dias para jejuar e meditar sobre o seu caminho e missão na vida e encontrar o seu verdadeiro nome mágico. Você pode encontrar seu totem em um sonho ou um animal vivo pode aparecer e se apegar a você. Nas sociedades tribais, essas Buscas de Visão são um rito de passagem da infância para a adolescência pelo qual todos passam no início da puberdade. Seu totem se torna, então, seu mentor espiritual especial durante esses anos de formação e guia você para a idade adulta.

Todavia, se não puder fazer uma Busca de Visão, ainda pode se abrir à busca de seu totem pela meditação guiada e sonho, dirigido. Faça uma viagem astral pelo sonho, iniciando, talvez, como Alice, por um buraco de coelho. Logo que tiver um totem, você sempre deverá levar consigo algo que represente esse animal. Um pouco de pelo, uma pena, pele de cobra, chifre, dente, garra ou osso são todos ligações diretas. Mas um desenho com uma figurinha já serve, ou mesmo uma foto. Você pode usá-lo como uma joia ou guardá-lo no seu saquinho-talismã (ou "bolsinha medicinal", como também é chamado).

Quando você tiver um totem, tente aprender tudo o que puder sobre aquela espécie de animal – suas características físicas e hábitos e suas correspondências mágicas e mitos. Descubra quais são suas necessidades no mundo da natureza. O seu hábitat está ameaçado? Talvez você possa ser voluntário ou ajudar a coletar dinheiro para alguma organização que trabalhe para salvar o seu animal totem. A sabedoria dos totens pode ser encontrada em diversos conjuntos de cartas com oráculos animais, por exemplo, *Medicine Cards* e *Druid Animal Oracle*.

Lição 3: Familiares

Um *familiar* é um animal vivo individual com quem você está profundamente conectado e psiquicamente ligado. Seu familiar deve ser ligado especificamente a você, e não ser um animal de estimação da família. Normalmente, os animais tranquilos são os melhores, pois tendem a ser mais receptivos a seus pensamentos. Ao escolher um animal como familiar, tenha em mente que você pode realizar meditações, curas e rituais mágicos que duram por algum tempo, por isso um familiar que permaneça quieto durante esse tempo é o ideal.

Para criar um elo familiar, você deve ser o principal ser humano com quem seu familiar tem contato. O ideal é que você possa criá-lo desde a infância e se torne a sua mãe substituta – mesmo se você for um menino! Você deve alimentá-lo, limpá-lo, dar banho, medicá-lo, limpar a caixa de areia, etc. Talvez vocês possam até dormir juntos.

Mais do que um animal de estimação, ou mesmo um companheiro, seu familiar é seu melhor amigo – e você é o melhor amigo dele.

Recomendo escolher um familiar com uma vida longa, pois não é agradável começar do zero com um novo animal depois de alguns anos. Cães e gatos vivem de dez a 20 anos e cavalos podem chegar aos 30. Rãs vivem de 10 a 15 anos e sapos até 40. As tarântulas fêmeas podem chegar a 25. Corujas e papagaios vivem de 50 a 60, cacatuas mais de 100. Jiboias e pítons vivem de 40 a 50; e algumas tartarugas chegam aos 200 anos! Mas, infelizmente, roedores, furões e sariguês têm vida muito curta. Os sariguês americanos vivem apenas de um a três anos, *hamsters* de dois a três anos, ratos de três a quatro e furões de quatro a cinco. Os coelhos vêm a seguir, com seis a oito anos.

A pista mais importante da sensibilidade dos animais é se ele olha você direto nos olhos ao se comunicar. Muitas vezes por dia, você deve segurar o seu familiar e olhar no fundo de seus olhos, para construir uma profunda harmonia de amor e confiança entre vocês. Meditem juntos. Logo vocês vão começar a se comunicar e sentir o pensamento um do outro.

Cães e gatos

Os animais domésticos mais populares são, é claro, os cães* e os gatos. Atualmente, existem 60 milhões de cães nos lares americanos, e 70 milhões de gatos. Os cães foram os primeiros animais a serem domesticados, há mais de 12 mil anos, e os gatos foram os últimos, há aproximadamente 4 mil anos (no Egito, onde eram adorados). Eles convivem com as pessoas há tanto tempo que já se tornaram completamente integrados às nossas vidas. Podem ser incrivelmente inteligentes, sensíveis e videntes, e se ligam a você com a mesma intensidade que você a eles. Com certeza, eles são muito especiais. O melhor modo de conseguir um animal de estimação é ir a um abrigo de animais e resgatar um gatinho ou cachorrinho e dar-lhe um lar. Você será herói dele por toda a vida!

Eu tive muitos gatos notáveis em minha vida. Octobriana, nossa siamesa, foi a mais surpreendente. Ela me olhava diretamente nos olhos e mantínhamos uma conversa; nós nos entendíamos perfeitamente (os gatos têm mais de cem sons vocais; os cães aproximadamente dez). Nós a pegamos quando era filhote em um abrigo de animais no dia em que mudamos para o Rancho Greenfield, em 1977; ela permaneceu conosco durante 16 anos e passou por muitas aventuras. Então, em um dia de verão, ela saiu e foi conversar com uma gata selvagem que tivera filhotes na casa vizinha. De-

---

*N.E.: Sugerimos a leitura de *Cães – Filhotes, Acasalamento e Reprodução*, de Pedro Almeida, Madras Editora.

pois, Octobriana se deitou como se fosse dormir e morreu. Na manhã seguinte, um dos filhotes da gata selvagem apareceu na nossa porta, insistindo em ser adotado. Ele disse que fora enviado e que se apresentava para o dever! (Infelizmente, a mãe dele não fora nem castrada nem vacinada, e já estava infectada com a leucemia felina e morreu logo depois.)

Portanto, se você pegar um cão ou um gato, a coisa mais importante a fazer é castrá-lo e vaciná-lo! Existem por volta de 40 a 50 *milhões* de gatos sem lar nos Estados Unidos, e, provavelmente, a metade desse número de cães. Os abrigos de animais e as sociedades humanitárias matam mais de 15 milhões de cães e gatos abandonados *todos os anos*. Apenas 30% dos animais pegos pela carrocinha são reclamados, adotados ou salvos. Os 70% remanescentes são mortos. Muitos mais morrem por doenças, fome, ataques de outros animais e atropelamentos. Não castrar um animal é um ato de pura irresponsabilidade.

Furões

Um censo de 2000 dos animais de estimação dos Estados Unidos revelou a existência de um milhão de furões nos lares americanos. Esses bichinhos são tão adoráveis, curiosos e divertidos que a maior parte dos proprietários tem dois ou mais. Eles podem ser treinados para usar a caixa de areia, mas não tão bem quanto os gatos, e comem comida de gato. Os furões já são domesticados há mais de 5 mil anos, originalmente para caçar coelhos. Eles se tornaram muito populares nos Estados Unidos recentemente e chegaram a aparecer em filmes (como *A Sociedade do Anel*). Entretanto, como familiares, os furões são terrivelmente cabeças-de-vento, irritáveis e hiperativos – e sua expectativa de vida é muito curta. Certa vez tive um furão fêmea, chamada Lilly, e fiquei de coração partido quando ela envelheceu e morreu em poucos anos.

Ratos

Ron, amigo de Harry Potter, tem um rato chamado Perebas como familiar. Os ratos são excelentes familiares "iniciais", pois são espertos, inteligentes, curiosos e sociáveis. Também têm sua própria língua em suas complexas colônias e por isso são naturalmente receptivos à comunicação humana. Contudo, aqui também existe o problema da expectativa de vida muito curta. No mercado é possível encontrar ração especial para ratos, mas eles também comem ração de cachorro e, como são onívoros, gostam de muitas outras coisas.

Os ratos agora vêm em diversas cores e padrões – quando eu era jovem, só se vendiam ratos brancos. Um dos ratos brancos que tive – chamado Hoopoo – veio para nossa casa ao mesmo tempo que nossa gata siamesa, Mai-Su, teve sua ninhada. Ele foi criado com os gatinhos e parecia pensar que eles eram sua família. Quando os gatinhos cresceram um pouco, sua mãe lhes ensinou a usar a caixa de areia – incluindo Hoopoo! E, por sua vez, ele ensinou os gatinhos a se sentar polidamente em torno da tigela e comer com as patas (e não, a mãe gata não ensinou Hoopoo a caçar ratos!).

Coelhos

Morning Glory tem um coelho cinzento chamado Smoke. Ela diz que os coelhos são ótimos familiares para as meninas, pois são consagrados à deusa Lua. Mas o "Irmão Coelho" é um herói popular e extremamente masculino no Sul dos Estados Unidos, especialmente entre os afro-americanos. Os coelhos são muito espertos e sociáveis o suficiente para viver bem em uma casa, mesmo com outros animais. A menos que você faça uma criação, deve ter apenas um. Ele pode ser deixado em uma gaiola ou viveiro fora de casa ou viver dentro como um gato ou um furão. Os coelhos podem aprender a usar uma caixa de areia, mas costumam roer a capa dos livros das prateleiras mais baixas. Comem principalmente ração, mas também gostam de guloseimas e restos de legumes como cenouras e brócolis. Seu coelho não deve ser deixado solto no quintal, a não ser que haja uma cerca um pouco enterrada no chão. Os coelhos sabem cavar túneis! Entretanto, é possível fazer um curral temporário com um pouco de arame farpado e movê-lo pelo quintal nos canteiros de trevos. Se você tiver um coelho familiar, pode deixá-lo no seu quarto à noite, e sonhar com ele na Lua cheia.

Cavalos

Morning Glory diz que os cavalos não são só para meninas! Eles são domesticados há 5 mil anos e por milênios foram nossos melhores amigos, assim como nosso único meio de transporte. Os cavalos têm o cérebro grande e são seres muito sociáveis e inteligentes. São capazes de sentimentos profundos de amor e lealdade (romances como *Beleza Negra* e *Minha Amiga Flicka* baseiam-se em histórias da vida real). Os cavalos têm muito senso de humor e os mais velhos podem ser pacientes professores e companheiros para crianças e adolescentes. Se você viver no interior ou perto de um estábulo, pode decidir fazer o esforço de comprar um cavalo. Eles exigem o maior compromisso e o trabalho mais duro dentre todos os animais, mesmo se você deixar o seu cavalo em um haras. Mas a união mágica de um cavalo e um cavaleiro movendo-se juntos em um só coração e mente é uma das maiores experiências com um familiar que se pode conseguir.

Se estiver seriamente interessado em seguir esse caminho, os melhores livros do mundo foram escritos pelo "encantador de cavalos" da vida real Monty Roberts.

Sariguês

Para mim, os sariguês são os melhores animais de estimação dentre os animais selvagens. Apenas um tipo vive na América do Norte – o modelo original, que permanece inalterado desde o tempo dos dinossauros. Mas, muitos outros tipos de sariguês vivem na América do Sul, Austrália e Nova Zelândia. Só posso falar sobre o tipo norte-americano, pois é o único com qual já tive experiência. Eles não são uma espécie ameaçada e não são protegidos por lei, por isso, se você encontrar um bebê sariguê, talvez queira lhe oferecer um bom lar. Como a mãe carrega os bebês em uma bolsa nas costas, quando você encontrar um deles separado da mãe é porque ele já tem idade suficiente para viver sozinho. Os bebês sariguês são bolinhas de pelo fofinhas com narizinho rosa e orelhas que parecem pétalas.

Carregue o pequeno sariguê em uma bolsinha no pescoço ou dentro de seu bolso. Os sariguês não comem muito e dormem quase o tempo todo. Comem praticamente de tudo (comida de gato, por exemplo), mas cada um tem seu alimento preferido. Podem ser facilmente treinados para usar a caixa de areia e são tranquilos. Já tivemos vários ao longo dos anos e eu lhes dei nomes bobos (Pogo, Particípio, Framboesa e Hábil). Eles dormiam na nossa cama, agarravam-se em meu pescoço quando eu passeava de bicicleta e foram ótimos animais de estimação. Um sariguê é como um gato retardado – não é muito inteligente, mas é muito doce. Um sariguê está um passo acima de um bicho de pelúcia! Todavia, sua expectativa de vida é curta demais para que sejam bons familiares a longo prazo.

Morcegos e corujas: "Os filhos da noite"

Corujas e morcegos nos ensinam a não ter medo do escuro. Quando eu era criança, tinha um pequeno morcego marrom e uma corujinha em meu quarto. Encontrei os dois em um velho estábulo que eu estava explorando. Eles foram bichinhos maravilhosos e divertidos – muito dóceis e fáceis de cuidar (os morcegos insetívoros podem ser alimentados com salsicha de fígado e um ovo pequeno cozido misturado com alguns insetos, e as corujas comem ratos vivos – um ou dois por dia). Minha mãe ainda conta como seu clube de *bridge* foi transformado em caos um dia em que alguém deixou a porta do meu quarto aberta e Boris, meu morceguinho, entrou voando na sala! Os morcegos, porém, não são adequados como familiares. Apenas os estimule a viver perto de sua casa e a comer insetos voadores. Além disso, atualmente alguns morcegos podem ter hidrofobia, por isso é melhor deixá-los em paz (mas, se eu vivesse na Austrália, certamente teria um morcego frugívoro!).

As corujas foram por muito tempo associadas à sabedoria e a Feiticeiros. Atena, deusa grega da sabedoria, tinha uma coruja chamada Bubo. Harry Potter tinha sua linda coruja Branca, Edwiges. As corujas também são meus pássaros favoritos. Já tive várias na vida – incluindo uma enorme corujachifruda com a asa quebrada, que viveu com Morning Glory e eu por oito anos quando trabalhávamos com a Critter Care. Dei-lhe o nome de Arquimedes, como a coruja de Merlin. Arquimedes era um pássaro polido, sensato e digno, com muito senso de humor. Ele e Octobriana ficavam pregando peças um ao outro e ele sempre coroava suas façanhas com uma risadinha satisfeita, como se dissesse "Te peguei!". Foi um excelente familiar para mim, mas para isso era necessário criar ratos para alimentá-los todas as noites. *Não* recomendo isso para você!

Nos Estados Unidos, atualmente as corujas são pássaros protegidos e não podem mais ser animais de estimação. Entretanto, se você for voluntário em um centro de resgate da vida selvagem, tem chance de ajudar a tratar de uma coruja ferida e terá a emoção de libertá-la novamente na floresta. Talvez ela volte a você em seus sonhos.

Pássaros

Os pássaros se apegam muito às pessoas – especialmente se você os "imprimir" quando saem do ovo – e muitos são excelentes familiares. Cacatuas e periquitos são muito espertos e podem aprender a falar algumas palavras. Eles vivem *muito* tempo! Entretanto, não recomendo ter um papagaio ou arara, já que são pássaros muito sociais e exigem constante interação física e estimulação verbal para manter a sanidade. Corvos e gralhas também podem aprender algumas palavras e atualmente se acredita que os corvos são tão espertos quanto cães. Eu mesmo nunca tive um corvo ou uma gralha, mas conheci alguns pertencentes a outros feiticeiros e eles claramente têm um elo profundo e uma conexão familiar com seu dono. Todavia, alguns Estados agora têm uma lei contra ter animais silvestres em casa. As associações de resgate à vida selvagem podem ajudar nisso.

Se você vive no interior, pode adotar alguma ave de terreiro como familiar. Uma vez tive um ganso chamado Gus, que criei desde que saiu do ovo. Os gansos são muito espertos e podem viver até 50 anos, mas *sempre* devem ser criados fora de casa, pois fazem cocô o tempo todo, em qualquer lugar! Gus era extremamente devotado a mim e me seguia por toda parte. Infelizmente, ele morreu congelado em uma certa noite de inverno porque se recusou a entrar no viveiro com os outros gansos e insistir em ficar parado na minha porta dos fundos.

Embora a maior parte dos animais de estimação e familiares considerem os humanos sua "mamãe", os pássaros tratam seu humano como um colega. Eles podem ser muito possessivos e ciumentos.

Répteis

Minha eterna fascinação por dinossauros voltou minha atenção para os répteis desde cedo; já tive alguns deles. É possível comprar vários tipos de répteis em lojas de animais. O censo de animais de 2001 listou 3 milhões de cobras, tartarugas e lagartos nos lares americanos. Tartarugas são excelentes animais de estimação e não causam nenhum problema. Podem viver bem mais de 100 anos e comem quase tudo, desde vegetais até insetos (elas *adoram* minhocas!). Mas, tartarugas não são particularmente brilhantes ou sensíveis; eu não as recomendaria como familiares. Iguanas também são interessantes, principalmente porque gostam de se pendurar nas cortinas, e ficam bem grandes (1,5 metro – 1,80 metro). São, principalmente, vegetarianas, mas também gostam de insetos, vermes e carne crua.

As cobras são *ótimos* familiares – especialmente jiboias e pítons. Essas serpentes gigantes podem atingir de 3 a 9 metros e são as cobras mais primitivas; os machos têm pequenas esporas nas quais antigamente chocavam ovos. Os pítons põem ovos, mas as jiboias dão à luz ninhadas de cobrinhas vivas. Todas as cobras se originaram em uma espécie de lagarto sem olhos, sem orelhas, sem pernas, em forma de minhoca. Elas precisaram reinventar totalmente seus olhos, assim como outros sentidos exclusivos a elas, como receptores de calor infravermelho. Mas nunca desenvolveram ou ouvidos e não têm qualquer sentido de audição. Em vez disso, elas têm uma sensibilidade psíquica muito apurada. Todas as cobras são predadoras e só comem animais vivos. Quando são pequenas, basta alimentá-las uma vez por semana, e uma vez por mês quando crescem.

Se você quiser ter um familiar serpente, recomendo uma jiboia. Elas já são criadas em cativeiro há gerações, por isso o melhor é encontrar uma loja de animais que venda cobrinhas. Ponha a mão no viveiro, tenha pensamentos carinhosos e espere para ver se algum dos pequeninos se enrola em seu braço. Se algum deles o fizer e olhar você direto nos olhos, você conseguiu um familiar! Mas criar uma cobra tropical como uma jiboia ou píton é um grande compromisso e é preciso ter o ambiente certo para mantê-las em segurança e aquecidas (30-35°C). Se elas escaparem de seu *serpentário* aquecido, podem morrer de frio. Em vez disso, talvez seja melhor começar com uma cobrinha inofensiva da região, comprada em uma loja de animais.

Meu melhor familiar de todos os tempos foi uma jiboia columbiana de cauda vermelha, que se chamava Histah. Éramos tão ligados que eu podia andar com ela em meu sono ("empréstimo") quando ela saía à noite. Depois de cinco anos, ela foi mortalmente ferida em um trágico acidente e não pôde ser curada. Certo dia, quando eu estava no trabalho, senti sua presença em minha mente, como se ela estivesse me "emprestando". Daí senti que ela deixava seu corpo e se instalava no meu. Liguei para casa imediatamente e disse: "Histah acabou de morrer".

Minha esposa respondeu: "Não, acabei de vê-la no banheiro". Eu falei: "Olhe novamente".

Depois de um minuto voltou ao telefone. "Você tem razão. Ela morreu. Como você sabia?"

Eu respondi: "Porque agora ela está em mim".

E desde então, como Harry Potter, tornei-me um ofidioglota, com capacidade de "falar" com as cobras.

Anfíbios

Dentre o *anfíbios,* estão os sapos, rãs, lagartos e salamandras. Seu nome significa "aquele que vive em dois mundos", porque eles começam a vida como girinos que respiram na água e se *metamorfoseiam* (transformam) em criaturas de quatro pernas que respiram ar. É fascinante deixar alguns girinos em um aquário e observá-los em sua transformação. Infelizmente, atualmente muitos tipos de anfíbios estão ameaçados, por isso não é sábio retirar adultos de seus hábitats naturais. Mas, alguns tipos podem ser comprados em lojas de animais. Embora Neville Longbottom tenha um sapo de estimação chamado Trevor, os anfíbios não são muito espertos. Talvez seja por isso que as crianças de Hogwarts preferissem outros familiares. Entretanto, os sapos vivem bastante tempo – Trevor podia chegar aos 40. Você sabia que sapos e rãs só podem ver coisas em movimento?

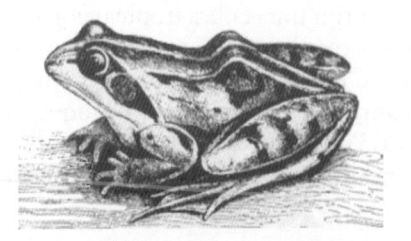

Tarântulas

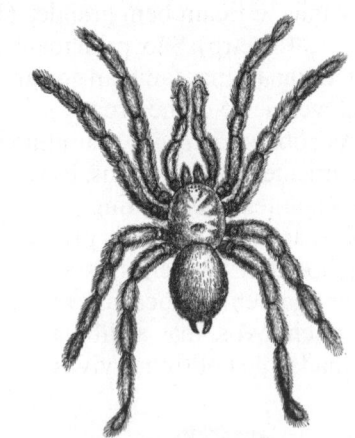

Essas enormes aranhas cabeludas estão entre as primeiras criaturas que viveram na Terra seca há mais de 300 milhões de anos. Naquele tempo, tinham o tamanho de um buldogue! As fêmeas, que são maiores e mais gordas que os machos, podem viver até 25 anos. As aranhas não têm nem mesmo uma cabeça, muito menos um cérebro, mas mesmo assim agem com uma inteligência misteriosa e deliberada. Para comer, elas introduzem suas quelíceras no corpo da presa e injetam ácidos estomacais. Quando as entranhas da presa estão bem digeridas, a aranha chupa os sucos com as próprias quelíceras. As tarântulas criadas em casa normalmente comem grilos ou ratinhos recém-nascidos.

Já tivemos várias tarântulas; minha favorita foi uma mexicana de pernas vermelhas chamada Kallisti. Ela aprendeu a me reconhecer e vinha na minha mão quando eu a punha no terrário. Ela subia pelo meu braço e sentava em meu ombro, mexia em meu cabelo e observava tudo com intenso interesse e curiosidade, erguendo as patas da frente para ouvir (as aranhas têm os ouvidos nas axilas). Ela tinha uma presença definida que impressionava a todos que a conheciam. Por isso, acredito que tarântulas podem ser bons familiares. Uma tarântula de estimação não vai mordê-lo a não ser que esteja muito assustada e, mesmo que isso aconteça, seu veneno é praticamente inofensivo para os humanos – é como uma picada de abelha.

Lição 4: Mudança de forma e empréstimo

Não estamos tão distantes dos animais como algumas pessoas gostam de pensar. Na verdade, com todos os meus anos de experiência e conhecimento de animais, acho mais fácil me relacionar com pessoas do mesmo modo como me relaciono com animais. Cada um tem suas qualidades únicas e seu modo de ser, e ninguém está errado. Você pode compreender a maioria das coisas importantes sobre qualquer animal apenas sabendo o que ele come, como obtém alimento, se é *noturno* (ativo à noite) ou *diurno* (ativo de dia) e seus outros hábitos. Isso também vale para as pessoas. Olhar para os humanos como se você estivesse estudando um animal pode ser o melhor modo de aprender paciência, tolerância e percepção!

Mudança de forma

Muitas das lições de Merlin para o jovem Arthur envolviam *mudança de forma*, ou seja, ensiná-lo a assumir a forma de diversos animais para aprender seus costumes e sua sabedoria. Quando eu era menino, costumava também passar um ou dois dias assumindo a forma de uma criatura diferente – movendo-me como o animal, produzindo seus sons, tentando entrar em sua mente e experimentar o mundo por meio de seus sentidos. Eu pulava como um canguru, com as mãos na frente do peito. Arrastava-me com os braços e pernas abertos como um lagarto e rastejava para debaixo das coisas como uma cobra, com as mãos ao lado do corpo. Aprendi a nadar para cima e para baixo como um golfinho e ziguezagueava pela água como uma lontra (eu ainda nado desse jeito). Andava para lá e para cá como um T-Rex, com as costas niveladas ao chão, os braços grudados no corpo exceto por dois dedos, rosnando e mordendo enquanto virava a cabeça para todos os lados. Andava como um urso em quatro patas, apoiava-me nos nós dos dedos como um gorila e imitava um elefante esticando o braço com o rosto grudado no ombro. Construí um par de antenas de arame para poder me arrastar pela casa como uma formiga com os olhos fechados e encontrar o caminho tocando as coisas com essas antenas. Cheguei a arranjar um par de óculos multifacetados para saber como os insetos viam o mundo!

Recentemente, Morning Glory orientou grupos a fazer esse tipo de exercício. Cada pessoa era um animal diferente, que se arrastava e interagia com os outros. Recomendo tentar isso – especialmente com alguns amigos! Vejam se conseguem adivinhar que animal os outros são.

Se você acrescentar máscaras e fantasias, a mudança de forma atinge níveis inteiramente novos. Relatos de criaturas meio homem e meio bicho vêm de todas as partes do mundo: lobisomens, homens-leopardo, homens-urso e homens-foca. Muitos deles eram pessoas que deliberadamente se fantasiavam como animais e imitavam seu comportamento tanto quanto possível. Isso incluía rituais especiais para suprimir seu lado humano e trazer à tona sua natureza animal – para *se tornar* aquele animal. Os índios das planícies vestiam peles de búfalo para caçar bisões e essas fantasias de animais foram elementos importantes em ritos de mistérios como o grego *Brauaria* (ritual do urso) e o romano *Lupercalia* (festival do lobo), sem falar das mascaradas medievais.

Quando vivíamos em Greenfield Ranch, Morning Glory e eu criávamos alguns bebês gamos que encontrei em meus passeios pela floresta. Nós os amamentávamos com leite de cabra e eles dormiam na nossa cama. Quando cresciam, passavam o dia a pastar com os outros gamos, mas vinham correndo quando os chamávamos pelo nome para ganhar carinhos e guloseimas. Eu tenho um manto de pele de gamo, inclusive com cascos e chifres, assim como nas pinturas nas cavernas. Certo outono, durante a estação de acasalamento dos gamos, sentei-me em um prado sob uma árvore com Kira, que se tornara uma linda corça. Dois lindos gamos estavam tentando cortejá-la e lutavam entre si. Finalmente, o vencedor se precipitou para Kira, mas parou quando me viu atrás dela. Ele baixou a cabeça e arranhou o chão em desafio, por isso fiz exatamente o mesmo em resposta. Chocamos nossos chifres e fizemos algumas fintas; ele de fato achava que eu era um outro gamo! Mas, quando me levantei, aquilo foi demais para ele e ele fugiu. Mais tarde, ele e Kira acasalaram e tiveram a sua própria corcinha, que mais tarde trouxeram para conhecer seus "avós".

Empréstimo
Ela Emprestava... você pode cavalgar na mente de animais e pássaros... guiando-os gentilmente, vendo através de seus olhos. A Vovó Weatherwax muitas vezes esvoaçava pelos canais de consciência em torno

dela. Para ela, era parte do coração da bruxaria. Ver através dos olhos de outros...

... através dos olhos de mosquitos, ver os vagarosos padrões do tempo no rápido padrão de um dia, a mente que viajava rápido como o raio...

... ouvir com o corpo de um besouro, quando o mundo se tornava um padrão tridimensional de vibrações...

... ver com o nariz de um cão, todos os odores se tornam cores...

Mas havia um preço. Ninguém vinha cobrar, mas a própria ausência de demanda era uma obrigação moral. Você parava de matar mosquitos. Cavava buracos cuidadosamente. Alimentava o cão. Você pagava. Você se preocupava; não porque fosse gentil ou bom, mas porque era o certo. Você não deixava nada além de lembranças, não tirava nada senão experiências.

Terry Pratchet (*Lords and Ladies*, p. 52)

Empréstimo é a arte de entrar no corpo de um animal durante o sono para sentir o que ele sente e ver através de seus olhos. É o tipo mais poderoso de mudança de forma – uma habilidade adquirida por uns poucos e apenas com muita prática. Quando você empresta, entra em um profundo transe meditativo, deixando seu corpo completamente inconsciente, permitindo-se despertar em seu hospedeiro escolhido. O empréstimo é a maior experiência que se pode ter com um familiar profundamente íntimo, entrar na mente deles quando ele sai em expedição. Mas pode haver um perigo em emprestar por muito tempo e com muita frequência – você pode esquecer como voltar a seu eu humano! Nunca entre profundamente nesse tipo de transe sem resguardar magicamente o seu corpo físico – nem que seja pedindo que alguém o acorde.

Chamado

Antes de tentar o empréstimo, aprenda a *chamar* – atrair um animal para você. Um modo fácil de começar é com seus próprios animais de estimação e familiares. Aprenda a chamá-los não apenas pelos nomes que lhes deu, mas também pelo tipo de som que eles fazem. Os sons básicos de chamado da maioria dos animais são aqueles que as mães e os bebês fazem uns para os outros quando estão separados. Aprenda a imitá-los tão bem que seus animais respondam com o mesmo som. Se você assistir a documentários sobre animais na TV ou passar o tempo bastante na floresta, vai ouvir esses chamados. Gravações de sons de animais também podem ser encontradas em muitas bibliotecas. Além disso, existem dispositivos de chamado no mercado para alguns pássaros, como patos, gansos e perus.

Ao chamar animais, porém, não basta apenas fazer o som certo. Para muitas criaturas, a linguagem corporal é mais importante do que o som. Esse é o segredo do "Encantamento de cavalos". Animais com sensibilidade psíquica também respondem a imagens e emoções mentais projetadas. Visualize seu alimento favorito ou animais semelhantes – companheiros, bebês, rebanhos, etc. Chame borboletas, por exemplo, visualizando flores. E sempre tenha pensamentos calorosos, carinhosos, receptivos e confortadores para todos os animais.

Lição 5: Bestiário natural

Os bestiários medievais tratavam todos os animais como *alegorias* ou lições de moral a serem aprendidas. Aqui eu gostaria de oferecer um bestiário moderno de alguns animais naturais (os animais míticos estão em 7.4).

Urso

Os ursos não querem nada mais do que ser deixados em paz. Quando o inverno traz a neve fria que cobre o chão, o urso hiberna e, graças à gordura acumulada durante o verão, ele não precisa comer por quatro meses. No interior de sua caverna, a ursa permanece no sonho e seus bebês nascem e mamam enquanto ela dorme. Na primavera, ela renasce, trazendo a nova vida para o mundo com seu despertar. A ursa é a melhor mãe e protetora e nos ensina a força e a coragem. Os índios americanos consideravam o urso um ser humano em um casaco de pele.

Coiote

O coiote é o grande malandro. Seu maior prazer está em enganar os outros e fugir rindo deles. Mas ele engana a si mesmo tanto quanto engana os outros e continuamente cai em suas próprias armadilhas, e nunca aprende a Lição – diferente de nós! O coiote é um dos poucos animais selvagens que, apesar das armadilhas, está aumentando seu território.

Borboleta

Como a borboleta se *metamorfoseia* (transforma) de taturana em pupa e depois em uma lindíssima flor voadora, povos do mundo inteiro a associaram à alma, que saía da múmia ou cadáver amortalhado, semelhante a um casulo. De fato, a palavra grega *psyche*, que significa "alma", também é a mesma palavra para borboleta e o nome da deusa que foi amada por Eros, o deus do Amor. Na China, a borboleta é o emblema de um casamento feliz e por toda parte representa a transformação. Borboletas e mariposas estão entre as poucas criaturas que podem ver em ultravioleta (luz negra) e diversas flores desenvolveram uma fluorescência ultravioleta para atraí-las.

Beija-flor

O pequenino beija-flor pode voar rápido como um raio para qualquer direção – para cima, para baixo, para trás e para a frente. Ele até mesmo pode parar instantaneamente e flutuar imóvel. Uma vez perguntei a um xamã quíchua do Peru porque havia tantas imagens de beija-flor escavadas nas pedras e tecidas em tapeçarias. Ele me disse: "O condor gigante voa no alto do céu. Ele pensa: 'Eu sou o senhor da criação; todo o mundo e todas as criaturas estão abaixo de mim'. Daí, de repente, aparece aquela coisinha que faz zip! zip! – tão rápido que mal pode vê-la – fazendo círculos em torno dele. 'O que é isso?', ele se pergunta. É o beija-flor. Nós, as pessoas da Terra, somos como o beija-flor. Os grandes senhores incas e governantes espanhóis nem mesmo nos percebem. Mas estamos em toda parte.

Lagarto

Muitos lagartos têm belas e longas caudas feitas para soltar-se facilmente do corpo. Se um predador apanha esse lagarto, acaba ficando só com um rabo que se mexe sozinho, enquanto o próprio lagarto se esconde debaixo de uma pedra. Depois de algum tempo, cresce uma nova cauda no lagarto. Um feiticeiro sábio sempre tem uma "cauda de lagarto" – alguma coisa magnífica de que ele se orgulha muito, mas que pode abandonar sem problemas em uma emergência. Como ele gosta de dormir ao Sol, o lagarto é considerado um grande sonhador e sua magia pode ajudar você a entrar no sonho.

Pavão

O pavão é certamente a criatura mais espetacularmente *ostensiva* do planeta! Quem poderia rivalizar com seu leque de um metro de diâmetro cheio de olhos iridescentes? Mas ele paga um alto preço por sua magnificência, pois a sua gloriosa cauda é muito pesada e o brilhante pavão é facilmente visto e apanhado pelos predadores. Mas, com esse sacrifício, ele assegura a sobrevivência de sua esposa e seus filhos, que passam despercebidos em sua camuflagem parda.

Na lenda grega, o pavão era o pássaro de Hera, a ciumenta rainha dos deuses olímpicos, que o usava para observar tudo. Os olhos de sua cauda vinham de Argo, o Titã de cem olhos. No Oriente, o pavão representa a realeza, a dignidade e a autoridade. O poeta romano Ovídio disse que ele leva as estrelas na cauda, simbolizando a imortalidade. Seu grito agudo e sinistro prediz a chuva.

Sariguê

Morning Glory diz: o Sariguê é um *anacronismo* (antigo sobrevivente) muito criativo. Ele anda pela Terra desde o tempo dos dinossauros. Os sariguês viram muitas criaturas se extinguirem enquanto continuam a viver as suas vidinhas curtas. Quando você é um sariguê, todo mundo está contra você... mesmo os seus colegas. O sariguê é um animal solitário, não faz parte de um grupo social. Apenas a mãe e os filhinhos têm uma ligação, que desaparece quando eles atingem a idade de viver sozinhos.

Como uma criatura tão indefesa pode sobreviver por tanto tempo neste mundo cruel? A resposta é a Magia do Sariguê. O Sariguê tem três truques: 1. A fêmea é uma ótima mãe e luta por seus bebês. 2. Ele come *qualquer coisa*. e 3. Ele deita quando um predador o ataca, fingindo estar morto. Por essa última razão, o sariguê é considerado um malandro. Ele nos ensina o poder da rendição. Ele vive com leveza na Terra e não precisa de orgulho, coragem ou inteligência para ter sabedoria e sucesso evolucionário.

Corvo

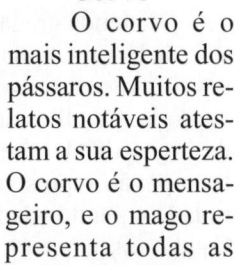

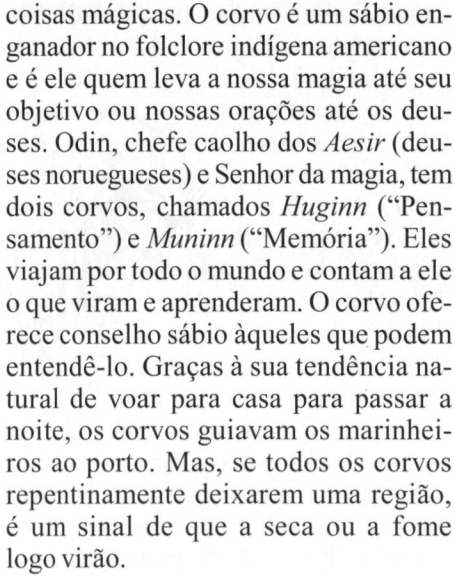

O corvo é o mais inteligente dos pássaros. Muitos relatos notáveis atestam a sua esperteza. O corvo é o mensageiro, e o mago representa todas as coisas mágicas. O corvo é um sábio enganador no folclore indígena americano e é ele quem leva a nossa magia até seu objetivo ou nossas orações até os deuses. Odin, chefe caolho dos *Aesir* (deuses noruegueses) e Senhor da magia, tem dois corvos, chamados *Huginn* ("Pensamento") e *Muninn* ("Memória"). Eles viajam por todo o mundo e contam a ele o que viram e aprenderam. O corvo oferece conselho sábio àqueles que podem entendê-lo. Graças à sua tendência natural de voar para casa para passar a noite, os corvos guiavam os marinheiros ao porto. Mas, se todos os corvos repentinamente deixarem uma região, é um sinal de que a seca ou a fome logo virão.

Serpente

Além de sua forma sinuosa, a coisa que mais impressiona na Serpente é sua capacidade de se renovar trocando de pele – aparentemente, atingindo a imortalidade. Algumas serpentes vivem por muito tempo e ficam muito grandes – dez metros ou mais no caso da píton e da sucuri. Já se encontraram vestígios de uma enorme serpente do cretáceo *(Madtsoia)* que podia engolir um dinossauro inteiro!

Apesar do poder e da força em seu corpo musculoso, a cabeça da serpente é bastante delicada e vulnerável; seus maxilares têm muitas articulações para engolir presas bem maiores do que ela. Para evitar ferimentos, portanto, a serpente imobiliza sua presa e mata sem luta, seja por esmagamento ou pela rápida injeção de um veneno mortal. Seu olhar implacável parece hipnotizar a presa e deixá-la imóvel. A serpente se move em ondas sinuosas ou em uma ondulação das escamas do estômago, como a esteira de um tanque. Mas ela não pode ir para trás.

Como ela entra em buracos que levam ao Mundo Subterrâneo, a serpente é o mensageiro entre os reinos dos vivos e dos mortos. Graças à sua muda, ela representa a cura, a renovação e o renascimento – é também o conhecimento arcano e a sexualidade. Na antiga Creta, Egito, Grécia e Roma, cobras eram criadas em templos e no porão das casas para controlar a proliferação de ratos e camundongos.

Aranha

Logo depois de saírem do ovo, as aranhas filhotes sobem até um lugar alto e tecem longos fios de teias solta no ar, como cordas de pipa sem a pipa. Daí elas se soltam e são levadas pelo vento através da região, para finalmente pousar como pequenos paraquedas em seu novo lar. Onde quer que vão, continuam a tecer a sua teia. A teia de aranha é o material mais forte do mundo – mais forte do que cabo de aço. Eu olho as antenas parabólicas no telhado das casas e depois as teias de aranha na grama e no jardim e me pergunto: que sinais elas estarão captando? Será que as aranhas estão tecendo uma rede mundial para Gaia?

Na lenda grega, Aracne (de onde vem o nome científico das aranhas – *aracnídeos*) era uma fiandeira cuja habilidade despertou o ciúme da deusa Atena, que transformou Aracne em uma aranha. Outros povos dizem que a aranha teceu o mundo, o Universo, o primeiro alfabeto e as teias do Destino. Ela nos ensina a magia criativa das teias e redes em nossa vida e destino.

Os chineses dizem: "Uma casa sem aranhas é amaldiçoada pelos Deuses". A sua amigável aranha doméstica trabalha duro para eliminar os insetos indesejáveis da sua casa – incluindo outras aranhas mais perigosas. Quando suas teias ficam tão empoeiradas de modo que você pode vê-las, devem ser retiradas, pois não conseguem apanhar moscas dessa maneira. Retire as teias com cuidado para não machucar a aranha. Logo ela vai começar a tecer uma nova. *Nunca* mate intencionalmente uma aranha, a menos que seja uma viúva-negra ou uma aranha marrom; aprenda a reconhecê-las e evitá-las. Obviamente, se você viver na Austrália, é melhor não arriscar – praticamente *todas* as aranhas de lá são mortais!

Tartaruga

Alguns mitos da criação dizem que o mundo é, na verdade, a carapaça de uma gigantesca tartaruga. O nosso escritor preferido, Terry Pratchett, escreveu dezenas de livros sobre *Discworld*, um mundo em forma de panqueca sustentado por quatro enormes elefantes que andam nas costas da grande tartaruga espacial A'Tuin.

A tartaruga está completamente segura dentro de sua carapaça. Ninguém pode feri-la enquanto ela não sair. Sem se arriscar, ela pode viver por séculos... ou, pelo menos, existir. Como uma tartaruga, você também pode construir um escudo para protegê-lo das dores e injustiças do mundo cruel. E se, como uma tartaruga, você for muito cuidadoso, não correr riscos e nunca esticar o pescoço para fora, nunca vai acontecer nada de bom ou de ruim com você. Mesmo assim, o paciente progresso da tartaruga através da vida, como na corrida da lebre e da tartaruga, acaba nos trazendo uma grande Lição: "Devagar se vai ao longe".

Lobo

Na alcateia, apenas o casal *alfa* (I) acasala e tem filhotes, e esse casal permanece junto pela vida inteira. Eles são os líderes da alcateia. O lobo demonstra profunda lealdade a seu parceiro e sua alcateia, todos parentes de sangue ou por casamento. Mas, assim como há apenas um casal alfa, na alcateia sempre haverá um *ômega* (o último), que fica na rabeira da ordem social e que apanha de todos os outros. O lobo é a essência do estado selvagem e indômito, assim como seu descendente, o cão, é o próprio símbolo da domesticação. O lobo nos ensina a lealdade e a autoconfiança.

Lição 6: O lema dos animais

(*por Morning Glory Zell-Ravenheart*)

Todos os tipos de animais têm a sua própria lição para nos ensinar, se conseguirmos entendê-lo. Eis mais algumas lições do bestiário natural, em forma de "Lemas" segundo os quais cada um deles vive e sobrevive. Pense nisso se escolher (ou for escolhido por) qualquer um desses animais como seu totem. Depois aprenda tudo o que puder sobre esse animal para descobrir *por que* esse é o lema dele!

Abelha: "Torne-se parte de uma comunidade de tal forma que você seja enriquecido por sua força e sabedoria, tornando-se mais do que a soma de suas partes."

Camaleão: "Misture-se bem ao ambiente de forma que nunca precise ser rápido ou forte para sobreviver."

Golfinho: "A graça, a alegria e o bom humor trazem a unidade com o ambiente."

Águia e falcão: "Enxergue a distância e planeje; assim, a altura e a rapidez não serão desperdiçadas."

Bernardo-eremita: "Adapta-se ao que estiver ao seu redor e aprenda a usar aquilo em sua vantagem."

Gato doméstico: "Feche o acordo em seus próprios termos."

Leão: "Beleza e força com cooperação é o segredo."

Macaco: "Se você for esperto e gracioso, os outros vão tolerá-lo quando você for chato."

Polvo: "Flexibilidade é a melhor proteção e a maior vantagem."

Jaritataca: "Às vezes, não é tão ruim ser impopular."

Esquilo: "Transforme seu trabalho em brincadeira, e a vida será doce todos os dias."

Gamo: "Ouça o vento com seu corpo inteiro e tudo o mais com seu coração, e você aprenderá a correr com a suavidade da seda."

Segunda Aula:
Cosmologia (Magia Violeta)

1. Introdução: As artes celestiais

Nossa fascinação pelos céus certamente remonta a um período muito anterior ao domínio do fogo. Mesmo os animais são afetados pelo ciclo solar e pelas fases lunares. Os lobos já uivavam para a Lua cheia bem antes que nossos ancestrais andassem em duas patas. O grande arco do Céu noturno – a *Esfera Celestial* – que rodeia nosso pequeno mundo sempre foi assunto de estudos mágicos e de Feitiçaria. O jogo de "ligar os pontos" das estrelas para formar constelações elevou nossos mitos e lendas para os céus. A posição fixa da Estrela Polar no céu rotativo nos ajudava a demarcar muito bem as Estações. Os movimentos do Sol, da Lua e dos planetas pelos signos do Zodíaco nos deram nossos calendários, o primeiro modo de marcar o tempo, e uma de nossas mais antigas formas de adivinhação.

Eventos celestiais como: chuvas de meteoros, cometas, eclipses do Sol e da Lua ou a Aurora Boreal capturam nossa imaginação. Algumas vezes, como "relâmpagos dos Deuses", os meteoritos caíam na Terra, trazendo presentes inesperados. Muitas vezes eram feitos de um metal estranho, diferente de qualquer coisa conhecida na Terra: ferro niquelado inoxidável – a base de nossas primeiras armas de ferro. Esse material podia ser magnetizado (como os ímãs), adquirindo assim estranhas propriedades mágicas, diferentes de qualquer material terrestre.

A *Astronomia* ("classificação das estrelas") é a nossa ciência mais antiga. As cortes babilônicas, egípcias, chinesas e europeias tinham astrônomos profissionais bem antes que existissem zoólogos, geólogos ou botânicos profissionais. Antigas tábuas e entalhes sumérios mostram que os movimentos dos planetas eram cuidadosamente observados e registrados antes de 3000 a.C. As três maiores pirâmides do Egito eram alinhadas precisamente às três estrelas do cinturão de Órion, enquanto o Rio Nilo representava a Via Láctea. Stonehenge e as Rodas de Medicina indígenas eram posicionadas de forma a marcar a ascensão sazonal do Sol e certas estrelas brilhantes.

O primeiro telescópio astronômico foi feito em 1608 por Galileu Galilei (1564-1642). Um ano depois, ao observar os céus, ele descobriu as quatro maiores luas de Júpiter e lhes deu o nome de Io, Europa, Ganimedes e Calisto. Vendo ali um modelo do Sistema Solar, Galileu propôs que a Terra girava da mesma maneira em torno do Sol. Por causa dessa ideia radical, ele foi julgado e condenado por heresia pela Igreja.

Desde Galileu, os telescópios são preciosos instrumentos dos Feiticeiros. Até mesmo um telescópio barato permite ver as luas de Galileu, os anéis de Saturno, as crateras lunares, a Nebulosa do Anel na constelação de Lira e a galáxia de Andrômeda. Se não conseguir um telescópio, porém, um bom par de binóculos ainda pode revelar muitas maravilhas celestiais.

Ao longo dos tempos, diversas questões têm sido o foco da atenção de todos os que estudam os céus. A verdade ainda está lá fora... esperando por nossas futuras explorações e descobertas.

- Qual a origem do Universo? Ele teve um início ou sempre existiu?

- É comum que existam sistemas planetários em torno de outras estrelas – especialmente planetas terrestres como o nosso?

- Existe vida em outras partes do Sistema Solar? Se não, por que a Terra é especial?

- Existe vida além do Sistema Solar – especialmente vida inteligente? Existe mais alguém por aí ou estamos sozinhos no escuro?

2. Glossário de termos astronômicos

Afélio: o ponto da órbita de um planeta, cometa, etc. mais distante do Sol.

Coroa: a camada exterior da atmosfera solar, composta de gases ionizados altamente difusos e superaquecidos e que se estende pelo espaço interplanetário. Os gases quentes na coroa solar criam os *ventos solares*.

Fissão: a divisão de núcleos atômicos mais pesados em outros mais leves. No caso de átomos pesados (por exemplo, urânio, plutônio) ocorre a liberação de energia. As usinas nucleres produzem energia por fissão.

Fusão: combinação de elementos mais leves e outros mais pesados. Para os elementos mais leves (por exemplo, hidrogênio, hélio), esse processo libera energia. As estrelas produzem energia por fusão e existem pesquisas para produzir energia desse modo na Terra.

Heliosfera: a vasta região que começa na superfície do Sol e se estende até os limites do Sistema Solar, bem além da órbita dos planetas mais distantes.

Íon: um átomo que perdeu ou ganhou um ou mais elétrons e que tem uma carga elétrica livre.

Ano-luz: uma medida de distância, não de tempo, baseada na distância que uma partícula de luz pode percorrer em um ano. Como a luz viaja a 300 mil quilômetros por segundo, um ano-luz tem cerca de 9,5 trilhões de quilômetros.

Órbita: o caminho de um objeto (como a Terra) que gira em torno de outro objeto (como o Sol).

Periélio: o ponto na órbita de um planeta, cometa, etc. mais próximo do Sol.

Revolução: movimento de um objeto em torno de outro corpo maior, como o curso anual da Terra em torno do Sol.

Rotação: o giro de um corpo em torno de seu próprio eixo.

Lição 3: O Sol

O Sol é o *núcleo* (centro) de nosso Sistema Solar. É uma enorme bola ardente de gases e plasma, que orbitamos a uma distância de 150 milhões de quilômetros. Nosso Sol é uma estrela de tamanho médio, com cerca de 1,4 milhão de quilômetros. Se ele fosse oco, mais de um milhão de terras caberiam dentro dele. Sua densidade é pouco menos de 1,5 vezes maior que a da água.

Como as outras estrelas, o Sol "pulsa", criando um ciclo de 11 anos de *manchas solares* – buracos escuros nas camadas exteriores que penetram até o interior mais frio. Todavia, de 1645 até 1715, não se registrou nenhuma mancha solar. Esse período é chamado de *Mínimo de Maunder*, um período de tempo excepcionalmente frio no Hemisfério Norte da Terra. Sua causa ainda é desconhecida.

A superfície visível do Sol é denominada *Fotosfera*. As camadas seguintes, de dentro para fora, são a *Cromosfera* e a *Coroa*. Cada camada é muito mais quente que a de baixo. Os gases escaldantes da coroa geram o *vento solar*, que sopra pelos planetas em grandes ondas espiralantes. Periodicamente, *labaredas solares* gigantescas jorram da fotosfera em torno de regiões mais frias das manchas solares. Algumas labaredas se estendem a mais de 96 mil quilômetros. Embora as labaredas durem somente de alguns minutos a algumas horas, estão entre os eventos mais poderosos do Sistema Solar.

Acredita-se que o interior do Sol seja uma gigantesca fornalha nuclear que transforma *hidrogênio* ("nascido d'água") em *hélio* ("coisa do Sol", de Hélios, o deus-Sol grego) a uma temperatura de milhões de graus. Quatro milhões de toneladas de matéria são convertidas em energia a cada segundo. Todavia, essas reações nucleares devem produzir vasta quantidade de partículas subatômicas, denominadas *neutrinos* – embora ainda não se tenha detectado nenhuma vinda de nosso Sol. Além disso, o interior do Sol é milhares de graus mais frio do que as camadas exteriores, sendo a coroa a mais quente. Para explicar essas anomalias, alguns cientistas estão levando em consideração teorias alternativas da mecânica solar. A mais promissora delas propõe que existam descargas elétricas por meio do plasma da coroa solar, como se o Sol fosse uma gigantesca bola de plasma.

Um *plasma* elétrico é uma nuvem de íons e elétrons que algumas vezes se inflama e se comporta de maneira incomum. Exemplos familiares de plasmas elétricos estão em luminosos de neon, relâmpagos e soldas ao arco elétrico. O plasma permeia o espaço que contém o Sistema Solar. O vento solar é um plasma. A nossa galáxia, a Via Láctea, consiste principalmente de plasma. Na verdade, 99% do Universo é plasma!

O Sol gera uma vasta bolha magnética denominada *heliosfera*, que contém o Sistema Solar, o vento solar e todo o campo magnético do Sol. Na extremidade exterior da heliosfera, chamada *heliopausa*, o vento solar encontra o mar interestelar de plasma que permeia nossa galáxia. Essa é a verdadeira fronteira do Sistema Solar.

Lição 4: Eclipses

Na Antiguidade, um eclipse – principalmente do Sol – era visto com grande medo, como um mau presságio. Além de ler as estrelas para prever a mudança das estações – o momento do plantio, das águas, da seca e os festivais religiosos – uma das mais importantes funções dos observadores de estrelas profissionais era prever os eclipses. A lenda conta que dois astrônomos chineses que não conseguiram prever um eclipse no ano de 2133 a.C. foram condenados à morte por fraude.

Embora o imenso Sol esteja a 150 milhões de quilômetros da Terra, nossa pequena Lua (que tem mais ou menos o tamanho dos Estados Unidos ou da Austrália) está a apenas 380 mil quilômetros. É uma espantosa coincidência cósmica que o diâmetro visual do Sol e da Lua vistos a partir da Terra tenham exatamente o mesmo tamanho. Portanto, quando a Lua passa diretamente entre a Terra e o Sol, cobre perfeitamente a face do Sol, causando um *eclipse solar* total. Da mesma maneira, quando a Lua está diretamente atrás de nós, ela passa através da sombra da Terra e vemos um *eclipse lunar*.

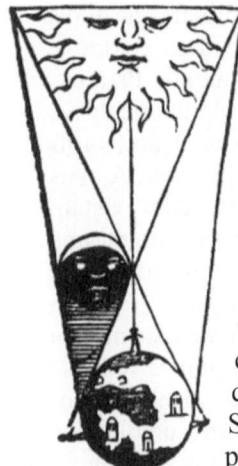

Eclipse solar (século XVI)

Um eclipse é um grande show de luzes cósmico. Quando a sombra da Terra passa pela face da Lua, a luz que passa pela poeira da atmosfera que causa os pôres do sol brilhantes pode deixar a Lua vermelho-sangue. Mas o espetáculo mais espantoso de todos é um eclipse solar total. Nesse caso, é a sombra da Lua que passa pela face da Terra em um caminho estreito. Se você estiver no centro desse caminho – como eu já estive – verá ondas de sombras vindo em sua direção pela Terra, como se você estivesse debaixo d'água. O negro disco lunar torna o Sol um anel cada vez mais estreito até que, no último momento, a luz solar que resta não brilha como um diamante (na verdade, esse efeito é chamado de "anel de diamante").

Vem, em seguida, o momento da totalidade, quando a Lua cobre completamente o disco solar e você fica na sombra. Repentinamente, o céu fica completamente escuro e as estrelas brilham. Os pássaros cantam e se recolhem para a noite. As vacas mugem e se deitam imediatamente. Uma luz dourada brilha no horizonte distante, que não está dentro da sombra lunar. Em torno do Sol escurecido, a coroa solar forma no céu uma aura de chamas ultravioletas sobrenaturais. É como se fosse a íris de um imenso olho cósmico, com uma pupila negra no centro. A impressão é de olhar diretamente no olho de Deus. Essa imagem tem sido representada desde tempos imemoriais e aparece nas costas da nota de US$ 1. Se quiser ver algumas incríveis fotos de eclipses, visite o site <www.mreclipse.com/mreclipse.html>

O próximo eclipse total do Sol visível no Brasil deverá ocorrer em **2 de agosto de 2046**. O último ocorreu em 29 de março de 2006 e pôde ser visto no leste do Brasil. Se tiver a chance de assistir a um eclipse, não esqueça de usar óculos especiais para olhar diretamente para o Sol; *não tente olhar para o Sol sem esses óculos!*

Lição 5: Como conhecer o tempo pela posição do Sol e das estrelas

De anos a estações a meses a dias a horas, minutos e segundos, todas as nossas noções de tempo se baseiam no movimento aparente do céu. Obviamente, grande parte desses movimentos são da própria Terra girando sobre seu eixo e em torno do Sol. Mas a Lua gira em torno da Terra em um ciclo mensal regular e os planetas visíveis também se movem pelas estrelas. Os relógios de Sol marcam as horas por meio de uma sombra projetada por um bastão ou uma linha (o *gnomen*) conforme o Sol atravessa o céu. As horas são indicadas por diversas marcas no mostrador.

É possível dizer quanto tempo o Sol vai levar para se pôr se esticar a mão na frente do rosto com os dedos em ângulo reto, desta forma: cada dedo marca cerca de 7,5 minutos e os quatro marcam meia hora. Alinhe a mão de forma que a extremidade inferior esteja no horizonte e você possa estimar com bastante precisão quantos minutos faltam até o pôr do sol pelo número de dedos de distância do Sol até o horizonte. Eu uso esse truque o tempo todo.

Mas todo o céu noturno pode ser usado como um grande relógio se você souber como. A Estrela do Norte é o ponto central, e o "Ponteiro das horas" é a Ursa Menor. O céu inteiro gira em 24 horas, por isso você tem de imaginar duas vezes mais números, como se um relógio normal estivesse marcado com um número a cada meia hora. O relógio estelar gira no sentido anti-horário. Para lê-lo, faça um pequeno desenho de um relógio marcado com 24 horas, deste modo:

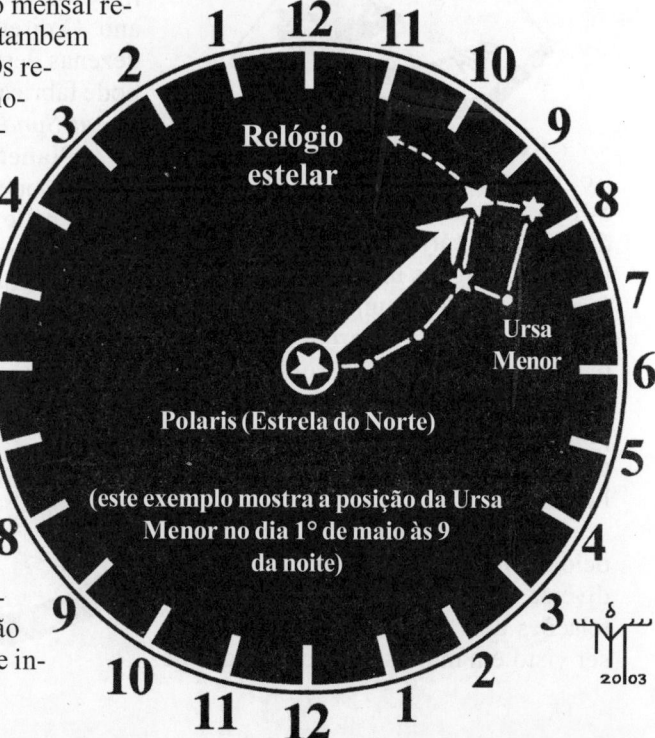

Relógio estelar

Ursa Menor

Polaris (Estrela do Norte)

(este exemplo mostra a posição da Ursa Menor no dia 1° de maio às 9 da noite)

Em seguida, desenhe a posição da Ursa Menor logo que conseguir vê-la e anote que horas são (ela avança cerca de 1 grau a cada noite, por isso é preciso construir um novo diagrama todas as vezes). Daí em diante, basta olhar para as estrelas durante a noite e comparar suas posições com o desenho do relógio. Quando a Ursa Menor tiver feito um quarto de volta, você saberá que se passaram seis horas!

Muitos instrumentos maravilhosos foram desenvolvidos pelos astrônomos para imitar o movimento das estrelas e marcar o tempo: *Relógio de Sol, Astrolábios, Planisférios, Planetários* e *Esferas*. O estúdio de um feiticeiro não estaria completo sem um ou mais desses instrumentos! Eis algumas das engenhocas celestiais bacanas que tenho em meu estúdio:

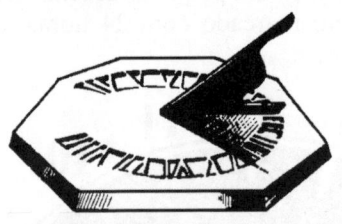

Relógios de Sol – há muitos outros modelos possíveis para relógios de Sol do que esta popular variação de jardim. Tenho vários relógios de Sol de bolso e fiz alguns maiores para colocar fora de casa. Tenho um belo livro cheio de modelos para recortar e desenhos para muitos relógios de Sol diferentes, incluindo uma simples esfera armilar de papel. Trata-se do *The Great Sundial Cutout Book*, de Robert Adzema e Mablen Jones.

Esfera armilar – este é um modelo inteligente da posição da Terra nas diversas estações em relação às constelações do Zodíaco. Este objeto pode ser visto em muitos retratos antigos de Feiticeiros. A Terra é representada como uma bolinha no centro de uma gaiola esférica com anéis que representam o Equador, os Trópicos de Câncer e de Capricórnio e os círculos Ártico e Antártico. Uma seta no meio aponta a Estrela do Norte. Uma faixa marcada com os signos do Zodíaco dá a volta na gaiola na posição do plano da eclíptica e o objeto inteiro pode ser girado em uma moldura estacionária com as datas do ano. O diretor de Hogwarts, Alvo, tem dezenas destas em seu escritório. Você pode fabricar a sua com o molde do *The Great Sundial Cutout*.

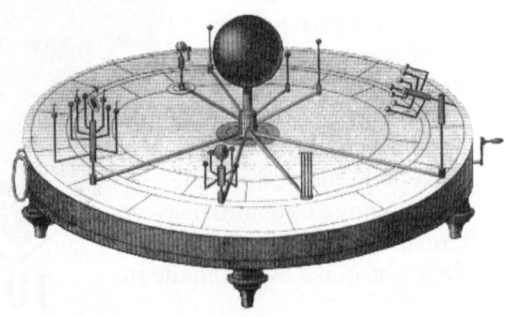

Planetário – trata-se de um pequeno modelo do Sistema Solar, com o Sol no meio de todos os planetas (algumas vezes incluindo as luas) em braços ou trilhas que se movem em torno do Sol, em órbitas circulares. Alvo Dumbledore tem um bem grande no centro de seu gabinete. É fácil fabricar um planetário como um móbile com uma bola dourada no meio, que representa o Sol, e bolas de isopor pintadas de diversos tamanhos representando os planetas, pendurados em fios. As armações podem ser feitas de arame ou bambu. Fabriquei um planetário para uma feira de Ciências da escola e ele ficou pendurado em meu teto durante anos.

Lição 6: Os planetas, etc.

Lembre-se de que está em um planeta que se move
E revolve a 900 milhas por hora...
Ele orbita a 90 milhas por segundo, bem se sabe,
Em torno de um Sol que é a fonte de toda a nossa energia.
Monty Python, *O Sentido da Vida*

Nove planetas conhecidos giram em torno do nosso Sol, com mais de 100 luas que orbitam em torno deles. De dentro para fora, eles são: **Mercúrio, Vênus, Terra, Marte, Júpiter, Saturno, Urano, Netuno e Plutão**. Os primeiros quatro, mais Plutão, são planetas rochosos, como a Terra, e são chamados de *terrestres* ("semelhantes à Terra"). Vênus e Marte também têm atmosferas, montanhas e outras características de superfície. Os planetas exteriores (com exceção de Plutão) são imensos *gigantes de gás*, sem uma superfície definida, mas apenas camadas e mais camadas de nuvens, com muitos milhares de quilômetros de profundidade, cada vez mais densas e que acabam se tornando líquidas e, finalmente, sólidas.

Além dos planetas e luas, centenas de cometas gelados entram e saem do Sistema Solar em órbitas alongadas. Há também um número grande de objetos menores, desde pequeninos meteoritos até asteroides do tamanho do Texas. Estima-se que haja cem bilhões desses corpos formando "cascas" externas de rochas, gelo e detritos em torno de nosso Sistema Solar e que são a fonte de todos os cometas. Essas cascas são conhecidas como *Cinturão de Kuiper* e *Nuvem de Oort* (nome dos astrônomos holandeses Gerard Kuiper e Jan Oort) e sua extremidade externa está a dois anos-luz de distância! Todos esses planetas e objetos são mantidos no campo gravitacional do poderoso Sol que está no centro.

A regra de Titius-Bode

No século XVIII, dois astrônomos, Johann Titius e Johann Bode, descobriram uma fórmula para calcular o tamanho das órbitas planetárias. Usando a distância do Sol até a Terra como padrão, chamada de *unidade astronômica*, ou AU, os astrônomos podem calcular distâncias dos outros planetas em proporção a ela. Titius e Bode perceberam o seguinte padrão – eles começavam com zero, depois três e começavam a duplicar – 0, 3, 6, 12, 24, 48, 96, 192, 384, 768. Então eles acrescentavam quatro a cada número e dividiam por dez, e o resultado se aproximava das órbitas planetária reais em AUs (veja ao lado).

No tempo de Titius e Bode, o cinturão de asteroides, Urano, Netuno e Plutão ainda não haviam sido descobertos. Todavia, a regra de Titius-Bode previa um planeta entre Marte e Júpiter, que por acaso é justamente onde fica o cinturão de asteroides. Alguns astrônomos acreditam que os asteroides antigamente eram um planeta que explodiu, e o chamaram de *Krypton*, como o planeta natal do super-homem. A regra de Titius-Bode também previa outro planeta depois de Saturno, que seria Urano, mas Netuno sai um pouco do padrão e Plutão não se encaixa nele de maneira alguma

Para ter uma ideia da escala de distâncias no Sistema Solar, pegue uma ripa de madeira com pelo menos 1,10 metro de comprimento. Crave uma tachinha amarela grande em uma das pontas. A seguir, usando as distâncias AU como centímetro, crave alfinetes coloridos na ripa conforme essas distâncias. A Terra seria um alfinete azul a dois centímetros e meio da tachinha-Sol, e Plutão estaria a exatamente 1 metro de distância!

Eis uma tabela de algumas das estatísticas básicas dos nove planetas, mais um cinturão de asteroides. As distâncias médias a partir do Sol são medidas em milhões de quilômetros; AU são unidades astronômicas; os diâmetros no Equador estão em quilômetros; a massa, o volume, a duração do ano (revolução) são comparados aos da Terra; a duração do dia (rotação) está em horas. O número de luas representa aquelas descobertas até janeiro de 2003. E o último item indica quanto uma pessoa que pesasse 45 quilos na Terra pesaria nesses mundos.

Plutão tem uma órbita irregular – ele chega mais perto do que Netuno em certo ponto – e está inclinado em relação ao plano da eclíptica em que estão as outras órbitas. Atualmente, a maioria dos astrônomos acredita que Plutão não é um planeta, mas simplesmente um corpo desgarrado do cinturão de Kuiper que foi capturado pelo Sol em uma órbita mais próxima. Alguns acreditam que deve haver um verdadeiro "Planeta X" que ainda será descoberto em 77 AU. Embora ele ainda não tenha sido encontrado, já foi batizado de *Perséfone* (a rainha grega do Mundo Subterrâneo, esposa de Plutão/Hades).

Nossa Lua

Os astrônomos acreditam que a nossa Lua foi formada quando um corpo do tamanho de Marte se chocou contra a Terra, lançando matéria em órbita e aumentando a duração de nosso dia para o valor atual de 24 horas. Isso aconteceu há 4,5 bilhões de anos, quando a Terra ainda estava em estado de fusão. Portanto, a Lua é de fato a "Filha" da Terra.

Cometas e meteoros

Quando os cometas surgem de repente em nosso sistema solar interno, os gases congelados que os mantêm coe-

Estatísticas

Planeta	Mercúrio	Vênus	Terra
Distância do Sol (em milhões de km)	58	108	150
Distância em UA	0,387	0,723	1,0
UA de Titius-Bode	0,4	0,7	1,0
Diâmetro (Km)	4.865	12.084	12.734
Massa: Terra	0,055	0,814	1,0
Gravidade: Terra	0,25	0,85	1,0
Volume: Terra	0,06	0,92	1,0
Ano: Terra	0,241	0,615	1,0
Ano em dias	87,66	224,6	365,25
Dia em horas	1.416	5.832	24
Número de Luas	0	0	1
45 kg na Terra=	11,3	38,5	45

sos entram em ebulição, criando a característica "cauda" cometária, que pode atingir milhões de quilômetros. O Grande Cometa de 1843 tinha uma cauda que ia do Sol até depois da órbita de Marte, quase 320 milhões de quilômetros! Liberadas do gelo derretido, grandes quantidades de pedras, pedregulhos e detritos que eram mantidos juntos pelo gelo caem e formam um sulco na órbita do cometa. Quando a Terra passa por um desses sulcos cometários, ocorre uma *chuva de meteoros*. As rochas entram na atmosfera da Terra pela frente (principalmente depois da meia-noite) e se inflamam, formando riscos brilhantes. Para mim, são como "insetos no para-brisas". Apresentarei as principais datas, nomes e centros das melhores chuvas anuais (Veja abaixo).

Melhores probabilidades para a vida

Além da Terra, vários outros mundos de nosso Sistema Solar têm condições possíveis para a vida. Obviamente, não poderemos ter certeza de nada até que mandemos sondas detectoras de vida para esses planetas e luas. Enquanto isso, eis os mais prováveis e as razões por que a vida poderia existir ali:

Marte: muito semelhante à Terra; ainda mais no passado. Muita água congelada no subterrâneo.

Júpiter: quente, cheio de água e muitas substâncias químicas orgânicas complexas.

Europa (uma Lua de Júpiter): coberta de gelo, água líquida por baixo.

Planetárias

Marte	Aster.	Júpiter	Saturno	Urano	Netuno	Plutão
228,5	415	779	1.427	2.871	4.499	5.915
1,524	2,77 av.	5,203	9,539	19,18	30,06	39,44
1,6	2,8	5,2	10,0	19,6	38,8	77,2
6.775		142.629	120.470	51.066	49.410	2.291
0,107		318	95,2	14,5	17,1	0,002
0,36		264	117	0,92	112	0,059
0,15		1.318	736	64	60	0,178
1,88		11,86	29,46	84	164,8	247,7
694		4.383	10.592	30.681	60.266	90.582
24,6		9,8	10,2	15,5	15,8	153,6
2		40	30	21	11	1
16,3		119,7	53	41,7	50,8	2,7

Encélado (uma Lua de Saturno): superfície gelada, talvez água líquida por baixo.

Ganimedes (uma Lua de Júpiter): talvez água líquida sob a superfície gelada.

Calisto (uma Lua de Júpiter): pode ter água líquida sob a superfície gelada.

Titã (uma Lua de Saturno): substâncias químicas complexas e prováveis líquidos na superfície.

Io (uma Lua de Júpiter): substâncias químicas complexas, mais quente que a maioria das luas.

Lição 7: Estrelas e galáxias

O Sol e você e eu, e todas as estrelas que nós vemos
Andam a um milhão de milhas por dia.
Em um braço da espiral a quarenta mil milhas por hora
Da galáxia que chamamos de Via Láctea.
Nossa galáxia contém cem bilhões de estrelas,
Tem cem mil anos-luz de cabo a rabo.
Concentra-se no meio, 16 mil anos-luz de espessura,
Mas daqui até lá fora são só três mil anos-luz.
Estamos a 30 mil anos-luz do ponto central da galáxia,
Damos uma volta a cada duzentos e cinquenta milhões de anos.
E nossa galáxia é uma das milhões de milhões
Neste espantoso e expansivo universo!
Monty Python, *O Sentido da Vida*

Nossa galáxia, a Via Láctea, tem cerca de 100 mil anos-luz de diâmetro e contém cerca de 100 bilhões de sistemas estelares. Nosso sistema estelar está no Braço de Órion, que fica no Braço de Sagitário, a cerca de 27 mil anos-luz de distância do centro galáctico – que fica na constelação de Sagitário. Em nossa velocidade de 215 quilômetros por segundo, levamos 250 milhões de anos para fazer uma revolução completa em torno da galáxia.

Para ter uma ideia de como são GRANDES a galáxia e o Universo, recomendo um espantoso site chamado "Dos Quarks aos Quasares: Potências de Dez" (em inglês) no endereço <www.wordwizz.com/pwrsof10.htm>.

PICO	CHUVA	LOCALIZAÇÃO NO CÉU
3 jan	*Quadrântidas**	L – Entre Bootes e a cabeça do Dragão
22 abr	*Líridas*	NE – Entre Vega e Hércules
5 mai	*E-Aquáridas**	L – SO do Quadrado de Pégaso
28 jul1	*D. Aquáridas*	SE – Aquário
2 ago	*Perseidas**	NE – Perseu
8 out	*Dracônidas*	L – Dragão. Apenas a cada 6,5 anos
21 out	*Oriônidas*	L – Entre Órion e Gêmeos
17 nov	*Leônidas***	L – Leão. Às vezes é uma GRANDE chuva!
14 dez	*Geminídeas**	L – Próximo a Castor de Gêmeos

As galáxias são formadas, dirigidas e estabilizadas por efeitos eletromagnéticos dinâmicos. No centro de toda galáxia, existe um *buraco negro* de massa colossal. Cerca de um terço de todas as galáxias (incluindo a nossa) tem um disco principal em forma de espiral com dois ou mais braços e um grande aglomerado central. Outras são listadas, elípticas, ovais ou mesmo irregulares, mas acredita-se que todas representam uma sequência evolucionária que vai desde um enorme quasar até uma forma espiral. As galáxias estão gravitacionalmente ligadas em aglomerados que contêm centenas ou milhares de membros. Nossa Via Láctea é membro do aglomerado de Virgem.

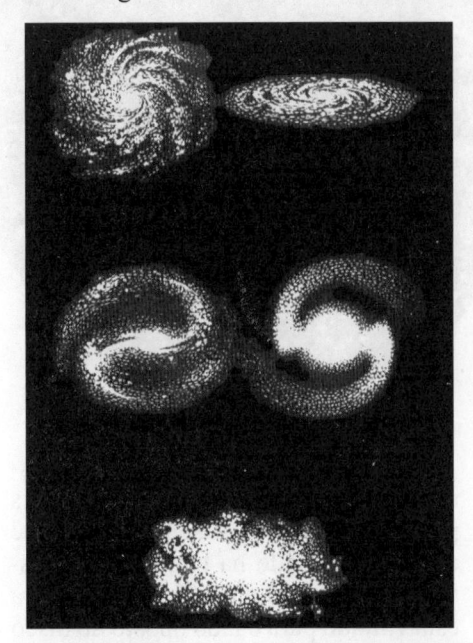

O tamanho das galáxias individuais em relação à distância entre elas torna as galáxias relativamente muito mais próximas do que as estrelas entre si. Portanto, é comum que as galáxias colidam sem que as estrelas dentro delas se choquem. Um dos efeitos observados da colisão das galáxias é que ela aumenta a produção de novas estrelas dentro de ambas as galáxias, graças à interação de enormes nuvens de gás e poeira interestelar. As galáxias que se movem e giram lentamente colidem ao longo de períodos de milhões de anos.

Bruce Bryson, *Quarks to Quasars: Powers of Ten*

Os sistemas estelares são formados dentro de galáxias quando redemoinhos de poeira cósmica e detritos se aglutinam, reunindo cada vez mais massa até que o núcleo se inflame. Redemoinhos menores de vórtices giratórios dentro desses discos de acreção acabam por se tornar planetas. Se forem grandes o bastante, podem até formar diversas estrelas, em vez de uma só. Nosso Sol é apenas uma estrela de tamanho médio. As pequeninas anãs brancas podem ser pouco maiores do que a Terra, ao passo que *Antares* (a gigante vermelha no centro de Escorpião) é maior do que a órbita de Marte.

As estrelas atravessam múltiplas gerações, formando-se inicialmente a partir de hidrogênio puro, que convertem em hélio. Quando esse processo é completado, elas explodem em uma supernova, que cria elementos muito mais pesados os quais, em seguida, são espalhados pelo espaço. A partir desses elementos pesados, forma-se a próxima geração de estrelas, dessa vez com planetas.

Mas todas as estrelas, planetas, poeira e outras matérias do Universo formam apenas 4,4% de sua massa! De acordo com os astrônomos, 23% são formados pela estranha "matéria escura" e 73% são de uma desconhecida "energia escura".

Lição 8: As constelações

Em uma noite limpa e sem lua, podemos ver cerca de 2 mil estrelas. O astrônomo romano Cláudio Ptolomeu de Alexandria (85-165 d.C.) agrupou 1.022 dessas estrelas em 48 desenhos denominados *constelações* ("estrelas juntas"). Embora o *Almagent* de Ptolomeu, terminado em 129 d.C., obviamente não inclua as estrelas que só podem ser vistas no Hemisfério Sul, ele forma a base das 88 constelações oficialmente catalogadas pela União Astronômica Internacional.

Essas figuras são puramente uma invenção humana conforme a visão terrestre; as estrelas que fazem parte delas não estão associadas umas às outras de nenhum modo e na verdade estão separadas por muitos anos-luz. De outro sistema estelar, elas apareceriam completamente diferentes. Para poder ver esses desenhos de estrelas, é preciso apenas aprender a "ligar os pontos". Porém, os diagramas mostrados na maioria dos livros não fazem nenhum sentido. Esses que adaptei aqui foram construídos em sua maioria por H. A. Rey, em um livro ótimo, chamado *Find the Constellations* (1954).

As constelações circumpolares

As seis constelações em volta de *Polaris*, a Estrela do Norte, são chamadas de *Constelações Circumpolares do Norte* e são visíveis pelo Hemisfério Norte em todas as épocas do ano. Trata-se da *Ursa Menor, Ursa Maior, Dragão, Cefeu* (rei) *e Cassiopeia* (rainha), além de *Camelopardo* (girafa). Se você observar as estrelas do Hemisfério Norte, a primeira coisa a fazer é localizar a Ursa Maior. Para encontrar Polaris, e, portanto, o Norte celestial, trace uma linha ao longo das duas "Estrelas-guardas" da Ursa Maior. Logo que tiver encontrado essa constelação, pode usá-la como chave para localizar as diversas outras estrelas brilhantes e suas constelações. Eis um diagrama. Compare-o com céu noturno e memorize estas figuras principais:

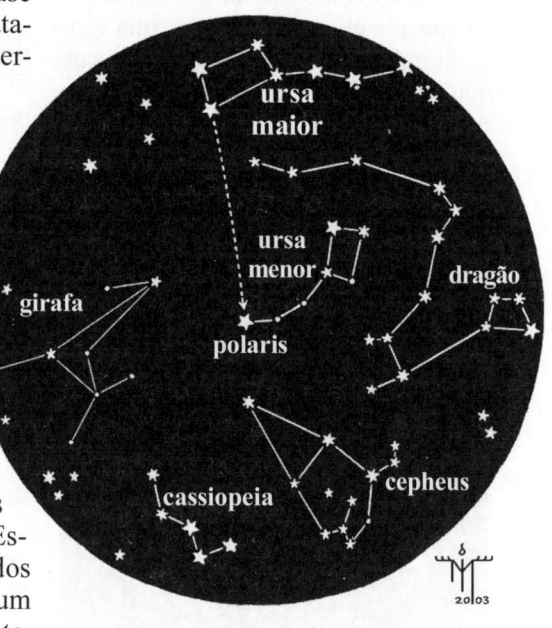

No Hemisfério Sul, não há uma estrela do polo sul como Polaris. O mais próximo disso é o Cruzeiro do Sul, que está representado na bandeira da Austrália. Como o Hemisfério Sul da Terra está voltado para o lado oposto do disco principal da galáxia, não há muitas estrelas ou constelações brilhantes visíveis e não conheço nenhuma história antiga ligada a elas. O povo inca do Peru não baseava sua mitologia celestial nas estrelas, mas nos caminhos escuros da própria Via Láctea, que está muito mais aparente no céu do sul. As *Nuvens de Magalhães* (duas pequenas galáxias companheiras da Via Láctea) também são visíveis próximo ao Polo Sul celestial. Mas o Zodíaco equatorial é visível tanto do sul quanto do norte.

As estrelas mais brilhantes

As estrelas são classificadas por *ordens de magnitude*, sendo as mais brilhantes de primeira magnitude e as mais fracas de quinta magnitude. As estrelas mais brilhantes receberam nomes em latim, grego ou árabe. Existem 16 estrelas de primeira magnitude visíveis no Hemisfério Norte e você deve aprender a identificar todas, pois elas têm sido usadas como ponto de referência celestial por toda a história humana. Em ordem de brilho, elas estão de acordo com a tabela seguir.

Histórias das constelações

Embora usemos seus nomes em latim, os mitos por trás das constelações remontam à antiga Grécia. No início, a maioria das constelações não era associada a nenhuma história em particular, mas era conhecida simplesmente como os objetos e animais que representavam. Por volta do século V a.C., porém, a maioria das constelações era associada a mitos, e o *Catasterismi* de Erastótenes (276-194 a.C.) completou a mitologização das estrelas. Eis algumas das melhores histórias:

Perseu

Não há outra história tão bem ilustrada nos céus como a de *Perseu* e *Andrômeda*, que é contada no filme *Fúria de Titãs*. O rei *Cefeu* e a rainha *Cassiopeia* da Etiópia tinham uma linda filha chamada Andrômeda. A vaidosa rainha tolamente se gabou de que a filha era mais bonita do que as nereidas (ninfas do mar) ou mesmo do que Hera, rainha dos deuses. As deusas ficaram ofendidas e se queixaram a Poseidon, deus do mar. Poseidon enviou um monstro *(Ceto)* para arrasar a costa, exigindo o sacrifício de Andrômeda para chamá-lo de volta. A princesa foi acorrentada a uma pedra no mar à espera de sua condenação.

ESTRELA	CONSTELAÇÃO	COR	DISTÂNCIA EM ANOS-LUZ
Sirius	Cão Maior	Azulada	8,5
Canopus	*Argo* (navio de Jasão)	Amarelada	650
Arcturus	*Bootes* (pastor)	Laranja	32
Vega	Lira	Azul-branca	23
Capella	*Auriga* (condutor de carro)	amarelada	42
Rigel	*Órion* (caçador)	azul-branca	545
Procyon	Cão Menor	amarelada	10
Betelgeuse	Órion	avermelhada	300
Altair	Águia	amarelada	18
Aldebaran	Touro	avermelhada	54
Antares	Escorpião	vermelha	170
Spica	Virgem	azulada	190
Pólux	Gêmeos	amarelada	31
Fomalhaut	Peixe Austral	branca	27
Deneb	Cisne	branca	465
Regulus	Leão	azul-branca	70

Mas assim que Ceto apareceu, chegou Perseu, filho de Zeus, voando pelo ar com as sandálias aladas de Hermes na volta de uma perigosa missão. Em uma bolsa, ele trazia a cabeça da Górgona Medusa, um horrendo monstro de cabelos de serpente cujo olhar petrificava a todos os que a contemplavam. Assim que Perseu a decapitou (usando seu escudo polido como um espelho para não precisar olhar nos olhos dela), *Pégaso*, o cavalo alado, nasceu do sangue de seu pescoço. Perseu mostrou a cabeça da Medusa a Ceto, que instantaneamente foi transformado em pedra. Perseu e Andrômeda se casaram e viveram felizes para sempre. Em comemoração, os deuses puseram os principais personagens no céu como constelações.

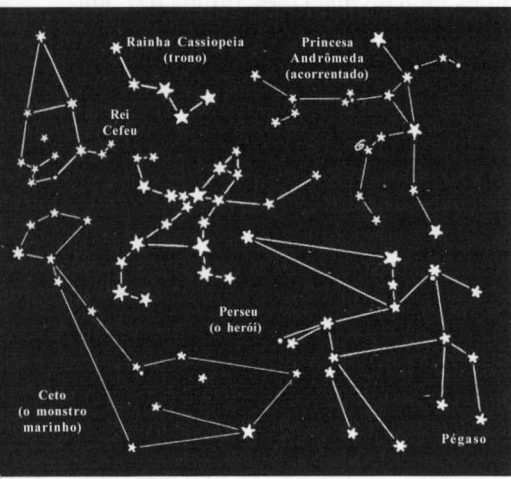

Órion

O pai de Órion é o deus do mar Poseidon, e sua mãe era a grande caçadora Euríale, rainha das Amazonas. Tendo herdado os dons da mãe, Órion tornou-se o maior caçador do mundo. Infelizmente, com sua imensa força veio um ego imenso, e ele se gabava de que nenhum animal da Terra podia derrotá-lo. Ofendido pela vaidade de Órion, Hera enviou um pequeno escorpião *(Escorpião)* que ferroou Órion no calcanhar, matando-o. Com sua serpente mágica, Esculápio, o médico, devolveu Órion à vida. Mas Hades, Senhor dos Mortos, queixou-se a seu irmão Zeus: o que seria de seu reino se os mortos pudessem ser ressuscitados pelos médicos? Então Zeus fulminou Órion e Esculápio com seus raios. Em seguida, pôs Órion no céu, com seus dois cães de caça *(Cão Maior* e *Cão Menor)* e o coelho que eles estavam caçando (*Lepus*). O Escorpião também foi posto no céu, mas, no lado oposto, com Sagitário, o Centauro arqueiro, Quíron, cujas setas o mataram. Esculápio (*Ofíoco*, o "Criador de serpentes") foi posto logo acima do Escorpião.

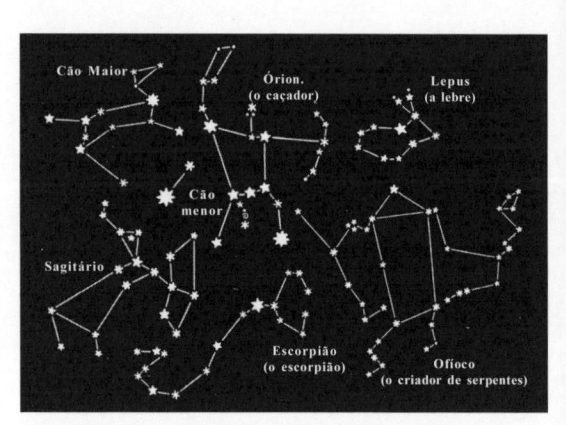

Castor e Pólux

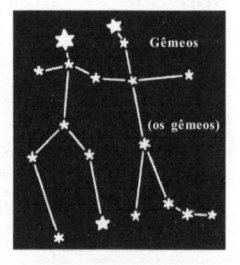

Castor e Pólux são os nomes de duas estrelas brilhantes na constelação de *Gêmeos*. Eles eram irmãos gêmeos de Helena de Troia, mas tinham pais diferentes: certa noite, sua mãe Leda ficou grávida de Zeus, na forma de cisne, e de seu marido, o rei Tíndaro de Esparta. Pólux, por ser filho de um deus, era imortal e renomado por sua força, ao passo que seu irmão mortal, Castor, era famoso por sua habilidade com cavalos. Os dois irmãos navegaram com Jasão e os Argonautas na busca pelo Velo de Ouro e lutaram na guerra de Troia. Eles se amavam muito, de modo que, quando Castor foi morto em batalha, Pólux, tomado pela dor, pediu para se juntar a ele. Zeus os pôs juntos no céu.

Europa e o Touro

Zeus, rei dos deuses, apareceu para a princesa Europa na forma de um magnífico touro branco. Ela ficou impressionada com sua beleza e delicadeza e os dois brincaram juntos na praia. Em dado momento, Europa subiu nas costas do touro e ele, pulando no mar, nadou com ela até Creta, onde revelou sua verdadeira identidade. Ali Zeus a seduziu e seus filhos se tornaram os europeus. A constelação de *Touro* mostra a cabeça de um grande touro, com o aglomerado de estrelas chamadas Plêiades em seu ombro. Embora apenas seis de suas muitas estrelas estejam visíveis atualmente, elas são denominadas "As sete irmãs". Talvez uma das outras tenha se apagado desde a Antiguidade.

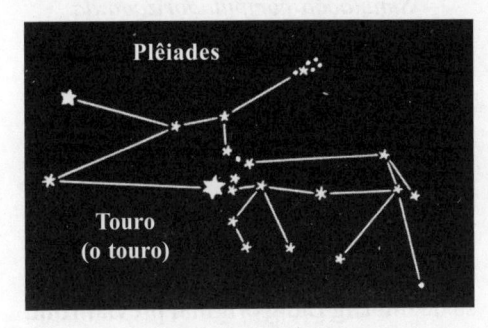

Coroa de Ariadne

A princesa Ariadne era filha do rei Minos de Creta. A rainha, Pasífae, tinha dado à luz um monstro, o Minotauro – meio homem e meio touro – que Minos aprisionara em um labirinto subterrâneo. Ele era alimentado com os prisioneiros atenienses. No momento de alimentá-lo pela terceira vez, um dos escolhidos para o sacrifício foi Teseu. Ariadne se apaixonou por ele e ofereceu-lhe ajuda caso ele a levasse consigo. Ele concordou e ela lhe deu um novelo de lã para desenrolar e marcar o caminho. Teseu matou o Minotauro, seguiu o fio para fora do labirinto e fugiu de Creta com Ariadne. Mas ele a abandonou na ilha de Naxos. Dioniso, Deus da vinha, encontrou-a ali, de coração quebrado, e fez dela sua noiva e sacerdotisa de seu templo. Quando ela morreu, ele atirou sua coroa ao céu, no qual ela permaneceu como a constelação *Coroa Boreal*.

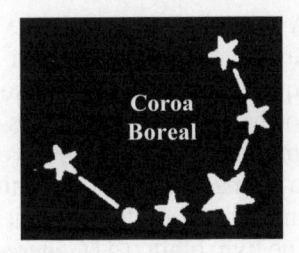

Lição 9: Cosmologia e cosmogonia

Cosmologia ("palavra do Universo") é a ciência, conhecimento e sabedoria dos céus. Trata dos grandes mistérios do tempo e do espaço. Os cosmologistas e astrofísicos modernos concentram-se, em particular, na *cosmogênese* ou *cosmogonia*: o nascimento do Universo. Há dois pontos de vista principais e contraditórios em relação ao princípio do Universo, e ambas as versões já aumentaram e diminuíram de popularidade muitas vezes ao longo dos milênios:

Big Bang (o início finito)

A mais antiga, e de longe a mais popular, é a teoria criacionista do *Big Bang*, que propõe que o Universo inteiro começou há cerca de 14,1 bilhões de anos com uma imensa explosão, havendo de alguma forma começado a existir a partir do nada. Isso é eloquentemente expresso no livro bíblico da *Gênese*, onde o Deus Criador hebraico simplesmente declara: "Que se faça a luz!". O *Big Bang* tornou-se um artigo de fé religiosa para muitos cientistas; em 1951, ele chegou a receber a bênção do Papa Pio XII!

Há diversos problemas com essa teoria. O primeiro e mais óbvio é que, se de fato *houve* essa explosão em algum momento há 14,1 bilhões de anos, deve ter havido um espaço imenso no "marco zero" que estava completamente vazio, do qual todas as galáxias ainda estão se afastando. Não existe essa área vazia. Em todas as direções para as quais olhamos, a distribuição de galáxias é bastante uniforme, e forma uma espécie de "espuma" de bolhas de espaço vazio rodeadas por cascas de galáxias. Na verdade, parece mais que houve incontáveis "pequenas explosões" em vez de uma única grande.

Outro problema é que quando voltamos nossos telescópios para as regiões mais distantes e antigas do Universo, de 14 bilhões de anos e a 14 bilhões de anos-luz de distância, o que vemos são inumeráveis *quasares* ("fontes de rádio quase-estelares") – não concentrados em uma pequena área de "Início", mas igualmente em *todas* as direções. Cada um deles brilha com a luz de cem galáxias – um milhão de anos antes que qualquer

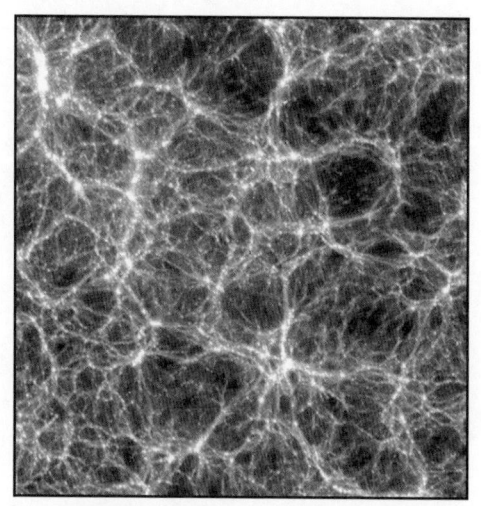

Simulação computadorizada da estrutura cósmica, por Lars Hernquist e Volker Springel.

galáxia possa ter existido. O que são eles e de onde vêm?

O universo parece se expandir, e as galáxias se afastarem o tempo todo. Todos os cálculos baseados na premissa de um Big Bang original previam que a taxa de expansão acabaria por diminuir – talvez até mesmo por se interromper e começar a contrair. Mas, na verdade, descobrimos recentemente que a taxa de expansão está *acelerando*! Como é que pode?

Criação Contínua

(infinito e eterno; sem início)

A teoria oposta ao *Big Bang* é a hipótese do **estado fixo** ou **criação contínua**, que afirma que o Universo sempre esteve aqui e que a matéria é criada continuamente a partir do nada. Esse "a partir do nada" é o que cria a maior dificuldade em qualquer teoria da cosmogênese. Isso porque, obviamente, as questões mais imediatas se tornam: "*De onde* ele veio? O que havia *antes*?" E nenhuma dessas teorias responde a essas questões-chave. Dizer apenas que: "Deus (ou os deuses) o criou, apenas leva à questão: então de onde Deus (ou os deuses) veio? Simplesmente não pode haver *algo* que tenha vindo do *nada*!

Os astrônomos Paul Davies e John Gribbin escreveram: "O *Big Bang* foi a criação abrupta do Universo literalmente a partir do nada: nenhum espaço, nenhum tempo, nenhuma matéria. Essa é uma conclusão bastante extraordinária – uma representação do universo físico inteiro simplesmente passando a existir a partir do nada". (*The Matter Myth*, p. 122). Se não houvesse espaço, matéria ou energia antes do hipotético *Big Bang*, então obviamente não haveria nada para aparecer em nenhum lugar para que aquilo acontecesse!

Fendas espaciais

Qualquer feiticeiro que valha o sal que come busca responder às questões cósmicas de seu próprio modo. Tenho uma teoria alternativa da cosmogênese que trata de algumas dessas questões, assim como do mistério da expansão acelerada do Universo. Toda galáxia, de qualquer tamanho ou forma, tem um *buraco negro* fenomenal no centro, cuja massa tem cerca de 1% de toda a galáxia. Assim como um vórtex de água descendo pelo ralo da pia, o buraco negro está continuamente sugando o resto da galáxia, emprestando-lhe sua forma espiral. Para onde vai aquilo tudo?

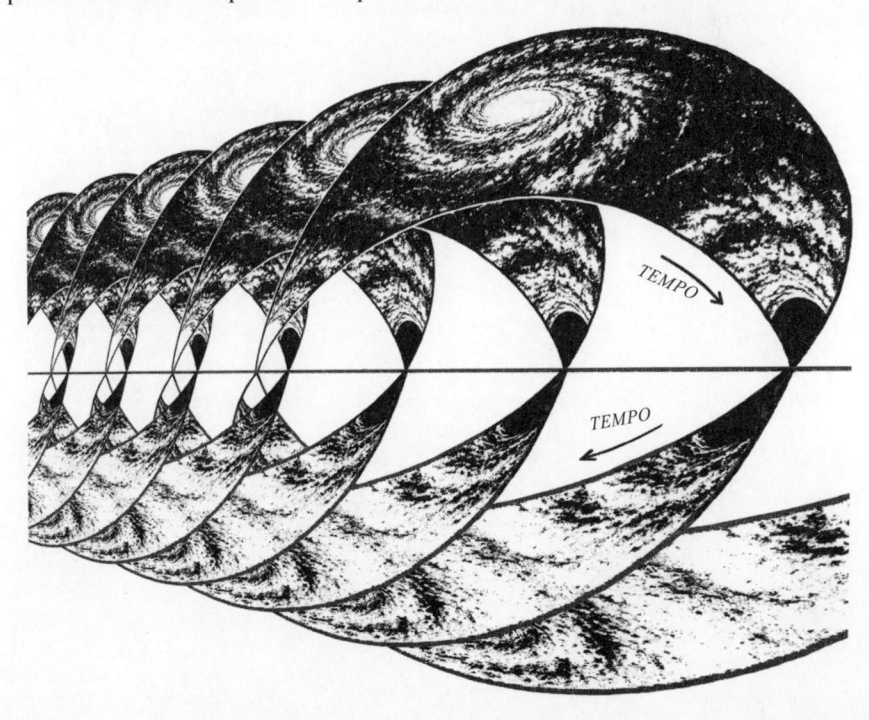

Muitos astrofísicos acreditam que um buraco negro é uma espécie de "passagem estelar" – a abertura de um buraco de minhoca para um outro lugar. Mas, de acordo com a teoria, um buraco de minhoca não é apenas um túnel através do *espaço*; é também um túnel do *tempo*. As coisas que entram em um pequeno buraco negro de cerca de dez massas solares podem sair em um "buraco branco", digamos, a 100 anos-luz de distância e, portanto, 100 anos atrás no passado. Bem, o buraco negro no centro de nossa Via Láctea tem uma massa três milhões de vezes maior do que a do Sol! Se for a abertura de um imenso buraco de minhoca, o outro lado poderia facilmente estar a bilhões de anos-luz de distância – e, portanto, bilhões de anos no passado. E se todos esses distantes quasares forem a outra ponta dos buracos negros no centro de todas as galáxias, circulando pelo tempo e pelo espaço em uma série infinita de laços cósmicos?

Imagine se você entrasse em uma máquina do tempo e voltasse para o ontem. Haveria então dois de você. E qualquer outra viagem para um passado em que você já existisse acrescentaria mais um de você. As galáxias não poderiam ser todas parte de uma única série infinita de voltas através do tempo e do espaço – como a mola de uma encadernação espiral – que forma uma volta a mais a cada ciclo e, portanto, continuamente expande o passado e empurra o presente cada vez mais rápido para o futuro?

O próprio Universo se expande e expande,
Em todas as direções em que consegue.
Tão rápido quanto pode, na velocidade da luz, você sabe;
Doze milhões de milhas por minuto,
E é a maior velocidade que existe.
Por isso, quando se sentir pequeno e inseguro, lembre-se
De como era improvável o seu nascimento,
E reze para que exista vida inteligente em algum lugar do espaço,
Porque não há nada disso aqui na Terra!
Monty Python, *O Sentido da Vida* (canção de Eric Idle)

Terceira Aula:
Matemágica (Magia Clara)

1. Introdução: Os mistérios de Pitágoras

O mundo natural é um lugar espantosamente bem organizado. Como mencionei anteriormente, grande parte do ponto de vista do feiticeiro reside na percepção das formas e padrões do mundo. Isso também faz parte do pensamento científico, que nasceu da Feitiçaria. De átomos a galáxias e em tudo que está no meio existem formas e padrões, grandes e pequenos. Muitos desses podem ser reduzidos a números e alguns dos mais antigos mistérios de Feitiçaria – os de Pitágoras (580-500 a.C.) na antiga Grécia – firmaram os alicerces de toda a Matemática, particularmente a Aritmética, a Geometria e a Música. O lema pitagórico era: "Tudo é número".

De acordo com Pitágoras, tudo no Universo se baseia na mesma planta fundamental criada por padrões geométricos que se repetem infinitamente em uma dança interminável de som, luz e cor. Esses padrões formam uma matriz de energia derivada de uma fonte central. Eles criam todo o mundo natural e nos permitem experimentar a dualidade, as emoções, o tempo linear e toda a realidade que percebemos.

A *geometria sagrada* se baseia nesses padrões, que antigamente eram compreendidos e ensinados pelas antigas Escolas de Mistérios. Mas com a destruição da Grande Biblioteca de Alexandria e o colapso do Império Romano, eles ficaram perdidos por séculos – e vêm sendo redescobertos conforme evoluímos para um estado de consciência mais elevado.

Os matemágicos trabalham com algumas formas e razões bem simples – particularmente aquelas denominadas *"Pi"* e *"Phi"* – para compreender os padrões comuns e os princípios subjacentes que governam todas as coisas.

Lição 2: Números pitagóricos

Os mistérios pitagóricos têm muitos aspectos, mas aqui vamos tratar apenas de como eles viam os números:

1. Chamado **Mônada** (1), este é o "Número nobre, senhor de deuses e homens". Ele representa aquilo que é inteiro e completo – como o Universo. Também representa as coisas que não podem ser divididas – como se pensava que os átomos fossem. Uma Mônada é a soma de qualquer combinação de partes e também é comparada à semente de uma árvore que, ao crescer, tem muitos ramos (números). Os pitagóricos consideravam a mente/consciência/divindade como a Mônada definitiva, que continha todas as coisas, infinita e eterna, sem princípio nem fim. A Mônada é o símbolo do Grande Pai. Na Geometria, o Um só pode ser representado por um ponto – uma posição no espaço sem dimensões: •

2. A **Díade** (2) apresenta a primeira divisão. Quando existem dois, um é o oposto ao outro: bem/mal, luz/escuridão, verdade/falsidade, positivo/negativo, ativo/passivo, vida/morte, acima/abaixo – todas as dualidades. Ao passo que a Mônada é o símbolo da sabedoria, a Díade é o símbolo da ilusão, pois nela existe o falso sentido de separação. A Díade é o símbolo da Grande Mãe. Uma Díade pode ser representada por dois pontos – e a linha que os conecta forma a primeira dimensão: •———•

3. A **Tríade** (3) é o primeiro número equilibrado e considerado particularmente mágico em muitas culturas. Pitagóricos, Druidas e Brâmanes fizeram longas listas de Tríades sagradas. Um tripé é uma estrutura estável, assim como um triângulo; não podem cambalear nem ser distorcidos. Formada pela Mônada e pela Díade, a Tríade é o número do conhecimento. Representa a Sagrada Família – Pai, Mãe e Filho – ou a Trindade do Cristianismo: Pai, Filho e Espírito Santo. Três pontos conectados por linhas formam um triângulo, que encerra um espaço em duas dimensões:

4. A **Tétrade** (4) é a raiz de todas as coisas, a fonte da natureza e o primeiro quadrado (2 x 2). A Tétrade conecta todas as direções (leste, sul, oeste e norte), elementos (Ar, Fogo, Água e Terra) e estações (primavera, verão, outono e inverno). Quatro pontos formam uma cruz, e uma cruz dentro de um círculo é uma Roda Medicinal – é o símbolo da Terra. Quatro pontos equidistantes de um plano podem ser ligados por linhas para formar um quadrado, e seis quadrados formam um cubo. Ou quatro pontos no espaço podem criar um *tetraedro* – o primeiro objeto sólido tridimensional, formado por quatro triângulos:

5. A **Pêntade** (5) é a união de um número par e um número ímpar (2 e 3). Também é chamada de equilíbrio, porque divide o "número perfeito" dez em duas partes iguais. O *pentagrama* é o símbolo da luz, saúde e vitalidade – e da Bruxaria. Ele também simboliza o quinto elemento (Espírito). A Pêntade simboliza a natureza, pois quando é multiplicada por si mesma o produto contém a si mesmo – assim como as plantas nascem de sementes e acabam por produzir mais sementes. Um pentagrama contém em seu centro um *pentágono* e 12 pentagramas formam um *dodecaedro* tridimensional.

6. A *Héxade* (6) é a perfeição de todas as partes e representa a criação do mundo. É chamada de a forma das formas, a articulação do Universo e o molde da alma. Um *hexagrama*, formado pela união de dois triângulos (masculino – ponta para cima; e feminino – ponta para baixo) é o símbolo do casamento. Conhecido como a "Estrela de Davi", é também o símbolo do Judaísmo.

7. A *Héptade* (7) era denominada "digna de veneração". O sete é um número sagrado em muitas culturas antigas. Existem sete planetas visíveis e sete *chacras* (centros de energia no corpo) no ensinamento hindu. O *heptagrama* (ou *Septagrama*) também é chamado de Estrela Élfica.

8. A *Ogdóade*, ou *Óctad* (oito) é sagrada porque é o número do primeiro cubo, com oito arestas. Suas palavras-chave são amor, conselho, prudência, lei e conveniência. A forma do número 8 deriva-se das serpentes entrelaçadas do *caduceu* (cajado) de Hermes.

9. A *Enéade* (nove) é o primeiro quadrado de um número ímpar (3 x 3). Foi associada a fracasso e fraqueza, porque lhe falta apenas um para ser o número perfeito 10. É chamada de "número do homem" por causa dos nove meses de gestação antes do nascimento. Nove é o número ilimitado porque nada há além dele senão o infinito 10. Suas palavras-chave são oceano e horizonte, porque eles não têm fronteiras.

10. A *Década* (dez) é o maior dos números, pois contém todos os outros e retorna ao início da Mônada. Como número perfeito, o dez se relaciona a idade, poder, fé, necessidade e memória. Os números romanos e o sistema *decimal/métrico* vêm da contagem nos dedos – o modo mais fácil de calcular sem numerais escritos ou calculadoras.

Lição 3: Numerologia

Qualquer número complexo, não importa o quão grande seja, pode ser reduzido simplesmente somando cada um dos dígitos que contém, com tanta frequência, quando necessário, até que reste apenas um único dígito. Por exemplo, 365 – o número de dias do ano – seria reduzido com a soma dos dígitos 3 + 6 + 5 = 14; e depois somando 4 + 1 para obter 5. Assim, 5 é o "Número mágico" para um ano. Este ano em que estou escrevendo – 2003 – também é um 5, porque 2 + 0 + 0 + 3 = 5. Como explicado acima, 5 é a *Pêntade* e representa a luz, a saúde e a vitalidade – assim como a Bruxaria. Também simboliza o quinto elemento (o Espírito). A Pêntade simboliza a natureza, pois quando multiplicada por si mesma, o produto contém a si mesmo – assim como as plantas nascem de sementes e acabam por produzir mais sementes. Por isso, este é um ano muito bom para criar este *Grimório* em particular – já que é minha intenção que ele plante sementes de Magia e Espírito!

As palavras e nomes também podem ser reduzidos a números do mesmo modo. Isso é feito atribuindo-se números a cada uma das letras do alfabeto, em ordem repetida, desta forma: *(NOTA: originalmente, o alfabeto hebraico de 27 letras é usado para isso, mas você deve usar o mesmo alfabeto que usa para escrever seu nome!)*

Numero:	1	2	3	4	5	6	7	8	9
Letras:	A	B	C	D	E	F	G	H	I
	J	K	L	M	N	O	P	Q	R
	S	T	U	V	W	X	Y	Z	

Assim, usando esta tabela, basta substituir as letras de uma palavra ou nome pelos números equivalentes. Por exemplo, meu primeiro nome, *Oberon*, seria escrito em números como: 625965. Daí, para obter o número mágico do meu nome, eu somaria todos esses dígitos e os reduziria a um só, deste modo: 6 + 2 + 5 + 9 + 6 + 5 = 33. 3 + 3 = 6, por isso 6 é o número mágico do meu primeiro nome. De acordo com a Lição 1, 6 é a *Héxade* – a perfeição de todas as partes, que representa a criação do mundo. É a "forma das formas, a articulação do Universo e o molde da alma". Nada mal!

Para datas, basta escrever a data em números – dia, mês e ano – como de costume. O mais importante é lembrar, porém, de escrever o número inteiro do ano, não apenas os últimos dois dígitos: "2003", não apenas "03".

Esse sistema é chamado de *Numerologia*. Com ele, de acordo com os numerólogos, é possível descobrir muitas coisas. O sistema pode ser aplicado a qualquer palavra, nome, número ou data. Ele pode ser usado como sistema de adivinhação para ajudar a determinar um bom dia para fazer algo, um lugar para ir, que nome dar ao seu familiar ou para fazer qualquer escolha entre uma coisa e outra. Apenas descubra o número mágico e veja qual seu significado!

Busca: Seu número da sorte

Há dois Números Mágicos pessoais que todos têm: o *número de nascimento* e o *número do nome*. Primeiro, descubra seu número do nascimento, reduzindo todos os números da data. Em seguida, faça o mesmo com seu nome. Os numerólogos dizem que o ideal é que esses dois números sejam iguais. A razão para isso é que seu número do nascimento – como seu signo astrológico – nunca muda. Você pode mudar o seu endereço e até o seu nome, mas a data de nascimento permanece a mesma.

Se o seu número do nome for diferente do número do nascimento, pode ser aconselhável pensar em escolher um novo apelido, assinatura ou nome mágico. Alguns nomes têm muitas variações. Por exemplo, um menino chamado "Alexandre" pode ser chamado de Al, Alex, Xandão ou Xande. Uma menina chamada "Elizabete" pode ser chamada de Liz, Lizzie, Eliza, Liza, Beth ou Bete. Cada uma dessas versões têm um número diferente, que deve ser levado em conta quando você decidir como quer ser chamado.

Ao escolher um nome mágico, é preciso descobrir o número de todos os nomes que forem pensados. Ou ainda é possível criar um nome baseado nesses números, como inventar uma palavra a partir de um número de telefone. Afinal, todo número (exceto o 9) tem três letras correspondentes (vide tabela)! Se você obtiver um conjunto de letras numeradas que formem um nome de que você goste e que formem o seu número de nascimento, elas podem ser rearranjadas em ordem diferente sem que o número mude. Essas palavras rearranjadas são chamadas de *anagramas* ("letras invertidas"); os anagramas muitas vezes são usados como códigos em escritos mágicos e feitiços. Os jogos de palavras cruzadas são úteis para isso. Por exemplo, um feitiço de cura pode usar as letras das palavras cruzadas para soletrar a palavra "SAÚDE" e depois rearranjá-las para formar "DEUSA".

Ao escolher um nome que combine com seu número de nascimento, você se alinha às mesmas associações do dia em que nasceu e assim redobra o poder de seu próprio número especial. Esse é seu "Número da sorte" e você verá que muitas sincronicidades mágicas ocorrem quando o mesmo número surge em sua vida.

Lição 4: Corpos perfeitos

O conceito de *Corpos Perfeitos* foi definido pelos geômetras gregos. A noção de "perfeição" reflete sua crença de que a Geometria, dentre todas as ciências, é a mais próxima da essência das coisas e expressa as regras definidas pelos deuses na criação do Universo. Um *polígono* (muitos ângulos) é uma forma bidimensional com lados retos. Os objetos tridimensionais com muitos lados são chamados de *poliedros* (muitos lados). Um *corpo perfeito* é um poliedro formado de polígonos regulares e idênticos, como um *triângulo* equilátero, um *quadrado* e um *pentágono*. Pode parecer possível construir um número infinito desses corpos, porém, na verdade, há apenas cinco construções possíveis. Essas cinco formas foram definidas e classificadas por Euclides (325-265 a.C.).

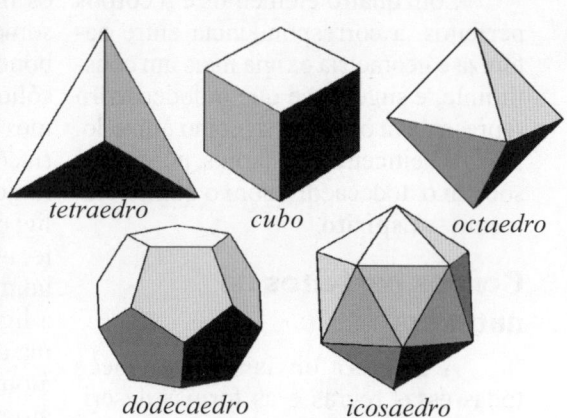

O *tetraedro*, que é formado por quatro triângulos, é o mais simples. O *cubo* é formado por seis quadrados. Os outros corpos perfeitos são o *octaedro* (8 triângulos), o *dodecaedro* (12 pentágonos) e o *icosaedro* (20 triângulos). Todos estes aparecem atualmente na forma dos dados usados em jogos de tabuleiro.

Em 350 a.C., o grande filósofo grego Platão (427-347 a.C.) postulou que os quatro elementos – Terra, Água, Ar e Fogo (que os gregos acreditavam que compunham o mundo) – são compostos de pequenas partículas que não podiam ser divididas. Assim nasceu o conceito de *átomo* ("indivisível" em grego). Acreditava-se que os átomos eram construções geométricas perfeitas, como os Corpos Perfeitos.

De acordo com Platão, os átomos de **Terra** são cúbicos, que se acreditava ser o corpo mais sólido de todos. A **Água**, a que rola mais fácil, é representada pelo icosaedro. O **Ar** é octaédrico. E o tetraedro simples representa o **Fogo**, o mais rarefeito de todos os elementos.

Com quatro elementos e 5 corpos perfeitos, a correspondência entre natureza e geometria exigia mais um constituinte, e sugeriu-se que o dodecaedro representava o Universo como um todo. Alguns Feiticeiros modernos, porém, associam o dodecaedro com o quinto elemento – **Espírito**.

Corpos perfeitos na natureza

A natureza obviamente conhece todas essas regras e as formas descritas acima aparecem na natureza. Radiolários microscópicos que obedecem a essas regras criam estruturas complexas baseadas nos corpos perfeitos. Essas são, estruturalmente, as mais fortes construções e, ao mesmo tempo, são muito leves. Essa característica tem sido utilizada pelos arquitetos modernos conforme se criam materiais mais fortes.

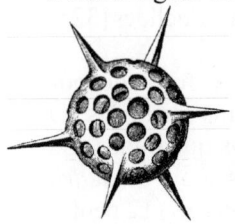

Como Platão previu há 2.350 anos, encontramos as construções geométricas no mundo dos átomos e moléculas, onde os blocos de construção são mantidos com ligações químicas. Essas estritas regras geométricas, que expressam as simetrias envolvidas com a distribuição eletrônica nos átomos, criam as ligações. Essas construções envolvem muitos átomos diferentes, como o metano, que tem forma de tetraedro. As ligações dos elétrons formam um ângulo de aproximadamente 109 graus, que é o ângulo mais fundamental da Química.

Os sólidos podem ser considerados redes de átomos construídas que usem essas ligações como uma cola que os mantém juntos. Como nós mesmos somos formas de vida baseadas em carbono, vamos considerar, por exemplo, sólidos construídos inteiramente de átomos de carbono. Conhecemos duas variações: o diamante e o grafite. O arranjo natural que obedece à simetria das ligações locais, 109 graus, é um diamante, uma rede tridimensional fortemente unida de carbono. O ângulo relacionado à ligação do grafite também se aproxima desse ângulo natural. No grafite, os átomos de carbono formam folhas de átomos fortemente presos que não interagem muito com os da camada seguinte. Essa pequena diferença nas ligações químicas resulta em propriedades extremamente diferentes; basta comparar o preço das duas versões!

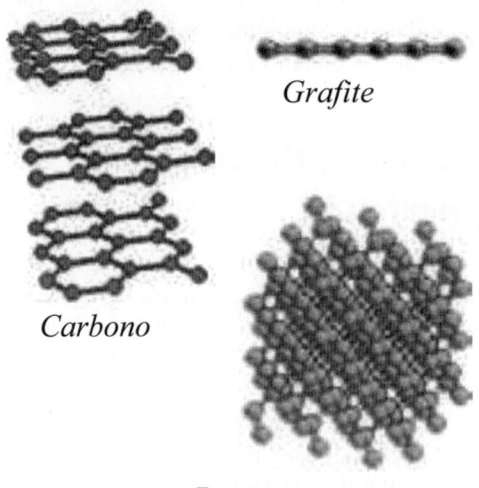

Grafite

Carbono

Diamante

Já sabemos disso há séculos. Portanto, houve uma grande surpresa quando uma terceira forma de carbono – o C60 – foi descoberta em 1996. Denominada de *Buckyball* em homenagem a Buckminster Fuller (1895-1983), sua geometria é exatamente como a dese-

Carbono 70

Buckyball

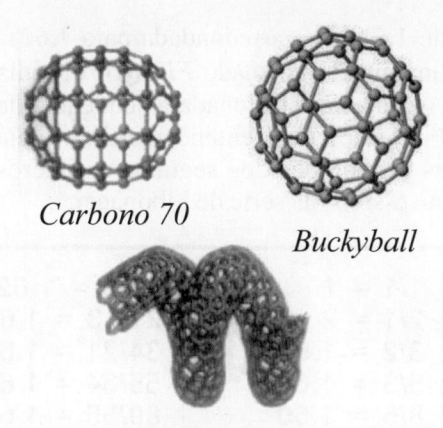

Nanotubo

nhada por Leonardo da Vinci (1452-1519),* com 12 pentágonos e 20 hexágonos. Na verdade, é exatamente igual às divisões de uma bola de futebol! Duas outras modificações também podem ser preparadas aumentando ou diminuindo o número de hexágonos. É surpreendente notar que a mais perfeita das três é a mais provável de se formar.

Com essas novas moléculas de carbono, pode-se construir nanotubos, que formam fibras centenas de vezes mais fortes do que o aço. As aplicações dessa tecnologia transformarão nosso mundo! Podemos até mesmo construir um elevador orbital...

Lição 5: Geometria Sagrada

"Que a proporção seja encontrada não apenas em números e medidas mas também em sons, pesos, horários, posições e qualquer força que exista."
Leonardo da Vinci

Na natureza, encontramos padrões, desenhos e estruturas geométricas desde as menores partículas até o grande Cosmos. Elas também simbolizam a relação metafísica subjacente da parte para o todo – "Acima como abaixo; dentro como fora". Esse princípio de unidade subjacente permeia a arquitetura geométrica de toda a forma em sua infinita diversidade. Esses princípios de conexão, inseparabilidade e união formam uma planta da fundação sagrada de todas as coisas e um lembrete contínuo de nossa relação com todo o Universo.

A própria vida está inextricavelmente entrelaçada com as formas geométricas, desde os ângulos das ligações atômicas nas moléculas dos aminoácidos até as espirais helicoidais do DNA, o protótipo hemisférico da célula, as primeiras células de um organismo que assume formas vesiculares, tetraédricas e de estrela antes da diversificação dos tecidos para as diferentes funções fisiológicas. Nosso corpo humano neste planeta desenvolveu-se em progressão geométrica comum, de uma para duas, para quatro, para oito células primordiais, e assim por diante.

Em quase toda parte para onde olhamos, a inteligência mineral contida nas estruturas cristalinas segue uma geometria inabalável em sua exatidão. Os padrões em forma de treliça dos cristais expressam os princípios da perfeição matemática e a repetição de uma essência fundamental, cada um com um espectro característico de ressonâncias definidas pelos ângulos, comprimentos e orientações relacionadas a seus componentes atômicos.

Bruce Rawles, *Sacred Geometry*

---

*N.E.: Sugerimos a leitura de *Anotações de Da Vinci por Ele Mesmo*, de Leonardo da Vinci, Madras Editora.

A Sequência de Fibonacci

Descoberta no ano de 1202 pelo italiano Leonardo Pisano Fibonacci (1170-1250), esta é uma série de números muito importante na qual cada um é a soma dos dois anteriores: **1, 1, 2, 3, 5, 8, 13, 21, 34, 55, 89...** Os números de Fibonacci prosseguem infinitamente. Quaisquer dois números consecutivos dessa série, expressos como uma proporção ou fração, definem praticamente todas as proporções e relações encontradas na natureza – ou seja, **1:1, 1:2, 2:3, 3:5, 5:8...** ou **1, 1/2, 2/3, 3/5, 5/8...**

 Se você souber olhar, pode encontrar a sequência de Fibonacci em pinhas e poemas, girassóis e sinfonias, arte antiga e computadores modernos, árvores genealógicas e na bolsa de valores. Essa sequência é a chave matemática do Universo!

As proporções de Fibonacci aparecem na razão do número dos braços em espiral das margaridas, na cronologia das populações de coelhos, na sequência dos padrões das folhas em um galho e em uma porção de lugares na natureza em que padrões autogeradores estão presentes. A sequência é a progressão racional em direção ao número irracional representado pela *Proporção Áurea* ou *Média Áurea* quintessencial. A proporção esteticamente mais agradável, chamada de *Fi*, tem sido utilizada por diversos artistas pelo menos desde (e provavelmente antes!) a construção da Grande Pirâmide.

A Média Áurea

Uma das mais importantes relações numéricas notadas pelos antigos geômetras gregos foi aquela que chamaram de *Média Áurea* ou uma razão de 1,61834... arredondada para 1,62 – um número chamado *Fi*. (Φ) A Média Áurea está relacionada à sequência de Fibonacci. Para entender melhor, veja as proporções dos seguintes números sucessivos da série de Fibonacci:

1/1 = 1		13/8 = 1.625
2/1 = 2		21/13 = 1.615
3/2 = 1.5	Φ	34/21 = 1.619
5/3 = 1.66		55/34 = 1.617
8/5 = 1.60		89/55 = 1.618

Conforme os números de Fibonacci ficam maiores, sua razão se aproxima da razão 1,62 da Média Áurea. Isso não é surpreendente se olharmos para o *Retângulo Áureo*, no qual o lado de qualquer quadrado é igual à soma dos lados dos dois quadrados seguintes. Esse é o mesmo conceito que determina a sequência de Fibonacci.

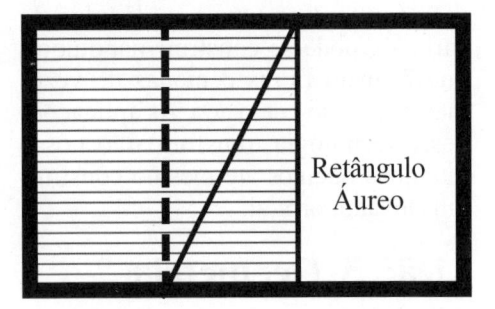

Retângulo Áureo

A Média Áurea (também conhecida como *Proporção Áurea, Proporção Fi, Corte Sagrado* e *Divina Proporção*) é uma medida fundamental que aparece quase em toda parte, incluindo em plantações. Ela também governa todas as proporções do corpo, como o comprimento respectivo dos dedos, a parte de cima da perna em comparação com a parte de baixo, etc.

(O número real é mais ou menos 1,6180339887498948482045868343

65638117720309180...). A Proporção Áurea é a única em que a razão do todo para a porção maior é a mesma da porção maior para a menor. Dessa forma, ela simbolicamente liga cada nova geração a seus ancestrais, preservando a continuidade do relacionamento como um meio de retraçar a linhagem.

Como os estudantes e artistas acabaram por descobrir, o uso intencional dessas proporções naturais na arte de várias formas expande nosso senso de beleza, equilíbrio e harmonia. A mais famosa construção da Grécia clássica e uma das sete maravilhas do mundo antigo é o Partenon, na Acrópole de Atenas. Suas proporções são todas baseadas no Retângulo Áureo. Outras construções da antiga Grécia trazem uma razão similar entre a altura e o comprimento.

Retângulos de Fibonacci com Espiral

Áurea – náutilo compartimentado

O Partenon

A Espiral Áurea

Podemos fazer outra representação da sequência de Fibonacci começando com dois quadrados pequenos de tamanho 1 próximos um do outro. Acima dos dois desenhamos um quadrados de tamanho 2 (= 1 + 1).

Podemos agora desenhar um novo quadrado – que toque um dos quadrados de lado 1 e o último quadrado de lado 2 – e que, portanto, terá lados com um comprimento de três unidades; em seguida, um outro que toque o quadrado de lado 2 e o quadrado de lado 3 (que terá lados de 5 unidades). Podemos ainda acrescentar quadrados em torno da figura e cada um deles terá um lado tão grande quanto a soma dos lados dos dois últimos quadrados. Esse conjunto de retângulos cujos lados são dois números sucessivos da sequência de Fibonacci e composto de quadrados cujos lados são números de Fibonacci é chamado de *Retângulos de Fibonacci*. Não importa quantos você faça, somados eles formam um Retângulo Áureo.

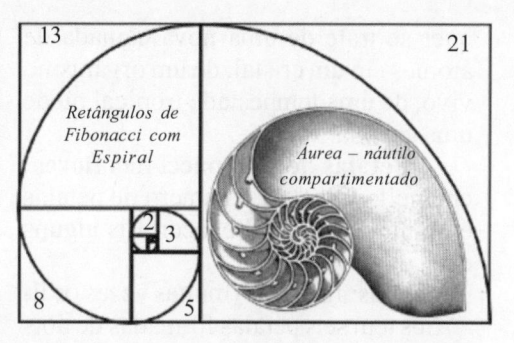

Agora podemos desenhar uma espiral juntando quartos de círculos, um em cada novo quadrado. Essa é a *Espiral de Fibonacci*. Uma curva semelhante a esta ocorre na natureza na forma da casca do caramujo ou de algumas conchas marinhas. Enquanto a espiral formada pelos retângulos de Fibonacci aumenta de tamanho por um fator de *Fi* (1,62) a cada *quarto de volta* (ou seja, um ponto um quarto de volta adiante na curva está 1,62 vezes mais longe do centro, e isso se aplica a *todos* os pontos da curva), a curva em espiral de um náutilo faz uma *volta completa* antes que os pontos se afastem a um fator de 1,62 do centro.

Também podemos ver espirais semelhantes desde o nível atômico até a forma das gigantescas galáxias em espiral. Em todos os casos, essas formas são associadas ao crescimento evolucionário, quer se trate de uma nova camada de átomos em um cristal, de um organismo vivo, de uma tempestade tropical ou de uma galáxia.

Pétalas de Fibonacci nas flores: em muitas plantas, o número de pétalas é um número de Fibonacci. Eis alguns exemplos:

- **3 pétalas:** lírio, íris (muitas vezes os lírios têm seis pétalas formadas de dois conjuntos de 3)

- **5 pétalas:** ranúnculo, rosa selvagem, espora, colombina

- **8 pétalas:** espora dos jardins

- **13 pétalas:** erva-de-santiago, malmequer, cinerária

- **21 pétalas:** áster, margarida-amarela, chicória

- **34 pétalas:** fúnquia, piretro

- **55 ou 89 pétalas:** áster americana, família *asteraceae*

Algumas espécies têm um número preciso de pétalas, mas outras têm pétalas com um número muito próximo ao citado acima, sendo a média um número de Fibonacci.

Lição 6: Dimensões
por Dragon Singing

Um conceito muito importante para um feiticeiro é o conceito físico de *dimensões*. Embora muitos volumes de Matemática e Física se dediquem ao estudo e compreensão das dimensões, o modo mais fácil de pensar a respeito delas é como *direções de movimento possível*.

Os matemáticos (que são uma espécie à parte de Feiticeiros) iniciam suas reflexões sobre as dimensões imaginando um objeto com **zero dimensões**, que seria um *ponto*. Você sabe como as pessoas falam de "Um ponto no espaço"? Bem, é exatamente isso: uma localização, como um pontinho infinitamente pequeno. Um ponto tem altura zero, comprimento zero, largura zero. Não pode se mover para lugar nenhum.

Se você tiver dois pontos, pode desenhar uma *linha* entre eles. Uma linha é um objeto **unidimensional**. Um ponto em uma linha pode apenas se mover para a frente ou para trás ao longo dessa linha: não para os lados, nem para cima ou para baixo.

Se você pensar a respeito, verá que já está em território bastante misterioso: como um ponto não tem comprimento, largura nem altura, não importa qual seja o comprimento da linha, sempre haverá espaço para *um número infinito de pontos* entre quaisquer dois pontos dados. Então, como é possível chegar a algum lugar? Você começa em Nova York e se dirige à Califórnia (ou até mesmo de um lado do quarto para o outro) e há um número infinito de pontos entre os dois lugares. Como você consegue cruzar todos? Mas você consegue...

Mas, espere: vai ficar ainda melhor.

Se você acrescentar mais um ponto (que não esteja exatamente alinhado aos outros dois, o que simplesmente estenderia a linha), acrescentará outra direção de movimento possível, criando um objeto **bidimensional** conhecido como *plano*, como a superfície de uma folha de papel. Apenas a superfície, veja só: sem espessura nenhuma. Um ponto em um plano pode se mover para a esquerda, para a direita, para a frente, para trás... para qualquer direção, exceto para cima e para baixo.

Acrescente outra dimensão e estaremos quase na situação em que nós, humanos, vivemos. Os objetos **tridimensionais** têm *volume* e são conhecidos como *sólidos*. Um sólido pode ser uma bola ou um cubo, ou qualquer coisa que tenha altura, largura, profundidade e espessura.

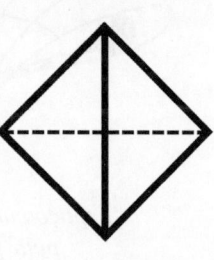

Agora estamos chegando a algum lugar! Mas o mundo cotidiano como o que conhecemos não existe apenas em três dimensões. Você não se move apenas para cima, para baixo, para os lados, para a frente e para trás: você também se move *para a frente através do* **tempo**, que é a **quarta dimensão**. Não vou me estender no fato de o tempo só andar para a frente: existe uma razão, mas é complicada e, se você estiver interessado, pode pesquisar e descobrir (a busca pelo conhecimento arcano é uma das habilidades mais básicas que um feiticeiro deve dominar!).

Mas aqui estamos nós: o Universo como o conhecemos existe em quatro dimensões: três de **espaço**, mais o **tempo**. E o universo, como sabemos, está se expandindo... o que significa que deve haver uma *quinta* dimensão para onde ele possa se expandir!

Atualmente, muitos físicos acreditam que nosso Universo pode ter ainda mais dimensões, que foram comprimidas em espaços subatômicos tão pequenos que nunca os percebemos. Quanto mais compreendemos nosso Universo, mais percebemos que podem muito bem existir camadas alternativas de realidade: outro universo, outras versões da realidade.

Tira de Moëbius

Há várias coisas estranhas e fascinantes que podem ser feitas com o conceito de dimensões. Veja, por exemplo, a **Tira de Moëbius**. É fácil de fazer: pegue uma tira de papel, torça e cole as pontas. Que besteira, não é?

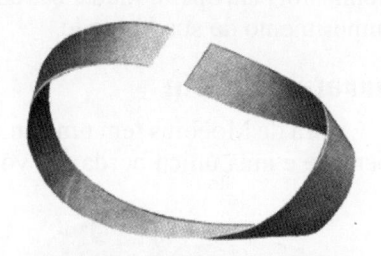

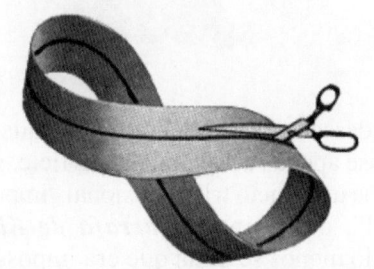

Errado! Pegue um lápis, coloque num ponto qualquer da tira de papel e desenhe uma linha em um dos lados. Quantos lados a tira tem? Isso mesmo! *Apenas um. A* **tira de Moëbius** *é um objeto bidimensional com um lado só. Tem apenas uma superfície.* Mas espere, ainda tem mais!

Corte a tira pelo meio. O que acontece?

Agora corte a tira no meio *novamente*. Surpresa!

A tira de Moëbius é um exemplo de que há estranhas exceções àquilo que pensamos ser a realidade "normal": exatamente o tipo de buracos e anomalias que um feiticeiro explora, com seu conhecimento, para operar mudanças com o cumprimento de sua Vontade.

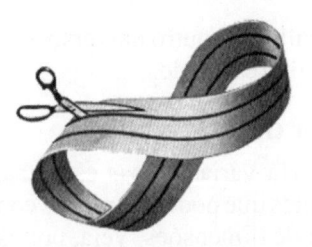

Garrafa de Klein

A tira de Moëbius tem uma única superfície e uma única borda. Se você pudesse se livrar da borda para que restasse apenas uma única superfície, você teria um objeto tridimensional "impossível", denominado *garrafa de Klein*. Pelo menos se dizia que era impossível até eu (Oberon) construir esta que é mostrada aqui.

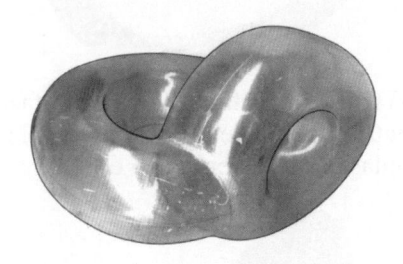

Eu a fiz a partir de dois anéis de plástico transparente em forma de rosca, que cortei e colei com silicone transparente. Se você puder encontrar essas roscas, também pode fazer a sua. É um objeto divertido para exibir em festas!

Espaço curvo

Assim como a tira de Moëbius deforma duas dimensões em um *continuum*, assim também a garrafa de Klein deforma um objeto tridimensional em um único *continuum*. Segundo a mesma ideia, Albert Einstein (1879-1955) propôs um modelo matemático para a deformação do próprio espaço em um *continuum* curvo. Esse conceito é a base

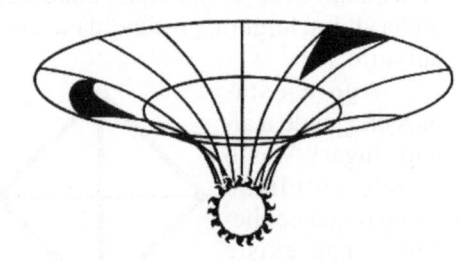

"Espaço curvo", deformado pela gravidade

da teoria da gravidade, assim como um alicerce para coisas como os buracos de minhocas que ligam uma parte do universo a uma outra.

Lição 7: Magia do caos
(por Ian "Lurking Bear" Anderson)

Recentemente, os matemáticos iniciaram um estudo conhecido como *Teoria do Caos*. Nós, feiticeiros, reconhecemos nisso aquilo que muitos de nós já sabíamos intuitivamente. Um dos aspectos da teoria do caos nos diz que existem horizontes de conhecimento em um sistema complexo imutável e que nunca podemos saber todos os detalhes a respeito dele. Esse horizonte de conhecimento existe mesmo que todas as peças sigam regras previsíveis, o que elas não fazem.

Outro aspecto da teoria do caos é que ela mostra como pequenas alterações em um sistema caótico podem causar diferenças imensas e imprevisíveis no padrão resultante. Esse é o famoso

"Espaço chato"

"Efeito Borboleta", assim chamado porque Edward Lorenz, um meteorólogo, perguntou: "O bater das asas de uma borboleta no Brasil poderia iniciar um tornado no Texas?". O clima é um exemplo clássico de um sistema caótico imprevisível; nem mesmo os computadores mais poderosos conseguem prever o tempo corretamente.

A teoria do caos também descreve os momentos em que os sistemas recaem em uma aparente aleatoriedade e emergem em novos padrões de modos imprevisíveis. É nesses momentos que o efeito borboleta pode ser especialmente poderoso, quando a crise e a oportunidade se cruzam.

A biosfera inteira é um sistema caótico, e a sociedade e a cultura também são caóticas. É no caos da bioesfera que novas formas surgem espontaneamente e de maneira imprevisível e a evolução ocorre. O Efeito Borboleta oferece ao mago do caos a alavanca para influenciar sistemas enormes, para escolher cuidadosamente as cúspides dos padrões que se desdobram e, por meio de pequenas ações, influenciar uma esfera maior. O ato simples de plantar algumas árvores em um sistema ecológico em recuperação ou um curto discurso em algum encontro importante podem disparar uma cascata de eventos que determinam o padrão de uma nova ordem emergente.

Sempre há um sistema de tamanho e complexidade suficientes, o extremamente improvável se torna estatisticamente inevitável. A magia do caos é a magia da circunstância excepcional, a ocorrência anômala, o grotesco. O mago do caos fica no limiar entre diferentes realidades.

Como é usual, com esse poder vem a responsabilidade. Certifique-se de que a erva plantada não seja a próxima invasão kudzu ou que o discurso no encontro não acabe disparando apenas ciclos infinitos de tristeza e conflito. Naturalmente, o mago do caos não controla realmente nada e não pode prever os efeitos exatos que o trabalho do caos terá. O mago do caos só pode ajudar a empurrar as coisas na direção desejada com uma escolha muito cuidadosa de momento e local da ação.

Outra forma de magia do caos é a magia da *discórdia* ou da artimanha. Muitas culturas têm divindades embusteiras, como o Coiote ou Eris. O valor do embusteiro está em romper ordens destrutivas como governos opressivos, teorias acadêmicas mesquinhas ou monopólios corporativos. Quando se rompem sistemas e se remexem as coisas, surgem oportunidades de mudança. Podemos agir como embusteiros em nossa vida e fazer muitas mudanças no mundo que nos rodeia. Os embusteiros podem ser encontrados entre modernos ativistas, que confundem e enganam os defensores dos sistemas aos quais resistem. O embusteiro não tem medo de parecer ridículo e está disposto a ser um "santo tolo" a serviço do Universo. O embusteiro quer questionar o que é normal, pensar o impensável e falar o inexprimível.

Há perigos no caminho do embusteiro. As divindades embusteiras não são necessariamente éticas e devemos nos ater ao que acreditamos ser ético ou os espíritos embusteiros podem nos tratar mal. Desobedecer as regras e causar problemas o tempo todo, não importa o local em que você esteja, pode ser destrutivo e inútil. Há alguns limites que é melhor preservar, algumas antigas tradições podem ser boas ideias e algumas regras existem por razões sensatas. Neste momento, na Terra, não faltam ordens destrutivas, por isso os feiticeiros embusteiros não carecerão de escapes criativos dignos para suas energias.

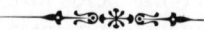

Quarta Aula:
Magia Cerimonial (Branca)

1. Introdução: Magos

Como a magia é a arte de usar a Vontade para mudar as coisas, a *Magia Cerimonial* é a arte de trabalhar com cerimônias para operar as mudanças – magia – que você quer que ocorram. Os magos cerimoniais frequentemente usam mantos e uma ampla bateria de ferramentas para controlar e dirigir a energia mágica. Por vezes espantosamente elaboradas, essas ferramentas também podem agir como estimulante simbólico da imaginação. Os magos cerimoniais muitas vezes usam recitações mágicas como parte de suas cerimônias para conseguir seus objetivos.

Muitos magos cerimoniais trabalham com sua energia interna combinada com a energia de todos os deuses, arcanjos, anjos e outros espíritos para realizar sua mágica. Algumas vezes basta sintonizar-se ou simplesmente pedir ajuda a um anjo. Outras vezes, uma energia espiritual mais geral pode ser usada para criar "elementais" artificiais, fazer talismãs e amuletos, invocar e evocar espíritos diversos, etc.

Alta Magia e Baixa Magia

Muitos magos cerimoniais fazem uma distinção entre magia "Alta" e "Baixa". Diferentes magos dão diferentes significados aos termos. Para alguns, *Alta Magia* se refere especificamente aos rituais em que uma *Entidade*, ou ser espiritual, é conjurada para uma aparição visível. Essa entidade é então instruída a realizar alguma tarefa ou a dar assistência, informação, adivinhação, etc. O mago *comanda* a entidade e permanece encarregado do ritual.

A *Baixa Magia*, no entanto, não exige a conjuração de qualquer entidade específica e, mesmo se chamadas, essas entidades não precisam de fato *aparecer* em forma visível. Essa é de longe a forma mais comum de magia praticada e inclui a magia simpática e imitativa, assim como os serviços religiosos de todos os tipos. "Baixa Magia" *não* significa magia negativa ou "negra". O fato de o ritual ser feito para fins positivos ou negativos depende da intenção do praticante; a magia em si, como a eletricidade, é moralmente neutra.

Muitas das preparações para a Alta Magia envolvem minirrituais de diversos tipos que são, na verdade, Baixa Magia. Um mago completo faz a Alta

Magia e a Baixa Magia com igual facilidade, conforme a situação.

Ordens e Lojas

A magia cerimonial adquiriu a forma atual nos séculos XVIII e XIX em ordens mágicas secretas e lojas como os maçons e os rosa-cruzes. Os ensinamentos se baseiam na *Cabala* e no *Hermetismo*, além de doutrinas neoplatônicas, gnósticas e orientais. Em seu sentido último, a magia cerimonial é uma experiência transcendental que desperta o mago para a sua divindade interior, transportando-o para reinos místicos e para a comunicação com o Eu mais elevado. O objetivo final dessas práticas é atingir a união com a Consciência Divina Universal, ou Deus.

O maior e mais influente sistema de magia cerimonial foi desenvolvido pela *Ordem Hermética da Aurora Dourada*, a Golden Dawn* (O∴G∴D∴), fundada por três rosacrucianos em 1878. Dizia-se que era a ordem mais externa da *Grande Irmandade Branca* dos místicos.

Lição 2: A Cabala

A Cabala (também grafada *Qabalah* ou *Kabbalah*) era originalmente uma coleção de antigos conhecimentos mágicos judaicos que supostamente continham as chaves para interpretar o simbolismo místico da *Torá* (os primeiros cinco livros da Bíblia). A palavra Cabala se baseia no hebraico *gibbel* ("receber") e se refere ao conhecimento recebido (ou revelado). Considerada o sistema fundamental de toda a Magia, a Cabala é um conjunto de crenças e práticas (algumas das quais variam dependendo do grupo de cabalistas) explicadas em vários livros. Já foi estudada por sábios judeus ao longo dos séculos e foi adotada por magos de todas as raças e nações.

A Cabala explica como o mundo entrou na existência como uma série de emanações da Divina Vontade. De acordo com seus princípios, todas as raças e religiões descendem de uma única fonte original. A cadeia original de transmissão é a seguinte: Deus ensinou Cabala aos Anjos, que a transmitiram a Adão, o primeiro homem. De Adão, passando por Noé, os segredos chegaram a Abraão, que os revelou aos egípcios. Moisés aprendeu a sabedoria oculta no Egito e a incluiu nos primeiros quatro livros da *Torá*. Mais tarde, a Cabala chegou ao Rei Salomão, que se tornou o maior mago da história judaica. Conta-se que Salomão dominou os mistérios da Cabala e que escreveu *A Chave de Salomão*,** *A Clavícula de Salomão* e outros textos mágicos.

A Cabala ensina que a divindade é *imanente* (interior) e *transcendente* (exterior). Deus é todas as coisas, boas e más. O mundo passou a existir não por ser "criado" ou feito, mas como "emanações" que jorram da infinita Fonte Primária da Consciência Divina Universal. Todas as coisas formam o todo de um Universo organizado, e as letras e números são as chaves para descerrar seus mistérios. O Cosmos é dividido em

---

*N.E.: Sugerimos a leitura de *The Golden Dawn – Aurora Dourada*, de Israel Regardie, lançamento da Madras Editora. Ver também: *Qabalah – O Legado Místico dos Filhos de Abrãao*, de Daniel Hale Feldman, e *A Kabbalah da Alma*, de Leonora Leet, Madras Editora.
**N.E.: Recomendamos ler ainda: *As Chaves de Salomão – O Falcão de Sabá*, de Ralphis Ellis, Madras Editora.

quatro mundos: *Atziluth*, o divino mundo dos arquétipos, do qual surgem todas as formas de manifestação; *Beriah*, o mundo dos anjos e da criação, no qual as ideias se tornam padrões; *Yetzirah*, o mundo dos planetas e da formação, em que os padrões são expressos; e *Assiah*, o mundo material da ação que percebemos com nossos sentidos físicos.

O Mistério supremo e central da Cabala é a sagrada união ou "Casamento sagrado" entre os aspectos masculino e feminino do Divino – ou a unificação de Deus. A Deusa cabalística é *Shekinah* e era a guardiã da Árvore da Vida no jardim do Éden. Após a queda, ela foi separada de seu marido, *Javé*. Apenas nas noites de sexta-feira, à véspera do Sabbath, eles se reúnem brevemente e são forçados a se separar novamente em seguida. Os divinos amantes só serão reunidos permanentemente quando a luz original da criação houver retornado à sua Divina Fonte. Todo ato de amor e compaixão aproxima mais um pouco o casal cósmico. Assim, a vida pode ser considerada uma grande história de amor, da qual todos nós participamos quando procuramos o Amante do qual fomos separados. O próprio destino dos deuses está em nossas mãos!

Livros da Cabala

A Cabala atualmente consiste de um certo número de livros de fontes diferentes, a maioria escrita em diversas partes distintas entre os séculos IX e XIII. Trata-se da sabedoria reunida de muitos antigos feiticeiros e magos, assim como uma assimilação contínua de escritos de ocultismo da magia egípcia, do Oriente Médio, greco-romana, judaico-cristã e da Alquimia.

Simon Ben Jochai, um rabino do século II, foi o primeiro a escrever os muitos mitos cabalísticos judaicos. Eles foram reunidos por seu filho, Rabbi Eleazor, no *Sefer Ha Zohar* ("Livro do Esplendor"). O *Zohar* foi introduzido na Espanha no século XIII por Moses de Leon de Guadalajara, a quem muitas vezes o livro é atribuído. De acordo com o *Zohar*, *An Sof* ("O Infinito"), o mais elevado Santo dos Santos, governava os céus com *Adni*, sua Rainha. Juntos eles se opunham a *Samael Smal*, que era o Mal Encarnado como o Anjo da Morte e Senhor dos Demônios.

O *Sefer Yetzirah* ("Livro da Criação") foi escrito na Palestina ou na Babilônia entre os séculos III e VI. Seu tema central é o significado místico das letras e números. Pode ser considerado um livro de cruzamento, que liga o antigo misticismo de Merkabah à mais recente Cabala.

O *Sefer Ha-Bahir* é considerado o primeiro livro de Cabala "real", ou seja, a empregar o simbolismo de dez *Sefiroth* como Divinos Atributos (já o *Sefer Yetzirah* usa o termo para designar números). Ele surgiu na Provença, França, no final do século XII.

A mais importante e duradoura contribuição da Cabala para a Magia e a Feitiçaria foi no estabelecimento dos primeiros sistemas de *correspondências*, que permitiam que as coisas fossem substituídas ou ampliadas por outras representações associadas. Por exemplo, o *Sefer Yetzirah* classificava tudo no Universo pelas 22 letras do alfabeto hebraico. Sete letras são para os dias da semana e os sete planetas; e 12 letras correspondiam a 12 meses e signos do Zodíaco. E as três "Letras-mãe" restantes representavam Ar-Fogo-Água. Atualmente, as *Tabelas de Correspondências* são um componente essencial de todos os Grimórios.

SEPHIRAH	KETHER	CHOKMAH
ESFERA	1	2
SIGNIFICADO	Coroa	Sabedoria
SIMBOLO	ᛣ	↑
ELEMENTO	Raiz do Ar	Raiz do Fogo
IMAGEM	Velho Rei barbado de Perfil	Patriarca Barbado
REALIZAÇÃO	União divina	Visão de Deus frente a frente
ILUSÃO	obtenção	independência
VIRTUDES	Término de Grande Obra	devoção
VÍCIOS	nenhum	nenhum
PALAVRAS-CHAVE	Unidade, fonte, divindade, consciência pura	Força vital, manancial, criatividade
NOME DIVINO	Eheieh (Eu sou)	Yahweh (Senhor)
ARCANJO	Metatron	Ratziel
CORO	Chioth Ha Qadesh	Aufanim
MANIFESTAÇÃO	Galáxia	Zodíaco
TARÔ	Ases	Dois
CHACRA	Sahasrara (coroa)	Ajna (3º olho)
COR	branco	cinza
ANIMAL	águia	homem
PLANTAS	Amendoeira em flor	amaranto
PEDRA	Diamante	turquesa
INCENSO	âmbar-gris	almíscar

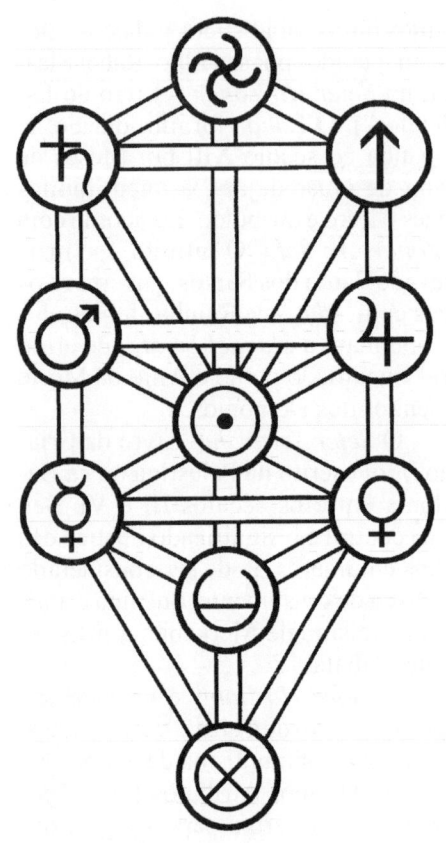

Lição 3: A Árvore da Vida

A base da Cabala é um diagrama chamado *Árvore da Vida*. Ela representa a estrutura subjacente do Universo sagrado. De cima para baixo, revela como a consciência suprema da divindade se mostra no mundo material e na consciência de cada pessoa. Do mesmo modo, de baixo para cima, a Árvore mostra o caminho pelo qual podemos ascender à unidade com o Divino a remover os obstáculos que limitam a nossa consciência.

A Árvore da Vida cresce de cima para baixo pela sua fonte celestial e consiste de dez esferas, ou *emanações*, de-

BINAH 3 Compreensão	CHESED 4 Misericórdia	GEBURAH 5 Força	TIPHARETH 6 Beleza	NETZACH 7 Vitória	HOD 8 Esplendor	YESOD 9 Fundamento	MALKUTH 10 Reino
♄	♃	♂	⊙	♀	☿	⊖	⊗
Raiz da Água	Água	Fogo	Ar	Fogo	Água	Ar	Terra
Rainha Mãe Celestial	Rei-Sacerdote entronado	Guerreiro armado em um carro	Rei Solar, criança divina	Amazona nua	Hermafrodito	Juventude itifálica	Donzela velada no trono
Visão de tristeza	Visão de amor	Visão de poder	Visão de harmonia	Visão de beleza triunfante	Visão de esplendor	Visão de mecanismo celestial	Visão do sagrado anjo guardião
morte	justiça	invencibilidade	identificação	projeção	ordem	segurança	materialismo
silêncio	Obediência, humildade	Coragem, lealdade	Devoção à Obra, integridade	Desprendimento, generosidade	Confiabilidade, honestidade	Independência, competência	Discriminação, julgamento
nenhum	Tirania, intolerância, hipocrisia, ganância	Crueldade, destruição	Orgulho, auto-importância	Concupiscência, libertinagem	Mentiras, traição	Ócio, preguiça	Avareza, inércia
Carma, tempo espaço, morte, lei, limitação	Autoridade, visão, criatividade, inspiração, liderança	Poder, dominação, paixão, coragem	Harmonia, integridade, equilíbrio, auto-sacrifício	Empatia, simpatia, prazer, sensualidade, luxúria	Gênio, mediação, razão, comunicação	Percepção, imaginação, emoção	Material, sólido, natureza, pesado
Yahweh Elohim (Senhor Deus)	El (Ele)	Elohim Gevor (Senhor Todo-Poderoso)	Yahweh Eloah va Daath	Yahweh Tzabaoth (Senhor das Hostes)	Shaddai el Chai (Deus Todo-Poderoso)	Adonai ha Aretz (Senhor da Terra)	
Tzafquiel	Tzadquiel	Gamael	Miguel	Haniel	Rafael	Gabriel	Sandalfon
Aralim	Chasmalim	Serafim	Malaquim	Elohim	Beni Elohim	Querubim	Ishim
Saturno	Júpiter	Marte	Sol	Vênus	Mercúrio	Lua	Elementos
Três Visudha (garganta)	Quatros Anahata (coração)	Cincos Manipuraka (plexo solar)	Seis Manipuraka (plexo solar)	Setes Svadistthana (genitais)	Oitos Muladhara (base da espinha)	Noves	Dez
preto	azul	vermelho	amarelo	esmeralda	laranja	roxo	citrino
mulher	unicórnio	basilisco	fênix	lince	chacal	elefante	esfinge
Cipreste, papoula	Oliveira, trevo	Carvalho, urtiga	Acácia, louro, vinha	Rosa	Alho dourado	Damiana, mandrágora	Chorão, lírio, hera
pérola	ametista	rubi	topázio	esmeralda	Opala de fogo	quartzo	Cristal de rocha
mirra	cedro	tabaco	olíbano	sândalo	estoraque	jasmim	ditamo

nominadas *Sephiroth* (singular *sephirah*). Elas estão ordenadas em três pilares, com dois caminhos entre elas. Esses caminhos foram associados às 22 letras do alfabeto hebraico e aos 22 Arcanos Maiores, ou Trunfos, do Tarô. A partir da base da Árvore (no alto do diagrama), as Sephiroth e suas relações são:

1. **Kether** – "Suprema Coroa da Criação". Bênção infinita.
2. **Chokmah** – "Sabedoria". O Grande Pai.
3. **Binah** – "Compreensão". A Grande Mãe.
4. **Chesed** – "Amor, piedade, grandeza". O Deus Compassivo.
6. **Tipharet** – "Beleza, harmonia". O Messias ou Salvador.
7. **Netzach** – "Vitória, força, resistência". O amor e as emoções.
8. **Hod** – "Esplendor, majestade". Intelecto e razão.
9. **Yesod** – "Fundamento". Impulsos sexuais e criatividade.
10. **Malkuth** – "Reino". Preocupações mundanas.

As Sefiroth podem ser compreendidas como diversas facetas da personalidade divina. A esfera mais alta, Kether, representa a divina glória, e a mais baixa, Malkuth, é o mundo material. A deusa de Malkuth ("Mãe-Terra") é a *Shekinah*. Abaixo de Kether, no pilar do meio, há um espaço vazio em que deveria haver uma *Sephirah* (assim como o cinturão de asteroides onde deveria haver um planeta!). Esse espaço é chamado de *Daath* ("Conhecimento"). É o *abismo*, o vazio – o golfo que separa o finito do infinito e o manifesto do não manifesto. Chegar a Daath é atingir a união com o divino, o verdadeiro objetivo de todos os místicos.

A primeira Sephirah é o pneuma (ruach ou ruah) *["Sopro"] do Deus vivo. Da ruach sai o Ar Primordial, do qual nascem a Água e o Fogo, a terceira e a quarta* Sephiroth. *Do Ar Primordial, Deus criou as 22 letras; da Água Ele criou o caos cósmico e do Fogo, o trono de Glória e as Hierarquias de Anjos. As últimas seis* Sephiroth *representam as seis direções do espaço.*

Gershom Scholem, *The Origins of the Kabbalah*

O *Bahir* trata das Sefiroth, mas não em relação à Árvore da Vida. A mais antiga versão da relação entre as Sefiroth era um conjunto de círculos concêntricos. A Árvore da Vida faz parte do *Zohar* e mais tarde foi popularizada por Isaac Luria.

Busca: A subida da Árvore da Vida

Eis um exercício ritual de meditação e de visualização que você pode fazer se desejar, baseado na ascensão da Árvore da Vida, do mundo material até o Reino Divino. Esta sorte de trabalho é uma base para grande parte da magia cerimonial. Primeiro, visualize o diagrama da Árvore da Vida sobre seu corpo, como mostrado na figura seguinte.

Esse exercício pode ser mais eficaz se você ficar nu diante de um espelho de corpo inteiro, especialmente se você tiver acabado de sair do banho e estiver bem limpo.

(Malkuth) Visualize uma luz amarelo-limão em torno de seus pés. Diga: "Ó Senhor da Terra, estabeleça seu rei-

(Tiphareth) Visualize uma luz amarelo-claro ao redor do seu coração. Diga: "Senhor do Conhecimento, conceda-me a beleza e ensine-me a integridade".

(Geburah) Visualize uma luz vermelho-escarlate em seu ombro esquerdo. Diga: "Senhor Todo-Poderoso, com sua força, proteja-me e ensine-me a coragem".

(Chesed) Visualize uma luz azul em seu ombro direito. Diga: "Santíssimo, com sua piedade, ensine-me a obediência e a humildade".

(Binah) Visualize uma sombra escura acima de seu ombro esquerdo. Diga: "Rainha do Céu, conceda-me a compreensão e ensine-me quando ficar em silêncio".

(Chokmah) Visualize uma luz de todas as cores misturadas juntas acima de seu ombro direito. Diga: "Pai Celeste, conceda-me a sabedoria e ensine-me a devoção".

(Kether) Visualize uma luz branca brilhante logo acima da cabeça. Diga: "Espírito Infinito, coroe a minha vida com a completude da Grande Obra e reúna-me com você".

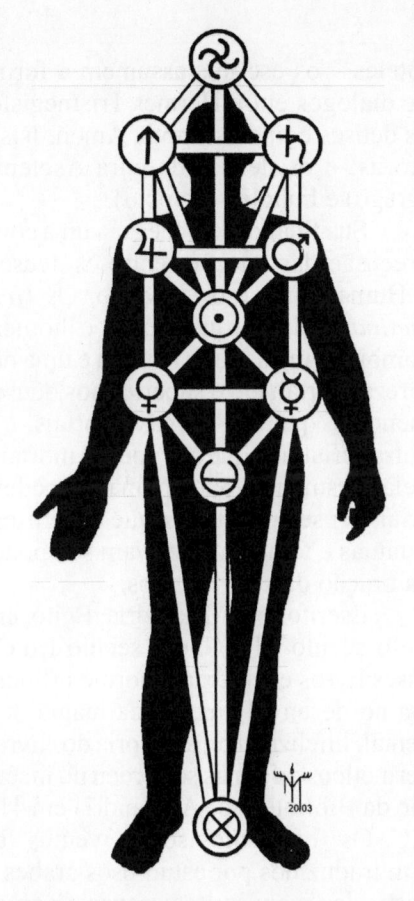

no dentro de mim e ensine-me o discernimento".

(Yesod) Visualize uma luz roxa em torno de seus genitais. Diga: "Deus Todo-Poderoso, proteja o meu fundamento e ensine-me a independência".

(Hod) Visualize uma luz laranja em seu lado esquerdo. Diga: "Senhor dos Anjos, revele-me seu esplendor e ensine-me a confiança".

(Netzach) Visualize uma luz verde-esmeralda em seu lado direito. Diga: "Senhor das Hostes, faça-me vitorioso contra meus adversários e ensine-me o desprendimento".

Lição 4: Os *Hermetica*

Os *Hermetica* eram uma coleção de 42 livros sagrados supostamente escritos pelo mítico *Hermes Trismegisto* ("Três vezes grande"). Ele é considerado o maior de todos os filósofos, o maior de todos os sacerdotes e o maior de todos os reis. O grego *Hermes* e o egípcio *Thoth** – ambas divindades de sabedo-

---

*N.E.: Sugerimos a leitura de *Thoth – O Arquiteto do Universo*, de Ralph Ellis, Madras Editora.

ria, magia e comunicação – foram equiparados a ele por volta de 500 a.C.

Uma terceira manifestação foi o patriarca hebraico *Enoch*,* "2º Mensageiro de Deus". Diz-se que Hermes revelou à humanidade as artes da medicina, da química, do direito, da arte, da astrologia, da música, do debate, da magia, da filosofia, da geografia, da matemática, o calendário de 365 dias, a anatomia e a oratória (a arte dos discursos).

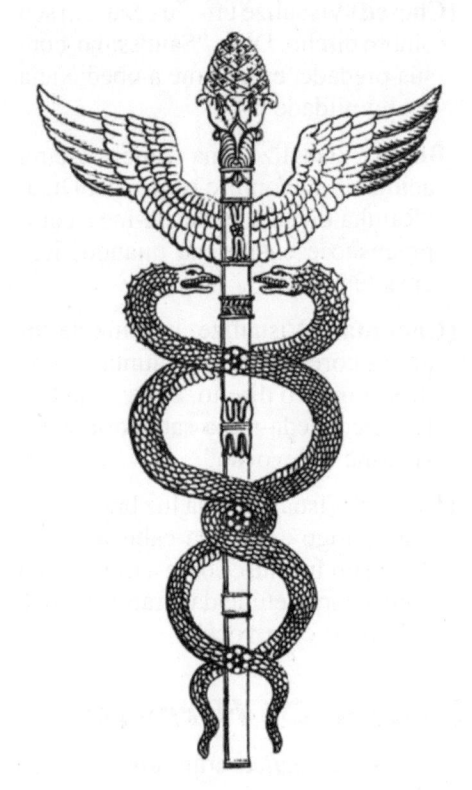

O mais importante símbolo hermético é o *caduceu*, o cajado alado de Hermes entrelaçado com duas serpentes.

Embora a maioria dos ensinamentos herméticos se baseiem na filosofia grega – particularmente Platão e Aristóteles – os escritos assumem a forma de diálogos entre Hermes Trismegisto; os deuses egípcios Thoth, Amon, Ísis e Hórus; e os deuses da cura Asclépio (grego) e Imhotep (egípcio).

Sua finalidade é chegar a uma compreensão das relações entre os deuses, a Humanidade e o Universo. Os *Hermetica* ensinam que, como o homem combina uma natureza divina e uma natureza mortal, ele é superior aos deuses menores, que são apenas imortais, e a outras criaturas que são apenas mortais. Pela mesma razão, os humanos podem criar deuses – aqueles que vivem em estátuas e templos e derivam seu poder da oração de seus devotos.

Escritos em Alexandria, Egito, entre o século III a.C. e o século I d.C., esses livros exerceram enorme influência no desenvolvimento da magia ocidental. Infelizmente, a maioria dos livros herméticos originais se perdeu no incêndio da Biblioteca de Alexandria em 415 d.C. Os fragmentos sobreviventes foram traduzidos por estudiosos árabes a partir dos manuscritos gregos e coptas introduzidos na Europa pelos mouros espanhóis no século XII.

O corpo principal dos escritos herméticos, porém, foi traduzido para o latim em 1471, quando Cosme de Médici, o grande patrono da Renascença italiana em Florença, instruiu Marsilio Ficino a traduzir os manuscritos herméticos gregos que ele comprara em Bizâncio. A recente invenção da imprensa possibilitou que os *Hermetica* em latim fossem difundidos rapidamente pela Europa. Os mais importantes dentre esses livros são o *Divino Pimandro* e a *Tábua de Esmeralda*.

---

*N.E.: Ver também: *O Livro de Enoch – O Profeta*, Madras Editora.

O impacto dos Hermetica na filosofia renascentista foi enorme. Ali estava um antigo corpo de escritos teológicos, mágicos e médicos de extraordinária beleza, poder intelectual e autoridade espiritual, no qual judeus, cristãos e muçulmanos podiam encontrar confirmações, amplificações e refinamentos de seus próprios ensinamentos sagrados. Nos Hermetica, o mito da criação se torna uma alegoria muito mais rica, mais detalhada e expressiva, um espantoso processo alquímico. Hermes descreve o homem como "Um grande milagre", capaz de atingir a divindade como indivíduo transcendendo os estágios do ser que o separam do Divino. O homem é dignificado como feito de fato "à imagem de Deus", sendo o microcosmo que reflete o macrocosmo. Isso é enfatizado pelo grande lema de Hermes "Acima como abaixo", com seu correlato "Dentro como fora". Tudo na criação encontra seu reflexo no homem. Portanto, ele tem à sua disposição todas as ferramentas necessárias para cumprir seu divino destino, se escolher aceitá-lo.

Francis Melville, *The Secrets of High Magic*

A Tábua de Esmeralda

A lenda conta que as seguintes palavras (em grego) foram originalmente entalhadas em baixo relevo em uma única tábua verde-esmeralda (uma antiga testemunha acreditava que a tábua havia sido forjada em um molde, como vidro derretido). Por isso, este texto é chamado de *A Tábua de Esmeralda*.

I. É verdade, sem mentira, muito verdadeiro –

II. Que o que está Abaixo é como o que está Acima, e o que está Acima é como o que está Abaixo, realizando o Milagre da Coisa Una.

III. E assim como todas as coisas provieram do Uno, por Mediação do Uno, assim todas as coisas nascidas provieram desta Coisa Una da mesma forma.

IV. O Sol é seu Pai. Sua Mãe é a Lua.

V. O Vento o traz em seu seio; a Terra é sua nutriz.

VI. Ele é o pai de toda Coisa Perfeita no Mundo inteiro. Sua força é plena, se ela é convertida em Terra.

VII. Separarás a Terra do Fogo, o sutil do denso, suavemente e com grande esmero.

VIII. Ele se eleva da Terra ao Céu, e de novo retorna à Terra,

IX. E desse modo recebe a Força de Cima como de Baixo.

X. Desse modo possuirás toda a Glória do Mundo. Todas as trevas serão claras para ti. Este é o Poder de todo Poder. Ele vence o que é sutil e penetra o que é sólido.

XI. Desse modo foi o Mundo criado. Disso sairão aplicações maravilhosas, das quais estes são os meios.

XII. Portanto, chamado sou Três Vezes Grande Hermes, pois possuo três partes da Sabedoria do Mundo inteiro.

XIII. Assim expliquei completamente a Operação do Sol.

Lição 5: Anjos e Demônios

Os Anjos e Demônios são comuns às mitologias do Judaísmo, do Cristianismo e do Islamismo. Na magia cabalística, os *Anjos* ("Mensageiros") são considerados espíritos ou inteligências dos planos "superiores", enquanto os *Demônios* ("espíritos malignos") habitam os reinos "inferiores" (os humanos, obviamente, estão no meio). A maior parte dos rituais da "Alta Magia" trata de *convocar* (chamar) ou *conjurar* essas entidades em presença visível e ordenar-lhes que revelem certas informações ou realizem certas tarefas. Isso é incrivelmente semelhante à maneira como usamos atualmente a Internet e a rede mundial!

Tanto os Anjos quanto os Demônios são classificados em níveis ordenados de *hierarquias*, como em um exército. Os anjos são por natureza cooperativos e desejosos de ajudar qualquer mago merecedor. Os demônios são agitados e pouco cooperativos e devem ser ameaçados e coagidos a ajudar. Tratarei dos demônios com mais detalhe na Aula 6.6.3. Nesta Lição, quero me concentrar no nome dos anjos da tradição cabalística.

Os anjos são puro espírito e, portanto, não têm sexualidade. Estão livres das limitações do mundo material, são incorpóreos e imortais. O seu papel é fixo, eles não têm livre-arbítrio e não mudam nem evoluem. Suas funções e objetivos são nos ajudar a conhecer nossa verdadeira natureza e propósito e despertar nossa consciência divina.

Os grupos de anjos são conhecidos como *Coros*. Cada Coro contém milhares de anjos, comandados por um *Arcanjo*. Existem dez Arcanjos, cada um associado a uma *Sephirah* na Árvore da Vida. Eis aqui os Coros Angélicos, organizados do mais alto ao mais baixo. Se você decidir conjurar algum desses Arcanjos, é extremamente importante pronunciar seus nomes corretamente!

Chioth Ha Qadesh – Esta é a ordem suprema de anjos, diretamente associada ao infinito Espírito Divino de *Kether*. São conhecidos como viventes sagrados e são comandados pelo arcanjo *Metatron* ("Anjo da presença"). Rei de todos os anjos, e o mais jovem de todos, em vida foi o patriarca bíblico Enoch. Metatron é o elo entre Deus e a humanidade. Seu equivalente feminino é a Shekinah.

Aufanim – São as Forças Giratórias. Associados a *Chokmah*, são governados pelo Arcanjo *Ratziel* ("Deleite de Deus"), o Príncipe do conhecimento das coisas ocultas, que é chamado de Anjo dos Mistérios. O legendário *Livro de Ratziel* supostamente contém uma chave secreta em código para os mistérios do Universo, desconhecida até pelos outros anjos.

Aralim – São os Fortes e Poderosos. São feitos de fogo branco e associados a *Binah*, a *Sephirah* de Saturno e o princípio feminino. O Arcanjo que os rege é *Tzafquiel* ("Contemplação de Deus"), o Príncipe da luta espiritual contra o mal.

Chasmalim – São os Anjos Brilhantes. Cuidam da justiça e são associados a *Chesed*, a *Sephirah* de Júpiter. São comandados pelo Arcanjo *Tzadquiel* ("Justiça de Deus"), Príncipe da misericórdia e da bondade que guarda os portões do Vento Leste.

Serafim – São os Anjos Flamejantes, os Anjos Vingadores da destruição. Eles servem a *Geburah*, a *Sephirah* de Marte e o Temor de Deus. São regidos pelo Arcanjo *Camael* ("Severidade de Deus"). Como Príncipe da força da coragem, ele carrega a espada flamejante.

Malaquim – Também chamados *Shinanin*, eles servem a *Tiphareth*, a *Sephirah* do Sol. Governam todas as leis naturais e são responsáveis pelos movimentos e ciclos dos corpos celestes, assim como pelos milagres que desafiam as leis da natureza. Eles inspiram valor nos heróis e virtude nos santos. Seu Arcanjo é *Rafael* ("Médico de Deus"), Príncipe da cura, e têm Miguel como seu tenente.

Eloim – Eles são um *panteão* ("Todos os deuses"), também conhecidos como Coro dos Principados. São associados a *Netzach*, a *Sephirah* de Vênus. O Arcanjo que os governa é *Haniel* ("Graça de Deus"), Príncipe do amor e da harmonia. Seu equivalente feminino, *Hagiel*, é um belo anjo de olhos verdes que aparece exatamente como a deusa Afrodite.

Beni Eloim – São os Filhos dos deuses, também conhecidos como Coro dos Arcanjos. São associados a *Hod*, a *Sephirah* de Mercúrio. Seu arcanjo é *Miguel* ("Protetor de Deus"), sendo Rafael o seu tenente. Sua província é a arte e o conhecimento.

Querubim – São os Anjos Guardiões da humanidade. Seu nome significa "Aqueles que intercedem". Eles servem a *Yesod*, a *Sephirah* da ação e da Lua. Seu Arcanjo é *Gabriel* ("Força de Deus"), o mais amado de todos os anjos. Foi ele quem apareceu a Maria na Anunciação e ditou o Corão a Maomé.

Ishim – É a ordem mais baixa de anjos que auxiliam a humanidade diretamente. Também denominados Almas Abençoadas e Almas dos Justos Tornados Perfeitos, outrora foram santos e profetas que viveram na Terra. São associados a *Malkuth* – o Reino da Terra e das preocupações mundanas. Seu Arcanjo é *Sandalfon* ("Coirmão"), o gêmeo de Metatron. Na Terra, ele foi o profeta hebraico Elias.

Lição 6: Operações angelicais

Se você ainda não começou a fazer os exercícios de meditação e visualização que sugeri anteriormente, certamente não estará pronto para as operações angelicais. Sem problema – não há pressa. Desenvolva essas habilidades e depois volte a esta Lição.

As operações angelicais, como todas as conjurações de Espíritos, exigem um espaço quieto e privado em que você não seja interrompido por pelo menos uma hora. Se possível, você deve estar completamente sozinho em casa para nem mesmo ouvir a voz de outras pessoas. Tranque as portas e tire o telefone do gancho. A temperatura deve ser confortável e é bom ter uma almofada para sentar. Deixe tudo o que possa precisar ao alcance e use o banheiro antes de começar!

Não coma nada muito condimentado – especialmente coisas como feijão ou alho, que dão mau hálito ou gases – por pelo menos 48 horas antes do ritual! A única coisa que você deve cheirar é o incenso especial para o rito. Esteja bem descansado. Se estiver cansado ou doente, não tente fazer conjurações! Tome um belo banho purificador e use um manto branco limpo.

Eis um plano geral para conjurar um anjo:

Primeiro, você precisa se familiarizar com as qualidades e associações do anjo que deseja contatar. Estude as diversas tabelas de correspondências deste *Grimório* e faça um pequeno gráfico para esse anjo em particular. Eis abaixo algumas das correspondências específicas dos Arcanjos.

Segundo, é preciso ter um propósito muito específico em mente para este contato. Simples curiosidade não basta! Escreva sua Declaração de Intenção em um pedaço de pergaminho. Faça também uma lista de todos os itens de

ARCANJO	DEVERES	ÓLEO/INCENSO	PEDRA	COR
10. Metatron	Une humano e divino	Sálvia, olíbano	Diamante herkimer	branco
9. Ratziel	Ocultamento, conhecimento oculto	Gerânio, eucalipto	fluorita	Azul-esfumaçado
8. Tzafquiel	Responde a orações, intercessões	Sálvia, camomila, eucalipto, mirra	Obsidiana, turmalina	preto
7. Tzadquiel	Protege professores, manifestação	Bago de loureiro, cedro, noz-moscada	lápis-lazúli	Azul, roxo
6. Camael	Força, coragem	Canela, gardênia, cipreste	granada	Oliva, citrino
5. Rafael	cura	Jasmim, rosa, lírio	Quartzo rosa	Amarelo, rosa
4. Haniel	Artístico, criatividade	Patchuli, roa, bago de loureiro	Esmeralda, malaquita	verde
3. Miguel	Proteção, paciência	alecrim	Citrina, calcita	Laranja, pêssego
2. Gabriel	Mensageiro de Deus	Jasmim, aloé, sândalo	Quartzo, selenita	roxo
1. Sandalfon	Vida, oração	Sândalo, limão, cravo	Quartzo esfumaçado	Preto, ferrugem

que vai precisar. Prepare aqueles que será preciso fabricar (como incenso) e deixe tudo no lugar antes de começar a operação.

O principal item especial que será necessário fabricar para estas conjurações é um triângulo equilátero de compensado com um buraco redondo no centro, no qual seu *speculum* (espelho de divinação) se encaixe. Faça um suporte para as costas e mantenha-o em um ângulo de 45 graus. Nos três cantos, desenhe os sigilos apropriados (veja 4. VII.3: "Talismãs das potências planetárias").

A outra coisa que será necessário fazer é um talismã apropriado à Esfera Planetária. Ele pode ser pintado ou desenhado em tecido ou pergaminho na cor adequada (veja detalhes em 4. VII.3).

Pessoal: vista um capote da cor apropriada sobre um manto branco. Use uma pedra adequada em um pingente, anel ou em seu saquinho-talismã. Unja seus pulsos, têmporas, peito e terceiro olho com o óleo certo.

Espaço ritual: ponha uma lâmpada da cor apropriada em um abajur e apague todas as outras luzes. Faça um círculo (pode ser de giz ou de barbante) grande o bastante para sentar-se nele confortavelmente e ponha uma almofada no centro. Deixe o triângulo de adivinhação fora do círculo, a leste, com o espelho virado para dentro, para que você possa ver a sua face refletida nele, quando estiver sentado no centro do círculo. Ponha o talismã diante de você, dentro do círculo. Deixe um pequeno sino no norte – o melhor é um que possa ser tocado com um percussor. No oeste, ponha um cálice de água e deixe o seu turíbulo e incenso no sul.

Fora do círculo, posicione quatro velas a meio caminho entre os quadrantes da bússola, todas da mesma cor.

A Operação: primeiro, forme o círculo do modo usual, mas sem invocar os elementos. Acenda as velas e o incenso apropriados. Sente-se na almofada e entre em estado meditativo. Feche os olhos e visualize uma presença angelical brilhante. Quando estiver pronto, abra os olhos e olhe para o *speculum* da mesma maneira desfocada que usa para perceber as auras (ou estereogramas).

Sem deixar de olhar o *speculum*, toque o sino e pense em silêncio no nome do anjo que deseja contatar, tantas vezes quanto for o número dele. Bata no sino antes de cada chamada. Daí faça isso novamente, pelo mesmo número de vezes, mas dessa vez sussurre o nome suavemente. E, finalmente, faça uma terceira repetição enquanto entoa o nome em voz alta, em tom forte. Na conclusão, diga: "Eu te convoco a aparecer diante de mim!". Se tiver se preparado apropriadamente e já houver adquirido alguma habilidade na meditação e na visualização, você deverá ver a face do anjo aparecer em seu *speculum*. Com bastante prática, você pode até ver o anjo inteiro diante de você, como se o seu *speculum* fosse um projetor de laser. Mantenha seu estado de calma meditativa e peça ao anjo o que você já havia determinado anteriormente, de acordo com sua Intenção. Pode ter a certeza de que suas orações serão respondidas!

Finalmente, beba de seu cálice (você vai estar com muita sede!), agradeça ao anjo e despeça-se dele. Depois que ele desaparecer, abra seu círculo, apague as velas e deixe o espaço como estava para seu uso normal.

Quinta Aula:
Domínio da Sabedoria (Cinza)

1. Introdução: Domínio da sabedoria

abedoria significa "ensinamentos", e o Domínio da Sabedoria é o principal atributo do feiticeiro. Durante toda a história, os feiticeiros estudaram e colecionaram livros e escritos com a sabedoria das eras e muitos formaram importantes bibliotecas e museus. Talvez a maior feiticeira de todos tempos tenha sido *Hipácia*, que era professora, matemática, astrônoma, filósofa platônica e a última bibliotecária da Grande Biblioteca de Alexandria, no Egito, antes de ter sido brutalmente assassinada e a Biblioteca incendiada por uma turba cristã fanática em 415 d.C. Seu pai, Teonte, também um grande feiticeiro, foi o último curador do Museu de Alexandria.

O Domínio da Sabedoria trata de conhecer os segredos arcanos e mistérios esotéricos conhecidos de poucas pessoas. Dizem que "conhecimento é poder", e muito do verdadeiro poder de um feiticeiro vem de seu vasto conhecimento. É por isso que muitos deles adquiriram fama como sábios professores, mentores, guias e conselheiros – inclusive para reis e rainhas.

A sabedoria, porém, é mais do que simplesmente segredos e mistérios. Um corpo muito importante de sabedoria trata dos mitos e lendas; um mestre de sabedoria também é um contador de histórias e sempre consegue se lembrar de um conto para defender algum argumento.

Sempre gostei de mitos, lendas e contos de fada. Até mesmo antes do jardim da infância, eu já havia lido os mitos gregos adaptados para crianças em uma série de livros, conhecida como *Childcraft,* que meus pais me deram. Nunca vou esquecer a primeira história que aprendi a ler – o conto de *Perséfone e Hades* (só que eles usavam os nomes romanos de *Prosérpina e Plutão*). Todas essas histórias clássicas foram muito importantes em minha vida e eu as consulto continuamente até hoje. Cheguei até a criar rituais e peças de mistério para representá-las de modo poderoso e transformador para muitas pessoas.

Lição 2: As artes bárdicas

As artes bárdicas incluem a poesia e a narração de histórias, a música e as canções. Na antiga tradição celta, os bardos eram parte das ordens mágicas lideradas pelos Druidas. Os bardos eram os poetas, músicos e cantores das canções épicas e contos que reuniam a história e a sabedoria dos povos. Em uma época em que muito pouco era registrado por escrito, um bardo devia memorizar enormes quantidades de poesias, canções e histórias.

Os bardos modernos continuam essa tradição, e os "cantores de sabedoria" bárdicos são altamente respeitados e honrados por toda a comunidade mágica e se apresentam nas reuniões, além de gravar discos. Muitos de nossos bardos mágicos também se tornaram famosos no mundo profano e podem ser ouvidos em shows e no rádio.

O ofício de bardo sempre foi tão importante para a vida das pessoas que diversas culturas atribuíram divindades padroeiras para *inspirar* ("respirar para dentro") os bardos. Na antiga Grécia, eram as *Musas*, deusas das Artes e das Ciências. Nossa palavra "Música" vem desse nome. Antes de qualquer apresentação, ou nos espasmos da criação, ou quando buscavam inspiração, os bardos invocavam a musa apropriada. O filme *Xanadu* apresentava Olivia Newton-John como uma musa, com a maravilhosa canção-tema: "You've got to believe we are magic!". As musas eram filhas de *Zeus*, o Rei dos deuses, e *Mnemosina*, a deusa da memória. Eis os seus nomes e domínios:

Calíope ("Bela voz") – poesia épica e retórica. Ela segura um pergaminho fechado.

Clio ("Celebrar a fama") – história. Ela é mostrada lendo um pergaminho meio aberto.

Erato ("Impetuosa") – ama a poesia e as festas de casamento. É mostrada tocando uma lira.

Euterpe ("Encantadora") – música e poesia lírica (canções). É mostrada tocando duas flautas.

Melpomene ("Cantar") – tragédia. Ela segura uma máscara triste, a clava de Hércules e uma guirlanda de folhas de videira.

Polímnia ("Muitos hinos") — sagrados dos deuses. Ela é mostrada cantando.

Terpsicore ("Dança alegre") – danças e música para dançar. Ela segura um pandeiro e dança.

Talia ("Florescer") – comédia, poesia e idílica. Ela segura uma máscara alegre, um cajado de pastor e uma guirlanda de hera.

Urânia ("A celestial") – astronomia. É mostrada segurando um globo e um cajado.

Na Irlanda, a deusa da poesia, música e artes criativas é **Brigite**. Como padroeira da tradição oral bárdica, ela é a mãe da memória. É também a deusa do herbalismo, das artes curativas, dos ferreiros, dos poços sagrados, da criação de animais e das parteiras. Dadas essas qualidades, a minha família Ravenheart adotou Brigite como Deusa padroeira e ela ocupa um lugar especial em nosso altar familiar.

___

*N.E.: Lançado no Brasil pela Madras Editora.

Lição 3: Mitos clássicos

No mundo ocidental, aqueles denominados "Mitos clássicos" são histórias geralmente de origem grega que foram adotadas e transmitidas pelos romanos quando eles governavam o mundo. Depois que a última rainha, Cleópatra, de 21 anos, aliou-se a Júlio César em 48 a.C., alguns dos mitos egípcios também entraram em Roma.

Na Grécia, a *Teogonia* ("Nascimento dos deuses") de Hesíodo, escrita no século VIII a.C., contava as origens dos deuses e o estabelecimento do governo de Zeus. Seu relato da sucessão de gerações de Deuses mostra a influência da mitologia do Oriente Próximo, particularmente Suméria, Acádia e Hitita. Por volta da mesma época, Homero registrou a saga da Guerra de Troia e a jornada de dez anos de Odisseu na *Ilíada* e na *Odisseia*. Outros poetas e dramaturgos expandiram bastante esse material ao longo dos séculos.

Em Roma, as *Metamorfoses* ("Transformações") de Ovídio,* escritas no século I, reuniam cerca de 250 histórias míticas e se tornaram um sucesso popular instantâneo. Ele traduziu e adaptou muitas lendas gregas para versões romanas, muitas vezes alterando os nomes e locais. A influência de Ovídio na arte e na literatura ocidentais não pode ser exagerada. Ele foi uma das principais inspirações de Dante, Chaucer, Shakespeare, Milton e muitos outros.

Temas comuns

Dentre as muitas centenas de mitos que chegaram até nós, há muitos temas que se repetem:

1. Profecias de que uma criança ainda não nascida algum dia aparecerá para

matar o governante. Os esforços feitos para frustrar essas profecias inevitavelmente acabam levando à sua realização.

2. Uma mulher mortal que compara sua beleza ou habilidades com os de uma deusa atrai a vingança divina, assim como um homem mortal que se compara aos deuses.

3. A hospitalidade é uma obrigação sagrada. Recusá-la traz a condenação certa, ao passo que oferecê-la generosamente atrai recompensa dos deuses.

4. Um filho bastardo nascido de uma mulher fecundada pelo Deus supremo se torna um grande herói.

5. Se você tentar fugir de seu destino, ele o alcançará e o destruirá. O herói deve enfrentar seu destino e aceitá-lo; só então triunfará. Fazer a escolha traz o poder.

Ao longo deste *Grimório*, mencionei muitas dessas histórias para ilustrar diversas lições. Eis aqui mais algumas das minhas favoritas e que eu gostaria de compartilhar com você. Se gostar, há muitas mais que esperam sua exploração!

Prometeu e Pandora

Prometeu ("Prudência") e *Epimeteu* ("Reflexão tardia") eram dois dos quatro filhos do Titã *Iapeto*. Prometeu era sábio, mas Epimeteu era tolo. Quando os deuses estavam criando as criaturas vivas, Epimeteu recebeu a tarefa de atribuir qualidades a elas. Mas depois de terminado o trabalho, Prometeu descobriu que seu tolo irmão dera todas as forças, poderes, armas, proteções e defesas para os animais, deixando os humanos nus e indefesos.

Para remediar essa situação, Prometeu roubou o fogo dos deuses e o deu à humanidade – o maior poder de todos. Assim Prometeu se tornou o grande benfeitor e campeão da humanidade – em oposição a Zeus, que temia que os humanos se tornassem demasiado poderosos e ameaçassem seu governo.

Zeus exigiu que os homens oferecessem sacrifícios de animais como tributo aos deuses do Olimpo. Prometeu dividiu as partes cortadas de um boi em duas pilhas e pediu a Zeus que escolhesse uma porção para os deuses. Em uma pilha, Prometeu havia embrulhado a carne e os órgãos comestíveis na pele seca. Na outra, ele escondera os ossos e as partes não comestíveis debaixo da gordura brilhante. Zeus escolheu a segunda pilha e, dali em diante, os humanos passaram a queimar a gordura, os ossos e os restos como oferenda aos deuses e a guardar a carne e o couro para si.

Furioso por ter sido enganado novamente, Zeus planejou uma vingança contra Prometeu e seus queridos humanos. Pediu que *Héfesto*, o deus ferreiro, fizesse uma mulher de argila, e todas as deusas lhe emprestaram alguns de seus atributos. Ela recebeu o nome de *Pandora*, que significa "Presente de todos". Zeus deu a ela uma caixa que lhe disse para nunca abrir e depois mandou que Hermes a levasse até Prometeu. Mas Prometeu não era bobo de aceitar algum presente de Zeus e recusou. Epimeteu, porém, ficou tão encantado que se casou com ela.

Depois de algum tempo, obviamente Pandora não conseguiu conter a sua curiosidade sobre o conteúdo da misteriosa caixa e a abriu, como Zeus sabia que ela faria. Dali saíram todos os males e doenças que assolariam para sempre a humanidade. Pandora fechou a tampa exatamente a tempo de evitar a fuga da Esperança, que continua a ser um conforto para os tempos mais difíceis.

Prometeu sabia que Zeus, por sua vez, seria derrubado algum dia por um novo Deus, mas se recusou a dizer a ele quem seria. Em uma fútil tentativa de torturá-lo para obter a verdade, Zeus acorrentou Prometeu em uma das montanhas do Cáucaso e enviou seu poderoso abutre/águia para comer seu fígado todos os dias. Como Prometeu era imortal, o fígado voltava a crescer à noite. Mais tarde, ele foi libertado dessa agonia por Héracles.

Em minha juventude, eu me identificava tanto com Prometeu que adotei o nome dele como meu primeiro nome mágico. Sua disposição em desafiar o tirânico rei dos deuses para beneficiar a humanidade sempre teve um apelo irresistível para mim (uma curiosidade: os primeiros fósforos de segurança, inventados no início do século XIX, eram chamados "Prometeanos").

Inana e Dumuzi

Inana era a Rainha do Céu na antiga Suméria. Conhecida como *Ishtar* na Babilônia, era a deusa mais importante da Mesopotâmia. Representada com ricas vestes ou nua, Inana é uma deusa do amor, da fertilidade e da guerra. É também a personificação do planeta Vênus, simbolizada por uma estrela de oito pontas.

Sua história mais conhecida é "A descida de Inana para o Mundo Subterrâneo". Tendo decidido estender seus domínios para o mundo inferior, Inana passa através de sete portões e deve deixar algo para trás em cada um deles. Ela é despida de sua coroa, seu cetro, seus poderes, suas joias, seu cinturão, seus trajes e, finalmente, até de seu nome, entrando em *Aralu*, o Mundo Subterrâneo, nua e sem nome. Quando finalmente chega ali, sua cruel irmã *Ereshkigal*, governante do Reino, a condena à morte, pendurando seu cadáver em um gancho de açougue.

Com a morte de Inana, porém, nada mais crescia na Terra. O sábio *Enki*, Deus supremo da Criação e da Medicina, que conhecia os segredos da vida e da morte, declarou que Inana só poderia renascer se alguém assumisse seu lugar. Ela escolheu seu marido *Dumuzi*, deus da vegetação, que dali em diante governaria o Mundo Subterrâneo por metade do ano. No Equinócio de Outono, o início do Ano-Novo Sumério, Dumuzi voltava à Terra. Sua reunião com Inana revitalizava toda a natureza.

Ísis e Osíris

Ísis era a deusa mais cultuada pelos egípcios e, mais tarde, no Império Romano. É a rainha do Céu e da Terra e também governava o mar. Seu irmão e marido era *Osíris*, o deus Verde dos Campos férteis, que representava o princípio do Bem. Seu irmão *Set* era o deus Vermelho do deserto ardente e representava o princípio do Mal.

Certa vez, Set derrotou Osíris, cortou seu corpo em 14 pedaços e os espalhou por todo o Egito. Ao longo de muitos meses, Ísis delicadamente procurou reunir todos pedaços exceto um – seu pênis. Ela fabricou um novo, de madeira, e realizou cerimônias especiais com os outros deuses para juntar todos os pedaços, e devolver a Osíris a vida – no momento em que as plantações colhidas voltassem a brotar. Assim, Osíris se tornou o deus da ressurreição e da vida eterna, assim como o senhor do Mundo Subterrâneo e juiz dos mortos. Ele é normalmente representado como uma múmia com o rosto verde.

Ísis deu a Osíris um filho, chamado *Hórus*. Comumente representado com cabeça de falcão, ele representava o poder vivificante de *Ra*, o deus-Sol. Ele enfrentou e derrotou Set, mas perdeu um olho na batalha. Esse "Olho de Hórus" tornou-se um dos mais poderosos símbolos de proteção mágica, conhecido como *udjat*.

Deméter, Perséfone e Hades

Coré ("Garota"), a donzela-flor, era filha de *Deméter*, deusa da agricultura. Certo dia, quando Coré colhia flores, viu um belo narciso negro, mas suas raízes iam até o Mundo Subterrâneo. Quando ela o puxou, o chão se abriu e o sinistro *Hades*, senhor dos mortos, surgiu com seu carro de ébano puxado por cavalos negros de olhos de fogo. Agarrou Coré e levou-a para seu reino sombrio do Érebo para ser sua noiva e rainha. Ali ela era conhecida por seu verdadeiro nome, *Perséfone*.

Deméter ficou tão perturbada pelo desaparecimento de sua filha que deixou de cuidar da fertilidade dos campos e vagou pelo mundo angustiada em busca de Coré. Enquanto isso, a terra ficou estéril e fria, e o primeiro inverno se instalou. As pessoas morriam de fome pela negligência de Deméter e não podiam mais fazer oferendas aos deuses. Zeus pediu a Deméter que fosse mais branda, mas ela insistia na devolução de sua filha. Por isso Zeus decretou que Perséfone fosse devolvida – desde que não tivesse comido nada enquanto permaneceu no Mundo Subterrâneo.

Mas, Perséfone engolira três sementes de romã, estando assim presa ao reino sombrio. Por isso, foi preciso chegar a um acordo: Perséfone passaria um terço do ano reinando com Hades, como Rainha dos Mortos, e os outros dois terços do ano sobre a verde terra com Deméter. O retorno de Coré a cada primavera com as flores era um renascimento que apagava todas as lembranças do ciclo anterior.

Essa história era representada anualmente nos *Mistérios de Elêusis*, um festival de 11 dias que ocorreu desde pelo menos o século XIII a.C. até 395 d.C., quando Alarico, o Godo, destruiu o Templo de Elêusis. Era a cerimônia mais transformadora da Antiguidade, e os iniciados tinham a promessa de uma vida especial no Mundo Subterrâneo, depois da morte. Eles juravam segredo, e os ritos interiores nunca eram revelados aos não iniciados.

Atena e Poseidon

Para frustrar uma profecia de que seria derrubado por seu filho, Zeus engoliu sua primeira esposa, *Métis* ("Conselho"), quando ela estava grávida. Ao invés de um filho, ela deu à luz uma filha, *Atena*, que surgiu já crescida e armada da testa de Zeus. Como deusa da guerra e da sabedoria, ela lutou na grande batalha dos Titãs e suas brilhantes estratégias conquistaram a vitória dos deuses. Atena tornou-se uma das maiores deusas da Grécia, tanto na paz quanto na guerra. Era a defensora do Estado e de todas as artes e ofícios pacíficos, que inventou e ensinou à humanidade.

Depois que os deuses Olímpicos derrotaram os Titãs, os primeiros três irmãos tiraram a sorte e dividiram os mundos entre si. Zeus ficou com o céu, *Poseidon* recebeu os mares e Hades ficou com o Mundo Subterrâneo. Poseidon não governava apenas as ondas; é também o mestre dos cavalos, incluindo os cavalos marinhos ou *hipocampos*.

Atena e Poseidon competiam para saber quem seria a divindade padroeira da capital da Grécia. Zeus decretou uma competição que seria vencida por aquele que oferecesse o maior presente ao povo – sendo o vencedor determinado pelo número de votos, na primeira eleição de que se tem registro. Poseidon bateu no chão com seu tridente e dali jorrou uma fonte de sal e um cavalo. Atena ofereceu a oliveira.

Todos os homens e mulheres da cidade votaram. Todos os homens votaram em Poseidon e todas as mulheres em Atena. Entretanto, havia uma mulher a mais do que o número de homens, por isso Atena ganhou a eleição por um único voto. Assim, a cidade recebeu o nome de Atenas e foi estabelecida a primeira democracia. Mas, os homens se ressentiram por terem sido derrotados, de modo que o primeiro ato do novo congresso foi retirar o direito de voto das mulheres – embora a divindade padroeira continuasse a ser uma deusa!

Janete e Tam Lin

Janete era a filha independente de um conde medieval. Certo dia, ela saiu sozinha para explorar a floresta próxima de Carterhaugh. Ao colher uma rosa, um belo jovem repentinamente apareceu e a desafiou, dizendo que era o guardião da floresta. Janete respondeu que não queria causar nenhum mal e perguntou quem ele era. Ele respondeu que era *Tam Lin*, um notável cavaleiro elfo. Mas ele nascera mortal e fora capturado pela rainha das fadas quando adormeceu sobre seu cavalo. Ele ansiava por retornar ao mundo mortal, mas estava preso ao reino das fadas por um encantamento.

Os dois se apaixonaram e Janete ficou grávida. Certo dia, Tam Lin disse a ela que aquela noite era Samhain, quando as hostes encantadas saíam para a caçada selvagem, e ele sairia com ela. Com coragem e amor, ela poderia ganhá-lo da rainha elfa. À meia-noite, ela deveria esperar em uma encruzilhada até que os cavaleiros élficos passassem. Em seguida, ela o puxaria de seu cavalo branco como o leite e o abraçaria bem forte, não importasse o que acontecesse.

Janete fez como instruído. A rainha fada atirou feitiços em Tam Lin, transformando-o primeiro em lagarto, depois em cobra e, finalmente, em um bloco de ferro incandescente. Janete continuava a segurar e não o largava. Finalmente, ele voltou à sua forma como um homem nu e Janete o envolveu em seu manto verde. A rainha elfa gritou amargamente que se ela soubesse que o amor de uma mulher mortal roubaria Tam Lin dela, ela teria destruído seu coração e substituído por uma pedra. E se soubesse que ele seria conquistado pela beleza de Janete, teria arrancado seus olhos e substituído por madeira.

(este conto é cantado na *Balada de Tam Lin*).

Lição 4: Heróis e heroínas

Gilgamesh (c.2700 a.C.)*

Gilgamesh foi um rei histórico de Uruk, na Babilônia (moderno Iraque). 2/3 Deus e 1/3 humano, era o homem mais forte que já vivera e oprimia duramente

---

*N.E.: Sugerimos a leitura de *Versão Babilônica sobre o Dilúvio e a Epopeia de Gilgamesh*, de E. A. Wallis Budge, Madras Editora.

seu povo. Este chamou a deusa *Aruru* em sua ajuda. Aruru, a Oleira, criou um homem selvagem, *Enkidu*, com a força de uma dúzia de animais selvagens, como um rival subhumano ao sobre-humano Gilgamesh. Eles lutaram furiosamente até que Gilgamesh ganhou vantagem. Os dois se abraçaram e se tornaram amigos dedicados. Depois de várias aventuras, Enkidu adoeceu e morreu. Gilgamesh empreendeu uma busca para encontrar uma cura para a morte. De *Utnapishtim*, o Noé sumério original, sabia da existência de uma planta da vida que crescia no fundo do mar. Gilgamesh conseguiu a planta, mas ela foi roubada por uma cobra, que acabou ganhando a imortalidade.

Perseu (c. 1350-1310 a.C.)

Perseu era filho de Zeus e da mulher mortal *Danae*, para a qual ele apareceu em uma chuva de ouro. Com medo da profecia, o pai dela atirou a mãe e o filho ao mar em uma caixa de madeira, que foi encontrada por um pescador, que os resgatou. Quando Perseu cresceu, o rei (que desejava Danae) tentou se livrar dele mandando-o buscar a cabeça da Górgona *Medusa*, um cruel monstro com cabelos de cobra, tão horroroso que ninguém podia olhar para ele sem ser transformado em pedra. Das *Greias*, três irmãs muito feias, que dividiam um único olho, Perseu obteve as sandálias aladas e a espada curva de Hermes, o capacete de invisibilidade de Hades e o brilhante escudo de Atena. Com esse equipamento, ele voou para a toca da Medusa e, usando o escudo polido como espelho para evitar olhar para ela diretamente, cortou a cabeça da Górgona e a enfiou em uma bolsa.

Na costa da Etiópia, Perseu encontrou a linda princesa *Andrômeda*, acorrentada a uma pedra, prestes a ser devorada por um violento monstro marinho. Ele tirou a cabeça da Górgona da bolsa e transformou o monstro em pedra. Casou-se com a princesa e eles viveram felizes para sempre. Ele devolveu os presentes aos deuses, incluindo a cabeça de Medusa, que Atena passou a usar em seu peitoral (o mito de Perseu foi muito bem contado no filme *Fúria de Titãs*).

Héracles (c.1303-1259 a.C.)

Héracles (nome romano: *Hércules*) era filho de Zeus e Alcmena. Foi o homem mais forte que já viveu e o herói mais famoso da Grécia. A ciumenta rainha de Zeus, *Hera*, odiou-o desde o nascimento e fez da sua vida um inferno. Mandou duas serpentes atacá-lo em seu berço, mas o menino recém-nascido as estrangulou com as próprias mãos. Quando ele tinha 18 anos, caçou e matou um enorme leão que estava atacando os rebanhos do monte Citerão. Desde então, ele usou a pele desse leão como manto, usando a cabeça e as mandíbulas como elmo.

Depois de matar o leão de Citerão, Hércules realizou muitos mais feitos heroicos e obteve grande aclamação e muitos presentes de deuses e reis, incluindo uma esposa, Mégara, que lhe deu três filhos. Mas seus triunfos terminaram quando Hera inculcou-lhe a loucura, durante a qual ele assassinou sua família. Em luto, consultou o oráculo de Delfos, que lhe disse que ele só poderia ser purificado com uma terrível penitência: devia se sujeitar ao seu cruel primo Euristeu de Micenas por 12 anos e realizar 12 tarefas brutais a seu comando. Foram os famosos "Trabalhos de Héracles", e ele triunfou em cada um deles (veja mais adiante). Mais tarde, ele voltou a Tebas para continuar sua carreira heroica. Casou-se com Dejanira, caçou o javali da Caledônia e navegou no Argo em busca do Velo de Ouro. Foi finalmente morto, por traição, com um manto envenenado e se tornou um dos deuses.

Teseu (c.1291-1233 a.C.)

Teseu era filho de Egeu, rei de Atenas, e de Etra, filha do rei de Trezena, onde foi criado. Ao se despedir de Etra antes do nascimento, Egeu pôs sua espada e suas sandálias debaixo de uma enorme pedra, dizendo a ela que lhe enviasse seu filho quando ele adquirisse força bastante para afastar a pedra e tirar a espada e a sandália debaixo dela. Quando tinha 16 anos, Teseu retirou a pedra com facilidade e partiu para Atenas com os objetos.

Em Atenas, Teseu foi reconhecido por seu pai e declarado seu herdeiro. Naquele tempo, os atenienses estavam pagando um terrível tributo a Minos, rei de Creta. Sete jovens e sete donzelas eram enviados todos os anos para serem devorados pelo *Minotauro*, um monstro metade touro, metade humano. Ele ficava aprisionado no *Labirinto*, que fora feito de tal forma que quem entrasse ali nunca poderia sair. Teseu decidiu libertar seu povo daquele mal ou morrer na tentativa. Quando chegou o momento, ele se ofereceu como uma das vítimas. O navio partiu com velas negras, com a promessa de que na volta elas seriam brancas caso ele voltasse vitorioso.

Ao chegarem a Creta, a princesa Ariadne se apaixonou por Teseu. Ela lhe entregou um novelo de lã para que ele marcasse o seu caminho pelo Labirinto. Ele matou o Minotauro, saiu do Labirinto e, com Ariadne, dirigiu-se para Atenas. No caminho, eles pararam na ilha de Naxos, onde Teseu abandonou Ariadne. Mas, Teseu se esqueceu de erguer as velas brancas, e o velho rei, pensando que seu filho havia morrido, tirou sua própria vida. Teseu se tornou assim rei de Atenas.

Teseu acompanhou Héracles em sua expedição contra as Amazonas. Durante seu ataque, ele raptou a irmã da rainha Hipólita, Antíope, de quem teve um filho, Hipólito. As Amazonas, por sua vez, invadiram a Grécia. A batalha final na qual Teseu as derrotou foi travada bem no centro de Atenas.

Jasão (c.1287-1247 a.C.)

O pai de *Jasão* foi Éson, o justo rei de Iolco, cujo meio-irmão, Pélias, usurpara o trono. Este aprisionou Éson e queria matar Jasão quando nascesse. Mas a mãe de Jasão, Alcímede, enganou Pélias entrando em luto como se o bebê houvesse morrido, mas secretamente o enviou para o monte Pélion para ser criado pelo centauro sábio Quíron. Quando Jasão fez 20 anos, voltou a Iolco com intenção de devolver o trono a seu pai. No caminho, carregou nas costas uma senhora para atravessar um rio caudaloso, perdendo uma sandália na correnteza.

Um oráculo prevenira Pélias para ter cuidado com um jovem com uma única sandália; por isso, quando Jasão apareceu para exigir o trono, Pélias conspirou para se livrar dele. Encarregou Jasão de empreender uma busca heroica para trazer de volta o legendário Velo de Ouro da Cólquida (veja adiante). Jasão teve sucesso e trouxe não apenas o Velo, mas também a princesa Medeia como sua esposa. Medeia, uma feiticeira, arranjou a morte de Pélias e em seguida ela e Jasão fugiram para Corinto.

Depois de muitos anos, Jasão abandonou Medeia para se casar com Glauce, filha do rei de Corinto, Creonte. Medeia arquitetou uma terrível vingança, matando a noiva e Creonte e assassinando seus próprios filhos. Fugiu em um carro puxado por dragões alados, deixando Jasão a chorar suas perdas. Já velho e alquebrado, Jasão foi morto por uma árvore que caiu quando ele dormia na proa de seu famoso navio, o Argo.

Atalanta (c.1285-1255 a.C.)

O pai de *Atalanta*, o rei Iaso da Arcádia, queria um menino. Como nasceu uma menina, ele a expôs nas montanhas, onde foi amamentada por uma ursa enviada pela deusa Ártemis. Um grupo de caçadores a encontrou e a criou até a idade adulta. Atalanta tornou-se uma arqueira famosa e, como Ártemis, adorava a caça.

Atalanta navegou com os Argonautas na busca pelo Velo de Ouro. Foi ferida na batalha contra os cólquidos e curada por Medeia. Ela também participou da caçada ao javali da Calidônia. Outros caçadores reclamaram de sua presença, mas *Meleagro*, um colega Argonauta e líder da caçada, admirava Atalanta e insistiu para que ela pudesse participar. A seta de Atalanta foi a primeira a derramar o sangue do javali e, por isso, quando Meleagro conseguiu matá-lo, deu a ela a pele e a cabeça.

O rei Iaso reconheceu, então, orgulhosamente, Atalanta como sua filha e quis casá-la. Entretanto, Atalanta fora prevenida pelo Oráculo para não se casar, por isso ela arquitetou um plano. Sabendo que ninguém poderia derrotá-la em uma corrida, ela se ofereceu para disputar contra os pretendentes e se casar com um homem que pudesse ultrapassá-la. *Melânio* amava Atalanta e invocou Afrodite, deusa do amor, que lhe deu três maçãs de ouro. Durante a corrida, sempre que Atalanta o ultrapassava, Melânio atirava uma das maçãs. Atalanta não pôde resistir a apanhar todas, dando assim a Melânio a vantagem de que ele precisava. Ele venceu a corrida e obteve a mão de Atalanta em casamento.

Odisseu (c.1260-1190 a.C.)

Neto mortal de Hermes, o esperto *Odisseu* (*Ulisses* em latim) governava a ilha de Ítaca. Ele foi um dos principais líderes gregos na guerra de Troia, famoso por sua esperteza e astúcia e por sua eloquência de orador. Como um dos pretendentes originais da linda Helena, ele propôs o pacto segundo o qual o marido seria escolhido pela sorte e todos os outros jurariam defender seus direitos matrimoniais. Esse pacto levou à Guerra de Troia, quando Helena abandonou o marido, Menelau, e fugiu com o príncipe Páris de Troia.

Após dez anos de guerra (1220-1210), Odisseu teve a ideia do Cavalo de Troia, com o qual os gregos finalmente conseguiram se apoderar da cidade. Mas Odisseu é mais conhecido pela saga de sua viagem de dez anos de volta para o seu reino de Ítaca, pela sua fiel esposa, Penélope, e pelo seu filho, Telêmaco. Essa história foi imortalizada por Homero na *Odisseia* (veja adiante).

Cuchulain (72-101 d.C.)

Cuchulain foi o maior herói da Irlanda. Seu pai era o deus Sol Lugh, e sua mãe, Dechtire, era irmã de Conchohar I, rei do Ulster, Irlanda (r.71-92). Chamado Setanta no nascimento, matou o feroz sabujo de Culain, o ferreiro, que o atacara. Ele prometeu, então, guardar a forja de Culain até que ele encontrasse um novo cão, o que lhe valeu o apelido de *Cuchulain* ("Sabujo de Culain"), que o acompanhou pelo resto da vida.

Por volta dos 17 anos, Cuchulain era o maior guerreiro do Ulster. Ele trouxe as cabeças de três inimigos no seu primeiro dia de batalha. Jovem, belo e poderoso, ele cortejava Emer, filha de Forgal, o astuto, que era contra o casamento. Esperando que o matassem, Forgall mandou Cuchulain ir adquirir habilidade na batalha com Scatbach, uma famosa guerreira. Mas ele era um aluno muito capaz e retornou em segurança para se casar com Emer, tornando-se um dos 12 Campeões do Ramo Vermelho, os guerreiros de Conchobar.

Certa vez, um gigante chamado Terror desafiou qualquer herói a cortar sua cabeça, desde que ele permitisse a Terror o mesmo ferimento no dia seguinte. Apenas Cuchulian aceitou, decepando a cabeça do gigante em um único golpe. Mas Terror apanhou sua cabeça e seu machado e deixou o recinto, só voltando na manhã seguinte. Cuchulian honradamente pousou a cabeça na pedra de decapitação. O golpe do machado do gigante apenas resvalou sua orelha, no momento em que Terror revelou-se o sábio druida Curoi de Kerry e proclamou Cuchulain o mais bravo Campeão dos Heróis de toda a Irlanda e Emer a primeira dentre todas as mulheres do Ulster.

Cuchulian defendeu o Ulster sozinho contra os exércitos da Rainha Maeve no famoso "Roubo de Gado de Cooley". Atacado por um dragão, ele enfiou o braço na garganta do monstro e arrancou seu coração; aos 29 anos, Cuchulain finalmente encontrou seu fim após uma batalha na qual exibiu sua usual galanteria, mas foi derrotado por traição. Emer atirou-se sobre seu túmulo e morreu de tristeza.

Rei Arthur* (466-537 d.C.)

Em 410 d.C., os romanos se retiraram da Grã-Bretanha. Vortigern su-

---

*N.E.: Sugerimos a leitura de *Jesus, Rei Arthur e a Jornada do Graal*, de Maurice Cotterell, Madras Editora. Ver também: *As Aventuras de Telêmaco*, de François Salignac de la Mothe Fenelon, Madras Editora.

biu ao trono e convocou mercenários saxões. Os saxões passaram a fazer pilhagens e Uther Pendragon, que lutava contra eles, acabou por se tornar o rei. Disfarçado pelo mago *Merlin* como Gorlois, Duque da Cornualha, Uther seduziu a esposa dele, Igraine, gerando *Arthur*. Arthur foi criado no castelo de *Sir* Heitor e foi instruído por Merlin. Após a morte de Uther em 481, Athur, com 15 anos, puxou uma espada legendária de uma pedra e foi proclamado Grande Rei (*Artorius Roithamus* em latim). Depois de derrotar os saxões, conquistou os pictas, os escoceses e os irlandeses.

Obtida a paz, Arthur casou-se com *Guinevere* e recebeu uma grande mesa-redonda como presente de casamento de seu sogro. Arthur iniciou a primeira Ordem de Cavalaria, reunindo sua magnífica corte em Camelot. Homens de todas as nações responderam ao chamado para juntar-se aos Cavaleiros da Távola Redonda, que foram mandados na legendária busca pelo Santo Graal.* Merlin era o feiticeiro e conselheiro da Corte, e a Grã-Bretanha ascendeu a novos níveis de cultura e prosperidade.

Todavia, os tributos exigidos por Roma levaram Arthur à batalha em Gaul, tendo confiado o reino à rainha e seu filho bastardo, Modred. Durante a ausência de Arthur, Modred revoltou-se, forçando o retorno de Arthur para combatê-lo. Este foi mortalmente ferido e levado à mística ilha de *Avalon* (Glastonbury), onde morreu e foi enterrado. Em seu túmulo (escavado em 1190), a inscrição dizia: "Aqui jaz sepultado na Ilha de Avalon o renomado Rei Arthur". A lenda diz que ele voltará quando a Inglaterra estiver em necessidade: "O Rei Antigo e Futuro".

Robin Hood (1160-1247)

Nascido na aldeia de Locksley em Yorkshire, Inglaterra, *Robin Hood* era um fora-da-lei que vivia e saqueava na floresta real de Sherwood, no condado de Nottingham. Alguns dizem que ele era Robin Fitzooth, filho do Conde de Huntingdon, que voltou da 3ª Cruzada e encontrou suas terras usurpadas pelo xerife. Ele defendia os necessitados e oprimidos e roubava e combatia aqueles que reresentavam o poder corrupto e a riqueza do governo e da Igreja – especialmente o Xerife de Nottingham e o cruel Príncipe João, seu inimigo jurado. O bando de "Alegres Companheiros" de Robin incluía João Pequeno, Will Scarlet, Alan-a-Dale e Frei Tuck. Seu verdadeiro amor era Lady Marian. Algumas das histórias e baladas mais conhecidas contam como Robin conheceu cada um deles e os recrutou em sua companhia.

Naquele tempo, o rei Ricardo Coração de Leão estava lutando na 3ª Cruzada, tendo deixado seu malvado irmão, João, encarregado do reino. João baniu

---

*N.E.: Sugerimos a leitura de *A Linhagem do Santo Graal*, de Laurence Gardner, Madras Editora.

e confiscou as terras de todos os que se voltaram contra ele. Ricardo morreu em 1199 e João tornou-se rei da Inglaterra, o que apenas aumentou sua tirania. A rebelião iniciada por Robin de Locksley espalhou-se pelas casas nobres, forçando, finalmente, João a assinar a *Magna Carta* ("Grande Estatuto") em 1215, concedendo certos direitos aos outros nobres e acabando com o governo absoluto do rei por "Direito Divino".

Lição 5: Viagens e aventuras legendárias

O Épico de Gilgamesh (c. 2700 a.C.)

O rei Gilgamesh propôs a seu amigo Enkidu uma viagem à grande Floresta de Cedros no sul do Irã para derrubar todas as árvores. Em uma batalha épica, eles mataram o monstruoso Guardião, *Humbaba*, o Terrível, que amaldiçoou Enkidu com seu último suspiro. Gilgamesh e Enkidu derrubaram os cedros e fizeram um grande portão para a cidade de Uruk.

A fama de Gilgamesh atraiu a atenção da deusa Ishtar, que se ofereceu para ser sua amante. Gilgamesh recusou, enumerando todos os amantes mortais de Ishtar e seu horrendo destino. Insultada, Ishtar retornou ao céu e pediu a seu pai, Anu, o deus-céu, que lhe emprestasse o Touro Celeste para lançar a vingança sobre Gilgamesh e sua cidade. Juntos, Gilgamesh e Enkidu mataram o poderoso touro.

Mas Enkidu adoeceu depois de ter sonhos agourentos; os sacerdotes lhe disseram que ele fora escolhido pela vingança dos deuses. Depois de sofrer terrivelmente por 12 dias, ele finalmente morreu.

Gilgamesh foi tomado de tristeza pela morte de seu amigo e percebeu que ele também morreria. Decidindo que não poderia viver, a menos que conseguisse a vida eterna, empreendeu a jornada até *Utnapishtim* e sua esposa, os únicos mortais a quem os deuses haviam concedido a imortalidade. Utnapishtim fora um grande rei antes do Dilúvio e ambos foram os únicos humanos sobreviventes.

Após uma longa e perigosa viagem por terra e por água, Gilgamesh chegou em uma costa distante e encontrou Utnapishtim, que contou a história do Grande Dilúvio e falou de uma "erva da vida" secreta que crescia no fundo do mar do Mundo Subterrâneo. Gilgamesh atou pedras aos pés, foi ao fundo e arrancou a planta. No caminho de volta a Uruk, ele parou para se banhar. Veio uma cobra, apanhou a planta mágica e deslizou de volta para sua toca. É por isso que as cobras podem trocar de pele e se renovar, mas os humanos devem envelhecer e morrer.

Os 12 Trabalhos de Héracles (c. 1281-1269 a.C.)

Eis as 12 tarefas heroicas que Héracles realizou a mando de seu primo Euristeu para expiar o assassinato de seus próprios filhos em um ataque de loucura induzido por Hera:

1 – O Leão de Nemeia: O vale de Nemeia era assolado por um feroz leão. Euristeu ordenou a Héracles que lhe trouxesse a pele dele. Como sua clava e setas se mostraram inúteis, Héracles estrangulou a fera com as próprias mãos e levou o corpo nos ombros.

2 – **A Hidra de Lerna:** A monstruosa Hidra (um polvo gigante?) tinha nove cabeças, a do meio era imortal. Quando Héracles cortava uma das cabeças, nasciam duas em seu lugar. Engenhosamente, seu sobrinho e companheiro, Iolau, passou a queimar os cotos cortados com uma tocha, e eles enterraram a cabeça imortal sob uma pedra.

3 – **A Corça Cerineia**: Com chifres de ouro e pés de bronze, essa corça era consagrada a Ártemis, deusa da Lua e da caça. Héracles a perseguiu durante um ano, até finalmente conseguir feri-la com sua seta e levá-la viva a Euristeu.

4 – **O Javali do Erimanto:** Héracles caçou esse feroz javali em meio a neves profundas, fê-lo cansar e depois o apanhou em uma rede e o levou vivo a Euristeu, que ficou aterrorizado.

5 – **Os Estábulos de Augias:** O rei Augias tinha um rebanho de 3 mil bois. Ele os deixava em uma enorme caverna, que não havia sido limpa por 30 anos. Héracles desviou dois rios para as cavernas e as limpou completamente em apenas um dia.

6 – **As Aves de Estínfale:** Feitas por Ares, deus da guerra, eram monstros comedores de homens com bicos, asas e garras de bronze, além de penas de bronze que atiravam como setas. Héracles espantou-as do ninho com uma matraca de bronze e acertou-as com flechas durante o voo.

7 – **O Touro de Creta:** O rei Minos pedira a Poseidon que lhe mandasse um touro para sacrifício. Mas o touro branco que saiu das ondas era tão belo que Minos decidiu ficar com ele para si. Poseidon o puniu fazendo com que sua rainha se apaixonasse e acasalasse com o animal, dando à luz o monstruoso *Minotauro*. Héracles venceu o touro e o levou a Micenas, onde foi libertado.

8 – **As Éguas Selvagens de Diomedes:** O rei Diomedes da Trácia tinha um estábulo de éguas selvagens que ele alimentava com carne humana. Héracles as capturou, matou Diomedes e o atirou a suas próprias éguas; depois disso elas ficaram dóceis. Euristeu as libertou.

9 – **O Cinturão de Hipólita:** A filha de Euristeu cobiçava o cinturão da rainha das Amazonas, uma nação de mulheres guerreiras. A rainha Hipólita concordou em entregá-lo a ela. Mas Hera persuadiu as outras Amazonas de que o

estrangeiro estava sequestrando sua rainha. As Amazonas atacaram imediatamente. Pensando que Hipólita o traíra, Héracles a matou e levou o cinturão a Euristeu.

10 – Os Bois de Gerião: Euristeu ordenou a Héracles que lhe trouxesse os bois de Gerião, um monstro de três cabeças que vivia na Espanha. Os bois eram guardados pelo gigante Euritião e seu cão de duas cabeças, mas Héracles matou os dois e levou os bois.

11 – Os Pomos de Ouro das Hespérides: Héracles foi à África, onde Atlas, pai das Hespérides, fora condenado a suportar nos ombros o peso dos céus. Héracles tomou o céu em seus próprios ombros e pediu que Atlas apanhasse os pomos. Ele voltou com os frutos, pegou o céu de volta e Héracles levou os pomos a Euristeu. No caminho, libertou Prometeu.

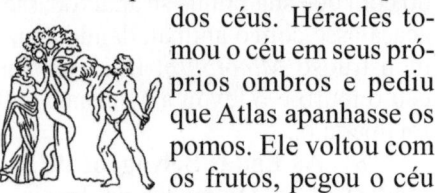

12 – Cérbero: Héracles desceu ao Mundo Subterrâneo e obteve a permissão de Hades para levar *Cérbero*, o cão de guarda de três cabeças, desde que pudesse fazê-lo desarmado. Ele apanhou o animal, levou-o a Euristeu e depois o trouxe de volta a Hades.

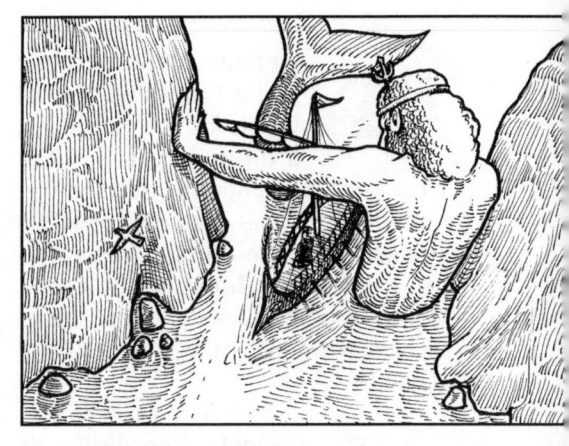

A Saga do Argo (c. 1264 a.C.)

Temeroso por uma profecia segundo a qual Jasão um dia lhe faria mal, o rei Pélias de Iolco o mandou em uma busca aparentemente impossível pelo *Velo de Ouro* na distante Cólquida, na extremidade oriental do Mar Negro. Jasão reuniu uma tripulação dos maiores heróis de toda a Grécia e o construtor Argo lhes fez o maior navio já construído, o *Argo*. Por isso os viajantes foram chamados *Argonautas* ("Marinheiros do Argo"). Entre eles estavam, *Héracles, Teseu, Atalanta, Castor* e *Pólux* e muitos outros.

Na viagem para a Cólquida, os Argonautas tiveram muitas aventuras. As *Sereias* (belas mulheres-pássaro cujo canto era irresistivelmente sedutor) atraíram parte da tripulação, que se atirou ao mar. Jasão libertou o vidente cego Fineu da maldição das *Harpias* – horrendas mulheres-pássaro que o atormentavam e defecavam em suas refeições. Como sinal de gratidão pela expulsão das criaturas, Fineu ensinou a Jasão como passar em segurança pelas *Simplégadas* ("rochas movediças"), que esmagavam qualquer coisa que passasse entre elas. Eles soltaram um pombo, que voou entre as rochas mais rápido do que elas poderiam bater e, quando se abriram novamente, os Argonautas passaram bem ligeiro entre elas.

Ao chegar à Cólquida, o rei Eetes concordou em deixar que Jasão levasse o Velo, desde que ele pudesse cumprir uma série de tarefas impossíveis. Primeiro, ele deveria fazer com que um grupo de touros selvagens, que cuspiam fogo, arasse um campo. Depois, teria de semear dentes de dragão no campo e derrotar os guerreiros armados que nasciam dessas "sementes". Finalmente, precisava derrotar o dragão insone que vigiava o próprio Velo de Ouro. Jasão realizou todas as tarefas com a ajuda da princesa feiticeira Medeia, que se apaixonara por ele.

Depois de apanhar o Velo, Jasão voltou a Iolco com Medeia. Na viagem de volta, os Argonautas derrotaram Talos, o gigantesco guardião de bronze de Creta, removendo um tampão de seu tornozelo, que deixou escapar os seus fluidos vitais.

A Odisseia (1210-1200 a.C.)

Depois da pilhagem e do incêndio de Troia, Odisseu zarpou para seu lar na distante ilha de Ítaca. Mas infelizmente ele ofendeu Poseidon, deus do mar. Sua jornada de volta levaria dez anos e, de acordo com a descrição de diversos lugares, pôde ser mapeada pelo Mediterrâneo Oriental. Primeiro, o navio foi desviado do curso para o norte da África, terra dos Comedores de Lótus, cujo alimento drogado com ópio fez com que todos eles se esquecessem de seu lar e de sua família. Odisseu precisou arrastar os homens de volta ao navio.

Em Creta, buscaram refúgio na caverna do Cíclope *Polifemo*, filho de Poseidon, a quem Odisseu disse chamar-se *Nemo* ("ninguém"). Mas Polifemo tampou a entrada da caverna com um enorme seixo, aprisionando a tripulação e comendo dois homens. Odisseu o embebedou e, quando o Ciclope desmaiou, Odisseu vazou seu olho com uma lança. Quando seus companheiros ciclopes chegaram, atraídos por seus gritos, Polifemo exclamou: "Ninguém me cegou!". E eles foram embora. Odisseu e os homens restantes se agarraram à barriga dos carneiros de Polifemo, escapando quando ele afastou a pedra para deixar o rebanho sair de manhã.

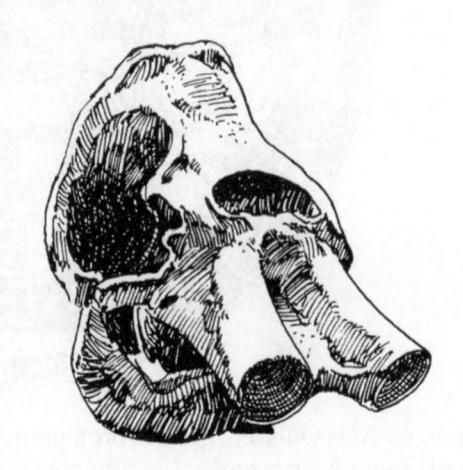

(Heráclion, Creta (AP-29/01/ 2003) – Pesquisadores da ilha de Creta, no sul da Grécia, desenterraram as presas, dentes e ossos fossilizados de um Deinotherium Gogantisimum, *uma horrenda criatura semelhante a um elefante que pode ter dado origem às antigas lendas de monstros ciclopes de um olho só. Seu crânio tem uma grande abertura central para a tromba e tem a aparência exata de um crânio humano gigantesco com um olho só.)*

Na ilha de Corfu, a encantadora Circe transformou seus marinheiros em porcos. Mas Odisseu, que era protegido pela sagrada erva *moley* (mandrágora), dada por Hermes, seduziu-a e ela o ajudou, mandando-o ao Oráculo dos Mortos. Ali, o fantasma de sua mãe, do vidente cego Tirésias e outras sombras o aconselharam sobre o resto de sua viagem.

Com esse conhecimento, Odisseu guiou sua tripulação em segurança pelas Sereias, tampando os ouvidos dos homens com cera e mandando que o amarrassem ao mastro. Embora tenha perdido seis homens, eles também escaparam dos perigos de *Cila* (um monstro com seis cabeças e longos pescoços; aparentemente um polvo gigante) e *Caríbde*, um redemoinho no estreito de Messina (entre a Itália e a Sicília).

Tendo atracado na ilha do deus-Sol, Apolo, a tripulação ignorou todas as advertências e devorou o gado divino; por isso, Zeus enviou um raio que destruiu o navio. Apenas Odisseu sobreviveu, pois não participara da matança e do festim. Foi atirado às margens da ilha de Ogígia, lar da ninfa *Calipso*, que o tornou seu amante e recusou-se a deixá-lo partir. Finalmente, após sete anos, Odisseu fugiu em uma jangada, mas foi derrubado por outra tempestade. Chegou a nado à ilha de Feácia, onde foi festejado e acolhido. Depois de contar sua história, ele foi, por fim, escoltado de volta a Ítaca.

Durante a ausência de 20 anos de Odisseu, sua esposa, Penélope, permanecera fiel, mas sofria grande pressão para voltar a se casar. Uma multidão de detestáveis pretendentes se mudara para seu palácio. Odisseu chegou disfarçado de mendigo andrajoso e observou o comportamento insolente deles e a fidelidade de sua esposa. Com a ajuda de seu filho, Telêmaco, ele assassinou os pretendentes e recuperou seu reino.

Lição 6: Sabedoria futura

(*Por Ian Lurking Bear Anderson*)

Criando sabedoria

Um dos mais importantes aspectos do domínio da sabedoria é o domínio do poder de criar sabedoria para o futuro. Por meio de escritos, poemas, narração de histórias, canções e outras artes, todos podem acrescentar algo à sabedoria do futuro. Tire um tempo para registrar suas visões, desenvolver suas próprias invocações do divino, pintar quadros e contar histórias sobre sua jornada espiritual ou sua busca pela Magia. Até mesmo a mais humilde caderneta pode se tornar fonte de sabedoria grande e duradoura. Você é limitado apenas por seu próprio poder de beber na energia criativa que flui pelo universo que o rodeia.

Magia de computador

Este é um campo recente na prática mágica que prosperou imensamente. Os computadores são úteis para criar ilusões na tela e reunir informação. É importante lembrar que tudo o que aparece na tela é uma ilusão, mesmo que, às vezes, seja uma ilusão útil. Essas ilusões podem ser usadas para difundir sonhos e ideias, para manter a cultura viva e crescente. Basta lembrar que as visões de outros mundos na tela do computador não substituem suas próprias jornadas interiores, e o cenário na tela não substitui o verdadeiro contato com a Natureza.

Os computadores são inimigos do segredo e qualquer coisa que apareça em uma rede de computadores pode ser vista por pessoas indesejáveis. Nunca ponha material secreto ou ligado a juramento na Internet ou em um *e-mail,* nem mesmo de forma criptografada. Essa falta de segredo também tem um lado positivo. Qualquer informação difundida pela Internet é muito difícil de destruir, pois se espalha de um lugar para outro. Conhecimento, receitas, canções, pinturas, discursos políticos, notícias alternativas e teorias malucas podem ser transmitidas pelos computadores até que haja muitas duplicatas e a informação não possa ser reprimida pelas autoridades.

Graças à Rede Mundial, todos temos acesso a algo semelhante à antiga Biblioteca de Alexandria, destruída por fanáticos religiosos há tanto tempo. Uma quantidade espantosa de obras de arte e literatura está disponível, assim como a inevitável torrente de porcaria. Cabe a você discernir. Esta nova biblioteca é mais mutável e caótica que a antiga, mas contém uma enorme quantidade de material. Se você encontrar material valioso na Web, é bom fazer sua própria cópia. As páginas costumam ser tiradas do ar, os formatos ficam desatualizados, impérios e civilizações são destruídos algum dia e nem a própria Web vai durar para sempre. Aqueles que gostam de usá-la podem compilar um Grimório com material impresso que valha a pena. Fique com o que é bom e não desperdice árvores imprimindo páginas de segunda linha!

Essa grande biblioteca é mantida por muitos bibliotecários, e o que a mantém viva são as pessoas que enriquecem seu acervo. Quando estiver pronto, contribua para essa biblioteca. Faça um site com seu próprio trabalho criativo ou monte uma página sobre algum assunto de seu interesse, contribuindo assim para enriquecer a biblioteca. Essa é sua chance de se juntar às tradições daqueles que escreveram e transmitiram a sabedoria e a cultura mesmo quando era necessário escrever durante longas horas à mão. Agora que é muito mais fácil transmitir informação, seria bobagem deixar passar a oportunidade. E não deixe de visitar <*www.GreySchool.com.*>

Sexta Aula:
As Artes Negras (Preto)

1. Introdução: "Magia negra"

A mais simples forma de magia baixa é o *esconjuro*, no qual um certo ato físico é realizado para atingir um resultado particular. Por exemplo, uma imagem de cera é derretida na fogueira para fazer a vítima morrer; sangue é derramado sobre um campo para assegurar uma boa colheita na próxima estação; fazem-se nós em uma corda para guardar o vento para uma viagem por mar. O esconjuro forma o tronco da magia popular e muitas vezes é chamado de "Magia negra" ou "Artes negras".

Uma das razões para esta associação de cores é que grande parte dessa magia teve origem no Egito e se chamava *Khem*, que significa "Negro". A razão é que o fértil solo depositado no Delta do Nilo era negro, em comparação com as areias estéreis dos desertos em volta, que eram vermelhas. No Egito, portanto, o preto era bom e o vermelho representava o mal. Além disso, o negro é a cor da pele de muitos povos que vivem em latitudes equatoriais, como África, Índia, Austrália, Caribe, etc. Muitos egípcios tinham a pele escura, o que reforçava a associação dessa cor com a sua Terra. Por isso, a magia do "País negro" ganhou o apelido de "Magia negra".

O que determina o propósito e o alinhamento é a *intenção* do mago, e não a cor da magia. A magia negra em si não é necessariamente má, não mais do que qualquer outra cor. Fundamentalmente, essa cor do espectro mágico trata de *poder e controle* – poder para fazer coisas, poder de controlar o mundo e poder para dominar os outros. E assim como as armas podem ser usadas para a agressão ou para defesa, a magia negra também é a cor da *proteção*.

Apesar disso, porém, quando as pessoas falam atualmente sobre a "Magia Negra" e as "Artes Negras", em geral se referem à magia usada para fins egoístas e não *altruístas* (úteis aos outros). Em particular, dominar e manipular as pessoas contra sua vontade; obrigar as pessoas a fazer coisas que não querem; trabalhar contra o interesse dos outros; fazer mal intencionalmente a outras pessoas; ameaçar, oprimir, controlar, dominar, explorar e extorquir – tudo isso é considerado prática das artes negras. E aqueles que praticam a magia com esses fins são conhecidos como "magos Negros" e "Esconjuradores". Os verdadeiros Feiticeiros, por definição, simplesmente não usam a magia desse modo.

Lição 2: Esconjuro e esconjuradores

O esconjuro algumas vezes é chamado de *magia simpática*, com base no princípio de que todas as coisas estão ligadas por laços invisíveis (a "Lei da Simpatia"). A magia simpática tem dois tipos, que muitas vezes são combinados: *homeopática* e *contagiosa*. A magia homeopática diz que o igual produz o igual: uma imagem de cera derretida, por exemplo, causa a morte. A magia contagiosa afirma que as coisas que já estiveram em contato continuam a exercer influência sobre as outras, mesmo a distância: sangue, cabelo ou roupas de uma pessoa podem ser usados em feitiços para afetá-la.

Embora todos os membros da comunidade mágica pratiquem algum tipo de esconjuro, poucos atualmente se dizem "esconjuradores". Aqueles que o fazem em geral estão ocupados tentando controlar os outros e dominar o mundo. A principal distinção entre esconjuradores e feiticeiros reside, portanto, no Reino do Serviço *versus* Domínio: um feiticeiro deseja estar a serviço dos outros; um esconjurador deseja ser servido pelos outros. Eis um teste simples: será que a pessoa está tentando fazer alguma coisa para você ou está tentando fazer você fazer algo para ela – principalmente algo que você não quer fazer? Se a última opção for a verdadeira, mantenha distância!

Muitas vezes, poderosos feiticeiros e esconjuradores se encontraram na situação de estar cara a cara com sua *nêmesis* (maior inimigo). Nas histórias, Merlin, Gandalf, Obi-Wan Kenobi e Alvo Dumbledore são *feiticeiros*. Madame Min, Saruman, Darth Vader e Lord Voldemort são *esconjuradores*.

Os esconjuradores são aqueles que fazem a magia negra e os feitiços sombrios, que podem chamar os espíritos dos mortos e o Mundo Subterrâneo. Acima de todos, os esconjuradores buscam conhecimento ilimitado, com uma ânsia de poder, controle e domínio do Universo. Desejam usar seus poderes para se tornar, em essência, deuses. Para alguns, o conhecimento obtido pelo estudo intenso de livros de Ocultismo e panfletos secretos é suficiente. Para outros, o conhecimento cabalístico é usado para atrair Demônios e espíritos para seguir suas ordens. Muitas vezes, assina-se um pacto com o Demônio em troca de onipotência e a onisciência na Terra. Os esconjuradores não adoram Satã nem trabalham para ele; em vez disso, tentam dominar e controlar os poderes do mal para se tornarem, eles mesmos, divinos.

Tom Ogden, *Wizards and Sorcerers*, p. ix

Lição 3: Satanismo*

Sempre que existem dois lados definidos em um conflito, algumas pessoas escolhem um, e outras, o outro. O Cristianismo medieval criou uma noção (originalmente denominada *heresia maniqueísta*) de que *Jeová* ("Deus") e *Satanás* ("O Diabo") eram divindades igualmente poderosas do Bem e do Mal, ocupadas em uma eterna luta pelo domínio da humanidade e do Universo. O Demônio governava este mundo e Deus governava o futuro. A existência do Demônio como uma entidade real foi oficialmente declarada pelo Concílio de Toledo no ano de 447.

A Igreja Cristã medieval, que se diz *Católica* ("Universal"), adquiriu plenos poderes políticos após a queda de Roma em 455; o papa substituiu o imperador. Nos mil anos seguintes – até a Renascença e a Reforma – o "Sacro Império Romano" era a única "superpotência" do mundo ocidental. Declarando guerra implacável contra todos os "hereges" e "descrentes", incluindo judeus, bruxas, pagãos e muçulmanos, a Igreja fez uma porção de inimigos. Como a Igreja das Cruzadas e da Inquisição dizia estar do lado de Deus, alguns daqueles que foram perseguidos inevitavelmente decidiram confiar seu destino ao oponente declarado de Deus, Satanás. Assim nasceu um contraculto de adoração satânica, que surgiu como *antítese* ("oposição") a um Cristianismo corrupto e tudo o que ele representava.

Infelizmente, para muitos isso significava rejeitar também os excelentes ensinamentos morais e éticos de Jesus, que, de qualquer modo, eram inacessíveis a muitas pessoas, já que a Igreja mantinha um estrito monopólio sobre as letras; a Bíblia (escrita apenas em latim) ficava confinada aos monastérios da Igreja para ser lida apenas por sacerdotes *celibatários* (ou seja, que não se relacionavam com mulheres).

Assim, os satanistas se deleitavam em tudo o que a Igreja declarava ser ruim, pecaminoso e amaldiçoado. Padres católicos exonerados das ordens realizavam "Missas negras" invertidas de "Magia Negra". Todos os tipos de mal eram glorificados, incluindo a dessacralização do sacramentos, abuso sexual e até mesmo sacrifício infantil. O Satanismo se tornou a paródia blasfema do Cristianismo e caçoava de seus mais sagrados ritos e princípios. No século

---

*N.E.: Sugerimos a leitura de *A Bruxa Satânica*, de Anton Szandor LaVey, e *História Oculta do Satanismo*, de Santiago Camacho Hidalgo, ambos da Madras Editora.

XVIII, "clubes" satânicos foram organizados, tendo adquirido uma certa notoriedade pública e atraindo jovens nobres entediados que gostavam de dar festas alucinantes e sair à noite para assustar as pessoas (isso era chamado de "apavorar os mundanos...").

No final do século XX, diversas igrejas satânicas foram legalmente incorporadas, adotando a imagem de Satanás como o arquetípico "rebelde-contra-a-autoridade". A maioria delas, porém, dogmaticamente desacredita em sua verdadeira existência e automaticamente expulsa os membros que são apanhados desobedecendo a lei.

Ao mesmo tempo, todo um gênero de filmes satânicos e literatura fundamentalista cristã passou a existir, ressuscitando a antiga mitologia medieval de Satã contra Deus, da guerra entre o Céu e o Inferno, pactos com o Demônio, possessão demoníaca e exorcismo, "Anticristo", Apocalipse e Armagedon. Uma nova geração de psicopatas doentios e transviados – os "autointitulados Satanistas" – começaram a usar esse mito como justificativa e modelo para um comportamento criminoso despropositado.

Incluí essa informação por causa de um senso de responsabilidade, para avisá-lo para tomar cuidado. O Satanismo é a mais negra das "Artes Negras", e não tem nada a ver com Feitiçaria ou Bruxaria. A "ética" satânica é inteiramente egoísta e manipulativa, e a maior parte dos satanistas mente rotineiramente sobre suas intenções, ações e objetivos para ganhar controle sobre os outros, a quem consideram apenas gado. Não confie nessas pessoas! Se encontrar algum deles, evite-o tanto quanto puder!

Lição 4: Demonologia

A *demonologia* era uma forma de esconjuro popular na Idade Média e no Renascimento, em que o mago pede a ajuda dos Demônios. Os Demônios, que alguns magos acreditam ser inteligências poderosas, foram catalogados e classificados em complexas hierarquias desde, pelo menos, o ano 100. Embora se acredite que sejam mais fáceis de controlar do que os Anjos, os Demônios podem ser perigosos e maliciosos, e os antigos Grimórios continham instruções detalhadas para conjurá-los e controlá-los.

Até mesmo os Feiticeiros achavam que os demonologistas eram estranhos; em geral, eram homens subreptícios e pálidos que preparavam coisas complicadas em quartos escuros e tinham um aperto de mão úmido e mole. Não era como a boa magia limpa. Nenhum feiticeiro que se respeitasse queria qualquer coisa com as regiões demoníacas, cujos habitantes eram uma coleção tão grande de monstrengos como as que se veem ao lado do campanário.

Qualquer feiticeiro que tivesse inteligência bastante para sobreviver por cinco minutos também seria inteligente o bastante para perceber que, se houvesse qualquer poder na de-

monologia, ele estava com os Demônios. Usá-lo para seus próprios objetivos seria como tentar matar um rato, batendo nele com uma cascavel.
Terry Pratchett, *Eric*, p. 30-31

Demônios e Djinn

Os demônios já existem... há pelo menos tanto tempo quanto os deuses, que sob muitos aspectos se assemelham bastante a eles. A diferença é basicamente a mesma que há entre terroristas e defensores da liberdade.
Terry Pratchett, *Eric*, p. 34-35

Belzebu, o senhor das moscas.

Behemot, Demônio da força animal

Asmodeus, o Demônio da luxúria e da ira

Abraxas, cujo nome é associado ao abracadabra.

Em geral se considera que os *Demônios* são maus por natureza. Entretanto, a palavra na verdade significa "Repleto de sabedoria". Vem do grego *daimon* ("poder divino"). Os bons são chamados de *eudemons* e os maus, *cacodemons*. Na mitologia grega, os *Daimonia* eram espíritos intermediários entre a humanidade e os deuses. Enquanto os *cacodemons* podiam dar orientações erradas às pessoas, os *eudemons* eram como anjos da guarda, que sopravam bons conselhos e ideias no ouvido. Essa imagem foi recriada nos antigos desenhos da Disney, quando o Pato Donald ficava com um diabinho em um ombro e um anjinho no outro, cada um deles tentando persuadi-lo a realizar uma ação contrária. Atualmente, as pessoas falam sobre "ouvir a voz da consciência" ou dizem "o diabo me convenceu a fazer isso!".

Na mitologia árabe, demônios maliciosos e poderosos são chamados *Djinn*, de onde veio a palavra gênio. Embora normalmente invisível, o *Djinn* podia assumir qualquer forma. De acordo com o *Corão*, o rei Salomão domava e controlava os *Djinn* com um anel mágico de poder que tinha uma pedra viva engastada. Eles o serviam, construíram seus palácios, jardins e fontes. Os *Djinn* nascem do fogo e são mortais. Existem cinco classes, cada uma com poderes distintos – todas governadas por *Iblis*, o príncipe da escuridão.

Na mitologia cristã, acredita-se que os demônios sejam anjos caídos que foram atirados no inferno após a grande guerra no Céu, na qual o rebelde Lúcifer* foi derrotado por Javé (compare essa história com a guerra dos Titãs na próxima aula). Sua finalidade é atrair os humanos para o pecado e a danação e

---

*N.E.: Sugerimos a leitura de *Lúcifer – O Diabo na Idade Média*, de Jeffrey Burton Russell, Madras Editora.

torturar os desgraçados eternamente no inferno. Os artistas cristãos medievais adoravam mostrar essas imagens aterrorizantes e representavam os demônios como criaturas grotescas e horrendas. As figuras da página 581 foram feitas por L. Breton para o *Dictionnaire Infernal*, de Collin de Plancy (1863). Conforme a nova religião se difundia, os Deuses e Espíritos de muitos povos foram assimilados como Demônios no mito cristão.

As Qliphoth

Como descrito na *Lemegeton vel Clavicula Salomonis Regis* ("Pequena Chave do Rei Salomão"), a Árvore da Vida cabalística judaica tem um equivalente negativo, a *Árvore da Morte Qliphótica*. Assim como a Árvore da Vida representa a evolução progressiva até a reunião com Deus, a Árvore da Morte representa a degeneração progressiva e a desintegração. Dez *Qliphoth* ("conchas") demoníacas se contrapõem às

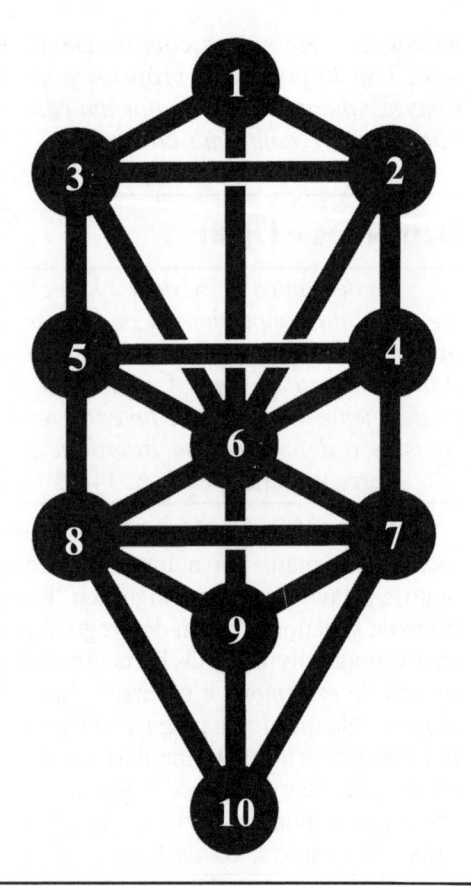

Qliphah	Significado	Ordem de demônios
1. Shahul	Inferno sombrio	Thaumiel (Gêmeos de Deus)
2. Shahul	de Celestes,	Chaigidel (os estorvadores)
3. Shahul	Triplo Inferno	Sateriel (Os Ocultadores)
4. Abaddon	Perdição	Gamchicoth (Os Castigadores)
5. Tythihoz	Argila da Morte	Golab (os Incendiários)
6. Baraschechath	Poço da Destruição	Tagaririm (Os Retalhadores)
7. Tzakemoth	Sombra da Morte	Harab Serapel (Corvos da Morte)
8. Sha'arimrath	Portões do Inferno	Samael (Veneno de Deus)
9. Gyehanim	Inferno	Gamaliel (Os Obscenos)
10. Gyehanim		As Cinco Nações Amaldiçoadas

dez *Sephiroth* angelicais da Árvore da Vida. Dez ordens de demônios são regidas por um arquidemônio cada uma. Veja na próxima página uma tabela de correspondências das Qlifoth.

Os demonologistas cristãos do século XVI e XVII catalogaram os demônios em hierarquias infernais, atribuindo a cada um seu selo individual, suas propriedades, associações e deveres. O *Goetia* ("Uivo") traz os nomes, ordens e títulos de 72 reis e príncipes demoníacos, que supostamente comandam *Legiões* em um total de 7.405.926 demônios. Os demonologistas evocariam um demônio em particular para um propósito em particular. Por exemplo, Valefor ensina a roubar; Amdukias faz as árvores se curvarem e caírem; e Bael torna os homens invisíveis e dá sabedoria. Barbatos ensina todas as ciências, revela o passado, o futuro e tesouros escondidos por mágica e reconcilia amigos afastados.

Lição 5: Necromancia – os mortos e os não mortos

Outra forma de "Magia Negra" é a *necromancia*, na qual os espíritos dos mortos são conjugados para consulta. Isso acontece durante uma *sessão*, na qual o *médium* entra em transe convocando e permitindo que os espíritos habitem temporariamente seu corpo e falem por meio de sua boca. Isso é feito principalmente por pedido de um parente vivo que deseja questionar a alma desencarnada sobre algum assunto importante, ou ainda para ter a certeza de que ela está feliz no outro lado.

O termo *necromancia* muitas vezes se refere ao uso dos mortos para as finalidades do próprio mago, sem necessariamente pedir a permissão dos desencarnados. Esses trabalhos mágicos são considerados altamente antiéticos, e são, portanto, "partes negras".

É interessante notar que a palavra grega *nekros* ("cadáver") foi confundida

Arquidemônio	Planeta	Trunfo do Tarô
Satanás e Moloque	Galáxia	O Louco
Belzebu	Estrelas	O mago
Lucifuge Rofacale	Saturno	O Mundo
Astaroth	Júpiter	A Roda da Fortuna
Belfegor	Sol	O Sol
Bael	Vênus	O Julgamento
Adrameleque	Mercúrio	O Enforcado
Lilith	Lua	A Grande Sacerdotisa
Nahema	Terra	A Imperatriz

pelos ignorantes, no passado, com a palavra latina *nigro* ("Negro") e, em inglês medieval (1200-1500), a palavra *nigromancer* ("nigromante") era usada para indicar uma pessoa versada nas artes negras. Algumas vezes ainda é possível encontrar a palavra *necromancer* usada erroneamente com esse significado.

Fantasmas

Os *fantasmas* são considerados diferentes dos outros espíritos, porque são seres vivos que morreram, mas que ainda existem como entidades *desencarnadas* ("que perderam seu corpo") no plano astral. Podem ser vistos por cães, gatos e pessoas com uma sensibilidade psíquica especial ou treinadas; ver fantasmas é parecido com ver auras. É mais comum ouvir ou "sentir" – como uma "presença" invisível arrepiante que faz os pelos da nuca ou do braço levantarem – os fantasmas do que vê-los.

Há diversas categorias de "fantasmas". Alguns são a alma das pessoas que morreram repentinamente, em um acidente ou assassinato, e estão presas entre este mundo e o "outro lado". Alguns, chamados de *espectros* ou *aparições*, podem ser de alguém que acaba de morrer e está se despedindo antes de partir para o lado de lá. Alguns espíritos desencarnados – como ancestrais, genitores e outros membros da família – podem assumir o papel de guias espirituais, protetores e "anjos da guarda" daqueles que eram seus próximos em vida. Os espíritos de animais também podem aparecer como fantasmas. E os fantasmas podem aparecer no sonho, assim como na vigília.

Alguns "fantasmas" não são nem mesmo espíritos conscientes, mas são mais como uma impressão psíquica ou um "registro" de algum evento traumático, como uma morte violenta, que simplesmente ainda é repetida muitas e muitas vezes no local em que aconteceu. Isso se chama *assombração*, e elas podem envolver até mesmo seres completamente imaginários, como personagens poderosos criados por um romancista. Durante as décadas de 1930 e 1940, o jornalista e mago Walter B. Gibson, usando o pseudônimo Maxwell Grant, escreveu 282 romances sobre um misterioso vingador mascarado conhecido como *O Sombra*. Após a morte de Gibson em 1986, uma sombria aparição mascarada foi vista muitas vezes por aqueles que visitavam o seu estúdio, e alguns até a fotografaram!

Também existem os *poltergeists* ("fantasmas barulhentos"), que fazem sons estranhos e batidas à

alma. As vítimas de vampiros gradualmente perdem energia, decaem e definham. Embora os vampiros sejam basicamente solitários, algumas vezes, nas cidades grandes podem frequentar certos locais de encontro, como bares para vampiros.

Os vampiros são criaturas da noite que fogem da luz do Sol, que queima sua pele. Como não têm alma, eles não podem ver seu reflexo no espelho. Não podem entrar em sua casa (ou em sua vida) a menos que você os convide, e são repelidos por símbolos sagrados e (exceto os italianos) alho cru. E morrem se você fincar uma estaca de madeira em seu coração (bem, quem não morreria?). Mas eles não podem se transformar em morcegos, exceto na ficção. E, ao contrário do mito popular, os vampiros verdadeiros não são superfortes, mas, em geral, são frágeis e fracos.

Os vampiros sugadores de sangue são figuras populares em literatura, filmes e programas de TV e fazem parte do folclore há milênios. Antigamente, as pessoas que caíam em uma paralisia cataléptica ou em coma eram muitas vezes declaradas mortas e enterradas. Às vezes, acordavam em seu caixão com uma severa doença mental e saíam de sua cripta para ter uma existência noturna de "não morto", sugando os vivos e voltando na alvorada para dormir em seu sarcófago.

Em 1975, o doutor David Dolphin, bioquímico da Universidade da Colúmbia Britânica, propôs que os vampiros sofriam de uma doença genética chamada *porfiria*:

noite, atiram as coisas, criam bagunça ou até mesmo causam ferimentos. Não são de fato "fantasmas", no sentido de serem os espíritos de pessoas mortas; os verdadeiros fantasmas espirituais não podem afetar o mundo físico de forma alguma. O *poltergeist* é uma manifestação *psicocinética* normalmente causada por uma pessoa viva que passou ou está passando por algum trauma severo –, principalmente em relação à sexualidade.

Vampiros*

Vampiros são "não mortos" sem alma, que não têm vida própria e se sustentam sugando a essência vital dos verdadeiros viventes. Eles são essencialmente de dois tipos: aqueles que chupam sangue e aqueles que chupam a

---

*N.E.: Sugerimos a leitura de *Buffy: A Caça Vampiros e a Filosofia – Medos e Calafrios em Sunnydale*, coletânea de James B. South, e *Vampiros – A Verdade Oculta*, de Konstantinos, ambos da Madras Editora.

Essa disfunção na química corporal torna a pele sensível à luz, o que explica por que os doentes em geral evitam o sol...

A doença também pode causar retração das gengivas, que ficam tão esticadas que os dentes, embora não sejam maiores do que o comum, ressaltam de maneira ameaçadora como se pertencessem a algo mais animal do que humano... A doença pode explicar por que os vampiros, ou vítimas de porfiria, têm medo de alho, de acordo com a mitologia. O alho, segundo Dolphin, contém um produto químico que aumenta os efeitos da doença.

Dolphin também observa que um dos tratamentos para a doença é uma injeção de um produto à base de sangue, heme. Como esse tratamento não existia na Idade Média, quando o mito se originou, ele especula que as vítimas podem ter instintivamente procurado heme bebendo sangue.

Roger Highfield, *The Science of Harry Potter*, p. 188-89

A hidrofobia também já foi sugerida como um fator no vampirismo. A doença é transmitida pela mordida e entre os sintomas estão insônia e uma aversão a espelhos e a cheiros fortes (como o alho).

Há poucos vampiros que realmente chupam sangue hoje em dia, e eles não são uma grande ameaça aos membros da comunidade mágica. Eles conseguem sangue principalmente em bancos de sangue ou de voluntários e, ocasionalmente, atacam ladrões e mendigos.

Os **vampiros psíquicos*** são muito mais comuns e menos facilmente reconhecíveis – às vezes, são reconhecidos quando é tarde demais. Essas criaturas desalmadas estão sempre carentes e grudam em você como uma sanguessuga, chupando a sua alma e drenando sua vitalidade com suas exigências infinitas. Eles são neuróticos ou viciados incuráveis, sem vida real, que só se preocupam em tentar, em vão, satisfazer as suas próprias necessidades insaciáveis.

Durante a sua vida você sem dúvida vai encontrar algumas dessas criaturas. Muitas parecem ser pessoas bem normais fisicamente; entretanto, sua natureza psíquica vai se tornar aparente no modo como elas tratam você e os outros que as rodeiam. Elas tentarão manipular você para atender às necessidades delas – muitas vezes de maneiras física ou emocionalmente prejudiciais. O vampiro psíquico muitas vezes é chamado por outros nomes: predador sexual, namorado (a) manipulador (a), traficante de drogas. Essas são as pessoas destruidoras contra as quais aqueles que o amam provavelmente já o preveniram.

Zumbis

Os *zumbis* também são chamados de "mortos-vivos". A palavra vem do congolês *nzambi* ("espírito de uma pessoa morta"). Na maioria confinados às ilhas caribenhas do Haiti, são pessoas que morreram e cujos corpos foram exumados do túmulo e "reanimados", transformando-se em escravos sem alma de malignos *bokors* (esconjuradores de vodu).

---

*N.E.: Sugerimos a leitura de *Lidando com Vampirismo nas Relações Interpessoais*, de Marise Jalowitzki, Madras Editora.

Os zumbis são criados pela administração de uma poderosa droga venenosa que induz a paralisia total e um estado de morte aparente. Depois que a vítima é enterrada, o *bokor* a desenterra e lhe dá outra concocção, que causa confusão e alucinações. Depois de dar ao zumbi um novo nome, o *bokor* o põe para trabalhar. Os zumbis precisam de pouco alimento, mas podem se recuperar se comerem sal.

A fórmula para a droga zumbi da morte foi determinada pelo *etnobotânico* (alguém que estuda plantas em um contexto cultural) de Harvard Wade Davis em 1982. Em meio a uma longa lista de ingredientes nocivos e venenosos, o elemento essencial é o baiacu, que contém o veneno mortal *tetrodoxina*; uma única gota pode levar à morte.

Mas há muito mais no processo do zumbi que as poções. O *bokor* também captura a alma da vítima, guardando-a em uma garrafa. Dessa forma, ele comanda não apenas o corpo do "morto-vivo", mas também o "zumbi astral" – um fantasma ou espírito que o *bokor* pode mandar cumprir tarefas, como uma *aparição*.

Lobisomens*

Até mesmo um homem puro de coração,
Que diz suas orações à noite,
Pode virar um lobo quando a vulpária floresce,
E a lua está cheia e brilhante...
                    O Lobisomem *(filme)*

Os lobisomens também são "filhos da noite". Um lobisomem parece uma pessoa normal (bem, talvez não totalmente...) durante o dia, mas à noite – especialmente (ou apenas) durante a Lua cheia –, ele se torna, para todos os fins, um animal feroz que ataca e mata como uma fera selvagem. Na manhã seguinte, normalmente não lembra nada de suas predações da noite anterior. Suas principais vulnerabilidades são a vulpária (erva) e a prata (metal da Lua). As balas de prata podem matar um lobisomem, assim como qualquer outra criatura, e joias de prata protegem contra os ataques.

Hans Weiditz, de Die Emeis *(As Formigas), 1517*

Os lobisomens sofrem de uma doença psiquiátrica reconhecida chamada *licantropia* ("lobo-homem-nismo"). O paciente tem uma "personalidade dividida", como O Médico e o Monstro, da qual uma das fases é uma fera selvagem inumana. As mais conhecidas são os lobos, mas os *licantropos* também podem ser homens-leopardos, homens-urso, homens-gato ou outros predadores ferozes. A mudança é causada pelo aparecimento da Lua cheia.

Com a licantropia, há uma rara doença congênita chamada *hipertricose*, na qual uma camada de longos pelos cresce em todo o corpo e no rosto da

---

*N.E.: Sugerimos a leitura de *Lobisomem – Um Tratado sobre Casos de Licantropia*, de Sabine Baring-Gould, Madras Editora.

pessoa, como nos animais. Algumas dessas pessoas ficaram famosas em circos como "Homens-macacos", "Meninos com cara de cão" e "Lobisomens". Em 1984, essa condição foi formalmente descrita em uma família mexicana por José María Cantu da Universidade de Guadalajara, mas o gene ainda não foi isolado. Todos os casos conhecidos são geneticamente aparentados.

Assim como com os vampiros, a porfiria também pode ser um fator, já que algumas vítimas ficam muito peludas (provavelmente para proteger a pele contra a dolorosa luz do sol) e só saem à noite. E a raiva explicaria a transmissão da doença pela mordida. Imagine alguém com todas essas doenças de uma vez só!

Diz-se que uma pessoa com as sobrancelhas unidas, os dois dedos do meio com o mesmo comprimento, palmas das mãos cabeludas ou olhos amarelos pode ser um lobisomem. Os cães e gatos sempre os reconhecem e não chegam perto deles – seus pelos se eriçam e eles bufam, rosnam e rugem para um lobisomem, mesmo na fase humana.

Lição 6: Defesa contra as artes negras

Há muitas formas de "artes negras" que podem não ser tão óbvias ou conscientes como as descritas anteriormente, mas mesmo assim podem ser incrivelmente destrutivas em sua vida. No colegial, você terá de enfrentar e vencer os desafios de forças negativas, tais como:
- pressão dos colegas;
- participação em uma turma;
- enrolação;
- vício e hipnotismo da TV/videogame;
- substâncias venenosas e viciantes (tabaco, álcool e diversas drogas nocivas).

O trabalho mágico de aterramento, centralização, proteção, intenção e o de se tornar a melhor pessoa possível são as melhores defesas. Como há diversas circunstâncias em que você pode encontrar o perigo, existem diversas categorias de defesa mágica que é preciso conhecer. Em ordem de força, são elas:

1. **Precaução:** evite fazer coisas estúpidas e arriscadas. Tome as precauções razoáveis, como usar cinto de segurança e não andar sozinho em bairros pouco recomendáveis. Não vá a nenhum lugar sozinho à noite. Não entre em um carro cujo motorista bebeu ou usou drogas. Use o bom senso e fique alerta o tempo todo!

2. **Proteção:** prepare vigias e escudos em torno de si mesmo e de seu espaço, como uma série de conchas, todas com a superfície externa espelhada. Use amuletos e joias de proteção. Tenha sempre um sentido de finalidade e aprenda a projetar uma aura de invencibilidade.

3. **Defesa:** rebater ativamente os ataques, sejam psíquicos ou físicos. Entre em uma academia de artes marciais, que pode treiná-lo na defesa dos dois tipos. Aprenda a usar seu corpo e mente como afiadas armas de defesa.

4. **Retaliação/ataque:** reagir à altura. Deixar seu oponente fora de ação, para que não apenas ele não possa mais ferir *você* mas que não possa mais ferir ninguém. Se você for agredido, molestado ou atacado por qualquer pessoa, de qualquer modo (físico

ou mental), acuse a pessoa imediatamente para um adulto responsável em quem você confie. Não deixe passar o comportamento abusivo nem por um segundo!

Como feiticeiro, há diversas coisas que você pode fazer para se proteger e usar com as defesas que aprendeu com seus professores trouxas. Todas as defesas mágicas devem ser usadas para reforçar as suas habilidades mundanas. Até mesmo os magos altamente habilidosos fazem escaladas ou vão nadar com um amigo, evitam ruelas escuras ou estacionamentos sem iluminação e recusam as tentações prejudiciais, destrutivas ou ilegais. A proteção psíquica, amuletos e patuás, totens animais e guias espirituais utilizados com uma dose saudável de bom senso e procedimentos rotineiros de segurança vão mantê-lo a salvo. Coma bastante alho, use o seu pentáculo de prata com destaque, mantenha ímã em seu saquinho-talismã e tome bastante sol!

Acidentes

Acidentes acontecem. Você pode reduzir as chances de eles acontecerem a *você* não sendo um idiota. Proteja-se. Planeje com antecedência, pense muito bem e tome as precauções razoáveis.

Estupidez

Contra a estupidez, até mesmo os Deuses lutam em vão.
Friedrich von Schiller (1759-1805)

Não há educação ou inteligência que possam superar a simples estupidez. É para isso que serve a sabedoria. Se você vai insistir em fazer coisas realmente estúpidas, ninguém vai ser capaz de salvá-lo e alguma hora você provavelmente vai conseguir se matar. Muitas pessoas o fazem.

Para ter uma ideia da espantosa estupidez de que as pessoas são capazes, dê uma olhada no "Darwin Awards" no site <www.darwinawards.com>. Essas premiações *póstumas* ("após a morte") celebram a teoria da evolução pela seleção natural de Charles Darwin.* Os Darwin Awards são concedidos a idiotas e cretinos que contribuem para a melhora do reservatório genético humano, retirando-se dele de maneiras realmente estúpidas (e muitas vezes de um humor grotesco).

A estupidez consiste principalmente em fazer coisas sem pensar nas consequências, como acender um fósforo para ver quanta gasolina ainda há no tanque ou bater em um policial. Eu não deveria precisar dizer aos aprendizes de feiticeiro para não fazer coisas estúpidas e arriscadas, mas certamente já fiz muitas delas e tive de aprender algumas lições do jeito mais difícil! Assim, só para deixar claro o aviso, eis algumas idiotices bastante óbvias que parecem ser muito populares e com as quais incontáveis pessoas se matam ou mutilam todos os anos:

- fumar cigarros;
- não usar cintos de segurança, capacetes, óculos de proteção, etc;
- nadar ou escalar sozinhas;
- sair ou andar sozinhas em vizinhanças perigosas;

---

*N.E.: Sugerimos a leitura de *A Origem das Espécies – e a Seleção Natural*, de Charles Darwin, Madras Editora.

- consumir álcool abaixo da idade permitida;
- usar drogas que viciam (especialmente anfetaminas);
- dirigir bêbado ou drogado;
- fazer sexo sem proteção;
- envolver-se com amigos violentos ou psicopatas.

Será que eu tenho mesmo que explicar *por que* essas coisas são uma ideia idiota? Você sabe! Apenas não as faça, OK? Eu juro, do fundo do meu coração e pela minha vida e experiência – daqui a muitos anos, se você ainda estiver vivo, vai lamentar profundamente se tiver feito algumas delas. Mas, no final de uma longa vida, você nunca vai se arrepender por *não* tê-las feito – pois a sua expectativa de vida terá sido duplicada ou quadruplicada e você será um velho feiticeiro feliz como eu!

Ou não. Como sempre, a escolha é sua.

Ataques psíquicos

Os *ataques psíquicos* podem ser conscientes e intencionais, quando alguém está trabalhando ativamente para lhe fazer mal, ou podem ser inconscientes, quando alguém simplesmente odeia você e projeta constante malevolência contra você. Se você sentir que está sofrendo um ataque psíquico, fale imediatamente com alguém de confiança. Alguns dos sintomas podem ser:
- sentir-se totalmente confuso e incapaz de se recuperar;
- repentinamente ficar muito desastrado;
- tudo parece dar errado, não importa o quanto você se esforce;
- constante incompreensão quando você tenta se comunicar com os outros;
- sensação de desespero e pânico;
- ou – o que é muito pior do que todos os outros – seu familiar fica doente ou até morre.

Ao fazer feitiços defensivos contra ataques psíquicos, prepare-os para enviar qualquer energia negativa de volta para o lugar de onde veio. Os melhores tipos de magia de proteção e defesa são cercas e escudos espelhados. Você arma um campo de proteção em torno de si que repele as energias indesejadas. A metáfora perfeita são os campos/escudos de energia usados para proteger a nave Enterprise dos tiros de *phaser* ou torpedos de fótons.

"Endureça" a crosta exterior de seu campo áurico, transformando-a em um escudo psíquico. Fique em pé, com

os pés afastados, e feche os olhos. Faça um aterramento, como explicado em 4.
IV.4. Em seguida, mova suas mãos, com as palmas juntas e os dedos abertos, para cima, para baixo e em torno de todo o seu corpo até onde os braços alcançam, enquanto visualiza que está formando uma casca coberta de "teflon" em volta de si.

Agora abra os olhos e expanda esse escudo em torno de todo o seu quarto, reforçando-o para formar uma casca impenetrável e espelhada do lado de fora. Ou use a visualização e também um espelho de mão enquanto dá a volta em seu quarto, com as mãos para cima, como se tateasse uma parede invisível. Isso é um Escudo.

Grude espelhinhos do lado de dentro de sua janela, com o lado reflexivo para fora. Além disso, pendure dentes de alho fresco pelo quarto e ponha cebolas cortadas ao meio no parapeito das janelas. Quando elas deixarem de arder nos olhos, corte uma fatia para manter a superfície sempre fresca. Finalmente, enterre alguns pregos grandes de ferro no chão diante de cada entrada de sua casa e, se conseguir uma, pendure uma ferradura ou símbolo de proteção sobre a porta.

Ritual de defesa, bênção ou proteção

(*por Katlyn Breene*)

Finalidade: proteger, carregar ou abençoar qualquer coisa que você ama, seja uma pessoa, local ou objeto.

Material: um espelho de mão, tinta acrílica e uma vela. Um quarto com iluminação fraca.

Método:

1. Escreva a sua intenção exata antes de começar.
2. Crie o espaço sagrado; forme o Círculo.
3. Chame os deuses que você quer que testemunhem o trabalho e auxiliem no ritual (o melhor meio de fazê-lo é usar suas próprias palavras, direto do coração).
4. Pinte o pentagrama (ou símbolo mágico) na face do espelho.
5. Acenda a vela e segure o espelho diante dela de forma que a luz se reflita nele. Dirija a luz para a pessoa ou objeto que você quer proteger ou abençoar. Veja como a sombra do pentagrama fica marcada nela.
6. Declare que a pessoa, local ou coisa está agora abençoada ou protegida. Não que você *deseja* que ela seja protegida, *mas que ela* ***está*** *protegida*. Em sua mente, isso já está feito. Aqui também as suas palavras são as melhores.
7. Agradeça aos deuses por estarem ali e ajudarem no trabalho; então desfaça o Círculo.

NOTA: A defesa também pode ser feita ao ar livre em um dia de sol, refletindo a luz do sol na coisa ou na pessoa que você deseja proteger.

Riso

A mais poderosa defesa contra o mal é o riso. Não leve o mal a sério; não leve nem *você mesmo* a sério! Se puder encontrar um modo de rir de seu atacante, você pode destruir sua influência com muito mais eficácia do que qualquer dano físico que você pudesse infligir. Imagine chegar por trás de Lord Voldemort quando ele está lá todo terrível e puxar as calças dele ou colar um cartaz "me chute" em suas costas! Contar piadas sobre algum valentão, desenhar quadrinhos com ele ou apenas fazer uma musiquinha boba podem ser devastador.

Os chargistas políticos já derrubaram oficiais poderosos e corruptos e outros malvados. Assim também já fizeram muitos comediantes, escritores de paródias, a revista *Mad* e o programa *Saturday Night Live*. Mas cuidado para não exagerar, pois você pode fazer inimigos perigosos. Você só quer limar as suas presas para deixá-las inofensivas, e não irritá-las em uma fúria cega e vingativa. Quando eles se retirarem, você também deve se retirar.

Uma palavra aos feiticeiros sábios

(por Abby Willowroot)

Vivemos em tempos mágicos, mas também perigosos. Esteja ciente de que os predadores estão à espreita na Internet e no mundo cotidiano e atacam os jovens e inexperientes. Algumas pessoas são muito perigosas e podem tentar tirar vantagem de você ou lhe fazer mal. Essas pessoas perigosas muitas vezes parecem boazinhas e estão presentes no mundo cotidiano, e algumas vezes elas também assombram a comunidade mágica.

Não confie cegamente em uma pessoa apenas porque ela parece poderosa, ou está na comunidade mágica, ou diz ter poderes e percepções especiais. Nunca se deixe coagir sexualmente, financeiramente ou de qualquer outro modo por alguém que prometa lhe ensinar ou conceder poderes. Os feiticeiros sábios são corajosos, mas também são cautelosos, racionais e não assumem riscos tolos. Estranhos são estranhos, e as mesmas regras que se aplicam aos encontros comuns com estranhos também se aplicam à comunidade mágica.

Nunca se encontre com estranhos sozinho ou em um lugar fechado. Não dê seu telefone ou endereço para estranhos. Se alguém lhe pedir para manter uma amizade secreta, cuidado. Se alguém prometer iniciar você por qualquer quantia em dinheiro, cuidado. Se alguém lhe disser que o sexo é necessário para se tornar parte de um Círculo mágico, cuidado. A primeira responsabilidade de um feiticeiro é cuidar de sua segurança pessoal. Fique alerta, fique seguro e use o bom senso em sua jornada.

Sétimo Curso: Sabedoria

593

Primeira Aula:
Os Outros Mundos

Os humanos modernos cuidam de sua vida na esfera mundana como se o mundo fosse assim como parece à primeira vista, com a certeza de que a noção de um reino além daquilo é simplesmente uma sobra primitiva e supersticiosa da infância de nossa raça. Entretanto, espreitando por trás da fachada da realidade convencional, o Reino das Fadas está ali, conectado a todas as coisas, incontrolável e penetrante. Aquilo que a civilização moderna descartou como um esquecido brinquedo de criança é um poderoso segredo, um poder que arrancará a tampa da estreita visão de mundo "racional".
Ian Lurking Bear (*Gateways to faerie*)

1. Introdução: Outros mundos

Vivemos em um multiverso de infinitos mundos e possibilidades. Além do mundo terreno, que habitamos com nosso corpo físico e compartilhamos com as outras pessoas, existem reinos não físicos ou *astrais* de sonho, mito, imaginação e história. Alguns deles também são compartilhados com outros e alguns podemos ter todos para nós. Mesmo assim, esses mundos são tão reais para nós quanto acreditamos que seja, pois se pensarmos no assunto, na verdade, cada um de nós vive sozinho em um quarto pequeno, e tudo o que vemos, ouvimos, sabemos e sentimos daquilo que está fora do quarto chega filtrado para nós. Aquilo que "vemos" é aquilo que temos.

Nesta aula, gostaria de apresentar a você alguns dos mundos não físicos compartilhados por muitas pessoas. Todos eles têm ocupantes e regras e alguns já foram até mapeados. O mundo da Terra Média de Tolkien é um exemplo de reino criado por um homem, mas agora compartilhado por milhões. Eu aposto que você pode fechar os olhos e ver o Condado, ou Rivendell, tão claramente quanto qualquer outro lugar em que você já tenha vivido ou visitado – eu sei que você pode!

Lição 2: O sonhar

O maior país astral que podemos acessar diretamente é chamado *O Sonhar*, porque entramos nele por meio de nossos sonhos. Os *aborígines* ("Nativos") australianos dão a ele o nome de *Alcheringa*, ou "A hora do Sonho", e os psicólogos o chamam de "Inconsciente Coletivo". Compartilhamos o terreno psíquico com todos os outros sonhadores do mundo e ele tem uma certa geografia bem estabelecida, formada ao longo dos anos pelos campos morfogênicos – como as trilhas abertas pelo uso – de todos os que já o visitaram.

No Sonho, há portões para os Países Encantados, a Vida após a Morte de todas as crenças, os reinos de deuses, espíritos e ancestrais e todos os mundos de fantasia do mito e da história – como Phantasia, o País das Maravilhas, Oz, Terra do Nunca e Terra Média. Quando você aprende a explorar e se acostuma com a paisagem do sonho, também terá acesso aos outros reinos. Algumas vezes, para chegarem ao outro reino, basta passar entre duas árvores antigas.

Toda espécie de criatura sensível na Terra e no universo dos sonhos, dessa forma, tem um Sonho próprio. Como somos células no grande corpo de Gaia (Mãe Terra) e os planetas não passam de células do grande corpo da galáxia, e assim por diante – assim também nossos sonhos são partes de O Sonhar e O Sonhar é parte do Sonho de Gaia – e assim por diante, em reinos concêntricos cada vez mais amplos.

Lição 3: Reino das fadas

Além do tempo e do espaço convencionais, permeando o mundo físico como a luz de uma lanterna chinesa, o poder cru e fundamental da consciência e do desejo no Universo pulsa e dança, feroz e divertido. Tocar esse poder é tocar a verdade secreta de quem realmente somos, da natureza de nosso ser, fora da vida e da morte, além do ego e do apego.

Ian Lurking Bear

O *Reino das Fadas* é o mais próximo do nosso e faz fronteira com o Sonho e com o mundo terreno. Esse reino também é próximo do Reino dos Mortos, das vozes dos ancestrais, e está conectado com o aspecto divino de nós mesmos. Por meio do Reino das Fadas, podemos entrar em contato com o poder sagrado mais diretamente. Entramos em um reino em que os deuses e deusas são reais e podem nos falar.

Os portões para o Reino das Fadas não são encontrados apenas no Sonho, mas também em vales encantados e clareiras de florestas, anéis de cogumelos, antigos círculos de pedras, colinas ocas, *raths* (fortificações pré-históricas irlandesas), antas e ruínas cobertas de mato. Nesses lugares, basta passar para entrar em um transe ou adormecer – especialmente na noite de Beltaine ou Samhain, quando "o véu entre os mundos" está particularmente fino e os portões de bruma estão abertos. Sempre que você for apanhado por uma neblina espessa, pode se ver no Reino das Fadas quando ela se erguer. O Reino das Fadas está "tão perto quanto uma oração, tão distante quanto as estrelas", diz o xamã das fadas Victor Anderson (1915-2002).

O Reino das Fadas é um reino de lusco-fusco, iluminado apenas pelas estrelas, velas, vaga-lumes e pela aura dos seres vivos (que ali são muito visíveis).

Nem o Sol nem a Lua brilham no Reino das Fadas, mas tudo é iluminado mesmo assim. Os habitantes desse reino (o povo encantado ou as fadas) vivem em lindas salas e câmaras debaixo do chão, sob a água ou no alto das árvores. Eles também têm belos castelos de cristal e cortes aéreas no alto das montanhas ou em clareiras nas florestas. A única cidade real do Reino das Fadas é chamada *Tyr na Nog*.

Entretanto, em todos esses lugares, um *glamour* de aparente magnificência é apenas um verniz ilusório, pois o Reino das Fadas tem as mesmas características naturais e paisagens de nosso mundo, mas sem as obras artificiais da humanidade. Por exemplo, a ilha encantada de *Avalon* corresponde a Glastonbury no mundo terreno. Na verdade, é mais fácil entender o Reino das Fadas como uma espécie de "dimensão paralela", ligada à nossa pelos portões mencionados, que são iguais em ambos os lados.

O Reino das Fadas é governado por regras e fórmulas rígidas e é aconselhável que aqueles que entram nesse reino as aprendam. A regra mais importante – que também se aplica ao Mundo Subterrâneo – é *nunca comer nem beber nada no Reino das Fadas* a não ser que você tenha trazido consigo! As fadas são repelidas pelo ferro – especialmente se estiver magnetizado – por isso, nem pense em entrar no Reino Encantado levando esse metal! Segundo o mesmo raciocínio, se você tiver um ímã em seu saquinho-talismã, estará protegido contra a abdução indesejada. E se você estivesse no Reino das Fadas e desejasse sair, bastaria tirar a camisa, virá-la do avesso e vesti-la novamente – assim você ficaria invisível para as fadas. Vire também os bolsos para fora. Mas o que quer que você faça no Reino Encantado, é preciso ter cuidado para ser extremamente cortês com as fadas o tempo todo! Elas se ofendem facilmente e, quando ofendidas, podem ser terríveis!

Lição 4: Os três mundos

Existe um ditado que diz: "O bom senso é aquele que nos diz que o mundo é chato". Durante a maior parte da história humana, a grande maioria das pessoas acreditava que esse fosse o caso e os antigos mapas mostravam a Terra não como um globo, mas como um disco. Os mapas cristãos medievais mostravam Jerusalém, a "Cidade Santa", no centro da panqueca, que incluía todo o mundo conhecido dos *cartógrafos* ("desenhistas de mapas") do tempo.

Acima do disco-mundo, o arco abobadado do céu formava uma tigela invertida que também podia ser claramente vista e mapeada, de forma que o mundo

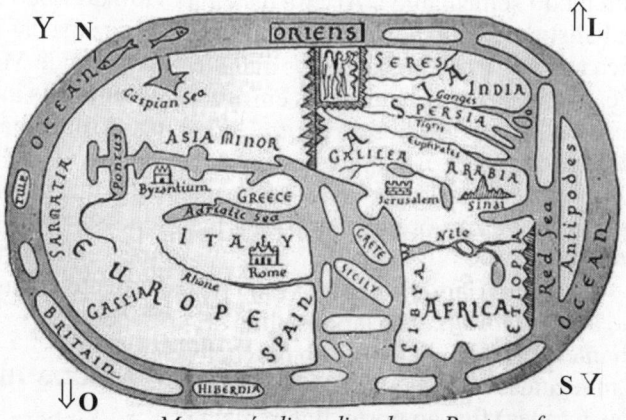

Mapa-múndi medieval por Beatus of Liebana, 776 d.C.

de cima" tornou-se a morada lógica dos Deuses e Anjos. E a presença de cavernas, minas, poços, gêiseres e vulcões indicavam, da mesma maneira, a existência de um "mundo de baixo" oculto. Também fazia sentido atribuir aquele escuro reino sob a Terra aos mortos e povoá-lo também de monstros e demônios – governado pelos deuses do "Mundo Subterrâneo".

E assim o nosso mundo mortal, que ficava entre esses reinos sobrenaturais como um hambúrguer no pão, era naturalmente considerado a "Terra do Meio" ou *Midgard*, como os vikings a chamavam. De fato, os normandos desenvolveram esse conceito em uma estrutura muito elegante, representando uma antiga cosmologia de múltiplos mundos que ainda forma a base de muitas religiões, incluindo o Cristianismo.

Midgard, mantida nos galhos da árvore-mundo, Yggdrasil

Yggdrasil

Os noruegueses criaram um complexo sistema de nove mundos, dos quais os três principais são *Asgard* (acima), *Hel* (abaixo) e, obviamente, *Midgard* no meio. Eles são arranjados de vários modos, dependendo da versão que você lê. A favorita atualmente é organizá-los de um modo semelhante à Árvore da Vida cabalística, exceto porque nosso mundo fica no meio e não embaixo. Os mundos ficam como *flets* (plataformas em árvores) das raízes e galhos do enorme eixo do mundo, *Yggdrasil*, que está alinhado ao eixo de rotação da Terra de forma que a copa da árvore aponta para a Estrela do Norte.

Asgard (lar dos deuses Aesir) fica no alto, e *Ljosalfheim* (lar dos elfos brilhantes) normalmente fica abaixo dele. Em seguida, vem Midgard. Niflheim (lar das brumas) fica ao norte, ligeiramente abaixo de Midgard, e *Muspelheim* (terra dos gigantes do fogo) fica ao sul. A maior parte dos escritores modernos localiza *Jutunheim* (lar dos gigantes de gelo) ao leste e *Vanaheim* (lar dos Vanir) ao oeste. Abaixo deles ficam *Svartalfheim* (lar dos elfos escuros ou anões) e, em seguida, *Helheim* (reino dos mortos). Uma ponte de arco-íris, conhecida como *Bifrost*, corta o céu de Asgard até os tronos de julgamento dos deuses ao lado do *Poço de Wyrd*, que fica embaixo de uma das raízes da árvore. Em volta da Terra de Midgard, havia um enorme oceano, que ia até a extremidade do disco. Ali ele batia nas escamas de *Jormungand*, a enorme serpente de Midgard, que girava incessantemente, mantendo a cauda na boca para evitar que o mar se derramasse no espaço. Além da serpente, ficavam os reinos do fogo e do gelo.

Mundos-tartarugas

Embora os normandos imaginassem os mundos sustentados por uma grande árvore, muitas tribos achavam que a Terra era carregada nas costas de uma tartaruga gigante que andava por um mar infinito. É por isso que a América do Norte é algumas vezes chamada de "Grande Ilha Tartaruga". Na Índia, acreditava-se que o disco da Terra era sustentado nas costas de quatro elefantes colossais, e eles, por sua vez, ficavam sobre o casco de uma gigantesca

Grande Ilha Tartaruga, de Oberon.

tartaruga, que nadava eternamente pelo espaço. Terry Pratchett escreveu dezenas de deliciosos romances satíricos ambientado nesse mundo, chamado "Discworld". Esses livros são sucesso na comunidade mágica (e eles trazem alguns memoráveis feiticeiros e bruxas) e alguns deles foram transformados em filmes de animação.

Lição 5: Reinos dos deuses

Não sei de nenhum povo na história do mundo que não reconhecesse a existência de um reino espiritual povoado por entidades que chamamos de "deuses". Cada uma dessas moradas celestiais é como se fosse um país separado, habitado por seu próprio *panteão* ("todos os deuses") ou famílias de deuses.

Manjet e Mesektet

Os deuses do Egito viviam tanto no céu quanto no mundo natural. No início, ou "primeiro tempo", eles viviam na Terra entre os humanos. Foi uma era de ouro em que a justiça reinava sobre a Terra. Seus lares eram os grandes templos, cada um dedicado a uma única divindade. Todavia, todo templo egípcio honrava e servia a todos os deuses com capelas e altares subsidiários.

Saindo todas as manhãs de *Manu*, a colina do pôr do sol, os deuses também viajavam pelo céu do dia bem acima da Terra na grande barcaça solar *Manjet*, idêntica (embora, obviamente, em uma escala maior) àquelas que cobriam o Rio Nilo desde o delta até a primeira catarata. Durante a noite, eles navegavam pelos rios do Mundo Subterrâneo no barco *Mesektet*, a "Barca de um Milhão de Anos". Assim, o reino dos deuses egípcios é como um luxuoso cruzeiro cósmico!

Monte Olimpo

Na Grécia, a principal morada dos deuses é o *Monte Olimpo*, uma verdadeira montanha de 3 mil metros de altura na Tessália. Entretanto, como o Reino das Fadas, o verdadeiro Reino divino existe em uma espécie de dimensão paralela e não pode ser atingido simplesmente ao subir a montanha. A entrada para o Olimpo é barrada por um portão de nuvens, guardado pelas *Horae* ("Horas" ou "Estações"). Cada um dos deuses vive em seu próprio palácio, construído de seu metal correspondente. Para relaxar, os deuses ouvem a bela música de Apolo e das musas – a banda oficial do Olimpo. Interessam-se intensamente pelos assuntos dos humanos mortais, que para eles são um enorme jogo em tempo real. Os deuses banqueteiam com *ambrosia* (mel e papoulas) e os pomos dourados da imortalidade (laranjas), trazidos todos os dias do jardim das Hespérides, às margens do Oceano no ocidente distante. Embora apreciem o vinho de Dioniso, sua beberagem sagrada particular é o *néctar* (vinho de mel).

Assim como no Egito, os palácios terrenos dos deuses eram templos magníficos, cujo esplendor indicava a sua posição relativa entre os adoradores. O Partenon de Atena em Atenas, o templo de Zeus em Olímpia, o templo de Ártemis em Éfeso, o templo de Apolo em Delfos e o templo de Deméter em Elêusis são alguns dos mais famosos, e dois deles (o de Ártemis e de Zeus) já foram somados às "Sete Maravilhas do Mundo". A característica central de cada um desses templos era uma enorme estátua do deus ou da deusa.

Asgard

Como mencionado anteriormente, os deuses noruegueses dos povos germânicos e escandinavos viviam em *Asgard*, entre os galhos da Grande Árvore-Mundo, Yggdrasil. Há duas raças de deuses, os *Aesir* e os *Vanir*. Após um longo conflito, os dois grupos fizeram as pazes e celebraram casamentos entre si. Os Vanir foram viver em *Vanaheim* ("Lar dos Vanir"). Asgard compreende duas áreas – *Gladsheim* para os deuses e *Vingolf* para as deusas. Muitos dos deuses e deusas têm seus próprios lares esplêndidos, como o palácio *Thruthheim* ("Lar-Fortaleza") de Thor e *Sessrumnir* ("os muitos sentados") de Freya. Odin é o comandante de todos e vive com as *Valquírias* (donzelas guerreiras) no *Valhala*, o palácio dos heróis mortos, onde reúne sua corte. Ali deuses e heróis festejam com javalis selvagens e *hidromel* (vinho de mel).

Céu

A mitologia judaico-cristã concebe o *Céu* como uma região divina de luz dourada acima do céu e além das estrelas. As próprias estrelas eram consideradas pequenos buracos no teto do céu pelos quais a luz do paraíso vaza. Para os judeus tradicionais, o céu é simplesmente a morada do supremo (e único) Deus *Javé* e de miríades de Anjos, conhecidos como "Hoste celestial". O alimento dos anjos é o *maná*. Apenas alguns santos e profetas sublimes foram admitidos no céu, tornando-se anjos (assim como alguns heróis gregos foram divinizados e entraram no Olimpo). Essas "almas abençoadas" entraram nas fileiras do *Ishim*, a ordem mais baixa dos anjos.

Javé governa o Céu de um grande trono de ouro, emitindo julgamento sobre aqueles que vêm a ele. Detrás do trono eterno correm rios de fogo líquido. Quatro Arcanjos rodeiam o trono. À direita está Miguel, o escriba celestial, que registra as ações dos homens e das nações. Gabriel fica à esquerda com sua espada da justiça. Os outros dois arcanjos são Rafael, o curandeiro, e Uriel, governante absentista do inferno. Na tradição cristã, à direita de Javé, senta-se seu filho Jesus e à sua esquerda, a Maria, mãe de Jesus. O Cristianismo abriu os portões do céu para as almas desencarnadas daqueles que foram "salvos" ao aceitar Jesus como seu *Messias* ou salvador.

Javé no trono celestial (Malleus Malificarum, 1510)

O grande templo de Jerusalém era considerado a moradia literal de Javé na Terra. Foi originalmente construído por Salomão em 950 a.C., demolido por Nabucodonosor da Babilônia em 587 a.C., reconstruído em 515 a.C e, finalmente, destruído pelo general romano Tito em 70 d.C. Não foi reconstruído desde então, porém, incontáveis sinagogas e templos judaicos, e igrejas de Jesus e catedrais em honra de "Nossa Senhora", Maria, foram exigidas em todo o mundo conforme essas crenças se difundiam.

Lição 6: Terras dos Mortos

Tão universais quanto a crença em reinos espirituais habitados pelos deuses são os conceitos de uma vida após a morte, o Mundo Subterrâneo ou Terra dos mortos, habitada pelos espíritos desencarnados, aqueles que morreram. Em certas mitologias, as almas desencarnadas simplesmente vão se juntar aos deuses e, em outras, elas *reencarnam*, retornando ao mundo mortal em um novo corpo.

Os ritos funerais já eram conhecidos até mesmo dos neandertais e parecem ser uma característica universal da espécie humana. O cuidadoso enterro de pessoas em posições rituais, vestidas em suas melhores roupas, acompanhadas por alimentos, pertences pessoais e outros "bens tumulares" implica que o morto deveria esperar despertar em outra vida além do túmulo. Mais tarde, *sarcófagos* (caixões) e tumbas foram criados – além de métodos de mumificação – para abrigar e preservar os corpos por toda a eternidade. As câmaras funerais comumente tinham "portas" esculpidas ou pintadas nas paredes para que os espíritos passassem por elas para o Mundo Subterrâneo. Descrições elaboradas do que eles encontrariam naquele Reino formavam a base da maior parte das religiões do mundo.

Uma das mais fortes razões para acreditar em uma vida após a morte é o desejo de justiça. A vida muitas vezes é injusta. Muitas boas pessoas morrem jovens ou sofrem na pobreza e na doença. Muitas pessoas más têm vidas ricas, longas e satisfatórias. A maior parte das religiões oferece uma vida após a morte que aplica a justiça não encontrada nesta aqui. Se houver o julgamento final após a morte, e se algumas pessoas vão para o Inferno e outras vão para o Céu, o mal acabará por ser punido e o bem recompensado. A balança da justiça finalmente estará em equilíbrio.

Egito: O peso do coração

Como descrito no livro egípcio *Capítulos de Sair à Luz*, muitas vezes chamado de *Livro dos Mortos**, o *ka* (corpo "duplo" ou astral) de uma pessoa morta sai da câmara funerária e vaga na escuridão através de túneis e passagens sobre a Terra. Por fim, ele entra em *Amenti*, a enorme "Sala de Julgamentos dos Mortos". *Osíris*, Senhor dos Mortos, está em um grande trono elevado na outra extremidade. Nas mãos traz símbolos de fertilidade: um mangual (para o grão) e um cajado (para os rebanhos), simbolizando seu poder de restaurar toda a vida.

No centro da sala há um santuário com uma balança. O *ka* deve recitar 42 "confissões negativas" padronizadas de pecados e males que ele não cometeu em vida, dizendo antes de cada uma "Eu não...". Essa confissão deve satisfazer os 42 juízes divinos (um para cada *Nome*, ou distrito do Egito) sentados em torno da Câmara, a quem o confessante se dirige, um de cada vez. Isso é feito para assegurar os deuses de que a alma de fato renasceu, transfigurada em uma pessoa que não poderia ter cometido aqueles pecados. Então, *Anúbis* (guardião dos mortos), de cabeça de chacal, põe o coração do morto em um dos pratos da balança e, no outro, põe a pena de avestruz de *Ma'at*, deusa da Verdade e da Justiça. *Thoth* (deus da escrita), com cabeça de íbis, registra os resultados.

Se o morto falou a verdade e seguiu o conceito de Ma'at durante a sua vida, o seu coração será tão leve quanto a pena.

Tendo passado por esse teste, ele tem permissão de passar à vida celestial, *Sekhet-Aaru* ("campo dos juncos") – um lindo mundo com campos férteis e lagos, muito parecido com o próprio Egito. Ali os mortos abençoados vivem eternamente na graça de Osíris, banqueteando-

---

*N.E.: Sugerimos a leitura de *O Livro dos Mortos do Antigo Egito*, de Dr. Ramser Sellem, Madras Editora.

do-se com os deuses do alimento da imortalidade. Mas se os pecados da vida de uma pessoa pesam em seu coração (se tiver mentido, traído, matado ou feito qualquer coisa contra Ma'at) ele desequilibrará a balança. Se a pessoa não tiver se transformado, não vale mais do que o alimento dos animais, e este é o seu destino. Seu coração será dado a uma horrível monstra que espera atrás do santuário. Mistura de hipopótamo, guepardo, leão e crocodilo, ela se chama *Ammut* – devoradora dos mortos. Depois dessa morte definitiva, não há mais apelo nem mais existência.

Érebo, Tártaro e os Campos Elíseos

O terceiro irmão de Zeus e Poseidon ganhou o governo do Mundo Subterrâneo grego, que muitas vezes é chamado por seu nome, *Hades*. Sua rainha é *Perséfone*, que governa ao lado dele por metade do ano, retornando ao mundo superior como a Donzela-Flor durante a outra metade. O reino de Hades é dividido em diversas regiões, muito bem mapeadas na mitologia e reproduzidas em vários oráculos subterrâneos. Excetuando-se os poucos heróis que os deuses se dignaram a divinizar e convidar para o Olimpo, todos os que morrem na Terra descem ao Mundo Subterrâneo. Os mortos ainda podem comer, beber, falar e ter emoções. Todavia, seus corpos não são mais do que vultos; por isso, são chamados de *sombras*.

A entrada do Mundo Subterrâneo fica no oeste e é separada do mundo dos vivos por diversos rios. O primeiro deles é o Rio *Aqueronte*, Rio da Angústia, através do qual os novos mortos são transportados por *Caronte,* o barqueiro. Ele exige o pagamento de uma passagem de duas moedas que foram postas sobre os olhos de cada cadáver (algumas vezes se põe uma terceira entre os lábios). Quem não puder pagar a taxa deve vagar pela margem por cem anos. O Aqueronte encontra o rio *Estige*, às margens do qual os deuses fazem juramentos indestrutíveis.

Ao desembarcar do bote de Caronte, os mortos entram na região do *Érebo*. Ali eles atravessam *Lete*, o Rio do esquecimento. Se beberem de suas águas negras, são aliviados de seus feitos vergonhosos, mas perdem todas as lembranças de sua vida passada. Por fim, as sombras chegam aos portões do palácio de Hades. Eles são guardados pelo cão de três cabeças *Cérbero*, que saúda todos os recém-chegados alegremente, mas se recusa a deixá-los sair. O sombrio Hades e a severa Perséfone sentam-se em seus grandes tronos, em meio à profusão de ouro e joias nas profundezas da Terra.

No salão de Hades, os mortos são julgados pelo rei *Minos, Radamanto* e *Éaco*, que decidem para onde cada um deles deve ir. Os heróis e pessoas boas que fizeram coisas maravilhosas na vida vão para os *Campos Elíseos*. É um lugar de eterna bem-aventurança em que são reunidos com seus entes queridos. As almas que não são boas o bastante para o Elísio são enviadas para os *Campos de Asfódel*, por onde vagam sem pensamentos e sem sentimentos, como zumbis. As pessoas que foram particularmente más na vida, como *Tântalo, Sísifo* e *Íxião*, são enviadas ao *Tártaro* para suportar uma eternidade de punição ironicamente apropriada.

O Tártaro é a parte mais profunda e mais antiga do Mundo Subterrâneo, tão distante da Terra quanto o Céu. É um poço escuro e úmido ladeado por um muro de bronze e, além desse muro, uma camada tripla de noite. O Tártaro é a prisão dos Titãs derrotados, que são guardados pelos Hecatônquiros de cem mãos. O *Cocito*, o Rio das Lágrimas, e o *Flegeton*, o Rio do Fogo, rodeiam o Tártaro e desembocam no Aqueronte.

Annwfn e a Terra do Verão

Annwfn, o Outro Mundo celta, é como um arquipélago de ilhas separadas em um mar místico. Nelas, há muito seres diferentes, deuses e espíritos, assim como os mortos. As três principais regiões são *Caer Wydyr, Caer Feddwid* e *Arran*. Caer Wydyr ("castelo de vidro") é um local escuro e sombrio habitado apenas pelas almas perdidas silenciosas. É o local menos desejável para ir parar depois da morte. *Caer Feddwid* ("castelo da festança") é regido por Arianhod da Roda de Prata. O ar está cheio de música encantada e uma fonte corre com vinho mágico que concede a eterna juventude e a saúde. *Arran* é uma terra de verão eterno, com campos relvados e rios delicados. Em Arran fica o caldeirão da abundância, que é ligado ao Santo Graal. Apenas os puros de coração têm a permissão de entrar ali. Esta é a "terra do verão" mais identificada com a Wicca moderna.

Diferentes deuses ou senhores governaram as várias regiões nacionais do Outro Mundo celta. O mais antigo deles é *Cernunnos* ("Cornífero"), que governa todos os mortos celtas. Ele também é conhecido como *Herne, o Caçador*, que lidera a caça selvagem na noite de Samhain. Um deus caçador semelhante é *Gwynn*, que caça almas, reclamando-as para Annwfn. *Donn* ("Marrom") é o deus irlandês dos mortos. Seu reino é uma pequena ilha rochosa na costa sudoeste da Irlanda chamada *Tech Duinn* ("Casa de Donn"), onde ele recebe seus descendentes, o povo da Irlanda, quando eles morrem.

Pywll era um príncipe galês que por acaso encontrou *Arawn*, rei de Annwfn, e ambos concordaram em trocar de reino por algum tempo no corpo um do outro. Governaram bem as terras um do outro e ficaram muito felizes com o acordo depois do fim do prazo. *Mider* é um bondoso deus do Outro Mundo gaélico. Sua esposa é *Etain*. Ele é um suserano justo, cujo reino é um local de tédio e pesar, e não de dor e tortura. *Bilé*, no entanto, é um governante malvado, cujo reino é um enorme deserto de espíritos esmagados e corpos quebrados, os quais lhe devem prestar eterna homenagem. *Bran* foi um herói mortal na mitologia galesa. Ele enfureceu os deuses, foi decapitado e depois banido para governar o Mundo Subterrâneo como punição. O reino de Bran é cheio de heróis derrotados que devem passar a eternidade lamentando-se.

Valhala e Inferno
(*por Diana Paxson*)

No Norte, as crenças a respeito da vida após a morte variavam dependendo da época e do lugar. Havia várias opções. Os ferozes heróis vikings que morriam na batalha eram recebidos por uma das *Valquírias*, ou "escolhedoras dos assassinados". Essas lindas donzelas guerreiras cavalgavam pelo ar e sobre o mar em cavalos voadores, acompanhando o progresso de todas as batalhas. Elas beijam os heróis caídos e levam sua alma ao grande palácio de *Valhala* de Odin. Ali os guerreiros passam seus dias reproduzindo a luta das gloriosas batalhas em que morreram e assim obtêm a fama eterna. Todas as noites eles se banqueteiam com javalis selvagens e bebem hidromel para alegrar seu coração. As mulheres que morrem vão para o palácio de Freya. Acreditava-se que os reis vivessem em seus montes funerários, onde recebiam oferendas e abençoavam seu povo. Algumas famílias viviam dentro das colinas sagradas e outras continuavam a proteger seus descendentes como espíritos guardiões *alfar* (masculinos) e *disir* (feminino).

Todavia, o destino "padrão" era *Hel*, que era o lar geral dos ancestrais. Como a maioria dos lugares, tem bons e maus vizinhos. O salão em que Balder se banqueteia é alegre, cheio de cerveja e hidromel. Entretanto, a parte chamada *Nastrond* é uma terrível prisão para aqueles que desobedecem a juramentos e a outros criminosos; suas paredes são feitas de cobras cujo veneno corre pelo chão. Essa região é governada por *Hella*, filha do trapaceiro *Loki* e da giganta *Angurboda*, e a irmã do *Lobo Fenris* e da *Serpente de Midgard*. Hella é meio branca e meio preta, meio viva e meio morta. O domínio de Hella é tão abaixo de Midgard (a Terra) que o cavalo de oito pernas de Odin, *Sleipnir*, leva nove dias e noites para chegar. É rodeado de todos os lados pelo Rio *Gioll* e por paredes escarpadas impraticáveis para os vivos. Hel fica do outro lado da traiçoeira ponte Echoing, onde as almas que tentam atravessar são desafiadas pela giganta *Modgudh*. A pestilenta entrada *Gnipahelli* é guardada pelo feroz cão *Garm*. Entretanto, há outro portão a leste, pelo qual Odin entra para pedir profecias aos espíritos das antigas videntes.

Céu, Inferno e Purgatório

A Igreja Católica Romana ensina que há duas vidas possíveis após a morte. Quase todos passarão a eternidade no *Céu* ou no *Inferno*. O Céu é um paraíso sétuplo de eterna alegria e bem-aventurança, nascida da proximidade de Deus e dos Anjos. O Inferno é um poço flamejante de eterno tormento e punição, governado pelo Diabo (Satanás ou Lúcifer) e cheio de demônios que eram originalmente anjos rebeldes decaídos há muitos séculos depois de perder a grande "Guerra no Céu".

O destino de cada um é determinado por sua situação de salvação no instante da morte. Acredita-se que os recém-nascidos estejam afligidos pelo "pecado original". Uma criança pode ser redimida desse estado pelo rito do *batismo*, concedido pela Igreja. Logo que

Inferno (Le grant Kalendrier et compost des bergiers, 1496)

uma pessoa atinge uma idade de responsabilidade, qualquer pecado mortal pode fazê-la perder sua salvação e ela será "danada" e enviada para inferno. Porém, ao confessar seu pecado para um padre, a salvação é recuperada.

A alma das crianças que morrem antes de chegar à idade da responsabilidade, assim como outras pessoas merecedoras da história que morreram sem receber a salvação, vão para um local feliz chamado *Limbo*. Ali elas devem esperar até o *Juízo Final*, quando serão admitidas no Paraíso.

Os santos e aqueles que atingiram a perfeita piedade são levados imediatamente para o Céu depois da morte. Mas a maioria das pessoas vai primeiro para o *Purgatório*, onde são sistematicamente torturadas com fogo até que estejam purificadas o bastante para entrar no céu. As pessoas que cometeram um pecado mortal que não foi perdoado e aquelas que rejeitaram Deus vão direto para o Inferno, onde serão torturadas por demônios para sempre, sem qualquer esperança de alívio ou de misericórdia. O Inferno católico é um enorme poço com nove anéis concêntricos descendentes, e os danados são enviados para diferentes níveis e punições de acordo com seus pecados. A principal cidade do Inferno é chamada *Pandemônio* ("lugar de todos os demônios").

Outras denominações do Cristianismo apresentam variações nessas visões da vida após a morte, mas quase todas incluem os conceitos opostos de Paraíso *versus* Inferno. A maior parte, porém, não fala do Purgatório. Muitos imaginam o Céu como uma cidade gloriosa, com as ruas pavimentadas de ouro e uma mansão para cada pessoa. São Pedro fica diante dos portões de pérola com um grande livro no qual estão registrados todos os feitos dos candidatos e ele lhes mostra seu lugar de acordo com esse registro. Ele se torna um anjo, com asas, mantos, halo e harpas.

Outros mundos após a morte

De acordo com o *Corão*, o *Paraíso* ("jardim murado") é apenas para homens *muçulmanos* devotos. É um esplêndido oásis, com jardins, rios e árvores. Os homens usam mantos de seda e se deitam em luxuosas almofadas, com frutos e vinhos suculentos. Grupos de lindíssimas *houris* de olhos negros e sem alma servem eternamente aos prazeres dos fiéis. Todos os outros homens são atirados a um Inferno parecido com a versão cristã. As mulheres muçulmanas, que se acredita não terem alma, simplesmente morrem.

Tanto nos *Budismo* quanto no *Hinduísmo* os diversos reinos da vida após a morte são estágios do infinito círculo de nascimento, morte e renascimento que a alma deve atravessar em sua evolução espiritual para escapar de uma vez da "roda" das encarnações. A cada morte a alma vai para um paraíso ou inferno correspondente ao modo como a pessoa se comportou na última vida. Após um período de reflexão, ela encarna em uma nova vida – melhor ou pior do que a última, dependendo de como ela se portou e das lições que aprendeu.

O *Livro dos Mortos Tibetano** diz que após a morte cada alma se apresentará ao *Yama*, Senhor dos Mortos, que segura um espelho no qual os feitos da pessoa na vida são refletidos. O espelho de Yama é a memória da própria alma, assim como o julgamento de Yama é na verdade o julgamento do próprio morto. Cada pessoa pronuncia seu próprio julgamento, determinando assim sua próxima encarnação.

---

*N.E.: Sugerimos a leitura de *O Livro dos Mortos Tibetano*, de Lama Kazi Dawa Samdup, Madras Editora.

Segunda Aula:
Deuses de Todas as Nações

Ouvi a minha canção, ó Deuses de todas as nações
Uma canção de paz, para suas terras e para as minhas!
Finlândia (hino nacional finlandês)

1. Introdução: Teogonias

xistem as *coisas:* montanhas, lagos e rios. Florestas, pântanos e campos. O oceano estrepitoso, as terras férteis, o deserto escaldante. O Sol, a Lua e as estrelas girantes. A enorme Terra. Stonehenge, as Pirâmides, Ankhor Wat. Animais e humanos. E existem os *eventos*: os vulcões entram em erupção, os eclipses escurecem o Sol e a Lua, cometas aparecem no céu, meteoritos se chocam com a Terra, terremotos destroem cidades, geleiras e inundações cobrem a Terra. As marés sobem e vazam, as estações mudam e, em certos dias, apenas chove.

E existem ainda as *histórias* que contamos sobre as coisas e os eventos. A maioria delas serve para explicar: como as coisas começaram a existir? O que aconteceu há muito tempo? Como as coisas ficaram e como são agora? Quem somos nós? De onde viemos? E para onde estamos indo? Algumas histórias são feitas para dar lições e ensinar pelo exemplo – tanto positivo ("faça como o sábio não-sei-quem") e negativo ("não seja como o tolo não-sei-quem!"). Algumas histórias explicam por que repetimos certos costumes ("E é por isso que, desde então, nós...").

Mitos de criação

As principais histórias de todos os povos são aquelas que chamamos de *mitos da criação*. Os mais simples contam como as pessoas passaram a existir e as muito ambiciosas falam do mundo e de todo o Universo. Cada um deles é diferente e único, conforme a perspectiva da pessoa que os conta. Embora todos expressem certas verdades em sentido metafórico, nenhum deles pode ser considerado "verdadeiro" em sentido literal – especialmente porque quase todos eles pressupõem uma cosmologia centrada na Terra, e o Sol, a Lua e as estrelas vindo depois!

Entretanto, as gerações subsequentes de deuses, e até de pessoas, estão nitidamente ligadas em cada cultura com a criação original da qual todos vieram. Por isso, é importante conhecer essas histórias. Obviamente, existem muitas mais do que posso contar aqui; só tenho espaço para mencionar um punhado. Há muitos livros maravilhosos de mitos e lendas e essas histórias também podem ser encontradas na Internet.

Eras do mundo

Assim como os arqueólogos modernos se referem à Idade da Pedra, à Idade do Bronze e à Idade do Ferro, muitos povos dividiram a sua concepção de história em uma sequência de *Idades do Mundo*. Diferentemente de nossa moderna noção de "progresso", porém, elas normalmente começam com uma visão de um mundo utópico, perfeito em sua criação original, com uma progressiva deterioração ao longo das eras até o atual momento de desgraça e misérias. As eras muitas vezes terminam com um grande cataclismo, como um dilúvio, impacto de asteroide, associação ou destruição vulcânica. Um exemplo típico dessa sequência de eras do mundo é a versão grega:

- **A Idade do Ouro:** – um período de perfeita inocência e felicidade, quando a verdade e a justiça prevaleciam. A guerra era desconhecida e os deuses andavam entre os humanos e mortais em uma eterna primavera (talvez correspondente ao Neolítico, c.8500-5000 a.C.)

- **A Idade da Prata** – um período de estações severas, sofrimento, privação e mortalidade. Os deuses se retiraram da Terra e os homens tinham de trabalhar duro lavrando o solo e construindo casas (talvez correspondente à Idade do Cobre, c. 5000-3000 a.C.)

- **A Idade do Bronze** – um período de guerra e violência, no qual homens poderosos se destruíam entre si (c.3000-1500 a.C.).

- **A Idade Heroica** – os gregos inseriram aqui um período de semideuses e heróis que culminou com a guerra de Troia (c.1500-1200 a.C.).

- **A Idade do Ferro** – um período de trabalho, com excessiva criminalidade. Os ideais positivos são sufocados, ao passo que a ganância, a fraude, o ódio e a guerra governam as pessoas e nações (de 1200 a.C.... até??).

Panteões

A palavra *panteão* significa "todos os deuses". O panteão de cada cultura é sua própria "família" particular de deuses e deusas que são honrados e adorados por aquelas pessoas. Cada cultura tem seu próprio panteão, apenas dela, e nenhum panteão é para todas. As divindades de cada povo estão ancoradas no hemisfério cerebral direito de todas as pessoas daquela tribo e são verdadeiras personalidades distintas daquelas dos humanos individuais. Assim podem ser ao mesmo tempo mortais onipresentes. É muito importante entender isso: os deuses são *reais* – tão reais quanto você ou eu.

As verdadeiras origens dos deuses estão perdidas nas brumas do tempo, e tudo o que temos são os mitos que foram transmitidos. Mas todas as culturas incluem tradições de mortais exemplares que foram divinizados após a morte. Alguns estudiosos acreditam que panteões inteiros, como o dos noruegueses, gregos, egípcios, celtas, hindus, Tuatha de Danaan, etc. podem ter sido pessoas vivas que exerceram um grande impacto durante sua vida na Terra e continuarão a fazê-lo em posse da sua existência mortal.

Nesta aula, escolhi alguns dos muitos panteões no mundo. Deuses da Índia, do Oriente, das Américas, dos Balcãs, das ilhas do Pacífico e muitos outros países tiveram de ser deixados de fora simplesmente porque não havia espaço. Para explorar os mitos dos deuses de outras nações, recomendo dar uma olhada na *Encyclopedia Mythica* on-line em: <www.pantheon.org/mythica.html>.*

Sucessões

Quanto mais tempo dura uma cultura, mais seu panteão se desenvolve e muda. Em muitas regiões do mundo, sucessões de novos povos se mudaram, invadiram, conquistaram e se casaram com os habitantes anteriores. As antigas civilizações agrícolas neolíticas da Índia, Irã, Mesopotâmia e Grécia tinham como base o culto à Deusa-Mãe Terra, sendo seus filhos e filhas divindades menores. Esses povos foram conquistados há cerca de 3.500 anos pelas tribos guerreiras nômades patriarcais indo-europeias, que cultuavam principalmente ancestrais divinos masculinos.

Cada uma dessas novas ondas trouxe seus próprios deuses, o que exigiu reajustes nos mitos para incluí-los. A maior parte das religiões pré-cristãs imediatas era um sincretismo entre o culto indo-europeu dos ancestrais e o culto neolítico à deusa. Algumas, como os neolíticos *Vanir* e os indo-europeus *Aesir* na Escandinávia, chegaram a um acordo pacífico, tendo sido ambos os panteões fundidos. Outros, como na Grécia, tratavam os novos deuses como descendentes dos antigos (os *Titãs*). As mitologias judaica, cristã e muçulmana consideravam os antigos deuses dos povos que suplantavam como anjos caídos ou demônios.

Lição 2: Mesopotâmia

A *Mesopotâmia* ("terra entre os rios") é fértil planície do moderno Iraque por meio do qual os rios Tigre e Eufrates correm. Mais ou menos desde 3500 a.C., este era o lar dos sumérios, babilônicos, assírios e caldeus (nesta ordem). As histórias mais completas que temos vêm do período babilônico (612-538 a.C.), mas elas se baseavam na antiga mitologia Suméria, como os romanos fizeram com os gregos.

No princípio...

Tiamet era o grande dragão-serpente do caótico oceano primordial. Após uma grande batalha, ela foi morta por *Marduk*. Ele cortou seu corpo em duas partes, criando assim o Céu e a Terra. Ele pôs as estrelas e os planetas no céu e estabeleceu seus movimentos. Daí, por conselho de seu pai *Ea*, ele criou a humanidade. *Ninhursag*, sua mãe, plantou

---

*N.T.: Texto em inglês.

o jardim do Éden e, nesse jardim, as árvores da Vida e do Conhecimento.

Os deuses da Babilônia

Adad (Sumério *Hadad*) – deus do trovão, do relâmpago e da chuva. Sua esposa era **Shala**.

Allatu (Sumério *Ereshkigal*) – deusas do Mundo Subterrâneo. Seu marido era **Nergal**, deus da pestilência e da destruição.

Anu – o deus dos céus e pai de todos os deuses. O mais velho dos deuses, era dele a Estrela do Norte e ele regia o destino.

Asshur – deus da guerra.

Ea – O deus das águas: mar, fontes e rios. Era também o deus do ar, da sabedoria e da vida e um oleiro que fez os deuses e os humanos.

Enlil – deusa da Grande Montanha (Terra) e regente da Idade do Ouro.

Girru – deus do fogo sob todos os aspectos.

Ishtar (Sumério *Inana*) – Rainha do Céu e deusa do amor e da guerra, era filha de Anu. Seu consorte era **Tammuz**, deus da vegetação.

Marduk – deus do sol da primavera, da prudência e da sabedoria. Era filho de Ea e sua esposa era **Zarpanit**. Ele criou o Céu e a Terra.

Nebo–filho de Marduk, era o deus do aprendizado e inventor da escrita.

Ninib – deus da fertilidade e da cura. Sua esposa era **Gula**, a grande médica e deusa da cura, que podia restaurar a vida.

Shamash – deus do Sol, campeão da justiça e legislador. Era também curandeiro e vivificador.

Sin (Sumério *Nannan*) – deus da Lua e filho de Enlil. Sua rainha era **Ningal**.

Zu – deusa tempestade. Ele roubou as tábuas do destino de Enlil.

Lição 3: Egito

Isolada ao longo do fértil Rio Nilo, limitada pelo mar ao norte, as cataratas ao sul e os desertos escaldantes ao leste e oeste, a cultura egípcia foi contínua por cerca de 3 mil anos antes da conquista romana.

No princípio...

Em *Nu*, o mundo-oceano, existia *Neb-er-tcher* ("senhor do mais remoto limite"). Mudando seu nome para *Khepri* ("Criador"), ele estabeleceu um local para ficar. Tornou-se, então, *Ra*, o deus-Sol. Por meio da união com sua

Criação do Cosmos

própria sombra, ele concebeu *Shu* (ar seco) e *Tefnut* (nuvens de chuva). Esses dois, então, uniram-se, gerando *Nut* (o Céu) e *Geb* (a Terra). Eles eram mantidos separados por *Shu* (ar) durante o dia enquanto *Rá* viajava pelo céu, mas, à noite, *Nut* descia para descansar sobre o corpo de *Geb*. Eles se tornaram os pais de *Ísis* e *Osíris*, *Set* e *Neftis*, completando assim a *Enéade* ("Os nove") – o panteão básico reconhecido em todos os templos do Egito.

A Enéade

Khepri (Rá) – deus do Sol, divindade padroeira do Egito. Seu símbolo é o escaravelho fazendo uma bola de esterco.

Shu – deus dos ventos quentes e secos e da atmosfera, que separa os céus (Nut) da Terra (Geb).

Tefnut – deusa das brisas frescas e úmidas da tarde e das chuvas suaves.

Geb – deus da Terra.

Nut – deusa da noite e do céu estrelado.

Osíris – senhor da vida, da morte e do renascimento. Governante do *Amenti* (o Mundo Subterrâneo) e marido de Ísis. Seu filho é *Hórus*. O Dioniso egípcio, ele é pão, cerveja e vinho. Os faraós mortos eram identificados com ele.

Ísis – Grande deusa da Lua, é a Deusa universal, no Egito e no Império Romano. Seu símbolo é um trono.

Set – deus do caos, da escuridão, do universo não criado e dos desertos vermelhos escaldantes. Ele é a antítese de Ma'at e a nêmesis de Osíris e Hórus.

Neftis – a deusa dos mortos. Esposa de Set e mãe de *Anúbis*.

Hórus e Toth amarrando juntos os tronos de Ísis, Osíris e Neftis

Outras importantes divindades egípcias

Amon ("O oculto") – principal deus do Alto Egito (meridional), ele representa o poder secreto que cria e sustenta o Universo ("A força"). Sua esposa é **Maut**, mãe dos deuses e amante do céu.

Anúbis – Deus com cabeça de chacal do embalsamamento e do Mundo Subterrâneo, filho de Neftis e Set. Adotado por Osíris depois de Set ser derrotado por Hórus, tornou-se o mensageiro de Osíris para o mundo dos vivos e nosso guardião durante o sono e a viagem astral.

Bast – deusa-gata dos raios mornos do Sol.

Hapi (grego *Ápis* e *Serápis*) – representado por um touro negro sagrado, considerado um *avatar* (encarnação) de Osíris. Como o grego *Serápis*, é o deus da cura.

Hator – deusa-vaca do amor e da beleza, é a Afrodite egípcia. Seu símbolo é o *sistro*.

Hórus – senhor da luz, de cabeça de falcão, filho de Ísis e Osíris. O faraó reinante era adorado como a encarnação viva de Hórus e salvador pessoal de todos os egípcios.

Khem – senhor da colheita e padroeiro da agricultura, é o Homem Verde egípcio. Representado como uma múmia, seu nome era o mesmo do próprio Egito. Ele acabou sendo assimilado a Osíris.

Sekhmet, Anúbis, Hórus, Thoth

Khnum – senhor das nascentes do Nilo, tem cabeça de carneiro. Foi o oleiro que fabricou todos os seres vivos pela lama do Nilo.

Ma'at – deusa da verdade e da justiça, da lei e da ordem, da ética e da moralidade. Seu símbolo é uma pena de avestruz.

Neith – deusa do espaço sideral e mãe de Rá. Também a Mãe Terra do vale do Nilo. Seu marido é Khem.

Ptah – mestre dos artesãos que fizeram a Lua, o Sol e a Terra. Era invocado em Mênfis como pai de todos os princípios.

Sekhmet – A feroz deusa-leoa do Sol escaldante e protetora das mulheres.

Selkhet – deusa escorpião e guardiã dos túmulos e das múmias.

Tehuti (Grego *Thoth*) – Representado como uma íbis ou um babuíno hamadríade, Thoth é o deus da escrita, da sabedoria, da magia, das artes e das ciências; é o deus padroeiro de todos os feiticeiros – um Hermes egípcio.

Wadjet – A deusa naja que protege o Sol e a família real. É representada pelo símbolo do *uraeus* (uma naja de capuz aberto).

Lição 4: Grécia e Roma

Os gregos aqueus se estabeleceram em diversas áreas da Grécia por volta de 2000 a.C. Os romanos adotaram os deuses gregos de forma quase intacta, mudando-lhes apenas os nomes. As versões gregas de suas origens e histórias são encontradas nas *Teogonias* ("nascimento dos deuses") de Hesíodo e na *Ilíada* e na *Odisseia* de Homero. A principal coleção das versões romanas são as *Metamorfoses* ("transformações") de Ovídio.

No princípio...

Antes de tudo havia o Caos, e depois dele veio Géa do amplo peito para ser a inabalável fundação de todos os imortais que guardavam a crista do nevado Olimpo, e Tártaro, o nebuloso, no poço da Terra de muitos caminhos, e Eros, que é o amor.

Do Caos nasceu Érebo, o escuro, e a negra Nix ("Noite").

Mas o primogênito de Géa foi aquele que se equiparava a todas as suas dimensões, Urano, o céu estrelado, para cobri-la completamente, para ser um inabalável esteio para os bem-aventurados imortais. Depois ela gerou as altas montanhas, aqueles selvagens abrigos amados pelas deusas ninfas que vivem nos montes e em suas florestas. Ela produziu o mar estéril, pontos, agitando-se em sua fúria de ondas.

Hesíodo (*Teogonias*)

Os Titãs

Os *Titãs* eram uma raça de gigantes semelhantes aos deuses e personificado como as forças da Natureza. Os primeiros Titãs foram os seis filhos e seis filhas de *Urano* (os céus) e *Géa* (a Terra). Os casais são: *Cronos* (tempo) e *Reia* (natureza); *Iapeto* (ordem) e *Têmis* (justiça); *Oceano* (o oceano distante) e *Tétis* (o fértil mar); *Hipérion* (luz do Sol) e *Teia*; *Crio* e *Mnemosina* (memória); e *Céos* e *Febe* (luz da Lua). Eles tiveram muitos descendentes ao longo de várias gerações, povoando todo o mundo natural.

Urano odiava todos os filhos e, quando eles estavam prestes a nascer, ele os atirava ao *Tártaro*, nas profundezas da Terra. Gemendo de dor, Géa pediu que Cronos, seu filho mais novo, fizesse vingança. Com uma foice de adamântio, Cronos castrou seu tirânico pai, atirando os órgãos cortados no mar. Da espuma sangrenta nasceu *Afrodite* ("nascida da espuma"), a bela deusa do Amor. Cronos reclamou o trono, libertou todos seus irmãos e irmãs Titãs e casou-se com Reia.

Os deuses do Olimpo

Reia teve com Cronos, na ordem: *Deméter, Hades, Hera, Héstia, Poseidon e Zeus*. Para assegurar o seu domínio, o ciumento Cronos engolia seus filhos logo que eles nasciam, mas Reia conseguiu salvar o último, Zeus. Ela o escondeu em uma caverna de Creta e deu a Cronos uma pedra embrulhada em cueiros, que ele engoliu. Quando Zeus ficou maior, ele derrubou o seu pai e fez Cronos vomitar seus irmãos imortais. Eles se tornaram os Deuses do Olimpo e viviam no alto de uma montanha de 3 mil metros na Tessália.

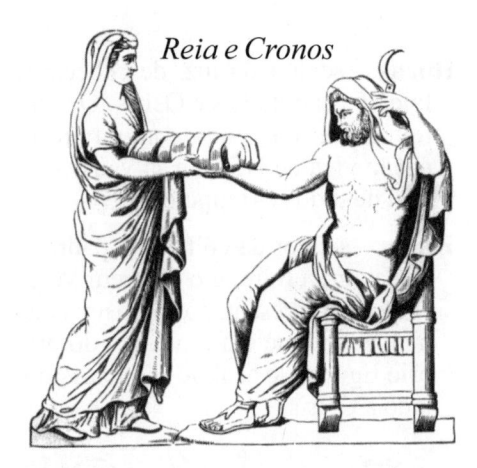

Como os Titãs, havia 12 olímpicos. Os seis filhos de Cronos e Reia mais tarde se juntaram a *Afrodite, Ares, Apolo, Ártemis, Atena e Hermes* – a geração seguinte, elevando o número total de olímpicos para 12. Outros deuses foram admitidos no Olimpo ao longo dos anos, assim como certos heróis divinizados, como Héracles.

Os 12 olímpicos

Afrodite (*Vênus* dos romanos) – Deusa do amor, da beleza e do sexo. Marido: **Héfesto**. Símbolos: espelho e pomba. Planeta: Vênus.

Apolo – Deus do Sol, da música e

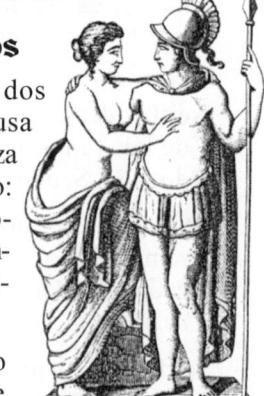

Reia e Cronos

Afrodite e Ares

da profecia. Irmão gêmeo de **Ártemis**. Símbolo: lira. Planeta: o Sol.

Ares (*Marte* dos romanos) – Deus da guerra. Símbolo: lança e escudo. Planeta: Marte.

Ártemis (*Diana* dos romanos) – Deusa da Lua e da caça. Irmã gêmea de **Apolo**. Símbolos: arco em forma de lua crescente, gamos, sabujos. Planeta: a Lua.

Atena (*Minerva* dos romanos) – Deusa da guerra e da sabedoria. Símbolos: escudo, espada, *aegus* (peitoral com a cabeça da Medusa).

Deméter (*Ceres* dos romanos) – Rainha da Terra, deusa do grão e de todas as plantas cultivadas. Símbolos: cornucópia, espigas de trigo.

Hades (*Plutão* dos romanos) – Governante do Mundo Subterrâneo, dos mortos, de todas as coisas enterradas e da riqueza das minas. Esposa: **Perséfone**. Símbolo: cetro com duas pontas. Planeta: Plutão

Deméter

Hera (*Juno* dos romanos) – Rainha dos deuses, esposa de Zeus. Encarregada do casamento, mulheres, famílias. Símbolo: pena de pavão.

Hermes (*Mercúrio* dos romanos) – Mensageiro dos deuses. Encarregado da comunicação, magia, conhecimento arcano, coisas ocultas, roubo. É o deus padro-

Hemes

eiro de todos os feiticeiros. Símbolo: caduceu. Planeta: Mercúrio.

Héstia (*Vesta* dos romanos) – deusa do fogareiro e do lar.

Poseidon (*Netuno* dos romanos) – Governante dos mares: ondas, marés, monstros marinhos; também dos cavalos e terremotos. Esposa: **Anfitrite**. Símbolo: tridente. Planeta: Netuno.

Zeus

Zeus (*Júpiter* dos romanos) – Rei de todos os deuses, governante do céu, nuvens, trovão, relâmpago, julgamento, autoridade. Esposa: **Hera**. Símbolos: raio e águia. Planeta: Júpiter.

Outros deuses gregos importantes

Dioniso (*Baco* dos romanos) – Deus da vinha, do vinho, da embriaguez e da inspiração. Filho de Perséfone e Hades.

Eros (*Cupido* dos romanos) – Deus do amor e força primordial de atração do Universo. Originalmente nascido do Caos, mais tarde encarnou como filho de Afrodite.

Héfesto (*Vulcano* dos romanos) – Deus ferreiro, filho de Zeus. É o grande artesão, que forja todas as armas e instrumentos dos deuses.

Pã – Um dos deuses mais antigos, representa a natureza silvestre. É meio homem e meio bode e seu símbolo é o *syrinx*, ou flauta de pã.

Perséfone (*Prosérpina* dos romanos) – Filha de Deméter e Zeus, esposa de **Hades** e rainha do Mundo Subterrâneo. Seu símbolo é a papoula.

Há muitos outros seres na mitologia greco-romana:* as Musas, as Parcas, monstros, ninfas e seres meio-humanos como centauros, sátiros e sereias.

A guerra dos Titãs

A *Titanomaquia* ("Batalha dos Gigantes") foi liderada por Zeus entre os deuses olímpicos e os Titãs. Começou quando Zeus castrou e destronou seu pai, Cronos. Após dez longos anos de guerra, Zeus pediu ajuda a Géa. Ela lhe aconselhou libertar do Tártaro os *Ciclopes*, gigantes de um olho só, e os *Hecatônquiros* de cem mãos. Os três Ciclopes ("Olhos redondos") eram gigantes com um único olho no meio da testa. São eles que fazem o trovão, o relâmpago e os meteoros. Os três hecatônquiros ("de cem mãos") tinham cem braços e 50 cabeças cada um e eram mais ferozes e poderosos do que os próprios Ciclopes.

Com a ajuda dos Ciclopes e seus raios meteóricos, Zeus derrubou Cronos e os Titãs e tornou-se governante do Cosmos. Os Titãs derrotados foram presos no Tártaro, onde são guardados pela eternidade pelos hecatônquiros. Grato pela ajuda dos Ciclopes, Zeus permitiu que ficassem no Olimpo como seus escudeiros e que auxiliassem Héfesto, deus dos ferreiros. Eles também construíram as enormes muralhas "ciclópicas" de Tirinto e Micenas.

Após a vitória, Zeus foi aclamado rei sobre todos os deuses, e os três irmãos olímpicos tiraram a sorte para dividir o governo dos mundos. Zeus se tornou o governante do céu, com Hera como rainha. Poseidon governava os mares, com sua rainha Anfitrite. E Hades governava o Mundo Subterrâneo e, por fim, escolheu Perséfone como sua esposa e rainha.

Lição 5: Os normandos

Os normandos, ou povos teutônicos, viviam originalmente na Alemanha e na Escandinávia. No século V, os anglo-saxões se mudaram para a Grã-Bretanha e, mais tarde, na era viking, os escandinavos atacaram e se estabeleceram na Irlanda, norte da França e Rússia. Os exploradores normandos também colonizaram a Islândia e a Groenlândia. Nossa melhor fonte de seus mitos são os *Eddas* islandeses e as sagas transmitidas oralmente até o século XIII. A sabedoria setentrional ficou mais conhecida atualmente por meio da ópera épica de Richard Wagner, *O Anel dos Nibelungos*.

No princípio...

No princípio, havia apenas um abismo sem fundo chamado *Ginugagapag* ("Vazio") e um reino de gelo e neve chamado *Niflheim*, do qual corriam 12 rios (os *Elivagar*). Ventos mornos sopravam de *Muspelheim*, a região meridional do

---

*N.E.: sugerimos a leitura de *Mitologia Greco-Romana*, de Marcio Pugliesi, e *Mitos Gregos*, de Robert Graves Madras Editora.

fogo, que derretia parte do gelo e formava água e bruma. Dessa bruma nasceu o primeiro gigante, *Ymir*, e uma vaca, *Audhumbla*, cujo leite nutria Ymir. Ela se sustentava lambendo o sal do gelo e a geada.

Do gelo derretido saíram os gigantes *Bor* e *Bestla*, pais dos primeiros deuses: *Odin, Vili* e *Ve*. Eles mataram Ymir e formaram os mundos a partir de seu corpo. Seu sangue se tornou o mar; seus ossos, as montanhas; seu cabelo, as árvores; seu crânio, os céus; e seu cérebro, as nuvens. Suas sobrancelhas se tornaram *Midgard*, o futuro lar da humanidade. Tudo isso era sustentado pelo enorme freixo, *Yggdrasil*.

Odin pôs o Sol e a Lua no Céu. Os deuses fizeram o primeiro homem, *Aske*, a partir de um freixo, e a primeira mulher, *Embla*, de um olmo. Odin deu a eles vida e alma, Vili lhes deu razão e movimento e Ve lhes deu sentidos e o dom da fala.

Os Vanir e os Aesir

Há duas raças de deuses nórdicos, os *Aesir* e os *Vanir*. Alguns dizem que os Aesir atacaram os Vanir, mas também é possível que os Vanir tenham sido os deuses de um povo agrícola mais avançado que se mudou para o território dos adoradores dos Aesir, cujo principal meio de subsistência era a criação de gado. De qualquer modo, após um longo conflito, os dois grupos fizeram uma trégua. Para assegurar essa paz, eles trocaram reféns e se casaram entre si. Os Vanir receberam o seu próprio domínio de Vanaheim.

Os 12 Aesir

Balder – Deus da beleza, da luz, da alegria, da pureza, da inocência e da reconciliação. Sua esposa é **Nanna**.

Bragi – Deus da eloquência e da poesia. Sua esposa é **Idun**.

Forseti – Deus da mediação e da justiça, filho de **Balder**.

Frigg – Esposa de Odin, deusa do amor e da fertilidade e padroeira do casamento e da maternidade.

Heimdall – Vigia dos deuses e guardião da ponte de arco-íris, **Bifrost**.

Hod – Deus cego do inverno, irmão gêmeo de **Balder**.

Loki – Deus do fogo e aliado dos gigantes do gelo, é habilidoso e malicioso, sempre tramando contra os deuses. Sua esposa é **Sigyn**.

Odin – Deus da sabedoria, inventor das runas e chefe de todos os deuses, é conhecido como Todo-Pai. Trocou um olho por um gole do Poço da Sabedoria. Seus dois corvos *Hugin* (pensamento) e *Munin* (memória) lhe trazem notícias de todos os mundos. Sua esposa é **Frigg**.

Thor – Deus do trovão e o mais forte dos deuses. O relâmpago brilha sempre que ele atira seu martelo, Mjollnir. Sua esposa é **Sif**.

Thor

Ve – Irmão de Odin e cocriador dos humanos.

Vidar – Filho de Odin, deus do silêncio e da vingança, o segundo deus mais forte depois de Thor.

Vili – Irmão de Odin e cocriador dos humanos.

Os Vanir

Freija – Deusa do amor, da beleza, da fertilidade, da prosperidade e da magia. Filha de Njordh e irmã gêmea de Freyr, gosta de poesias amorosas, mas também escolhe os guerreiros mortos em batalha para a sua grande morada, *Sessrumnir*.

Freija

Freyr – Deus do sol e da chuva e padroeiro das boas colheitas, filho de **Njordh**. Sua esposa é a linda giganta **Gerd**.

Idun – Deusa da eterna juventude e guardiã dos pomos da imortalidade. Seu marido é **Bragi**.

Nerthus – Uma deusa da Terra frísia que muitos acreditam ser a irmã-esposa de Njordh e mãe de Freyr e Freya.

Njordh – Deus do mar, dos ventos, do fogo e da caça. Sua esposa é a giganta **Skadi**.

Sif – Deusa da fertilidade (alguns dizem que é uma giganta) com cabelos dourados, esposa de **Thor**.

Tyr – Original deus germânico da guerra e da justiça, precursor de Odin.

Ullr – Deus da caça, famoso por sua habilidade no arco. É filho de Sif.

Outras importantes divindades (e seres) normandos

Anões – Artesãos habilidosos, vivem sob as montanhas e escavam pedras e minérios preciosos.

Elfos – Os elfos brilhantes vivem em *Ljosalfheim* e são benévolos; os malvados elfos escuros vivem em *Svartalfheim*.

Fenris – O enorme e terrível lobo que destrói os deuses em *Ragnarök*.

Gigantes – A maioria vive em *Jotunheim* e em geral são hostis aos deuses, mas alguns são amigáveis e outros até mesmo se casaram com deuses.

Hella – Deusa do Mundo Subterrâneo, filha de Loki e irmã de **Fenris**.

Mimir – Guardião do Poço da Sabedoria.

Norns – Deusas que determinam o destino. As três mais conhecidas são *Urd* (aquilo que foi), *Verdandi* (o que está acontecendo) e *Skuld* (o que acontecerá). O destino de uma pessoa, ou *wyrd*, era resultado daquilo que recebia no nascimento e das escolhas que fazia.

Valquírias – Filhas de Odin que escolhiam os heróis mortos e os levavam ao *Valhala*.

Ragnarök

A mitologia normanda vê o inevitável fim do mundo como *Ragnarök* ("destruição dos deuses"). Ele será precedido por *Fimbulwintr*, o inverno dos invernos, que durará três anos inteiros sem verão. As lutas irromperão em toda parte e toda a moralidade desaparecerá. Os lobos devorarão o Sol e a Lua, mergulhando a Terra na escuridão. As estrelas vão desaparecer. A Terra sacudirá com terremotos e todos os grilhões serão rompidos, libertando o terrível lobo *Fenris*. Gigantes de gelo, gigantes de fogo e os mortos de Hel virão lutar com os deuses, que perderão. Os nove mundos irromperão em chamas e a Terra afundará no mar.

Após a destruição, um novo e belo mundo emergirá do mar, cheio de abundância. Alguns dos deuses sobreviverão e outros renascerão. A maldade e a miséria terão desaparecido e os deuses imortais viverão felizes juntos. E o caso é que tudo isso já aconteceu antes, em ciclos anteriores...

Lição 6: Os celtas

Os deuses dos celtas irlandeses eram chamados *Tuatha de Danaan* ("Filhos de Dana"). *Dana* ou *Danu* era a Mãe-Terra, e seu marido era *Bilé*, um deus do Mundo Subterrâneo. Os Tuatha eram um grupo de pessoas que migraram para a Irlanda de sua pátria original, na região do rio Danúbio. Eles foram os quintos em uma série de ondas de imigração registradas no *Livro das Invasões* irlandês.

As seis invasões da Irlanda

1. **Cessair** (ou **Banbha**) – A primeira raça primitiva, que desapareceu completamente no Grande Dilúvio. Era liderada por *Banbha*, deusa da Terra – ou (em uma versão cristã) por *Cessair*, filha de *Bith* (filho de Noé).

2. **Parthlolons** – Descendente de *Fintan*, único sobrevivente do Dilúvio, *Partholon* limpou quatro planícies, criou sete lagos, construiu alojamentos e estabeleceu leis. Essa raça foi destruída pela peste no dia 1º de maio.

3. **Nemeds** ("Bosques") – Provavelmente o primeiro druida, *Nemed* limpou 12 planícies e formou quatro lagos. Após a morte de Nemed, o povo foi oprimido pelo *Fomhoire*. Alguns fugiram para a Grécia, tendo retornado mais tarde como *Fir Bolg*.

4. **Fir Bolg** – Ao voltar da ilha de seus ancestrais, os Fir Bolg estabeleceram as quatro províncias cardinais de Ulster, Leinster, Munster e Connaught, com Meath no centro. Também instituíram o reinado. Eram uma raça baixa e escura, mais tarde denominada *pictos*.

5. **Tuatha de Danaan** – Os Tuatha eram habilidosos nas artes druídicas e na magia. Chegaram em 1º de maio e trouxeram quatro objetos sagrados: a espada de Nuada, a lança de Lugh, o caldeirão dos Daghda e a pedra de Fal. Eles derrotaram o Fir Bolg e ganharam um reinado.

6. **Milesanos** ("Filhos de Mil") – São o povo gaélico moderno, chegaram da Espanha por volta de 1000 a.C.

Os Tuatha de Danaan

Angus – Deus da juventude e do amor. Toca música suave em sua harpa de ouro e seu beijo se transforma em passarinhos que esvoaçam em volta dos amantes.

Boann – Deusa vaca, esposa de Daghda. Deu à luz **Brigite, Angus, Mider, Ogma** e **Bodb, o Ruivo**.

Bodb, o Ruivo – Sucedeu a seu pai, **Daghda**, como rei dos deuses.

Brigite – Deusa do fogo, da forja, do fogareiro, da poesia, da inspiração, da cura, dos poços sagrados e do parto.

Camulus – Deus da guerra que se deleita na batalha e no morticínio.

Daghda ("Bom Deus") – Deus Pai da Terra, que sucedeu a Nuada como rei. Sua harpa muda as estações e seu caldeirão está sempre cheio. Conhecido por seus prodigiosos apetites, sua esposa é **Boann**.

Dian Cecht ("Ligeiro no poder") – Deus da medicina. Ele tem uma fonte de saúde na qual os deuses feridos são curados.

Goibnu – Ferreiro dos deuses. Ele forja suas armas e prepara uma poção mágica que os torna invisíveis.

Lugh – Neto de Dian Cecht e deus do Sol. É o mestre de todas as artes e ofícios.

Lyr – Deus do mar.

Manannan – Filho de Lyr, é o grande feiticeiro dos Tuatha e padroeiro dos mercadores e marinheiros.

Mider – Deus do Mundo Subterrâneo cuja esposa, Etain, foi sequestrada por Angus.

Morrigan – Deusa da batalha.

Nuada – Filho de Dana e chefe dos Tuatha. Perdeu uma mão na batalha e *Goibnu* fabricou-lhe uma de prata.

Ogma – Deusa eloquência da literatura, inventou o alfabeto Ogham, usado para escritos sagrados.

Lição 7: Os Loa e Orixás

As religiões afro-caribenhas são uma mistura de elementos rituais católicos do período da colonização francesa e elementos teológicos e mágicos africanos trazidos para o Brasil, Nova Orleans, Haiti e Cuba pelos escravos africanos pertencentes às tribos *Iorubá,*

Oxum

Fon, Kongo, Benin e outros. Essas misturas criaram muitas variações regionais, incluindo *Voudon, Santeria, Candomblé, Catimbó, Umbanda, Palo Mayombe, Batuque e Xangô*.

No Vodu, os *Loa* são um grupo de divindades da natureza africanas que cuidam da vida dos humanos. Alguns loa protegem certos lugares ou áreas, como cemitérios, encruzilhadas, o mar, etc., enquanto outros são divindades ancestrais.

Damballa, o deus cobra, é o pai e líder de todos os loa. Sua esposa é a deusa do arco-íris *Ayida Weddo*. Os loa são invocados por *vévé* (sigilos mágicos) desenhados no chão e por cantos e danças, durante os quais eles podem *possuir* alguns dos adoradores.

Há sete divindades principais representadas – sob diversos nomes – nas crenças afro-caribenhas. Elas são conhecidas como *Orixás*, ou "Sete potências africanas". Elas vêm do panteão Iorubá.

As sete potências africanas

Elegua, Legba, Exu – Orixá das encruzilhadas, entradas e portões, é o mensageiro dos deuses. Gosta de tudo em excesso: vinho, comidas temperadas, canto, dança, sexo e grandes charutos. A sua esposa é **Pombagira**, a prostituta sagrada.

Obatala – É o deus criador, do qual todos os Orixás são apenas aspectos. Portador da paz e da calma e protetor dos aleijados e deformados, ele não bebe álcool.

Ogum – Ferreiro e guerreiro, é o padroeiro da civilização e da tecnologia.

Oxum, Urzuliê – Linda rainha do rio das águas frescas, é a deusa do amor, da paixão sexual, da sensualidade e da luxúria.

Oya – Deusa das tempestades, tornados, relâmpago e cemitérios. É a epítome do poder feminino e da raiva justificada.

Xangô – Orixá do relâmpago, da dança e da paixão, é a epítome de tudo o que é masculino e lançador da vingança em favor dos injustiçados.

Yemaya, Yemaja, Iemanjá – Amorosa mãe do mar e deusa da Lua, guardiã das mulheres e do parto, da fertilidade e da Bruxaria. Ela rege o subconsciente e os trabalhos criativos e é cultuada por milhões de pessoas no Brasil.

Elegua

8. Algumas Correspondências de Deidades Arquetípicas

CULTURA → ARQUÉTIPO ↓	GREGA / ROMANA	IRLAN- DESA / GAÉLICA	ANGLO- SAXÃ	NOR- MANDA / ALEMÃ	EGÍPCIA	SUMÉRIA / BABI- LÔNICA	CANAÃ / FENÍCIA	VÉDICA / HINDU
MÃE-TERRA	Géa Terra	Ana Anu	Albion Don	Erda, Jörd Hertha	Neith, Ísis, Geb *(m.)*	Ninhursag Enlil *(m.)*	Ashera	Prithivi, Maya
PAI CÉU	Ouranos Coelus	Dagda Bile		Aegir Alcis *(twins)*	Nuit *(f.)* Anhur	Anu	Baal- Shamin	Dyaus-Pitar
PAI SOL	Hélios Sol	Grainne *(f.)* Lugh	Ludd Sun	Balter	Ra, Aton, Hórus	Shamash Bel-Marduk	Baal- Moloch	Surya
IRMÃ LUA	Ártemis Diana	Arionrhod		Mani Mon	Hathor, Khonsu *(m.)*	Nanna, Sin *(m.)*	Baal-ith, Tanit, Sin	Ratri Soma
MÃE NATUREZA	Réia Cibele	Dana Danu	Mãe Natureza	Nerthus	Neith, Ísis, Mut	Nammu Mami	Baal-At	Aditi, Prisni
PAI TEMPO	Cronos Saturno		Pai Tempo		Neheh			Shiva, Kali *(f.)*
HOMEM VERDE (vegetação)	Adônis Floro	Robur Moon	Jack-in-the- green	Freyr	Khen, Osíris	Damuzzi Tammuz	Attis, Aleyn	Soma
DAMA VERDE (vegetação)	Perséfone Flora, Ceres	Blodeuwedd	Litha, Habondia	Freya	Neyth	Ashnan Hinlil	Ashera	Green Tara
HOMEM VERMELHO (animais)	Pan Fauno	Cernunnos	Herne	Loki	Apis	Enkidu Lahar		Pashupati
DAMA VERMELHA (animais)	Ártemis Fauna	Flidais Rhiannon	Elen	Artio	Bast, Hathor		Lilith	Manasa
MARES E ÁGUAS	Poseidon Netuno	Boann, Ler, Llyr	Dylan	Aegir, Ran, Njord	Nun, Nunet	Tiamet Ea, Apsu	Khusor, Asherat	Varuna
MUNDO SUBTERRÂNEO	Hades Plutão, Dis	Donn Arawn	Math	Hel	Osíris, Anúbis	Ereshkigal Nergal	Mot	Yama, Yami
MORTE	Tânato Orco	Arawn Tethra	Grim- Reaper	Odin, Hel	Néftis, Set	Nergal	Azrel	Rudra
AMOR, SEXO, BELEZA E FERTILIDADE	Eros, Afrodite Vênus	Angus *(m.)* Creirwy Aine	Eostre, Ostara	Frigg, Sif, Freya, Freyr, Gefion	Hathor, Min *(m.)*, Khnum	Inanna Ishtar Ninlil, Utu	Belitis, Mylitta	Lakshmi, Kama *(m)* Indra
MAGIA E SABEDORIA	Hermes Mercúrio	Ogma, Dagda Manawyddan	Merlin, Cerridwen	Odin Bragi	Thoth, Ma'at	Enki Nebo	Latpon, Shehinah	Ushas
GUERRA E BATALHA	Ares, Atena Marte	Nuada Camulus Morrigan	Arthur	Tyr, Tiw, Tiwaz	Sekhmet, Septu	Inanna Ishtar, Asshur	Astarte Ninurta	Indra, Krishna, Kottavei
CURA E MEDICINA	Higéia Esculápio	Brighid, Dian Cecht		Freya	Serapis, Imhotep	Eshmun Gula, Ninib		Rudra, Asvins
FERREIROS	Héfesto Vulcano	Brighid, Lugh Gofannon	Wayland	Mime, Siegfried	Ptah	Ea Girru	Hiyon	Agni, Visvakarma
CHUVA E TEMPESTADE	Zeus, Éolo Júpiter	Taranis	Thor	Tefnut Donar	Zu, Enki Set	Baal- Hadad	Indra, Zebub	Agni

Terceira Aula:
Os Outros

1. Introdução: Aqui há monstros

Atualmente, há apenas uma espécie de humanidade no planeta – *Homo sapiens sapiens*. Todos os humanos, do mundo inteiro, têm menos diversidade genética do que se pode encontrar em um único grupo de chimpanzés. Amostras de DNA mitocondrial (transmitido apenas pela linha materna) indica que todas as pessoas que vivem atualmente podem retraçar sua linhagem materna a uma única mulher que viveu na África há cerca de 200 mil anos. Além disso, nossa espécie foi reduzida a apenas alguns milhares há cerca de 65 mil anos – possivelmente por causa de uma imensa erupção vulcânica na Sumatra.

Contudo, em períodos anteriores havia outras espécies humanas – e algumas pessoas acreditam que ainda existam remanescentes na forma de *Sasquatch* ("Pé-Grande") e *Yeti* ("O Abominável Homem das Neves"). De fato, os *woodwoses*, ou "homens peludos da floresta", são frequentemente representados na arte medieval. Encontros com

Homens selvagens da floresta (Woodwoses)

essas criaturas, assim como com qualquer dos grandes macacos *antropoides* ("semelhantes ao homem"), seriam bastante adequados para inspirar histórias de seres monstruosos de forma humana, como trolls e ogros.

Mas mesmo entre os membros de nossa própria espécie humana pode haver um leque maior de formas físicas do que a maioria das pessoas pensa. "Pessoas pequenas" podem ter apenas de 60 a 90 centímetros, enquanto outros podem se tornar imensos gigantes com mais de dois metros (tornando-se ótimos jogadores de basquete!). Antigamente (e mesmo hoje em dia), essas pessoas muitas vezes formavam comunidades próprias se houvesse um número suficiente delas. E ainda existem aqueles realmente incomuns e únicos – pessoas nascidas com mais ou menos membros, dedos ou olhos; ou duas pessoas juntas em um só corpo, como os "gêmeos siameses". Algumas têm a pele coberta de escamas, pelos ou verrugas, como um sapo. Outras podem ter pés de cavalo, caudas ou chifres. Para as pessoas comuns, isso pode parecer *monstruoso* (do latim *monstrum*, que significa "presságio divino de infortúnio"). Atualmente, o mundo profano considera essas pessoas anomalias médicas e mutações. Mas, antigamente, eles eram assunto de lendas e deram origem a muitas histórias de "monstros". As histórias contadas a respeito deles acabaram por ir muito além da realidade, como é o costume dos mitos...

Lição 2: Faunos, sátiros e silenos

Pinturas e histórias da antiga Grécia, Roma e outros países frequentemente descrevem pessoas com caudas. Al-

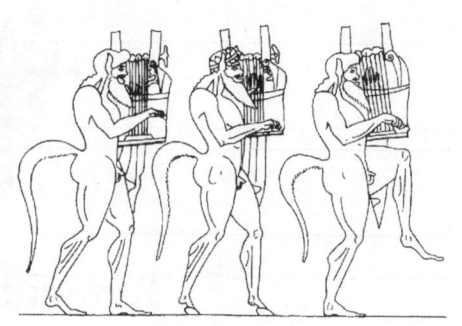

Callicantzari

gumas vezes, elas têm pernas peludas, pés de cavalo, orelhas de animal e até chifres. São chamadas, alternadamente, de *sátiros, faunos* ou *silenos*. Os sátiros (chamados faunos pelos romanos) são meio-humanos e meio-bodes; e os silenos são meio-humanos e meio-cavalos. São criaturas rurais associadas aos campos e às florestas e muitas vezes são mostradas brincando com ninfas. Na Grécia e na Creta modernas, eles são chamados coletivamente de *callicantzari* e são popularmente representados por *mascarados* durante os 12 dias que se seguem ao Natal. Muitas pessoas acham que são criaturas puramente imaginárias, mas não é bem assim...

Há muitos anos, no verão de 1981, Morning Glory e eu estávamos em Chautauqua com um dos nossos unicórnios vivos (Bedivere) – viajando pelo noroeste do Pacífico com uma porção de artistas excelentes do festival do Oregon. Certa noite, paramos em uma grande comunidade *hippie* perto de Washington, onde festejamos e nos divertimos em um enorme celeiro com janelas de vidro colorido. Isso foi em meados de julho e havia um eclipse total da Lua naquela noite.

Em dado momento, uma mulher se aproximou de nós com sua filha sob a luz da Lua. A mãe disse: "Vocês têm uma criatura mágica. Minha filha também é uma criatura mágica, e ela gostaria que vocês soubessem...". Nesse momento, a menininha se virou e, tímida, ergueu a parte de trás do vestido para nos mostrar. Ela tinha uma linda e longa cauda – não uma cauda de macaco, mas, sim, uma cauda de cavalo, com pelos loiros e sedosos que chegavam abaixo dos joelhos. Muitas vezes me perguntei o que teria acontecido com ela e desejei encontrá-la novamente...

Lição 3: Gigantes, ogros e trolls

Havia gigantes na Terra naquele tempo...
Gênesis 6:3

Em todos os países do mundo, contam-se histórias de gigantes de forma mais ou menos humana. Eles são imensos em tamanho e força e muitas vezes se conta que eles criaram a paisagem. As ilhas são seixos que atiraram. Os lagos são suas pegadas. Enormes estruturas, como Stonehenge (a "Dança de Gigantes"), enormes muralhas de antigas ruínas e formações rochosas geológicas incomuns (como a calçada do gigante na Irlanda) supostamente foram feitas por eles. Os mitos contam como todos os antigos gigantes foram mortos por deuses e heróis.

A Bíblia se refere às raças gigantes de Nefilim e Refaim, que outrora habitavam a Palestina. O Deuteronômio 3:11 afirma que o leito de Og, rei de Basã, tinha quatro metros de comprimento por dois metros de largura. O mais famoso dos gigantes bíblicos foi Golias, campeão dos filisteus, que foi morto por Davi. Durante a construção de uma estrada no vale do Eufrates, na Turquia, no final da década de 1950, encontra-

Um ogro ciclópico das aventuras de Simbá em uma edição do séc. XIX das 1001 Noites.

ram-se muitas tumbas que continham ossos humanos gigantes.

Os *ogros* não são apenas imensos, mas também são horrendos, com chifres, presas, garras e vestimentas estranhas feitas de peles, couro, gravetos, folhas e outros materiais naturais. Normalmente, carregam uma porção de armas – clavas, lanças, forcados, redes e cestos para apanhar e carregar animais e pessoas para comer.

Acredita-se que os *Trolls* praticamente não têm sensações. São feitos de pedra viva e, se expostos à luz direta do sol, congelam-se em formações rochosas. Terry Pratchett, em seus livros da série *Discworld*, inventou engenhosamente toda uma "história natural" para

O gigante de Lucerna

essas formas de vida de silício, incluindo a suposição de que sua mente opera como os *chips* de silício em um computador, tornando-se mais eficientes em temperaturas baixas e menos no calor do dia. Isso explicaria por que eles vivem normalmente nas altas montanhas geladas, onde seus cérebros se tornam supercondutores! É apenas quando eles descem para as planícies mornas que ficam estúpidos.

O *golem* era uma gigantesca figura semelhante a um *troll* feito de argila e animado magicamente pela palavra hebraica *emeth* ("verdade") em sua testa. A lenda conta que ele foi criado em 1550 pelo rabi Judah Loew (1520-1609) em Praga, Tchecoslováquia, de acordo com uma fórmula dada na Cabala. Sem alma e mudo, o golem foi feito para servir e proteger os judeus do gueto de Praga, mas era demasiado poderoso e destrutivo, ficou louco e furioso e teve de ser desfeito. E isso se fez apagando a primeira letra para formar *meth* ("ele está morto").

Todos os gigantes legendários são considerados muito estúpidos e são facilmente enganados pelos heróis espertos. Algumas vezes eles podem ser gentis e úteis, mas na maioria dos casos acredita-se que sejam malévolos e perigosos – chegam até a comer seres humanos. Algumas pessoas imaginam que as histórias desse gigantes, ogros e *trolls* podem ter se originado em encontros tardios com os últimos neandertais, que outrora habitavam as mesmas regiões das quais vieram essas lendas. Maiores e mais maciços em nossos ancestrais *cro-magnon*, os neandertais nos transmitiram o gene do cabelo ruivo. Talvez eles também tenham nos deixado uma memória genética, preservada para sempre no mito e no sonho, na qual sua raça perdida tornou-se algo enorme e terrível. Outras bases para as lendas de antigos gigantes são os vestígios de animais pré-históricos – especialmente os mamutes, cujos ossos são muito semelhantes aos humanos. Seu crânio, em particular, assemelha-se a um crânio humanoide gigantesco com uma única órbita ocular no meio da testa (veja página 573). O estado fossilizado desses ossos sustenta a ideia de que os gigantes eram feitos de pedra, como os *trolls*. Formações rochosas peculiares são consideradas *trolls* apanhados pelos raios do sol nascente.

Entretanto, alguns humanos de fato atingem um tamanho enorme. O maior gigante documentado de que já ouvi falar

Elefante anão siciliano

se chamava Gabbaras e tinha três metros de altura! Plínio relatou que ele foi trazido da Arábia para Roma por Cláudio César (r.41-54 d.C.). O imperador romano Máximo ("o maior") (r.385-388 d.C.) tinha mais de 2,5 metros de altura e uma estrutura grande. Ele usava a pulseira de sua mulher como um anel. O famoso gigante do século XVIII Charles Byne (na ilustração) tinha 2,34 metros, e Robert Wadlow de Alton, Illinois, que morreu em 1940, tinha quase 2,75 metros de altura. O astro do basquete chinês, Yao Ming, tem 2,25 metros de altura.

Lição 4: Anões, gnomos e leprechauns

Não sei muito bem por que os *anões* são considerados seres míticos – assim como as bruxas e feiticeiros. Os anões são perfeitamente reais – conheço alguns pessoalmente e muitos atuam em filmes. Sua altura vai desde 70 centímetros até 1,20 metro. Conta-se que antigamente os anões viviam em grandes comunidades e eram excelentes mineiros, artesãos e artífices – serviços ideais para pessoas tão pequenas.

Estudos arqueológicos e antropológicos trouxeram indícios para justificar a teoria de que a crença em anões se baseava na realidade mais do que na imaginação. Alguns dos primeiros habitantes da Europa ocidental eram pequenos, morenos e tímidos e viviam em meio às densas florestas que cobriam grande parte da Bretanha, da Grã-Bretanha, da França ocidental e da Alemanha... eram versados na mineração e na fundição dos metais abundantes nessas regiões.
Sandy Shulman (*Dwarfs*, p. 737)

Os anões da lenda tinham magníficos palácios e rios subterrâneos e eram altamente organizados em dinastias de nobres reis. Viviam muitos anos e tinham dons especiais e uma sabedoria muito maior do que a dos homens comuns. Em suas ferrarias eles forjavam maravilho-

Anões da corte no século XVI

sos implementos mágicos, armas, armaduras e joias, apreciadas por deuses e heróis. A sabedoria secreta atribuída aos anões lhes permitia prever o futuro, ficar invisíveis e assumir outras formas.

Os anões são famosos por seu amor pelo ouro e outros metais preciosos e por acumular grandes tesouros nas montanhas. Quem os tratasse com gentileza e cortesia seria muito bem recompensado. Até o século XVIII, muitos anões ocupavam posições favorecidas e de confiança nas cortes da Europa, muitas vezes como tutores e companheiros de brincadeiras das crianças reais.

Os *gnomos* são os elementais da Terra, muitas vezes considerados uma sub-raça de anões. São guardiões das minas e pedreiras e de todos os minerais preciosos sob a Terra. É por isso que os gnomos aparecem nas histórias de Harry Potter no comando do Banco Gringotes! Os *leprechauns* são o famoso "povo pequeno" da Irlanda. Com menos de 50 centímetros de altura, vestem-se com esmero e mantêm muitos tesouros escondidos.

Lição 5: Fadas, pixies e goblins
Seres encantados
(por Ian "Lurking Bear" Anderson)

Pequenos espíritos habitam em todas as partes de nosso mundo, animando-o, dirigindo a frenética dança dos átomos e todas as muitas formas de vida em desenvolvimento. O processo da evolução é muito mais do que uma bizarra série de acidentes. Grandes espíritos animam a inteligência coletiva das florestas, dos oceanos, do clima, do nosso planeta e de todas as estrelas. Embora esses seres tenham fios de conexão com a matéria física, eles não vivem da maneira egocêntrica e materialista a que a maioria dos humanos modernos está acostumada. Se ousarmos, podemos nos tornar muito mais parecidos com eles, mais sintonizados com as energias primordiais de nosso mundo vivo, e menos presos dentro de nós, não mais inteiramente sós em nossos pequenos cubículos.

Os espíritos da natureza são associados a locais, forças da natureza ou espécies. *Fadas, Dríades, Ninfas, Manitu, Kami, Devas* e totens animais são exemplos desse fenômeno. Muito desses seres aceitam oferendas de alimentos, bebidas ou bugigangas bonitas. Também são os mais fáceis de contatar e muitas pessoas relatam experiências espontâneas com eles, especialmente em locais silvestres ou nas margens da sociedade. Os seres encantados devem ser tratados com respeito e cautela. Sua ética é diferente da nossa e eles talvez não se preocupem com a nossa vidinha. Eles pertencem à antiga e primordial consciência da Terra e do Cosmos e não ligam para bagatelas.

Fadas

Existem incontáveis variedades de seres chamados de "Fadas", conhecidos por todo o mundo. Elas são muito pequeninas, quase sempre lindíssimas e normalmente têm asas de inseto –especialmente de mariposas e borboletas. Algumas vezes, porém, aparecem apenas como luzinhas. Há muitos livros sobre fadas e muitas obras de arte que as representam. Em particular, Brian Froud produziu diversos livros de arte e um baralho oracular de fadas. Mas meu livro favorito sobre fadas é *Faerie Call*, do membro do conselho cinzento Katlyn Breen.

Fada, ou "Ser encantado", tornou-se um termo genérico que inclui toda a variedade de espíritos da natureza, incluindo elfos, pixies, goblins, ninfas, gênios, vila, elementais – até mesmo antigos deuses, anjos terrestres e fantasmas dos mortos. Algumas podem ser espíritos de plantas e animais vivos ou mortos. A palavra tem suas raízes no latim *fatum* ("destino"), a deusa do destino, e também no persa *Pari* ou *Peri* – uma sensual ninfa celestial. As fadas, como o seu reino mágico, existem entre os mundos da matéria e do espírito e fazem parte dos dois. Diferentemente dos outros seres espirituais, podem interagir diretamente com o mundo físico e são famosas por esconder coisas, mover objetos, fazer bagunça, fazer jardins florescerem e até mesmo (se quiserem ser úteis) realizar pequenas tarefas domésticas. São avistadas com frequência (especialmente por crianças, cães e gatos) e seu aparecimento deixa uma impressão muito forte. Elas podem ser percebidas com um brilho rápido no canto dos olhos.

As fadas são agrupadas em diversas categorias. As forças da natureza são classificadas de acordo com os quatro elementos: *Ar* (silfos, peris, fadas aladas); *Fogo* (salamandras, dragões, gênios); *Água* (ondinas, nixies, lamias); e *Terra* (gnomos, *kobolds*, *brownies*). Outra divisão importante é a *Corte Seelie* de fadas belas, amigáveis e boas e a *Corte Unseelie*, cujas fadas são feias e más – como as *spriggans, boggarts* e *hags*. Da mesma maneira, no folclore normando, os belos elfos brancos vivem em *Alfheim* e são bons; os feios elfos negros vivem em *Svartalfheim* e causam doenças e prejuízos.

Considera-se rude referir-se às fadas diretamente pelo nome. Nas terras em que são bem conhecidas, são chamadas de "O Povo Bom", "O Povo Loiro", "A Pequena Nobreza", "Bons Vizinhos", "Povo Pequeno", "Baixinhos" ou "Pequeninos".

Pixies, *brownies* e *goblins*

Os *Fir Bolg*, o legendário quarto povo a habitar a Irlanda, era uma raça pigmeia de pele escura. Os romanos os chamavam de *pictos* por causa das elaboradas tatuagens pictóricas com que adornavam seus corpos. Dessa palavra, veio o nome *pixies*. Outras raças humanas pequeninas existem em todos os continentes, mesmo em lugares remotos, como as ilhas havaianas, onde são chamadas *de mini hunis* ("povo pequeno"). Dentre todas elas, apenas os pigmeus da floresta tropical do Congo sobrevivem atualmente como uma população intacta. A altura média do homem adulto é de 1,5 metro, e o mundo ocidental passou a conhecê-los quando o poeta grego Homero escreveu a respeito deles no século VIII a.C.

Os escritores da Antiguidade raramente distinguem entre anões, pigmeus, gnomos e elfos, e, talvez, todos esses seres tenham vindo de uma única fonte. Os escritores modernos em geral os classificam como *fadas* ou *povos encantados*. Todavia, embora possa ter tido origem comum, a história mítica desses seres certamente foi bem diferente.

Os pictos da pederneira foram muitas vezes conquistados e reduzidos por sucessivas invasões de "povos grandes" armados com ferro: os Tuatha, milesianos, romanos, anglo-saxões e normandos. Na Renascença, eles eram apenas uma lembrança – e um mito. Atualmente, em forma espiritual, tornaram-se conhecidos como *pixies, pucksies, pookas* e *brownies*. Alguns se tornaram as misteriosas luzes nos pântanos, chamadas *fogo-fátuo*, que desorientam os viajantes. Na forma de um feio cavalo preto, os pookas irlandeses arruinavam as plantações que não haviam sido colhidas até o Samhain. Mas o antigo "povo pequeno" não foi simplesmente exterminado pelos povos grandes. Ao longo dos séculos, houve muita mistura de raças. Muitas pessoas atualmente dizem descender de ancestrais "Fada" e a *Tradição das Fadas* é muito respeitada na comunidade mágica.

Muitas bruxas medievais diziam que sua sabedoria e ensinamentos vinham das fadas; as bruxas e as fadas muitas vezes aparecem juntas na mitologia. Uma profissão comum de ambas era a de parteira (ajudavam as mães a dar à luz). Bebês deformados ou incomuns eram considerados *changelings* – uma criança-fada trocada pela criança humana. Existe um distúrbio genético, denominado síndrome de Williams, descrito pela primeira vez em 1961, que afeta um a cada 20 mil nascimentos. Os que sofrem dessa síndrome são "amo-

"Ollie", o Brownie doméstico.

rosos, carinhosos e sensíveis aos sentimentos dos outros. Apesar de terem QI baixo, muitos são bons contadores de história e têm talento para a música, principalmente uma afinação perfeita. O que mais chama a atenção é sua aparência. Vários são baixos. Eles têm feições infantis, com narizes pequenos e arrebitados, orelhas ovais e bocas grandes com os lábios grossos e um queixo pequeno. Eles se parecem e se comportam como a representação tradicional dos elfos". (Roger Highfield, *The Science of Harry Potter*, p. 192-193).

Os *brownies* são aquilo que J. K. Rowling chama de "elfos domésticos". Em contraste com as fadas de pele clara, os *brownies* são cobertos com uma pelagem marrom encaracolada e têm um rosto marrom e enrugado. São gentis espíritos domésticos e guardiões e realizam pequenas tarefas durante a noite. Preferem morar em fazendas e muitas vezes se mudam com sua família. Adoram quando se deixa uma tigela de creme e um pouco de pão para eles, mas ficam ofendidos com qualquer presente que se pareça com um suborno e podem até ir embora. Na Alemanha, são chamados de *kobolds* e, na Dinamarca, *nis*. Os ingleses os chamam de *goblins* ou *hobgoblins* e, na França, são conhecidos como *gobelins* ou *lutins*.

Lição 6: Os Sidhe élficos e os Bean-Sidhe

Os Tuatha de Danaan, ou *Sidhe* (CHI) eram a raça divina que conquistou os Fomor, as potências da Escuridão, e seus ajudantes, os Fir Bolgs. São os elfos altos e belos da Terra Média de Tolkien e foram donos da Irlanda até que, por sua vez, foram conquistados pelo povo gaélico e pelos romanos. Seu corpo físico foi destruído e eles se tornaram seres espirituais, fazendo das colinas ocas e montes funerários dos antigos o seu lar – como os fantasmas que continuam a assombrar os locais em que viveram.

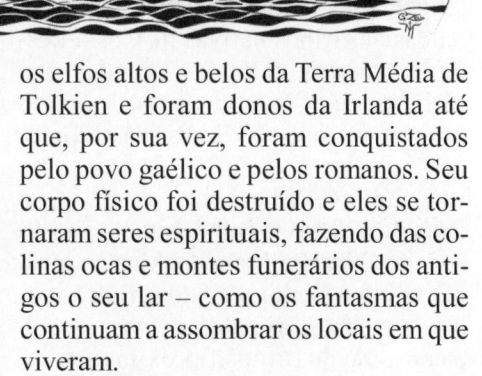

Wights são os espíritos *tutelares* ("protetores") e guardiões da Terra. Como os *barrow-wights* da *Sociedade do Anel* de Tolkien, eles vivem em antigos túmulos e colinas funerárias, assim como em árvores e cachoeiras sagradas. A *Bean-Sidhe* ("mulher dos montes feéricos") é o fantasma de um ancestral ou espírito doméstico que fica tão ligado a uma família em particular, que grita de dor na morte iminente de um de seus membros. O grito da Banshee pode congelar o sangue em suas veias!

Pontas de flecha da Idade da Pedra ou do Neolítico muitas vezes aparecem em jardins, especialmente depois da chuva. Nos países celtas, elas são chamadas de "tiros de elfo" ou "flechas de fada". Quando o gado é afligido por doenças desconhecidas, diz-se que ele foi ferido por uma dessas flechas élficas. Com a vinda dos milesianos da Espanha, muitos Tuaha foram por mar para uma legendária terra no Ocidente, que atualmente chamamos de América do Norte. Seus grandes navios brancos (construídos em Cartago) tinham velas de couro fino, sobre as quais a espuma marinha salgada se cristalizava. Por isso, eram chamados de "navios de cristal". A proa dessas naves tinha a forma de uma cabeça de cisne (assim como a proa em forma de cabeça de dragão dos vikings). Eles ainda são lembrados, nas lendas das tribos nativas da Costa Leste da América, como os "grandes pássaros brancos" que chegaram em suas margens trazendo os "Fiéis Irmãos Brancos".

Júlio César encontrou toda a sua frota de 220 navios em junho do ano 50 a.C. no Canal da Mancha. Mas naquele dia fatídico nenhum vento ruflou as velas de cristal, e as galeras romanas, sob o comando de Brutus, aproximaram-se, atiraram ganchos de abordagem nos cordames e afundaram todos os navios com o fogo e a espada. Essa batalha está registrada em detalhes no terceiro livro das Guerras da Gália, de Júlio César. Após a destruição dos navios de cristal, nenhuma outra embarcação pôde cruzar o enorme Oceano Atlântico pelos 1.542 anos seguintes (até Colombo), e as Terras Ocidentais, como os próprios elfos, passaram a ser um mito.

Essa batalha marítima há muito esquecida foi o ponto central da história da civilização ocidental. Se o vento tivesse soprado naquele dia, César e suas forças teriam sido derrotados. Os elfos teriam sobrevivido e seus navios teriam continuado a ligar a Europa às Américas. O Império Romano nunca teria crescido nem conquistado a Europa, o Egito, a Grécia, a Grã-Bretanha e Israel. Jerusalém e o Grande Templo não teriam sido destruídos e a Diáspora judaica não teria acontecido. O Cristianismo não teria se espalhado por todo o Império e pelo mundo. Não teria havido Idade das Trevas, nem Cruzadas, nem Inquisição, nem fogueiras. E os mundos da magia e o profano nunca teriam se separado...

Lição 7: Regras para lidar com as fadas
(*por Abby Willowroot*)

Fui criada com algumas crenças tradicionais em fadas. A minha avó, Catherine Burke, veio já adulta das ilhas Aran; foi criada em InishMor. Até hoje a crença e o conhecimento do Povo Encantado é muito forte em InishMor. Ela ensinou seus filhos e netos como permanecer seguros e não ofender as fadas, ou os "Pequeninos", como ela as chamava. Eis algumas das crenças e "regras" populares que *devem* ser seguidas por aqueles que não querem causar um desastre.

1. Nunca chame ninguém de ELA; nunca use essa palavra como pronome. Sempre use o nome da pessoa quando estiver se referindo a ela.

2. *Nunca* termine toda a comida do seu prato. Sempre deixe um pouco do alimento mais saboroso e ponha o prato em algum lugar escondido por mais ou menos uma hora (Ellen Evert Hopman diz: "Eu gostaria de acrescentar que, na tradição indígena americana em que fui criada, se um pedaço de alimento, ou erva, ou outra coisa boa cair no chão, especialmente durante a cerimônia, aquilo deve ficar lá. Pertence aos espíritos".).

3. Se você sair de casa e perceber que esqueceu alguma coisa, não volte para buscar; continue seu caminho sem aquilo. Se precisar voltar imediatamente para casa, *sempre* faça barulho antes de entrar e, assim que entrar, tire os sapatos e sente-se em uma cadeira por alguns minutos. Depois disso, sugiro preparar uma xícara de chá ou comer qualquer coisa e voltar para a cadeira ou fazer alguma atividade doméstica. Você pode sair de casa novamente apenas depois de 20 minutos.

A razão de fazer isso tudo é estabelecer a sua "propriedade" do espaço e o direito de estar ali. Se o fizer, os pequeninos não ficam ofendidos. Mas, se você simplesmente for entrando inesperadamente, terá violado o espaço que foi exigido pelos pequeninos para seu próprio uso em sua ausência. Você não é bem-vindo ali; eles sentem que você não tem o "direito" de estar ali, e sua presença será uma grave ofensa.

4. Uma planta saudável sempre deve ser mantida ao lado da janela aberta da cozinha, e você *nunca* deve dormir em um quarto sem abrir a janela. Ignorar qualquer um desses itens seria uma ofensa aos pequeninos e seria considerado um sinal de que eles não são bem-vindos na casa. Humanos arrogantes *não* são apreciados e esse hábito de se ofender com a arrogância humana está entranhado em todos esses costumes.

Ellen Evert Hopman acrescenta:

Já tive muitas vezes o privilégio de ouvir as fadas cantarem. Elas cantam em uma harmonia de três partes e *adoram* música. Elas têm suas antigas canções, mas simplesmente adoram os humanos que cantam ou tocam para elas e imediatamente elas aprendem a melodia e cantam a letra. Elas adoram o riso e a celebração. Também gostam de receber oferendas de mel ou outras coisinhas doces.

Todos devem ter um pequeno santuário para elas em algum lugar do jardim. Nos dias santos, é delicado pôr um prato ali e dizer que aquilo é especialmente para elas. Solstícios, Equinócios e Sabás são bons momentos. Na tradição escocesa, elas "se mudam" nos Solstícios e Equinócios e apreciam um pouquinho de comida. Leite e mel são o mais fácil, mas elas também gostam de mingau de aveia com manteiga ou batata amassada com manteiga, bem quente. A manteiga simboliza o Sol e é algo que elas não conseguem obter facilmente. A manteiga deve ser um grande globo dourado boiando no meio do mingau de aveia ou da batata amassada.

Além disso, sempre se deve deixar um pouquinho da bebida usada no ritual e colocá-la fora do Círculo, depois do final do rito, como presente para as fadas. O presente pode ser posto em uma janela a oeste ou deixado no altar das fadas no jardim. Todo jardim deve ter um local, em que nenhum humano passe, para uso das fadas. Se você encontrar um espinheiro solitário, especialmente se for em uma pequena colina ou perto de água, há uma entrada para a Terra das Fadas bem próxima dali.

Quarta Aula:
O Bestiário Mágico

1. Introdução: O Physiologus e o bestiário

Bestiário ("Livro das bestas") é um fenômeno medieval peculiar. Embora escritores da Antiguidade, como Plínio, tenham escrito e ilustrado diversos animais, incluindo muitos puramente imaginários, o primeiro a compilar uma "Enciclopédia" de todas as criaturas conhecidas do mundo foi um escritor anônimo apelidado *Physiologus* ("naturalista"), que viveu entre os séculos II e V d.C. Embora provavelmente fosse egípcio, ele escreveu em grego e seu livro tornou-se tão popular que foi traduzido em todas as línguas da Europa. Ao longo dos séculos, conforme os viajantes traziam contos e relatos de terras ainda mais distantes, cada copista e tradutor do *Bestiário de Physiologus* acrescentava alguma coisa, preenchendo as lacunas e aumentando o número de criaturas incluídas na terra, nos mares e no ar. Embora muitas vezes distorcidas em descrições e representações, quase todas as criaturas listadas baseiam-se em animais reais. Mas os compiladores não tinham como fazer distinções entre os animais verdadeiros ou imaginários – afinal, o unicórnio certamente não é mais estranho que o hipopótamo, o leão marinho, o elefante, o avestruz, o canguru, o pangolim e a girafa – para não falar do ornitorrinco! E algumas das criaturas pré-históricas que já existiram na Terra eram muito mais estranhas do que as mais malucas imaginações do mito.

O Physiologus e seus sucessores, porém, estavam menos interessados na história natural desses animais, pássaros e monstros marinhos do que no simbolismo alegórico que poderia ser tirado deles para ilustrar os valores e a moralidade do Cristianismo. Ao apresentar os animais que escolhi para esta aula, resolvi omitir todas essas referências alegóricas. Se desejar, você pode encontrá-la no *Book of Beasts,* de T. H. White, que é uma tradução de um bestiário posterior com abundantes notas. E também não vou falar de animais comuns e conhecidos, como em 6. I: "O Domínio dos Animais". Em vez disso, aqui estão as criaturas do mito e da lenda. *Aqui existem dragões!*

Lição 2: Criptozoologia

O termo *criptozoologia* ("estudo dos animais ocultos") foi cunhado pelo dr. Bernard Heuvelmans em sua correspondência pessoal com seus colegas na década de 1950, depois da publicação em francês, em 1955, de seu livro *On the Track of Unknown Animals*. Os criptozoólogos estudam relatos e observações de lugares remotos de animais ainda desconhecidos da ciência, tentando descobrir e identificar novas espécies. Esses *criptídeos*, como são chamados, não incluem apenas o Monstro do Loch Ness, o Pé-Grande e outros "Mega-monstros", mas também muitas criaturas misteriosas pouco conhecidas. No século passado, muitas novas espécies de grandes animais foram descobertas, incluindo as seguintes:

Urso Kodiak [O maior dos ursos] (1899)
Gorila da montanha (1901)
Okapi [girafídeo] (1901)
Nyala das Montanhas [antílope] (1910)
Hipopótamo pigmeu (1912)
Dragão de Komodo (1912)
Lobo dos Andes (1926)
Bonobo [símio semelhante ao chimpanzé] (1930)
Pavão do Congo (1935)
Kouprey [lobo silvestre] (1937)
Celacanto [peixe muito antigo] (1938)
Pecari do Chaco [grande suíno] (1975)
"Megamute" [enorme tubarão] (1976)
Saola [boi de Vu Quang] (1992)
Macaco Bili [o maior dos símios] (2002)
Polvo Gigante "Colossal" (2003)
Orang Pendek [símio da Sumatra] (2003)

Entre alguns dos mais interessantes criptídeos há muito registrados, mas ainda não confirmados, estão os seguintes:

Pé Grande, Sasquatch, Yeti

Embora houvesse relatos de criaturas hominídeos gigantescas e peludas em todo o mundo durante grande parte da história, a grande maioria das observações contemporâneas vem do noroeste do Pacífico americano, um deserto inexplorado com mais de 200 mil quilômetros quadrados de extensão. Nesse vasto território, essas criaturas são conhecidas como "Pés-Grandes" ou *Sasquatch* (o nome indígena). Seres semelhantes, talvez até mesmo idênticos, são chamados de *kaptar* no Cáucaso russo, *chuhuna* no nordeste da Sibéria, *almas* na Mongólia, *kangmi* no Tibete, *yowies* na Austrália e *yeti* no Nepal. Na Europa medieval, eram conhecidos simplesmente como "homens selvagens peludos" e eram assunto frequente de ilustrações.

Os "Pés-Grandes" do noroeste do Pacífico parecem ter em média 2,5 metros de altura e deixam pegadas de uns 45 centímetros. A cor de seu pelo vai desde o marrom avermelhado até o cinza e o preto. Já se observaram machos, fêmeas e crianças, muitas vezes em grupos familiares. Eles normalmente são tímidos e curiosos no contato com os humanos e parecem ser basicamente noturnos, razão pela qual receberam o nome de *Homo nocturnus,* originalmente escolhido por Carlos Lineu (1707-1778), justamente para uma criatura semelhante.

Embora o principal indício da existência do Pé-Grande tenha sido na forma de pegadas, existem também algumas fotografias, filmagens, amostras de pelos e – o que é ainda mais empolgante – um exame detalhado de um corpo

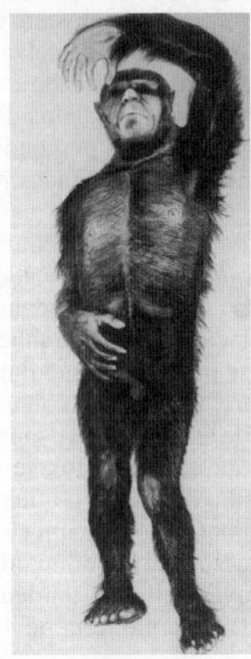

O Homem do Gelo

congelado, feito em 1968, por Ivan T. Sanderson (na época, presidente da Sociedade para a Investigação do Inexplicado) e pelo dr. Bernard Heuvelmans (presidente do Centro Francês de Criptozoologia). Os desenhos de Sanderson e as fotografias de Heuvelman do chamado "Homem do Gelo" foram publicados em vários veículos. Entretanto, logo depois desse exame, o espécime foi retirado de exibição e desapareceu.

Monstro do Lago Ness

As enormes e ainda não identificadas criaturas que vivem nas profundidades lodosas do Lago Ness, Lago Morar e outros lagos e pântanos cheios de turfa da Escócia, Irlanda, Canadá e outros países despertam interesse e controvérsia desde 565 d.C., quando São Columba, o primeiro missionário cristão na Escócia, teve um encontro legendário com "Um certo monstro aquático" nas margens do Lago Ness. Em 1975, o nome oficial de *Nessiteras rhombopteryx* ("Fenômeno do Ness com barbatanas em forma de diamante") foi dado a essas criaturas por *Sir* Peter Scott.

Nadadeira de Nessie fotografada sob a água em 9/8/72 pela Academia de Ciências Aplicadas

As concepções populares da identidade filogenética de "Nessie" invariavelmente se baseiam nos *Plesiossauros* (répteis marinhos de longo pescoço do período cretáceo). Mas qualquer similaridade entre os relatos e as fotos dos

Esboço de Margaret Munroe mostrando o animal que ela viu em Borham Beach, Loch Ness, em 3/6/1934

modernos monstros do lago e as formas dos fósseis é, na melhor das hipóteses, superficial. Essas criaturas devem respirar debaixo d'água, já que as aparições na superfície são raras. Essa capacidade se restringe aos peixes, a alguns anfíbios e a muitos invertebrados. Mas eles se movem em ondulações verticais e não horizontais, como fazem apenas os mamíferos, pássaros e invertebrados.

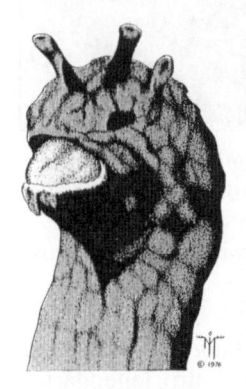

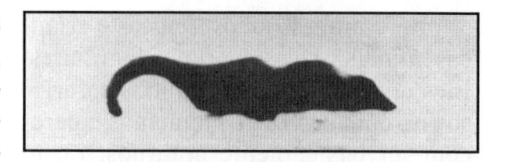

Foto tirada em fevereiro de 1976 por Mary F. em Falmouth, Cornualha. Segundo sua descrição, a criatura tem de 4,5 a 5,5 metros de comprimento acima d'água.

O longo pescoço que os tornou famosos indica que não há guelras, que são parte integral da estrutura do crânio e da mandíbula; nenhum vertebrado com guelras tem pescoço. Além disso, tanto as testemunhas oculares quanto as fotos submarinas da cabeça revelam antenas extensíveis semelhantes àquelas das lesmas e caramujos. Portanto, acredito que "Nessie", "Chessie", "Champ", "Morag" e assemelhados são, provavelmente, lesmas aquáticas gigantes, com pescoços compridos como o do caramujo de jardim comum. As pequenas nadadeiras em forma de diamante, que deram origem ao nome científico, seriam coberturas para aberturas que existem na mesma posição nas lesmas.

A palavra grega *pteras* ("nadadeira") também significa "asa", o que sugere uma base para as lendas sobre dragões alados. E as antigas histórias sobre dragões frequentemente mencionam que o corpo dos dragões mortos "derretiam", restando apenas os dentes; isso explicaria a falta de fósseis ou ossos nos lagos.

Cabeça de Nessie a partir de uma foto submarina tirada em 20/6/1975 pela Academia de Ciências Aplicadas.

Mokele-Mbembe, Sirrush

Ainda existem dinossauros vivos na África? Das selvas dos países centrais africanos e do Congo, Camarões e Gabão vêm relatos de um enorme animal com um pescoço longo, uma calça comprida e pegadas redondas com três garras. Os povos da região pantanosa de Likouala o chamam de *Mokele-mbembe* ("o estancador de rios"). Quando os nativos desenham uma representação de Mokele-mbembe na areia, ele se parece com um dinossauro *saurópode*. Quando lhes mostram um desenho de um dinossauro saurópode, eles dizem que aquele é Mokele-mbembe. O tamanho de seu corpo fica entre o de um hipopótamo e de um elefante. A pele sem pelos é predominantemente marrom-avermelhada, tendendo para o cinza. Diz-se que teria de 4, 5 a 9 metros de

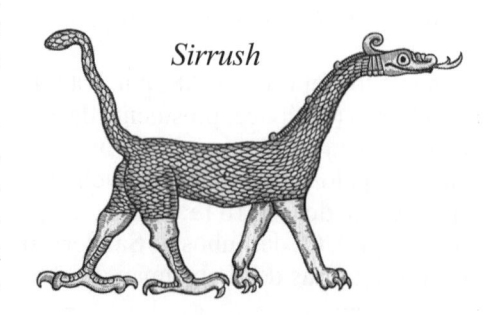

Sirrush

comprimento, e a cabeça e a cauda, um terço do comprimento cada uma.

Observações feitas em Camarões dizem que o Mokele-mbembe pode chegar até 20 metros de comprimento. Alguns já descreveram uma crista em sua nuca, semelhante à de um galo.

No grande portão de Ishtar, na Babilônia, está representada uma criatura semelhante. Ela tem o corpo coberto de escamas com um pescoço longo, uma cauda comprida e garras nos pés. Ela se chama *sirrush* e aparentemente tem a intenção de representar um animal existente. Outros relatos das selvas da África e da América do Sul falam de observações de mais criaturas pré-históricas, como Pterodáctilos e Plesiossauros. Essas histórias inspiraram romances como *o Mundo Perdido*, de Arthur Conan Doyle, e as histórias de *Tarzan*, de Edgar Rice Burroughs, sobre a Terra perdida de "Paul-u-don".

Lição 3: Um guia ilustrado dos animais fabulosos

Aspidodelone – Um monstro marinho, como uma gigantesca baleia ou tartaruga, é tão imenso, que, quando está boiando na superfície, os marinheiros o confundem com uma ilha e atracam nele. Todavia, quando fazem uma fogueira, a "Ilha" viva mergulha, arrastando o navio e a tripulação para o afogamento certo.

Basilisco/basilisca – Meio cobra e meio galo; tão venenoso, que seu olhar ou hálito paralisam. O basilisco é apresentado como uma serpente monstruosa coroada com uma dramática crista. A basilisca é representada como um galo com cauda de dragão e asas de morcego. Seu inimigo é a doninha ou o mangusto. Na verdade, ambos derivam da naja cuspideira egípcia, que espirra veneno de suas presas com grande pontaria nos olhos das vítimas.

Catoblepas (ou **Górgona**) – Criatura da Etiópia semelhante a um touro, coberta de escamas como um dragão, presas de javali e sem pelos, exceto na cabeça. Provavelmente, baseia-se no gnu. O nome "Górgona" não tem nenhuma relação com as Górgonas da antiga Grécia, como Medusa.

Centauro – Meio-homem e meio-cavalo. Muitos eram selvagens e lúbricos e sequestravam mulheres humanas. Mas o centauro Quíron era um sábio professor que educou muitos heróis gregos.

Cérbero – Guardião do Mundo Subterrâneo grego; um enorme cão de três cabeças com cauda de dragão. Foi tirado do Reino de Hades por Héracles, que aparentemente o perdeu em uma aposta com Rúbeo Hagrid, que o instalou em Hogwarts para vigiar a pedra filosofal...

Quimera – Monstro composto com corpo de bode, cabeça de leão e cauda de dragão. Existia apenas um, morto por Belerofonte, que estava montado nas costas de Pégaso, o cavalo voador.

Dragão – Um réptil gigante, muitas vezes com asas de morcego e que solta fogo. Há diversas variedades, vivendo em todos os elementos: Terra, Água, Fogo e Ar. Os dragões sem asas são denominados *orms** ou *minhocas*. Os dragões orientais são sábias e benévolas criaturas das nuvens, da chuva e dos corpos aquáticos. Os dragões ocidentais são, principalmente, engenhosos e maus e muitos foram mortos por diversos heróis e cavaleiros.

Grifo – Retratado com traseiro e cauda de leão, além de cabeça, asas e patas dianteiras de águia, trata-se, na verdade, da águia-abutre, ou *lammergeier* ("ladrão de ovelhas"). Uma "juba" de longas penas arrepiadas em torno de sua cabeça e pescoço lhe valeram o nome de "Águia leão" ou "Abutre barbado". O maior e mais poderoso de todos os rapinantes, é a águia de Zeus.

Harpias – Criaturas imundas e horrendas com o rosto deformado, o peito murcho de uma velha e asas, corpos e garras de abutre. Jasão e os Argonautas as encontraram na busca pelo Velo de Ouro.

Hipocampo – Um monstro aquático ou cavalo-marinho, tem a cabeça e as patas dianteiras de cavalo e corpo e cauda de peixe. Suas patas da frente terminam em nadadeiras e não têm cascos.

---

*N.E.: *Orm* significa serpente ou dragão em nórdico antigo ou sueco moderno.

Hipogrifo – Semelhante a um grifo, mas com o traseiro de um cavalo e não de um leão. O amigo de Harry Potter, Sirius Black, tem um chamado "Bicuço".

Kraken/Hidra – Um enorme monstro marinho cheio de tentáculos. Héracles matou uma cujas "cabeças", na ponta de longos pescoços de tentáculo, cresciam em dobro quando cortadas. Cila era um desses monstros que arrancavam os marinheiros do convés do navio de Odisseu. Os vikings relatam encontros com tentáculos retorcidos em grandes extensões do mar. Trata-se, na verdade, do polvo gigante, do qual o maior espécime já encontrado (abril de 2003) teria tido, quando adulto, o corpo maior do que um ônibus! Seu nome é *Mesonychoteuthis*, ou "Polvo colossal". Nenhum polvo gigante nunca foi capturado vivo, mas diversas espécies mortas já chegaram à praia.

Lamia – Quadrúpede coberto de escamas da Líbia com cabeça e seios humanos. Ela tem cascos, cauda de cavalo e patas dianteiras de gato.

Makara – Um monstruoso "Peixe-elefante" da Índia. Segundo as representações, pode ser a mesma criatura que o monstro do Loch Ness. A "tromba" de elefante poderia ser um longo pescoço com uma cabeça pequena.

Manticora – Uma criatura da Índia semelhante a um leão com cabeça de homem, juba de leão, cauda de escorpião, três camadas de dentes de ferro e uma linda voz musical semelhante a um trompete ou flauta. Em geral, acredita-se que seja um tigre, mas acho que, na verdade, é o babuíno hamadríade.

Sereia – Da cintura para cima, são como humanos, mas a parte inferior do corpo é de peixe; os relatos dizem que elas ansiavam por uma alma. Na verdade, as lendas se baseiam no dugongo, um mamífero oceânico da Indonésia, que tinha um longo corpo liso, uma grande cauda como a da baleia e seios (nas fêmeas) exatamente iguais aos das mulheres.

Minotauro – Um animal feroz com corpo de um homem poderoso e a cabeça de um touro carnívoro. Existiu apenas um, o monstruoso filhote da rainha Pasífae de Creta e um belo touro branco. O rei Minos o mantinha no Labirinto e o alimentava com prisioneiros humanos. Foi morto por Teseu.

Naga (macho)/**Nagini** (fêmea) – Pessoas-serpente da Índia. Eles parecem humanos da cintura para cima, mas são cobras gigantes da cintura para baixo.

Pégaso – O magnífico cavalo alado que surgiu do pescoço da Górgona Medusa quando Perseu a decapitou. O único que conseguiu domá-lo e cavalgá-lo foi Belerofonte. Veja-o no filme *Fúria de Titãs* (1981).

Fênix – Chamada de *pássaro de fogo*, ela parece um cruzamento flamejante entre um pavão e um faisão (embora o nome signifique "vermelho-púrpura"). A cada 500 anos, ela põe um único ovo em um ninho de incenso de cedro, que pega fogo, consumindo-a. Quando o ovo se rompe, aquecido pelas brasas, ela renasce das cinzas. Alvo Dumbledore tem uma, chamada Fawkes.

Roca (ou **Roc**) – Um pássaro gigantesco de Madagascar que ficou famoso nas histórias de Simbá e nos diários de Marco Polo,* supostamente grande o bastante para carregar elefantes. Na verdade, tratava-se do enorme "Pássaro elefante", *vouron patra (Aepyornis maximus)*, que não voava e chegava a 3,5 metros de altura e pesava 500 quilos! Seus ovos, que tinham 90 centímetros de circunferência, maiores do que qualquer ovo de dinossauro, foram as maiores células únicas que já existiram na Terra. Ele foi exterminado por marinheiros no século XVI.

Salamandra – Com o nome dos elementais do fogo, são lagartos de cores brilhantes ou pequenos dragões que podem viver nas chamas. Acredita-se erroneamente que sejam venenosos; na verdade, eles podem apenas apagar o fogo. As fibras de amianto à prova de fogo são conhecidas como "lã de salamandra". Os pequenos anfíbios coloridos, que chamamos de *salamandras*, hibernam em troncos mortos e muitas vezes acordam na fogueira e saem correndo dos troncos, despertados pelo calor. Quando assustados, exalam um fluido leitoso inofensivo que pode apagar um fogo fraco.

---

*N.E.: Sugerimos a leitura de *Marco Polo – A Incrível Jornada*, de Robin Brown, Madras Editora.

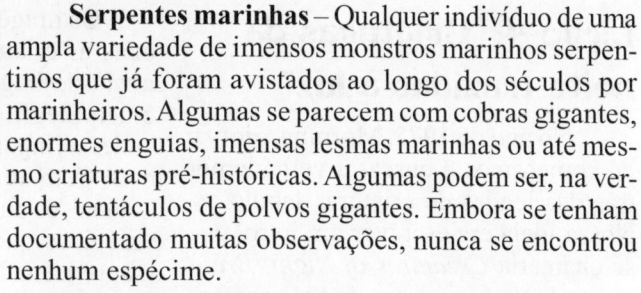

Serpentes marinhas – Qualquer indivíduo de uma ampla variedade de imensos monstros marinhos serpentinos que já foram avistados ao longo dos séculos por marinheiros. Algumas se parecem com cobras gigantes, enormes enguias, imensas lesmas marinhas ou até mesmo criaturas pré-históricas. Algumas podem ser, na verdade, tentáculos de polvos gigantes. Embora se tenham documentado muitas observações, nunca se encontrou nenhum espécime.

Selchies – O povo-foca da Escócia. Eles podem retirar sua pele de foca e parecer pessoas normais, mas, na verdade, são focas no coração.

Sereias – São representadas alternadamente como metade mulher metade pássaro, metade mulher e metade peixe ou um composto de corpo de mulher, cauda de peixe e pés de pássaro. Suas vozes penetrantes atraem os marinheiros para a morte. Odisseu sobreviveu a elas ao tapar os ouvidos de sua tripulação com cera. Acredita-se que a canção das sereias seja, na verdade, o canto do rouxinol, que canta na praia e é ouvido no mar.

Esfinge – Tinha corpo e patas de leão e cabeça, seios e braços de uma bela mulher. A esfinge grega também tinha asas de águia, mas a versão egípcia não tinha asas. É famosa por fazer o seguinte enigma aos viajantes: "O que anda com quatro pernas de manhã, duas pernas à tarde e três pernas à noite?". Quem respondesse corretamente, poderia passar; mas ela devoraria quem errasse (imagine só...).

Unicórnio – Um delicado animal branco de casco fendido, com um único chifre reto, ou em espiral, nascendo perpendicularmente do centro de sua testa. Houve várias "espécies" em diferentes épocas e períodos da História. Os mais conhecidos são os *caprinos* ("semelhantes a bodes"), retratados em diversas tapeçarias famosas da Renascença. Na verdade, tratava-se de animais reais cujos chifres eram fundidos por um processo secreto, o qual eu redescobri em 1976.

Wyvern – Um tipo de dragão voador com asas de morcego e duas patas traseiras; basicamente, um grande pterodáctilo, como *Quetzelcoatlus*.

Lição 4: "Criaturas da noite trazidas à luz"

No ano de 1975, Morning Glory e eu começamos a buscar a verdade por trás das lendas de criaturas fabulosas. Nossa ideia era escrever um livro, que se chamaria *Creatures of Night, Brought to Light* (uma frase do belo romance de Peter Beagle *The Last Unicorn*). Mas quando descobrimos o segredo, há tanto tempo esquecido, do unicórnio, desistimos da ideia do livro e iniciamos uma busca mágica para trazer unicórnios de verdade de volta ao mundo. Foi por meio desse trabalho que comecei a me tornar um verdadeiro feiticeiro. Mesmo assim, continuamos a reunir conhecimento, por isso eis alguns tópicos mais detalhados sobre alguns de meus animais mágicos favoritos; eu já esculpi imagens de todos eles.

Dragões

O *dragão* é um monstro primordial e arquetípico da mitologia ocidental. Os dragões dominam todos os quatro elementos: existem dragões de cavernas sem asas, dragões voadores, dragões marinhos e dragões que cospem fogo. Os machos são conhecidos como *drakes* e as fêmeas, *queens*. Todos foram representados na lenda ocidental como répteis antigos, ferozes e terríveis – símbolos do poder rude, indomável e até mesmo hostil da natureza. Os dragões são inteligentes, engenhosos, cruéis e gananciosos. Têm paixão por acumular tesouros: ouro, joias, armas e relíquias fabulosas. Eles empilham tudo e dormem em cima, guardando seu tesouro ciosamente.

Os dragões conhecem a língua de todas as criaturas vivas. Uma gota de sangue de dragão ingerida pelo herói teutônico Siegfried o tornou capaz de entender a língua dos pássaros e dos animais. Com uma forte personalidade individual, os dragões têm nomes distintos e mágicos que dão poder àqueles que os aprendem. Nomes como *Vermithrax, Draco, Kalessin* e *Smaug* foram citados em histórias. Mas *Velociraptor, Tiranossauro Rex, Carnossauro, Deinônico* e *Espinossauro* são outros nomes de dragões na antiga linguagem.

Os dragões alados pertencem a dois tipos básicos: a variedade quadrúpede, com asas adicionais como as de morcego ou barbatanas sustentadas em costelas estendidas, e os *wyvern* de duas patas, cujas asas de morcego são formadas por seus membros dianteiros. Eles se parecem tanto com pterodáctilos pré-históricos que chegam a provocar especulações quanto à sobrevivência dessas criaturas nos períodos históricos.

Existe um pequeno lagarto deslizante de 25 centímetros de comprimento na península malaia, chamado *Draco volens* ("Dragão voador"), que tem asas semelhantes a barbatanas. Corpos mumificados desses animais foram levados

Tatzelwurm dos Alpes alemães, por E. Topsell, 1607

Draco Volens

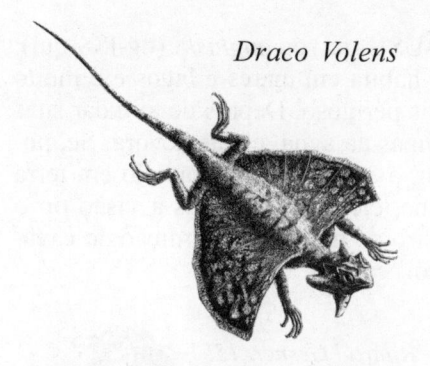

à Europa e exibidos como "bebês-dragão" – uma prova positiva da existência de verdadeiros dragões voadores!

Embora a base biológica das lendas sobre dragões inclua sem dúvida lagartos gigantes, crocodilos e vestígios fósseis, acredito que registros aparentemente autênticos de dragões vivos na Europa medieval derivam de criaturas invertebradas, como o monstro do Loch Ness. Ao menos essa explicação se adequaria a todos os relatos em que o dragão é chamado de verme ou *orme*. Entretanto, também existe o Mokele-mbembe na África, que pode ser um genuíno dragão réptil.

Mas esses são vestígios mesquinhos de uma ordem que já foi poderosa: os dinossauros, ou *Archosauria* ("Répteis governantes"). Por 150 milhões de anos, esses verdadeiros dragões dominaram a Terra, em todos os tamanhos e formas imagináveis – até que seu reinado chegou a um fim abrupto com o impacto de um asteroide gigante. Mas esses espíritos e inteligências poderosas que existiram por tanto tempo não são simplesmente exterminados do dia para a noite. Assim como os desaparecidos elfos e o Povo Pequeno vivem como seres espirituais encantados, assim também a alma dos dragões continua a sua antiga linhagem nos países dracônicos do sonho, mantendo o domínio sobre nossa memória coletiva por toda a duração da existência mamífera.

Grifo

A história mitológica do *grifo* remonta a mais de 5 mil anos. A palavra *grifo*, em todas as línguas (francês *griffon*, italiano *grifo*, alemão *greyff* e inglês *griffin*), deriva do grego *grypos* – "Curvo" – por causa de seu grande bico predatório.

O grifo figura com destaque na arte e nas lendas dos antigos sumérios, assírios, babilônicos, caldeus, egípcios, micenianos, indo-iranianos, sírios, citas e gregos. Na heráldica medieval europeia, os grifos frequentemente são representados como um símbolo de eterna vigilância e, na antiga Astrologia, eles puxavam o carro do Sol. De acordo com a lenda, os grifos viviam no país entre os *hiperbóreos*, o povo do Vento-Norte da Mongólia, e os *arimáspios*, a tribo de um olho só da Cítia. A presa favorita do grifo eram os cavalos e seus maiores inimigos eram os arimáspios, que continuamente tentavam se apoderar da vasta reserva de ouro guardada pelos grifos.

Embora o grifo seja normalmente descrito com as asas, cabeças e patas

Martthäus Merian, 1718

de águia e corpo de leão, na verdade ele não se baseia na águia, mas sim no *lammergeier, gypaetus barbatus* ("Abutre barbadas"), com 1,20 metro de altura e envergadura das asas de quase 3 metros.

O poderoso, mas raramente visto *lammergeier* (cujo nome em alemão significa "ladrão de cordeiros", por causa de seu hábito de carregar cordeiros), habita os altos picos montanhosos da Europa meridional, África e Ásia. Há também abutres semelhantes ao grifo *(Gyps fulvus),* na Ásia meridional e sul da África.

Hipocampo

O mítico cavalo marinho ou *hipocampo* (significa "monstro marinho semelhante a um cavalo", em grego) tem a cabeça e a metade dianteira de um cavalo, com barbatanas em vez de cascos, e a metade traseira de um peixe exótico. Também conhecido como cavalo da água ou cavalo-enguia, era um dos assuntos artísticos favoritos no período greco-romano, principalmente nos banhos romanos, os quais frequentemente é encontrado em mosaicos. Na tradição romana, dizia-se que o hipocampo era a criatura mais rápida do oceano e, por isso, o corcel favorito de Netuno, rei do mar.

Na Escócia, o cavalo d'água é chamado *kelpie*. Ele anda pelos rios e regatos e, depois de deixar que um humano confiante monte nele, ele mergulha na água e o afoga. Na Irlanda, a mesma criatura é conhecida como *each-uisge* (ic-USH-qui) ou *aughisky* (og-ISS-qui); ele habita em mares e lagos e é muito mais perigoso. Depois de afundar suas vítimas na água, ele as devora. Se, porém, o *aughisky* for montado em terra firme, ele é seguro; mas a visão ou o cheiro do mar será a perdição do cavaleiro.

Konrad Gesner, 1551

O cavalo d'água pode ser possivelmente identificado com o legendário monstro do Loch Ness e seus parentes, outros monstros de lago e serpentes marinhas, que foram avistados em dezenas de lugares em todo o mundo. Nas descrições, a cabeça e o pescoço dessas criaturas são semelhantes aos do cavalo de perfil e, de fato, muitas vezes elas são chamadas de "Cavalos d'água" pelas testemunhas oculares.

Hipocampo atualmente é o nome científico dado ao curioso peixinho comumente conhecido como cavalo marinho, que não passa de 20 centímetros de comprimento.

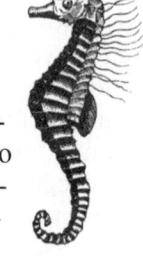

Sereia

A sereia – uma bela moça da cintura para cima, mas um peixe da cintura para baixo – sempre foi uma das criaturas favoritas da lenda e do romance. Nunca houve um período ou local na história náutica em que os marinheiros não

Mattäus Merian, 1718

tenham falado das sereias que encontraram. O folclore do povo-sereia é antigo e muito difundido, atravessa culturas, continentes e séculos. Eles já foram chamados por diversos nomes – *sereias, selquis, tritões, ondinas, melusinas, morganas, korriganas, lorelei, rusulki, nixies, nereidas, náiades* e *ningyos*.

A sereia da tradição é sedutora e perigosa. Ela personifica a beleza e a deslealdade do mar, especialmente dos bancos de areia e rochas do litoral. Conta-se que seu longo cabelo é composto de algas marinhas. Para o marinheiro, a visão de uma sereia é quase sempre um

Sereia de Fiji

presságio de desastre – tempestade, naufrágio ou afogamento. O povo-sereia vive em um reino no fundo do mar, regido por Netuno, e incita os marinheiros a saltarem na água, com cantos e música.

Historiadores e exploradores acreditavam que as sereias fossem reais e relataram muitas visões e encontros ao longo dos séculos. Plínio, o Velho (23-79 d.C.), foi o primeiro naturalista a descrevê-las em detalhe em sua monumental *História Natural*. Em meados do século XIX, "Sereias" empalhadas (montagens de macacos e peixes criadas por taxidermistas japoneses) tornaram-se espetáculo na Londres vitoriana. A mais famosa dessas curiosidades foi a "Seria de Fiji", levada à Broadway por P. T. Barnum em 1842.

A universalidade e a vitalidade da lenda das sereias sugerem uma base factual: um animal real que possa parecer uma sereia a distância. Entre os possíveis candidatos, estão os *sirenianos* (manatins e dugongos) e os *pinípedes* (focas e leões-marinhos). No início da década de 1980, próximo à costa da Nova Irlanda, no norte da Nova Guiné, antropólogos relataram ter visto um mamífero marinho desconhecido. Os nativos o chamavam de *ri* ou *ilkai*, descrevendo-o com a parte inferior do corpo como a de um peixe e uma cabeça e torso humanoides, com seios salientes nas fêmeas. Em outras palavras, uma sereia! Essa identificação foi reforçada por seu nome pidgin: *pishmeri* ("peixe-mulher").

Em março de 1985, guiei uma expedição de mergulho do ERA/ISC à Nova Irlanda para identificar e filmar o *ri*. Descobrimos que o *pishmeri* não era nada mais que o *dugongo* indo-pacífico, um raro sireniano que exibia um comportamento desconhecido pelos biólogos marinhos.

Dugongo

Unicórnios

Das trevas da Idade Média, a lenda dos *unicórnios* ("único chifre") surgiu como uma baliza brilhante e luminosa, simbolizando a beleza, a força, a graça e a pureza. O *Physiologus* o descreve desta maneira: "É um pequeno animal,

Albertus Magnus, 1545.

como um cabrito, mas extremamente feroz, com um chifre no meio da cabeça...". É invariavelmente representado nas tapeçarias e xilogravuras medievais como um animal branco, de casco fendido, com uma cauda alta e uma barbicha, crina sedosa e tufos de pelos na parte de trás das pernas.

Como essas características vêm dos bodes, o unicórnio medieval também é chamado de unicórnio *caprino* ("semelhante às cabras"), para distingui-lo dos unicórnios *taurinos,* semelhantes a touros, da Idade do Bronze, os unicórnios *arianos* semelhantes ao carneiro da Idade do Ferro ou os modernos unicórnios imaginários *equinos*, ou semelhantes a cavalos.

O animal só é chamado de unicórnio quando seu único chifre cresce no centro de sua testa. Ao crescer, o chifre altera a forma do crânio, aumentando a caixa craniana e afetando as glândulas pineal e pituitária. O unicórnio fica maior, mais inteligente, mais carismático e mais capaz de defesa efetiva contra predadores. Torna-se um líder e guardião do rebanho. Dessa forma, o unicórnio se tornou um símbolo de realeza e até mesmo de divindade; o *Physiologus* o identifica alegoricamente com Cristo.

O chifre do unicórnio é muito valorizado como antídoto para venenos. Seus valores medicinais eram amplos; um pouco de pó de chifre aplicado sobre alimentos e bebidas suspeitos anularia os efeitos de qualquer veneno que pudesse haver ali. Uma das mais famosas lendas do unicórnio é aquela que diz que ele purifica um poço ou regato poluído mergulhando seu chifre mágico na água.

Embora sempre tenham sido raros, os unicórnios existem há mais de 4 mil anos. Eles eram produzidos de acordo com uma fórmula secreta ciosamente guardada, conhecida apenas por algumas tribos do norte da África e do Oriente Médio. Esse segredo ficou perdido por séculos, até que Morning Glory e eu o descobrimos em 1976 e produzimos diversos unicórnios vivos no início dos anos 1980. Lancelot, o primeiro unicórnio caprino em mais

Lancelot, o unicórnio vivo. Foto de Ron Kimball, 1981

de 400 anos, nasceu em Ostara em 1980 e mais tarde se tornou a estrela do Ringling Brothers/Barnum & Barley Circus.

Quinta Aula:
Os Feiticeiros da História

Sempre existiram Feiticeiros através de toda a história registrada em todas as culturas do mundo – embora raramente tenha havido muitos ao mesmo tempo. A mais antiga profissão certamente é a de xamã. As pinturas em cavernas mais remotas – que remontam a mais de 20 mil anos, quando da última Era do Gelo – representam xamãs entre os animais (e, provavelmente, também foram pintados por eles). Os xamãs foram os primeiros artistas, os primeiros artesãos, os primeiros músicos, os primeiros herbalistas, as primeiras parteiras, os primeiros curandeiros, os primeiros magos. Foram os primeiros a fazer jornadas espirituais fora do corpo e a explorar os reinos ocultos da Magia, o sonho e o inconsciente. Assim, os xamãs da Era do Gelo e da Idade da Pedra se tornaram ancestrais de todas as bruxas e feiticeiros.

Mais do que qualquer outra profissão, os nomes e feitos de muitos feiticeiros foram registrados e chegaram a nós. Mesmo quando a documentação histórica foi perdida, sua lenda persistiu na mitologia. Eis aqui uma lista cronológica de diversos feiticeiros, particularmente famosos, que viveram e morreram ao longo das eras. As escolas e ensinamentos se sobrepõem, transmitidos por meio de uma sucessão de Grimórios, como este aqui. Muitos feiticeiros se consideram reencarnações de antigos adeptos. Esta lista termina no século XVIII e continua na próxima aula sobre feiticeiros modernos. Os que estão em negrito têm sua biografia contada em seguida.

A vida dos feiticeiros famosos

Não pude incluir todos os nomes enumerados anteriormente nas seguintes biografias, mas tentei me concentrar em alguns dos mais importantes e influentes feiticeiros da História, aos quais eu gostaria de lhe apresentar. Se você estiver interessado em saber mais sobre qualquer um deles – ou sobre aqueles que não foram incluídos –, tente fazer uma busca na Internet pelo nome deles.

"Raposa Curvada" (c. 25.000 a.C.)
Cham-Zoroastro (c. 7450 a.C.)
Imhotep (2635-2595 a.C.)
Dedi de Dedsnefru (c. 2500 a.C.)
Moisés (1668-1548 a.C.)
Asclépio (c. 1600 a.C.)
Salomão (970-928 a.C.)
Lao Tsé (entre 600-300 a.C.)
Zaratustra (630-553 a.C.)
Pitágoras (580-500 a.C.)
Arquimedes (287-211 a.C.)
Apolônio de Tiana (c. 30-96 d.C.)
Simão mago (at. 20-50 d.C.)
Apuleio (c. 124-172d.C.)
Zózimo de Panópolis (c. 250-300 d.C.)
Jâmblico (c. 250-330 d.C.)
Maria, a Judia (séc. IV)
Hipácia de Alexandria (370-415)
Merlin (c. 440-520)
Gwydion (séc. VI)
Artéfio (séc. XII)
Alberto Magno (1206-1280)
Roger Bacon (1210-1293)
Honório III (Papa 1216-1227)

Pedro de Abano (c. 1250-1310)
Zlito (séc. XIV)
Nicolas Flamel (1330-1418)
AbraMelin, o mago (1362-1460)
Leonardo da Vinci (1452-1519)
Tritêmio (1462-1516)
Henrique C. Agrippa (1486-1535)
Paracelso (1493-1541)
João Tritêmio (1462-1516)
Nostradamus (1503-1566)
John Dee (1527-1608)
Giordano Bruno (1548-1600)
Giovanni B. Della Porta (1538-1615)
Simon Forman (1552-1611)
Thomas Harriot (1560-1621)
Sir Francis Bacon (1561-1626)
Robert Fludd (1574-1637)
William Lilly (1602-1681)
Johann Rudolf Glauber (1604-1668)
John "Aholiab" Dimond (1679-17??)
Benjamin Franklin (1706-1790)
Conde de Saint-Germain (1707?-1784?)
Giacomo Casanova (1725-1798)
Conde Alessandro Cagliostro (1745-1795)

Imhotep (2635-2595 a.C)

Muitas pessoas conhecem o nome de *Imhotep* como uma múmia que ressuscita nos filmes. Até o final do século XIX, acreditava-se que se tratasse de uma figura mítica, mas, na verdade, foi uma pessoa real. Reverenciado como um deus, *Imhotep* foi o primeiro e provavelmente o maior feiticeiro histórico documentado. Foi o primeiro médico do mundo, assim como sacerdote, escriba, sábio, poeta, astrólogo e vizir do grande faraó Djoser (reinou de 2630-2611 a.C.), o segundo rei da terceira dinastia do Egito. Imhotep pode ter chegado a servir a quatro faraós. Seus títulos incluem "Chanceler do Rei", "O Primeiro Depois do Rei", "Administrador da Grande Mansão", "Nobre Hereditário", "Chefe Escultor" e "Chefe Carpinteiro". Também era sumo sacerdote de Heliópolis – a capital religiosa do Egito.

Imhotep é o primeiro mestre arquiteto cujo nome conhecemos. Ele construiu a primeira pirâmide – a pirâmide de degraus de Djoser, em Saqqara, que continua a ser uma das mais brilhantes maravilhas arquitetônicas do mundo antigo.

Os escritos mais conhecidos de Imhotep eram textos médicos. Acredita-se que ele seja o autor do *Papiro Edwin Smith*, no qual mais de 90 termos anatômicos e 48 ferimentos estão descritos. Ele também pode ter fundado uma escola de medicina em Mênfis, e sua fama sobreviveu por 2 mil anos. Imhotep viveu até a (na época) avançada idade de 60 anos, tendo morrido no reinado do faraó Huni, o último da dinastia. Acredita-se que seu túmulo, ainda não descoberto, fique em Saqqara, próximo à pirâmide de degraus.

Moisés (1668-1548 a.C.)

Embora *Moisés* seja mais conhecido por ter proferido os Dez Mandamentos e liderado os hebreus no êxodo do Egito (1628 a.C.), ele também é famoso por derrotar os magos da corte do Faraó na primeira batalha mágica já contada. Moisés e seu irmão Aarão foram pedir ao Faraó a libertação dos escravos hebreus. Quando desafiados pelo Faraó a "produzir alguma maravilha", Aarão atirou seu cajado, transformando-o em uma serpente. Então, o Faraó mandou chamar os Feiticeiros do Egito. Todos atiraram o cajado e todos se transformaram em cobras. Mas a serpente de Aarão engoliu as dos magos (Êxodo 7:9-12). Como o Faraó permaneceu inabalável, Moisés invocou uma série de dez terríveis pragas sobre o Egito.

Moisés e os hebreus fugiram do Egito e chegaram à margem do Mar dos Juncos, perseguidos de perto pelo exército do Faraó. "Então, Moisés estendeu a mão sobre o mar... e as águas foram divididas, e os filhos de Israel entraram pelo meio do mar em seco; e as águas foram-lhes qual muro à sua direita e à sua esquerda. (Ex.14:21-22). Quando armaram acampamento no deserto, Moisés bateu em uma rocha e dela saiu água para aplacar a sede do povo. Quando eles foram atacados por víboras, ele prendeu uma serpente de bronze ao seu cajado, que espantou as outras cobras.

Na Idade Média, Moisés atingira a reputação de mago poderoso. Diz-se que a palavra *Moisés*, em seu sentido esotérico egípcio, significa "um iniciado nas sábias Escolas de Mistério que se propôs a ensinar a vontade dos deuses e os mistérios da vida aos ignorantes". A lenda diz que Moisés estabeleceu uma escola mágica secreta, os *Mistérios do Tabernáculo*. Os primeiros cinco livros da Bíblia (o *Pentateuco*) são conhecidos pelos judeus como a *Torá* ("Lei") e acredita-se que tenham sido escritos pelo próprio Moisés. As elaboradas regras e instruções, que devem ser lidas como alegorias, com as chaves para seu simbolismo, ensinadas pelos mistérios do Tabernáculo, constituem a Cabala judaica – considerada por muitos magos o sistema fundamental de toda a Magia.

Asclépio (c.1600 a.C.)

A imagem do médico no mundo ocidental tem origem no deus grego da saúde e pai da Medicina, *Asclépio*, também conhecido por seu nome romano, *Escu-*

lápio. De acordo com os escritos mais antigos conhecidos (c.1500 a.C.), Asclépio era filho do deus Apolo e da ninfa Coronis. Quíron, o centauro sábio, ensinou a Asclépio o conhecimento da cirurgia, o uso de drogas, de poções do amor e de encantamentos. A deusa Atena lhe deu uma poção mágica feita de sangue da górgona Medusa. Com esses presentes, Asclépio excedeu os limites do conhecimento humano.

Asclépio vivia em Trica, na Tessália (uma região famosa por suas bruxas). Quando os Tricanos foram assolados por uma peste, Asclépio aconselhou-os a ir aos campos, apanhar todas as cobras que pudessem encontrar e soltá-las nas casas e celeiros. As cobras comeram todos os ratos cujas pulgas eram hospedeiras da peste. O costume de encorajar cobras a viver com as pessoas estabeleceu-se por toda a Grécia, Creta e, mais tarde, em Roma.

Asclépio ultrapassou os limites, porém, quando devolveu ao caçador Orion a vida, depois de ele ter sido morto por um escorpião. Esse ato ofendeu a Hades, o deus dos Mortos, que fez apelo a seu irmão, Zeus. Zeus fulminou os dois homens com um raio. Mas em reconhecimento ao bem que Asclépio fizera à humanidade, Zeus o pôs entre as estrelas como a constelação do *Ofíoco* (o portador da serpente).

Asclépio tornou-se o símbolo do curandeiro tanto na antiga sociedade grega quanto, mais tarde, no Império Romano. Os médicos eram chamados de seguidores de Asclépio. Seu símbolo, o *caduceu* – um cajado com uma cobra asclepiana enrolada – continua a ser até hoje o emblema da profissão médica.

Salomão (970-928 a.C.)

Salomão era rei de Israel e construtor do Grande Templo. Renomado por sua sabedoria, riquezas e seu longo e próspero reinado, Salomão entrou para a lenda como um mestre feiticeiro que controlava todos os demônios com o poder de seu anel mágico. Dizia-se que ele empregou esses demônios na construção do Templo.

A Chave de Salomão e outros textos mágicos foram atribuídos a ele. Os diversos casamentos políticos de Salomão com estrangeiras o aproximaram da cultura e práticas religiosas das outras terras. As visitas de dignitários estrangeiros – sendo a mais famosa a rainha de Sabá – também tiveram uma profunda influência em Jerusalém e no palácio real.

De acordo com os estudiosos judeus do Talmude, Salomão dominava os mistérios da Cabala. Era também alquimista e necromante (previa o futuro por meio da comunicação com os mortos). As lendas talmúdicas dizem que ele tinha o poder sobre os animais da terra, os pássaros do ar e diversos demônios e espíritos, dos quais obteve grande parte de sua sabedoria.

Salomão se chamava *Sulaiman* para os árabes, que o consideravam o maior feiticeiro de todos os tempos. O *Qur'an* islâmico relata que o domínio do rei Sulaiman das línguas de todas as criaturas permitiram que arregimentasse exércitos de humanos, pássaros e *djinn* ("Gênios") em seu comando – particularmente para seus ambiciosos e exigentes projetos de construção.

Lao Tsé (c. 600-300 a.C.)

O ano do nascimento de *Lao Tsé* é desconhecido. As lendas variam, mas os estudiosos localizam seu nascimento entre 600 e 300 a.C. Atribui-se a Lao Tsé a autoria do *Tao-Te Ching* (*tao* significa "o caminho de toda a vida"; *te*, "o uso adequado da vida pelos homens"; e *ching*, "texto" ou "clássico"). Lao Tsé não era o seu nome verdadeiro, mas um título honorífico que significa "antigo mestre". Lao Tsé acreditava que a vida humana, como tudo o mais no Universo, é constantemente influenciada pelas forças externas. Ele acreditava que a "simplicidade" era a chave da verdade e da liberdade. Lao Tsé encorajava seus seguidores a observarem e buscarem a compreensão nas leis da natureza, a desenvolverem a intuição e aumentarem o poder pessoal e a usarem esse poder para levar a vida com amor, sem força. A sábia opinião de Lao Tsé atraiu seguidores, mas ele se recusou a deixar suas ideias por escrito. Acreditava que as palavras escritas poderiam se solidificar em dogma formal. Lao Tsé queria que sua filosofia permanecesse um modo natural de viver a vida com bondade, serenidade e respeito. Lao Tsé não deixou nenhum código rígido de comportamento. Ele acreditava que a conduta de uma pessoa devia ser governada pelo instinto e pela consciência.

A lenda conta que Lao Tsé, entristecido, no final, pela maldade dos homens, partiu para o deserto montado em um búfalo e deixou a civilização para trás. Quando chegou no último portão da Grande Muralha que protegia o reino, o guardião finalmente o persuadiu a registrar os princípios de sua filosofia para a posteridade. O resultado são as 81 frases do *Tao-Te Ching* – o clássico mais traduzido do mundo após a Bíblia.

Zaratustra (628-551 a.C.)

Chamado de *Zoroastro,* em grego, *Zaratustra* nasceu no Irã e se tornou um grande profeta, professor, sacerdote e feiticeiro. Fundou a religião que leva seu nome e sobrevive atualmente, sobretudo, entre os Parsis da Índia. Freddy Mercury, do Queen, era zoroastriano. De acordo com a lenda, ele foi treinado por um esconjurador chamado Agonaces. Zaratustra ensinava que havia duas divindades principais: Ahura-Mazda, que representava a luz e o bem (simbolizada pelo fogo) e Ahriman, que representava a escuridão e o mal. Essas duas forças estão em perpétuo conflito – tanto no universo quanto na alma humana. Mas os humanos têm o livre-arbítrio e, portanto, o bem acabará por triunfar. Zaratustra proclamava uma mensagem universal de igualdade para todos, indiferentemente de raça, sexo, classe social ou nacionalidade. Ele insistia em que os líderes deveriam ser "escolhidos", semeando, assim, as sementes da democracia. Sua simples mensagem está contida em um livrinho de 17 canções ou hinos denominado *Os Gathas de Zaratustra*.

Os ensinamentos cósmicos de Zaratustra eram ensinados e praticados por sacerdotes chamados *Magi*, dos quais vieram as palavras "Mágico" e "mago". Famosos como astrólogos e feiticeiros, os Magi foram perseguidos durante o império persa, por volta de 500 a.C. Atualmente, 70% dos 40 mil Parsis do mundo vivem em Bombaim, Índia.

Pitágoras (580-500 a.C.)

Filósofo e matemágico grego, *Pitágoras* foi um dos mais influentes feiticeiros da Antiguidade. Acredita-se que tenha sido treinado por um feiticeiro cita chamado Abaris.

Nascido na ilha grega de Samos, Pitágoras emigrou para a cidade-estado grega de Crotona, no sul da Itália, por volta de 530 a.C. Ali estabeleceu uma comuna e escola de místicos que procurava descobrir por meio da matemática os mistérios do Universo – como fazem os físicos atualmente. Pitágoras descobriu a rotação da Terra sobre seu eixo como a causa do dia e da noite e postulou que os planetas estão separados de acordo com intervalos musicais.

Seus ensinamentos, porém, não eram apenas científicos, mas também éticos, religiosos e místicos. Ele acreditava em uma forma evolucionária de reencarnação chamada *metempsicose*, ou transmigração de almas, na qual a alma progride ou regride entre animais e pessoas de acordo com as lições que aprendem e com seu comportamento durante cada vida. Por causa desse conceito, os pitagóricos eram vegetarianos e faziam rituais de purificação para ter encarnações melhores na vida seguinte. Pitágoras tinha muito carisma e as lendas lhe atribuem habilidades e feitos sobre-humanos.

Arquimedes (287-211 a.C.)

Arquimedes foi um gênio inventivo semelhante a Leonardo da Vinci. Nasceu e viveu em Siracusa, Sicília. Provavelmente estudou em Alexandria, Egito, com os seguidores de Euclides. Ele desenvolveu os princípios de todas as máquinas básicas, especialmente as alavancas. Dizia: "Deem-me uma alavanca longa o bastante e um ponto de apoio e eu moverei o mundo". Arquimedes inventou as roldanas compostas, a bomba de parafuso, o planetário e até mesmo o órgão hidráulico. Visto como o maior cientista da Antiguidade e um dos maiores matemáticos de todos tempos, é chamado de "pai do cálculo integral".

Arquimedes descobriu a medição de volume pelo deslocamento de água em uma história famosa: tendo o rei lhe pedido para determinar se uma coroa que encomendara era de puro ouro ou de uma liga mais barata, Arquimedes teve uma epifania quando entrou na banheira e a água se esparramou pelos lados. Percebendo que os objetos deslocam a água de acordo com o volume e não com o peso e que o volume da água deslocada pela coroa poderia ser comparado com o de um peso igual de ouro puro, Arquimedes saltou da banheira e saiu correndo nu pelas ruas até o palácio, gritando *"Eureca!"* ("Descobri!").

Arquimedes inventou máquinas de guerra para ajudar Siracusa a se defender contra os romanos. Entre suas invenções estavam catapultas e espelhos incendiários. Apesar de suas brilhantes armas defensivas, os romanos romperam as muralhas e conquistaram a cidade. Arquimedes foi morto por um soldado romano que nem sabia quem ele era.

Apolônio de Tiana (c.30-96 d.C.)
Apollonius Tyaneus foi o maior feiticeiro do primeiro século. Francis Barrett declarou que era "uma das pessoas mais extraordinárias que já surgiram no mundo". Ele testemunhou o reinado de 11 imperadores romanos. Nascido em Tiana, na Ásia menor, Apolônio foi educado em Tarso e no Templo de Esculápio em Egue. Aos 16 anos, tornou-se seguidor de Pitágoras, cuja disciplina estendeu a toda a sua vida. Em seu desejo de conhecimento, ele viajou por muitos países orientais.

De acordo com a lenda, ele realizava milagres e reformava o culto religioso onde quer que fosse. Nos banquetes, ele espantava os convidados fazendo com que alimentos exóticos aparecessem quando ordenava. As estátuas se animavam e as figuras de bronze desciam do pedestal e realizavam as tarefas dos servos. Recipientes de ouro e prata com todo o seu conteúdo – e os servos – desapareciam em um instante. Conta-se até que ele trouxe uma menina morta de volta à vida.

Apolônio foi levado diante do imperador Domiciano (r.81-96 d.C.) em Roma, acusado de ser um bruxo. Suas respostas às questões de seus acusadores eram tão sábias que o imperador o absolveu. A morte de Apolônio é um mistério. Muitas pessoas não sabiam que ele tinha morrido e alguns acreditam que ele nunca morreu. Um templo foi construído em Tiana e dedicado a ele; também há estátuas dele em outros templos.

Simon Magus (at. 20-50 d.C.)
Simon Magus ("Simão, o mago") foi um importante mago que viveu na Suméria no tempo de Jesus. Há uma referência a ele nos Atos dos Apóstolos, 8:9-24, e até mesmo os cristãos admitiam que ele realizava genuínos milagres. A fama era mundial e ele tinha seguidores em todas as nações. Alguns até pen-

savam que ele, e não Jesus, era o verdadeiro Messias. Tendo sido supostamente aprendiz de um feiticeiro chamado Dositeso, Simão tornou-se o centro daquele que, provavelmente, foi o primeiro culto religioso *gnóstico* (da palavra grega *gnosis*, "conhecimento"), uma busca espiritual pela sabedoria divina. Escritores da igreja primitiva o consideravam o primeiro herege, o "pai das heresias". Seus seguidores, porém, se referiam a ele alternadamente como O Primeiro Éon, A Emanação, A Primeira Manifestação da Divindade Primordial, A Palavra, O Paracleto e O Todo-Poderoso.

Simão foi batizado na comunidade dos primeiros cristãos, esperando obter maior poder mágico e assim aumentar sua influência. Mais tarde, teve frequentes "comparações de milagres" com Pedro, para determinar quem tinha mais poder. Nos *Atos de Pedro e Paulo* está escrito que Simão fez com que uma serpente de bronze se movesse, estátuas de pedra rissem e ele próprio se elevasse no ar, mas não podia reviver os mortos. Em uma demonstração diante do imperador Nero, ele levitou no fórum romano, mas as orações de Pedro e Paulo (assim dizem eles) fizeram com que caísse; ele machucou-se severamente e morreu logo depois. Seus inimigos citaram esse efeito como prova de sua associação aos demônios. Suas artes mágicas foram continuadas por seus discípulos, os simonianos. Mais tarde os gnósticoas também praticaram a Magia e a Feitiçaria.

Hipácia de Alexandria (370-415 d.C.)

Hipácia era filha de Teonte, o último curador do Museu de Alexandria. Ela era bibliotecária da Grande Biblioteca e renomada por sua sabedoria, especialmente de Astronomia. Ela escreveu *o Cânone Astronômico* e um comentário sobre a *Secção Cônica* de Apolônio. Hipácia era tão articulada e eloquente no discurso quanto prudente e civilizada no agir. Com seu capuz de filósofo, ela andava pelo meio da cidade, onde interpretava publicamente Platão, Aristóteles ou os trabalhos de qualquer outro filósofo àqueles que desejassem ouvir.

Hipácia era bela e bem-feita, mas também casta, e permaneceu virgem. A cidade inteira a adorava, mas Hipácia era, a um tempo, mulher e pagã em um mundo cristão cada vez mais *misógino* ("antimulheres"). Cirilo, o novo bispo, tinha tanta inveja de sua beleza, intelecto, sabedoria e fama que planejou sua odiosa morte. Na primavera de 415, uma turma de monges cristãos apanhou Hipácia na rua, espancou-a até a morte e arrastou seu corpo até uma igreja, onde esfolaram sua carne até os ossos com conchas e espalharam os restos por toda a cidade. Em seguida, incendiaram a Grande Biblioteca – uma perda trágica para a civilização.

Merlin (Emrys Myrddhin Ambrosias) (c. 440-520?)

Talvez o mago mais famoso da lenda ocidental, *Merlin,* seja conhecido, principalmente, como o tutor da infância e, mais tarde, Conselheiro do rei Athur (465-537). O jovem Merlin, um órfão de pais que se dizia ter sido criado por um demônio, foi levado diante do rei Vortigern por conselho de seus magos da corte. Vortigern trouxera mercenários saxões para a Inglaterra para defendê-la contra os piratas e os escoceses-irlandeses. Os saxões haviam tomado o controle da terra, e Vortigern tentava construir uma torre para reforçar sua propriedade. Mas a construção sempre vinha abaixo e os conselheiros de Vortigern lhe disseram que apenas o sangue de um menino órfão poderia remediar isso. Mas Merlin adivinhou que a instabilidade da torre se devia a um lençol freático subterrâneo, que foi descoberto com uma escavação. Esse fato lhe valeu a fama de profeta.

Cerca de dez anos depois, com Vortigern morto e Uther Pendragon no trono, Merlin preparou o nascimento de Athur, disfarçando Uther como esposo de Igraine, a rainha da Cornualha, que Uther seduziu e engravidou. Quando Athur nasceu, Merlin o levou para criá-lo e educá-lo. Após a morte de Uther, Merlin preparou a competição da espada na pedra; ao arrancá-la, Athur se tornou o rei da Inglaterra. Merlin, então com cerca de 40 anos, tornou-se o mago da corte. Supostamente foi ele quem estabeleceu a Ordem de Cavalaria, com os Cavaleiros da Távola Redonda.

Na velhice, Merlin foi seduzido pela encantadora Nimué, que aprendeu a sua mágica e a usou contra ele, fazendo-o prisioneiro, conforme se conta, em uma caverna de cristal, floresta de espinhos ou carvalho. Ali se acredita que ele ainda viva, repousando até ser novamente necessário.

Merlin e Nimué

Nicolas Flamel (1330-1418)

Nicolas Flamel, nascido em Pontoise, França, tornou-se livreiro e filantropo de sucesso. Em um período em que a maioria das pessoas era analfabeta, ele fez fortuna como escriba profissional. Com sua esposa Pernelle, criou habitações baratas para os pobres, fundou hospitais grátis e fez doações para igrejas e cemitérios. Flamel também era estudante de Alquimia e passou muito tempo na busca do Elixir da Longa Vida e da Pedra Filosofal que transformaria os metais em ouro. Certa noite, um anjo apareceu e lhe disse que um livro misterioso chegaria a ele. Pouco depois, um estrangeiro lhe ofereceu um antigo manuscrito, *O Livro de Abraão, o Judeu.* Nicolas e Pernelle passaram os 21 anos seguintes a decifrar esse livro. De acordo com uma anotação em seu diário, em 1382, Flamel escreveu que havia transformado "chumbo vil em puro ouro". Passou os últimos anos de sua vida escrevendo sobre Alquimia e morreu em 1418. *O Livro de Abraão, o Judeu* nunca mais foi visto.

AbraMelin, o mago (1362-1460)*

Abraão nasceu, provavelmente, em Maiença, mas viajou muito pela Áustria, Hungria, Grécia, Palestina e Egito. Em Arachi, às margens do Nilo, um sábio chamado AbraMelin o iniciou na Magia. De volta à Wurzburg, na Alemanha, ele adotou o nome *AbraMelin* e começou a praticar pesquisas alquímicas. Ele dizia ter adquirido seu conhecimento de Magia com os anjos, que o ensinaram a invocar tempestades e a conjurar e domar demônios para torná-los servos e criados pessoais. Dizia que todas as coisas do mundo haviam sido criadas pelos demônios, trabalhando sob a orientação dos anjos, e que cada indivíduo tinha um anjo e um demônio familiares.

De acordo com a tradição, AbraMelin criou dois mil cavaleiros espirituais para Frederico, eleitor da Saxônia. Também se diz que ele ajudou o conde de Warwick em sua fuga da prisão e ajudou a salvar o antipapa João XXIII (1410-15) do Concílio de Constança. Aos 96 anos, ele compilou seu trabalho mais famoso: *A Magia Sagrada de AbraMelin, o mago* – três livros originalmente escritos em hebraico, datados de 1458, que deixou como herança a seu filho Lamech. Ali ele especificava detalhes sobre a invocação das forças angelicais e apresentava uma série de rituais que exigiam seis meses para serem realizados.

Leonardo da Vinci (1452-1519)

Leonardo foi o maior feiticeiro da Renascença italiana. Suas contribuições para a humanidade foram extraordinárias – como artista, inventor, escritor e pensador. Suas anotações revelam explorações e exames de tudo o que existia no universo conhecido, e algumas de suas pinturas (particularmente, a *Mona Lisa* e a *Última Ceia*) estão entre as obras de arte mais conhecidas do mundo.

De cada assunto estudado, Leonardo abriu um campo de pesquisa científica. Ele estudou Anatomia para desenhar melhor o corpo humano; estudou Botânica e Geologia para melhor representar plantas e paisagens. Tornou-se geólogo, fisiologista, astrônomo e engenheiro mecânico. As muitas máquinas e invenções que concebeu são maravilhas da engenharia – incluindo seus famosos desenhos para uma máquina voadora que batia as asas, ou *ornitóptero*. As milhares de páginas de desenhos e escritos que ele nos deixou transmitem uma nova visão de unidade que Leonardo buscava trazer ao mundo. Ele falava da ciência como o "conhecimento das coisas

---

*N.E.: Sugerimos a leitura de *Santo Anjo Guardião – A Magia Sagrada de AbraMelin, o Mago*, de AbraMelin, Madras Editora. Ver também: *A Vida de Henrique Cornélio Agrippa von Netteshein*, de Henry Morley, lançamento da Madras Editora.

possíveis no futuro, do presente e do passado". Escreveu muitos de seus textos ao inverso e é conhecido por esconder símbolos secretos em suas pinturas.

Agrippa (1486-1535)

Henrique Cornélio Agrippa von Nettesheim foi um místico e alquimista alemão. Nascido próximo a Colônia, estudou Medicina e Direito na universidade. Em 1506, aos 20 anos, estabeleceu uma sociedade secreta, em Paris, dedicada à Astrologia, à Magia e à Cabala e tornou-se secretário da corte do Sacro Imperador Romano. Dava palestras sobre ocultismo na Universidade francesa de Dôle, onde montou um laboratório na esperança de fabricar ouro sintético. Pelos dez anos seguintes, viajou pela Europa, ganhando a vida como alquimista e fazendo contato com importantes humanistas da época. Expulso de Colônia pela Inquisição, Agripa estabeleceu um consultório médico em Genebra e, em 1524, tornou-se médico pessoal da Rainha-Mãe, na corte do rei Francisco I, em Lyons. Quando a Rainha-Mãe o abandonou, ele se mudou para a Antuérpia, mas acabou sendo banido por praticar a medicina sem licença. Agrippa se tornou, então, historiógrafo na corte de Carlos V.

Agrippa escreveu sobre muitos tópicos, incluindo o casamento e a engenharia militar, mas seu trabalho mais importante são os três volumes do *De Occulta Philosophiae* ("Da Filosofia Oculta"), uma defesa da "Filosofia oculta" ou magia, que nasce de diversas tradições místicas – Alquimia, Astrologia e Cabala. Esse livro teve uma profunda influência no desenvolvimento da magia ocidental. Agrippa praticava astrologia, adivinhação, numerologia e o poder dos minerais e pedras preciosas. Teria praticado também a necromancia, conjurado vários demônios, encontrado a Pedra Filosofal e até mesmo viajado ao Novo mundo. Entendido em Direito, Teologia, Medicina e Filosofia, falava oito línguas e dizemos que é o Homem Renascentista do mundo oculto.

Paracelso (1493-1541)

Philippus Aureolus adotou o pseudônimo de *Theophrastus Bombastus von Hohenheim*. Depois de receber o seu doutorado na Universidade de Ferrara, passou a chamar-se *Paracelso* ("Junto com Celso" – o antigo médico romano). Era um físico, estudioso e alquimista suíço que estudou com um abade conhecido por seus escritos sobre a Cabala. O interesse de Paracelso em Alquimia e metalurgia o fez visitar muitas minas na Alemanha, na Hungria e em outros países, onde se empregava como analista. Foi o primeiro a descrever o zinco e desenvolveu o uso de minerais, como o mercúrio, em poções de cura, em seu consultório médico. Conta-se que Paracelso aprendeu o segredo da Pedra Filosofal de um feiticeiro árabe em Constantinopla. Ele tinha um *speculum* (espelho mágico de adivinhação) e deixou instruções detalhadas para fazer um. Acreditando que as estrelas e planetas influenciavam a vida, fez talismãs com sigilos planetários de diversos metais apropriados.

Em 1536, Paracelso publicou suas descobertas e teorias médicas em um livro chamado *Die Grosse Wundartzney* ("A grande miraculosa medicina"), no qual ele associava a boa saúde à harmonia com a natureza. Outros escritos, como o *Liber Azoth* ("Livro do Azoth" – tintura de mercúrio) e *Archidoxa* ("Doutrinas principais") tiveram muita influência em ocultistas, alquimistas e místicos.

Nostradamus (1503-1566)

O maior profeta da história, *Miguel de Notre-Dame* era mais conhecido pela versão latina de seu nome, *Nostradamus* ("Nossa senhora"). Sua família judia dizia descender da tribo de Issacar, renomada pelo dom da profecia. Seu avô lhe ensinou Grego, Latim, Hebraico, Matemática e Astrologia. Nostradamus estudou Filosofia em Avignon e recebeu sua licença médica na Universidade de Montpellier.

Com a capacidade aparentemente miraculosa de curar o incurável, Nostradamus tratou doentes da peste negra. Em uma trágica ironia, sua primeira esposa e dois filhos morreram da peste e a Inquisição o acusou, então, de heresia. Pelos seis anos seguintes, ele vagou pela França, cuidando das vítimas da peste e estudando o oculto. Em 1546, casou-se novamente e teve seis filhos. Usando a divinação pela água, Nostradamus tinha visões do futuro. A partir de 1550, publicou um *Almanaque* anual de previsões e, em 1556, publicou *Centúrias*, seu famoso livro de profecias desde a sua época até o fim do mundo em 3799. Ficou famoso em toda a Europa por suas predições, e a família real francesa pediu-lhe que fosse a Paris para preparar suas cartas astrológicas. Ele disse que os sete filhos subiriam ao trono e todos morreriam.

Próximo ao final da vida, Nostradamus foi recebido na corte de Catarina de Médicis, onde continuou a fazer previsões, incluindo a de sua própria morte, que ocorreu exatamente da forma como ele previa. Suas estrofes enigmáticas têm sido reinterpretadas por todas as gerações desde então, e acredita-se que mais de 40 já se realizaram.

Dr. John Dee (1527-1608)*

Chamado "O último mago real" por seus serviços para Elizabeth I, o *Dr. John Dee* tornou-se conhecido como astrônomo e astrólogo, e muitas pessoas pediam seu conselho. Depois de ser aprisionado por "Maria Sanguinária", sua sorte virou com a ascensão de Elizabeth, que se consultou com ele para escolher um dia propício para sua coroação. Elizabeth impressionou-se tanto com Dee que mandou que ele lhe desse lições de Astrologia.

Dee estudou teorias ocultas e praticou a Alquimia. Em 1581, começou a fazer experiências de divinação, usando

---

*N.E.: Sugerimos a leitura de *John Dee*, Coletânea de Gerald Suster, Madras Editora.

uma bola de cristal, um espelho, uma bacia d'água ou qualquer objeto transparente. Logo descobriu que não tinha nenhum talento para a adivinhação e buscou um médium para trabalhar com ele. Dee acabou se associando ao notório charlatão Edward Talbot/Kelly, que dizia receber todos os tipos de mensagens de uma hoste de "Anjos", incluindo um alfabeto angelical (ou *Enochiano*) de 26 caracteres. Com esse material, Dee escreveu *O Livro de Enoch* e *48 Chaves Angelicais* para invocar espíritos.

Depois de passar quatro anos na Polônia com Kelly, Dee voltou para seu lar, na Inglaterra, onde continuou sua busca infrutífera pela Pedra Filosofal. Apiedada por sua pobreza, Elizabeth o fez chanceler da Catedral de São Paulo de Londres e, mais tarde, deu-lhe a direção da Universidade de Manchester, que ele manteve até sua aposentadoria, em 1603. Morreu na extrema pobreza aos 81 anos de idade.

Apesar de suas decepções, John Dee era uma das mentes mais aguçadas da época. A ele são atribuídos os cálculos que permitiram à Inglaterra usar o calendário gregoriano; ele defendia a preservação e a reunião de documentos históricos; e era famoso por ser um grande astrônomo e matemático. Poderíamos dizer que o Dr. Dee foi um dos primeiros cientistas modernos, assim como um dos últimos alquimistas, necromantes e cristalomantes sérios.

Robert Fludd (1574-1637)*

Feiticeiro, filósofo e médico da Inglaterra elizabetana, *Robert Fludd* formou-se em Oxford. No continente, seus estudos de Medicina e Química o levaram aos círculos médicos paracelsianos (usando tinturas minerais). Também desenvolveu um agudo interesse na filosofia Rosa-Cruz. Estabeleceu um consultório médico em Londres, onde teve sucesso o bastante para manter sua própria farmácia e laboratório para preparar suas poções secretas e remédios, assim como para seus experimentos alquímicos. O sucesso de seu consultório não se deveu apenas às suas habilidades médicas, mas também à sua personalidade magnética e a seu método místico (diagnose por meio do horóscopo do paciente). Fludd também realizou algumas experiências questionáveis com cadáveres humanos em sua busca pelo heliotrópio místico, descrito por Paracelso.

Ao longo dos anos, Fludd envolveu-se mais com Alquimia e Magia cabalística. Entrou para uma história de místicos médicos que diziam ter a Chave das Ciências Universais; escreveu uma *História do macrocosmo e do microcosmo* em dois volumes, explorando a natureza de Deus e da humanidade, e experimentou diversas formas de divina-

---

*N.E.: Sugerimos a leitura de *Robert Fludd,* Coletânea de William Ruffman, Madras Editora.

ção. Defendeu as artes negras em *Filosofia Mosaica* e no *Summum Bonum* ("Todos as coisas boas"). Iniciado na filosofia Rosa-Cruz por Michael Maier, escreveu um famoso tratado defendendo a Ordem. Fludd também escreveu livros científicos, médicos e alquímicos, o que refletia a sua vida dupla como físico e metafísico em um período em que o mundo da ciência estava se separando do mundo da magia.

Conde de Saint-Germain (1707?-1784?)

Mago da corte do rei francês Luís XV, *Saint-Germain* era um habilidoso violinista, harpista, compositor e pintor. Fluente em uma dezena de línguas, tinha um conhecimento completo e detalhado da História. Seu tratado oculto mais conhecido é o *La Très Sainte Trinosophie* ("A santíssima tripla filosofia"). Apenas uma única cópia desse manuscrito profusamente ilustrado sobreviveu.

Habilidoso cabalista, Saint-Germain era famoso por suas espantosas capacidades em Medicina e Alquimia, especialmente por transmutar metais em ouro. Ganhava a vida com o comércio de joias e tinha uma técnica secreta para remover as falhas dos diamantes. Dizia possuir a Pedra Filosofal e ter descoberto o Elixir da Longa Vida, afirmando que tinha mais de 2 mil anos de idade – embora sempre parecesse ter 40. Em 1762, Saint-Germain estava em São Petersburgo, profundamente envolvido na conspiração para fazer de Catarina a grande rainha da Rússia. Voltou a Paris em 1770 e se estabeleceu na Alemanha, onde estudou as "Ciências Secretas", com Charles de Hesse. Teria morrido em 1784, mas conta-se que foi visto em Paris em 1789, durante a Revolução Francesa. Desde então, Saint-Germain já teria sido avistado em todo o mundo.

Saint-Germain é uma figura misteriosa cuja lenda cresceu nos 220 anos desde sua suposta morte. Como ele raramente comia em público, sempre se vestia de preto e branco e se dizia ser capaz de ficar invisível, alguns dizem até que na verdade ele era um príncipe vampiro da Transilvânia cujo verdadeiro nome era Francis Ragoczy.

Sexta Aula:
Feiticeiros Modernos

1. Introdução: A obra do feiticeiro

Os mais antigos feiticeiros de que se tem registro, como Imhotep, foram conselheiros de reis. A palavra *wizard* (feiticeiro, em inglês) tem relação com a palavra árabe *vizier*, que significa "conselheiro". Por exemplo, você certamente já ouviu falar de Merlin, o feiticeiro arquetípico e conselheiro do rei Athur. No período céltico, todo rei ou rainha tinha um druida/feiticeiro ao seu lado para lhes dar conselhos e auxílio. Os reis eram guerreiros e não estudavam Magia nem sabiam muito de Direito. A presença de um feiticeiro sábio assegurava que o governante fosse justo com seus súditos.

Desde a Idade Média até a Renascença, a Feitiçaria ocidental foi dominada pela Alquimia e a busca da Pedra Filosofal. Nos séculos XVII e XVIII, a revolução científica mudou o foco de muitos feiticeiros, que passaram a dar maior atenção à ciência, ao Hermetismo, à Cabala e a sociedades secretas, como a Maçonaria e a Rosacruz. Com a revolução industrial no século XIX, os feiticeiros importantes se envolveram na proliferação das ordens ocultas, praticando a magia cerimonial. O meio do século XX viu o renascimento da Bruxaria e do Paganismo como a Antiga Religião, e muitos Feiticeiros, desde então, têm estado envolvidos na obra de restauração e ensinamento. Entre eles, estão os membros do *Cray Council*.

2. Feiticeiros dos séculos XIX e XX

James Murrel (1780-1860)
Francis Barrett (séc. XIX)
Eliphas Levi (1810-1875)
George Pickingill (1816-1909)
Charles Godfrey Leland (1824-1903)
S.L. MacGregor Mathers (1854-1918)
Arthur Edward Waite (1857-1947)
Charles Walton (1871-1945)
Aleister Crowley (1875-1947)
Gerald Gardner (1884-1964)
Austin Osman Spare (1886-1956)
Francis Israel Regardie (1907-1983)
Arnold Crowther (1909-1974)
Cecil Hugh Williamson (1909-1999)
Stewart Farrar (1916-2000)
Victor Anderson (1917-2001)
Alex Sandres (1926-1988)
Leo Louis Martello (1931-2000)
Gwydion Pendderwen (1946-1982)
Scott Cunningham (1956-1993)

Francis Barrett (século XIX)

Pouco se sabe sobre *Francis Barrett* além de sua autoria de *The Magus*, uma compilação de Ocultismo e Magia publicada em Londres, em 1801, e que é um ponto de referência. Barrett, que era inglês, dizia ser estudioso de Química, Metafísica e Filosofia oculta. Era um homem excêntrico, que dava aulas de artes mágicas em seu apartamento e passava longas horas traduzindo meticulosamente textos cabalísticos e antigos para o inglês. *The Magus* trata da magia natural das ervas e pedras, do magnetismo, da magia talismânica, Alquimia e de outros meios de criar a Pedra Filosofal, Numerologia, os Elementos e biografias dos famosos adeptos da História. Mas o livro teve pouco destaque, até que influenciou Eliphas Levi.

Barrett tinha um interesse apaixonado por reviver a paixão pelo oculto. Usando *The Magus* como ferramenta publicitária, ele formou um círculo mágico e transformou Cambridge em um centro de Magia.

Eliphas Levi (1810-1875)

Eliphas Levi era o pseudônimo de *Alphonse Louis Constant*, um ocultista francês que reviveu o interesse pela magia no século XIX. Era considerado mais um comentarista do assunto do que um adepto, embora dissesse ter praticado necromancia – e conjurado o espírito de Apolônio de Tiana. Constant tornou-se seguidor de um velho excêntrico chamado Ganneau, que dizia ser um profeta e a reencarnação de Luís XVII. Também aprendeu mistérios arcanos com o místico polonês Hoëne-Wronski. Adotou o nome de *Magus Eliphas Levi*, o equivalente hebraico de seu primeiro nome e nome do meio.

A primeira e mais importante obra de Levi foi *Dogma e Ritual de Alta Magia*. Esse livro foi seguido por *Uma História da Magia, Magia Transcendental, A Chave dos Grandes Mistérios** e outros livros de Ocultismo. Levi foi inspirado por Francis Barrett e, por sua vez, influenciou o autor de ocultismo *Sir Edward Bulwer-Lytton*. Eles formaram um grupo de ocultismo em Londres que estudava divinação, Magia, Astrologia e mesmerismo. A Ordem Hermética da Aurora Dourada, fundada em Londres em 1888, adotava muito da magia de Levi.

George Pickingill (1816-1909)

"Velho George" Pickingill foi um legendário bruxo inglês. Era o mais velho de nove filhos, nascido no "País das bruxas", em Essex, e dizia descender de uma linhagem de bruxas hereditárias que remontava ao século XI. Pickingill era veementemente anticristão e colaborou com magos cerimoniais, bruxas, rosacrucianos e maçons na esperança de difundir as crenças da "Antiga religião" que derrubaria e substituiria a Igreja.

---

*N.E.: *Dogma e Ritual de Alta Magia* e *A Chave dos Grandes Mistérios*, de Eliphas Levi, foram publicados no Brasil pela Madras Editora.

Chamado "Mestre das bruxas", Pickingill aterrorizava os fazendeiros locais. Tinha sangue romani e fora criado como um cigano, tendo aprendido muitas práticas de rituais importados da Europa medieval, incluindo o culto ao Deus Cornífero. Ao longo de 60 anos, Pickingill estabeleceu os "Nove Conciliábulos" em Essex, Hertfordshire, Hampshire, Norfolk e Sussex, escolhendo líderes com ancestrais pertencentes ao Ofício. Aleister Crowley foi iniciado em um deles, em 1899 ou 1900. Embora a maior parte dos conciliábulos incluísse tanto homens quanto mulheres, todos os ritos eram realizados pelas mulheres. Um deles, as Sete bruxas de Canewdon, é inteiramente feminino. Um outro foi o Conciliábulo de New Forest, em que Gerald Gardner foi iniciado.

Charles Godfrey Leland (1824-1903)

C. G. Leland foi um folclorista americano que escreveu diversos textos clássicos sobre os ciganos ingleses e as bruxas italianas. Quando criança, Leland ouviu contos de fada irlandeses de babás e imigrantes e aprendeu Voudon com criadas de cozinha negras. Passava o verão com índios americanos, aprendendo a cultura espiritual deles. Leland estudou magia com a curiosidade de um estudante e praticou-a com o entusiasmo de um iniciado. Era chamado de Mestre pelas bruxas e ciganos. Traduziu O Divino Pimandro de Hermes Trismegisto.

Em 1870, Leland se mudou para a Inglaterra, onde estudou a cultura cigana. Desenvolveu uma grande amizade com o rei do ciganos, que lhe ensinou o romani, a língua dos ciganos. Aceito como um deles, Leland escreveu duas obras clássicas sobre ciganos e tornou-se fundador e primeiro presidente da sociedade de cultura cigana. Em 1878, em Florença, Itália, Leland encontrou uma "leitora da sorte", a que se referia apenas como "Maddelena". Ao saber que ela era uma bruxa, contratou-a para reunir material para sua pesquisa sobre a bruxaria italiana, ou stregheria. O resultado dessa colaboração foi a publicação, em 1889, de Aradia: o Evangelho das bruxas.* Foi o primeiro livro a registrar feitiços específicos, folclore, encantamentos e conhecimentos de Bruxaria e formou uma base para grande parte da renovação da Bruxaria do século XX, particularmente nos Estados Unidos.

S.L. MacGregor Mathers (1854-1918)

Mathers foi uma das mais importantes figuras do Ocultismo do final do século XIX. Nascido em Londres, Samuel Liddle Mathers acrescentou "Macgregor" a seu nome em homenagem a seus antepassados do clã escocês. Mathers casou-se com uma clarividente, Moina Bergson. Eles se mudaram para Paris, fundaram um Templo de Ahathoor e celebravam "Missas egípcias" em honra à deusa Ísis. Juntos traduziram um manuscrito arcano sobre a Ca-

---

*N.E.: Sugerimos a leitura de Aradia: O Evangelho das bruxas, e Bruxaria Cigana, de Charles Godfrey Leland, e O Tarot, de S.L. MacGregor Mathers, ambos da Madras Editora.

bala e o Tarô e o publicaram sob o título *A Cabala Revelada*. Mathers dedicou o livro à sua mentora, a dra. Anna Kingsford, líder da Sociedade Hermética. Graças à sua influência, ele se tornou vegetariano, não fumante, antivivisseccionista e ativista pelos direitos das mulheres.

Mathers dizia ter recebido seus ensinamentos de um grupo de adeptos sobre-humanos, os "Mestres Ocultos e Secretos". Com uma carta de autorização de Fräulein Stein, uma adepta de uma das ordens cabalísticas alemãs, Mathers cofundou a Ordem Hermética da Aurora Dourada em 1887. Ele escreveu seus rituais e tornou-se seu "Líder Visível". Mas uma guerra de egos e luta pelo poder com seu aprendiz, Aleister Crowley, resultou no rompimento da Ordem em 1900.

Capaz de ler em inglês, hebraico, latim, francês, celta, copta e grego, Mathers traduziu e ditou diversos textos mágicos importantes. Entre eles, estavam a *Chave de Salomão* e o *Livro da Magia Sagrada de AbraMelin, o mago*, talvez o mais significativo de todos os Grimórios medievais. Mas sua contribuição reside no estabelecimento de uma tradição de magia cerimonial – a Aurora Dourada – que se tornou o manancial de todo o ocultismo ocidental desde então.

Arthur Edward Waite (1857-1947)

A. E. Waite nasceu em Nova York, mas foi criado em Londres por sua mãe solteira empobrecida. Chegou a se envolver com Espiritismo e Teosofia, mas foi influenciado, principalmente, pelos escritos de Eliphas Levi, que o inspirou a iniciar uma carreira no exame acadêmico e a popularização das filosofias ocultas e místicas.

Waite entrou para a Aurora Dourada em 1891. Continuou com seus escritos ocultos, traduzindo manuscritos acadêmicos e editando um jornal de Ocultismo. Quando a Aurora Dourada se rompeu em 1900, Waite tornou-se maçom e iniciou suas próprias Ordens: primeiro, a Ordem Retificada da Aurora Dourada, em 1904, e depois a Sociedade da Cruz Rósea, em 1915. Waite passou o resto de sua vida pesquisando e escrevendo a respeito de diversos assuntos ocultos e herméticos, tendo se especializado na história da Maçonaria. Auxiliou no desenvolvimento do famoso baralho de Tarô de Rider-Waite e escreveu diversos livros que ainda são populares atualmente.

Aleister Crowley (1875-1947)

Nascido no dia em que Eliphas Levi morreu, *Aleister Crowley* acreditava que era a reencarnação de Levi, Cagliostro,* Edward Kelly e do papa Alexandre VI. Foi a figura mais controversa na história da Magia, tendo sido adorado como santo e vilipendiado como bruxo. Tinha uma enorme sede de conhecimento e poder, associada a um insaciável apetite sexual, drogas e prazeres sensuais. Entrou para a Aurora Dourada em

---

*N.E.: Sugerimos a leitura de *Cagliostro – O Grande Mestre do Oculto*, do Dr. Marc Haven, Madras Editora. Ver também: *A Magia de Aleyster Crowley*, de Lon Milo DuQuette, e *Tarô de Crowley – Palavras-Chave*, de Hajo Banzhaf e Brigitte Theler, Madras Editora.

1898, mas logo estava metido em uma acirrada luta por poder com seu fundador, S.L. MacGregor Mathers, o que resultou em sua expulsão e no rompimento da Ordem.

Crowley viajou muito, escalou montanhas na Índia e estudou o Budismo, a Ioga Tântrica, a Magia Egípcia, a Cabala e a Magia Enochiana de Dee.* Em 1904, sua esposa Rose canalizou um espírito chamado "Aiwass", que Crowley identificou como o deus egípcio Set. Por meio de Rose, Aiwass ditou *o Livro da Lei*. O núcleo é *a Lei de Thelema* ("Vontade"): "Faze o que quiseres, há de ser toda a Lei". De 1909 a 1913, Crowley publicou os rituais secretos da Aurora Dourada em sua revista *The Equinox*, o que enfureceu Mathers e outros membros da Aurora Dourada. Ele viveu nos Estados Unidos, de 1915 a 1919, e depois se mudou para a Sicília, onde fundou a notória Abadia de Thelema. Por algum tempo, liderou a *Ordo Templi Orientis*, antes de ser deportado, em 1923, por causa do escândalo em que foi chamado de "O homem mais malvado do mundo" – um título que ele apreciava. Chamava a si mesmo de "A Grande Besta 666".

Em seu último ano de vida, Crowley conheceu Gerald Gardner e contribuiu com algum material para o *Livro das Sombras,* deste último. Escritor e poeta brilhante, entre seus muitos livros, está *Magick in Theory and Practice* (1929), considerado por muitos o melhor livro já escrito sobre magia cerimonial. Nele, Crowley introduziu a ortografia, agora comum, de "magick" (às vezes, traduzido como *mágika,* em português)

para "distinguir a ciência dos magos de todas as suas falsificações".

Gerald Brousseau Gardner (1884-1964)

Nascido de uma rica família na Inglaterra, *Gerald Gardner* dizia ter várias bruxas em sua árvore genealógica. Em 1906, ele foi para o Ceilão como cadete em uma plantação de chá. Ali, em 1909, foi iniciado na Maçonaria. Em 1912, mudou-se para a Malaia para plantar seringueiras. Quando o preço da borracha caiu, em 1923, entrou para o Serviço de Alfândega e Taxas da Malaia. Ali fez amizade com os Dayaks do Mar, uma tribo malaia com quem aprendeu sua magia popular.

De volta à Inglaterra em 1936, depois de se reformar do serviço, Gerald e sua esposa Donna se estabeleceram na região de New Forest em 1939. Ali ele entrou para um grupo de ocultismo chamado Sociedade de Crotona, uma Loja comaçônica (feminina e masculina) com três grupos mágicos associados: a reconstrução Rosacruciana (que também montava peças esotéricas para o público), Teosófica e da Bruxaria, de acordo com as ideias de Margaret Murray. Alguns dos membros diziam ser bruxas hereditárias, e "Dafo" (Elsie Woodford-Grimes), sua grande sacerdotisa, iniciou-o em 1939. Ela tornou-se sua parceira de magia pelos 15 anos seguintes.

Em 1946, ele conheceu Cecil Williamson, fundador do centro de pesquisa em Bruxaria e do museu da Bru-

---

*N.E.: Sugerimos a leitura de *A Magia Egípcia*, de E.A.Wallis Budge, e *Magia Enochiana para Iniciantes*, de Donald Tyson, Madras Editora.

xaria. Um ano depois, Arnold Crowther o apresentou a Aleister Crowley. A partir dos materiais conseguidos com Crowley, elementos fragmentários do conciliábulo de New Forest, a *Aradia* de Leland e suas próprias coleções e pesquisas, Gardner compilou seu *Livro das Sombras*. Grande parte dele foi publicada como ficção em um romance, *High Magic's Aide* (1949). Depois que a lei antibruxaria da Grã-Bretanha foi revogada em 1951, Gardner comprou o museu de Williamson. Em 1953, ele iniciou Doreen Valiente, que retrabalhou substancialmente o *Livro das Sombras*, dando mais ênfase à deusa. Dessa colaboração nasceu a Tradição Gardneriana. Em 1954, Gardner publicou *A Bruxaria Hoje*,* apoiando a teoria de Murray de que a Bruxaria era o resquício sobrevivente do antigo paganismo europeu. O livro tornou Gardner famoso e deu origem a novos conciliábulos por toda a Inglaterra.

O último livro de Gardner foi *O Significado da Bruxaria*** (1959). Ele conheceu e iniciou Raymond Buckland em 1963, logo antes de zarpar para o Líbano para passar o inverno. Morreu no navio durante a viagem de volta, na primavera seguinte. Buckland levou a Bruxaria Gardneriana para os Estados Unidos, onde ela se desenvolveu como a religião wiccana.

Victor Anderson (1917-2001)

Cofundador da Tradição Feri (anteriormente *Faerie*, das Fadas), *Victor Anderson* nasceu no Novo México e foi criado no Oregon. Quando criança, contraiu uma doença que o deixou praticamente cego pelo resto da vida – e fez dele um vidente psíquico. Dizia ter tido uma iniciação mística aos 9 anos por uma velha senhora bruxa, que o apresentou a seu conciliábulo, formado principalmente por sulistas. Eles reverenciavam "os antigos deuses e "os antigos poderes" e destacavam a harmonia com a natureza, a magia, a celebração, a música e a dança extática.

Victor casou-se com Cora, uma mulher do Alabama cuja família, cristã, praticava a magia popular, e eles se mudaram para a região da baía de São Francisco. Em 1959, iniciaram um menino da vizinhança que mais tarde adotou o nome de Gwydion Pendderwen. Inspirado pela ascensão da Bruxaria moderna, Victor e Gwydion escreveram rituais lindamente poéticos para a Tradição das Fadas, com o nome das bruxas da infância de Victor. Eles combinavam sua Bruxaria "das Fadas" com a Huna havaiana, o Vodoun e o folclore celta. Ao longo dos anos, diversas pessoas notáveis foram treinadas por Victor, incluindo Alison Harlow, Starhawk, Francesca De Grandis, Ian "Lurking Bear" Anderson e minha amada Morning Glory. Por meio dessas ilustres pessoas, a influência da tradição xamânica, atualmente chamada "Feri", foi enorme.

Victor escreveu um belo livro de poesia mística, chamado *Thorns of the Blood Rose*.

Stewart Farrar (1916-2000)

Nascido em Essex, Inglaterra, *Stweart Farrar* foi criado como um

---
*N.E.: Publicado no Brasil pela Madras Editora.
**N.E.: Essa obra de Gerald Gardner também foi publicada no Brasil pela Madras Editora.

cientista cristão. Em 1947, iniciou uma longa carreira como jornalista e escritor. Em 1969, a sua revista, o semanário *Reveille*, mandou que ele fosse à pré-estreia do filme *Legend of Witches*, na qual Alexander e Maxine Sanders, que haviam feito a consultoria técnica, estavam presentes. Alex convidou Stewart para uma iniciação à Bruxaria. Ele achou a cerimônia comovente e escreveu um artigo a respeito, caindo nas boas graças de Sanders. Alex apresentou Stewart ao editor de sua própria biografia, *King of the Witches*, do qual Stewart obteve o contrato para o livro *What Witches Do*. Começou a assistir às aulas de treinamento de Sanders e, em 1970, Maxine o iniciou no conciliábulo, onde conheceu e se casou com a alegre Janet Owen.

Em 1970, os Farrars formaram o seu próprio conciliábulo em Londres. *What Witches Do* ajudou a estabelecer Stewart como uma voz que promovia a comunidade wiccana, o que resultou em muitos pedidos de pessoas que queriam se juntar ao ofício. Após nove anos de conciliábulos e de conselhos, os Farrars escreveram dois livros com material ritual e não ritual: *Eight Sabbats for Witches* (1981) e *The Witches' Way* (1984). Também escreveram *The Witches' Goddess* (1987), *Life & Times of a Modern Witch* (1987) e *The Witches' God* (1989).

Gwydion Pendderwen (1946-1982)

Nascido na Califórnia, *Tom DeLong* conheceu Victor Anderson aos 13 anos e foi iniciado em suas práticas mágicas. Tom mudou seu nome para *Gwydion Pendderwen*, pelo qual foi conhecido pelo resto de sua vida. Formou-se em teatro e era um ator e leitor dramático excelente. Mas preferia o drama ritual, a poesia sagrada e a música, que criava para a Tradição das Fadas que ele e Victor haviam fundado. Gwydion era muito ativo na Sociedade para o Anacronismo Criativo (SCA) em seus primeiros anos e tornou-se Bardo da Corte. Em 1975, produziu o primeiro álbum de músicas da comunidade mágica: *Songs of the Old Religion*. Mais ou menos na mesma época, adquiriu 55 acres de floresta o qual chamou de *Annwfn* (o Mundo Subterrâneo galês), no Greenfield Ranch, em Mendocino County, NorCalifia. Conheci Gwydion

Atuais membros do *Gray Council* (início de 2004)

Frederic Lamond (1931-)
Raymond Buckland (1934-)
Nybor (1936-)
Nelson White (1938-2003)
Oberon Ravenheart (1942-)
Nicki Scully (1943-)
Richard Lance Christie (1944-)
Abby Willowroot (1945-)

Amber K (1947-)
Morning Glory Ravenheart (1948-)
Luc Sala (1949-)
Andras Corban-Arthen (1949-)
P.E. Isaac Bonewits (1949-)
Raven Grimassi (1951-)
Donald Michael Kraig (1951-)
Ellen Evert Hopman (1952-)

Lady Pythia (1952-)
Katlyn Breene (1953-)
Jesse Wolf Hardin (1954-)
Herman B. Triplegood (1958-)
Ian "Lurking Bear" Anderson (1959-)
Jeff "Magnus" McBride (1959-)
Trish Telesco (1960-)
Todd Karr (1965-)

em 1972, e, por isso, quando Morning Glory e eu nos mudamos para a vizinha *Coeden Brith* ("floresta pintada"), em 1977, todos nós nos envolvemos profundamente na criação de uma comunidade mágica na região.

Gwydion começou a promover plantios de árvore no Ano-Novo para reflorestar a região devastada, e essa cerimônia, junto com os Sabás, logo reuniam mais de cem pessoas. Criou a Forever Forests como Ordem subsidiária da Igreja de Todos os Mundos para patrocinar esses eventos. Em 1976, Gwydion viajou para as Ilhas Britânicas, onde conheceu Alex Sanders e Stewart Farrar e foi homenageado no *Eistedffodd* (assembleia bárdica) no país de Gales. Seu segundo álbum, *The Faerie Shaman*, foi produzido em 1982, logo antes de sua morte trágica em um acidente de carro no Samhain.

Lição 3: Feiticeiros e mulheres sábias da atualidade: o *Gray Council*

"Eu sou cinzento. Eu fico entre a vela e a estrela. Nós somos Cinzentos. Ficamos entre a escuridão e a luz."

(Delenn, B5, diante do *Gray Council*, em "Babylon Squared")

O *Gray Council* é o legendário Conselho de feiticeiros, magos e sábios e tem sido um tema recorrente em muitos contos e histórias de Magia e Feitiçaria. O *Gray* (cinzento) no nome significa tanto o fato de incluir todas as tonalidades de magia (em vez de apenas a Negra e Branca), quanto o cinzento de nosso cabelo e barbas, que é quase um requisito para a experiência e sabedoria que trazemos a este Conselho!

A participação no *Cray Council* não é fixa, ela varia de acordo com os projetos e o trabalho que estamos fazendo juntos em um determinado momento. Neste ponto da História, há mais Feiticeiros e Mulheres Sábias vivos e praticantes do que nunca. Não posso nem começar a enumerá-los. Os membros do *Cray Council* não são apenas anciões da comunidade mágica; somos também professores e mentores. Aqueles indicados em negrito, com a biografia a seguir, participaram especificamente na criação deste Grimório, contribuindo com as melhores lições que repassamos para nossos próprios alunos e aprendizes.

Frederick Lamond (1931-) cultuou a natureza desde os 12 anos, quando vivia na Suíça francesa. Aos 23, teve uma experiência mística nos braços de sua primeira noiva e, em fevereiro de 1957, foi iniciado na Bruxaria Gardneriana na presença do próprio Gerald Gardner. Trata-se, provavelmente, do wiccano mais antigo em atividade no mundo. Também é membro da Sociedade de Ísis e da Igreja de Todos os Mundos, ativo nas atividades Inter-Fé e participante dos Parlamentos das Religiões do Mundo, no período de 1993 e 1999, em Chicago e Cidade do Cabo (África do Sul), assim como na primeira reunião dos anciões das antigas tradições e culturas em Mumbai (Índia), em 2003. Além de diversos artigos em publicações pagãs e wiccanas nos dois lados do Atlântico, Frederick escreveu dois livros: *The Divine Struggle* (1990) e

Religion Without Beliefs (1997). Atualmente trabalha em *Wicca at 50, a Personal Retrospective*.

Raymond Buckland (1934-), conhecido como "O Pai da Wicca Americana", foi o primeiro a introduzir a Wicca Gardneriana nos Estados Unidos no início da década de 1960. Nasceu em Londres, de ascendência romani (cigana). Sua busca espiritual o levou aos trabalhos de Gerald Gardner. Buckland começou a trabalhar como representante de Gardner nos Estados Unidos e foi iniciado no ofício pouco antes da morte de Gardner em 1964. Em meados da década de 1970, fundou a tradição saxã, Seax-Wica, atualmente praticada em países por todo o mundo. Também ajudou a difundir a prática solitária da Pect Wita, uma forma de Bruxaria escocesa. Já tem mais de 30 livros publicados, incluindo *The Witch Book* e *Buckland's Complete Book of Witchcraft*. Raymond é o *Foeder* da Seax-Wica e membro da Guilda Internacional de Feiticeiros e da Sociedade Internacional de Espiritualistas Independentes.
<www.raybuckland.com>

Nybor (Jim Odbert) (1936-). Formado pela escola de arte de Minneapolis, Nybor dirigiu estúdios de arte em Minneapolis e na cidade de Nova York e é conhecido principalmente por seus trabalhos de ficção científica em preto-e-branco, incluindo capas e ilustrações de livros e revistas. Em 1985, ele desistiu da gravata, do fraque e dos coquetéis para levar uma vida mais humilde e pacífica nas montanhas de West Virginia, onde podia se dedicar a criar a arte que queria. Quando você olha os detalhados e coloridos trabalhos de Nybor, nem imagina que este artista de 67 anos é cego para as cores desde o nascimento.
<www.oakgrove.org/nybor/Nybor.html>

Nelson White (Frater Zarathustra) (1938-2003) foi ativo na cena oculta do sul da Califórnia por mais de 20 anos e colaborou na formação e operação de diversas igrejas esotéricas e ordens mágicas. Por mais de 15 anos ele publicou *The White Light*, uma revista trimestral de Magia Cerimonial. Chefiou uma loja de artigos religiosos e livraria em Pasadena por mais de 17 anos e escreveu mais de 125 livros sobre Magia e outros assuntos. O doutor White deu aulas em diversas escolas e foi armado cavaleiro pela *Alter Souveräner Templer Orden*, situada em Viena, Áustria. Aposentado do centro de pesquisa Ames da NASA, trabalhou como piloto particular e radioamador e cantou no Richmond Choir. Morreu no período em que este *Grimório* estava sendo terminado.

Oberon Zell-Ravenheart (1942-) veja na orelha deste livro a biografia e a foto.

Abby Willowroot (1945-) é arquetipista, ferreira, artista da deusa, escritora, sacerdotisa, mãe e pratica o Paganismo desde meados da década de 1960. Fundadora do Projeto Deusa 2000, do Arvoredo da Deusa Espiral e das Varinhas Mágicas Reais Willowroot, dedica-se a incluir a Deusa e as imagens e a consciência mágica na cultura contemporânea. Desde 1965, Abby é pagã profissional e artista popular da Deusa. Autodidata, aprendeu a seguir a sua própria musa desde a infância. Abby vive e trabalha no norte da Califórnia. Sua arte e seus escritos já apareceram em livros, mostras de museus, nas revistas *Womanspirit* e *Sagewoman* e nas publicações da Llewellyn. Nove peças das joias da senhora Willowroot fazem parte da coleção permanente da Instituição Smithsonian.
<www.realmagicwands.com>

Amber K (1947-) é uma sacerdotisa wiccana da tradição Ladywoods, pertencente à Tradição Pagan Way, que nasceu da Tradição Gardneriana. Ela serviu à Deusa e ao Deus Cornífero por mais de 24 anos, em diversas funções: sacerdotisa, Primeira Oficial Nacional no Conciliábulo da Deusa, editora da *Circle Network News* e membro do corpo docente do programa Cella da RCG e, atualmente, como diretora-executiva do Ardantane Witch College e do Centro de Aprendizado Pagão no Novo México. É autora de *True Magick, Covencraft, Moonrise, The Pagan Kids' Activity Book, Candlemas* e *The Heart of Tarot*. Vive e trabalha com seu parceiro Azrael Arynn K entre os planaltos vermelhos e o elevado deserto das montanhas de Jemez, lar de Ardantane. 
<www.ardantane.org>

Morning Glory Zell-Ravenheart (1948-) é uma bruxa, sacerdotisa e historiadora da Deusa – famosa por seus rituais, canções, poemas e sua enorme coleção de figurinhas da Deusa. Encontrou sua alma gêmea, Oberon, no festival aquariano gnóstico de 1973 em Minneapolis, e eles se casaram na primavera seguinte. Ajudou a produzir a revista *Green Egg* e os unicórnios vivos. Fundou a Mythic Images, produziu réplicas de museus e interpretações originais de antigas deusas e deuses. Morning Glory criou cerimônias de todos os tipos e escalas, desde simples ritos de passagem até eventos espetaculares, como o eclipse solar em 1979, na réplica de Stonehenge, em Oregon Dalles. Suas jornadas levaram-na às Montanhas Azuis da Austrália, às profundezas do Mar de Coral, às selvas da Nova Guiné, às ruínas da antiga Grécia, às cavernas de Creta e aos templos Taoístas da China. 
<www.mythicimages.com>

Luc Sala (1949-), mago de Amsterdã, exerce sua atividade no Kalvertower em seu templo da gentileza MySTeR. Esteve muito em evidência no mundo terreno com seu próprio canal de televisão e muitas atividades no mundo dos computadores, mas também anda pelos outros mundos com o nome de *Lucifar*. Acredita que a

ciência da Magia trata de investigar o que de fato nos toca. A informação é muito mais do que meros dados, muito mais inclusive do que o conceito de transmitir uma mensagem; ela ocorre quando nos abrimos para aquele reino mágico da conexão. O mundo que experimentamos é apenas superficialmente governado pelas leis da causalidade e da razão; em um nível mais profundo, as leis da Magia mandam. Luc vê o ressurgimento da Magia e a aceitação das dimensões da consciência como a grande obra para este século.
Sala@euronet.nl.

Raven Grimassi (1951-) é autor de nove livros sobre Bruxaria e Wicca, entre os quais os premiados *The Wiccan Mysteries* e *The Encyclopedia of Wicca & Witchcraft*. Raven é praticante e professor de Bruxaria há mais de 30 anos. É um popular palestrante e orador em convenções pagãs e festivais por todo o país [Estados Unidos]. Raven é atualmente o diretor da Tradição Ariciana de Bruxaria e codiretor de uma escola de mistério conhecida como The College of Crossroads. A obra da vida de Raven é preservar e ensinar as raízes europeias pré-cristãs da religião pagã. Ele vive no sul da Califórnia em um rancho na zona rural onde mantém um pomar sagrado para a Deusa e o Deus da antiga religião e um santuário para Ceres, a Deusa dos Mistérios, pois nasceu no dia do festival dedicado a essa deusa. 
<www.stregheria.com>

Donald Michael Kraig (1951-) formou-se na UCLA em Filosofia. Também estudou oratória e música em outras escolas e universidades. Após uma década de estudo e prática pessoal, deu cursos no sul da Califórnia sobre assuntos como a Cabala, o Tarô, a Magia e o Tantra antes de escrever seu livro mais conhecido, *Modern Magick*, uma introdução passo a passo à magia prática. Entre seus outros livros estão *Modern Sex Magick* e *Tarot & Magic*, e seus textos foram publicados em diversas revistas, jornais e livros. Donald deu palestras e oficinas em todo o território dos Estados Unidos, é membro de diversos grupos espirituais e mágicos e é um tântrico iniciado. Também é músico profissional, ensina ciência da computação na USC, é membro do Magic Castle de Hollywood e atualmente estuda para um doutorado em hipnoterapia clínica.

Ellen Evert Hopman (Willow) (1952-) é escritora pagã, mestre herbalista e sacerdotisa druídica. É autora de diversos livros e vídeos sobre herbalismo e sabedoria druídica incluindo *Tree Medicine – Tree Magic* (sobre as propriedades herbais de mágicas das árvores), *A Druid's Herbal* (medicina druídica e conhecimento de ervas), *Being a Pagan* (com Lawrence Bond, um livro sobre o que significa ser wiccano, bruxa ou druida no mundo atualmente) e *Walking the World in Wonder – A Children's Herbal* (um livro de fórmulas herbais e receitas adequadas para crianças de todas as idades). Seus vídeos *Gifts from the Healing Earth,* volumes I e II, ensinam noções básicas de cura herbal e seu vídeo

Pagans trata dos oito festivais da roda do ano pagã.
<http://saille333.home.mindspring.com/willow.html>

Marybeth Witt (Lady Pythia) (1952-) é uma anciã do Ofício e Conciliábulo da Deusa, já tendo sido Oficial Nacional. É poeta, ex-professora universitária de inglês e cantora-compositora (Earth Magick, Moon Magick). Como Suma Sacerdotisa do antigo Conciliábulo da Espiral Fluida, dedicou sua vida à busca do conhecimento, à compaixão e à sabedoria das bruxas a serviço da Deusa e dos Deuses e de todos os filhos da Mãe Terra. Lady Pythia participou de muitos trabalhos políticos para a Mãe Terra, incluindo o ativismo ecológico e antiguerra por todo o país.

Katlyn Breene (1953-) já cria arte sagrada, danças e rituais há mais de 27 anos. Sua arte é uma manifestação de suas crenças e pode ser vista em locais de adoração por todo o mundo. Atualmente, é proprietária e criadora da Mermade Magickal Arts, que cria incensos e óleos feitos à mão, e autora e ilustradora de muitos livros sobre artes espirituais e folclore. É também cofundadora/criadora da "Estrada para Elêusis", um retiro iniciatório transformativo baseado nos Mistérios de Elêusis, na Grécia antiga (desde 1991). Atualmente em Nevada, Katlyn é fundadora e sacerdotisa do Desert Moon Circle – uma comunidade espiritual baseada nos mistérios da Roda Sagrada. Katlyn é conselheira da reunião Firedance e tem funções em diversas tradições diferentes. Ela e seu marido Michael, conhecido como Zingaia, criam música tecnotantra-dance dedicada aos amantes sagrados e à Deusa e seus muitos aspectos.
<www.heartmagic.com>

Jesse Wolf Hardin (1954-) é um feiticeiro de Gaia, mestre espiritual contemporâneo, artista, músico e autor de vários livros, como *Full Circle* (1991) e *Kindred Spirits: Sacred Earh Wisdom* (2 milhões). Suas duas décadas de apresentações públicas ajudaram a dar origem a uma nova teosofia de Gaia e uma ética ecológica, o que resultou em gravações de textos e música, incluindo *The Enchantment,* pela GaiaTribe. As obras de arte e artigos de Wolf unem os princípios da consciência primordial, da espiritualidade Terrena e do ativismo pessoal de maneira inédita. Foi um dos principais colunistas da revista *Green Egg* e atualmente escreve para *Magical Blend, Circle Nature Spirituality Quarterly* e *Talking Leaves*. Na maior parte do ano, Wolf fica em seu encantado santuário silvestre no Novo México, um antigo local de poder onde ensina alunos, internos residentes e aprendizes na arte da Magia prática, da restauração da vida selvagem e da prática espiritual baseada na Terra. <www.concentric.net/~earthway>

Jeff "Magnus" McBride (1959-). Pelos últimos 30 anos, Jeff viajou pelo mundo como mágico de palco e educador em teatro ritual. É especialmente conhecido por seu grande trabalho mágico com máscaras. Jeff já apareceu em vários especiais de TV, incluindo *Champions of Magic* da ABC, *Worlds Greatest Magic* da NBC e *The Art of Magic* da PBS, e também em *Mysteries of Magic* do Discovery Channel, onde trabalhou como consultor de Xamanismo e Magia ritual. Jeff foi eleito mago do Ano pelo Magic Castle de Hollywood. Também fundador da Mystery School of Magic, uma conferência anual para estudo avançado das artes mágicas. Jeff, há mais dez anos, organiza eventos de teatro ritual em festivais de todo o mundo.

<www.mcbridemagic.com>

Ian "Lurking Bear" Anderson (1959-) diz: "Até aqui a vida foi boa. Escapei da realidade dos trouxas e dancei com bruxas frenéticas em montanhas sob o luar. Toquei harpa em clareiras na mata e vaguei pela floresta musgosa do Alasca. Andei por entre antigos monolitos e escalei montanhas. Participei de manifestações por causas em que acredito e caminhei vastas distâncias. Sou poeta, programador, músico do caos, malandro oportunista, montanhista e explorador espiritual. Meus ensaios e poemas foram publicados em *Green Egg, Green Man, Enchante* e *Witch Eye*. Atualmente, vivo nas montanhas do extremo norte da Califórnia".

Trish Telesco (1960-) é mãe de três filhos, esposa, dona de cinco animais e escritora em tempo integral, com diversos livros no mercado. Entre eles, estão *Goddess in my Pocket, How to be a Wicked Witch, Kitchen Witch's Cookbook, Little Book of Love Magic, Your Book of Shadows, Spinning Spells: Weaving Wonders* e outros títulos diversos; cada um deles representa uma área diferente de interesse espiritual. Trish considera-se uma bruxa de Cozinha, com o pé no chão, cujo amor pelo folclore e pelos costumes de todo o mundo tempera cada feitiço e ritual. Embora sua educação wiccana tenha sido inicialmente autodidata, mais tarde ela recebeu a iniciação na tradição *Strega* da Itália, que dá forma e plenitude às práticas de magia popular de Trish. Suas mais fortes crenças residem em seguir a visão pessoal, ser tolerante com as outras tradições, tornar a vida um ato de adoração e ser criativa para que a magia cresça com você.

<www.loresinger.com>

Todd Karr (1965-) inclui um sentido mágico de desenho aos muitos livros que ele cria com a sua empresa, The Miracle Factory. Em colaboração com a artista Katlyn Breene, ele publicou uma aplaudida série de elegantes livros para mágicos que são vendidos no mundo inteiro. Depois de estudar na Sorbonne e na USC, Todd escreveu artigos para o *Los Angeles Times* antes de se mudar para Paris como mago em tempo integral. Todd também é autor de *Backyard Magic* (1996), um livro único de magia natural para crianças.

<www.miraclefactory.org>

Epílogo: Princípio

Bem, você chegou até o fim deste Grimório, e acredito que tenha aprendido bem as lições nele contidas. Parabéns! Você completou o seu aprendizado e agora está pronto para começar sua próxima fase como feiticeiro Diarista. Agora gostaria de lhe oferecer algumas palavras finais de sabedoria de diversos membros do Cray Council e outros, que foram seus professores por meio destas Lições. São como "Discursos de formatura"...

Para continuar a aprofundar sua educação em Feitiçaria, assim como para conhecer outros estudantes, visite o site da **Grey School of Wizardry** *em http://www.greyschool.com (em inglês).*

Escolhas

Por Oberon Zell-Ravenheart

Viva cada momento como se fosse uma cena no filme que algum dia será feito com a sua vida – pois é verdade. Quando uma aventura vier bater à sua porta, siga-a!

Saiba que grandes realizações envolvem grandes riscos. Nunca se esqueça: "Com o grande poder vem a grande responsabilidade". Faça de cada ato um plantio de sementes. Algum dia você terá sua colheita, pois um verdadeiro feiticeiro sempre vê e tem em mente a perspectiva mais ampla, a visão de longo alcance.

Nunca pare de aprender. Tudo e todos são seus professores. Acima de tudo, aprenda as regras para saber quebrá-las apropriadamente!

Quando perceber que cometeu um erro (você cometerá! – todos cometemos), tome providências imediatas para corrigi-lo. É preciso muita grandeza para admitir que você está errado, desculpar-se e fazer os reparos. É assim que aprendemos e crescemos.

Tome suas decisões pensando sempre em poder contar aquilo a seus filhos algum dia, quando tiverem a sua idade. Pense – você ficaria orgulhoso de seu próprio pai (ou mãe) se ele fizesse isso? Pergunte a si mesmo: "Será que mais tarde vou me arrepender de fazer isso; ou mais tarde vou me arrepender de *não* fazê-lo?".

Não baseie as suas escolhas em seus medos, mas, sim, em suas esperanças. Não no que você *teme* que possa acontecer, mas naquilo que você *espera* que acontecerá. Esse é o segredo de viver uma vida mágica.

As respostas para as questões da vida estão dentro de você. Basta olhar para dentro, ouvir seu coração e confiar em sua própria magia e, com muita frequência, a resposta é "Sim!".

Eu, o *Cray Council* e incontáveis gerações de feiticeiros antes de nós oferecemos o conhecimento e os instrumentos para transformar o mundo em um lugar melhor do que o que recebemos. Vá em frente agora.

O poder é seu. Também são suas as escolhas de como usá-lo.

Companheiros
Por Abby Willowroot

Parabéns por escolher este livro e seguir as lições contidas nele. Você está no caminho para compreender seus dotes de feiticeiro e desenvolver suas habilidades. Ao seguir o caminho de um feiticeiro, você terá companheiros essenciais em sua jornada. Companheiros que devem ser alimentados, protegidos e ouvidos. Esses companheiros são sua coragem, sua compaixão, sua curiosidade e sua generosidade. Mantenha-se na companhia deles, respeitando-os e honrando-os para que eles possam crescer e ficar mais fortes a cada dia, e você permanecerá no caminho para se tornar um grande feiticeiro.

A habilidade nas artes mágicas é essencial para o feiticeiro, mas será apenas ao combinar suas habilidades com seus companheiros de coragem, compaixão, curiosidade e generosidade que você verá a magia mais profunda, oculta no Universo, revelar segredos para você. Ouça seus sentidos, veja com todas as células de seu corpo e toque delicadamente a verdadeira essência de todas as coisas.

Bênçãos mágicas!

O que é preciso
Por Herman B. Triplegood

Para ser um alto mago, um verdadeiro feiticeiro, um hermatologista e filósofo da natureza, um matemântico e um taumaturgo, eu digo, acredite em si mesmo. Acredite no poder de sua tripla ação mágica. É preciso esse compromisso com o Jogo Kríptico, que vem com o Lado Kríptico da Trama Mito-mântica que o precedeu, a Trama graças à qual você agora surge como o feiticeiro que você foi feito para ser. Tudo o que de fato é preciso para ser um feiticeiro é agir como um.

O Divino Louco
Por Ian Lurking Bear Anderson

O Louco do Tarô é tipicamente mostrado andando a pé na beira de um abismo, ignorando alegremente as consequências e os avisos. Pode parecer loucura, mas é um passo essencial no caminho do feiticeiro. Em algum lugar, se de fato desejarmos não viver confinados pelo sentido de realidade de todas as outras pessoas, devemos dar o passo do louco em direção ao desconhecido, na verdade, ao incognoscível. Há momentos no caminho do feiticeiro em que se deve ser cauteloso, meditar, estudar, buscar visões, mas apenas isso não bastará para fazer de você um verdadeiro feiticeiro até que você esteja pronto para dar o passo do Louco. Pode ser um passo além dos limites daquilo que é socialmente aceito, pode ser um passo além daquilo que é cientificamente respeitável, pode ser um passo além de ganhar dinheiro o bastante ou um passo que atravesse qualquer outro limite que estabelecemos para nós mesmos, algumas vezes até sem saber.

O louco sábio consegue ver através dos muros da ilusão e andar através deles. Mas, o Divino Louco não é simplesmente o idiota, e é importante ter a intuição e o senso mágico desenvolvidos para saber quando e onde pisar no desconhecido. A Magia, por sua própria natureza, fica fora dos limites da realidade convencional e todo ato de verdadeira magia contém algo do incognoscível, do eternamente surpreendente, e traz um certo eco do passo do Louco.

Graduação?
Por Raymond Buckland

Nenhum de nós se forma. Mesmo naquilo que chamamos de "Morte" não terminamos – passamos para outras dimensões para progredir mais. Mas essa é a alegria da vida; a alegria de viver. Sempre existe algo de novo no horizonte. Alimente sua curiosidade. Não deixe que ela se torne uma simples curiosidade ociosa, mas deixe-a desenvolver em perguntas, investigação, experiência, aprendizado... todas as coisas que continuarão a expandir sua consciência e impulsioná-lo cada vez mais pelo caminho da vida.

Na infância, eu era um leitor voraz. Lia todos os livros que me caíam nas mãos. Mas não parava por aí. E no final dos livros eu absorvia as bibliografias; as listas de outras obras sobre o mesmo assunto ou assuntos semelhantes. Daí eu procurava ler aqueles livros... que, por sua vez, tinham suas próprias bibliografias! A vida é um pouco assim – uma coisa pode levar a outra; um interesse pode despertar uma dúzia. Entretanto, uma pequena advertência: não se espalhe demais. Não disperse suas energias longe demais ou rápido demais. Aprenda a entrar no compasso. Mesmo assim, a mente humana é uma incrível máquina que pode absorver e fazer uso de muito mais do que podemos imaginar.

Este livro é uma ótima porta de entrada ao mundo da Feitiçaria. Gostaria de ter tido acesso a um livro desses quando era criança. Com o conhecimento adquirido nesta obra, você sempre estará um passo adiante de seus companheiros. Fique feliz com isso. Fique satisfeito com isso. Não ostente seu conhecimento. Não menospreze os menos afortunados. A modéstia é uma satisfação silenciosa e é preferível à gabolice e à bazófia. Você se formou na obra deste livro. Você merece um bom período de descanso e relaxamento. Mas depois é preciso avançar! Você, eu e o resto do *Gray Council of Wizards* – pessoas como nós nunca descansam. Mas essa agitação, essa constante busca, é o sangue de nossa vida. Saiba disso e aproveite. Bem-vindo à vida!

O futuro
Por Lady Epona

Você é o futuro da Terra e do universo além. Nós o guiamos pelo caminho da Sabedoria do feiticeiro e sabemos que você verá as coisas por uma perspectiva diferente de seus antepassados. Você viverá a magia em dimensões diferentes daquelas em que vivemos; pois a perspectiva e a dimensão são o constructo do tempo. Nós lhe damos o que aprendemos e cabe a você levar esse conhecimento ao futuro.

Ame e respeite a Terra e suas criaturas;
Seja sincero consigo mesmo;
Ame seu próximo;
Tenha uma Vida Longa e Próspera
E acima de tudo – SORRIA!
Bênçãos Brilhantes para você!

O verdadeiro segredo
Por Luc Sala

O caminho do feiticeiro parece glorioso, por ganhar a compreensão dos processos mais profundos e das interações da mente e da natureza e por conseguir algum tipo de domínio sobre a realidade. Essa, porém, é apenas a superfície. A lição mais profunda que aprendemos nesse caminho é a da humildade, a de não ser diferente. O simples agricultor, o mendigo, o estranho que sorri para você pode ser um mago muito maior do que você se tiver dominado a magia da felicidade e do amor – a maior arte de todas.

Os poderes da mente liberada, concentrada e domada pela visualização, o ritual e a concentração são espantosos, mas não abuse deles e não diga que são seus. Você é apenas o canal, o recipiente, e, se de fato olhar ao seu redor, verá que há magia em toda parte. Tornar-se um mago é principalmente ter consciência do que já está ali, descobrir as conexões e correspondências entre os mundos interior e exterior e reuni-los cada vez mais. É um caminho sem fim e eu gostaria de compartilhar sua mais importante lição:

Sou apenas diferente, já que ainda não aprendi a ser o mesmo. Pois ser o mesmo, superar as barreiras, conectar e amar é o verdadeiro segredo do Ofício.

Vivendo a magia
Por Donald Michael Kraig

Convido você a fazer uma pausa e respirar fundo. Se tiver seguido este curso de estudo até o fim, se tiver cumprido com sucesso todas as tarefas, se tiver completado todos os exercícios, merece elogios, pois a verdade é que muitos iniciam esta estrada, mas poucos a terminam. Como um dos poucos, você merece gozar da glória que é sua de direito e se orgulhar de suas realizações. Faça uma pausa e respire fundo para sentir os louvores. Sonhe com isso esta noite.

E depois você vai acordar amanhã. Você ainda terá a "outra" escola. Ainda terá de lidar com amigos que querem atirar os problemas deles em você, alguns professores que não o tratam com respeito, outros que lhe dirão o que fazer sem dar uma razão válida. Você ainda terá de lidar com um mundo que, às vezes, parece hostil e cruel.

Mas agora você tem uma poderosa tecnologia para lidar com isso. As técnicas que aprendeu e a magia que dominou vão permitir que fique em paz e se sinta equilibrado, mesmo que os outros pareçam malucos. Se usar essas técnicas e viver a vida de um feiticeiro, você terá a capacidade de estudar com mais eficiência, de se relacionar com as pessoas mais facilmente e até mesmo terá mais facilidade nas onerosas tarefas que, às vezes, precisa cumprir.

O curso de estudo que você seguiu até o fim é absolutamente inútil... a menos que você o ponha em uso. Não em um dia de Festival. Não em um fim de semana. Não quando você tiver tempo. Ele só é útil se você usá-lo. Todos os dias. Ao fazê-lo, descobrirá que a magia não é na verdade alguma coisa que você *faz*, é algo que você *é*. O modo como você anda, fala, pensa e age devem ser mágicos.

Os amigos e as pessoas que você encontre ficarão espantados com o poder que você tem. E você terá aprendido um grande segredo. É inútil lutar pelo poder sobre os outros. É muito mais importante ter poder sobre si mesmo. Quando você tiver esse poder – o poder de conseguir o que quer sem fazer nenhum mal e sem tirar nada de ninguém, você será de fato forte, independente e livre.

Essas são as indicações de um verdadeiro feiticeiro.

Dádivas
Por Ellen Evert Hopman

Agora que você leu este livro, espero que use sua sabedoria para aprofundar a sua consciência do mistério da vida que o rodeia. Os elementos da Terra, Ar, Fogo, Água e Espírito são encontrados em diferentes combinações em tudo que você vê e toca neste planeta.

Você está continuamente rodeado pela vida, desde os menores insetos, algas e musgos até as maiores baleias, elefantes e carvalhos. A natureza o rodeou de tudo o que você precisa: remédios naturais para sua saúde e alimentos silvestres para seu estômago. Ela lhe deu o ar puro para respirar e rios limpos para beber. Minha esperança é que você sempre aprecie essas dádivas com reverência e respeito.

Que você nunca esqueça os espíritos da Terra, que trabalham o ano inteiro para conceder esses milagres, nem o Grande Espírito, que envolve toda a vida, todas as vidas, nos universos.

Abençoada seja sua leitura, abençoada seja sua jornada, abençoado seja seu trabalho futuro.

"Saber, querer, ousar, calar"
Por Raven Grimassi

Você inicia o caminho agora, levando consigo o conhecimento que foi compartilhado, transmitido e confiado. Mas saiba que há uma diferença entre conhecimento e realização. O conhecimento permite ver e dá opções. Mas não compele ninguém a uma ação. Você pode sentar-se na linha do trem, sabendo que ele está chegando, e mesmo assim não tomar nenhuma atitude. Mas logo que você perceber que se não se mover o trem passará por cima de você, ficará extremamente compelido a tomar uma atitude. Portanto, compreenda que o conhecimento e a percepção agem de dois modos distintos. O conhecimento permite a consideração e reflexão, mas a percepção exige ação.

Em sua jornada daqui em diante, espero, e desejo, que os instrumentos que você afinou com seus estudos tragam muitas realizações. Você deve ter ouvido que o axioma "saber, querer, ousar, calar" são as palavras do Mestre mago. Para possuir conhecimento é preciso fazer mais do que satisfazer a mera curiosidade. Para satisfazer a curiosidade, é preciso estudar não apenas o conceito, mas as coisas que se relacionam ao conceito. Para querer, é preciso suportar sem se curvar à derrota ou ao desencorajamento. É preciso discernir seu caminho e segui-lo, apesar dos obstáculos. Para ousar, é preciso querer aceitar os riscos de desaprovação e dos maus-tratos que os outros tentaram impingir a você. Você deve permanecer fiel ao caminho que segue, não importa se a estrada é suave ou coberta com buracos e rochas pontudas. Para calar, basta simplesmente falar a verdade sem pretensão ou vaidade.

Assim, encorajo você a perceber quem e o que você é. Encorajo você a ser um feiticeiro, não apenas em mente ou intelecto, mas também no coração e no espírito. Em todas as Eras existirão aqueles que fizeram diferença. Ao seguir este nobre caminho, leve essa diferença aos outros e ao mundo. Invejo os dias que virão; será uma gloriosa aventura!

O caminho do mago
Por Lady Pythia

A vida de um mago é de eterno questionamento – como as coisas funcionam? Quem sou eu? Por que estou aqui? Qual é minha verdadeira razão para estudar Magia?

Ofereço o lema entalhado na entrada do oráculo de Delfos – esta máxima é uma das mais importantes no estudo de todas as magias e um guia por todos os caminhos mágicos:

"CONHECE A TI MESMO"

Nessas simples palavras reside o maior guia para seus estudos, não apenas aqui, mas por toda a vida..., pois elas se relacionam a outro dos maiores ditados da Magia:

"ACIMA COMO ABAIXO"

Isso pode ser extrapolado, dentro como fora. Você encontrará o Universo dentro de si. Este livro ofereceu muitas ferramentas que serão usadas em sua jornada, mas, em certo momento, até as ferramentas se tornarão apenas extensões sagradas dos modos como você pensará e se relacionará com o mundo, maneiras como você aprenderá não apenas a causa e efeito, mas também a grande responsabilidade que vem de como as pessoas, mágicas ou mundanas, usam seu poder pessoal.

Não estamos aqui apenas para servir a nós mesmos, mas para servir à humanidade. Quando nos esquecemos disso e usamos o poder sobre os outros sem pensar em como isso os afetará, a Lei do Retorno garante que aprenderemos como é ser tratado da mesma maneira. Pedimos que você sempre se lembre da centelha do Divino, o princípio da Vida dentro de todas as pessoas e seres, e dentro de toda a Natureza.

Que você aprenda, como todos nós aprendemos, que todas as vezes que você pensa que "entendeu", o Universo vai lembrá-lo de que há muito mais a aprender. E isso é uma alegria! Somos todos eternos estudantes, pois a busca pelo conhecimento de todas as magias do mundo, da natureza e seus elementos é infinito.

Seja humilde em seu caminho, o que não significa ser um capacho. Aprenda quando uma concessão é essencial – não deixe que o orgulho seja um escudo atrás do qual você esconde suas vulnerabilidades e temores humanos de inadequação, pois o verdadeiro orgulho é admitir silenciosamente o que você é e está se tornando – não quanto "poder" você e os outros acreditam que têm. E a compaixão será um de seus mais poderosos instrumentos para ver o coração das coisas, inclusive o seu próprio.

Mantenha viva a criança dentro de você, pois essa criança permitirá que seja sempre curioso e cheio de alegria e espanto com as novas descobertas!

Acima de tudo, estamos aqui para servir na evolução da consciência humana, além do estudo da mente e suas habilidades – um campo que está crescendo incrivelmente durante a sua vida. Somos apenas os precursores daqueles que ainda virão.

Você pode ser um daqueles para quem nossos Caminhos têm preparado este volúvel mundo. Ao examinar os diferentes planos e se imaginar segurando este delicado e belo planeta azul nas mãos, segure-o com delicadeza. Tome conta da Mãe Terra, pois ela precisa muito de todos nós – e Ela está em suas mãos, bem mais do que todos os outros mundos e camadas da realidade que você vai explorar. Permaneça conectado e valorize as raízes que você tem Nela, mesmo que viaje muito longe através dos planos.

Que você possa Conhecer a Si Mesmo. É uma jornada para toda a vida, e que os Guardiões da Sabedoria que habitam o Astral e os Planos da Magia protejam seu espírito curioso em suas viagens para descobrir o Universo e seu espelho dentro de seu próprio coração, mente, alma e corpo. Não esqueça que o riso espanta o medo e é um instrumento necessário à vida e à magia! Você está em uma jornada maravilhosa! Valorize-a inteiramente, mesmo nos momentos difíceis – pois a sua maior força pode vir dessas lições!

E, conforme você envelhece, e cresce, que possa conhecer o amor, a mais sagrada dádiva do ser humano. Divirta-se! Sorva profundamente! E que você nunca tenha fome e sede em sua jornada como o Louco, a primeira carta do Tarô – que se torna, no final dos Arcanos Maiores, o Mundo, o Universo, o Multiverso!! Estude-os, e você verá o caminho do mago!

Abençoado seja!!

Encruzilhadas
Por Morning Glory Zell-Ravenheart

Quando você pegou este livro e começou a ler, um portão se abriu entre os Mundos do Mágico do Profano. Este é o livro que você sempre desejou, com o genuíno conhecimento dos grandes feiticeiros. Agora que você possui parte desse conhecimento e completou o primeiro nível, um desafio se apresenta a você – porque todo o conhecimento do mundo é completamente inútil sem ação e experiência.

Você está na encruzilhada da iniciação ao Mistério. Com o olho de sua mente, olhe para baixo e você verá uma Lâmina Mágica no centro da estrada. Apanhe-a. Esta "faca" representa a Escolha e é seu patrimônio hereditário. Ela sempre será sua. Você não pode nem mesmo jogá-la fora porque "não escolher" ainda é uma escolha. Esta faca é sutil; como tem dois gumes, corta dos dois jeitos.

Para manejar essa faca com eficiência, você deve afiar a sua vontade mágica praticando as lições aprendidas neste livro. Para usar a lâmina com sabedoria, ouça seu coração e seus sonhos. Mas, acima de tudo, lembre-se de permitir que o Amor seja parte de cada escolha consciente que você faz, porque, no final, quando você usar a Faca da Escolha para separar isto daquilo e para cortar as coisas que realmente não importam, você descobrirá que o Amor reside no Coração de todo verdadeiro Mistério.

Espere um milagre
Por Jesse Wolf Hardin

A Feitiçaria não é apenas um escape da opressão do ordinário e do "normal". É um novo compromisso com o eu e o Espírito, o propósito e o lugar – o início de um compromisso para toda a vida.

A magia não trata de ser indulgente com o eu, mas de transformar o mundo. Da mesma maneira, a responsabilidade não é uma obrigação – é a boa vontade e a capacidade de reagir.

Você tem sonhos que não divide com quase ninguém. Agora é hora de viver esses sonhos!

Cada momento é um momento decisivo e nosso futuro é uma tela em branco. As únicas coisas que estão no caminho são os hábitos a que nos prendemos e os temores que negamos. Ninguém cuida da sua vida além de você! A varinha está em sua mão...

Ter brinquedos não é o mesmo que ter diversão. Concentre-se em esportes em que você de fato jogue. Nade em água sem produtos químicos e em lugares em que você "não deveria estar". Ande descalço na grama. Grite, ria e cante. Abrace e uive!

Nada é realizado quando se evitam as novas experiências. Experimente os muitos diversos sabores da vida e cuspa os ruins.

Tente se lembrar de que "ganhar a vida" não é o mesmo que viver. Encontre um trabalho que reflita não apenas suas habilidades, mas também suas crenças. Assistir a filmes de aventura na TV é um substituto fraquinho para ter suas próprias aventuras. O número de horas entre o nascimento e a morte será o mesmo... use-as com cuidado naquilo que importa mais. E idealmente você descobrirá e, então, realizará o seu propósito mais significativo.

O importante não é acumular riquezas, mas ter uma vida mais rica. Fique atento às soluções que podem ser vendidas já engarrafadas e a qualquer intermediário que fique entre você e a experiência de Gaia, Deus e Deusa.

Viaje e explore o mundo tanto quanto possível. Assim você não apenas vai conhecer outras biorregiões e outros estilos de vida, mas também poderá apreciar melhor o local que chama de lar.

Nunca ache que alguma coisa é para sempre – nem sua saúde, seu lar ou sua família. Nunca diga "tanto faz", porque isso significa que você não se importa e você sabe que se importa, sim! Nem seus problemas nem os problemas do mundo são causados por sentir demais. Na verdade, são causados porque sentimos de menos! Ao nos abrir para a dor da existência consciente, abrimo-nos para a experiência da alegria.

Explore corajosamente qualquer coisa que aumente a profundidade da sensação e a totalidade do Espírito, aumentando sua empatia com a verdadeira conexão e poder. Você é parte do universo inconsútil, assim como sua mão é parte de seu braço. Toda a criação é sagrada, e você também.

É sábio evitar as drogas, carreiras ou estilos de vida que amorteçam sua consciência ou que comprometam a sua capacidade de resposta. Suspeite de tudo que exija combustíveis fósseis, que seja "descartável", que admita ter sido artificialmente colorido ou aromatizado ou que finja ser algo que não é. E preste atenção, puxa vida! Concentre-se apenas em seu namorado ou namorada quando estiver com ele ou ela e em nenhuma outra comida além daquela que você está comendo. Lembre-se de que nada vale nada, a menos que seja autêntico!

Todos os acontecimentos, bons e ruins, são valiosas lições pelas quais devemos ser gratos. Evite dar uma topada duas vezes na mesma pedra. E não torre muito do seu tempo precioso explicando seus erros. Apenas aprenda com eles e siga adiante! Desenvolva um código pessoal de honra e viva de acordo com ele! Prometa sua lealdade aos amigos, à família, à comunidade, à sua casa e ao país que ama. E sempre mantenha suas promessas.

Todo o mundo é um grande ciclo dadivoso. Aprenda a dar tudo o que pode. Aprenda também como aceitar graciosamente toda dádiva que chegue a você.

Tire um tempo para "ser pequeno", mesmo se achar que já tem idade para ser "sabido" ou "legal". Arraste-se pelo chão atrás de insetos interessantes, procure formas de animais nas nuvens e não se preocupe se ficar com manchas de terra nas roupas!

Encontre a Criação divina e seu lugar nela em cada tufo de grama, em cada quintal. Mas não se esqueça de fazer peregrinações a lugares realmente selvagens. Fique aberto à informação

Epílogo: Princípio

e à inspiração que eles trazem e entregue-se à solidão que ensina que nunca estamos, de fato, sozinhos.

Abandone toda ilusão danosa e toda mentira. Proteja e nutra aquilo que é real e bom com todo o seu poder.

Ninguém vai fazer o serviço vital por você e por isso não há ninguém para culpar! As responsabilidades e recompensas são apenas suas. Receba o crédito! E depois agradeça...

Lembre-se de que nunca é "tarde demais", desde que você comece agora mesmo.

Espere um milagre. Esse milagre é você.

Que assim seja!

Apêndice A: Cronologia da História da Magia

a.C. (antes de Cristo, ou antes da Era Comum)

800.000 Estatueta de "Vênus" Acheuliana é a escultura mais antiga conhecida – uma imagem feminina em pedra, feita pelos neandertais.

75.000 Os mais antigos altares humanos (Neandertal) revelam indícios de cultos para ursos, lobos e outros animais.

60.000 imensa erupção vulcânica na Sumatra reduz toda a população humana global a apenas alguns milhares.

30.000 "Vênus" de Willendorf é esculpida em calcário e pintada com ocre vermelho, tornando-se o protótipo de uma nova forma de arte que durou por mais de 20 mil anos.

23.000 "Raposa Arqueada" ou "S'Armuna", uma xamã, vive e morre em uma pequena aldeia de caçadores de mamute na atual República Checa. Seu esqueleto, retratos, contas de cerâmica e conchas, flautas de osso, seu animal totem (raposa do Ártico), a última fogueira em seu forno (o primeiro conhecido, cheio de pequenas estatuetas de animais e de "Vênus"), até mesmo suas impressões digitais na argila foram conservadas.

15.000 As pinturas em caverna cromagnon por toda a França e Espanha retratam animais, caçadores e impressões manuais.

c.8500 A Glaciação Riss chega a um fim abrupto com o impacto de um asteroide nas Bahamas. O derretimento do gelo eleva o nível do mar em mais de 120 metros, causando enormes inundações em todo o mundo. Todas as comunidades costeiras afundam. Esse acontecimento é relembrado na lenda como a destruição de Atlântida.

c.8000 Jericó, a mais antiga cidade neolítica, é formada. A cultura Harappan se inicia no norte da Índia, ao longo do rio Saraswati.

c.6000 Desenhos em cavernas em Catal Huyuk (moderna Turquia) retratam caçadores envoltos em pele de leopardo.

c.5150 Os níveis do mar, cada vez mais altos, fazem que o Mediterrâneo transborde e encha o Mar Negro. O súbito dilúvio eleva os níveis da água em mais de 150 metros e inunda quase 160 mil quilômetros quadrados de Terra habitada. Esse evento é relembrado na lenda como o *Dilúvio* – a história de Noé e Utnapishtim.

c.5000 Mais antiga estátua conhecida de fertilidade masculina (Alemanha).

c.4800 Mais antigo monumento megalítico conhecido (Bretanha).

c.3500 Início da civilização Suméria.

c.3000 Início da civilização egípcia. Nascimento de um Calendário preciso, baseado na observação das estrelas.

c.3000-2500 Auge da cultura Harappan, que já se estende por mais de 800 mil quilômetros quadrados. A população da cidade de Sindh é tão grande quanto a população de todo o Egito. Entre as práticas, estão a Astrologia, o *Feng Shui*, o Herbalismo, a Medicina e a Magia.

c.2900-2600 Círculo de pedra de Callanish construído na Escócia.

c.2800 Primeiras pirâmides iniciadas no Egito.

c.2700 Gilgamesh governa em Uruk, Suméria, às margens do rio Eufrates. O *Épico de Gilgamesh* conta sua história.

2630 Imhotep, o primeiro médico do mundo, assim como sacerdote, escriba, sábios, poetas, astrólogo, arquiteto e feiticeiro.

c.2500-1628 Civilização "Minoica" em Creta e nas Cíclades. Deusa/sacerdotisa serpente em Cnossos.

c.2400 Construção de Stonehenge iniciada na Inglaterra.

c.2000 Fundação do oráculo de Géa em Dodona, na Grécia, aos pés do monte Tomaros. Plantação do Carvalho Sagrado.

1628 Moisés vai pedir ao Faraó do Egito a libertação dos escravos hebreus. Segue-se o Êxodo.

1628 Ilha vulcânica de Kallisti (atualmente conhecida como Tera), **a norte de Creta, explode**, marcando o término da Idade do Bronze no Mediterrâneo Oriental. Esse acontecimento é misturado com o impacto de c.8500 para criar uma "Lenda de Atlântida"* que envolve elementos de ambos.

1628-1618 "Guerra no Céu"; "Batalha dos Titãs"

Século XV Invasão ariana; ascensão dos Deuses-Céu

1478 Guerra de Kurukshetra entre os Kauravas e os Pandava (Índia), descrita no *Mahabarata*.

Século XV O Rio Saraswati seca. A cultura Harappan desaparece.

Século XIII Zeus é estabelecido como divindade padroeira do oráculo de Dodona.

1367-1350 O Faraó Akhenaton introduz o culto monoteísta a Aton (Sol) no Egito.

c.1264 A saga do Argo – a busca do Velo de Ouro por Jasão.

1220-1210 A guerra de Troia. Gregos micênicos saqueiam Troia.

1210-1200 A Odisseia (viagem de Odisseu de Troia até seu lar em Ítaca, Grécia).

---

*N.E.: Sugerimos a leitura de *Lendas de Atlântida e Lemúria*, de W. Scott-Elliot, Madras Editora.

c. 1000 A civilização etrusca surge na Itália. Os etruscos são famosos por todo o mundo por seu conhecimento de magia, adivinhação e filosofia.

c.1000 Os milesianos vão à Irlanda e conquistam Tuatha.

950-928 Salomão é rei de Israel. Fica conhecido na lenda como mestre mago, comandante dos *Djinn*.

850 Cartago é fundada por Elissa, princesa de Tiro.

753 Fundação de Roma pelos gêmeos Rômulo e Remo.

700 Civilização Céltica surge na Áustria; é a chamada cultura Hallstatt. Surgimento da linguagem celta.

551 Nascimento de Confúcio na China. Buda e Lao Tsé são contemporâneos.

500 Celtas Britânicos chegam à Grã-Bretanha. Os druidas se tornam uma casta religiosa e intelectual.

500-450 Final da era Halstatt e início da La Tène; idade heroica celta. Era de muitas mitologias.

460-429 Reinado de Péricles em Atenas: "Idade do Ouro da Grécia" – os filósofos e dramaturgos prosperam.

420 O culto a Asclépio, deus da saúde e pai da Medicina, é introduzido em Atenas por Sófocles.

387 A Gália Céltica derrota os romanos em Alia. Saque de Roma por Breno.

325 Alexandre, o Grande (356-323), conquista todo o mundo conhecido e estabelece o Império Macedônico; a cultura grega se expande na Itália, Egito, Pérsia e Índia.

280 "Vitórias Pírricas". Pirro, rei de Épiro (Grécia), derrota os romanos em batalha, em Heracleia.

279 Os celtas invadem a Grécia, através da Macedônia, e saqueiam o Templo de Delfos.

264-241 Primeira Guerra Púnica entre Roma e Cartago.

214 Começa a construção da Grande Muralha da China.

186 As Bacanais, versão romana das Dionisíacas gregas, são proibidas pelo Senado por sua licenciosidade.

168-165 Revolta macabeia dos judeus contra os gregos.

167 Grécia: em retaliação pela vitória Pírrica de 280, o cônsul romano Lúcio Emílio Paulo incendeia 70 cidades do Épiro na Terceira Guerra Macedônica, incluindo os antigos oráculos de Dodona e o Necromanteion.

61 Júlio César (100-44) conquista Brigâncio, encontra resistência celtibera.

51-50 César pacifica a Gália e destrói 220 "Navios de cristal" da aliança celtibera em uma grande batalha naval.

4 Os *Reis magos* Zoroastrianos fazem uma peregrinação da Pérsia até Belém para oferecer presentes ao recém-nascido Jesus.

d.C. (depois de Cristo, ou Era Comum)

29 Crucifixão de Jesus; início do Cristianismo

43 Os romanos invadem a Grã-Bretanha. De 43-409 Roma domina a Grã-Bretanha e parte de Gales.

30-97 Apolônio de Tiana, o maior feiticeiro do século I.

50-60 Simão mago, célebre "operador de milagres", em competições mágicas com o apóstolo Pedro.

61 Fortaleza druídica em Anglesey destruída pelos romanos; Suetônio Paulino defende Iceni (Rebelião de Boudiccea).

63 José de Arimateia chega a Glastonbury para a primeira missão cristã na Grã-Bretanha, trazendo o Santo Graal.

70 Os romanos destroem Jerusalém e derrubam o Grande Templo. Começa a Diáspora judaica.

122-128 A muralha de Adriano, com 117 quilômetros, é erigida no norte da Inglaterra para demarcar a fronteira romana.

150 Celtas conquistados pelos romanos. Grã-Bretanha e Gália sob domínio romano.

c.250 Os saxões começam a atacar a costa leste da Grã-Bretanha.

313 Constantino (r.312-337) legaliza o Cristianismo no Império Romano.

c.350 O Cristianismo chega a Irlanda.

361 O Paganismo é banido do Império Romano.

361-363 O imperador Juliano, o apóstata, tenta reviver a religião pagã no Império Romano. Ele é derrubado.

392 Carvalho Sagrado de Zeus em Dodona é cortado e o Oráculo, fechado pelo imperador cristão Teodósio.

394 Teodósio fecha o Oráculo de Delfos; proíbe o culto de Apolo e a celebração dos Jogos Píticos.

395 Alarico, o Godo, derruba o Templo de Deméter em Elêusis, acabando assim com a celebração anual dos Mistérios Eleusianos após 1.600 anos.

410 Os romanos se retiram da Grã-Bretanha. O imperador Honório diz aos britânicos que eles estão por sua conta.

415 Martírio de Hipácia e incêndio da Grande Biblioteca de Alexandria, Egito.

432 Chegada de Padraig (São Patrício) na Irlanda.

445 Vortigern sobe ao poder na Grã-Bretanha.

455 Roma saqueada pelos vândalos. Fim do império ocidental.

460-470 Ambrósio assume o controle da facção pró-romana e do esforço de resistência britânico; lidera os bretões em anos de luta com saxões.

481 *Artorius Roithamus* (Athur) (465-537) se torna o grande rei da Inglaterra. Tem 15 anos de idade e seu mentor e conselheiro é o mago Myrddin (Merlin).

485-496 Incursão saxônica é reprimida pelo Rei Arthur em 12 batalhas. Athur finalmente derrota os saxões no Monte Baden.

537 Arthur é morto na batalha de Camlann e enterrado em Avalon (Glastonbury).

540 Pequeno cometa ou asteroide colide com a Terra, iniciando a Idade das Trevas. Os registros da Europa coincidem com os da China, e relatam condições invernais que envolveram o mundo por 18 meses.

622 *Al Hajira*, "A fuga"; início da era muçulmana.

C.790 Início dos ataques e colonização das Ilhas Britânicas pelos vikings.

900 *Canon Episcopi* – o mais importante documento legal do início da Idade Média a respeito da Bruxaria.

1014 Batalha de Clontarf: os vikings são expulsos da Irlanda por Brian Boru. Logo depois eles se retiram das nações celtas.

1054 "Grande Cisma" divide as Igrejas Romana e Oriental.

1066 Batalha de Hastings. Os normandos, comandados por Guilherme, o Bastardo, invadem e conquistam a Inglaterra.

1095-1244 Cruzadas

1095-1099 Primeira Cruzada; Godofredo captura Jerusalém.

1099 Priorado de Sião fundado em Jerusalém por Godofredo.

1145-1148 Segunda Cruzada; encontra a derrota.

1187 O papa Gregório VIII anuncia a Terceira Cruzada

1189 Ricardo coroado rei da Inglaterra.

1199 Ricardo Coração de Leão morto na Terceira Cruzada. Seu irmão, João, se torna rei.

1215 O rei João é forçado a assinar a *Magna Carta* ("Grande estatuto"), acabando com o "direito divino dos reis".

1227-1736 "Os Tempos da Fogueira".

1227 O papa Inocêncio III publica uma bula que estabelece a Inquisição.

1233 Alemanha: introduzida a lei para estimular a conversão em vez de queima de bruxas.

1233 O papa Gregório IX publica uma bula decretando que os inquisidores obedeceriam apenas ao papa.

1244 Força combinada de muçulmanos turcos e egípcios recaptura Jerusalém. Fim das Cruzadas.

1258 1ª bula papal contra a magia negra publicada pelo papa Alexandre IV.

1311 O papa Clemente é persuadido por Felipe IV da França a suprimir a Ordem dos Cavaleiros Templários.

1324 Um conciliábulo irlandês orientado pela dama Alice Kyeteler é julgado pelo bispo de Ossory por cultuar um deus não cristão. Kyteler é salva por seu título, mas suas seguidoras são condenadas à fogueira. Sua criada, Petronella de Meath, é executada na primeira queima de bruxas da Irlanda.

1331 O papa João XXII publica a quarta bula da Bruxaria.

1390 Documentação da Fraternidade Maçônica no Poema Regius.

1431 Joana D'Arc, acusada de Bruxaria, é oficialmente condenada e queimada na fogueira como herege.

1471 Marcílio Ficino traduz *Os Hermetica* do grego para o latim. Seu impacto na filosofia renascentista é enorme.

1484 Bula do papa Inocêncio VIII contra as bruxas.

1486 Os monges alemães Enrique Cramer e Jacob Sprenger publicam o *Malleus Malleficarum* ("O Martelo das bruxas") com instruções detalhadas para a horrenda perseguição das bruxas.

1506 Cornélio Agrippa funda uma sociedade secreta dedicada a Astrologia, Alquimia, Magia e Cabala.

1536 Inglaterra: um novo estatuto contra a Bruxaria, ordenando a pena de morte para bruxas, encantadores e esconjuradores é publicado por Elizabeth I. John Dee é o mago da Corte.

1588 Armada Espanhola invasora é afundada no Canal da Mancha por uma repentina tempestade invocada pelas bruxas da Inglaterra.

1584 *The Discoverie of Witchcraft*, por Reginald Scott.

1597 Jaime VI da Escócia publica seu *Daemonologie*.

1604 Elizabeth I morre; Jaime I sobe ao trono. Ele se revoga à lei antibruxaria de 1563 e a substitui por um estatuto mais estrito que permanece em efeito até 1736.

Século XVII Alguns pagãos europeus fogem para o Novo Mundo e se juntam aos índios americanos cujas práticas e crenças são semelhantes às suas. Muitos se estabelecem nos Apalaches e iniciam tradições de *pow-wow*.

1611 *A Tempestade,* de William Shakespeare (1564-1616).

1623 Paris, França: Ordem da Rosa-Cruz estabelecida.

1627 Quincy, Mass: Thomas Morton (1579-1647) celebra a primeira Beltane (Dia de Maio) na América com um Maypole de 25 metros e festividades pagãs na colônia do monte Ma-re. Ele é imediatamente preso pelos puritanos.

1634 Padre Urbain Grandier considerado culpado de enfeitiçar freiras em Loudon, França ("Demônios de Loudon").

1641 O Conselho-Geral de Massachusetts aceita um projeto de lei que dá "uma direção mais particular à execução das leis contra a Bruxaria". Ele permanece em efeito até 1695.

1659 A colônia de puritanos da baía de Massachusetts bane a celebração do Natal por ser muito pagã.

1662 Estabelecimento da Academia Real na Inglaterra; declara a separação da "Ciência" da "Magia".

1692 O julgamento de um lobisomem livoniano, um velho com mais de 80 anos, ocorre em Jurgensburg.

1692 O famigerado julgamento das bruxas de Salem em Massachusetts. 141 inocentes são presos; 20 deles são executados sob acusações falsas de Bruxaria.

1696 Confissão oficial de erro pelos jurados do julgamento das bruxas de Salem.

1717 Antiga Ordem Druídica da Irmandade Universal é fundada por John Tolland.

1717 Quatro das "Antigas" Lojas Maçônicas se reúnem em Londres, em 24 de junho, para formar a primeira Grande Loja da Inglaterra.

1736 O Ato de Bruxaria de 1601 é substituído pelo Ato de Bruxaria da

Inglaterra, baseado na premissa de que não existem coisas como Magia e Bruxaria e que quem dissesse ter esses poderes era um charlatão.

1776 Ordem dos Iluminados formada na Baviera. Ben Franklin e George Washington são membros.

1787 Últimas Leis sobre Bruxaria rejeitadas na Áustria.

1792 Primeiro *gorsedd* druídico/bárdico é estabelecido por Iolo Morgannwg (Edward Williams). Isso levou à fundação do *Eistedfoddau* bárdico-druídico no País de Gales.

1875 A Sociedade Teosófica é fundada por Helena Blavatsky, Henry Steele Olcott e outros.

1888 Formada a Ordem Hermética da Aurora Dourada.

1889 C. G. Leland publica *Aradia, o Evangelho das bruxas*.

1889-1890 Aleister Crowley teria sido iniciado em um dos Nove Conciliábulos de Pickingill.

1893 Primeiro Parlamento das Religiões do Mundo em Chicago.

1900 Crowley invade o Templo da Aurora Dourada e rouba documentos, demarcando o final da Aurora Dourada.

1904 *Ordo Templi Orientis* (OTO) é fundada.

1904 A esposa de Crowley, Rose, canaliza o espírito chamado "Aiwass", que dita *O Livro da Lei*.

1908 Winston Churchill é iniciado na Loja de Druidas de Albion.

1909 George Pickingill, legendário curandeiro inglês, morre, tendo estabelecido os Nove Conciliábulos por mais de 60 anos.

1921 Margaret Murray publica *O Culto das Bruxas na Europa Ocidental*,* que mais tarde inspira Gerald Gardner.

1924 Aleister Crowley é eleito o chefe da OTO.

1925 A OTO se divide a respeito da questão de aceitar o *Livro da Lei* de Crowley como legítimo.

1925 *Secret Techings of All Ages*, de Manly Palmer Hall.

1938 A Igreja de Afrodite de Long Island é fundada pelo Rev. Gleb Botkin. Primeira igreja pagã nos Estados Unidos.

1939 Gerald Gardner é iniciado por bruxas hereditárias que se reúnem em New Forest.

1940 17 bruxas (homens e mulheres) se reúnem em New Forest para repelir uma invasão de Hitler (1º de agosto).

1947 Aleister Crowley encontra Gerald Gardner e contribui para seu *Livro das Sombras*; morre no mesmo ano.

1947 Paul Foster Case publica *The Tarot*.

1948 Robert Graves publica *The White Goddess*.

1949 Gerald Gardner publica *High Magick's Aid*.

1950 Fundação do Great Oak Forest Celtic College em Broceliande por Goff ar Steredennou.

---

*N.E.: Publicado no Brasil pela Madras Editora.

1951 O Ato de Bruxaria da Inglaterra é repelido e substituído pelo Ato dos Médiuns Fraudulentos.

1954 Gerald Gardner publica *A Bruxaria Hoje*, obra que inspirou a muitos, incluindo Victor Anderson.

1958 Frederick Adams funda a sociedade Hesperiana.

1961 A Ordem dos Bardos, Ovados e Druidas é fundada na Inglaterra.

1961 Robert A. Heinlein publica o romance de ficção científica embrionário, *Stranger in a Strange Land*.

1962 Inspirado por *Stranger in a Strange Land*, Tim Zell e Lance Christie fundam uma irmandade aquática chamada Atl – antecessora da Igreja de Todos os Mundos (7 de abril).

1962 Primeiro conciliábulo de Bruxaria Gardneriana formado na América por Ray e Rosemary Buckland.

1962 Druidas Reformados da América do Norte (RDNA) fundado no Carlton College.

1962 *A History of Secret Societies*, por Arkon Daraul.

1963 Eclipse total do Sol no centro dos Estados Unidos (20 de julho).

1963 Estreia de *A Feiticeira* na ABC-TV, apresentando a adorável bruxa Samantha Stevens.

1964 *The Waxing Moon* começa a ser publicada na Inglaterra.

1966 Igreja de Satã fundada por Anton LaVey.

1966 Fundação da Sociedade para o Anacronismo Criativo (SCA).

1966 Gene Roddenbery lança *Jornada nas Estrelas** na NBC-TV.

1967 A Igreja de Todos os Mundos (CAW) se torna o primeiro grupo moderno a adotar a designação "Pagão".

1967 Frederick Adams funda a Feraferia ("Festival Silvestre").

1968 A Igreja de Todos os Mundos (CAW) se incorpora ao MO. O fundador Tim Zell começa a publicar *Green Egg*.

1968 Gavin e Yvonne Frost fundam a Igreja e Escola de Wicca.

1968 Sybil Leek publica *Diary of a Witch*.

1968 O Conselho de Têmis é formado por Tim Zell da CAW e Frederick Adams da Feraferia. É o primeiro conselho ecumênico pagão, com 12 grupos-membros.

1968 Fundação da Nova Ordem Ortodoxa Reformada da Aurora Dourada (NROOGD) na Universidade de San Francisco.

1969 Caminho pagão fundado por Joseph Wilson, Tony Kelly, Ed Fitch, John Scorer e alguns outros para ensinar uma tradição wiccana acessível sem iniciação formal ou exigências de ingresso.

1970 Eclipse total do Sol no centro dos Estados Unidos (7 de março).

1970 Primeiro Dia da Terra (22 de abril).

---

*N.E.: Sugerimos a leitura de *Star Wars e a Filosofia*, coletânea de Jason T. Eberl e Kevin S. Decker, Madras Editora.

1970 Primeiro Witch-in público promovido pela Witches International Craft Associates (WICA) no Central Park de Nova York.

1970 A Igreja de Todos os Mundos se torna a primeira igreja pagã a receber isenção religiosa do IRS.

1970 Fundação da Igreja Egípcia da Fonte Eterna.

1970 *Encyclopedia of Man, Myth & Magic*, em 24 volumes, editada por Richard Cavendish.

1970 Johan Scorer e Doreen Valiente fundam a Associação Britânica de Pesquisa sobre Bruxaria, mais tarde renomeada como Federação Pagã em 1971.

1970 Paul Huson publica *Mastering Witchcraft*.

1970 Em 6 de setembro, Tim Zell tem uma profunda Visão de Géa; escreve "TheaGenesis: The Birth of the Goddess".

1971 O programa radiofônico de Patricia Crowther, *A Spell of Witchcraft*, é transmitido na Grã-Bretanha.

1971 Isaac Bonewits publica *Real Magick*.

1971 William Gray publica *Magical Ritual Methods*.

1971 Susan Roberts publica *Witches USA*.

1972 *Asatru* é oficialmente reconhecida como religião pelo governo da Islândia.

1972 A Llewellyn começa a publicar *Gnostica News*.

1973 Ray Buckland funda a tradição Seax-Wicca.

1973 Alison Harlow adquire *Coeden Brith*, um santuário pagão de 220 acres em NorCalifia.

1974 Adoção dos *13 princípios da crença Wiccana* pelo conselho de bruxas americanas no Festival Aquariano Gnóstico em St. Paul, MN. Tim Zell & Morning Glory se casam em cerimônia pública.

1974 Círculo fundado por Selena Fox, Jim Alan.

1974 Início da publicação da revista *WomanSpirit*.

1974 Zsuanna Budapest é preso em Los Angeles e mais tarde condenada por leitura da sorte. Z. publica *The Feminist Book of Lights and Shadows*.

1975 Fundação do Conciliábulo da Deusa.

1975 Ordem de bruxas Glainn Sidhe é fundada em Massachussets por Andras Corben-Arthen.

1975 Estabelecida a Sociedade de Ísis por Lawrence e Pamela Durdin-Robertson e Olivia Robertson.

1975 Gwydion Pendderwen estabelece *Annwfn*, um santuário pagão de 55 acres adjacente a Coeden Brith. Ele também produz o primeiro álbum musical da comunidade mágica: Songs of the Old Religion.

1975 Michael Aquino rompe laços com a Igreja de Satã de LaVey e funda o Templo de Set para a magia negra.

1976 Formação do Conselho Pagão do Meio-Oeste.

1977 Os Zells vão morar em Coeden Brith pelos oito anos seguintes.

1978 A Tradição Wiccana da Estrela Azul é fundada na Pensilvânia por Frank "feiticeiro" Dufner, Tzipora Katz.

1978 Primeira Conferência da Deusa na UC Santa Cruz, CA.

1978 Abby Willowroot cria a figura da Deusa Espiral.

1979 O maior ritual mágico dos tempos modernos celebra o eclipse solar total (26 de fevereiro) na réplica de Stonehenge no estado de Washington, assistido por mais de 3 mil pessoas. Os ritos são conduzidos por Tim e Morning Glory Zell, Isaac Bonewits, Anodea Judith, Margot Adler, Alison Harlow e outros. Zell adota o nome "Otter" (lontra).

1979 Margot Adler publica *Drawing Down the Moon*, a primeira história completa da moderna ressurgência pagã.

1979 Starhawk publica *The Spiral Dance*.

1979 Santuário do Círculo fundado em Wisconsin por Selena Fox e Jim Alan.

1979 Igreja do Tabernáculo Aquariano fundada em Seattle por Pete Pathfinder Davis.

1979 Festival dos Primeiros Ritos da Primavera em Massachussets.

1980 Lancelot e Bedivere, os primeiros unicórnios vivos da idade moderna, são criados por Otter e Morning Glory Zell.

1980 Tradição Reclaiming fundada em San Francisco por Starhawk e Diane Baker.

1980 Início da publicação de *Circle Network News*.

1980 Primeiro Festival Pan-Pagão.

1980 Primeiro Festival Starwood promovido pela ACE em Cleveland.

1981 Primeira Reunião do Espírito Pagão promovida pelo Círculo.

1982 Conferência da Ascensão da Deusa em Sacramento, CA.

1983 *ArnDraiocht Fein* (uma sociedade druídica) fundada por Isaac Bonewits.

1984 Otter Zell organiza expedição de mergulho na Nova Guiné para resolver o mistério das sereias locais, chamadas "Ilkai".

1985 A Bruxaria é legalmente reconhecida nos Estados Unidos. A Corte distrital de Virginia determina que a Bruxaria entra em uma categoria de religião reconhecível e é, portanto, protegida pela constituição.

1986 *Buckland's Complete Book of Witchcraft*, de Ray Buckland.

1987 Anne Niven começa a publicar a revista *Sagewoman*.

1988 Otter Zell ressuscita *Green Egg* após uma pausa de 11 anos.

1988 Adoção da *Resolução Antiabuso da Religião na Terra*, de Morning Glory, com a assinatura de mais de cem grupos.

1990 20º aniversário do Dia da Terra (22 de abril) resulta em significativa participação de grupos pagãos.

1992 A Igreja de Todos os Mundos se torna a primeira igreja não cristã a ser legalmente reconhecida na Austrália.

1993 Segundo Parlamento das Religiões do Mundo realizado em Chicago. Muitos representantes pagãos comparecem.

1994 Otter Zell recebe o novo nome de Oberon.

1995 Fundação de diversos santuários pagãos rurais: Camp Gaia, Brushwood, Mother Rest Sacred Grove, Heartspring, Four Quarters Farm.

1996 The Witches Voice (*www.witchvox.com*) entra *on-line*, fundado por Fritz e Wren Walker.

1997 J. K. Rowling escreve *Harry Potter e a Pedra Filosofal*, iniciando uma saga de sete livros (e filmes).

1998 "Dia do Orgulho Pagão" estabelecido por Cecylyna e Dagonet Dewr. Torna-se um evento nacional.

1998-2000 "Projeto Deusa 2000" fundado por Abby Willowroot une mais de 20 mil pagãos de 52 países na criação de Arte consagrada à deusa.

1998 Oberon Zell cria a estátua da Gaia do Milenário.

1999 Eclipse solar total (11 de agosto) na Europa.

1999 Terceiro Parlamento das Religiões do Mundo realizado na África do Sul. Muitos representantes pagãos comparecem, encontram-se e se aliam aos xamãs africanos tradicionais.

1999 "Petição para as desculpas papais", enviada ao papa João Paulo II com 6 mil assinaturas de pagãos.

2000 O papa João Paulo II conduz a "Missa do Perdão" na Basílica de São Pedro, no dia 12 de março. Ele reconhece que os "Cristãos muitas vezes... violaram os direitos de grupos étnicos e pessoas, e mostraram desprezo por sua cultura e tradições religiosas".

2000 A *Green Egg* deixa de ser publicada após 135 edições.

2001 "Cúpula pagã" em Indianópolis; 35 líderes pagãos comparecem em harmonia e produtivamente.

2002 Eclipse solar total (4 de fevereiro) na Austrália.

2003 Oberon Zell-Ravenheart reúne o *Gray Council* e escreve *Grimório para o Aprendiz de Feiticeiro*.

Apêndice B:
A Biblioteca do Feiticeiro

Eis alguns dos melhores livros recomendados pelos membros do Cray Council para a biblioteca pessoal do jovem feiticeiro. Agrupei-os nas categorias que uso para a minha própria biblioteca. Em cada categoria, os livros estão em ordem alfabética pelo sobrenome do autor e os títulos estão listados por data de publicação ou em ordem da série.

1. Romances e Séries de Fantasia

Isabel Allende—
City of the Beasts (2002)
Peter S. Beagle—
The Last Unicorn (1968)
Emma Bull—
The War of the Oaks (2001)
Susan Cooper—The Dark is Rising:
Over Sea, Under Stone (1965)
The Dark is Rising (1973)
Greenwitch (1974)
The Grey King (1975)
Silver on the Tree (1977)
Tom Cross—
The Way of Wizards (2001)
John Crowley—*Little, Big* (1981)
Diane Duane—Tale of the Five:
Door Into Fire (1979)
Door Into Shadow (1984)
Door Into Sunset (1993)
Door Into Starlight (2004)
—Young Wizards series:
So You Want to be a Wizard (1996)
Deep Wizardry (1996)
High Wizardry (1997)
A Wizard Abroad (1999)
The Wizard's Dilemma (2002)
A Wizard Alone (2002)
The Wizard's Holiday (2003)
Lyndon Hardy—5 Magicks trilogy:
Master of the Five Magics (1984)
Secret of the Sixth Magic (1988)
Riddle of the Seven Realms (1988)
H. M. Hoover—
Children of Morrow (1985)
Madelyn L'Engle Time Quartet:
A Wrinkle in Time (1962)
A Wind in the Door (1973)
A Swiftly Tilting Planet (1978)
Many Waters (1986)
Ursula K. LeGuin—Earthsea trilogy:
A Wizard of Earthsea (1968)
The Tombs of Atuan (1971)
The Farthest Shore (1972)
Cormac MacRaois—
—The Giltspur trilogy:
The Battle Below Giltspur (1988)
Dance of the Midnight Fire (1990)
Lightning Over Giltspur (1992)
Ruth Nichols—
A Walk Out of the World (1969)

Pat O'Shea—
The Hounds of the Morrigan (1988)
Tamora Pierce—
— Circle of Magic quartet:
1. *Sandry's Book* (1997)
2. *Tris's Book* (1998)
3. *Daja's Book* (1998)
4. *Briar's Book* (1999)
— The Circle Opens:
1. *Magic Steps* (2000)
2. *Street Magic* (2001)
3. *Cold Fire* (2002)
4. *Shatterglass* (2003)
Elizabeth Pope —
The Perilous Gard (1974)
Terry Pratchett—
Equal Rites (1986)
Mort (1987)
Sourcery (1989)
Small Gods (1991)
Terry Pratchett & Josh Kirby—
Eric (1990)
Philip Pullman—His Dark Materiais:
I: The Golden Compass (1995)
II: The Subtle Knife (1997)
III: The Amber Spyglass (2000)
J.K. Rowling—série Harry Potter:
A Pedra Filosofal (1997)
A Câmara Secreta (1998)
O Prisioneiro de Azkaban (1999)
O Cálice de Fogo (2000)
A Ordem da Fênix (2003)
Harry Potter e o Enigma do Príncipe (2005)
Harry Potter e as Relíquias da Morte (2007)
Mary Stewart—The Merlin quarto:
The Crystal Cave (1970)
The Hollow Hills (1973)
The Last Enchantment (1979)
The Wicked Day (1983)
J. R. R. Tolkein—O Senhor dos Anéis:
O Hobbit (1931)
A Sociedade do Anel (1954)
As Duas Torres (1954)
O Retorno do Rei (1954)
T. H. White—
The Sword in the Stone (1963)
Jane Yolen—*Wizard's Hall* (1991)

II. Prática da Magia

Robert Adzema & Mablen Jones—
The Great Sundial Cutout Book (1978)
Anton & Mina Adams—
Wizard's Handbook (2002)
The World of Wizards (2002)
Freya Aswynn—
Northern Mysteries & Magic (2002)
Rae Beth—
The Wiccan Path: A Guide for the Solitary Practitioner (1990)
Raymond Buckland—
Practical Color Magick (1983)
Buckland's Complete Book of Witchcraft (1997)
Pauline & Dan Campanelli—
Wheel of the Year: Living the Magical Life (1989)
Ancient Ways: Reclaiming Pagan Traditions (1991)
Pagan Rites of Passage (1994)
Deepak Chopra—
The Way of the Wizard (1995)
Scott Cunningham—
Earth Power (1983)
Wicca: A Guide for the Solitary Practitioner (1988)
The Complete Book of Incense, Oils & Brews (1989)
Spell Crafts: Creating Magical Objects (1997)
Scott Cunningham & David Harrington—
The Magical Household (1987)
Spell Crafts: Creating Magical Objects (1997)

Gerina Dunwich—
Candlelight Spells (1988)
The Magick of Candle Burning (1989)
Anodea Judith—
Wheels of Life: A User's Guide to the Chakra System (1987)
Amber K—
True Magick (1990)
Gillian Kemp—
The Good Spell Book (1997)
Janice Eaton Kilby—
The Book of Wizard Craft (2001)
Edain McCoy—
The Sabbats: A New Approach to Living the Old Ways (1994)
Francis Melville—
The Secrets of High Magic (2002)
Diana Paxson—
Taking up the Runes (2005)
Silver Ravenwolf—
Solitary Witch: The Ultimate Book of Shadows for the New Generation (2003)
Cornelius Rumstuckle—
The Book of Wizardry: The Apprentices Guide to the Secrets of the Wizards Guild (2003)
Starhawk—
Circle Round: Raising Children in Goddess Traditions (2000)
Patricia Telesco—
Futuretelling (1998)
A Kitchen Witch's Cookbook (1998)
Magick Made Easy: Charms, Spells, Potions & Power (1999)
The Teen Book of Shadows (2004)
Arthur Edward Waite—
The Pictorial Key to the Tarot (1971)
Marion Weinstein—
Positive Magic: Occult Self-Help (1985)
Valerie Worth—
Crones Book of Words (1971)

III. Mitologia

Lucius Apuleius—
O Asno de Ouro (Robert Graves, trad.) (1998)
Padraic Coium—
The Children's Homer: The Adventures of Odysseus and the Tale of Troy (1982)
The Golden Fleece and the Heroes Who Lived Before Achilles (1983)
Children of Odin: The Book of Northern Myths (1984)
The King of Ireland's Son (1997)
Hilda Davidson—
Gods & Myths of the Viking Age (1982)
Hallie Eagleheart—
The Heart of the Goddess (1990)
Robert Graves—
Hercules, My Shipmate (1945)
The Greek Myths (1955)
Greek Gods & Heroes (1965)
Roger L. Green—
Tales the Muses Told (1965)
Heroes of Greece & Troy (1970)
Tales of Ancient Egypt (1996)
King Arthur & His Knights of the Round Table (1995)
Stefan Grundy—
Rhinegold (1994)
Edith Hamilton—
Mythology (1942)
Barbara Leonie Picard—
Lady of the Linden Tree (1954)
Three Ancient Kings: Gilgamesh, Hrolf Kraki, Conary (1986)
Mary Renault—
The Bull from the Sea (1962)
The King Must Die (1988)
Robert Silverberg —
Gilgamesh the King (1984)
R. J. Stewart—
Celtic Gods, Celtic Goddesses (1990)
Hyemehost Storm—

Seven Arrows (1985)
Rosemary Sutcliffe—
The Hound of Ulster (2002)

IV. A Vida, o Universo e Tudo o Mais

Larry Gonick—
The Cartoon History of the Universe, Vol.1 (1990);
Vol. 2 (1991); *Vol. 3* (2002)

V. Natureza Selvagem e Domada

Galen Gillotte—
Sacred Stones of the Goddess: Using Earth Energies for Magical Living (2003)
William Hillcourt—
The Boy Scout Fieldbook (1978)
   Jesse Wolf Hardin—
   Gaia Eros: Reconnecting to the Magic and Spirit of Nature (2004)
Ellen Evert Hopman—
Tree Medicine—Tree Magic (1991)
A Druid's Herbal For the Sacred Earth Year (1995)
Walking The World In Wonder — A Children's Herbal (2000)
John Martineau—
A Little Book of Coincidence (2001)
Melody—
Love Is In the Earth (1995)
Elizabeth Pepper & John Wilcock—
The Witches' Almanac (anual)
Peterson Field Guides
H.A. Rey—
Find the Constellations (1954; 1988)
The Stars: A New Way to See Them (1962;1980)
Jamie Sams & David Carson—
Medicine Cards (1988)
Stanley Schuler—
How to Grow Almost Everything 1965)
Patrícia Telesco—

Gardening With the Goddess (2001)
Animal Spirit: Spells, Sorcery & Symbols from the Wild (2002)
Herbert S. Zim, Ed.—
Golden Nature Guides (dúzias de ótimos livros... 1950 em diante)

VI. Conjuração

Walter B. Gibson—
Professional Magic for Amateurs (1974)
Todd Karr—*Backyard Magic* (1996)
Henning Nelms—
Magic and Showmanship: A Handbook for Conjurers (1969)
Bill Tarr—*Now You See It, Now You Don't* (1976)

VI. Seres e Criaturas Míticas

Katlyn Breene—*Faery Call* (1997)
   Joseph Nigg—
   The Book of Dragons e other Mythical Beasts (2002)
Barbara Ninde Byfield—
The Glass Harmonica: A Lexicon of the Fantastical (1967)
Brian Froud—
Faeries (1978)
Good Faeries/Bad Faeries (1998)
   John A. Keel—
The Complete Guide to Mysterious Beings (1970; 1994)
White, T. H—
The Book of Beasts (1954; 1984)

IX. Livros de Referência

Raymond Buckland—
The Witch Book: Encyclopedia of Witchcraft, Wicca, & Neo-Paganism (2002)

The Fortune-Telling Book: Encyclopedia of Divination & Soothsaying (2003)
Scott Cunningham—
Cunningham's Encyclopedia of Magical Herbs (1985)
Encyclopedia of Crystal, Gem & Metal Magic (1987)
Raven Grimassi—
Encyclopedia of Wicca & Witchcraft (2000)
Rosemary Guiley—
Encyclopedia of Witches & Witchcraft (1989; 1999)
Rudolf Koch—
   The book of Signs (1995)
Carl G. Liungman—
Dictionary of Symbols (1994)
Carl McColman—*The Complete Idiot's Guide to Paganism* (2002)
Melody—
Love Is in the Earth – Mineralogical Pictorial: Treasures of the Earth (2003)
Tom Ogden —
Wizards & Sorcery (1997)
Herbert Robinson & Knox Wilson —
Myths & Legends of All Nations (1976)
Patrícia Telesco—
Seasons of the Sun: Celebrations from the World's Spiritual Traditions (1996)
The Language of Dreams (1997)
Ghosts, Spirits & Hauntings (1999)
The Magick of Folk Wisdom (2000)
Elizabeth & Allan Zolian Kronzek —
The Sorcerer's Companion: A Guide to the Magical World of Harry Potter (2001)

Apêndice C:
Créditos e Referências

Primeiro Curso: FEITIÇARIA

Primeira Aula: Sobre os Feiticeiros
Adams, Anton e Mina, *The World of Wizards,* Lansdowne Publ., 2002.
Chopra, Deepak, *The Way of the Wizard,* Harmony Books, 1995
Guiley, Rosemary, *Encyclopedia of Witches and Witchcraft,* Facts on File, 1989; 1999.
Highfield, Roger, *The Science of Harry Potter,* Viking Penguin, 2002.
Rowling, J. K., *Harry Potter and the Sorcerer's Stone,* Scholastic, 1997.

Segunda Aula: Tornando-se um Feiticeiro
LeGuin, Ursula, *4 Wizard of Earthsea,* Bantam Books, 1968.

Terceira Aula: Fundamentos da Magia
Melville, Francis, *he Secrets of High Magic,* Quarto Books, 2002.
Ogden, Tom, *Wizards. & Sorcery,* Facts on File, 1997
Pratchett, Terry, *Lords and Ladies,* Harper Torch ,1992.
Tesco, Patricia. *The Magick of Folk Wisdom,* Castle Books, 2000.

Quarta Aula: Artes Mágicas
Brandon, S.G.F., *Milestones of History,* Newsweek, 1970.
Guiley, Rosemary, *Ibid.*

Quinta Aula: Talentos Mágicos
Pratchett, Terry, *Witches Abroad,* HarperTorch, 1991.

Sexta Aula: Talvez Sonhar
Buckland, Ray, *Buckland's Complete Book of Witchcraft,* Llewellyn, 1997.
Highfield, Roger, *Ibid.*
Telesco, Patricia, *Ibid.*
Complete Book of Fortune Telling. Studio London, 1996.

Segundo Curso: NATUREZA

Primeira Aula: Mistérios Naturais
Chardin, Teilhard de, *The Phenomenon of Man,* 1955; Harper & Row, 1975.
A Correlated History of Earth, Pan Terra, Inc., 1994; 2000.
Dewey, Edward R., *Cycles: The Mysterious Forces that Trigger Events,* Hawthom Books, 1971.
LeGuin, Ursula, *The Farthest Shore,* Bantam Books, 1972.
—, *A Wizard of Earthsea (op. cit.)*

Terceira Aula: Os Elementos
Fox, Farida Ka'iwalani, "Elemental Self-Healing" (série), *Green Egg* #89-92, 1990-91
Hall, Manley Palmer, *The Secret Teachings of All Ages,* Philosophical Research Society, 1928.

Quarta Aula: Back to Nature
Hillcourt, William, *Boy Scout Fieldbook,* 2nd edition, Boy Scouts of America, Workman Publishing, 1967; 1978.
Ormond, Clyde, *Outdoorsman's Handbook,* Berkeley Windhover, 1974.
Pratchett, Terry, *Moving Pictures,* HarperTorch, 1990.
Rombauer, Irma and Rombauer Becker, Marion, *Joy of Cooking,* Signet/New America Library, 1931; 1974.

Quinta Aula: Aventuras na Natureza
Friedl, Catherine, "The Role of Water in Human Evolution," March 2000, <www.wf.carleton.ca/Museum/aquatic/cont.htm>
Morgan, Elaine, *The Aquatic Ape Hypothesis,* Souvenir Press, 1997.
Pratchett, Terry, *Ibid.*

Sexta Aula: Seu Jardim Mágico
Goodpasture, W.W., *The Complete Book of Gardening,* Dell, 1954.
Llewellyn's Magical Almanac, Llewellyn Publishing (anual)
Pepper, Elizabeth and Wilcock, John, *The Witches' Almanac* (anual)
Rodale, Robert, *The Basic Book of Organic Gardening,* Ballantine, 1971.
Schuler, Stanley, *How to Grow Almost Everything,* Pocket Books, 1965.

Terceiro Curso: PRÁTICA

Primeira Aula: Ética da Magia
LeGuin, Ursula, *A Wizard of Earthsea (op. cit.)*
Pratchett, T., *Lords and Ladies (op. cit.)*
Thompson, Gwen ("Wiccan-Pagan Potpourri," *Green Egg,* 7:69 – Mar. 21, 1975)

Segunda Aula: Instrumentos de Magia
Buckland, Raymond, *Ibid.*
Huson, Paul, *Mastering Witchcraft,* Perigree Books, 1970
LeGuin, Ursula, *The Tombs of Atuan,* Bantam Books, 1971
Zell, Oberon, "Tools of Magick," *How About Magic?,* 6-11, 1991-92.

Terceira Aula: Seus Emblemas de Feitiçaria
Pratchett, T., *Witches Abroad (op. cit.)*
White, T. H., *The Sword in the Stone,* Bantam Books, 1963.

Quarta Aula: Seu Sanctum Sanctorum
Melville, Francis, *Ibid.*
White, TH., *Ibid.*

Quinta Aula: O Mundo Mágico
Darling, Diane, "Elven Chess: A Game for All Seasons," *How About Magic?,* 1:3, Mar. 21, 1990.

Sexta Aula: Correspondências
Bran th' Blessed, "An Exploration of Circle Symbolism," *HOME Cooking,* 1997.
Whitcomb, Bill, *The Magician's Companion,* Llewellyn, 1993
Zell, Oberon, Ed., *HOME Cooking: Rites & Rituals of the CAW,* 1997.

Sétima Aula: Signos e Símbolos
Buckland, Raymond, *Ibid.*
Hall, Manley Palmer, *Ibid.*
Shlain, Leonard, *The Alphabet versus the Goddess.* Penguin/Compass, 1998.
Strachen, Francoise, *Natural Magic,* Black watch, 1974.
Telesco, Patricia, *Ibid.*

Quarto Curso: RITOS

Primeira Aula: Magia Prática
Attig, Sheila, "Why Study Magick?" ©1987, all rites reserved, Wicca: The Twin Paths: *www.geocities.com/Wiccan Twin Paths/ymagick. htm* (usado com permissão)
Bonewits, P.E.I, *Authentic Thaumaturgy,* 2nd edition, Chaosium, 1978.
Buckland, Raymond, *Ibid.*
Dunwich, Gerina, *The Magick of Candle Burning,* Citadel Press, 1989.
Frazer, Sir James, *The New Golden Bough,* Mentor Books, 1890; 1959.
Levi, Eliphas, *Dogma and Ritual of High Magic,* 1856
Magnus, Olaus, *Historia de Gentibus Septentionalibus,* 1555.
Pratchett, Terry, *Moving Pictures (op. cit.)*
Zell, Oberon, *Ibid.*

Segunda Aula: Espaços Rituais
Mayfire, David, "Mazes and Labyrinths," *Green Egg.* Vol. XXVI, nº 101, Summer 1993
Vickers, J. Rod, "Medicine Wheels: A Mystery in Stone," *Alberta Past* 8(3):6-7, Winter 1992-93.
Zell, Oberon, *Ibid.*

Terceira Aula: Sobre os Rituais
Gabriel, Liza and Zell, Oberon, "Sacraments in the CAW," *Church of All Worlds Membership Handbook,* 3rd edition, 1997.
Inglehart, Hailie, "Creating Rituals," *HOME Cooking,* 1997.
Judith, Anodea, "Ethics of Magick & Ritual;" "Questions to Ask in Planning Ritual," *HOME Cooking,* 1997.
Hunter, Wendy and Littlewolf, Eldri, "Circle Lore & Etiquette," *HOME Cooking,* 1997
Moonoak, Paul, "Rites of Passage," *Church of All Worlds Membership Handbook (op. cit.)*
Zell, Oberon, *Ibid.*

Quarta Aula: Conduzindo um Ritual
Judith, Anodea, "The Magick Circle," *HOME Cooking,* 1997.
Zell, Oberon, *Ibid.*

Quinta Aula: Períodos Mágicos
Goudsmit, Samuel and Claybome, Robert, *Time,* Life Science Library, 1966.
Graves, Robert. *The White Goddess,* Noonday Press, 1948.
Foxtales, "Celtic Tree Calendar," *How About Magic?,* 3:12, Aug 1., 1992.
Pepper, Elizabeth and Wilcock, John, *Witches All,* Pentacle Press, 1976.

Sexta Aula: A Roda do Ano
Hussey, Leigh Ann, "The Fire Festivals," ©1993 (usado com permissão).
Zell, Oberon, "The CAW Wheel of the Year," *Church of All Worlds Membership Handbook,* 3rd edition, 1997.

Sétima Aula: Encantamentos
Buckland, Raymond, *Ibid.*
Dunwich, Gerina, *Candlelight Spells,* Citadel Press, 1988.
Grammary, Ann, *Witches Workbook,* Pocket Books, 1973.
Kemp, Gillian, *The Good Spell Book,* Little, Brown & Co., 1997.
Kidd, D.A., *Collins Latin Gem Dictionary,* Collins, 1957; 1970
Telesco, Patricia, *Ibid.*
Whitcomb, Bill, *Ibid.*
Worth, Valerie, *Crone's Book of Words,* Llewellyn, 1971

Quinto Curso: ESPECTRO I

Primeira Aula: Meditação (Aqua)
Buckland, Raymond, *Buckland's Complete Book of Witchcraft (op. cit.)*
Stewart, C. Nelson, "Astral Body," *Man, Myth & Magic,* Marshall Cavendish Corp., 1970.

Segunda Aula: Cura (Azul)
Buckland, Raymond, *Ibid.*
—, *Practical Color Magick,* 1983.
Harris, Benjamin, F., *Kitchen Medicines,* Natura Publications, Worcester, MA, 1961.
Hopman, Ellen Evert, *A Druid's Herbal For the Sacred Earth Year,* Inner Traditions/Destiny Books, 1995.
—, *Tree Medicine—Tree Magic,* Phoenix Publishers, 1991.
—, *Walking The World In Wonder —A Children's Herbal,* Inner Traditions, 2000.
Judith, Anodea, *Wheels Of Life: A User's Guide to the Chakra System,* Llewellyn, 1987.
Quelch, M.T., *Herbal Medicines,* Faber & Faber Ltd., London, 1946.

Terceira Aula: Wortcunning (Green)
Cunningham, Scott, *Cunningham's Encyclopedia of Magical Herbs,* Llewellyn, 1997.
Gerard, John, *The Herball, or General Historie of Plants,* London, 1597; Dover, 1975.
Harris, Benjamin, F., *Ibid.*
Hopman, Ellen Evert, *Ibid.*
Quelch, M.T., *Ibid.*
Rowling, J.K., *Ibid.*

Quarta Aula: Adivinhação (Amarelo)
Adams, Anton and Mina, *Ibid.*
Crowley, Aleister, *The Book of Thoth,* Samuel Weiser, 1969.
Doane, Doris Chase and Keyes, King, *How to Read Tarot Cards,* Funk & Wagnalls, 1967.
Gardner, Richard, "The Tarot for Life," *The Fortune Tellers,* Black Watch, 1974.
Howe, Ellic, *"Astrology", Man, Myth & Magic (op. cit.)*
Ogden, Tom, *Ibid.*
Peschel, Lisa, *A Practical Guide to the Runes,* Llewellyn, 1995.
Rakoczi, Basil Ivan, *"Palmistry", Man, Myth & Magic (op. cit.)*
Sheridan, Jo, "How to Read Hands," *The Fortune Tellers,* Black Watch, 1974.
Telesco, Patricia, *Ibid.*
Waite, Arthur Edward, *The Pictorial Key to the Tarot,* Rudolf Steiner, 1971.
Williams, Athene, "The Runes," *The Fortune Tellers,* Black Watch, 1974.

Quinta Aula: Conjuração (Laranja)
Gilbert, George and Rydell, Wendy, *Great Tricks of the Master Magicians,* Golden Press, 1976.
Hay, Henry, *The Amateur Magician's Handbook,* Signet, 1950; 1972.
Karr, Todd, *Backyard Magic,* Scholastic Inc., 1996.
Nelms, Henning, *Magic and Showmanship: A Handbook for Conjurers,* Dover, 1969
Scot, Reginald, *The Discoverie of Witchcraft,* 1584
Tarr, Bill, *Now You See It, Now You Don't,* Vintage Books, 1976.

Sexta Aula: Alquimia (Vermelho)
Biedennann, Hans, "Alchemy: A Secret Language of the Mind," *Man, Myth & Magic,* Marshall Cavendish, 1970.
de Givry, Grillot, *Witchcraft, Magic & Alchemy,* Bonanza Books (sem indicação de data ou copyright)
Hall, Manly Palmer, *Ibid.*
Kronzek, Allan Zola and Elizabeth, *The Sorcerer's Companion,* Broadway Books, 2001.
Lionel-Porter, *Chemical Magic,* Lionel Corp., 1952.
Melville Francis, *Ibid.*
Ogden, Tom, *Ibid.*
Pratchett, T., *Moving Pictures (op. cit.)*
Raglan, "Alchemical Ritual Enhancements," *Green Egg,* 32:135, Sept.-Oct. 2000.
Whitcomb, Bill, *Ibid.*

Sexto Curso: ESPECTRO 2
Primeira Aula: Domínio dos Animais (Marrom)
Colombrano, Rosemarie, "Pet Briefs," *USA Weekend,* June 13-15, 2003.
Pratchett, T., *Lords and Ladies (op. cit.)*
Sams, Jamie and Carson, David, *Medicine Cards,* Bear & Co., 1988.
Telesco, Patricia, *Ibid.*

Segunda Aula: Cosmologia (Violeta)
Adzema, Robert and Jones, Mablen, *The Great Sundial Cutout Book,* Hawthorn Books, 1978.
Arp, Halton, *Quasars, Redshifts and Controversies,* Interstellar Media, 1987.
Bell, Cathy, "The Mythology of the Constellations," <*www.emufarm.org/~cmbell/myth/myth.html*>
Bergamini, David, *The Universe,* Time-Life Books, 1962; 1967.
Bryson, Bruce, "Quarks to Quasars: Powers of Ten,"
<*www.wordwizz.com/pwrsof10.htm*>
Powers of Ten: *http://micro.magnet.fsu.edu/primer/java/scienceopticsu/powersof10/index.htm*
Davies, Paul and Gribbin, John, *The Matter Myth,* Simon & Schuster/Touchstone, 1992.
LaViolette, Paul, *Beyond the Big Bang: Ancient Myth and the Science of Continuous Creation,* Park Street Press, 1995.
Lerner, Eric, *The Big Bang Never Happened,* Vintage Books, 1992
Martineau, John, *A Little Book of Coincidence,* Walker & Co., 2001 NASA, www.nasa.gov
Rees, Martin and Natarajan, Priyamvada, "A Field Guide to the Invisible Universe," *Discover,* 24:12 (Dec. 2003)
Rey, H.A., *Find the Constellations,* Houghton Mifflin, 1954-1988
—, *The Stars: A New Way to See Them,* Mariner Books, 1962-1980
Space Science Institute,
<*www.spacescience.org*>
Editores dos livros Time-Life, *Voyage Through the Universe* (série), Time-Life Books, 1988.
Van Flandern, Tom, *Dark Matter, Missing Planets & New Comets,* North Atlantic Books, 1993.
Zim, Herbert S., *Stars,* Golden Press, 1960.

Terceira Aula: Mathemágica (Claro)
Bergamini, David, *Mathematics,* Life Science Library, Time-Life, 1963.
Hall, Manly Palmer, *Ibid.*
Rawles, Bruce, *Sacred Geometry:* <www. intent.com/sg/>
Sacred Geometry & Math: <www.crystalinks.com/math.html>;
<www.crystalinks.com/sacred_geometry.html>

Quarta Aula: Magia Cerimonial (Branco)
Gigon, Olof, "Hermetica," *Man, Myth & Magic (op. cit.)*
Hall, Manly Palmer, *Ibid.*
Kronzek, Allan Zola and Elizabeth, *Ibid.*
Melville, Francis, *Ibid.*
Ogden, Tom, *Ibid.*
Whitcomb, Bill, *Ibid.*
White, Nelson, *Secret Magick Revealed,* The Technology Group, 1995.
—, *The Wizard's Apprentice,* The Technology Group, 1995.
—, *Working High Magick,* The Technology Group,1995.
Zwi Werblowsky, R.J., "Cabala," *Man, Myth & Magic (op. cit.)*

Quinta Aula: Domínio da Sabedoria (Cinza)
"'Cyclops'-like remains found on Crete,"Associated Press, 1/29/2003
Encyclopedia Mythica, <www.pantheon.org/mythica.html>
Galadriel, Lady and Athenor, Lord, "The Quest for the Holy Grail," *Green Egg,* 25:98 (Outono 1992)
Graves, Robert, *The Greek Myths,* Penguin Books, 1955.
—, *Hercules, My Shipmate,* Creative Age Press, 1945.
Hesíodo, *Teogony,* trad. Richmond Lattimore, University of Michigan Press, 1959.
Homer, *The Odyssey,* trad. W.H.D.
Rouse, Mentor Books, 1937.
Online Mythology Guide: <www.online-mythology.com>
Pincent, John, *Greek Mythology,* Hamlyn Publishing, 1969.
Renault, Mary, *The Bull from the Sea,* Pantheon Books, 1962.
Robinson, Herbert Spencer and Wilson, Knox, *Myths and Legends of All Nations,* Littlefield, Adams & Co., 1976.
Silverberg, Robert, *Gilgamesh the King.* Bantam Books, 1984
Skidmore, Joel, "Odysseus;" "Jason & the Argonauts," *Mythweb,* 1997, www.mythweb.com/heroes
Wright, Allen W., *Robin Hood, Bold Outlaw of Barnsdale and Sherwood,* <www.geocities.com/puckrobin/rh/>

Sexta Aula: As Artes Negras (Preto)
  Cavendish, Richard, *The Black Arts,* Putnam, 1967
  Davis, Wade, *The Serpent and the Rainbow,* Collins, 1986.
  Fortune, Dione, *Psychic Self-Defense,* 6th ed., Samuel Weiser, 1982
  Frew, Don Hudson, "A Brief History of Satanism," *Witchcraf, Satanism & Occult Crime: Who 's Who & What's What,* Green Egg pubs., 1989
  Guiley, Rosemary, *Ibid.*
  Hefner, Alan G., *The Mystica:*
  <www.themystica.com/mystica/pages/people.htm>
  Highfleld, Roger, *Ibid.*
  Ogden, Tom, *Ibid.*
  Pratchett, Terry, *Eric,* HarperTorch, 1990.
  Ravenwolf, Silver, *Teen Witch: Wicca for a New Generation,* Llewellyn Publications, 2000.
  Savedow, Steve, *Goetic Evocation: The Magician's Workbook, vol. 2,* Eschaton Publications, 1996.
  Stewart, R.J. *Celtic Gods, Celtic Goddesses,* Blandford, 1990.
  Summers, Montague, *Witchcraft and Black Magic,* Dover Publications, 1946; 2000.
  Whitcomb, Bill, *Ibid.*

Sétimo Curso: SABEDORIA

Primeira Aula: Os Outros Mundos
  Anderson, Ian Lurking Bear, "Gate-ways to Faerie," *Green Egg,* vol. 27, nº. 1ll (Winter, 1995)
  Breene, Katlyn, *Faery Call,* Mermade Magickal Arts, 1997.
  Briggs. K.M., "Fairies," *Man, Myth & Magic,* Marshall Cavendish, 1970.
  Bruyere/Sin, "The Shift from the Otherworld to the Underworld in Northern Europe," Chronicles of Hell, <www.geocities.com/SoHo/Museum/5999/hell/celtic.html>
  Budge, Sir Wallis, *Egyptian Religion,* Bell Publishing, 1900.
  Firefall, Fiona, "The Egyptian Mythos: Creation Tales and the Sacred Pantheon," *Green Egg,* vol. 30, nº 124 (Set.-Out. 1998)
  "The Greek Underworld,"<http:// members.tripod.com/shs _odyssey/underworld.htm>
  Ions, Veronica, *Egyptian Mythology,* Hamlyn Publishing, 1965
  MacCana, Proinsias, *Celtic Mythology,* Hamlyn Publishing, 1970.
  Pincent, John, *Ibid.*
  Pratchett, T, *Lords and Ladies (op. cit.)*
  Religious Tolerance.org: *www.religioustolerance.org/afterlife.htm*
  Robinson, Herbert Spencer and Wilson, Knox, *Ibid*

Segunda Aula: Deuses de Todas as Nações
Alternative Religions, <http://altreligion.about.com/>
Budge, Sir Wallis, *Egyptian Religion,* Bell Publishing, 1900.
Encyclopedia Mythica, Ibid.
Firefall, Fiona, "The Egyptian Mythos: Creation Tales and the Sacred Pantheon," *Green Egg,* 30:124 (Set.-Out. 1998)
Ions, Veronica, *Ibid.*
Pincent, John, *Ibid.*
Robinson, Herbert Spencer and Wilson, Knox, *Ibid.*
Stewart, R.J., *Ibid.*
Wayne, Phil, "A Brief Introduction to the Orixa and Their Fellow Travelers," *Green Egg,* 29:114 (Jul-Ago. 1996)

Terceira Aula: Os Outros
Anderson, Ian Lurking Bear, *Ibid.*
Breene, Katlyn, *Ibid.*
Briggs. K.M., "Fairies," *Man, Myth & Magic (op. cit.)*
Froud, Brian, *Good Faeries/Bad Faeries,* Simon & Schuster, 1998
—, *Faeries,* Harry N. Abrams, Inc., 1978.
Highfield, Roger, *Ibid.*
Robinson, Herbert Spencer and Wilson, Knox, *Ibid..*
Shulman, Sandy, "Dwarfs," *Man, Myth & Magic (op. cit.)*
Werblowsky, R. J. Zwi, "Golem," *Man, Myth & Mugic (op. Cit.)*
Wosien, Maria-Gabriele, "Giants," *Man, Myth & Magic (op. cit.)*

Quarta Aula: O Bestiário Mágico
Byfield, Barbara Ninde, *The Glass Harmonica: A Lexicon of the Fantastical,* MacMillan Co., 1967.
Cohen, Daniel, *A Natural History of Unnatural Things,* McCall Publishing,1971.
Costello, Peter, *The Magic Zoo,* St Martin's Press, 1979.
Ellis, Richard, *The Search for the Giant Squid,* The Lyons Press, 1998.
Keel, John A., *The Complete Guide to Mysterious Beings,* Doubleday, 1970; 1994.
Ley, Willy, *Exotic Zoology,* Viking Press, 1959.
Melillo, Elizabeth G., "Medieval Bestiary,"1966: <www.geocities.com/Paris/3963/bestiary.html>
Michell, John & Rickard, Robert, *Living Wonders,* Thames & Hudson, 1982.
Norman, Scott T., "Mokele-mbembe: The Living Dinosaur," 1996-2003: <www.mokelembembe.com/>
White, T. H., *The Book of Beasts,* Dover, 1954;1984.

Quinta Aula: Os Feiticeiros da História
Adams, Anton and Mina, *Ibid.*
Cahill, Robert Ellis, *New England's Witches & Wizards,* Old Saltbox Publishing, Salem, MA, 1970.
Damascius,"The Life of Hypatia," *Life of Isidore, The Suda,* trad. Jeremiah Reedy, Phanes Press, 1993.
Dilworth, John, "The Count of Saint-Germaine." The Mystica *(op. cit.)*
Golden Dawn Website: <home.earthlink.net/~xristos/GoldenDawn>
Guiley, Rosemary, *Ibid.*
Knight, Russell W., "Wine, Women & Witchcraft," *The 'Headers In Life & Legend,* Marblehead Magazine, 1989.
Hefner, Alan G, *Ibid.*
Leonardo da Vinci, Reynal&Co., 1956.
Ogden, Tom, *Ibid.*
Van Helden, Albert, "Giordano Bruno," 1995: *http://es.rice.edu/ES/humsoc/Galileo/People/bruno.html*
W., Sharon M., "Doctor Robert Fludd," The Alchemy website: <*www.levity.com/alchemy/fludd1.html*>

Sexta Aula: Feiticeiros Modernos
Adams, Anton and Mina, *Ibid.*
Deese, Patrick, The Biography Project: *www.popsuhculture.com/pop/bio_project*
Golden Dawn website, *Ibid.*
Grimassi, Raven, *Encyclopedia of Wicca & Witchcraft,* Llewellyn, 2000.
Guiley, Rosemary, *Ibid.*
Kheper: <*www.kheper.net/topics/Hermeticism*>
Hefher, Alan G., *Ibid.*
Ogden, Tom, *Ibid.*

Créditos das Ilustrações:
Beatus of Liebana *(776)*
Daniel Beard *(1889)*
Daniel Blair-Stewart
Daniel Bloomfield
Jean Jacques Boissard *(1597)*
Katlyn Breen
Raymond Buckland
Gustave Doré *(1873)*
Dirk Dykstra
Jim Fitzpatrick
Scott Fray
John Gerard *(1597)*
Konrad Gessner (1551)
Karl Gjellerup *(1893)*
William Giese, Rhana Janto
Claude Gillot *(c.700)*
Ernst Haeckel *(1904)*
Ron "Ash" Hiscock
Jesse Wolf Hardin
Johann Georg Heck *(1851)*
Lars Hernquist, Volker Springel
Hero of Alexander
Bernard Heuvelmans
Scott Hollander
Amber K
Ron Kimball
Christopher M.
Albertus Magnus *(1545)*
Oläus Magnus *(1555)*
Matthäus Merian *(1718)*
Christopher Marlow *(1631)*
Jeannine Masiello-Stuhmer
Denys de Montfort
Nybor
Paracelso *(T 1536)*
Thomas Perkins
Louis Rhead *(1912)*
Paulus Richius *(1516)*
W. Roberts
Paul B. Rucker
Ivan Sanderson
William Savage
J. Schliebe *(1846)*
Reginald Scot *(1584)*
Susan Seddon-Boulet
Carol Shugart
Moria Starbuck
Jacobus de Teramo *(1473)*
Edward Topsell *(1607)*
Basile Valentim *(1413)*
John W. Waterhouse *(c.1900)*
Hans Weiditz *(1532)*
Kathryn White
Howard W. Wookey *(1928)*
Mary Ann Zapalac
Oberon Zell-Ravenheart

Leitura Recomendada

The Golden Dawn
A Aurora Dourada
Israel Regardie

Sabe-se que a Golden Dawn foi uma das Ordens precursoras do renascimento do Paganismo nos últimos anos do século XIX e início do século XX. Ela influenciou muito os sistemas de estudo do ocultismo e da magia, e até hoje é referência para estudiosos e admiradores das forças ocultas.

Maçonaria
Escola de Mistérios –
Wagner Veneziani Costa

Em *Maçonaria – Escola de Mistérios – A Antiga Tradição e Seus Símbolos*, Wagner Veneziani Costa apresenta esse universo de Mistérios por meio de uma compilação de textos de autores consagrados, como J. D. Buck e Oswald Wirth, além de fontes como Albert Pike, Saint-Ives d'Alveydre, Eliphas Levi, Fabre d'Olivet, Helena Blavatsky, A. Leterre, C.W. Leadbeater, entre outros.

VISITE NOSSO SITE: www.madras.com.br

Leitura Recomendada

A Magia de Aleister Crowley
Um Manual dos Rituais de Thelema

A fim de resgatar o lado preterido de Crowley, Lon Milo DuQuette escreveu *A Magia de Aleister Crowley,* no qual apresenta um estudo dos textos e rituais mais importantes, passo a passo e com exemplos concretos, em uma linguagem de fácil entendimento. A obra é uma clara introdução ao trabalho de Crowley por um moderno mestre do oculto e um dos mais inteligentes escritores da área

Dogma e Ritual de Alta Magia
Eliphas Levi

Dogma e Ritual de Alta Magia pode ser considerada a primeira obra da maturidade mágica de Eliphas Levi. Quando foi lançada em meados do século XIX, a Europa estava aterrada por uma guerra fria e tensa entre a religião e a ciência, as quais só celebravam tréguas muito efêmeras para abrir fogo com suas artilharias independentes contra aquilo que se convencionou chamar genericamente de ocultismo.

Os Códigos Ocultos
Emilio Carrillo

Cátaros, Templários, Priorado de Sião, o templo do rei Salomão, a obra de Leonardo da Vinci, o Santo Graal e os descendentes de Maria Madalena. Todos esses temas vêm ocupando de forma recorrente a imaginação e o espírito da humanidade durante séculos. Em *Os Códigos Ocultos*, o professor Emilio Carrillo nos brinda com a possibilidade de se aprofundar, de uma maneira fidedigna e exata, em todos eles.

O grarnde Livro de Magia da Bruxa Grimoire
Uma enciclopédia de encantamentos, magias, formulas, e Ritos mágicos – Lady Sabrina

O Grande Livro de Magia da Bruxa Grimoire contém numerosos encantamentos simples e eficazes, além de muitos ritos mágicos, todos organizados por ordem alfabética. Muitas das magias se utilizam do poder do fogo através da chama de uma vela; outras contam com vibrações sutis de ervas, plantas e minerais.

VISITE NOSSO SITE: www.madras.com.br

Leitura Recomendada

Magia Divina das Velas

O Livro das Sete Chamas Sagradas – Rubens Sarceni

A *Magia Divina das Velas* é muito mais que um livro sobre velas; é iniciático, no verdadeiro e amplo sentido da palavra, pois dá início a uma nova perspectiva para trabalhos espirituais envolvendo velas, bem como permite a cada um buscar a própria iniciação para melhor proveito de tudo quanto a obra transmite.

Wicca

Crenças e Práticas - Gary Cantrell

A Wicca é uma religião da natureza, vibrante e iluminada, praticada por centenas de pessoas no mundo todo. Wicca — Crenças e Práticas foi escrito tanto para a (o) bruxa (o) solitária (o) quanto para os pequenos grupos de seguidores não tradicionais.

Astrologia & Mitologia

Seus Arquétipos e a Linhagem dos Símbolos - Ariel Guttman / Kenneth Johnson

Astrologia e Mitologia — Seus Arquétipos e a Linguagem dos Símbolos traz uma fascinante abordagem da prática astrológica, por meio dos arquétipos da mitologia grega, baseada nas teorias junguianas.

A Bruxa Satânica

Anton Szandor LaVey

Anton Szandor LaVey fez uma pesquisa sobre as raízes da bruxaria ligando-a ao satanismo. Em *A Bruxa Satânica*, o leitor encontrará uma série de práticas e rituais que o capacitarão a executar a bruxaria satânica. São "fórmulas" dedicadas às pessoas que desejam usá-las para sua própria glorificação e obtenção de poder.

VISITE NOSSO SITE: www.madras.com.br

Leitura Recomendada

A Bruxaria Hoje
Gerald Gardner – Introdução de Margaret Murray

Muito do que foi conquistado pela bruxaria nos dias atuais é devido a Gerald Gardner, que trouxe a público, de uma forma nunca antes feita, a antiga religião.
A Bruxaria Hoje foi, e ainda o é, um importante marco nesta conquista. Um livro que traz os rituais como concebidos por Gardner, baseados nas mais diversas fontes.

O Culto das Bruxas Na Europa Ocidental
Margaret Murray

Um marco no ressurgimento da bruxaria foi o lançamento da tese da dra. Margaret Murray: *O Culto das Bruxas na Europa Ocidental*. A Madras Editora tem a satisfação de trazer em primeira mão para o público de língua portuguesa este livro de vital importância ao estudioso de esoterismo, ocultismo, bruxaria e wicca.

O Guia Completo das Religiões do Mundo
Brandon Toropov & Padre Luke Buckles

Qual é a sua religião? Católica, judaica, budista, hinduísta, islâmica ou você é agnóstico?
Não importa. Independentemente da resposta, você estará pronto para ler este livro se possuir uma mente aberta, livre de pré-julgamentos e uma certa curiosidade acerca das origens das religiões.

Bruxaria e Magia na Europa
Grécia Antiga e Roma – Daniel Odgen, Georg Luck, Richard Gordon e Valerie Flint

Bruxaria e Magia na Europa — Grécia Antiga e Roma é o resultado da pesquisa de anos dos autores ingleses Daniel Ogden, Georg Luck, Richard Gordon e Valerie Fint. Neste trabalho, veremos que a tolerância nem sempre fora companheira do multiculturalismo.

Visite nosso site: www.madras.com.br

MADRAS® Editora — CADASTRO/MALA DIRETA

Envie este cadastro preenchido e passará a receber informações dos nossos lançamentos, nas áreas que determinar.

Nome _____
RG _____ CPF _____
Endereço Residencial _____
Bairro _____ Cidade _____ Estado ____
CEP _____ Fone _____
E-mail _____
Sexo ❏ Fem. ❏ Masc.   Nascimento _____
Profissão _____ Escolaridade (Nível/Curso) _____

Você compra livros:

❏ livrarias   ❏ feiras   ❏ telefone   ❏ Sedex livro (reembolso postal mais rápido)
❏ outros: _____

Quais os tipos de literatura que você lê:

❏ Jurídicos   ❏ Pedagogia   ❏ Business   ❏ Romances/espíritas
❏ Esoterismo ❏ Psicologia ❏ Saúde   ❏ Espíritas/doutrinas
❏ Bruxaria   ❏ Autoajuda   ❏ Maçonaria ❏ Outros:

Qual a sua opinião a respeito dessa obra? _____
_____

Indique amigos que gostariam de receber MALA DIRETA:
Nome _____
Endereço Residencial _____
Bairro _____ Cidade _____ CEP _____

Nome do livro adquirido: ***Grimório para o Aprendiz de Feiticeiro***

Para receber catálogos, lista de preços e outras informações, escreva para:

MADRAS EDITORA LTDA.
Rua Paulo Gonçalves, 88 — Santana
CEP 02403-020 — São Paulo — SP
Caixa Postal 12299 — CEP 02013-970 — SP
Tel.: (11) 2281-5555/2959-1127
Fax: (11) 2959-3090
www.madras.com.br

MADRAS Editora

Para mais informações sobre a Madras Editora,
sua história no mercado editorial
e seu catálogo de títulos publicados:

Entre e cadastre-se no site:

www.madras.com.br

Para mensagens, parcerias, sugestões e dúvidas, mande-nos um e-mail:

marketing@madras.com.br

SAIBA MAIS

Saiba mais sobre nossos lançamentos,
autores e eventos seguindo-nos no facebook e twitter:

@madrased

/madraseditora